目次

新版
日本料理語源集

本文・挿画／中村幸平
表紙装丁／國廣正昭

例言・解説

◇本書は、料理師として、料理研究家として名を博した中村幸平氏が、昭和六十二年八月に他界される九十一歳までその生涯に書き残し置かれた日本料理に関わる事柄の中から、とくに語源の解説を中心に、歴史上の説話、伝承、慣習、その他文学、詩歌、俳句、美術、芸能、工芸の諸般にわたり、その出典をもとに説明された項目を収録したものです。

◇全項目は三千九百余を選定していますが、整理採録に当り、読者の理解の便として、一律に五十音順に配列しました。ただし濁音、半濁音は語順に関係がありません。

◇全項目は、原則としてひらがなとし、その下のカッコに古来からの漢字で示し、その他の俗字も入れました。項目中、外国渡来のものの呼称はカタカナのみとしました。なお産地、各土地柄で呼ぶ俗称並びに慣称が漢字化されていないもの（例・おでん、おじや等）については、ひらがなまたはカタカナのみとしています。

◇文中、名称及び呼び名の理解度を明確にするため、魚菜その他、項目が漢字であるものの一部を視覚的に強調して、漢字を意図的にカタカナまたはひらがなに改めている箇所があります（例・鯣烏賊→スルメイカ等）。

◇本書の特徴として、語源と並行して各素材とするもの別に料理法が記載されています。切る、煮る、焚く、焼く、茹でる、蒸す、漉す、擂る、漬ける等。また調味には塩、酒、味醂、砂糖、酢、味噌等の使用法、分量が適宜加記されているので実用の便も兼備しています。

◇著者の見識が随所に判るものに古代の食味や茶の湯における懐石料理はじめ普茶料理その他、料理に関する原点を確かな典拠によって把握されています。また現代に至っては、食素材の栽培及び化学、栄養、経済、流通等にも敷衍しています。

◇文中、料理用語は「りょうりことば」の項目（734頁）に一括されていますが、さらに料理人が使う特殊な用語は、新たに五十音順中項目を設けて説明がなされています。

◇項目によっては事典的解説や料理法の紹介をテーマとし、語源には触れていないものもあります。

◇原稿の中には執筆時より数十年の歳月を経ており、今日の事情、状況にそぐわなくなった部分も認められますが、常識的に判断して訂正した方がよいと考えられる場合を除き、原文のままとしています。

◇同事項及び類似事項の解説を二箇所以上の項目でしている場合、項目によって内容に差異が生じているケースがあります。これは各項目の執筆時期に大きな隔たりがあるため、その間の諸状況の変化が生じさせたものです。

◇社寺縁起、俗信に関わる語源の中に、漢字、和字のふりがなの統一をしがたいものは、その区別のないままに用いるか、あるいは除外しています。(『古事記』、『風土記』、『万葉集』等の古典には、著者によって主観的な解説が多いため)

◇品目によっては、二種以上の総称語を採用しているものがありますが、これは個々に掲載するより一括して掲載した方が検索上利点が大きいと考えたためです。

◇食素材の呼称及び調理法、名称等が、地域、地方によっては異なる場合もありますが、これらはすべて原文のままとしています。

◇索引は末尾に附しています。

新版 日本料理語源集

中村幸平／著

あ

アーモンド

巴旦杏《はたんきょう》の核。洋菓子の材料、その煎ったのはツマミによい。

あいおいだい〔相生鯛〕

御祝事に鯛二尾を腹合せにして和紙で巻き、水引で飾り結びしたもの。鯛二尾を夫婦に見たて、この名があります。

あいおいやき〔相生焼〕

焼物の一種。鴨二羽を塩焼きにして、頭を左にして腹合せに盛ったもの。→相生鴨。

あいがも〔相鴨・間鴨・合鴨〕

雁鴨目、あいがも、雁鴨科、野性のマガモとアオクビのアヒル雁との雑種。羽毛の色彩は真鴨《まがも》と同じで別称あひるがもともいいます。『飲食事典』には間鴨・合鴨、アヒルの別名とあり、鴨とあひるを掛け合せたものなのであい鴨の名があります。焼物、煮物、椀種、蒸し物の材料に使われますが、血が多いので料理する場合は針打ちをして遠火でゆっくり焼くことです。何の料理をする場合でも針打ちをしてから使います。ぶどう酒蒸は塩をしてもみ、もみ味をしみ込ませぶどう酒をかけて一〇分ほど放置した後、十五分ほど蒸します。煮る場合は煮汁を一寸多くして、六分くらい煮えた時に消し、むらして焚くよう気をつけます。煮過ぎ、焼き過ぎは硬くなっていけません。

あいきょうもち〔愛敬餅〕

結婚三〇日の祝儀につくる。伊邪那岐《いざなぎ》、伊邪那美《いざなみ》、の二神にお供えして、新夫婦にすすめ、新婦の里方へおくった餅。愛敬の名称は婚礼のとき新婦の胸にかける守袋を愛敬のお守とよぶところからこの名があります。古くは三日の餅、また三日夜の餅と名づけられ、『源氏物語』などにもあり、殿上人にならって室町時代から行われた武家風俗の一つです。

あいご〔藍子〕

アイゴ科の海魚。幼魚をバリ、バリコといい、この魚は身を守るためにハリオコゼ、ミノカサゴ、ゴンズイなどのように背鰭《せびれ》に鋭い毒を持っています。刺されると直ちに痛くなります。死んでからでも刺されると痛く、然し焼くか煮れば毒は消え去ります。魚の型は偏平で鱗はないようですが、実は非常に小さい円い鱗があります。金色に輝く地膚に白や濃褐色の斑点があり、住む所によって急速に色を変えます。口はオチョボ口で可愛いが、歯はするどく、海藻を常食にします。三〇cm以上のものは岩礁地帯に住みます。ここで一つおもしろいことはアイゴは酒カスが好きで、釣人たちはこれを餌にしてよく釣ります。この魚は徳島南部の漁村では、サラネズリともいい、アイゴを煮た汁は大変美味しく、食べ残った皿の汁まで舐《な》める意味だそうです。季節は夏、洗いの刺身、煮肴等に向きます。アイゴ特有の磯の香を賞味する人もあります。

あいざかな〔合肴〕

料理を出す順序のうち、焼物と煮物の合い（間《あい》）に出す肴。例えば、蒸し物や揚物などをはさんで出す名称。

あいなめ〔鮎並〕

アイナメ科、鮎に似ているので、この名があるといわれます。所により呼び名は変わります。アブラメ、愛魚女《あいなめ》、青森地方の寝魚、山形の寝所。三、四、五月頃が旬。季節になりますと鱗の上に油を流したように脂が乗りますのでアブラメという説もあります。祐庵焼《ゆうあんやき》、煮肴、椀種、さしみ、小さいのは一尾のままから揚げ等々、いろいろな料理の材料になります。俗に春鮎並というように春が旬《しゅん》です。アイナメは十一月頃海岸近くの海藻に卵を産みつけます。アイナメそっくりの魚にクジメがありますが、アイナメは側線が五本あり、クジメは一本です。またクジメはあまり大きくなりません。

あいのこべんとう〔合の子弁当〕

日本風の米飯に、西洋料理を副食にした弁当。明治末期から大正時代にかけて流行した大衆料理で今でもこの名称をのこしている店があります。日本料理の主食に西洋料理が副食となっておりますのでこの名があります。

あいびき〔合挽〕

牛肉と豚肉と合わせて挽いたもの。牛肉六、豚肉四くらいが普通で、用途により好みに合せて挽きます。牛肉と脂の多い豚肉とは熱の上り方が違い、それによって軟らかく料理ができ上ります。

あいもの〔相物〕

乾魚の古称。『太平記』に後醍醐天皇が隠岐島を出御され伯耆《ほうき》へ潜幸の船中、「主上（天皇）と忠顕、六条朝臣とを船底に落し参らせ、その上に相物とて乾した魚の入れたる俵を取積み」などとあり、鎌倉、室町時代には乾魚問屋を相物座とよんでいます。今でも関西地方では魚類の干物を相物と呼び、その店を相物屋という言葉が残っております。

あうがしま〔蓬ケ島〕

相性のよく合《あ》った材料を重ね合せて一寸島形にして切った料理をこのように称します。姿からの言葉ともいえます。例えば、牛皮昆布にきすの酢の物を幾重にも重ね合せて押して切ったものなど。

あえもの〔和物〕

材料と香辛料その他の物とを和え合せるからこの名があります。和物には、味噌和え、酢味噌和え、酢和え、胡麻和え、芥子《けし》和え、胡桃《くるみ》和え、ピーナツ和え、雲丹和え、このわた和え、木の芽和え、白和え、卯の花和え、黄身酢和え、カビタン和え、キャビヤ和え、みぞれ和え、灘《なだ》和え、沼田《ぬた》和え、この子和え等と、多くの和え物料理があります。

あおあえ〔青和〕

青豆を茹で、擂りつぶしたものや、青茶で和えたもの。

あおいがい〔葵貝〕

貝殻がハート形で葵の葉に似ているところからこの名があります。わが国では九州地方に多く産します。

あおいたこんぶ〔青板昆布〕

昆布を青く着色したもの。今日ではこの着色が禁止になり、昔のように青いのはなくなりました。

あおうお〔青魚〕

背の青い魚の総称。鯖、鰯など。一名光りものともいいます。

あおうめ〔青梅〕

和菓子の一種。青い色をした梅の実に見立てた菓子。青餡のこなし（お菓子の生地で、火取り餡に小麦粉を一〇％まぜて蒸気にかけて作ったもの）を丸く形作り、中に白餡を入れたもの。季節菓子の一つです。

あおうめづけ〔青梅漬〕

未熟で青いうちの梅の実。青い色を保存するために青い梅を一夜水につけておいて水をきり、梅一斗、塩二升に明礬《みょうばん》を少し混ぜて漬けたのが青梅漬けです。

あおうめのさとうづけ〔青梅の砂糖漬〕

五、六月の梅の実の季節に、きずのない良い品を選び、針打ちして五時間くらい水につけて酸味、渋味を抜き、笊《ざる》に上げて水をよくきります。梅に充分かぶる程度の砂糖蜜を煮て作り、熱いうちにヤキミョウバンを砂糖蜜五カップに小匙二分の一杯入れて溶し、冷めてから焼酎カップ三分の二杯を加えます。ガラス瓶を用意して梅を入れ、その中に蜜を入れて密封し暗いところに貯蔵します。二〇日くらいから食べられますが、入用だけとり出してあとは密閉しておきます。砂糖蜜は水カップ五杯、砂糖六〇〇gの割合で作り、糖度三〇度くらいです。

あおうり〔青瓜〕

漬物瓜の青いもの。料理では雷干などを作ります。

あおきす〔青鱚〕

きすの一種。普通のきすより大きく青味をおびたもの。

あおさ〔石蓴〕

海岸の岩に付着して生育する青い海藻、俗にアオサは寒で立つ、とかいって寒さが加わると一層青さが増してきます。山かけなどにはぜひ使いたいものの一つです。焼く時フライパンに紙を敷き、その上で焼きますと色よく焼くことができます。粉末として、あるいはすいて、青ノリの代用としてタコ焼き、焼きソバなどに使われているが、不味。肥料としても用いられる。

あおさのり〔石蓴苔〕

海藻の一種。毛のように細く、早春汐と水との境あたりによく採れます。これを乾燥させておき、焼いて醬油をかけて食べても美味しく、焼いて粉にしてとろ料理によく使います。山かけなどには特に入用のものです。

あおさんしょ〔青山椒〕

山椒の実の青いもの。七、八月頃実る山椒の実。青い内に洗って水をきり、塩漬にします。

あおしそ〔青紫蘇〕

青紫蘇の葉は一〇枚づつたばねて売られています。さしみのツマ、あげもの、紫蘇飯といろいろに使います。

あおじる〔青汁〕

青い生野菜を絞った汁。青い汁だからこの名があります。この青汁は「青汁の効用」という本さえ刊行されて最近急速に普及されています。野菜の生食がさかんになるのと同じです。健康増進、結核、その他諸病に効果が多いからです。

あおず〔青酢〕

青葉の野菜を茹で、擂りつぶし、裏漉しをして三杯酢と混ぜ、和えものに使ったり、絹酢(合酢参照)と混ぜて使います。

あおだけむし〔青竹蒸〕

竹青の長さ二〇cm、直径七〜八cmの太さの両端に節のあるのをもとめ、これを七三に切り割って、大きい方の中へ、鮎、切身、海老、季節の野菜に薄塩をして蒸し、そば汁をかけ、小さい方の竹を蓋にして進めます。柚子、レモンの薄切りを添えることもします。

あおづけなす〔青漬茄子〕

水に塩を四%加え焼明礬水を混ぜて一度沸騰させ、冷やしてから小茄子を漬けたものをいい、使用する場合水に浸して塩出しをしていろいろに使用します。

あおとうがらし〔青唐辛子〕

畑に栽培する十二科生の一年草。赤色になるまでのもの。

あおなます〔青膾〕

膾料理の一つ。葉芥子を擂りつぶし、酒粕と擂り混ぜ、これに種々の材料を和えて進めます。

あおに〔青煮〕

わらび、蕗《ふき》、五月豆、ぜんまいなどアク抜きしたり茹でたりして、味醂、煮出し汁、砂糖、塩でさっと青く煮ること。

あおによし〔青丹良〕

奈良の名菓。青丹よしは天平の昔より奈良を呼ぶ時の枕言葉。この他に真砂糖という菓子があり、徳川末期の享和年間法隆寺中宮寺へ有栖川宮幟仁親王がお成りの時、四角になったものに胡麻を散らしたのを納めたところ、ことの外賞味され、色を青と紅の二色として白き雪を散らし短冊形にせよと仰られ、銘も青丹よしと付けられたのでそのようにしたのが青丹良です。

上製の落雁、巾四cm、長さ七cmの薄いもので、その上に斜に筋白く雪に見たてて砂糖を引いたもの。萬々堂通則製。

あおぬた〔青饅〕

菜を茹でて酢みそで和えたもの。但し貝や魚を混ぜてもよく、白みそに青菜を茹で、擂りつぶして着色しても同じ名称を使います。

あおねじ〔青捻〕

福井県府中の伝統の郷土菓子。黄と青の豆の粉を別々に水飴でねり、青色の方を平たく角にのばし、その上に黄色の方をのせて巻き、これを七ミリくらいの輪切りにしてねじり、砂糖をまぶしたもの。豆の香りがあって茶うけに美味しいものです。

あおのり〔青海苔〕

緑藻類アオサ科アオノリ属のものの総称。スジアオノリ、ウスバアオノリ、ヒラアオノリ、ボウアオノリなどがあります。外洋に面した海岸、内港などいたるところに見られる。天日で乾かすか、またはすいて食用にされ、振りかけ（青ノリ）などに広く用いられる。アオノリやヒトエグサから作る粉末状の食品（青ノリ）。

あおみ〔青味〕

料理の付け合せ、汁物の種に使います。種類では、五月豆、きぬさや、春菊、アラセト、つるな、菜《な》の花、ほうれん草、小松菜、京菜、鶯蕪、ちしゃとう、三ッ葉、貝割菜、芹、ねぎ、ぎぼし、わらび、よめ菜、水前寺菜その他多数の物があります。何れにしても料理の色彩としてなくてはならない材料の一つといえます。

あおみだいこん〔青味大根〕

細い青味の多い大根。姿が良いので酒糟で漬けて前菜、口代りの添えもの、椀種の青味に使います。最も良いものは京都北方で産します。

あおめ〔青芽〕

青紫蘇の二つ葉。

あおもの〔青物〕

蔬菜類の総称です。

あおやぎ〔青柳〕

ばかがい。馬鹿貝。バカガイ科。浅海の砂地に住み、波の静かな日には貝の口から舌のような赤い脚を出しているのがバカの様相だからこの名があります。青柳と雅称するのは千葉県青柳村が有名なので産地の名だともいわれます。身を塩でよく洗って刺身のあしらい、酢の物、鍋物種、生干し等に用います。また貝柱はわさび醤油、酢の物、かき揚げ、柱飯《はしらめし》、等々に応用されますから、俗に親まさり、の別称があります。

あおゆず〔青柚子〕

柚子の青いうちのもの。

あおりいか〔泥障烏賊〕

ヤリイカ科。体はやや長大で円錐形、内鰭が広く、背の色は淡紫、紺色の斑点が密生しております。腹面は純白、体長は八〇cmから一m以上のものもあります。我国では西南の海に多く獲れます。常には遠洋に住みますが、五、六月頃内海港湾に寄って来て産卵します。肉はやゝかたいけれども刺身によく向きます。その他、鮨種のほか塩焼、つけ焼、雲丹焼といろいろに美味しいものです。

あおる

料理言葉。材料を茹でること。

あかい〔閼伽井〕

大津の叶匠寿庵製の銘菓。閼伽井とは三井寺の名を為した根源です。その昔天智、天武、持統の三天皇の生誕の節、御産湯に使われ、いつしか園城《おん》寺の三つの井戸として三井の寺と人が呼ぶようになりました。それに因み送られたのが、あかい、です。求肥製の餅に特殊培煎し、香ばしいキビ粉をまぶしたもの。煎茶抹茶ともに使える菓子。「さびさびと軒うつ霰聞く今宵摘む閼伽井のキビ粉甘しも」雪彦詠。

あかえい〔赤鱏・赤鱝〕

アカエイ科。標準和名あかえい。各地で違った呼名がありま す。この科の魚は日本だけでも四、五〇種類もあるようです。ヒシ型の丸に近い大きな胴体と長いシッポ、まるで鳥が羽根をひろげたようにしてゆうゆうと泳ぎます。この赤えいはエイ科の代表選手です。赤エイは胎生ですが、ガンギ科はどの種類も卵生です。赤エイは五、六月頃浅い海岸に近づき、一尾の親から一五㎝くらいの子を一〇匹くらい産み、お産の頃にはオス、メス連れ立って来ます。釣人の針にかかるのはこの頃です。

アカエイは尾の根元近くに背鰭の変化したものがあり、ギザギザが無数にあって刺されると抜けないようにさかさに付いていますから漁師もこれには気をつけます。エイは食べるには便利な口をもち、砂や泥の海底に目だけ出していて、海老やカニが来ると体ごとおおいかぶさり、腹の下へ押し込み、幸い口が下にありますからゆうゆうとこれを食べます。

「果報は寝て待て」のことわざの魚です。分布は本州中部以南が中心で北海道には住みません。料理では土用エイといわれるように夏が美味しく、洗いの刺身、赤煮、味噌椀種などに向きます。

あかえび〔赤蝦〕

海老の一種。富山湾を始め北陸地方が産地。全身淡紅色で、サンゴエビ、アマエビともいい、長さ一〇㎝内外、刺身を第一とし、さっと茹でて酢の物、天プラ、塩焼きにもします。とくに生のは甘味があって美味しい。

あかがい〔赤貝〕

身が赤いのでこの名があります。魁蛤。糸鰓目アカガイ科。貝の放射筋は本類中最も多く四二条内外あります。放射筋のやや少ないのはサトウガイ、サルボウというのが本当ですが味は大変落ちます。従って色も悪いので時雨煮などにするとよろしい。料理では、酢の物、鮨種、付焼、刺身用に使います。

赤貝の産地は、幡州《ばんず》、千葉、子安、羽田、神奈川、愛知の三谷、房州九十九里浜、現在は韓国の釜山、麗水、木甫から多く入荷しています。

あかがいのからむし〔赤貝の穀蒸〕

松江地方の郷土料理。穴道湖の反対の中海周囲六九kmの潟湖では、えび、うなぎ、ぼら、と種々の魚が獲れます。ことに大根島から揖屋《いや》地方にかけては赤貝の産地で有名です。その赤貝を使っての蒸し物料理です。塩水につけて泥を吐かせ、よく洗って味醂、醬油、砂糖で蒸し煮にします。普通の貝は塩や酒を入れて蒸しますが、この料理は普通の煮物のように調味するところに特色があります。貝類は蒸すといっても蒸し器で蒸すのではなく煮るといった方がよいかも知れません。煮汁は少なくても貝から水分が出ますから充分煮上ります。貝類は煮過ぎないのが柔かく美味しく仕上げるコツです。

あかがいめし〔赤貝飯〕

米子の名物。赤貝の刺身に牛蒡、人参を具にして炊いた飯。赤貝は熱湯に入れて茹で、身を出し、茹で汁は布巾で漉して、釜に茹で汁、米、赤貝、笹がき牛蒡、千切り人参を入れてゆっくり炊き、終りに芹を入れて蒸らします。

あかかぶら〔赤蕪〕

北海道に多く産します。近江その他でも産しますが、塩漬、糠漬など、漬物の材料です。北海道では、鮭、鰊酢の材料になくてはならないものの一つ、煮ても美味しいものです。

あかざ〔藜〕

原産は中国。古くに渡来し道端や荒地の日当りのよい所に叢生します。茎は直立し一・五mほどになります。葉は互生、緑色で波状のギザギザがあり、青汁を作り一日十八cc飲めば健胃剤、動脈硬化や中風老化予防になり、又毒虫に刺された時葉をもんで張ると良い薬、若葉を茹でて和え物にも向きます。

あかざけ〔赤酒〕

熊本の特産、赤褐色、味醂と同様に使います。

アカシアてんぷら〔アカシア天浮羅〕

アカシアの天浮羅で揚物の一種。群馬県湯の平温泉で、五月十五日から六月上旬までの料理として名高く、須川渓谷一帯にあるアカシアの木の花を天浮羅にします。歯ざわりもよく香りもあって良いものです。

あかだとくつわ

愛知県津島の名菓。この由来によれば、国幣小社津島神社は由緒略記にある如く、日本総社津島牛頭天王と称する時より年中大典たる春秋県祭《あかだ》の御供米を以て社家社僧相計り之を製して一般諸人に与へ、以て悪疫防禦の為とせしを後地家の民家之に真似して製し、全国的に名物として、あかだなるものを知らるるに至れり、とあり、俚言に、食㆓此阿伽陀《ノ》㆒者《ハ》則除《キ》㆓時病《ヲ》㆒治《スト》㆓百痾《ヲ》㆒又一説には弘法大師が当地に立寄られ、津島神社に悪疫退散の祈願をこめた米団子の油揚を供えて参詣の人々に頒たれたに基き、古来津島神社の春秋県祭の際神前に供えた供米を申し受け、これを製して油団子として県団子《あかだ》といい諸人これを乞うて食すれば、その年疾病に罹らなかったと言伝える。大きさ木欒子《もくろじ》の如くその色赤く粳米の粉で固めて胡麻油で揚げたから赤団子ともいったので、これを略してアカダと言われるに至ったとの説もある、何れにしても古くからの津島名物の一つです。

クツワの由来は明治初年頃より茅の輪の形を真似たもので形も丁度茅の輪の如く円く、白米に幾分の餅米と多量の砂糖を混ぜて揚げたもの。美味且つ噛みしめれば噛みしめる程味が良くなります。この他津島の名物には、蓮根の特別な津島焚があります。

あかだし〔赤だし〕

三州みそ一〇〇g、煮出汁カップ五杯、味噌を煮出し汁で煮溶き、そのまま少し放置しておくと味噌のみ沈澱するのでその上澄みを別の器に静かに取ったもの。味噌味の吸物に使います。

あかづけ〔赤漬〕

梅干を漬けた汁、即ち梅酢で漬けたもの。材料は大根、生姜、茗荷、千代呂木、うど、長芋など。

あかどうふ〔赤豆腐〕

禅家の呼名、鮪のこと。菜食の禅僧には魚類は禁じられているのでこの名で呼びます。大切りの形が豆腐に似ているからです。

あかなべ〔銅鍋〕

銅製の鍋。耐久性に富み、御菓子の餡を煮たり、料理では銅は熱の伝導が良いので大がかりな仕事にはよく使います。

あかに〔赤煮〕

煮魚の一種。味醂、酒、溜、醬油、砂糖で濃い味に煮たもの。鮎、鯉、鮒などが最適の材料です。鯉、鮒は筒切りにして熱湯を通して、少しカラ味にゆっくりと煮ます。鮎はあまり大きくならないうちによくこの赤煮にします。

あかはら〔赤腹〕

うぐいの別名。腹が赤いのでこの名があります。小骨が多いので焼いて甘露煮、昆布巻などの料理に向きます。

あかふくもち〔赤福餅〕

伊勢の名産。一口にいえば、あんころ餅。創業宝永四年（一七〇七年）。二、三日おいても餅のかたくならないのが特色です。子規の句に、〝到来の赤福もちや伊勢の春〟とあるように昔は伊勢まいりといえば春でした。虚子もまた、〝旅は春赤福餅の店に立つ〟とあるように、春が来ればお伊勢まいりを思い出される方もあることでしょう。お伊勢七たび熊野へ三度と一生のうちお参りするしきたりが昔はありました。

あかみ〔赤身〕

赤身を見れば鮪と思いがちですが種類はいろいろあります。冬季は本鮪がよいし、七月頃の赤身は近海でとれるキワダ、暖かい海に住む魚です。産卵のためこの頃沿岸に近寄って来ます。チヂレキワダともいいます。夏の赤身の王座です。肉に渋味があるのでシビ鮪ともいいます。この鮪は腹部に脂肪が多いのでこの部分をトロといって賞味いたします。でもトロの美味しいのは冬の季節です。キワダが終るとバチが美味しくなります。バチは梅雨あけ頃が最高の味です。

あかめ〔赤女〕

ハタ科の海産硬骨魚。関西ではメナダ、関東にはほとんどない魚です。煮たり焼いたり、刺身には最適の魚です。

あかめ〔赤芽〕

赤葉蘇の芽出し二葉のもの。刺身、酢の物のツマに使います。薬草の一種ですから毒消になるともいわれます。

あかめいも〔赤芽芋〕

里芋の一種で茎その他が赤色をしているのでこの名があります。味は白芽より一層美味しいものです。

あかやがら〔赤矢柄〕

朱色に近いまっ赤な細長い魚。長いのは一五〇cmもある。頭部が全長の三分の一もあり、深海砂泥の海底に住みます。吉兆の魚として珍重がられ、中国では大宝魚といわれめでたい席には必ず用いられるといわれます。正月頃が最も美味しく、吸種、鍋物に適します。またジン臓病に特効があるといい、その昔、父の病を救おうとしてこの魚をとり、見つかって処刑された孝子の話、平治物語が今も津市に伝えられています。

あがり〔上り〕

料理の一つが完全にでき上った料理言葉。鮨屋ではお番茶のこと。

あきあじ〔秋味〕

北海道地方の言葉。初秋に獲れる鮭の異名です。松前追分に、

秋味とれだしゃ　ウスウス寒い
やがて野山に　霜がふる
お女郎高くて　およびもないが
せめてお多福　ハナマガリ

とうたわれますがハナマガリとは鮭が産卵期になって川を上ると雄の上アゴが敵《てき》をおどすために戦闘的な形に変って来るさまをいった言葉です。三平汁、石狩鍋と鮭の料理の仕方は沢山あります。

あきさばよめにくわすな〔秋鯖嫁に食わすな〕

俗にこんな言葉がありますように、秋鯖は脂がのって美味しいものです。鯖の産卵は春から夏にかけておこなわれます。体力回復のために猛烈にエサを食べますから脂も自然にのり秋が最高潮に達します。日本では、本鯖、ごま鯖の二種が多く出回ります。料理では、〆鯖にして酢の物、一塩、一夜干、味噌煮、鮨種、酢煮、昆布〆、等々と多用です。新しいのは刺身にもよろしいがジンマシンの出る方もありますから注意を要します。このように秋鯖は美味しいので嫁に喰わすなといわれたのでしょう。鯖の他に、秋かます、秋茄子、夏だこ、二月カレイも嫁にくわすな、と昔からいわれます。今日では通用しない言葉です。

あきたいぶりづけ〔秋田燻漬〕

秋田の特種大根漬。寒くなると乾きが悪くなる秋田地方では小屋をたててその中で、山の葉をいぶして乾燥させ、粕漬けにしたもの。いぶした香りがあって特色のある漬物です。

あきたぶき〔秋田蕗〕

ふきの一種。秋田県地方の特産。茎の高さが三ｍにもなり、葉の直径も二ｍに達するというのがあって雨天の時には雨傘の代りになるとまで彼の地の人は自慢をいいます。菓子に加工したり、一般には煮て食します。

あきたもろこし〔秋田諸越〕

秋田の名菓。焙小豆粉と和三盆を原料として造られた、落雁風の干菓子。秋田の殿様佐竹藩主に献上、殊の外賞揚されたので、諸々の菓子に越えていると申され、それ以来この菓子を諸越と呼ぶようになったといわれます。色は四、五種類その上に、柿、ふきの葉、稲穂、諸越などの印が押してあり、香ばしく抹茶の干菓子、煎茶の友に良いものです。

あきなすよめにくわすな〔秋茄子嫁に食わすな〕

俗にこんな言葉をよく口にします。これは、『夫木集』に、「秋なすびささの粕に漬けまぜて、嫁にはくれじ棚におくとも」、という句から出た言葉だといわれます。然し決してそんな意味ではなく、貝原益軒の『養生訓』に、「なすびは性寒利、多食すれば必ず腹痛下痢す」とあり、『開本草』という本には、「なすびは性冷にしても胃腸を冷やす、秋に至りてその毒最も甚し」、と書かれています。可愛い嫁を却っていたわるこころから出た言葉といえます。尚もう一つの理由は秋になると茄子は種が少なくなりますので子宝に恵まれないようでは、との意から嫁に食わすなという心づかいともいえます。

あく〔灰〕

食べ物即ち料理に不快な感じをあたえる渋味、苦味、えぐ味、これは無機塩、有機塩、配糖体、タンニン、アルカロイド樹脂などです。アクのある材料を料理する時は、水に浸して晒し、灰抜きをして使います。

あくじき〔悪食〕

いかものぐい。中国では「珍怪之食」と書かれるようです。悪食といえば虫類なれば何んでも好んで食べる人もあり世は様々です。白魚のおどり食い、鯉の生き作り等の残酷料理はまだしも蛇料理などは悪食の一つといえましょう。

あくじる〔灰汁〕

藁《わら》灰か木灰に熱湯を入れて沈澱《ちんでん》させ上澄みを取ったもの。湯一〇に対し灰は一ぐらい、灰汁《あく》の多い材料の灰汁出しに使います。時には青く茹でるものに使います。わらび、ぜんまいは材料をボールに入れて灰をかけて熱湯を充分かぶるまで入れて蓋をし、一晩おきますと見るからに美味しそうな青さになります。学名では灰汁をアルカロイドといいます。

あくまき〔灰巻〕

南国九州の名産。昔秀吉が朝鮮征伐の時、薩摩、大隅、日向三州の大守島津義弘公は、戦陣食としてこの「灰巻」を兵士に携帯させたため、島津藩の将兵は飢えに苦しむ事なく、武勇のほまれを天下にあげたのも有名です。このあく巻は餅米を木灰のアク汁に漬け、竹の皮に包んで煮たものですが、その独特の風味と秀れた保存性が特長です。鹿児島、奄美地方では五月の節句に各家庭で昔から作ります。包んである竹の皮を切って去り砂糖又は黄粉を付けて食べます。切口は茶褐色で餅のようになっております。

あけがらす〔明烏〕

大館市桂月堂の銘菓。琥珀糖のねり込みに油抜きしたくるみを真中に小さく散らし入れた三cm幅の棹物。切り口が明の空を飛ぶ鳥に見えるところからこの名があります。なかなか風情のある菓子です。

あげしも〔揚霜〕

魚の身を一寸大きく刺身用に切って、一八〇度の温度でさっと揚げ、氷水に取り冷して刺身の盛り合せに使います。白身の魚なら何でもよろしい。

あげだし〔揚出し〕

豆腐を一・五㎝の厚さに切り、水きりして揚げますが、豆腐が浮きあがれば丁度適当です。ようやく火の通ったところが一番美味しいのです。その上へ大根卸しと葱の小口切り、もみのり、醬油と混ぜたのを掛けて温かい内に食します。豆腐料理として第一にあげることができます。揚げて出すからこの名があります。時には豆腐に小麦粉又は片栗粉と溶き玉子を付けてあげてもよろしい。上野池の端のあげだしなども思い出されてなつかしいことです。食味の汁に、味醂、醬油、煮出しを一度に合せて沸騰させて使うこともします。

あげだま〔揚げ玉〕

天ぷらを揚げた時、材料から離れた衣。天かすともいいます。味噌汁に入れたり、これを使っての麵類、丼物も惣菜には良いものです。これを使った食べ物に狸の言葉が使われます。それは化す意味からです。

あげとうふ〔揚豆腐〕

豆腐を切ってあげたもの。角、丸、小判、賽木に切ってあげますが、時には小麦粉や片栗粉を付けても揚げます。椀種煮物等に使います。

あけび〔木通・通草〕

アケビ科の蔓性落葉木本。山地に自生し、四月頃淡紅紫色の花をつけ、秋に俵形の実がなります。実には紫色と白とがあり、白いのは肉が厚いので油炒めの料理に向きます。山形県地方ではあけびの芽を、木の芽、木のもえ、といって早春若芽をつみ取って、茹でて和え物にして食します。実の甘味も賞味しますが、その側に具入りの甘味噌を詰めて干瓢で結び、油炒めした料理もひなびて乙なものです。あけびには三つ葉あけびと、五つ葉あけびとがあり、食用には三つ葉あけびを用います。五つ葉あけびは美味しくないからです。この蔓で椅子や籠などを作り、木は利尿、頭痛薬にもなります。

あけぼのたまご〔曙卵〕

玉子を茹でて皮を剝き、食紅、酢、煮出汁し、砂糖、塩と合せて煮て冷したもの。紅の色はあまり濃くせぬのがよろしい。

あげまき〔揚巻〕

双殻綱真弁鰓《しんべんさい》目マテ貝科の二枚貝。貝殻は円筒形でマテ貝に類し長さ九㎝、殻の外面は汚黄色、内側は白色、和名でアゲマキ、別名オウギ貝の名があり、産地は有明海が有名です。一晩塩水に浸してドロをはかせ、洗って鍋に入れ火にかけ、すこし時間をおいて酒を入れ、蓋をして五分間ほど蒸し煮にして、貝から身を取り出し、酢みそ、酢の物にして食します。

あげものおよびあぶらのしゅるい〔揚物及び油の種類〕

揚物とは食品を高熱の食用油で処理したもの。大略材料により高低はありますが、温度は一六〇〜一八〇度ぐらい。油は植物油、動物脂と二種に分けます。油では、白〆、胡桃《くるみ》、胡麻、直し油、菜種の油、米糟油、椿油、落花生油、サラダ油、綿の実油、オリーブ油（橄欖《オリーブ》の実油）、マゾラ唐もろこし油、芽油。

脂では、ラード、ヘット、チキンオイル、バター・マーガリンはバターと同じに使用できます。マーガリンは老年者にはむしろバターに無い不可脂肪酸が含まれているのでよいかも知れません。

大略以上の油脂を使って料理を作りますが油は二種混合して使うのもよいことです。

揚物の種類。天浮羅、吉野揚げ、道明寺揚げ、唐揚げ、かき揚げ、精進揚げ、金プラ、銀プラ、七味揚げ、つと揚げ、揚げ出し、雲丹揚げ、抹茶揚げ、磯辺揚げ、泡雪揚げ、さつま揚げ、みどり揚げ、巻揚げ、けんちん揚げ、松葉揚げ、春雨揚げ、カレー揚げ、立田揚げ、魚飛竜頭油揚げ、厚揚げ、梅の実揚げ、チーズ揚げ、イラ粉揚げ、コーンフレクスやミヂン粉を付けたりしてかぎりなく揚物の数はありますので、趣考をして作りたいことです。例えば蓮根やくわい、海産物や小魚の揚げ煎餅など。

あこうたい〔阿侯鯛〕

関西地方では赤穂鯛《あこうだい》。五、六月が旬の魚で、普通にもアコウ鯛といいます。二〇〇m以上の深海に住み、釣り上げると水圧の急変で胃が口内に返転して眼玉が飛び出したりするので眼ぬけの名もあります。色が赤いので赤魚の名もあります。種類には、バラメヌケ、サンゴメヌケ、コウジンメヌケ、などがあります。皮はこわく、身は白、粕漬けにしてよく市販されておりますが、新鮮なのは、さしみ、湯洗い、酢の物、祐庵焼、田麩の材料によいものです。

あごちくわ〔飛魚竹輪〕

山陰地方の名物、彼の地方では飛魚をアゴと呼びます。あごの竹輪、直径三・五㎝、長さ二〇㎝くらい、生姜醤油でそのまま食べると美味しいものです。

あごちゃ〔アゴ茶〕

長崎平戸の郷土料理。あごとは地方言葉で飛魚のこと。その干物を焼いて骨やヒレを取り去り、擂鉢でおぼろのように擂りつぶし、熱い飯にかけて煎茶の熱いのをかけて食べます。あごばかりでなく、他の干物で作るのもよい。

あさくさのり〔浅草海苔〕

昔海苔の本場は鎌倉ですが、それを漉く人がなく、浅草の紙漉きの職人をたのんで漉いたので浅草海苔と呼ぶようになったといわれます。本当は浅草の人の漉いた海苔というのが語源ですが、それがつまって浅草海苔というようになったといわれます。昔浅草には和紙の良いのが生産されたともいわれ、なお一説に、昔は浅草まで海岸であって海苔を産したともいわれます。海苔は強火で片面焼くとよろしい。両面から焼くと沃度を破壊されますから気をつけたいことです。

あさくらさんしょう〔朝倉山椒〕

但馬の養父郡朝倉より産出するのでこの名があります。この山椒は葉が大きく刺がなく、果実が普通の三倍もあり、辛さが強く香気も高いので有名です。

あさげ〔朝食〕

朝食のこと。奈良朝、平安時代は一日二食でした。朝はあさげ、夕食はゆうげ、といっていました。朝は八時頃、夕食は二時頃であったと聞き及びます。

あさつき〔浅葱・糸葱〕

胡葱ユリ科多年草本、和名アサツキ、別称センボン分葱《わけぎ》、せんぶき、ねぎ類で最も細く葉は筒状。山野に自生していたものが現在は栽培され刺身のツマや薬味に多く使用されます。地下の鱗茎は味がニンニクに似ていますが辛味が軟らかく、生のまま味噌を付けて食べても美味です。疲労回復の効果があるといわれています。

あさつきとは普通の葱より色が浅いところからこの名があります。

あさづけ〔浅漬〕

大根漬けの一種。大根を弓形になるくらい干して米糠、塩で漬けたもの。所により麹を混ぜて漬けることもします。又、早漬けともいい、材料に塩をして漬け一日二日で食べるもので、歯ざわり、風味を楽しみます。青葉は一度熱湯を通して漬けると青臭《あおくさ》みがなくてよろしい。

あさひがわ〔旭川〕

岡山の名菓。岡山平野を流れる三川の一つに後楽園の外を流れているのが旭川。この川の清流風情に因んで生れたのが旭川です。水色に白と桃色を重ねた打ちもので、四角に切った上品な菓子です。松江の山川と並ぶ名菓です。

あさり〔浅蜊〕

ハマグリ科、浅い砂地に住みます。殻の表面に布目の刻線があり、色、文様《もよう》に変化の多い貝です。砂地を掻きあさって取るのでこの名があります。季節は晩秋から春の雛祭りまでが旬です。夏の内は繁殖期に入るので中毒のおそれがあります。料理では、清汁、味噌汁の種、酒塩で蒸煮、むき身にして乾した串あさり、揚げ物、浅蜊飯、茹でて和え物、時雨煮と多様に調理されます。

あじ〔味〕

味といってもどうして味と呼ぶようになったのかは浅学の私には知る由もありません。文字では口未《くちいまだ》と解することができるかと思います。これは味というものの難かしさを表わしているような気がします。甲は美味しくても乙にはまずいと感じる場合もよくあり、人、一人一人味覚の相違のあることはご存じの通りです。ですから動かすことのできない味はありえないということになりそうです。それはそれとして一体名称というものはいつの頃から付け始められたのか疑問をもつ者ですが、古い昔からのことですからその由来を知る由もありえないことです。

文字はその物事に、名称ができてから作られたことでしょう。古代文字の大研究者黙鳳《もくほう》先生はその物の形を文字として書かれています。

さて味は俗に五味といって、甘味、鹹味、酸味、苦味、渋味、ということになりますが、私は更に今一つ後味を加えて六味にせよといっています。即ち食べての後更に又食べたくなる味があってこそ始めて本当に美味しい食べ物だということです。その上直感の味覚ばかりでなく、嗅覚、視覚、触覚、聴覚の五感等にも気を使い、後味のあるものを作るべく心したいことです。

あじ〔鯵〕

海産硬骨魚類アジ科に属する魚の総称。マアジ、ムロアジ、マルアジ、シマアジ、カンパチ、など種類は五〇種類もあります。両側のセイゴ（竹筴）というトゲ状のかたい楯鱗《しゅんりん》のあるのが特徴です。鯵の字を魚扁に参と書くのは、三月から漁期に入り、そして美味しくなるところから鯵の字をあてるようになったとの説です。この鯵には年に三回旬があり、春夏秋ですが、春と秋は多量に獲れて量適の旬であり、夏はうまさの旬です。鯵は味の転化語だといわれるように、何にしても美味しい魚です。従って万能選手で、新鮮なのは刺身によし、たたき、酢の物、塩焼、煮肴、揚げ物といろいろに調理されます。

あじかも〔味鴨〕

渡り鳥、野鳥等の一種。鴨の種類は大変数の多いものですが、その内一番美味しいので味鴨の名があります。別名巴鴨ともいいますが、これは頰に巴形の毛模様があるからです。味鴨とは「味よい鴨」の意で、その味による名称です。すでに万葉時代は重要な蛋白源でもあって賞味されたようです。従って万葉集に味鴨の歌が数首あげられています。阿知乃《あちの》須牟須沙能伊利江乃《すむすさのいりえの》　許母理沼乃《こもりぬの》　安奈伊佉豆加思《あないきづかし》　美受比《みずひ》佐爾指天《さにして》があり、大意は味鴨の群住む須佐の入江の隠沼が周囲から隠れている、そのように心がふさいで晴れないということです。須佐の入江は愛知県知多半島の南部豊浜の須佐湾であるとされています。その他安治可麻能《あぢかまの》（味鴨のこと）可家能水奈《かやのみな》刀爾《とに》　伊流思保乃許氐多受久毛可《いるしほのこてたすくもか》　伊里氐爾麻久母《いりてぬまくも》　があり、加家の湊は知多半島の北部、太田川南の低地がその跡であるとされています。何れにしても本鴨、即ち真鴨は大身に獲てよろしいが、本当の鴨の味は小形のにあります。従って味鴨は小形です。

あしたば〔明日葉〕

伊豆大島や八丈島に自生する草で、うどに似ていて、若葉を食用にします。放牧の牛がこれを食べると、翌朝には元どおり若芽が出ているところから、あした葉、と付けられた名称といわれます。油炒め、和え物にして食します。大島では土産にこの佃煮が売られています。この葉は少し長く茹でて、水につけておき特有の香りを去った方がよろしいでしょう。

あじのさんが〔鰺のさんが〕

海水浴で名高い舘山は釣場としても有名で、四季を通じてにぎわいます。この地方は鰺の良いのがとれます。漁師たちが思いつきで作り始めたのが、鰺のたたきと「さんが」です。いかにも海浜の素朴な趣向で、とりたてのアジの頭や臓物、中骨を取り去り、たたき切りにして味噌を混ぜ、更によくたたき、これに葱や生姜を切り混ぜて木の葉に包み、金網の上で焼いて飯の菜、酒の肴にします。一風変った味がよろこばれます。季節にはふきの葉で包むのも香りがあってよいことです。

あじめどじょう〔味女泥鰌〕

中部日本の河川上流部にしか住まない珍種、最大の生息地は木曽三川。十年ほど前漁獲制限を緩和したので乱獲がたたり、今や危機に直面しています。普通の縞泥鰌より少し小さく体長三〜九cmほどの細身の川魚です。縞泥鰌は水性昆虫を主食にしますのに対し、あじめ泥鰌は鮎と同じように川石につく硅藻を食べるため唇が厚く、半月状の吸盤ようになっているのが特徴です。飛驒一宮、水無神社の神の使いとして保護されてもいます。和名では昔からあじが良いので、その名ずばりの味女泥鰌といっていいます。焼物や佃煮は酒の肴に珍味としてもてはやされていますが、無制限の魚獲は許されず、九月から翌年四月末までは産卵期のため禁漁保護されています。この魚を新種として世に出したのは丹羽弥（ひさし）理学博士です。昭和天皇も御旅の折り御召上りになり、大変およろこびになった曰くつきの魚です。

あしらい

主材に添えて盛り合せるもの。

あすかなべ〔飛鳥鍋〕

大和橿原地方の飯料理、牛乳とスープを合せた汁で材料を煮て卵醤油で食べます。牛乳は一三〇〇年ほど昔、第三六代孝徳天皇の御代、唐からの使臣、善那という人が今でいう練乳によく似た酥《そ》という乳製品を大和飛鳥都へ持参して、天皇に献上、天皇はこれを賞味したとの伝えがあり、善那はその結果大和薬使《くすし》の臣という称号をもらい、大陸からつれてきた牛を宮中で飼ったといわれます、畝傍山を西北に望む橿原というところは、大和朝廷の発祥の地、推古天皇の御代には多くの唐人が帰化、その食生活などもすすんだ文化を示し、その一つにひな鶏を去勢飼育し、柔かくうまい肉を作り出し、その珍味を貴人たちが食べたことでしょう。その由来により生れたのが飛鳥鍋です。牛乳六%、スープ四%、食味は卵醤油、生姜の絞り汁、七味唐辛子、卵はヨード卵といって、餌《えさ》にヨードやその他の有効成分を混ぜた持殊飼料で育て、産ませた卵です。材料は鶏肉、春菊、笹がき牛蒡、生椎茸、もやし、白菜、生麩、糸こんにゃく、雁《がん》もどき、豆腐、ひもかわなどで、煮ながら食べます。

あたま〔頭〕

焚合せなどの主になる材料。例えば、かも、酒煮海老、鶏、いか、あわび等々。

あちゃらづけ〔阿茶羅漬〕

阿茶羅漬けとは昔は中国及び異国人をアチャラの人と呼んでいますので従って中国風とか、ペルシャ風の味に漬けたものをアチャラ漬といいます。酢に、塩か醤油、砂糖、煮出し汁少量、一味と混ぜた中に種々の野菜を漬けて作ります。材料は、茄子、干大根、昆布、胡瓜、生姜、木くらげ、蓮根、うど、牛蒡、等々四季折々のものを漬けます。魚類では小魚を焼いて漬けたり、焼いたものを更に揚げて漬けたり、空揚げにしたりして漬けます。

あづき〔小豆〕

マメ科の一年生栽培、暖地を好みますが成長が早いので現在では北海道が主産地になっています。種類は随分沢山ありますが料理では大納言ということになります。昔から小豆を祝い事に使いますがこれは貧乏神がきらうという言いならわしがあるからです。これに使うには一晩水に浸して火にかけ沸騰したら湯を新しく替えシブ切りをしてシワができたら水を差し、これをくり返してシワが寄らなくなったらそのまま中火で茹で、柔らかくしてから使います。小豆を二つに切ったのを萩の花といいます。料理では小倉煮、一口椀の種、糝《しん》薯《じょ》に混ぜて萩の花くづし、懐石の汁の実等々に使います。白小豆もあります。近江の一部、岡山備中の一部ですがこれは極上等の和菓子に使います。小豆も上等なのは丹波や備中産です。アヅキの名は、赤粒木の略称といわれます。小豆を食べると小豆にはビタミンＢ１、蛋白質、炭水化物、カルシウム、鉄などが豊富なので、便秘、利尿、解毒、脚気に特効があります。

あづきな〔小豆菜〕

小豆の香りのある山菜。飛騨高山あたりでよく和え物に料理されます。時には佃煮にもします。これは植物図鑑、広辞苑にも出ていません。

あづきはっと〔小豆法度〕

岩手の郷土料理。小麦粉に塩水を加えてこね、きしめん風に切っておく。小豆は柔かく茹でて黒砂糖で味を調えた中へ先の麺を入れて煮ます。熱い内に食べますとあまりに美味しいので昔は藩主以外は食べられず御法度になったところからこの名があります。これには漬物が必要です。

あづけどっくり〔預け徳利〕

懐石に出す徳利。懐石なかばに預け鉢で充分お酒を召上っていただく度に出します。従って客の顔ぶれを見て大小の徳利を選んで使います。備前、粉引、志野、織部、唐津など沢山の種類があり、金襴《らん》手、祥瑞《しょんずい》、古九谷などもあれば使いたいところです。

あづけばち〔預け鉢〕

懐石道具の内の一種。お進め鉢ともいいます。預け鉢とはお客様にお預けして取り廻しをしていただくのでこの名があります。現在では焚き合せ物、和え物などの二種類ぐらい出しますが、お酒のお好きな方には塩から類もよいでしょう。強肴《しいさかな》ともいいます。このお預け鉢は料理によって、赤絵、志野、織部、青磁、唐津、夏なればガラスと前後の器の取り合せによって考えます。

あつむぎ〔熱麦〕

熱くして食べる麺類、冷麦に対しての言葉。

あつめじる〔集汁〕

いろいろの材料を使って作るからこの名があります。骨董《あつめ》汁《じる》とも書きます。室町時代の礼法家小笠原備前守政清が永正元年（一五〇四）に認《した》めたとある文書にその名称が出ているから、もっと古くからあったかも知れません。天正年間安土城の献立には、いりこ、串あわび、麩、椎茸、大豆、あまのり、とあって使用材料があきらかになっています。更に江戸初期刊行の、『料理物語』には、「あつめ汁、中味噌だし加へてよし、またすましにも仕候、大根、牛蒡、芋、豆腐、筍、串鮑、いりこ、つみいれなど入れてよし」その他いろいろと明示されてあります。式三献などの正式饗応には必ず使われたようで、のちには五月五日の端午の節供の用となっています。

あつもの〔羹・臛〕

料理の一種。熱い汁物料理、材料が精進の場合は、羹の字を書き、魚肉を使った折には臛の字を書きますが訓は同じでアツモノとよみます。

あつやき〔厚焼〕

玉子に擂《す》り身を擂り混ぜ調味して焼いたもの。口取用に多く使用する料理。玉子八個、擂身二〇〇g、小麦粉大匙四杯、砂糖大匙四杯、塩小匙二杯、以上を擂り混ぜ中温の天火で焼いて作ります。天火の熱の当りに不同がありましたら焦げ目の付いたところへボール紙でも切ってのせ、むらのない焼色に作ることです。最後に味醂を塗って更に天火に入れ艶出しをします。味醂を塗った上にけしの実をふりかけ松風にすることもよいでしょう。

あてしお〔当塩〕

材料に塩をすること、特に魚類に多くいたします。塩をしておくことによって水分を去ったり、旨味を増したり、身がしまったりして料理上効果が多くあります。

あとり〔花鶏・燕雀目〕

雀科の野鳥。今は禁じられておりますが自由な時代は鳥屋《とや》といって小鳥をカスミ網で獲る山小屋があり、ここで獲れる小鳥は大体、つぐみ、あとり、しない、でした。こうして獲ったのを山小屋で焼いて食べたことを思い出します。あとりはつぐみよりやや小さく骨が軟らかで美味しい鳥です。骨たたきして椀種には良いものです。然し今は昔がたりになってしまいました。

あなご〔穴子〕

種類では、マアナゴ、ギンアナゴ、ゴテンアナゴ、クロアナゴ。この魚は日中おおむね穴に住み、夜になると活動し始めます。日中穴に住むのでこの名があります。クロアナゴは二kgにもなり、ゴテン穴子は目の後にある濃い茶色の点が昔の御殿女中のマユズミに似ているのでこの名があります。目が白いので目白の名もあり、料理では、照焼き、焚き合せ、鮨種、揚げ物、蒸し物、椀種、干物、等々と使い途の多い魚です。煮る場合よく茹でるのが美味しくいただくコツです。

穴子の本場は幡州高砂。ここでは「穴すき」といって、味醂、酒、醬油、砂糖と合せた中に一〇分ほど漬けておき、普通の鍋物のように煮ながら食べます。穴子は年中味が変わらないので料理の材料として重宝なものです。

あなごずし〔穴子鮨〕

鮨の一種。すしわくに鮨飯を詰め、その上に焼いたり、煮たりした穴子をつけ、強く押して取り出し、切ってタレをつけたもの。何れの地でも作りますが、大阪や明石あたりが有名です。

あなごめし〔穴子飯〕

佐世保の名物。松僖軒のが美味です。題字の如く穴子を焼いて、味飯の上にのせたもの。

あなごりょうり〔穴子料理〕

アナゴは鰻に似ているので海鰻の称もあります。クセがないので種々の料理に使われます。蒲焼き、鮨種、穴子飯、天ぷら種、焚合せ、八幡巻。穴子を煮てわさびをきかせ、のり巻にしたものなど酒の肴によろこばれます。穴子を煮る場合はよく茹でることが穴子を柔らかくし、しかも美味しく食べるコツです。茹で方がたらぬと堅くていけません。

あなだこ〔穴蛸〕

常に岩穴に住むのでこの名があります。手足の長い小形の蛸、小さい蟹など好んで食べるので、干潟の砂地に時折、皿状に砂をよけ、丸く陣取って蟹を求めているさまを見受けます、洗ってさっと茹でて適当に切り、生姜の千切り、酒、醬油、砂糖で煮て食べるのもよいものです。

あひる〔鶩・家鴨〕

雁鴨科の水禽。もとは野鴨であったのを飼いならして家禽にしたものです。俗に間鴨とも呼びます。鴨の代用として調理されますがこれは夏の食べもので、昔は中風の予防になるといって食べたものです。このアヒルを首から骨その他を全部取り去って、この中へ他の肉や卵の茹でたものを入れて蒸し焼きにした料理もよくやったものです。

あぶせり〔油芹〕

油揚げのすきやき。すきやきと同じ割り下で、厚揚げ、芹、糸こんにゃく、生椎茸、ねぎ、春菊などを煮て、溶き卵を付けて食べます。肉より淡泊なので案外とよいものです。

あぶってかも〔炙って咬も〕

福岡県地方の特産、スズメ鯛のこと。海岸近くの岩礁に住む魚で一〇cmくらいのを塩漬けにして、これを丸のまま焼いて、その場で食べることをいいます。

あぶら〔油〕

油は俗に液体のを油といい、固形のものを脂といいますが、化学上からは両者とも脂肪といいます。料理の上では植物油と、動物性油と二つに分けます。何れにしても油はよく精選された物が良いのはいうまでもありません。そして野菜や魚類を揚げるのには植物油がよく、肉類の処理は動物脂が適します。時には二種類混ぜ合せて使用することもよいことでしょう。かりに白〆と胡麻油と半量づつにした場合、ほとんど胡麻油と変らないものになります。俗に胡麻化すという悪い言葉はここから出たなどといわれるほどです。何れにしても油はさらっとした癖《くせ》のないものを選ぶことです。油の種類では

「太白」胡麻油を最もよく精選された油。

「胡麻油」胡麻を炒って絞って製造した油。香り付けに使用する油。

「白〆」大豆の油。一般に使用する油。

「榧《かや》の油」かやの実から採った油。揚げ物に最適。

「落花生油」落花生から採った油。揚げ物に最適。

「米糟油」案外かるく揚がって揚げ物によろしい。

「直し油」菜種から取った油。生揚げ、飛龍頭、油揚げなどはこの油でないと、油揚げの味がでません。

「椿油」椿の実の油。実にかるく揚がって結構ですが高価なことところに難があります。先年大島へ招かれ、椿油で揚げたものをいただきました。今だに思い出されます。

「サラダ油」綿の実の油。揚げ物にもよろしいが、塩蒸しの煮物や蒸製品を漬けておく用にも使います。

「オリーブ油」橄欖《かんらん》の実から取った油。揚げ物または油漬けに使用します。

「マゾラ油」唐もろこしから取った油。

「ひまわり油」向日葵から取った油。日本ではあまり使いません。ソ連やヨーロッパが原産地ですが、これにはロウ分を含んでいますので取りのぞかねばなりません。

「ヘット」牛の脂。

「ラード」豚の脂。

「粉末油」ビタミンA・D、を含んでいるのが普通です。卵料理、汁物、パンやケーキに使用すると都合のよいもの

です。

「ショートニング」サラダ、菓子用に使います。

「バター、マーガリン」肉や魚、野菜炒め、パンに付けて食べますが、三十歳過ぎた者にはむしろマーガリンの方がよく、バターに無い、不可欠脂肪酸が含まれており、栄養も強化されています。

油は使ったのち、漉して口の小さいものに入れて空気にふれないように始末をします。空気にながくふれると酸化して、揚物をする時泡だってきます。酸化を防ぐには抗酸化剤もあります。

現在油は、日本農林規格があって、何れの油もよくなってきました。精製の足りない油は原料の嗅いがあってよくわかります。

椿やオリーブ油などの最高級品は、不乾性ですからそのまま置いても変質しませんが、その他の油は半乾性ですから空気にあてると変質します。

あぶらあげ〔油揚げ〕

豆腐を切ってよく水を去り揚げたもの。もっとも普通の豆腐と違い、油揚げ用に作った豆腐から作ります。油揚げは中国から留学僧が習って来たもの です。「油揚の仕方四百八十寺」の句や「南朝四百八十寺、多少楼台煙雨中」などの漢詩もありそれと知られます。豆腐類をあげた、生揚げ、飛竜頭などはよく茹でて油抜きしてゆっくり煮るのが美味しく食べるコツです。

あぶらぬき〔油抜〕

材料の油を抜くこと、油揚げ、生揚げ、飛竜頭などに熱湯をかけたり、時には茹で、余分の油を抜くこと。

あぶらふ〔油麩〕

古書にあぶらふと書いてあるのは生麩を油で揚げたもの、現在でいう大徳寺麩のこと。

あべかわもち〔安部川餅〕

静岡安部川の名物、餅に黄粉をまぶしたもの。家康が安部川周辺巡視の折り差上げたところ大変賞味され、この名は何というのかと問われたのですが、突然なので金《きん》な粉餅とお答えしたとのことです。それは安部川上流に当時金山があり、それを思いつきお答えしたとのことです。その後安部川畔で作るので安部川餅と呼ぶようになりました。

あぼうきゅ〔阿房宮〕

食用菊。青森三戸郡の特産。大輪の黄花で香気の高いもの、酢を入れて茹で、和え物、酢の物のあしらいに使います。これを乾燥させて菊海苔として売り出されております。熱湯を通してほぐして使いますが歯ぎれの良いものです。
阿房宮とは即ち秦《しん》の始皇帝が即位の三十五年（前二一二）上林苑に造営されその当時一万人も入れる宮殿、遺跡は陝西省西安府長安県の西北渭《い》水の南にあります。この菊はその宮殿のように立派であるのでこの名を付けられたのでしょう。

あまさぎ

山陰松江地方の方言。わかさぎの異称。

あまざけ〔甘酒〕

一夜酒ともいう。醸《かも》して（穀類を蒸し麹にして水を加え、熟させて、酒、醤油、味噌などを作る。）一夜で甘い酒味になるのでこの名があります。この甘酒は神代からあったようです。行商されるようになったのは室町時代からといわれ京阪ではもっぱら夏の夜のもので、江戸では冬のものとなったのも人種と気質の違いによるのでしょう。甘酒の銘に三国一というのは書紀神代巻に、天孫木華開耶《このはなさくや》姫《ひめ》は富士浅間社の祭神であるところから富士山に縁《えん》のある三国一、又は白雪醴というようになったといわれます。後には三月三日の白酒代わりに使ったり、飲むばかりでなくべったら漬け、芥子漬け、魚を漬けたり料理にも種々と使うようになりました。甘酒を早作りする場合、土鍋に湯を入れて沸騰させて殺菌《さっきん》をしておく。米カップ二杯半を軟らかい飯に焚き、熱い内に砂糖少し入れて攪拌して米麹《こめこうじ》カップ五杯をよくほぐして入れ混ぜ、殺菌した布巾二、三枚掛けて蓋をして布団《ふとん》の中へ入れておくと一夜で甘い美味しい甘酒が出来上ります。これを湯でうすめ温めて飲みます。若し酸味が出たら重曹を少し入れ混ぜて下さい。中和して酸味が消えます。

あまず〔甘酢〕

酢、塩または醤油に砂糖を甘味に混ぜ合せたもの。野菜の酢の物、もづく、ところてん、などに使います。

あまずら〔甘葛〕

千歳藁。日本古代の甘味料。深山に自生する鬼蔦、蔓液に甘味をふくんでいて、松や杉にからんでいますが、地上三〇cmくらいのところから切断してこの切口に容器を受けておくと点々と滴りたまる液汁が蜜のように甘く、従ってこれを甘味料に使ったものです。

あまだい〔甘鯛〕

グヂ、興津鯛。頭が円錘形、即ち頭がつるりとした様が尼さんの頭に似ているところからこの名があります。もっとも有名なのは若狭グヂです。料理では祐庵焼き、味噌漬け、一塩、揚げ物、蒸し物、昆布〆にして向附と多様に使用されます。これには白皮と赤皮との二種あり、白皮を賞味します。最近では山陰の小伊津で良いのが獲れ、この港は一村が甘鯛一筋の魚港、出荷地は京阪。

あまちゃ〔甘茶〕

虎耳草。土常山。ユキノシタ科の落葉灌木で近江の伊吹山その他に自生するが、畑にも栽培されます。葉を乾燥させて煎じて甘茶として飲みます。昔から仏誕会即ち四月八日、釈迦生誕の日に各寺院でこの甘茶を作り参詣者にあたえます。糖尿病者の甘味に、駆虫の薬効に飲む人もあります。

あまな〔山慈姑・甘菜〕

ユリ科の多年生草本。ムギクワイ、トウロウバナ、マツバユリなどの異名があります。紫黒の皮でクワイによく似ておりますが、越後地方の山間で採れ、これを酢漬けにしたのをいただいたことがあります。一寸歯切れのよいものです。

あまなっとう〔甘納豆〕

豆菓子の一種。小豆の他各種の豆を甘く煮て白砂糖をまぶして作ったもの。

あみ〔鮮・醤蝦〕

えびの形をした小さな節足動物。体長は一㎝くらいで透明、湾内または潮の入る湖に産します。春獲れるのを春アミ、秋獲れるのを秋アミといいます。佃煮や塩辛にしたり、厚く海苔状にして干したのもあります。干したのは焼いて醤油を塗って更にさっとあぶって食べます。

あみあぶら〔網脂〕

フランス語で、クレビネットといいます。牛や豚などの内臓の回りについている網状の脂肪、包み焼き料理に使用します。

あみのしおから〔小海老の塩辛〕

伊豆の伊東地方、広島あたりで造られる極小さい海老の塩辛、大根卸しや三杯酢で頂くと酒の肴によいものです。空炒りして飯の菜にもなります。あみはエビ型甲殻類、淡水、淡鹹水、鹹水と棲息場所によって種類が違います。また季節によって異ったのが獲れ、春夏に獲れるのが春アミ、秋冬に獲れるのが秋アミです。佃煮にしても美味しいものです。

あみやき〔網焼〕

脂の少ない肉を三㎝くらいの厚さに切り、網の上で炭火で焼き、醤油、大根卸し、卸し生姜などで食べる料理。松坂の和田金では別に作ったたれを付けて食べさせます。喰味は好みでよろしい。

あめ〔飴〕

澱粉または澱粉含有料の多い、糯米《もちまい》、糯粟《もちあわ》、粳米《うるちまい》、玉蜀黍《とうもろこし》などを麦芽で糖化させた甘味料粘質の食品。料理では飴煮、または甘露煮などの照り出しに使います。より大きく利をねらって飴をなめさすなどの言葉もあります。

あめふらし〔雨虎〕

後鰓目に属するウミウシの一種。背の面に強靱な黄褐色の殻があり蝸牛状で海中を泳ぎます。四〜七月頃透明な膠質物に包まれた黄褐色の卵を産みますが、これをウミソウメンといって食用にされます。

あめんぼう〔飴ん棒〕

駄菓子の一種。江戸時代からあるもので田舎のおまつり等の時によく売られておりなつかしいものです。何処を切っても人の顔が出てきて楽しいものです。

あも〔餡餅〕

大津、叶　匠寿庵の名菓。この家は有名人からの注文も多く、主人は菓子一筋の人。これあってはじめて今日の発展があったことでしょう。あもは柔らかい餅の上に、小豆の美味しい餡をたっぷりかけた長さ一九cm、幅六cmほどの箱に詰められています。あもとは餡と餅の意です。この家の玉手次《たまだすき》も干菓子代りに美味しいものです。干菓子の美術工芸作品は日本的に知られている匠寿庵です。

あゆ〔鮎〕

水清ければ魚住まずといいますが、鮎はその反対に清い流れの川に住みます。『古事記中巻』に、「息長帯比売命《おきながたらしひめのみこと》（神宮皇后）三韓征伐の時筑紫（今の九州）の末羅県《まつらのあがた》の玉島里に到り坐して、この河の辺に御食したまひし時、四月上旬に当りき。爾に其の河中の磯坐して御裳の糸を抜き取り、飯粒《いいほ》を餌になし、其の河の細鱗魚を釣りたまひき」とあり、即ち鈞をして戦勝を占ったのでその後アユの字を鮎と書くようになったとの説です。

宮地氏の著書『アユの話』には「神武天皇東征のおり大和の丹生の川上で厳瓮《いっべ》（かめ、つぼ）を沈め、浮き上ったアユで吉凶うらないをし、八十梟師《たける》を平げたことにより勝軍のシンボルとして天皇御即位の礼の時用いる万歳旗に一個の厳瓮《げんおう》（かめ）と鮎五尾が縫《ぬい》取りになっている」といわれておりますところから鮎は吉兆の魚ということが伺い知れます。アユの古称は、銀口魚、細鱗魚、河喩、安由、河由、渓鰮、香魚、年魚といろいろに書かれてあります。

鮎は何度へ行ってもこの地のものが日本一だという妙な魚です。その内最も美味しいのは岐阜の長良川の産のように思います。それは水質が良く、石に付く硅藻が良いといえそうです。鮎は水垢《みつあか》、(即ち硅藻《けいそう》、監藻《らんそう》、緑藻)を食べて成長します。稚魚の内はプランクトンのような微生物が常食ですが、成長するに従って硅藻を食べます。夏の内は流れを上る一方で秋風がたち始めると下る一方になり、この頃落ち鮎といってヤナで取ります。落ち鮎になると雌は生殖線をもち(腹に赤い色が横に現われる)、下って川と海の境で産卵をして一生を終ります。只今では自然のものは少なく湖産の稚アユを放流いたしますがこの方が成魚になるのが早いといわれます。鮎の料理は塩焼きを第一とし、酢の物、お鮨し、揚げもの、干物、雑炊、魚天、落ち鮎は煮浸しが通人には常識とされます。

鹿児島県の池田湖はカルデラ湖であるため二、三年の鮎がかなり住んでいるといわれます。湖産の鮎は縄《なわ》張りを持つ性質が強いので友釣にはよいとされております。鮎も天然物はまれで脂の多い養殖物となり食味には淋しくなってしまいました。

あゆがし〔鮎菓子〕

焼皮を鮎の形に作り、中に求肥を包んだもの。季節にはどこでも売られています。

あゆかすづけ〔鮎粕漬〕

岩手県花巻の名産。猿ヶ石川の鼻曲り鮎を、塩漬けにして二日間ほどしてのち、酒粕に漬けたもの。長時間漬けたものが美味です。

あゆのぎょでんやき〔鮎の魚田焼〕

鮎を素焼きにして魚田味噌を塗り一寸焼いて使います。落ち鮎などよく魚田焼きにしますがそれは身が不味《まず》くなっているからです。

あゆずし〔鮎鮨〕

鮨の一種。鮎を腹開きにして中骨、腹骨を去り、強く塩をして三〜四時間おき、生酢に漬けて一時間くらいおき、これを更に甘酢に漬け替えてのち、鮎飯につけたもの。鮎鮨の名物は岐阜です。

あゆのにびたし〔鮎の煮浸〕

落ち鮎になりますと身が美味しくないので一度素焼きにしてこれを鰹煮にします。先に薄味で煮ておき食べる時更に煮て味を取り直します。煮て汁に浸しておくからこの名があります。

あゆのいみょう〔鮎の異名〕

稚魚を氷魚、菜種鮎、桜鮎と言い、四、五月は若鮎、香鮎(香魚)、鮎、秋風がたちそめる九月から落ち鮎、十月の終りともなれば残り鮎《なご》、さび鮎、年越鮎と呼びます。

あゆのせごし〔鮎の背越〕

鮎の頭を切り去り臓物を取り出し、これを薄く切って塩をしてしばらくおき、酢洗いして、酢みそ、または大根卸しに三杯酢を混ぜたりして使います。大きいのは一寸生酢に浸しておいて使います。

あゆのひもの〔鮎の干物〕

鮎を三枚に卸し酒塩をして一日乾かします。日干しにしても茶料理では一夜干しといいます。

あゆめし〔鮎飯〕

鮎を焚き込んだ飯。米カップ三と二分の一杯、煮出し汁カップ四杯、醤油大匙四杯、味醂大匙四杯、鮎適量、三ッ葉、のり。鮎は焼いておきます。米は先にといでおき煮出し汁、醤油、味醂を混ぜて火に架け沸騰して少し時がたってから鮎を入れて焚きあげ充分むらして、鮎の頭を手で持ち尾の方へ箸で身をこきおろし、飯と混ぜ三ッ葉の二cm切りと混ぜて飯櫃にうつし、食べる時もみのりをかけます。新鮮なれば鮎は生でもよろしい。

あら〔粗〕

魚の身を切り取った残り物の総称です。

あら〔鯇〕

ハタ科の深海硬骨魚。スズキに似ていて鱗が細かく、体は灰色で腹の方が白く、冬期が旬です。刺身にすれば鯛以上です。この身は白でいろいろの料理に向きます。

あらい〔洗い〕

生きの良い白身の魚を捨て切りにして、氷水でよく洗って作ります。鯉や鮒は湯洗いにして魚のくせの匂いを抜くことです。

あらかわのり〔荒川海苔〕

富士の白糸の滝の上流に張るあまのり。青い色のあざやかなもので焼けば香りのよい大判のもの。

あらまき〔新巻〕

塩鮭をわらっとで巻いたもの。昔は新しいわらで巻いて年の暮れに正月の用にと贈ったものですが現在は箱詰めです。新巻きは薄塩ですから薄く切って三杯酢もよし、茶漬け、みぞれ和えにして正月の向附に使うのもよいものです。時には松葉で燻製して懐石料理の八寸に最適です。

尚また岩手県には鯉の新巻きがあります。

あらめ〔荒布〕

海藻、昆布科の褐藻。和布《わかめ》に対して厚く、かつ粗悪の意味からアラメといいます。大体昆布類は寒海で採れるが、このアラメは温暖な海に多産します。ヒジキやワカメに似ていますが、ヨードと含水炭素が多くカロリーに優れております。鮒を焼いてこのアラメで甘露煮にしたものなど特に美味しいものです。

あられ〔霰〕

冬季降るアラレのように小さく餅を切って乾燥させ、香ばしく炒って醬油をからませたもの。このあられはどこの国にもない日本固有の嗜好品です。今からおよそ一四〇〇年前、欽明天皇の御代（西暦五三九）仏教と共に唐菓子として日本に入って来ました。これが我国の菓子の始まりといわれます。最初は貴族間のものでしたが時代が進むにつれ一般化し、正月の祝いや縁起ものとして広く用いられ、やがて正月十一日の鏡開きを行うようになり、かたくなった鏡餅を手でかき取ったり（かきもち）、槌でくだいたり（あられ）して焼いて食べるようになったもので、今日のように醬油味で食べるようになったのは文化文政頃といわれます。商品として専門店まで出来たのは江戸も末期といわれています。

あられがこ

福井県九頭竜川のみで冬季に獲れる魚。カジカの一種で別名ガクブツ、身長一五cmから大きくても二〇cm、姿はオコゼに似ている。大きいのは刺身、煮魚、照焼きも美味、小さいのは焼いて甘露煮が美味。私の食べたのは一月二十日、この頃が旬で腹に子が一杯あって煮て食べてみると、子はタラ子に似ているが鱈より美味、肝も美味です。「あられがこ」とはあられが降ると腹を上にして川を流れ、腹をあられに打たせる妙な性質からこの名前があります。腹をあられに打たせるのは産卵に何か関係がありそうです。昭和十年天然記念物に指定されていますが昔から獲っている者だけは許されています。従って夜中でもあられが降れば、漁に出かけなければなりません。

あられがゆ〔霰粥〕

粥の一種。塩味で粥を炊き、白身の魚を焼いてむしり、粥の中へ入れ、一寸むらして器に盛り、薬味に、もみのり、わさびを使って進めるのもよいものです。

あられぎり〔霰切〕

降る霰の様に切ること。さいの目よりさらに細かく切ったもの。その他餅の加工にアラレ切りがあり、『山名録』『半日閑話』にアラレの記事が多くのっているそうです。

あられざけ〔霰酒〕

味醂に小さく砕いた餅を入れて作ったもの。寛永年間、奈良の猿沢の池のほとりに住む酒造家が、池に霰の浮かんでいるのを見て思いつきで作り始めたものです。これを霰酒と名付けて明正天皇に献上したのが始まりだといわれます。

あられどうふ〔霰豆腐〕

豆腐を三㎜角に切ったもの、味噌汁種に使います。

ありあけわんのかい〔有明湾の貝〕

有明湾は貝類の豊庫です。従って種類も多くあります。平貝（貝柱）、赤貝、マテ貝、あげまきなど。

ありのみ〔梨実〕

梨《なし》は無《な》しに通じるので縁起が悪いので有の実と呼ぶようになった名称です。（中国謎語画題）

ありまさんしょ〔有馬山椒〕

温泉で名高い有馬地方で産するところからこの名がありまず。然し現在ではこの附近では少量しか産しません。

あるへいとう〔有平糖〕

干菓子の一種。語原はポルトガル語のアルフェロアから、アルヘールといわれキリスト教伝来と共にヨーロッパから輸入された砂糖菓子です。現在ではこれに似てきれいな干菓子が沢山作られます。

あわ〔粟〕

五穀の一つ。『古事記』や『日本書紀』にも出ているように古来わが国の重要な穀物でした。私は農家の生れでしたかち年の暮れには、粟餅、きび餅を多く搗いたものです。それは米の助けにするためです。現在ではこの餅も趣好物の一つとなってしまいました。思えばなつかしい食べ物です。粟には、餅粟とうるちとがありますが、餅粟の方が何に使ってもなめらかです。一晩水に浸しておき蒸して使います。魚の上に付ける粟蒸、粟漬けなども気がきいています。

あわおこし〔阿和粔籹〕

九州の銘菓。有馬二十一万石の御用菓子以来の伝統をもち、そのほのかな香気とやわらかな歯ざわりは豊穣な筑後の地にふさわしいものです。

あわせず〔合酢〕

酢にいろいろの調味料を加えて造りますのでこの名があります。参考までにその一例を書き出しておきます。

二杯酢・酢大匙一〇杯、塩大匙二分の一を合せたもの。塩梅と云って味の元をなすものです。

三杯酢・酢大匙一〇杯、塩大匙二分の一、砂糖大匙六杯を合せたもの。

加減酢《かげんず》・酢大匙一〇杯、砂糖大匙六杯、醤油大匙四杯。

絹酢《きぬず》・三杯酢に片栗粉少々混ぜて火にかけ濃度をつけたもの。絹のようになめらかなのでこの名があります。

泡雪酢《あわゆきず》・絹酢に卵白の泡立てしたのを混ぜたもの。

墨染酢《すみぞめず》・泡雪酢にかし昆布（白板昆布）を燃やし、粉にして混ぜたもの。

黄身酢《きみず》・卵黄三個、三杯酢大匙六杯を混ぜて湯煎（二重鍋）にてなめらかに仕上げたもの。

青酢《あおず》・ほうれん草その他青菜を茹で、裏漉しをして三杯酢又は泡雪酢と混ぜたもの。

雲丹酢《うにず》・雲丹を擂り二杯酢または三杯酢と擂り混ぜたもの。

白酢・豆腐の水をきり、二度裏漉しをして三杯酢と擂り混ぜたもの。

その他に、ぶどう酢、土佐酢、みぞれ酢、柿酢、鮟鱇の共酢、ポン酢、たで酢、胡桃酢、胡麻酢、けしの実酢、菊の葉酢、からし酢、等々いろいろあります。酢の物料理は、野菜は甘味に、魚類は塩酸味の少し勝った味に、時には煮出し汁で薄めることも致します。

あわせやき〔合焼〕

焼き物料理の一種。さより、きす、その他身の薄い魚に、挽肉、玉子、チーズなどをはさんで合せ、天火で焼いた料理。

あわづけ〔粟漬〕

材料はコハダ、イワシ、小鯛などがよろしい。何れも三枚におろし小骨を抜き去り、塩を強めにしておき三時間ほど放置してのち酢に三〇分漬けて、別に粟を一晩水に浸してこれを蒸し、冷して材料を交互に重ねて漬け、軽い押しをして一週間後より食します。

あわび

精進料理の一つ。山の芋を卸して、かし昆布（白板昆布）で長く巻き、数ヶ所竹の皮でゆわえて味醂、煮出し汁、醤油、砂糖でゆっくりと煮て、小口切りにしたもの。山の芋を卸しても、煮れば生のものと煮たものと同じようにまとまります。普茶料理の笋羹（季節の野菜を煮込んだもの）などによく使います。それをあわびと呼んでいます。

あわび〔鮑〕

ミミガイ科。鮑は魚でもないのに魚偏であるのはどうしたことか、あわびは合わぬ身、即ち片貝であるため合はぬというところからの語だという人もあります。でも産貝早々には薄い蓋ようのものがあって二枚貝なのですが、数日後片蓋を捨て、海底の石に吸いつきます。鮑には青貝と赤貝があり青がオス、赤がメスといわれていますが、実は俗説で、専門家は正しくは、「マダカ」「オガイ、クロ」「メガイ」貝の三種に大別しています。メガイは他の二種より扁平で貝がほぼ卵円形、殻は赤褐色、オガイはクロまたはアオガイと呼ばれて名の通り黒っぽく形は楕円形、肉はかたくしまっています。

　マダカは以上の二種よりひときわ大きくむっくりと丸みをおびており殻も深く淡い黄赤色、メガイに似ていますが肉が厚く、やわらかで身の表面に大きな斑点《はんてん》のあるのが特徴です。千葉県の大原の海で産するマダカは鮑の最高級品といってよいでしょう。

　外房州や勝浦あたりでは年間五人で五千万円もの水上げをするといわれますが、何分間も三〇mの深さまでもぐって獲るため潜水病におかされやすく、命がけの仕事だと伺がったことがあります。

　鮑の料理では水貝、刺身、鮨種、酒蒸、よく〆めて擂り卸しとろろと混ぜたあわびとろろ、擂り卸して糝薯《しんじょ》身と混ぜて作る鮑糝薯、薄く切って酒炒りするのも軟らかで美味しいものです。蒸してから味噌漬にするのも懐石料理の八寸などに最適です。細く切って薄塩をして、吉野くづをつけ、さっと茹で、吸種や甘酢かけもよいものです。それを鮑のつららといいます。薄く切って、うしお汁も格別の味があります。

　鮑の話では秦の始皇帝の命により中国の徐福が、東海に不老不死の薬があるから、それを求めて来るようにと命を受けてたどり着いたのが紀州の能野浦。ここまで来て鮑を発見、それを食べたところあまりに美味しく、これに魅《み》せられて帰国するのがいやになり、ついに帰化してしまいました。これをみても鮑の如何に美味であることかを徐福が物語っています。

あわびしんじょ〔鮑糝薯〕

材料。鮑殻つき二五〇g、身にして一〇〇gあります。上糝薯擂身五〇g、卵白一個、この全量の一割くらいの伊勢芋の擂り卸したもの、他に炒味醂、塩。鮑をよく塩洗いして卸金で卸し、糝薯身とよく擂り混ぜてのち他の材料全部加えてよく擂り、湯を沸して一部を入れて茹で、硬さや味をみて硬ければ煮出付し汁でのばして流し缶に入れ、弱火で蒸して切って使用します。時には二番だしに薄い塩味をしてこの中で丸くして火を通して使うこともします。

あわびのうにだき〔鮑雲丹焚〕

あわびは塩洗いし、薄くそぎ切りにして、鍋に塩、雲丹を酒でのばして煮立てその中であわびをさっと煮たもの。前菜や口代わりの付け合せによいものです。コツはあまり長く煮ないこと。

あわびのしおむし〔鮑の塩蒸し〕

鮑を殻のまま洗い、塩を殻と身の間にもふって、蒸器に入れ、大根の輪切りをのせて蒸し、殻をはずして切り分けて使います。下ごしらえしたものに塩をして鮑をしめると軟かく仕上りません。大きさにもよりますが時には、五～六分間塩茹でにして殻をはがし、これを五～六分蒸す方法もします。この方が柔かくいただけます。蒸す時大根をのせるのは大根のジアスターゼで柔らかくなるからです。

あわびめし〔鮑飯〕

三陸観光コースの気仙沼の名物。ここの駅では磯の香の高いアワビ飯があります。アワビの煮汁で飯を炊いた弁当です。薄く切ったアワビが七分ほど入っていて、餅米を少々混ぜて炊いた飯ですから腹もちもよく、あっさりした味がうけています。

あわむし〔粟蒸〕

蒸物料理の一つ。餅粟をよく洗って一晩水に浸しておき、十五分間くらい蒸し、材料に薄塩をして、粟にも薄塩で味を付けこれを材料の上につけてむし、そば汁をかけて進めます。材料は白身の魚が適当です。

あわもち〔粟餅〕

越路唯一の名菓と自慢している福井の羽重餅と並び、長さ四cm、幅二cmの粟餅、福井山海堂製がよろしい。

あわもり〔泡盛〕

琉球の酒。粟または砕米の麹と水と合せて発酵させ、これを蒸溜させたもの。年代のたったものほど熟成してよいとされます。

あわゆき〔泡雪〕

あわ雪とは春の雪のことです。そのまま放置しておくとじきに消えてしまうところからです。玉子の白身を泡立器で攪拌してあわ雪のように作るのでこの名があります。

羊羹の一種。愛知県岡崎の銘菓。古事に「名物あわ雪豆腐岡崎東の駅に茶店あり。戸々に招牌をあげて豆腐を売る。その製潔清風味淡白にして趣きあり」と東海道往来のころからこの名があります。これを作るに泡を立てる器は大きめのこと、よく乾かしておくこと、卵黄を入れないこと、最後に塩を少し入れて混ぜておくと泡の消えるのがおそくなります。料理では、泡雪酢、泡雪蒸、泡《あわ》雪焼、泡雪。塩釜焼きは泡雪に塩を沢山混ぜて材料にかけて焼きます。その他卵白揚げ等に使います。
あわ雪の語源は、昔欠町に阿己雪豆腐という美味しいのを売っていたが土産物にならず、これにヒントを得て作り始めたといわれます。俗言に、「欠の阿己雪天保じゃ安い、寄ってお買いよ旅の人」とうたわれたといいます。天保とは天保銭即ち八厘では安いということでしょう。
「貴族賢弊と雖も必ず輿を止めて賞味し給う、東海道旅糧の一好味と謂うべし」と『名勝志』にあります。明治に入り時代のうつりかわりと共にさびれましたが、それを残さんと三代目備前屋藤右エ門がこれを惜み現在の泡雪羹を創作されたものです。白、抹茶入り、小豆入り等が製造されております。

あわゆきあげ〔泡雪揚〕
揚物の一種。材料は揚げやすくするため薄身にします。衣は卵白一個、サラダ油小匙一・五杯、水七〇cc、小麦粉四〇g、片栗粉四〇g。卵白をよく泡をたて、サラダ油を入れて更に混ぜ、手早く水、小麦粉、片栗粉を入れて混ぜこれを衣にして新らしい油できれいに揚げたもの。

あわゆきむし〔泡雪蒸〕
淡雪蒸。蒸物料理の一種。白身の魚に薄塩、酒少々をふりかけておき、これを蒸して、卵白を泡たてして少量の塩、化学調味料、サラダ油少し混ぜてこれを蒸し魚にかけ、さっと蒸したもの。長く蒸すと泡が消えてしまいますので気をつけます。材料に鯛を使えば、泡盛鯛といいます。

あん〔餡〕
御菓子に使うあん。これには俗にいう白と黒とがあります。餡の小豆は北海道産と思いがちですが、極上等の菓子には備中ものが使われます。わけて粒餡はこれにかぎりますが、大衆的には色ばかりで何種類もの豆が使われております。白餡もその通りで、上物には備中白小豆が使用されます。極小さい豆でこれを使う店は何軒もないでしょう。
餡には粒餡と漉し餡とがあります。小豆四〇〇gを煮れば漉し生餡で六〇〇gができます。これに白ザラ砂糖四五〇gと焚き合せて使い途により硬さを考えて焚き上げますが時により塩を少し使うこともあります。若し製餡屋で生餡を買う場合は上中下と三種類ありますからなるべく上等のを買うことです。次に、こし餡として袋に入った粉のを売っております。これを使う場合は一度熱湯に入れてかき混ぜ、ヒナタ臭い味を去り、漉袋に入れて水気を絞り取って焚けば一般の家庭には簡単でよいことでしょう。こし餡一本一五〇g、湯を通して水を絞り取ると四〇〇g、砂糖三〇〇g、水大匙四杯くらい、水で砂糖を煮溶き少し煮詰めて先ほどの餡を入れてゆっくりと焚き上げます。

更に簡単には、こし餡に砂糖を混ぜ、湯を序々に入れて硬さを見計らって焚き上げることもします。

あんかけ〔餡掛〕

料理であんとは、煮出し汁を醤油で味を付け、片栗粉の水溶きしたものを入れて濃度をつけたもの。使い途によって濃くも薄くも作ります。普通には片栗粉で濃度を付けますが本格的には吉野葛を使います。濃いあんは煮出し汁カップ五杯、片栗粉大匙四杯、普通には、煮出し汁カップ五杯、醤油大匙五杯、片栗粉大匙二・五杯、くらいがよろしい。きれいに作るには火を消してから片栗粉を入れて手早くかき混ぜますとなめらかにできます。

あんかけどうふ〔餡掛豆腐〕

豆腐料理の一種。豆腐は適当の大きさに切り、二番だし、塩、片栗粉を入れた湯で茹で、あんを味醂、煮出し汁、醤油、葛で濃い目に作り、豆腐を器に入れあんをかけ、おろし生姜を香辛に使って進めます。薄葛の湯で茹でると、豆腐がかたくならないからです。

あんこう〔鮟鱇〕

アンコウ科の海産硬骨魚。頭、口が大きく、深海に住むため目をあまり必要としないので姿に似ず小さく、尾になるにしたがって急に細くなっています。大きなのもありますが、四kgくらいのが美味しい。この魚はなまけもので、目の上にある二本の竿状の背鰭《せびれ》の先に、餌と見えるようなものが付いていて、これを動かし他の動物をさそい寄せ、居ながらにして大きな口を開いて食餌をとります。これを俗にアンコウの汐時待ちといい、姿は醜いが味は美味です。時には胃袋に獲りたての大きな魚やいかなどが一尾そのまま入っていることもあります。

この魚は骨の他全部食べられますので経済的な魚です。食べられる部分を分けて鮟鱇の七つ道具といって左の七種に分けます。（尾トモ）、（卵巣ヌノ）、（肝キモ）、（胃袋水袋）、エラ、（身柳肉）、黒皮。

鮟鱇はクニャクニャしていて俎板の上では調理しにくいのでつるし切りといって、口骨に紐を通してつるし、口から水袋に水を入れておもみをつけ、両鰭を切り去り、腹を切り開き、エラを切り続いて臓物を全部一応とり出し、次に皮を剥ぎ両身（柳肉）を卸し、ホオ身をすき取ります。次に臓物の内より、エラ、トモ、ヌノ（卵）は布のように薄い長いもの、キモ、水袋（胃袋）は切り開いて黒皮と共に出刃でぬめりを取り、全部きれいに洗い、キモは塩をしてのち蒸し、鍋物では酢の物二杯酢と擂り混ぜ、湯煎でねり上げトモ酢を作ります。残りの五品は熱湯を通して水に取り、冷してこれを使い途により思いの大きさに切ります。鮟鱇汁、あんこう鍋、あんかけ、柳肉を薄く切ってちり鍋、このうち一番美味しいのがヌノです。季節は冬、昔から水戸の鮟鱇鍋は有名で、柳肉に塩をして一晩冷蔵庫に入れて貯蔵し、尾の方へ串をさして耳たぶくらいに張干しにして、薄く切って八寸または前菜、二杯酢に花かつおをかけての前菜もよいものです。これを鮟鱇の「スヂ」といいます。

頼山陽は、華臍《あんこう》魚を食う詩に河豚よりうまいといっています。河豚は口に蜜のごとき言を吐き、腹に剣をもった陰険邪悪な唐の李杜甫のようだ。華臍魚は大宗につかえ喜行直硬の人として知られた魏徴のような感じだといっています。常磐線大津港駅からバスで七分、静かな平潟港が鮟鱇の本場です。ドブ汁即ち土地の味噌汁にあんこうだけ入れて煮た汁が有名です。

鮟鱇は晩秋より九州から良いのが出廻ります。

あんこうじる〔鮟鱇汁〕

鮟鱇の切身、皮、臓物を種にして作った汁物料理。身や皮は一度熱湯を通し、肝臓は蒸して使います。この魚はあますところなく使います。

あんころもち〔餡転餅〕

餅に餡を付けた餅。これをただあんもともいい、滋賀県大津にこのあんもの有名な菓子屋があります。雲門とは餅の異称「雲門胡餅、趙州喫茶」と対称されます。雲門文偃禅師に因み禅院から広まった言葉だといわれ、俗語のアンモはこの訛りだとの説があります。

あんず〔杏・杏子〕

バラ科の落葉喬木。早春白または淡紅色の花が咲き、果実は梅に似ていて大きい。杏は九五％長野県の森で生産されます。始めは医薬用でしたが現在は一〇万本もあり、花の盛りには観光客が三〇万人も訪れるほどです。この森は三〇〇年前藩が植樹されたもので、昭和十年頃から缶詰に多くなされています。

アンチョビー

ひしこ鰯の洋風塩辛。地中海でとれる小さいひしこ鰯の頭や中骨を去り、塩漬けにして鳴門に巻き、オリーブ油に漬けて缶詰になったもの。洋食のオードーブルによく使いますが日本料理にも向きます。

あんのにかた〔餡煮方〕

御菓子の餡を煮る場合、生あん、砂糖二五〇g、水カップ〇・五杯を用意し、砂糖に水を入れ、糸が引くまで煮詰めあんを入れてゆっくり煮上げます。時には先に生餡約半量入れてしばらく煮てから後の分を入れて煮ることもします。この方がサラッとした餡になります。簡単のようですが和菓子は餡の煮方一つで良し悪しがきまるのでむづかしいものです。砂糖は甘味を強く感じないのでグラニュー糖がよろしい。

あんばい〔塩梅〕

昔は酢も醤油もないので海水で味を付けたのですが、後にはこれを乾燥濃化させて塩を作り、梅の実を酸として利用するようになりました。味の始めはこの二品ですから味の代表言葉になったようです。

あんぴ〔あん皮〕

河豚の皮の干したもの。別名鉄皮ともいいます。一寸火取って香味を出し、茹で、もどして酢の物、煮凝りなどに料理します。

あんぷ〔餡麩〕

生麩に餡を包み饅頭形に作ったもの。麩にあんを入れて作るのでこの名があります。多くはあんかけなどにして精進料理に使います。京都の笹巻きのあん麩の美味しさはご存じの通りです。

あんぺいふ〔安平麩〕

京都の二cmほどの丸い焼き麩。汁の種または煮物に使用されます。

あんぺん

蒲鉾の一種。半片《はんぺん》より軟らかいもの。従って崩れやすいので豆腐のように取扱ったといわれますが、現在ではあまり見当たりません。関西でいうアンペンは半片のことです。

あんぽ

甲州名産、干柿の一種。生干《なまかわ》きで大変美味しいものです。お正月の柿膾、菓物代わりに使います。

い

いいだこ〔飯蛸〕

章魚科で近海に住みます。卵巣が成熟するとあたかも飯粒が密集したように頭一ぱいになりますからこの名があります。早春が美味しく墨を取り去ってさっと茹で、味醂醤油で煮て美味しく、酒と塩で茹でただけでも結構いただけます。

いか〔烏賊〕

いかの産地は何といっても北海道ということになります。秋のすみわたった空に縄を張って吊されたいかふすま（烏賊襖）がひる返っているさまは函館ならではの情景です。然しスミイカ即ち真《ま》いかは各地で獲れます。料理としては、刺身、焼く、煮る、和え物、酢の物、揚げ物、鮨だね、干物、いか糝薯、等々使用途の多い料理材料です。さて烏賊の語源ですが、いかにも随分大きなのがあって、口を上にして死んだようなさまをして海上に浮《うか》んでいると烏《からす》はよい餌を見付けたりとこれを食べに行く、それを待ちかまえていて足で烏をとらえて反対に食べるという、即ち烏の賊だからこのように書くようになったといわれます。五島列島の五島するめなどご存じの通り美味しいものです。

いかは石灰質の甲を持っておりますがこれが軟らかい透明なのは柔魚とかくのが本当だともいわれます。いかは北海道ばかりでなく、神奈川県三崎港でも多く水揚げされます。いかは一年が生命で、三崎から北海道へかけて多く獲れ、太平洋のは冬生れて次の冬まで獲れますが日本海では山陰の境港が有名です。年間一〇〇tもの水揚げがあり、この種は去年の秋、朝鮮で生れたものですから、太平洋のものとでは六ケ月も早く生れていますので大型です。季節は夏から秋にかけて多く獲れます。

いがい〔貽貝〕

中部地方以南のきれいな海底に住み、貝糸で岩礁に固定しています。移動する時は足をのばし、もとの足は捨ててしまう変った貝です。古い本には貽貝の鮓などの文字がよくみえます。近来はあまり賞味しませんが、昭和十六、七年ころから東京湾内にふえ、姫貝の名で、酢の物などに使われます。中国では、東海夫人といって珍重します。

いかさし〔烏賊刺〕

いかの刺身のこと。

いかだ〔筏〕

いかだを組んだように並べた姿の料理。盛り付ける器には竹や萩、木曽の木で作ったのもあります。

いかだなます〔筏鱠〕

主として鮎に用いますが鯉、鮒、すずきなどで作ります。材料は細作りにして、柳の葉をいかだのように皿に敷き並べ、その上に作り身をのせます。柳の葉先が、左または向うになるように敷くのが正式です。附汁は酢、塩、炒大豆粉を混ぜて薄ぬたにします。柳の葉を筏に敷くから、この名があります。

いかだばえ〔筏鮍〕

岐阜の名産。昔長良川で筏流しが行なわれ長良橋附近が筏の集積場となって、その筏の影に魚がたくさん寄ってきたのですが、その中で鮴が一番多くその味も美味なので佃煮風にして売られ今日でも伝承されています。筏の影に寄り集まったのでこの名があります。現在では真空包装品も製造されて日持ちがよくなっています。「岐阜だよりあえてうれしきいかだばゑ」、などの句もあります。

いかなご〔鮊子〕

かますごともいいます。イカナゴを、如何児、と書くのは、『東牖子《とういうし》』に、「京摂の俗春の頃カマスゴといふ物を食ふ。山陽四国辺の海浜より出るものなり。海浜の漁人はいかなごといへり。按《あんず》るに如何成子なり。長じていかなる物となれるや不分明なれば、斯《かく》名づけしぞおもはる。片田舎にはみやびたる名なり。」とあるが、これが由来でありましょう。体長は二〇cm程、日本各地の沿岸でとれます。

いかなごのくぎだき〔玉筋魚の釘焚き〕

醤油と砂糖を鍋に入れて煮たて、いかなごをバラバラと入れて沸騰させては次つぎに入れて、生姜の千切りを入れ、汁が半量以下になるまで箸を入れぬようにして煮詰め、終りにはかるく鍋返しをして汁のなくなるまで煮詰めて平皿にあけて急にさまします。このように煮ると釘のように煮上がるので釘煮の名があります。

いかのくろづくり〔烏賊の黒作り〕

北陸の名産。いかの塩辛には、赤作りと黒作りとがあってその内の黒作りです。赤作りとはわたを混ぜて作った物、黒作りはいかの墨を入れて作った物、富山新湊の立野商店製がよろしい。

自製するには材料の水分をよくきり、一割の塩をして器に入れ、毎日一、二度かき混ぜて冷蔵庫に入れ十日程後より食べ始めます。この中へ普通の塩辛を少し混ぜると香りがよくなります。日持ちをよくするには塩を多く使います。

いかのこうじしおから〔烏賊の麹塩辛〕

小田原の名物。いかの塩辛に米麹の入ったもの。この作り始めは昔小田原でいかが沢山とれた時、漬物屋のおやじが一杯気嫌でいかを沢山買ってしまい、さすが漬物屋だからこれを塩辛に作って売り出したところ、塩からくて売れないのでこれに麹を入れてしばらく放置しておいた。すると甘味が添って大変美味しく評判が良いので、その後麹を使って作るようになったといわれます。

いかのしろづくり〔烏賊の白作り〕

塩辛の一種。いかをきれいに洗い、細く切り、塩をして五時間くらい放置しておき、いかの乳（白い卵状のもの）をよくたたき切りして、いかを塩と混ぜて作ったもの。冷蔵庫に入れておき、毎日一回かき混ぜて十日くらい後から食べます。塩加減はいかの一割程度、日持をよくさせるためには少し塩を増すこと。

いかのもち〔五十日の餅〕

平安時代、主として朝廷貴族の間で行われた祝儀餅。源氏物語、大鏡などに、嬰児生れて五十日目に餅をつき、嬰児になめさせる式を、イカノイワイといい、その餅がこのように名づけられました。後世、嬰児を、イカゴと呼ぶのは五十日児の義です。

いかまりゅう〔生間流〕

日本料理の一流派。京都に五十間《いかま》という人があり豊臣秀頼に仕えたが大阪落城後京都で包丁司になっています。鳥魚の包丁さばきをよく行ったといわれます。只今家元を受けつがれておられるのは京都西陣の萬亀楼、小西氏です。

いかめし〔烏賊飯〕

北海道の郷土料理。一名いかのポンポン煮、餅米を一晩水に浸しておき、いかの胴へ六、七分目詰め妻揚子で縫どめしてゆっくりと煮たもの。輪切りにして食べます。

いかものぐい〔悪物喰〕

食物としては如何がわしき品を食うのでいかものぐいといいます。まむし、蜂の子、焼蟬、さなぎ、など。

いぎす〔海髪・髪菜〕

紅藻類のイギス科の海藻。瀬戸内海沿岸その他所々の磯でとれ、乾燥させて貯蔵します。乾燥させたものはやや赤色のもつれた糸状です。これを使うには、三〇分から一時間水に浸しておき、イギス五〇g、水カップ五杯で煮溶き、漉して流し缶に流し入れ、冷しかためて切り、生姜醤油または甘酢に卸し生姜か、わさびを香辛に使って進めます。生のは刺身のツマにも使い、乾燥漂白して糊の材料にも使います。イキスノリ、アミクサともいいます。毛髪様で柔軟、粘りがあり、最初は暗紫色ですが洗い晒して乾燥しますと白色になります。五〜六月が採集期。米の磨汁で煮ると溶解してどろどろになりますがこれを冷却すると凝固して葛餅のようになります。これをイギス豆腐、イギスコンニャクとよび、酢の物、酢味噌で食べます。海藻の香りがあり素朴な味です。

イクラ

鮭や鱒の産卵寸前のを網の上でほぐしながら洗い、飽和食塩水に入れて静かにかき混ぜとり出して水をきり、甘塩漬けにしたもの。イクラとはロシヤ語では魚卵の意味です。

いけじめ〔生〆〕

魚の生きている内に頭へ魚鍵を差して死にいたらしめること。こうすると身の硬直がおそく、身の生きている状態が長く続きます。

いけす〔生簀・生州〕

生きている魚を入れておく水槽や池。又は簀で仕切って魚が外へ逃げないように囲ってあるところ。

いけづくり〔生作り〕

刺身の作り方の一種。昔は鯉を専らとしたが現在では鯛などもこの生作りにして呼びものにする店も多くなってきました。鯉で例をあげれば手早く臓物を取り出し三枚におろして皮を引き、捨て作りにして湯洗いにし、頭付きの中骨を皿にのせてその上に身を盛り付け、波形に庖丁した大根その他のツマを添えて、芥子酢味噌または葵醤油を添えて進めます。

鯉は頭中骨にきずを付けねば相当の時間生きております。更に手を加えれば卸す時鱗のまま身だけ切り取り、これを先のように湯洗いしてよく晒し、骨に身を盛り付け皮を元にもどして一尾ままの姿にして使うこともいたします。山陰松江などの有名な料理になっています。

いけもの〔生物〕

魚の生きの良いものの名称。動かなくとも筋肉が硬直していないで、頭を持てば尾の方がたれる魚。

いこみ〔射込〕

材料をくり抜きその中へ海老やとり肉、挽肉を詰め込むこと。

いざかや〔居酒屋〕

この居酒屋の「居酒」は一説によれば、江戸時代に出稼ぎの職人、人足、浪人などが家へ酒を買って帰らず、居酒致し候、と書いてある店に行って酒を飲んでしまうことから起ったものだといわれます。それ故に居酒屋というわけです。この始まりは元禄以降だといわれ、店先で芋の煮ころがしや、塩を肴に一杯酒を売るようになり、次第に簡単な肴を置く今の居酒専門店に変化して来たのです。何はともあれ居酒屋は庶民にとってなつかしい楽しみな所です。

いさぎ〔鶏魚〕

イサギ科。イサキともいい、初夏が旬です。塩焼、洗い、煮肴に向きます。中京では、うづともいいます。

いさざ〔魦〕

ハゼ科。半透明な硬骨魚。体は細長く八㎝くらい、鱗はなく死ぬと乳白色になるので白魚と混同されがちですが、春先川に上って産卵するところは白魚にも似ています。シラスまたはシロウオと呼ばれるのがこの魚です。生干しのを大根卸し、二杯酢で食べるのも良いものです。

琵琶湖でのいさざは淡水はぜで大きさは六㎝ぐらい、佃煮にして売られています。三〜四月が旬、堅田の浮見堂満月寺門前右側の店で売られているのは、自家製で生臭味がなく、他店のものとはくらべものにならないほど美味しいものです。

いさざまめ〔魦豆〕

琵琶湖北で盛夏八月から翌年の春まで獲れる「いさざ」と大豆を煮たもの。琵琶湖特産の小魚を時間をかけてゆっくりと佃煮風に煮たもので酒の肴によいものです。長浜の多新製が美味しい。

いさな〔勇魚〕

鯨の古語。『壱岐風土記』には鯨をイサという、とあるそうですが、海中で最も大きいのは鯨ですからその勇ましさをいったものでしょう。

いさば〔五十場〕

青森八戸の朝市。ここでは朝早くからいろいろの朝市が立ちます。五十場とは売物の品数から付けられた名称だそうです。この八戸は魚港で名高く、主にいか、鱒、鯖、鰈などが多量に水揚げされます。

この地方の人は働き者で夫は漁師、妻は売子又はするめの加工場と一家揃って働いております。

いさばや〔醃魚・肆屋・塩魚店〕

地方により魚屋までいさばやと呼ぶようになっております。五十集屋と書いて魚商を示す風習は魚類を多く集める意のイソバでそれが転じてイサだという人もあり、漁場《いさりば》または勇魚《いさな》場《ば》のなまった言葉だともいわれます。

いざよい〔十六夜〕

円形のややかけた形に作ること。満月は満《み》つれば陰《かく》るの言葉があるので遠慮して付けた名称です。

いしかりなべ〔石狩鍋〕

北海道の郷土料理。北海道の食物といえば石狩鍋、道産子でなくても先ず第一にあげるものです。本来は鮭鍋で鮭の王者石狩川の鼻曲りを用いた鍋料理です。十勝川で獲れた鮭を利用すれば十勝鍋というように地方名で呼ばれることが多くなって来ました。石狩鍋の誕生は北海道開拓時代、秋になると川の面が銀色に染り、さかのぼって来る鮭はアイヌや開拓者たちの貴重な食べものでした。石狩鍋は大きな鉄鍋か土鍋に昆布だしを取り、鮭の頭も骨も白子も筋子も全部ぶつ切りにして入れ、秋に獲れた野菜をいろいろ加え煮た鍋料理です。この作り方には二通りあって一般料理屋へ行けばほとんど下こしらえをした鮭、貝を鍋に色彩りよく盛って来ます。家庭で作る場合は材料を別の大皿に盛り、鍋に昆布だしを入れ、卓上で煮ながら食べます。具は鮭、大根、人参、椎茸、ほうれん草を芯にして巻いた白菜、豆腐、こんにゃくなどが一般的です。然しこれにこだわらず何でもよいわけです。味付けは醬油の場合もありますが、多くは味噌仕立です。味噌は味醂、酒、砂糖を好みにより混ぜ合せて擂り、わが家の味を出すところによさがあります。

いしかれい〔石鰈〕

ヒラメ科の海産硬骨魚。脊梁に石のような固形体が密着しているのでこの名があります。刺身、煮肴、塩焼その他いろいろの料理に向きます。旬は春です。

いしごろも〔石衣〕

菓子の一種。餡をよく煮詰め、丸めて干し固めて、砂糖蜜を衣につけたもの。保存にたえるので駄菓子屋で多量に作られます。

いしさら〔石皿〕

白地の厚手の皿で大きさは大小各種あります。昔はこの上にて裏漉しをしたり、煮た物を取り上げて冷したりするのに使いました。鉄砂や呉須の淡彩で草花の粗画が描かれている絵瀬戸風な絵のあるのがありますが、これを鍋料理の材料を盛る器に転用すると一寸風雅なものです。

いしだい〔石鯛〕

磯の岩間を好んで棲息し、岩礁釣人の最も人気のある魚です。石の間に住むので石鯛という人もあり、鱗が石のように硬いのでこの名があるともいわれます。この魚は身がしまっていてややかたいが薄切りにした刺身は大変美味しいものです。旬は夏季で、体に七条の横帯があり、口は小さいのですぐ石鯛とわかります。

いしなぎ〔石投〕

スズキ科の魚。この魚の成魚は海底五〇〇mの岩場に棲み、漁獲が少ないので一般にはあまりなじみの薄い魚。この魚の分布は、東北、北海道。北海道では大魚がとれ、体長二m、体重二五〇kgもある魚もあります。石投は春に産卵のため浅海へやって来ます。石投は和名で関東、東北、北陸、和歌山あたりで適用する名称です。熊本ではイシズリ、北陸ではスネヤ、関東ではスギなどの呼名もあります。

この石投の肝臓から良質の肝油がとれたり、腹中の鰾（浮き袋）から膠がとれるので案外人類のために役立っています。然しこの石投の臓物は絶対そのまま食べてはいけないといわれていて、それは中毒を起し、頭痛、嘔吐、発熱するからです。

いしなべ〔石鍋〕

ろう石のような石で作られた鍋。朝鮮でよく使われるので朝鮮鍋の称もあります。温度が平均するので煮ながら食べる料理に適し、石の鍋ですから当然この名があります。

イスパタ

膨脹剤。イーストパウダーを略した言葉です。ベーキングパウダーの一種。菓子の製造に使ったり、天ぷらの衣にも少し入れると衣がカラッと揚がるので使うこともします。

いしもち〔石持〕

石持。ニベ科の海魚。俗にグチともいいますが、釣り上げて握るとグウグウグウと鳴く声がいかにも愚痴をこぼすのに似ているからです。この声は浮き袋から出します。初夏の頃大集団を作って産卵しますが、その時はオスもメスも揃って鳴くのでこれは恋の歌だともいわれています。その時の声は船の上でも聞こえて来るほどです。釣れる所はほとんど外洋の小石まじりの浜です。イシモチというのは頭骨の左右、一対の堅くて大きな白い耳石があるからです、小骨が多いので蒲鉾の材料に多く使います。その他一般には干物にします。分布は東北以南、南日本に多く産します。

いしやき〔石焼〕

即席に川辺で石をかこみ、その中でホダ木をもやして石の表面を熱し、その上へ魚をのせて焼く仕方。釣人や鮎獲りによく行うことです。

いじり、いじる

いかの塩辛の汁。能登宇出津《うしつ》港あたりで使用する調味料。いかの内蔵を塩漬けにして六〜七ケ月貯蔵した汁。一寸変わった食べ物はめがらすのみぞれ煮。いかの口に酒粕、大根卸しを入れていじりで煮たもの。帆立貝を使い、海老や貝類をこのいじり味で煮た貝焼も珍味です。

いじりなべ〔弄鍋〕

雪に埋れた寒い魚村では、いかのひしお即ちいかを二つ三つに切って塩を沢山使って二〜三年漬けておいた汁をいじり又はいじるといい、それを醤油代わりに味つけした鱈料理。この料理には鱈がよく、臓物も全部使い、季節の野菜を具にいして、甘味に干柿を使うのが野趣があってよいとされています。

いずし〔飯鮨〕

北海道の郷土料理。彼の地では、鮭いずし、鰊いずし其他魚なら何でも使います。飯ずしは飯をほどよく冷し、麹と混ぜて樽に薄く敷き、その上に鮭の薄切りをのせ、また飯を入れて鮭と交互に幾重も繰返して漬け込み、その中へ昆布の切ったものや、人参の薄切を入れて早いのは二週間、おそくは三ヶ月ほど経て食べます。主材の魚が発酵して酸味がのり、おいしくなります。春には鰊、秋には鮭で作るのが本命です。

いせいも〔伊勢芋〕

やまの芋の一種。とろろで知られる伊勢芋は、三重県多気郡多気町が主産地で、この芋は一つ所での連作がきかないものです。栽培農家は約二〇〇戸、毎年多くの芋が他県へ出荷されます。伊勢芋はとろろ、山かけ、浮き芋、のり巻といろいろ料理されますがジアスターゼ、オキシダーゼなどの酵素を含んでいるので消化吸収がよく、栄養価も高いため、正月に食べると一年中中風にかからぬと昔からいわれます。それゆえ芋川の著、『芋粥』には「無上の佳味として、上は万乗の君の食膳にさえ上らせられた。」と書かれてあります。

いせえび〔伊勢海老・竜蝦〕

イセエビ科。甲殻類。分布は沖縄、本州、太平洋岸、北は千葉県まで、伊勢地方に多く産するのでこの名があります。別名志摩海老の名もありますがこの地が特に多く産するからです。正月の飾りに賀儀用に使用します。料理では生け作り、鬼がら焼、貝足煮、牡丹海老、揚物、船盛りといろいろに使用します。

伊勢海老の人工飼育は、アメリカ、フランス、メキシコなどで研究されていますが、日本でも神奈川県三浦半島の先端城ヶ島の水産試験場で養殖の研究がされています。伊勢海老は六〜八月に産卵します。交尾後三〜六時間で真っ赤な卵を一匹で十五万粒から七〇万粒産み、メスの腹に抱かれて、ヒロゾウマと呼ばれる体長一・五㎜ほどの赤ちゃんになります。はじめは扁平ですが数ヶ月浮遊生活をつづけ、この間十一〜十三回脱皮して三㎝ほどになります。これをプエルルスと呼び、それから二週間ほどで稚海老になり、それから一年に十回ほど脱皮して三〇gほどになり、二年目に脱皮五回して一二〇gぐらいになり、三年目に三回脱皮して三〇〇gに成熟、メスは二年で一二〇g、満三年で二〇〇g級にとどまります。然し現在のところ養殖では七〜八㎜になると死んでしまい、十五年間も研究し続けてもかくの如くでプエルルスまでに成長せず、養殖の難しさを物語っています。

伊勢海老は西伊豆にも良いものが獲れます。この地は鮑もまた良いのが獲れます。

いせそうめん〔伊勢素麺〕

伊勢のそうめんは歴史も古く手のべの良いのが産出されます。わけても鈴峰などは、五色で見た目にもきれいで、細く、なめらかであってさらっとした舌ざわりは、素麺の本質をよくそなえています。

いせちゃ〔伊勢茶〕

伊勢蔬野地方で産する茶。歴史は古く鎌倉時代からです。山城の宇治、近江、伊勢、駿河、武蔵（狭山）の五ヶ所の銘茶園の一つ。

いせていじょう〔伊勢貞丈〕

故実家（一七一七〜八四）。亨保二年江戸に生れ通称平蔵、号安斎、幕府の寄合旗本で小姓組に入り家学をついで有職に通じ、博覧強記で数百巻の著書があります。従って飲食生活に造詣が深く『貞丈雑記』『安斎随筆』『四季草』などわれわれ食べる者には参考になるものが多くあります。天明四年、六八歳で没しました。

いせどうふ〔伊勢豆腐〕

今はとにかく明治時代の伊勢湾は鯛《たい》が多く獲れたものです。これを擂身にして伊勢芋をつなぎにして現在の糝薯のように作ったものです。現在では高級料理といえましょう。伊勢湾でとれた魚に伊勢芋を使って豆腐のように作るのでこの名があり、鯛の身に伊勢芋、卵白、味醂、塩等で味付けをして弱火で蒸して作ります。

また豆腐の水をきり、伊勢芋のおろしたもの、鯛の身のくづしたものと擂り混ぜ、卵白を加え、塩、味醂、化学調味料で味を付け、折り箱か流し缶に入れて中火で蒸しあげ、椀種、あんかけなどにして使うこともあります。

いそどうふ〔磯豆腐〕

豆腐を奴《やっこ》に切って水をきり、片栗粉、もみのりを付けて揚げたもの。のりは磯の香がありますからこの名があります。

いそのカサゴで口ばかり

名のようにこの魚は頭が大きく身の方が小さいのでこの言葉があります。カサゴ科はなかなか種類が多くアンコ、メヌケもこの科に入ります。アカカサゴ、クロカサゴ等があり煮肴に向きます。

いそべ〔磯辺〕

海苔を使った料理にこの名を付けます。磯辺焼、磯辺煮、磯辺揚、等々。

いそまつかぜ〔磯松風〕

和菓子の一種。材料、粉一〇〇g、ベーキングパウダー小匙一・五杯、塩小匙三分ノ一杯、水カップ〇・五杯、甘納豆大匙二〜三杯。先に蒸し器に水を入れて火にかけ、木枠があればよろしいが、家庭では折箱の底を抜いて蒸器に入れてぬれ布巾を敷いておきます。粉とベーキングパウダーを混ぜてふるいにかけ、ボールに砂糖、水を入れてよく混ぜ、その中にふるった粉を入れてなるべく軽く混ぜます。水と粉がまんべんなく混ざったら、蒸し器の枠の中に流し込み、甘納豆を上にパラパラと振り入れ、蒸し器の蓋から湯気の落ちるのをふせぐため、布巾をあてて二五分間蒸します。蒸し上った布巾の端を持って取り出し、冷して庖丁をぬらして切ります。黒砂糖で作れば黒磯というお菓子になります。黒砂糖の場合は甘納豆の代わりに白胡麻またはけしの実をふりかけます。

いた〔板〕

蒲鉾の料理言葉。板に擂り身を付け、蒸したり焼抜きといって焼いたりして作られているのでこの名があります。上物ほど魚の身が多く板から離れにくいので、他のことわざにも板についているなど、良い意味に使われます。

いたせんぱら

木曽山河、大阪淀川のみに住むタナゴに似た魚。今や絶滅《ぜつめつ》寸前になったので当局者はこの繁殖にやっきになっているといわれます。

いだてん〔韋駄天〕

梵語で寒建駄と訳するそうです。増長天八将軍の一、仏法守護の神であり勝手の神です。その他小児の病魔を除く神としても知られていて捷疾鬼が仏舎利を奪って逃げ去った時、これを追って取り戻したという俗伝から、よく走る神としても知られています。その像は甲冑《かっちゅう》を着し、宝棒を持つと『広辞苑』に書かれていますが私の持っている像は風の袋を背おって行く姿です。普通には韋駄天走り、即ち足が非常に強く、走ることの言葉に使われています。勝手の神としてのことはあまり知られていないようですが、福井県の永平寺の勝手を見学なさった方ならよくご存じのはずで、料理は足を使って材料を選び、加えて手早く作ることだと教えてくれています。

いたどり〔虎杖〕

タデ科の多年生草木。青いうどに似たもの。山野に自生し若い茎の二〇cmほどにのびたのを皮を剝ぎ塩漬けにするか、茹でて四〜五時間水に浸しておき和え物料理に使います。根は薬用にもなります。少し酸味がありますがこれが虎杖の良いところです。茎を折ると音がしますので、スカンポの名もあります。

いたぼがき〔いたぼ牡蠣〕

普通のかきよりやや大形で味は大味。前は天然産でしたが、今はわずかに養殖されております。

いたまえ〔板前〕

調理師の異称。昔は大切な御客様を御招きする時には、俎板を客前に持ち出し、主人又はその道の技術のすぐれた者が俎板の前に座して調理し、実際の調理法を示すのが礼儀でした。このことから板前というようになり、江戸期に入って一般の呼び名となっております。

いたやがい〔板屋貝〕

ホタテガイ科。この貝は板で屋根を葺《ふ》いたのに似ているところからこの名があります。肉柱は丸くて大きく軟らかで美味しい。北海道から沖縄まで広範に産します。これを乾燥させたり、水煮の缶詰にして中国方面へも輸出されます。内地では焼いたり、鍋物種、揚げ物、和え物、酢の物と多用されます。

いたやき〔板焼〕

鴨、鶏肉などを味醂、醤油につけておき、杉板の上で焼くのでこの名があります。

いたわさ〔板葵〕

蒲鉾を切って熱湯を通し、わさび醤油で食べること。

いたわらび〔板蕨〕

わらびの澱粉を薄い板のようにして乾燥させたもの。入用だけ切って火で十五分間ほど茹でて使います。酢の物や刺身のツマ、懐石の一口椀の種によく使います。

いちご〔苺〕

現在苺は栽培も進み、四季を通して市場に出廻ります。その中で貴族的なのが日本産の福羽種です。育ての親は島根県津和野出身農博福羽逸人《はやと》子爵です。明治三十一年に、当時新宿御苑の掛長であった子爵が外来種の苺と交配させ雑種中から新品種を育成固定させたのが福羽苺です。それを静岡県蒲原の志田孝則氏に割愛されて以来静岡での苺の栽培が盛んになったものです。形は長方、従って静岡を始めとし、神奈川寒川村、伊勢原町白根、兵庫の三原郡倭文村、栃木県田沼町、愛知県清州と栽培が盛んになったのですが、この苺はうつり気で特定の場所では落ちつかず、次から次と産地が変わって行きます。この頃アメリカへ旅行された方が彼の地でデザートに苺が出たので産地をきくとジャパンとの答で大変懐かしかったと話されましたが、このように現在は苺も輸出されるまでに達しております。苺といえばジャム、そのジャムの原料は、長野県農試が育てた、御牧《みまき》ヶ原一号と、千曲種が主な原料です。実が小さく、濃紅色で肉がよくしまっているので国産は大半これによって作られます。最近では苺も新品種がぞくぞく現われ栽培されていますが、ダナーは日持ちがよくないので買ったら早く食べます。ホーコーは日持ちの良い品種です。

いちごあかがい〔苺赤貝〕

赤貝を常のように始末して身の方へ布目に庖丁目を入れ、俎板の上えたたきつけると苺のようになるのでこの称があります。

いちじく〔無花果〕

クワ科、アジアが原産。日本へ渡来したのは、寛永年間。葉は桐に似た大きな葉、果実はそのまま食べたり、ジャムにしたり、干しイチジクにします。料理ではたて二つに切って四分程蒸し魚天味噌をかけて食べるのもよく、魚天焼きにしても使います。煎じて飲めば緩下の効があり、葉も湯に入れて沐浴すれば体を温め、特に肛門部の疾病に特効があるといわれます。

いちじゅうさんさい〔一汁三菜〕

懐石の朝茶などには、このような簡単な料理ですまします。この献立には書き方がありますのでそれを示してみます。

御献立

一、向附何々　一、汁　何々
一、香の物何々　一、飯　何々

一、椀盛　何々　進め肴のある場合一段下げて
一、焚合何々
一、吸物何々
一、八寸　何々

以上のように書くのが普通です。初めの、向附、飯、汁は膳にのせてある通りの位置に書きます。

いちぜんめし〔一膳飯〕

一椀かぎりの飯のこと。家を出てふたたび帰らぬ時に供する飯はただ一椀にかぎる古例で、現在でも葬儀の際出棺に先

だって出る膳部の飯は、一椀盛りだけで二杯かさねるを忌みします。女子が嫁入りの際にも実家を出る時の飯は一椀ですが、二《ふた》たび家へ帰らぬという意味です。

いちぜんめしや〔一膳飯屋〕

煮肴又は煮〆などきわめて簡単な惣菜で酒飯を供する店。飯を丼に盛り一椀でことたりるように売るのでこの名があります。

いち、に、さんず〔一、二、三酢〕

ひふみ酢ともいいます。合せ酢の一つ。酒一、醤油二、酢三、合せて一寸火を加えたもの。

いちばんだし〔一番出し〕

鰹で煮出しを最初にとったもの。主なる汁物料理に用います。一番出しとなった鰹の中へ一番出しに用いた量の半分の水を入れて更に煮出したのが二番出しです。この二番出しは多く下煮用に使います。

いちまつたまご〔市松玉子〕

玉子をかた茹でにして皮を剝き、黄白に分け裏漉しをして砂糖、塩で味を付け更に裏漉しをして、黄身、白身共に二つ宛に取り分け、流し缶に、白身をならして入れその上に黄身、白身、黄身とならして入れかたく押さえて抜き出し、これを端から一切れ切り、静かにたてておき、更に同じ厚さに切ってこれを下を上に返して先に並べ、このように全部切り重ねして元の流し缶に入れ10分間蒸してこれを横に切れば市松模様のようになります。大きさは使い途によって適当に作りますが口取、口代、折詰などによく使います。この他ハムやチーズなどでも作ります。

いちみ〔一味〕

唐がらしのこと。俗にたかの爪ともいい、粉末もあります。

いちもんがし〔一文菓子〕

駄菓子ともいいます。上菓子に対し、下菓子の意。江戸末期には一個が銭一文であったのでこの名があります。昔なつかしい駄菓子は仙台が有名でいろいろのものがあり、名古屋の駄菓子も有名です。

いちもんじ〔一文字〕

ねぎの異名。一文字とは、キが一音であるところに拠ります。葱科の物は皆キといいますが、キだけでは何種か分らぬので、玉ねギ、あさつキ、分けキ、等々形や色で名称を分けられたものです。

いちやざけ〔一夜酒〕

甘酒のこと。

いちやずし〔一夜鮨〕

寛永ごろ作られた鮨の一種。アユのなれ鮨で作り方は『料理物語』に詳しく書かれていますが、そのなれずしを簡単に作る早ずしを、一夜ずしと呼ぶようになりました。

『料理物語』には、「一夜ずしの仕様、鮎をあらひ、めしをつねの塩かげんよりからくしてうほに入、草つとにつつみ、庭に火をたき、つとともにあぶり、そのうへをこもにて二三返してまき、かの火をたきたるうへにおき、おもしをつよくかけ候。又はしらにまき付、つよくしめるもよし。一夜になれ申。塩魚はならず候。」とあります。

いちやづけ〔一夜漬〕

青菜など塩もみして一夜漬けた漬物。

いちょうぎり〔銀杏切〕

切り方の一つ。大根、葱、人参など一本をたて四つに切ってこれを小口から切ったもの。これが銀杏の葉に似ているのでこの名があります。

いっきゅうもち〔一休餅〕

鶴屋博道製造の名菓。牛皮ようの小さな黒胡麻のばらっと入った餅が二個づつ包まれています。一休は大津の祥瑞寺に入り三十四歳まで修業していますから一休と大津とは縁の深いところです。この菓子は祥瑞寺の秘菓としてあったのを、鶴屋に伝えられて今日一休餅として売られています。

いっこうこう〔一口香〕

唐菓子の一種。割ると中が空いていて飴状の黒砂糖が裏側に塗ったようについている菓子。黒砂糖の香りのよいものです。長崎市の情緒ある郷土菓子で、愛知県知多郡の大野にも同じ菓子が一口香といって昔から売られています。

いっすんまめ〔一寸豆〕

空豆の大のもの。塩茹でにして前菜に使ったり、茹でて蜜に漬け込んでおき、あしらいものに使います。

いづみだい〔泉鯛〕

近年移入された淡水魚。養殖すると成長が早く、既に店頭に顔を出しています。刺身は鯛といって売り出されていますが、身は鯛によく似ていて、味もまずまずでくせはありません。現在では魚は獲るのではなく養殖する時代に入っています。それに最適の魚といえましょう。

いづもそば〔出雲蕎麦〕

出雲持有の打方をするのでこの名があります。かつて出雲大社参詣に寄った折、食べたそばの味が美味しく忘られず、そんな話を友人に話したら、私の妻が出雲だからついでの折に取りましょう、ということで頂戴して自分の口に会う汁を作りいただきましたが、一寸他ではみられない味があります。打つ時、山の芋かつくね芋を入れて打ったそうで、舌《した》ざわりが至極なめらかで忘られない食べ物の一つとなります。

いづもちゃ〔出雲茶〕

出雲の名産。白折、玉折の二種類があります。何れも煎茶のように中温の湯で出すと美味しくいただけますが、熱湯でさっと出すのもよい香りがあります。

いでのさと〔井手の里〕

こんにゃく料理の一つ。井手の里は山吹の名所。江戸本に、こんにゃくを細く切り、茹でて煮て器に盛り、その上に卵を茹でて黄身を裏漉しをして掛けた料理とあります。

いとあわび〔糸鮑〕

アワビ料理の一種。鮑の大きめなのを殻からはがして、塩洗いして耳を切り去り、包丁で薄く剝き、水に浸してのちこれを縦に細く糸のように切ったもの。酢醤油で生のまま食べるもよし、酒塩でさっと炒って使うのもよいものです。

いとう〔鬼〕

北海道釧路湿原に住む魚。字の如くどうもうで何でも食べ、一mにも成長するといわれ、頭は丁度鯰に似ていて見るからにインケンな魚形です。これは普通では見ることはできませんが、五六年八月に北海道釧路の湿原をテーマにテレビ放送されその姿を鮮明にみることができました。これを釣る話は時々聞きましたが、料理方法、味など知ることはできません。

いとうり〔糸瓜〕

ヘチマの若いもののこと。鹿児島地方ではこれを田楽によくします。糸瓜の皮をこそげとり、二cmほどに切り、油炒めして田楽味噌で和えて食べます。

いとかき〔糸搔〕

鰹の赤身を糸のように搔いたもの。ガラスの破片でけずるときれいにかけます。

いとかけ〔糸掛〕

金団《きんとん》などに紅白糸掛けという作業があり、それは長芋を蒸して裏漉しをし、砂糖、塩で味を付け、食紅で色付けして絞り出し器に入れ金団の上に糸状に掛ける仕事をいいます。

いとかぼちゃ〔糸南瓜〕

アメリカ種の南瓜の一種。形はまくわ瓜に似ていて大きく、皮を厚く剝いて茹で水で晒すと糸状になります。酢の物、和え物、椀種、油炒めなどにして食します。

いとかれぎ〔糸かれぎ〕

鳥取県の名産、ねぎの一種。さすが糸の名がついているように細い物。このねぎはとり入れる時根から抜かずに、上部だけ刈りとります。従って刈るねぎというのがなまってかれぎと呼ぶようになったといわれます。料理では汁の実、薬味、和え物などに使用します。

いとこに〔従兄弟煮〕

江戸時代からの風俗料理。十二月八日と二月八日に牛蒡、里芋、大根、焼栗、焼豆腐、小豆、くわいなどを味噌汁煮にしたものですが、硬いものから、即ち甥々（追々）入れて煮るのでこの名があります。

いとこんにゃく〔糸蒟蒻〕

こんにゃくの原料には芋そのままと、薄く切って乾燥させて粉末にしたものと二種あって、芋のは茹でて皮を剝いで石灰乳を混ぜ、煮沸したものですが、糸こんにゃくは細く突出して煮沸します。色の白いのが白たき、色の濃いのを普通糸こんにゃくといいます。

いとづくり〔糸作り〕

刺身の切り方の一つ。さより、いか、鯉、きすなどを糸のように細く切ったもの。

いとなます〔糸鱠〕

人参、大根、胡瓜、うどなどと、魚を細く切って塩をして酢洗いして三杯酢に作った酢の物料理。

いとより〔金線魚〕

色は紅色、六条の黄色縦紋があり、施回する時金糸をねじるように見えるところからこの名があります。祐庵焼、醬油漬、蒸物、揚げ物料理に向きます。

いな〔鯔〕

ボラの当才。稚魚をいな子といい、少し長じたのをイナといいます。素焼きにして南蛮煮によいものです。

いなかぜんざい〔田舎ぜんざい〕

小豆カップ一杯、砂糖カップ二杯〜二杯半、塩小匙二分の一杯、片栗粉大匙一杯、小豆を一度茹でこぼし、新らしく水カップ四杯加えて柔らかくなるまで茹で、更に水カップ三杯加え、砂糖、塩で味をととのえ終りに片栗粉の水溶きを入れて濃度をつけます。

いなかみそ〔田舎味噌〕

昔農家では味噌を自家製したものです。塩味は強いが一種独特の味があってよいものでした。現在あればそのまま菜にしてもよいくらいです。

いなご〔蝗〕

イナゴ科の昆虫。現在は農薬のため見ることさえなくなりました。足を取り串にさして付け焼にしたり、砂糖、醬油で佃煮風に煮たものです。

いなだ

鰤の小さいのが、いなだです。ここに記すのは生のいなだでなく、加賀の名産、塩にして乾燥させた「いなだ」です。頭を付けて三枚に卸して作られてあります。薄く切って前菜や懐石の八寸に使いますが大変美味しいものです。

いなまんじゅう〔鯔饅頭〕

尾張の郷土料理。戦後は海がうめたてられて良い鯔が獲れなくなったこともあり、作る家も少なくなりました。いな饅頭は秋の味です。名古屋では納屋橋畔の得仙か、海部郡蟹江町本町川西の大和楼も古い歴史をもっています。戦前は七つ寺の萬梅が有名でした。蟹江は町内を日光川、蟹江川、佐屋川、善太川、福田川をはじめ各水路が縦横に走っている水郷なので良いいなが獲れましたが、大和楼では現在は浜名湖から取っているという。戦前なれば熱田の小網いなが有名でした。季節は十月、十一月まで、それ過ぎはいなが成長して身がかたくなるのであまり賞味しない。餡《あん》の代わりに詰める味噌は八丁味噌、味醂、砂糖を練り合せ、具に銀杏、松茸か木くらげ、生姜みじん切り、麻の実、時には栗など入れるのもよろしい。いなの中骨を庖丁で骨抜きしその中へ具の味噌を詰めて焼いたもの。

いなりずし〔稲荷鮨〕

油揚げはよく茹でて甘辛くよく煮ることです。さもないと油揚げがかたく感じます。篠田の狐の名称もあって篠田鮨ともいいます。狐は油揚げを好むところからこの名がつけられたことでしょう。

いぬかわ〔犬皮〕

平安時代からの和菓子です。焼いた色が茶褐色で赤犬の皮に似ているところからこの名があります。今日呼んでいる松風がそれです。時代が進むにつれて風味もよくなり犬皮ではあまりにも俗名なので、さる方に銘をこいたるところ裏はぬめりとして裏わびしさを連想して松風と名付けられたともいわれます。また、村雨の伝説から須磨浦のさびし松風の音など想像して風雅な人が命名されたともいいます。

いぬくい〔犬食〕

食事の時うつむいてむしゃむしゃと、むさぼり食うような食べ方をいいます。食事法では大いにきらいます。犬の食べるような姿で食べるのでこの名があります。

いね〔稲〕

禾本科の一年草。水田または畑で栽培し、種を米として食用にし、我国で最も重要な作物です。現在米をとるために栽培されている稲は、野生稲の中から気候地質その他条件に合ったものを選び出し改良して栽培されています。稲は成熟期により、早生《わせ》、中生《なかて》、晩生《おくて》の三種に区別されます。日本で生産される米はジャポニカと呼ばれるものです。籾《もみ》は短粒型、粘りがあって味が濃厚なものです。この米の歴史は古く、弥生式文化時代からといわれますが、それより改良に改良が加えられ今日に及んでいます。昔と違い現在は水路も開かれ天気さえよければ豊作がつづきますが、食事情も変り米食からパン食へと移行が多く、必要以上の収穫のため余剰米も多量になっています。世は皮肉なものだといわざるを得ません。

いのこもち〔亥の子餅〕

この餅の由来は応神天皇（二八五年）ごろより始まるといわれ、昔はむつかしいしきたりがあったようです。要は猪の肉を食べると保温と精力がつくこと、子宝にめぐまれると共に万病を除くといういいならわしからです。本来は猪の肉でしたが、宗教の関係もあって肉が餅に代えられたものです。陰暦の十月（現在の十一月）始めの亥の日に食べる餅のことですが、今日では牡丹餅などが多く作られるようです。

起源は詳らかではありませんが、平安初期までに行われています。朝廷では餅を猪の子型に作り、大豆、小豆、大角豆《ささげ》、栗、柿、胡麻、糖七種を合せて粉を作りまいらせた、と古書にあります。茶家ではこの日炉開きなどもいたします。尚この頃が新米の収納期なので最初の餅つきの行事であったようです。

いのしし〔猪〕

野猪科に属し、形は豚に似ています。俗に山鯨というのは、脂肪も多く美味しい猪の獣肉忌避時代の隠語です。猪食ったむくい、というのは猪肉は脂肪が多く、これを食べると非常に暖まるところからの地方の言葉で、ぬくい、が、むくい、になった語だといわれます。猪を獲れば三、四日水につけておきそれから皮を剝き身取りします。これを牡丹ともいいますが、牡丹に唐獅子の縁語からきたものです。冬中各地で相当数の猪を獲りますが猪は多産なので農家の被害はまだまだ多いようです。しし鍋、焼肉、汁物といろいろに料理をします。他の肉と違いよく煮た方が却って柔らかくいただけます。

いぶし〔燻〕

松葉や杉の葉、桧のおがくずをいぶして独特の風味を出す方法。

いぶた〔猪豚〕

九州指宿《いぶすき》地方の特別な豚、猪と豚との混血児、豚よりも身がしまっていて美味しい。従ってバーベキューなど彼の地では有名です。また日本の南端西表《いりおもて》島には自然の猪がおり、これと交配させて肉質の良いのを飼育しています。

いぼだい〔疣鯛〕

マナガツオ科。六月から十月くらいまでが旬。新鮮なものは刺身によく、焼物、蒸物、煮肴にも向きます。

いまいちかぶら〔今市蕪〕

四～五㎝の姿の良い蕪、漬物や煮物、あんかけのあしらいと、いろいろに使います。

いまがわやき〔今川焼〕

小麦粉を水溶きして円形の形に流し入れ、餡を入れて焼いた御菓子。江戸時代神田今川橋辺《へん》で売り出したのでこの名があります。又一説には桶挾間の合戦にもじって忽《たち》ち《ま》焼ける今川焼など、宣伝販売したのが当ったのでこの称があるともいわれます。

いまでがわどうふ〔今出川豆腐〕

豆腐料理の一つ。四角に切った豆腐を酒、醤油で淡味をつけ、豆腐の煮ふくれた時、器に盛り卸し生姜またはワサビ、花かつおをかけ、濃いめの酒、醤油を添えて進めます。

いみばし〔忌箸〕

食事作法の内の一つ。これだけはさけることの意です。

受吸《うけすい》　受け取って直ぐ口にすること、一度膳においてから食べるのがよろしい。

ねぶり箸　箸を甜って箸を使うこと。

膳越しの箸　膳を越して向にあるものを食べること。

空箸　一度ものを箸ではさんで食べずにやめること。
迷い箸　箸を持ってあれこれと迷っていること。
かがみ食い　前かがみしてものを食べること。俗に犬食いともいいます。
突箸　物を突さして食べること。
込み箸　口中に先に食べたものがあるのに更に別のものを押し込んで食べること。
さぐり箸　上のものを取りのけて下のものを選び出すこと。一つ盛の場合には特に気をつけたいことです。
諸起《もろおこ》し　器と箸と一緒にとること。
嘗め食い　口のあたりを舌で嘗めながらものを食べること。

いもがゆ〔薯蕷粥〕

現在は薩摩芋で作りますが昔は山の芋で作ったことが芥川竜之介のいもがゆで知ることができます。宇治拾遺、藤原利仁将軍が、五位の人に薯蕷粥を食べさせようとして京からわざわざ、任地の敦賀までつれていった時、軒に、薪のように山の芋が積んであったと書かれています。芋粥を焚くには、米二カップ、水九カップ、さつま芋四〇〇g、塩小匙二杯、焼明礬少々、米と水とでしばらく焚きさつま芋を賽の目に切り明礬水にしばらく漬けておき粥に混ぜてゆっくりと焚く。のち塩味をします。明礬水に漬けるのはアク止めになり、きれいに焚き上るからです。栗粥も時にはよいものです。

芋粥といえば普通さつま芋を入れて焚いた粥と思いがちですが、福井県敦賀の五位川のほとりでは、少し大きめな椀に熱い飯を入れ、真中へくぼみをつけ、そこへ山の芋を卸し擂り入れて、卸し山葵を少し多くのせた所へ、昆布とかつおで取った煮出し汁でみそ汁を作りそれをかけ、箸でかき混ぜ、もみのりをかけて食べる風習があります。

いもがら〔芋茎〕

里芋の茎の皮を剝ぎ乾燥させたもの。これを茹でてもどし、油揚げなどと煮て、惣菜に昔はよく食べたものです。

いもかわうどん〔芋川饂飩〕

東海道芋川の宿の名物。東海道名所記に、また西鶴の『一代男』にも芋川という里に名物うどん、とありますが、芋川は尾張の鳴海の附近。現在名古屋名物きしめんは紐皮ともいい平打ちうどんです。芋川が紐皮となったとか、茶器に付けてある鹿皮に似ているので、ひもかわとか智者はいろいろのことを付け加えております。何れにしてもきしめんは名古屋の名物、きしめんの名は紀州の人が来て作り始めたので紀州麵といっていたのがいつのまにかきしめんになったと説く人もあります。

いもけんぴ〔芋けんぴ〕

土佐の芋菓子。さつま芋を七㎜くらいに細く切り、油でカラッと揚げ、砂糖を濃く煮つめてその中へ入れて、金網ですくいあげて冷したもの。砂糖蜜が濃いので冷めるとさらっと乾きます。子供のおやつばかりでなく茶うけによいものです。

いもごみ〔薯籠〕

薯料理の一つ。伊勢芋をすりおろし、上新粉少々擂り混ぜかし昆布で巻き、これを数ヶ所竹の皮でゆわえてゆっくりと煮込み、これを小口から切って使います。精進料理ではこれを、「あわび」といいます。擂りおろしても煮れば生地そのままのを煮たと同じようにかたまります。

いもしょうちゅう〔藷焼酎〕

甘藷から作るのでこの名があります。鹿児島県などが有名で現在では、麦、そばと多種類で作られます。

いもずし〔芋鮓〕

手甲いもか伊勢芋を蒸して皮を剝き、裏漉しをして鮨飯程度に味を付け、海老、きす、さより、小鯛などを鮨種のようにして握り、八寸、前菜、口代わりに使います。

いもでんがく〔芋田楽〕

里芋を茹でるか蒸して串を打ち、焼いて田楽みそを塗り一寸焼いて粉山椒をふりかけて仕上げます。

いもにえ〔芋煮会〕

芋煮会とは里芋を中心にした野外会食料理。山形県馬見ヶ崎川河原などが有名です。里芋にこんにゃく、ねぎ、干物が主でしたが、大正の頃から干物が牛肉に代わって使用されるようになったようです。この芋煮会は各地でも行われます。村の人々が思い思いの所へ石で即席のカマドを作り大きな鍋をかけて煮ますが、これは各々の自慢の煮方で作ります。ねぎは煮え過ぎると不味なので、一応煮えてから入れます。こんにゃくは箸でつついて味をしみやすくして使用します。小鍋だては不味《まず》く大鍋で煮るところによさがあります。村人たちの和気相合とした風景は芋煮会ならこその感があります。

里芋はサトイモ科に属し、赤芽と白芽があり、赤芽は親芋、白芽は子芋を賞味します。赤芽の代表は八つ頭です。芋煮会は一種の野外パーティーといってよいでしょう。

いもぼう〔芋棒〕

棒鱈と海老芋を軟らかく焚き合せたもの。京都円山の平野屋が有名です。

いもめいげつ〔芋名月〕

陰暦八月十五夜の月。仲秋の明月ともいい秋は空がすんでいて月もきれいで、これを賞することは既にご存じの通り。紀貫之は、「月ごとにあふ夜なれども世々をへつ、こよひにまさる影なかりけり」とか、「鯛は花江戸に生れて今日の月」宝井其角、などその他名句がたくさん残されております。現在では月の世界へ行くようになり何やら夢がなくなってしまいました。これも世のうつりかわりを物語っています。

月見には、皮付きのままの里芋を塩蒸しにしたものとお団子十五個を三宝に盛って御供えするのが習わしです。

いもめし〔芋飯〕

さつま芋を賽の目に切り明礬水に一度浸し、米、芋、塩少々にて焚いた飯、温かい内には大変美味しいものです。里芋を焚きこむのも芋飯といいます。

いりうに〔煎り雲丹〕

塩雲丹と卵黄とを混ぜて湯煎にして煎り、裏漉しをして更に湯煎にしてきれいに煎り上げて作ります。これを京芋にまぶしたり、賽の目切り、細切りの刺身にまぶしたりして使います。酢魚を和えるのも美味しいことです。

いりこ〔乾海鼠・海蔘〕

生子の乾燥品。イリコ、キンコともいいます。中国料理では海蔘《はいしえん》といい料理材料によく使われます。日本料理でも、汁の種、煮物、口代わりといろいろに使用されます。これをもどすには、わらを入れて沸騰させてそのまま放置しておき、更に沸騰させこれを四日間ぐらい繰り返して柔らかくします。

いりこ〔煮干〕

片口鰯を茹でて乾したもの。これを生《なま》で干せば田作りです。味噌汁の煮出し、その他煮干をだしにした汁、煮物は昔なつかしい、おふくろの味、ということになります。

いりこ〔煎粉〕

モチ米の粉を色のつかないように煎り上げたもの。春雪粉、イラ粉ともいいます。和菓子の材料にしますが、料理では、材料に塩をして小麦粉、玉子の水溶き、いり粉を付けて揚げます。白い砂のようなので真砂子揚げの名があります。大麦を煎って粉にしたものを、いりこと呼ぶ場合もあります。

いりざけ〔炒酒・熬酒〕

鱠、酢の物に使う味付けの酸。『料理物語』には「熬酒は鰹一升に梅干一五～二〇、古酒二升、水少々、溜り少々をいれて一升に煎じ、漉しさましてよし。」とありますが、古来この炒酒は、昆布や干瓢、勝栗などを使ったとも書かれてあります。普通には梅干、酒、氷砂糖を焚き合せて作ります。

いりだし〔煎出し。炒出し〕

材料に薄塩をして小麦粉を付けて余分の粉を払いおとし揚げること。材料は白身がよろしい。食味は天汁に卸し大根、またはポン酢かレモン汁。

いりたまご〔炒り玉子〕

玉子、煮出し汁、醤油、砂糖と混ぜて鍋に入れ、火にかけ、箸四、五本で始めから搔《か》き混ぜて、一部の玉子が固形して来たら鍋を一寸持ち上げて手早く搔きまぜるとこげつかずきれいに仕上ります。

いりどうふ〔炒豆腐〕

天明壬寅（二）編『豆腐百珍、八十五』に「炒どうふ、同じく右石焼の下《ところ》に出たり、」とあり、その石焼きは、八十三にあり、「石焼とうふ、もと石にてやくを略して、くわしるべを用流し、炭火を武《つよく》しなべに油を少《すこ》し入れよくぬりまわし、但し油をひくというよりは饒《おほ》くする也《なり》、豆腐《よはり》を一寸方あつさ三分あまりに切てなべにちょとおけばおどりうごくをぢきに鶏卵《たまご》匙《すくひさじ》にてうちかへす也《なり》、すぐに用《もちう》る也、おろし蘿蔔《だいこん》生豆《きしやう》油《ゆ》にて用ゆ、とあり、豆腐そのままの味を賞味するよう書かれてありますが、現在では豆腐だけ炒煮にしたり、肉、野菜、鶏卵と炒り混ぜることもいたします。

いりどり〔炒鶏〕

とり肉を薄く一口切りにして味醂で炒ります。食味はわさび醤油が合います。

いりに〔炒煮〕

材料を一度油炒めしてから煮たもの。キンピラ牛蒡、こんにゃくの辛煮、玉子、豆腐など。

いりまめ〔炒豆〕

大豆や蚕豆《そらまめ》を炒ったもの。大豆は挽いてキナコに作ったり豆落雁の材料とする。節分の夜の追儺《ついな》、その他豆田楽といって、大豆カップ一杯、煮出し汁カップ一杯、醤油大匙七杯、砂糖は好みによりますが以上の調味料を合せて深い器に入れその中へ大豆の炒りたてを入れて早速蓋をしておきます。こうすると軟らかくなって香ばしく箸休めによいものです。蚕豆は炒ってそのまま食べますが、歯の悪い方は塩水を作り、その中へ炒りたてのソラマメを入れて軟らかくして食べるのもよい。

いるか〔海豚〕

鯨目。海豚科。またの名をイルカといいます。『日本書紀』にも出ていますから古くから食しております。料理では酒でよく煮て味醂、醤油、砂糖を加えて煮込み、牛蒡などを添えて煮たり醤油付焼、佃煮、鯨の肉と同じように料理されます。

いろだし〔色出し〕

胡瓜など塩をして板ずりして熱湯を通し色出しをしますが蕗も青く煮る時は塩をして板ずりをして茹でます。このような仕事を色出しといいます。

いわいざかな〔祝い肴〕

お正月には、煮豆、田作、数の子、婚礼には巻寿留女、結び昆布、等。

いわいぜん〔祝い膳〕

正月の祝いに使うからこの名があります。男の膳はやゝ底《ひく》く平で膳椀共朱塗り、黒の定紋付き、女の膳はやゝ腰高、外黒内朱塗りのものです。

いわいだる〔祝い樽〕

祝儀に贈る酒樽。角《つの》樽、菰樽、飾樽などの種別があります。普通用いられるのは角樽で、円筒形の上部に相対して長く把手が出ているところからこの名があります。塗りの飾樽もあり、菰飾りの樽は開業開店によく使われます。

いわし〔鰯〕

鰮とも書きます。軟鰭類に属し硬骨魚。種類ではマイワシ、ウルメイワシ、カタクチイワシ、大きさによって、大羽、中羽、コベラといい、片口鰯は下顎が短かく、生のまま干せば田作り、一度茹でて干せば煮干です。文字通り強者の餌になります。

華やかな王朝風俗を誇った平安時代の紫式部も鰯が大好物であったようで、当時上流社会では鰯は下賤の食べものとして軽んじられていたのですが、夫が食べるのを見かねてたしなめたところさすが才女だけあって、即座に「日の本にはやらせたまう石清《いわし》水《みつ》、まいらぬ人はあらじとぞ思う」と歌ったそうです。石清水八幡の、イワシ、をかけて、だれもが参詣するように、イワシを食べぬ人はないと歌ったので夫もついに降参して、それ以後夫婦仲良く鰯を食べたといわれます。

いわしのあたまもしんじんから〔鰯の頭も信心から〕

春の節分に門に鰯の頭を柊の枝にさしておけば、鬼がこの門へ入らないと言うことわざからこの行事を行います。昔はぼらの頭であったことが古書に見えます。柊は雪が降っても積らないという強い意味もふくまれて使います。信心さえあれば相手は何であってもよいということです。

いわしのこうよう〔鰯の効用〕

『日本人のためのいわしの本』というのが発行されていますが、家内の人の健康を守るには是非いわしを食べよということです。今アメリカではいわしの健康法が大評判、それは『いわしのすすめ』と云う本が爆発的に売れたことがきっかけとなり、人気が高まり、それに雑誌やタイムスがトップ記事とし、テレビでも話題になるなどあって、いやが上にもいわし健康法がさかんになっています。

　鰯や鯖の脂は肉と違いコレステロールが低く最もすぐれた食品です。それに鰯には他の物にないＥＰＡが含まれていてコレステロールを除く作用も大です。尚又今問題になっている「核酸《かくさん》」が食物の内、第一に取り上げられているのもご存じの通りです。

いわしのまるぼし〔鰯丸干〕

　鰯の水上げした新鮮なものを一晩塩水に漬け、エラから口へ竹串を刺し天日で干したもの。産地は銚子を始めとして日本一円、季節は五月から六月、季節には朝七時から夕方七時頃までこの仕事に追われます。

いわしぶし〔鰯節〕

　鰯を原料にして作った煮出し節、麺類の煮出し用に多く使います。

いわたけ〔岩茸〕

　岩茸と書かれても茸類ではなく、地衣類イワタケ科、即ちコケの一種。海抜五〇〇～一〇〇〇ｍの山地花岡岩の断崖絶壁の岩に付着しているので、これを採取するには命綱をたよりに採取されます。登山用のナイフのようなものでていねいに取りますが、一度採取すると一〇年あるいは二～三〇年以上も後でないと再び採取できないので、親子であってもその場所は教えないそうです。そして雨上りの日が柔らかく採取しやすいといわれています。国歌君が代の岩に苔むすまでと歌われているようにめでたいものとされ、鱠、酢の物、刺身のツマ、椀種、八寸の相手、口取、くづし物に混ぜたりして料理の材料に多く使用されます。乾物になっていますから使用する時、さっと茹でてよくもみ洗いをして石付きを取り去ります。裏に砂ようのものが付着したのはかるく、よく、もみ洗いしますと砂ようのものはとれます。現在売られているものは洗ったのが売られています。産地は秩父山のが有名です。なお増血剤になるといわれています。

いわな〔岩魚〕

　サケ科。岩間に住むからこの名があります。この魚は両面に褐色の十三個の小さな斑点があり、それが春の生殖期になると紅色のうつくしい色に変ります。この魚はアユもヤマメも住めないような渓流の岩間に生息《せいそく》するのが特色です。料理には塩焼きが第一で、揚げ物、煮浸し、などに向きます。

いわなし〔岩梨〕

山地に自生するツツジ科の小低木。果実は五㎜くらいの円形、果皮を除いて食用にします。梨に似た歯ざわりと風味があるのでこの称があります。砂糖煮にして前菜や付け合せに使います。言葉がなまっていばなしともいいます。

岩梨を一粒ずつ果皮を剝いて焼酎で洗い、氷砂糖を加えた焼酎に半月か一ヶ月漬けておいて使います。

いわのり〔岩海苔〕

福井県安島、能登海岸、秋田などで一月から二月にかけて採れます、岩に付着しているのを干潮のうちにカギようの物でかき取るさまは寒中いかにも寒そうです。この地方の婦人は皆海女で、一年中季節を追って若布、さざえ、雲丹などを採って暮すのが家業です。岩海苔は、汁の実、酢の物、刺身のつまなどに使用されます。

いんげんまめ〔隠元豆〕

原産は熱帯アメリカ。江戸時代宇治黄檗の開山隠元禅師がもたらしたのでこの名があります。煮物、甘煮、金とんなどに向きます。

いんしょく〔飲食〕

われわれが日常飲食している食品の数は、普通人で約五〇〇種類といわれますが、こうして書きつづけていると、愚書で取り上げているものだけでも数千種以上になります。この飲食品は天与のめぐみであって、働くもののみに与えられたものです。ですから、切端し一つにしても粗末にせず、ありがたく頂戴せねばなりません。毎日健康に活動のできるのもこのお蔭ですが、ついそれを忘れがちなのが飲食の常です。

四十七年七月三十一日の朝日新聞に、日本人は古来の日本人食に帰れというような記事がでていました。私も同感です。私は無学ですが現在の栄養学にいささか疑問を持っている一人です。欧米食礼讃も時には悪くはないが、肉食人種で、腸さえ短かく体質から根本的に違っている日本人、そうした人と同じような食を摂っていたら、われわれはどういうことになりましょうか。戦後の、高血圧、動脈硬化、心筋硬塞、脳卒中、痛風、糖尿病、狭心症、やがてはいまわしい癌。戦前にもあるにはありましたがまれなことで、現在のように彼も吾れも、多かれ少かれそれになやまされ、年の若いのに突然あの世行きになるのは、食べ物によるとしか思えません。すでに遅すぎますがここらで一度ふり返って見る必要があるように思うことせつなるものがあります。私も毎日何百人かの

い

人に料理の指導をしていますが、すべてが女子ですから、いつまでも若く美しく、健康でありたい者は、日本食に帰れと話しています。

ブリア、サヴランの美味礼讃の巻頭に、アフォリムス、美味学永遠の基礎として格言二十則がのっています。その中の主なものをあげますと、

一　生命がなければ宇宙も無にひとしい。されば生きとし生けるもの皆食をとる。

二　禽獣はくらい、人間はたべる、教養ある人にして始めて食べ方を知る。

三　国民の盛衰はその食べ方のいかんによる。

四　君はどんなものを食べているか言って見たまえ、君がどんな人であるかと、言いあてて見よう。

九　新しいご馳走の発見は人類の幸福にとって天体の発見以上に役立つ。

十八　折角お客をしながら食事の用意にみづから少しも気を配らないのは、お客をする資格のない人である。

二十　誰かを食事に招くということは、その人が自分の家に在る間じゅう幸福を引受けるということである。

この中で注意したいのは、四です。食べ物によって体質が変り、時には動物的野蛮となり自制心さえなくなり、人間としての機能をなくして、むやみに人を殺したり、世の中に無用の人物ができ上ることを物語っています。肉食礼讃は形ばかりの人間を作り、あとは全部野暮な動物にもおとる個人主義、周囲の迷惑など事とせぬ者ができ上ります。現在そのような人間の多いのがよくそれを示しています。

ある学者の説に、人間の全体の本質まで変えるのには少なくとも一〇〇〇年かかるといわれています。然し体質だけなら三年くらいで変るといわれます。現在の栄養学は、それをあまりに急速に変えようとするところに無理があり、本質の人間ができない訳です。それのみに片寄れという訳ではありませんが、肉食亡国論、菜食主義などの本も一読にあたいします。

我国には、公害などの云々はありますが、幸い、山、川、海、平野とあり自然にめぐまれた食物が沢山あり、その上他国には無い海藻もあって、季節的に楽しい食べ物が出回ります。これ等をうまくアレンジして、日本人にふさわしい食事を摂りたいことです。何れにしても自分の体の健康のためです。人に強いられるものでなく自分に合った摂り方をお進めします。

私の好きな食物は、さしみ、塩焼、野菜の天プラ、酢の物、青菜の胡麻和え、海藻、豆腐、豆類、麵類、肉はあれば食べる程度、飲物は夏でも日本酒、油脂はマーガリン、植物油、食《たべ》る量は腹八部。

現在下手に栄養学をなまかじりして、医者の不養生、紺屋の白袴的存在の知人があり、肥満して困っています。気がつ

いてからでは遅すぎます。常に心したいことです。

飲物には、アルコール分のあるものと無い物、度の高いもの、低いものとあり、好みによって飲みます。果実酒や薬用的な飲物もありますがそれは別として、料理に付随して一般的な飲物は、ビール、日本酒、ウイスキー、ブランデー、ぶどう酒ということになり、地域的には泡盛や焼酎というようなアルコール分の高いのもあります。これを飲んで酔ったのに、ほろ酔、ある程度の酔、強度の酔、即ち人事不覚まで酔ったの三つに分けることができると思います。そこで、ビール、ウイスキー、日本酒の三つを例として酔った状態を申し上げます（これは私の体）とビールで実際に酔うと、話をしているうちは事がよく分っていて、翌日になるとついそれをケロリと忘れてしまう場合があり、ウイスキーでは頭は割合しっかりしていても足を取られるのは皆さんの経験の通りです。私は人に無理にウイスキーを強いられ、一日一晩人事不覚に落ち入って、飲ませた人が心配して一日一晩枕元に付添っていてくれた経験もあり、以後こりてウイスキーは飲まぬことにしています。でも戦前二、三軒飲み回って後、銀座のカフエーで、メロンの冷えたのを二つ切りにして、その中へウイスキーを入れてストローで飲め飲めと進められて、いただいた時の美味しさは今だに思い出します。その頃のメロンは特に高価であり、多分の散財であったことでしょう。

では日本酒はどうか、若い時にはゆっくり飲めば二リットル戴くことはまれではありませんでした。日本酒は体全体、徐々に酔いが回り、口数が多くなる程度、今まで酒の上での失敗は先ずなかったように思います。私自身から割り出せば、日本人には日本酒と御答えができます。酒を飲んだあとは、水を沢山飲んで体内のアルコール分を薄めるよう心掛ければ、朝《あした》にはケロリとしています。再び申し上げます。酒を沢山飲んだ後は、必ず水を沢山飲むことをお進めいたしておきます。

いんちゅうはっせん〔飲中八仙〕

唐代中国の文人雅客の酒を好む八人を選んで俗に八仙といいます。即ち、賀知章、汝陽王、李適之、崔宗之、蘇晋、李太白、張旭、焦遂、以上八人が酒豪であって然も逸話を残した風雅人ばかりであったのでこの名があります。

いんどりんご〔印度林果〕

米国インデアナ州が原産。それを改良、栽培されたのが現在の印度林果です。

いんのつくもどころ〔院進物所〕

上皇または法皇の朝夕の食事を調達するところで、禁裏の御厨子所に準ずる。『三中口伝』に「膳所名のこと、大内（内裏）には御厨子所と名づけ、院中は進物所と号す。」とあります。

いんろう〔印籠〕

昔武士が腰にさげていた印籠には急の用に種々の薬が入っております。そのように、胡瓜、筍、茄子、いか等に挽肉や炒り卵、擂り身等を詰めて煮たり焼いたり蒸したりする料理があります。かやくとして、木耳、松茸、グリンピース、人参、麻の実、銀杏等々季節の物を使って主材に詰めますからこの名があります。

いんろうづけ〔印籠漬〕

白瓜のあとさきを切り、中をくり抜き種やわたをきれいに取り去り、紫蘇、タデの葉、芽生姜、青唐芥子、などを詰めて薄塩で漬けます。『俚言集覧』には、「いんろうづけ、胡瓜《きうり》、越瓜《しろうり》の瓤《なかこ》を去り、内に紫蘇等を入れ、塩蔵せるものをいふ。」とあり、『漬物早指南』には、印籠漬、醬瓜《まるつけ》の先を切り中実を剉抜き其の中に穂蓼《ほたて》、紫蘇の葉、若生姜、青蕃椒《あおとうがらし》等を押入れ、甘塩加減にして圧つよく漬けるなり。六、七日立てば喰頃なり。瓜へ蕃椒の辛味移りて至極よし。輪切にしたるところ印籠に似たる故名づく物か、又云ふ胡瓜も斯の如くするもよし、歯切ありて全漬瓜《まるづけ》に劣らず。」とありますがこれを更にかす漬けにするのもよいものです。この際酒糟に味醂糟を少々混ぜ焼酎でゆるめて漬けると、焼酎は殺菌力が強いため酸味がでないのでこの方法がよいことでしょう。

う

ういきょう〔茴香〕

別名クレオモ、またはカイコウ。繖形科の多年草で古来薬用及び香味料として重用されています。原産はヨーロッパ、わが国では長野県地方で栽培されます。健胃、駆風、祛痰に効があるといわれます。料理では香料に使います。

ういろう〔外郎〕

外郎は昔唐の台省の吏人の名で医をつかさどった人の名です。鎌倉初期に来朝した宋僧道隆に従って渡来した員、外郎某が京都に住みつき、売薬を業とし、透頂香《とうちくこう》なるものを作り、それに似た姿の菓子を孫が作り売出したものです。外郎なる人がもとなのでこの名があります。只今は名古屋の名物になってしまいましたが、静岡にはその家系二十八代の方が外郎を作り売っておられます。

うおいちばのふちょう〔魚市場の符牒〕

大阪では、一《サ》、二《リ》、三《ト》、四《ハ》、五《オ》、六《モ》、七《シ》、八《ロ》、九《イ》。名古屋では、一《ソ》、二《フ》、三《キ》、四《タ》、五《カ》、六《ロ》、七《サ》、八《ハ》、九《ア》。これは一つの例で地方で違います。

うおがし〔魚河岸〕

魚の集荷市場。何れの地にもありますが最も有名なのは東京の築地です。

うおしま〔魚島〕

冬季外海に住む魚類が、八十八夜前後、五月二日頃内海に産卵のため集まって来て魚で島が築かれるようになったのでこの名があります。今日では昔がたりということです。瀬戸内の鯛の魚島が最も有名です。海の魚も淡水魚も大方この頃が産卵期となります。

うおすき〔魚鋤〕

魚の鍋料理。材料には、鯛、すずき、いか、皮はぎ、目白、貝類、海老、やがらと魚の種類はいろいろあります。野菜も又季節のものを使い、材料は切り分けてからサッと熱湯を通すとよろしい。魚の生臭みがとれて飯の汁もにごらずにあっさりとしていていつまでも箸が進みます。この鍋の味はいちようではだめです。ご飯の時、酒の時と、味の付け方を変えてこそ鍋料理の本当の良さを味わうことができます。私は酒の席には塩味です。即ち沖すき風、ご飯の折には醤油、塩、味醂を少々を使って味をつけます。この鍋料理は、だし汁が問題です。始めと同じ味や煮出し汁の濃さであってはいけません。汁と共に材料をいただきますが汁は煮詰って辛くなってはいけません。これを加減してだし汁は作りたいことです。

うおせんべい〔魚煎餅〕

魚、海老など擂りつぶし、澱粉を混ぜて味を付け、型に入れて煎餅ように焼いたもの。時には小さいのは姿のまま焼くこともあります。その他料理では材料に味を付け片栗粉を付けて擂木でたたきのばして煎餅ように揚げて作ることもいたします。

うおそうめん〔魚素麺〕

魚麺ともいいます。白身の魚をミンチにかけ、よく擂り、うき粉、卵白、炒《い》味醂、味塩で調味をして、更によく擂り裏漉しをして絞り出しに入れ、沸騰寸前の湯に絞り入れて作ります。使い途により色付けをすることもあります。

うおどうふ〔魚豆腐〕

伊勢豆腐、参照

うおのくさみ〔魚の臭味〕

魚のくさみは、トリメチルアミンというもので、これにピペリジンもあって、海の魚の匂いはこのトリメチルアミンにピペリジンとアセトアルデヒドを混ぜると一層強く感じます。この魚の匂いの本体はアルカリ性ですから、酸性の食酢を料理に使用すると中和されて匂いが消されます。また酢の香りにおおわれやすい性質もあります。魚の臭味を抜くのに生姜を使いますが、生姜は精油二％含んでおり、芳香辛味成分フェノール、ショーガオールによって魚の臭みを消してくれます。

うかい〔鵜飼〕

鵜を操縦して魚を獲る方法。各地にこの方法はありますが最も有名なのは岐阜の長良川の鵜飼です。この魚法の起源は古く『日本書紀』にもみえております。

うきこ〔浮粉〕

小麦粉の蛋白の主体である麩質（グルテン）を取るために、小麦粉を水でこねて水で晒し、浮き上って来る澱粉質を集めて精製されたものです。浮き上ったのを更に沈澱させて作るので浮粉の名があります。菓子、練製品その他食品の加工に使いますが料理では糝薯《しんじょ》類のくづし物に使います。材料の二〜三割ぐらいがよいでしょう。但し『広辞苑』には米をごくこまかく挽いたものと書かれています。

うきだい〔浮鯛〕

鯛は四月から五月頃産卵のため瀬戸内海へ入って来ます。近海の鯛は三〇mから五〇m程の深海に生息します。鯛が移動のため浅海に来ると、浮袋が急にふくらむのであおむけになり海面に浮き上ってしまいます。四、五月に見られる珍現象です。このように浮き上るので浮鯛の名称がありますが、現在では鯛も少なくなりこれを見ることもなくなりました。鯛の種類は随分多くありますが他の魚と違い四季あまり味に変化がないのでことの外賞味する訳です。浮鯛の記事は、『日本書紀』、『摂西奇遊談』、『詞花集』などにいろいろのことが書かれています。今は昔の物語ということになりました。

うきみ〔浮実〕

スープなどに少量浮かして使う実、日本料理では伊勢芋を擂りおろした浮芋など。

うぐい〔鯎〕

コイ科。春、三月産卵のため河川に上って来ますが、この頃のものを花うぐいといい、腹が赤いのでアカハラともいいます。この魚は各地の河川に住み、ウグイの語源は、鵜が好んで食べるのでこの名があるといわれます。陸奥の恐山の宇曽利湖はこのうぐいのみが育つといわれますが、これは水質によるものでしょう。

うぐいすかぶら〔鶯蕪〕
かぶらの一種。蕪といっても小豆くらいの大きさで、葉は六〜七cmほど、新春早々出廻ります。鶯は、春を告げる意もあって正月の椀の青味によく使います。鶯菜というところもあります。

うぐいすもち〔鶯餅〕
白玉粉一〇〇g、水一四〇cc、砂糖カップ一杯を混ぜて蒸し、餅状にしボールに取り、擂りこぎでつつき冷して数個に取り、平たくして菓子餡を包みその上に青豆粉を付けて作ります。その姿、色が鶯に似ているのでこの名があります。春にはなつかしい食べものです。

うけもちのかみ〔保食神〕
『日本書紀』には食物発生の神とされています。即ち天照大神が高天原にあってこの神の名を聞かれ、「月夜見尊をつかわして食物を求めさせる云々」とあり、牛、馬、粟、稗、稲、麦、大豆、小豆および蚕などまで進献したことが記されています。

うご〔海髪〕
おごのこと。

うこぎ〔五加〕
普通うこぎといえばヤマウコギを指します。もみじに似た灌木で山野に自生します。また庭の垣根代りにもよく植え、晩春その若芽をとって食用にします。少し苦味があるので茹でてから水に浸しておき、二、三回水を変えて晒します。汁の実、和え物、飯に炊き込んだうこぎ飯があり、葉を乾燥させて茶の代用に使うところもあります。うこぎはビタミンCに富んでいます。

うこぎめし〔五加飯〕
米沢あたりの郷土食。垣根などの植え込みにある若芽を入れて焚いた飯。苦味が少々ありますが慣れると忘れがたい食物です。苦味をきらう人は水を取り替えて一晩水に浸しておき後、茹でるとよろしい。ごま和えなどに向きます。ウコギ科の落葉灌木で、根皮を乾したものを五加皮《ごかひ》といって漢法では強壮薬に使います。

うごのり〔潮菜海苔・海髪海苔〕
おごのりのこと。生そのままは褐色ですが、石灰に付けるとあくが抜けて青くなります。これを塩漬にしておき、入用だけ洗って塩出しして、刺身のツマ、酢の物相手に使用します。その他加工したのに真っ白のがあり、これは丁度蕪骨とほとんど同じで、やはり刺身のツマ、酢の物のあしらい、一口椀または冷し吸物のあしらいにするのもよいものです。

うこん〔欝金〕

辛味料。主産地は台湾その他熱帯地方。根の茎は黄色でこれを採集して乾燥させたもの。薑黄といい風味は生姜に似ています。カレー粉その他食品の着色料に使います。沢庵の色付け、医薬では吐血、鼻血、膿腫にはこの粉末を水でこねて塗布すれば効があるといわれます。

うさぎ〔兎〕

飼育のものと野兎があります。鶏肉と混ぜて食べれば案外と食べれますが、現在では鶏肉が多量に出回っておりますのでその必要もなくなりました。

うさぎもち〔兎餅〕

新潟県西蒲郡吉田町、木村食品で製造される餅の粉。水または湯でこねれば餅ができます。

うざく〔鰻ざく〕

酢の物料理の一つ。鰻をさいて白焼きにし、これを細く切り、胡瓜を小口から薄く切って塩もみして洗い、鰻、胡瓜を三杯酢で和えたもの。

うざけ〔鰻酒〕

うなぎの蒲焼きの熱いのを器に入れ、酒のかんを熱くしてそそぎ入れてしばらく蓋をしてのちこれを呑みます。これを呑んだことのない人は、濃厚でくどいように思われがちですが、案外あっさりしています。たまにはこれもよいものです。

うし〔牛〕

ウシは食肉、乳用として重要な家畜の一つです。家畜としての牛は、エジプトまたはインドに発生したものだといわれます。わが国でも孝徳天皇時代、六四五〜六五四年に牛乳の加工品が一部に用いられたといわれますから随分古い昔からです。食用としての牛もいたことが知られています。足利時代、南蛮文化が移入されると一部の人は、牛の肉を、ワカといっていたようです。江戸時代に入り、仏教の関係もあり一時は食用とせぬ時代もありましたが、徳川末期からは外国との交流も加り、急速に食肉が需要となって参りました。現在のわが国の牛肉は世界一ともいわれ、めぐまれた国に生れたよろこびを感じないわけにはいられません。

食肉で有名なのは、近江、但馬、松阪、神戸などですが、ある地方では成牛を買い入れて特別な飼育をして肉を軟らかくする方法をとることもしています。

うしおじる〔潮汁〕

塩味で調味するからこの名があります。塩味で煮たのを、潮煮といいます。味の分量は、煮出し汁カップ一〇杯、塩大匙に一杯くらいが適当です。魚の頭で潮汁を作る場合は、材料に塩をして一〇分間くらい放置してさっと熱湯を通し、脂抜きしてから煮込んで下さい。

うしおに〔潮煮〕

汐の満ち来ることを大和言葉でうしお満ち来るといいますように、海の水程度の塩味に煮ることをいいます。これを煮る場合一度材料を霜ふりにして魚の臭味を去り、酒、煮出し汁、塩にて淡白に煮るとよろしい。

うじちゃ〔宇治茶〕

山城の宇治より産しますからこの名があります。煎茶は五〇度くらいの湯温にて出すとよろしい。

うしのした〔牛の舌〕

タン。赤牛より黒牛の方がよろしい。黒牛は舌の皮に斑点があって見分けがつきます。赤牛のは赤舌なので一見して分ります。舌を水に取ってタワシでよく洗い、舌がかくれるくらいの熱湯に入れて一、二分浸しておき取り出して庖丁で皮を剝き、たっぷりの湯で、月桂樹、玉葱、人参、セロリを入れて竹串がらくに通るまで茹でてのち、いろいろの料理に使います。手を加えずとも薄切りにして生姜醬油で食べても美味しいものです。

うじまる〔宇治丸〕

うなぎのすし、または丸焼きともいい伝わるもので、現在この種の物は残っていません。別にうなぎのすしはありません。

『俚言集覧』に宇治丸とあり、『嬉遊』には「宇治丸は鰻鱺の鮓にて古く名高きものなり。今の人うなぎに酢を忌といふはいつの頃より云ことども聞えず。うなぎを焼いて売家、むかし八廊の内にはなかりしとぞ」また寛延四年撰『新増江戸鹿子』に「深川鰻名産なり。八幡宮門前の町にて売る云々」。『耳袋』には「浜町河岸に大黒屋といへる鰻屋の名物ありと云へり。天明頃の事にや。これら御府内にてうなぎやの初めなるべし。京師も元禄頃迄よき所にはかばやきやなかりしにや」。『松葉端歌』には、「朱雀かへりの小歌に、松原通りのかばやきはめすまいかと卑きものにいへり。」、『包丁聞書』にも「宇治丸といふうなぎのすし也。」と、古書に見えます。

うす〔臼〕

穀類の脱穀、精白、粉砕用の器具。現在は脱穀粉砕に便利な機具ができており、昔の器具を見るのはまれになりました。ようやく見るのは茶臼ぐらいとなりました。

うすかわまんじゅう〔薄皮饅頭〕

黒砂糖を使った薄皮の饅頭。俳味があってなつかしいものです。嘉永年間の創造とする福島県郡山の柏屋は美味です。

うすくちしょうゆ〔薄口醬油〕

醬油には、薄口、中引、濃口、とあります。色がうすいのでこの名があります。薄口醬油は汁物料理によく、濃口は煮物に普通使います。

うすごうり〔薄氷〕

富山の名菓。「うす氷よしうすくともめぐまれし、あつき心ぞうれしかりける」と前田侯爵御後宝の歌などもおくられて、二百数十年も子々孫々に伝えられた製法で作られた銘菓。名古屋の亀末広でもこれにおとらぬ良いのが製菓されています。富山の薄氷は白梅軒五郎丸屋。

うすちゃ〔薄茶〕

粉末の茶。茶の樹齢五〇年以上の茶の葉で濃茶を造り、若木の葉が薄茶になります。

うずまき〔渦巻〕

身の薄い、長い魚を味付けして巻き、揚げもの、煮物、蒸し物、焼物、漬物などにしてこれを小口切りにして使います。切口が水の渦のようになります。従って揚げれば渦巻揚げ、蒸せば渦巻蒸しといいます。材料では、はも、かれい、舌びらめ、目白。野菜でも大根、人参を桂剝きにして塩をして巻き合せたのはきれいです。

うずみがゆ〔埋粥〕

味付飯の一種。飯を醬油味で柔らかく焚き上るように仕掛け、豆腐を水きりして砕き、醬油、葛適量を混ぜて炊き込んだ飯。

うずみどうふ〔埋豆腐〕

豆腐を四㎝角に切り、塩少量入れて茹で、椀に入れて白味噌仕立の汁を張り、その上に焚きたての飯をほどよく盛り、焼のり二枚を上にのせたもの。寒い季節にはなかなか美味しいものです。この埋豆腐は十二月の茶事に必ず用いるものですが、埋豆腐を使う茶事には一応定まった料理のしきたりがあります。茶の家元のある日の献立を書き出してみますと、

㈠膳

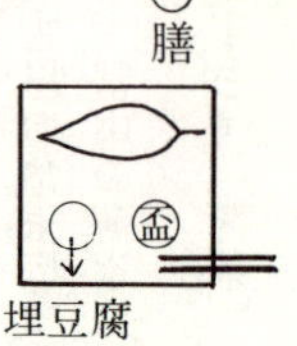

㈡向附皿に盛って　ゆづり葉の上に目串一尾
　大根おろしを添えて

㈢椀盛　いなだ、わさび、防風
　湯に酢を入れて卵を半熟に茹でたもの、
　ふきのとう

㈣お進め　竹輪二切、管牛蒡二本、太い牛蒡輪切
　一切

㈤お進め　柚子の砂糖漬

㈥湯桶　湯の子なし

㈦香の物　茄子の砂漬

㈧御菓子

以上

このように一会分の料理を出さずとも、寒い季節に埋豆腐の懐石もよいものです。

うずめめし〔埋め飯〕

飯料理の一種。島根県津和野あたりの郷土料理。山菜や豆腐を煮てこれを器に入れ上に飯を入れて埋めたもの。広島にもこれと同様な「うずみ」があります。椎茸、人参、蒲鉾などを取り混ぜてあられに切り、椎茸と昆布で煮出し汁を取り、醤油味でこれを煮て器に入れ、もみのり、わさび、青味を散らす。その上に炊きたての飯をかぶせるように入れ、蓋をして一寸むらして進めます。地方により鯛の身を具にすることもあります。

うすゆき〔薄雪〕

飛騨高山の名物菓子。舌にのせると自然に消えるようなのでこの名があります。

うずら〔鶉〕

鶉は雉科に属し、わが国では北海道、東北地方に多く繁殖していましたが今はほとんど飼育のものです。

一〇年程前まで我家の庭でも見かけたものですが今は陰さえ見えなくなりました。料理では焼いたり、鶉糝薯にしたりして高級料理に使いましたが現在では飼育もので味気なくなりました。栄養価も高いというのでいろいろの料理材料に使います。

うずらたまご〔鶉玉子〕

うずらのような斑点の有る小さい玉子。茹でてバター炒めにしたり、これを挽肉で包んで茹でたり、蒸したりして使います。とろろそばの上に一個割り入れて使うのもご存じの通りです。椀種その他いろいろに使います。

うずらなべ〔鶉鍋〕

野鶉なれば申分はありませんが、現在ではのぞめません。飼育のものを使います。毛を去り身と骨とに卸し分け、身は適当に切り、骨はミンチにかけよく敲《たた》いて団子にします。三ッ葉、榎茸、ゆば、生麩、銀杏の串さしなど具はあまり多く使わず薄味で仕立る鍋料理。

うずらまめ〔鶉豆〕

鶉の如き斑点があるのでこの名があります。鶉豆を煮る場合、一晩ぬるま湯につけておき後、茹でると早く軟らかくなります。

うぞうすい〔鰻雑炊〕

鰻を主材にして作った雑炊。京都わらじやが有名。うなぎは四㎝程の筒切りにして素焼きにして中骨を抜き去り、焼ねぎ、春雨、庄内麩、三ッ葉、人参、椎茸、餅、玉子を使っての雑炊。煮出し汁は水カップ一四杯、昆布二五g、鰹六〇gでとり、酒カップ一杯三分ノ一、塩茶匙一杯、薄口醤油大匙五杯、味醂大匙二杯、冷飯適量、生姜少々。

わらじやでは、うなべ、といって鰻をぶつ切りにして素焼きして中骨を抜き去り、これを主材にして、春雨やねぎ、板麩など使った鍋料理も有名になっています。

うちあわび〔打鮑〕

鮑の肉を打ち伸ばし、薄長くして干したもの。昔は祝儀肴に使いました。のしあわびともいいます。

うちむらさき〔内紫〕

双殻貝。貝の長さ八㎝ほど、外面白く、内深紫色です。丹後の宮津辺が産地、一名橋立貝ともいいます。

うちむらさきがい〔内紫貝〕

幼貝の内面は白色ですが、成長とともに紫色になり、成貝は濃紫色になるのでこの名があります。オオアサリと呼んで、海辺では土産に売っています。干潮線下四m内外の砂礫《れき》泥地にすみます。東海、北海道南部、韓国と至るところでとれます。食用にしますが味は不味です。

うっぷるいのり〔十六島苔〕

出雲の名産。島根県簸川郡にある十六島岬地の海岸でとれる長さ一m余りの毛のように細い紫黒色の苔、普通の海苔のように使います。一種の風味があって食通はよろこびます。

うつぼ〔鱓〕

ウツボ科の海魚。一見蛇に似ているので海蛇の名があります。普通には食用にならず蒲鉾材料に使われます。

うつり〔移〕

食べ物など贈られた時の返礼としてその器に入れて返す品、昔は紙を入れて返しましたがそれをうつり紙といいます。附《つけ》木《ぎ》も用いましたがそれがマッチに代わっていまもそのようにいたします。附木は薄板の先に硫黄《いおう》がついているものですが祝う意にもじってこれを用いだしたようです。

うつりか〔移り香〕

料理のお互いの香りのこと。特に気をつけたいことは俎板です。生臭味の強いものやねぎなど香りのあるものを切ったあとは塩をふりかけ、熱湯でよく洗ってから次のものを切るよう心掛けます。更に鍋の移り香も気になるものですから、これもきれいに洗って使います。

うど〔独活〕

土当帰。五加《うこぎ》科多年生草木。山野に自生するものと、栽培されるものとがあります。使い途も多く刺身のツマ、酢の物、焚き合せ、かす漬、汁の実、酢取り、何れにしても、独活は香りと歯ざわりに良さがあるものですから気を付けて使いたいものです。『食品国歌』に、「独活芽よく湿を除いて風を逐ひ、骨節痛を治すものなり」、とあり根は煎服して頭痛、眩暈、中風、疝気に薬効があるといわれます。尚芽うどといって芽をも使います。香りの一層よいものです。

中国の『呉氏本草』という本には、「うどの花は風に揺るがず、風なくして独り揺らぐ」とあるそうです。そこから出た名前だといわれています。

うどん〔饂飩〕

昔のうどんは今のように細長いものではなく、小麦粉に砂糖を包んで団子のようにして茹でたものであったといわれます。熱い湯につけて作る意からこの名があります。もっとも料理の始まりは菓子屋からともいわれますので何やらつながりがあるようです。時移り変りして今日のように分業になったものなのでしょう。

うどんを作るには、粉は中力粉がよろしいが、売品は少ないので強力と薄力と同量一kg、水四〇〇〜四五〇ml、塩一〇〜二〇g、塩は水で溶き粉に混ぜ、手でよくこね丸めて布に包み、繰返して三〜四度踏んでしばらく寝かせます。これは粉のグルテンを十分形成させるためです。こうすると弾力のある耳たぶほどの硬さになります。これを麺棒で伸し、好みの太さに切って茹でます。但し煮込みうどんの場合は生のまま煮込みます。

うなぎ〔鰻〕

ウナギ科の硬骨魚。栄養価の高いことについては、『万葉集』に大伴家持が、「石麻呂にわれ物申す夏やせに、よしといふものぞむなぎ取り召せ」とあるように古く奈良朝時代から知られています。昔は蒲焼きとあるように開かずぶつ切りにしてたてに串を打ち焼いたようです。長焼きは開いて焼き、切らずに出すもの。天然物云々という人もありますが現在は養殖物を賞味する人が多くなったようです。それは柔らかいからです。江戸風に蒸して焼けばこれはまた別の話です。料理では普通に焼いたり、白焼き、う鍋、う雑炊、う巻、うざく、と限りなく料理されます。

うなぎも稚魚（シラス）不足のため、養殖もままならず、高価になってしまいました。それかといって鰻だけは人工的フ化は今のところできません。従ってシラスも輸入となり、主な国はフランスで、その他、イタリア、イギリス、ニュージーランド、中国などですが、量的にはわずかです。最近では成鰻が台湾から輸入されています。台湾には天然のが相当量魚獲されるので、二年近くもかかって成鰻にするより却って安くつき、味も良いので、この方に業者は力を入れているようです。

鰻は奈良朝時代には、ムナギといっています。その語源は、『大言海』に、「ムナギは胸黄の義とありまたその型が家の棟木に似ているところから」の語だとの説があるようです。現在のように養殖物は別として天然鰻は腹の部分の黄色のが美味しいことを表わしています。

鰻の産卵の数は一度に七六〇万個、深水二〇〇〇m以上の所で産むといわれています。鰻の美味しい店は昔の街道各地に多くあります。

うなぎのかぶらむし〔鰻の蕪蒸し〕

うなぎは普通にたれをつけて焼きますが、蕪むしには一度たれをつけて焼いて切ったものを使います。添えものには百合根やくわい、椎茸、三ッ葉などを使い、蓋物茶碗に材料を入れてその上に蕪を擂り卸し、卵白、塩少量混ぜてかけてから一〇分ほどむし、あんを作ってかけた後、卸しわさびを香辛料に使って進めます。

うなちゃ〔鰻茶〕

鰻茶漬けの略称。蒲焼きを熱い飯の上にのせ、熱い番茶をかけしばらく蓋をしておき後食べます。蒲焼きにしたのも香ばしくてよいものです。

うに〔雲丹〕

海胆、海丹とも書きますが、雲丹と書くのが本当のようです。即ち海の丹、丹は赤いに通じますから色から出た名称ともいわれます。うにはガゼといって栗のいがのようにトゲのある貝で、雌雄が判別しがたいものです。雌は卵巣が赤味色、雄は精巣が黄白色なのでわかります。既に加工した、ねり雲丹、坪雲丹、乾雲丹、浜焼、板雲丹などがあり、そのまま使用したり、和え物、雲丹焼き、雲丹蒲鉾と更に手を加えていろいろに使います。生のはわさび醤油、鮨種に使用するのもご存じの通りです。しかし何といっても一番美味しいのは海女が取ったのを舟の上で焼いてもらい食べることです。海の水の塩味、香り、これは他では味わうことのできない佳味といえます。昔は越前の雲丹、尾張のこのわた、肥前のカラスミ、これを天下の三珍味といっています。現在でも本場のものは珍味です。

北海道のエゾバフンウニも美味です。昆布の中に生息し、六、七、八月の三ケ月のみ獲期、昔は塩雲丹にして出荷したものですが現在は価も高く売れますので生のまま中央市場へ送り出されています。

雲丹は成熟した卵巣で、タンパク質、脂肪、特にビタミンB1、B2、B12がたっぷり含まれています。新鮮なものには酵素力も多く、ホルモン成分もあり内分泌のバランスをととのえ、体を温め、血行もよくし、肌をととのえ、精力増強、目の衰え、疲労回復に効果があり従ってスタミナ美容食とまでになると語る人もあります。但し生雲丹は非常に早く変質しますのでその管理に気をつけたいことです。

うにくらげ〔雲丹水母〕

水母の細切りと雲丹で和えたもの。前菜によく使います。

うにぞうすい〔雲丹雑炊〕

北海道の雑炊。大根、人参、椎茸、三ッ葉を具にして雑炊を焚き、生雲丹を入れて玉子を割りほぐして流し入れ、一寸蓋をしておき熱いのをいただきます。実に郷愁を感じます。

うにのはまやき〔雲丹の浜焼〕

雲丹の卵巣を取り出し、雲丹の殻に三〜四個分の卵巣を入れて焼いたもの。漁夫などが舟の中で焼いて食しているのを分けてもらい食すれば最高の食べ物です。

うにめし〔雲丹飯〕

変り飯の一種。下関の名物。とりたてのバフンウニの卵巣を使います。飯が炊きふき上るころに、生雲丹、少量の塩を入れてふっくらと炊き上げます。白い飯に黄朱色の雲丹が混ざって美しいばかりでなく美味しいものです。

うのはな〔卯の花〕

「卯の花くだしふる雨の」、というように五月雨の頃咲く卵の花はウツギの花に似ているのでこの名があります。これは切らずに食べられるのできらずともいい、豆腐のからですから、おから、ともいいます。普通には油揚、人参、ねぎ、椎茸又は木耳、麻の実などを具に使い、酢、醤油、砂糖で煮ます。本当はカラ炒りというようにからっと炒り上げた風に作るのが昔ながらの仕方です。従って昔はおからをこぼさぬように食べさせて食事の作法を子供に教えたものです。からっと炒り上げてあり、これがこぼれ安く、われわれもよく親にしかられたことです。

卯の花を本格的に作るには卯の花を擂鉢でよく擂り、すいのうで水漉しをしてこれを布に取り絞ってよく水気を取去り、二重鍋でゆっくりと炒り上げます。こうするときれいな卯の花そのままのふんわりとしたものができ上ります。これに味付けをして、卯の花鮓、卯の花和え、卯の花煮、卯の花汁、卯の花漬、とさまざまに使います。

尚又、おからのことをお炒り（お入り）ということもあります。それは、空、虚の言葉に通じるからです。

うのはなずし〔卯の花鮓〕

卯の花を飯の代わりに使ったすし。卯の花は擂鉢でよく擂り、酢、塩、砂糖で炒り、麻の実、生姜の細切りを混ぜ、具にはコハダ、鰯、鮎、小鯛、小鰺、などを使います。魚は背開きにして頭や中骨、臓物を取り去り、塩をしてから酢に浸し、のちこの魚の腹に卯の花を詰め、かるく押しをして一日おき、適当に切って食べます。

うばがい〔姥貝〕

東北地方では北寄《ほっき》貝といいます。バカ貝科の二枚貝。東北、北海など寒い海に住み、三陸沿岸では相馬地方。荒海で育つものは砂を含まず優良品です。貝柱は大きいが軟らかで、焼く、煮る、鍋物、酢味噌、吸種に、土産用には粕漬、煮出し汁用に蒸して乾燥させたのがあります。

うばがもち〔姥が餅〕

滋賀県草津の名物餅。旧東海道草津の宿に、江戸初期の寛永の頃、草津の代官某が故あって改易死罪になった時、近江源氏の正統と称する遺孤に家重代の名刀をそえて託された乳母が、養育の手段として餅売りとなり宿駅泊りの大名や高家にすがっていた。のちには小店を開いて乳母が餅とよばれ繁昌したのが名の起りです。

うまき〔鰻巻〕

玉子巻の芯に長焼きを入れて巻いたもの。

うましもの〔美味物〕

可美物。美味しいものの古語。

うまに〔旨煮・甘煮〕

魚、鳥、貝、乾物、野菜などの味を濃目に照《て》りの出るようからっと煮たもの、弁当、重詰、折詰めなどに使います。家庭では飯の菜に向きます。

うみそうめん〔海素麺・海藻〕

そうめんによく似ているのでこの名があります。紅紫色で酢の物、刺身のツマ、汁の実などに使います。乾燥貯蔵したのは水につけてもどして使います。

うみたなご〔海鱮〕

海産硬骨魚。川たなごがあるため区別して、海たなご、と呼びます。体は卵形の側扁、銀色で体長二〇cmあまり、胎生であるのが特徴です。煮ても焼いても食べますが多くは蒲鉾の材料となります。

うみはらかわせ〔海腹川背〕

一尾の魚を盛る場合のおぼえ言葉。海の魚は頭を左にして腹を手前にし、川魚は頭を左にして背を手前にして盛るのが古来からのしきたりとしてこの言葉があります。しかし現在では何れの魚も頭を左にし、腹を手前にして盛ります。古来は一見して海の魚、川の魚と見分けをよくするために盛り始めたものです。旧来からの家では今だにこのように盛り付ける場合が多くあります。

うみふじはな〔海藤花〕

かいとうげ。飯蛸の子が海藻に藤の花の如く産付《うみ》けてあるのでこの名があります。塩漬けになっていますので水でよく洗って塩出しをして使います。一口椀の種、酢の物などに使います。

うみめりょうり〔海目料理〕

九州玄海灘、この海はさざえ、あわび、雲丹、のうさばなどの宝庫です。従って獲った魚を主として粕漬、味噌漬として貯蔵します。これを海め料理といい材料が新鮮なので珍味として賞味します。

うむぎ〔白蛤〕

『日本書紀』に、「景行天皇東国巡狩し給う時、上総国に至り、海路淡水門を渡り海中より八百白蛤《やさかのうむぎ》を得給う。六雁命、足を膾に為り、また煮焼き、雑に造《はじ》り、梔の葉を高杯《たかつき》に作り、云々と記せられてあります。恐らくは蛤の古名でありましょうがアワビではないかと説く人もあります。

うめ〔梅〕

梅の種類は多くありますが、塩梅《あんばい》といわれるように昔は現在の酢のように使われたものでしょう。果実にリンゴ酸、クエン酸が含まれ酸味の代表果実です。梅干はいうに及ばず、甘煮、梅肉和、梅醤油、炒酒《いりざけ》、ジャム、のし梅、梅酒、梅羊羹、等々といろいろ広く使われます。梅は何といっても水戸の偕楽園。梅里といわれるほどあって、その種類の多いことは日本一かも知れません。その数三五〇〇本、白、紅梅、一重、八重、早咲き、おそ咲きと一三〇種もあります。水戸斉昭公が奨励《しょうれい》して植えたとか。二月の末が盛りです。

うめがえもち〔梅ケ枝餅〕

九州大宰府の天満宮には菅原道真遺愛の梅が数千本あって、この境内で出してくれるのが梅ケ枝餅です。漉しあんを餅にはさんで焼いたもの。菅公の紋所梅鉢が浮き出ていて素朴な味の郷土菓子。

うめそうめん〔梅素麵〕

海藻。そうめんのようなもの。水につけてもどして使います。

うめじたて〔梅仕立〕

梅干の味で作る吸物。

うめのカリカリづけ〔梅のかりかり漬〕

あのかりかりとした歯ざわりがよろしいので一般によろこばれます。砂糖をかけて使えば番茶の友ともなります。漬け方、小粒の梅を選び梅干のように塩漬けにしますが、この時塩に焼明礬を混ぜて漬けます。材料、梅一kg、塩二五〇g、焼明礬二gで漬けます。そのまま長くおきますと軟らかくなりますので十日目頃ざるにあげ、別に水四カップ、塩一カップを混ぜ、この塩水に漬け替えます。色付けは赤紫蘇の葉を塩もみし、紫色の汁を捨ててこれを入れます。食用色素で色付けする場合は、赤色一〇二号を使うとよろしい。

うめびしお〔梅醤〕

梅干の加工品。梅干の種子を取りのぞき、肉だけを裏漉しして、砂糖を加えて弱火で練り上げたもの。和え物や新生姜の先に付けて使ったり、なめ物とされます。

うめぼし〔梅干〕

梅干を漬けるにはあまり梅の実の熟さないのを選びよく水洗いして、一晩水に浸して苦味を取り去りざるにあげます。材料、梅の実二kg、塩四〇〇g、紫蘇の葉二五〇g。梅の実に塩を当てながら瓶に漬け込み、蓋をしてかるく押をして二、三日おき、紫蘇の葉を塩もみして紫色の汁を捨て、梅の上にのせておき、時折上下混ぜ合わせ土用の天気のよい日を選んで簀の上にならべ二、三日干しますが、夜は又元の汁に漬けて干しますと色がよくなります。干さずにそのままおくこともします。赤の梅酢を取るときは始めの内に別に取り分けておきます。

梅干は医者殺しといわれ、何れの家でも愛用されます。梅の酸味は主にクエン酸とリンゴ酸です。この有機酸は体内に吸収されて酸性を中和し、疲労回復に重要なはたらきをするばかりか胃腸や心臓を強くする性質があるといわれます。

梅干は酸っぱくてもアルカリ性食品です。毎朝欠かさず食べると体液の正常な弱アルカリ性が保たれ、健康増進に役だちます。食中毒、下痢、動脈硬化、付ければ水虫、タムシにも効果があるといわれます。

我国で梅干を一番多く産する地は紀州南部《みなべ》です。梅の種類では改良された南京《なんこう》を第一とし、古城などもそうです。役場に梅課があるほどですから如何に梅干に力を入れているかうかがいしれます。

うめぼしのあまに〔梅干の甘煮〕

梅干に針打ちをして器に入れ、約六〇度くらいの湯をたっぷり入れて落し蓋をして一晩おきますと、丁度ころ合いの酸味と塩味になります。これを砂糖煮にしますが、煮る時鍋に竹の皮か薄板を敷きその上に梅干を入れ、水、砂糖を入れて紙蓋をし極く弱火で煮ふくめます。火が強いと梅の皮が膨張してやぶれ身がはなれますから気をつけて煮ます。青梅の甘煮も同様にして煮上げます。

うめわん〔梅椀〕

だし巻、椎茸、ゆば、蒲鉾、青味、この五種を大きめに切り種にして作った椀盛をそのように呼びます。梅の花の五辨になぞらえて付けられたのでこの名があります。

うもれぎ〔埋木〕

滋賀県彦根の名菓。彦根三十五万石、井伊宗観（直弼）は侘び住居に埋木舎の名を付けて、澍露軒の茶室で茶の道を極わめました。井伊侯を忍んで埋れ木の銘をつけたのがこの菓子です。求肥皮の餅菓子で風雅で美しく、口当りの良いものです。

うらぼんえ〔盂蘭盆会〕

お盆は正月に次ぐ年中行事です。お盆は仏者の善好といえます。日蓮尊者の仏説により孝養の道を訓えたものですが、上下三千年祖先を尊び、これを追懐する行事です。盂蘭（烏《う》藍《ら》ともいう）は梵語で倒懸《とうけん》といい、サカサマに釣り下げられたような苦を指すのです。盆は梵語で婆拏《はぬ》といい、盂蘭を訳すると救倒懸《きゅうとうけん》ということになります。なぜ盂蘭盆会が七月十五日に行なわれるかといいますと、盂蘭盆経の説くところ、昔、大恩教主釈迦牟尼仏が、天竺の祇園精舎で衆生に法の道を説いているとき、日蓮尊者という孝徳の深い弟子《でし》がいて、尊者は亡母の恩に酬《むく》いんがため、非々想天のいただきより下無間地獄をみたとき、亡母は餓鬼道に落ち、飢《き》渇《かつ》に迫り、骨と皮ばかりで見る陰《かげ》もない姿であったので椀鉢に飯を盛って進めたところ、亡母はよろこびのあまり飛びつかんばかりにしてこれを食べようとした。ところが飯は忽ち猛火と変ってしまいました。尊者は悲しさやる方なく釈尊の御袖にすがり、世尊の妙智にたよったところ、釈尊はいとあわれに思い、「汝の母を救うには十萬衆僧の威神力によるほかなく、七月十五日は衆僧《しうそう》自恣《じし》の日といって十方より集る衆僧が、いろいろざんげをしたり、法を述べたりするよろこびの日であるから、幸い倒懸の苦を受ける餓鬼を救う救倒懸の法会、即ち盂蘭盆会を行うがよい。過去七世の父母及び現在の父母の厄難の中にあるもののため、山海の美味珍物及び五菓百味の飯食を盆器に盛り、清浄の坐席を設け十方の大徳自恣の大供養をすれば、汝の供養を受け、その功徳によって現在の父母は福寿延長し過去七世の父母は天道に生れて自在をうる」と、懇々とお諭しになったので、日蓮はよろこんでこれを行った日が七月十五日です。従って今日盂蘭盆会を行うのはこの所以です。七月十二日は草の市、精霊祭りのお供え物を買う市がたちます。十三日は墓参、夕方には麻殻《あさがら》をもやして迎え火を門で焚きます。十四日、報恩経には卯の刻に亡き霊が来りて十五日午《うま》の刻に帰るとあり、因業で地獄の釜に閉じ籠められた亡者でもこの日ばかりは釜の蓋も開き、供養が受けられると伝えられています。この日芋の葉か蓮の葉の上に茄子や冬瓜の胡麻和えを盛って供え、十五日は強飯、送り団子を供え、棚経といって僧を招き、読経をして祖先の亡き霊を祭ります。神仏の祭事に餅を供えるのは、餅一種で百種の御供えに代わるというい習わしがあるからです。かくして十五日の夜には送り火を焚き、十六日朝にはお供えものを附近の川へ流すのがしきたりです。食べ物にゆかりがあるので書いておきました。

うり〔瓜〕

ウリ科、ウリ目の植物。種類も沢山あります。従って食べ方もいろいろです。白瓜、青瓜、胡瓜、まくわ瓜、黄瓜、詳細はその項に書き出してあります。

うりもみ〔瓜揉〕

胡瓜、青瓜、白瓜など薄く切って塩もみして洗い水気を切り、酢、砂糖、塩または醤油で味を調え、これで和えたもの。胡麻《ごま》、胡桃《くるみ》など使ったり、紫蘇の葉や実を混ぜたり、はも皮、海老、白身の魚を酢にして盛り合わせることもいたします。

うるか〔潤臭〕
潤臭と書くのは漬け込んでおくと臭が出るという意。鮎の内臓で作った塩辛。一名渋うるかともいい、一寸しぶみがあるからこの名があります。尚暁川ともいいます。それは未明に捕った鮎は昼間食べた砂を夜の内に吐き出すため内臓が清浄なので特にこれを賞します。こんな意味で暁川というようです。後水尾院の御歌に「淀川の瀬にすむあゆの腹にこそうるかといえるわたはありけり」もあります。

うるち〔粳〕
米には種類が沢山ありますが普通の米のことです。糯米《もちまい》があるので大別されてこの名があります。

うるめいわし〔潤目鰯〕
いわしの一種。丸みを帯びたやや大きめの鰯。干物が美味しく、冬が季節です。

うれしのちゃ〔嬉野茶〕
佐賀県藤津郡から長崎県東彼杵郡の山間部に産する茶。嬉野で良い茶ができるのでこの地名が代表銘となっています。福岡県境の神崎郡には移植茶最初の背振山があり古い茶歴があります。中国茶に似た風味を喜びます。

うろろ〔鮑塩辛〕
あわびで作った塩辛。鮑は塩もみして洗い、貝をはがし、細く切り、腸はたたき切りにして身と混ぜ、この材料の一割程度の塩と酒を少し混ぜて冷蔵庫に入れ、一日一回かき混ぜて十日くらい経て食べ始めます。日を長くもたせる場合は塩を強くして、食べ始めるのも二十日、三十日と過ぎてから食べます。酒の肴に喜ばれます。

うんきゃく〔雲脚〕
粗末な抹茶のこと。茶を点てた際《さい》、泡が浮雲のように早く散ってしまうような茶のこと。

うんしゅうあえ〔雲州和〕
夏みかんを使って和えたもの。雲州は夏みかんの本場です。

うんぜんかん〔雲鱣羹〕
寄物料理の一つ。とろろ芋を擂りおろし、砂糖、鶏卵を入れて擂り、流し缶に入れて蒸し雲形に切ったもの。室町時代支那（中国）から帰朝した僧が伝習して来た食べものといわれます。精進には玉子の代わりにクチナシで色付けをします。

うんぞがゆ〔温臓粥・紅糟粥〕

臘八《ろうはち》に食べる粥。臘八とは十二月一日から八日までで禅家では座禅を行います。木枯も吹き厳《きび》しい寒さの最中釈尊が明星を見て成道したのにあやかって接心（座禅）が行われます。それが終ってから食べるのが温臓粥です。

米カップ二杯、水一〇カップ、塩小匙二分の一杯。さつま芋を賽の目に切って明磐水で洗ったものカップ一杯と二分の一、納豆を水で洗ってぬめりを取ったものカップ〇・五杯、昆布の細切少々、酒粕一五cm一枚に湯を加えて擂っておく。作り方、釜に米と水を入れて火にかけ、沸騰したら材料を入れてゆっくりと焚き、終りに醤油大匙一杯入れて加減をみて味をととのえ、熱いところをふうふうと吹きながら食べます。座禅中は粗食なので一層美味しく頂けます。

うんりゅうあげ〔雲龍揚〕

切った小口が雲龍に似ているのでこの名があります。鶏の足を薄く長く包丁して、味醂、醤油に漬け、太めのねぎを芯にして巻き、竹皮または糸で巻き留めしてフライパンで焼き、これに濃いめの衣を付けて揚げ、小口切りにしたもの。揚げなくとも焼いたまま使用することが多くあります。

え

えい〔鱏・鱝〕

軟骨海魚。アカエイ、シビレエイ、トビエイ、サカタエイ、ガンギエイなどの種類があります。料理では夏は美味なので洗いにして酢味噌もよく、味噌椀の種、煮肴等にして使います。

えいさいぜんじ〔栄西禅師〕

鎌倉時代、永治元年から建保三年（一一四一〜一二一五）の禅僧。正しくはヨウサイゼンジ。臨済宗の開祖で建仁寺派の開祖、日本における禅学と共に栽培茶の伝来者として喫茶法の始祖と推されています。建久二年（一一九一）帰朝のとき江南の茶の実をもたらして、筑前の背振山に栽培され、のち博多の聖福寺山内に種を移し、一部を京都栂尾の明恵上人に贈ったのが宇治茶の始まりであることはご存じの通りです。著書では『喫茶養生記』などが有名です。

えいのひれひもの〔鱏鰭の乾物〕

下関、瀬戸内の名産。えいの鰭《ひれ》をきれいに皮を去り味を付け干したもの、焼いて食べると美味しいものです。

えいへいだいしんぎ〔永平大清規〕

福井県の曹洞宗総本山吉祥山永平寺の規矩をなすもので、関祖道元、承陽大師の編述した『典座教訓』を始め『弁道法』『赴粥飯法』『衆寮清規』『対大巳法』『知事清規』など六編に納め、禅家生活の規範であると同時に、一般民衆生活にも示唆するところの多いものです。これによっていかに食生活が大切であるかが伺い知れます。

えきべん〔駅弁〕

各駅で売る弁当。一八七二年、新橋横浜間に鉄道が開通して、握り飯を売ったのが始まりだといわれます。その後鉄道の歴史とともに歩んで来たなつかしい食べものです。時代が変われば味覚も変わり、その後各駅に土地の名産を取り入れローカル色に富んだものが作られて現在では何百種類にもなっています。然し今や東海道線は大阪から東京まで何時間もかからず、停車する駅も少なく、この点淋しくなってしまいましたが、幸い百貨店では盛んに駅弁大会を催してくれますので、これを食することができて楽しみなことです。

えご〔海髪〕

おごともいい、俗に南蛮蝦ともいいます。秋田地方の赤色の鮮やかな中くらいの大きさの海老で、甘味があって美味しいものです。

えごのり〔海髪海苔〕

海藻の一種。エゴ、オキウド、ともいいます。主産地は越後、佐渡、能登、筑前などですが、乾燥させて寒天の補助材としたり、煮溶かして漉して冷しかため、三杯酢、酢味噌、黄粉をまぶしたりして食べます。ところによりこれをエゴコンニャクともいいます。

えごま〔荏胡麻〕

一年生草本で原野に自生し、原産はインドといわれますが日本へ渡来したのはおそらく太古時代であろうといわれます。現在は葉を紫蘇の葉の代わりに、実を胡麻代わりに使いますが、それもまれで、実を小鳥の飼料に使います。煎ると香ばしいので味噌料理や和え物に使います。

えそ〔狗魚〕

エソ科の海魚。蒲鉾の材料に多く使います。昔は身持ちの婦人（産婦）が「えいそう」の児、良い相、可愛い顔の児を産むようにと必ず食べたものです。

えぞがき〔蝦夷牡蠣〕

北海道産のかきで、とくに厚岸《あつけし》、釧路地方で多産します。体長四〇㎝を越えるものもあり従って大ガキの名もあります。このカキは夏季に美味しいのが特徴です。

えぞじる〔蝦夷汁〕

サケ料理の一種。塩引きさけを洗って適当に切り、熱湯に浸して塩気を抜き、昆布、若布《わかめ》と取り合わせ、酒で擂りのばし、どろどろにして、これで煮たもの。

えぞぞうに〔蝦夷雑煮〕

北海道の雑煮。礼幌あたりでは正月でなくても、節句でも作ります。材料は、じゃがいも、いんげん豆、鮭の頭身、人参、大根、すず子で昆布の漬汁仕立。味噌仕立にする家庭もあり、さすが北海道の雑煮です。

えだまめ〔枝豆〕

枝豆というように枝に二、三豆を付けて切り、塩洗いして豆のケバを去り塩茹でにして使うのがおいしいが、現在では一さやづゝに切り取ってありますから、沸騰湯に塩、灰水少々入れて色よく茹でて使います。八月のお月見に御供えしたり、前菜に、口代りのあしらいに使われます。水田の畦《あぜ》を利用してよく作りますので畦豆の称もあります。

現在は冷凍ものが出廻っていますので四季に使うことができます。

えだまめめし〔枝豆飯〕

飯の一種。枝豆を色よく塩茹でにして薄皮を去り、豌豆飯と同じように炊いた飯。豌豆飯。

えちごのさんさいべんとう〔越後の山菜弁当〕

別して取りたてていうほどの物ではありませんが、何やら素朴で親しい弁当です。醤油飯、玉子巻二切、椎茸、紅生姜、わらび、とり肉、おぼろ、山牛蒡、山ぶき、瓜漬が入っています。

えちごやき〔越後焼〕

いか、えびなどを擂り身にして竹串に付けて焼いたもの。越後蒲鉾に似ているのでこの名があります。

えちぜんうに〔越前雲丹〕

昔から天下三珍味の一つ。その名に恥じず本当の珍味といってよいものです。丸い薄い輪曲《まげもの》の用器に詰められたもの。この雲丹は何ら加工せずそのまま食べてこそ本来の味を賞することができます。越前（福井県）は練雲丹で、古くは『延喜式』に、若狭から献上されたことが記載されています。『本朝食鑑』（元禄年間）にも名産品としてあげられ、一説に、この雲丹は古来中国の食品であり、中国から来朝した禅僧によってわが国に伝えられたといわれます。禅僧あるところ雲丹あり、との言葉のように越前には曹洞宗本山永平寺があるのもそれを証明しているようです。福井県鷹巣地方のがよく、薄味で風味絶佳。

えちぜんかに〔越前蟹〕

ずあいがに。冬期にとれる足の長いかにで、山陰地方へ行けば松葉がにといい、茹で二杯酢、かに鍋も美味しい。

えつ〔斉魚〕

片口鰯科。有明海に夏が来ると産卵のため筑後川へ上って来る魚。旬は五、六、七の三ヶ月。伝説には弘法大師が筑後川を渡ろうとした時、何れの舟も渡してくれなかったのですが、その内のひとつが渡してくれたので、その礼に芦の葉をちぎって川へ投げ入れたらこの魚になったということです。季節にはこの魚を食べようと大勢の人が集ります。料理では刺身、中骨を去り小骨が多いので鱧の骨切りのように薄く切りおとし、食べる時うどんのようにして食べます。その他塩焼、から揚げ、煮肴といろいろに料理されますが、何れも小骨が多いので骨切りとします、大体一尾に十三の切目を入れます。

えっちゅうばい〔越中蛽〕

富山から能登金沢方面でよく使う巻貝。小さいのは塩茹や、煮て楊枝で取り出して食べ、大きいのは貝から取り出し、刺身や酢の物にして使います。

えどに〔江戸煮〕

江戸料理の一種。魚類を海苔のつくだ煮で調味して煮上げたもの。即ち江戸紫色に煮上げたもの。蛸を煎茶、酒でゆっくり煮込み、二杯酢で食べるのも江戸煮といいます。

えどまえりょうり〔江戸前料理〕

字の如く江戸前の意で、芝、品川、大森、浦安あたりまでの近海で取れた魚の料理のこと。江戸前にかぎらず内海の川や田から流れ出された水には魚の餌になるものがたっぷりふくまれているので自然の養魚池になり美味しいのです。然し現在では何処も海岸の工場の連立で望むべくもなくなってしまい、食べ物にたずさわる者に取っては淋しいかぎりのほかありません。手を加える上方料理を烹《ほう》とすれば新鮮な材料を主する江戸前料理は、割《かっ》ということになりそうです。天浮羅、うなぎ、握り鮨など名残りの一つかも知れません。

えのきたけ〔榎茸〕

東北地方の深山に自生するなめ茸の一種、榎木の切株などに生えますからこの名があります。只今では菌《きん》が発見されて四季栽培されています。汁の種、和え物、佃煮などにして使われます。

えのころめし〔狗子飯〕

昔鹿児島県で行われたという郷土料理。蜀山人の『一話一言』に、狗子の腹を裂き開き臓腑を取り出し、その中へ洗い米を入れて蒸焼きにし、高貴な人や藩侯にも進めたという飯、今日ではこの遺風もなくなったでしょう。

えび〔海老・蝦〕

甲殻類。海産と淡水産とあります。海老は至って種類が多く、最近では遠洋物も入って一寸その名称さえ不明になって参りました。然しよく手にする種類は、伊勢海老、車海老、白海老、手長海老、鎌倉海老、桜海老、大正海老、メキシコ海老、アマ海老、すえび、芝えび、むきえび、等々があります。海老は何の料理にも向きますから重宝な料理材料ですが、天然ものは需要に追いつかず、ほとんど輸入にたよっています。そこへ目をつけたのがガイアナ、世界地図の上では老人には虫眼鏡で見なければわからぬくらいの国。ガイアナ、スリナラ沖合、ギアナ海域、タイガー、シュリンプが海老の宝庫です。車海老に似ていて、生きているうちから赤色で、ここでとった海老が、キングストン岸壁にある冷凍工場に運ばれ、冷凍加工されて日本に送られて来ます。ここに日本の漁船も数多く出漁していますが、海老は最早獲るという段階ではなく生産期過程に入っています。外国では日本の養殖とケタ違いで、メキシコ湾に面したアメリカのフロリダ州のパナシチーというところに、日本海老養殖の経験の深い技術者が数名、前から行っており、養殖場はセントアンドリュー湾に三つあって一二〇万平方の池が二つ、今一つはウエスト湾をフロリダ州から借り受け、一〇〇〇万平方の養殖池をもち、そこで海老養殖に踏み出しています。この海老が日本へ輸入されるのは間近いことでしょう。エビの消費量は文化の尺度であって、文化が進めばそれだけ多くの消費量になるというのがねらいのようです。従って過剰のことなど気にしていないという経営者の言葉もおもしろいと思います。規模雄大で前代未聞の大事業です。

現在日本へは、メキシコ、インド、中国、インドネシア、パキスタンなどから年間（昭和45年度）五七〇〇〇t輸入されて日本の消費海老をおぎなっています。我国へは54年現在五十三ヵ国から輸入されていると表に書かれています。

えびいも〔海老芋〕

里芋の一種、姿が海老に似て曲っているのでこの名があります。この芋は皮を厚く剝いて米のとぎ汁で茹で、汁をたっぷりにして煮込むと煮くずれしないのでこの方法でゆっくりと煮込みます。一名九條芋ともいいます。

えびしんじょ〔海老糝薯〕

海老のくづし物。海老の皮を剝き、ミンチにかけてよく擂り、卵白、葛、伊勢芋を卸して入れ、灼味醂、塩にて調味して裏漉しをして団子に取り、弱火で茹でたり、流し缶に入れて文火で蒸して小さい物は吸物種、大きい物は椀盛種に使います。

えびすぜん〔夷膳〕

膳の横を人前にすることです。側膳《そば》とか横膳といって不敬不注意として忌みきらいます。

えびすだい〔夷鯛〕

摂津西の宮を本社として各地に分社される夷神にお供えする鯛。祭神は伝説によれば、事代主命《ことしろぬしのみこと》。祭り日は正月十日の十日えびす、冬は夷講といって商家では十月二十日に行います。漁業者はこの日近海で釣り上げた鯛を御供えする風習があります。

えびそうめん〔海老素麵〕

海老で素麵のように細く作るのでこの名があります。皮を剝いだ海老（二〇〇g）をミンチにかけてよく擂り、卵白一個分、片栗粉大匙三杯、塩、味の素、砂糖、赤食紅、以上を適量入れてよく擂り裏漉しをして絞り出し袋に入れ、湯を沸騰させ火を弱めてこの中へ絞り入れ、浮き上ったら籠に取り上げて作ります。注意することは、海老はどんな物でもよろしいが新鮮なものがよろしい。水にあまり長くつけてあったものは弾力がなく切れることがあります。

えびだんご〔海老団子〕

剝き海老を二度程ミンチにかけ、つなぎに片栗粉又は浮き粉を材料の二割程度と卵白を混ぜてよく擂り、かるく味を付けて裏漉しのうえ更に擂り、団子に取って文火で茹でたり煮たもの。時には伊勢芋を少し擂り混ぜ海老糝薯《しんじょ》にして椀種に、直煮して焚き合せの頭に、小さく水に取ってきれいに丸めて茹でて青串に差し口代りに、ほか沢山の使い途があります。

えぼだい〔疣鯛〕

関東ではえぼだい、関西では、うぼせ。身のしまった美味しい魚です。冬から春先が旬です。照焼、幽庵焼、揚げもの、塩焼き干物に向きます。

えましむぎ〔咲麦〕

麦飯を焚く時まず大麦を先に茹でてから米に混ぜて焚きま

す。茹でて麦をふくらますことを、「えまし」といいます。しかし今日では麦が挽き割になっていますので米と一緒に混ぜて普通に炊けばよいのです。

えら〔鰓〕

水生動物の呼吸器官。魚類はえら蓋の中にある赤いところで餌になるものと砂ようのものを器用に選び分けて食べものを食道へ運び込みます。この部分の赤い色の鮮明なのが新鮮な魚です、鮟鱇はこの鰓も賞味いたします。

えり〔魞〕

魚を獲る方法の具。竹簀《す》または葭《よし》で囲い、魚を寄せて獲る仕組になっているもの。

えんか〔燕窩〕

中国料理で重要視される岩ツバメの巣。これには二種類あり上等のを求めたいことです。

えんかいりょうり〔宴会料理〕

人数が十人以上で普通七種類程出す料理。あまりきどらない料理のことです。

えんぎしき〔延喜式〕

禁裏年中儀式、百官臨時の作方、その他国中の恒式を漢文で詳《くわし》く記した書。五の巻より成り大宝式、貞観式と合せて三代式といわれるもの。延喜式はその最後の選進で、前二式と合せて採用されています。延喜五年左大臣藤原時平以下紀長谷雄、三善清行に命じて撰修に着手、二〇余年を経て延長五年ようやく完成したもの。三二、三三巻の大膳職上下は飯食生活の基準となるべきものが多く記載されているので料理ではやかましくいわれるところから、よく「延喜式」の文字が料理の古文書に出てくる訳です。

えんしゅうななかま〔遠州七窯〕

小堀遠州が選んだ七つの焼き物の窯のこと。近江の志戸呂、膳所《ぜぜ》。山城の朝日。大和の赤膚《あかはだ》。摂津の小曽部。豊前の上野《あがの》。筑前の高取。遠州公の好みに似ても似つかぬ何れも絵付のないものばかりです。これは他の道具の取り合わせを考えたのでしょう。食器に関係がありますので書いておきました。

えんせき〔筵席〕

普通の宴席より上等の材料を使ったのがこの筵席です。筵席といって中国では佳香珍味の料理が出されるのはご存じの通りです。

えんぞう〔塩蔵〕

塩を多く使って貯蔵すること。二、三ヶ月の貯蔵なれば材料の二、三割の塩、夏を越させるには四割くらいの塩がよろしいでしょう。

えんどう〔豌豆〕

菫科の一年草木。これには軟莢種と硬莢種の二種あります。さや豌豆又は絹さやというのは前者で皮のまゝ料理に使い、後者は実を熟させて豆にして使います。従ってグリーンピースは後者で作ります。

えんどうめし〔豌豆飯〕

飯の一種。米カップ三・五杯、水カップ四杯、剝豌豆カップ一杯、塩小匙一・五杯、酒大匙三杯。以上の材料全部を釜に入れてゆっくりと焚き上げます。ときには豌豆を色よく塩茹でにして、その茹で汁を使って飯を焚き、でき上ってから豌豆を混ぜる仕方もあります。この方が見た眼にきれいでよろしいが、美味しいのは焚き込みです。

えんめいぶくろ〔延命袋〕

椎茸、竹の子、人参、銀杏、とり肉など、豆腐の水きりしたのと混ぜ、油揚げに詰め、乾瓢にて口を結びゆっくりと煮込んだ料理。薄味にして寒い季節にはあんかけにもします。一名宝袋ともいいます。

えんゆうかい〔園遊会〕

慶事、祝事の披露または賀筵に主催者の邸内、ある時は名園に於て多数の客を招待する会。

お

おいかわ〔追河〕

コイ科の淡水魚。地方は、ハエ、ハイ、ハヤ、ヤマべともいいます。この魚は種類が多く東京水産大学の水口先生は、現在知られているだけでも九十六種類あるといわれます。各河川に住みつきやすいので、体色体形もいろいろで、名もまた勝手につけられたものや、子供がつけたと思われるものさえあるといわれます。産卵は地方によって差がありますが、六月から八月頃川底の平たい小砂利や砂の浅瀬に産卵します。産卵には必ずペア、もつれ合いながら作業します。体長一〇㎝位いのメスで約一〇〇〇粒の卵を持っていて、一日に四～五〇粒ずつ、数日間に何十回にも分けて産卵します。産卵が終るとメスはその場を離れますが、オスは再び別のメスを伴って産卵させ、ある程度の数を確保するとその場をぐるりと回ってナワバリを作り、他のオスが来ると猛烈に闘争し、かみついて攻撃するので口などボロボロになってしまいます。この魚は生活力が強く、鮎と共に移殖されたりして、ほとんどの河川に住みます。福岡、兵庫、長野には追河だけで生計をたてている専業者さえあるほどです。

おいけせんべい〔御池煎餅〕

京都の名菓。通成郷の頃には三条坊門小路といい、通称御池通りに亀屋良永という菓子屋があり、創業天保二年というから随分古い店です。ここで作られる、直径六cm、厚さ五mmのかるい煎餅、抹茶の干菓子、番茶の友に素朴な味がよいものです。

オイルやき〔オイル焼き〕

鋤《すき》焼鍋にサラダ油を入れて火にかけ、この中へ肉、野菜を入れ焼けたら、醬油、大根卸し、卸し生姜を香辛にして食べる焼肉料理。

おうとう〔桜桃〕

英語でチェリー。バラ科サクラ属の落葉果樹。数種の実のなる桜の総称。普通さくらんぼといいます。春に白い花が咲きますが、花は桜ほど美しくはありません。原産は種類によって異なり、中国とアジア西部からヨーロッパにかけての系統があり、わが国へは明治七、八年頃、フランスとアメリカから移入されています。この桜桃は冷涼な気候が合い、山形県、秋田県、福島県、青森県など東北各県及び北海道で栽培されます。最も有名なのは山形県です。種類は数百種もありますが、大きく分けて、西洋種の甘果オウトウ、酸果オウトウ、中国系のシナオウトウに三大別することができます。これを色彩の濃淡によって、紅色桜桃、淡黄桜桃と分け、甘果桃には日の出、サトウニシキ、黄玉、養老、大紫、ナポレオンなどの品種があり、シナ桜桃は品質的に劣るのでほとんど栽培されません。山形県では八割までが缶詰めにされ、残り二割がそのまま各市場へ出荷されます。桜桃は生食ばかりでなく加工されて菓子の材料、フルーツポンチ、ジャム、ピクルスにも使用されます。生食する場合は、光沢があり粒が大きく新鮮なものを選びます。桜桃は日持ちが悪いのであまり買い置きをしないのがよろしい。この果実は木から取るのが大変な手間です。毎朝木にのぼり、実のったものから一個づつ取り入れます。

おおばくりょうり〔黄檗料理〕

宇治の黄檗山万福寺でご苦労よびに使うのでこの名があり、一名普茶料理ともいいます。（普茶料理参照）

おうはん〔黄飯〕

大分県臼杵地方の郷土の食べ物。現在は情報の発達のせいで、郷土料理といっても全国的に広がり、あまり耳新しくなくなってしまいました。その中でこの黄飯はふるさとの味を守るものの一つといえます。一〇〇年も前から正月やお祭りなど、こと新たまった時には欠かせない食べ物です。黄飯とはクチナシの実を色出しした汁で焚いた飯と、その他にケンチン風の黄飯汁が対になっていましたが、現在では飯の方は姿を消し、黄飯といえば菜の汁を指すようになっています。豆腐の水切りしたのを油で炒め、その中へ大根の短冊切り、人参、牛蒡、白身の魚を入れて醤油で薄味を付け、最後に葱を入れて仕上げますが、沢山作っておき、食べるたびに小鍋にとり暖めて食します。火を通すほど美味しくなるので、一つには保存食ともいえましょう。クチナシの実を煎じたのは漢方で解熱、浄血、虫下しの薬用として使用されます。

おうみしょうが〔近江生姜〕

近江で産する大きな生姜。一名おたふく生姜ともいいます。鮨屋が多く使いますが、薄く切ってさっと茹でて三杯酢に漬けたもの。または砂糖煮にしてあしらいものにも使います。

おうりょうきしょく〔応量器食〕

禅僧の食事作法。禅僧は修業のため旅をする場合、只今の

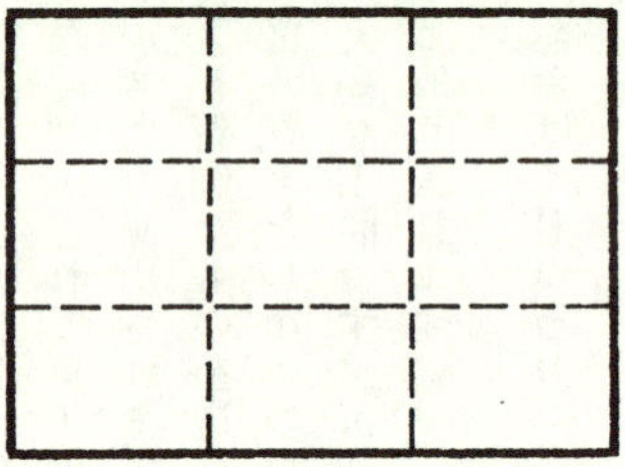

点線は折目、片角を持って開くと簡単に一枚になります。

リユックサックようのものを背にしていますが、その中には、食事用の器具一式とある程度の銭、自分の本籍書が入っています。食事用として袱子《ふくさ》に包んだ塗りの椀五鉢（「持鉢《じはつ》」という）。鉢単《はったん》といって九つに折りたためる薄い塗り物。これを膳の替りに使います。現在足のない膳を折敷といいますが、これから出た名称だといわれ、その図は右の通りです。

塗りの箸。塗りの細長い板「水板《みついた》」。刷毛ようの「刷《せつ》」（食事が終って椀をきれいにする時に使う。）このような具が袱子に包まれていて、食事の時、生飯台というちり取りのような物に飯粒五～六粒施餓鬼《せがき》をします。これは人間ばかりでな

く小魚などの動物にも食をほどこす意に使うそうです。食事の前には勿論読経をしますがこれを五観《ごかん》の偈《げ》といって

一つには功の多少を計り彼の来処を量《はか》る。
二つには己が徳行の全欠を忖《はか》って供に応ず。
三つは心を防ぎ、過《とが》を離るる事は貪等《とんとう》を宗とす。
四つには正に良薬を事とするは形枯《ぎょうこ》を療ぜんが為めなり。
五つは成道の為め故に今此の食《じき》を受く。

五観の偈《げ》とはこのような五つの教訓をいゝます。これを更に分り易くいえば次のようになることでしょう。

一、食物を耕作した人達の苦労に思いをいたし、今この食目をいただく有難さを感謝する。
二、このような有難い食物を受ける資格があるのか己の修業を反省する。
三、修行とは心の汚れを清め、最も悪い貧を克服する修業の為めに食物をいただく。
四、肉体を保持するために良薬と観じて食物をいただく。
五、仏と同じ悟りに達するためにこの食をいただく。

以上ですが食事中は無言、呼吸で合図をして厳粛《げんしゅく》な食事のとり方です。たまにはこうした食をして、現在のようなみだれた食事のあり方を考え直したいと思うことせつなるものがあります。

おおうなぎ〔大鰻〕

産地は九州の池田湖。普通のうなぎの一尾の重さは二〇〇gくらいですが、その七〇尾分ほどの大きさがあります。

おおうらごぼう〔大浦牛蒡〕

房総大浦で採れる直径一五㎝ほどのまるで丸太のような牛蒡です。八日市場以外では育たないといわれていますが、揚げ煮して成田山新勝寺の特別な精進料理にかかせないものとなっています。切り口は京都の堀川牛蒡に似ていますが、太いのは一日もの時間をかけて茹で、二日がかりで煮るといわれます。この牛蒡の歴史は古く、田原藤太が平将門を打つ時牛蒡を食べて成田山に戦勝を祈願し、凱旋をした時もこれを食べて戦勝報告をしたといわれます。牛蒡を食べると精力がつくと俗に言われますが、こんなところによるのかも知れません。

おおくさりゅう〔大草流〕

室町時代に栄えた日本料理の流儀の一派。現在その正統を受け次ぐ家はありません。料理書では、『大草預料理書』、『庖丁聞書』、『大草相伝聞書』など、多くの伝書があります。

大草流は室町時代、足利将軍家の料理人として仕えた、大草三郎左衛門丞公次という人が元祖で、代々将軍家の膳部司として、約五〇〇年の歴史があるそうです。

おおくらだいこん〔大倉大根〕

四国徳島産、一月頃に美味しい大根。ふろふき、おでん用に最適です。

おおげつひめのかみ〔大宜都比売神〕

五穀発生の女神。『古事記』に八百万神が須佐之男尊《すさのおのみこと》に千住《ちくらの》置戸《おとど》を負わせて高天原を追放したとき、尊はこの女神に食を求めると、鼻、口、尻などからいろいろのウマシ物を取出して供したので、荒気の男神は大いに怒り、むさき物を供するといって女神を斬った。ところがその死体の頭に蚕、目に稲穂、鼻に小豆、陰に麦、尻に大豆が生じたのを神産巣日神《かみむすひのかみ》が取って種としたのが五穀、養蚕のはじめとあり『日本書紀』にはこれを月夜見尊《つきよみのみこと》と保食神《うけもちのかみ》との故事とし、発生した物にも多少の相違があって同一神格だともそうでないとの説もありますが、とにかく食物主宰の神として崇祀されております。

おおさかずし〔大阪鮨〕

大阪鮨の代表は押ずしです。穴子、角麩、椎茸などを具にして作った押ずし。

おおさかづき〔大盃・大杯〕

酒器の一種。昔は大酒豪家もあって、一升二升と飲みくらべたようです。従ってある程度の大杯もありますが、想像以上のものに、摂津男山付近の料亭に六升五合、（一一・七l）、新潟県魚沼郡川口村の旧家、喜多村家には会津の殿様より拝頂の、一斗入り、（一八・三l）、長崎市諏訪神社の絵馬堂には、一石一斗一升七合入り、（二〇l）、の朱塗りの杯があり、先づここらが大杯といえそうです。黒田節の大杯はこれらから見れば孫の孫より小さいかも知れません。

オオタニ

徳山南端、牟岐地方の郷土料理。とろろに玉子の黄身を入れて擂り、味をつけた汁を擂り混ぜ、大きな器にカツオのぶつ切りを入れ、その上から掛けたもの。婚礼の席には、かかせないものとなっています。これは一面精がつくという言い伝えによるところがあるようです。

おおのがい〔大野貝〕

斧足類。完鞦帯同の二枚貝で、河口の砂泥に住み、呼吸の穴のみあらわしてそこから流れ入る食べもので生活をしているなまけ者です。形は長く足即ち身よりワタの方が美味しい貝です。塩焼き、つけ焼き、天浮羅、鍋物に向き、ワタは擂りつぶして卵と混ぜ、調味して裏漉しをして流し缶に入れて蒸し、ワタ豆腐にすると磯の香があってよいものです。

おおばこ〔車前草〕

全国いたるところにある雑草です。花の軸をぬいて二つに折り、組み合せて二人で互いに引き合って勝負するので相力草ともいわれます。葉をもんでハレモノに張りウミを吸い出させる用にしたり、茹でて和え物にもいたします。全草を煎じて汁をのみ、利尿剤やセキドメ、ぜんそくの薬にします。オオバコは変種が多く、チャボ、サザエ、イサワ、ヤグラ、ハクサン、ハマオオバコがあります。

おおぶくちゃ〔大福茶・大服茶・王服茶・皇服茶〕

昔、村上天皇が御悩みの時、京都六波羅密寺の霊夢により、梅干と昆布を入れて点じた茶を献じたところ直ちに平癒された。以来毎年正月元旦同寺の供茶を召しあがる例となり、これを王服と呼んだのでこの名があります。一般に行われるようになったのは江戸時代からといわれます。元旦に若水をくみ、沸した湯には、小梅、山椒、昆布、勝栗などを入れて茶を点じ、主人から始めて一家順次これを服し、息災延命を祝う風習が生れ、のちには大福茶と名付けて今日もその習わしが残っています。また一つには、この行事の起りは空也上人（九〇三〜九七二）という高僧があり、時代は天歴五年（九五一）の頃京都の町に悪病がはやり、時の天皇六十二代村上天皇もこの病にかかられました。この病気のことを当時の本に〝温病《うんびょう》〟と書いてあるところから推定しますと、現在の赤痢かチブスのような病でしょう。患者は高熱が続いたらしく、朝廷は空也上人に悪病退散祈願の命令を出しました。上人は早速十一面観音像を作り車に乗せ、六斉念仏踊りをしながら病気に苦しんでいる人々を縫うように京の町々を引いて廻り、煎じた茶の中へ梅干と昆布を入れ、青竹のササラでかき混ぜ観音様にお供えしたあと、これを患者に飲ませました。そのおかげでさしもの悪病もおさまり、庶民の喜びはひとしおでした。村上天皇もお召上りになり全快されましたので皇福茶といったのをのちに病気が退散して、庶民に幸福をもたらす意味で大福の文字をあてるようになったといい伝わります。一般の家庭でも元日の佳例として茶に梅干、山椒を入れて飲む風習が今も残っています。茶家での大福茶は正月家内揃って飲む抹茶です。

オープンペイパー

オープンで物を焼く時、天板にこの紙を敷いて焼くと天板がこげつかず、あとの始末がきわめて簡単で重宝なものです。わけても多量の焼物をする場合、この紙は何度も使用することのできる特色があります。

おがさわらりゅう〔小笠原流〕

料理に関係する私達は小笠原流といえば食作法の宗家と思

い勝ちです。それもありますが、実は清和源氏が、弓馬に長じて射法の一流をもって朝廷の守護に任じられ、諸礼仏式典礼に通じて代々それを伝承してきたのが小笠原家です。江戸時代は武家法式の大家として徳川に仕え範となっています。尤も徳川には、小笠原家のほか伊勢家、吉良家、四峰家をも範としたようです。明治時代に入り末流に於いてあまり形式に拘泥しすぎるのが多くなり新時代の実生活に添わない点が、何やら異物的存在のように言われ勝ちになりましたが、本来の精神を逸脱したとはいえ一部はこれを尊重して現在の諸礼式の基礎となっています。かつて本というものは出版されなかったそうですが、昭和四二年八月、小笠原流三〇世家元小笠原清信氏が小笠原流と題して出版された本があります。主として弓馬のことが記載されてあり、その内に、小笠原家に伝わった流儀という意味の小笠原流ならば、弓馬礼の伝統のすべて、と意味するわけで、礼法（作法）はごく一部であると述べています。現在は所々に道場があり精神修養と共に諸礼のご指導に当っておられるようです。

おかしらつき〔尾頭附〕

祝儀膳には尾頭つきの一尾の魚を使うのが習わしです。尾頭つきは一個の完全に整った姿の意もあり、新鮮でなければ姿がくずれやすいので新らしいことを証明する意もある訳です。貧者には鰯の目刺でもといわれますが、これとて新鮮でないと姿は崩れてしまいます。

おかしのちゃ〔御菓子の茶〕

懐石料理に御菓子の茶というのがあります。これは正午前後に催します。小さい膳に、向附、小吸物をつけて出し、銚子、盃《さかずき》を出し、八寸、膳を引いて菓子椀に御菓子に果物を盛り合せ、他の器に花山椒、塩昆布少々添えて出し、濃茶薄茶を出して終ります。きわめて簡単なので時折りこうした会を催すのも楽しみなものです。

おかちん〔御歌賃〕

餅のことをおかちんといいますが、日がたつと石のようにかたくなりますからそのものずばりをいったものでしょう。一説には、能因法師が旱天の折り、雨乞いの歌を作り功があったので、百姓たちが餅をついて礼に贈ったことから、歌賃だともいわれますが、これはこじつけた言葉といえましょう。

おがのいしやきなべ〔男鹿の石焼鍋〕

一名寄木鍋ともいい、男鹿半島漁師町の郷土料理。鯛やその他の魚をぶつ切りにして笹がき牛蒡、椎茸、豆腐、ねぎを材料にして桶（飯びつに似たもの）に入れ、煮干と昆布で取った煮出し汁を材料にかぶるくらい入れたその中へ彼の地特有の石を五、六個焼いて入れます。蓋をして三、四分位は放置しておき、その中へ地味噌を酒、味醂でのばして入れ、更に焼け石を四、五個入れて蓋をしておく（石の温度は二〇〇度もあると云う）。更に四分間ほどたったら上に浮いたアクをすくい取り、取り皿に若布の切ったものを入れ、汁と共に材料を付け分けて食べます。桶の中の状態は火にかけた鍋のように煮え立っています。

おかひじき〔岡鹿尾菜《おかひじき》〕

針状の野草。海岸の砂地に自生して一見ヒジキに似ているのでこの名があります。山形県地方の特産、からし醤油などで和え物にして食べます。

おかべ〔お壁〕

豆腐のことですが昔はそのようにいっていました。これは豊公（秀吉）の兵糧奉行岡部治部右衛門が豊公に従い朝鮮征伐に行き、彼地で習って帰り本国にて作り始めたので岡部の姓を取っておかべといいます。今でも宮中では昔のままのおかべといいます。又一説には土蔵の壁の色に似ているからともいいます。

おかみ〔尾紙〕

祝儀料理の焼物、即ち鯛などの尾を奉書紙で包み水引きで飾ります。尾を包む用に使うのでこの名があります。

おかめ〔お亀・お多福面〕

うどんやそばの種物の一種。幕末の頃東京上野の池端に近い七軒町の太田屋というそば屋で作り始められたといわれ、蓋をとった時、具の並べ方がおかめの面を思わせるところから付けられた名称だといわれます。蝶形の湯茶が目、青味が鼻、蒲鉾が左右におかれて頰、椎茸を口の位置におくのが習しのようです。現在はこうした具を使ったのが、「おかめ」です。

おかもち〔岡持〕

仕出し屋。鮨屋の出前持ちが注文先へ配達のため持ちあるく手の付いた箱形の物。

おかやまのきょうどずし〔岡山の郷土鮨〕

岡山地方では秋祭りなどにぜいたくな鮨を作ります。具がたくさんで例えば、松茸、栗、高野豆腐、人参、さやえんどう、蓮根、焼穴子、小海老、鰆、春には竹の子、ふきなどを使ったまぜ鮨です。備前米の良いものに昆布、かつおのだし、味醂を入れて鮨飯を焚きます。金糸卵、木の芽も使われます。人は一代、名は二代、味は三代といい、三代を受けつがれて本当の岡山鮨ができるといわれます。

おかりばやき〔お狩場焼〕

源頼朝が天城山中の狩場で野外料理を食べたのに始まるといわれます。野菜を鉄板の上で焼く料理、只今では種々の肉と、生椎茸、ねぎ、玉葱、人参、茄子などを材料とします。本格には狩場鍋即ち鷹匠鍋といってセッタ形をしたのを使います。これは刀の地金で作られたもので、従って鍛練された金ですから普通の鉄板とは異なった焼け工合です。

おがわづくり〔小川作〕

刺身や酢の物の魚に庖丁目を入れる仕方。庖丁目を細く入れ食べやすくする方法。

オキアミ〔沖網〕

外国の沿岸二〇〇カイリ以内で自由に漁獲できる海老に似た甲殻類で、大きさは二～三cm。鯨の主食、車海老や桜海老の仲間。この種は南極海だけで十一種類もいるといわれます。その内で私達の口に入るものは学名ユーハウシアスペルバと呼ばれるもの、この頃ぼつぼつ魚屋の店頭に顔を出しています。この海老が注目されはじめたのは高栄養価と資源の豊富さがあるからで、既に海老せんべいに加工されているし、即席ラーメンにも利用されています。一般家庭では細煮や塩茹でにして大根卸しと三杯酢、擂りつぶして海老団子その他かき揚げにするとよろしい。

おきすき〔沖鋤〕

沖の汐水程度の塩味で焚く鍋料理。材料は何でもよろしいが、魚は白身が向きます。昆布だし汁カップ五杯、塩大匙〇・五杯くらいの味がよろしい。あまり煮すぎないで汁と共に食べます。果汁を一滴入れて食べるとあっさりしていて、いつまでも箸が進みます。

おきつだい〔興津鯛〕

甘鯛の異称。家康が引退後、待女のすすめた甘鯛の生干を賞味し、別に料理の名称がないというので、その女が興津の局とよんだのに因み興津鯛と命名されたといわれます。

おきな〔翁〕

白髪昆布を使った料理に翁の語を使いますが、翁の毛が白髪であるためこの名があります。刺身にまぶしたり、酢魚と和えたりしてよく使います。

おきなます〔沖鱠〕

夏期沖でとれた魚をすぐ船上で料理する活魚の鱠、沖で作るのでこの名があります。魚の皮骨を去り俎板の上で叩き切りにして、穂じそ、タデ、生姜など入れて更にたたき、三杯酢をかけて進めます。味噌を加えてたたき込むこともします。

おきなむし〔翁蒸〕

蒸し物料理の一つ。白身の魚に酒塩をして、白髪昆布の切ったものをかけて蒸したもの。薄味のそば汁をかけます。

おきなやき〔翁焼〕

鯛の切身を味醂醬油に漬けておき、金串を打って焼き、終りに白髪昆布をこまかく切り、ふりかけて焼き上げたもの。昆布の白髪が翁に因んでこの名があります。

おきなわりょうり〔沖縄料理〕

二十何年ぶりに復帰した沖縄、最早や完全に日本です。従って沖縄料理は日本料理です。然し古い歴史があって沖縄料理は沖縄料理と呼ぶべきでしょう。

沖縄と中国との交流は古く、約六〇〇年前（一三七二）、時の琉球国王、察度《サット》王の時代からであって、新らしい王がその任につくとき、明の皇帝が代理使者を冊封使《サッポーシ》として琉球国王に対し「爾を封して琉球国中山王となす」という勅語を持参させたりしています。この冊封使の制度は琉球からの献上品に対し、明国側からの下賜品という名目でおこなわれた。朝貢貿易で名目的には明国の支配下であっても、実質には小国琉球に莫大な利益をもたらせた時代もあります。わが国とのつながりは慶長一四年（一六〇九）、薩摩の武士によって琉球征伐がおこなわれ、ほとんど無抵抗のまま敗北しています。これより那覇には薩摩からお目付役として在藩奉行が駐在するようになりました。この両国の使者など接待するのに両国の料理が必要となり、中国から庖丁人を招いたり、薩摩へ庖丁人を見習いに派遣して大いにこれにつとめたようです。このような訳で古くから食べ物の研究は進んでいますが、気候その他の関係もあり、年一度や二度必ず台風に見まわれる宿命の地、折角の葉菜の生産も一瞬にして根こそぎ吹きあらされてしまいます。そんな時に重宝なのがさつま芋です。さつま芋は数日にして芽を出します。沖縄の土地は決して肥沃とはいえないが、芋だけはよくできます。従って、常食はさつま芋といわれますが、葉も茎も大切な食べ物に数えられます。このように一般には苦しい食生活が毎日くり返えされてきたようです。第一のご馳走は豚料理で一頭のものをあますところなく調理し、日本風というよりはむしろ中国風といった方がよいでしょう。その中で何処の家庭でもチャンプールといって豆腐と野菜の油炒め、時には豚肉や玉子を入れて作るものが有名です。豆腐がまた彼の地ではかかせない食べ物の一つです。酒は沖縄を知らずとも泡盛は知られているように、ことほどさように泡盛が有名です。米軍駐留も四〇数年、追々と洋風化して食事情が代って来ているのが現状のようです。

『琉球料理と沖縄の食生活』という本ではよくその歴史と共に長い間の食生活をあますところなく教えてくれます。

おきゅうと〔お救人〕

沖人。沖独活。博多の郷土食べ物。戦前は夜あけにおきゅうと売りがきて、朝の食卓にかかせないものでした。おきゅうとは海藻のエゴノリを干して水洗いしたのちアミグサを加えて煮溶し、金網で漉したものを薄い木わくに流し入れて冷しかためます。でき上りは柔かいこんにゃくに似ています。細く短冊に切って花かつおをのせ生醤油をかけ、熱い飯にかけて食べるのが最上の味です。この語源は食べ始めたのは享保十七年飢饉の折、箱崎の漁師が浜の海草をなんとかして食べられないかと手を加えて食べ、人を救ったので救人と呼ぶようになったといわれます。三杯酢やレモン酢、わさび酢をかけて食べるのは間違いだといわれても現代人にはこの方が向きそうです。

おぎょう〔御形〕

『広辞苑』には（植）ははこぐさ、春の七草とあり、『植物百科図鑑』には、ホウコグサ、キク科、日当りのよい平地に多い越年草、花冠は黄色、糸状または細い管状、日本全土にあり、若芽を食用にし、春の七草の一つ、云々とあります。

おぐら〔小倉〕

小豆を使った食べ物に小倉の名称がよくつけられます。蛸の小倉煮、小倉饅頭、小倉ぜんざいなどがあります。明智光秀は丹波国亀岡城主で風流文化人であったと言われ、謂れは居城亀岡城の近在に馬路という部落があり、ここで産出される小豆は日本一の称がある丹波大納言です。光秀はこの小豆をことのほか賞味し、それを煮て塩味で食したといわれています。この地の東北の並びの裏に、亀山、小倉山があり、いずれも嵯峨名所の中心地です。この地方で最上の小豆がとれますので、小豆を使った食べものに小倉の名がつく訳です。亀岡はその昔、亀山といっていましたが、近くに亀山天皇の御陵があるので、恐れ多いと光秀が亀岡と改名されたといわれます。

おぐらあん〔小倉餡〕

餡の一種。普通の漉しあんに、大納言小豆を茹で、蜜漬けにして混ぜたもの。小倉百人一首に「小倉山峯のもみぢ葉心あらば、今ひとたびのみゆき待たなむ」にちなみ鹿《か》の子を利かせた昔風で、江戸では文化のはじめ船橋屋織江という人の創製だと伝えられています。

おぐらじるこ〔小倉汁粉〕

小倉餡を用いた汁粉。

おぐらに〔小倉煮〕

小豆を使って煮た料理。南瓜、里芋、蛸、などをよく煮て、小豆は先に茹でておいて使います。小豆を使った料理に小倉の名を付けるのは、百人一首で名高い小倉山のふもとの丹波が小豆の名産地なので、それにちなんで付けられます。

おけら〔蒼求〕

菊科の多年草。根を乾燥したのが蒼求《そうしゅつ》、皮を剝いて乾燥させたのが白求《びゃくしゅつ》といって漢方薬です。健胃剤として用いられ、芳香性があり、正月の屠蘇にも使われています。京都八坂神社で毎年大晦日に行うオケラ祭はこの白求を焚いて疫病を消除する行事です。食べるには春白い綿をかぶったように地上に出るのをとって、汁の実、和え物にします。

おこうじる〔御講汁〕

農家など秋の取り入れがすむと報恩講といって、且那寺に集まり報恩の会を催します。その時に作るのでこの名がありますす。料理は味噌で大根、油揚げなどを大きめに切ってゆっくりと煮込んで作ります、沢山作るので大変美味しいものです。

おこし〔糕〕

菓子の一種。糯米のあらく挽いたのを炒って、砂糖水飴で、煎り上げ木型に入れなかば冷めた時にこれを取り出して切ったもの。諸国には種々のオコシがありますが大阪の粟おこしは有名です。東京には、カミナリおこしがあり、浅草名物、雷門の縁に因《ちな》んで作られたもので、中央に雷のヘソに擬して黒豆を入れたのが特色です。土産にはなつかしいものです。

おこしあめ〔粔籹飴〕

金沢の名産。天保元年の創業俵屋で作られる飴。米麦を原料として作られ独特の風味があります。これには白と赤の二種があり、赤は煮豆、佃煮の調味料にも使います。砂糖とは異なった味が出ます。俵屋では他に「じろあめ」も作られております。

おこしずし〔起鮨〕

五目鮨の異名。材料の具の魚菜を鮨飯の中から、箸で起すようにして食べるのでこの名があります。

おこしめ〔粔籹〕

加工食の内最も古くから伝わっているもの。粔籹（和名、於古之古女《おこしこめ》）これは現在、大阪、東京、その他の地方で名物として大量に製造され、風味、形状、製法ともに完成されています。おこしの初期の製法は、餅米を蒸して乾燥させ、これを煎っておこし種を作り、それを膠飴《じょせん》でこね、円形にしたものでした。その後前に記した餡に糖蜜を混合して作ったのを、円形でなく大方形にして切って、これを磐粔籹《いわおこし》と銘付けています。然し今日のような完全な物でなく、食べる時に手に持てば、すぐぼろぼろと砕けてしまい行儀の悪いおこしと『古今著聞集一』にその一説が書かれているそうです。

おこぜ〔鰧・虎魚《おこぜ》〕

醜いもの例としてよくひきあいに出されますが味はなかなか上等です。カサゴ科。正式の名はオニオコゼといいます。昔はオコジといったそうでつまり顔形がオコ痴であるという意味からこの名があるともいわれます。鋭い背びれに毒がありますので料理する場合刺されぬように注意すること。料理では、トチ煮、椀種、ちり、刺身、山椒焼き、から揚げ等を賞味いたします。和歌山、宮崎の山間の猟師には山の神に供え山の猟を豊富にするまじないの風習もあるそうです。山の神は自分の姿が醜いのでそれより醜いオコゼを見て喜ぶことからいわれます。魚以外でオコゼと呼ばれる物があります。マムシ、ヒキガエル、ヤマイタチ、サンショウウオ等五十種もあるといわれますが、共通点は醜いこととげや毒のあることだそうです。おこぜの毒の成分の本体は今だ不明とされていて、手当ての方法は、一般に毒は酸性ですから、アルカリ性のもので中和させることです。過マンガン酸カリを薄めて塗るといたみが止ります。

おことじる〔御事汁〕

江戸時代の年中行事の一つ。十二月八日事始めに、大根、牛蒡、里芋、くわい、こんにゃく、人参、豆腐、茹で小豆などを入れた味噌汁。お事始めとは正月の支度に着手する日のことです。

おこのみやき〔お好焼〕

起源は江戸末期の雑菓子、麩の焼きからとの説もあります。鉄板の上に小麦粉の水溶きを流し薄くならしてその上に、キャベツの千切、花かつお、紅生姜、蛸の薄切、あげ玉、卵などを種々のせて、更に小麦粉の水溶きを少しかけ裏返して焼き、ソースなどを食味に塗って仕上げたもの。

おごのり〔海髪海苔〕

紅藻類の海草。太平洋沿岸及び中部地方で産し、褐色の糸状の物ですが、熱湯に灰を加えてさっと茹でると鮮明な緑色になります。石灰なれば尚よろしい。よく洗って刺身のツマ、酢の物のあしらいに使います。

おこわのいろいろ〔強飯の種々〕

小豆のおこわ。飯の一つ。古くは甑《こしき》という土器で蒸した強飯が普通で、現在のような飯は姫飯といっていました。おこわを作るには、糯米に普通の米を二割ほど混ぜてとぎ、冬なれば一〇時間くらい、夏なれば六〜七時間水に浸しておきざるにあげ、小豆の茹で汁に浸して色付けします。小豆は一寸硬茹でにして（小豆の分量は茹でる前で米の一割）米と小豆を混ぜて蒸籠に入れ強火で蒸します。蒸籠には竹簀が敷いてありますので米はそのまま入れます。布巾を敷くと蒸気の通りが悪いのできれいに蒸し上りません。充分蒸気の上った時、大きな器に一度あけ、一度試食してみて、硬さによりシトを打ち混ぜます。シトとは一度蒸した強飯がシットリする程度という水の意味です。強飯の色が薄い時には小豆の茹で汁をシトに使います。シトは米に対して約三割。これを混ぜて蒸籠に入れて再度蒸して仕上げます。一度蒸した強飯を大きな器にあけてシトを打つのはむらなく水分を行きわたらせるためで、このようにするとふっくらと艶のある強飯ができ上ります。

黒豆の強飯。おこわを白蒸しにして、黒豆を柔らかく茹で、塩味をして蒸し上った白強飯に混ぜて用います。小豆の強飯は御祝儀用、黒豆のは仏事用とするとある古書にかかれていますが、現在はあまりそれに関係なく使われます。強飯には黒胡麻塩を使うのは申すまでもないことです。

栗強飯。栗を入れたおこわ。糯米《もちごめ》カップ七杯、栗鬼皮付き七〇〇g、塩大匙三分ノ二杯、糯米は八時間ほど水に浸しておきます。栗は鬼皮だけをもやすようにして焼きます。かくすると鬼皮も渋皮も同時によく剝けます。とれない渋皮を庖丁で剝き去り、適当に切り一度焼明礬水に入れてざるにあげ、糯米と混ぜ塩味をして、普通の強飯と同じようにして蒸し上げます。焼明礬水につけるのはアク止めになってきれいに蒸し上がるからです。

黄強飯。梔子《くちなし》を小さくきざみ、これを煮出して黄色を出し、この水に糯米を浸し色付けして普通の強飯のように蒸し上げます。黄は出陣や凱旋の折、祝膳に用いられていた記録もあり、梔子は虫下しの薬効があるといわれます。

粟《あわ》強飯。糯米の二割ほどの粟を用意します。糯米は八時間ほど水に浸しておきます。粟は小石の多いものですから、よく洗って小石を去り、十二時間以上水に浸しておきます。糯米と粟を混ぜて普通のおこわと同じように蒸し上げます。この他山菜おこわ、五月おこわといろいろあります。

おざし〔魬口・尾刺〕

干物の一種。目ざしに対し尾の方へ串をさして干したもの。

おしき〔折敷〕

オリシキの略語。膳の一種。おりとは檜を折り曲げたものをいい、しきとは物の下に敷いて台にするものをいいます。木地では、檜、杉柾などが使われます。この型の塗ったのが、折敷膳《おしきぜん》です。これには、角切《すみきり》、なで角、角《すみ》きらずの角折敷《かくおりしき》とあります。何れも同じように使いますが、白木地のは祝いごとに昔は使用したものです。

おしどり〔鴛鴦〕

雁鴨科。鴨科中一番きれいな鳥。雌雄の睦まじさは俗におしどりのようだともいい、男女愛情のシンボルとして親まれています。昔の料理本にはこれを食したことも書かれていますが、只今では観賞鳥といってよいでしょう。

おしむぎ〔押麦〕

精白した大麦を蒸汽圧扁したもの。米と混ぜて一晩水につけておけばえまさずともそのまま用いられる麦。えますとは茹でること。

おしぶた〔押蓋〕

漬物用にする蓋。

おじや

雑炊の一種。清汁で作れば雑炊、味噌味にすればおじやといいます。

おしゃまんべ〔長万部〕

北海道のアイヌ語で、ヒラメのいるところの意の語です。毛蟹もまたこの地は美味しいところです。

おしょろこま

北海道の渓谷、上流に住む幻しの魚とされる渓谷の女王で、釣愛好家の待望の魚。体に斑点があり、青むらさきの体色、やまめの住む場所より更に上流に住むのが特色。塩焼き、洗いの刺身などがよい食べ方です。

おせちりょうり〔御節料理〕

只今ではお正月料理と思いがちですが実は「節」で五節句の料理のことです。一月七日（七草の節句）三月三日（雛の節句）五月五日（端午の節句）七月七日（七夕の節句）九月九日（重湯の節句、菊の節句）、昔はこの九月九日を後の雛といって雛を祭っております。宮中ではこの行事は明治六年に廃止になりました。尚昔はこれを食積といっています。嵐雪が、「食積をぼつぼつあらす夫婦かな」と句を残しておりますがその情景をよくあらわせています。

おせんだんご〔お仙団子〕

明和（一七六四）頃、江戸谷中の感応寺中門前の笠森稲荷が繁昌し、信仰者の願かけには土の団子を供え、こと成就の願解きには米粉の団子を供えるならわしの便宜に、門前の茶店が代弁するようになって、その頃鍵屋のお仙という美女が春信の錦絵となって江戸中評判が高くなるにつれ、稲荷以上に繁昌して茶受の団子がお仙団子とよばれるようになり今に残っています。ステテコ節の俗謡、「向う横丁のお稲荷さんへ土の団子か米の団子か」とうたわれているのがこの団子です。

おそなえ〔御供〕

神仏へ供えする餅、鏡餅、魚菜類などのこと。

おぞよ〔お雑用〕

京都の惣菜料理の異称、おばんざい、お廻りと同じ。お廻りとは、昔高杯の真ン中に飯を物相型で丸く高く抜いて置き、その周位に菜を盛ったので、惣菜料理をお廻りというようになった言葉です。

おたふくあめ〔阿多福飴〕

飴菓子の一種、棒状のアルヘイ糖に模して、床屋の看板のような斜に赤と紫で着色した飴。何処を切っても同じ顔の出るのをたのしみに今でも田舎の祭りに売り出されています。

おたふくまめ〔お多福豆〕

そら豆の一種。粒が大きいので一寸豆の名もあります。さやから出した豆は、お多福面の模顔によく似ているのでこの名があります。色よく茹で、庖丁目を入れて、煮出し汁、塩、砂糖で薄味の汁を作りこの中に浸しておき、前菜や八寸の付け合わせによいものです。塩茹でにしたのもよろしいし、焚合せの青味にも使います。

おたべ

京菓子の一種、生八っ橋の皮につぶ餡を入れて二つ折りにしたもの。アンの小豆も軟かく、皮にも香りがあって美味しいものです。

おだまき〔苧環巻〕

宛字で小田巻出しともかきます。即ち「篠のおだ巻きくり返し」などといわれるように糸くりのことですが、糸状のものが使われている意味なのです。茶碗むしにうどんの入ったものは、寒い時など美味しいので、繰返して賞味したくなるところからこの名を付けたことでしょう。

おたまじゃくし〔お玉杓子〕

蛙の子のお玉じゃくしに似ているところからこの名があります。但し木製であって金で作ったのは金杓子といゝます。

おだわらのうめぼし〔小田原の梅干〕

小田原の梅の実は大きく、種が小さいので身が多く、然も皮が柔らかいのが特色です。その内、ちん里うという店のは、三年越しのものを高血圧の方に悪いという塩分を多少取り除いて、蔵出ししています。おにぎり、梅茶、梅粥、梅肉和えに最適です。

おだわらのやきちくわ〔小田原の焼竹輪〕

東海道小田原の名物。竹輪ははじめ蒸したり、茹でたりして仕上げたものですが、小田原では箱根越えするのに時間がかかるので、腐敗をふせぐため焼き抜きにして携帯用に作ったのが始まりだといわれます。現在では各地ともそれに習い焼竹輪になっています。

おちあゆ〔落鮎〕

下り鮎ともいいます。鮎は秋風がたちはじめると急に産卵のため川を下ります。下る時少し考えればよいのに、しゃにむに下るので道を間違えてヤナの上に飛び上り一生終ることになりますが、恋や愛に似ているところから愛（鮎）や恋（鯉）の言葉に使われるのかも知れません。落ち鮎は背がサビ色になるのでサビアユの名もあります。落ち鮎は塩焼きより煮浸しが本命の料理です。その他魚天焼など。

おちご〔落子〕

関西では小芋の出始めのものをおちごといいます。煮物にすると軟かく、なるほど初物を食べるような味があります。

おちゃをひく〔お茶を挽く〕

花柳界では客のない日をお茶挽きだったといいますが、昔はお茶屋（料理屋）では客のない時暇つぶしに茶を石臼で挽いたところからこの名が出た訳です。

おちゃについていろいろのはなし〔お茶について いろいろの話〕

日本へ初めて茶の木が渡来したのは平安朝（七九五〜一一九二）桓武《かんむ》天皇の時代、伝教大師が中国から茶の種を持ち帰り（八〇五年）比叡山麓阪本に植えたのが最初だとされています。又弘法大師も渡唐して、その帰国に際し茶の種を持ち帰ったといい伝わります。然し茶を飲むことは既に奈良時代

(七一〇〜七八四年)遣唐使や中国から渡来した僧たちによって広まり、天平元年(七二九年)には行茶の儀が行われたともいわれます。その当時は団茶といって茶の葉を乾燥させて固めておき、時に応じてほぐし煮出して飲んだということです。煮出して飲むから煎茶で、その名は現在に残されています。

有名な茶祖陸羽の著した『茶経』とは上中下の三巻から成り、茶の源、茶を作る具《どうぐ》、茶の造り方、茶器について、茶の煮たてかた、茶の飲みかた、茶の記事、茶の出《さんち》、茶の略式、茶の図《ず》、以上の十篇が書かれているそうです(八三八年)。

その後遣唐使が廃止になりしばらく交通がとだえていましたが、平安末期に入ると中国もすでに宋の時代となり、再び日本との交通も開け、この時入宋したのが栄西禅師です。この頃宋では団茶に代って茶の飲み方も現在私等が飲む抹茶(粉茶)になり、茶筅で茶をたてるようになっています。栄西禅師は優秀な種子を持ち帰り、その栽培法や製茶法などを覚えて各地に広めたのです。最初は九州の背振山に植え、その後京都の栂尾の明恵上人が種をもらい受け、栂尾の深瀬に蒔きました。茶はこの地に合って上質の茶がとれるようになり、これを宇治にも移し、茶が宇治の気候風土に適し今日のように上質の宇治茶を産むことができたのです。初めは深瀬の茶を本茶と言い、この地以外の茶を非茶と呼んでいましたが、後世宇治の茶を本茶と言うようになりました。この本茶と非茶と、水品を飲み分けるのが闘茶です。この闘茶の始りは、貴族や僧侶などが楽しみながら愛飲されたのですが、時代の変遷《へんせん》と共におもむきが変って、婆佐羅《ばさら》時代が出現します。婆佐羅とは、乱暴な、無遠慮な、派手なという意味を持っており、大酒、バクチ、邪悪の代名詞のように取扱われていました。そのような行いをする人々のあつまりですから、思いもかけぬ方向へと走ります。その代表的な人物が佐々木道誉です。闘茶の本質は産地や水質を当て合うだけの遊びですが、終りには莫大な賞金賞品をかけ、茶会のあと大酒盛りを催し、席に遊女などをはべらせ、ランチキ遊びをして賞品はこの女供に与えるという豪勢な遊びぶりもあったようです。勿論財のある人々の事ですからその賞を我家へ持ち返るというようないやしい行為はなかったようです。

茶の飲み方ですが始りは定めはなかったろうと思われます。想像するに栄西は天目茶碗で茶をたて天目台にのせ、本尊にお供えしてから自からも飲む、これが禅僧の中国で学んだお茶の飲み方であったと思われます。当時茶は長生きの仙薬、即ち薬として飲み、鎌倉幕府の将軍実朝に抹茶をすすめ病に悩む実朝の平癒をうながし、栄西自から茶の功徳を書いた『喫茶養生記』を献上したことなど歴史の記するところです。

抹茶の始めは書院の茶で、中国から輸入された書画骨董、棚物その他の美術品を鑑賞しながら茶を飲み且つ食事をしての会を盛んに催されたようです。八代将軍足利義政時代には、書院付きの広間で催し、側近には能阿弥、相阿弥という好者がいてすべてを取り計っています。その後あらわれたのが村田珠光（一四二三〜一五〇二年）です。この村田珠光は書院の茶をもっと落ちついた簡素な草庵へと変えて行きます。珠光は奈良流の茶の開祖、のち足利義政の茶道師範となり、数多くの門人を育てました。

次の世代に現われたのが珠光の流れをくむ武野紹鷗です。十四屋宗悟に茶を学び、禅を宗陳、歌道を三條西実隆、その他香道など深くきわめています。そして茶の佗とは、正直で、つつしみ深く、おごらぬことと教えています。この紹鷗の佗びの教えを受けたのが千利休（一五二二〜一五九一年）です。利休は堺の納屋衆の家に産れ、幼名を与四郎といい、幼いころから茶を学び十六才の時有名な茶人を家に招くというほどの腕前であって、十七才の時東山流北向道陳《どうちん》の門に入り道陳の紹介で紹鷗に師事するようになりました。禅は最初堺の大林和尚に学びつづいて大徳寺の笑嶺和尚について学び名も宗易と改め、更に笑嶺の弟子の古渓和尚に付いて修業して己の心を深めることによって茶の道を確立しようと努めたのです。最初織田信長の茶頭となり、のち秀吉に茶をもって仕えたことは人のよく知るところです。

紹鷗は定家の歌を引用して、「見渡せば花も紅葉もなかりけり、浦のとまやの秋の夕ぐれ（新古今集）。」

それに対して利休は、「花をのみ待つらむ人に山里の、雪間の草の者を見せばや」

とこのように二人の茶に対する心の持ち方を示しています。つまり紹鷗は花や紅葉を見あきた人に浦のとまやの何もない夕ぐれの佗しさを味わうのが茶の佗とし、利休はこの隠的な佗に対し花をまつ人たちに雪に埋れた、草を見せようとする積極的な活動力を秘めた佗びを教えたといえましょう。この両者の茶の佗びの相違をよく現わしています。

利休からの現在に至る長い日月の間に、茶の流派も確立され有名な大茶人、富豪の好者と多くの人が輩出され、数々の茶会が催されています。この茶会の一部を担うのが懐石です。それには茶事七式があります。正午、朝茶、夜咄、暁、飯後、不時、跡見、の七事です。茶の方では、花月、且坐、廻り炭、廻り花、茶かぶき、一二三、員茶の七事があります。これは『碧巌録《へきがんろく》』（北宗の禅僧雲竇重顕の遺著）の七事随身に因んで制定されたものですが、即ち茶道の心技錬磨を目的として表流の如心斎、裏流の一燈宗室が大徳寺の無学和尚に教を得て定めたものです。如心斎と一燈とは兄弟です。

懐石は料理の極致とまでいわれ、季ならねば会わずの言葉を元として季節の材料の味をそこねないよう最高に生かして、あまり手を加えず演出もなく作るのが懐石です。然しそれは言いやすくしてなかなか行いがたき事と言えましょう。そして宗旦がいう如く身分相応こそよけれの言葉を忘れず真心込めて作りたいものです。身分相応とは富者は富者らしく、庶民は庶民なりでよいということです。さもないと茶は富者の遊びごとに終ってしまいます。茶道の良さは世の中のすべて即ち、諸礼に始り、歴史、禅学、建築、造庭、書画、骨董の観賞、衣服と、その他ありとあらゆるものが含まれて世上に役することが多いのです。それが茶道の良さです。

懐石の文字の出所は、昔禅僧は二食主義（朝八時、夕食午後二時）ですから夕方になるとお腹がすきます。その時温石《おんじやく》を腹に懐くと一時の空腹をしのぐというところから出た文字です。そのように一時の空腹をしのぐ程度のご馳走が良いとこの文字が教えています。然し懐石という文字が使われるようになったのは文化、文政の頃といわれ、それ以前は会席の文字が使われていました。会席と書かれますと普通の会席と茶の会席とがまぎらわしいので、区別しやすくするため二通りに書くようになったのです。

懐石の料理は一汁三菜といって、向附、汁、煮物椀、焼物です。一口椀、八寸は出しますが数には入れません。懐石でいつも引き合いに出されるのが『利休百会記』です。これなどには勿論お進め肴は出しておりません。世も移り替り、特に戦後は食事情も変り現在はお進を一、二品出すのがしきたりのようになっておりますが、二品も出すことを私はいましめています。それは本題の茶が後に控えているからです。

正午の茶が正茶ですから参考まで一順を書いてみますと、向附、汁、煮物椀、焼物、一口椀、八寸、季の物、湯桶で一応終ります。食事が終って御菓子を進めて中立ちとなります。その間流儀により飯器の飯の盛り方、汁替の順席、八寸の盛方等相違はありますが料理の数においては違いはありません。右は正午の茶で正菜ですが、これよりくだいて簡単には点心があります。催す主題によっていろいろと趣考をこらして楽しく作りたいことです。

おちゃのかんべつし〔お茶の鑑別師〕

高僧が鑑別したのが起こり。

おちゃづけ〔お茶漬け〕

お茶漬けの始まりは足利義政の東山文化の頃といわれています。その頃の飯は強飯で、手づかみで食べるのが習慣でしたが、それに茶を使って庶民的な食べ方を考えたのがお茶漬けの初めだといわれます。現在のお茶漬けは贅沢になり、鯛茶、天茶、鮪茶、その他種々の種類があります。

おちゃや〔お茶屋〕

料理屋のことをお茶屋といいます。それはお茶屋が料理屋の始まりのためこの名があります。昔は旅をして一休みするのに茶屋があり番茶一杯でのどをうるおしたものですが、それに菓子を添えてお茶代を預くようになり、旅のうさ晴しにと一本の酒を売り始め酒の肴におでんなどを売るようになり、景色のよい所に別の腰掛を作り、奥に小座敷を作り、別なもてなしをと、こんな風に経路をへて今日の料理屋となったようですから、昔の名残りにお茶屋の称があります。

おつなあじ〔乙な味〕

オツとは甲乙の乙です、音楽で甲《かん》より一段低い音の意味です。その低音の渋味から出る粋《いき》即ち粋《すい》な意味だと『広辞苑』に書かれています。『大言海』には、お通のつづまったものであろうか。趣味、奇妙。通とは、俗に人と交《まじわ》るに、よく他の内情など察して、頑《かたくな》にならぬこと、野暮の反対、云々とあげられています。従って乙な味とは真味でなくいい知れない良さと粋な渋味のある味といえそうです。料理を作る者はこの味の真味を知ってこそ一人前といえそうです。

おてもあげ

九州の揚げもの。蒲鉾地に青のりを入れて一口大につまみ揚げたもの。青のりの香があってよいものです。

おでん

おでんは田楽の略した名称です。田楽とは、春日大社、王子権現の祭礼の楽能で、田植の時、笛や大鼓をならして舞い歌うことなのです。一本足で舞う姿が串をさした材料に似ているのでこの名があります。豆腐やこんにゃくを温めて甘味噌を付けたのが元ですが、現在では煮込みおでんといって薄味でゆっくり煮るのが多くなってきています。「田楽は昔は目で見 今は喰い」川柳。串は一本差しと二本差しとがあり「二本差しが怖ければ鰻の蒲焼と居酒屋の田楽は逆さに立て喰わにゃあならねえ」と町人が武士を罵る文句にも使われ、京の四季には二本差しても柔らかく、祇園豆腐の二軒茶屋の文句もなつかしいことです。

味噌田楽の味噌の作り方。三州味噌一〇〇g、味醂大匙四杯、砂糖大匙五杯、煮出し汁適量、よく擂り混ぜ文火で煮て作ります。

煮込おでんの汁、味醂大匙三杯、煮出し汁カップ四杯、醤油大匙六杯から七杯、砂糖大匙一杯くらいの味が適当でしょう。

おとしぶた〔落蓋〕

煮物をする時、鍋の直径より小さい蓋、煮肴、その他煮物をする時、鍋より小さい蓋を使いますと汁の多い内は浮き上り、少なくなると材料まで落ちます。蓋は落ちてもその蓋まで汁は煮え上っております。ゆっくり煮込む料理にこの方法をいたします。できれば木の蓋がよろしい。

おどりぐい〔踊喰〕

九州福岡の名物。市の中心を流れる室見川へ春になると産卵のため上って来る白魚《しろうお》を、鉢に泳がせ食網ですくってポン酢で食べる仕方。おどりながらのどを過ぎる触感が好評です。シロウオはハゼ科の魚。

おどりくし〔踊串〕

一尾の魚の串の打ち方。魚の裏面の目の所へ金串をさし、裏側で一針縫うように打ちますと表面では真中が高くなり、頭、尾は、踊るように姿がよくなります。尾鰭に塩を多く使って如何にも生きているような姿にして焼きます。

おどりこ〔踊子〕

泥鰌《どじょう》の別名。泥鰌はたえず水面へ顔を出したり水へもぐったりしてせわしく上下しているのでこの名があります。柳川、樺焼、泥鰌汁、時には天浮羅に案外いけます。駒形の泥鰌汁も一度は食べてみることです。「牛蒡までさゝがしたのに母がとめ」年寄のいいそうな句でおもしろい言葉です。

おにえずし〔お贄鮨〕

金沢の郷土料理。金沢のお贄ずしは白山神社のお贄《にえ》祭りに献上した魚をもとに作られる儀式的なもの、魚の保存法でもあります。春は海で獲れるマイワシを使い、鯛や季節の魚も使って作ります。木わくに鮨飯、木の芽、きんかんの輪切りなどちらし、魚、針生姜、金沢地方特有の紺のりを入れ、笹の葉を敷いて同じことを繰り返し、木わくの蓋をし充分押して作ります。

おにぎり

飯を握ってまとめるからこの名があります。おにぎりの文献を知らべてみますと、『源氏物語』桐壺の巻に「源氏元服のところに屯食《どんじき》、ろくのからびつ（唐櫃《からびつ》）ども所せまきまで」とあるが文中の屯食がその始めで、その解釈は『松屋筆記』に「屯食のこと見ゆ、飯をあつめたる義にて今のにぎり飯のことをいう、今も公家にてはにぎり飯をドンジキといえり」と書いてあります。強飯《おこわ》鳥の子というのはその形を卵形に造るからであると説明されております。江戸期に入り円形や三角形に造るようになりました。梅干を入れるのは旅行用に防腐上大変効果があることを知ったからです。京阪地方は俵形が多く、幕の内弁当には棒状のが形木で作られます。茶料理の点心に使う場合は突飯《つきめし》といわず物相といいます。俵形のは神むすび、三角のは非常用とされます。

おにとり〔鬼取〕

毒見の古語。他人に食べものを供する場合、まず主人または調理者が試食して異常なきことをたしかめるのが礼儀で普通毒見といいます。試食は一口に限るから「鬼一口」ともいわれ、ここから鬼取りの名が出たといわれます。

おのみ〔麻実〕

麻《あさ》の実のこと。炒って飛龍頭や味噌料理によく使用します。歯でかむと音がして香ばしく、七味とうがらしの中にも粉になって入っています。

おはぎ〔お萩〕

小豆を茹で、二つに切ったのを料理言葉でおはぎの花といいます。それは丁度その姿が萩の花に似ているからです。餅のおはぎは萩の花の群がっているのに似ているところからこの名があります。小豆で作ったのを真萩《まはぎ》、白小豆で作ったのを白萩といいます。

おばけ〔お化・尾羽毛〕

晒し鯨。皮鯨ともいう。薄く切って米ぬかを入れさっと茹で、脂《あぶら》を去りよく晒したもの。上等のものは黒い皮が薄く付いています。現在では晒したのが売られています。ぬたみそ、白味噌汁の種、野菜と胡麻酢和え、雲丹和えなどに向きます。

おはっすん〔御八寸〕

広島地方の郷土料理。おはっすんの、「お」は敬語、八寸程の大きさの丼又は大平を使うのでこの名があります。材料は、里芋、人参、牛蒡、椎茸、蓮根、海老、鯖、その他季節の材料を使って汁を多めに煮たもの。早くいえば種の多い、のっぺい汁です。祝祭日にはなくてはならない料理の一つです。ただ八寸といえば懐石の最後に進める八寸と間違いやすいので頭に「お」の字を付けたのかも知れません。

おはらぎ〔小原木〕

京都の大原女が頭にのせて町へ売り歩いた柴を小原木といいます。ゆば、そば、白魚、牛蒡、その他いろいろの材料をそのような姿に、たばねたものをそういいます。

大原地方は四季の花もまさることながら、それを競う大原美人の魅力もまた忘れてはなりません。「黒木召せ」と京の町へ柴などを売り歩いたのが大原女です。大原女の姿は、建礼門院に仕えた阿波内侍の山着をまねたものだともいわれ、紺地の御所染の帯を前で結び、白の手甲、白の脚半であったのが昭和になってから紺の着物に、二幅半の前掛姿になったそうです。追々とその姿も少なくなって、何やらものさびしさを感じさせられます。

おひょう〔大鮃〕

ヒラメ科。体長一mを超えるものもあり鮃《ひらめ》中最大です。味は大味ですが新鮮なのは刺身にもなります。一般には鮃《ひらめ》といって切身になって売られています。価も安く惣菜によく使われていましたが現在は少なくなりました。この魚は北太平洋に分布し、カリフォルニア州北部と、北海道沿岸や、エリモ岬が南限とされています。産卵は春で、肝臓から良質の肝油が採れビタミンAが多量に含まれています。

おぶし〔雄節〕

鰹の背節のこと。逆に腹部を雌節といいます。背節は良質です。

おぶつに〔お仏煮〕

高知県の郷土料理。大根、人参、蓮根、牛蒡、里芋などを賽の目に切り、小豆の柔らかく茹でたのと一緒に煮た精進料理。いとこ煮の一種。

おぼろ〔朧〕

月はおぼろ、というように霞んで見えるような料理をいいます。おぼろ豆腐は豆腐を茹でて片栗粉のあんをかけた物。このようにあんを通しておぼろげに豆腐が見えるところからこの名がありますが、現在では鮨種などに魚の白身を茹でて擂り、塩、砂糖、食紅にて色を付け、炒り上げたものもおぼろというようになっています。

おぼろこんぶ〔朧昆布〕

昆布製品。昆布を鉋で削った薄いもの。椀種、煮物、和えものに使います。上等の目打太白《ふとじろ》、普通の太白、中おぼろなどがあります。

おぼろどうふ〔朧豆腐〕

大豆を一晩水に浸し、のち挽いて釜で煮て、漉し袋に入れて絞り袋に残ったのがオカラ、絞った豆乳にニガリを加えて固めたのが豆腐ですが、まだ固まらない内がおぼろ豆腐です。まだ温かいうちに器に取りわさびをのせ、生醤油をかけて食べます。云うに云われぬ妙味があるので幻《まぼろし》の味とまでいっています。それはそのはず豆腐屋でなければ味わえないしろものですから。

おぼろまんじゅう〔朧饅頭〕

饅頭の皮にふくらし粉を入れて厚めに作り、蒸しあげて上の薄皮を剝いたもの。中の餡がおぼろに見えるのでこの名があります。

おまわり〔御廻り〕

昔は高杯《たかつき》といって一本足の膳を使っておりますが、その真ン中に物相を置きその周囲に菜《さい》をおいて進めております。飯の回りにおくので菜を、おまわり、といいます、現在でも案外多く使われる言葉です。高杯には角高杯と丸高杯との二種類があります。何れも上が朱塗りで外側及び足は黒塗りです。

おまんがずし〔阿万鮓〕

江戸名代の鮓屋。宝暦頃（一七五一）江戸京橋にあって非常に繁昌したといわれます。「後は昔物語」に、「おまん鮓、宝暦の頃よりと覚ゆ、京橋中橋おまんが紅といふことより、居所の地によりておまん鮓といふなるべし云々と」早鮓の売りはじめられたことが示されています。

おもてせんけりきゅうきのこんだて〔表千家利久忌の献立〕

茶家では毎年祖先の霊を祭り利休忌を三月二十七日に表流が、二十八日に裏流が営みます。本来は二月ですが季節がよろしいので一月おくれに営みます。それには定められた懐石がありますので参考までに下に書き出しました。

おもてせんけのしちじ〔表千家の七事〕

花月、且座、茶かぶき、廻り炭（炉の季節）又は花寄（風炉の季節）、廻り花、一二三、数茶の七事をいいます。

おもゆ〔重湯〕

小児病人食。米一〇〇g、水カップ五杯、文火（弱火）にかけて約半量に煮詰め、飯を除いて塩味をつけたもの。炊く間はあまり杓子を入れてかき混ぜぬこと。

表千家利久忌献立

一の膳

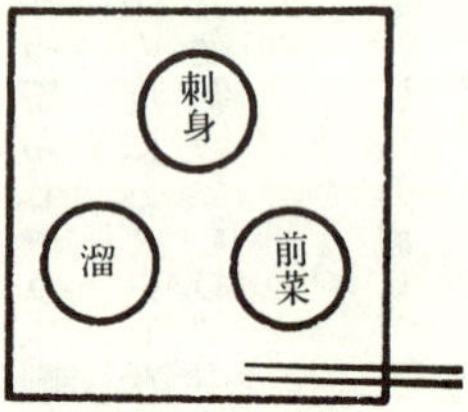

二の膳

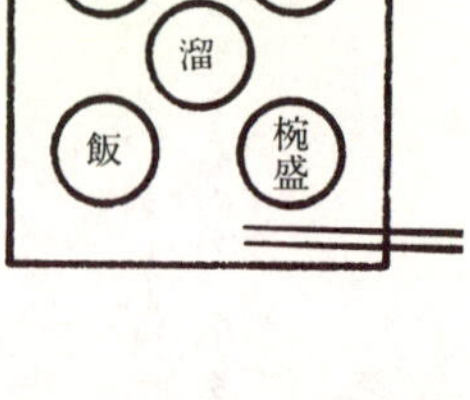

おやこささづけ〔親子笹漬〕

近江の名産。鯉、鮒、はた、の三種に塩をした後、酢洗いして鯉か鮒の子をまぶし、甘酢漬けにしたもの。酒の肴にむきます。

おやこちゃづけ〔親子茶漬〕

鱈の身と鱈子を使った茶漬。熱い飯の上に塩タラの身を焼いてくだき、鱈子を焼いて輪切りにして、三ツ葉、焼きのり、わさびをのせ、煮出し汁カップ五杯、醤油大匙三杯、食塩少々で調味した汁をかけて食べる茶漬。

おやこどんぶり〔親子丼〕

とり肉、葱、青味と玉子煮にして、飯の上にかけたもの。五人前で米三カップ、鶏肉二二〇g、玉ねぎ二〇〇g、味醂大匙三杯、煮出し汁カップ一・五杯、醤油大匙六杯、砂糖大匙三杯、化学調味料、味醂を煮立て煮出し汁を入れ醤油、砂糖、化学調味料で味を付け、玉ねぎ、鶏肉、青味と入れて煮て玉子を割りほぐして流し入れ、上の一部が半熟程度の時火を消し、焚きたての飯の上にかけ、もみのりを散らして進めます。商売では小さい浅い鍋で一人づつ作ります。味は地方によって違いますので好みにして下さい。

おやつ〔お八つ〕

昔は二食主義で八ツの刻《こく》になるとお腹がすいて来るので空腹しのぎに間食を摂ったのでこの名があります。現在子供に午後与えるのもその名残りです。

おらんだに〔和蘭陀煮〕

魚を胡麻油であげて、味醂、煮出し汁、醤油で煮込んだもの。

おらんだまめ〔和蘭陀豆〕

きぬさやよりはるかに大きく、長さ八cm、幅二cm以上もあります。きぬさやと同じように使いますが、これを細く切って使うとよろしいものです。

おり〔滓泥〕

液体の底の濁った液または沈澱物。酒造家では酒の火入れの時桶底に残った液をオリといいます。その他醤油溜りにもオリがありこれを使って、大根、茄子、瓜、蕪《かぶら》などを塩押しして漬けると大変美味しいものです。

おりしき〔折敷〕

足のない膳。もとは塗らずに木地のまま縁の角にのこぎり目を入れて折り曲げて作られたものですから折敷といいます。これが膳の始まりです。

おりばこ〔折箱〕

桧、杉柾を折り曲げて作った箱で、料理、菓子などを入れるのに使います。安物は北海松、外材で製造されます。

おりべどうふ〔織部豆腐〕

豆腐を四角に切り、水を切って四方を油焼きして、かつお煮にしたもの。茶人大名古田織部正（利休の七哲）が好んだのでこの名があります。

おりべまんじゅう〔織部饅頭〕

薯蕷饅頭の上一部を青く色付けした饅頭。器の織部焼きに似ているところからこの名があります。この菓子は元録時代の頃から造り始めたといわれます。

おろしあえ〔卸和〕

酢魚、いか、貝類と大根卸しとを二杯酢または三杯酢で和えたもの。

おろしがね〔卸金〕

大根、わさび、生姜、などを卸す金。古くは板に竹の細いのを無数にさし込み作った鬼卸しなども見られます。後には焼物になり、瀬戸、備前焼きによく見受けられます。その後鋼にて作られ、現在はステンレスなどが多いようです。こまかく卸すのにはサメ皮を使うのはご存じの通りです。卸金を買う場合はなるべく大きいのが便利です。両面に目が立っておりますが、こまかい方がわさびや生姜、荒い方が大根卸しです。

おろしじる〔卸汁〕

汁物料理の一つ。鰻、魚、貝の好みの材料を煮出し汁に入れてさっと煮て、大根卸しを入れ一煮えしたら椀に盛り分け、生姜の絞り汁、洗い葱を薬味にして食します。「料理物語」には「大根卸しに、カキ、蛤などを入れ、中味噌にダシを加えて仕立てる」とあるそうです。

おろす〔卸す〕

魚により三枚卸し、五枚卸し、節卸し、鮟鱇などはつるし切りと、下ごしらえのために大切りすること。その他大根、生姜などおろし金で擂り卸す仕事をいいます。

おろしに〔卸煮〕

大根卸しをたっぷり使って煮た料理。惣菜には、鯖、鰺、などがよろしい。材料は、さっと揚げた鯖の切身八〇g五切、こんにゃく一丁、味醂大匙三杯、煮出し汁カップ一杯、薄口醤油大匙七・五杯、酢大匙三杯、砂糖大匙三・五杯、大根四〇〇g、調味料を鍋に入れて火にかけ沸騰したら材料を入れてゆっくり煮込み、終りに大根卸しを材料の上にたっぷりかけ一煮立ちしたら火を消し盛り分けて進めます。大根卸しは煮え過ぎないように気をつけます。

おわりのこのわた〔尾張の海鼠腸〕

昔から天下の三珍味の一つ。このわたは各地で生産されていますが、その内尾張（愛知県知多郡大井町）の狭い範囲でとれるのが最も佳品です。歴史も古く食品古書によくあげられていますが、徳川時代には師崎の城主千賀志摩守が特産として奨励保護をしています。南知多助役山岡藤市氏所蔵の古文書に、江戸千賀家へ、毎年五斗五升送った記録もあり、大井には正保年間から八代もコノワタ造りを家業としている山本八右衛門さんがあります。季節には天下の珍味にたがわずすぐれた味、香ともに佳品が製造されます。

おんことはじめ〔御事始〕

古書に「十二月十三日、正月の支度に取りかかるより俗にこれを事始めの日という」とあります。御事始めの日には、おこと汁という料理を作って食べる風習があり、『宝永料理物語』によれば、小豆、牛蒡、いも、大根、豆腐、焼栗、慈《く》姑《わい》の材料が使用されています。

おんどたまご〔温度卵〕

温度卵とは黄身を固形させ、白身をかたまらせない茹で方です。卵の黄身は七二〜三度、白身は八二〜三度でかたまるといわれています。そこでその中間の温度七七〜八度の湯に約二五分から三〇分間放置しておけば黄身が固まり白身は固まりません。少し多く作る場合は卵と水を鍋に入れて火にかけ、湯が八〇度まで熱した時火を消し、蓋をして三〇分間放置しておけば出来上りです。冷してそば汁をかけたり、黄身だけ取り出し西京漬として、また、時には黄柑の葉をさして黄柑卵とも呼んで使います。

か

かいがらぼね〔貝殻骨〕

鶏の胸《むね》の三角形の骨のこと。

かいしき〔貝敷・掻敷・苴・皆敷〕

古くは、貝殻を敷いてその上に食物を盛り合わせたという古事から、貝敷と書くのが本当だと小笠原清信先生の著書、『日本の礼法』に書かれています。料理を盛る場合、下へ敷いたり仕切りに使ったりしますが、この貝敷一つで季節感を出したり、清楚なおもむきをかもし出してくれますから、よくよく心して使いたいものです。もっとも食器のできる前までは平手、くぼ手といって木の葉に食べ物を盛っています。その材料は、松竹梅、桜、桃、菖蒲、南天、菊の花及び葉、笹の葉、一つ葉、檜、杉の枝、たちかづら、菜花、裏白、やぶこうじ、蓮の葉、芋の葉、紅葉、柿の葉、柚子や橙の葉、ゆづり葉、梶の葉、椿、葛の葉、柏葉、紫蘇葉などを使用します。しかし毒のある物例えば、夾竹桃《きょうちくとう》、毛ばだった八ツ手等はさけるべきでしょう。

魚の進物にはよく笹の葉を使いますが『貞丈雑記』に、「いま世上に魚を進物にするに、篠の葉を搔敷にするが、篠の葉を搔敷にするは忌むこと也、切腹する人に酒飲まする時肴の搔敷に篠の葉を用ふる故也」とあるそうですが、これは篠竹の葉をさしているのでしょう。

この他紙貝敷があります。吉事は赤白二枚、凶事は白か黄一枚、吉事の二枚は陰の数ですが、対重ね即ち吉事の重なる芽出たい意味で使用します。伊勢神宮の直会《なおらい》には土器に松の葉が敷かれます。仏事には青葉の場合裏返しがよろしいようです。何はともあれ正月の若松、秋になって紅葉の一葉は実に季節の情緒をよく表わしてくれます。また南天の葉を使用するのは難を他に転じる縁起からです。

かいず〔貝津〕

チヌダイ、黒鯛の幼魚。泉川貝津でよく漁れるのでこの名があります。

かいせき〔懐石〕

これはお抹茶の時の料理です。昔禅僧は二食主義ですから夕方になると空腹となり、その時石を温めて腹《はら》に当てれば一時の空腹をしのぐことができるところからこの名が付けられたといわれます。従って懐石はあまりおごらず一時の空腹をしのぐ程度こそ本来といえます。しかし今ではお進め肴も二品くらい出すようになっていますが、これも時代の流れといえばそれまでといえましょう。料理の数と順序は流儀にもよりますが正午の茶として普通、向附、飯、汁、この三品を膳に付けて出し、椀盛、焼物、お進め、箸洗いの一口椀、八寸、湯桶、香の物にて、一順を終ります。お進め肴を八寸のあとに出す場合もあります。器に料理を盛り付ける場合、流儀によりその品の置く位置が違うことなども知っておきたいものです。

かいせきくずし〔懐石崩〕

懐石料理は抹茶に附随した料理、従って本格の懐石には一応の定めがありますが、それを崩して似通った風に作る料理の名称。例えば八寸を前菜に出したり、煮物椀を吸物代りに、汁は終りの飯の時に、季節により、飯の代わりに雑炊、茶漬、粥などと趣考を変えて出します。一名これを半茶料理ともいいます。

かいせきぜん〔懐石膳〕

懐石膳とは抹茶をともなう料理をのせて出す膳。膳には足の高底の違うものから大小さま々のものがありますが、懐石に使用するのは大体無足のを多く使用します。足があるとしてもなるべく底いもの、但し流儀により少々高いのも使いま

す。形としては、

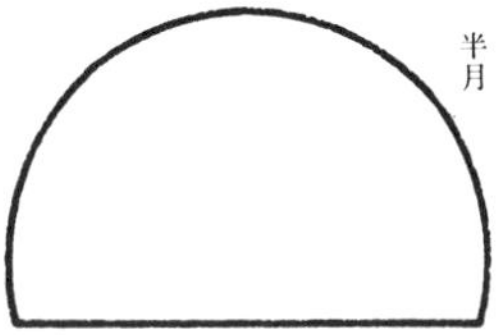

などを多く使います。

塗りとしては、黒真塗、留塗、刷毛目、春慶、朱、青、時には蒔絵のあるものもありますが、無地で食器によって色彩を添えるのが無難でおちつくようです。寸法は一尺（三〇cm）が頃合いです。丸の場合はとじ目があれば手前に、角のは向うにして使います。

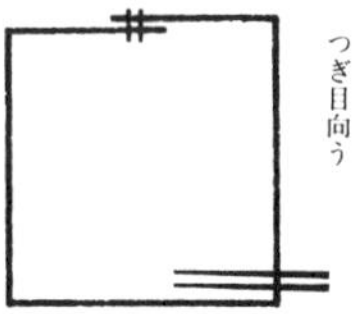

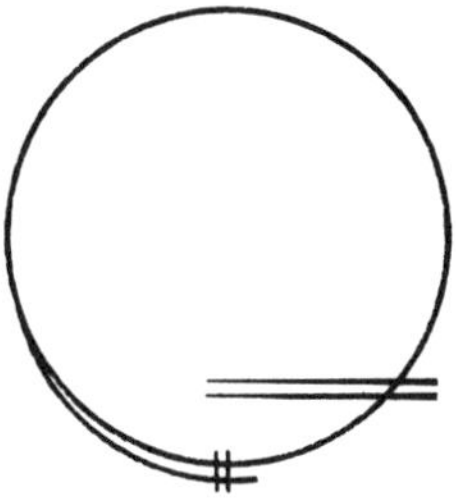

かいせきりょうり〔懐石料理〕

茶席で濃茶を頂く前に一寸腹ごしらえをするために頂く料理。昔は茶の料理も一般の会席料理と同じように会席の文字が使用されていました。別の言葉では、料理、仕立、振舞などが使用されています。然し昔は現在のように交通が便利でなかったため、川魚を除いてはほとんど塩物や干物くらいがせいぜいでした。懐石料理らしく出て来る昔の献立を見ますと、信長が家康を招いた献立に、「くしあわび、みそやき汁、あへもの、めし、こいのかきあへ、菓子に、ふのやき、こぶ、くり」となっています。また『利休百会記』といえば茶書として有名なものですが、その中で九月十三日朝利休が催した会記に、「上様、薬院、松左京、の三者を招いての時の献立は、なっとう汁、うなぎ、なます、めし、あえもの、志ぎの汁、鯛焼物。」とあり、これが最高の方をお招きした料理ということになります。現在のように材料が自由に手に入る時代、これにこだわることはありませんが、御馳走すぎて食事の方へ時間を取りすぎ、本題の茶の方がおろそかになるようなことはさけたいことです。懐石料理の本筋即ち一汁三菜にお進め一品くらいに止めておきたいことです。

さて懐石の文字ですが、昔の禅僧は朝食八時、夕食は四時の二食主義でしたが、激しい作務や冬の寒さに耐えられないので薬石といって少量の粥を夕に食したものです。

時には温石といって石を温めお腹へ当てると一時の空腹及び寒さを凌げます。茶の料理もその程度が良いということで懐石の文字が選ばれたといわれます。会席と懐石の文字が二様に書き別けられるようになったのは、文化文政頃といわれます。近衛予楽院の槐記《くわいき》や藤村康軒は会席の文字を使っており、松平不昧になりますと懐石の文字が使われています。

最近多く出版されています沢山の懐石の本など拝見しますと、一寸贅沢すぎて一般の会席と何等異ならないような気がします。これも時代のしからしむところかも知れません。何はともあれ懐石料理は即ち季ならねば食わずをもととし、あまり演出技巧せず、その物本来の味を引き出し、心からもてなし、人に施し、自も受け、利休がいうように食は飢えぬほどに、食べものの有難さを知ることです。尚懐石料理は茶に流儀が沢山あるように催すしきたりもまちまちですから、その流儀に従って手順よく楽しく作りたいことです。

かいせきりょうり〔会席料理〕

字の如く宴会または招待客やある程度の人数で会食する料理。料理の数は、五種、七種、九種くらい。十一種、十三種ほどの時もありますが、それは婚礼の披露宴の時などです。これも追々と料理の数が少なく簡素になりました。昔の高貴の方々の会食は五の膳までも使った会食もありました。然しこの中には、献立の肩書きに小さく、かわたて、と書かれているのがありますが、それはただ見るだけで食べない料理も出されたそうです。それは当時の一つの形式であったのでしょう。何れにしてもこの会食には気のきいた料理を作りたいものです。

かいそう〔海藻〕

日本は南北に長く、従って寒暖があり種々の海草を得ることができしあわせな国です。海草にはビタミンＡとＣが多く、特にヨードやカリがあり昔から血圧をさげるのによい食べ物といわれ、更に毛髪が濃くなるなどご存じの通りです。今日のように動物性脂肪分を多くとるようになって高血圧になやむ人が多い時代、大いに食べたい食品の一つです。先ず保存がきき、値段も比較的安い利点もありますので種々と食べもののの内に入れたいことです。種類では、昆布、若布、ひじき、浅草海苔、あらめ、おごのり、米のり、青さ、もづく、さんごのり（沖縄地方産）、海ぞうめん、みる、等々数多くの種類があります。
海藻は他国ではみられないもので、日本独特のめぐまれた食品です。

かいちゅうじるこ〔懐中汁粉〕
菓子の一つ。最中の皮に乾燥餡を包み、これを器に入れて熱湯を入れれば即席の汁粉ができるように作られたもの。有名菓子屋ではなかなか良いのが造られています。

かいとう〔解凍〕
わが国のように野菜など新鮮な品がその物ズバリで手に入ることのできるのはしあわせなかぎりです。でもそのうちに追々と冷凍食品をたよるようになることでしょう。冷凍食品は買いおきができて便利な食品に間違いはありませんが何といっても味の劣るのが難点です。しかし魚貝類、いか、たこ、海老などは冷凍品がほとんどといってもよいくらいになっています。その他半製品にも案外よいのが数々あります。そこで解凍は自然にまかせて一寸凍った部分のある程度の時、処理すると味もおちず良いことです。野菜などは凍ったまま火を通します。豆類は特に凍ったまま塩茹でにするとよろしい。肉類はようやく庖丁で切れる程度。このような解凍の時に調理をすると大変美味しく頂くことができます。

かいとうげ〔海藤花〕
蛸の卵。海藻に蛸が卵を産みつけて藤の花房のようになっているのでこの名があります。塩蔵のは水に浸して塩出しして酢の物、一口椀の種などに使います。

かいとり〔貝取〕
卵豆腐やしんじょを鉢蒸しにして、端より貝で切り取ること。貝の型が残るのでこの方を上にして椀種に使います。切り目の風情があるので懐石の椀種によく使います。

かいばしら〔貝柱〕
二枚貝の開閉をつかさどる閉殻筋のこと。貝柱を主に食べる貝は、大きいものは、タイラギ、帆立貝、イタヤガイ、ホツキ、など。小さいものはシンジュ貝、とり貝、バカ貝などがあります。大形の新鮮なのはさしみによく、焼く、揚げる、酢の物、ぬたとさまざまの料理になります。小形はかきあげ、雲丹和えなどによろしいが、貝柱の料理はあまりながく火を通さぬのが美味しく食べるコツです。

かいやき〔貝焼〕
帆立貝の殻を鍋に代用して炒り煮にすること。秋田地方ではショッツル鍋に使います。私自身はきざみ葱を入れて味噌焼にしますが、知らずに酒もご飯も進みます。

かいわれな〔貝割菜〕

大根の種を蒔き、芽を出し、双葉のものを貝割菜といいます。それは種が二つに割れて小さな貝のように見えるからです。これを家で作るには深さ十五㎝くらいの箱に土を七㎝くらい入れて、その上一面に大根の種を蒔き水をかけ箱の上にコモなどを掛けて更に水をかけます。一日に三回か四回コモの上から水をかけますと夏ならば四〜五日で箱の上まで延びて黄色の貝割菜ができ上ります。これに日を当てますときれいな青葉になります。大根種ばかりでなく、なたね、また文豆、といって小さな青豆がありますが、これで作りますと姿が変わっていておもしろいものです。使い道は、椀の青味、浸し物などに向きます。

かえる〔蛙〕

赤蛙（食用蛙）は昔から小児の虫薬として食用にしていますが、他の種類は普通食べません。然し食用蛙は美味しいものです。天浮羅、フライが第一の食べ方で、軟らかく骨ばなれもよいものです。脂肪のこまかい若鶏のもも肉に似通っていますが最近までは輸出が主で内地ではあまり食用に供しませんでした。現在は農薬の関係で輸出も一時中止になっています。雨の降る前のなき声は相当のものです。

かおりおろし〔香り卸し〕

大根卸しに柚子、木の芽、生姜、わさび、ねぎのみじん切りなど香りのよい物を混ぜたもの。薬味に使います。

かがくかんみ〔化学甘味〕

ソルビトー、糖尿病などに使用する甘味。下記の分量で作られております。Dソルビット九九・五八%。カリンナトリウム〇・二七%、天然甘味料、グリチルリチン〇・一五%。

かかに〔鰹煮〕

土佐煮と同じ。鰹を糸かきにしたのを、おかかといいます。

かがふときうり〔加賀太胡瓜〕

石川県、福井県で古くから栽培される胡瓜。印籠詰や雷干しにするとよい太い胡瓜。

かがみぐさ〔鏡草〕

大根のこと。昔、宮中で、正月元日に鏡餅の上においた大根。長崎地方の言葉。

かがみびらき〔鏡開〕

新年行事の一つ。元は正月二十日であったのが後世になって一月の十一日に行うようになりました。これを蔵開きといって商家ではこの日から商業始めをするというのんきな時代もあったようです。普通には鏡餅を使ってぜんざいを作り、商家は帳簿《ちょうぼ》に供え、家人と共に今年の繁栄を祈って食します。また昔、武家は具足開きといって別な行事をおこなったようです。

かがみもち〔鏡餅〕

これは神代の昔、「天照大神、皇孫に三種の神器を賜いしとき、特に御神鏡を取って『我を見むと思はば此の鏡に向うべし』と宣たまいし」より、後世これに随って餅を鏡の形に作って飾るようになったといい伝わります。飾方は三方に鏡餅一重ね、その上に白の菱餅六枚、赤の菱餅六枚、その他、串柿、かし昆布（白板昆布）、熨斗あわび、筋子などを飾ります。なおまたゆづり葉、裏白、橙、伊勢海老、等々家例によって種々なものが飾られます。

かき〔柿〕

柿樹科の落葉高木の果実。山中に自生するもの、栽培されるものなど種類の非常に多いものです。我国では北海道をのぞき全国各地で生産されます。御所柿は奈良県が原産。富有は水御所といわれ明治年間岐阜県で改良命名されたもの。次郎は静岡が原産。その他良いのが各地で生産されます。会津の身不知、山形の平たねなし、等々。柿はめでたいもので、柿、百合根、霊芝、この三つ合せたのを百事如意といいます。即ち思うことが意のままになるということです。従ってめでたい席の料理の材料になります。その一つにお正月の柿膾があります。柿にはビタミンA、カロチンが多く、ビタミンC、カリウム、鉄などのミネラル、トリプシン、アミラーゼなどの酵素を含み、ビタミンCは血管の硬化を防いでくれます。シャックリ、夜尿症、二日酔、脳溢血、しもやけに効があるといわれます。

かき〔牡蠣〕

『言海』には「石に付着したのを掻き取るのでカキという」とあります。岩礁に付着するのが本来ですが、現在ではイカダ式で養殖されるのでこの名は通じないかも知れません。かき養殖は三〇〇年も前から行われており、フランス語ではユイトル、英語ではオイスター。つば、痰《たん》の語で、かきの身のドロリとした状態から出た言葉かも知れません。種類では八〇種以上もありますが日本では十五種類位あります。有名なのは九州の有明湾、広島、伊勢の的矢の無菌カキなどがあり、広島は三〇〇年前の延宝年間からです。北海道ではナガカキ即ち俗にエゾガキがあり、特に厚岸湖の周囲三〇㎞の湖中にある七二の島の内四八島がカキの殻で天然にでき上った貝島です。外国ではフランスのマレーヌベルト、ベルギーのオスタンド産が有名です。一番養殖の古いのはローマで二〇〇〇年も前からだそうです。

かきは動物でありながらアルカリ性食物であることも見のがせません、料理では酢がきを始め揚物にも向きます。揚物の場合は一寸強火が良いでしょう。

伊勢の的矢の無菌カキに挑戦して来た佐藤忠勇翁は昭和四〇年頃八一才になられていました。三〇ヶ年に渡る永き研究の努力も知るべきことです。カキは一時間に二〇ℓもの海水を飲むそうです。そのため体内のよごれた海水を吐き出させ無菌にする装置を作るだけに一〇余年間もかかったといわれます。佐藤翁の大きな悩みは海のこやしのプランクトンが年々減っていることです。佐藤翁のバトンを受けついだ所員の福島さんは、秋には培養プランクトンの放流ができそうだと張りきっておられるそうです。福島さんのプランクトンの研究は北大以来十八年間も積み重ねて今日に至った貴重な研究のたまものです。大いに賞賛すべき業績といえます。

かきに多いグリコーゲンは動物のデンプンともいわれ、エネルギーの貯蔵の役割を果していて大切なものです。従って飢餓に際しては一番最初に動員される食物です。

かきあげ〔搔き揚げ〕

揚物の一種。小海老、貝柱、いか、剝き豌豆、人蔘、玉葱、三ツ葉、小海老その他魚菜でも適当に切り、水気の多いものには下衣に小麦粉を少々ふりかけ、別に天浮羅の衣を作りこれと混ぜて揚げたもの。油の温度一七〇〜一八〇度に熱した時、材料を杓子ですくい入れてあげます。揚げ物中、かきあげが一番むづかしいものです。野菜のかきあげには材料に少し塩味をするのがよいものです。

かきぞうすい〔牡蠣雑炊〕

かきを入れた雑炊。飯を洗っておき、鍋に煮出し汁を入れ、醬油で味をつけ、椎茸の細切り、三ツ葉、飯を入れ一度沸騰したらかきを入れ、さっと煮立て火を弱めて玉子を割りほぐし、すみやかにさっとかき混ぜ、火を消し器に盛りもみのりを散らして進めます。米から炊く時は先に米を煮出し汁で炊いてのち材料を入れてさっと煮ます。

かきたまご〔柿卵〕

卵をかた茹でにして皮を剝き、温かい内に布巾にすきまなく包み、形を柿形にしてこれに着色して作ります。みかん、りんごもこのようにして作ります。桜桃はうづらの卵で作り二個づつ松葉に刺します。

かきたまじる〔搔き玉汁〕

煮出し汁に醬油味を付けて沸騰したら火を一寸弱めてこれに卵をほぐしながし入れて作ります。時には卵に片栗粉の水溶きを混ぜたり、汁の方を薄い葛にしても作ります。

かきとり〔掻取〕

刺身や酢の物の身の切り方。江戸時代八百屋をとりたてていた松平瓢庵に刺身を出したところ、材料は結構だが庖丁の香りが気になるといわれたので、早速勝手で染付の薄手の皿を割って、それで掻取りにして差上げたところ、これは又格別の味があると賞された話があります。もっとも瓢庵はあんに右染付の皿で掻き取ったことを知っていたかも知れません。何れにせよ刺身を切る場合は庖丁を一度磨いて、大根か人蔘などの野菜を切ってから作るのが普通です。さもないと砥石の匂いが材料につきます。

現在では鮑の貝などを使用して、二センチほどの角にかきとります。庖丁で切ったものよりも風情があるので、人によってこんな切り方をもします。

かきなべ〔牡蠣鍋〕

鍋料理の一種。かきを主材に、ねぎ、白菜、三ツ葉、榎茸、牛蒡、人蔘など好みの野菜を取り合せて鍋にしたもの。喰味は、味噌、味醂、酒、煮出し汁、砂糖で好みの味につけます。味噌の代わりに醬油味でもよろしい。かきは入れたら煮すぎないうちに食べます。かきの土手鍋は、鍋の縁に味噌を塗りつけ、真中に煮出し汁を入れて煮ますが、味噌味にすればほとんど同じです。

かきなます〔柿膾〕

柿の皮を剝き、賽の目又は賽木に切り、大根卸し、三杯酢で和えたもの。お正月にはよく干柿でもします。ゆずり葉を下に敷いて盛られた姿は如何にもお正月料理です。天に甘草の青い二芽が必要です。

かきのしぶぬきほう〔柿渋抜法〕

実生の柿の実は何れも渋味があります。小さいのは皮を剝いて串に刺し干して串柿にし、大きいのは皮を剝いてつるし、生干しにしたのが八矢柿です。そのまま食べたい時には、沢山あれば昔は樽抜きといって、酒樽へ入れて炒酎をふりかけて蜜閉して抜いたものですが、現在はアセチレンガスで抜く方法が考えられ、柿を選別してダンボールに詰め、ドライアイスを入れて荷作りをして目的地へ輸送、着く頃には渋が抜けています。家庭では少々ならば湯抜きといって四〇度ぐらいのぬるま湯に漬け蓋をしておくか、かめに入れて炒酎をふりかけて蜜閉しておけば渋味は抜けて甘くなります。

かきのたね〔柿の種〕

越後あられ。柿の種に似たあられで新潟長岡の名産。

かきのどてなべ〔牡蠣土手鍋〕

かきの味噌鍋料理。すきやき鍋か土鍋の縁に、白味噌と赤みそを混ぜたのを塗りつけ、味醂煮出し汁を入れてその中へ、牡蠣、他にねぎ、焼豆腐、白たき、三ッ葉、生椎茸など入れて煮ながら食べる料理ですが、元は広島の土手某なる者が大阪へ出てカキの味噌鍋を売り出したところ、非常に好評、大変繁昌したのでこの鍋料理の創業の名称になったといわれます。発案者の名称になっている料理は沢山あります。治部煮、祐庵焼、おかべ（豆腐）など。味噌その他の合せ方の分量、甘い白みそ二〇〇g、赤みそ五〇g、味醂大匙四杯、煮出し汁カップ四杯くらいが適当です。材料はカキその他好みによります。以前は大阪には川が多く、橋のたもとにかき船料理が沢山ありましたが、現在は川がよごれいつのまにやら廃業されてただ一つ残っているのが、淀屋橋の紫藤です。

かきのはずし〔柿の葉鮨〕

鮨の一種。奈良吉野地方の名産。鮨飯に酢鯖の薄切りをのせ、柿の葉で包み、桶に並べ圧したもの。現在では各地の百貨店にその売場があり、大変美味しいものです。「柿食えば鐘がなるなり法隆寺」この句のように大和路は柿の多い所です。吉野地方も同じで、わけて夏祭りの家庭ではこの柿の葉鮨がなくてはならないものの一つになっています。

かきふね〔牡蠣船〕

本場は広島ですが、大阪で発達したのがカキ船料理です。船の上で料理をしますからこの名があります。元保年間大阪大火の折、高麗橋詰に立てられた町奉行所の制札が焼失するところを橋下のかき船、河面仁左衛門と西道朴の両人が船中に移し、守護した功により大阪中の橋の下にて自由に営業ができるようになったという歴史があります。

かきもどき〔牡蠣擬〕

何れの魚にも雄に白子があります。これを適当に切り、塩をしておき後酢洗いして、普通の牡蠣の酢の物と同じように して食べます。コクがあって美味しいものです。かきのような味ですからこの名があります。

かきもち〔欠餅・搔餅〕

正月の鏡餅を処理する時、刃物で切るのをきらい、手で欠け割ったのでこの名があります。現在はかき餅のように薄く切って作り陰干にして貯蔵します。砂糖、塩、豆、胡麻、青さといろいろな物を入れて搗くこともいたします。

かくざとう〔角砂糖〕

白砂糖に濃い糖液を混ぜて、小型の角砂糖製造機につめて圧力を加えて角型に作り乾燥させたもの、コーヒー、紅茶用に分量がわかりよいものですが、現在では袋入りのが衛生的で使いやすいので、乾燥糖を使うようになってまいりました。

かくさん〔核酸〕

この頃食品で問題になっている核酸。この成分が種々の食物の消化吸収に必要ということです。『老化は食べ物が原因』という本にくわしく書かれています。健康のため核酸の多く含まれている食品を日常つとめてとりたいものです。

特に含有の多い食品			単位 mg
いわし缶詰	590	うずら豆	485
レンズ豆	484	鶏のレバー	402
いわし生	343	アンチョビー	341
含有の少ない食品		殆んど含まない食品	
アンチョビー缶詰	6	野菜類、果物	
マグロ缶詰	5	卵、牛乳	
小エビ缶詰	10	チーズ、バター	
サケ缶詰	26		

かくしあじ〔隠味〕

酒、味醂、などをわずかに使って料理の味を生かすことをいいます。

かくしほうちょう〔隠庖丁〕

料理を食べやすくするため裏へ庖丁を入れること。また焼き物に熱を通りやすくするために切り目を入れる言葉です。

かくしわさび〔隠山葵〕

和え物やその他に少量使って味を引き立てるために使うわさび。

かくに〔角煮〕

長崎の料理。豚三枚肉を六cmくらいの角に切って柔らかく蒸し上げ、酒、醬油、砂糖、古生姜の薄切で割合濃めに煮たもの。こう書いただけでは不親切のようです。豚肉は腹の三枚肉、即ち東坡肉ともいい黒豚なれば更によろしい。大身のまま一応火の通るまで茹でて、五～六cm角に切り竹の皮をさいて十文字に結び、卯の花を入れて極軟らかくなるまで茹で、水洗いして酒、醬油、砂糖、生姜の薄切を入れて煮て、汁のある内に火を止め、一晩放置しておき翌日あたため、味を取り直して使います。

かくぶつ〔杜父魚〕

福井県九頭竜川の名産。霰《あられ》魚の異名があるように、霰の降る時、水面に浮かび腹を打たせる奇性のある魚。

かくや〔覚弥〕

大根漬けを細く切り、水に漬けてしばらくおき柔らかくして卸し生姜醤油で和えたもの。かくやとは、家康の調理師に岩下覚弥という人があり、家康は大変倹約家であって大根漬けを常に好まれたそうです。ある時歯をいためられたので覚弥が気をきかせて大根漬けを細く切り、生姜醤油で差上げたところ大いに気に召し、「これからこれを覚弥といえ。」といったことに始まるといわれます。『松屋筆記』には、「香の物にさまざまの漬物を集めて細かく刻み、酒醤油を加減してかけたるを世にカクヤといへり」とあるそうです。

かけ〔掛け〕

うどんやそばに汁だけをかけて種物を使わないもの。薬味に刻みねぎ、七味とうがらしを好みにより使います。かけ汁の味は関西と関東で大変な差があります。中京では、煮出し汁カップ四杯、醤油大匙七杯、好みにより砂糖大匙一杯、以上を煮合わせて作ります。

かけじる〔掛汁〕

うどん、そば、そう麺などにかける汁のこと。うどんのかけ汁は煮出し汁カップ五杯、醤油大匙七・五杯。そば汁は味醂大匙四杯、煮出し汁カップ五杯、醤油大匙八杯。素麵はうどんと同じでよろしい。あんかけうどんは煮出し汁カップ六杯、醤油大匙七・五杯、砂糖大匙一・五杯、片栗粉大匙五・五杯。以上で作ります。

かげぜん〔影膳〕

旅行その他不在の人のために、一家団楽の際、同じ膳を不在の人の為にお供えする風習があります。特に主人の旅行など行く先々の安全を願う意味からです。

かけばん〔懸盤〕

食器をのせる台。膳の一種。もとは台盤といって四本脚の台の上の折敷きに料理をのせて台盤の上に出したのが、後世上下付け合わせて塗物とし、内朱外黒に蒔絵をつけて立派なものが作られました。使うのには格式があって一般庶民の使用するものでなく、大名などの儀礼上三の膳をすすめる際、これに三汁、七菜を供する法があり、それらの具を揃えて一式となっています。最も豪華なのは秀吉使用の具で、京都高台寺の什器など。時折展示されたり、写真などで見受けるのでご存じの方も多いことでしょう。ところが今一つ違った懸盤を見ることができました。それは出雲大社の宝物殿に、縦四尺五寸（一四五cm）、幅二尺五寸（七五cm）、足の高さ二尺五寸（七五cm以上（目測））ほどの時代朱漆の卓があり、これに懸盤の説明がありました。結局台盤と同じように使用されたもののようです。

かげんず〔加減酢〕

醤油、酢、砂糖と合せたもの。醸造の加減された醤油を塩の代わりに使うので、この名があります。醤油を使わず塩を使えば三杯酢といいます。即ち、塩、酢、砂糖の甘い、からい、すい、の三原味を使いますのでこの名があります。酢の物は、魚の場合は砂糖を少なくし、野菜の場合は甘味を多くします。

かご〔籠〕

竹であんだ入れ物。料理では水きり、麺類のあたためなどによく使いますが、それより現在は食器として使います。天浮羅の皿代わり、果物の一つ盛りやおつまみ皿、懐石では夏の飯器など。竹細工で有名なのは兵庫の有馬、小田原の西相竹細工、佐渡のザル、九州のかご、和歌山のナイフ、フォークの柄と親しみ深いものです。

かさご〔笠子〕

[illegible]。カサゴ科の魚で、メバル、オコゼ、メヌケ、ソイなどもこの科です。かなり深海から浅い磯辺まで住んでいますが、水深によって色が少しづつ違い、水深一〇〇mくらいに住むカサゴは赤色がきれいです。三〇m以内に住むのは赤というより褐色に近い色です。魚は大体卵を産みおとしますがカサゴは胎生です。大口の魚はたいてい魚を餌にしますがカサゴは一寸違ってエビやカニです。頭や口が大きいので俗に口ばかりで実行せぬ人を磯のカサゴで口ばかりと陰口をいわれる由縁もここにあります。料理では、スッポン煮、ちり鍋、煮肴、山椒焼、椀種などに向きます。分布は日本全域に住みます。

かざぼし〔風干し〕

日陰で干物など乾燥させる方法。冬には日で干すより風あたりのよいところの方が早く乾きます。干物、大根の切干など。

かざみ〔蝤蛑〕

がざみ、菱がに、ワタリガニ、カゼガニともいいます。殻は菱形、生のものは暗緑色、茹でると赤くなります。かにの甲が茹でると赤くなるのは、甲殻中にアスタキサンチンと呼ばれるものが含まれており加熱によってこれが分解されるためです。蟹の美味しい食べ方は、二杯酢に卸し生姜が最高です。

かざめ〔菱蟹〕

渡り蟹の古語。

かざりえび〔飾海老〕

正月用の伊勢海老。

かし〔菓子〕

現在菓子といえば各地、各家に名菓があり、数えきれないほどです。昔の菓子は果実でした。思いつきのまま、食べてみた味、姿など各項に書き出してみましたのでここでは省きます。

かしき〔菓子器〕

御菓子を盛る器。これを使う場合、銘々一人ずつであったり、数人分一つ盛りにしたり、器もいろいろです。その種類は、銘々皿、鉢、食籠、縁高、ギヤマン（ガラス）、行器《ほかい》（行居）、三宝、塗物など菓子に調和よく選んで使います。

かじき〔旗魚・羽魚・梶木〕

海産魚で、長く大きいのは二mにも達し、上嘴が著しく突き出して錐のように尖っています。四季を通して美味しく、刺身を第一として、照焼、鮨種、腹の辺の肉は鍋物によく、肉色はピンクです。その他白かじきといって肉色の白いのがありますがこれは真かじきより味は劣ります。

かじつしゅ〔果実酒〕

最近全国的にブームに乗って果実酒を作る家庭が多くなってきました。しょうちゅうに果実と砂糖を混ぜ合わせ、しょうちゅうに果実を抽出させただけのもので、本来の発酵させてつくる果実酒は、酒税法による許可が必要です。種類では、梅酒、イチゴ酒、スモモ酒、ミカン酒、グミ酒、クゴ酒、マタタビ酒、クワ酒、サルナシ酒、シソ酒、トチの実酒、ニンニク酒などの十三品目が果実混和酒として許されていますが、その他の果実もそれぞれの持味があります。種類によって多少相違がありますが大略材料一キロに対ししょうちゅうホワイトリカー三十五度のもの一、八ℓ、砂糖八〇〇gで漬け込みます。氷砂糖で作ると更によろしい。砂糖は何れを使ってもしょうちゅうで溶いてから使用します。ウイスキーで作ると風味が一層よろしい。

かしわ〔鶏〕

名古屋地方では鶏のことを、かしわ、といいますが、只今では大方白色レグホンです。実は昔は名古屋コーチンといって赤毛の種類があり食鶏肉として格別美味しかったのです。この鶏の羽が柏の葉に似ていたのでこの名があります。この鶏の腹皮に脂がのって黄色をおびたのは黄肌といって、わけても美味しく今だに忘れがたい味の一つです。只今ではただ軟らかいのみで鶏としての味けなさは本当にさびしいことです。さて鶏は四〇〇〇年も前に、インド、マライに始まり、東方へは一四〇〇年ころ渡り、西方へはその後で、日本へは中国朝鮮をへて三世紀頃に入ったといわれます。庭に飼ったので、庭鶏、の名もあります。その後改良が加えられ今日では玉子用の代表にイタリア原産のレグホン種。同じ玉子用に米国、英国で改良された白色レグホン種。肉用種ではインド原産のブラマ種などが有名です。只今ではまれになりましたが軍鶏《しゃも》の若どりはわけて美味しいものです。

かしわで〔膳〕

飲食の饗膳。膳を訓《クン》よみでカシワデといいます。昔はカシワの広葉に飲食を盛って進めたからです。「テ」は葉椀《ひらて》、窪椀《くぼて》といって食器の意です。

かしわもち〔柏餅〕

柏の葉で包んで蒸して作るからこの名があります。もっともこれは端午の節句のお供えに使う習わしです。柏の葉は新芽が出るまで古葉は枝に付いています。新芽が出始めると古葉は落ちます。即ち若い者に世を譲る意味から柏の葉が使われます。餅ばかりでなく柏蒸といって料理では魚を柏の葉で巻いて蒸すこともします。柏餅を作るには、上新粉二四〇g、砂糖一三〇g、うき粉一五g、湯三二〇mlを混ぜて蒸し、よくこねて皮を作り餡《あん》を包んで柏の葉で巻き更に蒸して作ります。

かす〔粕〕

主として酒粕のこと。酒の絞り粕。料理では、粕雲丹和、粕汁、灘和、漬物等に使いますが、そのまま金あみで焼き、醬油、砂糖と合せたのを付けて焼くのもよく、煮溶いて砂糖、塩少々で味を付けた甘酒もよろしい。

かすうにあえ〔粕雲丹和〕

酒粕と雲丹と同量くらい擂り混ぜて、いか、くらげ、あわびなどを細切りにして和えたもの。

かすごたい〔鮹鯛〕

マダイの幼魚、普通にはざざ小鯛といいます。塩焼き、白焼きにした後、煮びたしにします。また姿のよいところから開いて酢の物の材料にしたり、けんちん蒸しにも用いられる。その他味醂干し、うす塩の干物にしてもよろしい。

かすごなんばんづけ〔鮹南蛮漬〕

安芸宮島の名産。かすごとはマダイの幼魚、これを一度こんがりと焼いて、さらに狐色にあげ、酢、醬油、砂糖、赤とうがらしを入れた汁に漬けます。二～三日経ると骨まで柔らかくなり全部食べられます。現在日本人に不足するカルシウムの補いにもなります。かすごに限らず、小ハゼ、キス、小鰺その他小魚なら何でも向く料理です。

かすじる〔粕汁〕

酒粕を使って実を多くして作ったみそ汁。冬の寒い日には朝夕ともによいものです。時にはあさりの剝き身などを使えば一層美味しいことです。酒粕と菜を使えば粕菜汁といって食通の喜ぶ食べ物です。

かすづけ〔粕漬〕

野菜、魚貝、獣鳥肉などを味醂粕や酒粕と混ぜたりして材料を適当に処理してから漬けます。

カステラたまご

御菓子のカステラのように焼いた玉子料理。魚の擂身二五〇g、味醂大匙六杯、玉子一〇個、煮出し汁カップ一杯、砂糖一五〇g、薄口醬油大匙一杯、塩適量、以上を擂り混ぜて天火でゆっくりと焼いたもの。西日本を中心に作られるが、北海道や新潟地方でもみられる。

カスドース

九州平戸の銘菓。平戸は我国最初の貿易港。平戸に来朝したオランダ人によってカスティラと共に城主松浦鎮信公に献上されたもの。その後茶道の鎮信流宇家松浦家だけの御用菓子として門外不出でした。一般には明治後期までその存在さえ知られませんでした。カステラに卵黄と砂糖をまぶし日数をかけて自然に乾燥させたもの。しっとりとした舌ざわりは当時の異国情緒ゆたかなお菓子です。今日でも和洋の御茶に合うのでもてはやされています。

かずの子〔数の子〕

鰊の胎内子。数々の子がまとまっているのでこの名があるといわれます。お正月には子孫繁栄、即ち数々の子と縁起をかついで正月のお節料理にはなくてはならないものの一つになっていますが、現在では海のダイヤなどといわれ庶民には高根の花となってしまいました。十数年前には生鰊の腹の中に数の子が入っておりますのでそれを取り出し、塩水に三日くらい漬けて血抜きをして土佐醬油で食べたものですが、これ等の美味しさは今だ忘れがたい味の一つといえます。数の子には乾したものと塩漬けのと二種あり、乾したのは米のとぎ汁で毎日取替えて一週間位後に食べます。塩漬は一晩くらい水につけて塩出しをして食べます。その他塩の子といって一粒づつになった塩漬けのものもあります。これは酒で洗って和え物に使います。塩辛類の塩を抜くには酒で洗うと早く塩気は抜けます。仙台の民謡のさんさ時雨に、「酒の肴に数子のよかろ、親は鰊（二親）で子は数多《あまた》」の歌も有名です。

がぜちあえ

魚鳥類をつけ焼きにして、焼き味噌（味噌を板の上に塗って焼いたもの）にカラシ酢を加えたものと和えたもの。『料理物語』に、「がぜちあへは、鶏にとも小鳥にても、しゃうゆうをつけ、よくあぶり候て、こまかにきり、からしすにてあへ候也。あをかちあへともいふ也。」とあり、『俚言集覧』には、「がぜちあへ」とありますが、現在はあまりとりたてて言いません。

かせんどうふ〔歌仙豆腐〕

愛知県刈谷の城主、三浦壱岐守が考案した豆腐料理。この豆腐料理の数が三六種あるところから三十六歌に因んで歌仙豆腐と名付けられたもの。

かたかご〔堅香子〕

かたくりの古名。『万葉集巻一九』に「もののふのやそおとめらがくみまころ、寺井の上のかたかこの花」とあり、作者は大伴家持。天平勝宝時代に富山県の国司であった家持が、都を離れたさびしい任地、国庁の屋敷のほとりの泉へ水をくみに集る少女たちのにぎわいのまわりに群れて咲く、堅香子《かたかご》の花を詠んだものです。カタカゴとは今の片栗粉のことです。大きな青い葉の中央から抜き出る紅紫の大形の花弁が早春の風にゆれ動くさまは初恋という花言葉にふさわしいようです。段々と少なくなりましたが、まだまだ所々に大群生が残っています。あらさずにそのままそっとしておいてやりたいことです。

かたくち〔片口〕

台所の用具、鉢の一方に注ぎ易く突き出た口の付いているもの。

かたくちいわし〔片口鰯〕

下アゴが上アゴより極端に短かいのでこの名があります。関東ではショイワシといわれ、正月に使う田作はこの鰯の生干でつくりゴマメともいいます。これを茹でて干したのが煮干です。何れにしても表面に光沢のあるものがよろしい。さて昔この鰯が沢山とれたので肥料にしたところ、五万俵も米が多く穫れたので五万米《ごまめ》の名が生れたといわれます。

かたくり〔片栗〕

ユリ科の多年生、山野に自生し、春早々長い楕円形の二葉を出し、その間から紫紅色の百合の花に似た下向きの花をつけます。その根基から取った澱粉が片栗ですが現在はきわめて少なく、医療の下剤に使う程度で、片栗粉といっても今は馬鈴薯の澱粉です。さて片栗はかたことの花といって、古くは和歌にもうたわれていますが、料理に使うのは葉と茎で、花は食べません。片栗の名称は葉が栗の葉に似ているのでこの名があります。

かちくり〔搗栗・勝栗〕

　笹栗の実を乾して乾燥させ、焙烙にかけて臼で搗き、鬼皮、渋皮を除いたもの。かち栗のカチは搗くの古語、搗つと勝は訓が同じなので、縁起をかついで勝栗と呼ぶようになったといわれます。正月の祝い肴の、煮豆の具に使います。これを使うには一晩水につけておき、茹でて残りの渋皮を去り、味醂、煮出し汁、醤油で煮ます。

かつお〔鰹・勝男〕

　始めは堅魚と書いたのが後年二字を合せて鰹と書くようになったといわれます。縁起をかついで勝男の文字も書かれます。この魚は黒潮にのって南海から北上します。鰹といえば土佐になりますが、この沖を通過《つうか》する頃が魚の成長、脂の乗り工合、一番美味しい時でもあるからです。しかし現在は居る所まで行って取りますからそうばかり云ってもいられません。この魚の料理は叩《たた》きが一番です。焼いたり煮たりもしますが、身がしまって味が滲み込みにくいものです。でも中骨のアラ煮は捨てがたいものの一つです。

　鰹と云えば鰹節。鰹節を選ぶには細目なのがよろしい。それは魚が若いので脂が少なく、煮出し汁を取った時、色がなくしかも香りが良いのです。二本で拍子木のように叩いてみて堅い音のするのがよく乾燥されているものです。

　生の鰹には縦に縞模様がありますが、実はあれは死斑であって、泳いでいるうちは縞模様はありません。この魚は時速四〇㎞とカジキに次ぐ高速魚ですから生簀で飼うことができないのです。そして休むことを知らない魚です。餌は主に鰯ですがなかなか考えたもので、鰯のむれを見つけても一度に飛びつかず、遠まわしにかこんでからこれを食べ始めます。分布は太平洋、インド洋、大西洋の暖海に広く分布し、日本では太平洋側の黒潮域に多く、日本海にはめったに入りません。フィリピンから台湾、沖縄、四国、東海と回遊する一群がありますが、カツオのよろこぶ小餌が多くあるからです。今一つはフィリピン沖から北上して太平洋のまん中を通って来る群があります。この二つの群を比較して見ますと沿岸添いに来るカツオは丸顔に近く、全体にふっくらとしています。ところが太平洋のまん中を通って来るのは餌が少ないので、五月から七月まではやせていて顔がとがっています。泳ぐ時速は四〇㎞、このエネルギーの素は血合いに含まれているビタミンBで瞬間に力を出します。鰹の種類は普通の、カツオ、ハガツオ（別名キツネガツオ、頭がキツネに似ているからです。）、スマ（縞目が細く斑点がある。）等があります。

かつおのたたき〔鰹の叩〕

申すまでもなく土佐の高知の皿鉢料理になくてはならない料理の一つ。鰹を大名卸しにして、真中の血合いを切り去り、炭俵にするカヤかワラでいぶして焼き霜にして、水に取り冷して一cmくらいの切り重ねに作ります。葱、ニンニクを小口切りにして鰹にかけ、酢醬油をかけて手の平でたたいて大皿に盛り、酢醬油をかけ季節のツマを添え、香辛料には溶き芥子を使って進めます。手の平でたたくのに本場の人は技術がいるといっています。「目に青葉山ほととぎす初鰹」、といわれるように初夏の食味の代表といってよいことでしょう。然し現在より昔の方がはるかに賞味したようです。其角の句に、「俎に小判一枚はつ鰹」、とあるように、その当時が思い浮びます。香辛に芥子が常識になっていますが、俳優の生島から二代目団十郎へ宛「初がつをからしがなくて涙かな」と便りがあった時、団十郎は「初かつを芥子がきいて涙かな」の返句を送った話も有名です。蜀山人は「時鳥鳴きつる片身初鰹、春と夏との入相のかね」といっているように、初かつおは初夏の食味であることがよく知られます。酢、醬油をかけて手の平でたたくのは、獲りたての鰹は身がかたいのでたたくわけです。鰹は生きているあいだは全部黒く、死ぬとあの縞がでてきます。このかつおの叩きは実は殿様が参勤交代で江戸へ行き、その供の賄役が江戸で習って来て作り始められたとの説があります。うなづけることは、古歌に「鎌倉のはまをいでたる初鰹、ふり売る聲は空かけるなり」とあり、これは新鮮な内に売りいそぐことを意味していますが、それと同時に江戸に近い鎌倉も、昔は鰹の本場であったことを知ることができ、其角の句と思い合せれば、たたきは江戸が始まりかも知れません。

がっこ〔雅香〕

秋田の漬物。この地では飯の菜ばかりでなくお茶うけにもよく使います。白大根を鉈《なた》でたたき切りして、塩と糀で漬けたもの。塩味は家々の好みによって加減します。押をして十日ぐらいから食べ始めます。十一月に漬けて来年の三月頃まで食べられる分量を作っておきます。その他秋田地方では、三五八漬といって塩三、糠五、糀八の割りで漬けたものもあります。

かっせん〔割鮮〕

日本最初の料理文献に出て来る文字。『書紀』には、ナマスツクル、と訓《よ》ませ、『文選《もんせん》』には、アザラケキヲサク、とあり、今の刺身《さしみ》、鱠《なます》がこれに当たります。日本料理独得の生食の意。

かって〔勝手〕

勝手は当字《あて》で勝手に付けた文字です。実は糧《かて》です。食料を賄《まかな》う所という意味ですが言葉がなまって勝《かつ》手というようになったとの説です。徳川時代には糧方即ち賄奉行さえありました。

かっぱ〔河童〕

すし屋の用語。胡瓜を芯にした細巻きの鮨。胡瓜はかっぱが好きだとか、切口がかっぱの頭に似ているからだとかいわれてこの名があります。

かっぽう〔割烹〕

割は材料を切ること、烹は火を用いて材料を処理することで、割と烹が揃って始めて食べものが出来上る意です。

カッポさけ

かっぽ酒。宮崎県地方では、青竹に酒を詰めて焚火に差し込み、かんを付けて呑む風習があります。竹の香りがついてひときわ美味しいといわれます。刈干切り唄でも聞きながら呑めば一層美味しいことでしょう。

かつらむき〔桂剝〕

大根やうど、蕪《かぶら》など薄く長く剝くこと。京都の町へ物を売りに来る女に、大原女、白川女、桂女とあります。大原女や白川女は頭に手拭をかぶっていますが、桂女は白の布です。その布に似ているのでこの名があります。その他桂剝きの語源は、嵐山の渡月橋を境いに上を大堰川、下を桂川といい、帯状になだらかに流れている川の面が、大根など剝いたさまに似ているところからこの名が出たともいわれます。

かて〔糧〕

カリテの略称で元は干《ほ》し飯《いい》のことです。携帯食糧として重用されたのが後には一般の食糧をカテと呼ぶようになった言葉です。

かていりょうり〔家庭料理〕

専門店の料理に対し家庭で作る料理ゆえにこの名があります。家庭でも客に差上げる場合もあり、惣菜料理もありいろいろですが、料理屋とは違い特別な味があり大切にしたいことです。現在では特に親しまれる郷土の味、おふくろの味、若い時から先祖から母に知らぬまに教えこまれた味、いつまで経っても忘れがたいものです。私はいつも言っています。料理屋の味と家庭料理の味とは違っていなければいけないと。家庭料理は我家の味であってこそ本当の家庭料理です。そこで我家の自慢料理を二つ三つ習得し、いつ作っても美味しくどなたに差上げてもほめられるその家だけのものがあってほしいことです。

魯山人は、「家庭料理は謂ば料理の本当の基であって、料理屋の料理はこれを美化したものだ。これを喩えて言うならば、家庭料理は料理というものに於ける真実の人生であり、料理屋の料理はその芝居である。これは芝居であるばかりでなく、芝居でなければならないのである。」と言っています。

かてなます〔加手膾〕

膾料理の一つ。加手は加えること、混ぜる意。鱠にした魚を具に季節の野菜、即ち大根や人参、胡瓜など加えたもの。古くは加雑膾の文字が見えますが、加手膾はそれと同類かも知れません。

かてめし〔糅飯〕

『広辞苑』を開いてみますと簡単に、「米と他のものをまぜて焚いた飯。」とありますが、私はかてめしと聞くだけでも哀愁を感じます。それは私が貧農に生れ、八才の時父が死去、母一人で五人兄妹を育ててくれました。従って耕作した米は半量以上地主に納め、残りの米は売って日常の経費という訳で、今思い出せば身の毛がよだちます。現在の人にはこんな話は通じません。幸い家の廻りに畑があり、野菜は充分にとれたので、それを加えて麦飯なれば上等、大根飯、芋飯、寒い日には雑炊、夏は小麦を耕作して干麵と変えて少しでも米のいらないようにとのあけ暮れの食事でした（明治三十八年頃）。昭和五十八年NHK朝のテレビドラマの、おしんそのままの日常を送ったものです。現在の人々には昔語りか芝居の一齣としか感じないことでしょう、現在の一般家庭の食事は、昔では盆か正月程度の食事です。ある寒い季節に芋粥を講習しましたところ、本当に美味しいという言葉を多く聞きました。そんな時今昔の相違に打たれ、自然に目頭をあつくしたことです。記憶があるようになってから十二才でこの道に入り七四年、この間、働、苦、貧、忍、喜と繰返して来ましたが、何一つ人生に得ることもなく年老いてしまった愚者です。かて飯とは米に有り合わせのものを加えて炊いた飯です。然し今八十六才（昭和五七年）健康なので命のある限りこの道に専念し、身も心ももやしつくして灰になりたいと願っています。

かながしら〔金頭〕

ホウボウ科。ホウボウに似ているが鱗が大きくざらつくので容易に区別がつきます。ホウボウは赤く、金頭は黒みをおびています。煮肴、椀種、ちりの材料に向きます。

かなざわのごりじる〔金沢の鮴汁〕

この起りは、商家の若い人たちが、浅野川で川狩りといって即ち鮴を獲って各自が他の材料を持ち寄って川原で作って食べたメッタ汁が始まりだといわれます。季節は春から秋。若い人たちのことですから、始めは何でも鍋に放り込んだことでしょう。そのうち鮴と新牛蒡の香りや歯ざわり、そして白みそとの味覚の組合わせがよく、今日の鮴汁が金沢に残されたのでしょう。

『日本山海名産図会』に、鮴の獲り方として、「鮴は清流浅水といえども見えがたき魚なり」とあり、「それを獲るには割った竹で大きな箕の如きもの（フッタイ）を作り、その上に石をおいて二人の男が川上で待つ、下流から竹にはさんだ板（板オシキ）で川底の石をこすり鮴を追いあげる、音に驚いた鮴はフッタイの上の石につき隠るるをそのまま石と共にあげるなり。」とあるそうです。こうした魚も追々と少なくなるのは淋しいことです。

かなざわのめいぶつ〔金沢の名物〕

城下町金沢の文化は、藩政時代、太平の中で長い年月をかけ、重厚で精緻な工芸品や、技芸の結晶した、大樋焼、加賀塗、加賀友禅、能楽、茶道、菓子などその特徴はすべてに高尚で、華美でなく、丁度喜怒哀楽を包み隠した、加賀古武士のおもかげに通じるものがあって、茶の湯などは今尚日常生活の中にとけこみ、連綿と伝承されています。茶の湯と相俟って、発達したのが和菓子です。その中でも「森八」の歴史は古く、寛永二年に創業、前田家の御出入り商人として栄え、長生殿、名峰を形どった千歳、加賀藩政時代の黒梅染の典雅な黒色の黒羊羹、御茶も林屋が有名で、宝暦二年の創業、二〇〇年の歴史があり、そして宇治市木幡に茶園まで持っています。ごり料理、くるみの甘煮、ふぐの粕漬、鰯のぬか漬、いなだ、数々の漬物の良いのがあります。その他百万石料理、鯛のから蒸しと、料理も多種です。

かなやまからめもち〔金山搦餅〕

南部の伝統銘菓。天正年間、先祖小枝指小二郎なる人、鹿角郡毛馬内県小枝指村の城主として南部藩に仕えておりましたが、子孫小枝指権兵衛なる人、寛永十八年仙台領、南部領境に塚を築く折、盛岡城より石亀庄兵衛儀俄重右ェ門等と出向き帰途南部領内赤沢村に金山を発見又領内各所を視察する折、鹿角郡白根にも金山を発見直ちに盛岡城に帰り藩主に報告、金鉱製錬に力を入れました。その後度々公儀に献金もし、諸国諸大名の羨望の的であったそうです。南部藩では多くの婦女子を督励して選鉱させ、同時に金山踊り（からめ踊り）を奨励して、からめ餅又は旭餅を作り始めました。それ以来、四〇〇年の伝統を誇っている銘菓です。長さ十五cm、幅三cm程の飴色がかったアライ砂糖のかかった餅。

かに〔蟹〕

甲殻類。かにには多くの種類があります。海ばかりでなく川に住む川蟹もあります。北海道では、たらばかに、毛蟹で、北海道を旅行してオシャマンベの毛蟹は思い出の一つになります。日本海のズワイ蟹、鳥取地方へ行けば所変って名も変り松葉かに、表日本では、がざみ、一名菱蟹、川に住む小さい沢かに又は大きいかに、海岸近くに住む、もくぞ蟹、といろいろです。食べ方も茹でたり、二杯酢、小さいのは揚げて味塩、醤油焚き等々にします。大きいのはバター焼、塩焼にもいたします。茹でたての甲をはがして熱燗を入れた甲酒も美味しいものです。料理では、蟹鍋、鮨種、甲むし、から揚、かに飯、酢の物、洋風では、コロッケ、コキール、サラダ、最も美味しいのは甲をはがし内側の軟骨をすき取り塩、バターを付けて天火で焼き、レモンの絞り汁で頂くこと、一寸贅沢なことかも知れません。

がにづけ〔蟹漬〕

九州全域にありますが有明海の産がよろしい。はさみの片方が大きい蟹をとり、生きたままのをつぶし塩漬けにしたもの。少し前までは納言豆腐と売り歩くように毎朝この声が聞かれたといわれます。漁師が舟の上で作り始めたという一種の塩辛、酒の肴によろしい。

かにどうふ〔蟹豆腐〕

豆腐の水をきり、かにの身をほぐし、豆腐と混ぜて平湯葉で巻き、これを揚げて一口切りにし、生姜醤油で食べます。

かにめし〔蟹飯〕

変り飯の一種。かには茹でて身にして味醂、醤油、砂糖で味を付けてそぼろに炒り上げます。次にといだ米カップ三・五杯、薄口醤油大匙五杯、砂糖大匙一杯、煮出し汁カップ三杯と四分ノ三、以上でゆっくり炊き、よくむらして器に盛り、その上にかにのでんぶをかけ、玉子の薄焼きの細切り、もみのり、紅生姜の細切りを散らして進めます。飯の中へ椎茸や竹の子を少々炊き込むのもよいものです。

かばやき〔蒲焼〕

昔は鰻をさかずに丸のまま焼いたのでこの名があります。すなわち鰻を一〇cm程の長さに切り、たてに串を打ち丸焼きにしますと丁度その姿が水辺に生える蒲の穂に似ているところからこの名が出たといわれます。なお樺の木皮に似ているからとの説もあります。関西のまむしは、飯《ママ》むしがまむしになったのだといわれます。

かびたんづけ〔甲比丹漬〕

甲比丹漬。甲比丹の名は昔江戸時代、長崎に住んだオランダ商館長が江戸へ出府の折、縞の織物カピタンを徳川へ献上したものです。日本でいう縮《ちぢみ》によく似たもの、それに因みオかランダ料理風に味つけしたものにカビタンの名を付けます。かるたんはその異称。三杯酢にねぎ、一味を加えた、小魚その他を揚げたり焼いたりして酢漬けにしたもの。

かぶとむし〔兜蒸〕

鯛の頭を兜焼きのように二つ割りにして酒、塩をして五分間くらい放置しておき、バットに昆布を敷きその上にのせて二〇分間くらいむして、もみじ卸し、ポン酢を食味にして進めます。

かぶとやき〔兜焼〕

鯛の頭を二つに切り開き、付け焼きにして、胡椒、又は粉山椒をふりかけたもの。姿が兜に似ているのでこの名があります。

かぶら〔蕪・菁〕

十字花科、この種類はきわめて多く、型も大小さまざまです。その内最もよく知られているのが京都の聖護院、大阪の天王寺、奈良の今市、江州蕪、島根の津田蕪、岐阜の飛騨蕪、色もまた、赤、紫といろいろあって限りないほどの種類があります。使い途は漬物を第一とし（千枚漬、酢漬、塩漬、粕漬、味噌漬、ぬか漬、石川県の蕪鮓）、煮物では鯛を煮た鯛蕪、木曽路ではこれを輪切りにして干し、切干大根のように煮るものもあり風呂吹きにしたりさまざまに使います。正月の七草粥に使う蕪をすずなといいますが大きな蕪でなく、京都あたりで見受ける小さい姿のよい蕪ではないでしょうか。

かぶらずし〔蕪鮓〕

金沢の名産。蕪に塩ぶりをはさんで麴漬けにしたもの。蕪の皮を剝き七㎜くらいの輪切りにして塩漬けにし、これにて塩ぶりの薄切りをはさみ、炊きたての飯に米麴を混ぜ、人参、唐芥子を混ぜながら交互に漬け、落し蓋をして重石をし、二、三週間漬けてから食べます。季節には各デパートで売られていますが、あまり日の過ぎたのは味がおちます。

かぶらぼね〔蕪骨〕

鯨の軟骨を糸状に切って海苔状にして乾燥されたもの。刺身のツマ、一口椀によく使います。

かぶりべんとう〔齧弁当〕

竹の皮に包んだ弁当のこと。

かぼす〔香橙・香母酸・香保酸〕

柑橘の一種。原産はインドとヒマラヤ地方。大分県の特産。この地方で医師の家に一本ずつあるというのは、医薬の一端であったとのこと。これは風邪に薬効があり、果汁酸、梅酸、アルカリ性であるためスタミナ食品、料理には酢の物、鍋物料理、塩焼に一滴かけたり利用の多い柑橘です。現在大分県で栽培の家が七〇〇戸もあるといわれます。

かぼちゃ〔南瓜〕

ウリ科の一年草。一五世紀に東南アジアやカンボジアから渡来したので原産地の名が転じてカボチャの名があります。唐茄子、ナンキンの名称もあります。渡来は天文年間ポルトガル船により豊後の国に渡ったのが始まりです。種類はきわめて多く、普通には黒皮の菊座系、栗南瓜、（北海道、長野などの産）、小さいもの（日向南瓜、糸南瓜、別名金糸瓜、菊南瓜、日本南瓜）、その他西洋南瓜、等々があります。一個四〇kgもあるものが札幌郊外では作られています。これは人間の食用でなく、乳牛、豚の飼料とされますがビタミンAやカロチンに富み飼料には最も適しているといわれます。これは戦後アメリカから渡来したものです。

かま〔釜〕

普通飯を炊く用具。現在では、電気、ガス釜に代わり一般には見当らなくなりました。

かま〔鎌〕

魚の水かきの鰭の付いている部分をいいます。この所は脂肪も多く魚中一番美味しい所です。アラ煮、うしお汁、胡椒焼等に最もよいところです。

かまあげうどん〔釜揚饂飩〕

生うどんを茹でて釜から引き上げたままのうどんのこと。うどんでは最高の味です。汁は一寸からめにして大根卸しをたっぷり使い、ねぎの小口切り、時には一味少々を入れます。これは名古屋が本場です。

かまくらあえ〔鎌倉和〕

魚を賽の目に切り、もみのり、わさび、醬油と混ぜて和えたもの。昔鎌倉は海苔の本場です。従って海苔を台にして作った料理に鎌倉の名称がつけられるのは、昔の由縁によるからです。

かまくらゑび〔鎌倉海老〕

本山先生の『飲食事典』によりますと、伊勢海老は伊勢で多く獲れるので伊勢海老といい、同種でも鎌倉で獲れれば鎌倉海老と呼ぶと出ていますが、愛知県のは別種で、伊勢海老に似てはいますが頭が大きく、頭、胴とも平たく身のあまり多くないのを鎌倉海老といいます。従って味も伊勢海老より不味です。これは皮を剝き身にして多く使います。フライ、天浮羅種、煮物などに向きます。

かます〔魳・梭子・梭魚〕

硬骨魚目カマス科の魚。体長は細く三〇㎝ほどになります。口が大きく歯も鋭い。これには黒カマスと赤カマスとあり、黒カマスは小形で夏から秋、赤カマスは大形で秋から冬が旬で、南日本に多く産します。料理では塩焼きにしたり、水分が多いので干物によくします。かますはまた「秋告魚」とも書きます。かますが出れば秋が来たなァと思い出させる魚です。秋米をとり入れて入れる袋をかますといいます。そんな名を連想して付けた名称かも知れません。塩焼きや一日干しは庶民の食べ物です。

かまつか〔鎌柄〕

コイ科の淡水魚。ハヤに似て体は細長く、川魚としては美味しい方です。所によりスナモグリともいいます。北海道や青森県以南の全国の川や湖の砂地に住み、昼は砂にもぐって目だけ出しています。この魚は各地方言の多い魚です。

かまのにえ〔釜の煮え〕

釜の湯のにえたぎること。これを六音といい、その順音を、魚眼、蟹眼、雀舌、小濤、大濤、無声といいあらわしています。静かな中に、チチと鳴く雀舌の真の微妙な音、やがて湯相が松籟に至って、美しい点前となり、大自然でいただく一碗の茶は何ともいい現わせない味があります。現在のようなあわただしい世に、忙中閑、こんな一刻があってもよさそうです。

かまぶろ〔釜風呂〕

京都の銘菓。京都の祇園石段下の大原女家の風呂の型をした柚子の香のある、白餡の焼菓子。

かまぼこ〔蒲鉾〕

蒲鉾と書くように、水辺に生える蒲の穂に似ているように昔は作られたのでこの名があります。昔は現在のように板に付けず、今の竹輪のように竹にさしたまま売られたようです。板蒲鉾は豊公が大阪城へ伏見から帰った時作らせたに始まるといわれます。『節用集』という古書によれば蒲鉾を作り始めたのは今から四七〇年程前、最初はナマズが材料であったようです。今ここに改めて書かなくとも既に皆さんがご存じのように多種多様のものがあります。

かみがたりょうり〔上方料理〕

平安朝以来文化の中心であった京都に発達し、江戸料理も最初はこれに習って発達したものです。

かみしお〔紙塩〕

刺身用に身取った魚を和紙に一度巻きその上から塩をすること。このようにして二、三十分間放置して塩をなじませ、懐石の向附、または焼くこともいたします。直接に塩をのせないので上品な柔らかい味になります。

かみなべ〔紙鍋〕

大阪の蘆月の名物料理。鍋の形に作った金網の中へ和紙を加工して渋紙に似た紙を張り、これを鍋替りにして煮る鍋料理。材料はすべて沖すき風です。鍋に使う紙が秘法となっておりますが、もしこれができてもパテントを取っておられるので他で使うことはできないようです。紙鍋で煮るところが一興です。

かみなりどうふ〔雷豆腐〕

豆腐の水を切ってつまみくずし、油で炒め、ねぎのみじん切り、大根卸し、わさびなど混ぜて醬油で味を付けたもの。豆腐を油炒めする時大きな音がするのでこの名があります。

かみなりぼし〔雷干〕

浅瓜、白瓜、胡瓜、青瓜の両端を切り、種を去り螺旋に庖丁をして塩をして一～二時間そのままおき、これを天日で干して作ります。あまり乾き過ぎないのがよろしい。三杯酢に漬けて使います。食べる時心地よい音がするのでこの名があるともいわれ、干した姿が螺旋状で雷が回りころがるように鳴るのでこの名があるともいわれます。

かみふた〔紙蓋〕

煮含めする時和紙を蓋代りに使います。紙蓋ですと煮汁が煮つまっても上まで泡のようになって汁がかぶっております。この対流により味が材料にまんべんなく付きます。特に栗のふくませなどはこの方法をいたします。

かめ〔亀〕

亀鼈類の俗称。種類は多くありますが普通、スッポン、石亀が美味とされます。これには淡水産と塩水産とがあり、塩水産は普通海亀と呼ばれ、またの名を正覚坊《しょうかくぼう》といいます。亀による伝説は数多くあり、鶴と共に長寿の象徴ともなっておりますが亀を食べるのをきらう人もあります。それに反してスッポンは、丸吸、スッポン煮、雑炊、鍋として多く使われます。

かめに〔亀煮〕

筑前煮ともいいます。博多の名物、骨付きの鶏肉をぶっ切りにして野菜と共に煮込んだ料理。文禄元年（一五九二）秀吉が朝鮮出兵の際、その大軍が博多に宿営、博多の入江や沢に多いスッポンを獲って野菜と共に煮て食べたのに始まるといわれるもの。現在はスッポンの代りに鶏肉を使いコンニャク、里芋、人蔘、蓮根、牛蒡などと煮上げて盛り分け、上に針生姜を添えたもの。

かめぶし〔亀節〕

普通の鰹節は背腹で四本作りますが、この亀節は小さい鰹で作るので背腹で一本になっております。幅に対し丈が短かいので背がやや亀の甲に似ているところからこの名があります。鰹が小さいので、煮出し汁にクセがなく却ってこの方を賞味する地方もあります。

かも〔鴨〕

雁鴨科の水禽。野鳥中最高のもの。大部分が渡り鳥で種類が多く、普通見られるものは、本鴨、羽白、小鴨よし鴨、あじ鴨、ひどりなどがありますが、さすが北海道は渡り鳥の足場だけあって、ひしくい（雁より大きい）、かいつくむし（首が長い）、赤えり、尾長鴨、かわあいさ、星羽白、と多種です。その他夏に美味しいかももいます。一名夏鴨ともいいます。

鴨の毛を抜き取る時は先ず上の親毛をすこしづつ、抜き取ります。一度に沢山抜き取りますと皮は脂肪があって軟らかなので皮がやぶれてしまいます。親毛の中の綿毛はゆびに水をつけてさかさまになでるようにすると簡単に取れます。鴨の新鮮度を見るには、目のみずみずしいもの、肛門に青みのないもの、さし毛のないもの、毛を分けて見て皮が白く脂肪のあるもの、押さえて見て毛の浅いもの、こんなことが見分けのポイントです。料理では、鴨すき、胡椒焼、蕪むし、鴨南蛮、狩場焼、鴨糝薯《しんじょ》、焚き合せの頭、椀種、鴨雑炊と数かぎりなく料理の材料になります。俗に、チンチンかもかも、鴨に葱を背おわせ、イトコ同士は鴨の味、いい鴨がきた、このように鴨はいろいろの所に引出されます。

かもうり〔加茂瓜〕

冬瓜のこと。

かもがわのり〔賀茂川海苔〕

昔は京都鴨川の水も清く、その石についた川藻の一種のことをいう。しかし今では汚水が流れ込み食べらるような物はとれません。上流の賀茂川は北山の雲ヶ畑あたりが水源地で水質が同じの為このあたりでとるのかも知れません。地方へは塩蔵として出荷されていますからよく塩出しをして、刺身のツマ、酢の物、和え物、天寄せなどにして使用されます。緑の色がよく歯切れが良いので一般に賞味されます。

かもじねぎ〔髢葱〕

髮文字葱。葱を茹で、それを金串数本で長く割ったもの。

肉と共によくあんかけなどに使います。

かもなす〔加茂茄子〕

京都で栽培される巾着《きんちゃく》形の茄子。大きさは中央直径で七㎝くらい、しぎ焼き、又は揚げても柔らかくて美味しい。

かもなべ〔鴨鍋〕

鴨のすきやき。鴨は小鴨の方が肉が柔らかくて美味しいけれども、一般には青首（マガモの雄で、頭と首の上半分が緑色をしている）を代表とします。鴨の肉は薄く切り、ねぎ、三ッ葉、榎茸、笹がき牛蒡、生ゆばなど取り合わせて普通のすきやき風に煮ながら食べますが、他の肉のようにあまり濃いめの味でなく、一寸薄味にした方が鴨の味が生きてきますし、あまり長く煮ないことです。

かもなんばん〔鴨南蛮〕

麺類料理の一種。鴨とねぎを種にした麺類。鶏肉を使えば鶏なんばんです。古くはなんばんのねぎは焼いて使うとあります。

かものやきかた〔鴨の焼方〕

鴨を焼くのに金串を打って直火で焼くのと、フライパン、または天火で焼くのと三種の焼き方がありますが、何れの場合でも針打ちをしながら焼きます。さもないと鴨は血の多い物ゆえ、焼き過ぎたほどに焼いても真中に血のかたまりが残ります。針打ちをしながらやきますと、身のしまるに従って血が針穴から出るので柔かくきれいに焼き上ります。然し焼きすぎてはいけません。茶碗蒸、蕪蒸しに使う場合、下煮をするのは生のまま使うと血が残るからです。

かや〔榧〕

イチイ科の常緑喬木。木は碁、将棋盤の材料となり高級品です。料理ではその実を使ったり、これから絞り取った油、即ちカヤの油を揚物油に使います。実は塩炒りにして食べたり、芳香がよいので擂りつぶして和えものに使います。これを食べると十二指腸の駆虫に効あるともいわれます。

かやく〔加薬・加役〕

動物性の材料に取り合わせる、野菜または乾物材料をいいます。主材に加えるからこの名があります。鍋物料理の具など。

かやくめし〔加役飯〕

飯の一種。一名五目飯ともいい、種々の野菜など炊き込んだものです。米カップ四杯、水カップ四・五杯、醬油大匙八杯、砂糖大匙四杯、油揚五枚、こんにゃく一丁、人蔘六〇g、椎茸大五枚、牛蒡八〇g、以上を適当に下ごしらえして全部混ぜてゆっくりと炊き上げます。

かやころも〔榧衣〕

新年嘉祝の菓子。榧の実に砂糖衣をかけたもので、蓬萊につむ榧の実を利用して製します。この菓子は初期の菓子として古文書にもよく見受けられます。

初釜にめでたきものや榧衣　　三幹竹

かゆ〔粥〕

禅僧は朝食を旋粥、昼食を斉《とき》、晩食を薬石《やくせき》といって、朝食を粥ですます習わしがあります。粥は、濃湯《こゆ》、食湯《けゆ》の転じた言葉だといわれます。大和の茶粥、京の朝粥など有名ですが、底びえのする京都の冬の朝粥は当を得た食べ物といえます。さて『新拾遺集』に、「白雪のふれる朝の白粥は、いとよくにたるものにぞありける」とその白さを歌にしています。昔は貴顕の方々も朝食は粥ですませたことが窺い知れます。読物では芥川の芋がゆが有名ですが、軒に芋が薪のように積んであったとありますから、昔は長芋が自然薯であったことが知られます。

粥といっても種類は多く正月の七草粥に始まり、暮れの除夜粥までに、病人が食べる粥、季節的に食べる粥といろいろあります。重湯は米一カップ、水七カップで焚きますが、あまりかき混ぜない方がよろしい。かき混ぜますとねばってしまいます。普通には米一カップ、水カップ三・五杯で焚きます。もっと軟かいのは適当に水を増して行きます。

「七種粥」正月十五日七種の穀類を入れて焚いた粥。米、粟、黍、稗、篁子《みのこめ》、胡麻、小豆、の七種。

かゆのしゅじゅ〔粥の種々〕

左に粥のあらましを書き出してみます。

「大和の茶粥」米一カップ、水三・五カップ、少し焚いた時、布袋に番茶を入れて焚き込みます。これを朝食にする習慣がどこの家庭にも古くからあり、『かまどの賑い』という書物には、京・大阪・堺辺にもこの習わしがあって、これは「米助けの食事なり」とあります。

「除夜粥」除夜の鐘を聞きながら食べる粥。豆腐を賽の目に切って茹で、器に入れてその上に粥をかけ、大根卸し、もみのりを薬味にして食べます。去年今年を送り迎えながら食べる除夜粥、何やら意義があるように思えます。

「七草粥」一月七日の節句に食べる粥。この始まりは醍醐天皇の延喜十八年（九一八）宮中に於て七種の若草を奉ったと古書に見えます。また宇多天皇の時代『藤原仲文集』に、「芹、なづな、御形、はこべら、仏座、すずな、すずしろこれで七草」、と歌われているこの七草を、「なづな七草唐土の鳥が、日本の国へ渡らぬ先に」と唱えながら擂木や包丁など勝手道具でたたき切り、米と鏡餅をかかして入れて焚きます。この行事は無病息災を願う風習からです。現在は若菜のみで焚きます。唐土の鳥とは悪疫や流行病の意。なお七草は芹、なづな（ペンペン草）、御形《おぎょう》（ハハコ草）、はこべら（ハコベ）、仏座（コオニタビラコ）、すずな（カブラ）、すずしろ（ダイコン）。

「七種粥」上元の日即ち正月十五日、米、粟、黍、稗、篁米《みのこめ》、胡麻、小豆の七種の穀物で焚いた粥。現在は米と小豆と同量で焚きます。これに砂糖をかけて食べる家もあります。この日は左義長といって神社の境内で、門松などをもやす儀があります。

「重湯をとる粥」米一カップ、水七カップ、米と水を鍋に入れ火にかけ沸騰してきたら弱火にしてゆっくりと焚き上げます。粥は時々かき混ぜますがあまり多く混ぜますとねばりが出ていけません。

「芋粥」以下六人前の材料

米二カップ、水一〇カップ、さつま芋四〇〇g、塩小匙二杯、米が半煮えの時さつま芋の皮を剝き一cmあまりの賽の目に切って焼明礬水に浸してから入れて焚き上げます。明礬水に浸すのは灰止めをしますからきれいに焚き上ります。塩味は最後につけます。

「栗粥」米二カップ、水八カップ、栗四〇〇g、塩小匙二杯、

栗の皮を剝き適当に切って明礬水で洗い、米、水、栗を入れてゆっくり焚きます。

「旗本粥」米二カップ、水八カップ、塩小匙二杯、玉子六個、白粥を焚き器に付け分け真中へ卵黄一個割り入れます。

旗本は君を守る意。

「殿様粥」白粥を器に盛り、真中へ卵黄を一個入れ、その上に美味しいあんをかけたもの。君は幕の内の意でこう呼びます。

「梅粥」白粥を焚き梅干の種を去り適当に切って入れたもの。

「炒粥」米二カップ香ばしく炒る。水カップ七杯、塩小匙一杯半、以上で焚いたもの。

「奈良茶粥」米二カップ、水九カップ、塩小匙二杯、香ばしく炒った番茶適量、米と水で焚き米の半煮えの時番茶を袋に入れて焚き上げます。

「小豆粥」正月の十五日、小豆を入れて炊く粥、時には砂糖を入れて食べる土地もあります。小豆と米と同量で炊きます。小豆は貧乏神がきらう意があり、御祝いに小豆をよく使う由縁です。又餅を入れて炊くこともあり、この日を餅粥の節供ともいいます。

「青豆《ぶんどう》粥」お盆に、ぶんどうを入れて粥を炊き、御霊《みたま》にお供えします。

お粥を焚くには普通の鍋釜より、土鍋か行平《ゆきひら》が最適です。

ガラ

鶏の骨のこと。

からあげ〔唐揚〕

唐風の材料に醬油、酒、味醂、ニンニク、生姜、などで味を付けて片栗粉をまぶしてあげたもの。空揚《からあげ》、材料に塩味をして揚げたもの。唐《から》風に揚げるから唐揚、何も付けずに揚げるから空揚といいます。

からくさいか〔唐草烏賊〕

いかをきれいに洗い、たてに斜め深く庖丁目を入れてこれを横に六〜七㎜に切り、熱湯に入れてさっと茹でると唐草模様のようになります。酢の物などに使います。

からくさだいこん〔唐草大根〕

大根の葉の茎を利用した刺身のツマ。大根の茎の太いところを五〜六㎝に切りとり凹を上にして斜めに数ケ所切り込みを入れる。これをたて五、六枚に薄切りし水にさらすとからくさ模様になる。

カラザ

俗に卵の目といわれるもの、黄身に付着している白い細長いもの。これは孵化する時の発生源となる胚子の部分です。卵と同様蛋白質です。

からし〔芥子〕

芥子菜の種を粉末にしたもの、これには洋ガラシと和芥子とがあり、日本料理では和芥子を使います。洋芥子は白芥子、和芥子は黒芥子。現在では灰抜《あくぬ》きしてありますから深い器に芥子の粉を入れ、砂糖を少し入れて熱湯を入れてかき混ぜ、これを伏せておきますと辛くなって来ます。砂糖を少し入れるのは砂糖が辛味を引き出してくれるからです。芥子和え、芥子味噌、水芥子、芥子酢といろいろに使います。それに芥子は殺菌力に富むことが香辛料中第一とされ、生身、貝類の料理によく使うのはその由縁《ゆえん》があるからです。

からしず〔芥子酢〕

溶きがらしに三杯酢または二杯酢を混ぜたもの。

からしすみそ〔芥子酢味噌〕

一名ぬた味噌、酢みそに溶きがらしを擂り混ぜたもの。

からしづけ〔芥子漬〕

漬物の一種。よく見受けるのは小茄子の芥子漬ですがその他漬物になる野菜を塩漬けして、米麹と芥子と混ぜて漬け込みます。早漬けには、芥子、砂糖、塩と混ぜて塩漬けの材料と漬ければ二〜三日くらいから食べられます。

からしな〔芥子菜〕

中国からインドアジア一帯で栽培され種類は多数あるようです。我国で栽培されるのは小松菜程度のもので葉茎とも一種の香気と辛味があります。辛味成分はカラシ油で少量の硫化アルキルもあります。茹でれば辛味はなくなり、和え物、漬け物に向きます。種子は粉末にして芥子粉として使います。芥子を種子で作るからこの名があります。

からしれんこん〔芥子蓮根〕

熊本の郷土料理。藩主細川忠利公が病弱であったため、玄宅和尚が工夫して食べさせた料理だといわれます。蓮根は皮を剝き、ある程度長いまま、酢を入れた湯で五分ほど茹でてそのまま冷します。次に卯の花をから炒りして味噌と芥子を混ぜ、蓮根の穴に詰め、そのまま半日ほど放置して味をなじませ、小麦粉に豆粉、少量の塩、色つけに食用黄粉を使って普通より濃いめの衣をかき、これをつけて揚げ輪切りにします。

熊本城は加藤清正が七年の歳月をかけて築いた城。周囲九kmの外堀、これを利用して栽培させた蓮根は有名です。

からすがい〔烏貝〕

カラスガイ科。淡水に住む二枚貝。貝が黒いのでこの名があります。身には泥臭味を含み好んで食べるものではありません。私の庭辺の池にも住みますが子供が興味にとるくらいです。茹でて身を取り出し生姜を沢山使って時雨煮にすれば食べられます。

からすのでんがく〔烏の田楽〕

信州上田の名物。とり肉、豆腐、卯の花、山椒、味噌、小麦粉、砂糖を擂り混ぜ、竹串にローソク形に握り付けて焼き、味噌、砂糖、醤油、さんしょで作ったタレを付けて仕上げたもの。

からすみ

木曽路名物。山形に長くのばした、米の粉を黒砂糖味で作った菓子。ひなびた素朴な味があって間食によいものです。

からすみ〔唐墨〕

鯔《ぼら》の卵巣を塩づけにして陰干しにしたもの。姿が中国の墨に似ているのでこの名があります。ぼらは本州中部より北の方では卵巣が発達しないので、九州、台湾で獲れたぼらから作られます。とくに長崎産が有名です。一寸手で押えて見て耳たぶくらいの硬さ、色の黄色がかったものが上等です。台湾や朝鮮のは色も悪く硬いのでよく分ります。一㎝または五㎜くらいに切ってそのまま使います。高価の物ゆえ両端の分はみじんに切っていかなどとカラスミ和えにして前菜に使います。カラスミと呼ぶようになったのは、今から三九〇年ほど前の天正一三年、秀吉が関白となって軍門した時の食膳献立に記録されたのが始まりとされています。一方長崎県野母崎町樺島地方の伝説には、天正一六年頃、秀吉が肥前名護屋へ出向いた時、長崎代官鍋島飛弾守が樺島産のカラスミを取り寄せ、長崎名産として献上、その美味を賞し、秀吉がこれは何という品かと尋ねられた時、ボラのたまごと今まで呼んでいたが、それでは価値がないと考え、丁度唐墨に姿が似ているのでカラスミと呼びますと答え、それ以来カラスミと呼ぶようになり、御用品として珍重されるようになったといわれます。良品の産地は長崎県野母崎樺島を筆頭に同県五島富江、熊本県の天草島牛深などの産が優秀品です。カラスミは一口に長崎が本場といわれますが、産地は五島列島。獲る期間は十月十日から向う一ケ月。ぼらの子即ちカラスミ作りに適した卵の成長期で追込刺網で獲って直ぐさま雌の腹を切り開き卵を取り出し、強い塩漬にしておいて作られます。製法は彼の地の秘密であって他にはもらさないようです。

からっかぜたくあん〔空風沢庵〕

上州の漬物。大根を長く四つ割りにして干して漬けたたくあん、ひなびた味があって良いものです。上州名物空風で干すのでこの名があります。

からみそば〔辛味蕎麦〕

そば汁に大根の汁を入れて食べる仕方。信州産のネズミ大根は辛味が強いので有名です。また伊吹山のカラミ大根もこの地のそばとともによく知られています。

からみもち〔辛味餅〕

餅の食べ方。搗きたての餅に、大根卸しと醤油を混ぜてこれをつけて食べる方法。

からむ〔絡〕

主材に他のものをまぶすこと。例えば鮪の賽の目切りに、玉子を茹でて黄身の裏漉しをまぶすなど。

がらんぼなべ〔伽藍坊鍋〕

奥奈良の円山ホテルの代表料理。この地は聖武天皇の離宮の趾、山上から吉野奈良が一望の絶好の地です。このホテルでは特に乞うて大安寺に伝わる特殊な料理、材料、味付けの秘伝を受け、それを現代に生かして後世に伝えようとしています。煮出し汁にカヤの油、山に自生する熊笹《くまささ》から摂ったエキス、秘伝の麹から製した赤酒で作った大安汁と煮出し汁と混ぜた汁で、山野のいろいろの材料、例えば豚肉、いか、鶏、とりの肝、海老、魚類、竹の子、椎茸、蓮根、ぜんまい、春菊、白菜、ねぎ、もやし、糸こんにゃく、蒲鉾、八千代麩、豆腐をカヤの油で揚げたもの、等々きわめて多材です。これをポン酢で食べます。薬味には洗いねぎ、もみじ卸し、もろみ、ゴマ、生姜の絞り汁、レモンなどを使います。このように豊富に材料及び調味料を使いますので栄養満点不老長寿は疑いなしと自慢しています。コンロ、鍋とも赤膚焼き風で鍋の蓋が一寸変わっていて、上のつまみが寺の伽藍のように長く三段ほどになっています。勿論火は炭火です。

がり〔生姜〕

鮨言葉。お多福生姜を薄切りにしてさっと茹でて三杯酢に漬けたもの。これを噛《か》むとがりっと音がするのでこの名があります。この生姜を芯にした海苔巻をがり巻きといいます。

かりばやき〔狩場焼〕

昔は市場でとった獲物をその場で焼いて食したといわれる料理。現在は猪や野鳥を主材にして、貝に山菜を使い、これを鉄板または鉄鍋で焼いて、大根卸し、洗いねぎなどを薬味にして好みのたれを付けて食べる料理。たれは味噌、醤油、それに胡麻やくるみを擂り混ぜたり、ポン酢など自由です。起源は源頼朝が天城山中の狩り場で野外料理として食べたのに由来するといわれます。

かりん〔榠樝〕

唐梨、海棠木瓜とも書きますが、花が秋海棠またはぼけに似ているのでそのようにも書かれます。果実は堅くて渋く、生食には向きません。皮や種を去り砂糖煮にはよくします。香りが良いのでカリン酒を作ります。カリン二kg、氷砂糖五〇〇g、焼酒三五度のもの二ℓ、カリンを輪切りにして焼酒、氷砂糖と広口の瓶に入れ暗い所に置き、時折瓶を上下に返して三ヶ月位おきますと香りの良い美味しいカリン酒ができあがります。この大木は木取りして高級家具の材料になります。尤もかりんは二種類あって一般家庭にあるのは食べられませんが煎じて飲めばせきの薬になります。

かるかん〔軽羹〕

鹿児島地方の名菓。古くは島津家の出入菓子司に製造させたのに始まるという、上新粉に同量のとろ芋、砂糖を混ぜて蒸したもの。上新粉の代わりに蕎麦粉を使ったのがカルカン蒸しです。

かるかんあげ〔軽羹揚〕

揚物の一つ。材料は普通の揚物のように用意をします。衣

か

は卵黄三個、メリケン粉大匙九杯、塩少々です。別に卵白一個泡立てをしてサラダ油小匙一杯入れて、先の衣の材料を入れてかるく掻き混ぜ、これを材料に付けてきれいな油であげます。

カルピス

飲料。原料は新鮮な牛乳と砂糖で、これに純粋培養された乳酸菌を作用させて作ったもの。創立者は三島海雲で、脱脂乳の応用の研究をしていた時、砂糖を加えて一昼夜放置しておいて飲んだところ、とても美味しかったので創製され、大正八年七月七日発売されました。カルピスは初恋の味のキャッチフレーズで売り出されていますが、初恋を知らない幼児に愛飲されるのも皮肉なものです。カルピスの名称は、牛乳に多く含まれているカルシウムの、カル、と梵語のサルピス（最上の味）のピスを組み合せて付けられた名だといわれます。

かれい〔鰈〕

かれいは蝶に似ているから扁を魚に替えてこの文字が選ばれたといわれます。鰈の種類は随分多く、図鑑で見るだけでも二十八種もあります。この魚は所により旬の季節も違います。さしみ、塩焼、煮肴、其の他種々の料理に向きます。

カレーやき〔カレー焼〕

味醂、醬油にカレー粉を混ぜ、その中に魚肉を漬けておき焼いたもの。またはこれに片栗粉か小麦粉を付けて、フライパンで油焼きすることもあります。ことに暑い夏には良い食べ物の一つです。

かれぎ〔刈葱〕

鳥取市内やその他近在で作られる葱の若芽、かれぎとは「刈りネギ」から出た名称といわれます。三月から初夏までに九㎝ほどのびた葱の若芽を刈り取り、刺身のツマ、卵とじ、麵類の薬味といろいろに使用します。

かわえび〔川蝦〕

淡水に住むえびの総称。手長えび、ヌマえびなど。姿は黒褐色で生で見た目はさえないが、素揚げにしたり、焼いたり、味醂、酒、白醬油、砂糖で煮るとあざやかな赤色になります。正月のお節料理によく使います。

かわかに〔川蟹〕

海に続いた川に住む蟹。甲羅は約九㎝くらいのやや丸形、四、五月頃海に下って産卵し、十月から初冬にかけて川をさかのぼって来ます。川蟹はメスの方が肉が多く、オスの方はハサミが大きいのでよく分ります。茹でて二杯酢か、生姜醤油で食べます。甲羅に熱かんの酒を入れての甲酒もよく、見かけによらぬ美味しいものです。小鍋温泉地方が名産地です。

かわくじら〔皮鯨〕

鯨の皮の脂身を薄く切り米糠を入れてさっと茹でて脂を去ったさらっとした真白なものです。ぬたみそ、胡麻酢和え、雲丹和え、みその椀種等に使います。尾羽毛、おばけなどともいいます。黒い皮の薄く付いているのが上等です。脂抜きして焚合せにも使います。

かわしも〔皮霜〕

これは作り身を作る場合に魚の皮を引かずに其のまま俎板の上に皮を上にしておき、布巾をかぶせその上から熱湯をかけて皮のみ霜ふりにするのでこの名があります。材料は、鯛、すずき、などでよくこの方法をいたします。鯛でやれば松皮作りともいいます。

かわたけ〔川茸〕

熊本でいう水前寺海苔。現在この海苔の本場は福岡県甘木市黄金川の清流のみに育ちます。生の物はさっと熱湯を通して三杯酢で食べると美味です。秋月藩主黒田長元公の歌に「黄金川清瀬に生ふる水苔は千歳をかけてなはしげるらむ」とあるように昔から有名です。

かわたけ〔皮茸〕

匂いが高いので香茸《こうたけ》ともいいます。食用菌類の一種、秋の山に出る茸。生の物は茹でてアクを抜き、淡味に煮たり汁の実に使います。普通には乾物になっておりますのでこれを茹でてさき、照煮にして口取り、口代わり、折詰の材料に使います。小さいもののみを選んで使いますがこれを坪香茸といいます。真黒なので色彩にもよいものです。

かわたて

昔の献立の肩に、かわたて、きんきそくなどと小さく書かれてあるのがありますが、それは厚い紙にギザギザを付け、器のまわりに飾りとしてたてたものですが、この料理は箸をつけるだけで見るのみの料理です。

かわたろう〔川太郎〕

九州の筑後川に住む淡水蟹、秋風が吹きそめると川を下ります。その時彼の地方の人は獲ります。

かわなます〔皮鱠〕

鱧《はも》の皮を焼いて細く切り、胡瓜などと酢の物にしたもの。

大阪地方で特に賞味する食べ物で蒲鉾に身を取ったあとの皮を照焼きにして売られています。小骨があるのでハサミで切るとよろしい。

かわに〔川煮〕

新潟県村上の名物料理。村上市の北を流れる三面川へ、初冬のころ鮭が産卵のため上って来ます。これを筒切りにして薄い味噌汁で一時間程度煮込み、二〜三日後これを食べます。この料理の起源は裸の漁夫たちが、冷えきったからだを暖めるために熱いのをすすり食べたのに始まります。

かわのり〔川海苔〕

海で採れるものに対して川で採れるのでこの名があります。日光の大谷川、富士の白糸の滝の上流で採れるのが有名です。味は兎も角緑の色のあざやかさを賞味します。

かわはぎ〔皮剝〕

この魚は皮が硬いので皮を剝いて料理に使います。これを料理するには口先を切り捨て、その口から皮を手でつまみ尾の方へ剝けば簡単に皮が剝けます。刺身、鍋物、煮肴等に向きます。とくに肝臓はひときわ美味しいものです。

かわはらよもぎ〔河原蓬〕

菊科の多年草、河原に自生するのでこの名があります。普通の蓬のように茹でてアク出しして使います。漢方薬としては、解熱、利尿、祛痰、黄疸の薬として煎じて飲みます。

かわます〔川鱒〕

サケ科。淡水硬骨魚。元来はマスの種類ですが海に下る機会を失ったものが、そのまま淡水に棲みついたもの、最も有名なのは木曽川の鱒ですが現在では少なくなりました。塩焼きを第一とし、椀種、鮨、其他洋風や揚物にもしますが、それにするのはもったいない魚です。値も高級品なみです。

かわむつ〔川鯥〕

コイ科。淡水産硬骨魚。形は長く、オイカツに似て尾ビレが小さい。南日本に多く、琵琶湖ではムツといいます。あまり美味しい魚ではありません。

かわらせんべい〔瓦煎餅〕

この煎餅は瓦形に焼かれているのでこの名があります。最初に作り始めたのは松井佐助という人で、全国の古い社寺の瓦紋に興味を持ち、相当の数を集めた趣味人であったといわれます。亀井堂などが有名です。

かわりめしのいろいろ〔変わり飯のいろいろ〕

我国は豊あし原のみづほの国といわれて古くから、主食を米にたよるようになっています。現在はパン食も増加して来ましたが、まだまだ米飯の多いのが現状です。そこで種々の変わり飯で季節感をだしたり、食味を変えて、食欲を増すようにするのも趣向の方法です。尚その上変わり飯は菜もあまり多くなくてすむ経済的な特徴もありますので参考までにいろいろと書いてみました。

かんじょめし。甘藷飯。芋飯。飯の一種。米カップ四・五杯、水カップ五杯と三分ノ二、さつま芋皮付き五〇〇g、酒大匙三杯、塩大匙五分ノ四杯。米は先にといでおき、さつま芋は皮を剝き、一㎝ほどの賽の目に切り一度明礬水に入れてざるにあげ、材料全部を器に入れて普通の飯のように炊き上げます。明礬水につけるのは灰止めになってきれいに焚き上るからです。

むかごめし。余零子飯。飯の一種。むかごはとろろ薯の蔓になる実です。水に浸してのち、擂鉢に入れてこするようにして皮を剝き、栗飯や芋飯のように調味して炊きあげます。美味しいというより俳味があるので、秋の終りから初冬にかけて炊くのもよいものです。

さんまめし。秋刀魚飯。さんまはなるべく生の新鮮なのをもとめ、塩を強めにして五〜七時間おきます。米カップ四杯、水カップ四杯強、醤油大匙三杯、化学調味料適当、以上で普通の魚飯を炊きますが、さんまは飯を仕掛けてから焼き、飯に穴があき、その穴から水分がでている時、さんまを入れてむらし炊きにします。充分むれたら骨を去り、上下かき混ぜますがこの時、紅生姜のみじん切りを少々入れますと、さんまの香りを消し色彩もよくなります。さんまの他に、椎茸、竹の子などの具を少々炊き込むのもよいことです。

たまごめし。卵飯。桜飯（酒、醤油、水を混ぜて焚いた味つけ飯。）に炒り玉子をかけ、もみのり、青味に紅生姜を散らしたもの。

しらうおめし。白魚飯。桜飯に白魚の紅梅煮を混ぜ、青味、もみのりをかけたもの。

しるかけめし。汁掛飯。飯は普通に炊き、煮出し汁カップ五杯、薄口醤油大匙五杯、化学調味料で味を付け、一度沸騰させ、飯を茶碗に七分目ほど入れ、それに汁をかけ、薬味に大根卸し、洗いねぎ、もみのり、わさびなど、好みにより使って進めます。食欲のない時などの最適の食べ物です。

以下の種類の飯はそれぞれの項を参照して下さい。

茶飯	奈良茶飯	菜飯	混ぜ飯
鯛飯	かき飯	とり飯	えんどう飯
枝豆飯	若布飯	桜飯	塩飯
銀杏飯	紫蘇飯	加役飯	蓮飯
鮎飯			

この他、竹の子飯、蕗飯、土筆飯、わらび飯、あさり飯、海老飯、かに飯、野鳥飯、蛤飯等々季節に合わせて種々の飯を炊きます。

がん〔雁〕

雁鴨科の大形の水禽。現在ではわずか一部しか見られなくなりました。四条流の本には雁の調理法なども見えますが、今では不用のものになってしまいました。

かん〔燗〕

酒を暖めること。燗は人肌といわれるようにあまり熱いのは酒の良さをそこねます。三五度はドン燗、五〇度は熱燗です。燗をする間に一度燗坪をふって酒を坪の中で混ぜ合わせると一層美味しくいただけます。

かん〔羹〕

中華料理では羹湯《かんたん》といってスープですが我国では江戸時代雑煮のことを羹といっています。羹、あつものの意です。

かんかんぼう〔甘々棒〕

飛騨高山の名物。明治初年創業のきなこ飴。たたき合せるとかんかんと音がするのでこの名があります。かみしめるほどに味の出るなつかしい郷土菓子。

がんぎえい〔木鱏〕

ガンギエイ科の海魚。ガンギエイは赤鱏が胎生なのに対し、卵生です。卵は鶏と同じように薄いカラでおおわれています。この型は実にめずらしく、昔子供たちがタコ揚げに使った糸巻きようの長方形で、大きいものは週刊誌大のもあり、小さいものでも手の平半分くらいもあります。四角に紐状のものが出ており、これを海藻にからみつけ、停止してふ化を待ちます。大体三ケ月くらいでふ化します。エイはどの種も二〜三年で親になります。エイは産れた時からオスとメスがはっきりしており、オスは尾のつけね両側に一本ずつ交尾器があり、成長するに従って大きくなるので、漁師仲間では三本足と呼ばれるのもこのためです。ガンギは毒針はないがその代わりにトゲが沢山付いていて、尾の筋肉の一部が発電体になっているので数ボルトの弱い電気で一定のインターバルで電波を出し、敵から身を守ると同時に彼と彼女の呼び合うコールサインにもなるようです。分布は北海道、東北を中心に各地に住みます。

かんきつ〔柑橘〕

蜜柑類の総称。

かんきょう〔乾姜〕

生姜の根茎を乾したもの、漢方薬では健胃剤に使われます。

かんぐ〔寒具〕

寒具とは中国の故事からです。春秋戦国時代（約一三〇〇年前）、晋文公の功臣、介之《かいし》推《すい》が、ゆえあって、山の中に隠れ、なかなか出ようとしないので、皇帝が山を焼いて介之推を出そうとしたところ、彼は山の中で焼死しました。当時の人々は、彼をあわれみ、その命日（冬至より百五日目）には、火を焚くことを禁じました。そのためその準備として、前日より貯《たくわ》えのできる食事を用意したのが、これを寒具と呼びその日を寒食《かんじき》といいます。わが国では奈良朝時代、この中国の故事にならい、冬至の日に火を焚くことを禁じ、寒食としました。そしてこの日以前に作っておいたものを寒具と呼ぶようになったのです。当時の菓子は、主食でもあり間食でもあったので、現在でも冬至に火を焚かぬようにというのはこれによることです。「寒食やかまどの中の薪二本、虚子」の句にもよくその意が表われています。寒具は菓子の意もふくまれています。

かんころもち〔かんころ餅〕

伊予の名物。さつま芋を切って干して粉にして作った餅。

かんさらしこ〔寒晒粉〕

白玉粉ともいいます。糯米《もちごめ》粉を寒水にて晒しますからこの名があります。団子、菓子の原料に使います。

かんしょ〔甘藷〕

ヒルガオ科、さつま芋のこと。中南米の原産といわれる。わが国には、十七世紀はじめに中国の福建から、また、琉球から九世紀に伝わったといわれ、塊根は食用のほか焼酒の醸造、家畜の飼料、アルコール製造の原料として、その用途が広い。

かんしょざけ〔甘藷酒〕

八丈島で作る蒸溜酒、一種のいも焼酎です。

かんすい〔梘水〕

中華そばを作る際に用いるアルカリ性の水。鹹水、乾水、漢水の文字も使われます。主成分は炭酸ソーダと炭酸カリのアルカリ性の混合液です。梘水を使うことにより小麦粉のタンパク質であるグルテンの粘力性が増し、食感をよくし、また伸展性も増します。そして中華そば独特の香りも生れます。シュウマイの皮にも使います。

かんすずめ〔寒雀〕

俗に寒雀というように寒が旬です。秋米を充分食べて肥満しております。他の鳥は坪餌即ち皮のまま食べますが、雀は一番良い米の皮を剝いて食べます。腹を開くと米粒が沢山入っていますが焼く時には米の入ったまま串を打って焼いた方が美味です。たれはあまり甘味の勝たない方がよろしい。鳥の遠焼きというように小鳥類を焼く時には何れも遠火で焼きます。現在は禁鳥になっているものもありますが、つぐみ、あとり、しない、うづらもみなこのようにして焼きます。甘味の勝ったタレで焼きますと、折角の鳥の持味をそこないます。それに遠火で焼くということは骨の水分をよく去らせて香ばしく頂く一つの方法です。

かんぜじる〔観世汁〕

味噌あんかけの豆腐汁。『料理物語』に「鯉の観世汁は、鯉を卸し小さく切りて、豆腐あぶり切り入れ、中味噌にて吉、ケシ、山椒の餡をかけて出し吉」とあります。

かんぞう〔甘草〕

マメ科、美草とも書きます。山野に自生する多年生草木、医薬に用いる甘味料、この根を採って乾燥させ煮出して甘汁を取ります。竹のトゲが刺さって抜けない時この甘草をかみ砕いてつけておくと、自然に浮き出してぬくことができます。

がんぞうなます〔加雑膾〕

きす、さより、海老、いかなど、いろいろ作り混ぜた膾の古言。

かんたまご〔寒卵〕

寒中に産卵したもの。これは永く貯蔵に堪え最も滋養に富むといわれて尊びます。

がんつき

仙台のむしカステラ。

かんづめ〔缶詰〕

食品をブリキ缶に詰めて密封し加熱によって殺菌したもの。缶詰めは長期保存および運搬、使用に便利なことと原料の栄養価をほとんどそこなわないことなどがあげられます。一口に缶詰といっても現在ではあらゆるものが缶詰になり、数かぎりない種類になっております。

缶詰めの始まりは、一八〇四年、フランス人のニコラアペールによって最初発明されたものです。日本では、一八七一（明治四年）イワシの油漬けを作ったのが始まりで松田雅典という人です。明治一八年には、サケ、マス、の缶詰めが作られ、フランスへ輸出されるまでになりました。

缶詰めを求める時には缶の新らしいデコボコのないものを選びます。然し油漬け、砂糖漬けのものは六ケ月以上経たもの、焼肉などは六ケ月以上一ケ年ぐらい経たものが味がしみ込んで美味しいので、その辺に気をつけたいことです。

そこでこれを知るのに缶には丸いマークが刻印されていますからそれにより品物、製造月日を知ることも必要です。品名を知るのに、MKはサバ、CSはサケ、SJはカツオ、ABはアワビ、APはアスパラ、MOはミカン、PWは白桃、です。中身の状態即ち味付有無を知るのにYは糖液漬、Wは野菜水煮、Cは味付け、Lは魚類塩水煮、Tはトマト漬、Oはオリーブ油漬、Nは魚類水煮、Iは綿実油漬、Kは魚類焼き物、Sは燻製油漬。

缶の標示

品名
帆立貝柱の水焚

製造業者名
大洋漁業

製造年月日
1988年７月19日

それに中身の形を示して左の五種の標示があります。L大、M中、S小、X混合詰、H二つ切、最後に「・」がついているものは、ブロークン、即ち中身にこわれたものが詰められていることを示したものです。

以上のようなことを知って缶詰めは買いたいものです。

かんてん〔寒天〕

諏訪の茅野町が有名、全国の五〇％以上生産され、材料の天草は多くアルゼンチンからの輸入もの。天草を煮溶き冷しかためて切り、竹簀の上に並べ零下十五度以下の寒中に十日間もかけ製造されます。この作業は大変で、寒中は晴天でないと良品はできないもの。天やといってその間だけ酒の杜氏のように八戸あたりから作業員を雇い入れます。「てんや殺すにゃはものはいらぬ、雨の十日も降ればよい」こんなうたさえあるそうです。その間氷餅も一ケ月がかりで作られます。

寒天の作り始めは万治元年山城国伏見の美濃屋太郎左衛門という人が、ところ天を食べて残りを戸外に捨てておいたところ、凍結して水分がなくなり知らぬまに乾燥して寒天になっていた。今日の寒天になるまでに育て上げたのは、大阪の宮田半兵衛なる人だといわれます。そして寒天の名付の親は隠元禅師だと『日本の菓子』という本に出ています。

かんとうに〔関東煮〕

関西のおでんと同じです。材料は、大根、里芋、玉子、蛸、こんにゃく、がんもどき、焼豆腐、竹輪、蒲鉾、さつまあげなどがあげられます。薄味でゆっくり煮込むのが美味しくするコツです。香辛には溶き芥子を使います。

かんなべ〔間鍋〕

懐石に使う汁鍋。鉄や銅で作られた手の付いた鍋で汁替の用をはぶいてこれで出す場合がよくあります。

がんなべ〔雁鍋〕

古書にはよく雁の料理を見受けますが、われわれの年齢では最早や雁を味わうことはできませんでした。然し秋の夕暮群をなして行く姿は見受けております。雁の国章などと秋を告げる鳥としてなつかしい鳥です。雁も鶴も朝鮮の土産にいただいて食べたことはありますが塩漬けなので味を云々述べることはできません。ここに書くのは別な話です。青森県大鰐温泉地方の花柳界の方言です。津軽地方の花柳界の女性は、情こまやかでお客を絶対満足させるといわれ、津軽弁と白い肌が一層魅力だそうです。雁鍋とはせきらにいえばセックスのことです。芸妓数約五十五人、あとは申すまでもないことです。通りすがりに一泊も興あることでしょう。

かんのんびらき〔観音開〕

魚の切り方の一つ。厚い身の魚の場合、または魚で何か他の材料を巻いたり包んだりする場合によくこの庖丁をします。切り分けた材料の真中へ、たて三分の一まで庖丁を入れ、これを左右に庖丁を入れて観音様の扉のように開くことをいいます。

かんぱち〔間八・紫魚〕

アジ科の海魚。南日本に多く産します。旬は冬です。身はさわらに似ていて刺身が一番です。その他鮨種に使います。煮たり焼いたりしてはあまり美味しくありません。

かんぴょう〔乾瓢〕

胡蘆科に属する夕顔の果肉を細長くけずりとって乾燥させたもの。わが国では昔から下野国《しもつけのくに》、当今の栃木県が特産として知られています。栃木県の乾瓢は全国の九割を占めております。起源は、天文年間、約四三〇年前、山城の国、今の京都の南部、木津から移植したものです。尚又正徳二年近江水口の城主鳥居忠英が下野の壬生《みぶ》城に移された時、江州《ごうしゅう》の名産夕顔の種を領内に配布したのに始まるともいわれます。乾瓢は厚肉で幅広く、乳白色で甘いような香りのする物が良質です。鮨の具、煮物、汁の実に使います。使うとき塩もみして、すき通るようになるまで茹でて味を付けます。あまり茹で過ぎないように注意をします。袋入りの干瓢は防虫、防黴、保存のための亜硫酸ガスの処理がほどこしてありますのでよく水洗いをして使います。

かんぶつのもどしかた〔乾物の戻し方〕

これは語源ではありませんが、素人の方からよく、品はあってももどし方を知らないのでそのままになっているからもどし方を教えてくれ、という言葉が多いのでここに書いておきます。乾物はもどし方いかんによってなかば料理の良し悪しがきめられてしまいます。湯でもどすものは適温、水に浸してもどす場合は時間、日数、蒸してもどす時間、先にほどこす手順、こんなことに気を付けたいことです。参考までによく使う品の取扱いを記しておきます。

茸類

「椎茸」　水で自然にもどします。湯につけてもどしますと味が逃げます。但し急に入用の時には湯に砂糖を入れてもどします。砂糖は椎茸の味の出るのを止めてくれます。漬け汁を汁物料理に使いたい時には一寸もどして水を取り替えて、新らしい水につけてもどした汁を使う。

「岩茸」　只今では洗って乾燥させてありますからさっと茹でて、石付きを取り使います。

「木耳《きくらげ》」　熱湯にしばらく漬けておいてもよろしいが五〜七分間茹でて使います。

「香茸」　茹でて石付きを切り去り、細くさいてよく水洗いして甘からく煮て使います。

野菜類

「乾瓢」　水に浸し塩もみして洗い、約十二、三分茹で、煮ます。両端を持って引っぱり一寸弾力があって切れる程度がよろしい。

「割《わり》干」　または裂き干大根を長く割り切りして干したもの。尾張の名物、長いまま柔らかく茹でて煮て切りそろえて使います。

「切干」　大根を細く切って干した物。柔らかく茹でて油揚げなどと煮ると美味しいものです。熱湯に五分間漬けて三杯酢に漬け替えて、ハリハリ漬けにすることもよろしい。

「干菜」　大根の皮を剝き一本のまま干した物。落切りにして五分間熱湯に漬けてのち三杯酢に漬け替えたハリハリ漬け。長く湯に浸しておきますと柔らかくなり過ぎていけません。味噌汁種にする時は熱湯に一〇分間漬けておき、つけ汁と共に味噌汁に入れて煮上げると美味しい。

「高野豆腐」　高野豆腐をバットに並べ熱湯を充分浸るように入れて十分間おき、水にて白い水がでないようになるるまで何度も握り絞って晒し洗いして、ゆっくり煮込むと美味しい。

「ぜんまい」　八〇度くらいの湯をたっぷりかけて一晩おきます。これを三回繰り返しますと太くなり、あの特有の香りも抜けて柔らかくなります。

「乾わらび」　八〇度くらいの湯に一晩浸してもどします。

「豆類」　大豆、小豆、隠元、手亡、金時など粒の揃った物を選び洗ってぬるま湯を充分入れて一晩おき、そのまま火にかけ沸騰したら湯を一度取り替えて茹で、しわのばしに水を差し、しわが寄らなくなったらそのまま茹でて軟らかくして煮たり金団《きんとん》にして使います。黒豆は始めぬるま湯に浸す時塩を少々入れておくと皮が剝《さ》けません。

か

海藻

「若布」　幅広のは水に浸してもどし、幅細のは四〇度くらいの湯に浸してもどす。大体幅の細いのはかたいので若竹煮のような煮物に向きます。鳴門若布は土地で採れた物ばかりでなく他より料材を買い入れて特別な加工がされます。塩若布は水で洗って塩出しをし、熱湯を通して色出しをします。

「ひじき」　長ひじきと米ひじきがありますが、米ひじきが美味しい。熱湯に一〇分間漬けてさっと茹でてのち煮ます。

「昆布」　昆布の種類はたくさんありますが、何れの品も酢を少量入れて煮たり茹でると早く軟かくなります。

「米のり」　刺身のツマに使います。よく洗って水に浸し石付きを切り去って使います。

「板わらび」　金沢地方の名産。十五分間ほど茹でて使います。

魚貝類

「貝柱」　平貝《たいらぎ》の柱の干したもの。ボールに入れ、湯をたっぷり入れてそのまま冷めるを待ち、よく洗って水に酒を二割くらい混ぜた中へ入れて一時間くらい蒸すと軟かくなります。

「棒鱈《ぼうだら》」　米のとぎ水に浸してもどしますが、毎日水を取り替え冬ならば一週間くらい繰り返して切り、一度茹でてのち煮ます。

「干数の子」　これも米のとぎ水で一週間くらい毎日水を取り替えては浸してもどし、塩もみして洗い切って使います。

「乾鰊《ほしにしん》」　米のとぎ汁か米ぬかの水に、夏ならば一晩、冬ならば三昼夜浸してのち柔かく茹でて濃い味に煮ます。

「金子《きんこ》」　干海鼠《なまこ》。水から茹でて沸騰したらそのまま一晩おき、腹を庖丁で切り開ききれいに洗って鍋にもどし、先のように沸騰したら火を消して一晩《ばん》おく。このように四、五日繰り返してもどします。薬品でもどす方法もあるようですが、あまり軟かくなりすぎてはいけません。わらを入れて茹でるのもよろしい。

「干鮑」　水でよく洗ってたっぷりの水から火にかけ、沸騰したら火を消し蓋をして一晩おき、翌日更にきれいに洗い、水、酒、醤油にて弱火で四、五時間ゆっくりと軟かくなるまで煮ます。

このようにもどす料理の材料が沢山ありますが、何れも量がふえますので水又は湯は充分浸たるように始めから気を付けて下さい。大豆、黒豆などは一晩水につけておき茹でますが、小豆、隠元、手亡、金時などは洗って直ちに茹でてもよろしい。

かんぶつのしてんのう〔乾物の四天王〕

湯葉。凍豆腐。麩。椎茸。以上を四天王と呼称します。

かんもち〔寒餅〕

寒に搗いた餅。カビが生えず、保存にたえるので餅は寒に搗きます。これを乾して、アラレ、カキモチにしておき、春の雛祭りにお供えしたり、お茶菓子代わりに使います。

がんもどき〔丸疑・雁疑〕

豆腐に材料の野菜を入れて丸くし、一寸平たくして中火で揚げたもの。料理では丸《まる》く作るのを丸《がん》に作るといいます。丸いのだが一寸平たくなっておりますので丸《がん》もどきといいます。何々もどきとは料理言葉では何々に似ているということです。尚、雁の肉に似せたのでこの名があるともいわれます。

かんらん〔甘藍〕

キャベツのこと。

かんろに〔甘露煮〕

甘い露で煮ますからこの名があります。材料には、はぜ、鮒、もろこ、きすなどの小魚を焼き、二、三日風乾しにして鍋にあみすて（煮ざる）又は、たてに庖丁目を入れた竹の皮を敷き、その上に材料をきれいに並べ、落ち蓋をしてかるい押石をのせ水、酢を入れて二、三時間水焚きしてのち醤油、味醂、砂糖で味を付け、ゆっくりと煮詰め冷めてから取り出します。

かんろばい〔甘露梅〕

山形県にこの名の菓子がありますが、料理では梅と紫蘇で塩漬けして、梅の肉をへぎ取り、紫蘇の葉で包み、砂糖漬けにしたもの。あしらいものに使います。

き

きあげ〔生上げ〕

おかあげともいい。茹でた材料を水に取らずそのままざるに上げてさますこと。

きいしめじ〔黄湿茸〕

秋の山へ行くと、しだの下に多く群生していて、直径二～三cm、足は細く三～四cm、かれんな美女のような茸。味噌汁の実やさっと茹でて和え物に混ぜると歯切が良く秋の風情があるもの。

きいっぽん〔生一本〕

純粋まじりっけのない酒のこと。本来は火を入れない生のままの酒を生一本といったのですが、現在は純粋な醸造酒をいいます。

きいちご〔木苺〕

バラ科。山野に自生し、春に花をつけ、晩夏から初秋にかけて紅色の実をむすびます。甘味もあり食用になります。

ぎおんどうふ〔祇園豆腐〕

豆腐の田楽。田楽豆腐を適当に切って、二本の又状の竹串を打って焼き、味噌たれを付け、木の芽または山椒の粉をふりかけたもの。幕末のころ、京都祇園八坂神社の門前に中村屋、藤屋の二軒の茶屋があり、これが京の四季のうたにでてくる二軒茶屋です。明治の始めに藤屋がなくなり現在残る中村楼が中村屋です。『守貞漫稿』に『世事談曰、祇園豆腐は京祇園楼門の前、東西の両茶店を二軒茶屋と云。京水茶屋の始也。此茶屋、昔の製は豆腐を薄く切り、串に貫き少し焼、味噌のたれ汁を以て煮え、こがしの粉を其上に点ず。今の製は異也と雖ども美也。是を倣ひて、江戸、大坂所々に此名あり』とあります。歴史のある中村楼の田楽、まだ行かない方は折あらば食べてみておくもよいことでしょう。

きが〔木香〕

日本酒に適した特有の香味。昔は酒は樽に入れて売られ、その酒に樽の木香をつけたものです。吉野の内赤樽が最上で、その香ののり工合によって酒飲みはよろこんだものです。然し今の人はこの木香をかえってきらうかも知れません。

ききざけ〔唎酒〕

酒類の良悪を鑑定すること。

ききょう〔桔梗〕

多年生草本、生花にもよく使い秋の七草の一つ。アリノヒフキ、ヒエグサ、ハクヤクなどと沢山の名があります。普通は紫色の花です。白や八重咲きもありますが一種の変種とされます。桔梗の根を乾燥させて煎汁にして飲むとゼンソクやタンを止める効があり、漢方では化のうを止める薬にも使用します。ふくまれているサポニンという成分が薬用として役立つといわれます。根は正月の屠蘇にも使われています。

きく〔菊〕

キク科の多年草本。若葉や、白黄の花弁を食用にします。青森の八戸あたりが名産地です。黄菊白菊は花弁をむしり取り、酢を入れて茹で水でよく晒して、酢の物、さしみのツマに使います↓食用菊。

きくいも〔菊芋〕

きく科の多年生草本。北アメリカが原産、高さ二mに、茎葉に細い粗毛があり、秋黄色の花が咲きます。地下の塊茎を食用にします。アルコールやアセトンブタノール醱酵の原料ともなります。食用には粕漬、味噌漬などにします。

きくごぼう〔菊牛蒡〕

山牛蒡。

きくさけ〔菊酒〕

九月九日重陽の節句の宴に盃に菊の花を浮べて飲めば、長尋延命するとの言い習わしからこの行事を行います。九の数は陽で、陽の数字が重なるので重陽という訳です。この行事は平安時代が最も盛んであったようです。三月三日に対し後の雛といいます。『掌中暦』に、「九月九日菊酒を飲む、魏の文帝七歳にして天子の位いに即く、其性聡明、聖徳あり、仙人王前に来って菊を持って曰く、是を酒に浮べて今日飲むべし。長寿の術也」とありますように中国では昔から盛んであったようです。菊の花を酒に浮べて飲むので菊酒の名がありますす。また昔中国に彭祖という人があって山中で修業の折、菊の葉の露を飲んで渇をいやし、自然の内に仙術を覚えて八〇〇歳の齢を得たとの古事にもよります。菊酒は肥後、加賀等で造られております。

きくづくり〔菊作り〕

刺身の作り方、菊の花形に盛り付けた刺身。

きくな〔菊菜〕

春ぎくのこと。

きくなます〔菊膾〕

食用菊であれば一番だが、菊の花なら何品にてもよろしい。酢を入れて茹で、二、三時間水に浸して苦味を抜き、三杯酢に浸して使います。歯あたりのよいものです。

きくのせっく〔菊節供〕

九月九日重陽の節句。五節供の一つ。宮中での五節供の行事は明治六年に中止されております。昔はこの日を後の雛といって雛祭りの行事も行っております。抹茶の棗《なつめ》に、宗中好みの野風棗といって蓋の表に雛の蒔絵のあるのもあり、その習わしを残しております。

きくらげ〔木耳〕

その形が耳に似ているのでこの名があります。食用菌類の一つ、秋季桑の枯木に多く生じます。九州の宮崎、熊本が主産地で生のままでも食用にされます。乾したものは茹でてから使います。木水母《きくらげ》とも書き、白木耳と呼ばれるのを最上とされます。

きくわた〔菊腸〕

たらの白子。菊の花に似ているのでこの名があります。たら全体の内一番美味しいものです。

きざけ〔生酒〕

火入れをしない生《き》そのままの酒。

きざみこんぶ〔刻昆布〕

昆布を細く切ったもの。油揚げと共に煮て惣菜によく食べるもの。

きざみづけ〔刻み漬〕

大根、かぶらなど茎と共に細かく刻み塩漬けにしたもの。『漬物早指南』に、「きざみ漬、沢庵大根の茎を干葉《ひば》にして、多く貯え置きて、惣菜に遺ひ、汁の実にすべし。右の茎の中より柔き若株を、撰り置いて、能く洗い、小一寸位いに刻みて、大根を短弥にうちて、茎と等分に混ぜて、醤油樽一杯ならば、塩一升ばかり入れて能く揉み、手頃なる押石を懸け漬くるなり。十余日過ぎて、ざっと洗ひ、醤油をかけて、当座喰にすべし。生漬は無用なり、少し漬け過ぎたる方宜し。」とあります。これは何処の家でも漬ける漬物です。

きじ〔雉子〕

きぎすともいいます。この鳥は母性愛が強く、〝焼野のキギス夜の鶴〟などの諺もあり、毛はきれいで肉は軟かく美味しいものです。昔は貴人の盛饌に使い、一般人も美味であることを知り、魚や肉と醤油漬けにして焼いた雉子焼を食べました。精進料理に、豆腐を塩焼きにして熱い酒をかけた雉子焼豆腐という擬装料理までできていることも、雉子の美味しさを証明しています。普通には味醂醤油につけて焼いたり、バター焼、鋤《すき》焼、塩焼、煮物等の材料に使います。雉子はまむしのような蛇まで食べる悪食ゆえに、冬に入って木の実ばかり食べる時期が、毒がなく脂ものって一番美味しいものです。然し現在は箱根の雉子亭その他常時多数飼育しており、いつでも食べることができます。

きじ〔生地〕

材料をあまり加工しないそのままのもののこと。

きじばと〔雉子鳩〕

俗に山鳩ともいいます。冬の夕暮れあの泣く声は何やら物淋しさを感じさせられます。この鳥は焼いても揚げてもよろしいが、菜と一緒の鍋料理は大変美味しものです。昔はカッケの薬といって食べたものです。一時は少なくなりましたが現在民家の近くでは鉄砲がうてないので数も増しています。毛なみが雉子に似ているのでこの名があります。

きしめん〔雉子麺・棊子麺・碁子麺〕

平打ちうどんに油揚、青味、花かつおをかけた麺料理で名古屋の名物。語源はいろいろとあり、尾張徳川侯の庭は広く、東海道五十三次の景色を取り入れたほどで、自然庭に雉子が住みつき、この雉子をとり、平打ちうどんにその肉を入れて作ったものを参勤交代の折立寄る諸大名に、差し上げた処ことのほか好評であったので、雉子麺と名付けたのが言葉なまってきしめんになったとか、紀州の人が来て平打ちうどんを打ち始めたので紀州麺といったのがきしめんになったとかいわれます。また紐皮うどんともいいますが、鳴海の里に芋川というところがあり、芋川が紐皮になったとかいろいろの説があります。紐皮とは茶道具の小物、例えば茶杓や棗《なつめ》などの箱の紐は皮で、丁度平打ちうどんに似ているのでこの名が付けられたとかいわれます。ある人は起源は天保～嘉永年間ぐらいといっていますがさだかではありません。煮出し汁はムロ鯵や鰯の煮干を使わなければ、本来の昔ながらのきしめんの味はありません。雉子の肉は庶民には縁遠くその代りに油揚げを使うようになったといわれます。何れにしても何処にもあり、安くて案外美味しく、名古屋地方の人の経済観念の強い人種には打ってつけの食物です。尚また、室町時代（一三三八～一五七三年頃）出版の本、『庭訓往来』に碁子麪の文字がみえますが、今のようでなく碁石のように丸く、竹筒で押して切ったもののようで、黄粉をつけたり、擂り味噌を付けて食べていたようです。

きじやき〔雉子焼〕

魚肉を醤油につけて焼いたもの。生地焼きとは何も味をつけないで焼いたもの。精進料理では豆腐を切って水をきり、塩焼きにして熱い酒をかけたもの。この雉焼き豆腐は雉子の美味になぞらえた擬装料理です。

きじょうゆ〔生醤油〕

醤油そのままのもののこと。醤油には、薄口、濃口、中引、とあります。使い途によってこれを選びます。汁物の味付けには薄口がよいことでしょう。

きす〔鱚〕

きすは北海道を除き日本中いたるところに住みます。水族館であまり見かけない不思議な魚です。あまり知られていないのは砂にもぐることです。他の魚は身を守るために、おそわれるといかのように墨で煙幕をはったり、保護色になったり、毒針をもっていたりしますが、きすは武器がないため砂にもぐって姿を隠します。その他抜群の敏しょうさと、聴覚、視覚の鋭さがあって身を守ります。種類では、アオギス（徳島の吉野川河口に多い）、シロギス、マダラギス、沖鱚などがあり、料理では、塩焼、天プラ種、椀種、干物、酢の物、さしみ、くずし物種等々淡味のためいろいろに使用されます。

きず〔生酢〕

酢そのままのこと。

きずし〔生鮓〕

さごし（鰆の幼魚）を三枚に卸し、塩をしてのち酢〆めにしたもの。塩は一寸強めにするとよろしい。

ぎすけに〔儀助煮〕

博多の宮崎儀助という人が作り始めたのでこの名があります。小鯛、小鰈、小海老、小鯵、その他小魚を素干しにしたのち炒って味を付け、更にこれを乾燥させ、白胡麻、けしの実、唐がらしを少し混ぜたもの。酒やビールのつまみに良いものです。

ぎせいどうふ〔擬製豆腐〕

卵に擬《に》せて作るのでこの名があります。豆腐をさっと湯通ししかるく布巾で絞り、裏漉しをして卵を混ぜ、砂糖醤油で味を付け、木くらげの細切り、人蔘、銀杏またはグリーンピース、生姜のみじん切りを混ぜ、卵焼き鍋に油を一寸多く引いて、材料を巻板で止めながら三分の二程に入れ、しばらく焼いて三分の一の鍋のあいている方へずらして焼き、ある程度焼きかたまったら静かに裏返して焼き上げます。他の方法には流し缶に入れて一分間くらい蒸してのち焼いて作る方法もあります。

きそのあげまき〔木曽の揚巻〕

大きな油揚げを煮て五目飯を詰めたもの。木曽谷の食べ物らしく素朴でよいものです。

きづ〔木津〕

鮨言葉。乾瓢のことを木津というのは昔は山城の木津が名産地であったためです。乾瓢は栄養はないが軟らかい繊維が主なので便通をよくします。只今の産地は栃木県です。色の白いばかりが芸でなく、一寸飴色をしたのも良い品です。白色のは晒してあるからです。

きっこうがた〔亀甲形〕

亀の甲形に切ったもの。俗に鶴は千年亀は万年といいますが、どれほど生きれるか、亀は推定して二五〇年くらいといわれます。何としても長命の動物です。種類は全国で二五〇種類ほどあるといわれます。中国では蔵六ともいいます。即ち頭と尾、四つ足、この六つを何かにおそわれると甲の中へ入れてしまいますので蔵六という訳です。従って長方六角に切ったのが亀甲形です。

きっこうぎり〔亀甲切〕

亀甲形に切ること。主にお正月、御祝い料理の材料にこの切り方を使用します。

きづち〔木槌〕

物をたたく器具。木製の形に柄付きのもの。調理では、蛸やいかのくづし物を作る場合木槌で敲《たた》きつぶしてから擂ります。その他魚や海老せんべいを作る時にもこれで敲きのばして、焼いたり揚げたりして仕上げます。

きつね〔狐〕

油揚げを使った料理にこの名をつけます。稲荷神社のお使いの狐は油揚げを好むというところからこの名があります。

きつねうどん〔狐饂飩〕

うどんの一種。油揚げを使ったうどん。

きつねかつお〔狐鰹〕

頭が狐に似ているのでこの名があります。普通見る鰹より小形です。

きどる〔木取〕

料理の材料を用途に応じて大小さまざまに切ること。本来は材木の切り方で、木目や寸法用途に合せて挽き切りすることですが、料理の材料もむだなく切りたいことです。

きぬかつぎ〔衣被〕

里芋の皮つきのままのをそのように呼びます。芋の明月ともいわれるように月見にはかかせない一つです。その頃から美味しくなる季節でもあります。衣かつぎとは平安朝の絵巻などに見えるように、上﨟《じょうろう》が衣を深くかぶって通行しているあの布をかつぎといいます。即ち皮つきですから頭からかぶる衣になぞらえてこの名があります。親つきの所をきれいに切りますが丁度そのさまが衣被から白い顔を出している面《おも》はずかしげな平安朝の女子のつつましさがうかがい知れます。塩蒸しにして生姜醤油、芋田楽、ころ煮などがよい料理です。

きぬごしどうふ〔絹漉豆腐〕

普通の豆腐を作る時より大豆を挽く水を少なくして豆乳を作り、凝固剤をかえてそのまま固めたもの。絹のように木地がなめらかなのでこの名があります。然し現在は凝固剤にいろいろのものを使用しますので、相当薄い豆乳でも固りますから、ただなめらかばかりをあてにしてはいけません。

きぬず〔絹酢〕

三杯酢に片栗粉で濃度をつけたもの。絹のようになめらかなのでこの名があります。三杯酢カップ半杯、片栗粉小匙二杯を水溶きして混ぜ、文火で濃度をつけたもの。

きぬたまき〔砧巻〕

大根、人蔘、蕪、など桂《かつら》に剝き、ざっと茹でてこれを巻いて煮たり、海老、鶏、挽肉の擂身などを巻いて煮て切ったもの。

きのこ〔茸〕

菌茸類の総称。松茸、しめじ、椎茸、初茸、榎茸、ソナ茸、老茸《ろうじ》、白老茸、黄しめじ、なめ茸、針茸、早松《さまつ》、香茸（皮茸）、白茸、木くらげ、舞茸、赤茸、等々各地に沢山の茸類があります。料理には、揚げる、焼く、蒸す、煮る、和え物、すきやき、鍋物の具と多くに用いられます。最も多種類を産する地方は東北、山形県地方です。

きのめ〔木の芽〕

山椒の若葉。

きのめあえ〔木の芽和え〕

春の食べもの。木の芽を擂り、味噌、砂糖を適量に入れて更に擂り混ぜ、いか、うど、竹の子などを和えたもの。野菜はかるく下煮をして水分を取り去って使います。味噌は、白、赤、何れでもよろしいが、一度火を通すとよろしい。

きのめでんがく〔木芽田楽〕

田楽用の豆腐なれば更によろしいが普通の豆腐なれば適当に切って俎板に布巾を敷きその上に並べてのせて水を切り竹串を打ち強火で焼いて田楽みそをつけ、木の芽を香りに添えたもの。木の芽の代わりに、炒胡麻、山椒の粉、青のりの粉を混ぜて使ったり時にはときがらしを使う場合もあります。

きのめやき〔木芽焼〕

鰆、まながつお、鯛などの切り身に、醤油、味醂、酒を合せた中に漬けておき、串を打って焼きその上に木の芽をたたき切りにしてふりかけたもの。その他魚の擂身と卵とを擂り混ぜ、調味して巻鍋にながし入れその上に木の芽を所々に張り付け天火で焼いて切り、口代わりに使ったりしますが、木の芽焼きと一口にいっても随分沢山の種類があります。

きび〔黍〕

昔は五穀の一つでしたが、今はきび団子の御菓子の材料程度に使用するくらいです。『和漢三才図会』には、「古は飯となし、つねに食ふ。今はただ磨末して団子餅となし、賦民の用ゆる所なり」とありますから相当以前から主食の座は失われております。

きびたんご〔吉備団子〕

岡山の名菓。安政三年（一八五四）初代武田浅次郎は、当時の備前池田藩の筆頭家老でもあり、又大茶人でもあった伊木三猿斉の指導により、きび団子を創製し家号を広栄堂として開業したところ、御菓子として評判が高くなり、明治十九年、時の明治天皇に献上の折、「日の本にふたつとあらぬ吉備団子、むべ味ひに名を得しや是」の御歌を賜っているほど昔からの名菓です。求肥に似た柔軟性のある菓子で、折箱の中に薄い経木で碁盤形の境をつくり、小さい団子状の菓子を一つずつ入れてあります。

きびなご〔黍魚子〕

鹿児島地方の近海で獲れる大人の小指大の魚。この魚は鱗がなく、体全体が銀箔をかけたような銀色に光っていて、背筋に一本アイ色の線が鮮やかに引かれています。大きいのは刺身や酢の物や焼いて食べます。小さいのは茹でて大根卸し三杯酢で食べます。

ぎぼうし〔擬宝珠〕

ユリ科の野菜。春浅く地上に出した芽が橋の欄干の柱頭についた擬宝珠に似ているところからこの名があります。干して干瓢代わりにしたり、若芽を茹でて和え物、味噌和え、酢味噌和えにして食します。一名山干瓢の名もあります。

きぼし〔木乾〕

椎茸と同じ種類に木乾があります。寒さも加わって椎茸の菌の働きもなくなった時最後のを木のまま乾しますからこの名があります。身も厚く美味しさも一段とよろしいのでこれを賞します。別名どんこともいいます。大小とりどりに使い分けますが身が厚く裏の白いのが良い品です。

きまもり〔木守〕

四国高松の名菓。松平家に伝わる利休愛用の楽茶椀、木守を忍んで作られた菓子。七cmほどの丸い餅米粉で焼いたせんべいに、柿入餡をはさんだもの。片面に茶碗の高台を象徴した渦巻きの影色があります。木守とは、利休が楽長次郎に七伯の茶碗を作らせ、六人の弟子に各好みにより一つずつ取らせました。残った一個が一番雅趣ゆたかでした。晩秋柿の枯枝に一伯残されたものを木守といいますところから、これに習いその茶碗に木守の銘を付けました。利休の後裔が高松藩主松平候に仕えることになり、その土産として献上しました。松平頼寿伯の所蔵でした。関東大震災の時焼失しましたが後楽吉左衛門が破片を鏤め原形に復しました。因みに伯の茶碗の銘は、木守、検校、大黒、鉢の子、早船、東陽坊、臨済です。

きみあえ〔黄身和え〕

卵を茹でて黄と白身に分け、黄身を裏漉ししてこれで主材を和えたもの。酢魚、または賽の目に切った魚。細作りの魚を黄身和えにして刺身のあしらいなどにもよくいたします。

きみかえし〔黄身返し〕

簡単なのは卵をかた茹でにして皮を剝き黄と白身に分け、両方裏漉しをして塩、砂糖で調味して、竹簀の上に白身をおき丸形に一本の棒を作り、他の巻簀の上にぬれ布巾を敷き黄身を一応ならしてのせ、布巾の端を折り曲げて黄身を押え、厚い薄いがありますから庖丁ですき取るようにして薄い所へ付け、これをくり返して厚さを揃えその上に先の白身をのせて巻き、両端を結んで竹簀で巻いて一〇分間蒸し、冷してのち切って使います。もう一つの作り方は、生卵の太い方へ金串で丸く穴をあけここから中の卵を取り出し、黄白に分け、塩、砂糖で調味して元の卵の殻へ黄身を入れ、大根か人蔘で丸い棒を作りこれを差し入れて弱火で蒸し、大根を抜き出し、その穴へ白身を入れて更に弱火で蒸し、冷して皮を剝き切って使います。この方は蒸す火加減に注意を要します。

きみごろも〔黄身衣〕

天ぷらの衣の一種。玉子の黄身に水、小麦粉をまぜた衣。この衣を付けて揚げたのが黄身揚げまたは金プラです。火加減に気をつけないときれいに揚がりません。そして油は新らしいのがよろしい。温度は一七〇度くらい。

きみじたて〔黄身仕立〕

汁物料理の一種。煮出し汁に吸味を付け、火を消して金杓子で汁を二〜三回かき混ぜ、その中へ卵黄を入れて手早くかき混ぜた汁、卵黄が半熟程度がよろしい。

きみず〔黄身酢〕

卵黄を三杯酢と混ぜて湯煎でねり上げたもの。卵黄三個、三杯酢大匙六杯、これを合せて二重鍋でたえずかき混ぜながらどろりとなるまで煮たもの。家庭で全卵を使って作る場合は、卵二個、酢大匙六杯、塩小匙一杯、砂糖大匙四杯、片栗粉小匙一杯、以上をよく混ぜ湯煎で煮上げて作ります。色の悪い場合は黄の色粉を少し入れて色付けをします。

きみやき〔黄身焼〕

この料理は、鉢肴、口代、前菜と種々に使いますので材料も多種にわたります。魚の切身、若鮎、いか、あわび、貝柱、海老、白魚、公魚、等々、材料に下味をして焼き、その上に卵黄を数度刷毛で塗り付けて焼き上げますが、卵黄は底温で火が通りますから塗って火にかざし指《ゆび》で押さえて見て指に付かなかったらその上に更に卵黄を塗り付けてきれいに仕上げます。一名ロー焼きといわれるように黄色な蠟燭をかけたように焼き上げるのがよろしい。

きもすい〔肝吸〕

汁物料理の一種。鰻の肝の吸物。うなぎの肝をきれいに洗い、煮出し汁を使って煮て醤油、塩で味を付け、三ツ葉などの青味を取り合わせた吸物。うなぎの肝は焼いて使う場合もあります。

キャベツ〔甘藍〕

アブラナ科、ヨーロッパが原産。キャベツと呼ばれる前には、甘藍《かんらん》または玉菜といっていました。日本へ入ったのは十六世紀の初めで、オランダ人によって長崎に伝わり、明治初年開拓使が種子を輸入して栽培しました。現在は北海道、東北を始めとし、全国に分布し、長野、群馬県などの高原地帯ではすぐれた品が産出されます。肉食の多い昨今、日本、西洋、中華料理にかかせない材料の一つです。キャベツは、カリフラワ、ブロッコリ、芽キャベツ、紫キャベツなどすべてこのキャベツの仲間です。主としてビタミンU、Kがあり、U、Kは胃腸の機能が強化されるといわれます。従って血液の酸毒、高血圧、肝臓病、病後の体力回復の効果があるといわれます。キャベツも最早や洋菜でなく日本のものになってしまいました。

きゃらぶき〔伽羅蕗〕

蕗の皮を剝き四〜五日干して水に二日間程つけて、これを一度茹で、醬油、味醂、酒、時には砂糖を少し使って辛く真っ黒に煮上げたもの。キャラは東方系の語で黒色をさします。伽羅は唐からきた語です。蕗を充分乾燥させておけば、いつでも煮ることができます。蕗は干してから煮ないとあの黒い色になりません。

キャロッコ

静岡で産する細い人蔘。

きゅうしゅうのくず〔九州の葛〕

福岡県筑穂の特産。三〇〇年の伝統があり、九助と言う高級の葛。上等の菓子の材料に多く使用されます。

きゆうしょうらん〔嬉遊笑覧〕

食物についていろいろ引用される本。喜多村信節の著、文政十三年の自序があり、十二巻、付録一巻、部、類を分け、我国古今の事物を集めて叙述、考証したもの。

ぎゅうすき〔牛鋤〕

牛鋤と牛鍋がどう違うのかとよく質問を受けます。すきやきについて、その元祖といわれる横浜末吉町の太田なわのれんの御主人はこう語ります。牛すきとは牡丹鍋からヒントを得たもので、みそを使うのは肉の臭味を消し肉質を柔らかくするためで、鍋の深さは一・五㎝くらいで非常にあさく、これにタレを入れて、牛肉、ねぎ、豆腐、春菊、白たきと五種の材料を入れます。鍋が浅いのでタレは沢山入れられませんから自然焼くと煮るを兼ねた調理法になります。タレは醬油、味醂、だし、砂糖、味噌と合わせた割りした、肉は角切りであり、明治時代から続いている老舗が横浜には四軒あって、今でも七輪に炭火だそうで、これでこそすきやきの本当の味が出ることでしょう。一方肉は薄切りにし深鍋で現在一般に行なわれている汁の多めなのが牛鍋ですが、松坂の和田金、明治村のすきやき、これ等を食べてくらべみるとすきやきがよく分ります。

ぎゅうなべ〔牛鍋〕

牛鍋の元祖は慶長年間、芝、露月町の中川屋で、御養生、牛肉中川屋という旗を立てて、牛は中川屋といって客を招いたのが始めとなり、明治年間、川黄田、三河屋、米久、今清、今半、今朝、いろは、ちんや、などという店が次から次へとできたのです。明治初年、芝、白金の今里村に屠殺場があり（現在の白金今里町）そこから来た牛肉という意味で、今の字を冠した店が多かったようです。という訳で牛鍋は東京のものかも知れません。

ぎゅうにゅう〔牛乳〕

牛乳には、普通牛乳と、加工牛乳とがあり、一見してそれを知るには瓶の口にかぶせてあるフードで見分けます。普通のは、薄紫色。加工牛乳は、黄またはピンク色です。瓶は角形と、肩の張った丸形とあり、何れも二〇〇cc入りです。普通牛乳は各所から寄せたものを一つにして、脂肪分離調製して殺菌、瓶詰めにして売り出されます。牛乳は水分八八％、蛋白質三％、脂肪三％、糖質五％、残りは灰分、ビタミン色素などです。加工牛乳には、ビタミン、無機質を添加して栄養価を強化されたものです。コーヒー牛乳は約半量牛乳が混合されているのが普通です。殺菌法は六二〜六五度三〇分間の加熱殺菌またはこれと同等以上の殺菌効果を有する方法（高温短時間殺菌法、超高温瞬間殺菌法）で加熱殺菌し、殺菌後はただちに冷却して十度以下に保存すること。

ぎゅうひ〔牛皮〕

和菓子の一種。作り方は、材料は白玉粉一二〇g、砂糖一二〇g水カップ四杯。作り方は、鍋に白玉粉を入れ、水を少しずつ加えながら、糊を煮る時のようにとろとろにのばし、弱火にかけて、たえず杓子でかき混ぜます。だんだん煮えてきて色が透明になったら、砂糖を六〜七回くらいに分けて、少しずつ練りながら加えます。だんだん粘ばってきて鍋の中で薄い幕が張るくらいになったら、杓子で引き上げてみて、長くのびるようになれば手でさわってもつかないようになってきます。この時片栗粉を一面にふった流し箱に入れ、冷します。充分にさめてから、これを適当に切ります。これをちぎって餡を包めば、牛皮饅頭になります。

ぎゅうめし〔牛飯〕

熱い飯の上に、牛肉、玉葱の薄切を少し濃いめの味に煮てかけたもの。牛丼ともいい、明治の頃には一杯五銭、一般の人のなつかしい食べ物でした。

きゅうり〔胡瓜〕

胡の国から渡来した瓜という意味でこの名があります。香気が良いので気瓜とも書かれます。古名をカラウリ、ソバウリ。現在は温室作りが進み四季を通し食用に供します。切って水に浸しておくと歯あたりがよく生野菜の王座として賞味されます。温室物よりも自然の季節物の味がのぞましいことです。

胡瓜を食べると、カリウムを多く含むため、血液がきれいになり、呼吸活動が活発になり、従って腎臓病、尿毒症、高血圧、脚気などに効果があるといわれてます。

きゅうりうお〔胡瓜魚〕

北海道の海産魚で、胡瓜に似た香りがするのでこの名があります。体は長く、背側が淡褐色。腹側は白くワカサギによく似ている。しかしワカサギは川や湖にもすむが、キュウリウオは海にしかいません。産卵は六～七月。味はワカサギより劣るがワカサギと同じように料理されます。

きょういも〔京芋〕

里芋の一種。姿のよい粒の揃った小形の里芋。これには、大、中、小とあり小さいのが上等です。焚合わせの材料、塩蒸しにして味塩、または生姜醤油で食べます。きぬかつぎ等いろいろに使います。

きょうどりょうり〔郷土料理〕

地方々々の独特の料理。

きょうな〔京菜〕

関東で京菜といい、関西ではミズナ、京都では壬生に優良種があるので特にミブナともいうと『飲食事典』にありますが、中京地方では京菜は葉に切れめがなく四月に入っても柔らかいのに対し、水菜は葉に切れめがありやや縮みがあります。十二月から二月頃が一番美味しい季節です。それを過ぎるととうが立って堅くなってしまいます。使い途は鯨鍋の具、漬物、厚揚げなどとの煮物、汁の実にします。漬物は小さくきざんで胡麻醤油で食べると一層美味しいことです。

きょうのばんさい〔京の晩菜〕

惣菜。京都の主婦は経済的であり、手間をかけても材料に金をかけるな、そして愛情をもって作ることをモットーにしています。従って錦市場などへ行って季節の新鮮なもの、その上安い物を選ぶという風習があって、他都市の主婦と一寸違ったところがあります。野菜が季節を告げてくれるというように、時にならねば食わずを大切にして、煮たものを多く作ります。感心することは、自分の体が健康でなければ美味しい味は決してつけられないといっているところは、一般の家庭でもよくよく学びたいことです。行事食として一日に、小豆飯、大根、人蔘を細く切った煮和え二見盛。十五日に、芋棒昆布の煮物。白みそ汁種に豆腐ときがらし。十五日に、芋棒棒鱈と海老芋の煮物。きざみ昆布の煮物。あらめと揚の煮物。あらめは海藻の一種ですが、新芽即ち新らしく芽が出る意味に通わせて食べるようです。月末には、おからいり、おからは煮るといわずいる（炒）といいます。それは金が入ると縁起をかついでの言葉だそうです。何はともあれ京都は野菜にめぐまれていて、堀川牛蒡を始めとして、人蔘、加茂茄子、かぶら、柚子、大根、竹の子、松茸、里芋類、菜、山菜、豆腐、飛龍頭、油揚げ、湯皮、生麩、乾麩、魚類、乾物、隣県には丹波をひかえて豆類等種々豊富なので、自然季節を追って材料を選ぶことができ、手間をかけてもどしたり煮ますので、他では味わえない京都ならではの味の惣菜が作られます。一寸した庭のすみにあるつわぶきや雪の下の天浮羅と思いつくまま料理されます。京の家庭の味は三代かかって本格の味がかもしだされるといわれる由縁は、親から子へと受けついで生れた味、それは歴史が作った味ともいえましょう。

きょうやきふ〔京焼麩〕

小安平麩。長さ四・五cm、幅二・五cm、厚さ一・五cmの焼麩。この麩はぬるま湯でゆっくりともどすのがコツです。汁物、鍋物、すきやきの具、煮物と多用します。さすが京ならではの味をもっています。

ぎょくすいのえん〔曲水の宴〕

曲水（ごくすいのえん）ともいいます。もとは中国で行なわれた行事の一つですが、我国では王朝時代朝廷で三月上巳または三月三日の桃の節句に、三公、九卿が曲水に臨み、所々に坐して上流から流れ来る杯がわが前を通り過ぎる前に詩歌を詠じ、杯をとりあげ酒を飲み、終って別堂で宴席を開いてその詩歌を披講したのが曲水の宴です。曲水とは庭園または樹木、山麓をまがり流れる水のことです。京都御所の庭にもこの行事を行う所があったように思います。

山口県徳山市から二五km程入った鹿野という高原に漢陽寺という禅寺があって、この庭に造園家の重森三玲氏が、幸い残っていた中国流にいえば幻の庭の古園にならい複元した曲水の庭があるそうです。

ぎょくろ〔玉露〕

玉露は緑茶の最高銘柄でその真価は通人の間で珍重されています。作り出した本家は永谷三之丞という人で文化三年（一七三八年）の頃、京都山城湯屋ケ村で茶の製造にいそしんでいるうちに、今までの茶よりはるかに、香り味の優れたものを造ることに成功したので、その真価を世に問わんとして江戸に下りましたが買ってくれる人がありませんでした。そこで日本橋通りの五代目山本屋嘉兵衛方を訪れたところ、嘉兵衛は、一目でその品が逸品であることを知り、小判三枚で売買が成立しました。翌年再び嘉兵衛は二五両で茶二壺求め、こ

き

れに天上天下の銘をつけ、諸侯に頒布大いに賞讃されるようになり、更に六代目嘉兵衛は宇治小倉村の木下吉左衛門の製茶場へ赴き、自ら製茶に加わり、蒸茶、攪和《かくわ》(手揉)乾燥するにつれて、自然と小団形に変形するようになったので、彼は更に製茶熱をわきたたせ、職人と一諸になってこれに勤め、遂に気品の高い風味と美味しい光沢のある新茶を完成しました。これを喫するとその味たるや甘露の如し、という世評から玉露と命名したのが現在の玉露です。また一説には大阪の竹工某が、宇治の茶の葉を持ち帰り人に依頼して煎茶を作らせたところ、揉むにしたがい玉のようになり、これを湯に入れて飲むと甘露のような味がしたので玉露と呼ぶようになったともいわれます。玉露は五〇度くらいの中温の湯でゆっくり出すと美味しさが一層まします。

ぎょでんみそ〔魚田味噌〕

味噌二〇〇g、味醂大匙八杯、砂糖大匙七杯、以上を擂り混ぜ裏漉しをして弱火でゆっくり焚き合せたもの。この魚田味噌は味噌料理の元で、素焼きにした魚に付けてさっと焼けば魚田焼き、酢でのばせば酢みそ、胡麻と擂り合せれば胡麻味噌となります。

ぎょでんやき〔魚田焼〕

魚を素焼きにし、味醂、味噌、砂糖をゆっくり焚き合わせたたれにつけて焼いたもの。鮎、ヒメマス、鯖、このしろ、鯡など材料としてよく使います。

ぎょにくそのたのつけかた〔魚肉その他の漬け方〕

魚、畜肉、野鳥、野獣の肉を、醬油、祐庵、味噌、酒粕、もろみ、西京味噌、塩、雲丹、味醂、糖などに漬けて味を調え、これを焼いたり、蒸したり、そのまま使用する料理が沢山あります。ここではそのあらましを記してみます。

「醬油漬」　醬油に三割くらいの味醂を混ぜ、この中へ材料を漬け二〜三時間後焼いて食します。

「麴漬」　米麴に酒、塩を加えてこれに漬けたもの。

「鰯の糖漬」　鰯の新鮮なのを選び、洗って塩をしてざるにあげ、よく水分を切って米糖一に対し塩三割混ぜてこれで漬けたもの。北国の寒い冬の蛋白源です。

「山吹漬」　小鯛、きす、鮎、など三枚に卸し腹骨をすき取り、二晩ぐらい塩漬けにして、水分をふき取り、酒粕に塩、味醂を加えて練り混ぜ、器に薄くのばし、その上に和紙かガーゼを敷き、その上に材料を並べておき、更にガーゼ酒粕と交互に漬けます。目張りをして、一週間くらい冷蔵庫に貯蔵しておき後使用します。うずらの卵、鶏卵などは茹でて漬けるとよろしい。魚類の卵は、一晩強い塩水につけて血抜きをして、一日干してから漬けます。魚卵はからい塩水に一晩つけておきますと塩でしまって血が抜けてきれいになります。

「琥珀卵」　バットに味噌を四〜五㎝くらいならして入れ、庖丁の柄で穴をあけ、その穴へ和紙またはカンレンシャを先と同じように庖丁の柄でさし入れ、その中へ卵黄を一個づつ入れて一週間くらいおきますと、卵黄がすきとおって琥珀のようになります。これを一個づつ前菜に使用します。温度卵にして漬け込むこともします。

「酒雲丹漬」　酒粕と雲丹と混ぜ、その中へいか、あわび、貝柱、数の子などを漬けて使います。

「松前漬」　魚を刺身用のように身取り、塩をして二〜三〇分間おき、のち酢洗いして松前昆布に包んで、かるく押しをして、一晩くらい置き後これを切って使います。

「栗漬」　栗を洗って一晩水に浸しておき、これを蒸して冷し、材料に塩をして二〜三〇分間の後酢洗いして、栗で漬けて一週間くらい後に食べます。

「へしこ漬」　越前若狭の名物。鯖の粕漬、七月頃漬けて冬食べます。

「祐庵漬」　醤油六、味醂四くらい合わせた中へ材料を漬けますが、これは身の厚さによって漬けておく時間を加減します。

「南蛮漬」　小魚を焼くか素揚げにして、酢、醤油、煮出し汁、砂糖、一味、焼ねぎと混ぜた中に漬けて使用します。

「卯の花漬」　いわし、こはだに塩をしてのち酢につけ、卯花を酢、塩、砂糖で調味して炒り唐芥子を入れこれでつけたもの。肉なども右に習って漬けますが、あまり多く味醂を使うと肉がしまって硬くなる場合があります。それに夏と冬とでは付味のなじみ方が大変違います。特に夏の味噌漬けは味噌が発酵して短時間でも味がのります。何れの品も大小、厚いうすい、気候等に気を配り漬けるよう気をつけたいことです。

ぎょはん〔魚飯〕
魚を焚き込んだ飯。時には魚を照焼きにして骨皮を取り去って焚き込むこともいたします。

ぎょふ〔魚麩〕
麩の加工品。生麩に白身の魚の擂身を混ぜたもの。

ぎょめん〔魚麺〕
魚の身で作った麺。白身の魚の上身二〇〇g、うき粉（米を細かい粉にしたもの）大匙四杯、味醂大匙三杯、塩少々、化学調味料、時には砂糖少々、よく擂り混ぜて裏漉しをして引筒に入れます。鍋に湯を沸し、火を細めてその中へ絞り出し、浮いてくれば出来上りです。海老で作れば海老そうめんです。蒲鉾の擂身を求めればそのまま使用します。

きらず〔雪花菜〕

卯の花のこと。きらずとは庖丁を使わずとも処理できるからです。きらずをよく擂鉢で擂り、水を加えたものを、水に浮べたすいのうの中へ入れて水漉しし袋に入れて水気を絞り取り、これを鍋に入れて思いの味をつけ、弱火で炒り上げますと丁度四月に咲く卯の花そっくりのきれいなのができ上ります。卯の花に似ているのできらずを卯の花といいます。一名おからともいいますがこれは豆腐を作ったカラなのでこの名があります。卯花汁、卯の花鮓、卯の花和えといろいろ料理にされます。

きりがさね〔切重〕

刺身の切り方の一種。身の厚い方を向うにしてきれいに切り重ねて行く作り方。庖丁の柄元から一度に引き切りにします。やや庖丁を左にねせて切りますと切目がたってきれいです。これが切味です。

きりごま〔切胡麻〕

俎板に布巾を敷いて炒胡麻をのせ庖丁で切ったもの。こうすると後の始末がよろしい。和え物、汁の香りなどに使います。

きりこみうるか〔切込塩辛〕

鮎の身、わた共に塩辛にして作ったもの。酒の肴に好適なものです。

きりざんしょう〔切山椒〕

江戸時代、小堀遠州の好みで造り始めた江戸下町に親しまれた和菓子、山椒の入った紅白のしんこ菓子。一㎝程の拍子木形に切った山椒の風味のある和菓子。

きりした〔霧下〕

そばの産地として理想的な処であることを示す語です。即ち火山灰土の高冷地で、時々眼もまばゆい日光の直射を浴びるが霧がたち易く、盛夏でも気温は十八度くらい、空気も清澄な所を指します。こうした所はそばの好適地で、「信濃では月と仏とおらがそば」一茶の句のように一茶の故郷柏原村一帯から戸隠山辺のそばが最も美味しく有名です。東信濃でのそばの主要産地は南佐久一帯です。

きりだめ〔切溜〕

料理の切り込み材料、またはでき上ったものを一時入れておく角長の塗りの器。縦四五㎝に横三〇㎝くらい。昔は伊勢でよいものができ、伊勢参りの帰りに注文したものですが現在は、アルミ、ステンレスに代わってしまいました。

きりたんぽ〔切蒲英〕

秋田地方の郷土食。新米の採り入れがすんだ十一月頃からの食べ物。飯をたき擂鉢に移して搗《つ》きつぶし、たらの木の棒に竹輪状に付け、炭火でこんがりと焼いたもの。切りたんぽとは稽古槍の先へ付けるたんぽに似たものを切るのでこの名があります。鍋物料理に使いますがこれに山椒みそや、胡桃《くるみ》醤油をつけて食べるのもよいものです。

きりぼし〔切干〕

大根を細く切って干《ほ》したもの。『年浪草』には「切干は、冬月萊菔《だいこん》を切ること糸のごとくす。これを繊蘿蔔《せんぼろ》という。莚《むしろ》に拡げて晒し干す。ゆえに切干と名づく。尾州多くこれを製して諸州に販《ひさ》ぐ。味、甘美なり」とあります。普通切干は大根突で突切りにして干したのをいい、割干、さき干、といって長くは一・五mもあるのがあります。一本のまま皮を剝いて干したのは干大根です。干大根は薄く切って汁の実、ハリハリ漬などにし、切干は大方油揚げなどとゆっくり煮て惣菜にいたします。現在は尾州即ち愛知県より福岡県の方が多産地です。

きりぼしいも〔切干藷〕

さつま芋の水分の多いのを切って蒸して乾燥させたもの。水分の少ない藷で作ると硬くていけません。

きわだ〔黄肌〕

サバ科の海魚、まぐろの一種。キワダでヒレが黄色をおびているのでこの名があります。キワダの老成魚は第二背ヒレと尻ヒレが黄色の糸のように長く延びるので糸シビともいいます。近来は南インドなどで多く漁獲されます。

ぎんあん〔銀餡〕

あんを主として使う場合、味醂大匙一杯、煮出し汁カップ二杯、白醤油大匙三杯、片栗粉大匙二杯。鍋に煮出し汁を入れ、火にかけ調味して沸騰したら火を消して、片栗粉の水溶きを入れて手早くかき混ぜるとむらのないなめらかなあんが出来ます。これに卵黄を入れると黄身あんができます。

ぎんかわづくり〔銀皮作り〕

鰹の腹身は銀皮作りといって皮を引かずにそのまま作り身に切ります。皮が銀のように光っているのでこの名があります。

きんかん〔金柑〕

金色の小さい柑橘ですからこの名があります。氷砂糖と共に煎じて風邪の薬にも使われます。料理では針打ち又は下の方へ十文字に庖丁目を入れ、一晩辛い塩水に漬けて苦味を抜き、茹でて砂糖蜜で煮ふくめてお正月料理によく使います。葉は矢羽根にはさみで切っておきます。

きんぎょくかん〔金玉羹〕

和菓子の一種。材料、寒天一本、砂糖四〇〇g、水カップ二杯。寒天は先に水に浸しておき、分量の水で煮溶き、砂糖を入れ、煮溶けたら布で漉し、中火で煮詰めます。最初は杓子ですくうとタラタラと水のようにたれますが、煮詰まると五～六㎝くらい糸を引くようになります。さらに中火で約三〇～四〇分。煮詰ったら鍋を火からおろし、荒熱をとり、流し缶に流し入れ、半日ほど風通しのよい所におき、すっかりかたまってから取り出し好みの形に切ります。この中へハッカ油を入れたり、紅や青の色素で薄く色付けするのもよいものです。

きんぎょくとう〔金玉糖〕

和菓子の流し物、即ち棹物の一種。一名琥珀糖ともいいます。寒天一本、水少々、砂糖五〇〇g、水飴三〇g、寒天を水で煮溶き、砂糖を入れ、指《ゆび》につけてみて糸引くようになるまで煮詰め、水飴を入れて仕上げ、流し缶に流し入れて冷して作ります。

キンキン

北海道で獲れる海魚。赤い頭が一寸大きく目が丸い赤い魚。刺身、酢の物、焼物、くずし身に向きます。キンキンの松皮作りもきれいです。

きんこ〔金海鼠〕

ナマコの一種。体色が赤褐色で別名フジコともいいます。体長は一五～二〇㎝で、わが国では宮城県で獲れます。生でも食べますが、干してきんこ（乾海鼠）を作ります。

きんこ〔乾海鼠〕

なまこの腸を出して乾燥させたもの。これをもどすには、鍋に水と共に入れて二時間ぐらい茹でて、冷めるまで放置して、一度水を取り変え新らしい水で更に二時間ほど茹でてさまし、これを二～三度繰り返して四～五日おくと柔らかくなります。これをいろいろの料理に使用します。汁の実、煮物、和え物、口取、など。きんこは能登七尾湾が特産。なまこを茹でて冷し、再び煮て金網にのせて二週間くらい天日で干し上げます。

きんこ〔きん子〕

富山の名産で、たら子の塩辛。そのまま酒の肴にしてもよく、白身の魚の細切、いかの糸作りなどを和えれば前菜に気がきいています。

ぎんさけ〔銀鮭〕

鱗が銀色していますのでこの名があります。この魚は日本にはいなかったのですが、アラスカから卵を取り寄せ、最近宮城県志津川町で盛んに養殖されています。成長が早く二ケ年ぐらいで出荷できるそうです。この魚は養殖ですから寄生虫がおらず刺身にもなり、焼く、煮る、揚物と多用に料理されます。身の赤色の濃いのが良品です。

きんざんじみそ〔金山寺味噌〕

径山寺味噌、嘗味噌の一種。鎌倉時代紀州由良の里の興国寺の開山、覚心という禅僧が、中国の浙江省姑蘇の径山寺から製法を学び、帰国して紀州の金山寺で作り始めたのが起源とされます。炒り大豆と大麦を蒸して花をつけた麹を混ぜ、食塩を加えて仕込んだ桶に、白瓜茄子などを塩漬けして混ぜ、更に麻の実、紫蘇、生姜の刻んだのを加えて密閉して熟成させ、早くは三ケ月後ぐらいから食べられます。『嬉遊笑覧』に、「金山寺みそ、今の寺納豆も法論みそ、禅坐納豆の遺製、京師大徳寺真珠菴にて造るを一休納豆と云。金山寺みそは、紀州若山、金山寺の名物にて、江戸に流行出しは、享保年中よりとなむ。他州にはなし。」云々とあります。

きんしいも〔金糸薯〕

塩、焼明礬に黄色の色粉、または口なしの実を二つに切ったものを入れ、煮出した汁を作っておきます。さつま芋を五cmほどの長さに切り、皮を剝き、これを桂に薄く剝き、その煮出し汁の中へ三〇分ほど漬けておきます。

これを巻いて細く打ち、よく晒して布巾に包んで水気をとります。別の鍋に、水、味醂、塩、砂糖を入れて火にかけて沸騰させ、この中へ糸切りの芋を入れて箸でさばくようにかき混ぜておりますと、さらっとなって光沢が出てきます。この時を限度として別の器に取り出します。長く煮ていますと芋ですから切れてしまいます。そのへん気をつけ加減して下さい。

きんしうり〔錦糸瓜〕

糸かぼちゃともいいます。アメリカ南瓜の一種。皮を厚く剝いて茹でると火の通るにしたがって、ほぐれて糸のようになります。晒し洗いして和えもの、バター炒め、胡麻酢和えなどにして食べます。

きんしたまご〔金糸卵・金紙卵〕

卵を紙のように薄くきれいに焼き細く切ったもの。玉子三個に、塩、砂糖、片栗粉小匙二杯を大匙一杯の水で溶いたものとよく混ぜ、巻鍋に適当の油をしきあまり熱しない内に玉子液を入れて遠火で焼き、表面の卵が乾いた程度の時、鍋の三分の一くらいの所へ箸を差し入れ、静かに持ちあげて裏返して焼き、俎板にとります。これを金糸、敷紙、短冊に切り、種々に使いますが他の材料を包んだり巻いても使います。

きんつばやき〔金鍔焼〕

菓子の一種。小豆の餡をかたく煮てこれを鍔《つば》形に切り、小麦粉で薄い衣を作り、これを付けて銅板の上で焼いたもの。刀の鍔の形に似ているのでこの名があります。所により銅羅焼きともいいますが、羅（一丁羅といえば良い着物をさしますが、羅の字一字で、薄い絹の衣のこと。）のような薄い衣を付けて銅板の上で焼くのでこの名があります。

きんとき〔金時〕

金時ササゲの略言。赤ササゲの実。小豆は茹でると皮が破れやすいので、御祝いには縁起をかついで皮の丈夫な金時豆を代用する場合が多くあります。粒が大きいので甘納豆、氷あづき、煮豆、赤飯などによく使います。

きんときまめ〔金時豆〕

金時ササゲの略語。産地は北海道、豆は大型で煮豆などに向きます。一名大正金時というのが煮豆に向きます。茹で豆三〇〇g、水〇・五カップ、砂糖一〇〇g、醤油大匙五杯。豆は水に一晩浸しておき、さし水をして柔らかく茹でて、茹で湯を捨て前記の量で煮ます。その他漉し餡にも作ります。

きんとん〔金団〕

金団は御菓子ばかりでなく料理にもよく使われます。きんとんの始まりは中国の広東より、伝来した餛飩《こんとん》という唐菓子が日本において金飩《こんとん》という文字を使われ、いつのまにか読み方を金飩と読むようになったことによります。江戸末期には巾飩《きんとん》となり明治時代になって金団となっております。即ち団は布団の団ですから材料に衣をかけるのでこの文字が使われます。材料には、栗、隠元豆、大納言、くわい、百合根等が使われます。衣には、栗、豆の餡、長芋、百合根、さつま芋等が使われます。

ぎんなん〔銀杏〕

公孫樹科、南志那の原産といわれ、欧米にはほとんどないものです。この銀杏には強力な蛋白分解酵素があるので、腫物や皮膚病などに生のぎんなんをつぶしてその汁を塗ると効があるといわれます。普通には、炒銀杏、茶碗むしの種、早いうちのものは茹でると真青になるので、照煮にして串にさし、翡翠《ひすい》銀杏といって口代わりの盛り合せ、焚き合せの青味、揚げ物、鍋物、八寸、おでんの材料といろいろに使います。

銀杏という文字を鴨脚樹とも書きますが、鴨の足先が銀杏の葉に似ているからです。

銀杏といえば飛騨の高山の薬師堂の庭に千二百有余年の樹齢の老木が空をおおっています。秋の黄葉は見事です。昔飛騨の匠が国分寺の七重の塔を作る時、柱の寸法をまちがえて短かく切ってしまったのを、その子の八重菊の智恵により、短かい柱の上に枡組をつけて短かい分を補なったため、これがかざりになって却って立派に出来上ったのですが、その子を親がころすという悲惨な伝説つきの銀杏の木でもあります。

銀杏の日本一の産地は愛知県中島郡祖父江町、この町には二〇〇年以上の古木が千本以上もあります。山崎園芸出荷組合があり、そこからのものを山崎ギンナンといいます。久治原木、栄新原木、金兵衛原木など粒が大きく有名です。その他九州地方も有名です。銀杏にはビロボール、キンゴール酸という成分があり、手にするとかぶれます。銀杏の胚乳にはビタミンAが豊富にあり精力剤といわれています。苗は接木ですが、銀杏に角の三つあるのが雌《めす》で、この実の苗木でないと実はなりません。

ぎんなんめし〔銀杏飯〕

ぎんなんは公孫樹、いちょうの実です。鬼皮を木槌で割って、強目の塩で茹でるか、ほうろくで塩炒りにして甘皮を剝き、荒くみじん切りにして、塩飯と混ぜて仕上げます。新銀杏は青い色があざやかで見ただけでも美味しそうです。点心の物相飯《もっそう》などによく使います。

ぎんなんもち〔銀杏餅〕

和菓子の一種。富山県氷見市の銘菓。羽二重餅に銀杏の香りのある、幅三㎝、長さ五㎝ほどの舌ざわりの良い餅。樹齢一二〇〇年、上日寺の大公孫樹の実を以て製せるとの説明が箱の中に入っています。

きんぴらごぼう〔金平牛蒡〕

元禄年間に作り始め、牛蒡を千切りにして油で炒めて醬油、砂糖で煮詰めて味付けしたもの。この名の語源は、大江山の鬼退治で有名な平安期の武将、源頼光の四天王の一人に坂田金時があります。江戸時代の始めに、岡清兵衛という人が、この金時の子として坂田金平なる架空の人物が活躍する浄瑠璃をつくりたいへんな人気を呼んだといいます。金平は世にもまれな怪力だったところから当時丈夫なものはみな、金平の名をつけることがはやりました。

金平人形、金平糖、金平足袋、金平糊《のり》、等々、金平牛蒡もその一つです。これを食べると精がつくとまで思われるようになったのもそこに原因があるわけです。

きんぷら〔金浮羅〕

揚物の一種。卵黄に水、小麦粉で衣をかき揚げたもの。江戸末期にはそば粉を混ぜて衣を作り揚げたのが、一種独特の風味があり受けたようですが、現在では、小麦粉が使われます。また、関東風の菜種油で揚げたものはやや黄色く揚がるので、この方法も金ぷらと呼ばれました。

ぎんぷら〔銀浮羅〕

金プラに対し、卵白で衣をかいて揚げたもの。また、関西風の白紋油で揚げたものは白く揚がるので、銀ぷらと呼ばれました。

きんぷらぼう〔金浮羅棒〕

海老を金ぷら衣で棒揚げにしたものに、天汁に、卵を割ってかき混ぜたのを入れた天汁で食べる料理。

ぎんぽう〔銀宝〕

鳚魚、硬鰭類の魚。一見泥鰌に似ているので海泥鰌ともいわれます。但し黄金色に光り、腹部に黒い斑点があり春が旬の魚です。天ぷらに最も向きます。

きんめだい〔金目鯛〕

金目鯛科の魚。五〇〇mも深い処に住みます。棲息場所はあまり広範囲にはいなく、銚子、駿河湾、相模湾ぐらいといわれています。魚屋の売台上のでは体の色が原色に近い鮮紅色で目は黄金色なのでよく目につきます。深海に住みますので、水圧のため目が大きく、料理では塩焼き、煮肴、ちり、粕漬、味噌漬などに向き、鯛の粕漬などの名で売られている樽詰めは大方この魚です。この魚は実は白亜紀（一億六千万年も前）に出現した魚であるといわれ、この子孫が種々の魚へと進化したとも言われて、生きた化石とまでいわれている魚です。

く

ぐ〔具〕

料理材料の一部、具には「つれそう」の意味もあります。具は主材よりも副材料のことをいう場合が多く、例えば、すきやきの野菜、茶碗むしの種、すしの種、五目飯の種等々すべて具といいます。別に加薬ともいいますが、これは主材に具を加える意味です。

くいあじ〔喰味〕

料理にはいろいろの味を付けますが、作られた料理に丁度良い喰べ頃に味付けをされた味のことをいいます。

くいあわせ〔喰い合わせ〕

二種以上の物を食べて、体内で化学変化を生じ中毒症状を起すこと。うなぎと梅干、そばと田螺《たにし》、スイカと氷、等々昔からいろいろとあげられていますが、食品学者は迷信だといっておりますが、『料理秘伝抄三十二巻』（小笠原流伝書の一つとして伝わるもの）には〝凡そ献立を認る時は、其の主君出生より疹脉《しんみゃく》心得たる医師と、古実を能く知りたる人と、朝夕の膳部を調へまゐらする人と此之輩《にん》の人、寄合ひ、談合して認め、月々の月禁、其の時々の去嫌を考して料理を調へ貴高へ奉る事を献立の法とす〃云々を書き出しにして、「喰い合ぬ品々必ず病を得る」と題して、喰合わせ約九十六種類が書かれています。その内大毒と書かれているものは

雉子、鶏、麦門冬《ばくもんとう》。
やまももに生のひともぢ、忽ち死す。
西瓜を喰い、和中教といふ薬大毒。
みるぐひに枇杷、なつめ、喰合せ大ひに忌《いむ》。
赤き芹に酢かけ喰ふべからず、大毒。
防風は、松茸、平茸、推茸、鼠茸等のきの子毒を去るものなり。

とあり。それに一月から十二月に渡って、その月々の喰い合わせが書かれています。終りに、「右一冊旦夕為斟酌《あさゆうしんしゃくなし》、献立等可考《かんうべきか》もの也。」と書かれています。

くいそめ〔食初〕

誕生後一二〇日目に行う祝い。箸初、箸揃いともいいます。昔はこの日染色物の小袖を着せて祝ったので色直しともいっています。初めて物を食べさせる行事なのでこの名があります。食初めの膳部は、餅、飯、汁、尾頭付きの魚の他、歯固めといって大根の大切りを据える風習もありました。介添えが三箸ずつ箸につけてふくませる真似をするのが例です。

くいつみ〔食摘・食積〕

正月年賀の客に供する儀礼的の取肴、米餅、勝栗、橙、榧《こうじ》、柑子、歯朶《しだ》、譲葉《ゆずりは》、馬毛藻《ほんだわら》を蓬萊飾の台、または三方に盛ったものです。然し、近年は重詰に代わり皆食べられるもののみを詰めます。現在食摘は単に飾りだけに使う家さえなくなり、一般の家庭ではこの言葉さえ知らない人が多いようです。

今はいたしませんが昔は正月に食いつみというしきたりがありました。芭蕉の句に「蓬萊にきかばや伊勢の初だより」という句がありますが三宝の上に若松、伊勢海老、裏白、昆布、ゆづり葉、勝栗、梅干、煎り米、九年母《くねんぼ》等をかざり、客が来ると主も客もこれを取って食べながら四方山の話を語り

合ったので食積といいます。「食つみを三十日に食って叱られる」こんな川柳も思い出されます。

くいな〔水鶏・秧鶏〕

鶴目クイナ科。これには、クイナ、ヒクイナとあり、その鳴く声が戸を叩くようだといわれるのはヒクイナです。「夏の夜を叩くクイナに目をさまし」などと歌にも詠まれて親しみ深い鳥です。料理では吸種、焼鳥に向きますが現在では少なくなりました。

くいぶり〔喰ぶり〕

よく食いぶりが良いなどと申しますが物を食べる時には美味しそうに食いぶりの良いのがよいことです。人を雇い入れる時食事を共にして食いぶりの良い人は働きがよく、食いぶりの悪い人は働きが悪いと判断しても間違いなく、こんなところで人を見分ける方法もある訳です。

くうやどうふ〔空也豆腐〕

蒸し茶碗に合わせて豆腐を四角に切り入れて、茶碗蒸用の玉子液を、豆腐が浸るくらい入れて蒸し、それに餡をかけ、わさびまたは生姜の絞り汁を香辛に使って進めます。時には鶏、海老のそぼろ、青味を少し使うこともあります。空也豆腐とは、空也上人が卵と豆腐を食べて半俗半僧の生活をされたので、この名があるともいわれます。一説には空也上人が作り始めたのでこの名があるともいわれます。空也上人は茶筌を売り歩き諸国を行脚して道路の改修につくされた高僧です。現在京都六波羅密寺に祀られています。この上人には幾多の逸話が残されています。

くえ〔九絵〕

スズキ科の海魚。成魚は体重六〇kgにも達するものがある。分布は千葉県、山形県以南、磯釣り対象の大魚。西の横綱マハタに対し、文句なく東の正横綱とも云えます。怪物的魚のため数々のエピソードの持主です。刺身、ちり鍋、煮肴などの高級材料です。

くえ

相模湾以南に分布するハタ科の魚。全長一mに達します。尾ビレの後が緑か白いので見分けられます。産卵期は地方により異なり近畿地方は六月頃、相模では八月から十月頃、関西ではアラ又はマツサラと呼びます。刺身、塩焼、蒸し物といろいろに使います。

くえんさん〔枸櫞酸〕

柑橘類に含まれている清涼な酸味。梅の実に含まれているのが最も純良とされますが、現在では夏蜜柑から抽出され、清涼飲料の酸として使われます。

くぎいり〔釘煎〕

徳島地方の郷土料理。イカナゴの飴煮。イカナゴを醤油、砂糖で調味して煎り煮にしたもの。イカナゴが折れ釘に似ているからこの名があります。これを煮る時、醤油、砂糖と合わせて煮立て、イカナゴをバラバラと入れて一度沸騰したら次のを先のようにして入れ、煮汁が三分の一くらいになったら飴を入れて煮返しながら汁のなくなるまで煎煮にします。あまり早く箸でさばいたり、鍋返しをするとくだけてしまいます。

くきづけ〔茎漬〕

大根やかぶらの茎葉ともに塩漬にしたもの。麹《こうじ》を入れて漬けるのもよろしい。季節は冬です。漬ける桶を茎の桶、押し石を茎の石、漬け水を茎の水といいます。きざんで胡麻醤油でいただくと大変美味です。

くこ〔枸杞〕

茄子科。この頃はクコの効用が知られ、根も葉も実も悉く飲用されて健康長寿の薬として用いられます。これの乾燥したのが漢方薬店にあり、煎じて茶の代わりに飲む人も多くなっています。肺、肝、腎臓に効があるといわれています。この実と炒酒で造ったクコ酒もよいものです。

くこあめ〔枸杞飴〕

みすずかる信濃路の各地に自生する落葉灌木であるナス科のクコの葉及び果根皮より抽出したエキスを主体にして、他に二、三の薬草エキスを加えた特殊な方法で加工して作った飴。若々しさと活動力の糧となる滋養豊かな飴。長野県大町の特産。薄黄色、平たい透明な淡味な飴です。

くさもち〔草餅〕

ご存じのように、もぐさ、又はよもぎを使って作りますのでこの名があります。昔は母子草を用いたのですが、室町頃からよもぎに変わっております。母子草は母子に通じて女子の祝いに母子健康なことを祈る意味であったといわれます。『近世風俗誌』によりますと、江戸では草餅、京阪ではよもぎ餅と書かれています。これを作るには、上新粉二〇〇g、うき粉大匙五杯、砂糖五〇g、熱湯カップ一・五杯、煮た餡二四〇g、よもぎは適量。ボールに上新粉、浮き粉、砂糖を入れて混ぜ、熱湯を入れてかき混ぜ、蒸器にぬれ布巾を敷いて強火で十五分蒸し、別に擂鉢によもぎを入れてよく擂り、先に蒸した種と混ぜてよくこねさらに十二個に取り、茶碗の蓋に薄くのばして餡を包んで作ります。

くさやのひもの〔鯵干物〕

干魚の一種。伊豆諸島の特産。ムロアジの臓物を取り出し塩漬けにして干《ほ》したもの。この塩漬汁が問題で、うなぎのタレのように何回も使い古びたものほどよく、従って異臭がありますが、早く作った新クサヤ、半クサヤ、十分に仕上げて黒みがかった本クサヤ等があります。多くは東京人が好みます。

くしあげ〔串揚〕

例えば串カツなど、串にさして揚げたもの。その他うづら卵、竹輪、とり肉と三種類串にさして衣をつけて揚げるのも惣菜にはよいものです。その他生推茸、茄子、ピーマン、玉葱、竹の子、山菜のタラの芽などもよろしい。

くしあわび〔串鮑〕

古書によく書かれてありますのでご存じと思います。鮑の殻を去り煮熟して葛かずら（葛の異称）の枝に一口切りにして差し、一連として乾燥させ貢品などに用いましたが、後、竹串に貫くようになり、明治年間まで続きましたが貯蔵法の進歩と共に現在は跡を絶ってしまいました。

くしがき〔串柿〕

渋柿の皮を剝ぎ竹串に刺して干したもの。信州伊那地方のものが有名です。新年の飾用、暮れの贈答品に用いられます。かたいものは火にあぶるか酒をふりかけて一晩おくと柔らかくなります。飾柿の串の刺し方は少し離して両端に二個づつ、真中に六個差しますが、それは縁起をかついで、外はニコニコ中六つまじくの意味です。

くじき〔九食〕

仏教の要語で精神と肉体とを養うに要する九種の食物の意です。即ち、「段食、触食、思食、識食、禅悦食、法喜食、願食、念食、解脱食で、前の四者は肉体を養い、後の五者は精神を養うに要する。」と、『増一阿含経《あごんきよう》』に出ています。「段食は揣食ともいい、香、味、解（舌）の三種相かない、身体に入って血となり肉となるをいい、触食とは目で見、鼻で嗅いで快感を覚える食物、思食とはおのれの好む食物をとることによって生命を保つこと、識食とは前三食によって意識常に明確なことをいい、精神面の禅悦食とは修行によって精神安らかに食によって身体を保つことの悦びをいい、法喜食とは修行中仏の説法を聞くことにより精神の安適なるをいい、願食とは修行者が広大の誓願を発し衆生を救うことにより精神の安適なるをいう。念食の念は護念、憶念の意で修行により学び得た仏道を常に憶念し、護念不志であれば己が心中は常に朗らかなるをいい、解脱食とは仏道修行をすれば一切の煩悩解脱して自在に生死の苦をまぬがれ得るという、究意の成仏得脱も根本は食生活にあるとの意と解してよかろう。」と以上は本山先生の『飲食事典』より書きとりましたが、仏道者ばかりでなく、我われも食ごとにこの事を心に念じたいと思うことです。

くじめ

アイナメの異称という人もありますがクジメはクジメです。アイナメより小さく、あまり大きくならない頭の小さい魚です。知らない人では鮎並とまちがえそうです。料理では焼いたり、煮肴、二度揚げして骨ごと食べる空揚げなどに向きます。

くしやき〔串焼〕

魚、鳥、貝を串にさして焼いたもの、胡椒、胡麻だれをかけて焼きあげます。

ぐじゃたま〔副卵〕

鶏卵に味つけして半熟程度にかき混ぜながら煮たもの。卵に何かを混ぜて蒸す時、上下まんべんなくかき混ぜると、材料がよく行き渡ります。副《ぐじゃ》の字は柔らかなさまの意。

くじら〔鯨〕

哺乳動物のうちで一番大きなもの。姿が魚に似ているので明治時代まで勇魚《いさな》といって魚として取り扱われていました。種類は非常に多く、大きく分けて、ヒゲ鯨、歯鯨の二種です。食用にはほとんどナガスクジラやイワシクジラといったヒゲ鯨の肉が用いられます。歯鯨の肉は赤黒色で臭いが強く、味もよくないため、一部の地方しか食べません。これに比べてヒゲクジラは多少鯨特有の臭いはありますが料理の仕方によって美味しく食べられます。すのこ、黒皮、尾羽など料理によく使うことはご存じの通りです。血抜きを十分して、佃煮、みそ漬け、カツレツ、テキ、生姜醬油にみじん切りのねぎを漬けての焼物、天プラ、照焼、シャブシャブ、すき焼、関西で賞味するハリハリ鍋といって水菜を取り合せての鍋もよいものです。この鍋の時にはあまり煮すぎないよう注意をします。下関は鯨料理専門店が多くあり、この町では昔から親しまれています。安くて栄養豊富、尾肉は運動の激しい部分で脂肪が適当に入って刺身に最適です。尾の脂肪がおばけ、下腹のあたりの繊維を畝須《うすね》、茹でて酢みそで食べる百尋《ひゃくひろ》と呼ぶ小腸臓、舌もタンシチューと同じようにして食べます。鯨の肉は牛肉類と違い、コレステロールがたまりにくく太りにくい特徴がある。現在は捕獲禁止になり、懐しい食べ物になってしまいました。

くじらかん〔鯨羹〕

皮鯨のように作った流し物。長芋を大切りにして軟らかくなるまで蒸し、皮を剝ぎ裏漉しをしておきます。寒天を濃く煮溶き、砂糖、塩で味を付け一度漉して長芋と混ぜながら弱火で煮て、一〇分の一残して流しかためます。かし昆布（白板昆布）をもやして紙に取り、幾度も押さえて粉にして残りの一分に混ぜ黒く色付けして、先に冷しかためた上に熱湯を少々入れて上の一部をもどし、早速布巾で上の水気をふき取りその上へ黒色のを暖めて流し入れ、冷しかため切って使います。鯨羹とは皮鯨といって真白な上に一部黒皮の付いている鯨があり、それに似ているのでこの名があります。鯨は大きなものゆえにあやかろうという意味でお正月、祝い料理に使います。

くず〔葛〕

山野に自生する荳科の藤本植物。葉は三つ葉からなり、夏、紫紅色の花の蕾をつけます。茎は蔓状です。これを水につけて腐らせ叩いて繊維にして織ったのが葛布です。葉は蛋白質に富むので乾燥させて家畜の飼料ともなります。生葉は柏餅のように餅を包んで蒸せば風味があってよいものです。その根から取った澱粉が葛です。花の名所の吉野地方で多く産出されるので一名吉野くずともいいます。また本葛、かたまっているので岩葛ともいい、御菓子では、葛餅、くずねり、くず焼、葛寄せ、料理ではあんかけ、胡麻豆腐類、くず湯、等々に使います。これと同じもので九州から、九助の名で売出されているものもあります。昔吉野には一つの部族が住んでいて、自生する葛の根から取った今日もいう葛を食べていた者があり、これが国《く》栖《す》人《ひと》です。現在吉野には自然の葛は少なく宇陀郡で盛んに手作りの葛が作られています。その他和歌山、新潟などで産します。

くずがつお〔葛杇魚〕

精進料理の刺身代わりに、膾、向附などに使う料理の一種。吉野葛カップ一杯、小豆の茹で汁カップ四杯、砂糖、塩適量、化学調味料、食紅少々。葛を小豆の茹で汁で溶き、さらに食紅で色を付け直し、すいのうで漉してこれを中火でゆっくり煮て流し缶に流し入れ冷します。これを刺身様に切って、三杯酢、わさび酢、芥子酢で味をつけ、生姜はとりどり盛り合せます。小豆の茹で汁を食紅で色を直しますと丁度鮪の身のようになります。

くずきり〔葛切〕

女性の好む食べもの。吉野くず一〇〇g、水カップ〇・五杯、微温湯カップ一〇杯、これを火にかけよく混ぜ練り上げて流し缶に二cm厚さに流し、冷しかため二cm幅に切ります。黒密カップ一・二杯、、水カップ四分の三杯、黒砂糖一二〇gを合わせて煮溶き、冷してこれをかけて食べます。

くずきりかんめん〔葛切乾麺〕

乾麺葛で作った乾めん。十五分間ほど茹でてよく水で晒して氷で冷し黒砂糖蜜で食べます。一〇〇g茹でると四〇〇gになりますから七〜八人前あります。

くずざくら〔葛桜〕

和菓子の一種。材料、出来上りの餡四〇〇g、桜の葉二五枚、吉野葛七〇g、水カップ二杯、砂糖カップ一・五杯。ボールに葛粉、砂糖、水を入れてよくかき混ぜ、一度裏漉しして、これを四と六の割合で二分し、六分の方をきれいな鍋に入れて火にかけ、杓子でねりながら、かたく透明になるまで火を通します。火からおろして残りの四分をよくかき混ぜてこの中に加え、冷めぬように湯煎にしておきます。餡は二五個に丸めておき、ねり上げた葛をアン玉より少し大き目に杓子の先にとり、手に移して、アン玉をのせるときれいにアン玉が包まれます。これをぬれ布巾を敷いた蒸器に入れ、四〜五分蒸すとすき通って、見るからに美味しそうな葛玉ができあがります。これをうちわであおぎ冷して桜の葉で包んで仕上げます。

くずそうめん〔葛素麺〕

作り方。カップ一杯の水にくず粉大匙〇・五杯ほど入れて薄いくず湯を作りさまし、こね汁とする。この中にさらに葛を入れて溶き、手にすくい指の間からしたたる程度の硬さにして絞り出し袋に入れて、熱湯に絞り出して作ります。椀種、酢の物、和えものなどに使います。

くずたたき〔葛叩〕

椀種の一種。材料に塩をして葛を付け、庖丁の柄でたたきつけて茹でたもの。鱧、鴫、アイナメ、等々、普通の白身の魚でもいたします。

くずだまり〔葛溜〕

焼団子の付溜に使います。時には焼きいかなどにも良いものです。溜《たまり》カップ一杯、砂糖カップ〇・五杯、片栗粉大匙二杯、少量の水を溶き、混ぜて煮て作ります。

くずちまき〔葛粽〕

本葛《くず》カップ一杯、砂糖カップ二杯、水カップ二杯、以上を混ぜて一度すいのうで漉してこれをゆっくり煮て、少し冷し取り分けて笹の葉で巻いて粽形に作ります。上新粉を少し混ぜると作り易くなります。

くずに〔葛煮〕

冬瓜、胡瓜、生揚げなどに好みの味付けをして煮て、最後に片栗粉の水溶きを入れて濃度を付けて煮たもの。香辛料に生姜の絞り汁を使います。

くずねり〔葛煉〕

吉野くずまたは久助（福岡産）カップ一杯、砂糖カップ二・五杯、水カップ二・五杯、を混ぜて一度すいのうで漉しこれを中火で透明になるまで煮ながら煉り上げ、ぬれ布巾または水に取り冷して食します。夏の食べものですがこの葛煉りで、少々餡を包んでぬれ布巾で形をととのえたのも茶菓子によいものです。

くずまんじゅう〔葛饅頭〕

和菓子の一種。材料、吉野葛四〇g、砂糖一五〇g、水一二〇cc、以上の材料を合わせてよく混ぜ、毛篩《ふるい》でこして鍋に入れ、中火にかけ杓子で煉ります。乳白色ののり状になったら少しずつ取り出し、手に水をつけて丸め、平たくして餡を包み、蒸器にぬれ布巾を敷いてその上に並べ、透明になるまで蒸して仕上げます。

くずもち〔葛餅〕

吉野くずカップ一杯、砂糖カップ二杯、水カップ三杯、塩少量、以上合せてよく溶き、すいのうで漉してこれを中火で透明になるまで煮て、流し缶に流し入れ、冷しかためて切り、黄粉をかけて進めます。黄粉に砂糖を入れると早くしめってきます。

くずやき〔葛焼〕

和菓子の一種。材料、吉野葛八〇g、砂糖一三〇g、水一八〇cc、小豆煉餡八〇g。葛、砂糖、水と混ぜて毛篩で漉し、その中へ小豆の煉餡を入れて、中火で半煉りにして、蒸器に木枠を入れてぬれ布巾を敷き、流し込んで強火で蒸し上げます。冷して取り出し好みの形に切り、フライパンに油を塗りその上で両面を焼き上げます。時には片栗粉を付けて焼く場合もあります

くずゆ〔葛湯〕

大きめの湯呑みに一杯作る場合には、葛又は片栗粉を小匙二杯同量の水で溶き、砂糖大匙一・五杯入れてかき混ぜ、熱湯を入れて透明になったらでき上りです。濃度や甘味は好みに作ります。コーヒーやココアを入れれば若い人向きです。

くすりぐい〔薬喰〕

昔は四つ足の肉はけがれありというならわしがあり、普通には食べませんでしたが、寒中には体が暖まり栄養価を認めて薬食の名のもとに食べています。元禄一〇年版『本朝食鑑』には「鹿、肌温甘にして毒なし、冬時に食ふべし、寒中特に

これを用ふ、中を補ひ気益し、一切の風虚を療し、血脈を整ふ、故にこれを薬食ひといふ」とあり、当時は家畜をはばかって野生の猪、鹿などを主として食しております。当時薬食いとして畜った店では、猪、きつね、うさぎ、たぬき、おおかみ、熊、かもしか、鹿など十種以上であったといわれます。

ぐぞうに〔具雑煮〕

長崎県島原の郷土料理。島原の乱の際、一揆軍の総大将天草四郎が三万七千の信徒と籠城のとき、貯えてあった材料で炊いたという、山芋、ごぼう、蓮根、推茸、白菜、凍豆腐、鶏肉、蒲鉾、焼きあなご、玉子焼き、春菊など十五種類ものの具を使った煮物料理。

島原には武家屋敷で現在六代目、一八〇年も続いた家で常時これを商っている家もあります。

ぐそくに〔具足煮〕

伊勢海老を煮る方法。海老を胴切りにすると武具の胴に似ているのでこの名があります。味は一寸濃い目の方を一般は好むようです。竹の子またはうどなどを煮て盛り合せます。

くち

吸い口のこと。春の木の芽、秋の柚子は常識ですが、潮汁には胡椒、夏には茗荷、生姜、わさび、糸ねぎ等々。

ぐち〔黄花魚・鮔〕

石持の別名、土佐ではニベ、菜の花の咲く頃によく穫れるので黄花魚とも書きます。味が淡泊で水分が多いので主として干物にされます。

ぐちというのは産卵期には寄り合って人間が愚痴を云うように音をたてるのでこの名があります。

くちがわり〔口替わり・口代わり〕

口取りの代わりに出しますからこの名があります。口取りとは、婚礼などに硯蓋といって山の物、里の物、海の物と材料を大きめに使います。最も江戸時代には普通の宴席にも出し、帰りには折りに詰めて家への土産として使われたものです。

くちきりのちゃじ〔口切の茶事〕

一年の冒頭を飾る茶事。古来陰暦十一月、即ち霜月を干支の上から、子とし、十二月を丑としています。茶道でもこれを準拠として、陽の十一月に炉開き、口切の茶事を促して一陽来福の意味から喜びをたたえ、新春を迎えると同様の心構えをします。口切りとは茶壺の封を切ってこの春摘んだ新茶を賞味する催しです。壺には大小により濃茶を紙袋に入れて三〜五種、その周囲にすき間なく薄茶用の葉をそのまま詰めます。茶壷の箱の裏には入日記といって採摘した月日、茶の銘柄を記した紙を張ります。茶の注文先へ届けに行く時、祝儀として、干柿、勝栗を添えるのがしきたりです。昔出陣や凱旋又は正月の祝儀用としての必需品であったからです。

口切りには茶臼も良いのが必要となります。茶臼《うす》、茶碾《ひ》、茶研、茶磨とも書きます。

先ず口切りの茶事を催すには、吸物膳に引盃と雑煮椀、白餅、焼豆腐、小芋、銀杏、結び昆布、鶴に見立て大根の短冊切、亀甲形の人蔘、白みそ仕立を出し、銚子と八寸、八寸は田作、数の子、叩《たたき》午蒡の三種、酒は古式に習い冷酒、これが終って初炭。炭取りは今年の新瓢を使うのがしきたりですが、古いので古宗匠の書附の由緒ある伝来物を使用するのも喜こばれます。香合も拝見《はいけん》がすんで、干柿に勝栗を添えて出して中立ち、再度席入りして亭主が先に小茶碗で毒見をします。これを試みの茶と云います。続いて懐石を出しますが八寸も献酬の盃事もいたしません。

くちとり〔口取〕

日本料理では一番変化の多いのがこの口取です。始めは御祝儀料理に硯蓋といって大きな盆ようの器（足の有るものもある）に五〜九品、味、色、と調和よく材料を取り合わせて作って盛り付け、一度これを客前に出してのち取り分けて進めたものですが、時代も移り変わりこれを割り合い大きな皿に初めから盛り分けて進め、残ったものを折に詰めて土産として持ち帰りました。従って材料も、始めから土産用に作られたものです。蒲鉾、金団、厚焼、海老、雲丹焼、酢蓮根、寒天の流し物、等々少し大きめに作られたものです。現在婚礼などの御祝いにつく折詰めの鯛の他の物が即ち口取です。今では、残すことなくその場で食べ終えられるように小さく作ります。口取りの代わりに出すのでこれを口代わりといいます。

くちなし〔梔子〕

料理の着色にその実を使います。美しい緑の葉の間から白い花が数多く咲いて芳香を放ってくれます。クチナシは日本が原産でアカネ科、花びらは六枚、あさがおのように蕾はよじれた形です。秋に細長い六角の実がなります。他の果実は熟すると大体一部が割れますが、くちなしはそのまま乾いて行きますからこの名があります。漢名梔子花（シシカ）といいます。

助言無用の意味から、碁盤や将棋盤の四つ足はクチナシの実を形どってあるのもおもしろいことです。クチナシの種類には八重咲、唐《とう》くちなしなど数種類があります。

くねんぼ〔九年母〕

香橙。柑橘の一種。蜜柑に似ていますが皮に香気があり、これを砂糖煮にするとよろしい、生でも勿論食べます。

くぼて〔窪手〕

古代食器の一つ。柏の葉を曲げて筥《はこ》のようにつくり、細い割竹を刺して止めたもの。平手より深いので窪手といいます。大嘗会《おおなめ》、新嘗会に用いられました。後には土器で柏の葉形に作ってこれを使用したようです。

くま〔熊〕

肉も美味として賞味されますがそれより胆のうは、くまの胃といって薬用に貴重とされます。塩漬けのは食べたことがありますが塩漬では語るにたらない不味いものです。

くまざさ〔熊笹〕

禾本科。山林に自生し庭園にも植栽される竹の一種。ちまきの包みに、又は贈答の生魚に添えるのが習わしであり、鮨の播敷きに使います。笹及び竹は絶縁体なので電気さえ伝わらず、従って鮨に使うのは生臭味を他に移さないためです。しかし熊笹は急に手に入りにくいので葉らんを笹の葉の形に切って使うようになりました。熊笹とは、熊はこの笹の中を通る時音をさせずに通るのでこの名があると先年北海道へ試食の旅に行った時聞かされました。又熊はこの笹の葉を好んで食べるところからこの名があるといわれます。

くみあげゆば〔汲上湯葉〕

豆乳に熱を加えて表面が固まる直前のどろどろしたものをくみあげたもの。俗につまみ上げともいいます。冬はわずかに味を付け熱いのも美味しいし、夏は冷して使うのも美味しいものです。この湯葉を業とする家が京都にはあります。

クモコ

鱈の白子の異称。裏漉しをして豆腐に混ぜて蒸したり、玉子に擂り混ぜて蒸し椀種を作ります。これをクモコ豆腐といいます。椀種には美味しいものです。

くもじ

飛驒高山の名産漬物。赤かぶらの葉を塩漬けにしたもの。これに油を加えて長時間煮たのが煮くもじです。いかにも郷土的な味があります。

くらかけ〔鞍掛〕

すし言葉。赤貝その他を開き、鮨飯に馬の鞍のように架けて握ること。

くらげ〔水母・海月〕

鐘状または洋傘状をして浮游する腔腸動物の一つ。全国では肥前、筑前などで産します。処理法には、柴漬けとミョウバン漬けとがあります。いづれももどして熱湯を通すと歯切れがよくなります。海に映った月のように浮游するからこの名があります。

くらわんかぶね〔食らわんか船〕

昔淀川の上り下りの船に、飲食物を売った船。この物売りは人を馬鹿にしたように。

飯くらわんか、酒くらわんか
銭のある奴に食わしたるで
銭もないあほはよど川のみづ
手元ですくってのんどれや

と口ぎたない言葉の物売りでした。船頭なまりの枚方は川向いです。現在残るくらわんか茶碗や徳利は気楽な茶会に一役買って皆が楽しんでいます。伊万里や四国の砥部などの粗雑な呉須、古曽部焼きの網の絵や水玉や芦の絵のようなざんぐりした焼物です。庶民の匂いのプンプンする雑器も今では珍重されています。

くり〔栗〕

ブナ科の落葉喬木。通称大きいのを丹波栗、小さいのを芝栗といいますが実はそれぞれ名称があり味も違います。丹波、丹沢、筑波、伊吹、銀寄、銀鈴、田尻、大正、乙宗《おとむね》、赤中、岸根《がんね》、利平などの種類があり、利平は実生発見者利平による名称です。桃栗三年柿八年、柚子は九年でなりかかる、と俗言にあるように種を蒔いてから栗はわずか三年で実を結びます。広範囲に栽培されている中から良質のを選び抜いて改良されてきています。栗の代表は銀寄で、粒は二五gくらい、比較的大粒です。果皮は濃褐色、光沢が強く、粉質で甘味が多いので茹で栗には最適です。昔からの他の栗を押しのけてこの種を賞味するのは銀礼を播き寄せるように収穫があるからともいわれます。十月中旬には利平栗が出廻ります。一個二〇gぐらい、肉質は堅く味にコクがあります。岸根は大粒で栗中の一番大型で一個三〇gもありますが味は大味です。ふくませ用には重宝な栗です。品種を選んで、焼栗、蒸栗、栗飯、ふくませ、煮物用にと使い分けます。中京への新栗の入荷は大略八月の上旬、産地は高知県室戸市、この地は栗の栽培に力をいれています。その他茨城県千代田村を中心に全国の四割をしめるほどの栗の産地です。型は大粒、正月のお節料理によく使うのは、今年はやりくりがうまく行くようにとの縁起だと聞き及びます。

くりからやき〔倶利迦羅焼〕

古料理の一つ。鯛の背鰭を串に巻きつけて焼き、亀足を付けて添肴などにして使われました。その形が倶利迦羅不動に似ているところからこの名があります。『貞丈雑記』にもこの様に記せられているようです。

くりきんとん〔栗金団〕

栗をふくませにして、さつま芋を切って皮を剥き茹でて裏漉しをして、栗のふくませに混ぜ静かに焚き合せたもの。黄色が薄い時にはクチナシを煮出してこれで色を直します。

御菓子の栗きんとんは、栗を甘煮にして一〇分の一ほど残して裏漉しをし、残りの一部をこまかくして先のもと混ぜ、餡を真中へ入れて茶巾絞りにして作ります。上等のは栗ばかりで作ります。

くりぬきき〔刳貫器〕

野菜などを丸くえぐり取ったり、竹の子、茄子、南瓜その他のつめ料理のくりぬき用に使います。先が丸くなっているスープン形をしていて木の柄《え》が付いており大小があります。

くりめし〔栗飯〕

飯の一種。栗を炊き込んだ飯。米カップ三・五杯、水カップ四杯四分の一、塩大匙三分の二杯、酒大匙二杯、栗三五〇g。栗は鬼皮を剥き、渋皮も剥き去って適当に切り、一度明礬水で洗ってざるにあげます。全部の材料を釜に入れて火に架け沸騰したら中火にしてゆっくりと焚き上げます。栗の処理としては皮を剥くのもよろしいが、極強火で皮をもやすつもりで金アミの上で焼けば、鬼皮渋皮ともにきれいに剝けます。この方法も香ばしくてよろしい。

グリーンアスパラ

緑のアスパラ。北海道札幌が産地。ハウス作りは一把二〇〇gに束ね三〜四月に出荷、五月からは露地作りです。

くるくる〔来る来る〕

ぶりのわたのこと。

グルテン

小麦粉の粘りとなるもの。小麦粉のタンパク質にはグルテニンとグリアジンとがあり、小麦粉に水を加えてよくこねますと、この二種のタンパク質がからみ合って弾力性をもちます。この弾力性のあるものをグルテンといいます。このグルテンは簡単に取り出すことができます。小麦粉に水を加えてよくこね、流水にあててもみ洗いのようにしますとデンプンが流れ去り餅状の粘りのあるものが得られます。これが生麩です。流し去ったデンプンを一つの所に入れて沈澱させて乾燥させたのが障子など張る時に使う正麩のりです。

くるまえび〔車蝦〕

十脚目科のえびの一種。体を曲げると斑紋が丸く放射状になるのでこの名があります。昔は相当獲れて特に夏には安く手に入ったものですが、現在では海のよごれがひどく各地とも減産されて高価になってしまいました。それを補なうため四国では早くから養殖されていますがとうてい需要に追いつかず、えびといえばほとんど外来ものになってしまいました。料理では天ぷら種を第一に、生のまま使う、おどりの刺身、おどりの握り、焼物、煮物、椀種、くづし物等々何の料理にも向く好材料です。

くるまふ〔車麩〕

焼麩の一種。新潟地方の名産。大は七㎝くらい、小は五㎝くらいの車の輪のように丸形で真中に大きく穴のあいている麩、汁種、鍋物の具、薄味に煮ても美味しいものです。

くるみ〔胡桃〕

本州中部、北陸、東北地方に多く産します。わが国には約十種類くらいあるといわれますが、普通には、ヤマグルミ、果実の小さいヒメグルミ等があります。料理では、砂糖煮、胡桃和、胡桃豆腐、胡桃味噌、素あげ、胡桃から絞りとった胡桃油も揚げものにはいいものです。

ところで胡桃の実を割らないように剝くのには、枝になっている内に取り、臼で搗いて柔らかい皮を去り、それを金づちで割って身を取り出します。落ちたのではきれいに身がはがれません。

くるみじる〔胡桃汁〕

くるみを茹でて皮を剝き、擂って味噌汁に入れた汁物料理。

くるみず〔胡桃酢〕

くるみを茹でて皮を剝き、これをよく擂って三杯酢と擂り混ぜたもの。

くるみどうふ〔胡桃豆腐〕

豆腐の一種。胡桃カップ一杯、吉野葛カップ一杯、昆布だしカップ四杯三分の一、砂糖大匙二杯、酒大匙三杯、胡桃を油の出るまで擂りつぶし、吉野葛を混ぜ、昆布だしを序々に入れて擂りのばし、すいのうで漉して鍋に入れ、これをよくかき混ぜながら練り上げて、終りに砂糖、酒を入れて仕上げ、流し缶に流し入れて冷して切り使用します。喰味には、わさび醬油、酢味噌、あんかけなどにして供します。

くろき〔黒酒〕

大嘗祭《おおなめ》に用いる酒。クロキ、シロキ、と併称され、内院雑殿の内黒酒殿にて作られます。白酒に対し黒酒は醱酵させたもろみにクサギの炭を粉末にして加えたとのことです。黒い酒ゆえこの名があります。

くろぐわい〔黒慈姑〕

カヤツリ草科。多年草で池、沼などに自生します。外形は黒紫色をしております。北越地方に多く産し、ゴヨ、ゴユというところもあります。焚き合わせにもよく、きれいに皮をむき甘酢漬けにして添えものにもよいものです。黒い色をしているのでこの名があります。

くろこしょう〔黒胡椒〕

胡椒の実を未熟なうちに採り、日に干したもの。黒色で特殊な芳香のあるもの。白胡椒もあります。

くろごめ〔黒米〕

玄米のこと。

くろざとう〔黒砂糖〕

主産地は琉球で、古くから内地に伝わり九州、四国などでも生産されます。苦味と臭いがありますがこの香りがかえってひなびた味としてよろこばれます。黒羊羹はこの砂糖で作ります。棹物では大島羊羹があります。しかしこのアクを取るのは大変な仕事です。その他餡にも使われます。

くろずくり〔黒作り〕

いかの塩からにいかの墨を入れたもの。富山の名産。元禄時代から改良に改良を重ねられて今日至っています。本場は滑川、魚津といえましょう。黒く作られてありますからこの名称があります。

くろそい〔黒ソイ〕

北海道で獲れ、名の如く黒色の魚。稚魚は姿のまま産れます。刺身によく、そのアラが大変美味しいので地方の人は汁にして食べます。

くろぞめず〔黒染酢〕

かし昆布（白板昆布）をもやして粉にして、泡雪酢と混ぜたもの。かし昆布を十分にもやして紙に取り、何度も紙を折りたたんで押さえれば簡単にきれいな黒い粉になります。他の昆布ではできません。料理を黒く色付けするのにこれを使います。↓泡雪酢。

くろだい〔黒鯛〕

タイ科の硬骨海魚。分布は本州以南、瀬戸内、朝鮮、台湾、中国にもいます。料理ではさしみ、塩焼、煮肴、潮汁、山椒焼といろいろに調理されます。六月頃は食味が最高になります。ことわざで、黒鯛は嫁に食わすなと昔からいわれますが、悪い意味では味が良いからとされ、良い意味では妊婦が食べくると流産するといわれるので親心からです。黒鯛は悪食で、海底にいる、イソメ、エビ、カニ、サザエなどを堅い歯でバリバリかんでしまいます。黒鯛の産卵は四月〜九月までで、一匹で一〇万粒以上も産卵します。この魚は一寸変っていて、成長するに従って性転換します。中京でチンタまたはチヌと呼ばれる生れた年のものは全部オスで、これが二年たつと関東でカイズ、この頃は雌雄同体、つまり精のうと卵巣の両方を持ちます。然し役割は雄は雄としてだけです。それが更に成魚即ち三年以後になると、はっきり雄と雌とに分かれます。

くろとり〔黒鳥〕

干蕨《ほしわらび》のこと。女房言葉。汁物料理に使います。『松屋会記』に、「寛永十四年六月三日晩、汁クロトリ」と記されていますが干わらびだと解されています。干わらびは長野あたりでよく売られています。水につけてもどすか急ぐ場合はぬるま湯につけてもどします。煮物、和え物によいものです。

くろに〔黒煮〕

料理の仕方。大草流にアワビを黒く煮る法として伝えられています。作り方は鍋にカジメ又はヒジキを敷き鮑を入れ擂りみそを加えてゆっくりと煮込みます。切ると中は白く周囲だけが黒く色彩がおもしろいものです。黒く煮上がるのでこの名があります。

くろのり〔黒海苔〕

和歌山県の特産。浅草海苔状の黒い干しのり、水でもどして刺身の妻や酢の物に向きます。

くろばかまえび〔黒袴蝦〕

岡山の特産。生では赤いが茹でると黒くなるのが特色です。酢の物その他前菜などに使います。岡山には黒魦《はぜ》というのもあるそうです。

くろぼう〔黒棒〕

九州全土に古くから伝わる郷土菓子。素朴で野趣味豊かな形をしていて何やら郷愁をそそうものです。この黒棒は小麦粉と奄美大島の黒砂糖を原料として独特の製法で作られていて、黒砂糖の風味が一層美味しいものです。形は長さ十三cm、幅二・五cm程で鰹節の形に似ています。只今は蜂蜜を加えて一層品質の改良と向上に努力しているようです。

くろまめ〔黒豆〕

正月料理に欠かせないのが黒豆です。黒豆は古代中国の生理解剖で、色と形が腎臓に通ずると考えられ、『本草綱目』に、「能く腎を補す」と記され、更に「煮汁を飲めば鬼毒を殺し、痛みを止める」とも言われています。又多くの経験からも解毒効果が認められるようです。それ故に食べ過ぎになりがちな正月に用いられるのもうなずけます。

黒豆は他の豆類と違い、一〇〇g中蛋白質三四・三g、脂質が十七・五gと多量に含んでいます。特に蛋白質はアミノ酸組成が動物性蛋白質に近く、不足がちなリジンや、トリプトファンが多く含まれていて、ビタミンB_1、B_2、C、D、Eと各種のビタミン、カルシウムが含まれているので栄養のバランスがとれた食品といえます。従ってこれを食べると、脚気、胃潰瘍、不感症、喘息、体力強化、疲労回復、美肌、美声づくりに効果があります。

くろまめのぶどうに〔黒豆葡萄煮〕

黒豆をごく軟らかく煮たもの。煮方はいろいろありますが失敗なく煮るには、丹波の大粒の黒豆カップ二杯(四〇〇g)、重曹大匙二分の一、焼明礬大匙二分の一、水一〇カップを鍋に入れ、一晩放置しておき翌日火に架け、沸騰したら蓋をしてふきこぼれぬ程度の弱火にして約五時間焚き続けると歯ごたえのないほどの柔らかさになります。もしかたければ更に焚きます。その軟らかさは、親指と小指でつまんでみて簡単につぶれる程度、又は俎板になげつけて俎板に平たくなるくらいです。このように完全に軟かくなったら冷めるまで放置しておき、後、水でよく晒し、ざるにあけておきます。次に水カップ二・五杯、砂糖四〇〇g混ぜて煮立てて冷し、この中へ先の煮た豆を入れ一晩漬けておき、翌日豆をざるにあけ、砂糖蜜はとっておき、この砂糖蜜に更に砂糖二〇〇gを加えて火に架け沸騰したら火を止め、これが冷めてから中に豆を更に漬けておき、一、二日後より使います。日持をさせたい時には更に五日間くらい後、砂糖蜜に火を入れるとよろしい。重曹を入れるのは豆を軟らかくするため、明礬は皮のやぶれをふせぐと共に黒色をとばさぬためです。

黒豆の色留めに硫酸第一鉄（大阪和光純薬工業製）を使うのもよろしい。粉末で青白い色のもの。

くろめ〔黒メ〕

利休百会記に出て来る言葉。海藻の一種、黒色に近い海草。

くろもじ〔黒文字〕

クスノキ科。山野に自生する落葉灌木、南天に似た黒い実を結ぶのでこの名があります。つま揚子にしたり、御菓子の箸に作って使います。

くわい〔慈姑〕

オモダカ科。平安初期に渡来されたといわれます。この慈姑は一個植えると十二個出来る物で正月には一年の月の数を現わすのでよく使います。旧暦十三ケ月の年には十三個できるといわれる変わった植物です。甘煮、くわい煎餅、金団《きんとん》、くづし物として使われます。くづし物は皮を剝き卸金で卸して、量の三分の一の小麦粉と卵白一割り入れてよく擂り、塩味をして揚げたり、蒸したりして作ります。正月に縁起物としてくわいを使うのは芽が出る意味からです。

くわゐせんべい〔慈姑煎餅〕

くわいの皮を剝き、丸く薄く切って隠干しにして油で煎餅のようになるまでカラッと揚げ、油気のある内に味塩をふりかけ味を付けておきます。もう一つの味の付けかたは、砂糖に少量の水を入れて煮詰め、飴《あめ》状になった時少々水を加えて手早く箸でかき混ぜ、その中へ先のくわい煎餅を入れてからめます。

くわざけ〔桑酒〕

丹波地方の名産。果実酒の一種。古くはいろいろの造り方をしておりますが現在は、桑の実に焼酎、砂糖と混ぜておき一ケ月あまり過ぎた時これを漉して造ります。

くわのみ〔桑実〕

苺に似た実で桑の木に実るもの。養蚕地の桑は根本から刈りとるのでこの実はなりません。桑の自然林で知られる伊豆御蔵島がありますが、こうした古い木に実ります。実は食べられますが今日では最早忘れられがちです。桑といえば、机、棚、など桑の木で作られた家具は最高級品です。最も名高いのは小笠原桑で木質は硬く手入れをすればするほど良くなります。

くわやき〔鍬焼〕

昔、野鳥を味淋醬油につけ鍬の上で焼いた料理です。現在では鉄板の上で焼きます。

くんせい〔燻製〕

水産加工品。一旦塩漬にした魚類を燻炉中で乾燥させたもの。貯蔵食品の一つ、材料は、サケ、マス、ニシン、タラ、甘鯛、いか等いろいろなもので作られます。燻材は硬質で脂肪分の少ないものがよく、カシ、クヌギ、ナラ、カバ、カシワなどが使われます。燻を付けて製しますからこの名があります。簡単な燻製の作り方としては材料の魚の骨などを去り、薄塩をして生干しにして、中華鍋にアルミ箔を敷き、その上に番茶、ザラメを入れてその上に金網をのせ、その上に材料を並べて蓋をして弱火で三〇分間ほど蒸し焼きにして作ります。その間二回ほど番茶を足して仕上げます。

くんちにごみ〔供日煮込〕

北九州地方では秋祭りのことを、「おくんち」といい、唐津では十月二十九日の前後三日間、全市をあげて賑わいます。

くんちにごみはこの祭りの料理です。小豆、栗、蓮根、人蔘、こんにゃく、里芋、椎茸、鶏肉を油炒めして煮出汁し、砂糖、醤油、塩で調味して中火でゆっくり煮込んだもの。大鍋に沢山作っておき、何杯もお代わりしていただきます。

け

けいそう〔珪藻〕

隠花植物中の下等藻類。人間には直接関係はないが水生動物の餌料となります。ことに鮎は水底の石に附着する珪藻が食べもので、これによって香気もある訳です。

けいにく〔鶏肉〕

とり肉は繊維が細いので軟らかく、脂肪は皮下にあるので筋肉繊維中へ入ることが少なく、従って味は淡泊で消化もよい訳です。孵化後五〜六ケ月のものをブロイラー、一〇〇日くらいのを若鶏といい、その内雄が最も美味といわれますが雌でもこれくらいの日数なればさして違いはありません。養鶏も企業化し、宮崎県では一〇〇万羽も飼育され、養鶏王国を築いています。従って値段も安定しており日常の食生活にかかせないものになっています。料理でも、煮る、焼く、揚げる、蒸物、鍋物、汁種、くずし物と何に使っても向きます。

けいらん〔鶏卵〕

鶏卵はタンパク質、脂肪、炭水化物、カルシウム、燐、鉄、ナトリウム・カリウム、塩素、マグネシウム、銅、硫黄、コイン、コレステロールと種々の性分が含まれてほぼ完全食です。卵を割った時、黄身がくずれる場合がありますが、古くなると卵黄の膜が弱まり、卵白中の水分が入るので自然卵黄の膜が破れて黄身がくずれるわけです。卵の鮮度を見分けるのは、持ってみて皮のザラザラしているのは新らしく、ツヤのあるのは古いものです。こころみに六％の塩水に卵を入れてみると、産卵直後のものは底に横になり、一週間後の卵は丸い方の端が少し斜にあがります。市販されているものはたいてい丸い方が上に、底にたっています。非常に古いのは底から離れて水中に浮きます。腐敗したのは水面に浮き上るのでよく分ります。卵を割ってみて血液の入ったのがありますが、これは卵巣から成熟卵が外へ出る時、怒張している血管に送られる血液が流れ出し、卵と一緒に輸卵管内へ下ってきて入った血液ですから、別に気にしなくてもよいことです。茹でて凝固する状態は、摂氏五八度でわずかに混濁し、六二度でゼリー状になり、六五度でほぼ凝固します。固く茹であげるのには八〇度に加熱する必要があります。

卵黄の完全凝固は七〇度、卵白は卵黄よりやや高温度でないと固りません。従って七二〜七三度くらいで三〇分間以上つけておくと卵黄は固り卵白が半熟です。俗に温泉卵というのはこの方法の茹で方です。茹でる時箸ではさみ上げてためしてみますが、凝固しない内は黄身の重心が移動するので挟さみにくく、茹だれば重心が動かなくなるので、挟さみ易くなる訳です。尚卵を茹でる時、塩を入れると割れても卵が流れ出ないのは、食塩は早く凝固させる性質があるからです。塩の量は、一％以上でないと意味がありません。水一ℓに塩一〇gが適当です。おとし卵を作る場合、水一ℓ、食塩八g、食酢三〇ccで茹でますと卵白が早く固まるのできれいに茹で上ります。卵の天浮羅、フライはこの方法で茹でてから揚げます。

けいらんそうめん〔鶏卵素麺〕

卵の黄身で作った素麺状の菓子。博多の名菓、元祖は松屋、当代十一代目、大阪のつるや、京都あたりでも良いのが作られます。

けがに〔毛蟹〕

体全部に毛がはえているのでこの名があります。毛蟹といえば北海道の長万部ということになりますがその他に川に住む毛蟹もあります。北海道で毛蟹の料理は、後足の中身はさしみにし、その他甲むし、二杯酢、蟹飯、塩焼、貝足煮などに調理されます。毛蟹は北海道の他北陸、宮城県でも産します。

けさおとし〔袈裟落〕

魚の切り方の一つ。魚の水かきの鰭を頭の方へ付けて切り落すこと。

けしず〔罌粟酢〕

合せ酢の一種。けしの実を炒って擂り、二杯酢または三杯酢と混ぜたもの。

けしのみ〔罌粟実〕

けし胡麻ともいわれるように香りの良いものです。炒って使います。松風焼、和え物、けしの実酢、醬油焼きやしぎ焼きにふりかけたりして多く使います。焼菓子の栗饅頭にも使います。

けしょうじお〔化粧塩〕

塩焼きをする時最後にふりかける塩をこういいます。焼物の内で塩焼きが一番むつかしいものです。薄身の物は別として一匹の物は、針打ちといって魚串で身を突き差し、塩をしておきのち酢洗いし、尾ひれに多くして身に化粧塩をし焼きます。身の方は先に塩がしてありますからその名のように、見た目にきれいであるようにふり掛けます。

けしょうてり〔化粧照〕

焼き上りに光沢を付けるため更に今一度塗る照のことをいいます。

けずりかまぼこ〔削り蒲鉾〕

愛媛県八幡浜の名産。四角形に蒲鉾を作り、十日間あまり干して乾燥させ削り機にかけて削ったもの。醬油をかけて食べたり汁物の種にもします。

けずりぶし〔削節〕

鰹の代用品、ソウダ鰹、サバ、鰺などを鰹節を作る工程で作り、これを削ったもの。惣菜の煮出し汁によく麵類の煮出しにはかかせないものです。

げそ〔下足〕

いかの足のこと。鮨屋の通用語で下足がつまったもの。

げた

舌鮃の異名。関西地方のことばです。

げっかんたまご〔月冠卵〕

作り方、卵の太い方の一部に一・五㎝ほどの穴を金串の先でつついてあけ、ボールに中身を取り出しよく混ぜて塩、砂糖で味をつけ、それを元の殻に詰めて、蒸器に細くつくったぬれ布巾を二本並べその合間に卵が動かぬようにして入れて弱火で15分間ほど蒸して冷し、皮を剝き、両端を切り去り横二つに切ります。月に因む料理にきれいでよいものです。

けっけりょうり〔結解料理〕

奈良東大寺の結解料理が有名です。結解料理とは、決算をすましたのちのご苦労よびの宴会といえそうです。

げっぺい〔月餅〕

中国ではこの月餅を八月十五日の月見に御供えする習わしがあります。この月餅の種類は数百種もあるといわれ、丸いのは月の形であり、上に書く文字も、福、禄、寿とか、鳳凰、竜などの縁起の良い画なども書かれます。尤も中国では八月の十五日は三大節の一つでもあるからです。早くいえば肉饅頭ですがその餡になる肉もいろいろ使われるようです。日本ではこれを模して違った餡の入った御菓子が売られています。

けとばし〔蹴飛ばし〕

馬肉のこと。馬は蹴るところからこの名があります。またの名をさくらともいい、東北地方では、刺身や鍋物によく使います。

ケニヤ

一種の漬物。伊豆、伊東地方で大根を割干しにして醤油、赤唐芥子《からし》と漬け合せたもの。

けぬきずし〔毛抜き鮨〕

元禄十六年、京都に住む公卿の松崎喜右衛門が江戸に出て、人形町、竈河岸《へっついがし》にすし屋を開業。戦国時代の兵糧にヒントを得て、笹の葉で巻いたら大いに受けたといわれます。魚の小骨を毛抜きで一本一本ていねいに抜き取るのでこの名があります。材料には小鯛、コハダ、アジ、サヨリなど季節の魚を用い、塩漬けにしたのち、酢締めにして飯と共に笹巻きにします。

けのあらきもの〔毛麁物〕

毛《け》柔物《にこもの》もあり、鳥獣類の古語でアラキモノは獣類、ニコモノは鳥と解してよいことでしょう。神饌の場合は現在でもこの語を使います。

けのしる〔粥汁〕

粥汁といっても文字とは大違い、一種の煮物です。青森津軽地方では、小正月（一月十五日）や七草に貯蔵してあった野菜を雪中から掘り出し、大根、人蔘、わらび、牛蒡、ふき、椎茸、大豆、昆布、時には肉などを賽の目に切って、味噌味でゆっくりと沢山煮て、数日間食べる郷土料理。

けば〔毛羽〕

枝豆に付いている細毛のこと。

げば

くずの隠語。醤油にくずの水溶きを入れて煮たのをげば照りといいます。焼物の照り出しに使います。

げばしょうぐん〔下馬将軍〕

前橋市の新妻屋の、卵、砂糖、小麦粉と混ぜて焼いた原焼せんべい。厩橋《うまやばし》城主酒井忠清の名により、江戸城大手門の下馬礼形、清味ゆたかな郷土菓子です。

けやき〔毛焼〕

鶏や鴨などの毛を抜き取ったあとにのこるうぶ毛を新聞紙をもやしてあぶり焼きすること。

けん〔権〕

さしみの妻《つま》の一種。

げんかい〔言海〕

大槻文彦著。料理にはあまり関係はないかも知れませんが、『言海』には何々と出ているとよく例に引かれる辞書で、料理にも文字などで例に引く場合があります。大槻博士は文部省准奏任御用掛。言海には始めに文法なども書かれてあり、よい参考書です。書頭に、

日本辞書、四部右今般編輯ノ趣ヲ以テ
天皇陛下　皇太后陛下　皇后陛下　皇太子殿下へ献上被致候ニ付夫々御前へ差上候　右ハ斯道ニ裨益不少善良ノ辞書ニシテ精励編輯ノ段御満足ニ被思召候申入候也
明治二十四年七月二十三日
宮内大臣子爵　土方久元」

とあり、第一、第二が明治二十二年出版、第三が二十三年、第四が二十四年に出版されている貴重な辞書です。

けんけら〔健経羅〕

福井の名菓で永平寺の寂円禅師の弟子健経羅が作り始めた大豆粉を水飴で固め捻って作った香ばしい郷土菓子。本家は福井の朝日屋です。

恵比須堂の説によりますと去る四〇〇年前、越前領主が近郷へ狩に来た時献上して大いに嘉賞せられたもので、大豆を荒びきにして地飴でこぶし大に固めたものの固さが剣を以て切り割ったほどだったので剣切羅《けんけら》と口伝されて今日に至ったものといわれています。大正末期に至り先代は、更に風流人にも大衆にも向くように形も少さくして、白胡麻を加えるようになったといわれます。

けんこうしょくひん〔健康食品〕

人間の高齢化が進み、栄養過多による肥満や、成人病の増加で国民の間に健康食品への関心が高まり、今や健康食品の花盛りとなりつつあります。ローヤルゼリー、クロレラ、朝鮮ニンジンなどは一寸下火のようですが、胚芽油、豆乳、深海サメエキス、ハチミツ、ドリンク飲料、梅肉エキス、カルシウム食品、シジミ貝のエキス、核酸食品と、次々に発表され、急成長となり一九八三年には四〇〇〇億円もの売り上げとうわさされています。然しこれらは医薬品でないため、効果の根拠が不明で、問題はこれからの食生活の中に定着して行くのかどうか、その予測も残されているようです。

げんごろうぶな〔源五郎鮒〕

近江琵琶湖に産する鮒の一種。室町時代に錦織源五郎なる人が、湖水の漁猟をつかさどって、毎朝大きな鮒を献上したところから、鮒の名に冠せられたといわれます。さしみ、赤煮、鮒鮓等の材料に使われます。

けんさきするめ〔剣先鯣〕

ヤリイカ科に属する大形のスルメイカ。肉が厚くて味は最良です。著名な産地は五島なので一名五島鯣ともいいます。生は特に美味しいものです。

けんざんやき〔献残焼〕

新潟の郷土食、とくに小千谷市一帯の郷土食。飯を握って焼き、茶漬けにして食べるもの。けんざんとはどういう意なのか土地の人もあまりはっきり知らぬようです。昔献上品の残りを献残といっていましたので、そんな名残り言葉かも知れないという人もあります。冷飯を適当の大きさに握って火にかけ、表面を狐色になるまで焼き、これに生姜の入った甘味噌を塗り、再び焼いて茶碗に入れ、熱い香ばしい茶をかけて食べます。寒い夜の夜食などには好食物です。もともと一部の農家の簡素な主食であったようですが、現在は普及して代表的な郷土食になっています。

げんじゆず〔源氏柚子〕

柚子を輪切にしたもの。輪切の姿が源氏車の輪に似ているのでこの名があります。柚子蒸その其他にもよく使います。酢の物に一枚下へ敷くこともいたします。

けんじょうあわび〔献上鮑〕

新潟の名産。越後の一の宮の弥彦神社の諸祭礼に神饌として使われるので献上鮑の名があります。冨留川《ふるかわ》独特の味、及び煮方をしたもの、薄く切ってそのまま食べます。

けんじょうそば〔献上蕎麦〕

室町時代に尾張から京に出た京都車町尾張屋が、御所へそばを献上したのが献上そばといわれています。また出雲の羽根屋も、献上そばを打ち、松江侯に献上して献上そばの名があります。出雲そばはとろろ芋を入れて打つので大変舌ざわりのよいものです。

けんしんずし〔謙信鮨〕

笹ずしともいいます。上杉謙信が越後の春日山城を出て川中島に向かう際、兵糧にしたというものです。現在は飯山市富倉にだけ残っています。このあたりでは何れの家でも大きなすし箱があり、祝日には主婦たちが腕をきそって、わらび、ぜんまい、椎茸、胡桃、大根の味噌漬をみじん切りにして、笹の葉の上にすし飯を握り、具をのせて何段にも重ね、かるい重しをして作ります。

けんちんじる〔巻繊汁〕

只今では材料を細く切り、豆腐の水切りしたものとを油炒めし、煮出し汁、醬油にて味を付け、煮込んでのち片栗粉の水溶きを少々入れて濃度を付けた汁です。本格には材料を細く切り、湯葉で巻いて揚げ、これを材料にして汁を作ります。繊《せん》なもの、即ち細いものを巻いて作りますからこの名があります。ケンチン汁は天台宗の開祖、天台大師の御講用に必ず使用されたといわれます。

けんちんに〔巻繊煮〕

竹の子、椎茸、牛蒡、人蔘などを千切りにし、油炒めして豆腐の水切りしたのを入れて更によく炒め、醬油、煮出し汁、砂糖で味を付け、最後に玉子の割りほぐしたのを入れて煮上げて作ります。

けんちんむし〔巻繊蒸〕

豆腐を使った蒸物。豆腐、人蔘、蓮根、笹がき牛蒡、椎茸、青み、白身の魚、その他季節の野菜を用意し、やや長めに切り茹でるものは茹で、下ごしらえをして胡麻油で炒め、味塩で調味してつなぎに卵を使い、魚を器に入れその上に加薬《かやく》入りの豆腐を架け十二分間むしてあんをかけ、香辛にわさびまたは生姜の絞り汁を使ったもの。

けんどん

麺類の古い言葉です。

げんのしょうこ〔現の証拠〕

フウロソウ科の多年生草本。ミコシソウともいいます。六月頃白色、淡紅色の花が咲き、七月下旬に葉を摘んで乾燥させ、これを煎じて服用すれば、下痢止めの効果があり、それが著しいので、「現の証拠」の名があります。また別に、たちまち草というのも同様の意味です。番茶がわりに常用すれば、消化器に効が多いと利用する人も多くいます。

げんぺいかみ〔源平紙〕

赤白二枚合せた紙。

げんぺいつくり〔源平作り〕

刺身の作り方の一種。赤白盛り合せた刺身。

げんぺいなべ〔源平鍋〕

高松の鍋料理。源平の戦いに因んで十五年程前から作り始めた鍋料理。陣笠になぞらえた鍋で、舟形の漆ぬりの器に、瀬戸内の新鮮な材料を盛った豪華なもの。水焚風にして、ポン酢、薬味で食べます。材料は、かに、魚、貝、野菜などを取り合わせます。

げんぺいなます〔源平膾〕

大根と人蔘の膾。なますの文字については、鱠と書けば魚類と野菜、膾と書けば野菜乾物です。

げんまいちゃ〔玄米茶〕

玄米を香ばしく炒り番茶と混ぜたもの。時には塩少し使うのもよいものです。

げんまいパン〔玄米麺包〕

玄米粉に小麦粉を混ぜて焼いて作ったパン。本格的でなくとも重曹に少々焼明磐を使って蒸パンを作るのもよいことでしょう。重曹に焼明磐を加えるのは重曹の苦味を中和させて消してくれるからです。膨脹剤を使うのもよいことでしょう。

げんまいめし〔玄米飯〕

玄米で焚くのでこの名があります。普通の米より水を少し多くしてゆっくり焚き、更に水を加えて一度かき混ぜてゆっくり焚きあげます。二度焚きにするのが玄米飯を美味しくするコツです。

こ

コーンスターチ

トウモロコシの穀粒からとったデンプン。トウモロコシを亜硫酸液の中に浸し、軟らかくなったのを圧砕器で磨砕します。このさい、胚芽を砕かないように注意します。もし胚芽を砕きますとコーンスターチが苦くなってしまいます。次に胚芽分離機で胚芽を分離して更に、水に沈殿させたデンプンを集め、脱水、乾燥させて製品となります。御菓子の材料、天ぷらの衣に混ぜたり、片栗粉代わりにあんかけ用に使ったり、くずし物のつなぎに使います。

ご〔呉〕

豆液。大豆を水に浸して軟らかくし、擂りつぶした乳白の濃い液。豆腐または豆乳の原料となるものです。植物性蛋白質を多量に含み、栄養食品として重用されるものです。これを汁に入れたのが呉汁《ごしる》です。

こい〔鯉〕

コイ科の淡水魚。口に二対のヒゲがあり、一列の鱗が三六枚あるので三十六鱗ともいい、六六魚ともいわれます。出世魚として祝儀用に使います。中国の諺に「六六変じて九九鱗となる」という登龍門を祝う諺があります。九九鱗とは龍の鱗が八一あるとの伝説に基き、中国の黄河の源は崑崙で積石山を経て龍門に至りますが、ここは奔流が急で、春三月いろいろの魚が登ろうとしても皆死ぬ中に、鯉のみがひとり登り得て龍になるとの伝説があるので、人の栄達になぞらえて上《のぼ》る一つの段階を登龍門というに至った訳です。日本にも大和の吉野川の上流に龍門の地名があり、そこの傍を登った鯉は龍に化するとの伝説もあります。鯉の養殖も進み、現在では谷川の水を利用して臭味もない良いのが出廻っています。昔は淀の鯉などが有名でしたが、信州の佐久、中込、桜などが有名。料理では、鯉の湯洗い、アメ煮、鯉こく、照焼き、味噌漬、唐揚げ、山椒焼きといろいろに作ります。

　鯉の原産はアジア、現在は広く世界中に分布され観賞用のものも多くの種類があります。日本へ渡って来たのは二千年以上も前といわれます。古縄文時代（約一万年前）の貝塚からその骨が出現されているといわれます。五月の鯉の吹き流しといわれるように、それほど日本的な魚となっていますが、鯉は出世魚といわれ、男児を祝うため五月の節句には鯉幟をたてます。貞享四年貝原益軒が書いた『日本歳時記』には、紙旗にいろいろの絵を書き、長竿につけ戸外に立てたとあり、天保年間に出された『江戸歳事記』には紙で作った幟と共に鯉の形を作り、竹の先きにつけること近世の習なり、とありますからその頃から鯉幟をかざるようになったことが知られます。何といっても鯉は位《くら》いの高い魚で鯛より上に置くものです。

ごい

新潟地方の根菜。俗に黒くわいともいいます。形がくわいによく似ていて、濃い紫色があざやかです。口代わりに添えて酢にしたのを頂いたことがありますが、歯ぎれのよいものです。

こいくちしょうゆ〔濃口醤油〕

醤油には濃口、淡口、中引と三種あります。その内一番色の濃いのが濃口醤油です。煮物、タレ、などに使います。

こいこく〔鯉濃〕

鯉の味噌汁のこと。鯉こくの鯉は鱗のまま筒切りにしますが、現在の人はあまり好まないので鱗はとります。中くらいの鯉の鱗を去り、骨切りをして筒切りにし、鰭の中辺にニガダマといって胃がありますからこれを取り出します。これは別名たがきもといわれ、苦い胆汁が含まれているのでつぶさぬように取り除きます。京風の白味噌と赤味噌を同量擂り混ぜ煮出し汁で擂りのばしますが、味は薄めにして鯉を煮込みそのまま放置しておき、食べる時更に温めます。鯉は二度煮が美味しいものです。大根または蕪を共に煮て、吸口にふきのとうがあれば冬の絶品の食べものです。

ごいしちゃ〔碁石茶〕

団茶の一種。高知県長岡郡大豊村に現在も残っています。摘んだ茶の葉を大釜の上で蒸し、室に入れて醱酵させ、茶桶に入れて上に板を置き重石を積んで漬物のように圧縮し、水分が取れて固くなった茶を包丁で賽の目に切り天日で乾燥させたもの。

こいちゃ〔濃茶〕

抹茶の一種。薄茶に対する濃茶です。濃茶と薄茶とは樹の栽培から違います。濃茶の方は樹齢五〇年くらいで上にコモを覆い、日の直射をさけて軟らかい芽を出したものを摘み、製茶いたします。従って香りと甘味があります。茶の一会は、懐石が終って中立ちして更に席入りして濃茶を飲み廻ししてのち、薄茶《うすちゃ》をいただいて終ります。

こいのあらまき〔鯉の新巻〕

富山県福岡町では鯉を洗って鮭のように塩をして造ったものを売り出しています。料理では鮭の新巻と同じように使用されますが、鮭とは一味違った味わいがあります。

こいのほうちょう〔鯉の庖丁〕

普通鯉を調理するのにも鯉に庖丁するといいますが、古来流儀によりそれぞれの庖丁の仕方があって、長久の鯉の仕方などよく知られています。鯉はめでたい魚故何魚よりも上位におかれるものです。四条流の庖丁の仕方には、御前庖丁、両身下魚形、初雪、祝、八十嶋詰、雪朝、庇、殺庖丁、洗鯉、鰭立、出陣、移徙、小鯉、神前、長久、婚姻、等々の諸式があるようです。

こいめし〔鯉飯〕

南濃地方の郷土料理。鯉を洗ってぶつ切りにして、一寸辛目に煮て米と共に焚き、かき混ぜて食べます。小骨があるのでいばら飯とも呼ばれ、婚礼その他芽出度い時には必ず焚くといわれます。飯の中に鯉の目が入っていると更に縁起が良いと喜びます。

こいも〔小芋〕

里芋の親の周囲につく小さい芋。芋は晩秋が収穫期です。俗に京芋というのがこの種です。京芋といっても現在の産地は、伊勢と大和の境あたりが主産地になっています。旨煮、ふくめ煮などが美味しくいただけますが、煮る時、一度茹でてぬめりを取ってから味付けするのと、直煮《ちかに》にする仕方と二通りあり、惣菜には直煮にするのもよいものです。

こういか〔甲烏賊〕

イカの一種。胴の背の中に舟形の甲羅があるのでこの名があります。マイカ、スミイカともいいますが、これは敵に襲われると墨を吐いて煙幕代わりにして姿をくらまして逃げるからです。肉が厚く、刺身、鮨種、雲丹焼、木の芽和えと多用に料理されます。

こうえつどうふ〔光悦豆腐〕

本阿弥光悦が好んだ豆腐料理。豆腐を大きく奴《やっこ》に切って塩をまぶし、狐色に油で焼き、酒を長時間煮立てアルコール分を揮発させた中でゆっくり煮たもの。

こうじ〔麹・糀〕

米、麦、大豆などを蒸して適当の温度と湿度を保つムロに入れてカビを繁殖させたもの。このカビの分秘する酵素を利用して澱粉を糖化、蛋白質を分解させ、酒、醤油、味噌、溜、甘酒などを造ります。

こうしんりょう〔香辛料〕

お茶の水女子大の稲垣先生は、『匂いと栄養』の中で「匂いというものは揮発性のものであるが、日本の食品には特にそれに硫黄が含まれているので学問的には、揮発性硫黄化合物という。」といわれています。その代表が、玉葱、にんにくでこの匂いはビタミンB_1の補給をしています。長く煮ると、匂いが無くなるからなるべく長く煮ないことが必要です。特ににんにくは昔から強精食品として名高く、それ自体にはたいして栄養効果はないが、効果成分のグロリコナミールは腸内酵素により、ビタミンB_1、B_2の破壊をふせぐ効があり、ビタミン吸収に役立つ、といわれます。

右のように匂いにも貴重な働きのあることを知るべきでしょう。尚また香りのある食べ物によって、体嗅も替わります。日本人の匂いは醤油と漬物の香りだといわれます。果物を多くとれば自然その匂いとなり、柑橘類はさわやかな体嗅にしてくれることでしょう。

胡椒は奈良朝時代すでに使用されており、正倉院にはその時代のが保存されていると聞き及びます。左に香辛料の種類を書き出してみます。

柚子、芥子、胡椒、生姜、木の芽、丁子、わさび、ふきのとう、胡麻、胡桃、陳皮、七味、一味、カレー粉、にら、にんにく、あさつき、けしの実、葱、玉葱、レモン、茗荷、山椒粉、麻の実、ガーリック、ニッケの粉、月桂樹葉、セロリ、パセリ、スダチ、うど、紫蘇実、海苔。

このように沢山なものがあります。徳川中期には江戸市中、香辛料を次のようなことをいって売り歩いたといわれます。「ひりりと辛いは山椒の粉、すいすい辛いは胡椒の粉、けしの粉胡麻の粉陳皮の粉、中で良いのが娘の子、いねむりするのは香の子、とんとんとんとんがらし」のんきな時代相がよくあらわれていて、おもしろい唄だと思います。参考までに書き添えておきます。

香辛料はこのように沢山あり、食味の引き立ての役として必要なものです。それに異臭を消したり、香りを付けて食欲を刺激して消化液の分泌を盛んにしたり、季節感を出したり、知らぬまに食べ物に役立っています。

辛子は四〇度のぬるま湯でかくと酵素の働きが良く辛味が増します。

こうせん〔香煎〕

大麦を炒って挽《ひ》いたもので、麦こがしともいいます。これに砂糖、塩を混ぜて食べたり、湯でかいたり、寒梅粉と混ぜて作った麦落雁、塩湯に浮かせた香煎茶、飴の中へねりこんで切った駄菓子のカツオなどと使い途はいろいろです。

こうそ〔酵素〕

生物のあらゆる反応、変化において重要な触媒作用を持つ物質です。人間が食物を体内にとり入れた場合の消化の様子や、カビや酵母によって米がアルコールになる様子など種々の反応が、古くは生命現象として不可解であったが、酵素の発見や研究によってつぎつぎと解明されてきました。

酵素は生命にとってなくてはならないもので、人間の体も何百種類という酵素の作用によって維持されています。酵素はタンパク質を主体としているため、一般的な性質はタンパク質と同じで、熱による凝固、酸アルカリによる変性を受け、変性によって酵素の作用を失います。これを失活といいます。酵素の作用は最近いろいろ食品の加工に広く利用され、デンプンを糖化してブドー糖を作ったり、セルラーゼを用いて、菓子原料の米などの繊維を分解して水浸時間を短かくしたり、缶詰に加えて缶詰中の残存した酸素をなくしてしまい、品質低下を防ぐなど、今後酵素の食品への利用は益々大きくなるものと思われます。

こうたけ〔香茸〕

皮茸科。皮茸又はシシタケともいいます。笠の袋に毛様の針状のものが密生しております。獣の皮に似ているので皮茸の称もあります。茹でて石付を切り去り、四cmくらいに切りこれをさいて細くし、よく洗って味醂、醤油、砂糖で照りの出るように甘めに煮て口取り、口代わりのあしらいに使います。色が真黒なので取り合せの色彩に取り入れるのもよいことです。

こうちゃ〔紅茶〕

製茶の一種。出し汁が紅色をしているのでこの名があります。有名なのはセイロン産ですが、現在では我国でも静岡あたりで良いのができ、輸出までされているときいています。何れにしても食後の一碗はよいものです。

こうちゃに〔紅茶煮〕

卵をかた茹でにして、竹簀でたたいてヒビを入れ、紅茶大匙一杯、八角一個、粉山椒小匙〇・五杯、醬油大匙二杯、塩少々を鍋に入れ、卵の浸るほどの湯を入れ一度沸騰させてそのまま放置しておきます。冷めたら皮を剝きますとクモの巣状に色が付いていています。これを切って前菜に使用します。

こうとねぎ

九州福岡地方の特産葱の一種、あさつきと分葱と合わせたような細い葱、鍋物の薬味に適します。

こうなご〔小女子〕

別名王筋魚《いかなご》。普通には茹でて売られています。大根卸しに二杯酢で食べたり、醬油でから炒りしたものなど酒の肴に向きます。

こうなんづけ〔甲南漬〕

六甲山の南で漬けるのでこの名があります。高崎平介商店は手広く営業をしています。灘五郷をひかえておりますので酒粕も多く産します。それを使用しての奈良漬です。瓜、すいか、きゅうり、一口茄子、千成瓢単などを材料として漬けたもの。

こうのもの〔香の物〕

漬物の別称。種類は各地の物を数えあげれば数限りなくあります。香の物とは、聞香《もんこう》をする時、漬物の匂いをかいで聞香をすると匂いの識別がはっきりと分るところからこの名があるといわれます。

こうばこ〔香箱〕

越前のズワイガニの雌《めす》のこと。セイコともいいます。

こうばこがに〔香箱蟹〕

ズワイガニの雌《めす》のこと。子を持っているところから、子箱。それに風味のよさをもじって香箱と名付けられたといわれます。

ごうはん〔強飯〕

こわ飯でなく日光山の奇習です。俗に日光責めというように、陰暦正月二日に輪王寺で行われる行事の飯。

こうべうし〔神戸牛〕

主として但馬産、その他淡路、伊予産の牛が神戸に食牛としてはいったもの。神戸開港と共に多くの外人の出入りも多くなったため、自然必要も多く良質の牛が入って今日の神戸肉の名を高めています。

こうみやさい〔香味野菜〕

独特の香りと味をもった野菜。セロリ、三ツ葉、玉葱、パセリ、人蔘、茗荷、セリなど。

こうめ〔小梅〕

小粒の梅。普通の梅のように使われます。

こうもり〔甲盛〕

蟹料理の一つ。かにの甲をはがし、身を取りこれに味を付けて甲羅に盛ること。時には甲羅を酢に漬けて軟らげ、上から下へ押すと反対にへこみます。この上に盛り付けることもいたします。

こうやどうふ〔高野豆腐〕

豆腐を凍らせて乾燥させたもの。高野山の僧が残りの豆腐を戸外に出しておいたら、今でいうしみ豆腐が出来たので、これを乾燥させたのに始まるといわれ、不時の用にと作ったのが高野豆腐です。木曽路でも、おんたけ豆腐といって同種類のものがあります。これは武田信玄が不時の用にと作り始めたものだといわれます。料理は、熱湯を充分かぶるほど入れて落ち蓋をしてよくもどし、よく水洗いして適当に切り、汁たくさんでゆっくりと煮ます。できれば二度焚きがよろしい。一年以上日の過ぎたものは軟らかくなりませんから、買わないようにして下さい。

こうらがえし〔甲羅返〕

かにを茹でて、甲羅をはがし、きれいに洗ってこれを酢に半日程漬けておきますと甲羅は軟らかくなり、上から押さえると簡単に裏返しになります。この上に蟹の身を調味して盛り付けたり、二つ折りにしてその中へ甲羅蒸の材料を入れて蒸すこともいたします。かにの甲羅はカルシュームで、酸に弱いので自由に形を変えることができます。

こうらむし〔甲羅蒸〕

蟹料理の一種。かにを茹でて甲羅をはがし、身を取り出し、木くらげ、銀杏またはグリーンピース、三ツ葉を混ぜて、塩、砂糖、玉子を加えて甲羅に詰めて蒸したもの。時には卵白を泡だて塩味をし、最後にこれをかけて一分間程蒸して作ることもします。

こうりこんにゃく〔凍蒟蒻〕

こんにゃくを平たく一㎝ほどに切り、石灰水を煮立てその中へ入れて取り出し、田にわらを敷き、その上に並べ、時々水をかけ寒中に十日間ほど干して充分乾かしますが、その間裏返しをして干し上げます。然し現在は冷凍で四季作られます。茨城県水府村などが産地です。

使用する時には湯につけてもどし、用途により適当に切って煮出し汁、塩、砂糖で白煮にしたり、普通に色付けしても煮ます。正月の煮豆の具に使用することは周知の通りです。時には細く切って結び、御菓子のあしらいにするのも気がきいていいます。

こうりざとう〔氷砂糖〕

一名氷糖ともいい、結晶は大きく最も純粋な砂糖です。砂糖が初めて伝来したのは孝謙天皇、即ち道鏡とスキャンダルで知られる女帝のころで、唐招提寺の開山、鑑真和尚が南方から持ってきた、蜜石（氷砂糖）が最初であるといわれます。室町時代になると唐土から輸入が増加して、上層階級に砂糖の魅力を知る者がふえています。江戸時代には砂糖は薬屋で売っていたもので「木薬屋つぼから出して泣きやませ」とあるように、その当時には泣く子も黙るほどの魅力があったようですが、現在では氷砂糖一個より百円玉一個の方が泣きやみが早いようです。氷砂糖は淡味なので料理、果実酒を作る時などに使用します。

こうりもち〔氷餅〕

寒中に餅を搗き、ある程度の厚さに切り、これを夜間戸外に出して凍てらせると簡単にぼろぼろと小さくなります。これを乾燥させておき、これを煎って食べたり、これを材料に付けて揚げたり、蒸せば直ちに搗きたての餅のようになります。

こうりょう〔高梁〕

こうりゃん。インドが原産、日本ではトウキビまたはモロコシといいます。渡来は慶長年間以前のようです。餅米と混ぜて搗いたトウキビ餅、御菓子、羊羹などに使います。

こうりょうしゅ〔高梁酒〕

高梁を原料として蒸溜醸造の酒。起源は室町時代といわれ酒精含有料六〇％、強烈な酒です。きわめて透明なもの、年を経たものほど賞飲します。

こうるか〔子塩辛・子鱁鮧〕

鮎の子で作った塩辛。そのまま使ったり、これにいか、あわびなど和えて前菜用にも使います。

こおりどうふ〔凍豆腐〕

豆腐を二㎝くらいの厚さに切り、寒中の夕方熱湯をかけて戸外に出しておきますと一晩で凍て、軟らかい高野豆腐のようなものが出来ます。かつお煮、鍋物の加役、汁物の種に向きます。現在は冷凍室で作れば簡単に作ることができます。

こがし〔糕〕

米または麦を炒って挽いたもの。麦こがしは、炒粉、ハッタイともいいます。秀吉が北野の大茶会に茶をもたない者はコガシでもよいといったのはこのこがしのことです。塩湯にコガシを一振り入れたのは夏の飲物です。

ごがつまめ〔五月豆〕

五月に出盛るのでこの名があります。この豆には種類がいろいろあります。豆が紫色で大粒なのは尺五豆といってツルになり、豆の黒いのは三度豆ともいい三度なります。豆が青色なのが普通で、豆の茶色のはマスターピースといって尺五にもなる長いものです。白豆の方はきぬがさ豆といってツルになります。何れも使い途は同じです。

こがねかんてん〔黄金寒天〕

材料、寒天一本八g、水カップ二杯、卵黄四個、下味に砂糖、塩少々。作り方、寒天は先に水に浸しておき水気を絞って分量の水で煮溶き、下味の塩、砂糖を少々入れてスイノウで漉し、約六〇度くらい冷めた時卵黄を撹拌して混ぜ、流し缶に流し入れて冷しかためて適当に切り、甘酢、わさび酢、酢みそなどを喰味に使って進めます。勿論色彩よく他のものと添えます。これを天突きで突き出しても使います。

こがねに〔黄金煮〕

海老その他白身の魚に片栗粉、卵黄を付けて、味醂、煮出し汁、白醤油、砂糖でさっと煮たもの、煮汁は少し多く使います。

こがねやき〔黄金焼〕

黄身焼きと同じ。

ごかぼう〔五家宝〕

埼玉県熊谷の名菓。糯《もち》米と水飴《あめ》で作った淡白なもの。

こがも〔小鴨〕

雁鴨科の水鳥。本鴨より小さいのでこの名があります。本鴨より身が軟らかく、特に北陸の小鴨は有名です。普通の鴨と同じように調理されます。鴨の丸煮などにはこの方が姿がよいのでよくこの小鴨を使用します。

こがらす〔小烏〕

飛騨高山の銘菓。小京都といわれる飛騨高山の国分寺。ここに天を摩する大銀杏があり、足利の時代再建された本堂及び三重塔は豪壮です。国分寺に伝わる平家の宝刀小烏丸に因み小烏と銘を付け、国分寺の古瓦紋様に大銀杏の葉をもって古刹をかたどった麦らくがん、雅趣と香味豊かな干菓子です。

こがらみ〔子絡み〕

子まぶしのこと。塩の子（数の子の一粒づつになったもの）、たら子などまぶしたもの。料理言葉では主材に小さなものをまぶすことを、「からます」、といいます。

こくしょう〔濃漿〕

みそを濃くといて、魚、鳥、野菜を汁多くして煮たもの。古言。

こぐちぎり〔小口切り〕

材料の切り方の一つ。材料の片端からまっすぐに切ること。うど、大根、長芋、胡瓜など使い途により長短、薄い、厚いと切ること。

ごくむかし〔極昔〕

ごく昔は抹茶の濃茶ですが、濃茶には初昔、極昔などがあります。茶は八十八夜前後廿日間に摘んだのを最上とされます。即ち廿日をまとめますと昔という文字になります。これは茶の最上を示す様で昔の文字が使われます。

こくるい〔穀類〕

普通食べ物としては、米、玄米、あわ、きび、大麦、小麦、糯米《もち》、ひえ、などになりますが、これを加工した道明寺、みじん粉、イラ粉、氷餅、餅の素があります。餅の素は八〇度以上の温度を保ち、水分を取り除き完全にアルファー化したもの。熱を加えなくとも水で練れば直ちに餅になり便利なものです。その上翌日でも硬くならないので餅菓子によく使用されます。

その他豆類では、小豆、大豆、黒豆、隠元豆、手亡《てぼ》、そばの実、そば粉、小麦粉、白玉、空豆、うき粉など加工されたものがあります。

こけらずし〔鱗鮨〕

押ずしの一種。材料には、鮃目、鯛、小鯛、かれい、きす、などの白身を適当に処理して塩をしてのち、酢に漬け、鮨桶に鮨飯を三㎝くらいの厚さに入れ、その上に具の身を、屋根のコケラぶきのように重ねて並べ、笹か葉らんの葉を敷きその上に鮨飯、具と並べこれを繰り返してつけ、半日くらい重しをします。これを取り出して切って使いますがコケラのように具をおくのでこの名があります。

こけらひき〔鱗引〕

鱗魚の鱗をひきさること。その他鱗を取り去る器で、金の台に釘の頭のような物が数本付いている鱗引きがあり、これをコケラ引きともいいます。

ごこくりょうり〔五穀料理〕

粟、稷《きび》、麦、豆、米、以上を五穀といいますが、古書には稷の代わりに稗《ひえ》または麻などが加えられることがあると書かれています。この材料を使ったのを五穀料理といいます。米麦は別として粟は冬なれば三日間くらい水に浸しておき、一度蒸して後粟むし、粟餅に使います。稗は現在あまり使うこともなくなりましたが、使う場合は搗いて皮を剝き、一晩水に漬けておき一度蒸してのち使います。豆類は一晩水に浸しておき、水を替えて一度沸騰させて湯を取り替え、茹でてシワの寄らなくなるまで差し水をします。その後は文火（弱火）で軟らかくなるまで茹でながら味付けをします。味付けの注意として、砂糖を先に米量くらい入れて煮込み終りに砂糖、塩又は醤油を入れて煮上げます。こうすると軟らかく煮えます。火は弱火であること。

ここのえ〔九重〕

仙台の名菓。地方にはまれなみやびやかな菓子。食べるというより飲むというもの。麻《あさ》の実ほどの小粒で柚子の香りがほのかにあり甘味も適当です。柚子の他抹茶、ぶどうなどがあり、コップに大匙二杯ほど入れて、熱湯をさし一分間ぐらいで粒が浮き上り、香りを高くただよわせます。原料はモチ米。餅をついて粟粒くらいに切り、柚子などの糖蜜を煎りながらまぶしたもの。

ここんちょもんしゅう〔古今著聞集〕

古今の物語雑纂を輯録した二〇巻三〇編の大著で、飲食に関することもその一部にあります。著者は橘成季で、建長六年（一二五四）十月脱稿とあります。伝はつまびらかでないが、自序には「芳橘の種胤を稟く」とあり、典和漢を兼ね管絃、丹青の道にも長じたことはその記述によって知ることができます。但し橘氏の系図には見えないそうです。

ここんようらんこう〔古今要覧稿〕

江戸時代の国学者、屋代弘賢が幕府の命を受け、自ら主任となり当時の学者十余人を動員して、文政四年（一八二一）から天保一三年（一八四二）まで二十二年間に五六〇巻を編纂上進した解説考証書です。最初の計画は一八部門約一、〇〇〇項目で大成の見込みであったのが、天保一二年弘賢が八四歳で没したためついに完成を見ることができなかったといわれます。然し魚介部、飲食部、菜蔬など参考になることが多く、写本、刊本も数種あって、現存には国書刊行会のが最も流布されていると聞き及びます。

ございに〔五斎煮〕

煮物料理の一つ。魚に薄塩をしておき、大根を煮出し汁で軟らかく煮たところへ魚を入れて、酒、醤油で味を付けて煮て、取り分けて生姜の絞り汁を香辛に使って進めるもの。『料理物語』には「鰆《さわら》を白焼きして使った。」とあります。

こしき〔甑〕

炊器・蒸籠《せいろう》。こしきは主として清酒、醤油や味噌を造る米や、大豆、麦を蒸す大形の物で、現在でもそう呼びます。普通には蒸器のことです。餅搗きには蒸籠といって桧を曲げて作ったものや、木で作った角形のを使います。金で作った蒸器は木で作ったものと違い、温和な熱あたりがしないので御菓子その他玉子豆腐一つ作る場合でも本当は向かないものです。そこへゆくと中国の蒸器は料理を作るには当を得ております。

ごしきあげ〔五色揚げ〕

材料は海老、きす、小鯛、穴子、鶏の笹身、めごち何でもよろしい。材料を天ぷらの材料のように下ごしらえをし、味塩をして、小麦粉、玉子の水溶きを付け、五色の物を付けて揚げます。付ける材料はチーズクラッカーの砕いたもの、道明寺、黒胡麻、海苔を巻いたり、青紫蘇の葉を巻いたり、そうめんを折ってつけたり、栗の細切りをつけたり、色粉（白、ピンク、青、黄）で色をつけ、五色になるように付ける材料を見立てて揚げます。

ごしきそうめん〔五色素麺〕

五色に着色した素麺。四国松山名産。始めは長門屋市左衛門が、長門そうめんの名で売り出したものですが、久松藩主から朝廷に献上して、五色そうめんと名が変ったといわれます。普通のそうめんと同じように使います。

こしのしぐれ〔越の時雨〕

精進料理の一つ。生麩（麩の素）梅干大三〇個、濃口醤油カップ二杯、味醂大匙三杯、サラダ油大匙一杯、生姜二g。生麩を梅干大にちぎって沸騰した湯に入れて浮き上ったら水に取り、ざるにあげて水切りします。鍋にサラダ油を入れて分量の醬油、麩を入れて、初め中火、あとは弱火で時間をかけて煮て、少し汁の残っている内に火を止め、翌日更に煮て終りに味醂、生姜の薄切りを加えて仕上げます。

こしのゆき〔越の雪〕

干菓子の一種。越後長岡の名菓。創業は安永年間と伝えられています。薄い淡味なもの、紅白二種あり、茶会などに干菓子としてよく使われます。

ごしゅがゆ〔五種粥〕

懐石料理に出す五種粥。白粥、茶粥、小豆粥、雑炊、焦がし粥。

ごしゅのけずりもの〔五種削物〕

饗膳用の定式物。乾物の魚介の五種を削って進めるのが昔は定めであったようです。基準として、あわび、かつお、鯛、蛸、なまこ、など。

こしょう〔胡椒〕

香辛料。印度が原産、五、六月頃に白色の穂花が咲き、秋豌豆大の実をむすびます。これを取って乾燥させたそのままのが粒胡椒、挽いたのが普通に使用する粉胡椒です。南印度、マライ半島、セイロン島、ボルネオ、西印度、中南米などの熱帯地方で多く産します。

こじょうようかん〔小城羊羹〕

佐賀県の銘菓。今を去る三六〇年前、豊公が朝鮮出兵の折、小城に立寄った際献上、賞味されて命名されたといい伝わる羊羹。

ごしょがき〔御所柿〕

大和の原産。果実は中くらいの大きさで約一五〇gくらい、果肉は朱黄色、熟すると濃紅色となります。俗にいう褐斑はないが甘味が多く、岐阜、山梨地方で多産されます。

ごしょぐるま〔御所車〕

禅僧の用語。卵を茹でて輪切りにすると御所車の輪に似ているからこの名があります。

ごじる〔呉汁〕

大豆を使っての汁料理。大豆を一晩水に浸して充分軟らかくして擂鉢ですりつぶし、煮出し汁でのばし、牛蒡、人蔘、大根、油揚げなど好みの野菜を入れて味噌で調味します。枝豆を大豆の代りに使ってもよいものです。

ごしん〔五辛〕

ニンニク、ヒル、ラッキョウ、ネギ、ニラ、の五種。いづれも不浄を去り疫病を払うものとしてわが国では昔から神事に用いられ、悪疫流行の時には民家の軒にニンニクをつるしておく風習は所により今も残っています。仏者はこれを忌んで、楞厳経に「五辛を食うと命終して無間に入る」と説かれ、禅林の標識に、「葷酒《くんしゅ》山門に入るを許さず」、とある葷はこの五辛を指すのです。仏教でこれを禁じたのは精力が旺盛になって若い僧の修行に妨げがあるとのことでしょう。然し一般にはこの五辛がなかったら料理がものたりないものになってしまいます。

こすいもの〔小吸物〕

普通の吸物椀より小ぶりの椀を使い、種も小さくした気のきいた吸物、二次会などに向く吸物です。味は醤油と塩と半々くらいでつけます。

ごせっく〔五節供〕

年中行事。昔朝廷で行われた五節会《ごせちえ》は、元旦節会、白馬《あおま》節会、踏歌《とうか》節会、端午《たんご》節会、豊明《とよのあかり》節会の五節で特に十一月中の丑の日には五節の舞が催される例でした。民間では正月七日を人日《じんじつ》といい七草粥、三月三日を上巳《じょうし》といって雛祭り、五月五日を端午といって柏餅にちまき、七月七日を七夕といって果物などを御供えし、九月九日を重陽（一名菊の節供）といって菊酒を御供えして以上が五節供です。明治六年宮中での行事は廃止になっていますが民家では今だ多くとり行われています。

ごぜんじるこ〔御膳汁粉〕

材料は生漉しあんカップ二杯、砂糖カップ二杯、水カップ四杯、塩小匙〇・五杯、片栗大匙一杯。水で砂糖を煮溶き、あんを入れて弱火であんを更に煮溶き、塩を入れ終りに片栗粉の水溶きを入れて濃度をつけます。

粉末の晒しあんで作る場合、材料は晒餡カップ二杯、水カップ七杯、砂糖カップ三杯、塩小匙一杯、片栗大匙二杯、晒しあんに湯七杯くらいを加えてよく混ぜ、あんが沈殿したら上澄みをすて、これを二〜三回くり返して日なた臭さをとり、簡単に水を絞り去り、鍋に水と共に入れ砂糖、塩で調味して中火で煮て終りに片栗粉の水溶きを入れて濃度をつけます。

ごぞうろっぷ〔五臓六腑〕

酒好き者が、しばらくぶりに呑む一杯の酒を五臓六腑にしみわたるといいます。即ち、肝、心、脾、肺、腎を五臓といい、大腸、小腸、胃、胆、三焦、膀胱を六腑といいます。これらの全部へ一度にしみわたるように感じるところからこの名称があります。これなどは酒呑みでなければ味わえぬことかも知れません。

こだたみ〔海鼠湛味〕

ナマコ料理。ナマコを切って酒につけ、煮出し汁と食塩、味醂で味をつけた中へ入れ、ワサビを入れて和えたもの。『料理物語』には、「こだたみは、煮ぬきにて仕立候。汁をあたため候て、出しさまにいとなまこ、かまぼこ、そぼろにつくり、あをのりなど入、すいあはせ出し候也。山のいもおろしても入候也。むかしは山のいもいれず。」とあります。

こち〔鯒〕

コチ科の海魚。表日本に多く獲れる魚で、肉は純白で締っているので、さしみ、ちり鍋、煮肴、うしお汁の材料によく使います。身が河豚《ふぐ》に似ているので河豚作りのさしみにもいたします。冬の鯒《こち》飯もさっぱりとしていてよいものです。

こづくり〔子作り〕

刺身の一種。鮒や鯉を洗いにして、卵を茹でてこれで和えたもの。鮒や鯉の卵は茹でるときれいな黄色になり、そしてばらばらになります。

こづけ〔小付け〕

前菜と同じ。少量で気のきいたものを使います。

こつざけ〔骨酒〕

鯛の頭を付け焼きにして先に身だけ食べ、残りの骨を更に焼き直してこれを深い器に入れ、アツアツに燗をしたお酒を入れ蓋をして二、三分間おきのちこれを飲みます。食塩を少し入れて飲めば酒は代わったように甘く感じられ美味しいものです。鯛でなくとも白身の魚なればよろしいが、鮮度の高いものに限ります。

ごったに〔雑多煮〕

肉、野菜といろいろな材料を一諸に煮た料理。ごったとはいろいろな物が入りまじっていることです。調味は、醤油、砂糖、味噌味にして煮る場合もあります。

こつゆ〔骨湯〕

煮肴、あら焚き、かぶと焼き、塩焼きなどの身を食べた残りの骨に熱湯を注ぎ、塩か醤油で味を取りなおしこれを飲むと、医者なかせといって健康を増進するという意味もあり、それから食習慣が生れたようですが、新鮮な魚の骨湯はなかなかすてがたいものがあります。

ごとういか〔五島烏賊〕

九州五島列島で産するいか。これを乾燥したのが五島するめです。一名剣先きするめともいい頭の方が平たく剣の先きのようになっています。

ことおさめ〔事納〕

陰暦十二月八日、関東地方の農家では一年中の農事の終ったことを祝い、事納めの儀を行う。芋、牛蒡、大根、人蔘、小豆、くわい、の六種の汁を作り、おこと汁、または六質《むしつ》汁と呼んで食べる風習もあります。

ことづてじる〔言伝汁〕

とろろ汁と同じ。「言いやる」を「飯やる」、食がすすむにかけたしゃれです。『醒睡笑』に、「とろろ汁の出たるを、座敷に古人ありて〝今日のことづて汁はいつにまさりて、一しほ出来たる〟などいひほむる。これは珍しき言葉やと、その仔細を問ふ。〝さればよ。この汁にてはいかほども飯がすすむ故いでやるとの縁に、ことづて汁といふらん〟。聞えたる作意やと感じ、やがてとろろをととのへ客をよぶに、ことづてを問はれ、〝おだいやる〟とぞ申しける。」とあります。

こととい だんご〔言問団子〕

東京の名物団子。隅田川堤の言問いの地名は、在原業平の、「名にし負はばいざ言問はん都鳥、わか思ふ人のありやなしやと」という伊勢物語の歌に因んで古くから知られていますが、名物団子の起源は新らしく明治初年だといわれます。成島柳北撰文の碑を建てたり、業平のために言問祠を建立して隅田堤の名物となったものです。餅の団子に餡《あん》をつけたもの、土産用に折詰めにした品もあります。

ことはじめ〔事始〕

陰暦二月八日、旧冬に事納めをした農家では、この日を一年の農事始めとして事納めと同じように六種の汁（これをお事汁という。）を作り、食べる風習があります。江戸時代では正月の事納めといって、女子が一日裁縫を休み、折れ針を集めて淡島祠へ納め、針供養をいとなんだのもこの日です。

今一つの御事始めは十二月十三日、正月の用事の事始めもあります。

ことぶきのり〔寿海苔〕

熊本の水前寺海苔の別名。現在は熊本より福岡で多く産します。一晩水に浸しておき使用します。

ごとみそ〔五斗味噌〕

味噌の一種。大豆、糠、米麹、塩、各々一斗ずつ混ぜて造った味噌、仕込んでから一〇日くらいで熟成するといわれます。

ごとうするめ〔五島するめ〕

五島列島で獲れるするめ、大きく厚身で大変美味しいものです。

ことりりょうり〔小鳥料理〕

秋たけて紅葉もまばらになった山里で小鳥の料理はまた格別です。つぐみ、しない、あとりなどは渡り鳥ですから晩秋から冬にかけて美味しい旬です。然しつぐみは現在禁鳥ですから獲ることはできません。すずめ、うずら、しぎなどの毛を引き腹開きにして臓物を取り去り、骨たたきして串を打ち遠火で焼き、甘くないたれを付けて焼いた焼鳥は最高の食べ物です。遠火で焼くのは骨の水分を熱で乾燥させるためです。こうすると骨も香ばしくなります。小鳥は焼くことを第一にして、くずし物、小鳥飯、煮物、吸種、鍋物、といろいろの料理材料に使います。

鴫《しぎ》には田しぎと山しぎの二種あります。何れも焼く時には味噌たれで焼くのが常識です、茄子のしぎ焼は、この鴫の焼き方に習うからしぎやきという訳です。

こなんど〔小納戸〕

徳川将軍昵近《じっこん》の職名で主として膳番を勤める。これは将軍に膳を進める時まず毒味をして給仕の小姓に引継ぐ役です。もし将軍が病気の時には小姓にかわって給仕をも勤め、後でその分量を計るという重大な任務をもっていたものです。この制度は寛永初年から慶応二年まで二四〇余年の久しきにわたって行われています。五〇〇石以上の旗本の任所で一〇〇〇石以下の者には役料として三〇〇俵を給され、一時はその数一〇〇余人に及んだといわれます。幕末期の元治元年整理されて、改役三人、平員四十二人に制限されました。普通の納戸役は将軍の衣服調度を管理し、大名、有司などへ賜与の金品をもつかさどっていましたが、小納戸はもっぱら飲食のみに限り、世子《せいし》（天子の後継ぎ）の住む西丸にもこの職があったとのことです。

ごなんもち〔御難餅〕

日蓮宗の供餅。おはぎ。文永八年（一二七一）九月十二日、開祖日蓮が幕府の忌諱に触れ相州龍の口で刑されようとした当日、鎌倉の一老婆が最後の供養にと引回しの途上に萩《はぎ》の餅を供したとの伝説に因んで、毎年九月十二日に日蓮の像に供物として捧げる風習が今だに残っています。

こぬか〔米糠・粉糠〕

玄米を精白する場合に生ずる種の皮、即ち玄米の皮。沢庵漬け用、糠味噌用、その他漬物には重要なものです。これから食用油を採ったり、家畜の飼料、肥料と用途は広くあります。

このこ〔海鼠子〕

名のようになまこの子。なまこの腹を開きますと、先ずこの腸が出て来ます。その背筋に細長く付着しているのが海鼠子です。きわめて量の少ないものですから高価なものです。薄塩で味をつけたものをそのまま前菜、または懐石の強肴に使用します。これを干したものが干海鼠子《ひこのこ》で、これには棒状のもの、三味線のバチようになったものの二種の形がありま す。何れも一寸火で炙って切って使います。この干海鼠子は、懐石の八寸、前菜、一口椀の種、時にはみじん切りにして材料を和えたこの子和えなど、贅沢《ぜいたく》な料理の一つです。

この子はどうしたことか、このわたの良い所のものは悪く、このわたの悪い所からかえって良品が産出されます。

このしろ〔鰶〕

コノシロ科の海魚。昔は初午の稲荷祭りにお供えしたので魚扁に祭と書くようになったといわれます。この魚は各地で呼び名が違います。小さいのをじゃこ、少し長じてコハダ、更に長じてツナシ、それ以上をコノシロといいます。美味しい食べ方は、三枚に卸して強めの塩をして二〜三時間おき、生酢につけのち三杯酢に漬けて、こはだ鮨、切って酢の物、小骨が多いので骨切りし、塩焼きにして生姜醬油、魚天焼などがあります。

元武家では切腹の際に給する習わしがあったため、腹切魚といって意味きらった時代もあったようです。

さてコノシロは城に通じ、武道華やかな昔はめでたい魚という風に思われたこともありましたが、これがまた次のようにいわれたのがおもしろい。『塵塚談』という古書に、ある殿様が宴会を催し、この席へコノシロ料理を出したところ、コノシロを食おう食おうとの会話が殿の耳に入り、コノシロをコハダと呼ぶようにといわれたとあり、現在コハダの名が残されている訳です。太田道灌が、ある年の正月江の島の弁財天参詣の帰り道の舟の中へコノシロが飛び込み、これに対して道灌はコノシロ我手中に入れりとよろこび、江戸城の築城にかかったともいわれますから縁起は思い思いといえます。

このはがれい〔木葉鰈〕

木の葉のように小さいかれい。体はやや長く薄いもの。生のはカラ揚げによく、普通には乾燥したのが売られています。醬油を塗って焼いたり、煎餅のように揚げてつまみものに使うのもよいものです。多く山陰地方の物が出回っています。

このはどんぶり〔木の葉丼〕

蒲鉾、推茸、ねぎなどを煮て飯の上にのせたもの。

このわた〔海鼠腸〕

なまこの腸の塩辛、これを作るにはあまり大きくないナマコがよろしい。なまこに充分水を吸わせて腹を切り開き、腸を出し、腸の中の砂を水と共に取り去りよく洗ってかるく塩をしてざるにあげて水をきり、一週間くらいで食べるなら、一割塩、少時置《お》くなら一割半くらいの塩を混ぜて、樽か瓶に入れておきます。知多半島はこのコノワタの本場です。然し現在は不漁で高価になってしまいました。地方へ送るのは塩をからくするので地元の味とは大変な違いです。

産地で知られているのは、尾張、伊勢、北陸、備前など。南知多の大井というところには、江戸徳川へ三〇〇年も送り届けた家が現在もあります。色、香り、味とも抜群です。

こはくたまご〔琥珀卵〕

赤味噌をバットに四cmほどならして入れ、包丁の柄で穴をあけ、その穴へガーゼか和紙を今一度包丁の柄でさし入れ、その中へ卵の黄身を一個づつ入れて一週間くらい放置しておきますと味噌の塩がしみ込んで琥珀色になって固まります。前菜などに使います。

こはくに〔琥珀煮〕

鶏肉などを一口切りにして片栗粉を付け、味醂、煮出し汁、醤油、砂糖で煮たもの。紫身貝の琥珀色に煮上げるのでこの名があります。煮汁は少し多めにして煮ること。

こはだ〔小鰭〕

コノシロの一年もの。鮨種にしたり、焼いて南蛮漬、味醂、醤油、砂糖、酢少量を入れて、甘からく煮て食べるのもよいものです。

こぶ〔昆布〕

こんぶ。褐藻コンブ科。昆布は昔から夷布《えびすめ》、広布《ひろめ》と呼ばれて煮出し用に、また養老昆布、子生婦《こんぶ》などといって祝儀用にも使われて来ました。昆布は黒くその中に青みとつやのあるのがよろしいのです。産地はほそめ昆布といって北海道積丹《しゃこたん》岬が中心でとれます。煮出し、佃《つくだ》煮用に向きます。昆布の種類は、

ま昆布。幅二〇cmから三〇cmくらい、長さ二m、肉厚。函館から恵山岬から室蘭に至る内浦湾が主産地です。松前昆布、山出し昆布ともいいます。香りがよく煮出し用としても最高級品です。酢昆布、おぼろ昆布、こぶ茶などはこれから作られます。肉が硬いので煮るのは不向きです。

白口、黒口。この種類は元揃、天上昆布ともいって、値の高いものです。利尻《りしり》島（利尻昆布）礼文島あたりが産

地です。幅二〇㎝くらい、色は黒くて肉厚で煮出し昆布に使われます。濃厚な味で、グルタミン酸及びエキス分も多量な品です。

日高昆布。三石昆布ともいって日高山脈を中心として両側の沿岸でとれます。幅一〇㎝、長さ三mもあります。煮るのによく、煮出し用にも使います。

長あっぱ昆布。根室、歯舞、釧路から産します。煮る昆布として使います。

現在は早煮昆布といって長時間蒸して乾燥させたのがありますから、これを使用すれば昆布巻など簡単にできます。

昆布はミネラル、とくにカルシウム、ヨード鉄を豊富にもった強アルカリ性食品ですから、肉や魚を食べることによって生じる体内の酸性物質を少量の昆布で中和させてくれます。

市販される時は形によって、棒こんぶ、ひも昆布、元揃昆布、枝昆布、折こんぶ、花（端）折昆布などの名で呼ばれます。細目昆布、猫足昆布はヨードやカリの原料に使います。北海道はさすが昆布の本場だけあってニセコアンヌプリのふもとには昆布という温泉さえあります。

こふきいも〔粉吹芋〕

馬鈴薯の皮を剝き二㎝半程の大きさになるべく揃えて切り、塩茹でにして汁をすて、味塩をふりかけ更に空炒りして作ります。馬鈴薯は新薯ではきれいに仕上りません。

こぶし〔粉節〕

鰹節を粉にしたもの。かつおの赤身を薄くかんなでかいて、フライパンに紙を敷き、弱火にしてその上にけずりかつおをのせて乾燥させ、擂鉢で擂って粉にしたもの、和えもの、煮物などに使います。

こぶしめ〔昆布〆〕

白身の魚を三枚に卸し、身を上にして薄塩をし、昆布にはさみ軽く押しをして昆布の風味をなじませ、用途により適当に切って使います。押しておく時間は一定でなく、身の柔らかいものは長時間、硬いものは五時間ぐらいが適当です。時には塩をしてしばらく放置しておき後酢洗いして、昆布〆めにする場合もあります。多くは懐石の向附けなどにこれを使います。

ごふだいもち〔御譜代餅〕

慶長元和の頃は一日二度食であったが、武家では夕食後御引けまでの時間が長く、勤め難儀であるところから御次御扈《おこしょう》従以下坊主まで、昼夜勤務するため辛労慰問として出した餅。

こぶまき〔昆布巻〕

昆布で材料を巻いて軟らかく煮たもの。材料は、焼鮒、焼はぜ、にしん、はえ、鮭の頭その他、それに牛蒡など取り合わせて作ります。材料はいづれも白焼きにして一日二日乾し、これを昆布で巻き干瓢で巻留めして、鍋に竹の皮を敷きその上に並べ、水をたっぷりと酢適量入れて中火でゆっくりと約三時間水焚きして、魚の口唇の骨が軟らかくなった時味醂、醤油、砂糖、時には飴少々入れて照りの出るように煮上げます。酢を入れると骨はカルシウムですから早く軟らかくなります。

昆布巻きの始まりは、衣笠左大臣家長の歌に、「いにしえはいともかしこし堅田鮒、つつみ焼きなる中の玉章《たまずき》」とあるように壬申の乱に天武天皇の皇子が丸焼き鮒の腹に密書を忍ばせて皇に送ったのが吉兆になった故事を詠んだもので、この玉章になぞらえて今日昆布巻として世に出たといわれます。

ごへいもち〔五平餅〕

御幣餅。一種の焼飯、似通った作り方のが各地にありますが、有名なのは長野県の伊那谷南部です。古くから伝わる郷土食で珍客のもてなしやお祝いなどの行事に農家ではかかせない食べものの一つです。ご飯をかためて炊き擂木で押しつぶして握り飯を作り、約五cmくらいの竹の輪で丸形に押抜き、竹串に2個ずつ刺してこんがりと焼き、みそたれを作りこれを付けて食べます。みそたれは季節により、木の芽、胡麻、くるみ、山椒、柚子などの香りを付けます。五平餅の名称は、文政十一年南信州の風越山の里宮白山神社の随神門が、山屋五平なる棟梁によって作られ、五平が毎日持って来る弁当がいつも握り飯で、それに味噌をぬり焚火であぶりながら美味しそうに食べているのを手下の大工が見て、それをまねて作ったところ大変美味しかったので後各家で作られるようになり今日至っております。2個ずつでなく大きく楕円形で1個、桧の割ったのに付けて作ったのが木曽路にはあります。この方を多くは御幣餅といいます。日本武尊が東征のおり、幣束の形にして神に供えたのを里人に頒ち与えられたのが起源ともいわれます。串に物を挾んだり刺して神を祭るのは日本古来の風習です、その御幣に似ているのでこの名があるといわれます。

ゴボ

お水取りで名高い奈良東大寺二月堂の修二会のおこもりの僧が宿所で食べる白粥。この白粥をザルにあげ水分を去り、これを茶漬けにして食べるのがあげ茶です。

ごぼう〔牛蒡〕

キク科に属する二年草本。『食品国歌』には、「牛蒡よく牙痛をとどめ腫《はれ》を消し、風腫、咳嗽、瘡毒を治す」とあり精力を増す効がある食品といわれます。最も美味しい季節は五、六月出廻る新牛蒡です。軟らかくて香りも良いものです。牛蒡は二期あります。九月か十月に蒔いて初夏に食べるもの、三、四月に蒔いて秋冬に採集するものです。料理では、きんぴら、煮物、揚げもの、味噌漬、たたき牛蒡、管牛蒡、皮牛蒡、とくさ牛蒡、と種々に使います。種子は腫物《はれもの》の吸出しに、一つ飲めば一つ、二つ飲めば二つ口があくといわれます。

わが国での食用は千年以上もの歴史があります。牛蒡は繊維を多く含んでいますので、腸の蠕動《ぜんどう》を促進させる効果があり、独特な香りは食欲を増進させてくれます。中国の古書には、熱を瀉し、咳を散し、毒を解く、とあり、浮腫《ふしゅ》、便秘、解毒に用いられてきました。イヌリン（糖質）を含んでいますので、賢臓機能強化に役だち、体力強化に効果が著しいといわれます。

ごぼういち〔牛蒡市〕

東京千住には正月用の牛蒡だけ売る珍しい市がありました。

こぼれうめ〔雰梅〕

味醂粕のこと。味醂を醸造した際にしぼった残りのかす。味醂に焼酎を混和した直しを柳かげというように優雅な別名です。

ごま〔胡麻〕

日本では延長時代（九二三〜三〇年）の記録があるそうですから随分古く、それ以前からあったことがうかがい知れます。現在の黒胡麻は色付けが多く、色のよく揃っているのは色付けしたものです。料理には、胡麻豆腐、胡麻和え、胡麻炒等々、香りとしても使います。胡麻は栄養に富むものですから食べものにはいろいろにして使いたいことです。

ごまを炒ると一層風味が加わりますが、食品の味はその食品のもっている成分が味覚に与える感覚や、食品そのものの触覚、嗅覚、温度覚がまざり合っておこるものです。このうち、味覚によるものが主な感覚です。味覚を刺激するのは食品の成分とその性質です。

ゴマの成分をみますと、水分は七％前後、タンパク質一七〜二〇％、脂肪四九〜五一％、糖質一四〜一九％、無機質四〜五％です。

このうち風味に関するおもな成分はタンパク質と脂肪です。生タンパク質は大部分は生臭い味のするものです。これを熱するとある程度変化して、凝固、分解します。この際に香りをだす揮発性成分ができます。つまり、タンパク質の性質が著しく変わりますから味も変化するのは当然で、これを、味の転位、といいます。脂肪は摂氏二〇〇度以上に加熱されると、加水分解して脂肪酸とグリセリンに分解します。このようなことで、加熱により、ゴマの成分の性質が変化して味の転位がおこったことによるものです。

胡麻には、白、黒、褐色の三種があり、薬用効果の大きいのは黒胡麻です。人体でつくられない、リノール酸を四〇%も含んでおり、その上カルシウム、リンも豊富です。そして血管壁に沈着するコレステロールを防いでくれます。動脈硬化、高血圧には特に有効です。その他蛋白質も二〇%近くあり、ビタミンB_1、B_2、鉄、ヨードが含まれており、皮膚を滑らかにするビタミンE、Fなどもあり、常食すれば老化を知らぬとまでいわれています。

ごまあえ〔胡麻和〕

野菜または魚の酢の物を胡麻で和えたもの。胡麻の使い方には、切り胡麻、中擂り、よく油の出るまで擂ったもの、この三様があります。材料又は出す席によって使い分けをします。

ごまあぶら〔胡麻油〕

食用植物油。ゴマの種子を炒って圧搾して取った油、天浮羅その他揚げもの料理に使います。これを更に再製した太白などは高級な揚物料理に向きます。特殊な香料として使う胡麻油もあり、一滴使うことによって香りと味を引きたててくれます。

こまい〔古米〕

新米が出回ると去年のは古米となります。現在のように増産がつづきますと古米が多く、従って新米の出廻る時期でも古米と混ざったのが売られて、飯の炊き方にもいろいろと工夫がいるようになってまいりました。

こまい〔氷下魚〕

コマイはアイヌ語のカンカイのなまった言葉です。小さな音のする魚の意味です。北海道からアラスカまで漁れるタラ科、凍海に穴をあけて釣ったり、氷下待網でとります。体長二五㎝ほど、汁の実や北海道特有のルイベ、即ちさしみにもなります。地方では多く干物になったのが売られています。

ごまいおろし〔五枚卸し〕

鮃目、鰈など平たい魚の卸し方で、常の如くきれいに洗って、真中へ包丁を入れて外側へ切り卸します。身が裏表で四枚、中骨が一枚、都合五枚になるので五枚卸しといいます。

ごまかす〔胡麻化す〕

悪いことの代名詞ですが、揚物油の白〆《しらめ》に、二、三割も胡麻の油を混ぜれば直ちに胡麻油同様になってしまいます。油、酒、茶は他の香りをよく取りますから物により気をつけたいことです。即ち白〆が胡麻の油同様になり、ごま化されますからこの名があります。

ごまさば〔胡麻鯖〕

腹部に黒いハン点がある鯖、夏が季節です。

ごましお〔胡麻塩〕

黒ごまを洗ってすいのうにあけ水をきっておき、焙烙《ほうろく》に塩を入れて炒り、胡麻を入れて胡麻に塩のからむようにたえずかき混ぜ炒りあげて容器に保存します。おこわには必要なものです。

ごまじる〔胡麻汁〕

炒りごまを擂って味噌汁に入れた汁物料理。

ごまじょうゆ〔胡麻醤油〕

胡麻を炒ってよく擂り、醤油を適量加え擂り混ぜたもの、時により煮出し汁や砂糖を擂り混ぜて加減もします。切りゴマにしたり、半擂りにしたり使い途によっていろいろの作り方をします。例えば、野菜の和え物に使う場合は少し甘味に、魚貝が主材の場合は甘味の勝たないようにと心したいことです。

ごまず〔胡麻酢〕

胡麻を炒ってよく擂り、酢、砂糖、塩または醤油を入れて擂り合せたもの。炒胡麻大匙三杯、酢大匙五杯、砂糖大匙三杯、塩小匙一杯が普通ですが、これも使い途によって調味料は変わります。

ごまだれ〔胡麻垂汁〕

鍋料理の食味に使います。胡麻をよく擂って、味醂、煮出し汁、醤油と一度焚き合わせ、これを擂り混ぜたもの。味は好みによりつけます。

こまちしそまき〔小町紫蘇巻〕

赤紫蘇の葉に甘味噌を入れて長く巻き、五個くらいづつ竹串二本にさしたもの。これには大小二種あります。

こまつな〔小松菜〕

アブラナ科。四花弁。原産はヨーロッパの北部、明治初年、東京小松川で作り始めたのでこの名があります。地方では餅菜といいます。

ごまどうふ〔胡麻豆腐〕

精進料理の第一にあげるのがこの胡麻豆腐です。各寺々によっても多少の相違があって、研究すれば奥《おく》深いものがあります。禅寺は禅寺、料理屋は料理屋と別な味をかもしだしてくれます。材料には、炒胡麻カップ一杯、吉野くずカップ一杯、昆布だしカップ五杯、酒大匙三杯、砂糖大匙一杯で作り方は、胡麻を油のでるまで擂りこれに吉野葛、煮出し汁、砂糖と入れて擂り混ぜ、すいのうで漉して鍋に入れ、中火でゆっくりとねるようにして仕上げ、終りに酒を入れて流し缶をぬらしてこの中へ流し入れて、冷しかためて切り、深皿に入れ、酢みそ、わさび醬油、あんかけなどで食べますが、椀種等にも使います。胡麻としては炒ったもの、わずかに炒ったもの、みがき胡麻即ち皮を剝いだもの、黒胡麻などで作りますが、白く作りたいために、わずかしか炒らないものでは香りがなくあまり好ましくないように思います。

くるみ、落花生でもこのようにして作りますが、胡桃で作ればくるみ豆腐です。

ごまとうふのもと〔胡麻豆腐の素〕

東京台東区西浅草三ノ五ノ二萬藤製。容器九〇g入りがあります。これをボールに入れカップ二杯の水（四〇〇ml）を序々に加えながらダマのできないように潰しながら溶し、強火で二分間、粘りが出はじめたら中火にして更に一〇分間煉り上げ、流し缶をぬらして入れ、冷して普通の胡麻豆腐のように使います。

ごまに〔胡麻煮〕

茄子を丸煮にする時、胡麻の炒ったのを入れて煮るとあっさりとした中に風味があって良いものです。

ごまのかわのむきかた〔胡麻の皮の剝き方〕

ごまを洗って一晩水に浸しておき、翌日手でもめば皮と実とよく離れます。実は下へ沈み、皮は浮いていますので水を取り替えて皮を流し去り、布巾の上に広げて乾して下さい。黒胡麻は味が良いといわれます。このようにして皮を剝けば白胡麻と同じように使用できます。

ごまのつめ〔駒の爪〕

野菜の切り方の一つ。胡瓜、人参、うど、大根などの円形のものを、太さにもよりますが三㎜半程の筒切りにしてこれを真中で斜め切りにしたもの。その姿が駒の爪に似ているのでこの名があります、あまり丈長く切りますと鹿の爪切りになってしまいます。

こまぶし〔子まぶし〕

魚の真子（卵巣）をほぐして和えたもの。材料には、鮎の子のうるか、たらこ、塩の子といって数の子が一粒ずつになっているもの、鯉や鮒の子の茹でてほぐしたもの、鯛の子の塩から等々があります。

ごまみそ〔胡麻味噌〕

甘味噌と炒胡麻とを擂り合わせたもの。炒胡麻大匙三杯、味噌二〇〇g、砂糖大匙七杯、煮出し汁適量。作り方、胡麻をよく擂り、みそ、砂糖を入れて擂り混ぜ硬い時には煮出し汁を入れてやわらげます。これを本格的に作る場合は、味噌、味醂、砂糖と擂り混ぜ、裏漉しをして弱火でゆっくり煮て、魚田味噌を作り、擂り胡麻と混ぜて仕上げます。

ごまめ

田作りのこと。片口鰯の干したもの。片口鰯を生で干したものが田作り、茹でて干したのが煮干しです。

ごみ〔五味〕

料理では五味を大変やかましくいいます。即ち、甘味《あまみ》、鹹《から》味《み》、酸味《さんみ》、渋味、苦味、以上の五味が、適当に加わらないと酒などは味気ないものになります。料理には特に心したいものです。私はこの他後味を求めております。

こみず〔濃漿〕

米を煮た汁、重湯のこと。平安時代に使われた言葉、当時の軽食や夜食に食べたといわれます。

こむぎとこむぎこ〔小麦と小麦粉〕

イネ科の一〜二年生草本、外国では随分古くからあったようですが、我国では、記、紀、即ち大宣都比売神《おうけつひめのかみ》もしくは保食《うけもち》神の神体から米と共に発生したとある麦に、小麦も含まれていたかも知れませんが、それより少し遅れた時代かも知れません。ご飯に炊き込むのは大麦で、粉にするのは小麦であり、醤油に使うのも小麦です。現在粉を大別すると、強力、中力、薄力粉とあり、使い途により各々選んで使用いたします。天ぷらの衣用には無論グルテンの少ない薄力粉が使われます。

ごむべら〔護謨箆〕

ゴムで作ったへら。擂鉢や鍋ボールに付着したものを寄せ集めるのに使います。これのない場合は、大根、茄子、人参などを薄切りにしてゴムベラの代わりに使うのもよいことです。

こめ〔米〕

麦と共に世界の重要な食品です。世界全体の九〇%の米がアジア諸国で生産され消費されています。現在パン食に代ったとはいえ食生活の中で米に対する依存は大きなものです。脱穀してもみ殻を除いたのが玄米、これを更に精米してヌカ層をとったのが普通の白米です。搗き方には五分づき、七分づき、とあってヌカを五〇%除いたのが五分づきで、七〇%除いたのが七分づきです。

こめこ〔米粉〕

ウルチ米またはモチ米を挽いて粉末にしたもの。ウルチ米を原料としたものにシン粉または上新粉があり、モチ米を原料としたのに餅粉、白玉粉ともいうのがあって、これを加工したのにみじん粉があります。

こめこうじ〔米麹〕

米を原料としたコウジ。おもな用途は漬物の醸造、その他甘酒、米みそ、味醂、米酢、焼酎、白酒などに使われます。清酒、甘酒、焼酎、白酒の場合は、アルコール発酵の下準備をコウジが行ないます、コウジカビの持つデンプン糖化作用を利用してデンプンを糖分に変えます。酒造りの場合は更に酵母の働きによって糖分がアルコールに分解されて酒となる訳です。

こめしょうぐん〔米将軍〕

徳川八代将軍吉宗の異称。貞享元年〜宝暦元年（一六八四〜一七五一）紀伊大納言光貞の子、家康の曽孫。享保元年（一七一六）宗家をついで将軍に就職、中興の名君とうたわれた人。特に米の増産に力を入れ紀州時代から目をつけていた川普請に巧者な伊沢正房を擢用して、先ず関八州の治水を行わせ、諸大名の領地までこれを及ぼして、空地、荒地、沼沢、海浦の改墾《かいこん》を進め諸国共大いに耕地を増したので当然収穫が激増し、栗本鋤雲の『著匏庵遺稿』には、「吉宗公治世の頃何国も五穀豊熟にして米価大いに下落せしかば、四国、九州筋の各藩は用途に差支ふること少なからねば、余儀なき一時の窮策にや、大阪より注文あらしにもてなし、米を洋中に積出して密かに投棄て、価格を騰遺させんとすることとあり。」とあり現在の米事情と似通った時代が昔からあった訳です。

こめしょうちゅう〔米焼酎〕

米でつくった焼酎。

こめず〔米酢〕

米麹を原料として醸造した酢。

こめでんぷん〔米澱粉〕

米からとったデンプン。米のデンプン粒は不溶性の蛋白質に包まれているので、米を薄い水酸化ナトリウム（化性ソーダ）の水につけて軟らかくして石臼で挽き、遠心分離法または沈澱法で澱分を分離します。米のデンプンは布地に対して浸透作用と接着力が強いので、手工芸の接着剤や化粧品の原料などに使います。

こめぬかあぶら〔米糠油〕
米を精搗してできる糠から絞り取った油。揚げものにはかるくてなかなかよいものです。

こめのり〔米海苔〕
海藻の一種、乾燥《かんそう》または塩漬になっています。水に浸すか塩気のあるのはよく洗って塩出しをして使います。刺身のツマによいものです。

こめみそ〔米味噌〕
米麹を原料として作った味噌。信州、仙台、東北などで多産されて全国味噌生産の七五%に当ります。我われ愛知県に住む者はあまり好まないが、米味噌の産地の人は愛知の豆味噌は向かないようです。味噌は各地各地に自慢のがあって、子供の時から食べなれた味噌を第一とするようです。だから手前味噌の言葉さえ残っております。

こも〔菰〕
真菰《まこも》。マコモの古語。マコモは稲科の多年草で池、川、沼などの水辺に自生します。古くはその実を食用としたようですが農耕が始り、稲作が盛んになってからは在来のコモにマを付けてマコモと呼ぶようになったといわれます。葉の長さは一mにもなり幅は二〜三cm、これを乾燥させて編み、神事や仏事の敷物に用いられます。葉はちまきを包むのに用いられたので、チマキソウの名もあります。

ごもくずし〔五目鮨〕
鮨飯に、乾瓢、椎茸、三ツ葉、卵、蓮根、人参、おぼろ、のり、赤生姜などの内、五種混ぜ合わせた鮨。五目といっても自然七種くらいの材料は使います。

ごもくめし〔五目飯〕
五種類の材料を入れて飯を焚くからこの名があります。家庭でもよく焚きますので五人前の材料として書き出しておきます。米カップ三・五杯、水カップ三杯三分の二、醬油大匙六杯、砂糖大匙二杯、油揚五枚、人参八〇g、竹の子八〇g、椎茸大五枚、以上を細切りにして全部混ぜてゆっくりと焚いて下さい。具は好みによりいろいろと取り混ぜていただくのも結構です。

こもち〔子持ち〕
魚の腹の中に子を持っているのを子持ちといいますが、その他魚の臓物をぬき、または背を切り開いて中骨や臓物を取り去り、きれいに洗って薄塩をしておき、その腹へ、木くらげ、生姜のみじん切り、銀杏またはグリーンピースなど混ぜた炒玉子を作り、これを詰めて蒸します。鯛の腹につめたものを子持ち鯛といいます。子持エビ、子持ハマグリの吸物などがあります。

こもちきびなご〔子持黍魚子・子持吉備奈仔〕

うるめいわし硬骨魚科。銀白色の横縞があり、身長一〇cmほどの小さな鰯。魚獲期は短く、最盛期は六月中わずか二週間ぐらい、子持ちのが特に美味しく、常には焼いたり刺身、酢の物、鮨種、釣餌によく使います。

こもちふな〔子持鮒〕

四月頃腹一杯に子を持っている鮒のことをいいます。春雨に水かさが増して細江に産卵のため群れて上ってきます。関東方面では乗っ込み鮒、またはのぼり鮒といいます。鮒、鯉は大体八十八夜頃が産卵期です。

こもちへいたろう〔子持平太郎〕

山陰、山陽の名物。しいら、という五cmほどの扁平な魚を乾燥させて味を付けて炒り、イラ粉をまぶしたもの。ビールのつまみなどによいものです。現在の食事に不足がちなカルシウムの補いにもなって良い食物です。

こもどうふ〔菰豆腐〕

っと豆腐、しの豆腐などともいいます。わらに包み煮抜くところからこの名があります。茨城の名物。この料理は茨城の山間部に昔から伝わる豆腐料理です。自家製豆腐をわらで納豆のように包み、所々をわらでゆわえてたっぷりの湯に塩を入れて充分に茹で、硬く煮ぬいた後冷して取り出しこれを二cmくらいの小口切りにして、煮出し汁、醤油、砂糖でゆっくり煮ふくめて仕上げます。一般の家庭では普通の豆腐を水切りして、人参、キクラゲ、胡麻、青みを切り混ぜ、布巾で包み両端をゆわえて竹簀で巻き、二五分間ぐらい茹でれば簡単にできます。これをフライパンで油焼きして使うのもよいことです。

ごり〔鮴〕

カジカ科の淡水魚。金沢の犀川のが最も有名です。鮴汁、カラアゲ、飴煮、卵とじ、刺身の洗い、照焼などが料理の代表です。これを探してみれば種類は多く、各地で一応ゴリといって料理されています。所によりダボハゼ、と呼ぶハゼ科の小さい魚も鮴です。ハゼ科の鮴は安いが、カジカ科の鮴は最高級品です。ゴリは唄で名高い南国土佐の高知も名産地です。ガラ引漁といって貝殻を綱《つな》につけ、これを引き、網《あみ》へゴリを追い込む漁法です。「ゴリはイランカネ」、と売子の呼び声をきくのも高知風景です。

ごりじる〔鮴汁〕

ゴリは各地の河に棲みますが、姿が一寸グロテスクなので食べないところもあります。京都のゴリ汁もよろしいが最も有名なのは金沢です。この鮴には二種あり河北潟産の小さいのはハゼ科に属し、主に佃煮にします。金沢の市中を流れる犀川、鏡花の作、「滝の白糸」の舞台となった浅野川の二つで獲れるものは、だぼ鯊に似た愛敬のある姿で、これが真鮴《まごり》でカジカ科に属します。空揚げにしてもよいものです。鮴汁を作るにはまず鮴を酒にひたひたにつけておきます。かくすると砂をはいたり、骨が軟らかくなります。

材料ゴリ二〇尾、牛蒡の針打ち少々、煮出し汁四カップ、白みそ一二〇g、醬油、粉山椒。作り方は煮出し汁を煮立て白みそ醬油小匙一杯入れゴリを入れて仕上げ、椀に針牛蒡を入れておき、ゴリと汁を張り、吸口に粉山椒をふり入れて進めます。

ころがき〔胡露柿〕

干柿の一種。渋柿の皮を剝き乾燥させたもの。表面に糖分の白粉が噴き出ています。この柿は各地で作られますが、主産地は、山梨、岐阜、三重、京都、広島、四国などです。

ごろはちちゃわん〔五郎八茶碗〕

普通の飯茶碗より大きな茶碗。これは茶漬け茶碗で昔は一食に五杯八杯と食べたのでこの名があります。

こわさび〔粉山葵〕

食べ物の香辛に、少しではあるがなくてはならないものがあります。それはわさびです。然し一般の家庭に本わさびは高価であり、貯蔵が無理です。そこで重宝なのが粉わさびです。現在生産も多くしかも品質的に秀れているのが日本一をほこる金印わさびです。西洋わさび「ホースラディッシュ」を、北海道網走の農家に契約栽培させ、それを素にして真空乾燥加工をしたのが粉わさびです。現在の製品に至るまでには、色、香、辛味と幾多の研究にご苦労があったようです。西洋わさびは本わさびのように清流でなくとも、畑作ができることが利点と言えましょう。これをかく時、砂糖少々を混ぜると辛味が増します。それはわさびに砂糖が浸透して辛味を引き出す作用があるからです。

こわめし〔強飯〕

弱飯《ひめし》にたいして剛飯《こわめし》の意。弱飯は軟らかい飯のこと。強は糯米に二割くらい普通の米を混ぜ、それをといで冬なら一晩、夏なら五時間くらい水に浸しておき、小豆の茹でたのを一割まぜて蒸し、充分蒸気のあがった時大きな器にあけ、それに塩水をかけて混ぜ更に蒸して仕上げます。色を付けたい時には小豆の茹で汁に米を漬けておきます。小豆の代わりに黒豆を使う場合もあり。黄飯といってクチナシで色付けをすることもあります。小豆の茹で汁の色が薄い時には赤の食紅をほんの少々入れる場合もあります。

こん〔献〕

客のもてなしに酒を進めること。

こんごうにだし〔混合煮出汁〕

かつおと昆布でとった煮出汁、かつお四〇g、煮出し昆布三〇g一枚くらいでとった煮出し汁。（煮出し汁の取り方参照）

こんさい〔根菜〕

根を食用にする野菜。芋類、蕪、大根、人参、牛蒡、百合根、生姜、蓮根、くわい、わさび、菊芋など、一般に根菜類にはビタミンAが少ないが、人参のようにオレンジ色のものにはカロチンが多く、カロチンは体の中にはいってビタミンAとなります。ビタミンB_1、B_2は一般に少なく、Cは多いものと少ないものとがあります。ビタミンCの多いものとしては、大根、蕪、それに芋類が代表です。

ごんずい〔権瑞〕

この魚は名の正体不明の魚といわれています。正式にはゴンズイ科の魚。口のあたりに三本ずつのヒゲがあり、体長二〇㎝内外、尾は尖《とが》り栗茶色、体に黄色の縦縞が二本、背鰭と胸鰭に毒腺があり、これに刺されると急にひどく痛くなりますので刺されたら早速急場の処置として小便をかけるとよろしい。即ちアンモニアが効果があるからです。料理では天浮羅、みそ汁などが美味です。

ごんぞうなべ〔権蔵鍋〕

新潟県の郷土料理。餅を入れた鍋物。鶏肉、里芋、人参、牛蒡、大根、椎茸、こんにゃくなど下煮をしておき、鍋に煮出し汁、醤油を入れて味をつけ、火に架け沸騰したら材料を入れ、焼き餅を入れて煮えたったら食べ始めます。香りに柚子皮の細切りを使います。

こんだて〔献立〕

料理の種類と順序を定めるのを献立といい、これを記したのが献立表です。中国では菜単、西洋ではメニューに当ります。本来日本で献立というのは、酒に一献二献三献と進めるに従って酒の下物《さかな》を主とした言葉です。昔は貴人の家では日常三度の食品をあらかじめ前夜選んで黄漆の板に記して侍臣に判を求めると、主人の意をきいて嗜好にしたがい、板の上にそれぞれ採点をつけて膳番係りに下げ渡され、それを献立といったのが始りです。現在でも市中の飯食店などに表が黄、裏朱の漆塗板を見ますが、この風習を伝えているものです。献立には婚礼、仏事などの本膳式、懐石、会席式といろいろあります。現在では便箋に万年筆で用がたりますが戦前では、奉書か書箋、美濃紙の継いだのに墨黒ぐろと書いたものです。仏事の場合は薄墨でかき、お得意先きへお届けしたものです。御祝い料理の場合は縁起よく当て字を使います。例えば、するめを寿留女、くりがらやきを久利賀良焼、寿鯛、等々。

こんとん〔餛飩〕

唐菓子の一種でうどんの前身の名と解され、後にケンドンの語源もここから発したといわれます。麵皮を作り肉のたたき切りを包んで汁ように煮たもの。

こんにゃく〔蒟蒻〕

南天星科の多年生草本。原産地は、交趾支那といわれます。わが国への渡来は平安中期以前、花山法皇の勅選、『拾遺和歌集』に、「野を見れば春めきにけり青つづら、こにやくままし若菜つむべく」とあるように既に相当普及していたことが伺いしれます。只今では群馬県が産地として有名です。滋賀県の永源寺でも良いのが作られます。料理では、煮物、田楽、さしみ、天浮羅、白和え、油で炒めてからく煮て一味を少し使ったヒリヒリ、汁の実といろいろに使います。何れにしても硬いのがよろしい。種類では普通のこんにゃく、糸こんにゃく、皮の入った皮こんにゃく等があります。しらたきもこんにゃくの一種です。つまみ切りしたものをから炒りにすると味がよくしみ込んでよろしい。一度熱湯を通して使います。

こんにゃくは整腸にめざましい効果があり、胃腸に負担をかけず、柔かい刺激を与え、便通をよくし、腸壁にこびりついている老廃物を取り除いてくれますので、本来の消化吸収をよくしてくれます。動脈硬化、肥満、ニキビ、肌荒れに効果があります。

こんぶずし〔昆布鮨〕

高知県の郷土鮨。白板昆布を煮出し汁、砂糖、醬油、酢で柔らかくなるまで煮て、巻き簀に昆布をひろげ、すし飯に生姜、胡麻を混ぜて巻ずしのように巻き切ったもの。料理として使う昆布鮓は魚を酢の物にするように処理して、白板昆布(かし昆布)を三杯酢、煮出し汁少々混ぜたものでさっと煮て、この昆布に酢魚にわさびまたは生姜の千切りを付けて巻き、かるく圧しをして一日おき、これを切って使います。

こんぺいとう〔金平糖〕

乾菓子の一種、全面稜形の角になった小さい砂糖菓子、赤白二色、大小があります。

さ

さいかち〔皀莢〕

山野河畔に自生または栽培される豆科の落葉高木。この樹や実は漢方薬として知られ、タンや利尿の効果があるといわれます。古くは癩病の特効薬とされていたようです。この若菜は食用にされ、茹でて十分晒しアク抜きして和え物、浸し物などにいたします。

さいきょうづけ〔西京漬〕

白みそを味醂で溶いて、鰆、甘鯛、鯛、まながつおなどをこの味噌で漬けたもの。漬け方、バットにみそを敷きその上にガーゼの布を敷き、材料を一並べしてガーゼをかぶせ、その上に味噌をならして入れて五〜六時間漬けておき焼いて進めます。味噌味が材料にしみ込む時間は材料の身の厚さによって考えます。夏は早く味がしみ込み、冬は夏の約二倍もかかりますからこのへん気をつけたいことです。

さいきょうみそ〔西京味噌〕

京都周辺で作られる甘い白味噌。

さいきょうやき〔西京焼〕

白味噌に漬けておいて焼いたもの。京都は白味噌の本場なのでこの名があります、材料は鰆、甘鯛、まながつお、糸より、鯛などがよろしい。材料を和紙か寒冷紗（目が荒く、きわめて薄い平織の綿布・麻布）に包んで漬けます。時にはみりんでのばして漬けることもします。柔らかい魚は先に薄塩をしておくのも良いことです。

さいくかまぼこ〔細工蒲鉾〕

魚の擂り身のつなぎに澱粉を入れて更に、砂糖とか味醂を加え味を付けてこれでいろいろの形に作ったのが細工蒲鉾です。形物では、梅、桜、瓢、菊、鶴、雁、菊の葉、松、亀、等々いろいろあります。雲丹で味を付けたのが雲丹蒲鉾です。

さいくずし〔細工鮨〕

細工をした鮨。例えば鮨飯の上に、鮪やいか、赤貝、海老などの具をきれいに花形にしたもの。よく見るものに牡丹、菊、椿、ばらなどがあります、味よりも見た目のはなやかさに重点をおき作られます、主に展覧会鮨。

さいくふ〔細工麩〕

生麩で種々の形に作った麩。例えば、梅、桜、もみじ、松茸、茄子、かぼちゃ、柚子、手まり、餡麩、青梅等。

さいこく〔斉国〕

大嘗祭の時、悠紀《ゆき》、主基《すき》西殿の神饌に供える米をつくるため、特に定められる国をいいます。往古には日本全国中、皇都の東西各一国を定めて東を悠紀斉国、西を主基斉国としていました。明治の新制によって斉国は京都以東、以南の地方を悠紀、以西、以北を主基の地方とすることになり、その年の二月から九月までの間に指定されるのが例となっています。

さいしょく〔菜食〕

普通に植物性食品を主にして食べる食生活をいいます。従って、動物食品を主にして食べる食生活を肉食といいます。

さいしょくしゅぎ〔菜食主義〕

菜食を中心とした食事をとる主義。この主義の歴史は古くギリシアの有名な哲学者、ピタゴラスもこの一人です。近世では、フランスの文学者ルソーや最近ではデンマークの栄養学者ヒンドヘーデ、アメリカのチッテンデンがあります。国々の食風習もあって肉食過多のため、体の酸性化を自らさとったことでしょう。何はともあれ片寄った食事は避けるべきことです。

さいたん〔菜単〕

中国料理の献立のこと。

さいのめぎり〔賽目切り〕

野菜や豆腐の切り方。約一㎝四方角に、大根、蕪、人参、豆腐などを切る方法。これより小さくなりますとあられ切りになります。

さいばし〔菜箸〕

普通には竹製で料理を作る時に使用する箸。揚げもの用には長い箸。煮物用には中長、和えものには短かい箸が使い易く、刺身その他盛付け用には先がとがって金《かね》で作られた菜箸またはマナ箸があります。(箸の種類の項参照)

ざいりょうをゆでるかがく〔材料を茹る科学〕

料理を作る下準備として材料を茹でる仕事は最も大切なことです。味を付ける準備の場合、アクを抜いて食べ易くする場合、また軟らかくする場合と目的がいろいろあります。その方法や注意を参考までに記してみます。

一、青菜類。湯をたっぷりと沸し、塩を少し多く使って強火で手早く茹で、早速水に取り冷します。青野菜には一㎜平方当り四〇万個くらいの葉緑体があり、その中に点々として存在する一〇〜一〇〇個ぐらいの緑色粒子に葉緑素があります。この葉緑素はマグネシウムを持っており、葉緑素は中性ですが、酸に対してはとても敏感で、すぐマグネシウムを失い葉は褐色になってしまいます。その逆にアルカリに対しては緑色が鮮明になります。すなわち青菜を褐色に変色させるのは酸です。塩を多く使い、時にはアルカリ性の重曹または焼明礬少々入れますと色はあざやかに茹で上ります。然しアルカリでビタミンB_1が破壊されるといわれていますので加減よく使うことです。青物を茹でる時に蓋をせぬのは、蓋をして茹でますと発酸しその物自体がもっている有機酸類で鍋の中の水が酸性になって色が悪く茹だるからです。

二、魚類は材料を適当に切って塩をしてしばらく放置しておき、強火で茹でますと材料の上側の蛋白を急に煮固めますから、味も栄養も逃げないことになります。

三、根菜類、長芋、うど、蓮根、ごぼうなどを、茹でる場合は、酢または焼明礬少々入れて茹でます。アク止めとなり奇麗に茹で上ります。アントチアン系の色素が材料に含まれているので酢の酸性で色が白く茹で上る訳です。

四、肉類、鍋で一度上面を焼いて幕を作りその上柔らかく茹でますが、時にはそのまま茹でる場合もあります。

五、乾物類、先ずさきに水につけてもどし、その上茹でますが、乾物といいましても、野菜、鱈や鰊などあります。材料によっては数日水につけてもどしその上茹でるものもあります。

六、豆類、薄い塩水に漬けておきのち茹でますと早く茹だります。大豆や黒豆は前日に重曹を少々入れておき、その水のままで茹でます。勿論柔らかくなるまでさし水をして茹でます。

七、白血の物、蛸、鮑、いか、貝類は大根を入れて茹でますと柔らかく茹だります。これは大根のジアスターゼの効用です。

八、土筆、よもぎ、わらびなどは灰または重曹を少々入れて茹でます。重曹のアルカリ性で中和され苦味を抜くからです。

九、大根を茹でる時米を少々入れて茹でます。色が白く茹だり、一寸した苦味を去り切り口が凹みません。

一〇、豆腐を茹でる時茹で汁に塩、水溶きの片栗を少々入れて茹でますと鬆《す》がたちません。

十一、くずし物即ち、半片、糝薯などは弱火で茹でないと膨脹して型が悪くなります。

一二、卵は水から火に架け沸騰したら火を消し、一分ほどそのまま放置しておきますと半熟になり、硬茹では十五分間茹でます。温度卵は八〇〜八五度で二十分から二十五分間茹でます。

ざいりょうのきりかた

料理の使い途により切り方も種々に変えなければなりません。その切り方により料理の出来上りに良否の差がでて来ます。従って心を込めて庖丁は使いたいことです。

次頁の図は白髪（極く細く打った物）。針（針程に打った物）。賽木。拍子木、短冊。扇。賽の目。乱切。みじん切。鱗。菱。亀甲。雪輪。矢羽根。半月。敷紙。丸。銀杏。駒の爪。鹿の爪。烏帽子。松葉。扇。矢筈。櫛形《くしがた》。手づな。桂。花形。木の葉。よりうど。

その他小口より切る小口切。縦横に切目を入れる布目、斜に包丁を入れる仕方の松笠作り。くわい又は玉子を切る花形や、矢筈、松葉、大根等の花形等がありますが、切り方は次頁の略図で御覧下さい。

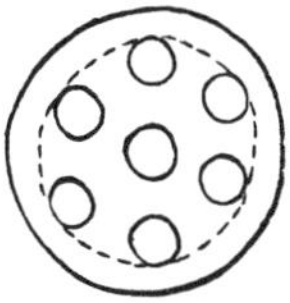

ここに蓮根を雪輪に切る場合は図の点線を切り取れば雪輪となります。何れにしても切り込むものは手ぎれいにしたいものです。

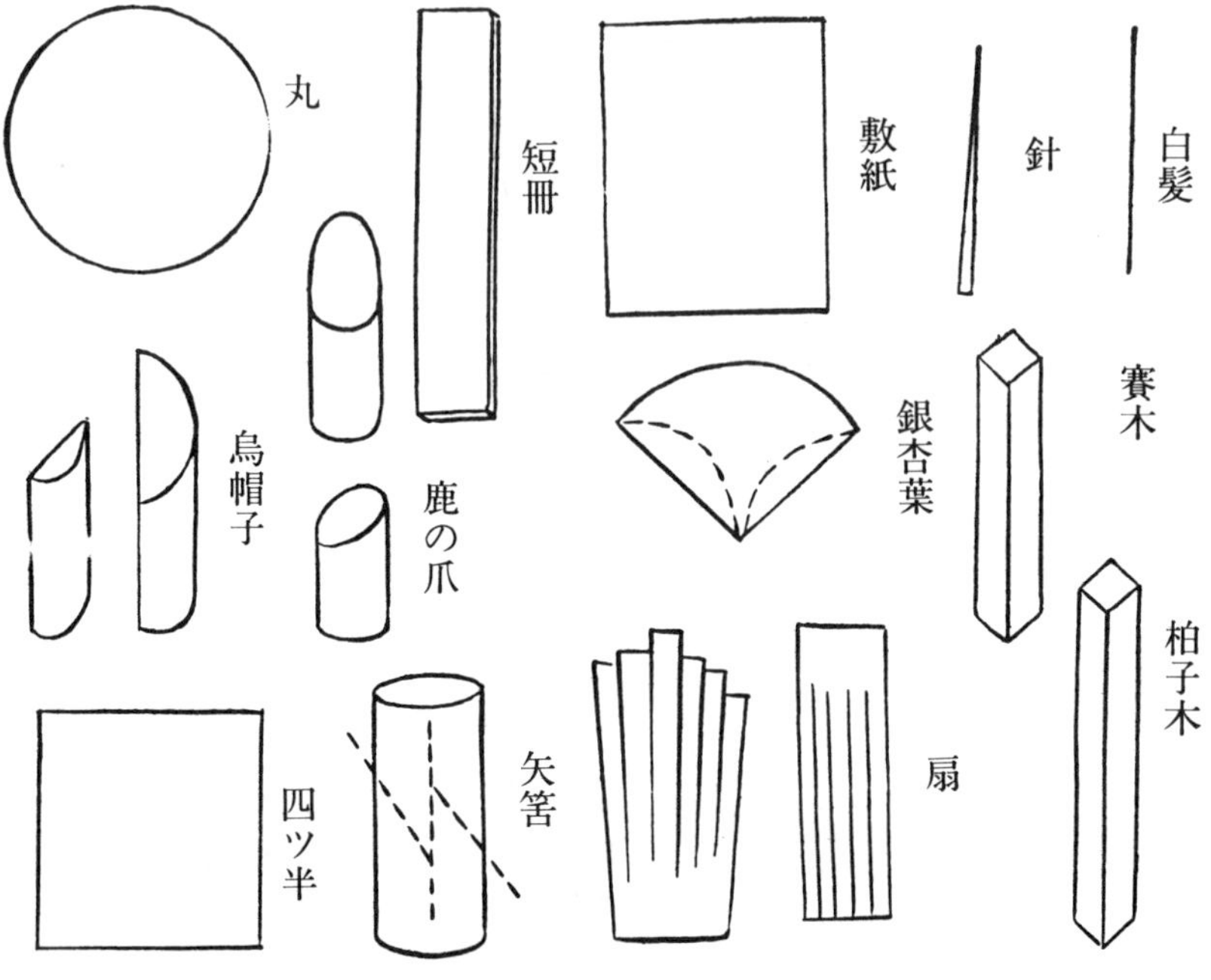

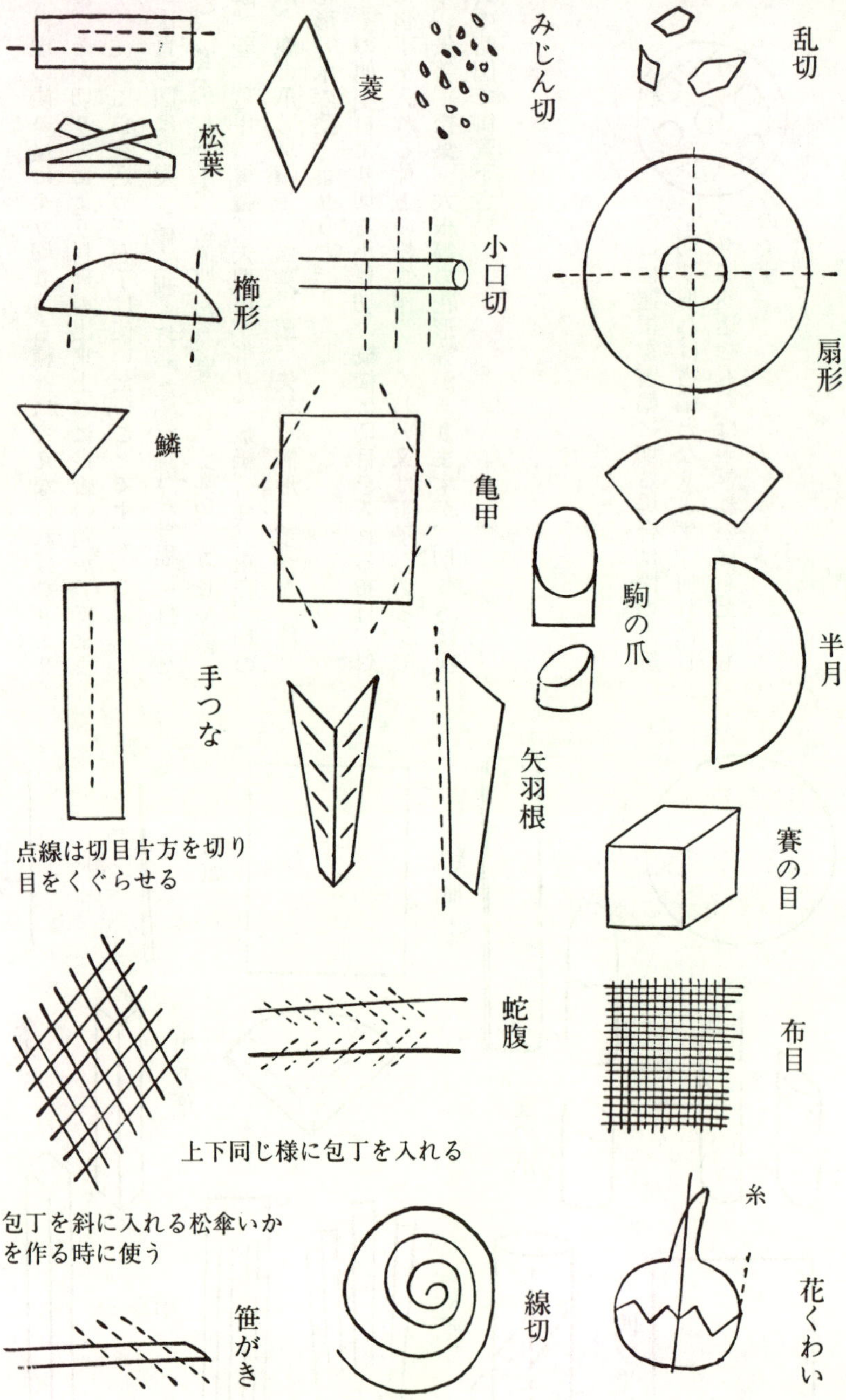
乱切
みじん切
菱
松葉
扇形
小口切
櫛形
鱗
亀甲
駒の爪
半月
手つな
矢羽根
賽の目
点線は切目片方を切り
目をくぐらせる
蛇腹
布目
上下同じ様に包丁を入れる
包丁を斜に入れる松傘いか
を作る時に使う
糸
花くわい
線切
笹がき

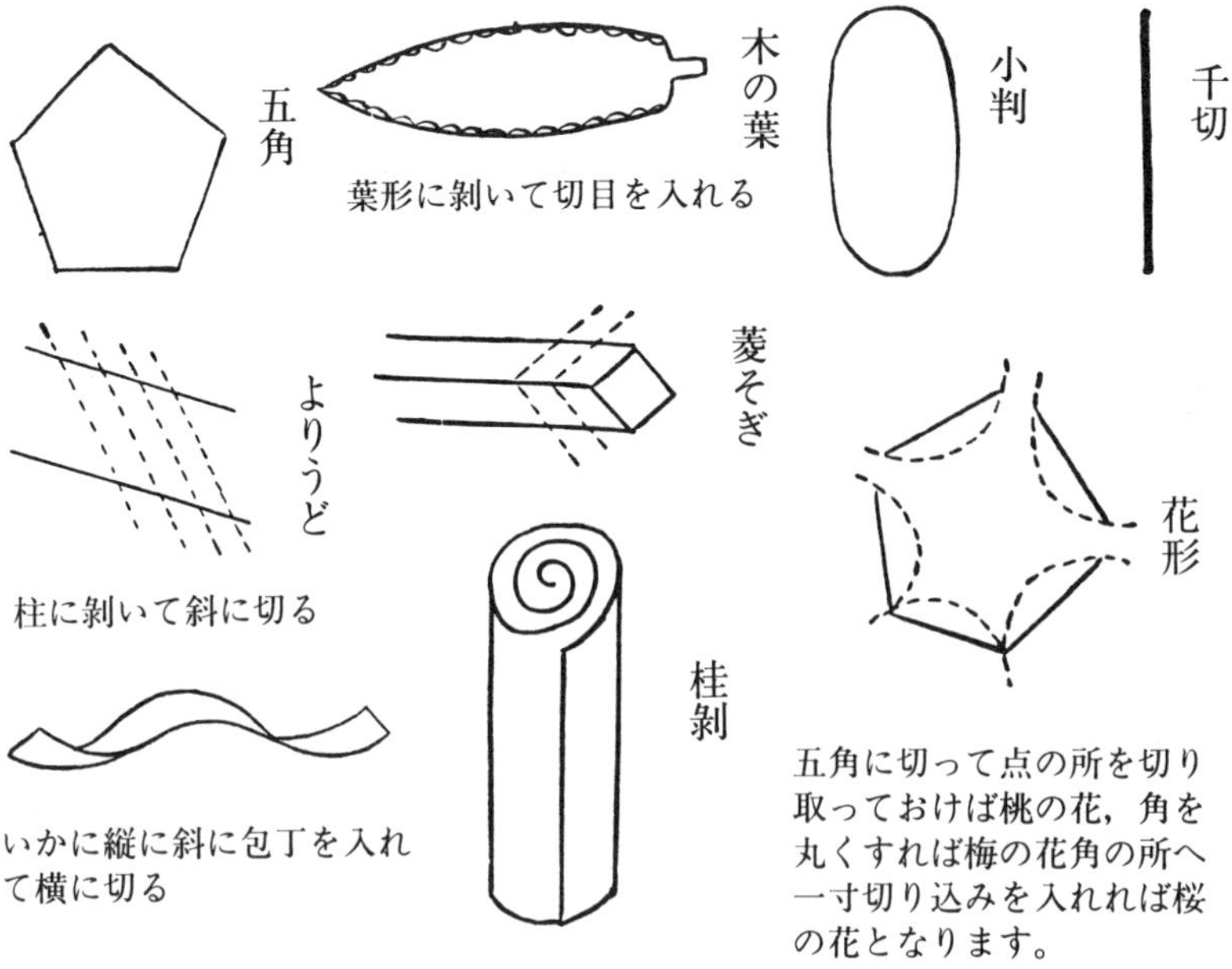

葉形に剥いて切目を入れる

柱に剥いて斜に切る

五角に切って点の所を切り取っておけば桃の花，角を丸くすれば梅の花角の所へ一寸切り込みを入れれば桜の花となります。
いかに縦に斜に包丁を入れて横に切る

さおがし〔棹菓子〕

棹ものともいいます。和菓子の一種。細長い菓子の総称です。現在棹物といえば羊羹即ち寒天で寄せた流し物、練羊羹、泡雪羹、道明寺羹、もろこし羹、夜の梅、栗羊羹、あわ羊羹、黒羊羹。その他蒸して仕上げるもの等各地に有名な美味しい棹物が沢山あります。（羊羹の項参照）

さかしお〔酒塩〕

酒と塩を混ぜたもの。これをいろいろの場合に使います。魚の切身をこの酒塩に浸しておき焼きますと、味と焼色が一段とさえきれいに仕上り、身もしまって一層美味しいものです。料理では下準備としてよく酒塩に漬けて使います。

さかず〔酒酢〕

清酒を原料として作った酢。時には変敗した酒を使って作りますが、現在のように酒醸造法の進歩した時代、酒の変敗はめったにないので、劣等酒に作り種酢を加えてサク酸発酵を行なわせ、濾過して作ります。

さかずし〔酒鮨〕

鹿児島県に昔からある郷土鮨。酢の代わりに酒をふんだんに使うところが特色です。第一漬ける桶が立派で桶を食うとまでいわれ、使う酒は地酒で味醂とまでいかなくてもきわめて甘口です。米三カップの飯に酒カップ一・五杯以上も使います、砂糖はわずか大匙に一杯くらい、塩は小匙二杯、具には鯛、海老、いか、干瓢、椎茸、胡麻、錦糸卵、木の芽と盛り沢山です。具は適当に処理し調味してちらす程度に切り、桶に鮨飯、具と三段くらいに繰返して漬けこみ、最後に具をきれいにちらし、蓋をして押え、四〜五時間ねかせて桶のまま客前に出して進めます。酒好きでない者がかえって喜ぶ食べものです。

さかにだし〔酒煮出し〕

酒と煮出し汁とを合わせたもの。魚を煮る場合に多く使います。酒は魚の臭味を消したり、身の煮くずれを防いでくれます。

さかづき〔杯・盃〕

盃の文字を解すれば皿ならずとなり、従って皿様の平たい物ではなく、あまり深くもない形といってよいことでしょう。酒注《さかづき》のなまった言葉ともいわれます。昔は素焼、木盃であったことは古書によって伺い知ることができます。盃にもいろいろあって、ある時は薄手の古染附捻、又ある時は唐津、志野、黄瀬戸の厚手なもの、大でよし小でよし、また盃の良し悪しで酒の等級も一段と格付けされるようです。この頃はぐい飲みといって大ぶりなのを特に賞せらるるようです。これは酒を飲むばかりでなく観賞としての集盃《コレクション》が多くなって来たからです。従来は鉄の銚子に塗り盃であったのが、嘉永年間頃から銚子が陶製の徳利に、盃は陶製の盃に替ったといい伝わります。

さかなとさかな〔肴と魚〕

魚は魚であって、肴は酒を飲むときに添えて食べる調理されたものをさし、野菜もあれば肉もあるといえましょう。酒の肴とは書くが酒の魚とは先ず書かないのを見てもよくお分りのことと思います。ある男がさる所で酒を飲んでいて「何かサカナを。」といったら梨を出したので、「そこに干物があるではないか。」といいますとその人は、「魚ばかりがサカナではない、伊勢物語にも橘をさかなと書いてあるでは無いか。」と男の無学を笑ったという話などおもしろいことです。

さかなのなきごえ〔魚鳴声〕

かさご　トトトトト。
片口鰯　雨の降るように、しゃしゃ。
鉄砲海老　アラレが降るような声、大きな手のはさみで音を出す。
人　魚　ジュゴン。鳥のような声。
石　持　別名ぐち。ぐちとは産卵期に寄り合って人間が愚痴を言うような音をたてるからの名称、然しこれは求愛の印です。

魚の頭の落し方

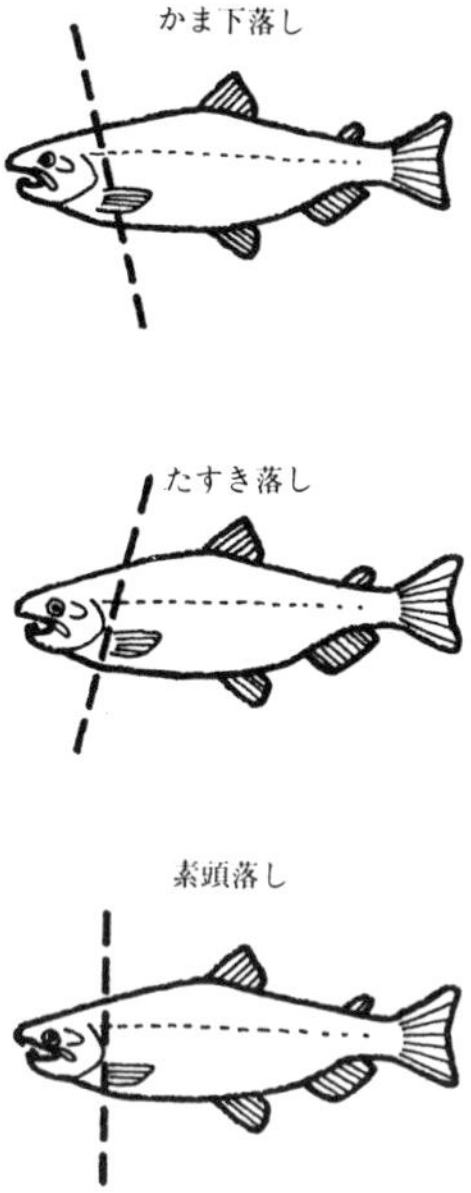

さかなのもじのいろいろ〔魚の文字のいろいろ〕

文字を調べて見ますとだれが考えたのかなかなかよく書かれていると思うので、語源ではないが書くことにいたしました。

鯨　鯨は魚ではないのに魚偏を書くのはどうしたことか、海に住み出してから魚とまちがえられたかも知れません。魚偏に京とかくのは京は兆の一万倍だから大きい意味から書くようになったと思われます。

鰆《さわら》・鰍《さんま》・鮗《このしろ》・鱈《たら》は美味しい旬の季節を現わしたのでしょう。

鯉《こい》・鱸《すずき》・沙魚《はぜ》は棲息の場所から名付けられたものでしょう。

鮃目《ひらめ》・太刀《たち》魚《うを》・鰈《かれい》・細魚《さより》はその形からの文字です。

鰻《うなぎ》　鰻の曼は、慢々《まんまん》的の曼で、長いゆっくりとしたさまという意味の説です。

鰹《かつを》　鰹は一般に手に入る頃には軟かくなっておりますが実は取りたては堅いものです。ですからさしみにもたたきという方法で作りますが、鰹節になってからのあの堅いところから書くようになったのかも知れません。

鯰《なまず》　鯰は頭が大きいし、見ていると姿がじっと考え込み何か念じているかのようですからこのように書くようになったといわれます。

鯡《にしん》　鯡を魚に非ずとはどうしたことか、一説には島の住人が鯡を常食にしてほとんど米代わりに食したので、魚に非ずと書くようになったともいわれます。

鱧《はも》　鱧《はも》は魚偏に豊《とよ》と書くが、ある人はこれは豊《ゆたか》と読んでほしいといっています。照焼きもさることながら骨切りをした椀種はまるで白牡丹の花を見るようです。その重厚さは文字通り豊さを感じさせてくれます。こんなところから書くようになったのかも知れません。ゆたかとは何の料理にも使えるということです。

鯖《さば》　魚偏に青とかくのはその色から名付けられたものでしょう。

鰯　鰯には、鰯、鰛、の二字があります、何といっても鰯は弱い魚で水から上げれば直ちに死ぬし、魚族にとってはこの上もない好餌でもあり、種々の魚はこれを主食のようにし、弱い魚ですから、この文字が使われることになったのでしょう。ある本には鰛が本当で囚人さえ皿に食い残す程廉《やす》い魚で下魚だというところから、鰛だと書かれております。ところで虫でもなさそうなのに虫の字を使う料理材料が沢山あるのはどうしたのでしょう。えびを海老と書くのは腰が曲るまでと長寿を祝う意からで、蝦が本当らしいし、蟹、蛸、蛤などもその例の一つといえます。更に貝類でもないのに貝の字の付く文字が多くあります。例えば、(賣)、買、販、貸、賃、これは古来金《かね》で作った銭の出現せぬ前は、いろいろの貝によって値を定め、現在の金銭のように使われたことによるものでしょう。

さがのすっぽん〔佐賀の鼈〕

佐賀県はスッポンの養殖の盛んなところです。スッポンが産卵ふ化してから四、五年経なければ使いものにならなかったのに、現在は温泉の温水を利用して冬眠をふせぎ、二年半で一kgにも成長させることに成功しています。九州は天然物も相当出荷されていますから気候風土に適しているのでしょう。

さがのなべ〔嵯峨野鍋〕

京風の水焚の一種。車海老、白身の魚、牛肉、いか、貝類、白菜、菊菜、生椎茸、榎茸、京麩、小原木ゆば、飛龍頭、嵯峨豆腐などと昆布の煮出し汁で白焚きにして、ポン酢、紅葉おろし、洗いねぎの薬味で食します。京都の生麩、ゆばを使用するところに京の味があります。

さかびて〔酒浸〕

刺身や貝類を酒に浸しておき、供する直前にとり出したもの。古言。

さかまんじゅう〔酒饅頭〕

酒の元を作り、小麦粉と混ぜてこね、これを饅頭の皮にして餡を包んで蒸したもの。

さかむし〔酒蒸し〕

酒を使って蒸しますからこの名があります。材料は、蛤、あわび、白身の魚、貝類。貝類は酒出しといって酒と煮出し汁と同量くらいで塩味にして蒸し煮にします。魚は酒塩をして蒸します。あわびは酒塩を入れた湯で十分間くらい茹でてのち酒塩をふりかけて蒸すと軟らかくて美味しいものです。魚はポン酢でいただくとよろしい。

さかもとぎく〔坂本菊〕

乾物になっていますので湯でもどし、酢の物その他のあしらいによろしい。大津の坂本で製造されるのでこの名があります。現在では青森の三戸《さんのへ》でよいのが沢山出来ます。

さかもり〔酒盛〕

酒を飲みかわして相楽しむこと。饗宴、酒宴などで節目に行うものを節宴ともいいます。酒盛りの、モリは飲食の分与または、神と人とが同じものを飲食する一種の宗教的、もしくは儀式的なものでした。後には儀式的な意味もなくなり、現在では社交に商談にこれを催すことが多くなっております。

さかや〔酒屋〕

酒類を販売する店のこと。わが国では酒税法により酒類の販売は大蔵省の許可が必要です。一種の独占的な業ともいえます。然し酒造のメーカーが酒類販売の許可をとってあれば全国どこでも販売ができます。

さぎしらず〔鷺不知〕

小さな小さな川魚。一本足で静かに魚の来るのをまつ鷺ですら見のがすほどの小さな魚ゆえこの名があります。京都の加茂川のが有名ですが、全国の河川にも住んでいます。これはハイ雑魚の稚魚ともいわれますが、これを獲るには川下に大きな箕を受け、川上から竹の先に鵜の羽根を付け、二人で水面をなでるようにして箕の中へ追いこむ方法です。寒中には日射しで水が温む浅瀬に群れをなしています。佃煮風に煮たのが市販されており、前菜や口代わりの盛り合わせに使います。これを煮るには、生引溜、酒、砂糖で一寸辛めに焚き上げます。材料五〇〇g、生引溜カップ一杯、砂糖大匙五〜六杯、酢少々または梅干二〜三個、酒適量で煮上げます。

ざく〔雑具〕

料理の主材に添える副材料。鍋物料理にこの言葉を多く使います。即ち肉や魚に添える、ねぎ、三ツ葉、豆腐、しらたき、乾物など。ただ具とのみいう場合もあります。

さくさん〔サク酸〕

有機酸の一種。強い酸味と高い刺激臭をもっています。食品では主成分として各種の酢に含まれているサク酸は、原料のアルコールをサク酸菌によってサク酸発酵を行なわさせたものです。普通醸造した酢でも通常四〜五%が含まれています。料理の上ではサク酸のみを使用することはまずありませさん。

さくどり〔作取り〕

魚の鱗を去り腹部を開き臓物を取り出しきれいに洗い、これを三枚に卸して料理に適した形に切り分けることをいう。

さくらいり〔桜炒〕

蛸《たこ》の足を薄く輪切りにして、酒、醤油でさっと炒り煮したもの。色も姿も桜色になるのでこの名があります。

さくらえび〔桜蝦〕

えびの一種。駿河、相模湾が主産地。深海性のもので、暗夜に海面に浮び上り群遊します。春が旬で夏期に産卵します。素干し、煮干しに加工されます。三杯酢にしたり野菜と混ぜて天ぷらにすることも惣菜にはよいものです。

さくらだい〔桜鯛〕

桜の花の咲くころとれる鯛のこと。鯛の種類の名称ではありません。鯛はある程度の深海魚ですが、この頃が産卵期なので古来産卵のため瀬戸内海に寄って来ました。昔はその数も多く魚島といわれるほどであったようですが、現在はそのような姿はみられません。四月に入ると真鯛の雄を桜鯛という場合もありますが、これはひれに婚姻色という赤色が鮮明にあらわれてきれいになるからです。性ある生きものは皆同じで、青春期になると色のある魚も一層きれいになると西尾先生の著書に書かれてあります。

さくらなべ〔桜鍋〕

さくら鍋とは馬肉鍋であることはご存じの通りです。これは、〝咲いたさくらになぜ駒つなぐ、駒が勇めば花がちる。〟この俗謡によってこの名があります。馬肉は普通のすき鍋に味噌を少し入れると臭いが消えて軟らかくいただけます。猪は牡丹、鹿は紅葉、馬は桜、牛肉は柿、となかなかしゃれた名称が付けられたものです。牛肉を柿というのはあの柿の熟した赤いきれいな色からの思いつきだといわれます。悪質商人は馬肉を牛肉として売る店があったので、看板に牛肉は赤文字、馬肉は黒文字で書くようにと時の政府から指令が出されたのもおもしろいことです。

さくらに〔桜煮〕

蛸《たこ》を煮ふくめ、桜色に仕上げたもの。中くらいの蛸をよく洗い、足を一本づつに切り分け、さっと熱湯を通し、鍋に竹の皮に包丁目を入れて敷き、その上に大根の輪切り、蛸を並べ、煮出し汁、醤油、砂糖を適量入れて蓋をして一時間くらい中火より少し弱火で煮上げます。味醂は使わない方がよろしい。

さくらのはなづけ〔桜の花漬〕

八重桜の花を塩漬けにしたもの。花は七分咲きくらいのものを塩水で洗って塩と梅酢少しで漬けます。桜の花四〇〇g、塩八〇g、白梅酢五g、水二〇〇g、を混ぜたのに漬けます。一週間くらい漬けておき、取り出してかるく絞ってスダレに並べて二日程かげ干しにし更に塩をして貯蔵します。桜湯といってお茶代わりに使います。然し祝いの時には花は散るといって忌みきらう人もあります。

さくらのはのしおづけ〔桜の葉の塩漬〕

桜の葉の塩漬けは春の桜餅に使用することはご存じの通りですが、今では鮨屋でも使います。それを供給する本場はどのようにしてこれを作っているのでしょうか。日本一をほこる生産地は静岡の松崎町。桜の木は葉を摘みとりやすく茶畑のように丈低く作られています。作業場はまるで味噌の仕込み場のように、大は三十石樽に一七〇万枚、小は四斗樽に二万五千枚、五十枚ずつたばねた生の葉に塩をして漬け込みます。四—五ケ月漬けておきますと発酵してあの良い香りが出るといわれています。何分季節があるのでその作業たるや大変なものがあります。

普通につくるには、葉七五〇g、塩二〇〇g、水、梅酢少々。二—三ケ月塩漬けにして塩水を捨て、梅酢を加えてかるく押しをしておき、使用する時に洗って薄い塩水に浸し塩出しをします。然し普通の桜の葉では香りがありません。桜桃の葉がよいといわれていました。昭和五十四年四月始めにテレビで大島桜の葉だと説明され、この葉にはクマリンという殺菌力があって、大腸菌などを死滅させるといわれ、その作用によってあの特有の良い香りが出るとも聞きました。

さくらふ〔桜麩〕

桜の花形の生麩、各地で作られますが、京都製のがよろしい。

さくらめし〔桜飯〕

飯の一種。米カップ五杯、水カップ五・五杯、醬油大匙六杯、酒大匙三杯、以上で焚いた飯、一名色飯ともいいます。これに具を使えば、何々飯となります。味付けに砂糖大匙二杯入れるのも一般向きです。

さくらもち〔桜餅〕

桜の葉に包んで蒸すからこの名があります。始まりは江戸時代、柏もちの類似品として下総銚子生れの山本新六という人が作り出し、向島長命寺で売り出したのが元祖といわれます。道明寺粉一カップ、砂糖大匙二杯程に熱湯カップ一杯混ぜてしばらく置くとおこわ様の物になります。これに餡を包み更に桜の葉で巻き八分あまり蒸すと桜餅ができます。

その他の桜餅、白玉粉一五g、水カップ四分の三杯、小麦粉六五g、砂糖二〇g、紅粉少々。作り方、白玉粉を水で溶き、砂糖、小麦粉、食紅少々入れてかるく混ぜ、これで薄焼きを作り、丸めた餡を巻き桜の葉で包んでも作ります。これを包む桜の葉は大島桜という木の葉でないと香りがありません。

さくらんぼ〔桜桃〕

原産はアジア。日本へは明治初期改良種が中国を経て渡って来て現在に至ります。普通桜は花を賞するのに桜桃は実を主として栽培されるもので、赤色黄色の二種があります。福島県、山形県地方から多く生産されます。

ざくろ〔石榴〕

ザクロ科。原産はアジアといわれます。中国では二世紀の漢時代に西域の安石国から移入したとされ、安石榴《あんせきりゅう》ともいうそうです、榴は瘤に音が通ずるところからのリュウで、口を開いたザクロの実が西域の奇勝に似ているところからの連想からきた形容だといわれます。実は赤と白と二種あります。

鬼子母神《きしぼじん》がザクロの実を手にしているのは、釈迦が人の子をとって食べる代わりに、人肉の味がするザクロを食べるようにと教えられたという説によります。仏教ではザクロを吉祥果といい、中国ではザクロの木を魔よけとして鬼門の方角に植える風習もあるそうです。甘ずっぱい味で、果汁から、グレナーデン・シロップが作られます。多くはプリンにかけます。

さけ〔鮭〕

鮭科の硬骨魚で回帰性遡河魚類に属する。九月から翌年一月にかけて河を上り、砂礫の川底に穴を堀って産卵し、体は灰色ですが遡河期にはやや赤味をおびます。

その他、ぎんざけ（きんます）、べにさけ（べにます）、さくらます（ます）、やまべ、セッパリマス（からふとます）、マスノスケ、にじます、かわます、あめます、えぞいわな等々もさけ科です。然し普通には、白鮭、紅鮭、マスノスケ、ギンマスなどがあげられます。白鮭はいわゆるさけといわれているもので名称の通り身が白く、北海道では秋に河へ上って来る美味しい魚の意味で、秋味と呼んでいます。この種はときたま春から夏に河へ上るものもありますからこれをトキシラズともいいます。欧米人は鮭の身の白いのを好まず、ドッグサーモンといって軽蔑しております。白鮭は北洋に広く分布し、体長七〇cmくらいになり、生後五〜六年で親となります。背中は藍色で腹側は銀色です。産卵期になると婚姻色といって赤紫色の斑点が鮮明に現われます。このようになったものをブチ鮭あるいは、ブナの樹肌に似ているので、ブナ鮭ともいいます、雄は婚姻期に鼻が曲るので鼻曲りの名のあるのもこの種です。

紅鮭は体長六〇㎝位になり北太平洋に多く産し、北海道では東側の海でとれます。体色は青く肉は名前の通り濃い紅色で欧米人はべにますを好みますので、輸出用にはすべてこれを用います。燻製にするのもこの種です。

マスノスケ。鮭鱒類の中一番大きくなるのはこの種です。従って王様の意味で英語ではキングサーモンと呼ばれ、我国でのマスノスケのスケも王という意味です。肉色は中紅ですから欧米人も紅サケ同様よろこびます。

カラフトマス、セッパリマスまたはホンマスといわれているものが普通マスといって売られている種類です、北洋で漁獲する主要な魚の一つで塩からく味のよくわからないほどに加工されているのがこれです。この種の魚も年々減収されてさびしいことですが、日本の裏側《うらがわ》チリは季候も反対です。今このセラノ川、シンプソン川に鮭鱒の移殖が盛んに考えられております。水温十五～十七度、この水温は稚魚の成育にぴったりで、受精卵を空輸し人工ふ化の段階に入っているようです。これが成功すればこの地に鮭鱒の産地ができ、人類にとって大きなプラスになるのでこの成功を祈る次第です。鮭の雄《おす》は背びれが大きく、上アゴが長いものです。

さけかす〔酒粕、酒糟〕

酒のもろみを酒袋に入れて、圧搾して酒を絞り取った粕。粕汁、鍋物、漬物（魚菜）などに使います。

さけかんずめ〔鮭缶詰〕

サケ、マス類を缶に合せて切り、缶詰めにしたもの。原料の魚は、ベニマス、ギンマス、カラフトマス、マスノスケ等。この中でベニザケを用いたのがもっとも優良で多く輸出されます、水煮、油漬、味付け等々があります。

さげじゅう〔提重〕

重箱の一種。持ち運びに便利のため手提の台に重箱を重ねてのせて、観劇、花見に使用されたもの。江戸中期が最も流行期で豪華な蒔絵のあるものが見受られます。種類もいろいろで重箱だけのもあり、取り皿、酒器、箸等も仕込まれたものもあります。

さけすし〔鮭鮨〕

北海道の料理。鮭は秋味と呼ばれるように秋になると美味しくなります。鮭を三枚に卸しこれを薄切りにして、すし飯を器に敷き、その上に、人参、大根、胡瓜、生姜の薄切、鮭、スジコと数段に重ね、重しをして一ヶ月後に食べます。通常晩秋につけ正月用にいたします。

さけちゃづけ〔鮭茶漬〕

甘塩の鮭を焼き、身をほぐし、あたたかい飯を器に盛りその上にのせ、もみのり、わさびを加えて、熱い番茶をかけたもの。

さけのはかま〔酒の袴〕

徳利を置く台のこと。酒を徳利に入れ、燗をして飲む風習が始まってから、熱くなった徳利をもちやすくするために考えられたもの。木地のくりぬきものや塗物があります。ハカマの名称は下半身をおおう衣服の袴と、徳利の下部をおおう台とを結びつけて名付けたものなのでしょう。

さけびて〔酒ビテ〕

『利休百会記』によく書かれている料理名。魚を酒に浸して酢塩を加えたものと井口海仙先生は解されています。実際に作る場合は魚に塩をした方がよろしいようです。

ざこ〔雑魚〕

種々雑多な小魚のこと。佃煮、煮干にしたり、日干にして炒り、義助煮風に調理するのも良いものです。内臓も骨も食べてしまうので無機質、リン、カルシウムなどの給源として最適の食べものです。義助煮は、義助煮の項参照。

さごし〔狭腰〕

さわらの中くらいのもの。魚が小さいので味は鰆《さわら》よりおちます。ある人は、さごしは鰆と別種だと解く人もあります。幽庵焼、味噌漬、てり焼、蒸し物等使用途は多い魚です。腰の部分が狭くなっているので狭腰の名称があります。

ざこば〔雑喉場〕

大阪の魚市場のこと。天正年間には、安土町、備後町、堺筋東上魚町で市がたち、その後靭町にも出現、これをザコバと呼んでいました。元和のころ天正年間開設された市場を京町堀、江戸堀に移し、靭町の市場もこれに合併されて大規模なものとなった訳です。市は朝、昼、晩と三回立ち各地からの魚貝類を独占的に集荷してセリ売りが行われたものです。今の中央卸売市場は大正時代に法が制定されて統轄されたものと聞き及びます。

さごはちづけ〔三五八漬〕

漬物の一種。福島県の名産。三五八というのは、塩三合、米麹五合、米八合の割合で漬床を作るからこの名があります。米を炊き熱いうちに麹をほぐして混ぜ入れ七〇度くらいの温度で五～七時間おくと麹が働いて甘酒ができます。これを冷して翌日塩と混ぜて保存し、必要に応じて取り出しこれに材料を漬け込みます。野菜は塩で下漬けして漬け、するめ、身欠にしんなどはよく水洗いして一日下漬けをして臭気が去ってから漬け込みます。寒ぶりも美味しいものですがこれは塩をかるくして血抜きをして漬けます。その他肉類もぶりと同じです。薄塩鮭も同じようにして漬け、こげないように弱火で焼いて食します。

ささ〔笹〕

東アジア、とくに日本全土に広くしかも沢山の種類が分布しています。食べ物を巻いたり、料理のかいしきにしたりしていろいろに使います。クマザサ、チマキザサ、縞ザサ、箱根寒竹、などが多く使われます。魚の進物の時には古来からつきものです。ちまき、あめ、餅、麩、などはよく見受けるところです。鮎と笹の葉で包んで焼いたアイノササヤキなど夏の食べ物の代表です。笹の葉は防腐効果をもっていることはご存じの通りであり、かいしきに使うのは絶縁体であるため、盛り合わせる材料の臭いをお互いに移し合わさぬために使います。

ささあめ〔笹飴〕

新潟の名産。笹の葉で押えたような甘味のすくない飴、何となく郷愁をさそうものです。「うとうとしたら清の夢を見た。清が越後の笹飴を笹ぐるみむしゃむしゃ食って居る。笹は毒だからよしたらよかろうと云ふと、いえ此の笹が御薬で御座いますと云って旨さうに食って居る。おれがあきれ返って、大きな口を開いてハーハーと笑ったら眼が覚めた。」漱石の著、『坊っちゃん』の作品の内にこんな言葉があるなつかしい飴です。

さざえ〔栄螺〕

夜光貝科の巻貝。わが国の沿岸いたるところで獲れます。外洋に面した岩礁地帯に住み、海草を餌としています。最も美味しいのは蛤、あさりと同じように春です。つぼ焼、酢貝、和えもの、焚合せといろいろに使われます。

さざえのつぼやき〔栄螺坪焼〕

さざえを洗って火に架け、沸騰してきたら貝の蓋を取り、醬油一滴または味塩を入れて味を付け食べる浜辺の磯料理です。今一つは栄螺を茹でて身を取り出し、賽の目に切って、銀杏、竹の子、椎茸など、下煮して元の貝に詰め、火に架け煮て三ツ葉を入れ、皿に塩又は小さい五色石など敷いてその上に坪焼きをのせて進めます。時には塩の上にアルコールをかけてもやし、その上に坪焼きをのせ沸騰しているままのを進めることもいたします。

ささがき〔笹欠・笹掻〕

野菜の切り方の一つ。牛蒡や人参を鉛筆をけづるように細長くけづるようにして切ること。ささの葉に似ているのでこの名があります。柳川鍋やきんぴら牛蒡にするときは一寸長めに、ご飯に使う場合は一寸短く笹がくのが普通です。ささがいたら早速酢を少々入れた水に浸してアク止めします。

ささかにのからあげ〔笹蟹の唐揚〕

山陰山陽の名物。笹かにという小さな蟹を唐揚げにして味付けをしたもの。おつまみによいものです。

ささかまぼこ〔笹蒲鉾〕

仙台の名産。笹の葉形の焼き蒲鉾。この蒲鉾は約一五〇年前、文化年間、鯛やヒラメの豊漁がつづき、処分に困って作り始めたといわれるものです。

ささぐり〔笹栗・小栗〕

山野に自生する実の小さい栗。栗飯に炊いたり、お正月の勝栗を作るのはこの種類です。小さいのでササクリの名があります。栗飯を炊く場合栗の皮をむくには強火で皮をもやすように焼くと、鬼皮も甘皮も案外きれいにむけます。

ささげ〔豇豆・大角豆〕

豆科の植物。原産は中央アフリカ、または東印度ともいわれます。文献によりますと、平安時代の中頃すでに食していたようです。夏に紫色の花をつけ終ってさやが実のります。花が物を捧げ持つような形で咲くからこの名があります。このささげの種類は多くありますが大別して、白ささげ、赤ささげ、青ささげです。赤ささげは小豆の代用として使いますが、皮が堅いので漉し餡にするとよいでしょう。白、青は若いうちに、煮たり、和え物にして食します。

ささごもち〔笹子餅〕

山梨県笹子の名菓。大福餅の一つ。昔笹子峠で売っていた、力餅の面影を残した餅。赤白の二種がありますが春にはよもぎ餅も作られます。

ささずし〔笹鮨〕

信越本線白馬駅のすし弁当。すしの具に、わらび、ぜんまい、ヒメタケなどの山菜を使い、信濃川の鮭を使い、押しずしにして一つずつクマザサの葉で包んだもの。笹の葉の防腐効果を利用して作られたおすしです。

ささだんご〔笹団子〕

越後の名物。米の粉を熱湯でかきこれを蒸してよもぎの葉を入れて搗き、これを皮にしてつぶ餡を入れ笹の葉に包み、両端をスゲでゆわえた素朴な団子。新潟県の生んだ代表的な味の民芸です。古くは天文二十三年、上杉謙信出城の際、柿崎城主に仕える菓子司が、中国の粽《ちまき》をもとに創菓したものといわれます。今でも越後では端午の節句に笹だんごをつくって食べる風習があります。

ささのゆき〔笹の雪〕

豆腐料理の有名店。東京根岸にあり、文化年間から続いている豆腐料理の専門店。いろいろありますが、呼び物はあんかけです。四〜五人前はいただけます。

ささまき〔笹巻〕

飛驒神岡の名菓。青い笹の葉で三角形に包んだ羊羹、きわめて淡白な味を賞味します。アルプス山麓に自生する熊笹で、いつも青く、見る目を楽しませてくれます。金木戸屋製。

ザザむし

信州伊那地方では川の流れの浅瀬をザザと呼びます。ここでとるのでザザ虫といいます。この地方だけのものですが「雪見コタツでザザ虫たべりゃ伊那の天竜の味がする。さぞや寒かろ虫取りは、冬の天竜のまん中で」と『新作伊那節』に歌われるように手足も凍りつくような寒中、川へ入って石を起し四ッ手綱でとる。といっても魚ではなくあのグロテスクな虫、昔は小児の虫薬といって売り歩いたマゴタロウ虫、カワゲラ、トビゲラ、これを総称してザザ虫といいます。これを佃煮にして販売されている珍味、伊那市入舟町ザザ虫専門店、「かねまん」があります。山菜料理の前菜によく使います。

ささやき〔笹焼〕

大きな笹の葉で材料を包み焼いたもの。材料には肉類、魚、海老、野菜では、松茸、三ツ葉、銀杏、その他いろいろのものを取り合わせます。喰味には、塩、味噌、味醂醬油など。包む材料により笹の葉は二枚三枚と使います。天火で焼く場合笹の葉に一寸コゲメがついたら薄板にでものせて笹の葉があまり黒くこげないように注意して仕上げます。鮎の腹に加菜味噌（山椒、葱、生姜などを混ぜたもの）を詰めて、笹の葉三枚で巻いて天火で焼くこともします。

ささら〔簓〕

台所の洗浄道具。節を片方に残して竹筒を作り、節のない方から細く割って、大きな茶せんのように作ったもの、時には細く割って片方を結んで作ったもの、これを使うとき、さらさらと音がするのでこの名があります。飯びつ、桶、せいろなど洗うとき角のよごれをこすり取るのに使います。魚を洗う場合にも、腹を開き臓物を取り出し、背筋の所を洗うのに便利です。

さざんかゆ〔山茶花油〕

ツバキ科の山茶花の種子からとった油。椿油に似ているので椿油として販売されることもあります。精製されたものは食用にも使われます。

さじ〔匙〕

物をすくったり、食物を口に運ぶのに使うもの。用途によって大小、金属、陶器、木、竹などがあります。すべてを手で取扱っていたのに火を使うことを知り、自然、煮焚きしたり、熱いものを食べるためにと考え出されたのが匙です。

さしいれ〔差入れ〕

椀種を先に椀に入れておくこと。

さしかつお〔差し鰹〕

煮出し汁で煮た材料、または汁物に更にかつおを加えてかつおの味を強くすること、一名追いかつおともいいます。例えば味噌汁を作る場合、味噌を煮出し汁で煮溶き更にここへかつおを入れて一度沸騰させてすいのうで漉して作ります。味噌汁は清汁より煮出し汁が濃くないと美味しいものではありません。こんな場合を、差しかつお、追いかつおといいます。

さしこみ〔差込〕

さしいれの主材に、あしらい即ち添えものとして、青味、松茸、うど、茗荷、ゆば、麩等々椀に入れること。

さしみ〔刺身、作身、指身、差身、生、造り身〕

本山先生の『飲食事典』を参考に見れば、「さしみ、刺身、料理、魚肉を生で食う場合、昔はすべてナマスであったが、醤油の発達以来サシミとなった。文安五年（一四四八）八月一五日『中原康富記』に鯛の刺身として、タイならタイとわかるようにその魚のヒレをさしておくのでサシミ、つまり「さしみなます」の名の起りだとあり、次いで文明年間（一四六九〜八六）にはイカさしみ、サワラさしみなどの献立が記載されている。すべての食品は加工するほど栄養素を損失するからサシミなどは代表的な栄養食法である云々、」とあります。このさしみは我国独特のものとなって発達したのは幸い我国は四面海であり、山、河川、里には池、沼があって、自然新鮮な材料が入り易いからであります。生で食べはじめたのは文献で見えるように、「景行天皇東国御巡狩の折上総国に至り、海路淡水門を渡り海中より八百白蛤《ヤサカノウムギ》と得給う、六雁命、是を膾に為り」云々で知られますが、もっと古く火のない時代にはすべて生食であったことは当然です。我国民以外で生食する人種はインデアン種だけと若い頃には聞き及びましたが、終戦後は諸外国人の来日数知れず、最も手をかけないその物の本来の味の良さを知られて現在では、世界の食べ物になってしまいました、しかし追々と海及び各河川が公害におかされ品不足になりつつあるのはなげかわしい次第です。

材料では、鯛、鮃目、かれい、鯒、アイゴ、いさき、はぜ、きす、さより、オコゼ、あいなめ、鰤、鰺、鯖、はまち、ぼら、黒鯛、はた、すすき、石鯛、縞鯛、鰹、河豚、鮪、かわはぎ、鯉、鮒、鮎、牛肉、鶏肉、いか、蛸、蟹、車海老、伊勢海老、甘海老、赤貝、あわび、たいらぎ、あおやぎ、みる貝、生雲丹、さざえ、にし貝等々、新鮮な材料なれば何れの品でも使用できます。

刺身の作り方。

刺身。切り重ねともいい、きれいに串に刺したように切り重ねた作り方。

作身。作意あるように作ること、例えば牡丹の花、菊、椿、ばらの花のように作ること。

差身。作ったさしみに使用した材料の鰭の一部を差しておくこと。

洗い。白身の魚の生きたのを薄作りにして氷水で洗ったもの。

湯洗い。鯉、鮒、その他臭いのある魚を約四〜五〇度の湯で洗ったもの。

平作。平たく切ったもの。

糸作。細長く切ったもの。さより、いか、きす、鯉、その他の材料で作ります。

細作。糸作りよりやや太く切ったもの。

賽の目。一・五㎝角ぐらいに切ったもの。

松皮作。鯛やすずきの大きいものを皮を引かずに、皮を上にして俎にのせ、その上に布巾をかけ、その上から熱湯をかけ、適当に皮が松の皮のようになった時早速氷水に取り、冷して切ったもの。これを皮霜ともいいます。

焼き霜作。皮を強火でさっと焼いて直ちに水に取り冷して切ったもの。

霜ふり。材料を思いの形に切り、熱湯を通して直ちに氷水に取り、冷したもの。冬の朝、ものに霜がふりかかったように出来るとよい。

博多作。赤、白身の材料のあいだに海苔をはさみ切ったもの。博多帯のようなのでこの名があります。

掻取《かき》。材料を切らずに、あわびの貝でかき取る（切る）作り方。壊石料理の向附には風情があってよいものです。

たたき。鰹のたたきの項（参照）

河豚作。河豚のさしみのように薄く切ったもの。鯒《こち》などでよく作ります、硬い身のものはこの方法がよいのです。

子作。鯉や鮒の腹子を茹でると黄色になってきれいです。しかも簡単にほぐれるのでこれを材料にまぶします。その他タラ子を塩出ししてまぶす場合もあります。

捨て切り。切り捨てにしたもの。

生作。鯛、鯉、伊勢海老など適当な材料を手早く処理して作り、客前で材料が動く作り方。

その他。八重作、苺作、大名作、下駄作といろいろの作り方があります。

何れにしても刺身は日本料理の代表のものです。いたずらに上等といえば鯛に海老、鮪にいかときめてかゝらず、種々のものを取り合わせ、食味に変化をもたらせたいものです。

さしみのつま〔刺身の妻〕

一家に夫婦があるように、良人に対し妻、さしみに対しさしみの妻、なくてはならない世の常識です。刺身もその通りで、酸性の身にアルカリ性の野菜を添えて栄養的中和をさせ、蓼《たで》などは生身の毒消しの作用もあり、香辛は胃に刺激をあたえて消化を助けたり、嗜好を増す役割をはたします。それにみずみずしい妻は見ただけでも食欲をそそります。この妻には種類も多く、香辛では葵《わさび》を第一とし、からし、辛味大根、唐がらし、生姜があげられます。

葵《わさび》。日本特産の十字花植物で、なるべくこまかい目のサメの皮か卸し金で輪をえがくように廻して卸します。刺身を頂く時には、刺身に山葵を付け、醤油を付けて頂きます。わさびを醤油に入れてしまうと、山葵の辛味は油ですので直ちに効かなくなってしまいます。

蓼。たでは葉たでと芽たでとあり、葉の細長い柳たでがあります。それに種類には、赤、青とあり、蓼は魚の毒を消すばかりでなく、薬用に葉や茎を陰干しにして煎じて、子供の解毒、虫下しに使い、黒焼きにしてテンカン病の薬にも使用されます。夏から秋にかけては見ただけでも相手の材料を思い出します

「鮎なます藍より青き蓼酢かな。」貞室

「蓼の穂を真壺に蔵す法師哉。」蕪村

米海苔。海藻の一種、青い縮みのあるもの。水に浸してもどし、石突きを切り去って使います。

水前寺海苔。熊本の水前寺の境内を流れる川底に張るのり。昔はそのままの塩漬けのがありましたが、現在は加工されて紙状になった物のみです。入用だけ切って水に浸してもどし、適当に切って使います。

莫大海《ばくたいかい》。中国四川省あたりにある、柏樹の果実。江戸時代長崎へ渡来したのが始まりです。乾燥させてありますから、ぬるま湯に浸してもとの薄皮を去って使用します。これは吸物のあしらいにも使います。この莫大海はおめでたい席に、莫大に良い意味を通わせて多く使用します。

海そうめん。海藻の一種、そうめんに似たもの。水で戻して使います。

三島海苔。これには赤とアサギ色とがあり、赤は御祝いに、アサギ色は仏事用に使います。

神馬《ほんだ》藻《わら》。海藻の乾物、柳の枝に気泡の付いているような物、

水に浸して戻して使います。

紅葉卸し。大根と唐辛を卸し混ぜたもの。ときには色付けに人参を卸し混ぜることもしますが、ビタミンCを破壊するのでいけないといわれます。そこでいろいろ調味料を用いて、アスコルビナーゼの働きが止まる状況を調べてみると、酢と醤油を混ぜた酢じょう油が一番効果的であることがわかりました。人参を酢じょう油の中に卸し入れ、それに大根卸しを混ぜた場合、三時間たってもビタミンCは破壊されなかった。もみじ卸しには酢じょう油がよい、ということです。

その他一般に知られているものに、白爪、紫蘇の青、赤の葉、芽、穂。防風、茗荷竹、花茗荷、芽萱草、白髪大根、うど、わらび、芽うど、岩茸、花丸、蘭の花、菜の花、胡瓜、茄子の花、笹たで、長芋、浅草のり、とさかのり、青さ、川海苔、みる、蕪骨、おご海苔、天草、土筆、さんごのりなど。

さしみのもりつけかた〔刺身の盛付方〕

どんな料理もそうですが、特に刺身は気をつけて盛りたいものです。器も磁器なれば水を通し、陶器なればしばらく水に浸しておき、みずみずしい器に盛りつけたいことです。細向には細作りか賽の目切、平たい皿には切り重ね、妻《ツマ》も向妻、前妻、天妻とあり、器によって考えて盛ります、天妻の場合は気のきいたものをあまり多く盛り添えないように。刺身の盛り方一つで大略作る人の腕、趣味その他の程度が知れるといわれるものですからよくよく心して盛り付け、包丁のさえなど見せたいところです。

ざぜんまめ〔坐禅豆〕

黒豆を甘く煮含めたもの。仏教で坐禅を行う時、尿を止めるために食べる習慣があり、そのためにこの名があります。丹波篠山地方の名物の一つといわれますが、丹波地方には丹波の黒豆といって特に良い豆が産出されます。

さっきんりょう〔殺菌料〕

食品の腐敗の原因になる菌や伝染病などの病菌を殺すために食品に添加する物質。食品衛生法で定められているものは、クロラミンB、クロラミンT、さらし粉、高度さらし粉、次亜塩素酸、次亜塩素酸ナトリウム、2―（2―フリル）―3―（5―ニトロ―2―フリル）アクリル酸アミド、ハラゾーンの、八種類が認可されています。このうち2―（2―フリル）―3―（5―ニトロ―2―フリル）アクリル酸アミドはAF2とも呼ばれ、食品に直接添加されるので使用の基準が定められています。殺菌の目的は、ソーセージ、ハム、豆腐、餡など食品の保存にあります。さらし粉、クロクラミンT、ハラゾーンは飲料水などに使用されます。

ざっこく〔雑穀〕

米、麦、以外の穀物の総称。そば、あわ、コウリャン、きび、トウモロコシ、ハトムギ、ライムギなど。

ざっこずし〔雑魚鮨〕

長野県佐久の郷土料理。小さくて卵を持っている泥鰌《どじょう》を濃味に煮て、鮨箱にすし飯を入れて泥鰌を木の芽と共に飯の上にのせ、重しをして切ったもの。

雑魚鮨《ざこずし》は名古屋にも名物があります。これは本当の雑魚で、小鮒、小はえなどを甘辛く煮て押わくへ鮨飯を入れ、その上に雑魚、角麩の煮たものをのせて重しをして切り、テリをつけて食べます。

さっぱ〔拶双魚〕

鰯《いわし》科の海産硬骨魚。体色の背部は青黒色、腹部は銀白色、体長は一〇cm〜一五cm、南日本に多く産し瀬戸内海岸ではママカリ（飯借）といってその名がよく通っています。市場には干物になって売り出されています。産卵期は五〜六月、味はイワシに似ていますが淡白で特有な風味があり、酢の物、ぬた、すし種、素焼きにして生姜醤油で食べるのも美味しいものです。

さっぽろラーメン〔札幌ラーメン〕

南の長崎のチャンポン、北の北海道の札幌ラーメン、対照的に何か因縁がありそうです。ラーメンには竜鳳系は醤油味が売り物、三平系は味噌味が売り物、味をどうのこうのとあらそうことはありません。竜鳳の主人松田さんと三平系の主人大宮さんとは兄弟分のつき合い、その流れをくむラーメン屋が約二千軒、何処の店でも、醤油、味噌、塩味のラーメンを客の好みで作ってくれます。ラーメンの歴史は新らしく、終戦直後の昭和二十二年十二月中国から引上げて来た松田さんがラーメンの屋台竜鳳を開業したのが始まりです。大変受けて繁栄しそれに刺激されて次に開業したのが三平の大宮さんです。松田さんのアドバイスを受けて同じ味ではと云う訳《わけ》で味噌ラーメンを考案したのが二十九年、これが味噌ラーメンの草分けです。美味しく作る秘伝など全くなく豚骨、鶏ガラのスープですが、品質の良い材料を選びたっぷり使うこと。それに北海道の気候風土がラーメンに合っているともいえます。松田さんは大阪に支店を出したり、沖縄までラーメンの試食の旅に出たりしていますから相当の研究者であることには間違いありません。何事も一つのものを肝に命じて知るべきことです。最近は新種のラーメンが次つぎに誕生して、サケ、ニシン、バターチーズ、アスパラガスと北海道の味を盛上げています。

さつまあげ〔薩摩揚げ〕

蒲鉾の擂身に、人参、牛蒡などを芯にして巻いて揚げたもの。所によりニンジン、木耳《くらげ》、胡麻などを具にして丸めて揚げたりします。調理をする場合は鱧《はも》の身をくづして、具にも心を配り上手に作り椀種などに使います。

さつまいも〔薩摩藷〕

ヒルガオ科の植物。原産は、メキシコ、コロンビアなど大陸の熱帯地方、日本への渡来ははっきりしないが十六世紀の終りか十七世紀の初めに鹿児島または長崎に伝わったといわれます。享保二〇年（一七三五）青木昆陽が幕府に進言して官令を得て、鹿児島から種芋をとりよせ小石川養生所に植えたことなどよく世人の知るところです。幾年月の内に改良に改良が加えられ今日に至っています。早く採れたものは、ふくめ煮にしたり揚物あしらいに使います。その他煮たり、蒸したり、焼いたり、いろいろに調理されます。

さつまいもあめに〔薩摩芋飴煮〕

さつま芋を適当に切り焼明礬水に浸しアク抜きをしてざるにあげ水気を去り油で揚げておきます。さつま芋四〇〇gに対し、砂糖大匙七杯、水少量、塩小匙一杯、煮詰めて飴状にしてさつま芋にからませて作ります。おやつに良いものです。

さつまじる〔薩摩汁〕

鹿児島の郷土料理の一つ。薩摩兵児は士気旺盛で遊びもまた違います。昔は薩摩鶏という鶏に刀をつけて闘鶏させ、真剣勝負なので必ずどちらかが死にます。これを手早く調理して骨と共にぶつ切りにして有り合わせの野菜と共に味噌汁に作ったのが始まりだといわれます。現在では、豚肉、里芋、牛蒡、人参、ねぎなどで作りますが、彼の地の人に聞きますと、さつま芋も多く使うそうです。その他あれこれと材料は選ばず、季節の野菜と油揚げで実沢山に作るようです。われわれが彼の地へ試食に行けば、客膳用のさつま汁と一般の家庭のさつま汁とは相違のあることを知らされます。材料五人前、豚肉または鶏肉一三〇g、里芋五個、牛蒡五〇g、人参五〇g、ねぎ一本、味噌一〇〇g、煮出し汁カップ五杯、生姜少し。作り方、肉は適当に切り里芋は皮を剝いて輪切り、牛蒡は笹がき、人参は乱切にして味噌汁に入れてゆっくりと煮込み、終りに葱の二cm切りを入れて一煮だちしたら椀に盛り分け生姜のみじん切りを香辛に使って進めます。

さつまづけ〔薩摩漬〕

鹿児島の桜島特産の大根を二cmほどの輪切りにして酒粕に漬けたもの。

さつまみそ〔薩摩味噌〕

鹿児島地方で大豆と小麦で作った味噌。小麦の麹《こうじ》の香りがあって塩度はあまり高くないので、もろきゅうりに使うとよろしい。市販のもろみは甘味が多くむしろさつま味噌の方がもろみの味があります。

さといも〔里芋〕

山に自生する山芋に対して里において栽培するので里芋といいます。これには数々の種類があります。京芋という小形の淡白な味の物、濃厚な味の赤芽芋、普通の里芋、その他八ツ頭、セレベス、エグ芋、海老芋なども里芋の内です。お月見に衣かつぎといって皮のまま塩蒸しにしてお供えしますが、よくしたものでこの頃から美味しくなります。天南星科、原産は印度地方といわれ、わが国では既に万葉集にも記載されておりますから渡来は随分古いことです。里芋を祝いごとに使うのは、始め植えつけるのが親芋でそれに子芋、孫芋、ひ孫芋と一年中に数多く繁殖されます。即ち物の数を増す意味があって使います。煮る時半茹でにしてぬめりを取って煮る場合と直煮にする場合とあります。何れにしても煮ころがしは美味しいものです。それには卸し柚子がつきものです。里芋のぬめりはデンプン質で、里芋の細胞の隙間に充満しており、茹でると熱によって解け出します。ぬめりの成分は糖タンパク質、加熱しても変化しないのが特徴です。

さとう〔砂糖〕

原料は砂糖キビ。甜菜でも作られます。砂糖の歴史は古く紀元前二〇〇〇年の昔に印度で発見されたといわれます。我国へは奈良朝時代中国から鑑真和上が土産に持ってきたのが始めで、その後足利時代に中国との貿易が盛んになり砂糖の輸入も多くなっております。現在日本の砂糖は大部分が外国から輸入されており、国内での生産は全消費量の約一〇%にしか過ぎません。それも主にテンサイ糖です。料理に使う砂糖の種類では、黒砂糖、黄ザラ、白ザラ（大小二種）上白糖、グラニュー糖、和三盆などで使い途によりそれぞれ選びます。普通の上白糖はそのまま放置しておくとかたまりますから、それをふせぐためにビスコというものを加えます。ビスコとは上白糖を塩酸で分解したもの。

グラニュー糖は砂糖だけの結晶ですから砂糖の本当の味はこのグラニュー糖にある訳です。一時は砂糖の消費によってその国の食味文化の程度がわかるといわれた時代もありましたが、現在では御菓子でさえ甘くない御菓子という時代に変って来ました。味もそれぞれむづかしい時代であることを知るべきです。

さなぎ〔蛹〕

完全変態をするこん虫類の、卵から孵《かえ》って成虫になるまでの幼虫。主成分はタンパク質で、乾燥品中に六〇％も含まれており、脂肪分も約三〇％も含有し、ビタミンも多いものです。以前には製糸工場から廃物として多量に出したが悪臭があるので、肥料、養魚の飼料に用いました。最近は栄養価が認められ圧搾してとった油を脱臭してサラダ油にしたり栄養剤などに使用されます。

信州路のサナギは、飯に焚き込んだり、佃煮にもして売り出されています。

さば〔鯖〕

漢名では、青魚、青花魚とも書きます。さばとは歯が普通の魚より小さいので小歯《さば》というと古書にあります。背の色の青いのは保護色です。鳥が上から見た時海水と混合されて見にくいからです。腹部の白いのは海底からの大魚が見ても発見されにくいからです。四、五月頃が産卵期で秋に脂肪がついて美味しくなるので一口に秋鯖といわれるわけです。種類は、マサバ、ゴマサバ等があります。「後三條天皇、鯖頭を嗜み給ふ」と古書にありますが、この頭は助詞で鯖をお召しになったということです。江戸時代七夕宵祭り、即ち七月六日に御三宗始め諸大名から七夕の祝いとして将軍に鯖を献上したものですが、後には鯖代として金銀を献し、これが御中元の始まりだともいわれます。

鯖は秋から賞味が始まり、一～二月が最高の食味かも知れません。産卵は四月ですが、鯖に限らず魚は産卵一～二ケ月前が最高に美味しい季節です。鯖には成人病予防に有効なEPA（エイコサペンタ酸）が多量に含まれていますから、塩焼、味噌漬、〆鯖、バタ焼、鮨、醬油漬などに調理して多く食べたい魚です。また、酢の物、酢煮、魚天焼、味噌漬、味噌煮、一塩などにして惣菜向きに重宝な魚です。

さばをよむ〔鯖をよむ〕

よむとは物を数えることですが、昔は鯖など安いものですから一〇尾買うのに一、二尾を余計に取ったものです。例えば一つや二つや三つや三つや四つや五つや、この間一尾余計になっているような訳です。鯖に限ってこんな悪徳名をきせられているのもおもしろいことです。

さばずし〔鯖鮨・鯖鮓〕

鮨飯の上に酢にした鯖をのせて作った棒状の鮨。各地に名物があり、京都のいづう、大阪のすし萬など最も有名です。鯖は新鮮なのをもとめ三枚に卸し腹骨をすきとり強く塩をして五時間以上放置し、さっと洗って生酢に漬け、のち甘酢に漬け替えて使用します。

さばのへしこずけ〔鯖の蘇洞門漬〕

若狭小浜の名産。米糟と塩で鯖を一ヶ年も漬け込んだもの。月日を経ているので特別な味と香りがあります。塩が相当からいので酒の肴に焼いて少しづつ食べると、このものの良さがわかります。若狭の小浜《おばま》には蘇洞門といって景色のよいところがあり、鯖の最も有名な産地です。若狭小浜で田村長製がよろしい。

さばぶし〔鯖節〕

さばで作った煮出し汁用の節。味が濃厚なので麺類によく合います。

さばみそに〔鯖味噌煮〕

鯖の切身六〇g五切、味醂大匙三杯、味噌五〇g、煮出し汁カップ二杯、砂糖大匙三・五杯、生姜の千切り。先ず調味料を煮溶き鯖、それにこんにゃくなどと共に煮ますが、中頃《ごろ》に生姜の千切りを入れます。生姜を使うと鯖の匂いが消されます。

さび　鮨言葉　わさびのこと。

サフラン

原産はスペイン。アヤメ科の多年草、食用になるのは花の雌しべの柱頭です。これを乾燥させたものでほのかな芳香と辛味があります。我国では岡山県で栽培されています。ソース、スープ、魚料理、飯料理の風味付けや着色料に使います。

ざぼん〔朱欒〕

柑橘の一種。ザボンはポルトガル語のザンボーアが変化した名だといわれます。一名ブンタンまたはボンタンともいわれます。柑橘類中一番大きい果実です。有名なのは長崎の平戸で栽培されている平戸ブンタンです。台湾産のが最も美味しく、果肉は生で食べ、皮は砂糖漬けにして文旦《ぶんたん》漬けとして売り出されています。

さまつ〔早松〕

梅雨期に入ると山辺は冷えて丁度秋のような季候になります。そしてしめりがあって松茸の菌が働きかけ顔を出します。秋より早く出るのでこの名があります。料理では普通の松茸と同じように致します。然し松茸というような香りはありません。

さめ〔鮫・小目〕

鮫の種類は各国で二〇〇種類、我国だけでも一〇〇種にはなると専門家は言っています。世界で第一の巨魚とされるのは一八mにも及びますが、大きくても岸へは寄らず小さなプランクトンを餌にしていて比較的おとなしい魚。それに続く巨大サメはウバサメです。一五m以上にもなりますがこの種もきわめておとなしい魚。

「ヨシキリサメ」普通に見るものは三mにもなり練製品に使用します。

「アオサメ」この種のヒレが中華料理で賞味する材料になります。

「ホシサメ」一・五mくらいの小形美味な魚。

「トラサメ」一〇mにもなり猛悪なサメ、虎のように皮に斑点があるのでこの名があります。

「ノコギリサメ」練製品に使用します。

「アブラサメ」この魚は胎生で東北地方に多く練製品の材料になりますが、肝臓から肝油を取ります。

「アイサメ」これは特有な形の尾ヒレを持ち、目が大きく、この皮が刀のツカになり肉は美味。

「ギンカサメ」頭が大きく尻っぽみで銀色、卵胎生で練製の材料となります。

「ホオジロザメ」この種が人食サメといわれ、おそれられている悪食の種です。

「チョーザメ」この魚の卵からキャビアを作る魚。

その他シュモクサメ等々数多くあります。

始めは、サメ、フカ、ワニといっていたようですがワニは爬虫類の鰐と混同されやすいのでこの言葉は使用されなくなりました。サメは中国の沙魚から来たらしく、皮に沙粒のようにざらざらの鱗があるからです。目が小さいので小目《さめ》、狭《さ》目《め》ともいい、特にフカという場合は巨大な恐ろしいサメの意に通じます。

学術語では軟骨魚の鮫をさしているようです。この魚には一種特有の匂いがありますが、あれは元来淡水魚で、海へ下って塩水に住むようになり、それにたえるため一種特別のガスを発散するのであのような匂いがあるといわれます。

さめのひもの〔鮫の干物〕

和歌山県古座町ではサメの天日干しが盛んです。釣上げたサメを手の平大に切り、塩か醤油で味付けして網の上で三日ほど干したもの。紀南独特の干物で、酒の肴に最適です、サメの漁の最盛期は二月までですから、その頃干し上がったのが最高の味です。

さやいんげん〔莢隠元〕

豆科の植物。若いさや豆の総称。夏に白か紫の花が咲き、のち長い実がなります。種類には、キヌガサ、穂高、赤三度、マスターピースなどがあり割合短期間に実り一年に三度の収獲もできるため三度豆と呼ばれる種類もあり、あまり多く実るのでお気毒と呼ばれる種類もあります。煮物、浸物、味噌和え、揚物といろいろに使用されます。黄檗山の開山隠元禅師が中国からもって来たので隠元豆という人もありますが、隠元のもってきたのはフジマメで、白い大粒の豆のなるものです。

さやえんどう〔莢豌豆〕

えんどうのうち、さやごと食べるもの。種類では、キヌサヤ、フランスオオサヤ、オランダなどがあります。何れも実より莢《さや》が発達しておりながら莢《さや》が軟らかいので、いろいろの料理に使います。

青豆（グリーンピース）のえんどうは豆を食べる種類ですから未熟のさやでも繊維が発達していて堅くて食べられません。

さやまき〔鞘巻〕

さやまきえびの略称。車海老の小さいもの。刀の柄《つか》巻きに似ているのでこの名があります。車海老の大きいのは立派ではありますが堅くて味はおとります。中くらいかそれよりやや小さいのが焼いても煮ても、天浮羅にしても美味しいのはご存じの通りです。これからの蛋白質は海老でとるのが食味文化の高い人だといわれています。

さより〔針魚・細魚〕

この魚の旬は春、見るからに何やら気品があり、貴婦人といった風情がある魚。料理では、糸作り、椀種、鮨種、焼物、揚げ物などには使われます。

下アゴに紅をつけた女性的な魚、水面を群れて泳ぐ姿はきれいです。それなのに腹の内裏が黒いのはどうしたことか。平安期の延喜式にはヨリトウオとあり、サヨリはサワヨリで、沢山群れ寄るのでこのようにいわれるようになったともいわれます。

さて婦人方のお集りでスマートで、すがすがしく上品でさよりのようだとほめられた時、それは腹の中が黒いという悪口の言葉だと知るべきです。それ故に祝い肴にはきらう人もあります。

さら〔皿〕

食べ物を盛る平たい食器。何れの国でも古代は木の葉や、木のヘギ、平たい石に食べ物を盛っていますが、古代エジプト、ギリシャでは早くから金属製や、着色をした土製が使用されていたようです。中国では、周の時代から金属製の精巧なものが作られ、すでに唐の時代に立派な皿が焼かれています。宋の時代に入って完成された皿が造り出され、明赤絵、青磁、染付、呉州赤絵、金襴手、交趾等があり、朝鮮では、利毛目、三島手、朝鮮青磁の皿などがよろこばれます。

日本ではご存じのように各地に窯があり、豊公が朝鮮征伐の折、つれ帰った陶工によって一段と製陶の技術が進み、乾山、仁清、木米、と名工が輩出されています。

形は、丸、角長方、もっこう、菱、扇面、魚型、四角、花型といろいろあります。日本料理は盛る材料と、皿との調和をやかましくいい、なおその調和によって料理を一段と引きたてます。日本料理は総合芸術だとまでいわれる由縁がここにあります。ですから皿選びにはよくよく気を付けたいことです。

さらうどん〔皿饂飩〕

長崎の名物。中華麵を油で揚げ、豚肉、いか、竹輪、キャベツ、玉葱などをラードで炒め、スープ、塩、胡椒で調味して、皿にうどんを盛り、上から具の入った汁をかけて進めます。

さらしあん〔晒餡〕

小豆を茹でて漉し、アンにしたもので、乾燥させたものものあります。袋入りの乾燥させたものは熱湯を二度程入れて、かき混ぜては沈澱させてのち布に取り絞って水気を去って砂糖、塩で煮ます。生餡には白がありますが本当の白小豆の餡は少なく、大体白手亡《しろてぼ》か隠元豆です。白小豆ならば香りもあってとくによろしい。

さらしくじら〔晒鯨〕

鯨の脂身を薄く切って、熱湯に米糟を入れてその中へ入れて手早くかき混ぜ、脂肪が溶けてさらっと白くなった時早速水に取りよく晒したもの。過去には晒したものが売られていた。酢の物、ぬたみそ、味噌椀種として使いました。別名、尾羽毛、皮鯨、尾羽雪。

さらしなそば〔更科蕎麦〕

そばの実の中心部だけを挽いた一番粉で作った蕎麦切りのこと。信州の更科地方の蕎麦粉で作った蕎麦切りを更科そばという場合もあります。

さらしねぎ〔晒葱〕

ねぎを千切りまたは小口切りにして布巾に包み、水を十分ふくませてもみ、かたく絞って粘りや臭味を抜いたもの。時には二度くらい晒す場合もあります。用途は薬味やあしらいにいたします。

サラダゆ〔サラダ油〕

食用油を目的に作られた植物油。サラダ油は低温にしたとき固まるロウ状のものを除き、更に高温にして揮発する分を完全にとり除いて作ってあるので純度の高いものです。そのために加熱しても酸化しにくいので揚物として最も良いものです。オリーブ油、綿実油で作ったサラダ油が有名です。その他大豆、落花生、胡麻、菜種などでも作られます。

ざらめとう〔双目糖〕

砂糖のうち結晶の大きいもの、グラニュー糖、白ザラ、中ザラ等があります。何れも蔗糖分が多い純度の高い砂糖です。清涼飲料水や上菓子に使われ、稲荷鮨の油揚げを煮るときには黄ザラに限ります。

ざりがに〔蝲蛄〕

淡水のエビの一種。えびがにともいいます。えびに似ているのでこの名がありますが前の一対の手といおうか足が蟹のように大きくこれで餌をはさんで食べます。これには在来と外来の二種があり、沢地や渓流に住み食用としては海老と同じように料理されます。フランスではこれを食べる時期があり、大皿一杯賞味されるようです。去る年大正天皇が病弱であらせられたため、滋養をという訳でザリガニを好んで召し上がられました。そこで北海道苫小牧市から約二〇数㎞離れた支笏湖周辺の千歳川に、昔は純日本産のが多く棲息していたので、宮中から御下命がありここから送ったものです。捕獲期は七~八月の真夏、最近は支笏湖あたりも観光化が進み、年々その数も減少するのは残念なことです。調理はエビと大体同じで、煮ても焼いても天浮羅にしてもよく、エビの代用にされます。

ざる〔笊〕

細く割った竹や針金で編んだ容器。現在では合成樹脂で作ったのもあります。使い途により、浅い盆ざる、深い一応水切りするざる、角長の仕分けざる、器変りに使うざる、ざるごと煮るざる等々があります。

さるざけ〔猿酒〕

猴酒《ましらざけ》。深山で猿が木の実をとり、木の洞や岩穴に貯えておいたものが月日がたち、雨露をまじえて自然に醗酵して酒のようになったもの。猟師や樵夫が山へ入って見つけて口にしたところ、酔がまわり意外にいい気分なったといわれます。

ざるそば〔笊蕎麦〕

そばを茹でて水で晒し、笊に盛り分け、もみのりをかけたもの。

さるちゃ〔猿茶〕

茶の一種。中国の中部にある天目山脈に良質の野生の茶があり、老樹ゆえ、香気、甘味ともに高く最上のものですが、何分断崖に繁生するので人力では摘むことができず、野猿を訓練して採集するという俗に、有名な価千金といわれるなぞの茶。

さるなし〔獼猴桃〕

山地に自生するツル性の落葉低木。日本、朝鮮半島、中国東北に分布されています。雌雄異株で、太いつるになって他の木に巻きついて成長します。五〜六月頃緑白色の花が咲き、やがて淡黄緑色の果実がみのります。長さ二〜二・五㎝くらい、円形で一〇月頃熟します。特有の芳香があり口にするととろけるような甘味があります。ビタミンCが多く、生食するほか果実酒にすると一層美味しいといわれます。

さるぼお〔猿頬〕

二枚貝。赤貝によく似ていますが、赤貝は殻にある畦《うね》が三五〜四〇本、拋射状にありますが、さるぼおは三〇本ぐらいしかありません。赤貝の身は赤色が鮮明ですが、さるぼおは赤黒い色です。当然赤貝より不味です。煮物、佃煮、酢味噌和えなどに向きます。

さわがに〔沢蟹〕

かにの一種。イシガニ、ヤマガニともいいます。甲羅の幅が二〜三㎝の小蟹、全国各地の川の砂中に穴居します。一般には空揚げにして食します。所により甲乙はありますが、甲羅は柔らかく身もあって美味しいものです。

さわす〔醂す〕

柿の渋ぬきの方法。アルコールを渋柿に吹きかけて樽又は瓶に入れて蓋をしておきますと一週間くらいで渋がぬけます。これを醂すといいます。これを取り出し一つづつ並べておきブヨブヨに熟させたのが、さわ柿です。多量には、ガスの力を借りてこの加工をいたします。

さわぜり〔沢芹〕

ヌマゼリともいいます。山地の沢や沼に群生する多年茶。セリに似た大形の葉を互生し、初夏に白い小さな花をつけますが、若い葉茎を摘み、茹でて和え物、浸し物、また生のまま汁の実にしても美味しいものです。香りが高いので茹でてしばらくつけてから使うとよろしい。

さわちゃづけ〔さわ茶漬け〕

みっちゃら茶漬けともいわれ、古く徳川時代からのものだと聞き及びます、飯に鯛、鰆、うなぎをのせ茶漬けにしたもの。まさに茶漬けの王様的存在です。岡山の郷土料理。

さわちりょうり〔皿鉢料理〕

土佐の高知の郷土料理といわれますが実は、京の式膳の残存したものだと本山先生は書かれています。明治中期まで各地に行われていた、大きな島台または大皿、大鉢に料理を盛りこれを取り分け食する方式です。後世の会席風にくらべるといかにも豪華に見えるのを特徴とし、尚また地方の誇りとし、皿、鉢を略して、サハチといったのが訛って、サワチ、というようになったと解しています。

私は土佐の高知へ試食に参っておりますが、高知は山内氏の城下町です。山内氏の下屋敷が料理旅館になっており、ここへ御願いして皿鉢料理を頂載したのですがこの時の解説に、この皿鉢料理は、昔武士の出陣、凱旋の折の慰労に供したものだとのことでした。従って今のパーティーのように自由にあちらこちらと移動して、好みの物を食べ、且つ飲み、談じ、きわめてなごやかな雰囲気のもとに食事をするのがしきたりと聞き及びました。皿、鉢は大きく、伊万里焼、九谷焼、藍画の土佐能茶《のうさ》山焼、朱塗りの漆器に、鯛の生盛、鰹のたたき、口取、鯖の姿鮨、煮物、焼物、揚物と、海の幸、里の幸と材料も豊富で豪華な料理です。

さわに〔沢煮〕

沢山（多くの意）と沢煮と混同されるむきもありますが、沢煮の沢は入江の奥の水の溜り場をさしております。潮の満ち引きでわずかに塩水が入ります。この水のように塩味で至極淡味で煮るのでこの名があります。野菜と白身の魚、野菜と肉類と煮る場合もあります。汁を多くしての沢煮椀もあっさりして良いものです。

さわら〔鰆・狭腹〕

サバ科の海産硬骨魚。細長く、体の上部は青灰色、腹部は銀色、大きいのは体長一mくらいになります。北海道南部から九州まで広く分布しております。瀬戸内では桜鯛と共に最も有名です。鰆は季節を現わしており、狭腹は肛門の所で狭ばまっておりますので狭腹の文字が使われます。秋から翌年三月頃までが美味しく、刺身、焼物、蒸し物、バター焼きといろいろの料理に向きます。四、五月が産卵期なので夏は不味です。小形のものをサゴシといいますが、狭腹のように狭腰なのでこの名があります。

さんか〔酸化〕

一般には酸化とは、物質が酸素と化合するか、あるいは水素が奪われるような場合、その物質は酸化されたといいます。食品や料理においてもいろいろの酸化がおこり、色や風味を悪くすることが多いのです、最も酸化されやすいのが油脂類で、油は空気にふれさせておくだけでも酸化がおこります。酸化が進むと過酸化物が生じ、更に重合してアクロレインなどの有毒物を生じ変敗油となります。これで揚物をするとカラット揚がらないばかりか風味も悪く、肝臓に障害をさえあたえるといわれます。ですから油は使ったら熱いうちに、布二枚くらいで漉して口の小さい缶に入れて、暗い所へ貯蔵したいことです。青い物を茹でるとき塩を入れるのはこの酸化を塩がふせいでくれて色よく仕上るからです。

さんが〔山家〕

房州の漁夫の料理。さんが味噌ともいいます。カツオ、サバ、イワシなどを三枚におろし、味噌、ねぎ、生姜をたたき混ぜ、これを板につけたり、または鮑の貝に詰めて、あれば蕗の葉をはりつけて焼きます。香ぐわしくて美味しいものです。これを山仕事にも持っていくので、山家の名もあり、あまり美味しいので残りをなめてまで食べるので、なめろうの名もあるそうです。

さんがつだいこん〔三月大根〕

文字のように二月から四月頃までが季節です。細い姿の良い大根、酒粕で漬けて前菜や口代わりの添え物に、椀種の青味に、焚合わせにと使います。

さんき〔三器〕

抹茶家では、茶入、茶杓、仕覆の三品をいいます。

さんくろ〔三黒〕

昔から三黒さえかかさず食べていれば健康な毎日が送られるといわれます。三黒とは、玄米、黒豆、黒胡麻、人間も頭の毛の色が黒く、皮膚《ひふ》が黒く、ある処の黒い人は情がこまやかだといわれ、健康食としてお進めしたい食べものです。

さんごく〔三穀〕

穀物三種のこと。古書『本朝食鑑』には、「古へ三穀と謂ふは、粱、稲、菽、是れ也」と書かれてあり、粱は大アワ、稲は米、菽は豆のことです。

さんさい〔山菜〕

山野に自生する食用植物の総称。栽培されているものを野菜といい、山野に自生しているものが山菜です。山菜は古くから食用に供し、山菜に関する文献では上杉鷹山の『かてもの』が有名です。現在では山菜といえば何やら郷愁をそそり、親しみ深く、多くの山菜の本が出版されています。

桑の実、たら芽、あしたば、オクラ、ぎぼうしゅ、なずな、せり、はこぐさ、はこべ、ふきのとう、のびる、よもぎ、土筆、かたくり、嫁菜、浜防風、ぜんまい、わらび、たんぽぽ、あずきな、こごみ、いたどり、木の芽、たけのこ、しおで、山うど、たらの芽、みず、柚の花、根曲りだけ、木いちご、ぐみ、つるな、ほおの葉、山桃、川海苔、柳たで、またたび、山百合、茗荷、くず、岩茸、そば、銀杏、栗、あけび、山ぶどう、松茸、初茸、老茸《ろうじ》、しめじ、なめこ、とちの実、くご、ほうき草の実、つはぶき、山芋、くるみ等々のものがあります。春の山菜はニガミがありますのでアク抜きして、浸物、煮物、揚物の材料に使います。山菜の豊富な地は、飛騨、信州、東北、加賀白山付近。山菜は現在故郷の味を、自然の味をなつかしむことも手伝って、東北地方では栽培して出荷するものが多くなって来ました

さんさいなます〔三斎膾〕

膾の一種。『松屋会記』に、正保四年（一六四七）十月の片桐石見守会記に見える料理。ウド、タイノタタキ、カキダイコン、アタタメ、の四種を膾にして盆に盛り、この膳料理として、汁を添えて饗しています。

さんざし〔山査子〕

中国が原産。バラ科の落葉低木。初夏に白い小さな花をつけ、秋に径二㎝くらいの赤または黄色の実がなります。実は漢方薬として使い、消化を助ける働きがあります。魚類を煮るときこの実を入れると骨まで柔らかくなるので、小魚の甘露煮などに使うとよいものです。この木はよく盆栽にしてあります。

さんしゅうじたて〔三州仕立〕

愛知県岡崎市、昔は三州岡崎。この地で産する味噌を使っての料理。汁、焼物、和え物、酢みそ、等々数かぎりなくあります。

さんしゅうみそ〔三州味噌〕

愛知県岡崎市で生産される味噌。良いものは三ヶ年もねかせて作られ、色は黒く魚天味噌を作るにはこれにかぎります。一名八丁味噌ともいいますが、岡崎の八丁で作り始めたのでこの名があります。

さんしょう〔山椒・蜀椒〕

ミカン科の落葉低木。葉や実に芳香と辛味があるので香辛料として食用に使います。元来は森林中に自生したものですが現在は庭に栽培されています。山椒は静かなところを好み、路傍などでは育ちにくいものです。昔から木の芽を摘むとき、唄をうたうと枯れるとまでいわれています。庭に一本あると都合の良いものです。葉をつみとればそのあとから新芽がでてきて、あたたかい所なれば一年中といってよいほどとれます。吸口に、木の芽和え、沢山あれば佃煮に、実は青いうちに採取し、茹でて塩漬にして使います。成熟したものは乾燥の後、粉末にして粉山椒として使います。

さんしょううお〔山椒魚〕

鯢魚。両棲類の動物。体形はトカゲに似ていて二対の足を

もち、体長は八〇㎝～一・五ｍにも達します。幼時にはエラがありますが成長するに従って消失し肺で呼吸をします。黒褐色の皮に黒い点があり、全身にイボがあります。山椒魚という名はイボから浸出する汁に山椒の香りがあるからとも、またはその皮が山椒の木に似ているからともいわれます。本州の中南部の山間渓谷の水中に住み、夜間に行動して、小魚やこん虫などを食べています。肉は白く脂肪にとみ大変美味しいといわれますが、現在大形のは天然記念物として捕獲は禁じられています。捕獲を禁じられる前に食べた人の話によりますと、殺すときナタなどで一撃に殺さないと、山椒の香が身にまわって美味しくないと聞きおよんだこともあります。

福島県と栃木県境の秘境、桧枝岐には小さい種類のものがあり、ここではこれを食べることができます。この地方では精力増強といって生で食べる人もあります。普通には、天浮羅、煮物、薫製にして食べます。十一月から四月までは積雪で交通が止まりますが、鬼怒川からバスで三時間、民宿もあります。

さんしょうやき〔山椒焼〕

魚を付け焼きにして山椒の粉をふりかけたもの。時には木の芽をたたき切りにしてちらすこともいたします。鯛の頭の山椒焼は最も有名です。

さんずんたくあん〔三寸沢庵〕

長野の大根漬、直径三寸（約八㎝）ほどもある太い沢庵漬。

さんちんみ〔三珍味〕

三珍味とは、長崎のカラスミ、越後の雲丹、三河のこのわた（現在は知多半島）この三品にこの称があります。天正十三年豊公が関白になって参内の時宮中で供されたというカラスミ、徳川家へ毎年献上された知多のこのわた、越後の雲丹、本場物は何れの品も賞味する価値があります。

さんどまめ〔三度豆〕

五月豆の異称。この豆は低温高温にも強く、一年に三回も栽培ができるところからこの名があります。さや隠元《いんげん》という場合もありますが、隠元豆とは別種です。和えもの、青味、揚物料理に使います。

さんばいず〔三杯酢〕↓酢の合せ方参照

合せ酢の一種。酢、塩、砂糖と合わせたもの。時には塩の代わりに醤油を使って三杯酢という人もありますが、この場合私は加減酢といっています。この合わせ方は一定せず、使い途によって各々増減します。魚の場合は甘味《あまみ》をひかえ、野菜が主の場合は甘味を多少おおくするのがよいでしょう。加減酢は、酢だこ、ところてん、生子、もづくなどにはぜひ使いたいものです。

さんぴん、ぼっかけ

大安寺の料理。大安寺は京都でも古い寺で一三〇〇年も経ています。ここでは料理に、さんぴん、ぼっかけ、という食べ物があります。土鍋に赤酒、カヤの油、モロミを同量入れ、水をこの五倍入れてことことよく煮て、この中へ豆腐を入れて、浮き上ってきた時火を止め、器に盛り分け、もみのりをかけて進めるのがさんぴんです。

ぼっかけは、先のさんぴんを大椀に盛り、焚きたての飯を入れ、もみのりを多めにふりかけて進めます。寒い時にはよろしいものです。

さんぺいじる〔三平汁〕

北海道松前地方の冬の素朴な食べ物。この語源は決め手がないといわれています。松前藩の料理番斉藤三平が魚と野菜の汁を作って藩主に差上げたところ大好評であったので彼の名を付けて三平汁としたとか、有田焼の創始者、李三平が作り始めた三平丼（直径一五㎝くらい内側にいろいろな絵のある器）がもっぱら使用されたのでこの名があるとか、漁師の三平が作り始めたからとか、アイヌ語のサンペ（鮭の心臓）オハウ汁から付けられた名称だとかいわれます。本来は三平汁にきまりはなく、海の幸、山の幸、即ち魚と野菜とを合わせたゴッタ煮にした汁で、相性だの何んだかんだというほどのものでもなかったようです。とはいっても塩とヌカ、所々に唐芥子を入れて漬け込んだ鰊、春に漬けて土用を越してから食べ始め、翌年の鰊の漁までの保存食ですが、これとあり合わせの野菜で作ったのが三平汁の元祖です。作り方は簡単です。鰊をぶつ切りにして塩出しをして、馬鈴薯、大根、人参、銀杏、豆腐、こんにゃく、葱、季節によって南瓜、ササゲ、何んでも構わず使います。煮出し汁は本場の昆布、味付けは鰊から出る塩味、不足であれば塩で補ないます。酒粕を入れた粕三平、味噌の時は味噌三平。シシャモ、鯉、鮭、コマイなど使用する場合もありますが生のものは先に塩をしておいて使います。現在は昆布だしで塩鮭、馬鈴薯、人参などでゆっくりと煮て作ります。

さんぼう〔三方〕

御供えするものをのせる台。衝重といわれるものの一つ。檜の白木で作られ、大小さまざまのがあります。前左右に眼《げん》象《じょう》という繰形《くりがた》が抜いてあるもの、時には三宝ともいいますが抜形が宝珠に似て三方に抜き形があるからです。抜形の数により、一方、二方、三方、四方といいます。これを使う場合、上の渕の綴目を向うにして物を盛り、丸三方は綴目を手前にして盛るのが普通です。
意味はちがいますが三法の言葉もあります。それは、仏、法、僧、の三つをさして言います。

さんぽうかん〔三宝柑〕

ダイダイ系の雑柑。主産地は和歌山県。頭の部分が小高くつき出ており、夏みかんのように皮の厚いもの。果肉は淡黄色で水分が多く、酸味も甘味も香気も調和よくあって美味しいものです。皮は苦味がないのでマーマレードにするとよろしい。三〜四月に熟し、六月頃市場に出廻ります。

さんぼんじろ〔三盆白〕

砂糖の一種。結晶の粒のこまかい白砂糖。近代的な精糖工場で作られたもの。

さんま〔秋刀魚〕

サンマ科の海魚。長さは三〇㎝くらい、昔はあまりに濫獲《らんかく》されたので昭和の初期に、九月二十日を解禁日と定められました。さんまは秋潮にのって、三陸沖から鹿島灘、九十九里浜と暫時遠州灘、紀州沖へとくだって来ます。さんまの料理はいろいろありますが、新鮮なものはさんまの目に尾を通して輪にし、塩焼にして生姜醤油又は二杯酢でいただく味は本当に秋の味です。焼く時にもうもうと上る煙りと匂いが、これもさんまの味に通うようです。佐藤春夫のさんまの詩、落語の目黒のさんまなどよくその情緒をとらえています。料理では、干物、さんま飯、てり焼、塩焼、紀州で作るさんま鮨、油炒め、あげもの、酢煮、等々があります。栄養価も高く庶民の食べ物とはいいながらこの頃は高価になってしまいました。

さんまいおろし〔三枚卸〕

魚の卸し方の一つ。一尾の魚を身二枚、骨一枚に卸すこと。

さんまいにく〔三枚肉〕

豚肉のあばら骨を包む肉の部分。肉と脂が交互の層になって三段になっているのでこの名があります。東坡肉《ばら》とも呼ばれ煮込み料理に良い肉です。角煮もこの部分を使います。豚肉のこの部分を加工したものがベーコンです。

さんまずし〔秋刀魚鮨〕

紀州勝浦あたりで作る鮨。九月から二月までが季節。酢にはみかん酸を使い、さんまは頭を付けて姿すしに作ります。この地方の正月にはかかせない食べ物の一つです。

さんみ〔三味〕

三味とは、酸味、甘味、苦味を云い、料理の材料では必須材料として、山、海、里の幸を三味といいます。

さんみ〔酸味〕

料理の味の内、酸味は重要な役割をはたしています。美味しさを支配するとまでいわれる酸味の代表は、酒石酸、アエコルビン酸があります。わけて塩味に対し酸味は味にまろみをもたせる働きがあり、鮨飯にしてそのことはよくわかります。料理の味を、あんばい、といわれるゆえんもまたここにあります。その上酸味は爽快さを与えてくれます。脂肪の多いものを食べたのち、酢の物の一皿は両方の料理の味を一層引き立て美味しさを感じさせてくれます、酢の物料理もいろいろと心して取り入れたいことです。

さんようたくあんづけ〔山陽沢庵漬〕

漬物の一種。別に変った大根漬ではありませんが、一本で大きいのは一・七kgもあり、回りは七〜八cmもあります。細く打って覚弥《かくや》（沢庵漬、味噌漬などの古漬けを細くきざんだもの）にすると美味しく食べられます。

し

しいざかな〔強肴〕

お進肴。懐石の内、向附、汁、飯、椀盛、焼物が一応の料理ですが、その上更に今一献と御酒をお進めする肴に出すものが強肴です。即ちお酒を強いる肴の意味からこの名があります。本来は無くてもよいものですが現在では、二種くらい出すのが通例になっています。季節の気のきいた焚き合わせ、浸物とか酒盗などを出します。

しいたけ〔椎茸〕

担子菌まつたけ科のきのこ。只今では適温で栽培するのでわが国全土で生産されます。椎の木に自然に発生したのでこの名があり、現在は榾木《ほたき》といって、椎、ナラ、クヌギ、クリの木などに菌を打ち込み栽培されます。三年目くらいが最盛です。春のを春子、秋のを秋子といいますが、現在では季節に関係せず適温で栽培されますので、この名は通用されないかも知れません。身の厚い裏の白いのが良い品です。

古書に仲哀天皇熊襲征討のため筑紫に行在された時、「土民が香しい椎の茸を献じた、よって宮の名は香椎と呼ばれるようになった」、とあり、九州地方が主産地で古くから食用にしたことが知れます。椎茸の栄養として高く評価されるのはビタミンDの母体エルゴテリンを豊富に含むからといわれ、これを乾燥することによって効果高く発するといわれます。料理ではあらゆるものに使われます。特に最近椎茸に制ガン物質が含まれていることが明らかにされました。

しいら

日本海に多く産します。新鮮なのは塩焼にもしますが水分が多いので、干物または蒲鉾の材料に使います。鱗は細かくアマダイに似ていて胴の長い魚です。

しお〔塩〕

岩塩はオーストラリアのウェリックが有名で、泉塩はロッキー山脈の大塩湖のように三%以上塩分を含んでいるのがあり、海塩は海の水からとったものです。赤穂を第一とし、備前の小島、讃岐の小豆島、三田尻、三河の吉田などで昔は良いものが多産されました。食塩は塩素とナトリウムの化合物で、塩の生理的作用としては、塩素は胃液の塩酸を作るのに必要であり、ナトリウムは有機化合物を作るのに必要です。そして塩はなくてはならないものですが、体内には一定量以上は不必要で、エネルギーではないが、体内で栄養を運ぶ役割をはたしています。そして無機質栄養で、普通われわれの体内には一〇〇gほど含まれています。塩からい物を食べると口が乾き、水を要求するのはそれは自然に水を飲んで濃度を薄めて、体内の塩度を調節させるためです。塩の味は低い温度では辛く感じ、高温の時は薄く感じますから味付けにはこんなことにも気をつけます。

塩は『大言海』に白穂とあり、ウシホ、即ち潮、汐のウを略したものともいわれ、白穂は波の花と同じ意です。ですから塩のことを波の花ともいいます。ウシホは大海水で、オシホがウシホになり、これが更に略されて、シホとなったといわれます。甘い辛いも塩加減といわれるように、塩は食物の上において大切なものです。また一つには防腐の効果をはたしてくれます。体内では一定量以上は不用でまた欠乏すると疲労します。一日一〇g程度が適量とされます。料理に使うのは、精製塩とそれに防湿加工した食卓塩とがあり、食卓塩は味付けに、精製塩は漬物や魚の塩〆めなどに使います。防湿剤として、炭酸マグネシウム〇・五%、栄養としての炭酸カルシウム〇・六%が入っております。塩味で作る清汁《すまし》が濁る場合がありますが、それは炭酸マグネシウムのためです。

塩の話としては、吉良家が赤穂の浅野家に製塩の法をききだしたところ、その製法を教えなかったためその遺恨もあって、あの元禄の刃傷沙汰に及んだともいわれる反面、甲斐の武田が、山国で塩のない信濃の上杉へ、戦さのさなかでありながら塩を贈った話は有名です。

しお〔潮〕

海魚。関西ではシオ、関東ではカンパチ。この魚は潮にのってすいすいと泳ぎますので、潮と書くのが名にふさわしいようです。料理では刺身を第一にあげられます。→かんぱち

しおあじ〔塩味〕

塩はなめると辛いだけですが、塩の辛味は何の食べ物にも少々加えると味のすべてを引きたててくれます。砂糖味の甘い物にも、わずかに塩味があると一段と甘い味を引きたてます。吸物の塩は一%くらいがよろしく、然し土地によってわずかに違うようで、京都の人は〇・九%くらいを好みます。即ち、湯、水、目方の一〇〇分の一の量が万人向きの味という訳です。丁度人間の血液中に含まれている塩度と同じで、理窟ぬきに人間の生理上の自然といえます。重症者に施される食塩注射の濃度も〇・九%です。

しおいり〔塩炒り〕

材料に塩を混ぜて弱火で炒る事。銀杏は軽く金づちでたたいて割り、からい塩水に浸してのち塩炒りにします。塩水に浸すのは割れめから塩味がつくからです。前菜によいものです。長芋のつるになるムカゴの塩炒りもよいものです。

しおがま〔塩釜〕

仙台の名菓。仙台には奥州一の宮、塩釜神社があります。昔この塩釜に塩土の老翁すなわち塩土老翁《しおつちのおじ》が降ってこの地で藻塩草を焼いて塩を製する事を教えられ、老翁は干飯を煎り藻塩を加えて茶うけとして食していたのですが、世が経るにつれこれに糖分が加えられ知らぬまに菓子の形態になったのが塩釜です。天明の頃に至って藩主伊達家の御用菓子ともなっています。みじん粉、砂糖は同量、塩、紫蘇の葉の粉、水少量で作ります。砂糖に少量の水、塩をよく混ぜ、みじん粉、紫蘇とを混ぜ、わくに入れて押して作ります。

「わがせこを都にやりて塩釜の、まがきの島の松ぞ恋しき」

などの歌もあります。

しおがまに〔塩竈煮〕

うしお煮と同じです。鯛、甘鯛その他白身の魚を骨付きのまま切って薄塩をあて、昆布だしで塩、酒で調味して、椀に盛り分けポン酢一滴おとして進めます。

しおがまやき〔塩釜焼〕

卵白一個泡を立て、塩大匙六杯、片栗大匙二杯を手早くかき混ぜ、これにて材料を包み天火で焼いた料理。

しおから〔塩辛〕

魚貝、鳥類の肉や内臓、卵などを塩漬けにして、これがもっている酵素によって、魚肉のタンパク質などを分解、熟成させた食品の総称です。米麹を使う場合もあります。日本での塩辛の歴史は古く、平安時代までに鮎の塩辛が作られた記録があります。種類では塩辛の原料として、かつおの腸、あわびの腸（うろろともいう）、鮎の卵（子うるかともいう）、鮎の臓物（渋うるか）、いかの身腸（あかづくりともいう）。いかの墨を使ったのが黒作り、なまこの腸で作ったのがコノワタ、ウニの卵巣で作ったのが塩雲丹。サケ、マスの腎臓で作ったのがメフン。身たたきといって臓物と身と混ぜて作る場合もあります。塩は材料に対し二〇％程度がよろしい。然しコノワタなどは一〇％くらいのが一番美味しいけれどもこれは地元でないと無理なことです。塩辛を一名酒盗ともいいますが、酒によく合い塩辛を見ると盗んでも酒が飲みたくなる意でこの名があります。

しおこんぶ〔塩昆布〕

良質の昆布を二cmくらいの角切りにして、濃口の醤油を昆布が充分浸るくらい入れて文火（弱火）でゆっくり汁のなくなるまで煮て、広い器にひろげて冷すと上に塩がふきでてきます。醤油は最上のを使いたいものです。時には先に昆布を茹でて柔らかくしてのち煮れば柔かで良いことです。

しおざけ〔塩鮭〕

鮭の塩蔵品。食べ方は焼いて食べるのが一番で、茶づけ、酢の物、三平汁などにもします。塩出しする場合は薄い塩水を作りこれにつけて塩出しをいたします。

しおさば〔塩鯖〕

鯖の塩蔵品。鯖を背から開き臓物を取り出して洗い、塩を濃くして二〜三日仮漬けをします。水をきり、更に少量の塩をふり樽に詰めて出荷されます。

しおじめ〔塩〆〕

魚の処理の一つ。生の魚に強く塩をしておきますと、浸透圧の力によって脱水ができ身がしまります。このようにしてから、酢につけたり、干物にしたりして、貯蔵の一つにいたします。

しおぜまんじゅう〔塩瀬饅頭〕

日本最初に作り始められた饅頭。南北朝時代、京都建仁寺の龍山禅師が中国から連れて帰った林浄因なる者が日本に帰化して姓を塩瀬と改め、奈良で唐菓子の一種の饅頭を作り売り出したのが始まりとされ、奈良で作り始めたので奈良饅頭の名もあります。塩瀬饅頭は小麦粉をこね、あづきの餡を包んで出したもの。室町末期に至り茶道が興隆しその点心としても珍重され、江戸時代には伝馬町に製造所ができ、幕府の茶事にも使用されています。東京都三鷹市の名物塩瀬まんじゅうは、林浄因の子孫が作っているので有名です。

しおせんべい〔塩煎餅〕

米菓子の一種。餅を搗く時塩を入れて搗き、これを切って乾し、火であぶりながら焼いたもの。おかきのように醤油味でないため、かえってさっぱりとしていてよいものです。

しおだし〔塩出し〕

塩抜きともいいます。長期保存の目的で塩を沢山使ってあったものの塩気を抜くこと。これには呼び塩といって薄い塩水につけておきますと塩気が早く抜けます。塩辛の塩気を抜くには酒で二、三度洗います。たちまち塩気はぬけます。

しおだら〔塩鱈〕

タラに塩引きしたもの。これには生のと干したのと二種ありますが、干したのは干鱈です。マダラを三枚におろし塩漬けにしたものを、水で洗って焼いて適当に切り、食べます。熱い飯にのせて茶漬け、即ち鱈茶漬けもよいものです。

しおづけ〔塩漬〕

塩漬けには、漬物即ち香の物用と、貯蔵用との二つの方法があります。香の物の場合は材料に味をつけることと他の雑菌の働きをおさえて乳酸菌の繁殖をしやすくすることなどのために使います。貯蔵の場合は材料の腐敗をふせぐため塩度三〇度以上の塩水に漬けます。

しおで〔牛尾菜〕

ユリ科のつる性多年草。東北地方の山野に自生し葉は卵状で、長楕円形。若芽の三〇㎝くらい伸びたところを摘みとり茹でて和え物などにします。山菜の中でも一番美味しいといわれるものです。

しおに〔塩煮・潮煮〕

塩味で煮たもの。時には味醂、砂糖を入れて煮る場合もあります。例ば百合根、長芋など。

しおひとばん、ほしふつか〔塩一晩、干二日〕

干物を作る行程をいった言葉です。薄塩で一晩おき、二日干したのが一番美味しいからです。これは鯵など中骨付きで干す場合のことです。

しおふきがい〔塩吹貝〕

バカ貝の一種。潮干狩りのおり、蛤やあさりに混じってよくとれる貝。味は劣り、砂の多い貝です。私の地方ではイボタと呼びます。この貝ばかりを食べる場合はまずありません。

しおぼし〔塩干し〕

魚貝類に塩をして干したもの。材料の大小にもよりますが一〇分から一五分間放置しておき、竹簀に並べて干したり、尾の方を竹串か金串でさし、つるして干したりして作ります。味醂干し、醤油干しよりあっさりとしていて良いものです。材料にはあさりの串ざし、きす、小鯛、海老、あおやぎ、いか、かれい、いしもち、鰺、かます、その他いろいろの材料を使います。夏には鮎を三枚卸しにして作りますが、懐石の八寸に使うのもよいことです。

しおみまんじゅう〔塩味饅頭・志ほみ饅頭〕

兵庫県赤穂市の名産でらくがん風のものに餡を包んだ小粒のまんじゅう。創案者は忠臣蔵で知られる浅野内匠頭長矩といわれます。赤穂は昔から塩のよいのが製せられており、その味をきかせて作られているのが塩味饅頭です。

しおむし〔塩蒸し〕

白身の魚に味塩をして蒸し、喰味にポン酢、そば汁、もみじ卸しを添えて進めます。野菜は季節の材料を添えます。

しおめし〔塩飯〕

飯の一種。塩で焚いた飯。米は先にといでおき、米五カップ、水五カップ二分ノ一、塩大匙〇・五杯、酒大匙二杯を混ぜて炊きます。何れにしても、塩、醤油の入った飯はこげつきやすく、塩味で米がしまるためふっくらとできにくいので、沸騰したら火を一寸弱めてむらし炊きにするよう心がけたいことです。これに栗、えんどう、茹で小豆を混ぜて焚けば何々飯となります。

しおもみ〔塩揉〕

野菜を薄切りにして塩をし、手でもむこと。塩は浸透性が強く、よって野菜の中の水分を取り出す役割をはたしてくれます。漬物もその原理を応用して作られるものです。

しおやき〔塩焼〕

塩をふりかけて焼けば塩焼きですが、塩焼きほどむずかしい焼物はありません。塩焼きさえ上手に焼けるようになれば焼物の一人前です。材料には、一尾の物、身の厚いもの、薄いもの、脂のある物とまちまちです。何れにしても炭火がおちついて充分ガスのなくなったところで焼きます。厚い身の物には先に針うちをして塩をしておき、のちさっと洗って布巾でしめりを取り化粧塩をして焼きます。一尾の魚はおどり串に串をうち、針打ちをして塩を一寸濃くしておきのち酢をかけて布巾でしめりを取り化粧塩をしますが、尾、鰭には充分塩をつけて姿よく直して焼きます。酢をかけるのは皮がむけず、然も色よく焼けるからです。そして九分五厘熱を通し、残りの五厘は余熱でむらすようにすると骨から身ばなれもよく美味しさも一層です。塩焼きこそ心したい焼物です。

しおゆで〔塩茹〕

塩茹でには、茹でてそのまま食べるものと、次の味付けの下準備として茹でる場合があります。例えば、椀種などは塩茹でにしてそのまま使い、栗などもそのまま食べます。青野菜はそのまま使う場合もあり、更にこれを味付けのために煮ることもあります。その用途によって茹で方の加減をします。青野菜を茹でるのに塩を少し入れますが、青野菜の葉緑素の破壊をふせぐからです。そして蓋をしないのは早く酸を蒸発させるためです。葉緑素は酸に弱いことを知っておいて下さい。

しおようかん〔塩羊羹〕

信州の名産、塩味のかかった羊羹。由来は戦国時代東海の将、今川氏と北条氏とが謀り、甲信に塩を封じ、為に甲信の住民が困っていた時、越後の名将上杉がこれを聞き塩を送った話は有名です。

武田によせて曰く「氏真、氏康、公《きみ》をくるしむるに塩をもってす不勇、不義なり、吾《われ》、公と争へども争ふ所は弓箭《ゆみや》にあり、米、塩にあらず」といっていますがこの徳を讃えて作られたのが塩羊羹です。淡泊で美味な菓子。

しか〔鹿〕

偶蹄類のシカ科の総称。この鹿はアジア一帯に広く分布している動物です。種類は非常に多く、トナカイ、ジャコウジカ、ヘラジカ、ニホンジカ等がありわが国で鹿というのは日本鹿です。異名は早男鹿《さおじか》、よぶこどり、カセギ、モミヂドリなどといいます。肉は原始時代から食用とされ美味しいといわれておりますが、実は脂も少なく決して美味しいとはいいがたいものです。一見鶏のもも肉を見るようですが獲ってから冷蔵庫へ入れて一〇日くらい放置しておきます。一〇日くらい経ないとかたくて食べられません。私は猟師に近づきがあり何度も試食をしていますが好んで食べるほどの物ではないと申し上げておきます。しかし若い鹿は美味しいそうです。鍋、胡椒焼などに良いでしょう。

しがらきやき〔信楽焼〕

滋賀県甲賀郡信楽町で焼かれる陶器。歴史は古く日本の六古窯の一つ。この焼物は野性的でかえって侘《わび》があり、茶の流行と共に紹鷗《しょうおう》や利休がとりあげて茶の湯に遍したものが多く残されています。空中信楽など最も有名です。水指、茶入、花生その他向付、手鉢などよいものです。並の物は別として現在でも良いのが作られています。

しぎ〔鴫〕

シギ科の小形の野鳥。海浜、湖沼、山林に住みますが、海浜、湖沢に住むのが田鴫で、山林に住むのが山鴫です。山鴫は田鴫より大きく、味は何れも淡泊です。つけ焼き、吸物種、飯などにして使いますが、鴫を焼くのに味噌たれを使うのが常識となっています。味噌たれで焼くのは味噌は野鳥のクセ即ち臭いを消してくれるからです。焼茄子に甘味噌を付けた、シギヤキは鴫を焼くように作るからこの名がある訳です。

西行法師の鴫立沢の歌も有名ですが、雨の日の塩田にひとり立つさまはもののあわれさを感じさせます。

じき〔磁器〕

焼物の種類の一つ。食器その他焼物には、磁器と陶器とがあります。磁器は原料に酸化鉄など不純物の含まない粘土で作り、染付、赤絵、青磁等々焼き上った生地の白いもの。普通の飯茶碗や茶飲茶碗、洋食器がこの種です。

しきしぎり〔色紙切〕

野菜や薄焼き卵の切り方一つ。絵や文字を書く色紙には、大色紙、普通の色紙、四ッ半切れの寸松庵形などありますが、そのような形に、使い途により、大小さまざまに切ることをいいます。普通の歌色紙は、縦七寸（二七cm）横六寸（二三cm）です。

しぎやき〔鴫焼〕

本来は鴫を焼いた料理です。現在は鴫のように焼くのでこの名があります。茄子をたて二つに切ってくり抜き鴫の挽肉を詰めて焼くのがよろしいが、鴫の挽肉が手に入りにくくなりましたので、茄子に油を塗って焼き、魚田味噌を塗り、ケシの実を振り掛けて一寸焼いたのを鴫焼きといいます。最も茄子の姿が鴫の姿に似ているからともいわれます。それに野菜の鴫は味噌たれで焼くのが常識になっています。

また、『庖丁聞書』には「鴫壺焼き」とありますように、茄子をくり抜いてしぎの肉を詰めて焼くのが本格のようです。『京伝』には、「小娘も早やこの頃は色づきて、串をさしたり油つけたり」「油つけ串さしたはよけれども、色の黒いのは味噌をつけたり」などと合い客と談笑したといわれます。

じきろう〔食籠〕

食べ物を入れる容器の一つ。形は、重箱のような四角、角切り、丸形。材質は豪華な蒔絵、堆朱、青貝、根来塗、糸目、時には焼物といろいろあります。これに御菓子を入れたり、料理を入れて使います。表千家では多く御菓子を入れて使われるようです。

しぐれかん〔時雨羹〕

和菓子の一種。寒天を煮溶し、砂糖を入れて煮溶き漉してみじん粉、小豆の甘煮を入れて人肌くらいに冷し、流し缶に流し入れて冷しかためたもの。

しぐれに〔時雨煮〕

魚、貝、肉に生姜を加えて、醤油、味醂、砂糖でからく煮たもの。貝類は一度煮て笊にあげ、汁を煮詰めては貝を入れて煮ると、買って来るものと違い軟かくて大変美味しいものです。

御菓子にも時雨があります。みじん粉、小豆餡、砂糖と混ぜ合わせて蒸して作ります。

しぐれはまぐり〔時雨蛤〕

伊勢桑名の名産。水谷九郎兵衛という人が今の「貝新」の祖先です。この風流な名称は元禄年間、桑名で開かれた句会に芭蕉門下の各務《かがみ》支《し》考《こう》が出席した際に付けられたといわれます。蛤は七月頃が産卵期で、しぐれの降る十一月頃から一層美味しくなるのでこの名があります。元和二年烏丸光広卿が関東へ下る七里の渡しの船待ちに、桑名の焼き蛤を賞味している折から松原に時雨が降って来たのを見て、「神無月ふりみ降らずみ定めなきしぐれは冬の初めなりけり。」と詠じた古歌により時雨と名付けられたともいわれます。現在は土地の蛤が少なく、輸入品となり淋しいことです。

しし〔宍〕

宍とは野生の獣肉の総称。猪子、鹿、カモシカ、クマ、タヌキ、ウサギ、サルなど古い時代から蛋白源でした。従って鹿も猪子もシシといっていましたが、両者を区別するため猪子肉だけをししと呼ぶようになって今日に至っています。この宍料理を豊富に知っているのはマタギで、この人達の右に出るものはないといわれます。臓物はいうに及ばず手の平、骨、舌とあますところなくみな食べています。（マタギとは東北地方の山間に住む古くからの狩人の群のこと。）

ししゃも〔柳葉魚〕

ワカサギ科の魚。姿も味もワカサギによく似ています。産卵期になると雌は尻びれが大きく体が黒くなります。産地は北海道南東、釧路湾沿いのみでとれます。十月頃産卵のため川に上りますのでこれを川口で漁獲します。シシャモはアイヌ語で、アイヌの伝説によれば神の国の柳の葉が、川にハラハラと散り落ちて魚になったといい、即ち神の柳の葉、シュシュハムがなまってシシャモとなり、漢字で柳葉魚と書くようになったといわれます。この魚は産卵期になるとかえって味がよくなり、塩焼、揚物、鮨、干物、かす漬として各地へ送られて来ますが、シシャモは何といっても北海道で食べてこそ本当の味があります。生で送られて来た新鮮な一五cmくらいのを酒、塩に一五分間くらいつけておき、一夜干（一日干）にすれば案外本場と同じように食べられます。

ししゅき〔四種器〕

足利義満時代、四種器といって、酢、塩、酒、醤、この四種を食前に出しています。これは自分に合った味にして召し上っていただくためです。台盤《だいばん》振舞と景気づけたのもこの頃です。この頃格式をつけていた流儀は、小笠原、伊勢ですが、四条流も庖丁書など発行していて、この川下に、大草、高橋《たがかべ》、園部が分流して一家をなしています。この時代から塗り膳類に金銀の蒔絵、ラデンなどの立派なものが作り始められています。

しじょうりゅう〔四條流〕

日本料理の流儀。祖は山陰中納言、光孝天皇に仕えた中興の祖神を始めとし、高貴の賀事に鯉の料理をすることを職としていた方です。室町時代に包丁の家柄として四條流をたて多くの伝書があります。石井翁が受けついでいましたが、翁の歿《ぼっ》後の文献は、田村魚菜氏が保持されているようです。

ししょく〔試食〕

昔は毒味といいました。高貴な方の食事、あるいは客に対して毒の入ってないことを証明するために、家臣または主人自ら出す食事を試みたものです。現在では料理の出来、不出来、材料の良否、研究のための食べ歩き等の言葉に使われるようになっています。

しぜんしょく〔自然食〕

今日のように、農薬、殺菌剤、着色料がどうのといっている時代に見直されて来たのが自然食です。食とは、人の下に良いとかくように、古代から人に良いよいものでなければ食べてはいけないことを教えています。従って現在、添加物を使わない食品が人気を呼んでいるのもうなずけます。飲食店でも自然食を売り物に繁栄している店も多くあります。

しそ〔紫蘇〕

紫蘇には赤青の二種あって、料理には二葉の時からさしみの妻《つま》、酢の物の天盛等に使い、葉になってからはやはり刺身の妻《つま》、麺類の薬味、天浮羅のあしらい、花になれば穂紫蘇と

し

いって葉と同じように使います。穂は塩漬にして漬物に、紫蘇湯にとこれもいろいろに使うことができます。

しそとう〔紫蘇糖〕

アジシソの葉から分離した甘味度の強い物質。これは無色針状の結晶で砂糖の甘さの二〇〇〇倍の甘味をもっていて、シソの香りが強いため用途は制限されますが、他の香料と併用するとよく調和します。薬効として、解熱、殺菌作用等、ただし毒性が強いので食品衛生法では使用禁止になっています。

しそめし〔紫蘇飯〕

飯の一種。米を塩飯に炊いて、紫蘇の葉の塩漬けを天火で乾し、手でもんで粉にして、これを塩飯に混じたもの。夏期には食欲も進みよいものです。

したあじ〔下味〕

料理を仕上げる前に、味を付けておくこと。揚げもの、むし物等々。

したしもの〔浸し物〕

普通いろいろの和え物は水気を切るのが常識なのに対し、浸し物は材料に少し調味した汁を少々かけて材料を浸した風にして作りますからこの名があります。

しただい〔舌代〕

ぜつだいともいいます。よく飲食店などにてみられる文字。舌代の次に何々、何百円と記されています。これは口で言う代りのあいさつ書きです。

したつづみ〔舌鼓〕

物を食べる時、いかにも美味しそうに大鼓か小鼓を打ったように舌で音をたてて食べるところからこの称があります。何はともあれ物を食べる時には美味しそうに、楽しそうに食べたいものです。人により美味しくても何とか知った顔して一言ある方がありますが、そういう人に限って必ずまずそうに物を食べます。そうした方と同席していると折角の料理がまずくなってしまいます、それに引替え堂に入った方は、一服のお茶でも悠々と大海の水を飲み干す態度で、はたで見る目もとても楽しいものです。人事でなくわれわれも物をいただく時にはかくあるべきだと思うことです。

したて〔仕立〕

これは献立の意味です。汁物で西京仕立といえば白味噌汁、スッポン仕立といえば丸吸のように作った汁物料理。

したに〔下煮〕

料理の下準備に煮ること。

したびらめ〔舌鮃目・舌比良魚〕

ウシノシタ科。外国では魚の女王とまでいわれて珍重します。九月から十一月頃が筍です。両脇に包丁を入れて頭の方から尾の方へと皮を剝ぎいろいろに使います。

したもえ〔下萌〕

和菓子の一種。「花をのみ待つらむ人に山里の雪間の草の春を見せばや」藤原家隆の古歌に因んで作られたもの。雪の下から若草が萌え出るように、青餡で白薯蕷皮で製した饅頭。田舎饅頭のように所々皮の薄いところがある方が風情があります。

しちみとうがらし〔七味唐辛子〕

七種の香辛料を混ぜ合せたもの。寛永の頃、(一六二四〜一六四四)、日本橋薬研堀のカラシ屋徳右エ門が、唐辛子、コショウ、山椒、チンピ(みかんの皮)、ケシ、麻の実を混ぜ合わせて売り出したのが始まりだといわれています。長野の善光寺門前の七味とうがらし、京都の清水三年坂の七味屋、東京ではやけん堀の七味唐辛子が有名で、さすが老店だけあって良いのが売られています。

しちめんちょう〔七面鳥〕

キジ科の鳥。北アメリカのカナダからメキシコに至る各地方が原産地です。今でもこの地方には野生のものが残っているそうです。家禽として飼育されるようになったのは比較的新しいようです。食用として初めて食前に上がったのは、チャールス九世結婚披露宴のメニューにのせられたとき、味のおいしいことがわかり、宴会にはなくてはならない材料の一つになったといわれます。特にクリスマス、御祝いにはかかせない材料ですが、これは西洋料理のことです。然し日本料理の者からいえば大味で賞味とまではいかない鳥だと思います。阪急電鉄、宝塚線池田の東洋食品工業では、白の七面鳥、即ちホワイトポーランディアというのを飼育し、この鳥は雄が美味しく、クリスマス、誕生祝いの料理によく使われるそうです。七面鳥とは、喜《き》、怒《ど》その他の情況により、顔面及びとさかの色が七色に変るのでこの名があり、この鳥は一夫多妻、味は四季を通して同じです。八王子西部農場では、北米原産種を常時二万羽飼育されているといわれます。

しちりん〔七輪・七厘〕

京阪地方の方言では、かんてき、木炭で火をおこす土焼きの小形の炉。七厘とかくのは一度使う燃料が一銭ほどもかからず七厘ですむという意味からの名称で、普通には四角のと丸いのがあります。持ち運びが便利なので田舎では現在でもよく見受けられ、鍋物料理には是非入用なものです。ガスでは火力が強すぎ、炭火だと温和な熱であるからです。さんまも鰯もこれで焼いて、もうもうと上る煙の近くで食べてこそ本当の味があるようです。

しっき〔漆器〕

漆塗りは日本工芸の代表的なものだけあって、現在でも五〇に近い市町村で良品が製作されています。このように沢山の産地が今だに残っているのは、江戸時代の諸藩の経済政策のたまものです。各々藩の産業奨励策によって今日の基礎が築かれてきたからです。

さて料理に関するものだけでも、われわれは知らずのうちに、漆椀、菓子器、大小盆、飯台、茶入、重箱、食籠、弁当箱、重箱、飯びつ、硯蓋、箸、等々と数多くの物を使用しています。その塗りの種類も、普通木の生地を台にして塗ったもの、紙を素地とした一閑張り、皮を加工して塗った漆皮、竹を編んで塗った籃胎漆器、布を芯にして塗りかためた乾漆、陶器に塗った陶胎漆器、金を漆で塗った金胎漆器等々がありアます。これに蒔絵、沈金と手を加えた見事なものが沢山ありますが、普通製作される工程は、椀を例にすれば、大きく輪切りにした欅の木を干して木取り、思いの型に荒挽きにしてその木地を燻蒸して乾燥させ、乾燥させた木地をロクロにかけて整形して、布着せといって素地に漆で布を張り、錆漆で最後の地塗りをして、中塗り、上塗りと順を追って仕上げます。欧米の食器はガラスか銀器を使って輝きを出していますが、我国では漆器が古くから食卓に輝きを与えていてくれています。

本格的に製作された漆器は自然高価につきますので現在はプラスチックによる生産が盛んに行われています。産地は石川県山中、和歌山県黒江。数年前とは違い漆をかけるので大変きれいに仕上っています。

椀類は使用する前にぬるま湯を入れておきのち使用します。こうすると漆やけをふせぎ、その上汁も温かく差し上げることができるからです。

しっぽくりょうり〔卓袱料理〕

卓子、中国風にテーブルで食べる料理、長崎が本場です。長崎から享保年間に京都へ伝わり、それから江戸へと伝わっており、落語百川の舞台にもなっております。佐柄木町の山藤などが卓袱料理として売出し大いに繁昌した時は安永六年頃といわれます。卓袱とは用いる卓の名称で、即ち膳の代りに卓を使うのが特色です。この大きさは縦、横一二〇cm、高さ一〇〇cm程度、この卓に料理をならべて一卓四人が定めです。現在では普通の卓を使います。江戸時代の古書、『山家集』にはその当時の食器などあますところなく明記されています。現在では料理の数一三種に香の物、飯となっています。卓袱料理は古本にも新本にもいろいろのことが書かれていますが、最近長崎での名店富貴楼では左記のような料理が出されています。

一、五種盛前菜
一、御鰭椀　海老、松茸、梅形人参、鳴門巻、餅、唐人菜、鯛の切身、鰭付き
　これが出てから酒
一、刺身　鯛、伊勢海老、鯇《あら》の湯引、エラ、腸、肝臓、胃、ほうれん草、赤かぶら、三杯酢
一、南蛮漬　紅さし（小魚）、カリフラワー甘酢、蒲鉾を海苔で巻いたもの
一、鰆のてりやき　黄身鮓と酢蓮
一、十六寸豆蜜煮　たき芋、生雲丹
一、千代口　細切の豚肉、竹の子、モヤシ、椎茸、三ツ葉
一、そぼろ仕立
　大茶碗蒸　袋鳥、鮑、青豆、肉団子、牛の挽肉の団子をこってりと煮たもの（袋鳥とは鳥の腹を開いて下味を付けた糯米を詰めて一度むして、布巾に包んで麻糸でゆわえて煮て葛あんをかけたもの）
一、豚の角煮　水芥子
一、吸物　魚の擂り身、西山かぶら、木くらげ
一、梅椀　赤白の白玉、桜の花の塩漬しる粉
　以上

しなづけ〔しな漬〕

飛騨高山地方独特の漬物。当地方の赤かぶらと、胡瓜、茄子を先に塩漬けにしておき、茗荷と秋にとれるネヅミ茸を別に塩漬けにして、十一月頃全部一緒に漬け直し、一ヶ月くらいで食べ頃になります。シナ漬けの語源は、シナジナを漬け込むところからこの称があるといわれます。

しなの〔信濃〕

信州信濃は、そばの名産地ですからそばを使った料理に、信濃の名称がつけられます。信濃むし、信濃椀、信濃あげ等々。

しなまなかつお〔支那真魚鰹〕

本まなかつおと違っているのは頭が一寸大きいということです。南東支那海、東印度、朝鮮、日本では和歌山、本州中部以南で獲れます。味は本まなかつおより劣ります。

シナモン

肉桂の木の皮を乾燥させたもの。種類によって、シナモン、ニッケイ、ケイヒと区別します。普通にはこれらを含めてシナモンあるいはニッケイといいます。セイロン島産を最上品とし、日本では九州でとれます。甘いような芳香、辛味と甘味があり、ケーキやクッキー、その他の菓子類に使います。京都の銘菓八ッ橋に使ってあるのがこれで、日本へ渡来したのは江戸中期頃だといわれます。

じねんじょ〔自然薯〕

山野に自生するヤマノイモ科の多年生蔓草。茎は細長く他の物に絡《から》まり数メートルに及びます。夏に白い小さな花をつけます。おおむね山に産しますのでこの蔓をたよりに掘る訳です。料理ではとろろを第一とし、細いのはからあげとか煮物の材料に使います。時には乾燥させて粉末にし、そば切りに入れたり菓子の材料に使います。

しの〔篠〕

料理ではよく篠にしてなどの言葉を使いますが、それは真直の意です。即ち篠つく雨、篠竹から出た名称です。

しのだ〔信田・篠田・信太〕

油揚げを使った食べものにこの名をつけます。孤は油揚げを好むというところからです。信太、泉州信太村大字中にある森、樟の大樹の下に白孤の住んでいたという伝説の洞窟があり、この地名では信太と書き、葛の葉で有名な信田の森、篠田森の歌枕によって先の二様に書かれます。従って異名には、きつね、稲荷、ともいわれますが、これは、稲荷神社のお使いは孤であるとされているからです。

しのだずしといなりずし〔篠田鮨と稲荷ずし〕

篠田鮨のいわれ。昔猟師がキツネのなきがらを葬ってやったら日ならずして一人の美女が訪ねて来てつい夫婦となった。三年後のある日「恋しくば訪ねきて見よいづみなる篠田の森のうらみ葛の葉」の一首を残して姿を消してしまいましたが、それが篠田の雌ギツネであったという話があり、キツネは油揚げを好むので油揚で作った鮨を篠田といいます。篠田の葛葉神社は大阪泉北郡信太村にあります。稲荷《いなり》ずしのいわれ。稲荷がいなりになまった言葉だともいわれます。もっともこの祭神は、倉稲魂命《うがのみたま》といって食べ物の神であったのが現在では商売の神となり、京都の伏見、三河の豊川などが特に繁盛しています。稲荷ずしは油揚げをよく茹で、煮ると美味しくいただけます。作り始めたのは一八五〇年頃江戸日本橋十軒店の次郎吉という人が、赤の鳥井の印の入ったあんどんをかかげて売り歩き、大いに受けたといわれます。

しのびほうちょう〔忍包丁〕

隠し包丁と同じ。

しばえび〔芝蝦〕

車海老科のえび。殻がなめらかで薄く、体色は淡青黄色、以前は東京の芝浦で多くとれたので芝海老の名があります。アカヒゲ、シロエビ、シラサエビなどの別名もあります。味は淡泊で天浮羅、すし種、焼物、酢の物といろいろに使います。

しばぐり〔柴栗〕

栗の一種。山野に自生していて実の小さいもの。風味がよく、勝栗や栗飯に向きます。

しばづけ〔柴漬〕

漬物の一種。京都洛北大原の特産の漬物。材料は茄子、生姜、唐がらし、紫蘇の葉、ともにきざんで薄塩で漬けたもの。

しばに〔芝煮〕

昔東京の魚の集荷地は芝浦と深川でした。舟足がおそいので送って来る先は現在と違い、三浦三崎が第一、その他は遠くても九十九里、水戸、南は小田原、三河即ち三州もので、大体江戸前料理は東京湾の魚であったようです。又この魚が新鮮で美味しく、芝浦の河岸へ上がった魚をその周辺でさっと煮て食べさせたところから芝煮の名が現在も残っています。何にしても料理はあまり加工せず、新鮮なのをさっと煮て食べるこそ本当の醍醐味があります。

しばふね〔柴舟〕

石川県金沢の名物菓子。藩政時代からの干菓子。川に浮かぶ柴舟の形に作られ、白い生姜糖のかかったもの。口に入れてかむと生姜の香りがあって茶受けによいものです。

しはんぎり〔四半切り〕

四角切りを更に二つ切りにしたもの。古筆の歌切れに四半切れがあります。ここから出た名称です。

しび〔王鮪・鮪〕

マグロの一種。黒鮪の大型のもの。冬季が旬、料理では刺身が一番よく、わけても腹部の脂肪の多いところをトロといい最も賞味します。つけ焼き、ねぎま鍋、鮨種などに使います。トロは昔はアラとして安かった物ですが、現在は最高級のものになってしまいました。

しぶ〔渋〕

未熟な果実や種子の中に多く含まれています。完熟すると渋の成分は水に不溶性となるため渋味を感じなくなるものが多くあります。柿の渋ぬきも、水溶性の渋を不溶性の渋に変化させる操作です。渋の代表は柿からとった渋です。使い途は、紙に塗って渋紙、建築材料、うちわ、番傘、醤油、その他醸造品の漉袋等々。

しぶうちわ〔渋団扇・渋打羽〕

うちわに渋を引いて作ったもの。炭火をおこすとき、焼物をする時、鮨飯を冷す時に使いますが、陰陽の音を取り混ぜて扇いだ、手なれた使い方は調理を何やら美味しく感じさせてくれます。

しぶうるか〔渋塩辛〕

鮎の腹腸で作った塩から、しぶみがあるのでこの名があります。

しぶかわに〔渋皮煮〕

栗を渋皮のまま甘煮にしたもの。一名山家煮ともいいます。渋皮にきずをつけぬように栗の鬼皮を剝き、重曹を入れて茹で、更に湯を取り代えて茹で、渋皮の内の繊維のつよいところもきれいに取り去り、砂糖、塩でゆっくりと煮ふくめて作ります。

じぶに〔治部煮〕

金沢の郷土料理。桃山時代兵糧奉行国崎治部右衛門が朝鮮征討にお供をして彼地で習い覚えて帰り、殿に作って差し上げたところ、大変お気に入ったので本人の名を付けた名称だといわれます。その他じぶじぶと煮えるとか、秀吉の家臣石田治部少輔三成が、秀吉が戦場から久方ぶりに居城へ帰った時、髭《ひげ》は伸び小男が痩せて更に小さく見えたので、体力回復のため栄養のある物をと考えて作って差し上げたとかいろいろの伝説もあります。

材料は昔は小鳥であったようですが現在は鴨か鶏、金沢特産の簀《す》だれ麩、芹、椎茸、吸い口にはわさび。煮出し汁カップ一・五杯、酒カップ三分ノ一杯、醤油大匙四杯、砂糖大匙二杯、鴨か鶏に小麦粉を付けますが、本来は葛だとも云われます。

しぶみ〔渋味〕

しぶ味だけで調味するようなことはめったにありません。しかし渋味がいくらかなかったら実に味気ないものがいろいろとあり、その最たるものが酒と茶です。渋味の特徴は収斂《しゅうれん》性をもっているので、酒や茶の味のしめくくりをしてくれることはすでにご存じの通りです。はでとはちがうこの味、人間も常にもちたいと願うことです。

しぼりだしき〔絞り出し器〕

洋菓子洋食のかざりにいろいろの口金で思いの型に絞り出す器具。紙、布、またはビニールで作られた三角形の袋で、それに口金をつけて使います。

日本料理では、魚麺、きんとんの糸かけや巣籠《すごもり》等に使います。

しぼりなす〔絞り茄子〕

花落ち茄子のこと。

しまあじ〔縞鰺〕

アジ科の一種。旬は六月頃。体は平たく体の中央に黄色の帯状の縞のあるのが特徴です。鰺の中では一番美味しく、さしみ、塩焼き、酢の物に料理されます。

しまいさぎ〔縞伊佐木〕

シマイサギ科の海魚。姿はイサキに似ていて口先がとがっています。体に四本太いたて縞と細い三本の線があります。体長は二〇～三〇㎝、浮き袋を伸縮させて発音するのでウタウタイの名もあります。新鮮なのは刺身、酢の物、塩焼、煮肴等に料理されます。

しまだい〔縞鯛〕

体に黒い縞模様のある魚の名称。石鯛などがあげられます。料理ではさしみ、酢の物などです。

しまねのからあげ〔島根の唐揚げ〕

この地方の特産の蟹の甲羅を取り去り味を付け、小麦粉をつけてからっと揚げたもの。小さいのでそのままおつまみに良いものです。それと同じ作り方で小海老の唐揚げもこの地の名物です。

しまねのわかめ〔島根の和布〕

島根県の特産。鳴門和布よりはるかに絶品。特に日御崎の急流でとれる和布の葉をもって天下一品と自慢されています。普通の和布のように使いますが、遠火であぶってもみ、飯にふりかけて食べるのもよいものです。これを菜飯もどきといいます。

しみ〔凍〕

寒中、物の凍ることをいいます。夕方豆腐を適当に切って熱湯を通して寒中外へ出して作る凍豆腐。餅を夜中家外に出しておき凍らせてぼろにほぐす氷餅。その他保存のため凍らせて乾燥させた高野豆腐、凍こんにゃく、大根、かぶらの凍《しみ》などいろいろとあります。

しみどうふ〔凍豆腐〕

こおり豆腐のこと。信州や東北では凍ることを、凍みるといいます。豆腐を五、六㎝に切って寒中夜外へ出しておきますと凍ってスポンジのようになります。これを鍋物の具や鰹煮、焚合わせの相手に使います。現在では寒中をまたずとも冷蔵庫の冷凍室で簡単にできます。

しめさば〔〆鯖〕

鯖は生きの良いのを選び三枚に卸し、腹骨をすき取り、べた塩といって、塩の上で鯖を押さえて塩の付く程度に塩をします。使い途により、二時間か三時間そのまま放置し、洗って生酢に三〇分間くらい浸してのち甘酢に漬けて使います。

しめじ〔湿地・占治・〆治・標茅〕

松茸の終り頃から出始め、これには二通りあります。足の細いのが普通の〆治、足の太いのが大黒〆治、味は大黒〆治の方がよろしい。俗に匂い松茸味〆治というように茸類中最も味のよい物です。汁の種、飯、和え物、などの材料に使います。只今では栽培されたのがありますが論外の味です。

しめる〔〆る〕

活魚やにわとりを殺すこと。例えば鯛など頭の所にカギ穴がありますが、こうしたものを活〆といい、早くにこうして殺しておくと鮮度がおちないからです。

しもずし〔下鮨〕

紀南で作られる鮎の馴れ鮨。熊野川の鮎を材料として作った鮨。新宮を中心に、下ずしの名は、和歌山を上とし、南紀を下といったところから付けられた名称です。熊野川の鮎は香気が高く最も有名です。

しもつかれ

しみつかり、すみつかれ、ともいい下野の国の郷土料理。歴史は古く平安時代からのもの。酢むつかりの別名もあります。大根人参は鬼卸しといって卸金形の木に竹の細いのを無数に卸金のように打ち込んだもので卸し、大豆は炒って一升枡の底で半つぶしにして、大鍋に塩鮭の頭、もみじおろし、大豆、酢を入れて弱火で煮て、椎茸、油抜きした油揚げの千切、時には酒粕を加え、醤油、砂糖で調味してゆっくり煮込みます。熱いうちがよく、寒い時ご飯の上にかけて賞味します。関東地方では節分の日に作る行事食です。語源はしもつけ限り、または下野家例からの言葉といわれます。

しもにだねぎ〔下仁田葱〕

群馬県下仁田地方の特産の葱。白い部分は太くて短かく、青い部分も柔らかです。すきやきその他の鍋物に最適です。舌へのせた時とろけるような柔らかさは葱としてより他の味の加わったような美味しさがあります。これと似たのに飛騨高山に高山葱があります。

しもふり〔霜降〕

魚、鶏肉など適当に切って、熱湯を手早く通して水で晒して作ります。表面が白く霜のかかった程度に仕上げるのでこの名があります。鮪など大切りのまま霜ふりにしてこれを切り重ね、または賽の目に切ると大変きれいです。

しもふりにく〔霜降り肉〕

肉の組織の間に細かく脂肪の入った肉のこと。牛肉、鯨肉の最上のもの。こうした肉は加熱したとき急速に温度が上がらないため、肉の蛋白質、繊維が縮まず、柔らかく舌の上でとろけるような美味しさを持っています。

じゃがいも〔馬鈴薯〕

ナス科の一年生作物。バレイショ、ジャガタライモ、弘法イモ、その他別名がいろいろあります。原産は南アメリカ、アンデス山地、古代インカ族が栽培したのが始まりといわれます。日本へ渡来したのは慶長年間オランダ人によってジャワから持ち込まれたのが最初だといわれます。普及され始めたのは明治も後期で、北海道の川田男爵が外国の優良品種を持ち帰り、これの改良と普及につとめた結果現在美味しい代表の川田男爵薯が生産されています。名称は即ち人の名前です。

じゃがいもでんぷん〔馬鈴薯澱粉〕

一名片栗粉といって料理に広く用いられているもの。この澱粉は熱によるアルファー化温度が比較的低く、糊化したときなめらかであるため、料理材料に適し、この澱粉からブドウ糖が多く作られます。

じゃかごきり〔蛇籠切り〕

蛇籠とは、川の土留めに使われる籠に石の入ったもののこと。この姿に似せて蓮根を切るのでこの名があります。太い蓮根の皮を剝き、斜め輪切りにしてたて二つに切り、穴のまわりを丸く剝きますと丁度蛇籠形になります。酢煮にしてあしらいに、焚合わせの取り合わせに使います。

じゃかごれんこん〔蛇籠蓮根〕

蛇籠とは川の土留めに竹であんだ長方の籠に石の入ったのが使われておりますが、あの姿が蛇に似ているところから蛇籠といいます。蓮根でそのように庖丁するのでこの名があります。太い蓮根の皮を剝き、斜め切りにして更にたて二つ切りにして面を一寸大きく丸く剝き取りますと蛇籠形になります。これを酢煮にしたり煮物に使用します。

しゃかじる〔釈迦汁〕

汁物料理の一種。煮出し汁に塩味をして鰯を入れ、少量の酢を加えて煮た汁。『料理物語』に「しゃか汁、青いわしのわた、かしらすて、あらひ、妻は大こんにても、めうがにても入。だしばかりにて仕たて候てよし」とあります。

しゃくし〔杓子〕

しゃもじ。ご飯や汁物などの食物をすくうためのもの。石器時代から使われ、本来は頭の丸い、中のくぼんだものです。始めは貝の持つ自然のくぼみを利用して使っていたのですが、飯用、汁物用と使い分けられるようになり、飯杓子と呼ばれるへら状のものも作られました。古くは木または貝で作られ、カイ、ヘラ、と呼び『貞丈雑記』にも、飯を盛る杓子の事を、「イヒガイといふこと本也、飯匙と書く也」、と記されています。

現在では金製のお玉杓子といってくぼんだもの、穴のあいているアミ杓子、飯杓子には客用に塗った杓子、普通には木または竹、プラスチック製の杓子、貝杓子または貝形に材料をかき取るための貝形の金杓子（玉子豆腐、豆腐その他）。

杓子は昔から主婦権の象徴としての意味をなし、九州の壱岐地方では、主婦が家計や台所の実権を握ることをしゃくしを握るといい、東北では主婦が権利を移すことを、ヘラワタシ、杓子ワタシといい、杓子は日常大きな一家の役割をはたしていることがうかがい知れます。

各地の名所や神社で杓子が名物として売られていますが、これは穀物、然も特に米との深い関係のあるところから、福を招くものとされているからです。杓子で最も有名なのは安芸の宮島で、調理師界では杓子のことを一名宮島と呼ぶ場合があります。

杓子といっても種々あって宮島には三宅かん次郎という人があり杓子作りの名人です。杓子の心は母心といって先代から受けつがれて始めて美しさが出るといっています。手ずれにその人の香りや思想がしみ込んでいるし、生命があり自然の味が出るといっています。それだけに長持ちをする杓子をと心をこめて作っておられます。懐石では夜咄の会の折、床に掛物代わりに使う大きな杓子もあります。

しゃくしせんべい〔杓子煎餅〕

広島県宮島の名物。宮島の厳島神社には、古くから武運長久を祈り、玉杓子に名を書き、杓子堂といわれる神殿にこれを納める習わしがあります。これに因み、杓子形の煎餅を焼き、表面に殿閣または七戒子の画が焼印されたものです。

しゃくしな〔杓子菜〕

アブラナ科。葉が杓子に似ているからこの名があります。耐寒性が強いので北海道その他寒い地方に多く産します。漬物、汁の実、和え物に使います。地方によりほてい菜ともいいます。

しゃくはちかます〔尺八鰤〕

かますの大きなものの異称。

しゃこ〔蝦蛄〕

節足動物で日本各地の沿岸の砂泥地に住み、塩茹でにして皮を剝き、生姜醤油で食べたり、天ぷら、鮨種、酢の物、和え物などに向きます。九州八代海が多産地です。

麦わらしゃこというように六、七月が季節です。その頃が産卵期なので子をいっぱいもっています。茹でて温かいのを生姜醤油で食べるのが最高の味です。鮨言葉では、シャコを車庫にもじってガレージと呼びます。私の住む衣ケ浦湾も昔は沢山おり、季節には採りに行きよく食べたものです。今はそんな思い出が目にうかびなつかしいことです。

しゃこ〔車渠〕

二枚貝の一種。貝殻の長さ一〇〇cm、幅六〇cm、高さ六〇cm、重さ二〇kgもあり、現存する貝類中最大といわれるもの。インド洋、太平洋の熱帯の珊瑚礁付近でとれ、貝殻は装飾用に加工されますが碁石もこれで作られます。とくに貝柱は美味といわれます。

しゃち〔鯱〕

ほ乳類のイルカの一種。体の格好や尾の形は鯨に似ていて、昔の武器のホコのように鋭くとがった背びれを水面に出して泳ぐところから、一名サカマタとも呼ばれています。性質は凶暴残忍で海のあらゆる動物に恐れられています。特に漁夫には困りものです。それは大漁の時網をやぶられたり、魚群を追い散らすからです。鯱鉾《しゃちほこ》は桃山、江戸時代に城や楼門のむね飾りとして広まったのは、強さや恐ろしさの象徴と考えられて用いたのでしょう。

じゃっぱじる

じゃっぱとは青森地方の残り物の方言。魚のアラで作った汁。「ニシンコ、イワシコおらが食う、ソイ、アブラメは旦那衆食う」という言葉がこの地方にあり、少数の金持連中の食べる魚の違いをいった言葉です。普通にはマダラのアラや肝臓も入れて作った汁。身の方は昆布〆や焼いて食べ、残りのアラで味噌汁、また海岸地方では塩と醤油味でアラばかりで焚きますが、内陸では大根、コンニャク、ネギ、豆腐など使います。寒い季節にフウフウと吹いて冷して食べる味は又格別です。

じゃのめまき〔蛇の目巻〕

輪の形に巻いたものの総称。胡瓜や大根を厚めに桂に剝き塩をして三杯酢に浸し、他の材料と共に巻いて小口切りにしたもの。鮨にも薄焼玉子で巻いたのを蛇の目巻といいます。

しゃぶしゃぶ

鍋料理の一種。牛肉の水炊きの一つ。牛肉の薄切をスープの沸騰したなかで、箸ではさんでシャブシャブと洗うようにして軽く茹でタレを付けて食べる鍋物料理。具に好みの野菜を使います。タレはポン酢、胡麻だれ、胡桃だれ等々これも好みの味に作ります。タレは好みにもよりますが、胡麻大匙三杯、醤油大匙四杯、味醂大匙二杯、砂糖大匙一杯、ニンニク少々、胡麻油一滴で作ります。

しゃり〔舎利〕

米粒のこと。鮨言葉。舎利は梵語で、人間を火葬にしたあとに残る小さな座仏に似た白骨のことです。舎利の内でも仏舎利といって仏の骨を尊重し祭るところから、米を尊ぶ意味に通わせてこのように呼びます。

しゃれ〔洒落〕

洒落という言葉は飲食には関係ありませんが、洒の字が付きますので書いてみました。彼はとてもおしゃれだ、あの人はしゃれをとばすのがうまい、と現在では二通りの意味になっています。これは江戸町人の洗練された生活をあらわす言葉として生れたものです。しゃれの語源は畠山箕山の書いた『色道大鏡』に、江戸前期に「しゃれたる人の気の物に馴れて、いさぎよきを骸骨《がいこつ》や朽木などの、雨露にさらされてしゃれたる貌に譬へたる詞なり」とあります。しゃれは、しゃれこうべのしゃれと同じで曝《しゃ》される、曝《しゃ》れる、から出た言葉だといわれます。洒落の字を当てたのは江戸の儒学者、藤原惺《せい》窩《が》だともいわれます。もともと中国にあった言葉だともいわれます。

しゅうぎがし〔祝儀菓子〕

婚礼、出産、寿齢賀、等々祝いの時に配る菓子このこと。祝宴のときに土産として使う場合は引菓子ともいいます。紅白の饅頭、松竹梅などの三つ盛、棹物に鶴亀といろいろのものが使われます。

しゅうぎもの〔祝儀物〕

いろいろの祝いの引き出物に用いる食品類。蒲鉾、菓子、砂糖、鰹節など。

じゅうさんしゅたからがし〔十三種宝菓子〕

京都では四月十三日、数年《かぞえどし》十三歳になった男女は、元服の年齢ですから、嵯峨法輪寺の虚空蔵さんへ、知恵と福徳を授かりに参詣します。これを十三歳参りといい、その時境内で売っているのが、十三種宝菓子です。これを求めて本尊に供え、これを子供に食べさせます。お参りをして帰りに、橋の上で後をふり向くと知恵を返すといわれるので、子供は真剣に急いで渡ります。この日お祝いを頂いた家へは、十三参りに因んだ式菓子を配るのが例となっています。

じゅうそう〔重曹〕

重炭酸ソーダ、アルカリ性薬品。菓子の生地を膨張させるために使ったり、野菜の灰抜きや色出し、豆を軟かく煮る場合に使用します。然しビタミンBが破壊されるので好ましいものではありません。蒸しカステラなどに使う場合、焼明礬を少々混ぜると中和して苦味を消してくれます。

じゅうづめ〔重詰〕

重箱に料理を詰めるのにいろいろの詰め方があります。一の重に、生の物、例えばさしみとか酢の物、二の重に口取、三の重に焼物、与の重に焚き合わせ、五の重は控え重といって先の四つの重に詰めた残りのものを詰めておき、先客の取ったあとを五の重でおぎなって新客に出すようにすることもあります。然し御祝いなどに贈る場合は五の重に御寿司などを詰めて五重にする場合もあります。お正月には大体三つ重ねですから一の重に新年の祝い肴、煮豆、田作、数の子、口取を盛り、二の重に焼物、三の重に煮〆など詰めます。

重詰めは昔から一応の詰方があり、何れにしても一見して美しさを出すためですからあまりこれにこだわらず、重と材料と見合わせて手ぎれいにつめたいものです。材料が少ない場合は四角をあけて真中へきれいに詰め合わせます。かいしきも適当なのを選んで添えます。

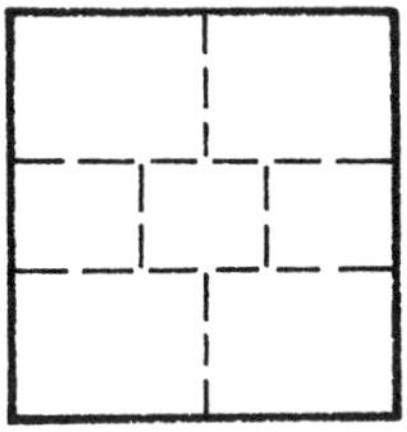

七宝詰

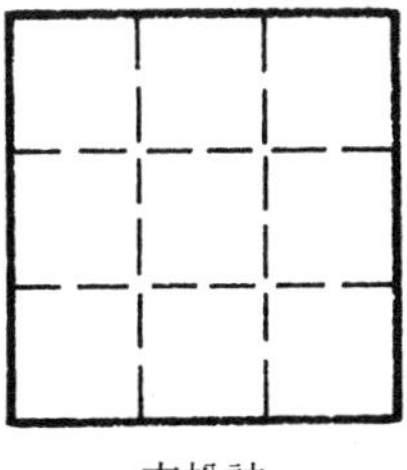

市松詰

じゅうばこ〔重箱〕

食べ物を入れる容器。方形は、四角、角切、なべ角、丸

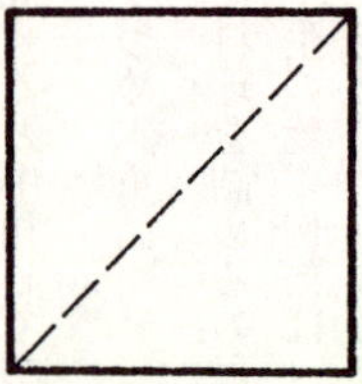
枡詰

隅取り

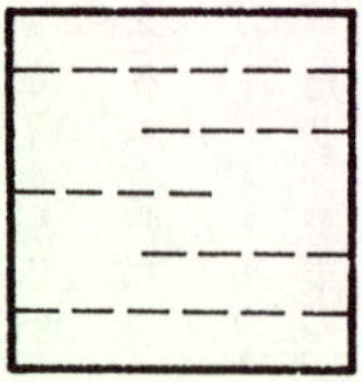
霞詰

形、六角、手付きのさげ重、亀甲その他があります。重ねる数は、一重、二重、三重、与重、五重があります。もとは折箱から進化したものだといわれます。『好古目録』には、「慶長年間重ねある食籠《しきろう》にもとづき始めて製造す。されどもその用ひたるやうは折櫃《おりうづ》と同じ、ヲリウヅは桧の薄板を折り曲げて筥に作る、形は四角六角さまざまなり、今はこれを折といふ。足利家の頃のものにも専ら折と書きたれば、これも近世の称呼にはあらず、ヲリウヅに肴物、餅菓子何にても盛り桧の葉をかい敷き、四隅に造り花などを立てて飾りとす云々。」とあります。御菓子を入れる縁高重、点心を入れる大徳寺重類と、使い途によっていろいろのものがあります。一般の家庭では、御祝いのお強《こわ》を入れたり、正月の御節料理、三月の雛料理、五月の端午の節句料理、婚礼の部屋見舞、花見遊山、紅葉狩、芝居相力見物、精進ではお通夜のお伽見舞に昔はよく使われました。一口に重箱といっても無地塗りのもの、蓋の上に家紋の蒔絵をしたもの、木地塗り、豪華な蒔絵をほどこしたもの、大きさも大小さまざまです。昔の上方では蒔絵の棚に組み込まれて酒器、取り皿まで添えた豪華なものさえあります。

しゅうへいなべ〔焼餅鍋〕

長崎の正月料理の一つ。餅はから揚げとし、大根卸しをたっぷり入れた汁で煮ながら食べます。材料は餅、大根卸し、卵、白身の魚、三ッ葉、ねぎ、白菜、生椎茸、人参。作り方、餅は揚げて一寸焼いて油抜きし、白身の魚は一口大にそぎ切りにし、黒胡麻を入れた衣をつけてからっと揚げ、ねぎ、白菜、三ツ葉は適当に切り人参は花形に庖丁して小口切り、生椎茸は石付きを切り去り洗っておき、大皿にきれいに全部盛りつけ、鍋に煮出し汁を入れて火にかけ、味醂、薄口醤油で調味し、沸騰したら大根卸しをたっぷり入れ、卵を割りほぐして全体に流し込み、材料を加えて煮ながら頂きます。煮出し汁や大根卸しは別に用意して適当につぎたして行きます。

しゅき〔酒器〕

酒を飲むのに必要ないろいろの器。銚子《ちょうし》、徳利、ちろり、杯《さがずき》、杯台《はいだい》、こう書き上げただけでは味気のないものですが、杯でも、兵隊《へいたい》杯あり、金襴手や初期の志野、黄瀬戸、唐津あり、徳利もその通りで、古備前、粉引など、手もとにあれば酒飲みには格別な喜びを感じ、酒の味もひとしお増すことでしょう。現在では酒を飲まぬ方でも鑑賞用としてグイ呑みなどの収集する人もふえております。

しゅこうもち〔珠光餅〕

茶祖村田珠光が作り始めたといわれるもの。茶家において松の内、または初釜によく用いられる菓子です。鏡開きの餅を軟らかく煮て、これに白味噌に甘味を加えて練ったのをかけて食します。このごろは小餅をやわらかく煮て、味噌餡をかけて用いられます。「初釜の佳例もられし珠光餅」、柳子女の句もよく使いどころを示しています。

じゅせんのり〔寿泉海苔〕

水前寺のりのこと。

しゅっせうお〔出世魚〕

成長に従い名の変る魚をいいます。一名ブリ、この魚は全国で五〇以上の呼び名があります。始めに、ワカナゴ、イナダ、ハマチ、ワラサ、ブリと変ります。この魚の産卵場所は未だはっきり分かっていないそうです。名吉《なよし》も又所により始めは、イナゴ、オボコ、愛知県では、ボラ、名吉と変名します。このように名の変る魚を出世魚といいます。

しゅとう〔酒盗〕

塩辛のこと。酒盗とは昔高知の城主が幡多地方へ視察の折り民家で出され、城主いたく気に召し御酒を大変召上りになり「今宵いささか酒を過しすぎたのはこいつが酒を盗みよったわ」といわれたところから酒盗というようになったとの説です。種類には、鮎のシブウルカ、鮎の子ウルカ、いか、かつお、鮭のメフン、アワビ、アワビの腸のウロロ、このわた、雲丹、アミ、いくら、すず子、鯛わた、いかの黒作り、いかの赤作り、身たたき（身と腸と共に作ったもの）、わけて長崎の鮎のうるかは一〇年間も瓶に入れて土中に貯蔵してならし、後売り出すという天下一品のものもあります。

酒は皆辛いものを肴にして飲めば甘く感じ、大変美味しく、塩辛を見れば左党は酒を盗んでも飲みたくなるのでこの名があるとまでいわれています。「酒飲は奴豆腐にさも似たり、始め四角であとはくちゃくちゃ」、などの悪言は酒盗の罪かも知れません。

じゅみょういときりもち〔寿命糸切餅〕

滋賀県彦根に寿命神の多賀神社があります。ここで売られる幅三㎝長さ五㎝の三色の餅で、糸を引いたような模様のある餡入りの餅。これを手ぎわよく作り、糸で切るのでこの名があります。この餅の由来は約七〇〇年前、北条時宗の時代蒙古襲来があり、国を挙げて護国を神社仏閣に祈願をしたところ、俄かに神風が吹き、蒙古船はことごとく沈没してその戦捷品が多賀神社に奉納されてあり、この船の印を形取って作り始めたものです。糸で切るのは国家平定して刃を要せず長く平和のつづくようにと人の心を表す所以とされています。

しゅみせんじる〔須弥山汁〕

豆腐と菜を細かく切って具とした味噌汁。三種類のあつものを出す。「須弥の三峰」と名づけられた式膳に由来するもの。『嬉遊笑覧』には「さくさく汁」。『世話尽』には「子正月七日に或天台宗へ参侍て、菜汁を振まはれて云々、寺でくふくふじゃくざくの菜汁かな。菜を鹿相に切てせしむるを、世人詞にさくさく汁といへり。又彼宗の根本空々寂々之法を以肝要とす。然をじゃくざくといひしは、両意の挨拶なるべき」。『料理物語』には、「蓬をさくさくに切るなどいへり。菜を切る音なり。」とあります。

しゅもくざめ〔撞木鮫〕

サメ科の一種で、シュモクザメ科に属する。頭の額にあたる部分が左右横へ長く張り出し、撞木《しゅもく》形に突出した姿なのでこの名があります。熱帯から温帯にかけて分布し、蒲鉾の原料に使います。

しゅん〔旬〕

魚や野菜が季節として出まわり、一番美味しい時期をいいます。時ならねば食わずの古言を常に心得て物は食べたいことです。わけて日本料理は季節感を大切にします。それなくして日本料理の真髄は得られないといっても過言ではありません。

しゅんかん〔春寒　春羹　筍羹〕

鹿児島の郷土料理。猪の肉を用いたすまし汁。猪の肉を煮た鍋で、蕗、竹の子、大根、人参などを加えて塩味をつけたもの。季節の野菜の持味を生すために猪は別に煮るのがコツだといわれます。猪の代りに豚肉を使う場合もあります。

しゅんかんさっきん〔瞬間殺菌〕

高温で短時間の殺菌法。牛乳の場合、普通の殺菌法では六〇〜六五度で三〇分間加熱しますが、瞬間殺菌では七五度で一六秒間加熱する方法と、超高温瞬間殺菌を使って一三五度で二〜三秒間加熱殺菌する方法があります。瞬間殺菌はビタミン類の破壊が低温長時間より少なく、さらに時間が短いので加熱のための臭いの発生も少ないのが特長です。

しゅんぎく〔春菊〕

キク科の一年生葉菜。原産はヨーロッパ。一名菊菜ともいい、葉は菊の葉に似ていて菊のような香りがあります。この香気を生かして、椀種の青味、浸物、鍋物の具などに使います。ビタミンはAとカロチンとCが多く、Cは五〇mgも含んでいます。

じゅんさい〔蓴菜・蓴茆・順才〕

ヒツジグサ科の多年生水草。古名をヌナワ、根ヌナワといい、古い池や沼に自生し、地下茎は泥中にあり、そこから細長い茎を出します。初夏にその巻葉を摘みとったのが茆菜《じゅんさい》です。この巻菜には寒天で包んだような濃い粘質が付着しています。この粘質物は芽を保護するためのものでアンといいます。これがなめらかで淡白なためその風味と舌ざわりを賞味します。以前には蓴菜《じゅんさい》といえば京都の深泥ケ池とまでいわれ有名でしたが今日では名のみになってしまいました。各地の沼地もよごれがひどく、北海道、山形、秋田、兵庫などが現在有名な産地になり、瓶詰めになって四季売られています。椀種、酢の物、寒天寄せ、みそ汁の実としてよく使います。蓴菜とりは小さな舟に乗り鎌ようなものでかり取り、指先に琴爪形のものをつけてつみとります。

中国でも昔晋の張翰《ちょうかん》は、故郷の名産蓴菜と鱸魚《ろぎょ》のなますを味わうため官を辞したということをみても、美味の代表であることを知ることができます。

しょうが〔生姜・薑〕

ショウガ科の多年草。熱帯アジア地方が原産。一名ハジカミともいいます。茎の高さは六〇cmぐらい、葉は細長くその地下茎を根生姜として食用、薬用、香辛料と使います。根生姜は芳香性が強く風味があって、肉、魚などの臭味を消してくれますので料理ではこれを多く使います。その他普通の生姜は薄く切ってさっと茹で、三杯酢に漬けて鮨の香辛、梅酢漬、針生姜、卸し生姜、砂糖煮にした照生姜、絞り生姜、佃煮用、風邪薬の生姜湯、乾燥させて粉末にし菓子用にと使い途のきわめて多い植物です。

生姜の辛味成分は、ジンゲロンと油状のショウガオールです。またシトラネオール、シトロネラールおよびジンギベレンが香気成分として含まれています。品種には、キンショウガ、キショウガ、オオショウガ、キントキショウガなどがあります。キンショウガは一名谷中生姜といわれるもので、これは早生で発芽数が多いため芽生姜として使いますが、塊茎が大きく、鮮黄色で柔らかです。オオショウガは塊茎が大きく中国種です。辛味が弱く漬物用に適し砂糖漬に向きます。生姜の産地は、愛知、静岡、埼玉などが有名です。

新生姜は庖丁してさっと茹で、三杯酢に漬けて焼物、口代りの添物によく使いますが、庖丁の仕方でいろいろと名称が変ります。筆生姜は先を細くして、先だけ赤紫蘇の葉で染めたもの。大きめなのを薄く庖丁をして扇形にして使う肩生姜。茗荷のように庖丁をした茗荷生姜。杵形に庖丁をした杵生姜、矢生姜等々庖丁の入れ方で名が変わります。

しょうがさけ〔生姜酒〕

風邪薬として民間でよく用います。清酒カップ一杯に卸し生姜小匙一杯、砂糖大匙一・五杯、ネオシロゲン二錠を大きな湯呑みに入れ、酒を熱くかんをして注ぎ入れよくかき混ぜて飲みます。

しょうがつのいわいはし〔正月の祝い箸〕

柳に雪折れなしといわれるように柳で作った丸形の箸を使います。もしも北海松のような安物で、雑煮を食べ、折れると、食初めであるのに食い納めとなり大いに忌みきらいます。柳は陽な木で折れる心配もなく、縁起箸として古来から使っています。御馳走を取り分ける箸紙、即ち包み紙には、松竹梅、智仁勇、福禄寿、寿の文字を書いて添えます。来客の箸には金銀の水引をかけますが、箸紙には先方の名を墨黒々と書きます。関東では水引を名前の下にし、関西では正反対に水引を上にして下に名前を書きます。これを十五日正月まで使うのが習わしです。名前の書いてあるような箸紙ならいただいて帰るのが普通です。

しょうがつりょうり〔正月料理〕

年々迎えることでありながらお正月は老いも若きも楽しいものです。正《せい》の字は一と止の二字を合わせて正の字になります。正、即ち元の一に帰る意味です。さて正月の祝い肴は、蛤の吸物、煮豆、田作り、数の子、所により、するめ、梅干、結び昆布、羽子雑煮、これにて屠蘇一献いただいて新年の御祝儀は終ります。その他のお節料理は宴席の料理です。祝い肴の黒豆、田作、数の子など古くは兵糧食の一つです。お節料理も世のうつり変りに従っていろいろと新しい材料を取り入れ、趣向をして楽しみ多く作りたいものです。

しょうがとう〔生姜糖〕

三重県伊勢市の名産、砂糖を板のように固め、生姜で風味をつけた昔からの菓子。

しょうかどうべんとう〔松花堂弁当〕

俗姓中沼、名は昭乗、号松花堂、奈良滝本坊の住職で、書画に長じ、特に書は寛永三筆の一人であった。江月、源庵、遠州とも交友があって茶にも秀でた人。この松花堂が好んだのでこの名があります。この器は大寄せの茶会の点心用に多く使われます。寛永三筆とは、松花堂、信尹（近衛）、光悦（本阿弥）、この三人です。松花堂がこの弁当を好んだのは、ある時蒔屋へ寄ったところ、種の種類を分けるため、箱が四つに仕切ってあるのを見て、これにヒントを得、自分の思う寸法に作り、これを使って客を招いたところ、来客皆に好評でわれもわれもと作ったのが松花堂弁当です。

真中に十文字の仕切りがあり、渕より一・五cm低くなっています。この中へは点心料理が盛り込まれます。蓋はかぶせ蓋面取りです。

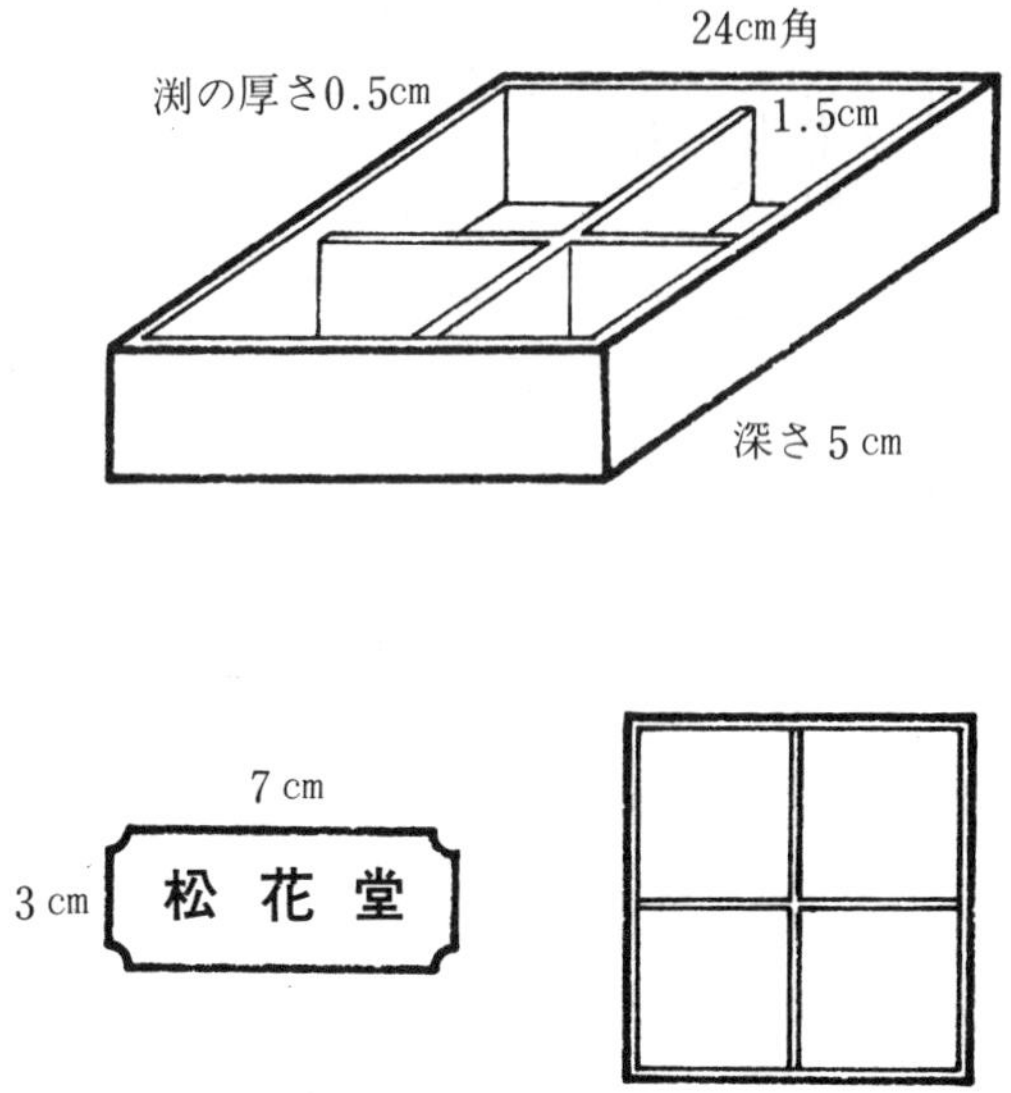

じょうご〔漏斗〕

口の小さい瓶や容器の口にはめて、液体のものを入れやすくするための器具。朝顔型で下が細くなっており小さな口のものでも物が入れやすくなっているもの。ステンレス、アルミニウム、ガラス、プラスチック製の物があります。昔は銅でした。

しょうごいんかぶら〔聖護院蕪〕

昔、京都市左京区聖護院あたりでできたカブラの一種。原種は近江で享和年間（一八〇一〜三）聖護院村の百姓伊勢屋利八が近江から種子を移したものと伝えられます。晩生種で形は扁平で白色、直径一五〜二〇cmにもなります。主として千枚漬に用いられます。

しょうさいふぐ〔潮際河豚〕

フグの一種。暗褐色で体の中央部から不規則な青色の斑点があるもの。卵巣や肝臓皮などには毒があります。安い河豚料理や干物、粕漬けに使います。

しょうじんあげ〔精進揚〕

蓮根、人参、椎茸、牛蒡、茄子、南瓜、さつま芋、竹の子、青野菜等々を揚げたもの、本格的には何れの材料も適当に切り、処理して味を付けて揚げます。その代り天汁は使いません。

じょうしんこ〔上新粉・上糝粉〕

精白した粳米《うるち》を水洗いして水をきり、五〜六時間布巾をかぶせて放置してのち、臼でひいて粉末にし、充分乾燥させたもの。柏餅、団子、塩せんべいの原料に使います。

しょうじんだし〔精進出汁〕

植物性の材料だけでとった煮出し汁。精進料理に使います。材料には、昆布、椎茸、干瓢、大豆、人蔘、かぶらなどを使います。高級料理には、昆布、椎茸は煮出さず、材料を多く使って水に浸しておくだけで煮出し汁を取ります。大豆は洗って一晩水に浸しておき、その水に昆布を入れてさっと一度沸騰させて漉しておきます。時には大豆を炒めて使います。人蔘や蕪はとろ火で煮出してとります、また材料は一種類だけでなく二種以上使って取る場合もあります。

しょうじんなます〔精進膾〕

魚貝類を使用せず野菜、乾物で作った膾。食味は二杯酢、三杯酢、胡麻酢、胡桃《くるみ》酢、けしの実酢、わさび酢、等々が使われます。

しょうじんりょうり〔精進料理〕

野菜、乾物、即ち精進物の料理だから精進料理というだけでは通じません。仏道修行者には六度といって、六波羅蜜、儘到彼岸、ということがあり、その六つは、布施《ふせ》、持戒《じかい》、忍辱《にんにく》、禅定《ぜんじょう》、智慧《ちえ》、精進《しょうじん》、といいます、これは仏界の彼岸に到達せんがために日々のつとめ、即ち仏教の終局をめざして修行することで、その内の精進は努力とか勉強とかいう意味になります。仏教の教えの慈悲の精神から食物がいただけるというありがたさをもわれわれは知るべきことです。精進料理とはここから出た言葉であります。

しょうぞくつかさ〔装束司〕

中古行幸、大嘗会、その他の儀式の装束を掌《つかさど》った職家で三條、大炊御門、山科の諸家がありました。

しょうちくばい〔松竹梅〕

御祝儀のときや正月のお節料理にかかせないのは松竹梅で

す。料理の材料をその形に作ったり、かいしきに使ったりします。夏に咲いていない梅を使うのは「歳寒三友」といって三つが切り離せないめでたいものの代表だからです。

松は長寿で四季を通し色を変えず、世の荒波風雨にも動せず、賢人の風格があり、「松無古今色」の詩がよく物語っています。松にバラを添えれば生花《いけばな》では不老長春と呼んでいます。

竹は平安を意味し、宮中を竹の園生といい、親にます勢《いきお》いがあり（今年の若竹は去年の竹より背がのびる）然も節度を持ち、割っても腹に何のわだかわりもなく、「竹有上下節」の詩のように、社会に上下のへだたりの無い意をもっています。

梅は四君子（梅、蘭、菊、竹）の一つとして清雅、芳香をただよわせ、寒さにたえて可憐な花をつつましくつけ、老樹の骨格のあの枯淡さ、実に見事なものです。このように何れから見ても人がみなかくありたいと願うことばかりのめでたいものであるところから、四季を通じて祝い事に使用する訳です。

しょうちゅう〔焼酎〕

わが国独特の蒸留酒。焼酎の語源は中国語の焼酎からきています。焼酎は原料によって異なったものができます。普通には醸造酒の酒粕や味醂がすを直接蒸留して作りますが、米、麦、アワ、キビ、ヒエ、トウモロコシ、サツマイモを原料としても作ります。普通利用法は、飲料、渋柿の渋ぬき、果実酒、焼酎漬けなどです。

しょうないかき〔庄内柿〕

山形県庄内地方でとれる柿。この柿は種なしですから渋があるので渋抜きにして食べます。季節の味は格別です。その他枯露柿も有名でこの種類は紅柿という品種です。

しょうないふ〔庄内麩〕

山形県庄内特産の焼板麩。汁の実、和えもの、水でもどして二枚に開き、これに擂身や豆腐の水きりしたのを巻いて吸物、煮物の付け合わせ使用します。地名の庄内とは〝庄園のうち〟という意味です。中世の時代豪族が住み、治外法権的地域であったといわれます。

じょうはくとう〔上白糖〕

車糖（ざらめ糖に比べ、結晶の小さい砂糖）の一種。一般家庭で使われる俗に三盆白と呼ばれるもの。

しょうぶざけ〔菖蒲酒〕

五月五日の節句の御神酒に菖蒲の根をさして供え、節句の祝いに飲むからこの名があります。これを飲むと万病を去り、福を招き、延命ができるといわれ、現在でも旧家ではこの行事をおこないます。五月五日は五節句の一つです。菖蒲が尚武に通うところからこの頃では武具を多くかざるようになりました。この日は鯉の料理、柏餅、粽などを作ってお供えいたします。粽は唐の時代より始まるといわれ、我国では推古天皇の時代からといわれます。『荊楚《けいそ》歳時記《さいじき》』に、「新竹を煮て筒糭《とうそう》となす」とありますように竹筒の中に粽を作って入れたようです。『伊勢物語』、源順《みなもとのしたがふ》の著、『和名抄』に、「風土記にいう粽は菰《まこも》の葉に米を包み灰汁を以てこれを煮て爛熟せしむ」、とありますように菰で作ったことが伺いしれます。これにはいろいろの伝説がありますが、要は汨羅《べきら》に身をしづめた楚の賢人屈原《くつげん》の故事に起因するようです。柏の葉は知られる通り新芽の出るまで古葉は木に残っています。五日は男の子の祝いですから世々代々受けつぐ意があって柏餅又は柏の葉を使っての料理を作ります。当日薬玉といって五色の糸で巻いた、きれいな玉をかざる風習もあり、それは不祥を除き、病を避けるというよい伝えからです。

じょうやなべ〔常夜鍋〕

一度食べたらまた明日夜も食べたくなる意でこの名があります。ビールを鍋に入れて火にかけ、一度沸騰させてその中へ、牛、豚、鶏何れでもよく薄切りにして入れてポン酢を喰味に、薬味は紅葉おろし、洗いねぎ、野菜は、三ツ葉、生椎茸、ねぎ、豆腐その他季節の野菜なら何んでもよろしいが、あまり多種類でなくてもよろしい。ビールを一度沸騰させるとあの苦味も香りもなくなり肉が柔らかく煮えます。

しょうゆ〔醤油〕

調味料の一種。我国独特の調味料。大豆と小麦を原料にして発酵熟成させて作ったもの。醤油は戦後世界的にもその価値を認められ、輸出も年々増加しつつあります。

醤油の始めは、古代中国から伝わってきた醤《ひしお》で、わが国では既に弥生式文化時代に利用されています。当時は、草醤、魚醤、穀醤の三種があり、何れも塩漬け発酵食品でした。草醤は果物や野菜、海草を塩漬けにしたもの、魚醤は現在の塩からと同じ、穀醤は、米、麦、豆類を発酵させたもの、これが後には、味噌、溜《たまり》、醤油と発展してきました。

醤油は室町中期ごろから使いはじめられたといわれます。当時文化の中心地は関西であったのでここで発達し、大量に江戸へ送られていました。江戸中期ごろ大消費地としての江戸をひかえた千葉、埼玉、茨城、神奈川で醸造されるようになり、関東人の口に合うように嗜好も改められました。関西では現在、竜野、高砂を有する兵庫県、小豆島、香川県などが有名です。料理で使う種類は、濃口、中引、薄口、白醤油等。その他溜醤油などというのもあり、秋田のしょっつる鍋に使う特殊な魚醤もあります。汁物には醤油がよく、煮物には溜醤油がよく合います。塩度は一八度から二四度くらいありますが一八度くらいのものが普通です。

じょうようまんじゅう〔薯蕷饅頭〕

菓子の一種。これを作るには砂糖二〇〇g、山の芋皮を剝いで一〇〇g、上用粉一三〇g、餡適量、分量の砂糖を金通しで漉して擂鉢に入れ、山の芋を卸して入れ棒でよく擂り混ぜ、この中へ上用粉を加えて手でよく混ぜ合せ皮を作り、これにて餡を包み形を整え、蒸器にぬれ布巾をしき、饅頭を入れ強火で蒸します。これを一寸焼くこともいたします。御祝いには赤白に作り、お正月には常盤饅頭といって上に青色を一部付けて仕上げることもします、上用粉は米の粉を特別加工したもの。

じょうりゅうしゅ〔蒸留酒〕

酒糖またはその他のアルコール分を含む材料を蒸留して作った酒。蒸留酒は原料によって次のように分類します。デンプン質を糖化発酵させ蒸留したものは、ウイスキー、ジン、ウオッカ、焼酎、泡盛、米酒、高粱酒、芋焼酎です。糖を含む果実を発酵蒸留したものは、ブランデー、キルシュワッサーなどがあります。

しょうろ〔松露〕

ショウロ科の食用茸。世界中に広く分布しています。我国では四〜五月頃、海岸の黒松林の砂中に発生します。この頃のを麦松露といい、秋に出るのが米松露です。はじめは肉質が堅くておいしいが、胞子が成熟すると柔らかくなります。形は二㎝内外の球状または塊状で、じゃがいもに似ています。塩焼、付け焼、吸種、卵〆、その他くずし物に混ぜて使います。雲丹焼きにして青串を打ったのも口代りの盛り合せによいものです。

しょうろまんじゅう〔松露饅頭〕

半生菓子の一種。饅頭の餡を二㎝くらいの丸型に作り、これに砂糖衣をかけたもの。衣は砂糖が糸を引くまで煮詰めて、ここへ水少々、サク酸一滴入れて手早く搔きまぜます。そうすると白くなるので、これに餡玉をくぐらせ、自然乾燥させて作ります。

しょくえん〔食塩〕

粗製塩または工業塩に対して食用に用いられる塩。わが国では塩公益専売法によって規制されていて、法律上食塩とは、海水からとった並塩を精製したもので、純度は九九％以上の塩をいいます。一般の家庭で使っている塩には、食塩、精製塩、食卓塩、荒塩があります。荒塩は漬物や鯖、鰺、鰯の酢の物を作る場合これを使うと身がしまってよいものです。塩は常にはなにげなく使っておりますが大変大切なものです。

人体にも常に一日約一〇g程度必要とされています。精製塩は輸入した岩塩を更に水にとかし、再び濃縮して結晶をとり、塩化ナトリウム純度九九%以上にした食塩です。吸湿性が少なくさらさらとしています。これはマグネシウムやカルシウムの塩類をできるだけ除いてあるからです。吸湿防止に炭酸カルシウムが加えてある場合もあります。食卓塩は防湿剤として炭酸マグネシウム〇・四%、栄養として炭酸カルシュウム〇・六%、うしお汁を作った場合下に沈ずむものがありますが、それは炭酸マグネシウムです。塩素は、胃液の塩酸を作るのに必要であり、ナトリウムは有機化合物を作るのに必要となります。そうして塩は無くてはならないものですが体内には一定量以上は不要です。エネルギーではありませんが体内で栄養を運ぶ役割をはたしております。欠乏すると疲労をします。そして無機質栄養素で、普通われわれの体内には一〇〇gほど含まれております。塩辛い物を食べますと口が乾き水を要求します。それは自然に水で濃度をうすめて体内の塩度を中和させるためです。塩味は低い温度で辛く感じ、高温では薄く感じますからこんなことにも気を配って塩味はつけたいことです。

用途は、塩蔵、味付け、防腐。梅雨期に塩が湿った場合は炮焙、またはフライパンに紙を敷き、弱い火にかけ乾燥させて使うとよろしい。

しょくじ〔食事〕

現在普通に、朝、昼、夕、と三度とる食事のこと。戦国時代以前には、支配階級の貴族は朝夕の二食でありましたが、労働者など下層階級の者は三食または四食でした。労働に耐えるためにはどうしても三食でなければ体がもたなかったからです。武士も平時は二食で、戦時は三食でした。その当時から三食が基礎づけられ、安土桃山時代にはそれが日常化して今日に至ります。食事も時代と共に変化して、米ばかりでなくパン食も増して来ました。そこで食事のあり方ですが、食事は日常健康で暮すためのものであるとするならば、人に教えられるものでなく、自分自身に合ったとり方をしたいものです。戦後は栄養的な材料が一段と選ばれ、良書によってより良き食べ物が一般の家庭でもとり入れられており、よろこばしいことです。しかし手ばなしでよろこんでもいられないようです。戦前にはあまり聞きなれないガン病です。何か食べ物に関係があるように思われてなりません。これらはやがて学者諸賢によって解明してくれることでしょう。何れにしても片寄らない食事でありたいことです。

しょくたく〔食卓〕

食事をするための台。形は長方形、丸、四角、六角、八角といろいろあります。立食用と座食用がありますが、元は中国風をまねた平安時代の貴族階級に使われた台盤からきたものです。食卓の材質は、ケヤキ、シタン、杉、桧、桜、松、カリン、コクタン、安いものには合板などがあります。

しょくたくえん〔食卓塩〕

一寸の味直しや、生野菜に食卓塩はかかせない一つです。湿りをもたせないため製塩に一〇〇分の一程の炭酸カルシウムと炭酸マグネシウムが混合されています。塩味で汁を作った場合、下にもやもやと残るのがそれです。

しょくつう〔食通〕

食べ物に精通していると自称している人のこと。普通には食べない物まで食べることをいう場合もありますが、それはイカモノ食いといえるかも知れません。実際には美味しいものをさがし出すことを得意とする人をさす場合が多いようです。然し食通と自称する人に本当の食通は少ないようです。

しょくどうらく〔食道楽〕

食べ物を道楽にすることをいいます。食道楽といえば村井先生を思い出します。三州豊橋の生まれ、食道楽を報知新聞に連載し始めたのが明治三十六年、それをまとめた本は当時四十五万部も売れたのですから如何にたいしたものであったかが伺い知れます。村井先生はその当時一流人との近づきが多く、一万六千坪の敷地を持ち菜園も持たれて研究されたため、かくも良い本が書き残されたといえましょう。全五冊になっています。

しょくはせいかくに〔食は正確に〕

人は一日に二三〇〇～二五〇〇カロリーの栄養を摂取するとよいということは、今更言うまでもありません。取り過ぎない、また少な過ぎないように心がけたいものです。例えば、鶏の卵はカルシウムを与えれば殻が硬くなるし、青菜を与えれば黄身は濃くなります。このように反応の起ることを知れば毎日の食事はおろそかにできないことです。従って食事によって人間の寿命、更に運勢までも変えることができるとまでいわれます。血液を変えるだけなら一日、爪《つめ》は七、八ヶ月で全部替り、肉体は新陳代謝をくり返し三年たてばほとんどの細胞は新らしく入れ替るといわれます。頭脳は可成おそく、これが更新されるまでには七年間かかるとある書にかかれています。肥満して来れば今や死に一歩近づいた赤信号と思え、とまでいわれます。お互いに心して食事はしたいものです。

しょくひんこうぎょう〔食品工業〕

食品を加工する工業の総称です。

しょくひんせいぶんひょう〔食品成分表〕

個々の食品について含まれているいろいろの成分値は、同一種類の食品であっても、産地、品種、採集期あるいは分析者によって必ずしも同じ値でなく、この分析値を統一したのが食品成分表です。現在使われているものは、一九八二年に発表された科学技術庁資源調査会編「四訂日本食品標準成分表」です。一家に一冊はもとめて参考に使いたいことです。

しょくひんてんかぶつ〔食品添加物〕

食品を調理したり、加工、製造する場合に添加する物質のこと。食品衛生法では第二条第二項に、「食品の製造の過程において又は食品の加工若しくは保存の目的で食品に添加、混和、浸潤その他の方法によって使用する物をいう」と規定されている化合物です。

しょくべに〔食紅〕

食品に色をつけるための赤色の色素。これには天然着色料と人工着色料とがあり、天然着色料としては、紅花からとるカルタミン、サボテンに寄生するこん虫のエンジムシからとる、コチニールなどがあり、人工着色料はほとんどタール系色素です。現在食品衛生法で許されているものは、赤色二号のアマランス、赤色三号のエリスロシン、赤色一〇二号のニューコクシン、赤色一〇五号のローズベンガル、赤色一〇六号のアシッドレッドの七種です。市販されている食用紅は、これらを適当に配合して各種の色を出しています。

しょくようがえる〔食用蛙〕

アカガエル科の大形蛙。後肢までのばすと四〇cm以上もあります。原産地は北アメリカ東部地方、一時は輸出が盛んでしたが現在は農薬の関係もあり輸出はとまっています。肉は柔かく淡味で、焼いても揚げても骨ばなれがよく大変美味しいものです。アメリカではこの蛙がないと一流料理店の資格がないとまでいわれるそうです。日本種でも赤蛙は子どもの虫薬として古くから使われています。

しょくようしきそ〔食用色素〕

食品衛生法で許可されている色素。原料は石灰を乾留したときの副産物、コールタールから得られる、ベンゼン、トルエン、キシレンなどの芳香族炭化水素で、そのために、タール系色素と呼ばれます。食品衛生法では、以下の十一種の食用色素とアルミニウムレーキ（八種類）が許可されています。赤色二号、三号、一〇二号、一〇四号、一〇五号、一〇六号、黄色四号、五号、緑色三号、青色一号、二号、です。いずれも水溶性です。アルミニウムレーキは水では溶けません。料理にはあまり着色は好みませんが、時には盛合せの色彩上着色をします。この時一色だけでなく他の色を少々混ぜて深味のある色を出したいものです。例えば青色に黄を少し混ぜるとか、茶羹には抹茶ばかりでなく青紅を少し混ぜて茶の酸化色をおぎなうなど、心して使いたいことです。

しょくようゆし〔食用油脂〕

十分に精製されて食用になる油脂の名称。これを油と脂の二つに分け、常温で液状を保つものが食用油で、大豆油、菜種油、胡麻油、くるみ油、椿油、落花生油、米糟油、カヤ油、サラダ油、オリーブ油などがあります。常温で固体状のものが食用脂で、バター、ヘット、ラード、即ち牛脂、豚脂など動物性の脂です。揚げ物をする場合油は二種以上混ぜて使うこともよいことです。

しょしんちゅう〔紹興酒《ショシンチユウ》〕

中国の酒。白乾児《バイカル》の名で親しまれ中国の酒類中生産高第一の酒です。浙江省、紹興産が最も優れているのでこの名があります。その他中国には玫瑰露酒《メイクエルチユウ》、桂花陳酒《クエイホフチンチユウ》、毛鶏酒《モオチーチユウ》、虎《フー》骨酒《タウチユウ》、中国独特の薬酒など数々の酒もあります。現在日本へ輸入されています。

しょっき〔食器〕

食べ物を盛る器。食器と料理は車の両輪のようなもので、両方相まって始めて一つのものになります。折角上手にできた料理も相反すればだいなしです。日本料理は特にそういうことがいえます。そこで求める時には各国に特色のある良い品が沢山ありますからその中から選びます。食器を選ぶことは楽しみでもあり又苦でもあります。それはあまりに種類が多く、その上すこし目が肥えて来るとつい上物に目が行き現在の一流の陶匠の作品ともなれば相当な値になってしまうからです。しかしそうした器に料理を盛りたいのは調理をする者の常の願いであり、自分の思う器にそれにマッチした料理を盛り付けた時始めて我が業の幸せを感ぜずにはいられません。高価な器は別として、買い始めはなるべく無地のものがよろしい。器だけ見ずに料理をそれに盛った時を頭に描きながら買いたいものです。椀なども高蒔絵ばかりでなく、うるし絵の気のきいたもの、または根来塗りのようなものもよいものです。皿、向附など種類が多く、交趾、染付、吹墨、呉州、素焼、南蛮、赤絵、乾山風、仁清風、祥瑞風、鍋島、古九谷、萩、唐津、織部、黄瀬戸、志野、民芸調の益子、伊賀、丹波、備前、常滑、高取、京焼、楽、等々教えあげれば限りなくあります。その他ギヤマン、ビードロ、杉柾、籠、青竹、時には大柚子や橙なども使いたいものです。この器の選び方、使い方によりまたは商売であっても、その家の趣味の程度を知ることができるものですから、安い物一つ買うにしてもよくよく心したいものです。

しょっきかご〔食器籠〕

籠で作った食器。現在籠を食器に使う場合が多くあります。箕《み》の形や四ッ手網、丸、角、長方といろいろあり、茶方では夏籠で作った飯櫃《めしびつ》さえ使われます。籠はかるい感じをあたえ、吹寄などには箕型に、小魚のから揚げなどは四ツ手網型と使いわけます。天浮羅も籠に盛る場合が多くあります。九州地方で手ごろなのが作られています。また兵庫の有馬籠が有名です。いなの笹原風ふけばと百人一首にうたわれているように、この地方には良い竹があるからです。

しょっきのとりあつかいとしまつ〔食器の取扱いと始末〕

久しく使用してなかった椀などはぬるま湯にしばらくつけておき後使います。乾ききったところに熱い汁を張りますと塗やけして、椀の中の色が早くいたんで色が変るからです。実際使用する場合は更に熱い湯を椀に入れ温めてから材料を入れ汁を張りますが、この時添え椀といって別の椀に一度入れてから本椀に汁を張ります。

磁器は中温の湯に浸しておき、後熱い湯を入れて温めます。乾いた冷めたい中へ熱い湯を入れますと磁器とはいえ、湯の入っている所だけ膨脹しますので、ひびの入る場合が多くあります。但し夏に冷めたい物を入れる場合は氷水につけておきます。陶器は水につけておきみずみずしいのを使います。使用後はよく乾かしてから箱へ入れます。楽や土器は特に気をつけたいことです。

しょっつるなべ〔塩魚汁鍋〕

秋田地方の郷土料理。八郎潟では獲れなくなりましたが、秋田、男鹿、由利海岸では新鮮な魚が獲れます。イワシ、ハタハタ、シラウオ、アミなどが主ですが、これを塩漬けにして冷暗所に貯蔵して数年経過させ、魚の成分が十分溶けてどろりとした液を漉したのがショッツルです。これを醬油代りに、また帆立貝の殻を鍋代りにして、小さいコンロ（貝風呂《ゆやふろ》）にのせ一人ずつ煮ながら食べます。材料は、魚、葱、芹、豆腐、ナメコなどですが、季節の野菜を取り混ぜても結構です。魚は鯛を最上とし、タラ、ハタハタ、シラウオ、イカ、子持鰊など。ショッツルは市販されていますが塩辛いものゆえ気をつけて味付けをします。

じょやがゆ〔除夜粥〕

年越し即ち除夜の鐘を聞きながら食しますのでこの名があります。この作り方は豆腐を切って温め、塩がゆをかけた大根卸し、もみのりを薬味として食します。一年の食べ終りであり、また来る年の始めの食べものでありなつかしいものです。（作り方→一六〇ページ）

しらあえ〔白和え〕

和え物料理の一つ。これを作るには、材料五人前、こんにゃく四分の一丁、人参四〇g、きぬさや二五枚、蓮根一〇〇g、椎茸五枚。作り方、こんにゃくは短冊または細切りにして塩もみして茹で、人参は短冊に切って塩茹でにし、きぬさやも筋を取って塩茹で、蓮根は皮を剝ぎ薄切りにして酢を入れて茹で、こんにゃくと蓮根は薄く下煮をしておく。衣の方は、豆腐三分の二丁、塩大匙〇・五杯、砂糖大匙三杯、胡麻大匙一・五杯。胡麻を油の出るまで擂りその中へ、豆腐の水きりしたのを入れて更によく擂り、砂糖、塩、化学調味料を入れて混ぜ、その中へ先の材料を全部入れて和えて盛り分けます。この中へ白味噌を入れる地方もあります。またこの材料の他、春の竹の子、蕗、わらびなども使います。

しらいとふ〔白糸麩〕

富山県の特産。長さ二四cm、幅五cmの大きさの物でこれを熱湯なら一〇分間、水ならば三〇分間ほど浸しておきますと長さ三〇cm、幅七cmほどになります。焚き合せ、鍋物、汁の種と使い途の多い麩です。弾力のある歯ざわりの麩です。

しらうお〔白魚〕

白いのでこの名があります。然し新鮮なのは薄水色の透明です。白魚には金目《きんめ》と銀目の種類があり、金目はあまり大きくならないようです。産地は、江戸時代では佃島が有名です。伊勢の桑名、豊橋の前芝、尾張と三河の境川、広島、福岡。今では一部を除いて、大方は朝鮮ものが多く入荷しています。江戸時代では一チョボといって二十尾づつに分けて売ったようです。川柳に、「佃島女房は二十筋かぞへ」、の句で知られます。料理には紅梅煮、天浮羅、卵〆、椀種、干物、焼物、水晶揚げ等々いろいろに使われます。生きのよい物はおさしみ、酢の物にもし、広島の初岡のおどり食いも有名です。豊橋の前芝の白魚は毎年将軍家へ奉納したのも有名です。季節は十二月から三月頃まで、「月もおぼろに白魚の」の名せりふも季節をよくあらわしております。シラウオとシロウオとは違い、シラウオは、シラウオ科、シロウオは、ハゼ科です。福岡、広島のおどり食いはハゼ科のシロウオです。

しらうおつくし〔白魚つくし〕

酢醤油でつるつると食べる踊り食い。これを煮ると白くなりながら身をよじらせるその姿が、つ、く、し、(筑紫)の文字になるのでこの名があります。四月末にはシロウオ供養さえ行なわれます。

「吸物のしろうおがかくつくし文字、姿みだれて春逝かんとす」こんな俗謡もいかにも春の終りを告げる句にふさわしく感じさせられます。シロウオはハゼ科。シラウオはシラウ

オ科。生れも育ちも全く違う別種です

しらえび〔白蝦〕

日本各地でとれますがとくに富山湾、駿河湾で多くとれる深海性のえび。体長は七〜八㎝、乾燥させると淡褐色になるところから、ベッコウエビの名もあります。姿のまゝ唐揚げにしたのもよいものです。

しらが〔白髪〕

白髪のように細く切ったもの。刺身の妻《ツマ》、膾、鱠の妻《ツマ》、吸種。材料は、大根、ねぎ、うどなど。

しらがこんぶ〔白髪昆布〕

昆布の加工品の一つ。とろろ昆布やおぼろ昆布をかきとって作った残りの芯の昆布を白髪のように細く切ったもの。一名翁昆布の異名もあります。料理では白髪和え、翁和えともいいます。蒸物、汁の実などに使います。

しらかばなべ〔白樺鍋〕

池平地方の鍋料理、白みそに酒粕、塩で味を付け、豚肉、馬肉、紅鮭、白菜、竹の子、人参、ねぎ、などを材料にした鍋。

しらがゆ〔白粥〕

塩味で焚いた粥をいいます。粥には三杯水、五杯水といろいろの焚き方をします。京の朝粥は普通に思う粥ではなく早くいえば軟か飯という程度を朝粥といいます。

しらこ〔白子〕

魚の精巣。この白子の美味しい魚は、河豚、鯛、鱈、むつなどがあります。吸種や椀種にしたり鯛の白子はかきもどきといって適当に切り、塩を一寸強くしておきのち酢洗いして三杯酢など。一度食べたら忘れがたい味です。

しらしめゆ〔白絞油〕

精製した菜種油。淡黄色で香りも味もよいものです。油揚、飛龍頭、生揚げなどはこの油であげます。然し現在では、大豆、綿実の精製したのも白絞油といっています。

しらず〔白酢〕

豆腐一丁水をきっておき、炒り胡麻大匙一杯ほどよく擂って豆腐を入れて擂り混ぜ、裏漉しをして、砂糖大匙二杯、酢大匙三〜四杯、塩小匙〇・五杯加えてよく擂り混ぜ、使い途により煮出し汁にて適当に擂り伸して使います。

しらずあえ〔白酢和え〕

白和えの衣に甘酢を擂り混ぜて和えたもの。白和えの材料は大体野菜ですが、白酢和えは、いか、魚、貝柱などの材料に向きます。

しらすぼし〔白子干・白簀乾〕

カタクチ鰯の幼魚を干したもの。時には蒸したり茹でたりもします。大根おろしと三杯酢和えに、また天浮羅にいたします。魚全部を食べるので栄養価の高い食べものです。

しらたき〔白滝〕

こんにゃくを細く糸状に作ったもの。糸こんにゃくは色が濃く、白滝は色が白く、そして少し堅めに作られています。すきやき、鍋物、和えもの、卵じめなどに使います。

しらたまこ〔白玉粉〕

寒晒粉ともいい、歴史は古く室町時代からあるといわれます。以前には餅米を寒水に晒して製造されたのですが、現在では輸入の餅砕米を原料にして年中作られます。料理や菓子に使います。白玉粉を水で耳たぶくらいにこねて小さく丸め、茹でしるこの餅代りにも使います。料理では細くのばし、らん切りにして茹で、白味噌汁の種にもよいものです。

しらたまふ〔白玉麩〕

京都でつくっている直径一㎝ほどの丸い焼き麩。汁の種などに使用します。

しらに〔白煮〕

煮物の一つ。白煮にする材料は、百合根、大根、蕪、長芋《ながいも》、うど、蓮根。百合根は、味醂、水、塩、砂糖を合せて百合根を入れて煮て、その内の一枚が透明になったら火を止めて、透明になったものから順次取り出して行きます。こうすると一枚も破れず全部きれいに煮上ります。百合根は大小厚《こわ》い薄いがありますから一度に全部煮上げることはできにくいものです。大根、蕪は先ず米を入れて茹でてから煮ます。長芋、うど、蓮根は、酢を入れて茹でてから煮ます。

しらやき〔白焼き〕

または素焼きともいゝます。次の味付けの行程の一つ。小魚を焼いて南蛮漬、昆布巻用、難波漬、貯蔵等に使います。

しらやまぎく〔白山菊〕

キク科の多年生植物。日本全土に分布しております。平地や低山帯に多生します。若芽や花が食用となり、茹でて使用します。ウドに似た香味を賞味し、和え物、酢の物、油漬、天浮羅、汁の実によいものです。

しる〔汁〕

汁といえば味噌汁のこと。

しるかけめし〔汁掛け飯〕

飯に温かい汁をかけたもの。汁はすましと味噌汁と二通りあります。すましは煮出し汁五カップに、醬油大匙四・五杯くらいの味。味噌汁の場合、味噌は地方により塩度が違いますが、愛知県地方の味噌ならば煮出し汁五カップ、味噌九〇gくらいが適当です。具に賽の目豆腐、三ッ葉など、すましには、もみのり、わさびを使うとよろしい。

しるがゆ〔汁粥〕

平安時代には、米を煮たのを粥といい、その堅さによって、固粥、汁粥、重湯と三つに区別されました。汁粥は現在の粥に当り、固粥は現在の飯に当ります。

しるこ〔汁粉〕

小豆の漉しあんに水、砂糖、小量の塩を混ぜて煮溶き、餅をこれで煮たり、焼餅を入れたもの。小豆の粒のまゝのを、ぜんざい、または小倉しることといいます。終りに片栗粉の水溶きを入れて濃度をつける場合もあります。

しるもの〔汁物〕

汁物とは汁物料理一般を差します。吸物、椀盛、かし椀、丸吸、潮汁、博多仕立、薄くづ、あんかけ、味噌仕立、合わせ味噌汁、船場汁、かす汁、卯花汁、呉汁、擂流し等いろいろあります。

しるものりょうり〔汁物料理〕

汁を多く使った料理。吸物、椀盛、菜盛と分けることができます。この作り方は多くの種類があります。吸物は酒席に、椀盛菜盛は大略飯の場合に使います。何といっても一番始めに口付けする物ですからよくよく心入れがありたいことです。種類を大略書けば、お汁、洗い味噌汁、赤だし汁、白みそ汁、合せ味噌汁、吸物、椀盛、百合汁、薄葛、あんかけ、呉汁、とろろ仕立、うしお仕立、梅仕立、粕《かす》汁、三平汁、船場汁、梅椀、丸吸、胡麻汁、けんちん汁、濃汁《のっぺい》、鯉こく、泥鰌汁、納豆汁、擂流し、カレー汁、摘入れ汁、卯の花汁、みぞれ仕立、しゞみ汁、スッポン仕立、三州仕立、スープ仕立、一寸思いつきを書き出してもこのように沢山の仕方がありますから、いつも同じでなく変化した汁を作りたいものです。

蜆《しじみ》汁は万葉集、六巻にすでに書かれていますから古くから食膳に上ったことが知られます。蜆はグリコーゲンが多く肝臓や黄疸に効力があるといわれて賞味いたします。名産地は瀬田川、諏訪湖、山陰の穴道湖、北海道北見、オホーツク海の厳寒、氷を割って流氷の下で採る蜆は最も大きく、土地の人の冬の重要な糧の一部になっているようです。

しるわん〔汁椀〕

椀の一種。汁物を入れる椀のこと。

しれとこずし〔知床鮨〕

蝦夷《えぞ》前の鮭、蟹を具にして作った鮨。北海道では、鮭を雪の中へうめておき凍らせて、これを切ってさしみ用にして食べるのをルイベといいますが、この鮭から思いついて作り始められたという鮨です。鮨飯の上にあま塩の鮭の薄切、蟹をほぐして三杯酢で味付けしたのと二色を具にして作られますが、他に具を使ってないのがかえって気がきいています。

しろあん〔白餡〕

菓子のあんの一種。色が白いのでこの名があります。原料の最高は白小豆、その他隠元豆、白手亡《てぼ》などを茹でて漉し、砂糖と焚き合わせたもの。白小豆の名産地は、丹波、備中です。

しろうお〔白魚　素魚〕

ハゼ科の魚。白魚の分布は、岡山、福岡などが有名ですが実は北海道南部、朝鮮半島、瀬戸内にたくさんいます。シロウオと呼ぶのは、九州、愛媛、高知、和歌山、千葉。大阪はドロメ、徳島はヒウオ、三重はギャフヒヨと所々で呼び名が違います。一～五月ころまで川をさかのぼり、小石の下に産卵します。シラウオによく似ていますが別種です。死ぬと急激に味が落ちるので塩茹でにしたり煮干にします。これを三杯酢と大根卸しで食べたり、砂糖醤油で炒煮にしたり、飯に焚きこんでも風味があってよいものです。シロウオは温度に敏感で、室見川の源、背振山、福岡佐賀県の境、この山の雪溶けの水がぬるむとまず先兵が上って下見をしてから、つぎつぎと上って来ます。二月一日が解禁日です。溯上して来るのは産卵のためです。水温七～八度くらいを好みます。酢醤油でつるつると食べる踊り食いは有名です。シロウオは長崎の北松浦郡江迎町も産地です。

しろうおのおどりくい〔白魚の踊食い〕

九州福岡の名物。季節に生きた白魚をわさび醤油または酢醤油で食べる料理。「明ぼのや魚しろきこと一寸」芭蕉の句が有名です。シロ魚はシラ魚より少し短かい魚。この魚は五～六㎝のハゼ科で、水温一〇度くらいのところに住み、小石の下に何日もかかって巣を作り、産卵すれば雄は三週間も巣を守りつづけ、精根つきて水に流され海へ消えて行きます。博多湾へそそぐ室見川がその産地でその川をさか上って来ます。うみねこ、ゆりかもめが寄って来るのでその季節がわかります。最盛期は二月上旬です。

じろうがき〔次郎柿〕

静岡の原産。果実は大型で二五〇gくらいもあります。頂点から四本のやゝ凹みの筋がヘタまで通っているのでよくわかります。甘味の多い品種です。

しろうり〔白瓜　越瓜〕

別名あさうり、漬瓜ともいいます。まくわ瓜の変種。果実は長円筒状で、皮は薄緑色、熟するほどに白色になるのでこの名があります。関東では大型の大白瓜、大阪地方では黒門白瓜が多く、京都のかつら瓜は果肉が厚く奈良漬けに用います。中京では青瓜、漬瓜とも呼びます。白瓜の若いのは輪切にして種を取り去り椀種の青味に、また籠漬けにして使います。中京では中熟のを雷干しにもいたします。

しろきくらげ〔白木茸　白木水母〕

熱帯地方の山林のナラやカシの枯木に生える食用キノコ。純白な寒天質で半透明、肉はやや厚く、乾燥すると堅い。中国料理では珍重がられ高価です。中国の南部の多雨地方で栽培され、とくに四川省のものが優良です。コリコリした歯ざわりの感触が好まれ、スープ、酢の物、炒め物、煮物などに使い、精力増強、不老長寿の薬とまでいわれております。

しろざけ〔白酒〕

白酒は上代の白酒《しろき》黒酒《くろき》とは内容から違います。三月三日、上巳、雛祭りにお供えする酒で、白色濃厚なためこの名があります。昔は練《ねり》酒といって筑前博多の産を賞味しています。徳川期に入って後陽成天皇の慶長年間、神田鎌倉河岸の豊島屋十左衛門という人がある日自宅でうたたねをしていると、可愛らしい紙雛が枕《まくら》元に現われて親切にこの白酒の作り方を教えてくれた。早速そのように作ってみると、美味しい白酒ができたので、江戸市中へ売り出したところ意外の好評で売れ行きがよかったというのが白酒の歴史です。豊島屋という人は宣伝がなかなか上手な男であったともいわれます。三代将軍家光の時代には三月三日前後で二百五、六十石売りつくしたといわれます。餅米の麹に酒を混ぜて醗酵させて作りますが、関東では淡白でザラツいたもの、関西では濃厚でなめらかな味を佳品とされます。何れにしても白酒に緋桃の花一輪浮かせたさまはこれだけで如何にも雛祭りの雰囲気を出してくれます。江戸中期には白酒も飾り桶に入れて売り歩いています。その風俗が歌舞伎の十八番狂言、助六の舞台に曽我の十郎が白酒売りの姿となって登場するので知ることができます。なお師走の献立の向附に、新巻の薄切りにその上に白酒をかけ、カヤの実の薄切りを添える約束事の料理があります。塩辛い鮭に甘い白酒、案外洒落味の出合いは良いものです。

しろしたとう〔白下糖〕

サトウキビから作る含蜜糖の一種。糖蜜分の中に細かい砂糖の結晶が多く析出した泥状の砂糖。色は黄褐色で、普通には樽詰めにして取引きされます。鹿児島、四国に産し、古くから四国で作られている和三盆は、この白下糖を原料とし、水を加えては絞ることをくり返す方法で精糖して作ったものです。

しろしょうゆ〔白醬油〕

中部地方の特産。料理に色を付けないように味付けするのに使います。主原料は小麦です。吸物、鍋料理、煮物、汁物料理、特に青味の味付けによいものです。

しろずみ〔白炭〕

木炭の一種。外側が白く粉をふいたように見えるところからこの名があります。質が硬いのでカタズミの名もあります。炭材は、ナラ、カシ、ウバメガシなどですが、これらから作る炭は良質なので長時間一定の温度を持久することができるため、特にうなぎのかば焼きにはかかせないものです。その他抹茶のお炭用に枝炭として細い長いものもあります。

しろながすくじら〔白長須鯨〕

鯨の一種。あらゆる動物の内一番大きく、体長三〇m、体重一三tにも達するのもあります。頭は小さく、全長の四分ノ一以下で、体は細長く、背部は青みをおびた灰色、腹部は黄色淡色、ところどころに白色斑紋があるのでこの名があります。南北両半球の温帯地域にすみ、群遊しますが速力が速く、水中深くもぐるので捕獲が困難です。

しろはら〔白腹〕

ツグミ科の渡り鳥。形や習性はツグミによく似ています。秋から冬にかけて北方から渡来します。頭は灰褐色、背中は茶褐色、腹部が白いのでこの名があります。椀種、焼鳥にしても美味しい鳥です。

しろみ〔白身〕

赤身に対しての白身。水底または泥の中に体をかくしている底魚はすべて色が白いものです。かれい、鮃目がその例で、底魚は目が小さいのでよく分かります。それはあまり目を使わないので自然目の発達がおくれてそうなったものだといわれます。食餌に脂肪をさけねばならぬような場合、この白身がよいでしょう。卵もまた黄身を分けて卵白を白身といいます。

しろみそ〔白味噌〕

赤味噌に対しての白味噌。米こうじを多く使うので甘味や香りがよく、京阪地方のを第一とします。地方の白味噌は塩辛く本当の白みそとはいえないようです。料理で使う白味噌は甘いのをさします。時には西京みそという場合もあるように京阪地方で多く作られます。

しんかいぎょ〔深海魚〕

深海魚とは大陸ダナ沖水深二〇〇mより深い所に住む魚の総称です。最近では六〇〇～一〇〇〇mも深い所に住む魚まで獲ります。ニュージーランド、インド洋その他の沖で、ホキ、アカダラ、チゴダイ、キングクリップ、メタイ、シルバーフイッシュ、オキアイナメ、オオグチ、オキニベ、ウロコノトツノカ、ミナミムツ、カジカ、マルスズキ、マゼランアイナメ、ワニグチニオイウオ、と種類も多く、名前と魚とが合わないことがあるとの話も聞きました。刺身、照焼、鍋物、揚物などに向くと聞き及びます。案外料理法により美味しいものもあります。加工品のカニ風味もその一つです。何れこうした魚が多く出廻ることでしょう。料理方法も今から研究しておきたいものです。深海魚は大きな水圧や暗黒の世界に適応していて、例えば体は柔軟で、目はとくに大きいか、逆に退化して小さかったり、あるいは発光器をもつものが多くあります。色は灰色か黒色が多く単調です。深海魚は表層の魚と違った成分をもっていて、ビタミンAや脂肪を沢山含むものが多いといわれます。

じんがさ〔陣笠〕

鮨言葉、椎茸のこと。

ジンギスカンなべ〔成吉思汗鍋〕

この料理は成吉思汗が陣中で羊を屠し、軍刀で切り火に祭って焼いて食べたのに始まったといわれこの名があります。然し鍋というより焼くというのが適当かも知れません。私は、蒙古から送っていただいた火叉子があり、彼地での味付、焼き方などこまごまと教わっております。鍋は身と蓋と二枚になっており、下の方がすこし大きく底に小さな穴が三ヶ所あけてあります。穴の小さいのは火力が強くならないためです。先方ではこれに桐の炭をおこし、牛糞をのせて火のたつのを押え、その上に蓋をのせますが、この蓋になるものは山形に一cm程の金の棒を並べた型になっております。この上で焼くわけです。内地では羊もよろしいが豚肉がよく合います。しかし鳥肉、牛肉何れも好みにあえば結構です。材料は少し大きめに切りボールに入れておきます。茴香《ういきょう》、醤油、酒は同量、揚物油、生姜の薄切りを材料にかけ、一〇分間くらいおいて、別の付け汁、薬味で食べます。勿論野菜は、長ねぎ、玉葱、季節になれば松茸、生椎茸、ピーマン、セロリ、茄子など、好みにより取り合せます。付け汁はスープ、蝦油、紹興酒、醬油、酢、胡麻油、柚子の絞り汁などを混ぜ合せて作ります。薬味には、ニラのみじん切り、卸し生姜、陳皮、一味、等々いろいろのものを使います。このように沢山の薬味を使うのは羊の香りを消すためと味を複雑化して食欲を増させるためです。普通にはこんなに沢山の物を使わずとも有り合わせのもので結構です。

しんげんずし〔信玄鮨〕

山梨県地方の鮨。古くは武田信玄の陣中食といわれるもの。鮨飯に、塩味の強い漬物、笹の葉を交互に敷いて押しをしたもの。現在は鮨飯に、胡麻、煮貝、鶏肉の照焼き、蓮根、椎茸、栗、鱈子、生姜の味噌漬などをのせた、一種の散らし鮨です。

しんげんべんとう〔信玄弁当〕

武田信玄が持ち歩いたのでこの名があるといわれ、現在では茶料理の点心などによく使われる器。身一つ、かけご二つ、蓋とにわかれます。身の方に飯を入れ、かけご二つに菜、蓋は汁椀の代りに使います。形は種々あってこれには袋のあるのも多くあります。即ち信玄袋、信玄弁当を入れる袋だからこの名がありますが、只今は種々のものを入れて持ち歩くようになっています。この弁当は遠出や鷹狩などに使われたので一名鷹の羽弁当ともいいます。

しんこ〔新粉、糝粉〕

精白した粳米《うるち》を水洗いして水をきり、五、六時間ふきんをかぶせて放置したあと、臼で挽いて粉末にし十分乾燥させたもの。細かく挽いたのが上新粉、やゝあらく挽いたものが並しん粉です。所により上新粉を上用粉ともいいます。使い途は、団子、柏餅、塩せんべい、御菓子など。

じんこうかんみりょう〔人工甘味料〕

食品添加物として厚生省より使用許可されていた甘味料はサッカリンナトリウム、D―ソルビット、D―ソルビット液、D―キシロース、グルチルリチン酸―二ナトリウム、グルチルリチン酸―三ナトリウム、アスパルテームです。この内サッカリンはチューインガムにのみ使用されています。ズルチンは昭和四四年一月より完全に禁止され、サイクミン酸ナトリウムは四五年二月一日から、その他の食品には同年三月一日から全面使用禁止です。但し医師の処方があるときは、医薬として販売されます。

しんごぼう〔新牛蒡〕

普通秋に収穫されますが早堀りして五月頃から出廻ります。

軟らかく香りもよいので、柳川、八幡巻、管牛蒡、焚き合わせ、揚げ物といろいろに使います。

しんさつまいも〔新甘藷〕

早堀りのさつま芋。ふくめ煮にして、あしらいに、小猪口付けに、いろいろに使われます。

しんじこのしちちんみ〔宍道湖の七珍味〕

島根県の中心部、松江の西にひろがる宍道湖は、多少塩分があるため、海、川両面の魚介に恵まれています。七珍味は、一、しゞみ（やまとしじみ）二、すゞき（奉書焼）三、鯉（糸作り又は子作り）四、白魚（多種料理）五、わかさぎ一名アマサギ（揚げ物や照焼きにして茶づけ）六、海老一名しらさ海老（多種料理）七、うなぎ（長焼きを始め刺身）など多様の料理が有名です。

しんしゅ〔新酒〕

秋より醸造して早春に醸造の終った新しい酒のこと。六、七月頃この新酒と古酒を混ぜて、ブチといって蔵出しする場合もありますが、やはりこの酒は熟成の終った秋からが一番美味しくなります。

しんしゅうみそ〔信州味噌〕

米麹で作った辛口の味噌。大豆、米コウジと同量くらいで醸造しますが、クセがないため現在では全国的に広く用いられています。淡黄色の味噌。

しんじゅずけ〔真珠漬け〕

真珠貝の貝柱を酒粕漬けにしたもの。三重県鳥羽地方の名産。そのまゝ食べてもよし、わさびに醬油一滴おとしていただくのもよいものです。

しんじゅりょうり〔真珠料理〕

アコヤガイ即ち真珠貝を使っての料理。おおむね吸物にして使います。格別美味しいものではなく真珠の入っているのが趣向です。

しんじょ〔糝薯〕

くずし物の一種。白身の魚をミンチにかけてよく擂り、浮粉（小麦粉中の蛋白質であるグルテンを取り除いた残りの澱粉質を精製したもの）、伊勢芋、味醂、塩、時には卵白を擂り混ぜて軟かく茹でたり蒸したりして仕上げたもの。本格的には文字のように米の澱粉に伊勢薯を入れて作るのでこの名があります。

しんせん〔神饌〕

神祇に供える飲食物の総称。御食《みけ》ともいいます。神道では祭典に際し、飲食物を供することが重要な儀式の一つとされ、『延喜式』には、践祚大嘗祭《せんそたいじょうさい》では、アワビ、イカ、サケ、コンブ、熟柿《じゅくし》、ユズなど数十種が神饌に用いられたことが記されており、『古語拾遺』には白猪、白馬、白鶏など献じたことが書かれています。現在一般に用いられている神饌は、稲、酒、餅、魚貝、鶏、蔬菜、菓(果物)、洗い米、塩、水などです。神饌は清浄神聖であるところからこれを調理する所をとくに設け、御供所、膳殿《かしわ》、御饌殿などと呼び、身を清めた神職がこれに当ります。

しんそば〔新蕎麦〕

そばは、春、夏、秋にとれますが、普通新そばといえば秋の収穫のものをいいます。普通のそばはいうにおよばず、そば饅頭、そばがき、そば麩、そば糝薯、そば蒸しといろいろの食物があります。『柳多留』に、「新そばに小判を崩す一トさかり」とあり、昔の人は季節の物を食べたことがよく伺い知れます。

じんたい〔靭帯〕

関節を強固にし且つその運動を抑制する結締織繊維。多量の膠質と弾力性繊維。弾力があると『広辞苑』に出ていますが、食物では二枚貝類の蝶番《ちょうつがい》、または卵を割ると俗に目といわれる白い細長いもののことを言います。二枚貝は離れない役割をはたし、卵は黄身の変動しない役をはたしているもの。卵は黄身が変動すると胚子が死んで孵化しないことになります。

しんちゃ〔新茶〕

茶の新芽を摘んで製造した緑茶のこと。五、六月頃から売り出されます。この新茶は香りを賞味されますが、速成のため古茶に比べて味にこくのないのが普通です。茶を使うとき、土瓶または急須に茶を適量入れ、湯も入用だけ入れて絞りきっておけば二度出すことができます。

しんとうあつ〔浸透圧〕

水は通すが他のものは通しにくい膜の両面に濃度の違う溶液がきた場合、両方の濃度を同じようにしようとして、薄い方から濃い方へ水のみが移動する現象を浸透といい、このとき生じる圧力を浸透圧といいます。この場合水だけ通る膜を半透膜といい、植物や動物の細胞膜、セロファンなどがその例です。野菜の調理の場合にはその浸透圧を利用することが非常に多くあります。例えば胡爪もみ、漬物などがいずれもそれです。野菜に、塩をふりかけておくと細胞膜を通して中の水分が外に吸い出されてきます。これは塩の浸透圧のためです。そこで、根菜類を煮る時、初め薄味にして煮込み、追々と濃味にしていくと美味しく仕上ります。初めから濃い味で調味すると細胞内の水分が外へ出て、材料をしめつけて中へ味がしみにくくなります。材料中へ浸透する速度は、分子の小さい物質ほど早く、従って、食塩、醬油は分子が小さいので早く浸み込み、砂糖は分子が大きいので細胞中にはいる速度が遅くなります。味付けの場合、先に砂糖を入れて煮ふくめ、後に塩や醬油を加えるのが適当です。然し小魚を佃煮風に煮る場合は、醬油と一部の砂糖を入れて煮〆めてから味を取り直す方法がよいのです。尚砂糖も塩のような役割をはたしてくれます。生姜、柑橘類の皮、その他の砂糖煮などがよい例です。

しんどうふ〔新豆腐〕

新の大豆で作った豆腐。舌ざわりもなめらかでいうにいわれぬ味があります。豆腐通は初秋を待ちこがれます。

しんねんのいわいさかな〔新年の祝い肴〕

新年の御祝儀肴に使いますのでこの名があります。蛤のうしお仕立の吸物、煮豆、田作、数の子、家風によってはこの外に、昆布、寿留女、煮梅など使います。煮梅は針打ちをして五〇度くらいの湯に浸して酸、塩気を抜き砂糖を入れて極く弱火で煮ふくめます。鍋底に竹の皮を敷くことは忘れぬように、火が強いと膨脹して皮がむけてしまいます。

しんみとう〔真味糖〕

信州松本市の開運堂製の菓子。真味糖の名は裏千家宗匠の命名、蜂蜜入りのためか落雁であってもしっとりとしていて茶の友には至極よいものです。たて六cm、幅二・五cmの長方型で中に胡桃が入っています。

しんみりょう〔辛味料〕

食物に辛味をそえ、味を調え、食欲を増進させる調味料。これの強い刺激によって不快な臭みや味を圧倒しておいしく食べるために使います。また、その刺激によって消化酵素の分泌をうながし、消化を助ける作用も行います。更に防腐の作用や医薬的効果も期待されます。トウガラシ、マスタード、ワサビ、生姜、和ガラシ、胡椒などがこの類です。

しんれんこん〔新蓮根〕

蓮根の異称をはちすといいますが、この実が蜂の巣に似ているからです。最近はこの蓮根も半温室作りとなり、六月頃から新蓮根が出廻ります。四国の徳島が有名です。料理では普通の蓮根と同じように使用されますが、歯切れがよく、真白に仕上りますから酢煮や梅肉和えによいものです。

す

す〔鬆〕

大根や牛蒡などのしんに生じる無数の穴のこと。生長が盛んに行なわれているのに、養分の合成が少なかったり、しんが立って養分が消費され過ぎた時にできます。また水分の蒸発が多過ぎてもすが立ちます。茶碗蒸、卵豆腐、豆腐料理などに熱を加える場合、強火で処理すると、料理の表面に細かいあわ状の穴ができます。これもすが立つといいます。すが立つと口当りも悪く風味も失われます。これらの料理は弱火でゆっくりと加熱したいことです。

す〔酢〕

酸味をもった代表的な調味料。醸造によって作ったものと、果実の酸味を利用するもの、及び合成したものとに大別されます。醸造酢は糖分あるいはアルコールを含む原料に酢酸菌を植えて発酵させて作ります。合成酢は、氷サク酸を水で薄め、これにアミノ酸や糖類を加えたものです。また、氷サク酸と少しの水で薄めた程度の濃い酸液をさらに薄めて使うサク酸酢もあります。その他果実汁をそのまま使うレモン酢、ダイダイ酢、柚子酢、すだち酢、ウメ酢等。

食酢は殺菌力が強く、ほとんどの病原菌は約三〇分以内で死滅するといわれます。そのため酢に浸した食品は保存がきく訳です。酢は塩味を柔らげる性質があります。鮨酢に塩か酢の一方だけならば、酸いか鹹い味になりますが、加減よく合わせますとどちらもあまり強く感じません。これを相乗の味といいます。塩焼に二杯酢が如何に効果的に働いているかが知れます。このほか、野菜類の褐変を起す酵素を止める働きを利用して、牛蒡、蓮根、うど、長芋などを茹でる時、酢を少々入れれば色素に作用してきれいに仕上ります。

酢は料理の上では広範囲に使用されます。そして酢は、栄養素の燃焼を促し、疲労物質を除き、細胞の新陳代謝を活発にし、体全体を生き生きさせる働きがあるといわれます。疲労、肩こり、動脈硬化、高血圧に効果があり、その上強い殺菌力と防腐の役割もはたしてくれます。なお西洋では香料を入れた酸味の強いものもあり、フランスではブドーの産地で作る、ワイン酢、麦の液から作るイギリスのモルト酢、ビネガー、ビールの国ドイツのビールを原料として造られる酢、その他リンゴから作った、アップル酢があり、これに香辛として、ニンニク、月桂樹の葉、パプリカ、カレー粉、芥子などを合わせて一層味を複雑にして味覚をそそるようにもして使います。醸造酢は七十種以上の有機酸を含み、合成酢はせいぜい二、三種の有機酸しか含みません。

すあえ〔酢和え〕

三杯酢で和えた料理。精進料理によく用います。

すあげ〔素揚げ〕

材料を加工せずそのまま揚げて素塩、または塩、砂糖で熱い内に味を付けます。そのままあげますからこの名がありす。材料では、胡桃、くわい、獅々唐、馬鈴薯、南瓜、海老、沢がに、その他いろいろな材料があります。

すあらい〔酢洗い〕

酢の物料理の下準備として、魚貝をさっと酢で洗うこと。こうすると生臭味または材料のくせがとれます。野菜など水分の多いものはある程度水を取り除くことができます。鯖や鯵など薄皮がむきやすくなります。

すいあじ〔吸味〕

汁物料理の味加減のこと。

すいあたり〔吸当り〕

汁物料理の味のこと。

ずいえんりょうりめも〔随園料理メモ〕

中国料理の古いよき本であることはすでにご存じの通りです。随園の名は、牧、字は子才、号は簡斉といい、その住居を人呼んで随園と称します。その園を完成するまでに二十有余年もかかったといわれますので如何に立派であったことかが伺いしれます。この本はその当時使った道具のことから酒の項に至るまで、中国料理のすべてをあますところなく書いてあり、参考になるところが多いので、世人はこれを愛読いたします。随園が書いた本ゆえこの名があり、随園は二十ヶ年の間に六篇の随園記を著し、八十二才の長い生涯を経て嘉慶二年、西暦一七九七年に死去しています。

すいか〔西瓜〕

原産は熱帯アフリカといわれ、我国へは一六世紀頃オランダ人によって伝来したといわれます。或いは琉球から薩摩に渡ったともいわれるものです。形は大小長円方、肉色は赤と黄があります。現在は温室物も早く出廻って季節なしにいただくことができます。何れにしても夏の食べ物で夕涼みながら食べる味は格別です。西瓜で有名な話は、飛喜百翁が利休を招きし時、西瓜に砂糖をかけてだしたら、利休は砂糖のないところを食べて帰り、門人に向い、「百翁は人を饗応することをわきまえず。われ等に西瓜を出せしが砂糖をかけて出せり、西瓜は西瓜のうまみを持ちしものを、似げなきふるまいなりとて笑い侍りき」、と『雲萍雑誌』にかかれています。西瓜によらず何れの食べ物も持味を生かして使いたいものです。

ずいき〔芋茎〕

里芋の茎の筋を取り乾燥させたもの。生の茎は筋を取り四cmくらいに切り塩をしてしばらく置き、タカの爪を入れて茹でて水で晒してエゴ味を抜き、胡麻酢和えや煮物に使います。ずいきで名高いのは周知の、肥後ずいき、熊本城主加藤清正が軍糧としてこれを城の畳のワラ替りにして万一の備えにした話も有名です。肥後ずいきは食べるばかりでなく性情交の折使うとよいといういろいろの形のものもあります。ずいきの名は、夢窓国師の「いもの葉に、おく白露のたまらぬは、これや随喜《ずいき》の、涙なるらん」という歌から付けられた名称だともいわれています。

すいくち〔吸口〕

汁物料理の味を引き立てるために用《もち》いる香辛のこと。木の芽、茗荷、ねぎ、紫蘇の葉または実、柚子、生姜、芽うどなど。

すいげつ〔水月〕

鶴屋八幡の和菓子。葛の皮に卵あんの入った満月形が単純なようでありながら心にくいほどの姿です。お抹茶の菓子に打ってつけです。

すいさんぶつ〔水産物〕

川、海、湖、沼などの水中から産する魚貝、海草など。一部は工業原料となるほか、食料及び肥料にされます。

すいしょうあげ〔水晶揚げ〕

いか、白魚、その他白身の材料に味塩をして片栗粉を付けてきれいな油であげたもの。さながら水晶のようにきれいです。

すいしょうに〔水晶煮〕

冬瓜、白瓜、胡瓜をゆっくりと煮込み、水晶のように透けた風に煮たもの。終りに片栗粉の水溶きを入れて仕上げます。水晶に似ているのでこの名があります。

すいせん〔水繊〕

葛で作って細く切ったもの。これを作るには水繊鍋といって手の付いた平たい鍋があり、これに葛を水溶きして

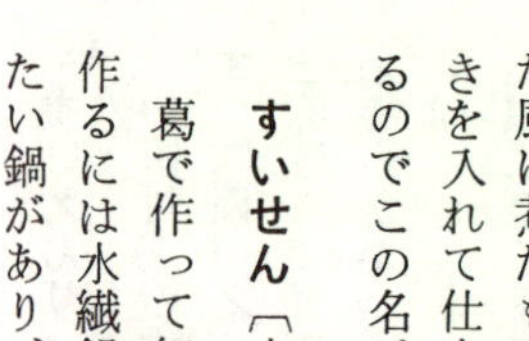

砂糖少量入れます。別の大鍋に湯を沸し、その中へ鍋を入れて、鍋の手をもって同じ厚さになるようにやりとりして、水分がなくなった後、湯の中へ入れて透明になったら水に取り、冷して取り出し細く切ったり、鳴門巻きにして使います。この方法だとできた水繊がかたいので私は、吉野葛八〇g、砂糖大匙一杯、水一カップ、塩小匙三分の一杯を混ぜ合せて一度漉して湯煎にし、少し濃度をつけてから水繊鍋に流し入れて先のように作ります。

すいぜんじな〔水前寺菜〕

熊本水前寺地方で古くから栽培されていますが、地方へは昔ほど出回りません。原産は熱帯アジア。中国では木耳菜といい、葉の上面は緑色で、下面は茎と共に紫色をおびている。茹でて水に晒しておくと、水前寺海苔を浸しておいたような色が出ますのでこの名があります。葉をつまみ取り、残りの茎を刺しておきますと根づき葉が又出て来ます。多年性ですから冬季には芽は出ませんが、春になるとまた芽は出て来ます。用途は吸物種、沢山あれば和えものに。

すいぜんじのり〔水前寺海苔〕

九州熊本の水前寺の湧水が流れ込む江津湖でとれたので、この名があります。三〇〇年程の歴史がありますが、近年は福岡県朝倉郡金川が主産地となっています。厚紙状になっておりますから水に浸してもどして使います。吸物種、刺身、酢の物のあしらいなどに使います。先年熊本で加工してないものを寒天で寄せて酢味噌でいただいたこともありますが、夏には案外よろしいものです。祝儀の時には寿のりともいいます。

すいせんちまき〔水仙粽〕

クズで作ったチマキのこと。中身を長方形に作り、笹の葉で包んだ姿が水仙に似ているところからこの名があります。

すいたくわい〔吹田慈姑〕

オモダカ科の塊茎。水田に産し原産は中国で、日本へは平安初期に渡来しております。大阪北部吹田が本場でこの名がありますが、現在は栽培しておりません。料理では甘煮、卸してくずし物、くわい煎餅、金とんなどにして使います。

すいとう〔水筒〕

飲料としての水や茶を携帯するための容器。

すいとん〔炊団〕

小麦粉を水でねって団子にし、汁で煮込んだ料理。水団とも書き中国の唐菓子に由来する名称ともいわれます。戦時中は食糧不足のため主食の代用としてよく食べたものです。戦時中ばかりでなくわれわれ農家に生れながら、お天とうさまと米の飯はついて回るというような現在とは違い、一等米は借地料、肥料の買入れ代になり、常にはこのスイトン、団子汁をよく食べさせられたものです。

すいのう〔水嚢〕

煮出し汁や寒天液、卵などの液状のものを漉したり、粉をふるったり、漉し餡、豆の金とんの衣漉しなどに用いるもの。円形の木わくに馬の尾毛で織ったのを張ったものや金アミを張った金通しがあります。使い途が違うと張り方も違います。

すいはん〔水飯〕

水に浸した飯。昔は夏の食品として貴人もたべたものです。洗い飯ともいっています。『宇治拾遺物語』には、「三条中納言水飯ノ事、ふとりのあまりせめてくるしきまで肥給ければ、くすししげひでをよびて、かくいみじうふとるをば、いかがせんとする。立居などする身のおもさ、いみじくるしきなり、との給へば、重秀申やう、冬は湯づけ、夏は水漬にて、物をめすべきなりと申しけり。そのままにめしければ、ただおなじやうに肥えふとり給ければ、せんかたなく、又重秀をめしていひしままにすれど、そのしるしもなし、水飯食てみせん。との給て」とあり、今も昔も変らず、ただ座して美食をすれば肥満して、動脈硬化、高血圧、やがては脳溢血でこの世とさらばということになりそうです。肥満は命の赤信号と知るべきことです。

すいはんき〔炊飯器〕

飯を炊く器のこと。かまどがなくなった今日の台所では、ほとんど自動炊飯器となりました。これには、電気、ガスの二通りがあります。大型ではオープン式炊飯法もありますが、何といっても美味しいのはワラで焚いたご飯です。柔らかな熱、それに余熱の度合がよく、いい得ない味があり、ときたま親家へ行きいただくご飯は言葉通り、米の飯には菜はいらないの感を深めることです。

すいぶん〔水分〕

食品だけに限れば、食品中に含まれる水のこと。これには、組織中に包まれている自由水と、タンパク質や炭水化物などの物質と化学的結合している結合水とがあります。水分は、食品を一〇五度の乾燥器に入れて乾かし、重さがそれ以上減らなくなった時の重量をはかり、乾燥する前の重量との差を求め、この数値の初めの重量に対する百分率を水分量とします。菜、果物、豆腐などは水八〇％以上、芋類、魚貝、みそ、飯などは八〇〜四〇％、食パン、チーズ、などは四〇〜二〇％、穀類、豆、バターなどは二〇〜一〇％、砂糖、粉乳、乾パンなどは一〇％以下です。加工食品では黴生物の増殖を防ぐため、水分を一〇%以下にするのが常識です。

すいみつとう〔水蜜桃〕

生食する桃の品種。食品とする桃を改良した品種です。果実が大きく、肉質が柔らかで甘味も多くこの種の内の一級品です。蜜のしたたるような桃という意味でこの名があります。岡山県から特に美味しいのが産出されます。

すいもの〔吸物〕

御酒の席に出す汁物料理。この料理の歴史は古く平安朝には既に羹《あつもの》として文献に見えています。暖かいのが普通ですが、夏には冷吸物といって冷たいのも使います。何れにせよ一番先に口付けするもの故、一番気を付けて、種に、味に、心を配ります。味はいうにも及びませんが、椀によって種の大小、青味その他色彩等にも細心の気を使って作ります。その種類には、清汁、薄葛、赤出し、汐仕立、博多仕立、冷し仕立、白味噌、百合汁、梅仕立、丸吸といろいろに作ります。

すいものぜん〔吸物膳〕

お酒の席に使う膳。戦前はこの吸物膳で一通りの料理を進めてからのち御飯の膳に代えて、向附、香の物、汁、御飯をのせて進めて一会が終る風でしたが、現在は略されて終始一つの膳ですますようになりました。大体三五cm角のあまり大きくない膳です。

すいり〔酢煎〕

酢煮のこと。鯖、鰺、いわしなど脂の多い魚は味が濃厚なので酢を入れて煮るとさっぱりとした口あたりになり、生臭みも消えます。わけて小魚を一尾のまま煮る場合、酢を加えて長時間煮ると骨まで柔らかくなります。『四条流包丁書』には「鯉にても鯛にても刺身の如くに作りて、水、塩、鰹、酒を入れ、よきほどに煮て、参らせざまに酢をさして参するなり。」と記されております。

ずいりゅう〔瑞竜〕

高岡市の名菓。八cm程の丸い最中《もなか》のような皮二枚に、よく練り上げた餡を薄くはさみ瑞竜の焼印のあるもの。徳富蘇峰先生の、神州之正気の文字の包紙も気がきいています。味もまた絶佳です。高岡は桃山芸術の粋をあつめた祭礼の山車《だし》があって五月一日は賑わいます。瑞竜本舗で作られます。

すうどん〔素饂飩〕

麺料理の一種。うどんを茹でてよく晒し、うどんの汁をかけ、ねぎの小口切りや七味とうがらしを薬味にして食べます。油揚げや肉などを使わずうどんだけなので素うどんの名があります。

スープ

西洋料理の汁物料理の総称。

すえつむはな〔末摘花〕

紅花のこと。紅花を摘むには朝露にぬれている早朝、トゲが柔らかいうちに摘み採りますが、下枝から摘みますのでこの名があります。この花を干して蒸し、小さい団子にして和紙の上に十二個くらいずつ並べて乾燥させ、京都へ送り出し、京都で、艶やかな紅が作られました。上菓子にはこの紅を使います。一寸苦味はありますが、かえって風味があって良いものです。その上色彩も抜群です。産地の山形地方では花や若葉をお浸しに使いますが、捨てがたい味があります。

すえひろぎり〔末広切り〕

一名扇切りともいいます。材料を柏子木型に切り、一方の端を少し残してたてに薄く包丁を入れて、盛り付ける時これを広げて扇型にして使います。胡瓜、うど、人参、ちしゃとうなどが主な材料です。用途は、口取り、酢の物、吸種、焼き物のあしらいなど。

すがい〔酢貝〕

生貝を材料とした酢の物料理の総称。普通には、アワビを用いたのを酢貝といいますが、他の貝でも生きがよければ作ります。例をアワビでとれば、アワビに塩をして俎板にのせ、貝の角をかるくトントンとたたいているとよく身がしまります。これをよく水洗いして身をはがし、更によく塩もみして洗い、縁の堅い所を切り去り、五㎜程の厚さに切って皿に盛り分け、三杯酢をかけ、針生姜を添えて進めます。時にはわさび酢もよいものです。酢貝には歯ざわりがよいので雄貝が適します。時には、さざえ、にしなどでもします。

すがき〔酢牡蠣〕

かき料理の一種。かきのあまり大きくないのを求め、塩水で洗い、塩をしておきのち生酢で洗い、器に盛り二杯酢をかけ、大根卸し、卸し生姜、その他のツマを少々あしらって進めます。レモンの絞り汁一滴かけるも良いことです。

すがたずし〔姿鮨〕

主材の姿をくずさずに作る鮨。例えば、鮎、鮒、鯖、海老、鱒等々。

すがたつ〔鬆が立つ〕

茶碗蒸しや玉子豆腐を作る時、火が強いと表面に小さな穴ができることをいいます。そうなると口当りも悪く御飯でいえばできそこないです。これは熱が強すぎるため玉子と煮出し汁とが分離したのです。玉子は黄白とも約八三度くらいの熱でかたまりますからその辺を考えに入れて蒸すとよろしい。それには蓋をずらすか、新聞紙四ツ折りを蓋にして蒸せば無難にできます。

すがたもり〔姿盛〕

料理の盛り付け方。材料の元の姿のように盛り付けること。大鯛などは卸して切身にして焼き、頭付きの中骨も焼きその上に切り身を盛り付けたり、刺身もそのようにいたします。なおまた一尾のままで姿焼き、姿蒸しにして使う場合もあります。

すがたやき〔姿焼〕

一尾の姿のまま焼くこと。鯛、鮎、きす、虹鱒、いわな、鰺その他中くらいの魚はよくこの姿焼きにします。

すぎ〔杉魚〕

細いスマートな魚で色は茶、姿が杉の木に似ているのでこの名があります。普通三〇㎝くらいですが時には一五〇㎝ほどの大物もあります。下腹は白く、横腹に一本の白線がありますす。伊勢大王崎あたりで多く水揚げされますが至って味が悪く、ほとんど蒲鉾用に使われます。

すぎな〔杉菜・筆頭菜〕

トクサ科の多年草。根茎が長く、周囲に広がって繁殖します。杉菜は春の頃に胞子茎を別に出しますが、これをツクシと呼びます。形が筆に似ているので土筆《つくし》の文字も使います。杉菜は若葉のうちに摘みとって、和えものや椀種の青味に使います。また『和漢三才図会』には、「わかき時ゆでて飯に和し食すれば味淡甘に微かに杉気あり」とあるように舌ざわりは荒いが、特有な歯切れのよい味があります。

すきやき〔鋤焼〕

現在では、牛鍋、とり鍋、といったのが適当かも知れません。日本人が牛肉の味を知ったのはキリスト教の渡来以降といわれ、室町末期から江戸初期時代までかなり肉食が盛んであったようです。大草流の料理書にも「南蛮焼」の名が見えますが、その後宗門の禁制と共に牛肉食は自然に停止されて、それからの料理には野生の鳥獣が応用され、雁、鴨、カモシカなどが材料に使用されています。「料理談合集」には鋤焼きの名のもとに、「豆油（たまり）に浸しておき、使い古びた唐《カラ》スキを火の上にのせて焼き、柚子の輪切りを後先に置いて材料を焼き色変るほどに食してよし。」とあります。禁忌のゆるんだ江戸末期、さらに宗教自由の明治以後になって、急速に獣肉食が盛んになっても地方により、多年の因習により、神仏を祭る母家での煮焚きをきらい、鍋なども別にして納屋または屋外に持出して耕作用の鋤、鍬を代用してひそかに炙り食う習わしは明治中期まで続いていました。すきの上で焼くからすきやきというようですが、食養生も考えられた現在では野菜など取り入れて今日のすきやきとなっています。日本には古くから鍋料理はあったのですが、貝殻など使い一人一人の鍋であったのです。

すぎやき〔杉焼〕

材料を杉の板ではさんで焼いた料理。昔は白身の魚に塩をして焼きましたが、現在は、肉、海老、季節の野菜も材料に使います。杉の香りが付き一種特別な味があります。杉板はへギといって割っただけの物が風雅でよろしい。元禄時代の作家井原西鶴の作品に杉焼き料理の話がよくでてきますが、杉の板の上に白味噌の食い味で、鴨、雁などをのせて焼いたとあります。

すぐき〔酢茎〕

京都名産の漬物。上賀茂、松が崎が本場といわれます。加茂村あたりで栽培される蕪菜を下漬けして、更に塩で本漬けにして押石の代わりに天秤棒で強く圧力をかけて漬けます。白身の魚を酢にしてこの酢茎の小さく切ったのと和えたすぐき和えも酒の肴に一寸乙なものです。普通には細かく切って胡麻醤油で食べます。

ずけ〔漬け〕

鮨言葉。マグロの握りのこと。昔は保存のため鮪を醤油漬けにしておいたところからこの名があります。

すけとうだら〔鯳・介党鱈〕

タラ科の魚。スケトウ、スケソウダラ、ホソユケダラ、その他別名の多い魚です。体は小形で細長く全長約六〇cmくらい、下あごが上あごより長く突き出し、下あごに短い一本のひげがあります。漁獲量のほとんどは蒲鉾や竹輪のねり製品加工の材料に使用されます。寒い時にはこの鱈のちりも美味しいものです。卵巣は塩漬けにして、紅葉子（たらこ）となり、干したのを乾だらといって、もどして正月の祝い肴にも使います。タラは多良の意に通うからです。産地は北海道、カムチャッカ、ベーリング海。水揚げの三〇%がこの鱈ですが、乱獲のため年々少なくなってきています。

すけろく〔助六〕

鮨言葉。巻ずしとあぶらげ鮨のこと、芝居の揚巻助六に起因する名称です。この始まりは天保の改革（一八四一〜四三）の時、ぜいたくが禁じられ、それに従わなかった鮨屋二三軒が手錠、軟禁の刑にあったといわれ、それをきっかけに、コハダずし、いなりずし、巻ずしなどが生れたといわれます。

すごぼう〔酢牛蒡〕

新牛蒡を洗って擂木《すりこぎ》でかるくたたいて五cmほどに切り、酢を入れて茹でてのち、胡麻酢を作りその中に漬けたもの。牛蒡を甘酢で直煮にして胡麻をまぶすこともあります。

すごもり〔巣竜〕

はるさめ、そば、千切の野菜などを鳥の巣のように仕上げ、その中に卵や魚、肉類などをおさめ盛り付けた料理。

すし〔鮨〕

すしは、酸し、即ち酸ぱいものという意味からこの言葉ができたといわれます。スシには、鮨、鮓、の二字があり、従って二つのスシがある訳です。鮨は飯と具を付け合わせた物、鮓は飯または他の物を醱酵させ材料に酸味を付けたものです。昔はスシといっても現在のように具と飯を付け合わせたものでなく、材料を醱酵させて酸味を付けたものです。大津の鮒鮓などが今に残る代表的なものです。古書に貞享年間に鮨を売った店が二軒ありと見え、元禄の頃から次第に鮨を売る店が多くなって来ています。察するところこの頃から具と飯とを付け合わせるようになったことがうかがい知れます。深川富吉町の柏屋は深川鮨を売り、本石町の伊勢屋は圧鮨、丼に混ぜ鮨を発売した。有名な松の鮨は、文化年間の初め深川六軒町で開業し、魚の腹の中へ鮨飯を詰めた雀鮨も有名であったようで、『後選夷集』に「ちょこちょことおどれどへらぬわが腹は飯のすぎたる雀鮨かな」の歌も残っています。延喜式には各地からの貢の鮓が数々と書かれてあり、昔は鮨は夏の物であったのが今日では四季を通じて賞味されます。料理の上では鮨、鮓といっても飯と具をつけ合わせた鮨ばかりでなく、胡麻鮓、黄身鮓、そば鮓、卯の花鮓、昆布鮓、鮒鮓等々があります。鮓の起こりはミサゴという鳥が、風雨のときは海が荒て餌を取ることができないので、不時の用に巣にたくわえた魚が醱酵して酸味になって美味しくなったので、それにヒントを得て作り始めたともいわれます。ミサゴという鳥の巣はまれで、山口県青海島で二、三見ることができます。

すしことば〔鮨言葉〕

商売によって符帳的にいろいろの名称があっておもしろいことです。この鮨言葉の一つ一つの説など先刻ご存じのことですから語源ははぶくことにします。

飯	シャリ	たんご	帆立貝
とろ	鮪の砂ずり	ぎょく	玉子焼
づけ	鮪	光物	さより、あじ、こはだ、さば
おどり	海老の生		
ひも	赤貝のへり	がり	生姜

木津　乾瓢
くさ　のり
あがり　お茶
やま　笹の葉
助六　あげと巻
いた　蒲鉾
ばってら　鯖、こはだ
てっか　鮪細巻
さがや　おぼろ
陣傘　椎茸
かっぱ　胡瓜巻

片思い　あわび
鉄飽巻　干瓢巻
げそ　いかの足
たま　赤貝
ガレージ　シャコ
さび　わさび
つめ　てり
くらかけ　二枚に開いて握ったもの。馬の背にのせる鞍の意。

すじ〔筋〕

筋蒲鉾の略称。蒲鉾を造る際に、身を漉して残った筋のこと。巻ずしほどの大きさで舌ざわりはよくないが、おでんの種によいものです。

すしず〔鮨酢〕

すし飯に味を付ける酢。酢、塩、砂糖で味を付けますがこの割合は各地まちまちです。生身の材料には塩が一寸きいていて甘味の少ない味、野菜や煮たものが材料の場合は一寸砂糖の多い方がよろしい。酢は米の一割とだれしもいいますが、砂糖を多く使う場合は酢を一割より一寸多く使うとよろしい。米カップ五杯、酢カップ〇・五杯、塩大匙一杯、砂糖六五gくらいが普通の味です。

すじめ〔酢〆〕

魚に塩をしてのち酢に漬けて身をしめることをいいます。その他には、いかを擂り身にして、胡瓜、ハム、チーズなど細長く切ってこれを芯にして巻き、酢に浸しておきますと、蒸したものか、あるいは茹でたものかと思われるほどしまります。これを切って前菜、口代わり用に使います。

すしめし〔鮨飯〕

鮨用の飯。米は先にといでおき、米と同量の水で焚きますが、鮨飯には湯焚きといって湯が沸騰した中へ米を入れて焚くこともします。普通の飯は焚き上ってから十五分間むらしますが、鮨飯は一〇分から十二分くらいで飯切り《はんき》に移し、分量の酢を打ちますと、熱がつよいので酢がよく飯になじみます。うちわか扇風機で急に冷しますと飯につやがで、さらっと仕上ります。

すしわく〔鮨枠〕

押し鮨を作る時に用いる木の枠のこと。押しぶた、押し枠、底板との三つからなるものと、木枠と押しぶたとだけのものあり、大小さまざまです。地方によっても大きさはまちまちです。使うときよく酢水でぬらしてから使います。

すずき〔鱸〕

ハタ科の魚。稚魚をコッパ、一年魚をセイゴ、三〇㎝くらいになってフッコ、すずき、またかと成長に従って名称が変わり俗に出世魚といわれるものです。表日本では、夏が季節ですが、山陰地方では冬が季節です。この魚はくせがないので、何の料理にも向きます。洗いを筆頭に、塩焼き、肴煮、椀種等々いろいろに使われ、夏の料理材料の第一にあげられる魚です。

すず子〔鈴子〕

鮭の腹子の未熟なもので塩辛。すずなりになっていますのでこの名があります。この子の進んだものの塩辛がイクラです。これは大変技術を要するもので高価なものです。イクラはロシヤ語で、英語ではキャビア、イタリヤ語でカビヤール、これは何れも魚の卵ということです。只今では蝶サメの卵製品をキャビアといわれるようになっています。最上品は黄金色で、缶詰めになっている紫黒色のは本場の国では下等品だといわれます。このすず子を一名筋子ともいいます。

すずしろ〔清白、蘿蔔〕

大根の別名。春の七草の一つとして、正月七日、即ち七草粥に用うる一種。

すずたけ〔篶竹〕

食用竹の子の一種。別名ネマガリタケまたはスズといろいろに呼びます。東北地方に多く産する細竹の子で、雪の中で育ったため独特の香味があります。貯蔵用として瓶詰がよく出廻っています。信濃国の枕詞にみすず刈るとありますが、このみすずはこの竹のことです。

すすづけ〔すす酢漬〕

会津の特産。角《かく》の漬物桶に、鰊と昆布とを酢、酒、醤油で漬けた保存食。飯の菜の他、酒の肴にも向きます。この地方には、餅、鰊、豆腐の美味しい田楽があります。

すずな〔菘・鈴菜・蕪〕

かぶらは鈴の型に似ているのでこの名称がつけられたといわれます。この蕪は各地に多種類あって、大、小、白、赤、やや黄色と色もさまざまです。漬物もよし、煮てもよし、蕪蒸としてもよく、料理には種々使用されます。春の七草の一つ、すずな、すずしろ、これぞ七草の歌はご存じの通りです。すずしろは大根。大根はかぶらと同じように料理されますので鈴代（代わり）になるところからこの名がつけられたといわれます。しかし土佐絵など見ますと、すずなは現在の鶯かぷら、すずしろは三月大根のような小さいものをさしているようです。それは手籠の中に七草が入っている図を見かけるからです。

すずひめ〔すず姫〕

北海道の大豆の一種。普通の大豆より小粒なので、現在は納豆に作られています。この豆は古くからの種類ではなく最近改良栽培されたものです。

すずほりづけ〔須々保利漬〕

漬け物の一種。季節の野菜と大豆を塩漬けにしたもの。自然醗酵により酸味を生ずるところから酢菜とも書きます。これはかなり古くから行なわれた漬物で、延喜式にも、須々保利の名を見ることができます。

すずめ〔雀〕

スズメ科の小鳥。わが国では全土の農耕地や人家付近に住み、秋の実のりの頃から味がのり、俗に寒雀といわれるように冬が美味しい鳥です。雀は他の小鳥と違い、米でも一番良いのを選びモミガラを剝いて食べますから、焼鳥にする場合、腹を開き臓物の一部を取り去り、未消化の米などはそのままで焼鳥にすると香ばしくて美味しいものです。

すすめざかな〔進め肴〕

しいざかなともいいます。懐石に今一献と御酒をお進めする肴に使うからこの名があります。普通の会席料理でも終りの頃に塩辛、酢の物などを出しますが、これも進め肴という場合もあります。

すずめずし〔雀鮨〕

昔はいなや小鯛を背開きにして塩をし、酢に漬けて腹の中へ飯を詰め、雀の姿に作ったものですが、現在では小鯛や大鯛の切身で作っても雀鮨といっています。和歌山には有名なすずめ鮨がありますが、大阪の鮨萬のも有名です。

すずめだい〔雀鯛〕

スズメダイ科の海産魚。体長十五㎝ぐらいの小形の魚でわが国では南日本に多くいますが、特においしいという魚ではなくよく干物にします。福岡地方では塩干しにしたのをあぶって食べるところから、アブッテカモともいいます。

すずめやき〔雀焼〕

鮒を背開きにして串を打ち、たれを付けて焼いたもの。雀の姿に似ているところからこの名があります。かれすすきの唄で有名な利根川畔で美味しくいただいたことがあります。

すずりぶた〔硯蓋〕

大盛りにする食器。平安朝の産んだ名称で『源氏物語』若巻に、「つばきもちひ、なし、かうじやうの物どもさまざま菜のに箱の蓋どもにとりまぜ」とあるように、椿餅や梨等を取り肴として硯の蓋に盛る素朴なしきたりであったのですが、後には広蓋といって料理を盛る一種の器ができたのです。この形はさまざまで、足のある物、無いもの、白木の物、等々いろいろあります。『貞丈雑記』には、「古は硯蓋に物を入れて人にも贈り、人の前へも出したりとぞ、蓋のみ用ひるは常のことなり」とある通りです。専用の器ができてからも、これを硯蓋といっています。これは婚礼料理の折に口取りを盛り、一度客前に出してしばらくかざっておいた後取り分けて進めます。現在でも普通宴席へ一つ盛りとして出しますが、この硯蓋のなごりといえましょう。従って料理の名前も台の物、取り肴、口取り、口代わりといいます。

すだい〔酢鯛〕

尾道の郷土料理。小鯛の内臓を取り去り、塩焼きにして三杯酢に漬けたもの。一味を少々入れるのもよろしい。日が経ると骨まで柔らかくなります。

すだち〔酢断〕

四国徳島の大浅地方で大浅山の見えない所では栽培できないという特産の柑橘。収穫始めは八月十日、このすだちが出だすと普通の酢を一時断つというところからこの名があります。日本料理の酸味として最高のもので、未熟なものは皮のまま卸して布に包み、絞って汁を取ります。刺身の醬油に一滴、塩焼きの二杯酢用、鍋物といろいろに使います。

すづけ〔酢漬〕

野菜では、千枚漬、ラッキョウ、ピクルス、菊かぶら、玉椿、新生姜、魚では鰯、鯵、鯖、このしろ、きす、小鯛、鮎、鮒などがあり、時には小魚の素焼、から揚げ魚を漬けることもいたします。

すっぽんに〔鼈煮〕

鼈はまたの名をたらがめといい、とちとも呼んでいます。九州や北陸では単にかめともいい、現在天然物の産地は九州です。九州では二〇年もの、二五年ものがざらにあるようです。スッポン料理といえば京都北野の大市ということになりますが、まだ一軒大津にあります。ここのは二〇年以上のものが常に一〇〇匹も用意されてあり、刺身に始まっていろいろと料理されますが、普通には養殖物が多く使われます。遠州の舞坂新居町、服部倉次郎氏が三代つゞいて養殖をしています。このスッポンは一夫多妻で七才から三五才くらいまでが親です。四月から八月中頃までが産卵期で一回に二五個くらい産むそうです。七〇日でふ化します。料理に使えるまでには四、五年かかるので高価になる訳です。

調理は先ず頭を切りおとし血を抜き取り甲をはがし、手足四つに身取り、熱湯を通して薄皮を去りこれを思いの料理にします。これを煮たのがスッポン煮です。血はそのままかまたは葡萄酒と混ぜて飲みます。昔からスッポンの血は内臓の薬として高く評価されているのは御存じの通りです。

トチ煮はトチを少し水焚きして笹がき牛蒡を相手にして味醂、酒を多く使い、煮て生姜の絞り汁をかけて進めます。

九州では温泉の湯を利用して育成するので冬眠せず、普通養殖の半分程の日数で使用するまでに成長させています。

すっぽんしゅ〔鼈酒〕

強性済酒として生れたのがこの酒です。宮崎県小林市霧島のふもと、スッポンを一万匹以上養殖して五年ほど養殖したスッポンを燻製にして、焼酎と氷砂糖を混ぜた中に二週間ほど漬けておくとこれで出来上りとのことです。燻製のスッポン一尾一万円くらいと言われています。

すっぽんじる〔鼈汁〕

材料からとった汁を主体に、酒、醤油、塩で調味した汁物。スッポンを用いる場合もあり、他の材料では、若鶏のもも肉、コチ、オコゼ、カワハギなどがよく合います。この場合一度揚げて油抜きして使用します。この料理の特長は、酒を使うこと、香辛に生姜の絞り汁を用いることです。

すどりたまご〔簀取玉子〕

二番だしを煮立てて塩味をし、この中へ卵を割りほぐして流し入れ、浮いてきたら早速すいのうにあけ、これを巻簀の上に取り太さを直して簀で巻きます。かくすると巻玉子のようにきれいにまとまります。これを切って椀種に使います。

すなころがし〔砂転がし〕

富山地方の鰯の方言。鰯網で浜へ引きあげると自然いわしが砂まみれになるところからこの名があります。

すなもぐり〔砂潜〕

コイ科の淡水魚。一名鎌柄《がまつが》ともいいます。青森県以南の全国の川や、平地の湖の砂地に住み、昼は砂にもぐって目だけ出しているので、スナモグリの名があります。ハヤ、キスに似て体は細長く、頭が長くとがり、目は小さく、口辺に一対のヒゲがあります。この魚は各地で呼び名がちがい、福岡ではカワハゼ、岐阜ではスナクジリといわれています。

すに〔酢煮〕

蓮根や牛蒡を酢、塩、砂糖できれいに煮上げたのも酢煮ですが、他に春先の公魚の小さいもの、シラス、鮎の子なども酢煮にして前菜などに使います。小魚なれば何でも良いものです。酢蓮根の煮方、蓮根五〇g、酢大匙七杯、水大匙三杯、塩小匙一杯、砂糖大匙四杯、蓮根は皮を剝いて薄切りか、切り目を入れて一㎜くらいに切り、よく水で晒し、これを煮ます。時には材料を茹でて三杯漬に漬けておくこともします。

すのあわせかた〔酢の合せ方〕

酸、酢には、醸造酢と果汁の酸と二通りありますが、ここには酢の合わせ方を書き出しておきます。

二杯酢　酢カップ一杯
　塩小匙二杯
　塩の替わりに醤油の場合、
　醤油大匙三杯。

三杯酢　二杯酢に砂糖大匙六杯。

たで酢　たでの葉を擂って二杯酢または三杯酢と混ぜる。

胡麻酢　炒胡麻を擂って三杯酢と混ぜる。

土佐酢　酢一カップに鰹二〇gを混ぜて一時間程おき布で漉して作る。

木の芽酢　木の芽を擂って二杯酢と混ぜる。

松前酢　酢一カップに煮出し昆布二〇㎝程小さく切って一時間程浸しておき布で漉す。

吉野酢　三杯酢カップ一杯に片栗粉小匙二杯を水溶きして混ぜ火に架け濃度をつけて作る。一名絹酢ともいう。

墨染酢　右の吉野酢に卵白を泡立てして、かし昆布（白板昆布）を焼いて粉にして混ぜたもの。

黄身酢　三杯酢カップ〇・五杯に卵黄四個を混ぜて湯煎にしてかき混ぜながら濃度をつけて作る。

雲丹酢　雲丹を擂り三杯酢で擂りのばして作る。

梅肉酢　梅乾《うめぼし》大三個、砂糖大匙二杯、煮出し汁カップ〇・五杯、弱火で煮て布で漉して作る。

みぞれ酢　大根卸しと三杯酢と混ぜ合わせて作る。

わさび酢　卸しわさびと三杯酢と混ぜて作る。わさびが芥子に代われば芥子酢。

ポン酢　橙の絞り汁、醤油と同量合わせて作る。時には煮出し汁を加えて作る場合もある。

柚子酢　柚子の絞り汁と、二杯酢又は三杯酢と混ぜ合わせて作る。

この他果汁で酢の物用にすることも多くあります。材料は、みかん、橙、柚子、すだち、レモン、香保酢。

すのこ〔須の子〕

クジラの肉の一部分の名。うねの内側の結締組織の多い堅い部分です。缶詰、クジラベーコンはこの部分で作られます。

すのもの〔酢の物〕

魚、貝、野菜、海藻、干物を適当に処理して、三杯酢、胡麻酢、胡桃酢、泡雪酢、けしの実、雲丹酢等々を喰味に使ったもの。

すはま〔洲浜〕

菓子の一種。上新粉を砂糖と混ぜて水を入れてこね、蒸して板の上にとり円筒形に作り、荒目の竹すだれで巻き、たてに目筋を付けて切ったもの。饗宴、婚礼などの飾り物の洲浜台の形に作るのでこの名があります。

京都の名菓の一つ。この菓子は、弘安年間、（一二七八〜一二八八年）京都の松寿軒が最初に製造発売されたといわれます。きな粉、水あめ、砂糖とねり合せて作る洲浜もあります。黄粉五〇g、砂糖一〇〇g、水飴、水少量。作り方、黄粉に砂糖を混ぜ、水飴《あめ》と水を混ぜてこれを先の材料に混ぜてこねて、松葉、わらびと細工をしたり、洲浜に作って切って使います。

すぼし〔素干〕

魚貝類に味を付けずそのまま干したもの。材料は小形のものがよろしい。食べる時焼いて味醂、醤油を塗って仕上げます。小鯛、きす、白魚、するめ、身欠きニシン、干鱈、ワカメ、海苔等があります。

すまきとうふ〔簀巻豆腐〕

豆腐を長く四つに切って竹簀で巻き、輪ゴムをかけて二〇分間以上茹でて豆腐が鬆《す》だつようにします。煮物、汁の実などに使います。

すましこ〔澄まし粉〕

豆腐の凝固剤に用いる硫酸カルシウムのこと。豆乳に加えるとタンパク質が凝固し、上にすんだ液が分離してくるのでこの名があります。昔は凝固剤としてニガリ（主成分は塩化マグネシウム）を用いましたが、最近はすまし粉が多くなったようです。然し豆腐の味はニガリで作った方に手が上ります。

すましじる〔澄汁〕

にごり汁に対しての言葉、吸物。椀盛。吸物なれば煮出し汁カップ五杯、白醤油大匙三杯、塩少し。椀盛、煮出し汁カップ五杯、薄口醤油大匙四杯、塩少しくらいが味加減です。

すみ〔炭〕

燃料の一つ。木材を蒸し焼きにして作った木炭。炭の起源は明らかにされていませんが、有史以前の太古から人類に利用されていたことでしょう。わが国では平安時代の初期、唐から伝わったともいわれますが、事実はそれより以前から用いられ、炊事、暖房用の燃料としてではなく精鉱、冶金用でした。料理には現在のガス、電気の熱でなく炭が良いのは今更申し上げるまでもありません。特に焼物には木炭にこしたことはありません。それは温和な火熱であるからです。この炭には種類が多く、軟質から硬質の物まで原木によって違い、用途によってこれを選んで使い分けをしますが、現在では、心ある家のみが、焼物、鍋物に使用するぐらいになってしまいました。黒炭は軟質、白炭は硬質と見てよいでしょう。焼物には白い粉の吹いたウバメガシ原料の備長、茶では桜炭などが使われます。

すみそ〔酢味噌〕

赤味噌八〇g、酢大匙六杯、砂糖大匙四杯を擂り混ぜたもの。

すむし〔酢蒸〕

材料に薄塩をして酢をふりかけてむした料理。上に柚子、レモンなどの薄切りをのせることもします。時にはそば汁を掛けることもあります。

すもも〔杏〕

酸味があって桃の姿をしているのでこの名があります。普通の桃のように細毛がないので、素もも、という説もあります。巴且杏《はたんきょう》、牡丹杏《ぼたんきょう》もすもものの一種です。夏の果物としてよいものです。

すやき〔素焼〕

材料に味を付けず、そのまま焼いたもの。これを酢漬け、甘露煮にして用います。材料はいろいろですが、ハゼ、サクラバエ、鮒などがあります。他に鮎の煮浸し、南蛮煮等々があります。

すりこぎ〔擂粉木〕

擂鉢で材料をすりつぶす時に用いる棒。材質は普通桐材を使いますが山椒の木のもあります。山椒の木は堅いので肉類を擂るのによいものです。然し砂などがあった場合、堅木の擂粉木を使うと砂を擂りつぶしてしまうので、桐のように軟らかい木がよい場合もあります。飛騨高山地方には山椒の木で二本角が出ているのもあります。これはとろろ芋を擂る場合、休む時この二本の角で擂粉木の先を下へつけないため、大変都合のよいものです。材料を擂る時、片手を擂粉木の上におき、片手を中心よりやや下をもって擂ると力がはいってよく擂れます。擂り方もなれてきますと、ある時は力を入れ、ある時は力をぬき、丁度雷のなるように擂ると長続きができます。その音をきけば大体この人はこの道何年ぐらいかと見当もつきます。擂粉木の呼び名も各地で違い、関西や四国ではレンギ、東北ではメグリ、またはマワシ木。当り棒と呼ぶ方言も多くあります。

すりこぎようかん〔擂木羊羹〕

福井県（越前）永平寺の名産。すりこぎ形の長さ三〇cm、直径三cm程、もっちりした舌ざわりの羊羹で、「身をけずり、人につくさん、すりこぎの、その味知れる、人ぞとうとし」の歌もあり永平寺らしい、さとす言葉がうれしいことです。

すりながし〔擂流〕

椀種の一つ。鯛のすり流しが最高ですが鰯などでもいたします。何れにしても材料を擂りつぶし、玉子、片栗粉を入れて擂り混ぜ、裏漉しをして更に擂ります。これを沸騰した汁に流し入れて火を一寸弱め、上にふんわりと擂り身が浮き上ったようになればでき上りです。これに青味を少々入れ、吸口には季節のものを使います。汁は味噌仕立、漬け仕立と両方に作ります。

すりばち〔擂鉢〕

材料をすりつぶすための調理用具。魚、肉、胡麻、くるみ、落花生、白和えの豆腐、味噌、等々擂りつぶす用に使います。昔から備前焼が堅くてよく、一口に、備前擂鉢投げても割れぬ、といわれよいのが産出しています。古備前の擂り鉢は、今ではお茶の水指《みずさし》にも使われて夏にはなかなかよいものです。新らしい内は擂り鉢の目が立っているのでとろ芋をする時、卸金で卸さず中の目で擂り卸すとなめらかに卸すことができます。

すりみ〔擂身〕

白身の魚をたたきつぶして擂鉢でよく擂り、澱粉を混ぜて裏漉しをしたもの。蒲鉾、竹輪を作る身のこと。料理ではこれに卵白を入れたり、伊勢芋を擂り混ぜたりしていろいろの料理の材料に使います。

するめ〔鯣〕

イカの胴を開き内臓を出して水洗いして干したもの。スルメは原料の種類、産地及び形状によって名称が異なり、最も有名で美味しいのは九州五島産の五島スルメ、ケンサキイカで作ったもの。ヤリイカで作った一番スル女《め》、スルメイカで作った二番するめ等々があります。スルメはさっと洗って塩をして軽く火にあぶってさいて食べます。醤油で味を付けることもします。けづりスルメは洗って、味醂、醤油、砂糖で煮るのもよいでしょう。または湯でもどして軟らかく煮ることもします。スルメはタンパク質に富みますが消化は生いかと比べてよくありません。べっこう色をしてきれいに白い粉のふいたのが良品です。

ずわいがに〔ズワイ蟹〕

甲殻綱十脚目くも科の節足動物。山陰では松葉がに、石川県地方でズワイがに、新潟や秋田ではタラバがにと呼びます。北海道でとれる缶詰用とは別種です。福井県では雄をズワイ、雌をコウバコといい、水深四〇〜三〇〇mの砂泥地に住み、十一月初めから三月中頃までが漁期です。茹でたてのを二杯酢でいただく味は本当の醍醐味です。この蟹はノミの夫婦と反対に、雄が大きく雌は小さい。然し雌は季節により甲の中にカツといって子があり、これが大変美味しいのです。子を食べたあとへ、熱かんの酒を入れて飲む甲酒は酒飲みには忘れがたい味といえましょう。雄がには足の身を賞味し、甲の中へ二杯酢を入れてよくかき混ぜ、これを身につけて食べる共酢、これを肴にして酒を飲めばつい一杯呑みすぎるほど美味。料理では、かに鮨、かに飯、かに鍋、かにみそ、甲羅むし、といろいろ舌を楽しませてくれます。

すわやり〔楚割〕

すわりともいいます。サケ、サメ、タイなどの魚肉を細かく割いて乾燥させたもの。神饌の一種である。削って食べます。

ずんだもち〔ずんだ餅〕

ズンダとは枝豆のことです。宮城県では、ジンタといい、マメ打ちが、ズンダになったとか、甚太という爺が作り始めたとか、いろいろにいわれています。枝豆を茹でて豆を出し、甘皮を去り擂鉢で擂りつぶし、砂糖蜜を加えてつきたての餅につけたもの。

ズンベ飯

山陰の豊浦海岸地方の郷土食。この地方にはズンベ貝というアワビを小形にしたような貝が岩肌にピッタリと付いているのを切出しナイフではぎとり、塩水で洗い、鍋に水と共に入れて火にかけ、かるく沸騰したら茹で汁を漉して別にしておき、貝は殻をとり除き、米三カップ、貝三〇〇g、醤油と酒をカップ三分の一杯ずつ、茹で汁カップ三杯三分の一で普通に焚き、出来上りに三ツ葉のみじん切りを散らして入れます。他の貝はあまり入れないのが素朴な風味をそこねません。

せ

せあぶら〔背脂〕

豚のロース肉の上側にある脂身。脂肪の少ない肉を焼く時に下に敷いたりして使われます。背脂が四cm以上も付いていればラードを取るのに使います。

せいきのだいきょうえん〔世紀の大饗宴〕

世には夢のような大饗宴が催されています。その二、三を書き出してみると昔中国の殷《いん》の紂王《ちゅうおう》が催した長夜の宴は百二十日を一夜としたとあります。「肉をかかげて林となし、酒を湛たえて池を作り、裸体の男女をその間に逐わしめた。」といわれます。酒池とは支那の誇大なる形容詞ですが『括地誌』によれば「衛州の地、衛県の西に十三里の酒池を造り、一鼓して牛飲するもの三千余人」酒池の大きさは船を浮べて物を運べるといいます。その酒を作った残りの糟丘（酒の糟の積みたる丘）の上に上れば、十里四方が望見できたほどであったといわれます。酒を運ぶに車を使い、肴を配するのに騎馬を以てなさしめたといわれ、その大宴の如何にも想像外であったことが伺いしれます。西の方で之に対抗するものは、アッパス朝のアルマレソル王の大饗宴といえましょう。王はバグダットの華麗な宮殿に東洋流に料理をして、珍味佳肴を供え、この宴のために四万の犢、五万頭の羊を用意したといわれます。火雲肉山を蒸すという支那流の形容詞も尚実況を語るに足らずという訳で、紂王の肉林糟丘の遊興にも遜色がなさそうです。羅馬《ローマ》に於けるシーザーの凱旋祝賀会もかなり盛大であったようです。シーザーは紫袍《しほう》を着て黄金の椅子によりかかっていたといわれます。諸国の王族即ちムール王、ヌミデア王を始めとして、ゴール、イベリア、ブリトン、アルメニヤ、シリヤ、埃及《エジプト》王及びクレオパトラも集会し、市民歓呼の間に四十日間打続いて盛儀が催されたとあります。会場には二万四百十四磅《ポンド》の重量の金貨二千八百二十二個が陳列され、先ず来客の目を驚かせて、それより音楽、軽業《かるわざ》、綱渡り、舞踏、奇術、ホーマの詩吟等あらゆる余興の数々が演ぜられたといわれます。料理の材料としては各地方の征服《せいふく》地より取り寄せた珍味佳肴の数々を東洋流に調理して金銀の皿に盛られ、一時に二万二千人分の食卓が準備されたといわれます。当時羅馬《ローマ》の風習として甚だ奇異なのは宴会の際、飲食はすべてソファーに横臥しながらこれを摂ったことです。これは腹圧の関係で胃に及ぼす圧力《あつりょく》を少なくするためのようです。珍味に厭けば隣室に行き薬を飲んで食物を吐き出し胃を洗って再び食卓につくという工合《ぐあい》です。埃及《エジプト》の王女クレオパトラの王宮長夜の宴では、羅馬《ローマ》の大将アントニーの歓心を得るためもあり自己の虚栄心も加って、その豪奢豊艶は人間歓楽の限りをつくし、流石の羅馬《ローマ》の将軍連も舌を巻いたといわれます。バラより採った香水、香油を噴水《ふんすい》に、瀑布に、浴槽に仕立てたといわれますから思いきった贅沢な話です。それに加えて美男美女達の華麗で目を驚かすばかりであったといわれます。食器はすべて金銀、これに宝石をちりばめた椅子も黄金作りに紫金ダイヤ入り、これらのすべてを饗宴の終りに引出物として来客に贈ったといわれます。それに耳飾りの真珠を酢《す》に入れてとかし進めた話などが伝えられていて、この真珠の価は一つを以て一王国を買うに相当するといわれます。東洋に於ても羅馬《ローマ》におとらず、何胤、何曾、呂元、直王愷、季徳裕、などの有名な宴があります。季徳裕は宋の武宗朝の宰相で、毎食一杯の羹に三万銭を費やしたといわれます。日本では何といっても太閤の醍醐の宴になりそうです。五十町四方紅白の幕を山々に張りめぐらし、はべる美女三千人、大菜の献立のみにて百八菜であったと記録があるそうです。豊公が大宮人気取りで得々として花の下を逍遥した姿が目のあたり見えるようです。時に慶長三年三月十五日、諸国より献進物は数かぎりなくあったようです。この如く歴史に残るような大饗宴が沢山あり、これ等が大宴であって、只今何々ホテルを貸し切ってなど大げさにいわれますが、右からみればほんの小児の手なぐさみといえそうです。これは吾々貧乏人のひがみ言葉かも知れません。

せいご〔小鱸〕

スズキの幼魚。当才魚（一才魚）のものをいう。体長は二五cm程度です。塩焼、から揚げ、ちり鍋、うしお煮にします。干物にしておくと貯蔵がきくので、野菜を煮る時のだしとして用いられます。当才から二才魚は干物や卸して揚物料理に向きます。

ぜいご

鯵の尾から腹にかけてあるトゲのような堅い変形したうろこのこと。調理する時必ずこれを切り去ります。頭を左手でおさえ、尾の先きの方から包丁を入れて前後に動かしながらすき取ります。

せいこがに〔せいこ蟹〕

ズワイガニの雌の異称。

せいじ〔青磁〕

焼物の一種。文字の如く柔かい青味をおびた上薬が厚くかかった磁器。本歌とする古い中国の品は唐宋時代（六一八～一二七九年）に焼かれたものです。有名なのは、修内司官窯、郊壇官窯、越州余姚窯、洪州窯、東窯、竜泉窯などで、この竜泉窯では飛青磁も焼かれています。花瓶の鯱耳、鯉耳などもここで焼かれたようです。中国のを大別しますと、砧《きぬた》青磁、天竜寺青磁、七官青磁の三つに分けられます。砧とは一説に利休所持の花入れにヒビが入って、鎹が打ってあるのでそのヒビを響に通わせ砧と銘をつけたといわれ、以来その手の青磁を砧青磁というといわれます。天竜寺青磁は砧とくらべ、黄色と黒色が強く、胎土も砧にくらべてあらいようです。その名の由来は室町初期、天竜寺船でもたらされたとか、天竜寺の香炉と同種のものをいうとかいわれています。この手は多く竜泉窯で元《げん》から明《みん》中期にかけて作られたといわれます。七官青磁は翠青色をおびた青磁です。砧より透明性があり、貫入があります。貫入とはヒビのことです。明の七官という人が持って来たとも、七官は位階であるともいわれ、大略明時代の中期から、清《しん》初期にかけて造られたものといわれます。その他飛青磁、珠光青磁などもあり、我国でも京都、伊万里、瀬戸、兵庫の三田《さんた》と案外良いのが焼かれています。青磁は大変むつかしいもので、これに力を入れると窯も財産じまいをするとまでいわれています。しかしどんな料理を盛っても引き立ちます。

せいしゅ〔清酒〕

日本酒の一種。精白米を原料として醸造した酒。現在清酒は日常の必需品となっております。適量に飲めば胃液の分泌を促し、食欲を進めてくれます。俗に酒は百薬の長、酒は心のうさばらしといわれるように適度に飲みたいものです。中国では禹王のとき、儀秋が酒を造ったと古書に見えており、わが国ではすでに神代に酒を用い、古事に、「木華開耶姫令、以ニ狭名田一醸ニ天甜酒一、又素盛嗚尊使下足摩乳《あしなづち》手摩乳《てなづち》作中八醞《やしほの》酒《さけ》上」とあるのを見てもそれを知ることができます。孝徳の二年には禁酒令が布《し》かれたこともありますが、鎌倉時代に至って飲酒は益々盛んになっています。その頃はみな濁酒であって今日のように清酒になったのは近世の文禄慶長頃からで、清酒にしたのは伊丹の鴻池家が始めです。鴻池の蔵男が何かの遺恨で酒の中へ灰を投げ入れたところ、灰が濁りを吸い取って清酒になったのが清酒の始まりだといわれます。災い転じて福となるという言葉はこのことでしょう。摂津の鴻池酒屋勝庵（今の鴻池家の祖先）がこのように濁酒を清酒にすることに成功して自から肩にして江戸へ商いに行き、売れるに従って馬で運び巨万の利を得、終りには船積みとなり一度に多量を江戸へ送っております。酒二樽を一駄というのは馬の背に分けて二樽ずつ運んだからです。鴻池に続いて、伊丹の猪名屋、升屋等が出て、池田、伊丹、西の宮、今津、魚崎が天下に名をとどろかせるようになりました。当時価は一〇駄三十五両と記録があるそうですが、現在の金に換算して果していかほどになりましょうか。酒は香りの他、甘、辛、酸、渋味、苦味の五味が調和よく醸造されたものがよく、現在では化学が進み何れも同じようになってしまったのは何やら物さびしさを感じないでもありません。

せいじょうやさい〔清浄野菜〕

人糞などを使わず、化学肥料で栽培した野菜。主に生食用に使います。

せいしょく〔生食〕

生鮮食品を生のまま食べること。料理としては、さしみ、野菜サラダなど、最近では農薬の進歩と共に多種類の農薬が野菜栽培に使用されますので生食する時にはよくよく気を付けて洗うことです。そこで中性洗剤を使うこともしますがこれがまた問題で、洗剤水に約五分位浸しておかなければその効果も少ないといわれます。逆に五分程洗剤水に浸しておきますと、この洗剤が野菜にしみ込みこれまた一つの害となります。洗剤で洗ったら十分水洗いをすることが大切です。

魚貝類を感染源とするものには、広節裂頭条虫、横川吸虫、(肝ジストマ)、肺吸虫(肺ジストマ)などがあります。肺吸虫を除いて、鮎、鮒、鯉のような淡水魚、その他サケ、マス、のような半鹹水魚を生食したときに感染します。獣肉を生食すると感染するものに、ウシを中間宿主にする無鉤条虫、豚を中間宿主とする有鉤条虫と旋毛虫とがあります。いずれも生食をやめて、十分加熱することによって感染のおそれはありません。

せいせいとう〔精製糖〕

砂糖の一種。原料糖を一度溶解して、活性炭、白土、イオン交換樹脂を使って脱色した糖液を作り、これを濃縮し、砂糖の結晶をとり出したもの。

せいせんしょくひん〔生鮮食品〕

生のままの食品。生野菜、鮮魚、生の肉類など。保存がきかないのに欠点がありますが、最近では、冷凍や低温処理も進み、鮮度の低下を補うことができるようになり幸せな日常食になってまいりました。

せいはくまい〔精白米〕

白米と呼ばれるもの。ぬかと胚芽をほとんど除去したもので、炊いた時の味は最も美味しく、消化吸収率もよいが、ビタミンB_1は玄米一に対して約四分の一に減じます。そこでB_1不足を解決する方法として強化米を混ぜて補うことも一つの方法です。

せいろう〔蒸籠〕

食物を蒸す道具。一般には蒸器。釜の上に木製で真中に穴のあいた台をのせ、その上に木で製した四角な枠、または丸形で深さ二〇㎝くらいのものを蒸器としたのがセイロウです。枠が木のため現在家庭で使う金の蒸器より温和な熱がまわり、菓子、その他を蒸す料理には適しています。三段重ねが普通です。

せいようなし〔西洋梨〕

バラ科の落葉高木。原産地はヨーロッパの夏乾帯で、夏雨の少ない気候が適しています。わが国の主産地は、山形、秋田、青森、岡山です。果実は大きく、倒円錐《えんすい》形。日本梨に比べて水分やビタミンはやや少ないが糖分は多く含んでいます。

せきしゅうりょうり〔石州料理〕

片桐且之の甥、石州流の茶道祖として名高い片桐石州が、父の貞隆侯の菩提寺として建立した奈良大和郡山市小泉町にある慈光院で現在行なわれている精進料理。庭、茶席と清寂そのものであり、一度は尋ねたいところです。

せきはん〔赤飯〕

小豆をある程度茹でて米と共に焚いた飯。米カップ五杯に塩大匙〇・五杯を入れて塩味で焚きます。強飯《こわめし》は餅米に二割程普通の米を混ぜて小豆の茹で汁に漬けておき、小豆を入れて蒸したもの。

せぐろいわし〔背黒鰯〕

カタクチイワシ科の海魚。体は長く口吻が突き出ていて、上顎が著しく長い。出世魚の一種で体長三㎝以下がシラス、五㎝がカエリ、九㎝以上を背黒鰯といいます。シラスは茹でて生干にし、チリメンジャコにします。正月の田作りはこの魚です。

せごし〔背越〕

酢の物料理の魚の処理の一つ。鮎、小鯵、鮒、などの鱗を取り頭を切り去り、臓物を出しよく洗ってこれを三つくらいに小口から切り、塩をしてしばらく置きのち生酢に漬け、三杯酢に漬けかえてこれを大根卸しと混ぜたり、酢味噌などでいただきます。鮎の背越は最も有名です。

せたしじみ〔瀬田蜆〕

しじみ科。近江琵琶湖の瀬田でとれるからこの名があります。現在日本に産する種類は、マシジミ、ヤマトシジミ、瀬田シジミ等、その他があります。黒くて大きいのは泥地に住み、味はあまりよくはありません。橙色のは砂地に棲んで味はよろしい。『食品国歌』に「蜆はよく黄疸を治し酔を解す、消渇《しょうかち》、水腫、盗汗によし」とあるように薬効があります。料理には味噌汁、茹でて身にして和え物に向きます。

せっくそば〔節供蕎麦〕

雛蕎麦ともいい、三月三日の雛祭りの翌日雛段に供える三色そば。紅、白、青であったのが現在は五色そばになっています。

せとかわまんじゅう〔瀬戸川饅頭〕

愛知県瀬戸市の川村屋賀栄製。当代六代目、寛政年間の創業で食べる身になって作る店として有名です。生産量は注文だけ。こんなところに生きた味があります。かくれた所に美味しいものは有るものです。

せとやき〔瀬戸焼〕

愛知県瀬戸市付近で焼かれる陶磁器の総称。陶磁器を一名瀬戸ものといわれるように、瀬戸は焼物としての歴史も古く、多量に産します。現在は器の他タイル、洋皿など輸出も盛んに行なわれていますが、何といっても器として瀬戸の代表的な焼物は、黄瀬戸、織部、志野、古瀬戸薬、瀬戸黒ということになります。桃山時代の焼物の復元に一生をかけた名工も現われて華やかに瀬戸の窯の煙りは立ち上っています。瀬戸焼きの始まりは古く、信楽、常滑、丹波、越前、備前と並び六古窯の一つです。陶祖加藤四郎左衛門景正、通称藤四郎が安貞二年（一二二八）道元禅師に伴われて中国に渡り、陶磁器製作を習得して帰朝、瀬戸地方に新しい窯を築き、その後加藤一族が中心となり瀬戸焼きを発展させました。工人たちは中国の、唐、宋時代のすぐれた磁器の技法の影響を受け、それまでの灰釉から、酸化鉄を化合した飴釉、天目釉をかけるようになり、一段と変化に富むものとなりました。このころから線彫りや型押しの印花、張付浮彫なども盛んに行うようになりました。戦国時代に入ると瀬戸はときどき戦場となったのでその難をさけて美濃路へ山伝いに移った者も多く、自然、製陶の中心も美濃の方へ移りました。室町末から桃山時代にかけ、茶が盛んになり、その人々の指導よろしきを得て唐物に代ってお国焼きの瀬戸焼きが茶陶として黄金時代を迎えました。名工も、六作、十作とあいついで輩出され雅陶が残されております。陶器類を使う場合、水につけてみずみずしいのを使います。

せびらき〔背開〕

魚の処理の一つ。背の方から包丁を入れて開くこと。鰺やきすなどの干物には背開きにして中骨を取り去らずに塩をして乾す場合もありますし、天浮羅種の場合は中骨及び腹骨をすき取り去ることもいたします。背から開くのでこの名があります。

ゼラチン

タンパク質の一種。動物、即ち、牛、豚、鯨の骨、皮膚、腱などを水とともに加熱して、これらの結合組織中にあるコラーゲンを分解してゼラチン質にして抽出します。凝固性がよく、衛生的で、不快な味や臭いがなく、温水にとけやすく、一五度以下で冷却するとゼリー状になります。製品には板状のものと粉末の二種があります。板ゼラチンも、粉末ゼラチンもまず水でふやかしてから使います。カップ一杯の水に板ゼラチン一枚、粉末なら大匙一杯が標準ですが夏なれば二枚くらい使うのがよろしい。ゼラチンは熱に弱いので、加熱しすぎないことです。約六〇度で溶かし直ちに火からおろします。ゼリーとは煮凍《にこごり》の意味ですが魚の煮凍を作る場合、寒天と混用することもします。

せり〔芹〕

せりという植物は根を張る場所はあってもあまり広がらず、せり合って繁茂するのでこの名があります。福島県田村郡三春町沼沢は芹の名産地です。阿武隈おろしを背にして寒中芹をつむさまは、見るだに寒気をもよおしますが、休耕の水田に芹栽培はこの地方にとって一つの収入源です。胡麻和え、土佐和え、椀の青味、特に鴨雑炊には青味に芹を使うべしと古書に書かれています。茹でてからしばらく水に浸して灰出しをして使います。

せりょうなべ〔芹生鍋〕

鍬形の鍋で野鳥、その他の肉を野菜と共に炭火で焼いて食べる鍋料理。鎌倉時代公家の人達が武士と共に洛北の山へ狩猟に行き、帰る道すがら空腹をおぼえたので芹生の里の農家に立寄り、とった獲物の料理を命じたところあいにく鍋にひびが入っていて役にたたず、とりあえず田畑を耕やす鍬を磨き清めその鍬で焼いて供したところ、野趣にあふれ素朴な味に舌鼓を打ち、興がつきなかったといわれます。肉は薄切、野鳥、牛、豚、相鴨、雉何の肉でもよろしい。野菜も好みのものを肉の脂肪で焼いて塩味、ポン酢などで食べます。

セレベス

里芋の一種。昭和十年代に導入されたもの。千葉県で多産されますがその他では、栃木、宮崎、鹿児島、熊本でも産します。海老芋は、京都、大阪、静岡が産地です。煮物に多く使います。

せわた〔背腸〕

海老の背にある砂腸のこと。

ぜん〔膳〕

食器をのせる盤。善き食事の意味で、饍、の文字に作られたこともあります。太古の食物はすべて木の葉に盛り、主要な広葉はまた炊事に用いてカシキバ、略してカシワ（葉）といっています。食物を掌《つかさど》ることをカシワデと呼び、テは手で手人《てびと》（職人）の義ですから、もとはもてなしの食事の係に対する呼称でした。その後食器のカシワに転用されてこれらのものをのせる台を膳、カシワデを膳夫、職掌の官名をカシワデべといって膳部と書きましたが、後に膳が台、盤を代表して、これに供える食物、料理献立を膳部と呼ぶようになり、カシワデべの古称から離れて長い時代の変化を経て今日の膳に至っております。わが国で最も古い食器をのせる台は黒木机で、これを百取机（ももとりのつくえ）といい、上に種々の食物をのせて神に供え、人もまたこの上で食しています。台は四方に縁をつけて折敷、台盤、懸盤などとなり、折敷に台を重ねたのが衝重《ついがさね》、その台の脚に孔《あな》のないのを供饗、三つあるのを三方、四つあるのを四方と呼び、使用者の身分に応じて形式を異にし、庶民は脚のない片木《へぎ》でした。古くはこのように各種使いわけされたのです。現在一般には、足のないお敷膳、中足、高足等で、形は、丸、角、ナデ角、角切《すみき》り。足の型も二枚足、蝶足、三本の猫足、四つ足などがあり、塗りの色も、黒、朱、紅朱、うるみ、春慶、すり漆、青漆、ため色、などがあり、それに蒔絵も金、銀、朱、すず、色漆と豪華精巧なものが沢山ありますが、追々と古い昔に返り、洋風の食事と共に台盤風の卓に変りつつあるのも時代のしからしむるところです。

せんい〔繊維〕

糸状の高分子物質。セルロースやヘミセルロースなどがこれに属します。食品成分表の繊維は、希硫酸で加熱しても、希アルカリで加熱しても分解されないものをいいます。繊維はいくら噛んでも消化されません。

せんぎり〔千切り・線切り〕

千切は大根などをある程度細く切ったもの、線切は大根、人参などを柱に剝き、これを細長く打ったもの。

ぜんこうじ〔善光寺〕

長野県の銘菓。長野県小布施町桜井甘精堂製栗粉落雁。大きさは幅二・五cm、長さ六cm。くまどりして（ぼかして）真中に善光寺の文字が浮《うき》き彫りにされたもの。四国の和三盆を使用して、栗の味は田舎にはまれにみるものです。抹茶の総菓子に向きます。

せんごくまめ〔千石豆〕

一石蒔けば千石とれるというところから、この名があります。ことさほどによくなる豆です。藤の実にも似ているので藤豆ともいいます。煮たり、茹でて胡麻みそ和えにして食します。

ぜんざい〔善哉〕

ぜんざい餅の略語です。大納言小豆を軟らく茹でて砂糖、塩で味を付け、これで餅を煮たり、焼いたのを使ったりしたもので間食によいもの。すでに室町中期からあるものです。漉し餡で作ったものは汁粉といいます。汁気の多いのが関西風、トロッとしたペースト状の飴を餅の上にかけるのが関東風。

十月を神無月といいますが、出雲では神在月といって餅に餡《あん》をつけたのを、神に御供えする風習があり、神在餅の言葉がなまって、ぜんざい餅というようになったといわれます。

ぜんさい〔前菜〕

料理の最初に出すもの。日本料理では前菜、箸付、箸染、お通しと同じ。人により突出しなどといいますが、私はこの言葉は大きらいです。人様に差上げるものを突出すなどとはもってのほかと何時もいっています。西洋料理ではオードブルに当りますが日本料理では気のきいたものを少量出すのがよいでしょう。例えば、カラスミ、このわた、鮒鮓、鯛わた、雲丹和え、金沢のいなだ、等々沢山あります。手をかけて珍味を作るのもよいことです。

せんだいぞうに〔仙台雑煮〕

一種の貝雑煮。煮出し汁は焼きはぜと昆布で取ります。材料は小さく切った貝。椎茸、笹がき牛蒡、千切人参、大根、里芋、白菜、しみ豆腐、鳴門巻、いくら、しらたき、芹、餅です。味は酒と醤油でつけたもの。東西の雑煮を調べますとその土地柄が表われて興深いものがあります。

せんだいだがし〔仙台駄菓子〕

竹に雀の紋どころ仙台六十二万石の平和な城下町、歴史も古くなつかしい駄菓子が沢山あります。こまねじり、まめとう、ぶどうにきり、まめねじり、わかばしぐれ、きなこねじり、うさぎだま、あわねじり、香煎落雁、きな粉糖、アルヘー糖、うめこ、かつぶし、あわゆき、わなん金糖等々。このように多くの駄菓子のあるのは元禄の頃塩釜へ南京人が漂着しそれに教えられたからです。何はともあれ駄菓子は昔を思い出させ、なつかしいものです。

せんだいなす〔仙台茄子〕

仙台地方特有の長茄子。直径二cm、長さ一〇cm程で、煮てもよろしいが漬物に多く使います。

せんだいみそ〔仙台味噌〕

仙台特有の味噌。米味噌で赤味噌系。伊達正宗が軍用に用うるために作った味噌に由来すると伝えられる。から味噌の代表的なもので色は赤褐色です。中之瀬橋を渡ると北の方に仙台藩の御味噌蔵が見えます。これが伊達六十二万石の青葉城御台所用の味噌を仕込んだ所です。ここが発祥の地で現在でもその蔵の跡で作られております。各地で仙台味噌で通るように有名なのもその歴史があるからです。この味噌を使ってみそ饅頭も作られます。

せんだいやきかれい〔仙台焼鰈〕

縦に竹串を打ち薄塩をして焼き、わらの小さなツトに二、三個づつ差したもの。焼き直して二杯酢で食べると案外美味しいものです。

せんだんぐさ〔鬼鍼草〕

キク科の一年草。関東以西の本州、四国、九州と広く原野に自生していて、茎の高さは一m内外で、葉は一～三回の羽状膜質葉で対生しています。秋に黄色の舌状花を枝の端につけ、実は小さく逆鉤のあるとげがあり、物に付着して種子を散布します。若芽や柔らかい部分を茹でて水で晒し、和え物や浸し物にして食します。一種の香気がありよいものです。昔から、センダンは二葉より香《かん》ばし、の言葉があります。

せんだんご〔千団子〕

鬼子母神の祭礼の日に参詣者は各団子一千個を本尊に供えます。印度古来の神話に、鬼子母は一千人の子の母にして、仏に小児の擁護を誓われし神とあります。信者はわが子の病厄を払い、息災延命を祈って団子を供える風習が残っています。

ぜんでらのいんご〔禅寺の陰語〕

天蓋《てんがい》　たこのこと。つるすと天蓋に似ているから、「天蓋は酢にしてくれと和尚いい」

緋の衣　海老のこと。

伏せ鉦　あわびのこと。「どう和尚伏せて鉦《がね》（銭）の価そっときゝ」

赤羊羹　まぐろ。身取ったのが似ているから。

紫の衣　いわし。「紫の衣で大僧正」

御所車　卵。「中に君がましますから御所車」

恋文　鰹節。かくしてかくから恋文というようです。

蟹の天ぷら　人参の天ぷらのこと。

南　みんな身の意。蛸のことです。

狸汁　こんにゃくをつまみ切りにして油炒めして味噌汁にしたもの。

せんちゃ〔煎茶〕

昔は茶を煎じて飲んだのでこの名があります。茶の元は中国で遠く周の時代、今から約三〇〇〇年も昔から茶を飲んでいたことが文書で知られます。本格的に普及されたのは魏《ぎ》、晋《しん》以後のことで、広く一般に流行するようになったのは唐時代以降といわれます。わが国の喫茶の歴史をひもとくには、まず栄西禅師を上げねばなりません。茶の種を持って帰り茶をひろめた人だからです。その著『喫茶養生記』に、「茶は我が朝日本はかって嗜愛す、古今奇特の仙薬なり」とあり、始まりは嗜好と共に薬として飲んでいます。抹茶は純日本的ですが、煎茶は中国式なため、これを本格的に一会催す場合、本席と展観席をもうけて、大がかりになります。今でこそ抹茶全盛期ですが、江戸中期以降の煎茶は、画人、文人、武人、富豪と有名な好者が多くあって、茶道逸話なども多く書き残されています。私が住む半田は昔から煎茶の最も盛んな所で折々大煎茶会が催されましたが、本席の床には、陰元とか木庵、即非などの掛物をかけ、床脇には、巻《がん》または画帖、その上には、帖鎮に琅玕《ろうがん》神代勾玉《まがたま》、文房具一式その他を飾《かざ》り、展観席には唐人の掛物数幅、盆栽、果物盛、奇石、文人風の生花、等々記憶をたどって書いてみても大変なものです。その上茶道具の一式が入用となり、この準備は大掛りなものです。でもあれこれと道具選びも楽しみなことです。さて煎茶の良いのを作るには、茶の新芽の出る前に樹の上に簀をのせ、更に上質を得ようとする場合には、この上にワラを掛けて日光や強い風、夜露を防ぐのです。摘み取った葉は一晩そのままにしておき、手早く釜の湯にあてて、風洞に送り水分を取り去り、ホイロにて乾燥させます。この行程の中、碾茶は葉のまま乾燥し、玉露は揉みながらホイロで乾燥させます。番茶は後に書きますようなものです。碾茶《てんちゃ》（葉茶、抹茶に挽く茶）や玉露の葉を摘みとった後の葉で製したのが番茶です。従っておそく取った茶なので晩茶の文字も当てます。玉露は六〇度くらいの湯加減で、量は五人分で約八g、湯を入れて二分間くらいが最高の味です。正式には煎茶にも流儀があって、大檗流とか売茶流にしたがって御手前をいたします。栄西禅師が宋から日本へもたらした茶は、抹茶系の茶であり、現在我々が日常使用する煎茶と異ったものです。その当時は煎茶、抹茶といったような両様の製法があったわけではなく、煎茶の歴史は新らしく今から約二五〇年あまり前の元文三年（一七三八）永谷宗円という人から始められたといわれます。立春の日から八十八日目ころ、一番茶が摘み始められ、五月頃摘んだのが一番茶、六月頃摘んだのが二番茶、それ以後のが三番茶で、従って三番茶の品質は落ちます。二番茶以下になりますと煎茶本来の清冽な香りや淡味がないので、煎茶には二番茶までに限られます。最も上質の茶を得るには茶の葉を摘みとる時、新芽の端先三葉だけ摘みとります。番茶はほうじてあっても、更にほうじ直して使うと、香りが一段とよくなります。

せんちゃりょうり〔煎茶料理〕

この項を書くにあたり、昔半田は有名な煎茶所であったため、その当時御用を受けたことなど思い出し、煎茶に関する本を数冊調べてみましたところ、煎茶の点前などはくわしく記載されていても料理となるときわめてその記事が少なく、それに煎茶の流儀はいかほどであるかと調べたところ、一〇〇流以上にもなんなんとしている次第です。この流派の多いのは、昔は有名文人墨客が煎茶を好み、自由に楽しんだのを慕って、その人の行ったような位置に茶道具を置き飾り、点前をして一派をたてたことにもよるのでしょう。その流儀により料理の出し方、好み、趣好も相当違っています。黄檗派系の方々は普茶式に、またある派は抹茶の懐石にやや似通った風に、と千差万別のようです。このように煎茶料理は一定されていないところに却って良さがあるともいえます。抹茶の懐石料理は何流であっても、進める料理の順序は前後しても一定しています。煎茶料理は各々あまりに掛け離れていますので、実際に煎茶料理に定めがあるのかないのかと迷い、京都のその道の大家にお伺いしたところ、やはり一定はないようだとうけたまわりました。そこで私の知る範囲の内、煎茶料理にふさわしいのを煎茶全書の文などお借りして書き出してみます。

初めに玉露点前をさしあげる。懐石を出す。

膳　其一

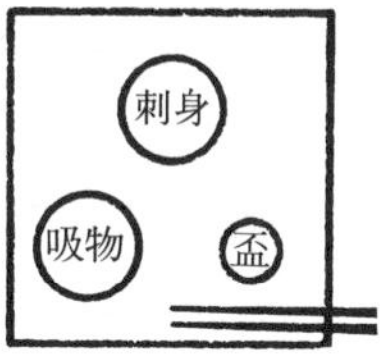

銚子を持って出て正客より順々に盃に酒をつぎ終り、正客に銚子をあずける。

一　焼　物　鉢に一つ盛として青竹箸を添えて正客に進め順次取りあう。

一　酢の物　焼物と同じようにとりまわす。

一　三つ鉢　〔三つの器は、赤絵、塗り物、染付、重ね重、蓋物など見計い器の風情を添える〕

この三鉢には「百事大吉」という題なれば百合根、霊芝、柿、という取り合せもします。霊芝は食べられませんからこれを椎茸に代えて霊芝に見立てるのもよいことでしょう。甘味にしたもの、塩むし、浸し物など三品。

一　強肴を出す場合もあります。

一　御　飯

せ
一　香の物
一　土瓶に入れて、お茶
以上客はきれいに食べ終えて懐石がおわります。

其二　懐石料理の内容は、次のようです。

イ　膳
素汁《そじゅう》（みそ汁）汁の中身、蔴腐
御飯（白的《はくてき》）—白飯
ロ　前菜（夏期はガラス器の前菜皿）向附
ハ　大菜
筍羹《しゅんかん》（季節の吸いもの）
油餸《ゆじ》（油、塩、みそなどをつけて焼いたもの）
鉢（雲片など）大蓋もの。
澄子《すめ》（抹茶の箸洗いにあたるもの）
—この大菜にて、客は酒をいただく。—
ニ　献酬
ホ　添菜《てんさい》（抹茶の八寸に類するもの）。
ヘ　小菜
飯簞《ひんたん》（飯びつ）。
東坡煮《とうばに》（蘇東坡の考案になる料理）。
骨董煮《こっとうに》（今回の料理に使った残り材料をいろいろ煮こんだもの）。
醃菜《えんさい》（つけもの）。
湯桶《ゆとう》
—以上の小菜で客は飯をいただく—
ト　水菓子（くだもの）

以上

其三

膳に四つ椀をのせて出す。客は膳の上に四つ椀を組み変える。

献立

飯
汁
前菜
銚子及び盃
蔴腐　胡麻豆腐

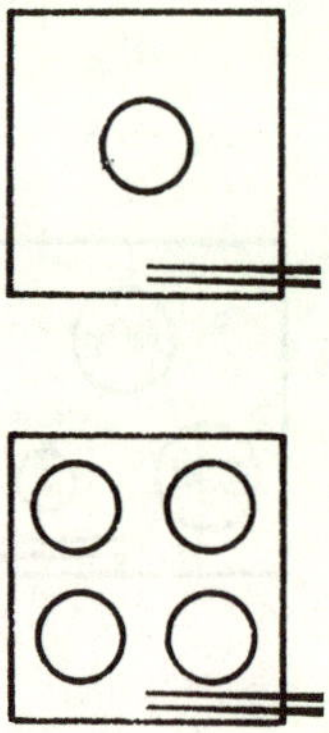

膳が出された時、客は四つ椀を組み変える。

大菜
筍羹　口取のようのもの
油餸　揚物

せ

徳利で酒を出す
鉢　焼き物
澄子　一口椀
献酬

小菜
飯簞《ひんたん》（飯びつ）
東坡煮
骨董煮
醃菜《えんさい》　漬物
湯桶

汁次で汁を持ち出し、正客に汁椀に汁をつぎあとは客にまかす。前菜を出し、銚子及び盃を持ち出して酒を進める。客は飯汁を吸い、蔬腐と前菜を食べ酒をのむ。そのあと大菜の筍羹、油餤を出し、徳利で酒を出し徳利を正客に預ける。鉢、澄子を出しこれで大菜が終る。献酬をするため添菜を客に進め、客との献酬をする。そのあと小菜となり飯を食べる。飯簞（飯びつ）を出し正客に預け、客は飯を十分盛っておく。東坡煮に取り皿を添えて出し、骨董煮を出し、この二品で客は飯を食べる。醃菜を出し、湯桶をすすめ、湯付けを進める。食事が終って献酬の時の塗り盃に石盃が出されてあれば懐紙を敷いて伏せて重ね、膳右上角向うへおき合わせる。四つ椀は元のようにきれいにして組み膳の中央におき、箸を膳の手前に落し入れて一寸前へ送り出して返しておきます。その他普茶式に卓で出すのも煎茶料理にはまたよいでしょう。

私がもし煎茶料理で人様をお招きするなれば、普茶式を加味して、膳は独楽《こま》か松の木地にします。

箸（筋子《こし》）
汁の実はきざみ納豆、三ツ葉の茎みじん切、ときがらし。

酒壺《ちろうつ》　かちろりに酒。盃は名々変わった石盃。主客から好みのものを取って頂き、酒をすすめる。

澄汁《すめ》　普通の酒席の吸物に当るもの。行堂《ひんたん》があれば最適ですが、大きな蓋物で出す。

大菜　三品（以下青竹の取り箸を添える。）

筍羹《しゅんかん》　口代りに当るもの。季節の筍《しゅん》のもの五種の盛り合せ。

油餤《ゆじ》　鉢肴、焼物に当るもの。琥珀揚げ一匹の魚。あしらいには、道端にあるよもぎや春先には青や赤のもみじの葉、秋の紅葉もよく、あまりきどらないものをきれいに揚げて添える。

雲片《うんぺん》　禅の食事の意をふくめて、この一会の残り物、煮た汁までこの雲片で処理した葛煮。これには取り皿匙《げちょ》を添える。

酒を徳利で出し、この大菜でゆっくり召上っていただく。

小　菜

蔴《ま》腐《ふ》　胡麻豆腐

添菜《てんさい》　抹茶の八寸に当るもの。二〜三品盛り合わせ。

献酬　主客酒のやりとりをする。

白的《はくてき》　白飯《しろめし》を飯子《はんつう》（飯櫃で出し自由に召し上って頂く。）

素汁　汁次ぎで出す。

醃菜《えんさい》　漬物、三種か五種盛り合わせ。

替え汁

湯桶　塩湯に炒り米入り。

生盛　果物のこと、飯後に出す。

以上は膳で出す場合であって卓で出す場合は別です。私の勝手なことを書いてみました。

せんど〔鮮度〕

食品の新鮮さの程度のこと。材料の鮮度を見分ける方法として、形状、色、におい、弾力などから判定します。野菜などは、色、つや、みずみずしさ、鶏卵は皮のざらざらしたもの、肉類は色と臭いで判定いたします。魚は目の生々したもの、身に弾力のある物、エラが鮮紅の物。

ぜんにゅう〔全乳〕

脱脂肪に対して、脂肪を全然除かない元のままの牛乳のこと。

せんばじる〔船場汁〕

大阪・船場から生まれた鯖と大根の汁、大阪はさすが商人の町の船場、食べ物までも経済的です。身は別の料理にして食べ、残りの頭や中骨まで使って汁物料理にしたのが始まりです。時には塩鯖でも作ります。現在では身と共に作ります。材料五人前、鯖中一尾、塩適量、大根二五〇g、出し昆布二〇cm一枚、水カップ六杯、古生姜少し。作り方、鯖は三枚に卸し頭は二つ切り、中骨は二、三に切り、身は適当に切って強めに塩をして二、三時間おき、熱湯を通して脂抜きをします。大根は銀杏か千六本に切っておきます。鍋に水、昆布を入れて火に架け沸騰したら昆布を取り出し、鯖、大根を入れます。沸騰まぎわにアクが浮き出るからこれをよく取り大根の柔らかくなるまで煮ます。鯖から塩味がでますので不足な時は塩で味を付け直し、椀に盛り分け生姜の絞り汁を一滴入れて温かい内に進めます。酢かまたは果汁を入れますと一層味を引立てます。

せんばに〔船場煮〕

大阪船場は昔、ねぎの本場であったので魚とねぎを焚き合せたのが船場煮です。焼き魚とねぎを煮るのが普通ですが、酢を少し入れて煮る場合もあります。

せんべい〔煎餅〕

ツマミと干菓子を兼ねて焼いたもの。大別しますと、米粉を主材としたものと小麦粉を主材とした物とがあり、塩味、醤油味、味噌味、砂糖味、海苔を使った磯辺、卵を使った卵煎餅等々各地に美味しいのが沢山あります。土地の好みにより厚い物、薄い物があり時には巻き煎餅もあります。番茶の友として煎餅には三種あり、関東、関西、それに草加式の塩味のもの。煎餅の伝来は平安時代。伝説では弘法大師が唐から製法を習得、その製法を山城国の和三郎に伝え、和三郎は亀の子せんべいと名付けて売り出し、その製法が二つに分れ、一つが瓦煎餅、今一つは塩せんべいとなりました。その後あまり変化なく過ぎましたが、江戸時代の元禄年間、文化文政に製法の技術が急速に進み、神奈川の宿の若菜屋製の亀の子煎餅が有名になりました。小麦粉に砂糖、卵を混ぜ、亀の甲型に焼いた煎餅ですがこれが関東式の原型です。関東式の草加源兵衛が創製された塩煎餅は安物の大衆品です。正保年間醤油の醸造が工業化してから、現在のような煎餅に醤油を添えたのが作り始められています。関西式は江戸時代の終り頃からです。関西は京菓子が主体なので煎餅の発達がおくれたのです。関西式が厚手で味や香りを雅趣に意をもちいたのに対し、関東式は薄手で単味に力をおいています。せんべいぶとんの名も、江戸っ子の感覚から生れた言葉です。朝顔せんべいは巻いたもの、朝顔の花の蕾に見立てた名称です。おかきは、東京入船堂の創製品。鏡餅の割ったのを、かき、という語源から付けられたもの。京都の八つ橋は関西の代表ですが、あの型は橋でなく、筑前琴の祖、八つ橋検校の墓に参けいする人たちを目当てに作り始めたものだといわれます。博多の二〇《にわか》加せんべいは、博多駅開通の折、駅長が何か土産にと思いつきで作り始めたもの。その他神戸、各地に名産のせんべいがたくさんあります。

ぜんまい〔薇〕

山地に自生するシダ科の一種。若芽はわらびのように先が巻いていて細毛があります。乾燥させるには葉の方まで割れるほど茹でてむしろに広げ、四〇分ほど放置しておきのち手でよくもみ、細毛の衣を去り充分干して乾燥させて貯蔵します。一口に加賀ぜんまいと云うように、石川県の白山のが有名です。二〜三日、毎日水を替えてもどして使います。料理では煮物、和え物と種々に使用することができます。

せんまいづけ〔千枚漬〕

この千枚漬けは案外歴史は浅いようです。ある本には明治以後だと書かれてあります。近江蕪を大きな鉋《かんな》でつき切りにして、塩で下漬けをして更に昆布をはさみ、味醂を加えて漬け直し二週間くらい過ぎてから倉出しをします。これは漬物ばかりでなく、焼物のあしらいに、蕪鮓にといろいろと使います。

せんむき〔繊剝〕

例えば椎茸などのような柔らかいものを繊切りにしたい時、大根を輪切りにして、椎茸をはさんで桂に剝けば繊に切ることができます。

せんろっぽ〔千六本・繊蘿蔔《せんろっぽ》〕

現在では三㎜くらいの細さに切ることをいいますが、本来大根を細く切ることです。蘿蔔《ろっぽ》とは大根のことです。昔帰化僧が大根の細切りをせんろうぷといったのをいつのまにかせんろっぽと呼ぶようになったといわれます。

そ

そ〔酥〕

乳製品。『延喜式』によれば、諸国酥貢《そこう》の制が定められ、朝廷から諸国に乳戸を置き、搾らせた牛乳を煎じ詰めて煉乳とし、十一月以前（出雲に限り十二月）に貢進せしめたとあります。また肥牛は日に大八合、痩牛はその半量とし、製法は乳一斗を煎じて酥一升を得るとしてあります。煉乳を酥ということは『涅槃経《ねはんきょう》』に、譬えば「牛より乳を出し、乳より酪を出し、酪より生酥を出し、生酥より熟酥を出し、熟酥より醍醐を出すが如し、醍醐最上なり云々」とあるように五味の最上といわれる醍醐味は只今のチーズに当る訳です。

ソイ

魚辞典によれば、フサカサゴ科のメバル亜科メバル属、一口にいえばメバルの一種。成魚で体長六〇㎝くらい、海外ではロック・フィッシュ（岩場の魚）と呼ばれ、水深三〇〇～五〇〇ｍの岩場に集まって住みます。体色は黒褐色で胸部は淡灰色、肉質は白身で別名岩場タラといわれるように肉離れよく、食べやすい魚です。魚資源不足の折、この魚群をアラスカ沖で発見したのはよろこばしいことです。料理は、洋、中、和に向き、醬油や味噌漬、生姜煮、酒むし、塩焼によく、淡白な魚ですから味は少し濃めにするのがよいでしょう。

そうがし〔総菓子〕

茶道言葉。干菓子のこと。

そうかせんべい〔草加煎餅〕

せんべいの一種。米の粉を蒸してつき、平たくのばして丸形に抜き、両面焼いて醬油で味を付けて仕上げたもの。奥州街道草加の宿で栄え、現在では何れの百貨店でも売られており、一般になつかしい煎餅です。

そうざい〔惣菜〕

日常のお勝手料理。客膳料理と日常の惣菜料理とは、材料の選び方は申すにおよばず、味付も惣菜らしくしたいものです。文字で示すように、物心の二文字で成りたっています。このように一家の栄養健康にもかかわりがあります。従って材料選びにも充分心して作りたいことです。

そうさいこうか〔相殺効果〕

異なった二つの味の物質を溶いて混ぜ合せると、一方の味がその影響で弱く感じるようになることを相殺効果といいます。その代表的なものに鮨酢があります。鮨には相当の塩、酢を使いますが、その一方だけで鮨飯を作ったらどういうことになるでしょう。とうてい食べられないものです。両方使うことによって、まろやかな美味しい味になります。これが相殺効果です。昔から塩梅《あんばい》という言葉がありますが、塩と梅、即ち酸とは味の代表です。塩や酢を使わなくても、塩梅はいかがですかと、味のよし悪しを人にきく言葉にも使われます。

そうじょうこうか〔相乗効果〕

二つの異なった物質を溶かした液を混ぜ合わせると、各々単独の溶液の味よりも強くなることを相乗効果といいます。旨味、酸味、甘味などをもつ物質に起こります。グルタミン酸ナトリウムの薄い液に、イノシン酸ナトリウム、あるいはグアニル酸ナトリウムのような核酸系化学調味料成分の薄い液を加えると飛躍的に味が強くなります。古くから煮出し汁を取る時、鰹節と昆布とで取るのは、鰹節の旨味のイノシン酸と昆布の旨味のグルタミン酸とその相乗効果を利用するためです。

ぞうすい〔雑炊〕

種々の材料を使って炊きますからこの名があります。元来は米の節約のための有り合わせの材料を沢山入れて作られた庶民の食べ物ですが、現在では贅沢になり、スッポン、かき、あさり、鰻《うなぎ》、海老《えび》、鴨《かも》、小鳥、白魚、卵、鶏、鱧、鮎、もずく、うずら、蛤、なめこ、とろろを使うもののほか、大根と油揚げ、あさり等の昔ながらの庶民の食べる雑炊といろいろとあります。味噌味で作れば、おじや、といいます。雑炊は米から炊くのと冷飯から焚くのと二通りあります。米の場合は米一カップ、煮出し汁三カップ半、醬油大匙三杯半ぐらい、米を煮出し汁で焚いてよく煮えたら材料を入れ、味を付けて焚き上げます。冷飯の場合は一度水洗いして材料を煮出し汁で煮て味を付け、飯を入れてさらっと焚き上げます。室町時代の辞書、『下学集』には「増水」とあるように水を増せば一人前くらいは余分に直ちにできると言う訳で、おもしろい文字だと思います。時には餅を使うこともあります。

そうだがつお〔宗太鰹〕

サバ科の魚。マルソウダとヒラソウダの二種があります。体の断面がマルソウダは円形、ヒラソウダはやや楕円形です。本鰹よりやや小さく、腹部に黒い縞がありません。外海の沿岸性で、全国でとれます。各地でメシカ、コガツオなどと呼び名は変ります。秋とれるのが味がよく、さしみ、あまかい煮付などに向きます。多くはソウダ節に加工されます。

そうたんふ〔宗旦麩〕

茶の研究では揚げた生麩を宗旦麩といいます。例えば、粟麩、よもぎ麩など揚げれば宗旦麩と呼びます。

ぞうに〔雑煮・臓煮・象煮〕

種々の物を餅に取り合わせて煮るからこの名があります。関西は丸餅で味噌仕立て、関東では切り餅でおすまし、それにしても雑煮ほど各地方地方で違うものは無いようです。臓煮は、臓腑を健やかにするところからの文字であり、象煮は、切餅を象の肉に見立て正月から大きいものにあやかろうとの意からの文字です。古式の雑煮は下に里芋その上に餅の角切りを一つ重ね、その上に熨斗《のし》あわび、昆布、搗栗《かちくり》、ごまめ、鰹、串あわび、若菜、などが使われております。

ぞうにばし〔雑煮箸〕

正月の雑煮用の箸で柳で作った太めのもの。柳は陽をまねく木として縁起もよくそれに折れない特長があります。お正月から落し箸が折れるようなことがあれば、正月から食いおさめの意味もあり、不吉とされ、きらうのは誰しものことです。

そうはちがれい〔宗八鰈〕

ヒラメ科。北海道に多く産します。秋冬が豊漁の季節です。あまり美味ではないので、ねり物、即ち蒲鉾、竹輪の原料になります。

そうへいもち〔僧兵餅〕

三重県湯の山の名物餅。兎《うさぎ》の餅搗きのような杵でかの地の僧兵が搗き、きな粉を付け笹の葉に包んだもの。これを食べると災除招福があるとのいいならわしがあり、三〇〇年以前からの餅。

そうめん〔索麵・素麵〕

そうめんは随分古くからあったことがうかがわれます。すでに『延喜式』に索餅の名が見え、また七月七日内膳司より禁中に奉ったことがあると古書にあるように、千有余年も前からあったことが知られますが、只今のようなものであったかどうか疑問はあります。素麵は腰の強《つよ》い小麦粉で作られます。機械打ちと手のべと二通りの作り方をします。只今では播州、小豆島、奈良の三輪、伊勢、四国等で良い品が製造されます。種類では、普通の麵、卵、茶などがあります。その内四国のアワ素麵は特に細くてなめらかなので、料理には多くこれを使います。

「茹で方」湯をたっぷり沸騰させ素麵を入れて箸でかき混ぜ、煮えたってきたら差水をして再度沸騰したら籠にあけ、手早く水に取り手でもむようにしてよく晒し洗いをします。素麵はさらっとした口ざわりを賞します。素麵は打つ時油を使いますが、一年越したのが油抜けしているのでよろしい。

「付汁」味醂大匙三杯、煮出し汁カップ一杯半、醬油九〇 cc を焚き合わせて作ります。夏にはこれに酢を加えた酢素麵もよろしいものです。薬味には、ねぎ、卸し生姜、切胡麻、その他煮麵といって煮ても食べますし、蒸し魚の添え物、寒天寄せ、椀種等々使い途の多い品です。

そうめんなんきん〔素麵南瓜〕

かぼちゃの一種。糸南瓜《いとかぼちゃ》の名もあります。皮を厚めに剝いて茹でるとそうめんのようになるからこの名があり、洋風にはバター炒め、日本料理では和えものに向きます。

ぞうもつ〔臓物〕

普通には略してモツと呼びます。臓物とは動物の、肝臓、腎臓、心臓、肺臓、胃袋、脳髄など。臓物は肉に比べて軽視されがちですが最近ではホルモン料理といって、強精食品として利用されることが多くなってきました。内臓を大別すると、白物と呼ばれる消化器系のものと、赤物と呼ばれる血液を含むものとがあり、白物は、胃、肺、腸、子宮その他生殖器系統のもの。赤物は、舌、食道、気管、肝臓などです。肝臓をレバー、心臓をハーツ、胃袋をツライブ、腎臓をマメ、舌をタン、尻尾をテール、腸をヒモと呼びます。この臓物は、タンパク質、脂肪、ビタミン、無機質などに富み、消化吸収もよく、高カロリーで、価も安いので、家庭料理として多く利用したいことです。

そえぐし〔添串〕

魚を焼く時、材料が廻らぬように添え串を打って位置よく安定させて焼くための串。

そえもの〔添物〕

主の材料に添え付け合わせるもの。あしらいともいいます。

そえわん〔添椀〕

高級の椀を使う時、先に微温湯を入れて温め、のち椀種汁を張りますが、その時直に熱い汁を張らず別の椀に一度汁を入れてのちこれを本椀に張ります。本椀に添えて使うのでこの名があります。

そかぎょ〔溯河魚〕

淡水と海水の両方で生活し、淡水域で産卵する魚をこう呼びます。産卵期に海から河川にのぼって産卵し、ふ化した稚魚はしばらく淡水域にとどまり幼魚になって海に下り、海で成熟して元の河川にもどりまたここで産卵する。これを繰返す魚に、サケ、マスがあります。その他鮎、ワカサギ、白魚もこの溯河魚です。

そぎぎり〔枌切・削切〕

材料の切り方の一つ。そぐように斜に切ること、大身にそぎ切りにする場合もあり、刺身などは薄くそぎ切りにします。

そくせいさいばい〔促成栽培〕

シーズン以外に、野菜や果物を供給する目的で栽培すること。促成栽培は経営上有利なため多く作られますが、栄養的にも風味の上からも、露地栽培の野菜に劣ることはいなめません。野菜としては、茄子、トマト、胡瓜、ピーマン、西瓜、南瓜、西洋野菜、きぬさやなどがあげられ、果物としてはイチゴ、メロンが代表です。

そくせきづけ〔即席漬け〕

一〜二日で漬けあがる漬物のこと。半日か一日で漬けあがるものを一夜漬けといいます。即席漬けは塩漬け、またはぬかみそ漬けが多くなされます。現在青菜などは熱湯を通して塩漬けにしますから、不味なことは言うまでもありません。

そくせきもち〔即席餅〕

搗きたての餅を八〇度以上の高温で急速に乾燥させて粉末にしたもの。アルハデンプンの状態であるから、水か湯を加えてねるだけで餅の状態になります。別の名を餅の素ともいいます。スープ、湯などで薄めて重湯がわりに使うこともできます。

そくせきりょうり〔即席料理〕

客のもとめにより、それに応じてすぐに作る料理のこと。

そさい〔蔬菜〕

野菜類のこと。食用にする部分によって、葉菜、茎菜、根菜、果菜、花菜とに分けられます。そして在来の物を和菜、外来種を洋菜といいます。

そでぎり〔袖切り〕

筒袖の形に切る名称です。即ち長めに切って、上下の幅に広い狭いのある切り方。

そてつ〔蘇鉄〕

ソテツ科の常緑小高木。沖縄や九州の湿地に自生します。雌雄異種で、花は松笠状に集り咲きます。雄雌花は大きな掌状で、縁辺に数個の胚珠をつけます。種子の内部は白色で脂肪デンプンを含み、また樹茎にもデンプンがあり、これは主に食用、薬用に用います。このデンプンは主食として米麦の代用にすることもあります。ソテツの実は煎じて健胃強壮剤や通経剤などにも用います。

そとびき〔外引〕

刺身、酢の物などにする場合の魚の皮の引き去り方。皮を下にして身の尾の方を左にして左手先から右へ包丁使って皮を引くこと。

そば〔蕎麦〕

中央アジアが原産地といわれ、上代のころ大陸から日本へ渡来し、各地で栽培されるようになりました。

そばいた〔蕎麦板〕

京都の銘菓。ソバを主材にしたセンベイ。ソバ粉、コムギ粉、砂糖、卵、蜂蜜とをねり合せ、薄くのばして長さ四㎝くらいの長方形に切って焼きます。茶褐色で表面に黒ゴマがふりかけてあり美味しいものです。

そばかき〔蕎麦搔〕

そば粉カップ一杯。熱湯カップ一杯半、鍋に入れて手早くかき混ぜ弱火の上で一寸ねります。器につまみ取り、そば汁をかけて食べたり、濃めのそば汁に大根卸しを入れてそれを付けて食べることもいたします。

そばきり〔蕎麦切り〕

ソバ粉をこねて薄くのばし、細く切ったもの。子供のころ、ソバ粉をこねて薄くのばして切り、味噌汁、または清汁《すまし》で煮たり、茹でて濃めの汁に大根卸しを入れこれをつけて食べたことが思い出されます。細く打てないのでドジョー切りと呼んだ言葉もなつかしいことです。ソバ切りの始まりは、一六世紀末ごろからといわれます。一説によれば、江戸の初期、朝鮮から僧侶の元珍が南部の東大寺にきて、始めてつなぎに小麦粉を入れることを教え、今日のようなそばができ上ったといわれます。その後一七世紀半ば過ぎに、奈良から木曽路を経て江戸に入り、そば切りを蒸して蒸そばなども工夫されました。せいろうのような器にそばを盛るのは、この蒸そばの名残りともいえます。

そばこ〔蕎麦粉〕

そばを製粉したもの。そばの皮を除き、粒の大中小をふるい分け、製粉機にかけて粉にします。ソバの実の中心部は柔らかく、挽くと最初に出てくるのでこれを一番粉といい、色も一番白い。二番粉は皮やヌカ、胚芽などが含まれているため色は黒いが栄養価は高いものです。そばの需要は年々増加して国産だけではおいつかず、六〇%くらいが中国から輸入されています。

そばこめぞうすい〔蕎麦米雑炊〕

四国の祖谷、源平戦の落ち武者が祖先とか言われますが、木挽唄、挽唄で有名になった里で、この里は山合いで急勾配《こうばい》のため田というものが少なく、自然畑作となり、それにそばは二ケ月あまりで収穫できる利点もあって、良いそば米ができます。それを使って鶏肉や椎茸、春菊、ニラなどを具にして焚いたのが、蕎麦米雑炊です。昔は雉子や山鳥を使ったと聞き及びます。そば米は販売されていますので、求めたら柔らかく茹でてから使用します。

そばずし〔蕎麦鮨〕

そばをすし飯に代えて作った鮨。海苔巻きは具に、乾瓢、椎茸、卵の厚焼などを使うこともあり、細巻きには三ツ葉にわさびを使います。握りはそばを型に入れて甘酢をかけ、厚焼玉子、海老、椎茸などを付けて海苔で巻きます。稲荷ずしは煮た油揚げにそばを詰めて作ります。そばは茹でてのち三杯酢をふりかけておくのもよいことです。細巻きはそば汁で食べる場合もあります。

そばつゆ〔蕎麦汁〕

盛そばのつけ汁のこと。

そばボーロ〔蕎麦ボーロ〕

そば粉を原料として製した焼菓子、京都の銘菓の一つ。京都の姉小路の河道屋、植田屋が元祖といわれます。製法は玉子を砂糖と混ぜ、ソバ粉と小麦粉をふるい込み、のばして梅の花形にぬき、天火で焼いたもの。あるうちは手を出したくなる妙なる味のもの。

そばまんじゅう〔蕎麦饅頭〕

そば粉に上新粉と山の芋、砂糖を混ぜて皮を作り、餡を包んで蒸したお菓子。

そばめし〔蕎麦飯〕

飯を硬く炊き、皮をむいた蕎麦を粒のまま混ぜて蒸したもの。そばの古い食べ方で、八世紀の初めにわが国へ渡来したころから江戸時代まで続いていたといわれ、その後そば切りが発達して、明治以後にはほとんど炊かなくなっています。

そばもち〔蕎麦餅〕

京都の名菓。半生菓子。そば粉と小麦粉とをねり合わせて皮を作り、これにて餡を包み焼いたもの。

そばゆ〔蕎麦湯〕

そばを茹でた汁。塩味があって美味しいものです。懐石の湯桶に使うのもよいものです。

そばらくがん〔蕎麦落雁〕

長野県小布施町の銘菓。そば粉を原料として製した落雁。色も白く、きめもこまかく舌ざわりのよいものです。そばの実の中心部だけを挽いた一番粉を使用するからです。

そぼろ〔粗ぼろ〕

魚、海老、鶏肉などをこまかくたたき切りして炒りあげたもの。極こまかいのは、おぼろといいます。粗即ち粗まつ、アライ意味です。

そめおろし〔染卸し〕

大根卸しに人参を卸して混ぜ一味を加えたもの。一名紅葉おろしとも云います。

ソラニン

馬鈴薯に含まれている毒成分。アルカロイドソラニジンという配糖体です。これは馬鈴薯の中心部には少なく、皮の部に多く、とくに芽の部分や、日光に触れて緑色になった部分に多く含まれています。その量は約〇・〇四%といわれます。皮をむき小さく切って水洗いすれば七〇%ぐらいは除去されます。ソラニンは毒性は弱いが多量に食べると腹痛や吐きけを催すことがあります。然し熱で破壊されますから心配するほどのことはありません。

そらまめ〔空豆・蚕豆〕

マメ科の二年草本。秋に種をまき、夏に収穫します。空豆は花が上を向いて咲くからこの名があります。蚕豆は成熟したサヤの形が蚕の形に似ているからです。また養蚕の季節に成熟するからともいわれます。原産は西南アジア、中国では栽培も古く蚕豆の字をあてています。日本へは慶長年間中国から移入され、九州では中国からの伝来の意味で唐豆と呼んでいます。塩茹でにして使ったり、茹でたのを砂糖蜜に漬けて前菜や口代りの盛り合わせ、青味にも使います。

ソルビンサン〔ソルビン酸〕

食品添加物として許可されている保存料の一種。ソルビン酸は、カビ、酵母、細菌などに対して発育阻止の作用があり、この効果は酸性において発揮されますが、pH八以上になるとほとんど期待はできません。また嫌気性菌に対しても効力を持っていません。ソルビン酸は、世界の主な国で、使用量を制限して許可されています。わが国では製品一kgにつき次のような使用基準です。魚肉ねり製品、クジラ肉、食肉製品、ウニは二g以下、タコ、イカ、燻製品のは一・五g以下、魚貝乾製品、煮豆、醤油漬けなどは一g以下、ジャム、ケチャップ、酢漬の漬物は〇・五g以下、甘酒（三倍以上に薄めて飲むものに限る）は〇・三g以下と規定されています。

そろえそうめん〔揃え素麺〕

素麺の端を揃えて竹の皮でゆわえて茹でたもの。かもじともいいます。

た

たい〔鯛〕

タイ科の魚。一口に鯛といっても種類は多く、マダイ、チダイ、キダイ、ヘダイ、ヒレコダイ、イシダイ、クロダイ、イシガキダイ、レンコダイなどタイと名のつく魚は末広先生の書によれば二〇〇種類以上もあるといわれます。その中には似てもつかぬ姿のが沢山あります。タイという語源ですが、『延喜式』（藤原忠平、全五〇巻、九二七年）や『日本釈名』（貝原益軒、十三、魚、一七〇〇年）の古書によれば、タイという呼名は、この魚の形が平であるところからこのように名付けられたと記されているし、『東雅』（新井白石、一七一七年）は三韓の方言より転じたものだとする向きもあり、更に『本朝食鑑』（平野必大、一六九五年）の「鯉は小位で川魚の王であり、タイは大位で海の最上のものなり。」という記事の中の〝大位〟によるという見方もあります。しかしタイの語源は確たるものは分っていないようです。

何れにしても鯛は四季を通じて美味しくしかも、姿も色も絶品です。ですからめでたいなどに通わせて祝事にはなくてはならない魚となっています。でも八十八夜前後が産卵期ですから産卵後しばらくは麦わら鯛といって味は落ちます。昔鯛は赤魚《あかめ》といっていたようですが、これは色から来た名称でしょう。多比とも書かれていますが、タヒといわずにタイというのは、否、非に通じ、忌み嫌らったことでしょう。武王で名高い周の国では、赤い魚を尊重したのでこれを貴《たっと》んだとの説もあります。鯛は音で集る習性があり、これを利用して高知県古満目湾ではそれを実験して成功し、広島県の倉橋島でも大がかりなテストをしています。海底に自動的に二〇〇サイクルの音を流す装置を置き、食事だよと呼びかけると同時にエサを散布し、放流した鯛を常に呼び集める仕組です。これは網なしで養殖する方法として考えられたものです。何はともあれ鯛は魚の王者といってよいことでしょう。也有の句に、「人は武士、柱は桧、魚は鯛」とうたっています。

鯛といえば明石といわれるように瀬戸内は、鯛のもっとも好む餌、即ち蛸、海老、貝類、かになどがあり、その上、あの雷雲のような渦巻く潮の流れの中を行動して体力を使うので身がしまるなど、良い条件が揃っているからです。現在鯛といえばほとんど養殖ものばかりですが、養殖にも二通りあり、一つは一ヶ所へ寄せて飼育する方法と、今一つは幼魚を湾内に放ち、飼を与えるのですが、時を定めて鳴物で音をたてて寄せて餌をやる方法です。勿論少しは他へ行きますが、

鯛の名所（古書より）

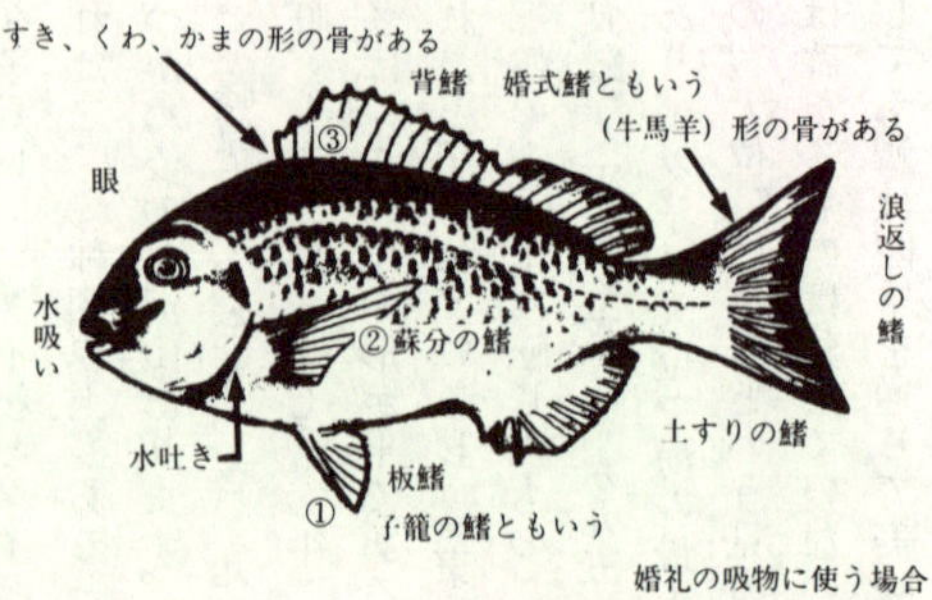

婚礼の吸物に使う場合
①右嫁の吸物
左聟の吸物
②右母
左父
③親類

婚礼の吸物に使う場合鯛に①②③の印が付けてありますのでその印の鰭を使うわけです、魚は左へ頭を盛り付けますから、即ち上の方が左、下の方が右ということになります。

釣鐘
鯛の頭の七ツ切
即ち頭で六ツ
釣鐘一ツ

大略はその辺に住みつくようです。鯛は鳴物即ち大鼓や笛などがよく感じるようで、古くに読んだ本の中に海で笛を吹いていたら鯛が沢山浮き上って来たという記事が頭にうかんできます。鯛の養殖にこのようなことが考えられて餌育中のようですが、これが成功すれば天然物と同じ鯛が安く手に入り、大変幸せなことです。

たいかぶり〔鯛蕪〕

鯛と蕪を煮た料理。冬に鯛や蕪を主にした鍋料理は良いものです。

だいきょう〔大饗〕

中古におこなわれた饗宴の大なるもの。毎年正月二日、中宮、東宮拝賀の後、禁中玄輝門の東西の廊にておこなわれるのを、二宮大饗といい、いわゆる平安朝華かなりし頃で、藤原氏長者では宗伝の重器「朱塗台盤」という朱塗りの机を使用して儀容厳然たる行事でしたが、記録されたある献立は、餛飩《こんとん》（餡入りの小麦団子）、茎立《くきたち》（青菜）、包焼（鮒の丸焼）、酥《わ》（牛）、酪甘栗（搗栗）、零余子《むかご》焼、辛あえもの、汁（雉子羹）、腹赤（鱒）、鯉、芋粥、などという簡素なものでありました。

たいきり〔鯛切り〕

鯛のすり身をソバ粉に混ぜて打ったそば。

だいごみ〔醍醐味〕

醍醐味といえば豊公の醍醐の宴を思い出されることでしょう。あの豪勢な趣考は、大菜のみにて百八十種類であったと記録が残っているようです。この宴は世界最大の宴の五指に数えられるといわれます。従って充分なもてなしを醍醐味といいますが、今少し醍醐ということを調べてみますと、古代印度の仏教では乳製品を五種に分け、乳《にゅう》（生の物）、酪《らく》（乳汁を煮沸した飲料）、生酥《きわ》（中煮）、熟酥《じゅくわ》（よく煮えかえした物）、醍醐《だいご》（熱味が上に浮び油状を呈し濃厚甘味な液）かように醍醐は五味の最上とされ、栄養的にも価の高いものとされています。醍醐味もそのへんから名付けられた名称かも知れません。醍醐は現在のバター、チーズといってよいでしょう。

さて京都醍醐寺の所在する古刹《こさつ》真言宗醍醐派の総本山には、諸寺がありますが、その中の三宝院の園池のほとりで慶長三年（一五九八）秀吉は花見の宴を催しました。そのために殿堂の大修理を行い、現在に至っています。その催しの盛大さは三里四方赤白の幕を張めぐらし、待べる美女三千人、一食の料理の数一〇八種と記録にあるそうです。きら星の如く居並ぶ諸大名、思うだにさこそであったであろうと想像されます。俗に外様《そとさま》で御馳走になり、帰って来て今日は醍醐味であったとの話をよく聞きますが、それはこの花見の宴の如く豪華であったということです。

だいこん〔大根〕

蘿蔔とも書きます。大きな根をもってなりたっていますのでこの名があります。大根は十字科に属し、原産地はコーカサス地方といわれ、今から約六〇〇〇年前エジプトのピラミッド建設当時、従役者の食料にしたとの記録があるそうです。東洋では約三〇〇〇年前志耶（支那）の周公時代の著述と伝えられる『爾雅』に記載があるといわれます。我国では、『日本書記』の仁徳紀に「於朋泥《おほね》」とあるのが最初の文献です。四季を通して生産され、春大根、夏大根、秋大根と大別され、地方により土地の名称をつけられているのを多くみうけられます。例えば、東京の練馬大根、尾張の青首《あおくび》、宮重《みやしげ》、方領《ほうりょう》、岐阜の守口、大阪住吉辺の田辺大根、鹿児島の桜島大根、細根、二年子、時なし、二十日大根等々各地に種類は多く産します。大根は水分約九五％と栄養は少ないが薬効に優れており、俗に大根時に医者いらずといわれると同時に胃病なしといわれ重宝な野菜です。料理には、風呂吹き、煮物、切干、漬物、膾、卸し、刺身の妻にといろいろに使用されます。

だいこんなます〔大根膾〕

大根、人参を細く切り、塩もみして洗い、油揚げを焼いて油抜きして細く切り三杯酢で和えたもの。大根を主として作るのでこの名があります。

だいこんやくしゃ〔大根役者〕

大根役者といえば何やら下手な役者のイメージが先にたちます。その意味もありますが、大根は食物として種々に料理されます。例えば、大根膾、風呂吹き、煮酢和え、おでん、漬物、天浮羅の添え、みぞれ和え、卸蒸、卸煮、刺身の妻、酢の物等々一寸書き出しても数多くあり、料理のどの幕にも顔を出します。役者でも、どんな幕にも、主役脇役として顔の出せるのが大根役者です。しかし、大根は何れの料理にも、ある程度沢山食べても当ったことを聞いたことはありませんので、役者の場合も何れの劇に出しても当らない、という下手な意味がふくまれている言葉ともいえましょう。

たいしょうえび〔大正蝦〕

クルマエビの一種。東シナ海で獲れます。一名こうらいえびともいい、大正年間わが国の市場に出廻ったのでこの名があります。日本の車えびと違い関節が少なく、斑文がなく、尾先が黒いのでよくわかります。わが国の車海老より味はおとります。冷凍として輸入されます。頭のあるものと無いのがありますが、頭のある品がよろしい。

だいしょくくい〔大食食い〕

昔はよく人より多く物を食って自慢したものです。

寛延二年二月、二条城のお城番越中守の組の者に加藤兵部という人があり、ひまをもて余し小屋で同僚と大食競争をやって、朝食に赤飯三杯、汁粉餅四〇切、酒を茶碗に七盃、夕飯が親椀に五杯、夜食に大きな焼飯三五個、最後の一つを半分食い残して気絶したそうです。現在こんな馬鹿な食べ方をする人はないでしょう。

このことで寛延頃までは中食はなく夜食と合せて三度食であったことを知ることができます。なお百姓は、日の長い時には七度ずつ食い、茶の子、朝飯、昼境、昼食、夕境、夕食、夜食、という風習でした。これは農繁期だけの話です。

虫養《むしゃしない》とは昔の昼食会のこと、待は中食、町人は昼食、寺方では点心といっていました。

だいす〔台子〕

茶道具棚物の一種。種類は好みにより多様です。紹鷗《しょうおう》水指棚から簡素な一重棚、丸卓《まるじょく》、等々と流儀により数限りなくあります。この台子は四畳半以上の広間で使用されます。紹鷗水指棚は、紹鷗が古赤絵の枡鉢と水指に使うとして好んだ袋棚。丸卓は利久が秀吉の小田原陣の時、酒樽の鏡板と底板とで好んで作られたといわれる二本足の棚。普通には桐で作ってあります。

だいず〔大豆〕

マメ科の一年生草本。原産はアジア、この豆には種類が多くありますが普通には、盆頃に収穫する早生種は盆大豆、お月見過ぎに採れるのがおくて豆が大豆です。田の畔にもよく栽培するので畔豆の称もあります。食べ物には、味噌、油、豆腐、ゆば、納豆、きな粉、青豆は御菓子の州浜、煮る時は昆布と共に煮た豆昆布等があります。若いのは茹でて食べます。晩生の大粒なのが美味しいことです。

たいずし〔鯛鮨〕

鯛の押し鮨や、棒鮨、にぎり鯛、ばら鮨、鯛の姿鮨、など鯛鮨の名物は各地にあります。明石駅の鯛鮨。福山の名勝鞆の浦の鯛鮨。鞆の浦は鯛あみの名勝地ですが、現在その季節に行ってもほとんど獲れません。

だいずゆ〔大豆油〕

大豆から抽出してとった油。普通白絞油《しらしめ》というのはこの油です。更に高度に精製されたのがダイズサラダ油として使用されます。

だいせんこわめし〔大山強飯〕

鳥取県の大山地方の祝事に作る強飯。秋になって山の幸の多いころ、鶏肉、椎茸、栗、銀杏、人参を煮出し汁、酒、醤油、砂糖で煮て、餅米を一晩水に浸しておき、先の具を混ぜて蒸し、蒸気が上ったら煮汁を三〜四回まんべんなく掛けて蒸し上げます。普通のおこわと違い美味しいものです。

だいだい〔橙・代々〕

橘の一種。原産はインド。西洋、東洋にも伝わります。この橙は暖地を好み、わが国では山口県、愛媛県に多く栽培されます。ダイダイは、代々、また中国では、回青橙とも書きます。これは、他の果実は、実が十分熟すると枝から落ちますが、この橙は花が咲いて果実がなっても落ちず、一度黄色に熟したのが再び青くなり、そして中の種には芽が出てきます。中国での回青橙は青年に回り帰るの意味です。縁起物として正月の飾りに使われるのは代々世をゆづるの意味からです。実は酸味が強いので生食には適しませんが、料理の味付けには必要なものです。ちり鍋や水焚、酒蒸し、塩蒸、ポン酢、酢の物等々と使い途の広いものです。汁を絞る時、あまり強く絞らないように心がけます。よくばって強く絞りますと、苦味が多くなります。

たいちゃ〔鯛茶〕

鯛茶漬の略称。鯛の身を薄作りにして、醤油、ゴマ、わさびと混ぜ、熱い飯を茶碗に少々盛り、鯛の身を二〜三切入れ、その上に飯を入れ、その上に鯛の身をのせ、漬けてあった醤油を少々かけ、熱い煎茶をかけ蓋をしておき、一〜二分の後もみのりをかけて食します。

だいとくじじゅう〔大徳寺重〕

大徳寺で使われるのでこの名があります。用途は茶料理の点心用。

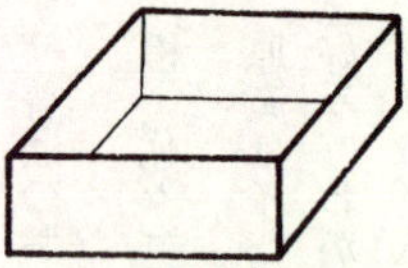

蓋はかぶせ蓋、蓋裏に焼き印で大徳寺の文字があります。この中には、物相（突飯）焼物、八寸様の品三品くらい、焚き合せ、香の物と盛り合せます。この他に椀盛、丁寧な所には向附を使う場合もあります。あまり御馳走すぎぬがよろしいことでしょう。

だいとくじなっとう〔大徳寺納豆〕

味噌納豆の一種。京都紫野の大徳寺で作り初めたのでこの名があります。蒸大豆にコウジ菌を付けて発酵させて作ります。味噌のような風味があり色が黒く、大きい物で一・五㎝くらい。乾燥させる時大きな桶に入れて日に乾し、時折杓子でかき混ぜて仕上げます。然し一口に大徳寺納豆といっても、大徳寺周辺の末寺によって、塩味、風味も違い、食べくらべてみると興味があります。酒の肴、茶うけ、茶漬け、大根卸しと二杯酢和え、蒸しカステラを作る時に少々入れてもよいものです。茶の干菓子に添えることもします。

だいとくじふ〔大徳寺麩〕

京都紫野の大徳寺の精進料理から起った麩。麩を油で揚げてゆっくりと煮て味をつけたもの。

だいどころ〔台所〕

食事を作る所をこういいますが、昔は台盤と名づける食膳、台の置場を台盤所と呼んだのが、後世盤の字を略して台所と呼ぶようになったものです。

だいなごん〔大納言〕

アヅキの一種。小豆のうち一番大粒で品質のよいもの。色は赤で薄赤色をした皮の薄いものほど上等です。大納言とは、豆類に格付けして、これは何の位《くら》いかと言った時、上等であるから、大納言といったことによるといわれます。

たいのうしおじる〔鯛の潮汁〕

鯛の頭等のアラを切って塩をしておき、さっと熱湯を通して油抜きして、昆布だしの薄めなのを煮立て、材料を入れて塩味で加減して仕上げたもの。吸口には季節のものでよろしいが、うしお汁の場合胡椒がよくのります。

たいのからむし〔鯛の唐蒸し〕

金沢の名物。鯛の背裏から包丁をして中骨を取り去り、腹の中へ、おから、人参、木くらげ、古生姜、銀杏、麻の実などを混ぜ、醤油、砂糖で味を付けて炒り煮して詰め、蒸したもの。オカラは擂鉢で先に擂ります。鯛の尾は蒸す時蒸器にかけておきますと姿よく蒸せます。この唐蒸しは金沢ばかりでなく、何れの地でも婚礼には、はらみ鯛といって縁起をかつぎよく使います。

たいのきくむし〔鯛の菊蒸〕

一種の蒸し物料理。鯛の切り身にたて横深く包丁して、酒、塩をして蒸し、真中へ卵を茹でて黄身を裏漉しにしてのせたもの。菊の花のようになりますのでこの名があります。喰味はそば汁。

だいのもの〔台の物〕

大きな台の上に盛り合わせて出すのでこの名があります。昔は遊郭で出す一つ盛りの料理を台の物といっています。現在では卓料理の場合、一つ盛りとして、気のきいた料理を五種か七種出す場合が多くありますが、これが即ち台の物です。日本料理ではこれに一番力を入れます。

たいはい〔大杯〕

酒を呑む大きな杯。昔は婚礼や祝い事に、一合、二合、三合入りの三つ位の杯がよく使われました。代表的なのは、摂津男山付近のある料亭に六升五合入り（一一・七ℓ）、新潟県魚沼郡川口村の旧家、喜多村家には、会津の殿様よりの拝《はい》領《りょう》もので、一斗入り（一八・三ℓ）、長崎県諏訪神社の絵馬堂には、一石一斗一升七合（二〇一ℓ）も入る朱塗の大杯があります。これで一杯やればたいがいの酒豪も満足することでしょう。

だいばんとだいばんふるまい〔台盤と台盤振舞〕

平安時代、三代の嵯峨天皇は唐の文化を取り入れ、唐様をまねて、台盤、椅子などを使って立食の形式を取り入れています。台盤は脚四脚、各脚が八角で中央から細くなった机。その上面は縁が高く天板は縁よりやや低く、天は朱塗り、縁は黒塗りでこの縁が角の井げたに組まれていると風俗史にかかれています。

宮中に於ける節会《せちえ》その他会合の折に飲食を置き、現在の食事と同じように使われたもので、椅子は木で作った角形、それに足をのせる台に、踏椅という角形長方の物を配しています。『貞丈雑記』に、「台はにごりといふ、盤はすみていふ。」とあって、だいはんとよむのが故実だといわれます。この台は藤原氏長者相伝の重器といわれ、『禁中方名目抄』に、「長さ八尺、二人以上の料となるものを、長台盤、長さ四尺、一人の料を切台盤、以上のものを、小台盤と称した。」とあるそうです。私も一度現物があれば拝見したいと思っています。この台の上でいただくので台盤振舞ですが、立食後薯蕷《とろろ》粥というものを出し終ると、別席に移り二次会式に、高杯か懸盤と呼ぶ足付の、現在でいう膳を使って座し、打ちくつろいでのもてなしをするのが普通になっていたようです。台盤を大番と現在の方は思いがちですが本当は台盤です。

懸盤、高杯──→高杯参照

この台盤の宝物は京都御所の清涼殿御台盤所で拝見することができるといわれています。

たいひこうか〔対比効果〕

一方の味が強い時に、弱い別の味を加えると、強い方の味が一層強まる現象のこと。例えば砂糖に少量の塩を添加することによって甘味がぐんと増強されます。これを対比効果といいます。

たいふくじなっとう〔大福寺納豆〕

味噌納豆の一種。静岡県浜名湖北岸の大福寺で製する味噌納豆のこと。歴史は古く、西で京都の大徳寺納豆、東は大福寺納豆とまでいわれるもので、わが国の納豆の双璧です。酒の肴、抹茶の干菓子、茶漬けにして賞味されます。

だいふくまめ〔大福豆〕

隠元豆の一種。おふくまめともいいます。あるいは、トウロク豆ともいい、色の白いかなり大きい腎臓形をした平たい豆。札幌周辺の特産で、とくに甘納豆として加工されるもの。

だいふくもち〔大福餅〕

餡餅の一種。生のや焼いたのもあります。昔は皮を薄く、餡を多くして作ったのでウズラ焼きまたは腹太餅ともいわれていました。『嬉遊笑覧』に「うづら焼きとは、鶉《うずら》のように丸くふっくらしているところから名付けたもので、のちに、腹太といわれた餅も同じものである。皮は薄く、形は大きい塩あんの餅で、大福餅ともいった。その後形を小さく作り、あんも砂糖入りとし、もっぱらこれを大福餅と呼ぶようになった」と書かれています。

たいみそ〔鯛味噌〕

味噌料理の一つ。鯛の身一五〇g、味噌二五〇g、砂糖大匙一〇杯、味醂大匙六杯、以上の材料で作るとよろしい。鯛を茹で、皮骨を去り、擂り鉢で擂り、味醂で炒って、味噌、砂糖と入れてゆっくりと焚き合わせて作ります。この中へ麻の実を炒って少し入れるのも良いものです。

だいみょうおろし〔大名卸し〕

鰹の卸し方。頭を切り去り、腹を開き腹物を取り出し、きれいに洗い、頭の方から中骨に添って尾の方へ包丁を入れて切り卸す仕方。下身もこの方法で卸します。中骨の両方へ身が残り、おしげもなく卸すのでこの名があります。しかしこの中骨はアラ焚きにして使います。この他小魚でもこの方法をよくいたします。

だいみょうだき〔大名焚〕

古沢庵の酸味をもったもの又は底に残って捨てるようなものでもよろしい、これを薄く切って一日二日水につけておくとふっくらとなります。これを茹で、柔らかくして味醂、醤油で一寸からめにゆっくりと焚きます。好みにより一味少々香辛に使うのもよく、見違えるほど美味しく酒の肴にもなります。大名焚きとは手間ひまかまわず時間をかけて作るのでこの名があります。

だいみょうりょうり〔大名料理〕

大名のように、経済を考えずおしげなく材料を選び、ぜいたくに取扱った料理のこと。大名卸しでお分りと思います。

たいめし〔鯛飯〕

鯛を使った飯。鯛飯にはいろいろの炊き方があります。照焼きにして炊き込んだり、醤油、味醂で生《なま》のを炊き込んだり、そぼろにして醤油味の飯の上にふりかけたりして作ります。照焼きにして作る場合、鯛を三枚に卸し、照焼きにして骨を抜き去りあらを切っておきます。飯は普通に炊き、火を消したら鯛の身をのせ、照焼きに使ったタレを上から掛けてゆっくりむらし、上下混ぜて器に盛り、その上に青み、もみのりをかけて進めます。炊き込みの場合、米カップ六杯、醤油カップ一杯、味醂大匙六杯、鯛の身五〇〇g、釜に米、水、味醂、醤油を入れてこれを火にかけ、沸騰してきたら鯛の身を入れ、ゆっくりと炊き上げ、骨を去り上下混ぜ合せて器に盛り、青み、もみのりをかけて進めます。鯛の身をそぼろにして作る場合、鯛の身を茹でて骨皮を去り、かるく擂って味醂、醤油、砂糖で炒り上げます。飯は桜飯に炊き、よくむれたら鯛のそぼろ三分の一ほど飯に混ぜ、器に盛りその上へ残りの三分の二のそぼろをかけ、青み、もみのりをかけて進めます。鯛の身でなく他の白身の魚でこのように作ることもします。

たいめん〔鯛麵〕

鯛の擂身で作ったもの。魚麵の一種。鯛の身三〇〇g、片栗粉または浮粉大匙四杯、卵白一個、塩小匙二杯、味醂または砂糖適量。作り方、鯛の身をよくたたきつぶして擂鉢で擂り、つなぎに片栗粉、卵白、味付けに塩、味醂を入れてよく擂り、裏漉しをして更に擂り、絞り出し袋に入れて、沸騰させた湯に塩少々入れて火を弱め、その中へ絞り入れて仕上げます。茹だり工合は、浮いてしばらくたてばよろしい。使い途は椀種が主です。

たいやき〔鯛焼〕

焼菓子の一つ。鉄製の鯛型で小麦粉を水溶きにして中に餡を入れて焼いたもの。焼きたては美味しくなつかしい間食です。

たいやのり〔大谷海苔〕

川海苔の一種。日光の大谷川でとれるもの。藍色、焼いて飯にかけたり、酢の物や汁の実に使用します。

たいらぎ〔玉珧・平貝〕

羽箒科の二枚貝。伊勢、瀬戸内、有明海、その他各地で産します。鳥取では「なんのいんがか」のうたい出しの貝がらぶしがありますがこれはこの貝を獲る時の唄です。この貝は黒色鳥帽子形です。俗に貝柱というのはこの貝の柱です。季節は秋から春まで。新しいのは、刺身、さっと茹で酢の物、酢味噌、雲丹焼、揚物、椀種といろいろに使います。臓物はミンチにかけてよく擂り玉子と混ぜ、裏漉しをして流し缶に入れて蒸し、わた豆腐を作り、椀種に使うと磯の香が高く良いものです。

たかあしがに〔高足蟹〕

わが国特産のかに。世界最大の種類。雄は甲の長さ三八cm、幅二九cmもあります。はさみ足を左右にのばすと三mにもなります。雄にくらべて雌は小さいものです。泥状の海底に胴を高く持ち上げて住んでいるのでこの名があります。南太平洋の沖合に住み、味は劣るが体が大きいので肉の量も多く食用にされます。

だがし〔駄菓子〕

高級品でなく昔なつかしい庶民の食べる菓子。古くは雑菓子、一文菓ともいわれ雑菓子の言葉は、元禄年間（一六八八〜一七〇四）発行の書物に、「雑子菓子は民間の食にして、貴人の食する稀なり、杉折に詰め難く、晴れなる客に出し難き」とあるように、一般に白砂糖を用いたものを上菓子といい、黒砂糖を用いたのを下級品として雑菓子と呼んでいたようです。後にはこれを駄菓子と呼ぶようになりました。最近では駄菓子が高級化し、高級菓子が大衆化し、両者の区別もなくなりました。江戸駄菓子、大阪駄菓子、仙台駄菓子、名古屋には新道町にこの駄菓子の問屋があり、昔ながらに栄えています。しかし現在ではその土地で作らず、他で多量に生産されて、これが各地へ送られる場合が多くなり、製造所をみると一寸ものさびしく感じます。

たかだあめ〔高田飴〕

新潟県高田市の名物あめ。江戸中期、高橋孫左衛門が、アワを原料として透明な水飴を作ったのが始まりで、アツ飴といっていましたがその後、その子の代になって、餅米で淡色透明な水あめを作ることに成功、これが全国に広まりました。翁あめ、ササあめなどがこの系統になります。

たかつき〔高坏〕

古くは皿に高い足の付いた陶器でしたが、平安時代になると漆器に代り、丸高坏、、角高坏、角長坏と変化しております。現在では丸高坏に御菓子などを盛って使いますが本来は膳であったようで、風俗史によれば、丸高坏の真中に、物相（突飯）を盛り、その周囲に菜と五ケ所盛り付けた図を見ることができます。菜《さい》のことを、おまわり、というのはここから出た名称です。角高坏は現在でも膳に使います。丸高坏には蒔絵のあるものもよく見受けます。

たかな〔高菜〕

アブラナ科の一年生または二年生の葉菜。葉は楕円形で大きく、長さは六〇cmにも達します。カラシナに似ているので、オオガラシナ、または葉をかきとって食べるのでカキナともいいます。漬物にすると一寸からく、風味があってよろこばれます。茹でて和え物、油あげと煮てもよいものです。

たかのつめ〔鷹の爪〕

トウガラシの一種。トウガラシ種の中一番辛味の強いもの。熟すると真赤になります。乾燥して輸出もされ、料理では香辛料として使います。

たかべ〔高部〕

マナガツオ科。小笠原地方に多く漁獲されます。鮮度が落ちやすいのでくずし物に多く使われます。体はやや長く、鰭は黄色を帯び背筋近くに一条の金色があります。

たきあわせ〔焚き合せ〕

季節の野菜と、鶏、鴨、あわび、いか、目白、魚の真子、相鴨、貝類の一種とをやや薄味に一寸煮汁のあるように煮たもの。

たきがわとうふ〔滝川豆腐〕

一応夏の食味。作り方、絹漉豆腐二八〇g、寒天一本、水カップ一・五杯、豆腐は二度裏漉しておく。寒天は先に水に浸しておき、分量の水で煮溶き、漉して豆腐と混ぜ、流し缶に流し入れて冷しかため、天突きの大きさに合せて切り、天突きにて器に突き出し、三杯酢又は甘だしをかけて、香辛に生姜かわさびの卸したものを添えます。妻《つま》に柳たでなどを添えれば一層涼しさを添えます。突出すと滝の水の流れのようになるところからこの名があります。

たきこみごはん〔焚込御飯〕
いろいろの材料を米と共に焚き込むのでこの名があります。惣菜には、油揚、人参、こんにゃく、椎茸、竹の子、牛蒡などを使います。その他主になる物は、とり肉、牛肉、海老、白魚、かき、鮎、鯛、貝柱、蛤、あさりといろいろあります。青味は茹でておき最後に混ぜ合わせる方がよいことです。五人前なれば、米カップ四杯、煮出し汁カップ四杯半、醬油大匙八杯、砂糖大匙三杯、酒大匙四杯、材料は五品くらい、適当に混ぜて焚きます。但しこの味は惣菜用です。

たきしぶき〔滝繁吹〕
和菓子の一種。百合根を砂糖煮にしてから裏漉しにし、それを餡にして外から葛ねりで絞り包んだもの。百合根と葛の風味がとけ合って美味しい味です。

だきみ〔抱身〕
鳥類の胸肉のこと。

たきやぎょ〔タキヤ漁〕
昔はカンテラで照らして獲ったが現在は電気を海中へ入れて魚を見つけ、ヤス(もり)で突さして取る方法。現在行なわれている所は、浜名湖の弁天島、百年の歴史をもっています。

たくあんずけ〔沢庵漬〕
この名の起源は、品川、東海寺の僧、沢庵和尚が発明したのでこの名があるといい、また一説には、和尚の墓石がこの漬物のおもしに似ているので和尚の名を使ったともいわれます。何れにしても、この沢庵漬けは、日常日本の家庭にはかかせない品の一つです。ご飯のあとの一切れは口中をよくそうじしてくれます。漬ける大根は先まで太さの同じ物がよろしい。乾す場合、日の当るところより風通しのよいところが早く乾きます。大根が簡単に弓なりになるまで乾したのは漬けてから二ケ月くらいが食べ頃、輪になるまで乾したのは三ケ月くらいから五ケ月くらいが食べごろ、先が結べるほど乾せば翌年の夏過ぎまで食べられます。漬け方、四斗樽一樽、大根が弓なりになるまで乾したもの約一二〇本、塩二升三〜四合、米糠一斗五升(糠は後の分と同じ量でよろしい)。輪になるまで乾した大根で約一四〇本、塩二升六合、先が結べるほど乾したので大根約一七〇本、塩三升二合から三升五合。糠はふるいにかけて米粒などを取り去り、塩とよく混ぜ、樽底に糠を敷きその上に大根をきれいに並べ、その上に糠を入れ大根と交互にくり返して漬け終りますが、上に糠を少し多く使うように心掛け、蓋をして押石を上にのせて漬けます。大根の葉の青いところを上にのせて漬けるのもよろしい。これは漬かったらこまかくきざんで、胡麻醬油で食べると美味しいものです。

たけす〔竹簀〕

竹を細く割って麻糸で編んだもの。のり巻きやだし巻の形作りに使います。用途により竹の太さが違い、呼び名も普通の巻簀、細い京すだれ、鬼《おに》簀があります。普通のは巻鮨、煮ぬき豆腐の形作り、京すだれはきれいに仕上げるように巻くとき。鬼簀は太くて、内側がやや三角型に角ばっています。これで巻くと角が巻く材料にくい込んで一つの型ができます。伊達巻などに使用します。

たけのこ〔筍〕

我国で食べる竹として渡って来たのは二〇〇年前、琉球を経て鹿児島へ入ったのが最初だといわれます。竹の子なのでこの名があります。ただ竹といえば種類は随分沢山になりますが、料理に使うのは、孟宗、破竹、芽竹の子、支那竹となります。支那竹、芽竹の子はすでに加工されてありますが孟宗、破竹は求めたらなるべく早く米糠又は米のとぎ汁で茹でておくことです。時間を経ると香りが無くなり、硬くなります。筍といえば先ず京都ということになります。西の丘一帯の土及び湿度にも合い、日本一といっても過言ではありません。掘りたてのをゆっくりと真煮《じがに》にした味は又格別な味を持っています。料理では、煮る、魚天、和え物、汁種、揚げ物、糝薯《しんじょ》にといろいろに使われます。中国では西湖の法華山一帯に産する毛筍を賞味されます。

竹の子は朝掘りにかぎります。掘るには、ハネギリという鉄製の幅の狭い細長い鍬で掘ります。掘りたての竹の子はエグミ（アク）はほとんどありません。アクの正体は蓚酸とホモゲンチジン酸だといわれます。金串の通るまで皮付きのまま茹でるのは、皮に含まれている亜硫酸塩が竹の子の繊維を柔らげ、空気や水の酸素に触れさせないから白く茹だり、味や香気をにがさないからです。話は別ですが豆類を茹でる時竹の皮を入れると早く茹だるのも亜硫酸塩の働きによるからです。竹の子の蓚酸性はカルシウムの吸着を悪くする働きがありますから、若布と一緒に煮ますと、若布のカルシウムと解け合い栄養的に非常によい食べ方となります。春になると、竹の子と若布、即ち若竹煮を賞味するのは昔からの自然の智恵です。筍を茹でると、節合に白い結晶を見ることがありますが、これは筍に含まれているチロシン（アミノ酸）の成分です。食べてもさしつかえはありません。竹の子料理では京都長岡京の錦水亭が有名です。

たけやき〔竹焼〕

青竹の節をつけて二つに割り、その中へ、魚、貝、海老、鮎などと季節の野菜少しを入れ、何れも味塩をしてサラダ油をかけ中火の天火で焼いたもの。時にはレモン、柚子の輪切りをのせて焼くこともいたします。

たこ〔蛸・章魚・蜛蛸〕

軟体動物で足が八本あり、種類は非常に多くありますが、代表的なのはマダコです。その全長三mもある北海真蛸を始め、飯蛸、手長蛸などがあります。蛸を食べる人種は日本人とイタリア人といわれていましたが、現在は西欧人も多く来訪され、ほとんどの人が食べるようになりました。蛸をとるのには蛸壺を海底に沈めておき、その中に潜むのを待って引き上げて捕えます。蛸は全国の海にいますが昔から瀬戸内のが有名です。然し現在は養殖物が多くなっています。蛸の食味はブツ切りを味塩で食べるのが一番美味しく、その他酢蛸、蛸糝薯《たこしんじょ》、蛸の洗い、芋蛸、酒炒り、柔煮、鮨種等々いろいろに使われます。蛸を茹でる時、塩、酒を入れて茹でますが、ようやく火の通った時を限度として取り出し、つるしてよく水をきります。茹で過ぎないのが蛸を美味しく食べるポイントです。

蛸をいつ頃から食べ出したのか疑問が多い訳ですが、何といっても遺骨の残らぬものですからどこの貝塚にもその姿がなく、ようやく蛸壺で知るくらいのことでしょう。『古事記』によりますと、敏達《びたつ》天皇の第一皇子は貝蛸《かいたこ》王というとあり、『日本書紀』には、敏達天皇に菟道貝鮹皇女《うじのかいたこのひめみこ》があり、後には聖徳太子のお妃になられたとあります。兵庫県西部から蛸壺が多く出土されますが、弥生中期のものとされていますから、その頃から多く食するようになったかも知れません。文字では、蛸（中国では蛸の字はクモの字ですからきらいます）、鮹、章魚、『和名抄』には「海蛸子」とありこれをタコと読ませ、多股の意味とあり、『出雲風土記』には「蜛蛸」と書かれています。蛸の旬は半夏《はんげ》生《しょう》（夏至から十一日目）から美味しくなります。蛸は吸板で味を知ると云われます。

たこしんじょ〔蛸糝薯〕

蛸の皮をきれいに剝き、木づちで敲きつぶしよく擂り、伊勢芋、卵白、炒味醂、塩で調味してその中へ、蛸のいぼを一個づつに切りはなして茹でておく。混ぜて丸くとり、二番だしで火を通して椀種に使用します。糝薯のうち高級なものです。

たこつぼ〔蛸壺〕

穴に住む習性を利用してとる漁具。普通は素焼きの花瓶形の首のしまった壺をよく見るが、この壺も土地々々で違い、それに蛸の大小もあるところから型も、大、小、長方、北海道の水蛸のような大きさなのは瓶でなく箱のもあり、小さい飯蛸などは、ニシ、ホラ貝の殻を利用する地方もあります。何れもハエナワ式に連らねてつけてあり、夜間海底に沈め、夜明けをまって引きあげ獲物を捕ります。

たこのやわらかに〔蛸の軟煮〕

中位の蛸の足を一本づつにして、鍋に昆布を敷きその上に大根の輪切と蛸を入れて弱火で二時間くらい箸の通るまで茹で、そこへ味醂、醤油、砂糖を入れて味を付けます。味を付けてから弱火で静かに煮ます。煮すぎると硬くなってしまいます。冷してから切って使います。

たこやき〔蛸焼〕

玉子の水溶きに小麦粉を混ぜて、丸くくぼんだ鉄の型に入れ、その中へ、小さく切った蛸の足、あげ玉、削りぶし、紅生姜のみじん切りを入れ、その上に小麦粉の溶いたのを少々かけ裏返して焼いたもの。喰味にソースなど使います。蛸焼きの始まりは明石からといわれます。何も入れずに蛸だけのが良いとされ、従って明石焼きが別名されてあります。明石は蛸の本場です。

だしこんぶ〔出し昆布〕

昆布製品の一種。煮出し用の昆布としては、リシリコンブ、ミツイシコンブ、レブンがよい。昆布の旨味はグルタミン酸が主で、これに糖類の甘味が加ります。昆布の表面にふきでている白い粉はグルタミン酸とマンニットなので、これをおとすと味が悪くなりますので、使用の時は、砂を払いおとす程度がよいことです。

たじまうし〔但馬牛〕

和牛の一種。兵庫県の北部の但馬地方の黒毛の牛。役肉両用の種類で、これを肥育して、神戸肉、松坂肉として売られる上質肉の牛です。

だしまき〔出し巻〕

塩味で軟らかく焼いた巻卵。卵五個、煮出し汁大匙一〇杯、塩小匙四分の三杯、以上を混ぜ合わせて焼きます。これに大根卸し、もみ海苔、醤油と混ぜて添え進めます。

たたきごぼう〔叩牛蒡〕

牛蒡の皮をこそげて取り、擂木でかるくたたき酢を入れて茹で、熱いまま胡麻酢に浸して作ります。牛蒡をたたくからこの名があります。時には三杯酢でさっと煮てもよろしい。

たたきなます〔叩鱠〕

この料理は何れの魚でも作りますが、鯵のたたきが最も有名です。沖で獲れたての鯵の頭や皮を去り、小さければ骨のまま、大きければ三枚に卸してたたきつぶし、味噌やねぎのみじん切りを叩き混ぜて食べます。紫蘇の葉や木の芽を混ぜるのもよろしいし、二杯酢を付けて食べることもいたします。

たたみいわし〔畳鰯〕

片口鰯の稚魚。シラスともいいます。真水で洗って、枠型に入れて日乾しにしたもの。あぶって醤油をつけて食べます。干し上がりの白いのがよろしい。これは雲丹焼きにして、八寸にも向きます。

たちうお〔太刀魚〕

タチウオ科の魚。全身銀色に輝き、これをさげていると夜には刀の様に見えるのでこの名があります。この銀色の光るものは表面にグアニンという有機塩類が沈着しているからです。グアニンは人造真珠の原料にもなります。体長は一m以上にもなり、初夏が旬《しゅん》で産卵期は八〜九月ですが、この期でも味は変わらず、一年中食べられます。下等魚あつかいをうけていますが、味は鰆に似ていて淡泊です。塩焼き、照焼き、から揚げ、酒煮、手を加えれば三枚に卸して皮を中にして串四本くらいに、きれいに巻きつけ、所々を竹の皮でゆわえ、照焼き、雲丹焼きにして串を抜きとると竹輪のようになります。前菜、口代わりに使うのも乙なものです。

たちばな〔橘〕

ミカン科の一種。直径二・五cm〜三cmほどの小さい果実。日本列島にあるミカンの内唯一の野生種です。古くから珍重され奈良時代には好んで庭に植えられ、平安期にもその名残りがあり、平安京の紫宸殿の前に、左近の桜、右近の橘として植えられています。橘は酸味が強くこれのみで食べることはまれです。ポン酢として使用する場合はあります。

だつ〔駄津　喙長魚〕

ダツ科の海産硬骨魚。形はサンマやサヨリに似ていますが青味をおびているところはサヨリです。上下のあごが長く突き出ていて、それに犬歯状の歯が並んでいて大型です。背は青黒く腹は銀色に光っています。沿岸にそって水面を群遊しますので、これをダツ突きといって、モリで突いて獲ることも興味があります。あまり美味ではないので蒲鉾の原料に多く使われます。

たつくり〔田作り〕

片口鰯の乾したもの、ゴマメともいいます。茹でて乾燥すれば煮干です。田作りは農家の縁起としての名称で商家では俵子ともいいます。正月の祝い肴、銀色をしたのが新鮮です。一度炒って味醂、醤油、砂糖と焚き合わせ、味をからませるように煮て仕上げます。

だつさんそざい〔脱酸素剤〕

食品を無菌状態に保つため、鉄粉を入れて包装したもの。鉄がサビるのは酸素が必要で、密閉した容器の中へ入れておけばその鉄がサビた分だけ内部の酸素は減少します。酸素が除去されますとカビや虫が発生しません。油脂などが酸化しないため、食中毒の心配もなく変化もしないので作りたての風味を長く保つことが可能になります。今までの真空パックやガス充てん包装の従来型の商品とともに現在この技術を使用するようになりました。乾燥剤と同じように、紙袋の中へ細かい鉄の粉末が一定の湿気を保たせる安定剤と共に入っているようです。紙袋を通して酸素をじわじわと奪い始め、袋の中は酸素がゼロになり、酸素欠乏で無菌になる訳です。この技術を商品化しているのは現在我国だけであって特筆すべきことです。

たつたあげ〔立田揚げ〕

この料理は、魚、肉とも作ります。醬油、味醂、又は砂糖で味を付け、片栗粉を付けて揚げたもの。醬油で色がつくので、立田の紅葉の意からこの名称があります。

たつたがわ〔竜田川〕

和菓子の一種。紅葉の名所、竜田川にちなんだ菓子。紅葉の形をしたこなし（お菓子の生地で、火取り餡に小麦粉を一〇％まぜて蒸気にかけて作ったもの）で餡を包み、表面に葉脈をつけ、上を紅、下を黄色にぼかしたもの。餡はいろいろのを使います。秋に最適の菓子。

たづなきり〔手綱切り〕

こんにゃくや大根の酢漬けにする場合の包丁の仕方。材料は短冊に切り、真中へ包丁して、一方の端を切り目に通してねじった姿にすること。大根は切ってから塩漬にしてのちこのようにいたします。

たづなまき〔手綱巻〕

鮨や黄身鮓にする仕事の一つ。材料は、海老、さより、きす、いか、薄焼卵、胡瓜、のりなどを使います。材料は適当に処理して巻簀の上にセロハンの紙をぬらして敷き、その上に材料を斜めに色どりよくならべ、鮨飯または茹で卵を裏漉しをして塩、砂糖で味付けしたのを棒状におき、これを巻いてかたくしめて、セロハン紙のまま切ります。こうすると具がはなれないからです。

たつのおとしご〔竜の落し子〕

ヨウジウオ科の魚。一見魚には見えないが、背ビレもあります。全長八㎝くらい。貝原益軒の、『大和本草』の中のタツノオトシゴの項に、「頭は馬の如く、腰はエビの如く、尾はトカゲに似たり」とあるように奇妙な形の小魚で、全国沿岸の海草の間に住んでいます。この魚は昔から干して安産のお守りとして広く用いられていました。ふくれた腹に形をなした子が見られますが、実は子を持っているのは雄で、雄の腹の下の袋に雌が卵を生み付けるのです。この魚は普通の魚のように泳げないので、頭を上に尾を下にして直立の姿勢でスイスイと前進します。食用にはいたしません。

たつべ

川海老を獲る器、琵琶湖で使用するもの。一名、一休が貧しい漁民たちのそのなりわいの助けにと、進めて作らせた漁具だともいい伝えられているもの。竹を細く割って竹簀のように編んで図のような型に作ったもの。この中へ米ぬかなどを入れて湖中に沈め、時間をはかって引き上げ、川海老、手長海老を獲ります。

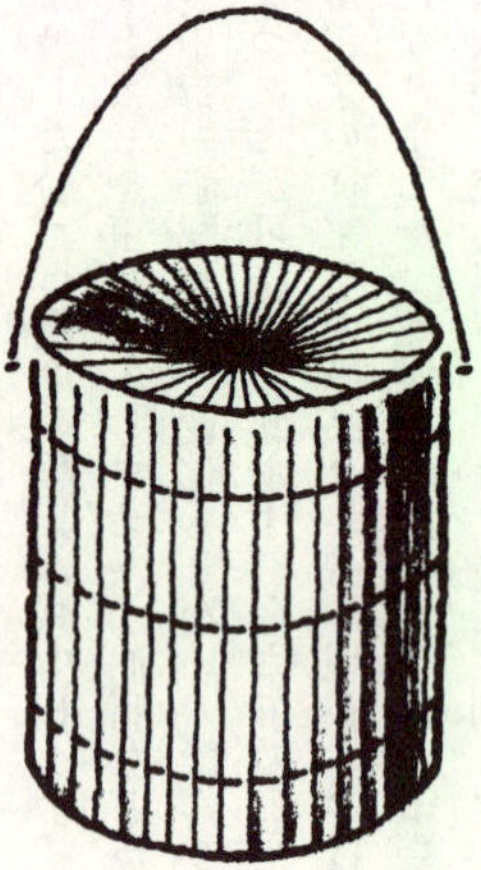

たで〔蓼〕

タデ科の植物。タデ科は種類が多く、我国だけでも何十種類もなるようです。和名で呼ぶと普通には分りにくくなりますから通常の呼び名でいうと、料理に使うものは、紅たで、赤たで、青たで、やなぎたで、この四種類といえましょう。タデの語源はこれをかむと口中がタダレるほどに辛いの意だといわれます。詩人蘇東坡は、「少年辛苦真食蓼、老境安閑如啖蔗」といっています。少年時代にタデを食べるような辛苦をしておけば老年になって砂糖をなめるような甘楽を得ることができるであろう、とこんな詩を詠じています。タデは刺身の妻《ツマ》、酢の物の香辛、塩焼のタデ酢、わけて川魚の塩焼にはなくてはならない物の一つといえます。「鮎なますあいより青きかな」の名句も思い出されます。生魚刺身に蓼を添えるのは毒消しの作用があるからだといわれます。

たていた〔立板〕

日本料理では調理する人、即ち調理師のことですが、立とは調理場の中心になる者という意です。現在では主任と呼びます。

たてしお〔立塩〕

魚貝類を洗ったり、材料に塩味を付ける場合に使う塩水のこと。用途にもよりますが塩度は水カップ一〇杯、塩大匙二杯から三杯くらい。

たでじめ〔蓼〆〕

小鯛、鮎、きすなどの上下にたでの葉をおき、かるく押しをしておくこと。たでの辛味がついて一寸乙なものです。

たでず〔蓼酢〕

たでの葉を擂って二杯酢または三杯酢と混ぜたもの。鮎の塩焼きにはかかせないものの一つです。蓼の葉が沈澱しやすいのでご飯をたでと共に擂りつぶして使ったり、吉野酢と蓼を擂り混ぜることもいたします。

たてづま〔立妻〕

刺身の妻《つま》の添え方の一つ、大根やウドを普通より長めに打って杉の木のように高く盛る妻《つま》のこと。

たてばりょうり〔立場料理〕

市の立つ場所ということです。江戸時代には現在でいう庶民的な食べ物に立場料理がありました。魚河岸とか、やっちゃば（青物市場）の近所に立って食べたり、一寸腰掛けて食べられる飲食店があり、俗にざこ煮、又は芝煮ともいって種々の魚をさっと煮て食べさせたものです。現在でも市場の周辺に飲食店がありますが、これらは立場料理がはじまりです。

だてまき〔伊達巻〕

厚焼卵の一つ。白身の魚を擂りつぶし、つなぎに小麦粉または浮粉を加えて、塩、砂糖、味醂にて味を付け、天火で平たく焼き、これを巻簀で巻いて紐でかたくゆわえて丸く型をととのえたもの。口取や重詰、折詰に使います。分量の配合、擂身五〇g、卵五個、浮粉大匙二杯、塩小匙三分の二杯、砂糖大匙三杯、味醂大匙二杯。

たなご〔鱮〕

淡水産で、二枚貝のエラの中に産卵する一寸変わった習生をもつ魚。原産はアジアの東部と南部、現在世界中には約六〇種もがいるといわれます。わが国には一〇種類ほど生息しています。琵琶湖のアユの移殖と共に中部地方にも広がっており、鮒によく似てはおりますが頭が小さく、板のように偏平なので棚板の意からこの名があります。

たなごは大きくても八㎝くらいの可愛らしい小さな魚で、魚屋の番台の上にきれいな銀色の鱗を光らせて一盛いくらと出されています。小魚に似合わず案外美味しく、骨は硬いが肉離れのよい魚です。六〇〇gぐらいのを頭を切り去り、酢大匙五杯、醤油大匙一〇杯、砂糖大匙四杯ぐらいでゆっくりと煮て召上ってみて下さい。あればまた買いたくなる魚です。

たなつもの〔水田種子〕

『日本書記』にみられる言葉で、稲のこと。稲の始まりについて、保食神《うけもちのがみ》が月読尊《つきよみのみこと》をもてなすのに、口や鼻から食物を出した。月読尊は怒って保食神を殺したところ、体からできたのが稲であったとされ、これを天熊人《あめのくまひと》が天照大神に献上し、天照大神は稲を水田種子《たなつもの》、それに対してアワ、ヒエ、麦、豆を陸田種子《たはたつもの》と決めたといい伝わります。

たにし〔田螺〕

タニシ科の淡水巻貝。田にいるのでこの名があります。ニシは海にもいますが大きさも違いこの方はニシと呼びます。タニシは胎生で、水田、池沼にも棲息し、種類が違うように思われます。地方により、タツボ、ツブなどというところもあり、種類では、小さいのをヒメタニシ、中のをマルタニシ、大のをオオタニシといい、信州ではシジミのように味噌汁の種にもします。普通には茹でて身を出し、塩でよくもみ洗いしてワケギとの酢味噌和えは春の食味です。大粒のものに串を打って付け焼きにすれば酒の肴にもなります。

たにんどんぶり〔他人丼〕

鶏肉、ねぎを玉子とじにして、飯にかけたのが親子丼であり、主材の鶏の代わりに、牛肉、豚肉、貝類など、を使ったのが他人丼。鶏と関係のない、即ち無縁、他人であるのでこの名があります。材料五人前、牛肉二五〇g、玉葱二〇〇g、青み少々、味醂大匙二杯、煮出し汁カップ一・五杯、白醬油大匙六杯、砂糖大匙三杯、玉子五個、海苔一枚。作り方、牛肉は適当に切る。玉葱は薄切り、きぬさやは筋を取る。鍋に調味料を入れ火にかけ、玉葱、牛肉、きぬさやと入れて煮て玉子を割りほぐし、全体に流し入れ上の一部が半熟程度の時火を消し、飯を丼に盛りその上から掛けてもみ海苔をふりかけて進めます。

たぬき〔狸〕

そばに油揚げを入れて汁をかけたもの。これは関西で多く使われる言葉です。うどんに油揚げを使ったのをきつねといい、うどんやそばに揚げ玉を入れたのを、たぬき、という所が多くあります。

たぬき〔狸〕

本山先生の『飲食事典』には、「狸とムジナは同族であって、肉は異臭があって不味云々」とありますが、実は異臭もなく至極美味しいものです。すきやきにしたり、味噌汁即ち狸汁にもして食したことがありますが、冬季は脂もあって肉は軟らかです。毛深いので見たところより身は少ないものです。キツネと共に変幻伝説が多く、トボケ顔で愛嬌者です。

たぬきじる〔狸汁〕

禅寺で狸汁といえばこんにゃくを指でつまみ切りにして、大根、牛蒡と、油炒めして煮込んだ汁をいいます。ある時徳川五代将軍綱吉の命で、僧隆光が城中で狸汁を作ることになったのですが、殺生禁断の折からどうして作るのかと台所の者が尋ねたところ隆光は、茹でて叩いてつみ切って汁にすればよい、と言い放ったので、一同は生物にあわれみ深い将軍の心に添わぬと顔色なして居たところ、実際には狸の代わりがこんにゃくであったので一同再びおどろきあきれたと、隆光伝にのっているそうです。さて狸ですが、狸汁もよく、鍋にしても大変美味しいものです。実は私は鹿のようにクセのある物とのみ思っていたのですが実に美味しいものです。さすがに狸汁といわれるだけの名実があります。一度は食べて見るべき材料の一つとお進めしておきます。

たね〔種〕

料理材料の呼び方。鮨は鮨種、汁物には椀種、等々。

たねなしかじつ〔種無果実〕

ぶどうやスイカに種がなかったらと思うのはだれしものことです。それが幸い近年これに成功して、種子の無いものが出廻っております。元々種子のない果物もあります。バナナ、温州みかん、ネーブルなどがそれです。これらは始めから種子がなかった訳ではなく、栽培中にたまたま種子のないものを見つけ、それを増殖した結果です。種なしぶどうは偶然の機会から実現したものです。これを発見したのは山梨県農業試験所果樹分場で、生長促進剤のジベレリンの実験中の副産物でした。ジベレリンを用いると、ぶどうの熟期が早く、値段も種子のあるものより高く売れるため、いろいろの点で有利で生産も売れ行きもふえています。この方法は、ぶどうの花の開く二週間ぐらいまえに、ジベレリンの薄い液をコップに入れ、花のふさ全体を持ち上げて花ふさを浸します。ただこれだけでよろしいのですが、このままでは種子はなくなりますが粒が小さいので更に今一回この方法をします。二回ジベレリンに浸しますと果実も揃います。ジベレリンは植物生長のホルモンです。

スイカの場合は植物ホルモンなど薬品を用いず、スイカの染色体を奇数培体にすることによって作られます。普通果物類の細胞の中に含まれている染色体の数は、二、四、八といったような偶数です。偶数の数の染色体を持ったものは種子ができますが、これが奇数の場合、とくに三倍体の植物には種子ができません。この理論を応用してスイカを三培体にしたものが種なしスイカです。しかしこれが一年でできる訳でなく、普通のスイカは二培体ですが、この種を蒔いて発芽させ、双葉が開いた時その分かれ目のところへコルヒチンという薬を水で溶かして朝夕二回滴下します。この時できた花、スイカは四培体です。これの同じつるにできる雄花を雌花とかけ合せ、やはり同じ四培体のスイカの種を取り一代終ります。次の二年目に、この四培体の種子をまくと新芽もつるも花もすべて四培体となります。この雌花に普通のスイカ即ち二培体の雄花の花粉をつけると、実ったスイカの中は三培体の種子ができます。次の年に三培体の種を蒔き咲いた雌花に普通のスイカの雄花をかけ合せると実ったスイカは種子ができません。これが種なしスイカです。このように手数がかかるので思うように増産されないのです。

たびらこ〔田平子〕

春の七草の中の仏座《ほとけのざ》のこと。

たまご〔卵〕

一口に卵といっても料理では種々の物を使います。鶏卵、うづら卵、あひる、スッポン、鶏の腹子、かにの卵、かにの腹子等々があります。しかし卵といえば一応鶏卵となります。皮のざらざらしているのが新鮮なもので、光りのある物は古い品です。白色レグホンの白玉とやや小さい赤玉があります。鶏卵はビタミンA、B_1、B_2が多く最も良い栄養食品です。その中でも黄身のかたい、色の良いのがよろしい。黄味ともに半熟にする場合七〇度の湯に四〇分つけておくとよろしい。

たまごうにやき〔玉子雲丹焼〕

料理の一種。玉子をかた茹でにしてたて二つに切り、これに串を打って、雲丹、卵黄と擂り混ぜてこれを数回付けて焼いたもの。雲丹に酒または味醂を擂り混ぜる方もありますが、混ぜない方がきれいに仕上ります。右のように雲丹を使用せず、玉子の黄身を付けて焼く黄身焼きもします。

たまごきりき〔卵切り器〕

茹で卵を切る器具。花形に切るのは切出しナイフ。薄く切るには針金が数本張ってある押切器。その他たて横自由に切るよい器具もあります。

たまござけ〔卵酒〕

玉子、砂糖、酒で作ったもの。玉子一個を深い湯呑茶碗に割り入れ、砂糖大匙一・五杯を入れてよくかき混ぜ、酒カップ一杯を熱燗にして加え手早くかき混ぜて作り、生姜の絞り汁一滴入れて飲みます。風味もよく、昔からかぜ薬にも使用されております。

たまごじめ〔玉子〆〕

鶏、白魚、土筆等々、少し薄味に煮て溶き玉子を流し入れ、火を弱め上部が半熟程度になった時火を消して仕上げます。又の名を玉子とじともいいます。

たまごそうめん〔玉子素麵〕

卵黄で作った御菓子の一種。長崎でも作られていますが、博多の松屋が元祖です。製法は中国の菓子作りの名人、鄭氏の伝授だといわれています。大阪のつるや八幡も有名です。

たまごぞうめん〔玉子素麵〕

玉子で作ったそうめん。卵黄四個、小麦粉大匙三杯、片栗粉大匙二杯、塩小匙一杯、これを混ぜて湯煎で半熟程度にして裏漉しをし、絞り出しに入れ、湯を煮立て一寸火を弱めてこの中へ絞り入れて作ります。椀種に、塩蒸しの魚にあしらい、そば汁をかけた料理のあしらいによいものです。普通にはすでに製造されている干卵素麵を使います。

たまごどうふ〔玉子豆腐〕

玉子で絹漉し豆腐のように作ったもの、玉子六個、煮出し汁カップ一・五杯、白醬油大匙一・五杯、玉子を箸でよくほぐし煮出し汁白醬油で調味して一度すいのうで漉し流し缶に入れ中火で十五分間くらい蒸します。蒸すとき蓋代わりに新聞紙四つ折をのせて蒸せば、蒸気は強いだけ自由に変散するのであまり火の強弱を気にせずともなめらかに出来上ります。

たまごのもと〔玉子の素〕

卵黄二個、サラダ油一カップ、よく混ぜ合わせ、溶き芥子、塩、胡椒を適当に混ぜ合わせ、卵白を泡立てして先のと混ぜ、これに片栗粉大匙一・五杯ほど混ぜて作ります。これは天火で焼く料理の材料にかけて使います。

たまごのゆでかた〔卵の茹で方〕

一口に卵の茹で方といってもいろいろの仕方があります。参考までに思いついたまま書き出してみます。

かた茹で

水から卵を入れて沸騰してから一五分くらいで全卵茹だります。

半熟

水から卵を入れて沸騰すれば半熟です。一分間くらいそのままにしておくのもよろしい。

卵を皮のまま切る茹で方

卵を一晩酢に漬けておきこれを一五分間茹でれば皮のまま切れます。

瓢亭卵

水から卵を入れて沸騰したら火を消し、6分間放置しておけば白身は茹だり黄味はむれた風になります。

温度卵　水から卵を入れて湯が七五度から八〇度になったらその温度を三〇分間たもたせれば白身はかたまらず黄身はかたまります。その原理は、卵の黄身は七三度くらいでかたまり、卵白は八三度くらいの温度でないとかたまりません。従って八〇度では白身は固形しないようです。この温度玉子は白黄共に小皿に割り入れ、そば汁をかけ木の芽を添えれば前菜になります。

金柑卵　温度卵の黄身を取り分け白味噌漬けにしたり、甘酢に浸したりして金柑の小枝を刺して作ります。同じ温度を保たせるにはジャーを使うのも方法の一つです。

たまごまき〔玉子巻〕

玉子六個、煮出し汁四分の三カップ、砂糖大匙二・五杯、白醤油大匙三杯四分ノ一、以上をよくかき混ぜ焼いたもの。鍋の小さい時には何回かに玉子液を流し入れて焼きます。

たまごゆでき〔卵茹器〕

玉子を茹でるための電気器具。一種の蒸気発生器で、水を入れてスイッチを入れると容器が熱せられ蒸気を出します。この水蒸気の持っている熱によって玉子を加熱する仕組になっています。入れた水が蒸発しつくすと、自然に電流がきれますので、加える水の量により加熱する時間をきめることができます。従って全熟、半熟と水の量によってきめることができます。

たまざけ〔玉酒〕

醸造した酒に許されている範囲の水を混ぜます。この水を玉といいます。料理ではよく玉酒につけるといって冷凍魚などを、酒と水と混ぜた中につけて解凍します。こうすると魚の美味さが抜けないからです。魚の塩出しにも使います。酒と水と混ぜるのでこの名があります。

酒と水とにつぎのような話があります。昔あるところである酒屋の酒は水ぽくて飲めないし、酒に水を入れると罪になるからやめるようにと知人にさとしてもらったところ、酒屋はどうもすみません、この後は気をつけますといい、それではあとからお酒を届けますから試飲をして下さいという訳《わけ》で酒が届いたので、早速飲んでみたところ、先にも増して水くさいので、これはどうしたことかときただしたら、酒に水を混ぜると罪になると聞いたので、水に酒を混ぜましたといったそうですが、戦後は金魚酒もあって、昔がたりとばかりともいえないようです。

たますだれ〔玉簾〕

神戸市の名菓。精白したウルチ米粉とモチ米粉と白砂糖で作るハクセッコウに抹茶を混和したもの。表面に菊水の模様があり、その上に細いたて線を付けた抹茶の香りのよいものです。

たまだれ〔玉垂〕

和菓子の一種。求肥のような菓子にわさびの入ったもの。番茶の相手によいものです。料理の玉だれは、わさびに片栗粉を付けて茹でたもの。一口椀の種に使います。

たまな〔玉菜〕

キャベツのこと。

たまねぎ〔玉葱〕

長ねぎに対して食べるところが玉になっていますのでこの名があります。玉葱は刺激臭物、含硫化合物がビタミンB_1を結合して吸収のよいB_1を作ります。玉葱の使い方によって調理師の良し悪しがわかるともいわれています。エジプトでは婿選びに迷った時、玉葱にその人々の名を書き天日に当て、早く芽の出た人を婿にきめるという話もおもしろいことです。我国へは明治十年頃輸入されたと言い伝わっています。

たまり〔溜〕

醤油は大豆と小麦で醸造するのに対し、溜は大豆だけで製します。味噌をロクという大きな樽に仕込み、充分熟した時、下の飲口《のみくち》をあけておきますと自然に味噌の汁がたれて出て来ます。これが即ち生引溜です。こんな上等なのは現在ではほとんどありませんが、これで浸物、赤身の刺身などに使うと最高の味です。またカキモチにはぜひ入用のものです。鯛のアラ焚き、タレにも必要です。私の住む半田はその本場ですから最高の溜が手に入り幸せですが、現在は昔のような品はなくなりました。

たまりじょうゆ〔溜醤油〕

普通の醤油より濃口のもの。

たむらのうめ〔田村乃梅〕

一ノ関の銘菓。十辺舎一九の『東海道中膝栗毛』小田原宿のくだりに「梅漬の名物とてやとめ女　口を酸くして旅人とよぶ」とありますが、これは名物梅干しをうたったものです。青梅の苦味《にが》をとり、砂糖蜜につけ、紫蘇の葉で包んで並べ、砂糖をふりかけて軽く押をして作った甘露梅ですが、宝暦年間（一七五一）ころからあったようです。水戸の梅、小田原、熱海など梅の名所といわれる所では必ず顔を出します。その内奥州一ノ関の田村乃梅が優秀です。一ノ関は豪族、安倍貞任の古い城跡を残す町です。田村乃梅は、白小豆の餡のぜいたくさと甘露梅の美味しさを忘れず、品のよい菓子です。求肥で包み、塩漬けにした青紫蘇の葉で巻いてありますが、紫蘇の葉の緑があざやかで、ひときわ眼を楽しませます。

たら〔鱈〕

雪が降るようになるとこの魚が美味しくなるところから、この文字が生れたといわれます。これには、マダラとスケトウタラと二種あります。マダラは、チリや干鱈になり、スケトウは卵巣が紅葉《もみぢ》子《こ》に作られます。料理では何と云っても雪の降る日のチリ鍋です。鱈は独特の香りがありますが、それは皮の脂肪が酸化して異臭となるのですから、新鮮なのはあまり臭味はありません。鱈は骨の他全部食べることができます。むしろ臓物を鮟鱇の如く賞味いたします。精巣を菊腸、胃を強腸、幽門垂《ゆうもんたれ》を雲腸、肝臓は特に珍味とされます。タラの語源はあのだぶついた、タラタラとした腹のタラから来た名称かも知れません。干鱈は毎朝米のとぎ汁を替えて一週間くらい漬けもどし、切ってゆっくり茹でて甘からく煮ます。正月には、多良、良いことが多くあるようにと縁起をかついで使います。それに正月から多《た》良《ら》福《ふく》食べられる喜びの意にも通わせて使います。

ある時胃腸薬で名高い星製薬が、よく餌を食べる鱈が何故に急速に消化して行くのかと、その消化酵素に目をつけ、研究したそうですが、薬としては悪臭があってものにならなかったという話もあります。

たらいうどん〔盥饂飩〕

愛媛県や徳島県の山間各地の郷土料理。大釜で茹でたうどんを木製の盥に入れ、このたらいを囲んで各自がこれを引あげて付けて食べる料理。付汁は白大豆を一晩水に浸しておき、これを柔かくなるまで茹で、椎茸、昆布、煮干などを加えて煮出し汁を作り、一度漉して、醤油、酒で味を調えて作ります。薬味には、炒胡麻、生姜、紫蘇の葉、ねぎ、たてなどを使います。うどんに熱湯を入れたのが湯づけで、茹でてそのまま釜からあげて食べるのが釜あげです。この釜あげは、大根卸し、ねぎを薬味にして生醤油で食べるのも通な食べ方です。

たらこ〔鱈子〕

スケトウダラの卵巣。生のと塩漬のとがあります。生のは一度茹でて焚き合せの主材に使い、塩漬のは普通着色して赤色になっております。赤いので紅葉子の名もあり、またはメンタイ子(明太魚子)、ミンタイコというのもあります。食べ方はそのまま焼いて食べたり、これをほぐしてお握りに付けたり、生のをほぐしていかなどと和えたりして食べますが、柱巻といって大根を柱に剝き塩をしてのち、三杯に漬け、これにて巻き切って前菜や口代わりの盛り合わせたり、卵白と混ぜて焼物の味と風味付け等々に使い途の多いものです。

たらじる〔鱈汁〕

タラを入れた味噌汁。新潟地方は鱈の本場。漁師が沖でとったスケトウダラをぶつ切りにして、海水で洗い味噌汁にしたもの。素朴な味には忘れがたいものがあります。

たらのめ〔楤芽〕

山菜。たらの木にはトゲがありますから葉の開かない内、即ち若芽を摘みとり茹でて水で晒し、和え物や生のまま天浮羅に使います。山菜料理の流行につれ自然のものばかりでは品不足になりますので、鹿児島、高知、静岡、群馬などで栽培され、各市場へ出荷されています。五月上旬が最盛期。

たらばえび〔鱈場蝦〕

エビの一種。北海道の深海に住み、タラと同じ漁場でとれるのでこの名があります。

たらばがに〔鱈場蟹〕

かにと呼んでいるがヤドカリの一種。甲羅や脚にトゲが多く、イバラがこの名にも関係します。北海道の東岸と日本海で獲れます。北海道のタラ場でハエ縄に多くかかったのでこの名があるといわれます。カニ工船は出漁して水煮缶詰にしています。『俚言集覧』には「たらば蟹、大蟹や、越後の海にあり、鱈をとりくろふゆゑにタラバ蟹といふよし。越後の方言なるべし」とあります。

たらふく〔鱈腹〕

充分物を食べたことをたらふく食べたといいます。魚の鱈は大食漢だからです。鱈にはマダラとスケトウダラとがあり、鱈は字の如く冬の代表魚で、水温摂氏五度から一二度の深海（一五〇mから二〇〇m）の常住魚ですが、十二月から二月にかけて産卵のため群をなして浅海に押し寄せて来ます。俗に私等がたらふく食うといいますが、マダラは特に大食漢においては横綱格といえます。正月によく使うのは正月から物がたらふく食べられるようにとの縁起からです。なおまた当て字で書けば多良、即ち多く良いことのあるようにとの意に通じ、昔から正月に食べるならわしになっております。

たれ〔垂〕

たれには使い途によりいろいろの種類があります。うなぎのかば焼のたれ、シャブシャブの食味のたれ、みそたれ、焼団子につける葛たれ、すきやきのたれ、ポン酢、照焼きのたれ、その味も家によって好みにより調味します。シャブシャブのたれは味醂と溜と同量に氷砂糖にて甘味を加える。これには胡麻たれをよく使いますが他に、胡桃、落花生なども使われます。胡麻だれは炒胡麻をよく擂って醬油、砂糖で調味します。時には炒味醂を混ぜることもあります。みそたれは味噌、味醂、砂糖溜と擂り混ぜ、一度煮かえします。焼団子のたれは溜、砂糖と煮かえし葛の水溶きを入れて濃度をつけます。すきやきのたれは醬油カップ一杯、スープまたは煮出し汁一三〇cc、砂糖大匙七杯。以上は一つの見当で、好みにより自由に調味することは当然です。

たんきりあめ〔痰切飴〕

あめ菓子の一種。飴にゴマ、生姜などを混ぜ、薄く引きのばして二㎝くらいの長さに切ったもの。カゼの時これをなめていると、のどを刺激してタン切りの効果があるとして昔からなつかしい飴です。香辛で口中をさわやかにしてくれます。

だんご〔団子〕

餅は丸く作っても団子といわず、米の粉で作ったのを団子といい、神事や賀儀に使うのは大方餅であり、仏に供えるのは団子であることにはいろいろの意義があるようです。しかし餅は慶弔ともに使います。団子は唐菓子の一種で、俗に花より団子というように花見にはつきものです。団子は米の粉を熱湯で耳たぶくらいにこねて平たくして、これを一〇分くらい蒸し、更にこれをこねて丸か又は平たくして竹串に刺して焼き、醬油のたれを付けて焼き上げます。好みにより醬油のたれに葛を入れて濃度を付けて焼くこともいたします。古くは米ばかりでなく、麦、そば、きびなどの雑穀でも作られました。

正月二〇日の二十日団子、春秋の彼岸団子、月見団子、花見団子、葬儀に備える枕団子、焼き団子、蒸団子と種々あります。世のうつり変わりにつれて砂糖を入れたり、きな粉や餡をつけたりして美味しい名物団子が各地にできています。今に残る言問団子もその一つです。砂糖を入れた団子の作り方材料、上新粉一三〇g、砂糖一〇〇g、浮粉又は片栗粉大匙一杯、湯一三〇cc以上を混ぜて、蒸器にぬれ布巾を敷き、の上にながし入れて強火で五、六分間蒸し、ボールに取りよくねり混ぜて思いの団子にして更に八分から一〇分間程蒸して仕上げます。

だんごじる〔団子汁〕

小麦粉に塩を混ぜてこね、団子に取って味噌汁または清汁に入れて煮た汁。明治時代までは一般の家庭でも寒い日にはよく作ったものです。私は農家生れですが、畑でとれる野菜を沢山自由に使います。団子汁は一種の米の補いとして作られる場合が多くありました。今は思い出の食べものですが、とり肉、ねぎ、椎茸などを材料にして作る、寒い日にはなかなかよいものです。

たんごのせっく〔端午の節句〕

端午の意味は、昔支那では五と午の音が通じるところからいった初五の意で、必ずしも五月に限ったことではなかったが、後世五月の節が重ぜられるようになり、自然に五月の五日に定まったのです。端午は重五、端陽ともいいます。『公事根源』によりますと我国での始まりは、推古天皇の御宇より始るとあり『和漢合運』には、「仁徳天皇の三十九年始めて詔《せう》して菖蒲を献ぜしむ」とあり、様々の説があって明確に時代を知ることができません。

南史、梁の文献には、張皇后が常々菖蒲を見る者は富貴になると仰せられ、御自らも平生菖蒲を懐中されていました。果せるかな後世支那に名高い漢の武帝を出産された話も有名です。五日の夜、枕《まくら》の下に菖蒲を敷いて寝る風習も或いはこの辺からのことでしょう。

元来菖蒲は薬草の一種で、邪気を払い且つ火災除けの呪《まじない》などと宗教的信仰があって、軒に蓬《よもぎ》と共にさしたり、根を切って酒に浸して菖蒲酒を作って飲んだり、頭髪にさしたり、菖蒲湯も五日、六日と沸すのも例でした。

昔文永一一年に蒙古《もうこ》襲来があり、夏早良《なへがら》親王《しんのう》征討の大命を奉じ、五月五日藤原神社に詣でて出兵し、めでたく撃破、凱旋したことなどがあって、菖蒲が尚武と変り、武具を飾るようになり、戦場の陣中を知らせる吹抜き〔吹ながし〕などを立てるようになったのです。

江戸時代には盛んに節句の行事が行なわれ、千代田の城は鯉幟、吹きぬきの林であったといい伝わります。江戸ッ子は五月《さつき》の鯉の吹き流し云々の語もこの頃つくられた言葉でしょう。世も移り変り明治六年に宮中での公儀としては廃止になっています。節句の料理材料は、鯉を中心にします。鯉は中国の古事に習い、鯉は千丈の滝を上り龍となって天上するという縁起をかつぎ、湯洗い、飴煮、祐庵あげなどにして使いたいものです。それに柏蒸、粽、その他穴のあいている材料、例えば、破竹、蓮根、ふき、竹輪、それは男子《おのこ》の祝いですから向うが見えなくては出世できないという意味で、昔から節句の食べ物の一つになっています。

たんざくぎり〔短冊切り〕

短冊には歌短冊と画短冊がありますが、料理での短冊は歌短冊が昔からのものです。幅六cm、長さ三七cm、古いものには幅五・四cmのもあります。何れにしてもこのような寸法に小さく切ったのが短冊切りです。

たんさん〔炭酸〕

タンサンアンモニウム。ふくらし粉の一種。食品添加物の中の合成膨張剤原料として許可されているもの。ビスケットなどの焼き菓子。饅頭の皮などに使用されます。普通市販されているものは、酸性炭酸アンモニウムと炭酸アンモニウムの混合物です。水や熱湯《ねっとう》で分解し、アンモニアと炭酸ガスを生じます。この炭酸ガスによって膨張の働きをする訳です。使う場合、水で溶いてから用います。

たんさんすい〔炭酸水〕

水に無機塩類を加えて炭酸ガスを飽和させた飲料。プレーンソーダともいいます。

だんじき〔断食〕

食べ物のすべて、あるいは一部の食べ物を断つことをいいます。この断食にはいろいろの意味があると思います。宗教的、宗教行事的、精神的、健康のため肉体改造のようなことを目的とする断食もあります。私自身も研究の断食を一寸したこともありますが、吾々のように毎日食べ物に従事する者は、常に自然の内に栄養を高く摂っていますので、五日ぐらいではあまり衰弱などの傾向はみられませんでした。

たんすいかぶつ〔炭水化物〕

炭素、酸素、水素の三種の元素が一定の比率で結合してできた化合物の総称。動物の体には含水炭素と呼ばれるものは、わずかしか含まれていませんが、植物には植物の成分として多く含まれています。主なものとしては、デンプンで、その他、グルコースなどの各種の糖類、繊維などがあります。植物は、炭酸ガスと水と太陽エネルギーから炭水化物を光合成して貯蔵しています。炭水化物は、動物の栄養素として体内でブドウ糖に分解され、おもに一gに付き四カロリーの熱量源として利用されています。但し繊維は人間の場合、消化できないので利用されません。そのために、食品成分表には炭水化物は糖質と繊維に分類して含有量が記されています。体内でカロリーとして使われなかった余分の炭水化物は、体内で脂肪となって貯蔵されます。

たんすいぎょ〔淡水魚〕

おもに淡水にすむ魚の総称。うなぎ、鮭、ます、鮎、鯉、鮒等々ありますが、成長のある期間には海水にすむ魚もいます。

タンニン

配糖体の一種。植物に広く分布していて食品中に含まれた場合、渋味の原因となります。俗にシブとも呼ばれ、タンニンの持つ渋味は水にとけた状態でよく感じます。渋柿、栗、バナナ、茶、コーヒーなど。とくに、茶、コーヒーはタンニンの渋味をほどよくとかし出して飲料とします。茶をいれる場合、鉄分の多い水を使うと黒色になりますが、それはタンニンと鉄が結合するからです。タンニンは多量に摂取すると粘膜をおかします。食用以外には、大島つむぎの塗料、皮のなめし、薬用として防腐剤、整腸剤、下痢止め、柿の渋から取り出したものは、糸、紙、布などの防腐防水に使用されます。

たんばあげ〔丹波揚げ〕

海老または他の材料に味塩をして、小麦粉、玉子の水溶き、栗の千打ちを付けて栗のいがのように揚げたもの。丹波は昔から栗の産地として知られているのでこの名があります。

たんぱくしつ〔蛋白質〕

動物や植物の重要な構成成分の一つ。炭素、水素、酸素その他十六の窒素を含む高分子有機化合物です。タンパク質の形は二〇種ほどのアミノ酸が多数結合したもので、ペプチド結合によります。アミノ酸以外に他の化合物や元素を含むものもあります。タンパク質は卵白に通じ、卵白はほとんど水とタンパク質からできています。タンパク質は生物にとってもっとも重要なもので、植物では種子に多く、動物では、細胞の原形質、血液、筋肉、皮膚、骨髄、毛、爪、その他ホルモン、酵素などあらゆる部分に存在し、遺伝や免疫など生命を直接支配しているといえます。食品では動物タンパク質と植物タンパク質とに分け、生物にとってタンパク質は、体を構成しているばかりでなく、生命を維持するうえに不可欠のもので、体にたえず新陳代謝をくり返し、新らしい組織や物質を作り出しています。このタンパク質には特有の性質があり、熱、酸、アルカリ、アルコール、酸素などで凝固したり、とけるような変化を起します。例えば、卵のタンパク質は熱を加えると凝固します。これをタンパク質の変性と呼びます。この性質を心得て、卵の茹で加減、ゼラチンのかたまり具合、肉や魚の煮焼きにうまく利用することです。

たんばやき〔丹波焼〕

器の一種。一名立坑《たちくい》焼。焼きといっても料理ではありません。兵庫県多紀郡今田町立坑の窯で焼かれる陶器です。この窯の歴史は古く、特に古丹波などは数奇者のよろこぶものです。瀬戸、常滑《とこなめ》、信楽《しがらき》、備前、越前と共に日本の六大古窯の一つです。最も賞観《しょうがん》するものは、古丹波の水指花生ですが、現在のものでも素朴で、食器にもみるものがあります。

たんぽぽ〔蒲公英〕

キク科の多年草。山野に自生し、所によってタンポコともいい、茎を折ると白い乳のような汁がでます。花は黄色で早春若葉をつみとり、茹でて水にてよく晒し、和えものや浸し物にして食します。少しニガ味がありますが、春の野草は何れもニガ味があり、これが春の野草の味といえます。

ち

ちあい〔血合〕

赤身の魚または身に色のある魚を三枚に卸すと、真中に小骨があり、そのあたりに長く一段と血の色の濃い部分があり、これが血合です。血液が多く生臭いので刺身にする場合これを切り去ります。鮪、鰹、ぶり、鰆、鯖などが特に目だちます。栄養的にはこの部分に、カリウム、鉄、ビタミンB_1が多く含まれていて、回遊中この肉に酸素が多く蓄積されていてエネルギーの元になり、毎時四〇キロの早さで移動しますが、このすばらしい勢力はこの肉によるといわれています。

ちか

北海道の海産魚。ワカサギに似た体長十七㎝ぐらい、幅二・五㎝ぐらい、新鮮なのは塩焼き、干物などが美味しい魚です。

ちがや〔白茅〕

本州より西の各地の野原や道ばたに自生する稲科の多年草。別名ツバナともいいます。春に茎の中心に白い穂が出ます。まだ鞘葉に包まれている柔らかいのを抜きとり、子供たちは甘いのでよろこんでこれをかんで楽しみました。

ちから〔力〕

こわめしのこと。「こわきゆえ力と云ぅ也」と古書にみえています。

ちからうどん〔力饂飩〕

うどんの中へ餅をいれたもの。そばにもありますが餅を食べると力のつくという意味からです。

ちからに〔力煮〕

一名でんぶともいいます。白身の魚を茹でるか素焼きにして、擂鉢でかるく当り、醬油、砂糖、酒で炒り上げたもの。力煮とは京に住む貞女が、病気で食欲のない主人のために、氏神に病気平癒の祈願をかけたところ、夢のお告げに土佐の鰹節を削り、手でこまかくもんで粉末にして、上酒と醬油で調味して食べさせよとのことで、そのようにしたところたちまち食欲がすすみ病気全快、以前に増して健康な日々が送れました。それを隣人が聞き、早速これに習ってこころみたところ効果が多くあったため、これを力煮と呼ぶようになったといわれます。現在のふりかけはこの変化したものといえましょう。婚礼のお土産にいただいた折詰の鯛を力煮にするのも一つ方法です。

ちからもち〔力餅〕

名物菓子の一つ。鎌倉の権五郎の力餅、大津三井寺の弁慶の力餅などが有名です。餅は補強の力があるので、このような名称があります。

ちくしこんぶ〔竹紙昆布〕

竹の内側にあるあの薄い繊維という意味の昆布。白板昆布より更に薄い昆布、料理では昆布鮓など作る場合に使用します。

ちくぜんに〔筑前煮〕

筑前博多は鶏《トリ》の水焚きが名物ですから、鶏の骨付きのままぶつ切りにした材料を使った料理を筑前煮、又は筑前仕立てといいます。

ちくわ〔竹輪〕

魚の擂身を竹に巻き付けて焼いたり茹でたりしたもの。現在は鉄の棒に付け自動的に焼き上げて行きます。かまぼこの原型は蒲鉾と書くように、この竹輪であったといわれます。切り口が竹の輪に似ているのでこの名があります。この竹輪は各地に名産が多く、豊橋の焼き竹輪、九州の大竹輪、四国の焼き竹輪、鞆の豆竹輪、山陰のアゴの竹輪（飛魚の竹輪）等々沢山あります。これは普通のものですが、高級なものには青や赤の上付けをきれいにつけたのもあります。青は正月用に、赤は御祝い用に使います。竹輪の食べ方は普通、わさびか生姜醤油ですが、時には煮たり、天浮羅に、和え物に混ぜたりしてもよいものです。

ちさとう〔萵苣薹〕

ちさ葉をかき取った残りのジク。使い途により適当に切って皮を厚めに剝き、茹でて味醂、塩、砂糖で照り煮にして口代わりのあしらいによく使います。青い翡翠色があざやかです。細く長く切って茹で、結んで椀の青みなどに使えば気がきいています。その他焚合せの青味、白みそ漬け、粕漬け、細く切って酢の物や刺身の妻《つま》、短冊に切って茹で、椀の青味にといろいろに使います。

ちしゃ〔萵苣〕

キク科の一年草。チサともいいます。タチチシャ、タマチシャ、カキチシャの三種類があり、普通にはカキチシャをチシャと呼ぶことが多いようです。カキチシャとは下の葉から順次かき取って食用にするからです。そのあとの茎がチシャトウです。チシャは茹でて和えものにしたり、生のまま酢味噌でもよく食べます。

ちそう〔馳走〕

文字のように食べものはかけ走るように足を使って材料を選び、作るものだということを知るべきです。御用聞きにまかせて材料をととのえるような無性者では、心の温る美味しい料理はできません。お勝手の神をご存じですか、それは足の早いといわれる韋駄天です。日常の食べ物は足を使って材料を選び、これを早く作れという意味もふくまれています。

ちだい〔血鯛〕

鯛のうちで最も真鯛に似ていますが、頭のところの曲り方が急になっていて、それにエラブタの後縁の上の方が著るしく赤いので血鯛の名があります。真鯛のように大きくならず、四〇cmどまりです。料理では真鯛と同じように使用します。

ちちぶ〔知々歩〕

ハゼ科の硬骨魚。チチブハゼともいいます。頭が丸く体は肥えています。暗黒色で腹部が淡く、全国の河口などの石の間に住み、体長は八〜一五cmぐらい、東海、関東ではダボハゼ、金沢ではイモゴリ、福井ではシロゴイルと各地で呼び名が違います。味噌汁の種にすると最も美味です。

ちっそ〔窒素〕

元素の一つ。天然には各種のタンパク質成分として、また空気中の窒素ガス、土壌《どがい》などのアンモニウム塩などとして存在しています。生物にとって窒素は体を構成するタンパク質の補給源や、栄養素として、アミノ酸の補給源として重要な物質です。動物では、たいていタンパク質やアミノ酸といった形でとり入れられ、体内で必要な形に作りかえています。

チップ

北海道、支笏湖のヒメマスをアイヌ語で、カバチェッパ、といい、それがなまってチップとなったといわれます。このヒメマスはもと阿寒湖の魚で、海に下って産卵し、幼魚は海で育って再びもとの川をさかのぼって湖に帰って来たのですが、火山の爆発で川がなくなり、湖に封鎖されました。支笏湖のヒメマスは明治二七年、阿寒湖から移されたものです。塩焼き、洗い、バター焼き、フライなどに向きます。

ちとせあめ〔千歳飴〕

水飴を適当に煮詰めたのち、あめの中へ気泡を入れつつ加工したもの。このため色は白くなり量も増え、風味もよくなります。これに着色して、江戸浅草のあめ売り七兵衛が売り出したのが、千歳飴の始まりだといわれます。現在でも千歳の名にあやかって、嬰児の宮参りや、七五三の祝い参りに土産として買い、近所の人や親戚の人に配る風習があります。

ちとせくるみ〔千歳胡桃〕

石川県松任の名菓。加賀の白山麓は古くから胡桃の名産地です。ここでとれた胡桃に砂糖衣をかけたもので彼の地方では「てご」といい、所によりビクといってワラで作った小さな容器に入っております。食べると舌の上で砂糖衣がとけて次に胡桃を味わうと大変美味しいものです。「てご」はモミや野菜などを運ぶ容器です。胡桃は不老長寿の珍果ともいわれます。

ちぬ〔茅渟・黒鯛〕

この魚は季節により赤鯛よりも賞味されるものです。この魚も地方によりいろいろの名称で呼びます。昔大阪湾を、茅《ち》渟《ぬ》之《の》浦《うら》といっていました。即ちこの湾で取れたのを特に賞味したのでこの名がありました。普通には、カイヅ、チンタ、チヌ、黒小鯛と呼びます。この魚はいろいろの料理に使われます。

ちぬき〔血抜〕

料理の材料には血抜きをして使うものが多くあります。豚牛の、内蔵、鶏、鯉、河豚《ふぐ》、鯨、等々。豚牛の内臓は一cm程に切って水を何度も取り替えて晒します。鶏は頸動脈を切って血抜きしますし、鯉は尾の鱗の四枚目から中骨に達するまで包丁を入れて、折り曲げて血抜きをします。鯨肉は適当に切ってよく晒します。河豚の身は現在無毒といわれますが塩水で兎角洗うのがよろしい。河豚の臓物は食べることを禁じられています。

ちまき〔粽〕

端午の節供に用いる餅。粽といえば中国の古事、屈原の話がよく引用されます。『荊楚《けいそ》歳事記』に「新竹を以て筒糉と為す」とありますから唐の時代には新らしい竹筒に米を入れて作ったことがうかがい知れます。伊勢物語、源順《みなもとのしたがう》の著、『和名抄』に「風土記に云ふ、粽は菰葉《まこもは》を以て米をつつみ灰汁を以て之を煮て爛熱せしむるなり、五月五日に之を食ふ」とあり、この頃は菰の葉で作ったことも知れますが、チマキは茅巻きとも書くから昔は茅の葉で巻いて作ったようです。上新粉一三〇g、砂糖一〇〇g、浮粉または片栗粉大匙一杯、塩少々、熱湯一六〇cc、以上を混ぜて五、六分間蒸し、ボールに取り擂木でつついてアラ熱を去り、これをよくこねて取り分け、長方形にして笹の葉で包み、イ草で巻き留めして八分間蒸して作ります。

ちまきずし〔粽鮨〕

新潟県新津《にいつ》の名物。日本海でとれる小鯛を塩をして酢に漬け、これに鮨飯を詰め、笹の葉で粽のように作った鮨。ササの葉は防腐効果があり、これを利用した古人の知恵で作られたことでしょう。新津に駅売りもあります。

ちゃ〔茶〕

茶の文字は、艸人木の三字でつくられています。茶は艸であるか木であるか人が考えぬいてこの字ができたのでしょう。茶書は、中国にも我国にも沢山あります。茶の種類も随分多くありますが、先ず一般に使うのは番茶、煎茶、粉茶で濃茶、薄茶と、大まかに区別がつきます。その中濃茶は樹齢五〇年以上、木の上に日覆をして芽を出しますのであの甘味と良い香りがあるのです。そして八十八夜を境にして廿日前後に摘み取ったのが最上とされます。濃茶には極昔などと昔の文字をよく使うのは廿日が昔になり摘んだ日を現したものです。抹茶では煮えたった熱いのがよく、お煎《せん》茶は約五〇度くらいの温度が香気甘味があってよいことです。中国においても茶の研究は本格的で、その成果が発表されています。かつて、陸羽は茶経に、巴山狭川に大人二人で抱えるほどの茶の木があると著していますが、そのような巨木が中国の雲南省から貴州省を通り、四川省南部、巴山狭川に至る山間一〇〇〇mから一五〇〇mの高地には、幹の直径一・三八m、樹高八mの巨木から樹高三〇mにも達する茶の木とは思えない大木が林をなしている所があると、最近彼地を視察に行った方が茶の本に書かれています。さすが茶の本場の中国と思います。

ちゃうす〔茶臼〕

抹茶を挽く臼。上等の茶臼の石は、金だれ、銀だれと呼ぶのが珍重されます。茶臼の真棒の木は松で割合太く長く、挽く手の木は梅。挽き易く竹が刺されていますが、これは縁起よく松竹梅になっています。真の棒は太くて長く、少し余裕があって、挽く度に少しづれます。茶をこの穴へ入れますので挽く度に茶が下へ落ちて行き挽ける訳です。現在は機械挽きで家で茶を挽くということはまれですが、口切りの茶では、懐石を頂きながら茶を挽く臼の音を聞くのも風情があってゆかしいものです。

ちゃがゆ〔茶粥〕

煎じた茶で焚くからこの名があります。冬の朝など冷飯の応用としてよいものです。

ちゃかいせき〔茶懐石〕

茶の一会《え》は懐石料理をすまして、濃茶、薄茶を頂いて終るものです。

ちゃかいせきのしちしき〔茶懐石の七式〕

懐石料理には、正後茶、朝茶、暁、夜咄、跡見、臨時、飯後、の七式があり、それぞれにふさわしい趣向をして料理を作ります。これは中国北宗の禅僧雪竇《せっちょう》重顕の遺著、『碧巌録《へきがんろく》』の七事随身に因み、茶道の心技錬磨の目的として、表流の如心斉、裏流の一灯宗室が、大徳寺の無学和尚の教えを得て制定されたといわれます。如心、一灯は兄弟です。懐石料理はこの式をテーマにしてよく調理いたします。

ちゃきん〔茶巾〕

茶道で用いるもの。茶碗をふく布のこと。布には、奈良晒、高宮布、照布、薩摩上布など白布が使用されます。大きさは流儀により多少の違いがあります。使うときの折たたみも二つ折、三つ折と異なります。何れにしても茶巾は新らしい真白のを使いたいことです。

ちゃきんしぼり〔茶巾絞〕

豆や栗金団を布巾に包み絞った型に作ること。魚の擂身や卵をセロハン紙をぬらしてこれで包み茹でたもの。これは椀種に使います。

ちゃきんずし〔茶巾鮨〕

玉子の薄焼きを作り、鮨飯に椎茸、乾瓢を煮てこまかく切り、おぼろなど混ぜてこれを先の玉子の薄焼きで包み、乾瓢または三ツ葉の茹でたものを紐にして茶巾のようにくくったもの。

ちゃくしょくりょう〔着色料〕

<非タール系色素>	<タール系色素>
β－カロチン	食用赤色2号
	食用赤色2号アルミニウムレーキ
	食用赤色3号
水溶性アナトー	食用赤色3号アルミニウムレーキ
	食用赤色102号
鉄クロロフィリンナトリウム	食用赤色104号
銅クロロフィリンナトリウム	食用赤色105号
	食用赤色106号
銅クロロフィル	食用黄色4号
	食用黄色4号アルミニウムレーキ
三二酸化鉄	食用黄色5号
	食用黄色5号アルミニウムレーキ
	食用緑色3号
	食用緑色3号アルミニウムレーキ
	食用青色1号
	食用青色1号アルミニウムレーキ
	食用青色2号
	食用青色2号アルミニウムレーキ

加工食品には、加工によって失われた色や、または食欲をそそるような色を付けるために着色料が使われます。食品に着色しても安全であると思われるものだけが使用許可されています。料理ではあまり着色は好みませんが、盛合わせの色彩上、時には着色をすることもあり、ただ一色でなく二色、三色と混ぜてどこまでも奥ゆかしい色を出したいものです。それには新古の美術品のよいのを数多く見て、目をこやしておくことです。

ちゃさじ〔茶匙〕

食事に使う小匙のこと。ティースプーンまたは小匙ともいいます。主な用途は、コーヒー、紅茶といった飲物に添えるもの。

ちゃしゃく〔茶杓〕

茶道に用いる道具の一つ。抹茶をすくう匙状のもの。茶さじともいい、普通は竹製ですが、象牙、塗り、べっこう、桜、柳、松、梅、神社仏閣の古材等々いろいろの材料で作られたものがあります。普通には中節といって中ほどは節のあるのを多く使いますが、真の茶杓として節なしのもあり、節の二ケ所あるのもあります。茶をすくう方が薄くなっているのは、茶はすくうのでなく切るといわれ、棗《なつめ》から茶をきれいにすくい取るのに便利なためです。茶杓は一見同じように見えますが、太いもの、細いもの、その他に変形があって作者の人格をよく表わしています。珠光、紹鷗、利休その他の名作が沢山あります。

ちゃずけ〔茶漬け〕

始めは冷飯に熱い番茶をかけて進めました。平安朝時代には貴族社会でも、夏は水飯といって水ずけ飯を食しています。鎌倉時代から戦国末期までは武士階級は冬でも湯漬けを常食としています。茶を用いるようになったのは室町後期から発達した茶道の普及以降でありましょう。

何といっても茶漬けは日本人にとって忘れがたい食べ物の一つです。外遊されて帰られた方々の言葉にもそれがよく伺い知れます。

茶漬けも現在は二通りの作り方をします。一つは美味しい番茶、また一つには薄味の美味しい清汁とです。これは材料と好みによって使い分けます。種類を書き上げてみますと、鯛茶、鮪茶、とり茶、海苔茶、天茶、時雨茶、梅茶、新巻茶、うな茶、はも茶、椎茸茶、かき茶、アラレ茶、かき餅茶、塩昆布茶、香々茶、タラコ茶、ふりかけ茶、雲丹茶といろいろあります。茶は香ばしい番茶もよく、玉露などを熱い湯でさっと出したのもよろしい。清汁でしたら、塩か醤油味のやや薄めなのがよろしい。

茶には、宇治は香り、狭山は甘味、色は東海といわれるようにこれを混合して使うのもよいことです。

ちゃずつ〔茶筒〕

茶の葉を保存する筒形の缶。本来は錫製の缶ですが、現在はブリキ製が多くなっています。古いのにはトラ缶といって筒裏に虎の刻印のある鉄で作った上等のがあり、これを好者は喜びました。

ちゃせん〔茶筅〕

茶道具の一つ。抹茶をたてる時、茶碗に抹茶、湯を入れてかき混ぜるのに用います。流儀によって本数、型も違います。正月には青穂、すす竹、みがき竹とあり、点前により、荒穏、中荒穏、常穂、数穂などの種類があります。その他仕込み、即ち茶籠、茶箱用に特殊な小さいのもあります。

ちゃせんぎり〔茶筅切〕

菜の切り方の一つ。茶筅のように包丁をすること。材料では小茄子、うど、胡瓜、牛蒡、人参などをたてに細長く包丁をして、揚げたり、酢漬にしたり、煮たりして、あしらい、口取、揚げ物として使います。

ちゃせんなす〔茶筌茄子〕

一口茄子にタテに数本の包丁を入れて揚げたり、色出しして煮たりして使う時、一寸ねじるようにして盛り合わせます。

ちゃそば〔茶蕎麦〕

抹茶をねり込んで薯《いも》をつなぎに使って打ったそば。玉子を入れて打つこともいたします。

ちゃたく〔茶托〕

煎茶または番茶を客にすすめる時、茶碗をのせて出す受け台。銀、錫《すず》、銘木、塗物、籠、モール製といろいろあり、形も丸、モッコウ、菊形などがあります。この茶托に茶碗をのせて客に進める時、丸はいづれでもよろしいが長方形の時は客前へたてにして出します。客はそれを横に直してから茶をいただき、返す時は元のたてに直し少し前に差し出しておきます。

ちゃつう〔茶通・茶津宇〕

和菓子の一つ。小麦粉に玉子と砂糖を加えてこね、これで餡を包み、皮の上部に煎茶の葉を付け、上下を押しつけて焼いたもの。

ちゃつぼ〔茶壺〕

茶の葉を貯える壺のこと。桃山時代に南方ルソンなどから輸入されたのが有名です。この壺に新茶を詰めて貯蔵しておき、秋に茶が美味しくなってからこれを取り出し、この茶で一会催す茶会が口切りの茶で、茶家では重要な一つ、なので、唐物、瀬戸、信楽、丹波、仁清などでよいのが製作されております。

ちゃどう〔茶道・さどう〕

茶の道の一通りをさしての言葉。茶は飲むばかりでなく、その中で精神の修養、相互の親交、美、さび、わびの追求、物の観賞、食味、折りめ切りめの挨拶、その他世の中のすべてがこの道には含まれています。このためいかほどこの道をたどってもその彼岸に達するまでにははてしないほどに遠いものがあります。

よく無茶という言葉を聞きますが、それは常識を知らない人をさします。それほど茶道には世の中のすべての常識が含まれて茶道ばかりでなく、勝手道具の手入れ、始末も教えるべきことです。

ちゃのこ〔茶の子〕

お茶の子才々、朝めし前、と食べ物にかぎらずよく仕事の上でもいいますが、昔、平安時代は朝食を、アサケ、夕食を、ユウケ、といって二食制がたてまえでした。しかし農村や重労働をする人は、起きて直ちに簡単な間食をするのが普通で、これをお茶の子と呼んでいます。このお茶の子はまちまちで、前夜釜や鍋に残った飯とかそば粉や屑米を挽いて、水でこねて焼いた粗末な団子などが多く、中には立ったまま、あるいは仕事に行く馬の背の上で、それらをかじった訳です。つまり茶の相手ということでしょう。朝めし前の食物ゆえ、お茶の子才々、朝飯前との言葉が残ったのです。仕事でも簡単にすませることを今でもお茶の子才々、朝めし前と、いいますが、それは右の次第です。時代も下って安土、桃山、江戸中期になって今日の三食制になりました。尤もこのことははっきりと区切りがある訳でなく、地域、職業により四食、五食とっていたようです。枕草子にも大工が昼食を食べているようすが、珍らしそうにかかれています。

ちゃのさかな〔茶の肴〕

昔は茶菓子を茶の肴といっています。江戸中期頃まではお菓子といえば、氷砂糖、甘栗、干柿、かやの実、昆布、柑橘、塩鮑の結び、ふのやき等でした。従って酒の肴に対し茶の肴という源です。

ふのやきとは小麦粉を水でかき、砂糖を入れて焼いたもの、時には砂糖を入れずに焼いて砂糖をかけることもあり、白みそを巻き込んで切ったのもあったようです。

ちゃばこ〔茶箱〕

茶の葉を詰めて製造元から茶問屋へ運ぶ大箱。店では保存用として使います。今一つの茶箱は、塗りの茶箱に、茶道具一式納めて、花見、紅葉見、かるい野点などに持ち出して使うのもあります。

ちゃぶだい〔卓袱台〕

食事をするための卓。飯台、食台、食卓ともいいます。普通には角形、丸形、長方形で四脚、折りたたみのもあります。座敷での用には、塗り物、シタン、カリン、木地のケヤキ、檜などがあります。ちゃぶだいが一般家庭に普及したのは明治の中頃からです。それまでは箱膳《はこぜん》といって一人一人が三五cm角、深さ二〇cmほどの箱の中に茶碗、汁椀、取り皿、箸を入れてあり、各自きめられていたものです。この箱膳が追々とすたり、現在のようにちゃぶだいが使用されるようになり、特に戦後食物も、中、洋と取り入れるようになり、椅子席の食卓と変化して来ています。しかし椅子席の食卓はすでに平安時代、台盤といって高貴の方々のなかに例はあります。

ちゃぶり〔茶ぶり〕

生子《なまこ》を七〇度くらいの熱さの番茶でさっと湯にすること。

ちゃぶりなまこ〔茶振生子〕

湯に番茶を入れてその中へ海鼠を入れ、早速水に取って柚子の輪切りと共に三杯酢につけておき、入用に応じ切って大根卸しを添えて使います。

ちゃぼ〔矮鶏〕

ニワトリの一種。原産はインド。小形でおもに愛玩用です。体の小さいほどよいとされています。肉、卵とも食用にはされていませんが、卵は味がよく、昔から薬効があるとして珍重されています。

ちゃみせ〔茶店〕

峠や街道で茶菓を売る店のこと。昔は道行く人に茶を接待していたのが、茶や菓子を売るようになり、終りには、座敷までもうけて、酒肴も供するように変化しました。ですから現在でも料理屋のことをお茶屋と呼ぶ場合が多くあります。これは昔の茶店のなごりの言葉です。

ちゃめし〔茶飯〕

茶の煎汁を水の替わりにして焚くからこの名があります。味は塩味。時には飯は塩味で焚き、碾茶をもみくだき、最後に混ぜるのも捨てがたい風味があります。

ちゃもち〔茶餅〕

岩手県花巻地方の名物。米の粉を熱湯でこねて小さく丸め三個づつ串に刺し薄く圧し伸ばし、そのまま蒸してクルミ醬油を塗り、両面茶色になるまで焼いたもの。香ばしくて美味しいものです。

ち

ちゃわんむし〔茶碗蒸〕

蒸し物料理の一つ、鶏、鴨、銀杏、椎茸、青味、焼穴子、かき、長芋、百合根などの内、五種類くらい適当に処理して蒸茶碗に入れ、玉子三個、煮出し汁カップ三・五杯、塩小匙一杯弱、酒小匙二杯、醤油小匙一杯をよくかき混ぜて漉し、茶碗に入れて十五分間蒸して作ります。但し鴨の場合は一度下煮をして使います。さもないと食べる時血がにじみ出ます。以上の玉子液で五人前できます。

ちゃわんもの〔茶碗物〕

陶、磁器で作った器に汁物料理を盛り分ける器。夏に多く使いますが、冬でも大形のを温めて使うのもよいことです。刷毛目、藍絵、赤絵、むぎわら手《で》、金襴手《きんらんで》、織部と種々あります。

ちゃんこなべ〔鐽鍋〕

鍋物料理の一つ。力士が夏冬なく食べる独特の鍋料理。寄せ鍋風に、魚貝、野菜などぶつ切りにして煮ながら食べます。時には白煮にしてポン酢で食べることもあります。ちゃんこというのは、江戸時代、長崎に伝わった板金製の中華鍋のことで、長崎へ巡業した力士が、この鍋を用いていろいろの料理を作ったのが始まりだといわれます。

チャンポン

長崎の代表的な食べもの。いろいろの材料を使うのでチャンポンといったり、支那（チャン）日本（ポン）即ち中国風の食物が日本で作り始められたので両国を合わせてチャンポンという訳もあります。長崎は十六世紀頃からオランダ、ポルトガルなどの船の出入りがあり異国情緒の深い港町です。長崎は他県と違い、日本、中国、西洋と味をチャンポンしたような料理が多くあります。長崎料理、このチャンポンもその一つです。普通には中華麵で用は足ります。具には、豚肉、葱、木くらげ、人参、いか、竹の子、蒲鉾、キャベツ、もやし、貝類、海老等を適宜用意し、麵は茹で、他の材料は適当に切ってラードで炒め、スープを沢山使って醬油、塩で味をつけ、終りに片栗粉の水溶きを入れて濃度をつけ、これを麵にたっぷりかけ胡椒をふりかけて進めます。日本酒と洋酒またはビールを二種以上飲むこともチャンポンに飲むともいいます。

ちゅうじろ〔中白〕

砂糖の一種。この砂糖は車糖に属し、しっとりとした、褐色がかったもの。甘味が強いので家庭や佃煮用に使われます。

ちゅうなごんやまかげきょう〔中納言山蔭卿〕

料理の中興の祖。正しくは中納言従三位藤原朝臣山蔭卿。この方は光孝天皇に仕え、仁和二年芹川行幸の供奉もいたしております。小倉百人一首にある「君かため春の野にいでて若菜つむ、わが衣手に雪はふりつつ」の御歌があるのも、その頃の体験を詠まれたのではないかとの実感がにじんでいます。「御食《みけ》料理のことどもいたく心をいため給いし、」と小松の御門《みかど》の御言葉にあるように、大御食《おほみけ》を始め、諸《もろもろ》の料理を定められました。その料理をさして後世の人々が四条流と呼び、四条流の祖となった方です。

石井翁の著書、『日本料理法大全』に四条流の料理というのは、「大膳職《だいぜんしょく》の大御食ならぬ、総《すべ》ての臣家に用《もち》いられこし、料理法にして、或は又宮中の御食《みけ》の式にも用いそへられたるが、おほくは、大政大臣等より、おしなべての官人まで学び用《もちい》られたりし、後世に至りて、旨《むね》とあるべき時の料理には世中みな用いこしより今もなほ用いたる料理法を云うなり。これを四条流といひたるは、四条中納言藤原朝臣山蔭卿の定めたまへる故に、さよびきたれるなり。」とあり、四条流の祖をあきらかにしております。

ちゅうりきこ〔中力粉〕

小麦粉の一種。中間質コムギから作られる小麦粉で、強力粉と薄力粉の中間的なものです。日本国内で作られている小麦粉は中間質コムギなので、中力粉です。そのため、強力粉や薄力粉は輸入小麦でまかなわれています。中力粉のおもな用途は麺類ですが、最近はうどん、そばにも強力粉を使用する傾向があります。

ちょうざめ〔蝶鮫〕

鱗が蝶に似ているからこの名があります。この子の塩漬けがキャビアです。蝶鮫は軟骨魚と硬骨魚の中間性で、世界には三〇種類もあります。日本では北海道の石狩川や天塩川へ産卵のために上って来ます。キャビアはルーマニアやロシアでは特に賞味されますが、吾々が知るよりもっと高級なのが沢山あるようです。

ちょうし〔銚子〕

酒器の一種。婚礼の時には金銀の鍍金《めっき》を施した柄の長い銚子を使う。懐石に使うのは口の短いもの、大体鉄か銅製ですが、まれには陶磁製のものもあります。両口のものもありますが婚礼に使うのは片口です。正月用には松竹梅の口飾り、婚礼には奉書で折った男蝶女蝶が飾られます。弦の付いているものを正しくは提子《ひさげ》といいます。

ちょうじ〔丁子〕

香辛料の一つ。クローブともいいます。常緑高木で、熱帯地に広く栽培され、香辛料とするのは丁子の花の蕾を乾燥させたもの。形は褐色で輪釘《わくぎ》状で、甘いような芳香が強くあり、スープ、ソース、肉料理、菓子用に使い、食品以外には化粧品の香料、医薬に健胃剤、風邪薬などと用途は広いものです。

ちょうじなす〔丁字茄子〕

丁字に似た小さな茄子で、民田茄子より更に小さい黒色の茄子。塩漬けにしてのち梅酢漬や芥子漬けにします。

ちょうせいでん〔長生殿〕

打ち物菓子の一種。金沢森八製の名菓。加賀百万石の初代、前田利家が秀吉に献上したと伝えられていますから、すでに文禄年間（一五九五）には作られていたことが知れます。当時のものは白色長方形で、表面に黒胡麻を散らしてあったのが、四〇年ほどのち、三代利常のとき、形を墨形にして表面に、長生殿と篆書体で浮き彫にし、これを墨形長生殿といいました。上質の加賀米で、寒梅粉（みじん粉）を粘製し、四国徳島産の和三盆（砂糖）を混ぜて打ち菓子にしたもの。これには赤白があります。赤は本紅《ほんべに》を使います。従って自然色ゆえ赤色にいやみがなく、その上に紅の香りと苦味がほのかにあってよいものです。大きさは三㎝×七㎝です。製法──→落雁《らくがん》。

ちょうせんあめ〔朝鮮飴〕

熊本の名物飴。加藤清正が、朝鮮で製法を習い、帰朝して伝授したといわれるもの。製法は、水に浸したモチ米を臼で液状にして、砂糖、水飴とともに数時間ねり合せ、型に入れて凝固させてのち、みじん粉をまぶし、短冊形に切ったもの。

ちょうせんずけ〔朝鮮漬〕

朝鮮の漬け物、または朝鮮風の漬け物。キムチともいいます。特徴は、唐芥子、ニンニク、ショウガなど香辛料を多く使った漬けもの。

ちょうせんにんじん〔朝鮮人参〕

朝鮮から渡来したのでこの名があります。ウコギ科の多年草、満州の山林中に自生するのを最も珍重いたします。わが国では享保四年、対馬の宗氏から幕府に六株献上し、日光山に栽培されたのが初めで、田村藍水が専ら研究に当り、古来万病の霊薬として尊重されております。

日本での生産地は大根島《だいこんじま》。山陰の島根県側から島根半島が延び、鳥取県から夜見ケ浜が延びてせまい水路を残して、日本五番目に大きな中海（鹹水湖）の中にポツンと浮んでいるのが大根島です。ここが朝鮮人参の生産地です。その他には、福島県、長野県があります。この人参は種を蒔いて収穫までに六年かかり、収穫後の土地は二十ケ年休耕しなくてはいけないという厄介なものです。食料人参はセリ科ですが朝鮮人参はヤツデやらウドと同じでウコギ科に属し、多年性草本、日光の直射には極端に弱く日よけが必要です。漢方の古典(神農本草経)には、五臓を補い、精神を安じ、魂を定め、驚悸《き》を止め、邪気を除き、目を明らかにし、心を開き智を益し、久服すれば軽身延命とあります。実際には中枢神経の抑制作用や抗疲労の効果作用が認められています。

ちょうみ〔調味〕

調理における技術の一つ。飲食の味や香りを美味しく整えること。この味をととのえるために用いるものを調味料といいます。調味の目的は、材料の持ち味を引きたてたり、逆に不快な味や香りを消したり、一寸した工夫で一層美味しくすることです。

ちょうみりょう〔調味料〕

主材に加えて味を整える働きをするものの総称。調味料は非常に多く、基本的なものには、塩、酢、砂糖があり、この他各種の複雑な要素の入った調味料もあります。大略を書けば、味噌、醤油、酢、塩、砂糖、トマトケチャップ、ウスターソース、味醂、あめ、蜂蜜、マヨネーズ、酒、雲丹、人工甘味料、その他食用油、香辛料、化学調味料なども一種の調味料として取り扱う場合もあります。

ちょうめいふ〔長命麩〕

北陸の名産。タテ五cm、ヨコ十二cm、厚さ二・五cm程の焼麩、微温湯に一〇分程浸してもどし切って汁の実、鍋物の材料に使います。焼麩といいながら弾力があってなかなかよいものです。

ちょうようのせっく〔重陽の節句〕

九月の節句。九は最高の陽の数字で、めでたさこの上もない数です。九月九日はその日に当り、重九または菊の季節ですから菊の節句ともいいます。昔は五節句の一つで、武家では重い式日でした。江戸時代は諸大名がみな登城して、将軍に御祝いを言上しています。この日菊酒を飲み、長寿延命を祝ったものです。

菊は武運長久の花で、有名な楠公の菊水の旗印は、後醍醐帝がかって御盃に菊の花を浮べて、御手づから正成に賜わり、卿が武運はこの菊花の如くいつまでも長久であれとの御言葉を頂き、聖旨に感激して心に報公をちかい菊水の旗印にしたと聞き及びます。

この日を後の雛ともいい、昔は雛祭りを行いました。

ちょうり〔調理〕

食品をおいしく、また消化吸収されやすくするため、にいろいろ手を加えて加工すること。食品加工も含まれます。食品をとるために調理するのは動物中では人間だけで、従って食品の数、その応用範囲もきわめて広く、生ではとうてい食べられない骨や皮までも長時間かけて処理して食べられるようにしたり、堅い肉も柔らかくするといった、調理技術の進歩は、調理から更に高度な食品加工へ、食品の合成へとかぎりなく進みつつあるのが現在です。

人間が調理を知ったのは、火を発見してからです。それは旧石器時代、五〇万年も昔のことです。旧石器時代後になると、蒸し焼きすることを知り、更に新石器時代に入り、土器を用いて煮ることを知り、ギリシャ時代に早くも油であげる方法さえ考え出されました。調理を行う目的は先にものべた通り、食品を美味しく食べられるようにすること、これが衛生的で安全であること、栄養的で食べる者にとってプラスになること、この三つの何れかが欠けてもよい方法とはいえません。そうかといって栄養のみに気をとられ、食べ物として不適格ではいけません。調理科学がいかに身についたとしても、それが快して調理が上手になったとは限りません。実際に何度も繰り返し調理する技術が必要です。その方法として、国や地方によって異なりますが、基本としては、洗う、切る、加熱する(煮る、焼く、蒸す、揚げる)、調味する、です。その他仕上げる方法として、攪拌、磨砕、圧搾、冷やす、浸す、漬ける、発酵させるなど含まれます。

ちょうりし〔調理師〕

調理を業務とする者。調理師法(一九五八年)に基づいて、都道府県知事の免許を受けた者。調理師の免許は、高校入学の資格があり、厚生大臣の指定する調理師養成施設において、一年以上調理、栄養および衛生に関して調理師として必要な知識、技能を修得した者、または、多人数に対して飲食を調理して供与する施設または、営業で二年以上調理に従事したあと、厚生大臣の定める基準により、都道府県知事の行なう講習を終えた者、および、都道府県知事の行なう所定の試験に合格した者に与えられます。ただし、精神病者、麻薬、阿片、大麻もしくは覚せい剤の中毒者、素行が著しく不良な者には与えられず、資格をとってから前述のようなことがあったり、食中毒など衛生上重大な事故を起こした場合には免許を取り消されることが規定されています。

ちょうりじょうしっておくとよいこと〔調理上知っておくとよいこと〕

料理を習うのは禅に相似通っていて、教わるのでなく自からが修養習得するのが今までのしきたりでしたが、現在ではそうでなく、教え教わる時代となり急速にこの道も進歩をなして参りました。本当によいことだと思います。その意味においてここに料理をするのに必要なことを書き出したわけです。一寸した注意と手間で大変奇麗に、しかも美味しくでき上ります。

「**一匹の魚を焼く時**」魚に塩をして暫らく置き、酢を一回掛けて後、化粧塩をして焼くと皮もはげず奇麗に焼けます。

「**大根卸しの辛味を抜くには**」白砂糖を少々入れてよく混ぜ合わせれば辛味が抜けます。

「**山葵《わさび》の辛味のきかぬ時には**」白砂糖を少々混ぜてよく叩けばすぐに辛くなります。それは山葵に含まれている水で砂糖が溶けて、浸透圧の原理により山葵の中に含まれている辛味が全部外へ引き出されるからです。辛いのはブチール芥子油のせいです。

「**野菜を色よくゆでるには**」強火で湯は多量、塩を少々入れて茹で、直ちに一回冷水に取ること。

「**揚物をする場合**」油の煮え立つまでに油を二、三回箸で掻きまぜておくこと。時には温度計を入れておいて揚げると温度がよくわかってよろしい。

「**わらびをゆでるには**」灰のアク水で茹でること、アク水はアルカリであるから中和されて苦味がなくなります。もう一つの法は、わらび五〇〇g、重曹小匙二杯、沸騰した湯に入れて一晩放置してアクを抜きます。

「**鮑、蛸を軟くゆでるには**」大根を入れて茹でること。大根卸しでもよろしい。火は弱火。

「**塩辛の塩を急に抜くには**」酒で二、三回洗えば直ちに塩味は抜けます。

「**白煮にする材料をゆでる時には**」うど、長芋、蓮根類は酢か焼明礬を少々入れて茹でること。

「**馬肉を煮るには**」牛乳を入れて煮ると軟らかくなります。

「**干魚類を軟らかく煮るには**」アク水に一日または二日漬けて置いてのち茹でて煮ること。

「**胡麻の皮を剝くには**」一晩水に浸しておいてのち手でよくもめば皮がむけます。これに水を加えて皮を洗い流して乾かします。

「**きん柑、密柑の皮など甘煮にするには**」材料を一晩強い塩水に浸しておいてのち茹でて、更に一日水に漬けて晒しておきその後甘煮にすること。こうすると、苦味がぬけ香りが残ります。

「**蕗薹甘煮**」ふきのとうを灰水《あく》でざっと茹で、二日間ほど水に漬けて晒しのち砂糖煮にする。青色粉を少々入れて煮れば色よく煮上ります。

「**大根をゆでる時**」米を少々入れてゆでれば大根がやせない。すなわち凹にならない。

「**豆腐をゆでる時**」湯に塩を入れ片栗粉の水溶きを少々入れて文火（弱火）で茹でれば硬くならない。

「**管牛蒡の作り方**」牛蒡の細いのを洗い、四cmに切り茹でて、極く細いものは木綿針を使い、七㎜くらいの細さのものは細い魚串で身と皮の間へ差し入れて廻し行けば簡単に身と皮とがはなれます。これを管牛蒡といいます。

「**長芋を結ぶには**」適宜の長さに切り結びよい形にして、塩水に酢を少々入れた中に浸しておいてこれを結び、細い串で結び目を止めて、水に入れて塩酢の味を抜き、蒸して後、みつに漬けて味付けをする。

「**寒天を二色に流すには**」一色を先ず固めその上へ熱湯を三、四回ほど掛けて上だけを少々もどし、乾いた布にて手早く上をふき、その上へ次のを温めて熱いのを流し入れて固める。

「**柿の渋を抜くには**」焼酎を吹きかけて密閉して二、三日おくと渋味は抜けます。

「**茄子を色よくゆでるには**」焼明礬と塩水に漬けておいてのち落し蓋をして茹でること。

「**金糸《きんし》芋《いも》を作るには**」さつま芋を桂に剝き、黄紅、焼明礬、塩水の中へ入れて暫らくおいてのち細く切って、布に包んでよく水気を絞って切り、酒、砂糖でさらっと煮れば奇麗な金糸芋ができ上ります。

「**干柿をもどすには**」一晩酒に漬けておくこと。

「**芋のずいきをゆでるには**」酢、大根卸し、鷹の爪、粒山椒を入れて茹でるとえぐ味がとれる。

「**栗を渋皮煮にするには**」曹達又は重曹を少量入れて茹でてのち甘煮にすること。

「**豆類を軟らかく煮るには**」豆を一晩薄い重曹水に浸しておいて茹でること。また竹の皮を入れて茹でても早く軟らかくなります。

「**砂糖のアクを抜くには**」玉子の白身と砂糖をねり合わせて水を入れて火にかけ暫らく煮詰めますと、卵にアクが付着して奇麗な砂糖水ができ上ります。栗、葡萄豆などはこれに漬け込みます。現在はグラニュー糖を使う。

「**卵豆腐を奇麗に作るには**」火を弱めて新聞紙三重ぐらいを蓋にして蒸せば簀の通らぬ奇麗なものができ上ります。

「**灰《あく》水のアクとは**」アルカロイドが学名、アクの強い野菜ものを茹でるときに使います。

「**貝類の砂をはかせるには**」水はあまり多く入れておかないこと。

「**カリフラワーをゆでる時**」酢を少し入れると白く上ります。

「**よもぎをゆでるには**」水九、灰一を含めて煮立てて作ったアク水でゆでること。

「**筍のゆで方**」米のとぎ汁または米糠、タカの爪を入れてゆでること、なお皮のままゆでれば皮の中に還元性の亜流産塩がかなりあって竹の子の繊維を軟らげます。その他香りも味も失せない。

「**昆布を軟らかく煮るには**」酢と水に一晩漬けておいてのち煮れば早くしかも軟らかく煮えます。

「**豆腐を奇麗に切るには**」塩水に豆腐を二時間ほど漬けてお

いてのち切ります。

「**卵をゆでるのに**」水五カップに塩大匙二杯、酢大匙一杯入れた中でゆでると奇麗に茹で上がります。

「**鰻、鯰、泥鰌の泥を吐かせるには**」唐がらしを少量入れた水に放置すること。

「**泥鰌の骨を軟かくするには**」水を切ってざるに上げ、味噌塊を入れておくこと。

「**塩漬け魚の塩の抜き方**」鮭、鱒類は切身にして大根卸しに漬けておくこと。

「**するめを軟らかくするには**」微温湯とアク水を混ぜた中へ五、六時間ほど漬けておくこと。

「**魚の臭味を抜くには**」生姜の絞り汁に漬けておくこと。

「**鮒の骨を軟らかく煮るには**」酒と酢で暫らく煮てから味を付けること。

「**蒸したものを型より抜くには**」寒天を煮溶かし、型に濃く塗り付け、その中へ材料を入れて蒸し熱いうちに抜き出します。

「**水焚きの鶏の汁を乳白にするには**」水炊をして最後に火を消して水を三分の一ほど入れる。

「**ぜんまいアク抜きは**」ぜんまいはわらびと違い苦味が強いので、ぜんまい五〇〇g、重曹大匙一杯入れて三分くらい茹でて一日放置します。翌日更にもう一度前と同じ方法をしてアク抜きします。

ちょうりじょうのようご〔調理上の用語〕

料理を作るには、いろいろな用語がありますので、こうした用語を知っておかないと、料理専門書を読んだ場合、判り難いことがありますので、左にその大略を記して参考に供しておきます。

「あおる」　茹でること。

「あたる」　材料を擂鉢にて擂ること。

「あてる」　材料に塩をすること。

「あたり」　味加減のこと。

「あがり」　魚の死んだこと。

「板ずり」　材料を俎の上で擂りながら、もみ洗うこと。

「うつ」　材料を細く、または薄くきざむこと。

「おとす」　生きているものを屠殺すること。

「しめる」　生魚、または生鳥類を死なすこと。

「いっかん」　一個の数のこと、自然二個は、にかん。

「おろす」　魚鳥の身と骨とに切り分けること。

「素塩《もとしお》」　味の素と焼塩とまぜたもの。

「上身《じょうみ》」　魚肉をミンチにかけ、つなぎを入れて擂身にしたもの。又は刺身のように身だけにしたもの。

「なめさせ」　塩をすること。

「でっちあげ」　ねりまぜること。

「霜《しも》にする」　沸騰湯に一寸入れて、材料の外側を霜のかか

ち

ったようにすること。

「焼霜《やきしも》」材料の外側を強火で焼いて霜の降りかかったようにすること。

「鋳込《いこみ》」種々の材料の中へ他の材料を詰め込むこと。きゅうり、筍などにこうしたことを多くします。

「磯辺《いそべ》」海苔を使った料理によくこうした名称が付きます。

「印籠詰《いんろうづめ》」鋳込みの如くいろいろのものを詰めること。昔武士が用いた印籠に通わせての名称です。

「みぞれ肉」海老または烏賊の挽肉に卵の素、砂糖、塩で味付けをして、玉ねぎのみじん切を水にて晒し、水をよく絞ってまぜたもの。

「火取《ひど》る」魚、野菜類を火で焼き、こげ目を付けること。

「煮出し汁を引く」煮出しを常の如く取ること。

「湯引《ゆび》き」材料をざっと湯にすること。

「湯《ゆ》ぶり」材料を沸騰湯の中へ入れてざっと湯にすること。

「祝《いわい》の粉《こ》」こしょうのこと。

「合挽《あいびき》の肉」牛、豚肉半々に挽いたもの。

「天盛《てんもり》」一番上へ盛付けること。

「忍《しのび》わさび」忍びしょうがと同じ。

「素《もと》」グルタミンソーダのこと。化学調味料。

「たて塩」塩水のこと。

「呼塩《よび》」塩物の塩出しをする場合、呼塩といって薄い塩水に浸しておくと早く塩味が抜けます。塩を呼び出しますからそういいます。

「玉酒《たまざけ》」酒と水を割ったもの。酒は生一本でなく許されただけの水を割ります。これに入れる水を玉といいます。これにならい水の入ったのを玉酒といいます。

「針打《はりう》ち」血の多い肉類は焼きながら、魚串で所々を押して血を外へ出しながら焼きます。中でも鴨類は血が多いのでこうした焼き方をします。それを針打ちといいます。

「甲州煮、甲州蒸」葡萄酒を使っての料理。

「からむ、からませ」まぶすこと。

「下足《げそ》」いかの足の方のこと。

「張《は》る」汁を入れること。

「九助《きゅうすけ》」吉野くずのこと。但し福岡地方の言葉。

「生地《きじ》」物そのままの物のこと。

「種《たね》」一口に種といえば吸物種、椀種のこと。

「鉄砲串《てっぽうぐし》」真すぐに串を打つこと。

「文火《ふみび》」弱い火加減のこと。

「月冠《げっかん》」卵を溶かずに使った料理にこの言葉をよく使います。

「ふり塩」塩味を付ける時、塩を振りかけること。

「具《ぐ》」茶椀蒸種、寿司の種、すきやきの野菜などをいいます。

「子持《こもち》」魚の腹に詰めものをし、子持ちのような姿にし、蒸したり、ゆでたりすること。

「吸口《すいくち》」　木の芽または柚子類の香りのあるものを汁物に少しづつ入れるもの。
「喰《くい》切り」　あまり沢山でない料理の出し方、すなわち喰いきれる品数の料理。
「ふくりん」　物の上に更にまた一回かけること。
「とと豆」　イクラを一度ゆでたもの。
「丸十」　さつま芋。
「卵の素」　卵黄六、サラダ油四の割合でまぜ合わせたもの。
「手羽」　鶏肉のだき身。
「ざく」　鍋物などの野菜のこと、ざくざくと切ったもの。
「ほど煮」　鰹煮のこと。
「利休」　ごまを使っての料理によくこの言葉を使います。
「レバー」　鶏、牛、豚等の肝臓。
この他いろいろの言葉を使います。大略これくらいで用は足ると思います。

ちよく〔猪口・千代久〕

本膳を作る場合、膳には、向附鱠右上、平左上、飯左下、汁右下、その真中に付けるのが猪口です。この器の型がシシの口に似ているのでこの名があります。千代久と書く場合もありますが、これは御祝膳の時、縁起をかつぎ千代久の文字が使われます。

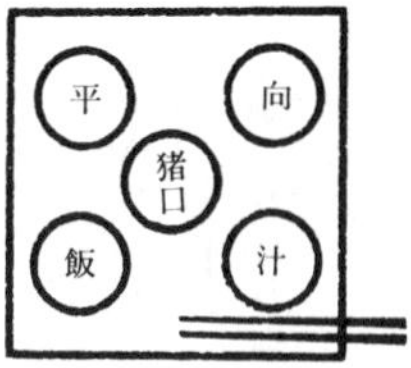

ちよむすび〔千代結〕

椀種や口取りに蒲鉾や卵の薄焼きを長く切って結んだもの。祝事には縁起よく千代の頭文字を使います。蒲鉾の擂身を半量赤く染め、板に白身を薄く付け、その上に赤を付けて蒸し、これを長く切って結んだものなどきれいでよいものです。長芋の千代結びは、長芋を長く切り、塩酢に浸しておき、軟らかくなった時これを結び、妻揚子で結び留めして、水に浸し、塩酢の気を抜き、蒸して砂糖蜜に漬けて味を付け使うこともいたします。

ちよろぎ〔甘露子・長老喜・千代呂木〕

草石蚕。中国が原産、秋には紅葉の唇形の花が咲く、その地下茎のこと。産地は秋田地方、かの地では味噌漬にして保存されますが料理では、汁の実、雲丹や梅肉和え、焚合わせ、梅酢漬けといろいろに使用されます。小さい団子を重ねたような姿ですから縁起をかついで千代呂木と書いて祝い料理によく使います。

ちらしずし〔散鮨〕

鮨飯の上にいろいろの鮨種を散らすようにおいたもの。飯とすし種と混ぜ合わせたのがまぜ鮨です。

ちりなべ〔ちり鍋〕

冬の季節のちり鍋、これにまさる食べものは無いといってもよいでしょう。河豚、鯛、コチ、皮はぎ、鱈、淡白な魚なら何でも向きます。この語源は河豚など薄く切った身を沸騰した鍋に入れてちりっとなったところを賞味するのでこの名が付けられたのでしょう。何れの材料も新鮮なものを選び、煮過ぎない内に食べるのがコツです。食味に、ポン酢、紅葉おろし、晒しねぎ。残りの汁で冷飯を入れて雑炊にしたり、うどんを入れたり、餅など煮て食べるのもよいことです。

ちりめんざこ〔縮緬雑魚〕

背黒イワシの稚魚を茹でて干したもの。四国で良いものが多くとれます。熱湯で洗い、大根卸しを混ぜ、二杯酢でいただくのも酒の肴によいでしょう。チリメンイリコ、太白などともいい、上等のは白くてちりめんのしわのようなのでこの名があります。

ちりれんげ〔散蓮華〕

蓮の花の一片の形をしているのでこの名があります。汁物を食べる匙代わりに使用します。

ちろり〔銚釐・地炉裏〕

酒器の一種。酒を燗するために用いる容器のこと。おでん燗酒で親しまれている燗番の錫は、下の方が細長く、把手の付けてあるのが普通ですが、材質には銀製のよいものや、焼物、金メッキ、模様の刻ったものなどいろいろあります。このちろりで燗をする場合、酒を注ぎ入れ湯に浸しきりにして燗をつけるより、一、二度燗を付ける銅壺の中をやりとりして動かすと酒が美味しくいただけます。それは酒の燗(温度)がまんべんなく温まるからです。

ちんすこう〔金楚糕〕

琉球の銘菓、幅二㎝長さ五㎝、厚さ一㎝ほどのかるい淡泊な焼き菓子、さすが四〇〇年の歴史をもつだけあって美味しいものです。番茶の友によろしい。

由来によれば道光年間、琉球国包丁役、石原嘉右衛門、柳屋善太郎両人が、料理並びに御菓子進調に仕えていて、作り始めたものだといわれます。

ちんぴ〔陳皮〕

薬味の一種。密柑の皮を乾燥させて粉にしたもの。黄橘皮ともいい、祛痰、発汗、健胃として薬用にもされ、香辛料として使います。粉末にして七色唐辛子などに混ぜられます。字義は陳久をたっとぶの意だともいわれます。

ちんみ〔珍味〕

主として酒の肴のおつまみに用います。魚貝の干物、雲丹、このわた、カラスミ、燻製品、蛸いかの加工品など何品といった定めはありません。珍らしい、美味しいものをさしてこのようにいいます。

つ

ついがさね〔衝重〕

食品をのせる台。現在の膳の原型ともいえます。衝重は『古今著聞集』に「折櫃の上に折敷を置て」と説明されているように、折櫃《ひつ》のふたを逆にして折敷を重ね、食盤として用いたことから始まったもので、のちになって次第に形が定められ、ひつの部分は足となり、折敷は台となって固定化した形態となりました。衝重の名は足に台をつき重ねて作ることから名付けたといわれます。足の部分が繰型《くりがた》といって大きくえぐり透すのが特徴です。この繰形を四方にあけたものを四方えりの衝重といっていますが、これを略して四方といい、三方あけたのを三方、二方あけたものを二方といい、繰型の数によって呼び名を異にします。高貴の方即ち摂家、門跡などには四方を使い、三方は一般の公家及び殿上人に使います。衝重は清浄を尊ぶ意味から普通には白木作りのものが常用されました。現在では神社の催事、正月の鏡餅をのせる台などに使用されます。

つがるちほうのとしこしりょうり〔津軽地方の年越料理〕

津軽地方の正月料理は大晦日の夜から始まります。とくに旧家では番頭始め、店の者がずらりと並び、年越の膳につき、お酒は元日の朝まで続きます。一例として、二の膳つきで、一の膳にはタラの昆布しめと鮭のいいずし、蓮根、こんにゃく、牛蒡の煮しめ、黒豆、鰊の甘露煮、数の子、鮭の焼物に菊の花、煮鱠、鱈の子の味噌漬。二の膳には、茶碗蒸、粥の汁、口取りには、めぬけの焼物一匹、伊達巻、蒲鉾、栗きんとん、たら子の寒天寄せ、ころ柿と、盛り沢山で豪華です。鮭は年越し料理に欠かせない材料で、鮭の軟骨の氷頭鱠にイクラを入れることもあるようです。粥の汁とは、金とん豆、大根、人参、牛蒡、油揚げ、塩出ししたわらび、焼昆布、以上を弱火でゆっくりと味醂、醤油で調味して煮たもの。

つきだし〔突出し〕

前菜の一種。至極簡単なつまみ物類。関西地方では客の注文有無にかかわらず、先ず出すから突出しという訳ですが、この言葉は私はあまり好みません。箸付、前菜、お通しが適切な言葉ではないでしょうか。

つきのしずく〔月の雫〕

甲府市の銘菓。名産のぶどうを一つずつ砂糖衣をつけた純白の玉のような菓子。月から落ちる雫に見立てて作られたもの。砂糖衣の甘さとぶどうの酸味と調和して美味しいものです。この菓子の創作のきっかけは、あやまってぶどうを砂糖蜜の中に落し、取り出したところ、それが風雅ですばらしい形をしていたからだといわれます。

つきのせかい〔月世界〕

菓子の一種。富山市の月世界本舗製。玉子を泡立てして砂糖と共に製した二・五cm角、五cm長さのかるい干菓子。お茶うけによい品です。今少し薄く切ってあるとお抹茶の干菓子にも向きます。

つきみ〔月見〕

卵黄を月に見立てて使った料理。うどんやそばにとろろを掛け、卵を割り入れたもの。椀に熱い汁を張り、その中へ卵を割り入れたのも月見椀といいます。

つきみだんご〔月見団子〕

旧八月十五日、中秋名月にお供えするのでこの名があります。元来この行事は中国から伝わったもので、中国では二千年も前から行っています。中国では三大節の一つにかぞえられ、月餅といって、百華肉月餅、火腿月餅、荳萍月餅などといって卵や蓮の実、棗を使って作ります。日本での月見の始まりは醍醐天皇の寛平九年であるといわれますが、既に文徳天皇の頃にも行なわれているようです。月見団子は十五個、その他に里芋、枝豆、柿、栗、果物などを供え、萩、すすきの花を生けて月見の宴を催します。月見団子は、上用粉（上新粉）九六〇g、砂糖七〇〇g、うき粉六〇g、湯一二〇ccを用意し、上用粉、砂糖、うき粉と混ぜてその中へ湯を入れてねり混ぜてむし、表面に泡ができた時は取り出し、よくねり適当に丸めて更にむして作ります。

お供えする数は十五個です。そして今宵《よい》の月を祀る主人は本来十五歳の児女です。この夜の月がさえていれば幸福な一生が終れると占なったものです。ヘチマの水を取り化粧水にするのもこの夜です。今日のように仕事〳〵と追われ勝ちな時代、明日を賞して一時を過すのも無意味ではないようです。月の異名は非常に多く、中秋明月、三五夜の月、芋の明月、豆の明月、望月、最中の月、十五夜月などといいます。

つくし〔土筆〕

トクサ科、多年草の杉菜と同根に生じます。蕃殖器を有する穂先が筆に似ているのでこの名があります。茹でて一晩水に浸してアクを抜き、卵とじ、和え物、早い内には懐石の箸洗いの種、向附のあしらいなどに使えば早春の感じがわき、楽しい食べ物の一つです。

つくしあげ〔筑紫揚〕

揚げ物料理の一つ。主として鯉を使いますが、その他鮒でもよろしい。適当に切り小麦粉をまぶして胡麻油で揚げ、つくしあげ特別の汁で食べます。かけ汁は味醂、醤油、塩で調味して、片栗粉で濃度をつけ、終りに酢を少量加え、生姜のみじん切りと青味少々。器に盛り分けた材料にかけ汁をかけて進めます。

つくだに〔佃煮〕

我国特有の食べ物の一つ。一七世紀に江戸府、当初幕命によって摂津の佃から移住した漁民を、正保年間大川口に集団させたのでこの地が佃島の地名となり、この地で小魚が多くとれるのでこの小魚を材料にして煮始めたのが佃煮です。材料は新鮮なものを濃醤油、味醂、砂糖、水飴、生姜の千切りを入れてゆっくりと煮ます。

つくね〔捏〕

肉や魚の肉を焼いて擂身とし、つなぎにヤマノイモ、玉子などを加えて更に擂り、一個づつに取り分けたもの。これを揚げれば、つくね揚げです。

つくねいも〔仏掌薯〕

ヤマノイモ科。つくねたような形状ですからこの名があります。多年生草本で自然薯の栽培変種といわれています。とろろ、山かけなどに最適です。

つくばね〔胡鬼子・突羽根〕

白檀科。ハゴノキ、又はコキノコともいいます。落葉樹で本州中部の山野に自生し、十月頃成熟したのを生のまま吸物のあしらいにしたり、塩漬け、乾燥品にします。それをもどして正月の吸物、さしみの妻《つま》に使えば最適です。児女の遊びの羽子板でつく羽子に似ているからこの名があります。実のなっている木は花茶としてもよく使います。

つくり〔作り〕

さしみのこと。

づけ〔漬〕

っ

鮨言葉。鮪のこと。昔は鮪の保存方法がないので醤油漬けにしておき、これを種にして握りに使ったのでこの名があります。

つけあげ〔付揚げ〕

揚物の一種。精進揚げにこの方法をよくします。材料に味を付けて揚げ、食味の天汁を使わない揚げもの。味を付けてあげるのでこの名があります。

つけあわせ〔付合わせ〕

主材に添えるもののこと。例えば焼肴に新生姜など。

つけいた〔付け板〕

蒲鉾の身が付けてある板のこと。

つけじる〔付汁〕

天浮羅、うどん、そば、そうめんなどに付けて食べる汁。うどんなれば湯つき、釜あげ、などであって、普通、かけにして食べる時の名はかけ汁です。このつけ汁は地方地方によって違い、濃淡があります。ある地方では生醤油がついてきたのにおどろいたこともあります。

つけだい〔付台〕

鮨屋が握り鮨を客の前に供する板のこと。檜木《ひのき》の厚い白木、今は漆塗りの板が多く使われます。

つけだし〔浸出し〕

漬け出し。材料を一応処理して浸して味を付ける汁。味醂、煮出し汁、醤油と混ぜて一度煮たてて冷して漬けますが、材料によって味は適当に合わせます。

つけな〔漬菜〕

アブラナ科の一年生または二年生の青菜の総称です。いずれも東洋原産で、京菜、小松菜、高菜、壬生菜《みぶな》、芥子菜、広島菜、水菜などで秋冬初春期に漬物に加工します。白菜をこの内に入れることがあります。

つけばりょうり〔付け場料理〕

長野県千曲川畔の地方料理。ウグイの産卵期の五〜六月頃、千曲川の浅瀬でとって即席に料理すること。料理法は、塩焼き、フライ、天浮羅、魚田とありふれたものですが、河原で調理するため、新鮮なウグイの味もひとしおで、ひなびた情緒が喜ばれます。付け場とは、漁をする場所のことです。ウグイの産卵の習性を利用して、急流の中に石を囲み、小石を敷いてウグイの産卵しやすい場所を作り、ここに産卵のため集まったウグイを獲ります。

つけほうちょう〔付包丁〕

蒲鉾などの擂身を板に付ける包丁。普通の包丁のように切るものでないため、背もなく両方同じで切れないもの。これには大小があり、くずし物を作る場合、魚をこれでたたいて身取るので身取包丁の名もあります。

つけもの〔漬物〕

調理上の漬物といえば、野菜。魚、肉、鶏卵など純料理に使うものも含まれています。ここでは普通漬物といわれる根菜類を書き出してみます。

漬物の始まりは、景行天皇の時代、その皇子、日本武尊が尾張国で藪《やぶ》にも香の物といわれ、野菜の塩漬けを賞味されたと伝わっていますから、既にその頃から香の物としてあったことが知られます。藪にも香の物という言葉は、『源平盛衰記』および『十訓抄』に載っていますが、景行天皇以前にも、既にあったようだといわれています。東山時代の茶の湯にも用いられています。なお奈良漬けは元和元年の頃、奈良の医者、糸屋宗仙によって始められ、沢庵は沢庵和尚により寛永年間に漬け始められ、福神漬けは明治十八年の頃、東京根岸の酒屋酒悦という人が作り始め、それを試食した梅亭今鶩が福神漬と命名したといわれます。何れにしても漬物は、貯蔵ということが目的で作り始めたものです。

根菜類の漬物は日本独特のもので、その他には、韓国、中国ぐらいで欧米にもそれに似通ったものはあっても、きわめて数少なく、取り上げるほども無いようです。

「香香」ともいいますがそれは重ね言葉で、口中の臭味を去る用に食べ始めたともいわれます。その他香道の時、この香をかいで聞香をすると、香の匂いの判別がよく分るところからこの名が出たともいわれます。

漬物を漬ける順序として、先ず塩を選びますが、なるべく白いもの、ニガリ、塩化マグネシウムの多いのは苦味がありますから除けて使います。塩は防腐剤の役もはたしてくれます。大略水二ℓに対し塩をその四割の割合で溶かした液は腐敗させない性質になります。漬物に使用する糠もいろいろですが、先ず米糠が多く使用されます。一度ふるいにかけて米粒を取り去って使うと酸味が出ないので、手間でもこの方法をします。

漬物の種類は、沢庵漬、塩漬、糠味噌漬、味噌漬、梅干、芥子漬、ラッキョウの酢漬、浅漬、べったら漬、阿茶羅漬、奈良漬、千枚漬、南蛮漬、醬油漬、もろみ漬、糠漬等々。

先に塩と水との割り合いを書きましたが、これは塩蔵の腐敗をふせぐ塩加減で、普通には物により適量に使います。

つけもののそしん〔漬物の祖神〕

漬物の祖神は愛知県海部郡甚目寺町萱津神社、祭礼は八月二十一日、二千年も以前から毎年盛大に行なわれ諸国より漬物業者が多数参集され、当日瓶に漬物を漬け込みこれを香の物殿に貯蔵し、初春熱田神宮の祭礼用に奉納されます。

つけやき〔付け焼き〕

焼物料理の一つ。材料に串を打ち、素やきにしてのち、タレをかけながら焼き上げたもの。このタレは、照焼きと違い、味醂と醬油と合わせて一度沸騰させた程度のものがよろしい。つけやきはあっさりとした味を賞味するからです。

つっかけ

料理飲食店など予約なしで来る人の異名。

つつぎり〔筒切〕

魚の切り方。鯉やその他頭を切りおとし小口から骨と共にぶつぎりにしたもの。切った姿が筒形になるのでこの名があります。筒切りの魚は煮肴や鯉こくなどに使います。

つつみあげ〔包揚〕

揚げもの料理の一種。魚、肉、海老その他の野菜に味塩をして、銀紙、セロハン紙などに包んで揚げること。喰味にポン酢など添えて進めます。

つつみやき〔包焼〕

材料に塩、胡椒をして、アルミ箔に包んで焼くからこの名があります。時には味噌味もよろしいし、半熟の卵を包み焼きにすることもします。材料は、肉、魚、野菜を使います。『宇治拾遺物語』には「天智天皇の崩後、皇太弟大海人皇子と皇太子大友皇子と叔甥の間に争いがおき、皇太子の妃は皇太子の女で即ち従兄妹の間であったが、近江朝の群臣間に太弟排除の議があることを知って吉野にある父の上を悲み、丸焼きにした鮒の腹に文を忍ばせて送った。」とありますが、鎌倉時代の歌人、衣笠内大臣、藤原家良の歌に「古へはいともかしこし堅田鮒、つつみ焼きなる中の玉章」の歌なども知られているところです。古来は土蔵焼きともいいました。

つと〔苞・苞苴〕

わらその他、スゲ、イグサ、竹の皮、こもなどで物を包むように作ったもの。古語に荒纒《あらまき》とあるのと同じです。また、魚、卵、果物などを包んで贈答したことから、土産に持っていくその土地の産物の意となり、山づと、家づとなどといって土産物の代名詞になっています。

つとどうふ〔苞豆腐〕

豆腐の水をきって、わら、菅などの苞に包み棒状にして蒸したもの、現在では簀で巻いて作ります。焚合せ、汁の実などに向きます。苞で巻いて作るからこの名があります。愛知県東加茂郡足助あたりでは正月の煮〆にかかせない一つです。現在わらは一般に手に入りにくいので、納豆の包みを利用するのもよいことです。

つとやき〔苞焼〕

ぼらの鱗はそのままに、臓物を取り出し塩をしてわらの苞に入れ、わら火と共に焼いて、ポン酢でいただくもの。苞につつんで焼くからこの名があります。

つなぎ〔繋〕

材料のつなぎに粘着力をつけるために加えるもの。小麦粉、片栗粉、粉卵など。蒲鉾に浮粉、そばに小麦粉、肉団子に片栗粉、自家製の糝薯《しんじょ》に片栗粉や山の芋、卵白、等々いろいろあります。

つのだる〔角樽〕

酒を入れる容器。木地と塗物があり、型は細長く手桶のように手のついているもの。別名柄樽、やなぎ樽、あまのだるなどの名があり、結婚式や上棟式などのめでたい時に酒を入れて贈るのに使います。

つのまた〔角又〕

紅藻類に属する海草。別名カバノリ、アシボソ、ナガマタと呼ばれ、煮溶して糊料に使います。銚子方面では、ツノマタの一種であるコトジツノマタの海藻品を水で煮溶しのり状にして、これを冷し固めたものを海草こんにゃく、黒どうふといって食用にしています。

つばきあぶら〔椿油〕

椿の種子から取ったのでこの名があります。主産地は、伊豆、九州。天浮羅に使うと色も白く至極かるいので最適といえますが、価が高いので混用して使うのも一つの方法です。

つばきもち〔椿餅〕

椿の葉二枚にて餅菓子をはさんだ御菓子。この起源は古く一〇世紀の平安時代、『源氏物語』『空穂物語』にも、「つばきもち」と載っているようです。椿の花は冬から春にかけて咲きますが、葉は常に緑ですから四季を通して便宜に使用できるのも好都合というわけです。

つばな〔茅花〕 ――→ちがや。

つぶす〔潰す〕

くずし物。即ち糝薯など作る場合、材料をたたきつぶし更に擂りつぶすこと。

つぼ〔坪〕

本膳料理に使う食器の名称。かぶせ蓋《ふた》の深い塗物椀、煮物や寒い時にはあんかけなどを盛り入れます。

つぼ〔壺〕

口が小さくて胴がふくらんだ容器。『和名抄』には、「木製なるを壺、瓦製なるを拑」とかかれていますが、壺は古墳時代には食物の貯蔵器として、須恵器《すえき》や土師器《はじき》で作られていました。奈良時代になると、土製のほか銅または金銅など金属で作られ、まれにガラスでも作られました。壺は時代と共に用途が広くなり、食物の保存から薬入れ、骨入れ、酒、醤油の醸造用、茶を貯える茶壺、種入れ、梅干などの漬物入れなどと多用です。備前、丹波、信楽などの古い壺には、肩の所に四つ耳がありますが、おおむね種壺で、この耳穴へ紐を通し天上へつるす時の便としたものです。現在これは花生、かざり壺に使われています。

ツボタイ〔壺鯛〕

正式にはクサカリツボタイ、和名ではスズキ目カワビシャ科の魚。ツボタイの分布はミッドウェー諸島の西北、北太平洋海域。成魚は水深三〇〇～五〇〇m、体色は黒カーキ色でスズキに似ていて、形は鯛、背ビレに強いトゲを持ち、目は大きく口は小さい。身は白くしっかりしていて、秋鯖のように脂肪が多く焼くと脂が流れ出るほどです。このツボタイ漁を行っているのは日ソ両国です。今は少量ですが追々とこの魚も市場に出廻ることでしょう。少し濃味に煮たり、味醂、醤油に漬けて焼いたり、蒸し物料理に向きます。

つぼつぼ〔坪々・壺々〕

懐石料理の中に使う小さく深いやや丸形の器。慶事や特別の来客に、普通一会の料理の他に、鱠を少々入れて膳につけて進めます。これを使えば特別の待遇をする意になり、従って客は、ツボツボまで添えていただきご丁寧にありがとうございました、と御礼を申しのべるのが普通のようです。入れる材料は、大根、人参を細く打って塩もみして洗い、三杯酢につけたもの、即ち大根膾です。

つぼぬき〔壺抜〕

魚の表に切り目を付けず、臓物と骨を骨抜包丁でぬき去ること。尾張の名物いな饅頭などが代表の壺ぬきです。ただ臓物をエラと共に取り去ることを壺ぬきという場合もあります。

つぼやき〔壺焼〕

貝を壺に見立て焼くのでこの名があります。そのうちさざえが代表です。焼く匂いが汐風に送られて来ると知らずに店へ入りたくなるのが壺焼きです。ある人の語るところによりますと、つび、海螺は壺に通じ、結局、つびは女性の性器のこと、日本では貝類を女性の性器になぞられていることはご存知の通りです。この料理はそのまま焼く場合と、茹でて身を取り出し、切って竹の子、椎茸、銀杏など混ぜて煮て貝に詰め、汁も張って更に金アミの上で焼いて仕上げる方法があります。

つま〔妻〕

けん、とも云います。主になる魚の作り身が良人《おっと》であり、添え物になる生野菜を即ち、つま、と見立てての称です。つまの種類は随分沢山あります。海藻、大根、人参、うど、茗荷、芳紫蘇、蓼《たで》類、防風、胡瓜、菊の花、蘭の花、紫蘇葉、茄子の花、わらび、神馬藻《ほんだわら》、莫大《ばくだい》、岩茸、水前寺のりなどを妻《つま》に使います。

つまおけ〔妻桶〕

刺身の妻《つま》など入れておく小判形の桶。専門家用ですが、現在では清潔《せいけつ》なので、ホーロービきのが使われます。

つまおり〔妻折〕

魚の串の打ち方。三枚卸しにした長細い魚はそのままでは見苦しいので、姿をよくするために身の方を中に曲げて串を打ちます。片方だけ曲げて串を打てば片妻折、両方曲げて串を打てば両妻折といいます。

つまみ〔摘み〕

手でつまんで食べられる簡単な食べ物。干物、ピーナツ、アラレ、その他くわい煎餅、前菜風なもの。

つまみ〔妻見・摘味〕

前菜のこと。刺身に妻、焼物にはじかみ、相性の良い意味です。妻と定めるために見合をした時、想像以上の良人であったらお互に、どんなにかうれしいことでしょう。それと同じで酒を呑む時、その葉が酒に合った肴であったら見ただけでもどんなに楽しく、うれしいことか想像がつきます。そんなところからでたのが、このツマミの名称です。夫からみれば妻、妻からみればわが夫、夫婦相性がよくてこそはじめて家内円満です。酒と肴もかくありたいことです。

つまみな〔摘み菜〕

大根の双葉のこと。大根は一ケ所に数粒の種を蒔き、成長よきものを残して間引きします。従ってマビキ菜ともいいます。柔らかいのでさっと茹でて和え物、味噌汁の実、即席漬

つ

けにして胡麻醬油でいただくのもよいものです。

つみいれ〔摘入れ〕

汁の種の一つ。魚をすりつぶし、つなぎに片栗粉または浮粉を使い、時には玉子を入れてよく擂り、味付をして熱湯の中へ箸でつまみ入れ、浮き上るを限度としてすぐ水に取り椀種に使います。アジ、サバ、イワシ、などは吸味の汁に入れて直煮《じか》にすることもします。つまみ入れるからこの名があります。

つめ〔詰め〕

鮨言葉。テリのこと。例えば穴子や煮た貝の上に塗るタレ。ところにより穴子は焼くところと煮るところとがあります。煮る場合は穴子をよく茹でて煮ます。茹で方がたらないと穴子は硬くなります。この煮汁に味醂、醬油、砂糖を加えて煮詰めて作るのでこの名があります。この中へ本葛を入れて濃度をつけます。焼く場合は穴子の頭を入れて煮出して作ります。

つめに〔詰煮〕

煮物料理の一つ、汁のなくなるまで煮詰めること。詰め汁の言葉もありますが、これは詰煮にした汁のわずかに残った汁のこと。これは煮上った物の上にかけて化粧、即ち照をつける時などに使います。

つやに〔艶煮〕

煮物の一種。味醂や砂糖を多く使い光沢のあるように煮たもの。甘煮、甘露煮など、時には飴を少し使うこともします。

つゆ〔露・液・汁〕

すまし汁のこと。その他、そば汁、天汁などもあります。

つゆうち〔露打〕

懐石料理の場合、流儀により、夏季涼しさを出すため、椀の蓋や膳に茶筅《ちゃせん》で水をふりかけて使う場合があります。こうすることを露打ちといいます。

つゆくさ〔露草〕

ツユクサ科の一年草。夏から秋にかけて野原や道端に、かれんな紫色の小さい花が咲き、別名ホタルソウともいい、この葉も茎も柔らかなので茹でて和え物や、清汁の青味に使います。煎じて飲むと、のどの痛みや下剤としても効力があるといわれます。また茶人は茶花としても使います。

つらら〔氷柱〕

椀種に多く使う仕方。白身の魚、あわび、鶏の笹身、いかなどを細く切り塩をして片栗粉を付けて茹でたもの。材料が透明になり、軒端にたれさがるつららによく似ているので、この名があります。

つる〔鶴〕

首が長く、植物の蔓のようだからこの名があります。現在は長寿の霊鳥として禁鳥になっていますが、江戸時代には朝廷、幕府の年始の嘉例にはこれを用いています。鶴の包丁式などの古図で知られる通りです。全世界では十九種類といわれます。我国では丹頂、玄鶴《くろづる》、鍋鶴、真鶴、袖黒鶴、アネハ鶴の六種といわれますが、動物園にはいろいろの種類が輸入されています。私が鶴の身を口にしたのは塩漬けになった朝鮮のものでしたから、味気なく語るにたらぬものでした。

つるしぎり〔吊切〕

鮟鱇の卸し方。アンコウという魚はぬらりくらりとしていて俎板の上では包丁しにくいため、つるして卸すのでこの名があります。鮟鱇は身もさることながらこれを含めて七つ道具といって、肉、黒皮、ヒレ、エラ、キモ、トモ、水袋と身よりも臓物の方を賞味します。卸したのを買うとき、ぜひ臓物も買って鍋にすることをお進めします。トモとは肝臓だという人もあり尾の肉だという人もあります。

つるたけ〔鶴茸〕

裥菌科の食用茸。初夏から秋にかけて、林や庭地に群生または孤生します。表面は灰褐色、かさのわりに柄が長く、ほっそりとして鶴をおもわせるのでこの名があります。

つるな〔蔓菜・蕃杏〕

ツルナ科の植物で、茎がつるのように延びるのでこの名があります。椀種の青味、浸し物に向きます。芽からつまみとれば横からつぎつぎとのびて行きます。煎服すれば胃腸の薬になるといわれ、夏から秋にかけてが季節です。鶴菜と書き縁起ものとして使います。〃茶にもするなつ蔓菜の梅雨《つゆ》しめり、碧童〃の句に季節を知らせてくれます。

つるのこ〔鶴の子〕

和菓子の一種。マシュマロを皮にして、中に白餡を包み、色が白くなめらかで柔らかいもの。

つるのこもち〔鶴の子餅〕

餅米を洗い、半日ぐらい水に浸しておき、これを蒸して一臼は白、一臼は食紅を加えて搗き、赤白に卵形に丸め、お祝いの贈りものに使います。これに砂糖、塩を搗き混ぜたのを「甘つるの子」といいます。

つるのほうちょう〔鶴の包丁〕

古式のツルの料理は秘事として一般に公開されず、『年中行事大成』には、「正月一九日に鶴包丁をうけたまわった。」とあり、「真名板、真名箸に塩鶴を用意し、御厨子所の人が衣冠を着して行う。真名板の前にすわり、真名箸をとり、両翼、両脚、首を切り、千の字形におく、これを、千年切り、または、万年切り、という。次に肉を二段に調理する。そして、清涼殿の階下で太刀、折紙をいただき退出する。」と書かれてあります。

石井翁の著、『日本料理法大全』には、「式鶴、板紙三つに折り板の前に撫《なで》て頭を左へ下し、箸包丁にて左右の羽根を開き、箸をくづし其手にて両足を取り、ももの筋を切り左右に開き、さて箸持直し右の羽《はね》一のつかいより切り開き、二のつかひを切り、頭右へ直し、左の羽前の如くし、右の羽ぶし羽根に重ね、図の如く右の方に直す、左の羽《は》ぶし羽根に重ね左の方に直す、右の羽根包丁にて二へんほめ、左の羽根箸にて一へんほめ、頭突出し箸包丁にて胴を直し、頭《がしら》方より四つに切り、頭の方、首ほね両羽中高筋違《すぢちがひ》に置き、次は首骨共次に置く、頭突出し其上に直す、三の首骨其下に置き胴を引受右のももを切り、左の足突出し抱《かか》え五行に置き、右の足其儘《そのまま》にて上に筋違に置き、躬中骨《ほね》ぬきは包丁引込躬《ひきこみみ》おろし、掛けたりの躬《み》同様《どうやう》右躬切、左躬切左の躬突出《つきだ》し、頭《がしら》の方向にして、朝拝《てうはい》に直す骨突出し五行に置き仕舞。」とあり、式包丁には、式鶴、真千歳、早千歳、早舞鶴、鷹鶴、舞鶴、以上六式が図解して仕方と共に記されています。

つるべずし〔鶴瓶鮓〕

弥助ずしともいい、奈良県吉野の昔からのすし。

つわぶき〔橐吾・石蕗・急就草〕

キク科の多年草。全草に淡褐色の綿毛が生えていて、晩秋から初冬にかけて黄色の菊のような花が咲きます。ツワブキとは、ツヤのあるフキの意からで、そのように葉はひときわツヤがあります。斑《ふ》入りのもあり観賞用として庭の下草にも植えます。葉柄を茹でよく水で晒してアクを抜き、皮をむき汁の実、漬け物、煮物の青味等に使います。

て

であいもの〔出合い物〕

同じ季節に出回るもの、または相性のよい食品を出合いものといいます。味、香り、刺激などが調和よく互いに引き立てあう食品を組合せることは調理上一番大切なことです。栄養の組合わせも無論ですが、大根に油揚げ、松茸にスダチ、塩焼きに二杯酢などよい例です。

ていおんさっきん〔低温殺菌〕

殺菌法の一種。殺菌法には高温殺菌法と低温殺菌法とがあり、低温殺菌はフランスのパスツールが発見したのでパストリゼーションといい、牛乳の殺菌法としてよく用いられています。栄養価をそこなわないため、六二〜六五度C三〇分という条件が用いられます。最近では超高温殺菌法という、一三〇〜一三五度Cで二秒間の殺菌法が行なわれてもいます。わが国の醬油、酒などの火入れという殺菌法も一種の低温殺菌法です。

ていかに〔定家煮〕

煮物料理の一つ。魚類を酒、塩で味付けして煮たもの。藤原定家の、「来ぬ人をまつほの浦の夕なぎに、焼くや藻塩の身もこがれつつ」の歌の意からこの名称が付けられたといわれ、材料は白身の魚がむきます。汁は少し多い目にして果実酢を使うのもよいことです。

ていみせいぶん〔呈味成分〕

食品に含まれている成分のうち、味覚を感じさせる原因となる物質。味覚は舌の上に分布している味蕾で感じるものですが、その他、味覚に影響を与えるものには、口腔内の粘膜を刺激する物質や、舌や粘膜の触感があります。甘味、塩から味、苦味、酸味を感じさせる物質として多くのものが知られていますが、多数結合したものもあります。酸味でもクエン酸はそう快な酸味であり、コハク酸には旨味がありま す。その他、えぐ味、渋味、辛味についても研究されていま す。

ティラピア

我国ではイズミタイと呼び、アフリカが原産の熱帯淡水魚。姿も味もよく、身は白く、味の王様のタイにも劣りません。ですからチカダイ、またはイズミダイともいい、体長五〇cm、体重二・五kgにもなります。この魚は口の中で子を育て水温二五度を超える七〜八月に産卵します。琵琶湖南岸、滋賀県草津市の木村庄一さんが鮎、鯉、鰻と共に養殖していますが、他にティラピアは現在、青森、岩手、新潟、長野、山梨、神奈川、静岡、岐阜、滋賀、宮崎、鹿児島と各地で養殖されています。小骨がないので、洗い、醬油漬、味噌漬、揚げ物に向きます。水温さえ高ければ何れの地でも養殖できますのでこれから有望の養殖魚です。

てうち〔手打ち〕

そばやうどんを機械にたよらず、手でこねて手でのばして打つこと。機械うちと手打ちとの差は今更いうまでもなく、ざるそばに汁を付けて食べる時機械打ちのは汁がさらっとにげてしまい、手打ちのは汁が充分そばに残ります。それはそばをのばし折り曲げて打つ場合、幾分そばにヒビが入るので茹だるのも早く、そば汁もそばにしみこむので食べ頃となる訳です。

ておけべんとう〔手桶弁当〕

京都左京区岡崎西天王町、六盛《ろくせい》の弁当。使用されている桶がうれしい。桶作りの名人樽源製。それが容器になっています。桶の中央に青竹の引ききりに沢山の材料を少しずつ色彩よく盛りつけてある。雲丹があり、その周囲に蒲鉾を松葉串にさしたものや生麩の笹巻き、わらび、だし巻、蓮根、まながつをの祐庵焼などきれいに並べられています。京情緒ゆたかな弁当。

てくず〔手屑〕

刺身を切重《きりがさ》ねに作る場合両端にくずができます。また、幅を揃える場合など一部を切り取ります。この切り落としを手くずといいます。海苔巻きにすれば充分使用できます。

てこねずし〔手捏鮨〕

三重県志摩和具あたりの郷土鮨。材料は、かつお、鰺などで多く作られますが、刺身になるような新鮮な魚であれば何品でもよいでしょう。材料は刺身のように切り、醬油に漬けます。米は先にといでおき、米にもよりますが一割増しの水に魚の漬けてあった醬油を加えて焚き、むらして飯切りに移し、米一〇杯分の量に対し、酢、砂糖、醬油、何れも一杯ずつ混ぜ合わせ、焚きたての飯にかけて混ぜ合わせ、冷して先に用意した魚、生姜の千切りなど混ぜ合わせて作ります。他に材料は使用しないが、干瓢、椎茸、青味を少々使用するのもよいことでしょう。

てしお〔手塩〕

一口に言えばおむすびということになります。手に付ける塩加減、握り加減、心も通うので茶碗でいただく飯よりもはるかに美味しく感じます。食べものはすべてこのように手塩にかけて心から作りたいものです。例としておむすびをあげましたが食物のいずれにも通じることです。

てず〔手酢〕

鮨を作るとき手をしめらすのに使う酢水。酢と水と同量位がよろしい。

てっか〔鉄火〕

料理の名に用いる言葉。鮪料理に使われます。鮪が鉄を赤く焼いた状態に似ているからです。鉄火丼、鉄火巻、鉄火和えなどがあります。

てっかあえ〔鉄火和え〕

まぐろを二cm程の角に切り、三ツ葉は茹でて四cmに切り、もみのり、わさび、醤油で和えたもの。鮪の赤い色が鉄を焼いた赤い色に似ているからこの名があります。

てっかどんぶり〔鉄火丼〕

鮪を普通の刺身のように切り、わさび醤油に浸し、丼に飯を盛り分け、その上に鮪をのせもみのりをかけたもの。

てっかまき〔鉄火巻〕

巻ずしの一種、鮪とわさびを芯にして細巻きにしたもの。鮪の赤身が鉄を焼いた赤色に似ているからこの名がありますが、昔は、とばく場で賭博《とばく》をしながら鮪の細巻きずしをつまんで食べることが多く、とばく場を鉄火場といい、そこで食べたので鉄火巻きと呼ぶようになったともいわれます。鉄火肌の言葉もあります。

てっかみそ〔鉄火味噌〕

味噌を加工した嘗《な》め味噌の一種。深い器に醤油、煮出し汁を同量混ぜて入れ、次に大豆を炒り、炒りたてのを先の合わせ醤油に手早く入れると泡だちます。蓋をして冷めるまでおくと柔らかくなります。別に牛蒡を細く切って水でよく晒し、鍋に胡麻油を入れて熱し牛蒡を油いためして、味噌、砂糖、酒を加え、唐がらし、生姜のみじん切り、大豆を入れて焚き合わせて作ります。色が赤く、辛味があるところから鉄火の名を付けたのでしょう。食事の時の箸休め、酒の肴にもよいものです。

てっきゅう〔鉄胡瓜〕

すしの一種。鉄火巻きと胡瓜巻きと盛り合せたもの。

てっさ〔鉄刺〕

ふぐの刺身のこと。

てっせん〔鉄扇〕

魚や肉を擂身にして板に平たくのばして付け、これを蒸して鉄扇形に切り、青竹で扇の骨を作りこれを飾りにさしたもの。

てっせんぐし〔鉄扇串〕

青竹を細く割り、図のように割り目を入れ、身の方を適当に切り去り、切った方を材料に刺し入れると手ぎわよく打てます。

でっちあげる〔煉ち上げる〕

この言葉は料理では煉り上げることで、上等の煉り羊羹は丁寧に煉り上げます。それに習った言葉だともいわれます。

でっちようかん〔丁稚羊羹〕

昔は十二、三歳から奉公に行きましたが、その丁稚が一日の休暇を得て家に帰り、楽しみにして食べた羊羹なのでこの名があります。でっち羊羹の作り方、蒸羊羹の生地に始めから水を少し入れて柔らかくした生地を竹の皮に流し込み、竹の皮で二、三個所結びそのまま蒸して仕上げます。時には折のあき箱に流し入れて蒸し、冷して切るのもよい。

てっちり

鰒《ふぐ》ちりのこと。てっとは鉄砲のことで、当れば死ぬがなかなか当らないという意にも通じます。現在鰒を料理するには免許書が必要です。

てっぱつ〔鉄鉢〕

鉄で作られた鉢。禅僧の食器。鉄で作られたもの故この名があります。

てっぴ〔鉄皮〕

河豚《ふぐ》の皮の干したもの。水に漬けてもどし、細く切って粕に五日くらい漬けて使用します。前菜または懐石の強肴によいものです。

てつびん〔鉄瓶〕

鉄の鋳物で作った湯沸器。胴につぎ口があり、上につる状の取手が付いています。手取り釜の変化したものだといわれます。形は、丸、四角、長方などあり地紋に刻模様や、アラレといってデコボコになったのもあります。蓋は共蓋といって鋳物もあり、唐銅、朱銅、紫銅があり、普通には南部鉄瓶が多く、よいのには名工の作もあります。何れにしても鉄瓶で沸かした湯は、薄い金で作った瓶よりも美味しいので昔からしたしまれています。

てっぽう〔鉄砲〕

河豚《ふぐ》の異名。当れば死ぬし又めったに当らないというところからこの名があります。

てっぽうぐし〔鉄砲串〕

真直に串を刺すことをいいます。鉄砲の筒が曲っていては当らないので当然真直です。焼肴やお団子によく使います。

てっぽうまき〔鉄砲巻〕

巻きずしの一種。具は乾瓢、おぼろ、鮪などの一種を使い、細巻きにして長いまま食べるすし。その姿が鉄砲の砲身に似ているのでこの名があります。

てっぽうやき〔鉄砲焼〕

魚、鳥、肉に唐芥子味噌を塗って焼いた料理。野菜では、竹の子、うど、こんにゃくなどでこの料理を作ります。ピリッと刺激があるところからこの名があります。

てながえび〔手長海老・手長鰕〕

テナガエビ科の淡水産。この手長海老は淡水海老の主流です。海老で鯛をつるといわれるように生れつき弱い海老も、この種は男性が最も強く、オットセイと同様一匹の強大なオスがすべてのメスを支配し、オスが弱るか死ぬまで他のオスはメスに近寄れないといわれます。半面女性には大変あまく、産卵期が近づくとオスはメスをあお向けにひっくり返したりしてキゲンをとり、交尾の時は大きなハサミのある手でメスをしっかり抱きしめ、小さいハサミのある手でなでたりさすったりしていて見ていてもほほえましい情況です。体色黒薄水色で横に三〜四本の線があります。産卵数は一匹で二〜三千粒。この仲間にヒラテナガ、ヤマトテナガ、ミナミテナガなどがあり、これ等は一〇〜一五cmほどにもなります。料理では鬼がら焼き、茹でて酢の物などに向きます。

てのべそうめん〔手延素麵〕

そうめんを作るとき、機械をたよらず、小麦粉をこねて細く手で延ばした素麵。現在でも奈良三輪山ふもとで作る三輪そうめん、兵庫の揖保《いぼ》そうめん、伊勢の伊勢素麵などが手延で有名です。

てば〔手羽〕

鳥肉の名称。羽のつけ根から切り離したむねの肉。この手羽肉の先が手羽先です。この部分も水焚きにすると惣菜用にはよいものです。

てぼ〔手亡〕

隠元豆の一種。この種類には三種あり、大テボ、中テボ、小テボと呼び、北海道が産地です。昔から、手なし、といわれ、これがなまってテボといわれるようになったときます。使途は白餡、大は豆金団、砂糖煮にされます。

てまえ〔点前・手前〕

茶道の用語。茶をたてたり、炉や風炉《ふろ》に炭をつぐこと。薄茶点前、濃茶点前、略点前（盆だてのこと）など多くのものがあります。本来、手前と書かれたのですが、中国で茶をたてることを点茶《てんちゃ》といい、これから、点という字が用いられたといわれます。

てまえみそ〔手前味噌〕

手前自らをほめること。昔は味噌は自家製造が多かったので一軒一軒自慢の味があり、その味を自慢したところから自分のことを誇る意味に代わった言葉だといわれます。

てみやげ〔手土産〕

親しい人を訪れる場合、あるいは簡単な挨拶に行く場合持って行く品物。人と人とのつながりを親密にする一つのてだてです。軽い意味の贈り物です。

てり〔照り〕

てり焼きにするタレ。味醂、溜または醤油を煮詰めたもの。甘味を強くする場合は氷砂糖または砂糖を加えます。このテリは好みや使い途により味醂、醤油の合わせ方が違います。この中へ葛の水溶きを入れて濃度をつければ毛羽照《けばてり》といいます。焼き団子などはこのケバテリがよいことでしょう。

てりかつお〔照鰹〕

今年できた鰹節をかいて赤身を出し、蒸すかまたはぬるま湯に浸しておく。その後よく切れるカンナで薄く大きくかき、それに味醂、醤油を刷毛《はけ》でぬり、紙を敷いたフライパンを弱火の上にかけ、紙の上に掻いた鰹節をのせ、乾かして作ります。鰹に照りがでてきれいに仕上りますので、この名があります。用途は懐石の八寸など。

てりやき〔照焼〕

材料を素焼きにしてのち、テリを二度または三度程付けて焼き上げます。

てんがい〔天蓋〕

禅寺の言葉。蛸《たこ》のこと。菜食の禅僧には蛸などは禁じられていますからこの名で呼びます。またつるしてる姿が天蓋《がい》に似ていることにもよります。

でんがく〔田楽〕

豆腐、里芋、こんにゃく、茄子、魚などを短冊形に切って竹串にさし、ねり味噌を塗ったもの。この名は豆腐を串にさした形が白いはかまをはき、高い竿につかまって踊る（豊作を祈願した踊り）田楽法師の姿に似ているからこの名があり、味噌は赤、白、時には白味噌に卵黄を入れたり、ほうれん草、春菊など茹でて裏漉しをして混ぜたりして使います。

でんがくみそ〔田楽味噌〕

味噌、味醂、砂糖と擂り混ぜ、裏漉しをして文火（弱火）でゆっくり煮たもの。一名魚天味噌ともいいます。この魚天味噌が味噌料理の素《もと》で、味噌和え、魚天焼、酢味噌などもこれに一寸手を加えて使います。

てんかす〔天滓〕

天浮羅を揚げた時、衣の部分がはなれて散ったもの。あげ玉ともいい、朝の味噌汁に入れたり、狸丼を作ったり案外美味しいものです。

てんぐさ〔天草・石花菜〕

紅藻類テングサ科の海草。トコロテングサを略した言葉。日本沿岸の各地で採れます。とくに千葉、静岡、和歌山、伊勢、志摩、高知が主産地で、形は細い線状で枝分かれしていて色は褐色、これは採取の後日光で干して出荷され、これを煮溶き冷しかためたのがトコロテンであり、ところ天を凍らせて乾燥させたのが寒天です。

てんさい〔甜菜〕

アカザ科の二年草。ビートあるいはサトウダイコンともいい、サトウキビと並んで砂糖をとる二大作物の一つです。根の部分に蔗糖が含まれています。古代ギリシアやローマ時代から野菜として栽培され、赤と白と二種あり、砂糖をとるのは白の方です。わが国では北海道で栽培されております。これからとった砂糖が甜菜糖《てんさいとう》です。

てんしん〔点心〕

点心という言葉は、中国の明の時代、陶宗儀が撰した『輟《てつ》耕録《こうろく》』に、「朝飯昼食の前後の小食を点心という」と説明されているそうです。我国での点心という言葉は、南北朝、室町初期に流行した闘茶の勝負の中間に出す料理を特に点心といっていました。『太平記』に記されている佐々木道誉の闘茶には、「五人の折敷に十番の斉羹、点心百種、五味の魚鳥、甘酸苦辛の菓子の点心を供され」との記録があるそうですが、これは特別なことです。点心もいろいろの時代を経て今日に至っておりますが、戦前の大寄せ茶会の点心は、そばか鮨一皿が多く出されました。戦後は世のうつり変わりに従って派手になり、他に一〜二品料理を増せば懐石の一会《いちえ》にことならぬまで贅沢になってしまいました。今少し心したいように思っています。現在は普通に、物相、焼物、焚き合わせ、八寸、香の物、吸物、時には向附をつける場合もあります。これ等は来客の顔ぶれにより増減して種々と趣向して作ります。点心の器は縁高、大徳寺重、松花堂弁当、信玄弁当、点心盆、竹籠、杉柾の板、桶等々いろいろのものが使用されます。

てんちゃ 〔天茶〕

天浮羅茶漬けのこと。飯の上に天浮羅をのせ、香ばしい茶をかけ、味塩で自由に味付けをする場合と、飯の上に天浮羅をのせ薄味の汁をかけて食べる方法の二つがあります。

てんつき 〔天突〕

ところてんや滝川豆腐を突き出す器。長方形筒状の筒で、ところてんが一本入るだけの容積に作り、先端に金属製の網が張ってある。別に箱に合わせて箱の中を通過するだけの方形の板をつけた突棒があり、口の方からところてんを入れ網張りの方へ突き出す。

てんつゆ 〔天汁〕

天浮羅の食味に使う汁。味醂大匙三杯、煮出し汁カップ一・五杯、醬油大匙三・五杯、砂糖大匙一・五杯くらいを焚き合わせたもの。御飯の場合は少し濃い味、酒の肴には薄味がよいでしょう。

てんどん 〔天丼〕

丼物料理の一つ。丼に熱いご飯を入れ、揚げたての天浮羅をのせその上から天汁をかけたもの。この汁は下町は下町の味、山の手の人にはその人々の口に合うよう心したいことです。

てんねんかじゅう 〔天然果汁〕

果汁飲料の一つ。果汁を絞り取った汁。ポン酢もその一つといえるかも知れません。

てんねんこうりょう 〔天然香料〕

香料の一グループ。天然の動物や植物が持っている芳香を取り出したもの。これには、動物性香料と植物性香料とがあります。動物性香料としては、ジャコウ（ジャコウ鹿）、カストル（ビーバー）、アンバーグリース（マッコウクジラ）などで、主として香水に用いられ、植物性香料は、主に各種の植物の精油に含まれており、オレンジ油、ビャクダン油、レモン油、ハッカ油、チョウジ油、アニス油、山椒のゲラニオール、胡椒のオイゲノール、レモンのリモネン、バニラのバニリンなどがあります。ニッケイも食品の着香として用いられ、これらを通称してスパイスと呼んでいます。

てんぴ 〔天火〕

加熱調理器具。オーブンともいいます。天火は蒸すのと焼くのとの両用があってよいものですが、本格的な焼物は炭火に限ります。

でんぶ〔田麩〕

魚肉の加工品の一つ。俗に力煮《ちからに》ともいいます。伝説によりますと昔、京のあたりに住む貞婦が、病気で食欲の進まぬ夫のために、産土神《うぶすながみ》の神諭にもとづき土佐節を粉末にして、上酒と醬油で調味して供したところ、たちまち食欲がでて病も平癒したのでその後、常に自宅で試み人にも分けてやり、好味として世に広まったのが始めだといわれます。最初は鰹であったのが現在では、白身の魚を茹でるか蒸すかしてかるく擂り、これを、醬油、砂糖、酒などで調味して弱火で炒り上げて作ります。鮨用には食紅で色付けをします。普通の飯の上にかけたり、桜飯を焚きその上にかければ鯛飯ともなります。

てんぷら〔天麩羅・天浮羅〕

語源はいろいろとあります。山東京伝の『蜘蛛の糸巻』によりますと、天明の初年、利介という大阪者が放蕩の末愛妓と共に江戸へ駈落ちしてきたが、持ち金もなく忽ち生活に困り夜店でも出そうということになり、上方の附揚《つけあげ》というのが江戸にはまだないようだから、これを辻売りして見たいと思った。そこで然るべき名がないので蜀山人に名付けをたのみに行ったところ、いわば天竺浪人がフラリとやって来て始めるのだから、即ち天プラだという訳で、てんぷらと名付けたといわれます。この語は、イスパニヤ、ポルトガル語だともいわれます。油で揚げたものをポルトガルではテンペラというと『言海』にも出ています。何れにしても長崎開港より外国人が油で物を揚げるところからヒントを得た料理といえます。天プラは揚物の代表で欧米人も日本を富士山の国、天プラの国というほどです。

てんぷらうどん〔天麩羅饂飩〕

かけうどんに天浮羅を入れたもの。台にそばを使えば、天麩羅そばです。

でんぷん〔澱粉〕

炭水化物の一種。植物の葉の中の葉緑素によって光合成され、貯蔵物質として種子、果実、根茎、球根などに含まれている炭水化物。料理で使うものには、葛、片栗粉、ジャガイモ、サツマイモの澱粉、コーンスターチ、米澱粉、ワラビ粉、小麦粉などがあります。

でんぽうやき〔伝法焼〕

土器の鍋に葱の白いところを繊に打って敷き、火にかけ葱の熱した時、かつおや鮪その他の魚を刺身のように身取り、葱の上にのせて焼き色が変ったら裏返して焼き、酒、醬油に卸し生姜を混ぜてこれを食味にして進めます。

でんぽうやき〔伝法焼〕

一種の貝焼。白みそと、百合根、銀杏、椎茸などを平貝で煮ながら食べる料理。

てんまめ〔天豆〕

空豆のこと。そら豆は上を向いて花が咲くのでこの名があります。

てんもり〔天盛〕

盛付けた料理の上に盛り添えるのでこの名があります。例えば酢の物の上に針生姜、焚合せの上に木の芽の類、浸し物に糸かき等々。

てんもんとう〔天門冬〕

海辺に自生するユリ科の多年生植物。地下に多数の塊根が出来、これを砂糖漬にする。

てんやもの〔店屋物〕

丼物屋の異称。天丼から来た言葉かも知れない。

てんよせ〔天寄〕

寒天でいろいろの物を寄せかためたもの。例えばそうめんを天寄にしてわさび酢で食べたり、茹でて魚の皮や中骨の身を取り、これを寒天に味付けして寄せたりいろいろの仕方があります。

と

といし〔砥石〕

包丁を研ぎ磨く石。料理にたずさわる者は砥石とは密接な関係があり、包丁は特に常に研いでおき、切味を見せるようにしたいものです。産地は三河の鳳来寺、愛媛県伊予郡砥部町。砥部町は名の示すごとく平安時代から砥石の名産地です。砥部焼、梅山窯でよい焼物ができますが、ここの石を粉細して陶土として作られるからです。

とうい〔糖衣〕

干菓子、松露などにかけてある白い砂糖の衣のこと。

とうかいじあえ〔東海寺和え〕

沢庵を細かく切り和えたもの。沢庵和尚は東海寺に居て大根を糠漬にした祖師だといわれています。その大根漬けで和えるのでこの名があります。料理では魚を土佐酢に漬けてのち沢庵で和えたのも酒の肴には気がきいています。

とうがし〔唐菓子〕

唐の国から七世紀ごろ伝来した穀粉菓子。それまでわが国の菓子といったのは果物でした。これを区別して、とくに唐菓子、または唐《から》菓子といい、現在の和菓子の元祖です。平安時代までに伝来した唐菓子は、八種の唐菓子と、一四種の果餅です。その品名は〔梅枝《ばいし》〕唐菓子の代表。人の字形と楕円形の輪の一端を欠いたものと二種あり、米の粉を茹で薄く押し広げて、着色してあげたもの。〔桃子《とうし》〕原料も形も製法も不明ですが、梅枝と同種のものともいわれます。〔餲餬《かっこ》〕スクモムシ（蝎）という食用昆虫を形どって揚げた物。伝来当時は、スクモムシに米粉を衣として揚げたものであったといわれます。〔桂心《けいしん》〕モチ米の餅で作った菓子で法冠を形どった形で桂樹の皮を細かくきざんで散らしたもの。〔黏臍《てんせい》〕モチ米のみじん粉で作り油で揚げたもの。表面がくぼんで人の臍《へそ》の形をしているのでこの名があるといわれるもの。〔饆子《ついし》〕みじん粉で作った餅を油であげたもの。形は皮を剝いた里芋のように、一端が円錐状にとがったもの。〔饆饠《ひつら》〕平たく薄い円形のもので、表面に焼き目を付けたものらしい。〔団喜《だんき》〕丸い餡入りの団子で、歓喜団ともいわれ、今のアンシューマイのようなもので、これは小麦粉で作り、中にあんを包んだものだが、これが団子の祖先であるといわれるもの。以上が唐菓子八種です。一四種の果餅は、餢飳《ふと》、糫餅《まがり》、索餅《むぎなわ》、粉熟《ふずく》、餛飩《こんとん》、餅餤《へいたん》、餺飥《はうとん》、捻頭《むぎがた》、結果《がいなわ》、餅餉《へいこう》、形魚《ぎょけい》、椿餅《つばきもち》、粔籹《こめ》、煎餅《いりもち》。こうして唐菓子八種、果餅一四種をみると、何れも同じようで、現在からみればきわめて幼稚なものであったことが伺い知れます。

とうがらし〔唐辛子・蕃椒〕

茄子科に属する辛味植物。原産はブラジルのアマゾン河畔といわれ、実の形状は大小あります。未熟なのを青唐といい熟したのを赤唐辛子といいます。わが国へは文禄年間加藤清正が朝鮮から持ち帰ったといい伝えられ又一説にはポルトガル人が伝来したともいわれます。高麗胡椒、南蛮胡椒といわれるのもその所以です。

とうがん〔冬瓜〕

ウリ科の属する果菜。一名カモウリともいい、東インドが原産地、冬までも貯蔵ができ、他の瓜類のないときに利用ができるのでこの名があります。種類は丸形、長円形とあり、早生種の琉球冬瓜、晩生種の台湾冬瓜などがあり、十分成熟したものは白い粉がついています。料理では冬瓜の葛煮、煮物、蒸し物、汁の実、薄く打って塩もみして胡麻酢等に使用されます。冬瓜は古くから、腎臓病の食餌に利尿の効果があるといわれ『食品国歌』に、「かも瓜は水腫を除き渇を止め、癰腫、熱毒、胸を治す」とあります。冬瓜を貯蔵するには、よく熟したのをナワで輪を作りその上にのせ、土につかぬようにして涼しい所へおけば相当長期間食べることができます。

とうき〔陶器〕

焼物の一つ。土器のさらに進歩したもの。焼き物には、陶器と磁器とがあり、陶器は土が主材であり、磁器は石粉が主材です。現在は土、石粉と混ぜた中間的なものも焼かれます。

どうきのちまき〔道喜粽〕

ちまきの一種。内裏ちまきともいいます。一六世紀の初期、京都の渡辺道喜が作った粽。道喜の住んでいた所が藍染川の畔りであったことから、川端の道喜と呼ばれ、上新粉に砂糖を入れてこね、蒸し上げたもので、牛の角のような形をしており、包む笹の葉は、洛北鞍馬山以外のものは使用せず、笹の葉の香りを賞味し、淡味で最上です。

粽を作るには、上新粉一三〇g、砂糖一〇〇g、うき粉または片栗粉大匙一杯、塩少々、熱湯一八八cc、を混ぜて強火で六分ほど蒸し、これをボールに取り、擂木でつついてあら熱を去り、これをこねて思いの大きさに取り、姿を直して笹の葉で巻き、藺草《いぐさ》で巻きどめして八分程蒸して作ります。

とうけつかんそう〔凍結乾燥〕

材料を凍結させて、真空中で氷からいきなり昇華させて水分を除き乾燥させること。凍結乾燥は食品に化学変化がなく、香り、色、味、ビタミン類の損失が少なく、ジュース類の粉末化などに多く使用されます。

どうこ〔銅壺〕

銅または鉄で作った中空の湯わかし器。

長火鉢などの真中に火を入れ、その周囲の熱から湯が沸くようになっており、その脇に、酒の燗を付けるようになっているもの。

とうざづけ〔当座漬〕

二〜三日から一〜二ケ月の短期間で食べる漬物の総称です。青菜の塩漬、ぬかみそ漬、千枚漬、浅漬、べったら漬など。

とうざに〔当座煮〕

酒、醤油でさっと塩からく煮たもの。日持ちのしない当座の間《あいだ》のものという意味からこの名があります。

とうし〔通し〕

前菜と同じ。箸付、箸染、箸割、座付などともいいます。突出しの言葉も使いますが、人様または御客様に差し上げるものを突出す意の文字は、好ましからぬと私は常に申しております。

とうじ〔杜氏〕

酒造り職人は蔵人《くらうど》といって沢山いますが、その中それらの人を統率する長のこと。杜氏とは、実は、刀自であるといわれ、刀自は昔の女性の尊称名詞で『名言通』によれば「造酒の長を、とうじ（杜氏）、であろうという。古、大刀自、小刀自など見へたり。とうじは転なり、又、凡そ刀自はもと老女の称也。されば老女にて酒を作りしならん」とあり、酒造りは元来女性が作るものであったが女性の後退と酒の商品化にともなって、男性の仕事となり、刀自が杜氏の字に代り、こじつけられるようになったことでしょう。この文字は室町時代の文献から表われています。

杜氏は酒蔵に一人、その下には何人もの技術者を抱えています。酒は生産工程上それぞれの段階があり、酛《もと》、醪《もろみ》、麹、槽《ふね》、釜という役があり、それを総括しての頭が杜氏です。杜氏になるには三十年以上の経験が必要とされます。四十六人の杜氏で約六〇〇人の技術者が入用。全国の主な杜氏の呼び名は、山内杜氏、丹波杜氏、丹後杜氏、南部杜氏、津軽杜氏、能登杜氏、越前杜氏。そのうち山内杜氏が製造している銘柄数が五十一種といわれますから、随分多くの銘柄の酒が醸造されていることがうかがい知れます。

杜氏は酒の仕込期になると、ほとんどが同じ蔵へ来て、すべての権威《けんい》をふるって仕事に取りかかります。杜氏の有名な出稼地は、兵庫の丹波、岩手の南部、新潟の越後、長野の諏訪、石川の能登、福井の糠、島根の秋鹿《あいか》、高知の越知《おち》、山口の能毛などです。酒は寒造りといって十一月頃から始まり、翌年三月下旬に終るのが普通ですが、これにも大手メーカーは近代化を進め、四季醸造といって一年中醸造できる設備を整え、自動的に管理ができるようになって、自然この杜氏も不用になりつつあるのが現在です。

とうじかぼちゃ〔冬至南京〕

冬至の日にカボチャを食べると一年中おこづかいに困らぬという言いならわしからこの日に南京を食べますが、おそらく珍しくなった野菜類を神に供える習慣から起きたことでしょう。またこの日冬至風呂といって、柚子《ゆず》を入れてたてた風呂に入ると、一年中風邪その他の病気にかからないともいわれ各地でこれが行なわれます。

冬至とは、十二月二十二、三日ごろ、中国の二十四節気のと一つで、太陽の黄経が二七〇度に達し、冬至線の上に直射する時をいいます。夏至とは反対の現象で、太陽が南に片寄るので、北半球では昼が最も短く、夜が一番長くなる時です。世界の諸民族は冬至を、太陽の誕生日とする考えも多いようです。

とうじき〔陶磁器〕

陶磁器は料理と共に、車の両輪といってよいでしょう。料理と器の取り合わせによって始めて食べ物の美がなりたちます。そのような訳で、器の取り合わせの工夫は大切です。さて一口に陶磁器といってもその種類たるや、莫大な数で、外国の物、国内の物、新古と書けばはてしなくなります。例えば国内の物だけでも新古を通し、個人の名まで加えれば、五〜六百もあると思われます。主なものをあげましても九州では、薩摩、有田、柿エ門、上野《あがの》、八代《やつしろ》、唐津、対州、高取等があり、四国では、砥部《とべ》、尾戸、高松。中国では、出雲、萩、備前、虫明《むしあけ》。近畿地方では、三田《さんだ》、吉向《きっこう》、偕楽園、丹波、古曽部、赤膚《あかはだ》、朝日、清水、真葛、粟田、湖東、膳所《ぜぜ》、信楽、万古、志戸呂。有名な陶人として、乾山、仁清《にんせい》、木米、光悦、道八、楽吉、永楽。中部東海には、鳴海、御深井、常滑、伊賀、犬山、渋津、萩山、瀬戸、美濃が現在とみにやかましくいわれる。初期の志野、織部、瀬戸黒、黄瀬戸などは美濃や瀬戸地方で焼かれています。北陸地方では、若杉、吉田屋、九谷、越中瀬戸、松代、佐渡、吸坂、大樋焼きがあり、関東地方では、真葛香山、乾也、江戸吉向《きっこう》、玉川、今戸、益子《ましこ》。東北では、相馬、会津、秋田万古、悪戸《あくど》、平清水。

これら多くの窯から各々特色の型、色彩、その新古があり、これから選べば思いのままの器に盛り付けることができます。

其他中国には、染付（新古）、祥瑞、色絵祥瑞、赤絵呉州、藍絵呉州、青磁、古赤絵、絵高麗、南蛮、天目、交趾黄青紫、金襴手（五色）、白磁南京、唐三彩、朝鮮には、井戸、呉器、御本、三島、刷毛目、伊羅保、粉引、斗々屋、堅手、雲鶴、朝鮮唐津、蕎麦《そば》、堅手、井戸脇、卵手などがあり、以上はほんの一部で、オランダ、ペルシャの各国にも良い焼き物があり、何れも使いたいものです。その他トルコ、シャム、チェコ等々があります。

とうじこんにゃく〔冬至蒟蒻〕

冬至に蒟蒻を食べる俗習。冬至に南瓜を食べると中風にかからぬとか、柚子湯に浸ると健康で暮らせるとか俗にいいますが、所により里芋や小豆粥を食べる所もあるようです。また魔よけとして蒟蒻を食べる所は、東京都西多摩地方、千葉県野田市、長野県の上田市などがあります。蒟蒻は古く迩夜久、己仁や久と書かれています。東京小石川の蒟蒻閻魔様も昔日の威光がなくなったのか静かなようです。東京の墨田区八広の蒟蒻稲荷、千葉県船橋市の蒟蒻神社と蒟蒻に因んだ話題はそこここにあります。

とうじゆば〔東寺湯葉〕

銀杏、百合根、木くらげを生ゆばで包みあげたもの。煮物やあんかけにして使います。

とうじゆば〔塔地湯葉〕

生の平ゆばをたて三㎝くらいに折りたたみ、端からくるくると巻いて左右を押えて中高に塔の形に作り、巻留を妻揚枝をさして止め、油で揚げて油抜きをして薄味に煮たもの。

とうせい〔搗精〕

玄米をついて、ぬかの部分を除くこと。精米加工ともいいます。

とうちゃ〔闘茶〕

同好者がそれぞれ茶を持ちよって、茶の優劣や産地をあてあって競う遊戯的茶のこと。茗戦ともいい、宋時代、中国で文人墨客らがもっぱら行なったといわれます。これが日本に移入されて、寺院僧侶、武家、公家など上流社会の人たちの間で流行し、やがて民間にも流行しました。その弊害が著しいため、足利幕府は建武三年（一三三六）禁令をだしたが、それにもかかわらず、闘茶形式で茶会が催されたといわれます。闘茶は何種類かの本茶（栂尾《とちのお》茶）その他の茶を非茶といって、これを飲みわけて得点をつけ、得点の多い人に賞を賭けたものです。今日の茶かぶきがこのなごりともいえましょう。最も盛んであったのは、佐々道誉の婆佐羅時代です。婆佐羅とは、乱暴、無遠慮、派手という意です。『太平記』には大酒呑みやバクチ、邪悪とならべて悪徳の代名詞のように取り扱っています。

とうちゅうかそう〔冬虫夏草〕

薬用キノコで、セミタケ属のセミタケやサナギタケなどに付けられた名称。土中に住む昆虫や虫のさなぎに寄生し、体内に菌状をはびこらせ、寄主がそのために死ぬと、棒状や鹿角状など、さまざまの形をした有柄の子座が生え、冬は虫であったものが、夏には草に変わったという意味でこの名があります。地面に出た茸だけを甘辛く煮て食べます。また、さなぎと茸とを離さないように洗って陰干しにし、砂糖を入れて漬け込んだものは薬酒として用いられます。琥珀色に仕上り、カクテル、あるいはストレートで飲むと最高で、中国では不老長生の霊薬として珍重されています。

とうにゅう〔豆乳〕

大豆を水につけ、柔らかくしてのち、水を加えながら擂《す》り砕き、加熱して、布袋で漉したもの。漉しかすがおから即ち卯の花で、漉した乳濁色の液汁が豆乳です。タンパク質、糖質、ビタミンB_1に富み、栄養飲料として用いますが、おおかた豆腐に製造されます。豆乳は噴霧乾燥によって粉末が作られ、その製造の途中から濃縮豆乳も製造され、これらは豆腐のほか、アイスクリーム、製菓原料にも使用されます。鎌倉時代に呉汁《ごじる》といって飲用されましたが、実際に飲料にされるようになったのは明治三十年頃といわれます。

とうばんやき〔陶板焼〕

陶器製の平鍋または陶板に油を引き、牛肉や豚肉や野菜を焼いてポン酢などをつけて食べます。

とうふ〔豆腐〕

異称には、菽乳《しゃくはう》、豆乳、淮南《えなん》佳品、小宰羊、黎初、方壁、白壁の文字を使います。文字では豆の腐ったと書かれますが、腐の二字を二つに分けてみますと府と肉であって、府は日本で一番よい所の意、即ち東京府、大阪府、京都府のようにそのように食べものでは栄養が高くしかも肉であってみれば、これに過ぎた食べ物は無いということになります。豆腐料理の書籍として昔から名高いのは天明版、『豆腐百珍・続百珍』があり、庶民の食べ物として最も適した材料といえます。この豆腐は二千年も前、中国の漢末、淮南王劉安《わいなんおうりゅうあん》によって創製され、日本へは奈良朝前後禅僧によって伝わり、室町時代すでに田楽も作られています。亦一説には秀吉の兵糧奉行岡部治部右衛門が秀吉の御供をして朝鮮征伐に行き、彼地で習って帰り作り始めたともいわれます。従って、おかべともいい、今だに宮言葉の雅称になって残されています。この品は生でもよし、煮、揚げ、茹でてよし、和え物、くずし物、焼物と多材になり、大変重宝なものです。その上安価で、何処にいても手に入りしかも栄養も高く、酒によしご飯にもよく、そして四季を通じてあきがこない不思議なものがこの豆腐です。

近藤弘先生の鹿児島の種子島での一文に、豆腐についておもしろい話がありますので、書き添えてみます。「おかべ屋で、わしよりいんがなものはない。前の晩からしめされて、朝はとうからネ起されて、石ぜめせらるるそのつらさ、水ぜめ火ぜめはいとわねど、棒や袋でネせめられて、切り売りせられる身のつらさ、あとに残りしきらずさん、一文二文のつかみどり」と豆腐の一生が書かれています。その他「酒のみは奴豆腐にさも似たり、始め四角であとはぐちゃぐちゃ。」「お豆腐は（豆）で四角で柔らかく、老若男女きらわれもせず。」などの俗言があります。劉安《りゅうあん》は政治家であると共に大学者で、中国最古の百科辞典とも言うべき著書『鴻烈』『淮《え》南子《なんじ》』など著わしています。

家庭で豆腐を作るには、先ず大豆を洗って冬なれば二〇時間、夏なれば八時間水に浸しておき、大豆の目方の一〇倍の水を加えて、ミキサーにかけ、その呉汁を火にかけ、七五か八〇度ぐらいに熱し、こげつかぬよう四〜五分かき混ぜ煮て布で漉し、七〇度ぐらいに冷してからニガリを大匙二・五〜三杯ほど序々に加えて静かにかき混ぜ、箱に布を敷きその中へ流し入れてかるく押して一〇分間ほど放置しておき、水の中へ静かに取り出して作ります。大豆五〇〇gで七丁できます。

とうふちくわ〔豆腐竹輪〕

鳥取地方の名物。木綿豆腐の水を押してよく水きりして擂鉢でよく擂り、塩水をつけ、普通の竹輪のように竹につけて蒸したもの。精進料理や懐石料理の汁の実、焚合わせによいものです。作る時浮粉を少々加えるのもよく、蒸すばかりでなく揚げたり焼くこともよいことです。

とうふかばやき〔豆腐蒲焼〕

豆腐の水をよく切り、小麦粉、塩、少量の砂糖と擂り混ぜ、浅草海苔をたて二つに切り、これに付けて揚げ、串を打って照焼にします。精進料理の焼物に使います。

とうふのぎょうこざい〔豆腐の凝固剤〕

苦汁《にがり》、塩化マグネシウム、塩化カルシウム、硫酸カルシウム（すまし粉）。一〇年ぐらい前からグルコノデルタラクトン通称ラクトンが開発されました。少しくらい豆乳が薄くても固まります。これまでの他の凝固剤はアルカリ性であったのに対しラクトンは酸性なので、分量をまちがえるとすっぱくなります。

とうふのしまつ〔豆腐の始末〕

豆腐は求めたらきれいな水に入れ時々水を取り替えます。このようにすると、豆腐のニガリ又はすまし粉が抜けて大変美味しくなります。更に切って塩水につけておきますと硬くなって取り扱い易くなります。

とうふのつくりかた〔豆腐の作り方〕

豆乳に凝固剤として、硫酸カルシウム（スマシ粉）を水にて懸濁させたものの適量(豆乳に対して約二〜三%)を加えて、静かに放置し、タンパク質を凝固させます。凝固剤の添加は豆乳があついうちに用います。上澄液をすてて凝固物をていねいにくみとって、周囲に孔のあいた長方形の型箱に布を敷き、これに流し込み、蓋をして重しをし、十分水をきり、水の中で型箱から豆腐を取り出し、しばらく水の中におき、過剰の凝固剤を溶し去って切り食用とします。大豆一キロで豆腐は十丁あまりできます。一丁八〇匁（三〇〇g）。その他強化豆腐というのがありますが、それは難溶性のビタミンB_1を加えて作ったものです。──→豆乳。

とうふのみそづけ〔豆腐の味噌漬〕

木綿豆腐一丁を二つか三つに切り、静かに大湯で茹で、俎板にとり水気を切ってガーゼに包み、三州味噌と酒を混ぜこの中に三〜四日間漬けて後切って使います。春は木の芽、秋は柚にて香りを付けるのもよろしく、酒の肴、前菜用に向きます。

とうふまつり〔豆腐祭〕

所かわれば品かわると申しましょうか、山形県東田川郡には、二月一日、黒川能というのがあり、古式の舞で近年広く知られるようになって来ました。この祭を一名豆腐祭といいます。この黒川能は、上座、下座とに分かれ、演能に先だって約一〇日前から大量の豆腐を作り次から次へと三日間もあぶりつづけ、これを凍らせたのち、上座は味噌で味をつけ、下座は塩で味を付けて食べる風習があります。

豆腐を使う祭は埼玉県川越市老袋の氷川神社にもあります。二月十一日に弓取式が行なわれる祭りですが、氏子が部落二組に分かれ、一組が長い葦の串に刺した田楽豆腐を作り、花型に盤台に並べ、中心に大根を立て、供物を行列でかつぎ込めば、他の組は甘酒を入れた樽を境内におき、参詣者にふるまうなごやかな祭りです。

とうまめ〔唐豆〕 ──→そらまめ

とうみつ〔糖蜜〕

粗糖を精製する時にできる精製糖蜜のこと。たんに、蜜ともいいます。おもな組成は、水分二〇〜三〇％、糖分六〇〜七〇％、灰分五〜一〇％。ジャム、駄菓子、佃煮などの原料に使用されます。その他、アルコール発酵の原料にすることもあります。

とうみつ〔糖蜜・砂糖蜜〕

シロップともいい、白砂糖を水で煮溶かしたもので、用途により濃くも薄くもします。

砂糖はアクが強いので、アク引きを行なうときれいな蜜ができ上ります。砂糖を鍋に入れ、卵白を加えて砂糖をねり混ぜ、分量の水を加えて中火にかけて煮立てると、アクが卵白について浮き上ってきます。これを静かにすくいとるか布巾で漉します。砂糖でふくめ煮にする場合にアクがないので材料が硬くならないためよくこの方法をします。栗のふくませ煮などに最もよく、その他冷たい飲物に使用すると便利です。

とうりゅうもん〔登竜門〕

鱗は六々変じて九々鱗になるといわれ、九々鱗とは鯉の別名、背面一列に三十六枚の鱗が並んでいるところから三十六鱗とも呼びます。昔は黄河の上流に竜門と呼ばれる急瀬があり、三段の滝で他の魚ではこれを上ることができず、鯉のみが上った故事により登竜の門の言葉がこれから出たといわれます。この滝を登った鯉は竜となって昇天するといわれ、めでたい意になっています。

どうみょうじ〔道明寺〕

道明寺糒《ほしいい》の略称。大阪府南河内郡道明寺町にある真言宗の尼寺道明寺で作り始めたのでこの名があります。元は天満宮にお供えした饌飯のお下りを乾燥貯蔵したのに始まります。昔は軍糧または旅行用の食料として重宝に使われました。明治維新まで道明寺は五坊あって、糒《ほしいい》の製造に従事したのですが、明治四、五年頃には松寿院のみが残ったといわれます。この糒は寒三〇日間に作ったのが最上とされます。現在は糯《もち》米を蒸して乾燥させ、あらく焼いたものです。食べ物では道明寺蒸し、道明寺羹、道明寺揚げ、春の桜餅の皮、牡丹餅、おはぎ蒸しといろいろに使います。

どうみょうじあげ〔道明寺揚げ〕

揚げ物料理の一つ。材料はえび、きす、白身の魚何でもよろしい。それに塩をして小麦粉を付け、卵白の水溶き、道明寺粉をつけて揚げたもの。道明寺粉は揚げると膨脹しますから、あまり沢山つけると膨脹しにくくなり、固く揚がりますのでそのへん気を付けたいことです。

どうみょうじほしいい〔道明寺糒〕

大阪の河内の道明道明寺糒の起源は、菅原道真公の伯母上が寺に住んで居られ、道真公が筑紫に左遷された後、毎日伯母の覚寿尼が九州に向ってお供えされた飯のおさがりを人々に分ち与えたが、これをいただくと病気がなおるという評判になり、希望者が多くなるにつれてあらかじめ乾燥、貯蔵するようになったのが糒の始まりで千年以上にもなります。江戸時代には禁裡や将軍へ献納されています。

ほしいいは純粋の餅米を二日間水に浸しておき、のち蒸して屋内で十日程乾燥させてのち二十日間天火で干してから石臼で挽きます。寒中に作るので幾年経ても変質変色はしません。昔は軍糧や山登りに欠かせない一つでしたが現在では料理及び菓子に多く使用されます。

どうみょうじむし〔道明寺蒸し〕

蒸し物料理の一つ。鰆、甘鯛などの材料に薄塩をしておきます。道明寺粉と同量の熱湯、味塩少々を混ぜて一〇分間ほど放置しておくと、道明寺粉は飯のようになります。これを材料に付け十三分間ほど蒸し器に盛り、そば汁をかけて進めます。これに着色をする場合がありますが、その時には熱湯に希望の色を加えておきます。こうするとむらなく着色ができます。あしらいに季節の野菜を添えるのはいうまでもありません。

とうもろこし〔玉蜀黍〕

禾本科の植物。トウキビ、ナンバンキビとも呼び、幅の広い丈夫な葉が茎から出て、葉の付け根から紡錘状で、先端に金髪状の実をつけます。その中に黄色のやや扁平の種子が軸にぎっしりと付着しています。原産地はアメリカで、一四九二年コロンブスがアメリカ大陸を発見したとき、すでに中南米各地の土人が盛んに栽培していたといわれます。

わが国へは安土桃山時代の天正年間（一五七三〜一五九一）にポルトガル人によって持ち込まれたのが始まりです。

わが国で早くから主食に用いたのは山梨県で、富士山麓地方でも江戸時代から重要な食糧となっています。明治初年から開拓使が置かれた北海道では、アメリカの新種の栽培が盛んで日本の産額の五〇%をしめています。澱粉を作ったり、未熟な柔かいものでスイートコーンなどが作られます。そのまま食べる時は醬油の付け焼き、バターを塗ってアルミ箔で包んで天火で蒸し焼き、塩茹でにして食べます。とうもろこしから摂った澱粉がコーンスターチであって、これからとった油がコーンオイルです。

どうわり〔同割〕

材料または調味料を同量づつ混ぜて合わせること。

とうばにく〔東坡肉〕

蘇東坡《そとうば》が豚肉の一番美味しい部分として選んだのでこの名があります。即ち豚肉の三枚肉、俗にいうバラ肉で、いろいろの使い方をしますがとくに角煮にします。大身のまま一時間程蒸し四角に切り、酒、砂糖、醬油、生姜の薄切りを入れてゆっくり煮込みます。蘇東坡とは唐宋の八大家文人の一人。詩人であり画も描いています。その内朱竹は最も有名であり、詩では赤壁賦など人のよく知るところです。

とがくしそば〔戸隠蕎麦〕

長野県上水郡戸隠村には二十七軒のそば屋があり、戸隠溝や宿坊、民宿を合せて三十七軒、ここで自慢をして出されるのが手打そばです。観光協会作詞の戸隠小唄に「娘十六戸隠育ち、腕におぼえの手打そば」とあるように戸隠そばを宣伝しています。そばは成育が早く種をまいてとり入れるまでに七十五日間、それにやせ地が適し、戸隠はそれに適しています。俗に霧下そばともいい、雪どけの五月から十月まで、この間に二回収穫できます。戸隠そばのそば粉と小麦粉の割合は二対一で、熱めの湯でこね合せよく練って延して打ち、強火で短時間に茹で上げるのがコツといっています。茹でて晒す水は寒中で九度、真夏でも十二度くらい、手先がしびれるくらいの水温でないと歯切のよいキリッとしまったそばに仕上らないといっています。汁はかつおの煮出し汁、味醂、醤油、薬味に葱を使いますが昔は大根卸しであったとのことです。

とがのおに〔栂尾煮〕

甘薯の皮の白い方を一・五cmくらいの厚さの輪切りにして皮を一寸厚めに剝き、水で晒し、アクをとり、クチナシの実を切って入れて茹で、ある程度柔らかくなったら形の悪いのを取り出し、これを裏漉しして一緒にして、裏漉しをした甘薯がとろっと餡のようにとけて、甘薯を包むように炊きます。これを栂尾煮といいます（柿伝氏の茶料理による）。

ときしらず〔時知らず〕

サケの別名。一般にサケは産卵のため、秋に河川へ上って来ますが、春先または夏に川へ上るものもあります。これを北海道では時知らずといいます。

ときなしかぶら〔時無蕪〕

金町小蕪ともいい、直径三cmほどの丸の小かぶら。順々にまいておけば時なしに成長するのでこの名があります。漬物、煮物に姿のよい柔らかいかぶらです。

ときわじるこ〔常盤汁粉〕

しるこの一種。白あんの汁粉に抹茶を入れたもの。

ときわねぎ〔常盤葱〕

東京周辺で栽培されるのを東京葱というのに対し、静岡の常盤産をこういいます。白いところが五〇cmくらい、甘味があって軟らかくすきやきに最適です。

どくぎょ〔毒魚〕

毒性を持つ魚類。肉、内臓に毒物を有するものと、ヒレ、尾などのトゲに毒を有するものとがあり、前者の代表が河豚であり、ウツボ、ヒラアジ、ベラ、カワハギ類に毒のあるものがあります。後者には、オコゼ、アカエイ、カサゴ、アイゴなどがあり、これにさされるとたちまち激痛を生じますので調理する時には気をつけたいことです。

とくさうど〔木賊独活・土当帰〕

うど料理の一つ。うどを四～五cmに切り、丸く皮を剝き酢を入れて茹で、白煮にして青海苔の粉をまぶしたもの。時には酢取りうどにして青海苔粉をまぶして焼き、肴や口代わりの盛り合わせにも使います。

とくさごぼう〔木賊牛蒡〕

細牛蒡をきれいに洗い、擂木《すりこぎ》でかるくたたき五cmくらいに切りざっと茹で、三杯酢に漬けておき、青さの粉をまぶしたもの。お正月の重詰などによく使います。胡麻酢に漬けてもよろしい。

とくさせんべい〔木賊煎餅〕

京都亀屋良永で作られる一〇cm程の丸い麩のようなかるいもので、裏に薄く砂糖がかかり、表に焼印が長く二本押してあります。これを木賊に見たてたのでしょう。かるいので番茶の相手によいものです。表千家即中斉の文字も気がきいています。

どくみ〔毒味〕

客を饗応する場合、供膳に先立ち、無毒であるかいなかを証明するために、主人またはその職にある者が試飲試食すること。鬼取りともいい、この習わしは、儀礼化して、広く東洋、西洋に見られます。昔は毒殺行為がしばしばみられ、いろいろな利害関係から飲食に対する危惧を除くために行なわれました。中国料理で同じ皿から取り分けて食べるのもこの習慣が一般化したものです。

とこ〔床〕

漬物その他漬け込むもの。味噌漬、糟《ぬか》漬、粕漬など漬け込む材料のこと。俗に寝かせるともいいます。即ち寝かせる処は床であるからこの名が生れたといわれます。米糟で作る場合は一度フルイにかけて炒り、水に塩を加えて煮溶き、冷めてから米糟と混ぜて材料を漬け込みます。大根や白菜その他水気の多い物は一日乾かしてから漬け込みます。床に水気が増したら真中へタオルをうめ込んでおき、材料を出す度に絞って水気を取ります。

とこぶし〔床伏・常伏・常節〕

アワビ類と同じ仲間です。岩床に伏す意味からこの名があります。殻の表に沿って、六～八つの孔があります。アワビは四～五孔で、孔が管状に突出していますがトコブシは突出していません。孔の周囲を取り巻くように大小のキクスズメガイが着生しています。鮑や床伏の孔は肛門から排出するフンの出口です。排せつ物はキクスズメガイのえさとなります。沈石の裏を、広い足ではい回っていますが、危険を感じるとピッタリ吸いつきはがしにくくして身を守ります。料理にはよく洗ってさっと茹でて、味醂、醤油、砂糖で甘からく煮てまたもとの貝へもどし、前菜や口取りの盛り合わせに使います。フクダメ、ナガレコなどという人もありますが、流れ子は鮑の稚貝ですから床伏とは違います。

ところてん〔心太〕

寒天の原草を煮溶し、冷し固めたもの。これを凍結させて乾燥させたのが寒天です。ところてんにかける酢は、醤油、砂糖と混ぜて一寸火で温めてから冷して使います。こうすると酢の内の揮発酸が発散するのでむせるようなこともなく美味しく食べられます。このところてんは夏の食べ物で、この姿を見ると、新緑と共に夏来たることをはっきりと知らせてくれます。

とさかのり〔鶏冠菜〕

紅藻類の海草。長さ八cm前後。あざやかな紅色の枝がちょうど鶏のトサカに似ているのでこの名があります。伊豆、九州方面に多く産し、春河岸に打ちよせられるものを採取して、生のまま刺身の妻、酢の物の相手として使います。産地ではこれを寒天のように煮溶し、砂糖やコウジを加えて流し缶に流し入れて固め、適当に切ってわさび醤油や酢味噌で食べます。その他塩蔵して各都市へ出荷されますが、これを水に浸して塩出していろいろに使います。このとさかのりは、眼疾を癒し、便通をよくする性質があるといわれます。

とさしょうが〔土佐生姜〕

俗にお多福生姜という大きな生姜。土佐でよいのができます。鮨の相手のガリ、赤漬、照生姜によいものです。照生姜とは、薄く切ってさっと茹で、味醂、砂糖、塩少量を入れて煮詰め、その中へ生姜を入れて照の出るように煮たもの。添えものに使用します。その他濃い砂糖蜜で煮て、更に砂糖を一切れずつまぶして砂糖漬けを作ることもあります。

とさじょうゆ〔土佐醤油〕

鰹節をかいて醤油と混ぜ、一度沸騰したら布で漉してさしみの付け醤油や、浸し物の食味に使います。鰹は土佐が本場なので鰹節と醤油と合わせて作るところからこの名があります。

とさず〔土佐酢〕

調味料の一種。二杯酢、三杯酢に鰹節を入れて二時間ほどおき、これを布で漉したもの。土佐の名は鰹の本場が土佐であるため酢の物、和え物料理に使います。

とさづくり〔土佐作〕

土佐高知の鰹のたたき作りを一応いいますが、生《き》の良い鯖などのたたきも美味しいのでこう呼びます。

とさに〔土佐煮〕

かつお煮のこと。土佐はかつおの本場ですからこの名があります。

どさんこ〔道産子〕

北海道の名産。帆立貝、くらげ、数の子などを混ぜて漬け

と
たもの。酒の肴にむきます。道産子という名称は北海道で生産されるものすべてに付けられますから、表現ばかりでないことを知るべきです。

どじょう〔泥鰌・鰌・土長・泥生〕

土生が転化した名称だといわれます。また泥津《どろつ》魚《を》の義で酋という字は、酒徳利の口から酒気が発散する形で、魚偏にこれを書くのは魚の中の、のんだくれと見られたのでしょう。水面に浮びあわを吹いて沈むこのさまが、酒に酔って乱舞するように見えるので鰌の字が書かれるようになったのでしょう。乱舞するのでおどり子の名もあります。この魚はビタミンB_1、B_2、カルシウム、リンが多く、若返りの妙薬ともいわれます。鰌を開いて皮の方を局部に張っておくとハレものに特効があり、骨を去って食べるようになったのは天保の初め頃からで、それまでは丸のまま料理して食べたといわれます。

現在は天然ものが少なく、ほとんど養殖ものでこの業も盛んです。五月に放流すれば七月には五〜六倍になり、タニシと共に養殖されます。産地は亀山市の浅野村、その他長野県、三河地方に転換農家もふえて来ていますが、なお栃木県小山市岩船町（関東平野の一番東の端）、四国、九州、新潟、福島など多くのところで養殖されています。

どじょうりょうり〔泥鰌料理〕

この頃は天然物が少なくなり、昔ながらの味を賞味することができなくなって淋しいことです。泥鰌を開くには骨が三角なのでなれないと開きにくいものです。開く包丁は刃渡り六寸、うなぎは八寸のを使用します。但しこれらは江戸さきのこと。

泥鰌といえばまず柳川ということになります。新牛蒡を笹がいて水でよく晒しておき、泥鰌をさき、現在では今戸焼きの鍋に、本来は九州の柳川で焼いた浅い柳川なべに牛蒡を敷き、その上に泥鰌を放射状に並べ、子があれば真中へ入れて割りしたを入れて煮て、玉子を割りほぐして流し入れ、玉子は上部が半熟程度まで煮ます。土鍋ですから鍋は火からおろしてもしばらく煮立っています。このアツアツを食べます。味は江戸前風につけますと一寸濃厚過ぎるように思います。

泥鰌の丸鍋は、生きた泥鰌をボールに入れ酒を沢山入れ直ちに蓋をして五分ほどおきますと静かになりますから、これを普通の鍋に入れ水をたして骨の軟らかくなるまで焚き、土鍋に移し、焚いた汁及びたれを加えて味を付け、煮上ったところへ葱の斜切りを入れて煮ながら食べます。

泥鰌の骨抜き鍋は土鍋に笹かきごぼうを敷き、その上に泥鰌の開いたのを皮を上にして放射状に並べ、子があれば真中へ入れてたれを張り、斜切りの葱を加薬にして煮ながら食べます。

泥鰌のかば焼は泥鰌を開いて串を打ち、普通の照焼きにして粉山椒をふりかけます。
泥鰌汁は泥鰌が小さければ丸のまま、大きければ開いて笹がき牛蒡と共に味噌汁で煮ます。薬味にはあれば茗荷がほしいところです。
泥鰌を水に入れ生かせておくと、浮いた時に空気を吸い込み、沈んだ時に肛門から気泡を出し、腸があたかも我々の肺の役目をはたしています。世界中では一一、〇〇〇種もあるといわれています。うなぎは皮膚から呼吸をしています。

どすやき〔刀焼〕

鱗のついたままボラの臓物を出し、内外に塩をふりかけ藁《わら》づとに包み、藁と共に蒸し焼きにして二杯酢で食べること。尾張蟹江《かにえ》地方の郷土料理。焼き上ったのが刀の姿でどす黒いためこの名があります。

どぞうやき〔土蔵焼〕

昔の物持ちの家では、勝手（台所）の近くに味噌蔵といって味噌を仕込み、三年間もねかせたものでここへは漬物なども貯蔵したものです。料理では味噌、味醂、砂糖を擂り混ぜて裏漉しをして文火（弱火）で煮たものを魚の腹《はら》の中へ詰めて焼いたのをいいます。尾張のいな饅頭もこんなところの思いつきかも知れません。

とそしゅ〔屠蘇酒〕

この酒を呑めば屠《と》、即ち死んだ者も蘇生《そせい》するというところからこの文字が書かれるようになったことでしょう。我国では嵯峨天皇の弘仁年間（八一〇～八二二）唐から博士蘇明という人が、唐の使いとして来朝の折、絹の袋に入れて屠蘇白散と称する霊薬を献上、正月三日間これを飲み一年中無病であったのに始まります。『広辞苑』を見ますと、支那の名医華佗の処方では山椒、防風、白求《びゃくじ》、桔梗、蜜柑皮、肉桂皮、赤小豆を調合したものと出ています。何れにしても無病延命の薬というわけです。使い方は暮れの晦日の夜、亥の刻に井戸に釣り下げ、元日の朝寅の刻に取り上げ、柳の枝に結び酒に浸して用うるのが昔からの習わしです。

どてなべ〔土手鍋〕

かきの鍋料理の一つ。土手八兵衛という人が作り始めたのでこの名があります。鍋の淵《ふち》に味噌を土手のように付け、煮出し汁、味醂、砂糖を加えてその中で、かき、こんにゃく、葱、豆腐、生椎茸、三ツ葉など煮ながら食べます。味噌を鍋の淵に付けずとも適当に味噌汁を作り鍋に入れて煮てもよろしい。

とど〔老鯔〕

と名吉、ボラ、いなの老大したものの名称。この魚は出世魚で年を重ねるに従って名が代ります。所によって違いますが始めをいな子、当才、二才、ボラ、名吉、とど、即ちこれ以上に進めないことを行き止りといいますが、俗にトドのつまりともいいます。この魚も最後の名というところからこの名があります。季節は寒《かん》中がよく、刺身、照焼き、味噌漬、酢の物などに向きます。

ととまめ〔魚豆〕

イクラをさっと茹でたもの。豆によく似ているのでこの名があります。一口椀の種、くずし物に混ぜた椀種などによいものです。

どなべ〔土鍋〕

鍋の一種。土製のもの。鍋類の中で歴史が一番古く、古代から穀物の煮たきに使われています。昔も始めは粘土をこねて作り焼いた簡単なものでしたが、時代の進歩と共に陶製鍋も進化し、釉薬をかけて今日の鍋料理に使うようなのができ、更に高熱鍋まで製作されて、これで胡麻を炒っても割れないものまであります。鍋料理に土鍋を使うのは、熱がやわらかく当るので温和な味に煮上るからです。土鍋は鍋料理に使うばかりでなく、栗のふくませなどゆっくりと煮込む料理にも適しています。特殊には赤楽の鍋もありますが、鍋が厚いので火を止めてもしばらくは沸騰しています。京都紫野の大市が使っているスッポン鍋がこれです。土鍋の産地は、瀬戸、京都、信楽、伊賀等ですが、伊勢の四日市の萬古では高熱に対し、きわめて強力なものが製作されています。

どなべのしこみかた〔土鍋の仕込み方〕

土鍋は使い始めが大切です。先ず鍋に水、塩、米か小麦粉を入れて弱火で数時間焚くことです。土鍋はご存じのようにアラ土で作られていますから、土のすきまを米か小麦粉がしみ込んでふさいでくれます。何物でも熱を加えると膨脹します。その時鍋もすき間があるとその分の空気の逃げ場もなく、同じように膨脹することができないので無理ができてヒビが入る訳ですから、特に土鍋の使い始めは気をつけて仕込みたいことです。然し現在は高圧鍋がありますので、少し高価でもこの方を買求められるようお進めします。

とのさまがゆ〔殿様粥〕

白粥を美味しく炊き、器に入れてその上に卵黄を入れ、その上にあんをかけたもの。即ち君は幕の内というところからこの名があります。

粥を美味しく焚くには米一、水四の割合いでゆっくりと焚き、あまり杓子でかき混ぜず静かに焚きます。飯は一見一粒に見えますが、実は無数の粒でなりたっています。かき混ぜますとこの粒がくだけてのり状になります。こんなことに気をつけます。

とびうお〔飛魚〕

長さ二〜三〇㎝くらい、青紫色をして胸鰭《むなびれ》の発達した魚。この鰭を利用して水面を蹴って飛ぶのでこの名があります。山陰地方ではアゴといってこの魚で竹輪が作られます。普通には煮焼きして食べますが干物としてよく売られています。別名、つばめ魚またはアゴといいます。

どびん〔土瓶〕

番茶用の陶磁器の一つ。もとは中国、周時代の酒器から転化したもので、急須と同じように茶を出す器具です。胴の下部ほど釉薬のかかっていないのがありますが、これは土瓶を直接火にかけた古《いにしえ》の名残りといえます。茶は煎茶、番茶にかぎらず、入用だけ湯を入れて茶の湯をしぼりきっておけば二度使いすることもできます。

どびんむし〔土瓶蒸〕

蒸し物料理の一つ。この料理は、松茸狩りに行き、取った茸をあり合せの土瓶に酒少々と共に入れて、火にかけひとふきしたら、生姜醤油をつけて食したのに始まる料理です。それが変じて現在の土瓶蒸しになったものですが、今でも大きめの風稚な土瓶に酒、松茸を入れて火にかけ、ひとふきしたらそのまま生姜醤油を添えて土瓶のまま座敷に出し、取り分けて食べる料理もあります。普通には、一人ずつの小さな土瓶に、松茸、銀杏、焼あなご、とり肉など入れ、煮出し汁に醤油で吸味程度に味をつけ、これを土瓶に張り、火にかけさっと煮て三ツ葉を入れ、土瓶の蓋の上に柚子の切ったのをのせて進めます。直火でなくこれを蒸すこともします。蒸せば温和な熱当りのため、かえって美味しくいただけます。

どぶづけ〔溝漬〕

ぬかみそ漬のこと。

どぶろく〔濁酒〕

酒の一種。白馬ともいいます。米、米麴、水を原料とし、清酒と同じ製造工程にしたがって作り、濾過をしないで濁ったままのもの。即ち清酒まえの粗悪な酒。清酒が発明されない以前はみなこの濁酒です。宮廷ではすでに平安時代、粕と分離して液汁の部分を飲む白酒《しろき》がありました。

飛騨白川郷のどぶろく祭は十月十五日に白川八幡で天下の奇祭として行なわれます。新米で作ったどぶろくを、神殿に饌《そな》え、村人も遠来の客もわけへだてなくふるまい、秋の実りを祝います。この酒ばかりは無税とのことで、天下御免といわれています。

トマト

原産は南アメリカ、日本へは明治初期に輸入されています。始まりは観賞用として植えられたもの。現在では生野菜の代表品であり、加工して、ケチャップ、ピューレとして多く使われます。またトマトジュース、トマトソース、トマトペーストとしても使われます。アメリカでは愛のリンゴの愛称があります。

とめわん〔止椀〕

料理の一番終りに出すからこの名があります。例えば飯の折に出す赤だしなど。

ともあえ〔共和え〕

同一の材料で和えたもの。例えば、魚貝の材料を処理し、内臓を茹でたり蒸したりして、さらに裏漉しをしてこれで和えたもの。

ともず〔共酢〕

主材の内臓を、蒸したり茹でたりして、擂って裏漉しをして、酢、砂糖、塩で調味してこれを食い味にするもの。鮟鱇《あんこう》やあわび料理によく使います。

とやりょうり〔鳥屋料理〕

鳥屋とは鳥などを飼っておく小屋のこと。昔は野鳥をカスミ網で獲り、網で張った鳥屋に入れ、これを客の求めにより、その前で料理して食べさせました。これが鳥屋料理です。終りには山に小屋を作り、日当りのよい所へ招鳥《おとり》といっていろいろの種類の小鳥を飼い、餌をあたえそれをついばんで鳴く声で小鳥を呼び寄せますが、警戒してなかなか下へおりません。そこで、遠方に竹をたて、その先に絹の布切れをはたきのようにつけておき、それに綱を小屋まで引いておき、小鳥が寄って来た時、急にこの綱を引くと絹をさくような音がします。これが鷹のおそいかかる羽音に似ているので、あわてて下の小松林の中へもぐります。そこにはカスミ網が張ってあるのでこれにかかる仕組です。これは晩秋から初冬が季節ですが、小鳥は渡り鳥で最初北陸地方へ来ます。木曽路へかかる頃には肥満して、至って美味しくなります。小鳥を獲るには夜明けがよく、朝三時頃霜をふんで小屋へ出かけます。小鳥の種類は、つぐみ、あとり、しないなどですが、現在は禁じられていますので昔語りになってしまいました。

どようし〔土用丑〕

雑節の一つ。立夏、立秋、立冬、立春の前一八日間を土用といい、とくに立秋前の十八日間を夏の土用といい、その間にある丑の日を土用丑といいます。土用丑の日に鰻を食べる風習は各地にあり、この起りはいろいろいい伝わりますが三つあります。その一は、狂歌師蜀山人に、江戸のあるうなぎ屋が商売不振の対策を相談に行ったところ、土用の丑の日にうなぎを食べれば病気にかからぬとの意味の狂歌を作って与え、それが、大きな宣伝になり成功したということ。二には、平賀源内が夏やせに対する栄養的な意味を含めて、うなぎ屋の店頭に、本日土用の丑の日、と大書して張り出したのが当ったという話です。源内は本草学者であって、ほかに戯作者、発明家としても才を発揮し、著書も多くのこっています。その当時の江戸の名匠。三は、江戸時代の文政年間、『江戸買物案内』という書物に、青木善兵衛という人が、土用丑の日にうなぎを食べることを進めたということです。一方、土用には、丑の日に因んで、「う」の字の付く食べ物、例えば、牛、ウリ、ウメ漬けなど食べると暑気に当らないといい伝える地方も多くあります。その他土用丑の日にうなぎを焼いて、こころみに貯蔵しておいたところ、他の日に焼いたのよりも日持ちがよかったとか、いろいろの話もあります。

とらふぐ〔虎河豚〕

マフグ科の魚。体は暗褐色で腹側は白く大形で、皮が虎模様になっているのでとらふぐの名があります。河豚の中で一番美味しいものですが産地により味に多少の優劣があり、瀬戸内、西部のものを最も賞味します。産卵期は春ですが、菜の花が咲き始めると食用にしないのが普通です。

とらまめ〔虎豆〕

インゲン豆の一種。半分白く、半分に縞の斑点のあるところからこの名があります。煮豆用に多く使います。

とらむき〔虎剝〕

虎の毛色のように所々を剝くこと。例えば、茄子を煮焼きする時や里芋の皮のきれいに剝けない所などトラムキにします。

どらやき〔銅羅焼〕

昔戦場で武士がたたいた銅羅で物を焼いて食べたのに始まるとの説。後には銅板の上で薄い衣を付けて焼くからそう名付けたともいわれます。即ち俗に上等の着物を一丁羅というように、これは薄い絹の衣ということです。従って薄い衣を付けて銅板の上で焼くのでドラ焼きであり、煮ればドラ煮です。この料理は肉類に小麦粉を付けて焼いたり、煮たりして進めます。

どり

御菓子で餡に薄い衣をつけて焼いたどらやきもあります。

鶏の肺臓

とりがい〔鳥貝〕

海産の二枚貝。姿が鳥の口ばしのようであるからこの名があります。鮨種、酢の物、ぬた、刺身のあしらいなどに使います。

とりざかな〔取肴〕

昔は客をもてなすのに、一の膳、二の膳、三の膳を出し、飯汁を進めてこれを下げ、次に中酒といって盃台に盃をのせ銚子で一献進め、吸物膳を出して更に別肴を進めます。この時の肴が取り肴です。主人自ら取って客に進める意味から取肴といい、現在では懐石の八寸にその面影が残っています。これを台の物ともいいますが、高貴の方には足のある器を使う場合もありますので、そう呼ぶ訳です。

とりなんばん〔鳥南蛮〕

かけそばに鶏肉、ねぎをのせた種物そば。うどんにもこの仕方があります。鴨を使えば鴨南蛮です。南蛮に使うねぎは、焼葱を使うのが習わしと古書にみえます。

とりりょうり〔鳥料理〕

日本料理の一種。鳥を用いた料理の総称。鳥の肉は古くから食用に供し、魚に次ぐ重宝な材料で、昔はこの鳥の包丁式も行われ、石井翁の著書、『日本料理法大全』には、鶴その他の包丁式も行われ、鶴の部に、鶴式、真千歳、早舞鶴、早千歳、舞鶴などあり、式の雁《かり》には、鷹《たか》鴨、式鳥、和合鳥婚姻鳥、草陰鳥、祝鳥、鷹鳥、山路、後来、等々多数図解されてあり、鵠《からのとり》、鴨雉子と多くの種類が記されています。現在は禁鳥もあって、種類では、鴨数種、うづら、雉子、雀、山鳩、しぎ、鶏、七面鳥、山鳥、家鴨《あひる》などが料理に使われます。

とりわさ〔鶏葵〕

とりの笹身を一口切りにして霜ふりして、三ツ葉、わさび、醤油とで味を付け、盛り分け、天に糸切りの海苔をかけたもの。手軽で酒の肴になります。

とろ

まぐろの肉の一部。鮪の腹側の桃色をした脂肪の多いところ。肉の組織の中にこまかく脂肪がはいり込んでいるため、背の肉に比べて味にまるみがあり美味しく、特に冬期にいたって味は一段と増します。脂肪の一番のっている腹部をトロ、その上の霜ふりようになっているところが中トロ、その上が赤身になります。トロは、刺身、鮨種、山かけ、照焼き、ねぎま鍋などに向きます。昔はこのトロは下級品であったようです。

どろず〔泥酢〕

濃度のある合わせ酢の総称。吉野酢、絹酢ともいいます。三杯酢に吉野葛を入れて濃度をつけたもの。雲丹酢、黄身酢、梅肉酢、きも酢などがあります。

とろび〔弱火〕

物を煮たり、茹でたりするのに、強火、中火、弱火の三つの使い分けが大切です。このトロ火はゆっくり煮込んだり茹でたりする場合に必要です。煮物には甘露煮、昆布煮など、茹でものには、豆、煮込みの肉など、蒸し物では、卵豆腐、くずし物などでトロ火が大切です。

どろめ〔鰯稚魚〕

四国土佐地方特産。片口鰯の稚魚。土佐の高知地方では一年中水あげがあり、赤岡町あたりで最も多く獲れます。茹でて干したのがチリメンジャコです。春は三〜四月、秋は村祭りのある十月過ぎが一番美味しい時です。この茹で汁はこくがあって美味しいので、四斗樽に入れて「いり汁はいらんかね」と売り歩いたものです。生のは卵〆めなどにすると佳味です。

とろろ〔薯蕷〕

擂り卸して擂鉢で擂ると、とろとろになるからこの名があります。芋の種類では自然薯、俗に山の芋、銀杏芋（手甲芋ともいう）伊勢芋などを使います。料理では麦とろ、清汁、味噌汁に浮かせた浮き芋、山かけ、薯蕷《とろろ》むし、のり巻きにして酢の物、のりで巻いて切り、揚げて精進の吸種、かし昆布で巻いて竹の皮で巻きどめしてゆっくり煮込んで小口切りにした精進料理でのアワビ、前菜用に雲丹やこのわたと擂り混ぜた雲丹とろなど種々の料理になります。

麦とろの作り方、芋四五〇g、玉子二個、味醂大匙三杯、煮出し汁カップ二杯、醬油大匙五杯くらいで作ります。とろろで有名なのは東海道の丸子、京山端の平八茶屋などがあります。正月三日の間にこれを食べれば中風にかからぬなどといって食べる風習もあります。

とろろは精がつくと昔から言い伝わり信じこんでいますが、私たちの消化器官は、生の澱粉は消化しにくいものです。しかしとろろの澱粉は例外で、生でもきわめて消化しやすい特徴があります。その秘密は、第一にとろろの澱粉の粒子のあのぬめりは一種のタンパク質と、マンナン（糖の一種）がゆるく結合したものですから、それ自体に強力な澱粉の分解酵素が含まれているので、消化がよいわけです。俳人芭蕉も食しんぼうであったらしく、食物に関する句も多く残されています。「明月や　先づ蓋《ふた》とって　そばを嗅ぐ」があり、「梅若菜　鞠子の宿の　とろろ汁」も有名です。丸子のとろろは味

と

噌汁仕立てです。

とろろいも

とろろを作る芋の総称。伊勢芋。大和《やまと》芋。自然薯。ところにより、伊勢芋をツクネイモ、大和芋を手甲芋または銀杏芋、自然薯を山の芋とも呼びます。

とろろこんぶ〔とろろ昆布〕

昆布を細く削った昆布。一名白髪昆布ともいいます。これには白とろと黒とろとがあり、勿論白とろが上等です。使い途は、椀種、和え物、煮物など。

とろろそば〔薯蕷蕎麦〕

そばの茹でたものに、そば汁を少しかけ、とろろともみのりをかけたもの。

とんかつ〔豚かつ〕

豚肉の薄切りまたはヒレ肉に塩、胡椒をして小麦粉、水溶き卵、パン粉を付けてあげたもの。一口にトンカツといっても実にむつかしいもので、肉はヒレよりむしろ内ロースが私は好きです。切った時一寸血の色があり、食べる時にはピンク色になっているのが上手に揚がったものだと思っています。このタイミングはなれきっていなければ揚げられない技術です。

どんこ〔冬菇〕

椎茸の種類は二種あって、冬菇《どんこ》、香信《こうしん》と呼びます。冬菇は傘七分開の丸々としたもの。香信は傘が開ききったもの、冬菇は若いうちに採取するので胞子が全部とび出してしまわずに多く残っているうえ、冬の寒い間に発生して一ケ月近くかけて徐々に成長するので、質の良い肉の厚いものになります。従って菌が多く栄養効果も高いのです。椎茸の菌《きん》は、糖尿病、肝臓、制癌、コレステロール抑制等に効があるといわれます。椎茸の歴史は古く、人間の生れた時既にあったかも知れないといわれています。

とんこつ〔豚骨〕

鹿児島の代表的料理。豚肉の骨付きを強火で油炒めして、焼酎をふりかけて全部が蒸発したとき火を止めて、熱湯をかけて油抜きして、深鍋に薄い味噌汁を作り、砂糖、生姜の薄切、豚肉を入れて弱火でゆっくり煮込み、その中へちぎりこんにゃく、大根の厚切りを入れ、味噌、砂糖で味付け直して柔らかく煮上げたもの。

どんざのり〔どんざ海苔〕

新潟地方の特産。岩に付着している岩海苔、焼いて椀種、さしみの妻に使用されます。

とんじき〔頓食・屯食〕

強飯を丸く握り固め、器に盛ったもの。現在の握り飯。頓は臨機の意味で、平安時代には、宮中や貴族の催しのある時庭に並べて、大勢の下級の者に供された食事です。公家では近世まで握り飯のことをとんじきといっています。

とんぶりのみ〔箒草の実〕

東北地方では古くから食用にしています。秋田県の特産品で色は淡い緑色、味は淡泊です。和え物、酢の物などに使います。秋田でとんぶり、青森、岩手では「ずぶし」といいます。

どんぶりばち〔丼鉢〕

厚みのある直径一六㎝くらいの、陶、磁器製の深い鉢。江戸中期にはこれにかけそばを盛って売られていました。現在では麺類などこの丼鉢が使われています。うなぎ丼、カツ丼などには蓋付きのを用います。

どんぶりめし〔丼飯〕

どんぶりに一人前づつ盛りきりにした飯のこと。大衆または多数の折、これをよく用います。

どんぶりもの〔丼物〕

丼鉢に温かいご飯を入れ、その上に調理をした具をのせ汁をかけたもの。丼に盛った食物には丼飯、天丼、親子丼、うなぎ丼、狸丼、カツ丼、牛丼など。さて丼という文字はよく作ったもので、井戸の中へ物を落せば、どんぶりと音がしますので井の中へ点を付けたといわれます。もっとも文字は作られるもので、他の文字もよく考えて作られています。

な

な〔菜〕

那。魚。普通には蔬菜のことですが、本来は副食物全体の意で、『万葉集』に、「伊勢のあまの朝な夕なにかづくといふ、あわびの貝の片思ひにして」とある。アサナ、ユウナは、朝魚、夕菜の文字が当ててあり、魚類をマナ、菜類をソナと呼び、調理台をマナイタ、ソナイタと区別されました。従って、「な」とは魚菜といってよいことでしょう。

ないぞう〔内臓〕

身体の内部にある臓器の総称。医学的には、体の内部の腔所にあって、解剖のときに一つ一つ単独にとり出しやすいものを古くから内臓と呼んでいます。食品では、もつ、あるいは臓物といって、牛、馬、豚、鶏、ヒツジ、ヤギ、ウサギなどの肝臓、腎臓、心臓、肺臓、胃袋、脳髄などが利用されます。一般に栄養価が高く、消化吸収もよろしいが、腐敗しやすいので注意が必要です。魚類系の内臓は、このわた、うるか、塩辛などに加工されますが、他の物は調理のとき取り除きます。

ないろ〔内良・内郎〕

名古屋の銘菓。外良《ういろ》の反対に内良と名付けたのでしょう。外良に軽い羊羹風の味をもたせた淡白な味の棹物。

なおし〔直し〕

飲料用の味醂のこと。味醂と焼酎を混合したもので本直し、柳蔭《やなぎかげ》の名もあります。

なおりあい〔直会〕

この語は祭事が終って後、神饌のおさがりを分って食酒する饗宴をいい「なおらい」ともいいます。祭儀のための潔斉をといて体をくつろげ、平常に復し直るのでこの名があります。神社の祭事後普通に行われます。

ながいも〔長芋〕

ヤマイモの一種。栽培されますがこれには二種あって、本長芋とアイノコがあります。アイノコは、水分が多く、とろろにしても煮ても不味です。本長芋は栽培がむつかしく良い品は少なくなりました。良いのは一mぐらいにもなります。鳥取の砂丘などでよいのが栽培されております。用途はとろろ汁、甘煮、椀種、口取りなど、乾燥させてデンプンを作り、菓子の材料にもなります。現在はビニールの筒の中で作りますので曲らずに良いのができます。北海道喜茂別町成田繁男さんは昭和五十七年、農林賞を得たほどの長芋作りの名人。

なかおち〔中落ち〕

魚を三枚卸しにしたときの真中の骨のこと。アラ焚きや、うしお汁にして使います。

ながさきチャンポン〔長崎チャンポン〕

長崎は徳川時代からの旧港で諸外国の船の出入が多く、さまざまな異国の文化が入っています。食べものも然りで、いつしか長崎独特の長崎料理さえ生れています。このチャンポンにはいろいろの説があります。いろいろの材料を使うのでチャンポンというとの説と、支那のチャン、日本のポンと入りまじった料理だから、チャンポンというようになった説とあります。

ながさきのからすみ〔長崎の唐墨〕

昔から天下三珍味の一つ、このからすみは各地で製造されますが、何といっても長崎といえましょう。この歴史は古く、唐墨という呼び名が初めて記録に載ったのは天正十三年、秀吉が関白となって参内をした時、食膳の献立に上っていることです。その後長崎代官鍋島飛弾守信正が樺島産の唐墨をとり寄せ、長崎名産として献上したところ、その美味を賞し、これは何という名かとお尋ねになり、それまでは鯔《ぼら》の真子などと呼んでいたのですが、従来の呼び名では価値が少ないと考えた末、丁度その姿が唐墨《とうぼく》に似ているところから唐墨《からすみ》と答えて、それ以来唐墨として御用品となり珍重されたといわれます。江戸時代の樺島は九州南西部、献上品を運ぶ御用船の寄港地でした。

原料のボラの主なる漁場は、長崎県野母崎町、樺島、五島富江、熊本県天草島、牛深などです。この地方はボラの卵の成熟の度がよいので、唐墨の製造に最も適しているといわれています。

ながさきりょうり〔長崎料理〕

長崎は十六世紀頃からポルトガルやオランダの異国の人の出入りが多く、早くからの開港地で、寺院や建物までが一寸他都市と違った情緒のあるところです。従って料理も特色があり、和、中、洋が渾然一体となって伝わって来たのも当然なことです。戦前戦後とこの地の卓袱《しっぽく》料理を試食に参っていますが、この地も時代に添って追々と変化してきたようです。

卓袱《しっぽく》とは用いる卓の名称で、即ち膳の代りに卓を以てするのがこの料理です。卓の大きさは四尺角（一m二〇cm）高さ三尺（一m）程度、帛《きぬ》に刺繍のある卓維で被い、これに食器

な
を並べ主客四人を一組の定めとし、腰掛には榻《たふ》(ながいす)や椅子など使います。現在では座敷で普通の卓を使いますが、丸卓もあり角なのも使います。色は朱塗りが多いようです。本格的に知っていただくため、参考までに享和本、『山家集』よりその頃のあらましを書写します。

料理を盛る食器は大菜と小菜との二つに分かれます。大菜は大椀または盤、小菜は小皿を使い、名称は碟子《ちょうし》または皿子《へいし》といい、大菜は字の如く大きな器、小菜は小皿、酒器は酎瓶、杯は酒鐘《しゅしょう》または単提《たんてい》、猪口は十景《しい》套盃《さんはい》、散蓮花《ちりれんげ》に湯匙、箸は牙筋《げちょ》といってこれを卓に配して料理をすすめます。先ず客が来たれば蘭茶、御菓子にカステーラなどを進めて料理を出します。

山家集写

第一
大菜皿　蒸海老
　　　　伊勢干瓢
第二
小菜皿　けんちん
同　　　若鮎
同　　　玉ずさ
同　　　蛸和煮《たこやわらかに》
第三
吸物　なまこ
　　　伊豆のり
　　　蓋丼にさじを付けて出す
第四
中鉢　鯉みそ
　　　さじを付ける
第五
口取皿　天ぷら
　　　　岩茸
第六
中丼　葛かけ
第七
銘々猪口　ぬた
茶碗　いり鳥
　　　玉子むし
第八
小菜　雲丹かまぼこ
　　　わたかまぼこ
第九
吸物　ふりしじみ
　　　氷餅
第十
大菜鉢　栗鯛
第十一
飯　黄飯
第十二
薄茶　菓子
　　　カステーラ
　　　人丸
以上

右のように書かれてあります。長崎調理師支部長酒井氏が先年ある雑誌にご発表になりました稿によれば、現在は左記の通りになっております。

献立

鰭	五種又は七種	清汁椀
味噌	味噌汁	
	普通白みそ	椀
坪		清汁椀
小菜七種	五種でもよい	
小菜	刺身もの	小鉢
〃	酢の物	〃
〃	和えもの	〃
〃	三品盛	口取もの

〃　天ぷら　長崎天ぷら
〃　十六寸　小鉢
砂糖煮
甘煮　長崎甘煮　小鉢
大鉢　あんかけもの又は茶碗蒸　大鈴
中鉢　角煮類　中鉢
煮物　スープ仕立　鶏、野菜　丼又は椀
木の実
木くらげ
生麩
香の物　小鉢
飯
果物　小鉢
梅椀しるこ　椀
大鉢とは汁気のある温かいものを盛る
梅椀とは長崎では甘いものを盛る。
以上です。

重複するようですが更に今少し長崎料理にふれてみます。唐人船が貿易風にのって長崎へ来るのは春四月、商用を終えて帰帆するのが秋風のたつ十月でした。唐人屋敷ができる前は永い滞在を民家で過していています。これを町宿といっています。その間に自然お国自慢の料理を作り、それを見習って一般の家庭にも生れたのが長崎料理です。有名な長崎の富貴楼な

の、最近の献立がある雑誌にのっていましたので書き出してみますと、

前菜　五種
御鰭椀　松茸
海老葛たたき
梅花人参
鳴門蒲鉾
鯛切身
唐人菜
刺身　鯛、伊勢海老
鰭湯引
エラ、腸、肝臓、
胃、ほうれん草
赤かぶら
三杯酢
南蛮漬　紅さし
（紅さしとは地方の小魚）
カリフラワー
（蒲鉾、ハム、グリンピース、のり巻）
鉢肴　鰆のてりやき
卵の黄身鮨
酢蓮
十六寸豆《とろくまめ》　蜜煮

千代口　たたき山芋
　生雲丹
そぼろ仕立　細切豚肉
茶碗蒸　竹の子
　大型　もやし
　椎茸
　三ツ葉
大鉢　袋鳥
　煮物　肉団子
　白芋
　むしあわび
　青豆
豚角煮
　椀　魚のすり身
　西山かぶら
　木くらげ
梅椀　紅白の白玉
汁粉　玉梅の花の塩漬

以上のように記載されています。料理に変化をもたらす参考にと書き添えました。私も戦前戦後と富貴楼へ試食に行っていますが大体似通っています。

ながしそうめん〔流し素麵〕

兵庫県竜野地方の流し素麵も有名ですが、各地にあります。素麵は茹でて谷水でよく冷し、樋状の物に谷水と共にそうめんを流し、樋の周辺に立って流れて来る素麵に汁をつけて食べます。流し素麵は涼感があり、情緒ゆたかなので、わざわざ山間の地にこれを尋ねて食べる人も多くなって来ました。流しそうめんで名高いのは、飛驒立山のふもとと、岐阜県大野郡宮村駒淵の宮川のほとりです。青竹を割って樋《とい》にして、清水を通し、そうめんを流し、わが前へ流れ来たのをすくい上げて食べる涼味はひとしおです。

ながしばこ〔流し箱〕

寒天、ゼラチン、葛粉などを冷し固め、寄せ物や卵豆腐を作る器具。ステンレス製のが無難です。底が二重になっている方が中の料理を抜き出すのに便利です。ゼラチンや寒天を流す場合は一度ぬらしてから使います。こうすると抜き出す時簡単にきれいに出すことができます。

ながしもの〔流物〕

寒天やゼラチンを煮溶き冷しかためたもの、寒天で作る場合は寒天一本、糸寒天（粉末なれば八g）、水カップ二杯砂糖は適量を煮て、一度すいのうで漉して流しかためて作ります。但しこの寒天の中へ何か他の物を入れて作りたい時は、入れるもの、硬さによって寒天を煮溶く水を増減いたします。ゼラチンの場合は、水または牛乳カップ一杯、板ゼラチン一・五枚（夏は二枚）砂糖五〇gくらいで作ります。みかん、オレンジ、レモンなど酸性のものを混ぜる場合は、砂糖一〇gくらい増して作ります。日本料理ではないのですが、白ソース、マヨネーズをかためる場合、何れかカップ一杯、ゼラチン一・五枚、ゼラチンを水にひたし、湯煎でもどして混ぜて作ります。

ながすくじら〔長須鯨〕

ヒゲクジラの一種。南北両半球に棲息し、体長二五mぐらいになります。背部は暗灰色、腹部は白く、ひげはスミレ色をおび、白色従条のあるのが特徴です。

ながもち〔長餅、永餅〕

白餅を薄く長く延ばして小豆の餡を入れ、鉄板で両面を焼いた餅菓子。牛の舌に似《に》ているので舌餅《べろもち》の名もあります。愛知県四日市市の名菓。長餅の歴史は古く、その名も長餅、氷餅、日永餅、笹餅、牛の舌などの名で親しまれています。かたくなったら更にあぶって食べると美味しくいただけます。

ながやき〔長焼〕

うなぎを開き、一尾のまま照焼きにしたもの。昔は一尾のまま大平椀《おおひら》に入れたものです。現在は切って出しますから長焼きとはいえないようです。

ながれこ〔流れ子〕

あわびの稚貝。あわびの稚貝は岩に定着できるまで二枚貝で、定着する力ができれば一枚を捨て定着します。それまでは流れていますのでこの名があります。常節《とこぶし》と同じようですが貝の穴の数が少くないのでよくわかります。

なくらといし〔名倉砥石〕

庖丁人は砥石にも深い関係があり一寸こんなことにもふれておきます。この産地は、三河南設楽郡鳳来町の川合です。今日では追々と少なくなっています。一名三河白ともいいます。約七〇〇年程前、名倉左近という人が狩に来て発見したのでこの名があります。金工技術者、人間国宝の人もこれを使います。日本刀もこの産地のもので砥ぎます。日本刀、庖丁などにはコマ、床屋のカミソリにはボタン目白などが使われます。

なごやコーチン〔名古屋コーチン〕

江戸末期尾張藩では、農作物不作の折養鶏を勧《つと》めて来ました。明治の初期、インドのコーチンより輸入した鶏を名古屋地方で改良したのが名古屋コーチンです。この鶏は現在のように急に肥満させたただ軟らかいばかりのものでなく、滋味があって本当に美味しい鶏です。従って名古屋の鶏は美味しいというイメージだけが残されていますが、幸い最近この鶏の飼育が盛んになりつつありよろこばしいことです。早く昔の味の鶏を食べたいと思うのは私ばかりでもなさそうです。

料理では、引きずり(すきやきのこと)、水焚、唐揚げ、白焚き、胡椒焼、シャブシャブ、煮物、とり飯、ももやきと多様です。水焚き用のスープを作るには骨ごとブツ切りにして熱湯を通し、深鍋に入れて水を張り、強火で二〜三〇分焚き、火を消してスープの一割ほど水を入れて蓋をしておき、のち鶏肉を洗《あら》うようにして取り出し、スープを漉して使用します。

なごやのだがし〔名古屋の駄菓子〕

名古屋の駄菓子の歴史は古く、およそ二五〇年の由緒をもっています。従って全国的に有名で、ここから他府県の駄菓子が大略作られて送り出されます。中でも問屋街として知られているのが西区の新道町で、全国業者仲間で知らない人はないほどです。新道《しんみち》といえば菓子問屋の代名詞ともなっています。現在同区、新道町、隅田町、井桁町一帯に約八〇〇軒の菓子問屋が建ち並び、一見同じように見えても各店各様、中卸を対象とする店、一文菓子を対象とする店、品物も各種各様です。実に駄菓子もこれほどあるかとおどろくばかりです。

なごりなす〔名残茄子〕

秋なすのこと。

なし〔梨〕

バラ科の落葉高木。原産は中国といわれますが、アジアからヨーロッパまでに至る広い地域に栽培され、土地特有の品種が生れています。わが国では既に平安中期の延長年間、(九二三〜九三〇年)に栽培された古い記録もありますから伝来はそれ以前となります。わが国の果樹栽培の中では最も古いといわれ、徳川末期になりますと一五〇種以上作られていたといわれます。

二十世紀梨は十九世紀末、明治三十一年、東京の輿農園主渡辺氏と帝大農科教授池田両氏によって、青白い肌、甘味水分もたっぷりありその新鮮さに命名されたものです。迎える二十世紀を夢にたくして名付けられたものでしょう。期待にこたえて梨の中で一番賞味されています。

日本古来の日本梨は、サンドペアと訳し、砂梨です、随分とひどい名付け方です。舌の上でジャリジャリとしてカスの残る感じが特徴とあってみれば仕方もないことです。なかでも長十郎は、砂梨の代表といわれています。神奈川県の当麻長十郎氏が偶然発見、栽培はじめたものです。

越後国藤原郡萱場村の阿部源太夫という人は天明二年、

（一七八二年）に、『梨学造育鑑』、なるものを書き、その当時既に早生種二五種、中生種十九種、晩生種五五種をあげているほどで、現在各地の産名をあげれば数限りないことになりますが、一応出廻っているものは、二十世紀、長十郎、幸水、豊水、菊水、八雲、晩之吉などです。洋梨（バーレット）も栽培されています。果物は交配接ぎ木で偶然特殊な品種等発見されることが多く、従って発見者が登録して発見者の名、または何々と号と名を付ける場合がよくあります。

梨の語源は新井白石が、芯が渋く酸っぱいので、すしと言ったのがいつのまにかナシとなったといわれます。異名には、雪液、含消、玉実、映実、玉乳蜜天、百損翁等の名がありま す。

梨が無しに通じるところから反対にアリノミともいいます。古くは光孝天皇、仁和三年七月は信濃の国から梨果を献じた記録もあるそうです。有名な白楽天の『長恨歌』に、楊貴妃の容色を賞めて、「梨花一枝春帯雨」とあるのもご存じの通りです。

なしざけ〔梨酒〕

果実酒の一種。ペリー酒ともいいます。梨の果汁を発酵させて作ったもの。家庭で飲物として造る場合、梨一・五、氷砂糖五〇〇g、焼酎三五度のもの二ℓ。梨は薄切りにして、材料全部瓶に入れて、時々瓶を裏返しておけば二ヶ月くらいで美味しくいただけます。

なしもの

利休百会記の懐石料理によく見られる料理名、現在の塩辛のようなもの。

なしわり〔梨割り〕

縦真二つに切り割ること。伊勢海老の鬼がら焼きなどに庖丁すること。

なすび〔茄子〕

「び」がとれて現在ではナス、といいます。原産はインド、ナス科の一年生果菜。平安時代初期中国から伝来したといわれます。日本人の嗜好に適し広く栽培され、品種により、丸形、加茂茄子のような俵形、中形、長形、細長いもの、二口茄子、現在はべい茄子といって大形のもあります。芭蕉は奥の細道で静岡へ出て「めづらしや、山をいではの、初なすび」の名句を残しています。大徳寺の大綱和尚は「なせばなす、なさねばなさぬ世の中に、なすはめでたきものにぞやありける」などとうたわれていて、茄子は成すに通じ、一富士二鷹三茄子とめでたい物の一つになっています。料理では煮物焼き物は言うに及ばず、揚げる、汁の実、茹で、みそ和え、漬物といろいろに使います。その上茄子は毒消しの作用があると昔からいわれ、河豚や木茸料理には必ず併用されたものです。

なすぶどうに〔茄子葡萄煮〕

民田茄子のような極く小さいのをぶどうのように甘くふくめ煮にしたもの。芥子漬けにするような小さい茄子の、皮の黒い部分だけ薄くきれいに剝き、酢水につけ、湯を沸騰させて酢を入れて落し蓋をして色よく茹で、水に取って晒しておきます。砂糖蜜に塩少量入れその中へ茄子を入れて、紙蓋をして弱火で煮ふくめます。あしらい物に使用します。

なだあえ〔灘和〕

酒粕にて和えたもの。灘は酒の本場ですからこの名があります。材料はいろいろありますが、いか、くらげ、あわび、貝柱、野菜など。

なたづけ〔鉈漬〕

秋田の名産。ハタハタに塩をして麹《こうじ》漬けにしたもの。

なたね〔菜種〕

アブラ菜科。若いのは茹でて和え物、花も和え物、椀種として使い、実はこれより菜種油を取ります。

なたねゆ〔菜種油〕

ナタネの種子から採油した半乾性油。わが国では古くから用いた油です。一名直し油といい、油揚げ、がんもどき、飛龍頭などはこの油でないとあの風味はでません。またサツマイモの付揚げもこの油であげると昔ながらの味があります。

なたまめ〔刀豆〕

鉈に似ているのでこの名があります。長いものは三〇㎝にもなります。豆科に属する蔓草。若いのは煮ても食べますが福神漬けにはかかせない材料です。『和漢三才図会』には「猪肉、鶏肉と煮食して最も美。」と書かれています。原産はアジア、日本への渡来は三五〇年程前のことです。

なちぐろ〔那智黒〕

飴菓子の一種。和歌山県那智の名菓。碁石の黒は那智産の黒石です。それに似ているのでこの名があります。黒砂糖を原則とした碁石形の黒飴。

なつぐみ〔夏胡頽子〕

グミ科、山野に自生し、盛夏に実をむすびます。成熟すれば甘味が加わりますので食用となります。

なづけ〔菜漬〕

蔬菜の塩漬けの総称。タカナ、白菜、ぬきな、水菜、大高菜、蕪菜その他地方によりいろいろの種類の菜があります。これを塩漬けにしたもの。早漬けは塩を少なく、長期間保存するには一度漬けた汁を捨てて漬け直すとよろしい。早漬けを胡麻醬油でいただくのも新鮮味があってよいものです。

なつだいこん〔夏大根〕

俗に辛味大根というように辛味が多くて細く長い大根。卸してチリメンジャコと合わせての二杯酢は夏の食味です。あまり辛味がつよかったら砂糖を少々入れてかき混ぜます。ほどよい辛味になります。

なっとう〔納豆〕

納豆の語源は、寺の納所の坊さんが大豆で作るから、納所の所と大豆の大の字を略して納豆というわけです。納豆には、甘納豆、味噌納豆、糸引納豆の三種類があります。味噌納豆はおそらく奈良朝時代入唐の僧が習い覚えて来て作り始めたのでしょう。奈良の東大寺、興福寺、京都の大徳寺、天竜寺、浄福寺などが有名で、各々味の違っているのが特長です。それに浜名納豆がありますが、これは家康が浜名の大福寺に造らせたのが始まりだといわれます。糸引納豆はその後の産物です。料理ではそのままでもよく、三杯酢の卸し和えなどは酒のさかなになります、糸引納豆は先ずそのまま丼に入れてよくかき混ぜ玉子の黄身、きざみねぎ、醬油、芥子かわさびを混ぜて召上るのも乙なものです。

納豆汁には一つの伝説があります。日光の輪王寺の天海僧上は長寿で百八歳とも、百十三歳とも、百二十四歳とも生きたといわれますが、この長寿の秘密は納豆好きであったことです。煮豆の消化率はわずか六五％、納豆の消化率は八〇％以上で、納豆の繁殖する納豆菌などがタンパク質を分解して消化を助けるわけです。納豆汁は納豆を庖丁のミネでよくたたき、昆布だしに味噌を入れてさっと煮立てて仕上げるのがコツです。煮え立ったところで火を止めれば、納豆菌は生き残っています。従って納豆汁は火加減一つにかかるといってもよいことでしょう。

なっとうきん〔納豆菌〕

納豆をつくるときの納豆菌の繁殖は温度によって左右されます。摂氏三〇度～三七度でよく繁殖します。ところで発酵食品は発酵がすぎると風味がおちるばかりでなく、タンパク質を多く含んでいる食品は、アンモニアが発生し、時にははげしい刺激臭を発するようになります。然し納豆菌は他の腐敗菌とちがい、人体に有害成分を生産しないということと、有害成分を生産する他の細菌や病源菌の発育を防ぐという特質があるので時折り食べたい食品です。

なっとうじる〔納豆汁〕

糸引納豆を擂鉢で擂り、味噌を加え煮出しで擂りのばしてさっと煮て作ります。材料は納豆一包、味噌一〇〇g、煮出し汁カップ五杯くらいがよろしい。種には晒しねぎがよく合います。

なづな〔薺〕

アブラナ科の二年草。春の七草の一つ。ぺんぺん草ともいい、茎の高さは一〇〜三〇㎝になり、初夏の頃小さい白い花を穂状につけ、終りに三味線のバチに似た実をむすびますので三味線草ともいいます。ペンペンも三味線の音から付けられた名かも知れません。その若葉を摘んで七草粥に使います。その他和え物、汁の実に使います。『食品国歌』には、「なづなよく疳《かん》を平らげ中と和し、目明かしに痢疾治すなり」とあります。

なつねぎ〔夏葱〕

刈葱ともいいます。二月の終りに植え、茎を伸し、葉をかき取りますが次次と茂って行きます。再三刈りとることができますので刈葱との名称があります。冷麦、そうめんの薬味にぜひ入用のものです。

なつみかん〔夏蜜柑〕

ダイダイ系の雑種。学問的にはナツダイダイです。産地は山口県です。三〇〇年ほど前に山口県長門市の海岸に流れついた種をまいて育てあげたのが始まりだといわれます。現在は和歌山、愛媛、静岡が主産地となりました。夏みかんは温州みかんと同様、果実の成熟に従い、酸の量は減少してその代わり糖分が増加します。ビタミンCが特に多く、果汁中に三〇㎎、果皮には八〇%も含まれています。夏みかんは酸味が多いため、それを去るのに夏みかんの木に、ヒ酸鉛をかける化学処理をして、酸味を少なくして出荷したのですが、みかんに有害なヒ素が残留するとあって禁止し、他の減酸方法として、電子レンジに一分間入れて三度の冷蔵庫内に三日間保存することによって、二〇%あったクエン酸が一・七九%に減少し、上上の成績を得、ずっと甘くなることが知れました。これはミカンの呼吸作用を盛んにして酸味を取り除く方法です。電子レンジの代わりにモミ乾燥機を使って三五度で三日間放置しておけば同じ効果のあることも知れましたので、今後この方法で甘い夏みかんが出廻ることでしょう。風呂へ入る場合、普通のミカンを持って入り、出てきて食べると甘味を強く感じるのも、ミカンの呼吸作用によることです。

なつめ〔棗〕

クロウメモドキ科の小高木、原産はアジア。中国では古くから栽培されていますが、わが国でも奈良朝から栽培されていいます。俗に五果と呼ばれるものは、桃、栗、アンズ、スモモ、ナツメです。ナツメは少し酸味があって甘く、果実は始め青く、熟するに従って褐色になります。食用のほか薬用にもなり、『食品国歌』には、「なつめの実、生は瀉《しゃ》にして乾補なり、脾《ひ》胃養ふて津液を増す。」と歌われています。

茶道具のうち薄茶を入れる器の一つ。棗というのは、この器が植物のナツメの実に似ているからです。棗は黒塗りの生地が基準で、これにいろいろの蒔絵を付けたり、変形したものが各種に製作されています。

なつわらび〔夏蕨〕

わらびは春のものですが、一度摘んだあと即ち初夏に又出ます。これを夏わらびといい、深山ではまだ寒く初夏に廻りますのでこの名があります。

なないろとうがらし〔七色唐辛子〕

七種の香辛料を混ぜ合せたもの。七味唐辛子ともいいます。寛永のころ日本橋薬研堀のカラシ屋徳右エ門が作り始めたといわれます。長野善光寺前の七味とうがらし、京都清水の三年坂の七味とうがらし屋が最も有名です。現在のものは、蕃《とう》椒《がらし》、胡麻、陳皮（ミカンの皮）、けしの実、麻の実、山椒、青のりまたは紫蘇の乾燥したものを、七種乳鉢ですって粉にしたもの。徳川中期には江戸市中、香辛料を次のようなことをいって売り歩いたといわれます。「ひりりと辛いは山椒の粉、すいすい辛いは胡椒の粉、けしの粉、胡麻の粉、陳皮の粉、中で良いのが娘の子、いねむりするのは禿の子、とんとんとんとんとんがらし。」のん気な時代相がよくあらわれていて、おもしろい言葉だと思うことです。

ななくさ〔七草〕

七草には春の七草、秋の七草とあり、春の七草は正月の七草粥に用いる、芹、なづな、御形、はこべ、仏座、すずな、すずしろの七草です。

秋の七草は食べるものでなく観賞用です。萩、尾花、桔梗、かるかや、おみなえし、藤袴、朝顔の七つです。かるかや、朝顔を除けて、クズ、ナデシコを加える草人もあります。尚古くは、あさがほといったのは桔梗の花であったようです。今見る朝顔は後水尾天皇（十七世紀初）の御歌、「あさがほの朝な朝なに咲きかへてさかり久しき花にぞありける」のそれです。鏡草ともいい利尿剤にもなります。

ななくさがゆ〔七草粥〕

一月七日の節句の祝儀物として食べる粥。セリ、ナズナ、ゴキョウ、ハコベ、ホトケノザ、スズナ、スズシロ、この七種を炊き込んだ粥。六日の夜、家の主人が俎板の上に七草をのせ勝手道具の七つ、即ち包丁、杓子、俎板、擂木、火箸、竹の取り箸、かまど用の長柄の火箸、以上七種で「何叩く、かた叩く、七草なずな唐土の鳥が日本の国に渡らぬ先に、スットン、スットン」と七回唱えごとしながら叩き、粥に炊き込んで食べれば万病をまぬがれるとの言い伝えによりこれを年中行事として行ないます。ちなみに粥の功徳は左記の十徳があるといわれます。

一、顔色光沢なり、　六、飢を消す、
二、気力健康なり、　七、渇を消す、
三、寿命延永なり、　八、宿食を除く、
四、身支安適なり、　九、風邪を除く、
五、言音清朗なり、　十、大小便調達なり

このような徳があるとすれば気持だけでもよいではないでしようか。唐土の鳥とは悪病のことです。

ななつのいみばし〔七つの忌み箸〕

料理を頂く時には行儀よく美味しそうに食べたいことです。何れにしても食事作法はあまりむつかしく考えずに自然が一番よろしいのです。その中昔から忌み箸といって嫌う七つをあげております。一、移《うつ》り箸、一《ひと》つの物を食べてその箸ですぐ他の物を食べること。二、込み箸、箸で口へ押し込めるようにして食べること。三、もぎ箸、箸についた物を口でもぎ取るようにして食べること。四、惑い箸、あれにしようかこれにしようかと一寸料理に箸を付けて惑って物を食べること。五、ねぶり箸、箸をねぶる風にして食べること、六、さぐり箸、汁の実など中に何があるかとさぐって見るようなさま。七、そう事箸、料理に箸を付けかけて取らずにやめること。右の七つを忌み箸といっております。以上は他から見ても見苦しいものゆえ当然気を付けたいことです。その他飯をかためて食べること。犬喰いといって頭を膳の上へ突出しベチャベチャと食べるのもいけません。受食いとか袖越しとかいろいろの忌み嫌う食べ方があります。物を食べる姿にはその人の常の行いが自然の内に現われますのでよくよく気を付けたいことです。

ななめぎり〔斜切〕

切り方の一つ。ねぎ、牛蒡、うど、胡瓜、人参など包丁を斜にして輪切りにすること。

なにわずし〔浪花鮨〕

大阪ずし。穴子、角麩、高野豆腐、椎茸などを種にして作った押鮨。

なのはな〔菜の花〕

なの花は如何にも春らしいので春早々から種々に使います。刺身の妻、椀種、浸し物等々に使います。菜の花は茹で、水に浸しておき苦味を抜いて使うとよろしい。

なのはなづけ〔菜花漬〕

蕾のうちの菜の花をさっと熱湯を通して塩漬けにしたもの。

なのりそ〔莫告藻〕

ホンダワラ類の古名。神馬藻ともいいます。昔はホンダワラ類のすべてをナノリソと呼んでいましたが、現在はホンダワラのみをナノリソといいます。長い茎に柳の葉に似た枝葉があり、ところどころに小粒の気泡がついています。乾燥させてありますから水につけてもどし、正月の吸種、刺身の妻などに用います。『允恭紀《いんきょうき》』に、衣通姫《そとおりひめ》が「とこしへに、君もあへやも、いさなとり、海の浜藻の、よる時々を」と詠み、允恭天皇これを賞して、他人に聴かすなと言われたことから、ナノリソと名付けられたというもの。

なべ〔鍋〕

『和名抄』には「魚瓮《なべ》の義なり」とあり鉄製を鍋、土製を堝《るつぼ》というとあり、『広辞苑』の鼎《かなえ》のところに「鼎は古代支那の食物を煮るに使った銅器にて、両耳を普通とし、宗廟、社稷、会盟などの礼器とした」とあります。なべも始まりは土なべであったので堝と書き、のちには金で作るようになったので鍋と書くとか、いろいろの説があります。

鍋の名人といえば、業界一流人の座談会を「日本料理」の会報で拝読したことがあります。名は一寸失念いたしましたが、何方《どなた》もその方の味を高く評価されておられました。変わられた御家では板場の真になってくれといっても私は鍋が性に合っており、鍋に一生をかけていますからと断わられたそうですが、この方は自分の使いならした鍋を愛し、何れへ変わっても自分の鍋を持って行かれたといわれます。調理師が庖丁を持ってあるくのは常識ですが、鍋を持ってあるく方はそうめったにありません。このような方でしたらきっと当りの良いのは申すまでも無いことです。うらやましいかぎりだと思いました。ここまで鍋に愛着をもつようになってこそ、始めて本当の名人といえましょう。一般《いっぱん》の家庭においても長く焚く物は、水分の蒸発《じょうはつ》をふせぐために口の小さい深めの鍋、汁が少しで材料全体に味をからませたい時は中華鍋と、鍋もいろいろと使い分けてこそ美味しい料理ができ上ります。鍋に限らずわれわれもすべての事にそうありたいと思います。

鍋の種類には、鉄、銅、アルミニウム、超耐熱のガラス鍋、紙鍋、鷹匠鍋、土鍋、ジンギスカン鍋、スキヤキ鍋、中華鍋、揚物鍋、シチュー鍋、ホーロー引き鍋、柳川鍋といろいろあり、煮焚きに適したのを使用したいことです。

なべやき〔鍋焼〕

焼くのでなく煮るのにどうしてこの名が出たのか知りません。現在ではかしわまたは油揚げの他ねぎ、椎茸、花麩、時には玉子など入れて土鍋で煮たものです。あまり古くない食べ物と思っていたのに徳川初期からあったもので、『料理物語』という本には味噌仕立に、鯛、ボラ、コチなどを使って作ったとあります。現在では味噌味の場合は煮込みといいますが、煮込みの場合には生うどんを使い、なべ焼きの場合はうどんを茹でて使います。北風の吹く寒い夜の一鍋のうどんはまた格別なものです。

なべやきうどん〔鍋焼饂飩〕

一人鍋で、うどん、鶏肉、蒲鉾、ねぎ、椎茸、時には終りに卵を入れて煮たもの。

なべものりょうり〔鍋物料理〕

鍋で煮ながら食べるのでこの名があります。種類も多く、スッポン、鶏水焚、味噌鍋、鮟鱇、ちり、かき、野菜、かに、飛鳥、ショッツル、すきやき、昆布鍋、紙鍋、鯨、牡丹、紅葉、桜、沖すき、寄せなべ、うづら、鴨、ジンギスカン、魚すき、てっちり、葱鮪、ちゃんぽん、チャンコ、鰻《う》鍋《なべ》、湯豆腐、鯛蕪、などがあります。古くはたのしみ鍋、一名暗《やみ》鍋といってお互いに材料を持寄ってあかりを消して、煮え立った鍋に各々の材料を入れて蓋をして、あかりをともし、蓋を取る時のたのしさはまた格別なものがあったようです。下駄と思ったのが唐もろこしの餅、わらじと思ったのが乾瓢、なわと思ったのが湯葉、何と心にくいことでしょう。現在の若い人たちならば本物を入れるかも知れません。世は変わったなと思います。

なまあげ〔生揚げ〕

油揚げの一種。豆腐を厚めに切って水をきり、菜種油で揚げたもの。

なまがし〔生菓子〕

干菓子に対する呼称。生菓子と干菓子との中間のもの、即ち半生菓子もあります。正式に人を招く場合は、生菓子のできたてのを用いるのが当然ですが、できれば手製のを差し上げることこそ心入れです。生菓子のよいのは、食べて茶を飲むまでに砂糖の甘味がなくなる程度が最高です。餅菓子、饅頭、団子、栗きんとん、どら焼、羊羹、村雨、求肥、じょうよう饅頭、等々季節に合ったいろいろのものがあります。

なまぐさしゅう〔生臭〕

一般に魚の悪臭に使われる言葉。鮮度が落ちるに従ってこの悪臭は強くなります。この臭さによって鮮度を知ることもできます。海魚の生臭気は魚肉の中に含まれている旨味成分の、トリメチルアミンオキサイドが、鮮度が落ちるに従って分解され、トリメチルアミンになり、このトリメチルアミンが古くなった魚の生臭気の主因とされます。魚の皮膚に含まれているピペリジンや、サメやエイでは尿素が分解されてできたアンモニア、その他、イオウを含む硫化水素やメチルメルカプタンなども生ぐささの原因となっています。この臭味を消すために香辛料を使います。生姜、ねぎなどは特にこの臭味を消してくれます。

なまこ〔海鼠・海参〕

棘皮《きょくひ》動物ナマコ類の総称。この種類は非常に多く五〇〇種もあるといわれます。普通生食用とされるのは、ナマコで、体長四〇㎝くらいに達します。体は円筒形をして、先端が口、後端が肛門です。口の周囲にはイボのような触手があり、腹側にはたくさんの管足をもち、この管足で海底をはい回ります。体色は青緑色のものと赤褐色のものとあり、前者をマナマコ、後者をキンコと呼びます。普通には青緑色のマナマコを用い、関東地方ではこの方を好みますが、関西では、むしろ赤褐色のほうを珍重します。新鮮なものは内臓を取り出し、洗ってブツ切りにして酢洗いして、大根卸しで和えたものを賞味しますが、時には湯ブリ、茶ブリにして、三杯酢に漬けておき、これを入用だけ切って使うこともいたします。卸し大根、柚子はつきものです。

　なまこの成分表をみると鉄分が多いので貧血に有効かどうかとの話題もありますが、カルシウムもかなり含まれていて、燐が少ないので、日本人にはカルシウムや鉄の給源として価値のある食品といえましょう。なまこの腸の塩からが、このわたであり、生子の子を干したのが、このこ、です。

　海鼠も土地によって呼び名が違い、俵の形に似ているところから俵子ともいって縁起ものとして正月の酒の肴に使います。宮城県の金華山附近で獲れる海鼠は腹中に砂金をふくむところから金鼠《きんこ》の名もあります。

なまこたたみじる〔海鼠たたみ汁〕

なまこの織切りを種にしたとろ汁。古言

なます〔鱠、膾〕

本膳料理に、膳に向って右上に付けるもの。大方酢の物が使われます。時には食味に炒酒などが使われます。婚礼などには、白髪大根、赤の三島のり、日の出名吉《なよし》、金糸玉子、岩茸、権《けん》には、防風、黄柑《おうしん》など五種類を盛り合せます。鱠の主材は、魚貝であり、膾は精進、鱠は魚類で作ります。

なまず〔鯰〕

淡水魚。昔日本人が漢字を日本読みにしたとき、随分トンチンカンで、中国語の鮎は本来ナマズであったのに、日本ではアユと読むことにしたので、ナマズに相当する字がなく、鯰という字が創作されたといわれます。鯰は頭が大きく、口も横に広くさけ、口の辺に二対即ち四本の触鬚があり、鱗がなく、ヌルヌルしていて捕えどころがないところから、瓢箪鯰の俗語も生れた訳です。「昔江戸に鯰魚《なまず》という魚なかりしが、享保十三年九月二日、江戸に大水が出て、此魚長さ二尺計りなるもの多く、すなどりするをのこ、此れを捕へしを、みな人見て怪《あやし》めり。それより後江戸近き川々に、常にこれあることとなりぬとかや。春台の説あり。又岩永玄浩が『日東魚譜』にも云へり。」と古書にあり、天浮羅、利休焼、蒲焼、その他鍋物にもします。

昔は地震の元だなどといわれ笑い話の種となったものです。現在は天然物が少なく養殖ですが、国産鯰は飼育中共食いをしますので、米国産種の鯰のふ化に成功、宇都宮市内にふ化場を作り養殖に力を入れています。でも天然物が九州から少々出荷されています。

私の住む愛知県では中島郡佐織町にさくら屋というのがあり、当代で四代目、ここでの鯰のかば焼きはうなぎより淡泊で美味です。東では四六のガマで有名な茨城県筑波山のふもと筑波町の桜川という川魚料理屋、ここでは、天浮羅、蒲焼、タタキ、生作り、みそ汁、その他お好みで空揚げ、スッポン煮など調理されます。効果はスタミナ回復、精力源によいといわれています。

日本での鯰の種類は三種とされますが、各国では一〇〇〇以上もあるといわれ、ヨーロッパ、東南アジア、アマゾン、などでは、五mにもなる大きなのがあり、それかといって鯰とは思えないほど小さく、きれいで観賞によいようなものもあり、この鯰を追って世界各地へ旅行を続けている人もあります。

なまなれ〔生馴れ〕

すしは大きく分けて、馴れずし、早ずし、と二つに分けられます。日数を長くをかけて作るのがナレズシ、その代表が滋賀県の鮒鮓です。生馴れは魚がまだ生々しいうちに食べるすしのことです。生成《なまなり》ともいい室町時代から始まったと古書にあります。『嬉遊笑覧』に、「なまなり、似せもの語になまなりをつけける女有けりと。早すしをなまりといへり。」とあります。

なまふ〔生麩〕

小麦粉をこねて袋に入れ、水の中で踏んでデンプンを洗い出し、あとに残ったもの。これをいろいろの形に作り、焼いたり、茹でたり、蒸したりして麩に作ります。現在ではよい器具ができましたが、昔は寒い日でも水の中で踏んで作っており、思うだけでも肌寒く感じます。ご存じの芝居の助六が友切り丸の名剣を詮議していて、意休の刀を抜かせようと喧嘩をふっかけ、足の指に煙管《きせる》を挾んで突出すと、意休は、「そんな手に乗って怒るような男ではない、ハハハハ。立派な男だが、可愛や手棒そうな、足のよく働く奴だ。麩屋の男か。」といっています。なかなかおもしろい言葉だと思います。このように麩を作る仕事は大変骨の折れることだったのです。

なまぼし〔生干し〕

魚貝類の乾製品の一種。水分五〇％以上ある物。塩干、味醂干、醤油干、素干など。普通の干物は水分が四〇％以下であり、細菌が繁殖できないので保存ができますが、生干しは貯蔵できません。でも一日干しは美味しいものです。茶料理では一日干しでも、一夜干しといいます。きす、鮎、海老、いかなど酒塩に一〇分間くらいつけておき、一日干しにしたのは酒の肴に最高です。

なまみ〔生身〕

魚の生の身そのものの呼び名。蒲鉾や半片《はんぺん》に作るまでにしたものを擂身といいます。

なまゆば〔生湯葉〕

大豆で豆乳を作り、四角の鍋に入れて煮ると上に薄い膜ができます。これを箸で引上げます。これが即ち引上湯葉といい最もよく賞味し、これを乾したのが乾ゆばです。――→湯葉

なまり〔生り〕

鰹の生り。鰹節を作る途中の製品。鰹を四本に卸し、四分くらい蒸して二、三日冷蔵庫に入れたもの。本格にはこれを松葉でいぶして作ります。煮る場合は味を一寸濃くしてゆっくりと煮込みます。そのまま熱湯を通してほぐし、大根卸し三杯酢で食べるのもよろしい。

なみのはな〔波の華〕

食塩の異名。

なめこ〔滑茸、滑子〕

粘りけが多いところからこの名があります。本場は東北地方で、ブナの木に生えるナメコをさしますが、他の地方では、エノキの根元に生えるエノキ茸、または、ヌメリスギ茸、ナメスギタケなどもナメコといっています。山形、宮城、福島県などが特産です。現在は茸の菌が発見され、栽培されたのがほとんどです。汁の実、鍋料理、和え物、佃煮等に用いられます。

なめくじ〔蛞蝓〕

ナメクジ科の軟体動物。一般には食用にはいたしません。肉体そのものが吸収しやすい石灰質で、カルシウムとして利

用もできます。西洋東洋とも薬用として用いられます。フランスではカタツムリの代用としてフライにして食卓に供することもあります。

なめし〔菜飯〕

飯は塩飯に焚き、大根の葉をみじん切りにして塩茹でにして水にて冷し、布巾に包んで絞り、水気をきって先の塩飯に混ぜて作ります。春早々の菜飯、桜の頃の菜飯田は如何にも楽しい春の食べ物です。飯の塩加減は米五カップ、塩大さじに半杯くらいの味が適当です。

ナメススキ

利休百会記に出て来る言葉。ねずみ茸の一種。利休が秀吉を招いた茶会記に、汁の実として使用されています。

なめみそ〔嘗味噌〕

なめ味噌にはそのまま食べるひしお、金山寺味噌があり、これを加工した鯛みそ、柚子味噌、鶏味噌、田楽味噌があります。ひしおは醤油を絞り取らないもの、金山寺味噌は野菜を小さく切って混ぜたもの。

なよし〔名吉〕

いなの三年以上経たもの。いなは出世魚で、始めは、いなこ、おぼこ、一年のを当歳、二年のを二歳、三年以上のものを、ぼら、名吉、それ以上過ぎたものを、とどと呼びます。俗にいうとどのつまりは、最後の名の、このとどから出た言葉だといわれます。刺身、鱠、照焼、味噌漬など寒中にはよく用います。特に御祝いには、日の出名吉といって縁起をかつぎ鱠によく用います。

ならちゃ〔奈良茶〕

旧来奈良地方で行われた茶粥ですが、奈良茶粥が後年奈良茶になって粥ではなく飯になってしまいました。この起こりは東大寺、興福《こうふく》寺両寺からです。良い茶を煎じてこれを入れて塩味で焚きます。米カップ五杯、塩大さじ半杯くらいの塩味がよろしい。

ならちゃわん〔奈良茶碗〕

奈良の茶粥に用いたのでこの名があります。蓋付きの茶碗を奈良茶碗というのはここから出た名称です。

ならづけ〔奈良漬〕

奈良漬けは元和元年の頃、奈良の医者糸屋宗仙によって始められたといい伝わりますが、古くは銘酒の産地であった奈良だから当然、粕の利用として粕漬けも考えられたことでしよう。只今では材料もいろいろになっております。また各地で粕漬けは製造されています。瓜漬けはたて二つ割りにして種と共に軟らかい部分はきれいに取って、塩をして二、三時間日に当てておきますと、水が出て来ますからこれをふき取り、更に塩をして漬けます。大根は塩漬けをしてから漬け込みます。素人にはあまり日持ちを考えずに、一ヶ月くらいから召上った方が無難といえましょう。奈良で漬け始めたのでこの名があります。

なると〔鳴門〕

くずし物の一種。蒲鉾の擂身を竹簀にのばし、更に食紅で色付けしたのを薄く付けて巻き、これを蒸したもの。切り口が鳴門の渦に似ているところからこの名があります。

なるとまき〔鳴門巻〕

切り口が鳴門の渦のように作ったものにこの名がつきます。例えば、卵をかた茹でして黄白に分け、裏漉しをして砂糖、塩で味を付け、竹簀の上にぬれ布巾を敷きその上に黄身を薄くのばし、その上に白身をならして付け、これを巻いて蒸したり、牛皮昆布で酢魚を巻いたり、いかに海苔を巻き込んで刺身のあしらいに、その他このような仕事は沢山あります。

なるとわかめ〔鳴門若布〕

若布は既に奈良朝時代から食用に供されています。鳴門若布は、採ってから八角形の灰まぶし機に一回に一・五kgくらい入れて機をまわして灰をまぶし、浜へ三日ほど干して海水で洗います。更に真水で洗って縄に吊し、これを充分干して仕上げます。灰も内地ではたりないので韓国から移入しています。灰にまぶすのは一口にいえば若布の皮幕を強くするようです。従って煮ても煮くずれしないのです。生産最盛期は三月から四月。灰干をするようになったのは一八四〇年頃前川文太郎という人が始めたといわれ、現在は養殖物が多く、天然物は肉質が厚いのでよくわかります。四国大毛浜などが本場です。

なれずし〔馴鮓〕

魚を塩漬けにしてのち、飯を漬け合せて、飯と自然発酵させて作った鮓。最も有名なのは近江の鮒鮓です。吉野の釣瓶ずしは生馴鮨ということになります。

なわまきずし〔縄巻鮓〕

和歌山県田辺の名物ずし。別名大名ずしともいい、昔、江戸へ納めるため藩主専用のすしであったといわれ、冬にこの地方でとれるサゴシ（鰆の小さいもの）の皮を去り、自然薯の擂り卸したのに包んで青竹でかこみ、その上を新わら縄で巻いてしばらくおくと自然薯が発酵して鮓ができます。この方法はあまり広まらず、現在では鰆や鯖でその形をなごりに残して作られています。

なんきんまめ〔南京豆〕

ピーナツ。地豆。マメ科、一年草で原産地はアフリカといわれますが、ブラジル説が有力となっています。我国へは、江戸中期宝永三年に支那から渡来したので南京豆の称があります。料理では擂り潰して和え物に使ったり、油煎りして素塩で味を付けたり、昆布や蓮根とゆっくり煮たりしたのも惣菜にはよいものです。日本で栽培される主な所は千葉、神奈川、鹿児島、静岡と温暖の地が向きます。

なんすい〔軟水〕

カルシウムやマグネシウムのイオンの含量の少ない水のこと。硬水に対する言葉。硬度によってきめられます。工業用は硬度一〇以下、水道水や雨水が代表的なものです。飲料、料理など食用に関係のあるものには軟水がよく、特に茶には軟水がよく、逆に、酒造には硬水がよく、西の宮の宮水を始め灘、伏見、外国でもドイツ、イギリスなどの銘酒の産地は硬水に恵まれていて良い酒が製造されています。

なんぜんじあげ〔南禅寺揚〕

豆腐を小判形に切り、両面を油焼きにしたもの。南禅寺派総本山で作り始めたのでこの名があります。弘安年間亀山上皇がこの地に離宮を作り、後大明禅師に賜り寺としたのが南禅寺です。足利時代の禅林五山の上位でした。

なんぜんじむし〔南禅寺蒸〕

京都南禅寺は豆腐で名高く、境内での湯豆腐は有名です。従って豆腐を使った料理に南禅寺の称をよくつけます。これもその一つで豆腐を布に包んで絞り、水きりをして手でつまみくだき、塩でかるく味をつけ、卵白を混ぜます。その具に、かしわ、かも、白身の魚、百合根、三ツ葉、栗、銀杏、松茸その他とりどりの材料を茹でたり、上煮をしたり、焼いたりして茶碗物に入れ、その上に豆腐をかけ十二分間蒸し、これにあんをかけて仕上げ、香辛に、木の芽、わさび、生姜、柚子の何れかを使って進めます。

なんてん〔南天・難転・成天〕

メギ科の常緑灌木。種類では実の赤いもの、白いもの、観賞用には小形のお多福、笹南天などがあります。料理では掻《かい》敷《しき》に多く使用します。その中オコワを重詰めにする場合、上下におきますが、南天は物の腐敗をふせぐ性質があるといわれます。例えば白南天の葉を塩もみして、その汁を飲めば食あたりに効のあることは既にご存じの通りです。掻敷に使用するのは天に成る意や、難を他に転じる縁起をかついで、正月や御祝い事の掻敷に多く使用します。

なんば〔難波〕
とり肉、牛肉、かれい、鱧などを、葱と共に料理したのに付く名称ですが、昔大阪の難波村がねぎの名産地であったので葱を使った料理にこの名がつけられます。

なんばやき〔難波焼〕
和歌山県田辺の名産、焼きぬきの蒲鉾。

なんばん〔南蛮〕
葱やとうがらしを使った料理の総称です。南蛮とは、もと中国で印度支那を始め南海の諸国に対しての呼称です。なおまた室町期から江戸時代にかけて、タイ、ルソン、ジャワ、その他南洋諸島をさしていった総称です。

なんばんづけ〔南蛮漬〕
南蛮地に揚げた魚、焼いた魚、その他野菜をこの地に漬けた食物。南蛮地とは、酢、醬油、砂糖、ねぎ、一味と混ぜた物、即ち南蛮風の味の汁のこと。

なんばんに〔南蛮煮〕
焼き魚をねぎや唐がらしを入れて煮たもの。鰯やイナをこのようにしてよく惣菜にします。

なんばんりょうり〔南蛮料理〕
室町末期の戦国時代、初めて渡来したポルトガル、スペインの船を南蛮船と呼びます。唐辛子や葱を多く用いて作られた現在の中国風の料理を日本人が見習って作り始めたのでこの名があります。大草流の料理書に南蛮焼きとあるのは、鯛、雁、白鳥類を、胡麻油又は豚の油であげるとあります。新らしい洋風料理をこの頃から取り入れてます。大草流とは四條流、進士流と共に室町時代の代表的料理の流派です。四條流は公家、大草と進士は主として武家、後に大草は進士を圧倒して武家料理を独占しております。唐辛子、葱を使って南蛮焼、南蛮煮、南蛮漬けと種々料理を作ります。南蛮に使う葱は焼いて使うのが本格だという人もあります。

なんぶせんべい〔南部煎餅〕
岩手県盛岡の煎餅、直径一〇㎝くらいの丁度唐紙の引手、又は鉄瓶の蓋のような浮模様に盛岡名物とあり、その裏には黒胡麻が沢山ふりかけてある煎餅。南部鉄瓶の蓋を形取ったのでこの名があります。

なんぶやき〔南部焼〕
胡麻だれの中に材料を漬けておき、焼いたもの。

に

にあえ〔煮和え〕

煮ると和えると兼ねた風に作るからこの名があります。只今では大根、人参、蓮根、油あげ、椎茸などを短冊又は細く切り、文字の如く煮ながら和える風にして仕上げます。『料理物語』に、「だしタマリよし乾鮭の皮、薄身もすこし入れ、黒豆、辛皮、梅干、田作、木耳、安仁《あんにん》、銀杏、など入れて煮候て卵のそぼろ上置にしてもよし、夏は冷まして出し候なり。」とあり、現在の仕方とは大分違ったものであったことが伺い知れます。乾鮭は寒に塩引した鮭、辛皮はサンショの樹皮、あんにんは杏仁、宋音でアンズの核の中の肉、普通キョウニンと呼びます。梅の実の種の中にある芽の如きものを大仁といって一口椀の種にも使います。

にいなめさい〔新嘗祭〕

新らしくその年にとれた米の収穫を感謝し、来年の豊作を祈る祭事。宮中と出雲大社で古くから行なわれたものです。この新嘗祭は七世紀の皇極天皇（三五代）以後毎年十一月に行なわれてから、それ以来現在も続いています。明治以後は十一月二三日から二四日にわたり、夜を徹して行なわれるのが例です。現在は勤労感謝の日となっています。

にうめ〔煮梅〕

梅を甘煮にするからこの名があります。梅に先ず針打ちをして約五、六十度の湯につけ、落し蓋をして一夜おきます。こうすると生梅なら酸味、梅干なら塩味と塩が頃合いに抜けます。これを砂糖でふくめにして作ります。この時注意することは火が強いと梅の実が膨脹《ぼうちょう》して皮が剝けてしまいます。従って下に竹の皮を引き本当のふくめにして下さい。青梅で作る場合は、みどりの色粉を少し入れて下さい。梅干の場合、色が悪かったら赤の紅を少し入れるときれいに仕上ります。

におい〔匂い〕

日本料理の汁物や煮物に入れる香味のこと。木の芽、粉山椒、生姜、わさび、花ゆず、柚子皮、紫蘇、茗荷、ねぎ等々、これを一片使用することにおいて、季節感を出したり、他の悪臭を消したり、刺激を与えて消化をよくしたり、いろいろの役割をはたしてくれます。

にがい〔煮貝〕

甲府の名産。海のない甲府で煮貝とは一寸変っています。あわびを蒸して酒と醤油で煮て一週間のち食べますが、これを煮るのに火加減、酒、醤油の合わせ方が秘法といわれています。煮すぎれば色がつき、硬くなって鮑の真味をそこないます。切ってみると中は白く、食べると身は柔らかく仕上げるのが秘法といわれています。

にがうり〔苦瓜〕

ウリ科の一年生つる草。別名ツルレイシとも呼ばれ、熱帯地方が原産。茎は細く巻ひげがあり、葉は掌状で互生し、菊の葉に似ています。果実は一〇㎝くらいで細長く、熟すと先が割れて赤い種が顔を出します。どろどろとしていて甘味があります。普通には果実が緑色のころ薄く輪切りにして、豆腐などと油炒めして食べることもしますが苦味が多く、なれない者には食べづらいかも知れません。

にかた〔煮方〕

調理師の役柄《やくがら》。調理師が一人前になるまでには幾段階を経て一人前の主役になる訳です。初めは鍋洗い、魚肉、野菜の洗い方、盛り付、焼物、向板、鍋即ち煮方、板前即ち主任と進みます。煮方は重要な役であり、相当経験年数を経て始めてこの位置につきます。

にがだま〔苦玉〕

鯉の胆袋。鯉を料理する時この苦玉をつぶすと、全部の身が苦くなるので気をつけて先に取り出すか、つぶさぬように先に処理します。

にがみ〔苦味〕

基本的な味の一つ。甘味、塩から味、酸味と共に四原味といわれ、苦味は多くなれば不快な味ですが、わずかに含まれている場合は味のすべてをひきしめてくれます。ビールのホロ苦さ、茶、コーヒー、酒などでは大切な要素となっています。苦味は酸味と共に趣味的な味と呼ばれ、これをうまく取り扱えば料理の味が一段と引き立ちます。

にがみりょう〔苦味料〕

調味料の中で苦味を付ける材料は、ビールに付けるホップ、柚子、ふきのとうなど。春野菜のほとんどは苦味を自然に持っており、知らずの中にわれわれにその味を与えてくれています。うど、わらび、嫁菜、土筆、よもぎ、蕗などが代表といえましょう。

にがり〔苦汁〕

塩の中に含まれている不純物で、塩化マグネシウムを主成分としたもの。ニガリは製塩するとき副産物としてとれます。大豆のタンパクを固める効があるので豆腐製造に使われますが、現在はニガリの代わりに硫酸カルシウムが使われるようになりました。豆腐はやはりニガリを製したのが本来の豆腐の味があります。このニガリが食塩に微量入っていれば塩からさは強く感じます。

にかんもり〔二貫盛〕

盛り付ける場合二個盛ることの料理言葉。従って三個盛る時は三かんです。時には、一丁、二丁ともいいます。

にぎす〔似義須・似鱚〕

ニギス科の海産魚。体はキスに似ていて、背側はやや青みをおびた銀色。身はやや透き通ったようにみえます。各地に呼び名があり、富山ではニギス、和歌山ではトンガリ、新潟ではオキギス、高知でハダカなどといい、干物、蒲鉾種、天ぷらの材料に用います。

にきり〔煮切〕

料理に使う味醂や酒を煮たて、アルコール分を熱で蒸発させること。約一割くらい煮詰めるのが普通です。

にぎりずし〔握鮨〕

鮨の作り方の一つ。鮨飯をかるく型を作り、具をつけて握ったもの。

にぎりめし〔握飯〕

温かいご飯に梅干を入れて握るのが普通です。形は、丸、三角、俵型とありますが、丸か俵型が普通で三角型は非常用とされます。現在では形はとやかくいわなくなりました。そして握り込む材料は梅干の他、花かつおを醬油で味付けしたもの、塩鮭、塩昆布、佃煮、時雨煮、たら子などを使い、時には上に、のりや昆布、田麩、ゆかり粉なども付けて一つのご馳走のようになっています。

にく〔肉〕

食用として用いる獣肉の総称。鶏、鯨肉、牛、豚、馬、ヒツジ、兎、猪、鹿、鴨、野鳥などの肉。

にくだんご〔肉団子〕

鶏、牛肉、豚の挽肉に、玉子、片栗粉を擂り混ぜ、団子にとり、煮たり、揚げたりしたもの。肉は脂の少ないところがよろしい。

にくたたき〔肉叩き〕

ステーキやカツなどにする肉をたたいて、その肉質を柔らかくする金属製の器具。たたくことにより繊維がつぶれるので柔らかくなります。厚みのある肉を広げる場合にも使われます。

にくもじ

飛騨高山地方の惣菜の一種。山辺でとれた赤蕪を、薄い塩漬けにして、夏冬の時候の変化を経たものを煮たもの。

にこごり〔煮俄・煮凍・冬季煮〕

肴の汁を冷却すると魚のゼラチンで凝結します。カレイ、鮃目、鯛、コチなどの煮凍はなかなかよいものです。夏の前菜に、酒の肴にこれを作ることもします。魚の引皮、身少々、根三ツ葉、生姜の細切りを材料として、寒天、煮出し汁、醤油、砂糖と煮合わせて冷しかためて作ります。時にはゼラチンを少し混ぜて作ることもいたします。

にこみうどん〔煮込み饂飩〕

名古屋地方の名物。味噌仕立てと、清汁との二種がありま す。味噌は名古屋味噌と白味噌とを混ぜた味の二種があり、好み好みで選んで食べます。土鍋に汁を入れ、生うどんを入れてその上に、ねぎ、油揚げの細切を入れて煮たもの。好みにより鶏肉や玉子を入れますが、あまり具を入れないのが美味しい。寒い時にはなかなかよい食物です。

にこむ〔煮込〕

材料が充分浸るくらいの煮汁を使い、弱火で長時間煮込むこと。おでん、大根、蛸の軟煮、海老芋等々。

にころがし〔煮転〕

里芋など茹でて、煮出し汁、醤油、砂糖にて転がしながら煮たもの。

にざかな〔煮魚・煮肴〕

魚を味醂、酒、醤油、砂糖で煮たもの。魚を煮れば煮肴に違いはありませんが、煮物中煮肴ほどむつかしいものはありません。白身の魚、即ち鯛、鮃目、カレイ、アイナメ、藻魚などの新鮮なのは、魚七〇gを五切、その他うど、竹の子などのあしらいと共に煮る場合、味醂大匙三杯、酒大匙五杯、水又は煮出し汁大匙八杯、醤油大匙八杯、砂糖大匙四杯半くらいを鍋に入れて火に架け、沸騰したところに材料を入れ落し蓋をして煮上げます。盛り分けて生姜の絞り汁、または針生姜を用いることは言うまでもありません。これは魚の臭味を消してくれるからです。煮汁を高温にしてから材料を入れるのは、魚を低温で煮始めると水溶性のタンパク質や、アミノ酸などの旨味成分が多量にとけだして煮肴がまずくなるからです。沸騰したところへ材料を入れますと、表面が急速に凝固して魚肉中から、可溶性タンパク質や、旨味成分が溶出しないからです。赤身の魚、かつお、ぶり、鮪、鯖などは味を少し濃い目にしてゆっくりと煮ることです。これ等は身に味がしみ込みにくいからです。鱗の大きい魚はおおむね生臭味が強いので一度熱湯を通してから煮るのが普通です。

ニザだい〔ニザ鯛〕

ニザダイ科の海魚。地方によって名が異り、和歌山ではサンノヂ。徳島ではサンタハゲ。関西ではカッパハケなどといっています。特徴は四本の縞がありオチョボロです。刺身、蒸物、煮肴などに向きます。

にざる〔煮笊〕

アミステともいいます。それは一般に竹であらく編んだだけのものであるからです。これを鍋に敷きその上に材料を入れて煮ます。時折笊を廻してこげつきをふせぐことができます。特にハゼや桜鯋《さくらさめ》などを甘露煮にする場合はぜひ使いたいものです。

にし〔螺〕

ホネガイ科の巻き貝。アカニシ、ナガニシ、イボニシ、エゾニシなどの総称。本州、四国、九州沿岸の砂底に住み、アカニシを普通に用います。目さしなどで生の身を取り出し、酢貝にしたり、茹でて身をとり出しわさび醤油で食べたり、さざえと同じように調理されます。辛螺《はし》とも書きますが、それは臓物即ち腸などが辛いからです。

にしきぎ

わさびを卸し砂糖少々混ぜて包丁の背でたたき、辛味を一層強くしてもみのり醤油と混ぜ器に盛り、その上に糸かきをかけたもの。糸かきは売品でなく鰹の赤身をガラスの破片できれいに掻いたのを使います。前菜、酒の肴に使います。

にしきたまご〔二色玉子〕

玉子を固《かた》茹でにして皮を剝き、黄白に分けこれを裏漉しをして砂糖、塩にて味を付け、押しわくに白黄を二段に入れ五分間くらい蒸し、冷して切り分けて使います。玉子五個、砂糖大匙三杯半、塩小匙一杯くらいの味がよろしい。

にじます〔虹鱒〕

鱒科には、ニジマス、ヒメマス、カワマスのように一生淡水で生活をするものと、ベニマス、マスノスケ、カラフトマスのように川で生れて海で過すものとあります。ニジマスは北アメリカのカリフォルニアの渓流に住んでいたものですが、水温が低く清流であれば何処でも成長するので現在では各地で養殖されます。頭から尾の方へあわく美しい虹色の斑点の縞があるのでこの名があります。料理では、揚げ物、バター焼き、塩焼きというように使用されます。

にしめ〔煮〆、煮染〕

〆は締の略字です。物を煮〆めるようにするからこの名があります。煮染は字のように色の付いたように煮るからともいわれます。

にじゅうごさい〔二汁五菜〕

饗応膳の折、汁物二種、菜五種を出す場合の料理言葉。

にじゅうなべ〔二重鍋〕

鍋の使い方の一種。大きな鍋に湯を沸してその中に今一枚鍋を使って入れ、材料をきれいに炒り上げたり、ねり上げたりするのに用います。湯煎しながら加熱するところから湯煎鍋ともいい、炒り雲丹、炒り味噌、卯の花、黄身酢、黄金玉子など作る場合にこの方法を用います。二重鍋は間接的に熱を与えるため、こげつくこともなくきれいに仕上ります。現在では鍋を二枚使わなくともそれに代わる適した鍋が市販されています。

にしん〔鰊・鯡・春告魚〕

イワシ科、北海道の主産ですが今日では漁獲高も少なくなりました。春告魚というように春三～四月、氷もようやく解け始めて水温六度くらいになりますと、産卵のため近海に近づきます。それを漁獲する訳です。真子は数の子にして正月の用に、身は、干して種々に使います。この鰊はカドと呼ぶ所もあります（秋田、岩手）。「酒のさかなに数の子よかろ、親はにしん（二親）で子は数多い」とさんさしぐれでおなじみです。

にしんそば〔鰊蕎麦〕

鰊そばは京都が有名です。身欠き鰊を水につけてもどし、茹でて味醂、醤油、砂糖、煮出し汁でゆっくりと、煮て、かけそばに入れたもの。

にしんのこぶまき〔鰊の昆布巻〕

身欠きニシンを一晩米のとぎ汁につけておき、鰊を適当に切って昆布で巻き、干瓢でゆわえて、水、酢を入れて柔らかくなるまで水焚きして、味醂、醤油、砂糖で調味して弱火でゆっくり煮含めたもの。

にだしじゃこ〔煮出し雑子〕

煮干しいわしのこと。この鰯を一名片口鰯といい、生で干したのが正月に使う田作り、茹でて干したのがダシジャコ即ち煮干です。銀色の鮮やかなのが上等です。使用するとき、腹を少し取り去ってさっと炒って切るか、擂り鉢でつついて使うと味がよく出ます。煮出しに使うばかりでなく、大根の切干しなどと焚き合わせにすれば如何にも惣菜という味が出ます。

にだこ〔煮蛸〕

蛸を柔らかく酢煮にしたもの。茨城県那珂港が産地。

にだしのとりかたとしゅるい〔煮出しの取り方と種類〕

一口に煮出しといっても日本料理では種々の物から取ります。普通には鰹と昆布ですが、精進出しもあります。鰹といっても種類も多く、使途によって材料を選びます。本節、亀節がありその他煮干、ムロ鯵、鯖、干海老、干貝、白身の魚の骨、鶏がらなどがあり、精進では昆布を主として炒大豆、椎茸、干瓢などが材料になります。まず鰹と昆布の煮出しの取り方。鰹は小さめの細いものがよろしい。又は亀節。鰹の大きいのはあまり向きません。それは煮出しにクセがあり、自然肥満して油があり、煮出すと黄色になり、香りがあり良くありません。水一〇カップ、削り鰹四〇g、昆布は利尻か礼文の厚い昆布三〇㎝一枚、昆布をぬれ布巾でふいてよごれを去り鍋に入れ、水を張り火に架け、鍋の淵に泡ようのものが出始めたら昆布を取り出し、湯が沸騰したらカップ一杯半水を入れて沸騰を止め、鰹を入れて更に沸騰寸前に火を止め一〜二分放置しておき早速別の器に漉し入れます。これが一番出しです。そのあとへ昆布水カップ六杯ほど入れて火に架けて三〜四分煮出して漉しておきます。これが二番出しです。一番出しは汁物料理に、二番出しは煮物のたし汁又は椀種など温めるのに使います。精進の煮出しは昆布を沢山使って水に四〜五時間浸しておくだけで使います。時には一晩つけておくこともします。但し安物料理にはさっと煮出します。爪昆布なども良い味がでます。大豆を混ぜて取る場合は大豆をこがさぬよう気長に炒って、昆布と共に煮出して取ります。何といっても煮出しは料理の素になる重要なものですから気をつけて取りたいことです。鰯やムロ鯵は麺類にかかせない煮出しの材料といえます。

にっけい〔肉桂〕

桂皮の粉末、シナモンともいいます。セイロン島産が最上で日本では九州で産します。あの甘いような芳香を賞します。ケーキ、クッキー、パンなどに使われているのでよくご存じのものです。

にっこうきょうはん〔日光強飯〕

栃木県日光市生岡神社で行なわれる、五穀豊作を祈る伝統行事で、氏子が男二人で若い者に飯や里芋の煮たのを、「一杯や二杯はあきたらず、七十五杯は食べ申されェ」と大盛の飯を強いる奇祭。

にっこうまき〔日光巻〕

日光地方の名産、唐芥子の塩漬けを青紫蘇の葉で巻いた漬物、小口切りにして醬油で食べます。

にっこうゆば〔日光湯葉〕

日光の開山勝進上人以来伝っている秘法のゆばゆえこの名があります。

になます〔煮鱠〕

鯵や鯖を適当に切り塩をしておき、水を煮たて材料を入れ火が通ったら大根人参を入れ、塩、酢、酒を入れてさっと煮たもの。野菜は半煮えがよろしい。

にぬきたまご〔煮抜卵〕

鶏卵を十五分以上茹でたもの。関西地方の料理言葉。

にのぜん〔二の膳〕

本膳の右脇に出す膳。

にはいず〔二杯酢〕

酢と塩又は醬油を二種合せたもの。酢大匙二杯、醬油一杯くらい。使い途は塩焼の食味、茹で蟹の付汁など。

にはちそば〔二八蕎麦〕

そば切りの一種。ソバ粉八、つなぎの小麦粉二の割合で打ったそばのこと。二八そばという屋号のそば屋もありますが、それは当店は二八の割合で打っておりますとの表示だったのが屋号となったものです。また天保時代には盛り、かけとも一六文であったところから、二、八、一六にひっかけて二八そばといわれたともいわれます。

にばんだし〔二番出し〕

一番出しを取ったあとへ先の一番出しの半量の水を加えて三分間くらい煮出したもの。下煮物用に使います。

にびたし〔煮浸〕

一度煮てその汁に浸しておき、使う時更に温めて使うからこの名があります。代表の料理に鮎の煮浸しがあります。一〇月頃の落ち鮎は身が美味しくないので素焼きにして鰹煮にします。針生姜がつきものです。煮浸しにするのでこの名があります。

にぶた〔煮豚〕

豚の赤肉を大切りのまま、酒、醤油、砂糖で煮たもの。冷して薄切りにして食べます。

にべ〔鮸〕

ニベ科の海魚。ニベには、ニベ、オオニベ、ホンニベの三種があります。体の背部は銀白色に光った灰色をしており、薄い褐色が斜めに走っています。体長は六〇㎝くらいになり、南日本からシナ海に住み、和歌山ではコイチ、静岡、高知ではグチといい蒲鉾の原料に使います。新鮮なのはさしみ、塩焼き、醤油漬けにして食します。ニベは浮き袋と、これについた筋肉を使って音をだすのでニベは鳴く魚ともいわれます。

にぼし〔煮干〕

魚貝、海老類を茹でて乾燥させたものの総称。イワシ、イカナゴ、エビ、アワビ、貝柱、キンカクなど煮出しの材料に用いられるものを主にさします。煮干しの生産量ではかたくち鰯が最も多く惣菜にはよいものです。何れの品も新鮮な色艶のあるものがよろしい。煮出しに用いる時には、鰹より長く煮出します。使用する前に一寸炒ると生臭味《なまぐさ》がなくてよろしい。

にほんかぼちゃ〔日本南瓜〕

かぼちゃの和種の名称でチリメンカボチャ、菊座カボチャなど。現在は輸入品がほとんどです。

にほんのろくこよう〔日本の六古窯〕

瀬戸、備前、丹波、信楽、越前、常滑の鎌倉末期から室町にかけて焼いた古窯六つのこと。焼物と料理との関係が深いので書いておきました。

にほんりょうり〔日本料理〕

日本古来からの料理のこと。わが国は四面海であり、南北に延びていて、気候風土的にははっきりした寒暖の地があり、山あり、川あり、四季折おりに生産される料理の材料もきわめて豊富です。従って新鮮な材料が手に入り、他国ではまねのできない、本当の良さのある料理が受けつがれて来ています。それにならされてきた日本人は本当の物の味を知る人種です。それにひきかえ最近は、大方油で処理する大味な食物を常とする人種が増え、二％も味盲であるといわれ、味に対してまことに心もとないかぎりです。

日本料理の歴史は古く、日本最古の文献は、「景行天皇東国巡幸の際、淡水門《あわみなと》で獲ったカツオ、ハマグリとを、供奉の膳《がし》夫《わで》であった盤鹿六鴈命《いわかむつがりのみこと》が鱠《なます》に作って差し上げた。」と記されてあり、平安期になると、貴族階級において調理の技術が進み、光孝天皇は、中納言藤原山蔭卿を起用して包丁式を定め、これが四条流包丁式の始まりとなり、大草流、進士流、薗部流、生間《いかま》流、伊勢流が生《うま》れ、今日まで続いているものに、四条流、生間流があります。仏教と関係をもつ精進料理、茶の懐石、行事食の本膳料理などができたのもこの時代からです。

桃山期に入れば南蛮料理が渡来し、洋風の料理法も伝わり、日本料理に一転機を与えました。江戸時代には中国から普茶料理も入り、それを変化させた卓袱料理や一般の酒席料理の会席料理なども完成させました。

戦後の日本は万国博覧会を契機《けいき》に全世界の料理の豊庫とまでいわれ、外国人は本国よりはるかに美味しい料理が食べられ、食物に対しては他国にみられない幸せな国になりました。

にほんりょうりほうだいぜん〔日本料理法大全〕

石井泰次郎翁著、古来からの料理に関するすべてが記せられた貴重な本。原本は現在の人には読みにくく解しがたいところもあるので、最近清水桂一氏が訳補改訂されたのが第一出版から出版されています。日本料理に携わる者は必読すべき一書です。

にほんりょうりのしゅるい〔日本料理の種類〕

料理を作る場合、一応その種類を知ってかからないと献立さえ書けなくなります。日本料理は、西洋、中華より一層複雑であって種類もまた多くなっています。従って趣向さえすれば、各々一変した料理ができうるなど大変しあわせな国柄ともいえます。その種類を簡単に左に記してみます。

儀式料理	婚礼、正月、誕生、節句、祭事、仏事、其他。
会席料理	普通の会食料理。
懐石料理	抹茶の席の料理。
普茶料理	精進の卓上料理。
栄養料理	栄養を主とした料理。
生食料理	加熱せずに食べる料理。
綜合料理	和、洋、中を取り混ぜた料理。
鍋料理	鍋で煮焼きする料理。
精進料理	魚肉を使わない料理。
家庭料理	家庭向きの料理。惣菜料理。
卓袱料理	卓上で食する料理。一名長崎式料理。
郷土料理	各地方の特色料理。

右の他禅家の応量器食料理や、俳味料理、展覧会用の料理などがあります。

にほんりょうりのしょくじさほう〔日本料理の食事作法〕

日本人はまねごとがよほど好きとみえて、一時は西洋料理のマナーが大変流行して、一体日本人は何を考えているのか、に日本人でありながら日本人の食事の仕方も知らないではと思っていたことです。しかしこの頃では却って外国人が日本食礼讃、且つ食事の仕方も知ろうとしています。未熟な私もこの頃ではよくそうした席へ引っぱり出されています。要するに、昔の何々流というような一献進めて料理を一品出す儀式ばったこと（鎌倉期以来徳川を通じ、封建的に育てあげられた日本の礼儀作法で、個人の自由を束縛したようなこと）は別として、現在に適する私流を参考までに一通りを書いてみたいと思います。茶懐石の一順を知れば膳の受け渡し、椀の蓋の取り方、箸の上げ下げ、その都度の礼も知られて本質はよいことですが、これは一般の方には、むりかも知れません。何れにしても礼儀正しく、料理を美味しく頂くのが食作法の真儀です。何もあまりむつかしく考えず、儀式ばったことにこだわらず、楽しく料理は頂きたいものです。お招きがあったら時間はなるべく厳守して定刻に御伺いすることはいうまでもありません。先方は庭や玄関に打水をしたり、床の活花及花器も水々しくして清潔な感じを出してお待ちするため、いろいろの用がありますから、あまり早くお伺いするのも失礼になります。持って行くものは、ハンカチ大小二、三枚、大は食事中膝掛け用に、小は手ふき用に、懐紙適当、懐紙は御菓子を取ったり料理の受け紙用に、婦人が和服なれば、雨天前後は替えタビ、もし泥などがはねかかったら早速はき替えるためです。

先方へお邪魔して着席するとおしぼりが出されます。これは手だけふいて他の所はふかないようにします。御菓子と番茶が出されたら御菓子を懐紙にとり、生菓子でしたら御菓子を頂き番茶を頂き、干菓子でしたら茶を頂き干菓子を頂きます。次ぎにお手洗に行っておきます。膳が出されてからまもなく中座するのは見苦しいものです。かといってこれをこらえていますと料理は何が出たのか、美味しいのか不味なのかさっぱり分らず、苦しさばかりになってしまいます。

料理の出し方。品数はいろいろですが先ず大体左記の献立ぐらいが普通です。

御献立

一　前　菜
二　吸　物
三　刺　身
四　口取りか口代
五　鉢　肴
六　焚　合
七　酢の物か浸物
八　飯
九　赤だし
一〇　香の物
一一　果物

右の内、飯、香の物は料理の中に加えませんから汁とも九菜の献立です。

膳を運び出された時、足のある膳でしたら前に置きすえにして頂きかるく礼をします。そして次客にお先にと軽く礼をします。足の無い膳でしたら早速すこし前へ進み出でて両手で手渡しで受け、かるく礼をして一時借り置きして、進み出ただけ後へさがり、次客にお先にとの礼をして膳を手前に取

に

り入れます。狭い座敷でしたら畳の縁の内へ、広間でしたら畳の縁の外へ膳を置きます。

膳には、前菜と刺身がのって来ることでしょう。献立には吸物が刺身の前に書かれていても、冷めたり、夏の冷し吸物など温かくなるので三番めに出すことを多くします。

御酒が出されたら飲まなくとも一献だけ受けます。盃は女子は右手に持ち左手を軽く添えて受けます。男子は左手で持ち右手をかるく添えて受けます（酒飲みを俗に左党というように）酒が全客につぎ終ったら主客が音頭をとり、頂戴いたしましょうと盃を全客が持ち上げて総礼をして、飲めぬ者は口付けだけでもして、それから料理を頂きます。

先前菜から頂きますが、何れ前菜は小皿に盛られていますから、右手で前菜を取り、左手に持ち変え、右手で箸を取って左手のゆびにかるくはさんで、手を裏返して食べ易くして使います。箸はいつもこのようにして取ります。膳に箸を置く時は左手を添えて取る時の反対に持ち変えて、膳の左縁へ口付けだけを出しておくのもよいことです。

刺身は身にわさびを付け、醤油皿を左手に持って妻と共に頂きます。妻は毒消しになるものなどが添えられていますし、酸性アルカリ性の中和なども考えて盛り添えてありますので全部頂くのが普通です。食べ終ったら醤油の小皿を刺身の皿の中へ静かに入れて膳の向う外へ返しておきます。以後食べ終えた皿はいつもこのような位置に返しておきます。

次に吸物が出されます。吸物は椀に左手を添えて右手で蓋を取りあおむけにして膳の右脇へおきます。椀を右手でとって左手に持ち替え、箸を取り、汁が多かったら汁、種が大きかったら種を箸ではさみ切りして頂きます。美味しくても二度くらいに頂きます。汁物料理は熱い内に頂くのがよろしい。

次は口取または口代り、三〜五種類盛り合せてありますが、これは好きなものから食べればよろしい。但し一品はさんでみて、それをやめて他の品を食べることは移り箸といって忌みきらいます。女子はできれば皿を左手に持って食べるのがよろしいが、皿が大きければ懐紙一枚二つ折りにしてそれで受けて食べるのがよろしいでしょう。

次に鉢肴が出ます。鉢肴といってもその種類は多く、焼いたもの、揚げたもの、蒸した物、煮たものが出されるかも知れません。切り身のものは皿の上で箸ではさみ切りして懐紙で受けて取り食べます。「一尾の尾頭付きの場合は、頭の眼の下のところから尾の方へ順次食べ終え、中骨のすき間から下身を押えて骨と身を離して骨を皿向うへおき食べよ。」と古書には書いてありますが、話のようにうまく骨は離れません。これは裏返して食べて結構です。昔は裏身は食べなかったようです。はじかみなどが付け合わせてあったら、これは手でつまんで食べます。何の料理でもゆびのよごれないものはつまんで食べてもよろしい。例えば、くわい煎餅、干物、枝豆、矢生姜など。ですから先に手ふきで手をきれいにしておくわにけです。

次に焚合わせ。三〜五種の煮物は、器を右手で取って左手に持ち替え、普通に食べますが、上のを取りのけて下のを食べることは、さぐり箸といって食事法ではきらいます。はたで見た目にも見苦しいものです。

次が酢の物か浸し物。これは普通に食べればよろしい。

次は飯。飯は始めからかるく盛って出すのが普通です。お替わりをする時、一口残すのが良いか悪いかが問題です。一人の給仕でしたら残さぬ方がよろしい。二人一緒でしたら、通い盆にのせる時、あとの人は一口残すこともします。それは給仕人の眼印になるからです。赤だしは飯の菜ですから飯、汁の順で頂くのが本意ですが、現在は汁、飯と頂きます。

香の物は、普通飯を少し残してお茶漬けにして食べる頃に食べるのがよろしい。然し好みによって食べます。本来なれば飯茶碗、汁椀に茶を入れ両器をきれいにしてから茶を飲みほして膳におきます。

食べおわったら膳の上のあいた器を位置よく並べ替えて、箸を膳の縁から内側へ落して少々膳を前へ送り出し、果物を膳と膝の間に取り入れ適当に頂きます。

その他御祝いの席には鮨などが出ますが、鮨は前後好きなものから食べてよろしい。然し鮨は前から食べると味の順序が良いように盛られています。例えば前の方に濃厚な味のてりの付いたもの、中ほどに生の物、一番向うに鉄火（花）巻きと順々にあっさりとしたものが盛られています。従って前から頂くのがよいでしょう。

食事中は四方山話に花を咲かせ、周囲の人の気の障らぬよう談笑の内に楽しく過すようお互いに心掛けます。食事中に忌む話は、仏教の話（派があるから）政治の話（党があるから）金銭の話（損得の人があるから）などです。

会食が終ったらあまり長居をせず、御礼をいってさっと帰るのが礼儀です。無駄話をしていて後かたづけの邪魔になるようではそれこそ失礼この上もないことです。

客は門または玄関まで送り出されたら三〜四m過ぎたころ、あとをふり向いて一礼して帰ります。この礼はここまでで結構ですとの挨拶です。そうでないと町の曲り角まで見送るのが主方のつとめです。それは人様をお招きしたら、来られてから帰りまでの一部しじゅうを知る責任があり、若し何かでき事のあった時そのすべてを知っており、その話のできるようにしておかなければならない義務があるからです。

以上は膳での食事作法ですが、昨今卓上でのもてなしも多くなって参りましたが、大略膳と同じような頂き方で結構です。卓料理となりますと、小菜（一人づつ皿または椀に盛り分けて出されるもの）、大菜（数人分一つ盛りとして出されるもの）等になると思います。かりに五人前一つ盛りとして出された場合、主客は次客にお先にと礼をして取ります。然し一応盛り付けられたさまを全員にお見せしてから取るのがのぞましいことです。それは折角皿、盛付け、色彩など心を配って作られてあるのに、自分一人だけ順次取って行きますと末席の方は一人分だけとなり、取りあらされて実に味気ないものになってしまいます。それでは主方の心入れも無になり、主方は無風流人ばかりだと隠笑いになります。主客になったらこんなことにも気を配りたいことです。

食事中忌むこと

自分だけ先に食べてしまうこと。

受吸　受け取って直ちに口にすること。一度膳に置いてから料理は食べるのがよろしい。

ねぶり箸　箸を甜《ねぶ》って使うこと。

膳越しの箸　膳の向うにあるものを箸でつまんで食べること。

空箸　一度ものを箸ではさんでみて、食べずにやめること。

迷い箸　箸をもってあれこれと迷っていること。

かがみ食い　前かがみして膳の上に顔を突出して食べること。加えて、ベチャベチャと食べていれば、俗にいう犬喰いで最も見にくいことです。

突箸　物を突きさして食べること。

込み箸　口中に先に食べたものがあるのに、更に別のものを押し込んで食べること。

さぐり箸　上のものを取りのけ、下のものを選び出すこと。

諸起《もろおこ》し　器と箸を一緒にとること。

嘗食い　口のあたりを舌で嘗めつつものを食べること。

にまいおろし〔二枚卸〕

魚のおろし方の一つで魚の頭を切りおとし、片方の身を卸したもの、従って片身には骨の付いている卸し方。

にまいがい〔二枚貝〕

軟体動物の中の一種。貝殻がちょうつがい（甚帯《じんたい》）で連結され、貝柱で強く結閉しているのでこの名があります。足の形から、おの足類、えらの特徴から弁鰓《べんし》類と呼ばれます。二枚貝に属する貝には、アサリ、ハマグリ、カキ、シジミ、アゲマキ、ホタテガイ、アオヤギ、トリガイ、淡水に住むカラスガイなどがあります。貝類は身と思われるところがおおむね足です。

にまいにく〔二枚肉〕

二枚豚ともいう。豚の腹肉の薄い部分で、肉と脂肪との層が二枚になっているところの肉。肉脂肉と三段になっているのは三枚肉、東坡肉ともいいます。

にまめ〔煮豆〕

大豆、黒豆、うづら豆、金時、いんげん豆、手亡《てぼ》など煮たもの。豆は冬なれば一晩、夏なれば五〜六時間水に浸して豆に十分水を吸収させ、そのまま火に架け、沸騰したら一度湯を取り替えて柔らかくなるまで茹でます。豆が指先で軽くつぶれるくらい柔らかくなったら、砂糖を二〜三回に分けて入れ、終りに醤油を入れて煮上げます。黒豆は鉄釘を入れて茹でると黒く仕上りますが、水に漬ける時焼明礬を少々入れた水につけても色止めになります。

にもの〔煮物〕

煮もの料理のすべての総称です。一口に煮物という場合は、肉類、いか、蛸、穴子、はも、うづら、海老、貝類などの一品と季節の野菜を取り混ぜて煮たものをいいます。とくに懐石にはこの言葉をよく使います。東京風は濃いめに、京風は薄味といわれますが、現在では江戸風のあまり濃味でない方がよいことでしょう。

にものがわり〔煮物代〕

日本料理を進める順序として煮物を出すべきところへ、その代わりに出す料理を煮物代といいます。例えば蒸し物、揚物、あんかけなど。

にものわん〔煮物椀〕

懐石に進める椀盛。懐石中主役のものですから一番気を使います。椀は大ぶりのもの。椀の種類はあまりに多いのでここでは書くことをはぶきます。

にやっこ〔煮奴〕

豆腐を奴（四角）に切って醤油味で煮たもの。柳多留に、「煮やっこで堂をほめ〱のんで居る」などと出ています。

にゅうめん〔入麺　煮麺〕

そうめん料理の一つでそうめんの茹でたのと他の材料と煮たもの。例えば、蒲鉾、油あげ、椎茸、青味、ねぎ、などの材料と煮たもの。鯛を使った鯛麺もあります。

にら〔韮〕

にらは葱族の植物。味噌汁の実、酢みそ和えなどに使用したり、韮粥は腸の薬と昔からいわれ、お腹の具合の悪い時是非食べたいものです。

にらみだい〔睨見鯛〕

大阪地方では昔お正月には大きな鯛が出されますが、これは三日間食べずに只見るだけですからこの名があります。

にるとたく〔煮ると焚く〕

普通の言葉では飯は焚くといい、野菜や魚は煮るといいます。何れも水分を加えて加熱するのに、どう違うのであろうか。焚くという言葉は梵語の陀阿《たか》から来ているといわれます。漢字の焚は木を二つ並べてその下に火、燃える象形です。何れにしても水分のあることでなく、むしろ煎るということに当るかも知れません。また、煮るというのは最後まで水分が残る熱の加え方ということになります。一口に火加減も味のうちというように、煮るにも焚くにも、材料の性質を知って火加減に気をつけたいことです。

にわかせんべい〔二〇加煎餅〕

博多名物の仁和加に使用するマスクを型どったせんべい。原料は、玉子、小麦粉、砂糖、白ごまで、玉子の使用量が多いので普通のせんべいより堅く繊細な舌ざわりです。仁和加とは、江戸時代、七月十五日の于蘭盆《うらぼん》の夜、博多の城下の人たちによって演ぜられる簡単な即興劇のことです。これを演じる人たちは皆マスクをするのが例になっています。

にわとこ〔椄骨木〕

スイカズラ科の低木。字の如く、筋骨挫傷などに効があるといわれ、四国、九州に自生し、庭木としても植えられます。葉は卵形で対生、四月頃白い小さな花をつけ、小粒の赤い実がなります。茎葉を乾燥させて貯蔵し、これを煎じて温罨《おんあん》法に用いるほか、若芽を茹でて水を何回も取り替えて和え物などにして食します。芽出しがおもしろいので生花の材料にもよく用い、籠に飼う小鳥のとまり木にも用います。

にわとり〔鶏〕

キジ科の家禽。印度やマレー半島の野鶏が原種。古くから世界中で飼いならされています。種類も多く、産卵用、食肉用、卵肉兼用、愛玩用、闘鶏用などがあり、卵用としてはレグホーン種があり、その中でも単冠白色レグホーンは、アメリカやイギリスなどで優秀な採卵鶏に改良されたものですが、わが国では更に改良されて現在は世界一といわれる産卵種もあります。肉用種としては、インド原産のブラーマ種があります。

にんじん〔人参・胡蘿蔔〕

セリ科の一年生または二年生の根菜。人参の名の由来は、人の形に似ているところから来た名前だといわれますが、これは朝鮮人参の姿のことでしょう。原産地はイギリス、すでに三世紀ごろの調理書に載っているといわれ、中国へは十三〜十四世紀ごろに伝わり、その後日本へ移入されたものです。冷涼な地が適するので北海道が主産地になっています。種類では、早生種の三寸人参、金時、滝の川、札幌人参と多くの種類があります。人参が甘いのは、蔗、ブドー糖が多く含まれているからです。ビタミンも多く、カルシウム、リンなども含み栄養価の高い食物です。料理の材料として、煮物、和え物、刺身、酢の物の妻、汁の実など多用です。若い葉は茹でて浸し物に、天ぷらの青味に用います。とくにビタミンA、Cの含有量の多いことも知られています。従って血液を正常に保ち、若さと精力を維持する効果もあり、目の疲れ、夜盲症を防いでくれます。

にんにく〔大蒜・葫〕

百合科の植物。食べれば腸中の食物の醗酵を防止し、消化器を刺激して吸収力を増す力があり、心臓筋肉に作用して搏動を強め、体表面に近い血管を拡張し、温血をよく導入するため体表面の温度調節、保護によいとされています。その他香辛料としても多く使用されます。

ぬ

ぬいぐし〔縫串〕

くしの打ち方の一種。皮と身の間を縫うように串を打つこと、いかの雲丹焼きなどに用います。

ぬか〔糠〕

米、麦などの穀類を精白する場合に分離した胚芽と種皮の混合物。タンパク質、脂肪、リン、ビタミンB_1にとみ、米糠油の原料になります。一般には、漬け物、アクの強い竹の子、わらび、牛蒡などを茹でる時に灰抜きに利用します。

ぬかご〔零余子〕

長芋のつるに実る小粒のもの。塩炒り、ぬかご飯、素あげにして松葉に刺し添え物などに使います。

ぬかづけ〔糠漬〕

ぬか漬けには野菜と魚類と二種あります。糠漬けの代表は大根です。大根を乾す時は日当りよりも風のよく通る所がよく乾きます。大根の葉の芯を取り去り、葉を六枚づつわらでゆわえ竹棹にかけて乾します。大根が輪になる程度に干し、夏を越させるなら一寸結べるまで乾します。大根はなるべくすなおなのを選びます。四斗樽一樽分、大根一三〇本くらい、糠一斗五升、塩二升五合、これをよく混ぜ樽の底に糠、次に大根と交互に並べて漬け込み、押石をして一ケ月半くらいから食べ始めます。小分けして出したらあとは必ずきれいにならして押石をしておくことです。大根の乾し加減、塩加減は食べる時期を見計らって漬けます。白菜の糠漬けもよいものです。魚では、鰯、鰊と、各地に名産が多くあります。

ぬかみそづけ〔糠味噌漬〕

米糠三〇カップをふるいにかけて炒り、塩二カップ、水六カップを煮立て、冷して糠と混ぜ、この中へ材料を漬けます。水気のあるものは先に一寸乾したり、薄塩をして水気をきって漬けます。茄子などは錆た釘か焼明礬少々入れて漬けますと色よく漬かります。一日に二、三度よく掻き混ぜますと美味しくなります。それは糠味噌の中に、乳酸菌、酵母、酢酸菌、酪酸菌の微生物が生きていて、これが空気にふれると盛んに繁殖して不用の雑菌の繁殖をふせぐからです。

ぬきいた〔抜板〕

焼き物など一度これに置き、串を抜くからこの名があります。

ぬきがた〔抜形〕

野菜その他の材料を金属の抜形で抜きます。梅、桜、菊、楓等と大小種々あります。

ぬくめし〔温飯〕

あたたかいご飯のこと。

ぬた〔沼田〕

味噌に砂糖、酢、溶き芥子と擂り混ぜて、貝類やいか、野菜では葱、わけぎ、若芽、うどなど和えたもの。和えたさまが沼田のようだからこの名があります。

ぬっぺいじる

岩手の遠野市付近の名物。一種のとろろ汁、とろろ芋と大根卸し汁を混ぜ、熱い豆腐汁でのばしたもの。豆腐は細いせん切りにして使います。

ぬのめほうちょう〔布目包丁〕

いかなどに縦横にこまかく包丁目を入れること。刺身に布目作りがあります。

ぬめり〔滑〕

里芋やうなぎについている粘液のこと。なめこ、蓴菜《じゅんさい》、とろろなど却ってこの滑りの触感を賞するものもあります。この滑りによって材料の新鮮度を知ることができます。とりわけ川魚に滑りのないのは古いものと知るべきことでしょう。

ぬれなっとう〔濡納豆〕

東京新宿の花園万頭製。他の甘納豆は乾いていてやや かたいのに対し、この濡納豆は文字の如くしっとりとして軟らかくて佳味です。その包装紙がおもしろい。「五風十両万物滋潤のうち甘雨の機必ずあり。茶を煮るに佳しとす。月形半平太が、春雨ぢゃ濡れてゆかふ、と大見得切りして甘両の日なりし也、花園主人梅翁これを趣向して、ぬれ甘納豆、を作る。粒々紫玉舌頭三転醍醐味あり云々」とあります。

ね

ねいも〔根芋・芽芋〕

里芋の一種。芽いもともいい、茎が長く芋の部分が小さい新里芋。新鮮な香りと味を賞します。焚合せ、汁の実、和え物に用います。

ねかす〔寝かす〕

味をよくしたり、こしを強くしたり、柔らかくするために、材料を適当に処理して、しばらく放置して熟成させること。例えば、米こうじに粥と混ぜて甘味を出したり、麺類を作る時、小麦粉をねってしばらく放置して酵素を働かせてねばり気を強くすることを寝かすといいます。この場合微生物が発酵しやすいので、酵素が働きやすい温度に気をつけたいことです。

ねぎ〔葱〕

ユリ科、多年生草木。原産はシベリア、別名をネブカ、ネネ、ウツボグサともいいます。わが国では古くから栽培され『日本書紀』には「秋葱《あきき》」の名が見えます。白い所が長いので根深ともいいます。然し本当の根は末端にある糸状のものです。汁の実、鍋物、和え物、煮物、薬味といろいろに使います。わけても美味しいのは群馬の下仁田葱、飛騨高山の高山葱。煮ると舌の上でとろけるような軟らかさと特別な味があります。ネギは疲労回復の即効もあります。それはビタミンの吸収をよくするからです。

ねぎまなべ〔葱鮪鍋〕

葱と鮪を材料にした鍋。鮪は脂のあるところが美味しい。時には鮪のアラを使うのも惣菜にはよいことです。

ねこざめ〔猫鮫〕

ネコザメ科の魚。頭の形がネコに似ているのでこの名があります。全長一〜二ｍくらいで薄茶色、濃い茶色の横縞があります。本州中部以南の沿岸や、朝鮮南部の沿岸に分布しています。歯が非常に強く、サザエの殻でもかみ砕いて中の身を食べるところから、大阪地方ではサザエワリともいいます。あまり多く獲れる鮫ではありません。主に蒲鉾の原料に使用されます。

ねこまたぎ〔猫またぎ〕

南海でとれるハマシマガツオ。漁獲高が多くても不味《まず》いので猫もまたいで通るという侮称です。安い竹輪、蒲鉾などもよくこの名が使われます。

ねごろぬり〔根来塗〕

根来塗りは紀の国即ち紀州の根来寺の僧が塗ったのでこの名があります。日本料理に使用するものは膳を始め、椀、皿、その他沢山のものがありますが、その塗物の内、根来塗りは最も古く、好者はとくに初期のものを賞します。

十六世紀末に秀吉が十万の兵を動員して根来を攻略し、塔坊三千、僧六千、僧兵三万といわれる根来寺をせめて滅亡せしめた話など周知の通りです。以後多くの食器及び漆塗技術者が離散してこれが京根来、堺根来、薩摩根来、会津塗、輪島塗となって今日まで根来の技法が伝わっています。初期の物は使い古びて上塗りの朱がふき磨かれる内に下塗りの黒塗りがまだらに現われて何ともいえぬ趣きがあります。一般にいう根来塗りは沢山ありますが、初期の物はなかなか得がたく然も高価なものです。こころみに軟かい布一枚ぬらしてこれで一部を磨いてみて、朱の色が布にわずかに付いて来るようなものが古いとされています。初期の根来塗り、それは、わび、さび、の極致かも知れません。

ねじうめ〔捻梅〕

切り方の一つ。大根、人参、くわいなど梅形に庖丁をして切り、これに一片づつに更に丸みのある切り出し小刀で庖丁を入れて一部を切り取ったもの。

ねじりこんにゃく〔捩蒟蒻〕

こんにゃくを五㎝くらいに平たく切り、その真中へ包丁を入れ、片端を切れ目に通すとねじれたようになりますからこの名があります。一度茹でてから味付けをします。これを一名手綱《たづな》ともいいます。

ねずし

飛騨の名物ずし。桶に飯と麹を同量混ぜ、水でもどしてアクを抜いた身欠鰊、刻み大根、白菜、人参、昆布を入れ、十分塩をきかせて押石して一週間ぐらい過ぎたら、水を流し捨て、更に二〜三日漬けてから食べます。魚は塩ブリ、鮭、イカを使い、精進用には油揚げを使います。

ねずみ〔鼠〕

ネズミの種類は非常に多くわが国に住むものだけでも四〇種近くあるといわれます。普通住家近くにいるのは、クマネズミとドブネズミの二種です。ネズミは腹を開き皮を剝ぐと薄桃色できれいな身があり、小鳥の肉そっくりです。臓物はあまりありません。骨をたたきつぶして、付焼きにすると香ばしくて大変美味です。俗に昔からこの焼く匂いがすると三里向うの狐が来るとまでいわれていたものです。

ねずみだいこん〔鼠大根〕

長野県産、北山大根の別名。ネズミの尾のように根の先が細長いのでこの名があります。尚大根も割合い短いのでネズミに似ています。辛味が強いのでおろしてそばの薬味に適し、沢庵漬けにしたのをよく見受けます。

ねずみたけ〔鼠茸〕

ホウキタケ科。──→箒茸。

ねた

鮨の具のこと。鮨言葉。たねの逆さ読みです。

ねっぷうかんそう〔熱風乾燥〕

乾燥法の一種、熱風を吹きつけて乾燥させる方法で、天候に左右されず、短時間に乾かすことができます。デンプンや餡などは乾燥塔の下から二〇〇℃以上の火炎を吹き込み、その先に湿った粉など投入して強く吸引し、瞬間的に乾かします。

ねはんあられ〔涅槃霰〕

正月に用いた餅花を貯蔵しておき、二月十五日の涅槃会《ねはんえ》に煎って供えた霰。また蓬を入れて団子を作りお供えすることもあります。いずれも名づけて、はなくそ、ともいいますが、花供は、餅花を供する略語でしょう。涅槃とは梵語で、滅、寂滅の意です。「衆苦を断じて一切の煩悩の累火を滅ぼし、不生不滅の法性を証験した解脱の境地。」と『広辞苑』に書かれています。

ねぶか〔根深〕

ねぎの白いところの多いのが根深です。即ち白い所を根に見立て長いのでこの名があります。愛知県海部郡美和町は葱作り百年の町で約八〇〇戸の農家がネギ作りをしています。春ねぎ、三月から六月。秋ねぎ、九月から十一月。冬根深、十一月から四月。今では年中出荷をしています。飛驒の高山、群馬の下仁田なども有名です。根深は特に冬の鍋物には軟らくて最適です。

ねまがりたけ〔根曲竹〕

スズタケ、篶竹《えんちく》黒竹ともいいます。日本特産の竹。竹の子は食用になります。別名をスズまたはミスズタケ、ネマガリタケ、チガヤ、ミコモなどといろいろの名があり、とくに東北地方に多く産し、雪深い山中で雪の重みで自然根元が曲がっています。貯蔵ものには、乾燥品、瓶詰があり、焚合わせなどによく用いる細い竹の子です。信濃国の枕詞にみすず刈るとあるのは、この竹のことです。

ねりうに〔練雲丹〕

塩蔵の一種。雌《めす》の雲丹の生殖巣を保存のため食塩を加えて擂って練り固めたもの。塩の代わりにアルコールを加えて加工したのもありますが塩の方が香りも味も良いものです。雲丹焼、雲丹和え、雲丹酢等々いろいろに使います。

ねりきり〔練切り〕

御菓子の餡の一種。白餡に砂糖を加えて火にかけ、ねるようにして煮て、つなぎにみじん粉か山芋又は求肥《ぎゅうひ》を加えて作ったもの。木型で押していろいろの形に作ったのが御菓子のねりきりです。

ねりざけ〔練酒〕

清酒に卵白、砂糖を混ぜてとろ火でしずかに煮て作った飲料、濃くて粘気があって甘美酒です。練貫酒《ねりぬきざけ》ともいいます。

ねりざんしょう〔練山椒〕

白玉粉に白砂糖と水あめを加えて煮ながら練り上げた求肥に、山椒の絞り汁または山椒の粉を加えたもの。

ねりせいひん〔練製品〕

水産加工品の一つ。蒲鉾など。蒲鉾は歴史も古く約五〇〇年も前から作られ、各地で有名なのが多く作られています。

ねりまだいこん〔練馬大根〕

練馬で改良されたのでこの名があります。尾張大根の改良と言われます。

ねりみそ〔煉味噌〕

みそ、味醂、砂糖と擂り混ぜ、一度裏漉しをして弱火で煉り上げたもの、一名魚天味噌とも言います。

ねりようかん〔練羊羹〕

羊羹の中で代表的なもの。寒天、水、生餡、砂糖を弱火で練るようにしてゆっくり焚き上げ、流し缶に流し入れ冷しかためたもの。一名棹物といいます。棹物には、栗羊羹、あわ羊羹、もろこし羊羹、小倉羊羹、柚子羊羹、百合根羊羹、道明寺羊羹、昆布羊羹、柿羊羹、泡雪羊羹、金玉糖、茶羊羹、夏羊羹、黒羊羹、その他果物を加えたものなど各地に名産があります。

普通の羊羹を作るには、材料、寒天四本、水カップ二杯四分の一、砂糖一・七三kg、小豆生餡一・一kg。作り方、寒天は二時間くらい先に水に浸しておき、分量の水でこれを煮溶き、砂糖を入れて煮詰め、指の先に付けてみて、一寸糸引くようになったら餡を入れて更によくねりながら煮詰め、流し缶に流し入れ冷しかためます。この分量は普通羊羹を流す缶一杯分です。但一日くらい後でないと切ることができません。

ねんぎょ〔年魚〕

鮎の異名。鮎は春から川へ上り、秋風が吹きはじめると産卵のため、川を下り、川口で産卵をして一生を終ります。そのように一年魚ですからこの名があります。

ねんじゅのが〔年寿の賀〕

古書をみますと、凡そ人間は四十歳に満ちて耆《き》老の初めとし、行末の寿命を数えて老いを延べることを祝うのです。宮中では五十四代仁明天皇が嘉祥二年（八四九）三月にお祝いになったのが始まりで、五十三代淳和天皇の御賀は天長五年（八二八）十一月、五十八の御寿《とし》をお祝いになっています。五十八の賀とは五八即ち四十の祝いです。昔高貴の方々は寿《とし》を宝算《ほうさん》といってこれを三段に称え、百三十歳の人を上寿、百歳の人を中寿、八十歳の人を下寿と呼んでいました。八十歳の人を大誕の賀ともいっています。旧例によりますと、四十、五十、六十、七十、八十、九十、百歳と十年を一節にして祝ったものです。ですからこの時使う御菓子は満十（饅頭）を使うのがしきたりでした。

近世は旧例も薄らぎ、二十五歳男子、三十三歳女子、四十二歳が初老、六十一歳桝《ます》掛、七十歳古稀、七十七歳喜の字、八十歳を八十路、八十八を米寿、九十歳を卒寿、九十九歳を白寿といって祝います。これを祝う月は寅、卯、辰の人は、一、二、三月、これを花の賀といいます。巳、午、未の人は、四、五、六月、扇子の賀といい、申、酉、戌の人は、七、八九月、紅葉の賀といい、亥、子、丑の人は、十、十一、十二月、これを雪の賀といい、何れも誕生日に祝います。この祝いは親と子または縁者が祝い、師などは弟子が祝うのが例です。古式に習えば八足の白木の台に、石長比売《しなひゅ》（石）をのせて祭り、亀甲餅を祝う人の数だけのせて御供えしてお払いをするとか種々のしきたりがありますが、一般の家庭ではむつかしいので、せめて床には寿の字か寿老の掛け物をかけ、餅をお供えして祝い膳に着きます。

ねんぶつだい〔念仏鯛〕

からだはピンク色、頭は黄色がかり、目の周囲と背に黒い線が二本、尾ビレのつけ根に黒点があり、体長八㎝くらいのきれいな魚ゆえ観賞用に引っぱりだこです。伊勢湾口の水深二〜三〇mのところに群泳しています。この魚はブツブツという音を出しますが、それが念仏をとなえるようなのでこの名があります。あまり食用にはしませんがアメ焚きにすると案外おいしいものです。産卵は春です。

の

のうこうじる〔濃厚汁〕

麵類の食味に便利です。醬油六カップ、味醂四カップ、かつお節四〇g、全部鍋に入れて火に架け沸騰したら弱火にして二分ほど煮詰め、これを漉して冷し瓶に入れて貯蔵し、用途により薄めて使います。

のうしゅくジュース〔濃縮ジュース〕

果汁飲料の一種。濃縮の度合は二分の一〜六分の一まであります。用途は主として果汁入り清涼飲料または、果汁入り濃厚シロップの原料として用いられることが多く、そのまま飲用に供することはできません。

のぎく〔野菊〕

→よめな

のこぎりざめ〔鋸鮫〕

ノコギリザメ科の魚。口先が長く、鋸状にギザギザがついているのでこの名があります。体長は一・五mから二mにも達し、体は黄褐色で細長く、鋸状の口の両側に多数の歯があり、この長い鋸状の口で海底の泥土中の動物をとって食べます。南日本に多く、奈良でタイキリザメ、大阪ではノコブカと呼ばれ、上等の蒲鉾の材料に使用されます。

のこぎりほうちょう〔鋸包丁〕

長芋を切る場合、普通の庖丁で輪切りにすれば長芋は融通のきかないもので下の一部がとかく割れやすい。この時鋸庖丁で引き切りにすればきれいに切れます。

のざわなづけ〔野沢菜漬け〕

日本三大漬け菜の一つ。べっこう色に漬けあがったものを別名、おは漬けといい、信州名物の一つです。茎は七〇㎝～九〇㎝にものび、長野県の最北端、下高井郡野沢温泉付近が産地であるところから、野沢菜と呼ばれます。現在は各漬物店に顔を出していますが、日が過ぎてはその良さがうしなわれてしまいます。

のし〔熨斗〕

のしアワビの略称です。贈物をする時に添える熨斗は、アワビを包んだ色紙です。アワビは古代には重要な食物で、大《おお》嘗祭《なめさい》や神嘗祭《かんなめさい》などに供物として用いられています。また不老長生の効があるといわれるところから、武士の出陣、帰陣の祝儀肴として用いられました。のちには贈物に添える品物となり、次第に代用の模造品までできて全くの形式にとどめているのが現在です。

のしあわび〔熨斗鮑〕

鮑を薄く長くそぎ、伸して乾燥させたもの。神饌や儀式の進物、料理等に使われます。今日でも進物の熨斗の真中に少し顔を出しているのがのしあわびです。

のしいか〔熨斗烏賊〕

するめを調味液につけ、火であぶり、ローラーを通して伸したもの。昔は木づちで打ち伸したものです。佐賀県の特産。かつて肥前（佐賀県）松前藩は毎年将軍家へ献上したといわれます。

のしうめ〔乃し梅〕

東北山形の郷土菓子。梅の実を取り、寒天と砂糖で寄せて短冊形に切ったもの。干菓子代りに使ったり懐石の一口椀種によく使います。

のしぐし〔伸串〕

海老などを真直にしたいとき伸して串を打って茹でます。鮨種その他に使う場合、打つ串の仕方。

のじめ〔野締〕

魚を水上げした地で生きているうちに頭へ魚鍵《かぎ》をさして殺すこと。こうすると鮮度の落ちがおそいのでします。これを生《い》けじめともいいます。

のしもち〔熨斗餅〕

のばした餅。日本の餅は円満を表徴として丸いのが本儀でしたが、室町以後略式として、ノシモチが作られ、それが進んでカキモチなどに加工されるようになったのです。

のぞき〔覗き〕

深い小向附の名称。覗きこまなければ中の材料が見えないところからこの名があります。然し本来は本膳料理のお向の鱠の食味に、三杯酢又は炒酒などを入れる食器で、直径三cm、高さ五cm程の細長い器の名称です。

のたもち〔のた餅〕

諏訪地方の郷土料理。枝豆を茹でて甘皮を取り去り、擂りつぶして砂糖を入れて練って餡を作り、ウルチ米にモチ米を三割ほど入れて炊き上げ、かるくつぶしてまるめ、枝豆の餡をかけて食べます。八月十五日、旧盆の食べ物です。

のちのひな〔後の雛〕

三月三日の雛祭りは普通ですが昔は九月九日、即ち重陽《ちょうよう》の節句にも後の雛といって祭っております。後の雛祭りをしなければ片祭りといわれます。御供えには秋の季節のものを種々使います。

のっぺい〔能平・濃餅〕

惣菜の汁物料理。油揚、里芋、推茸、人参などの材料を適当に切って、煮出し汁にて軟らかく煮て味を付け小麦粉を薄く水溶きして最後に入れ濃度を付けた汁。小麦粉の代わりに片栗粉でもよろしい。古くは、鴨、シギ、うずら、などを使ったと『料理物語』にでています。

のびる〔野蒜〕

ユリ科の多年生草木、ほとんどの山野に自生します。特に東北地方で使われます。地下に球形の鱗茎があり、わけぎに似ています。春先の食べもので、酢みそ和え、鍋の具、煮ても美味しいものです。生のを摺りおろして毒虫に刺された時にこれを付けるとよろしい。煎じて飲めば補血、安眠の効用もあるといわれます。

のぶすま〔野衾〕

魚鳥肉を煮た汁物料理。『料理物語』には、「野衾は小鳥をたたき、せんばの如くざっとにて、扨鯛をかきこまかにたたき、にえ湯をかけあげをき、大なるあわびをうすくへぎて、これもしらめ候へば、ふくろのごとくなり申候。此時だしたまりかげんして入れ、ふき立候とき三色入、かきあはせ候へばふくろの中へつゝまれ申候。玉子のそぼろうは置によし。すい口いろ〳〵。」とあります。

のぼりぐし〔登り串〕

鮎や虹鱒の川魚を生きた姿のように美しく焼きあげる場合に打つ串の打ち方。面に縫うようにうねりをつけて打つのがおどり串、口から串をさしてまっすぐに、尾の方で尾が一寸上向くように打つのが登り串です。即ち魚が川を上って行く姿に直して串を打ちます。

のり〔海苔〕

紅藻類の海藻。発芽の時は薄紅色の笹の葉状ですが、成長に従い緑色になります。浅草海苔と呼んで東京が本場になっていますが、最早今日では集荷地といった方がよいでしょう。のりはむらのない、テリのあるものが良い品です。焼く時には二枚重ね、外面にして焼きます。一枚なれば片方だけで焼くのがよろしい。両面焼くと大切なヨードが破壊されてしまいます。

のりあえ〔海苔和〕

鎌倉和えともいいます。酢肴、野菜などをもみのり又は松葉のりで和えたもの。

のりちゃづけ〔海苔茶漬〕

飯の上に、のり、わさび、醤油をかけ、番茶の香ばしい出ばなをかけて食べる方法。

のりまき〔海苔巻〕

のりで巻く料理は沢山あります。巻鮨はいうにおよばず、そば、ほうれん草、目白（穴子）を煮てわさびを使っての海苔巻、伊勢芋を卸してのり巻きにしての三杯酢、そばをのり巻きにした時、すぐにフライパンで転しながら油焼きしておくとしめらぬのでよろしい。

のりまめ〔海苔豆〕

裏木曽付知地方の特産。平たい楕円形の一～二㎝ほどの豆の真中皮がノリを張ったように黒くなっており、その周囲は白色です。一寸可愛いい豆です。大豆と同じように調理します。

のれんをたぐる〔暖簾を手繰る〕

落語や噺家の俗言、そばを楽屋で食べること。

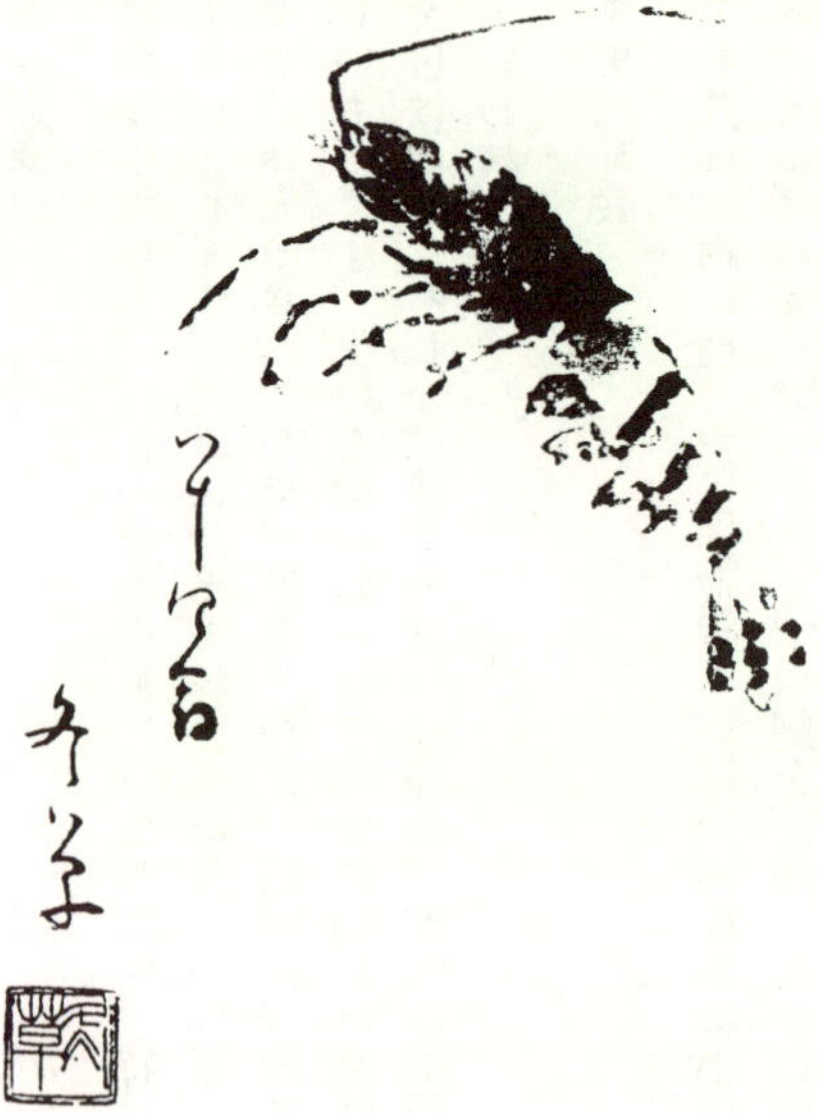

は

はい〔杯・盃〕

さかずきのこと。音読でははいといいます。献杯、返杯、納杯など、酒宴でさかずきのやりとりにこの言葉をよく使います。

ばい〔蜆・海蠃〕

腹足綱新腹足目の巻貝。エゾ蜆《しじみ》、越中蜆などが有名です。塩茹で又は煮てそのまま食べたり、身を出して和え物にしてもよいものです。現在朝鮮から輸入しているものは大形です。正月によくこれを使用するのは、商人は千万倍に貨殖を得る、として縁起をかついでのことです。酒の肴に有名な産地は富山の越中蜆、なお鳥取県の海でも良いものが養殖されています。

はいが〔胚芽〕

種、実の一部分で、発芽する時は、胚乳から栄養が供給されます。胚芽はタンパク質、脂質、無機質およびビタミンB_1、Eに富み、一般に栄養価が高いものです。米は精白する時に胚芽を米粒に残すようにして胚芽米とすることもあります。小麦の場合は、製粉する時に胚芽だけ分離して集め、栄養剤あるいは健康食品として利用されます。

はいがい〔灰貝〕

赤貝に似た二枚貝。サルボオとよく似ているので混同されがちです。本州の中部以南に多く産し、児島湾、有明海、中ノ海などで養殖されています。料理には赤貝と同じように使用します。『俚《り》言集覧』には、「はいがひ、備前《びぜん》及び美作《みまさか》にてさるぼをいふ。」とあります。

ばいかたまご〔梅花卵〕

これを作るには二通りの仕方があります。その一つは、卵を茹でて皮を剝き、赤の色素と酢か焼明礬を水で煮て色付けして、熱い内に箸五本で卵を梅の花形に作りゆわえて冷して切って作る方法と、もう一つは、卵を硬茹でにして皮を剝き、黄白に分け裏漉しをして、砂糖、塩で味を付け、竹簀の上にぬれ布巾を敷きその上に黄身をきれいにのばし、白身を一本の棒状に竹簀で作り、これを黄身で巻き布巾の両端を紐で結び、その上に竹箸五本花形につけて硬く紐でゆわえて一〇分間蒸し冷してのち切って使う方法とがあります。

は

はいせん〔杯洗・盃洗〕

献杯の折、盃を洗う器。冬は塗物に湯を入れ、夏は陶磁器に水を入れて使います。この盃洗を使う場合は、客数より一個多く入れておくのがよろしい。これに添える箸は杉柾の揚子箸を使います。

バイタルグルテン

小麦から作った煉製品添加用の純粋の植物性蛋白。奈良県橿原市雲梯町五九四、三和澱工業製。

ばいにく〔梅肉〕

梅干の軟らかいのを裏漉しにして、砂糖、酒少々にて弱火で煮上げたもの。和え物によく使います。新生姜の先にだけ付けて使うこともします。色の悪しき時には赤の食紅で着色します。

ばいにくあえ〔梅肉和え〕

梅干の種を去り砂糖を加えて擂り、裏漉しをしてこれで和えたもの。貝類、白身の魚、たこ、いか、あわび、長芋、百合根などを材料に使います。

ばいにくしたて〔梅肉仕立〕

梅仕立ともいいます。梅干で味を付けた汁物料理。

ばいにくず〔梅肉酢〕

梅干の種を去り、これを擂って砂糖、酢と擂り混ぜたもの。酢の物の掛酢に使ったり、器の底に敷いたりして使います。

はえとりしめじ〔蠅取〆茸〕

シメジタケ科の茸。ハエがとまると、けいれんを起して死ぬところからこの名があります。しかし東北地方では昔から、よい味が出るとして吸物のだしに用いています。ハエトリシメジから、トリコロミン酸という旨味成分を発見したのは竹本常松氏で、初め竹本氏らは、ハエを殺す物質を研究してハエトリシメジの成分の抽出に成功し、これが新らしい形のアミノ酸であったところから、この茸の属名トリコローマに因んでトリコロミン酸と名づけられました。このトリコロミン酸に旨味のあることがわかり、にわかに注目されるようになりました。トリコロミン酸はアミノ酸の一種で、味や化学構造はグルタミン酸とよく似ています。然しグルタミン酸に比べて五～六倍も強い旨味をもっているのが特徴です。

はえなわ〔延縄〕

主に鮪を獲る漁法。一五〇kmにも及ぶ長い縄に二〇〇〇の針をつけて釣るのですが、これにかかる魚はせいぜい二、三尾。鮪は二〇〇〇個くらい産卵しますが成魚になるのはただの三尾といわれてきわめて少ない数字です。鮪の体温は水温より一〇度くらい高く、水温七度から三〇度くらいのところに住みます。

鮪の一本釣は下北半島、大間、餌は小鯖、上手に釣れれば三〇分、長い時には五時間以上もかけて釣り上げるが、大きければ舟へ上げずに引いて来るといわれます。

ばかがい〔馬鹿貝〕

バカガイ科の二枚貝。名をあおやぎともいいますが、この貝はよく口を開いているのでこの名があります。しかしばかがいではあまり名がよくないので、産地の名である青柳と呼ぶ訳です。産地は千葉県の青柳です。

ばかざめ〔馬鹿鮫〕

大型でありながら性質が遅鈍で、水面にブラブラ浮かぶので簡単に捕獲されるためこの名があります。体長一五m、重さ二tをこえるのもあると聞き及びます。北氷洋、太平洋、大西洋各地に住んでいます。

はかた〔博多〕

二〜三種類の材料又は色彩のあるものを重ねて押し、切口を見せた料理をいいます。丁度切口の様が博多帯の柄に似ているからです。

はがためのもち〔歯固の餅〕

歯固めとは齢はヨハイと読む故に齢《とし》を固めるの意で、正月には先ず歯固餅を進め、次に屠蘇白散を進めるのが順序です。三方に紙を敷き、かいしきに歯朶《しだ》、杜葉《ゆずりは》を用い、歯固め餅即ち丸餅一重ね、紅白の菱餅十二枚組みを重ね、その他長熨斗やくさぐさの物を添えるのが古い習わしです。

はがつお〔歯鰹〕

またの名を狐鰹。何れにしてもその名前は頭と歯に由来しています。口も歯も大きく、頭が狐の頭によく似ています。この魚は東シナ海で産し、秋から春先に出廻ります。この頃は脂がのり、煮ても焼いても肉質が軟らかく、本鰹よりくせがなく美味です。その魚の季節が終ると交代するように初鰹が出始めます。

はかる〔測る・計る・重る〕

常には使いなれてあまり気にかけていないかも知れませんが料理を作る上に於て大切なことは、はかる、ことです。これをあやまれば、味、長短、量と適合せず、不味、姿の悪い、器に添わない、犬馬の食べものと同じになってしまいます。現在科学的にものをはかるには、極めて精巧な計器ができていて、東京板橋の計量研究所には、光波干渉計があり、一億分の一cmの誤差まで測れ、時間では時報を知らせる原子時計は三〇〇年に一秒の差まで計れるし、質量では一億分一kg、即ち三十六俵の米の内たった一粒の米が落ちても量れるということです。また長さ、重さ、時間、温度、体積、速さ、圧力、光度、電流と約七〇種計れる計量器もあるそうです。これは科学用のことで我々が毎日作る料理では一応、二〇〇ccのカップ、一五ccの大匙、五ccの小匙、三〇cmの物指、二kgの計《はかり》、温度計ぐらいは常備して的確に使い分けたいことです。

はぎやき〔萩焼〕

山口県萩市で作られる陶器の総称。萩焼きは桃山時代の文禄慶長の役後、毛利輝元が朝鮮の陶工を連れて帰り、城下松本村字中の地に住まわせたのが始まりで、御用窯としました。萩の七化けといいますが、それは使っている内にシミがでておもしろい変化、即ち景色を見せてくれるからです。主に抹茶用品が多く、俗に一楽二萩三唐津といわれるように抹茶茶碗での代表です。しかしどうしたことか最近の作品には世人のよろこぶシミのでるものが少なく、何やらたよりなさを感じないでもありません。

はくぎん〔白銀〕

山口県、山陽線防府で作られる白い蒲鉾。

はくさい〔白菜〕

アブラナ科、原産は中国。日本への渡来は明治八年、清国より東京博物館へ出品されたのに始まります。現在では各地に栽培され、漬物、煮物、鍋物に重宝な材料となっています。これを二つに切って一日日光を当て、塩と唐辛子で漬けたり、米ぬかを使って漬物にいたします。一寸古くなり酸味をもったのも良いものです。ある人は白菜を左のようにたとえています。白菜の根の方の真白いお尻は少女のそれのようだと、上の方のチヂレ葉は清らかで愛らしく、若い女性が始めてかけたパーマの頭髪のようだと、新鮮な感じをたたえています。

はくさんかたどうふ〔白山堅豆腐〕

石川県白山山麓で作られる豆腐。縄《なわ》で縛って持てるほどの固さで、揚げて煮物や汁の実に適します。

はくじ〔白磁〕

純白の磁器。素土が白色、釉薬《うわぐすり》は無色透明で見るからに清楚な焼物。六朝時代中国の江西省で焼き始められたものです。刻模様、浮刻模様のものもあって、何を盛っても料理が引き立ちます。中国から渡って来たのを白磁南京と呼びます。我国では九州へ渡って来た朝鮮の陶工が有田に白磁によい陶鉱を発見し、江戸時代、元和二年に焼いたのが最初だといわれます。

はくせっこう〔白雪糕〕

唐菓子の一種。ウルチ米とモチ米を精製して粉にし、白砂糖、ヤマト芋、蓮の実の粉を混ぜ、蒸して好みの型に打ち抜き乾燥させたもの。白雪糕は落雁に比べ、色も白く粉が細かいため舌ざわりがなめらかで、口の中に入れると舌の上で消えるほどです。

ばくだい〔莫大〕

中国四川省産、白樹の実。乾燥したものが輸入されていますので、ぬるま湯に浸してもどし、皮種を取り去り使います。莫大に良いことなどの縁起をかつぎ、御祝い料理のさしみの妻《ツマ》、鮓、酢の物のあしらい、一口椀の種《たね》に使います。莫大海と書く場合もありますが、海のように広く大きくと言う意を含めての言葉です。

ばくちじる〔博打汁〕

豆腐を賽の目に切り菜を加えて煮た汁。上方言葉、名古屋ではちょぼいち汁。

はくらん〔白らん〕

白菜とキャベツを掛け合わせたもの。ハクは白菜のハク、ランはキャベツのカンランの異称により、この二種を合わせて名付けたもの。現在この種の野菜が出廻っています。

はくりきこ〔薄力粉〕

主として軟質小麦から製された小麦粉でグルテンの量の一番少ない粉。グルテン即ちネバリが少ないので天プラの衣に多く使います。

はけ〔刷毛・刷子〕

毛を平たくまとめて木やプラスチックの柄につけたもの。料理では雲丹焼や黄身焼、鮨のテリ付けなどの場合に使います。求めるなら絵を書く時に使う上等のがよろしい。きれいに仕上ります。使ったあとはよく洗っておくことです。

はこずし〔箱鮨〕

鮨わくに鮨飯を詰め、その上に具をのせて押して切ったもの。田舎のお祭りなどによく作りますが大阪鮨といって角麩、推茸、目白、高野豆腐など具に使って作ったものもあります。

はこべ〔蘩蔞〕

ナデシコ科。越年生草木。春の七草の一つ、山野路傍に自生します。七草粥に使うは言うにおよばず、和え物、汁の実にも使います。

はごろもわん〔羽衣椀〕

おこぜの鰭《ひれ》で作った吸物。虎魚《おこぜ》は鰭が大きく、浮遊する時ひれを広げているさまが、天の羽衣に似ているところからこの名があります。虎魚は顔かたちが悪く、たとえに人が怒っているさまをおこぜの顔のようだといわれますが、それに似ず、大変美味しい魚です。料理では、洗い、からあげ、トチ煮、スッポン仕立椀、皮、肝とも美味しく捨てるところのない魚です。若し実際に羽衣椀を作るならばカマ即ち鰭の付根をつけて、皮、肝ともさっと熱湯を通して下さい。あしらいに笹がき牛蒡がよく合います。

はざしじる

鯨の脂身で作った味噌汁。鯨のモリを打つ漁師を、はざしと呼び、その人々が好んで食べたのでこの名があります。塩漬けの鯨の脂身を二㎝ぐらいの色紙状に切り、熱湯をかけて灰抜きをして、人参、牛蒡、大根、豆腐を具にして作った赤味噌汁、薬味に高菜のみじん切りを使うと一層美味しい。

はし〔箸〕

一口に箸といっても種々あって、これを適所に使用してこそ本格的に料理を盛り付けたり、客をもてなすことになります。従って箸は料理に付随して大切なものです。他国では大方匙を多く使いますが、わが国ではもっぱら箸でものを食べます。箸を使わない以前は匙ようの物であったかも知れません。箸での古い話は、高天《たかま》が原を追い出された素盞鳴尊《すさのおのみこと》が、出雲の樋河で川上から流れてきた箸や椀を見て、川上に人の住んでいることを知ったという古事記の話がよく引用されます。

中国では殷《いん》王朝末期、殷墟から発掘された青銅の箸が最も古いといわれます。青銅の箸は儀礼用のものであろうということです。一般に使うように普及したのは漢の時代、我国の三世紀の頃、日本の状況を伝えた魏志倭人伝に、食欲には籩《へん》豆《とう》を用い手にても食うとあるそうです。日本人が箸だけで食べるようになったのは、一つには食器によるところも多く、配膳法、美意識、文化問題が根深くからんでいます。古くは箸は物を次へ渡すので橋だとの記もあり、尚また鳥のクチバシのハシだともいい、昔は今のピンセットの様なものであったともいわれます。秋山先生は、大嘗祭の儀の箸は、一尺一寸（三三・五㎝）の一節のを割って先を細くして折曲げ、苧《たかむら》で括ってピンセット様の物を使うと申されています。なお箸は古来種々のもので作られています。足利時代の武家の一部では、金の箸を使ったことが古書で知られます。金、銀、白銅、銅、鉄その他、牙、象牙なども使用しています。鎌倉時代の質素に引きかえ、足利時代の贅沢な世を迎えて金の箸を使ったのも当然といえましょう。江戸時代に入り、民間でも金や象牙の箸が使われるようになりました。しかし何といってもはっきり箸の使い分けをするようになったのは、豊公において茶が盛んになり、加えて利休が出て茶懐石を促すようになって箸の使い分けもはっきりしました。古きを尋ね、箸のくさぐさを書けばかぎりなくなります。そこで実際の使用途を参考まで図で示して見ました。なお金物、竹、象牙などの箸は相手の器物を損することがありますのであまり菓子鉢には使用しません。無難なのは、杉柾の箸、黒文字の箸です。使用する場合は何れの箸も先に水に浸しておき、水みずしいのを使います。

神前用　杉・一尺二寸36cm　差し口二分五厘8mm

盛付箸　上が木・下が金　大小あります

取り箸　竹・八寸24cm厚さ一分3mm巾3分1cm

は

柳　箸　柳・正月用

青竹箸　このところより極く薄く皮をみがく

大久保箸　杉柾・八寸五分2・5cm懐石用

利久箸　杉・七寸五分22・5cm

焼物箸　青竹・九寸三分28cm

ようじ箸　杉柾・六寸五分20cm　杯洗用香の物または小鉢の取り箸に使います

菓子箸　黒もじ・七寸21㎝　これより短いのを御菓子銘々皿に使います

塗り箸　青竹・大小あり添える器にて好みに作ります。

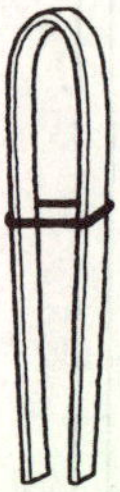

青竹を曲げて竿でゆわえた取り箸

その他、うどんには太い箸、お盆には麻がらの箸、南天の箸、割箸などがあります。

はしあらい〔箸洗〕

またの名を一口椀、懐石の終り頃に出します。即ち箸を洗う、口を清めるところからこの名があります。

はじかみ〔辛薑〕

端《はし》からかんで食べるからこの名があります。また薄紅色で恥らしいのに通じるとも言われます。俗に言う酢取生姜は、生姜を酢に入れてさっと茹で、水に取って冷し、三杯酢又は赤梅酢に、先だけ漬けて筆生姜にして使います。

『古事記』の神武天皇のお歌に「みつ〱し久米の子らが垣もとに、植ゑしはじかみ口ひびく」とあるのは山椒と解せられていますが、後には山椒と生姜とを併称し、今では生姜の名となったといい伝わります。

はしかみがき〔箸紙書〕

お正月には箸包み紙に墨黒々と銘々の名前をかくのが本格です。御客様には書きたての墨のかわいていないのを出すのも御馳走の一つです。けれども今日ではこの慣わしもなくなって淋しいことです。

はじき〔土師器〕

弥生式土器に続いて、古墳時代から平安時代ごろまでに作られた赤色素焼きの土器の総称、現在のカワラケの前身です。器形には、碗、杯、高杯、壺などがあり、昔は食べ物を盛るのにこの土器が用いられていました。

はしござけ〔梯子酒〕

酒飲みが何軒も場所を変えて酒を飲み歩くこと。一段ずつ上るという意味からの言葉です。梯子酒の味を知らぬ人は、あんなむだはやめておけばよいのにと思う人が多いことでしょう。しかし酒飲みはこの梯子酒を飲んでこそ始めて、酒は心のうさばらしと本当の酒のよさを知るものです。

はじそ〔葉紫蘇〕

紫蘇の葉のこと。これには青・紅の二種あり、何れもさしみの妻《ツマ》、揚げもの、吸口、薬味などに使います。揚げる場合は低温がよろしい、高温ですと色が悪くなります。

はしつけ〔箸付〕

料理を食べる時一番先に食べますからこの名があります。尚また箸染めともいいます。前菜、突出しと同じことです。

はしのしゅるい〔箸の種類〕

箸の種類も沢山ありますが、それぞれ適所に使用せなければなりません。

小利休　吸物膳用。
中利休　時通用。
大利休　懐石用。
竹　箸　（すす竹、青竹、みがき竹、胡麻竹）中節焼物用。両ごけ八寸用。切節取り箸。節無取り箸。
杉　箸　揚子箸盃洗用。取り箸用。
くろもじ　菓子箸用。
香　箸　香道用。
南天箸　正月用。
黒檀箸　菓子箸用。食事用。
紫檀箸　菓子箸用。食事用。
俎　箸　大は庖丁式。小は盛付箸。
胡桃箸　食事用。
櫟《いちい》箸　〃。
塗　箸　〃。応量器食用。
象牙箸　〃。菓子箸。
牙　箸　菓子箸。食事用。
神前用箸　神事用。
呪《まじかむ》箸　箸呪用。四角ようで元が太く先の細いもの。材は鉄刀木《たがやさん》。
枝　箸　木の枝で作ったもの。食事用。
柳　箸　正月用。

弥生時代は少し細く、奈良時代は少し太いと古書に書かれています。

はしばみ〔榛〕

カバノキ科の落葉低木。山野に自生し、高さ五mにもなります。果実はナッツとして食用にされます。晩春枝先に黄褐色の小さい雄花が穂状に咲き、雌花は穂状についた雄花の先に小数、つとに包まれています。果実は四角で、二枚の葉状のものに包まれていて大きさは直径一・五cmくらいで堅いもの、十月頃熟し食用にします。

ばしょうかじき〔芭蕉梶木〕

マカジキ科の魚。背ビレが広く、丁度帆を張った形をしています。体長二・五mにもなります。群を作って泳ぐことが多く、紫青色の背ビレを海面に広げるとびょうぶを立てたようだといわれます。本州の沿岸沖にもみられますが九州近海に多く、肉色はマカジキより濃い赤色をしていて脂肪は少ない方です。刺身、照焼きなどの料理によく使います。

はしら〔柱〕

貝柱の略称。貝柱には、バカガイ、トリガイ、ハマグリ、シンジュガイがあり、大さい物にはホタテガイ、タイラギ、ホッキその他があり刺身、酢の物、焼物、椀種、揚物に使います。小さい物はかき揚げ、和え物、粕漬けと料理の仕方は沢山あります。

はしらもち〔柱餅〕

江戸時代の長崎の風習。年末の餅つきの折、最後の一臼をつきあげ、そのまま延命袋の形にして大黒柱に打ちつけておき自然に落ちるのを待って焼いて食べたのがもとです。その後は正月十五日の行事、左義長（かざり焼）の火で焼いて食べるのが習わしとなっています。

はしりいもち〔走井餅〕

大津大谷あたりは名水の出る井戸があって、走り井という如く湧き出る水量が多く、それが走っているようである。その辺りに茶店があり、餅を売って旅人を憩わせたのでこの名があります。現在でも走り井餅の本舗があります。

はしりもの〔走物〕

初物のこと。例えば十二月に、筍、ふきなど。

はす〔鰣〕

コイ科の魚。琵琶湖およびその周辺の川の特産です。オイカワによく似ていて体長三〇cmぐらいになり、体色は背側が青みをおびた黒褐色で腹側は白い、この魚は貪食性で、小鮎やモロコ、小ハヤなどの稚魚及び昆虫類を食べます。五月〜七月にかけてが産卵期で夏が美味しい魚です。彦根、京都の名産、細作りのさしみ、照焼き、からあげなどが美味しく、特に酢の物料理があげられます。

はす〔蓮〕

ひつじぐさ科。多年生草本。原産は印度。花は薄紅と白の二種があります。花はお盆の供華に使うように七月中旬に咲きます。花は朝早く咲きますがその時、音をたてるといわれるので三度ほどそれを聞きに参りましたが、われわれのような凡夫には音を聞くことはできませんでした。蓮をハチスというのは実《み》の形が蜂《はち》の巣に似ているところからこの名があります。何はともあれ印度人の蓮への愛着は非常なのです。蓮の花咲く所を極楽浄土とし、仏も菩薩も座するところ蓮台で、ささげるもの蓮華、われわれもこうした図を見ているだけでも何やら仏心がおこりそうです。蓮根は土付きのを求め、皮のまま大切りにして酢を入れて柔らかく茹でますと格別な味があります。この蓮の渡来は奈良時代といわれ、古い先住民の遺跡から発見された実を蒔いたら先年見事に発芽してやがて花も咲いたといわれます。

現在蓮根の主要産地は、四国の徳島、愛知の津島地方、茨木や金沢にも良いのが産出されます。その内徳島が全国の七割も産出、面積五五〇〇ha、産出七七〇〇t、金額にして三億円にも及びます。この地の種類は備中から入ったもの故その名もずばりの備中の名称で、トンネル・ハウス作りとあるため年中出荷されています。その内七〇%が東京、三〇%が大阪へ出荷されます。一kgが地元で一〇〇〇円くらいのが、市販となると一kg二〇〇〇円くらいになります。勿論色が白く太いのが上物です。これを掘るのが大変な仕事です。そこで現在モミ殻をもやして灰にしてこれで作る研究が進められていますが、成長もよくやがてこれに代れば簡単に掘り出すことができ労力もはぶけます。料理では、芥子蓮根、煮物、酢煮、梅肉和え、味噌煮、魚天焼、つまみに蓮根煎餅、蓮根の穴へ挽肉を詰めて油焼きしてタレで食べたり、蓮根豆腐等と種々に調理されます。蓮の実は、若いのは生で食べたり、実が入れば茹でたり炒ったりして食べます。朝茶の一口椀の種《たね》にしても気がきいています。食べものとは違いますが、蓮根の大小の一部の穴を切り取って薯判のようにこれに染色をつけて、布に押して模様にするのも一つの趣考です。

はすいも〔蓮芋〕

天南星科《てんなんしょうか》。原産はジャワ、里芋と同じように暖地栽培が適しています。葉が蓮の葉に似ているからこの名があります。料理では茹でて青味に、浸し物、煮物などに使われます。淡白な一種特別な風味を賞します。漢方では乾燥したのを煎じて祛痰鎮痛の薬用としても使います。有名な肥後ズイキは、この葉柄を乾燥させて作ったものです。

はすのはめし〔蓮葉飯〕

飯の一種。飯は塩飯に炊き、蓮の巻葉をみじん切りにして、少し強めの塩茹でにして、飯と混ぜたもの。お盆の食べ物には最適です。蓮は仏への連想もあります。

はぜ〔粶・葩煎・米花・爆米〕

糯米を炒り、はぜさせたもの。色が白く花片のようなところから米花ともいいます。昔は元旦にこれをまいて祝いました。よくはぜれば吉、はぜなければ凶としました。蓬莱台にこれを敷くこともあり、関東地方ではこれに砂糖をかけて着色して雛祭に供えて「ひなあられ」といっています。ハゼは米のはぜたのですから糅の字を使うのが正しいともいわれています。

はぜ〔鯊・蝦虎魚〕

非常に種類の多いものです。世界中では六〇〇種類もあるといわれます。海産硬骨魚、普通には真《ま》はぜ、本はぜと呼ばれるものを多く料理に使います。旬《しゅん》は秋から早春、大きい物は塩焼きや刺身に、焼いて昆布巻、甘露煮、揚物種といろいろに使います。

パセリ

セリ科の二年草。原産はイタリア。日本に移入されたのは江戸時代の末期、文政年間といわれます。血液の浄化作用があるといわれ、昔ローマ人は、パセリの花輪を作り、食中毒の予防に用い珍重していたそうです。一坪の庭があれば種を蒔いておくと大変都合のよいものです。現在では洋野菜ではなく日本のものになってしまいました。

はた〔鰭〕

魚類の古名、ハタはヒレの意です。『古記』に、「はた煮物、はた挾物」とありますように、ヒレの広狭によって魚の大小を表現した意です。

はた〔羽太〕

ハタ科の硬骨魚。ハタ科の魚は非常に多いものです。スズキもこの科に属します。羽太は縞模様があり、暖海に住みます。夏より秋が季節です。刺身を第一として、塩焼、唐揚げ、煮浸し、酢蒸しなどに良い魚です。所により、マスとも呼びます。

はたたき〔刃叩〕

包丁の切れる方で細かくたたき切りにすること。鴨の骨、うずらの骨、身と共にくずし物にする時このようにして作ります。

はたばす〔畠蓮〕

オクラの別名。

はたはた〔鰰〕

奥羽地方の日本海に多く産します。季節は初冬からです。吹雪時に雷鳴があると急に浮び上って岸近くに群来するので雷神にちなんで、カミナリ魚ともいわれます。主産地秋田では、はたはたの鮓、塩漬けにした汁のショッツル汁も有名です。生では、魚天焼、フライ、塩焼、淡白な味を賞します。

はたもとがゆ〔旗本粥〕

塩味の白粥の真中へ卵の黄身を一個入れたものをいいます。即ち君を守るという意味からです。

はたもとぞうすい〔旗本雑炊〕

豆腐を四角に切り多く入れた雑炊。旗本八万騎に見立てた江戸時代行われた雑炊です。その他雑炊を器に入れ真中へ卵黄一個入れたのも旗本雑炊といいます。即ち君を守る意味です。

はち〔鉢〕

食器の一つ。口径はやや広く、深みのある容器。普通には料理や御菓子果物など盛ったり、うどんの小麦粉などねるネリ鉢があります。昔は別として現在では、陶器、磁器、銀器、ガラス器、塗物などがあり、型、絵付、用途もさまざまです。

はちがわり〔鉢代〕

日本料理では料理を進める順序として、吸物、刺身、口取、鉢肴と出します。鉢肴は大体焼物ですがその代わりに揚物、蒸物を出す場合もあります。その代わりに出すのでこの名があります。時により大きな鉢に一つ盛りとして進め、取り分けますので鉢肴の名があります。懐石では現在でも一つ盛りとして進めます。

はちく〔淡竹〕

竹の子料理に利用する竹の一種。マダケと同様中国が原産、呉竹《くれたけ》とも呼び、孟宗竹の終りの頃より筍が出はじめます。ある程度延びてからでも案外と柔らかく佳味で五月の節句の煮物にはかかせない一つです。それは、五月の節句は男の子の祝い故、破竹の勢いがあるようにと縁起をかついでのことです。ハチクは風邪やセキのため、のどがかれて声が出なくなった時、ハチクの葉一握り、黒豆八g、甘草四g、水六ℓを半量に煮詰め、その汁を一日分量として3回に分けて飲むとよろしい。

はちさかな〔鉢肴〕

現在は鉢肴といって銘々盛りにして焼肴などを出しますが本来は鉢に一つ盛りにして出して取り廻しにしたのでこの名があります。今でも懐石には一つ盛りとして出しますことはご存じの通りです。この場合焼物ともいいます。

はちに〔鉢煮〕

は

ねり鉢で煮るからこの名があります。ねり鉢とはうどんの粉をねる白い鉢。これには大中小とあり、この鉢で栗のふくめ煮、蛸の柔煮をいたします。少しの炭火で煮ますが、沸騰することなく柔らかく煮上ります。現在では炭火は望めませんので、ガスまたは電熱で煮ます。現在は瓶詰めの栗の甘煮になれて、あの硬いのが普通のようになっていますが、昔あれを出したらお客様に何といわれるか、笑いの種になったことでしょう。

はちのこ〔蜂の子〕

一名へぼ。山野の断崖の土中に空洞を掘り巣を作る土蜂の幼虫。学名は、クロスズメバチの幼虫。長野県伊那、飯田地方で好んで食べます。巣を発見すると穴の周囲でセルロイドを焚いてそれを巣の中へ送り込み、一応親蜂を窒息させその内に土を掘って土中の巣を取り出します。これを味醂醤油で炒ったり佃煮にしたり、飯に焚き込んで食べます。既に瓶詰、缶詰にして市販されています。然し土中ばかりでなく赤蜂といって木や家の軒に巣をつくるのもあります。愛知県地方では、へぼは小、赤蜂は中、大は四cmもあり、大木の切株の根に巣つくるものもあります。これにさされると三日くらい寝込むことはまれではないそうです。秋には二番巣といって同じ所に又巣を作るのでこれをおぼえておき更にとりに行きます。

はちはいどうふ〔八杯豆腐〕

豆腐を煮出し汁カップ四杯、醤油カップ二杯、酒カップ二杯、この八杯で煮てあんをかけて作るからこの名があります。豆腐は太いうどん状に切るのが普通です。なお豆腐一丁を八人取りにして作るから八杯豆腐という人もあります。薄くずにして、ねぎ、もみのりを薬味に使います。

はちまえ〔鉢前〕

器に盛った鉢肴である焼物の前にあしらうもの。鉢肴に調和するよう、千枚漬、酢取りうど、新生姜、胡瓜など。

はちみつ〔蜂蜜〕

ミツバチが草木の花の蜜を集め、それに唾液を混ぜて、その中に含まれているインベルターゼによって果糖とブドウ糖に分解したものです。蜜蜂はこれを冬期の食物として貯蔵するのですが、それを人間が採取して、蜂蜜として食します。甘味料として使用された歴史は古く、約一万年の昔アラニアの洞窟から蜜を採取している壁画が見つかっています。旧約聖書にも、乳と蜜の流れる国カナンの言葉がでてきますが、その他多くの遺跡の中に蜂蜜の使われていた証拠が見えます。蜂蜜は果糖を含むため甘く感じますが、甘味の強さは砂糖の約八〇%と思ってよいことでしょう。

蜂蜜は花が昆虫によって花粉交配をしてもらうために、その花特有の香りを放ち、昆虫を呼び、その代償として甘い蜜を昆虫に与えるものです。そのため蜂蜜には、花それぞれの異った香りがあり、色、匂が違っても自然そのままの甘味食品です。蜂蜜の栄養価の高いのはすでに御存じですが、花によって色、匂、濃度、糖度など全部違っていることはあまり知られていません。近代化学の進歩であらゆる食品がゆがめられた形で使用されていますが、蜂蜜こそ最高の自然食品です。栄養的に水分は鶏卵六五%、牛乳八七%、蜂蜜は僅か二〇%です。二〇%の残り八〇%がブドウ糖、果糖でエネルギー源となります。米や麦と違い蜂蜜はぶどう糖、果糖ですから直ちに血となり肉となる自然食です。この他ビタミンやミネラルを含んでいます。

種類では、れんげ草のを最高とし、蜜柑《みかん》、クローバー、菩提樹、高山植物などがあります。結晶しないと混ざり物があるように思われがちですが、そうとは限りません。菩提樹の蜂蜜は結晶いたしません。現在は輸入品も多く、濃度が高くて値段も半額程度というわけで、国産の脅威の一つとなっています。

蜂蜜を人間が食べるようになったのは紀元前二〇年頃といわれ、随分古くから保健食として珍重された歴史の古いものです。花の蜜はシュークロースといわれる蔗糖ですが、蜂の唾液の中の酵素で分解され蜂蜜となりますと果糖とブドウ糖に転化されます。蛋白質、酸類、酵素、ホルモン様の物質など四〇種類もの有効成分でなりたっています。従って天然の総合ビタミン剤といってよいことでしょう。近視、下痢、腸チフス、白血病を防ぎ疲労回復、幼児成長促進に役立つ未知の物質等も含まれていて、その上婦人の美肌を作るにも効があるといわれます。

はちむし〔鉢蒸〕

蒸し物料理の一つ。魚、野菜に味塩をして鉢に入れて蒸し、そば汁をかけて進める料理。

はちやがき〔蜂屋柿〕

渋柿の一種。美濃の蜂屋村で産出する柿。

はつうまりょうり〔初午料理〕

昔から初午に菜の芥子和えと鏡餅の焼いたのを食べれば一年中小遣に不自由せぬとのことわざがあります。関東北部には、しみつかりといって大根卸し、大豆、人参、鯨肉、木くらげと煮たものを食べる風習もあります。その他鮭の頭をだしにして揚げ豆腐、椎茸などと煮たものを食する習わしもあります。初午の日に食べるからこの名があります。

はっか〔薄荷〕

シソ科の多年草。茎は六〇～九〇㎝にもなり、枝を分け、葉は披針形またはだ円形で対生します。葉及び茎を蒸留してとったのがハッカ油です。香辛料として使います。ペパーミントは、ハッカの香りを付けたリキュール酒です。ハッカの香りは清涼感があり、わずかに用いるとよいものです。

はっかく〔八角〕

北海道の特産海魚。八角というのは頭が角ばって背や尾に羽根のような大きな鰭のある魚。姿で見たより案外美味な魚です。焼物、揚げものなどに向きます。

はつかだいこん〔二十日大根〕

アブラナ科の大根の一種。ラディッシュともいい、大根ではなくカブラに似ています。二十日余りで収穫するところからこの名があります。花形に庖丁して付け合わせに用います。

はつがつお〔初鰹〕

「目に青葉山ほととぎす初鰹」山口素堂の句ですが丁度その頃がはしりですからこの名があります。焼霜にして酢醤油をかけてたたき、作りにしてねぎ又はアサツキを妻《ツマ》に、香辛には溶き芥子を使うのが常識です。鰹は特別な香りをもっていますのでそれを消すために匂いの強い妻《ツマ》を使います。只今では遠くまで行って取りますから春早々から出廻りますが、まだ脂が少なく、旬はやはり初夏ということになります。其角は、「藤咲ひて鰹食ふ日をかぞへけり」といっています。よく、その季節をいいあらわしています。

はつがつお〔初松魚〕

和菓子の一種。外良《ういろう》と葛を合わせて薄紅に色つけして作ったもの。小口切りにすると、松魚の切り身のように縞目があって、淡白な風味を喜びます。季節菓子としてよいものです。最も有名なのは名古屋の美濃忠製。

はつしも〔初霜〕

和菓子の一種。長野下諏訪の名菓。冬の諏訪地方の農家の副業から生れたもの。大変軽く、腐敗のおそれのないもの。餅米をオモ湯のようにして、箱に流し、零下二〇度の外気で氷結させたもので、東北の凍餅に似た製法です。切り口は餅の結晶の層が霜柱のようで美しく、紅白の砂糖衣に包まれていて、淡白な珍菓です。

はっしょうまめ〔八升豆〕

マメ科のつる性の一年草。暖地に栽培される。別名をテンジク豆、オシャラク豆ともいいます。八丈島から伝来したというので八丈豆の名もあり、一本のつるから八升もとれるところからこの名があります。秋に黒紫色の三～四㎝ぐらいの花をつけ、種子は薄い炭色で一さやに五～六個の実がなります。皮は堅いが味がよいのでよく煮て食します。

はっすん〔八寸〕

広島県下の農村の祝儀料理に、里芋、人蔘、牛蒡、蓮根、椎茸、その他季節の松茸、竹の子、海老、魚の切身などを煮て八寸程の大平又は皿に盛って出す風習があります。懐石の八寸のように八寸の器に盛って出すのでこの名があります。

はっすん〔八寸〕

奈良の食初膳《くいぞめぜん》、八寸四方（約二八cm）の杉柾のを使いますのでこの名があります。名付けは利休と豊公だといわれます。普通には懐石に使われますが現在では会席料理にも使います。杉柾ばかりではなく、焼物、塗物、形も丸、長方形のものを種々使います。然し一人盛りの場合にも、よこ八寸の文字を見受けますが、これは一寸違法のように思います。何人分かを一つ盛りにして出す場合は、八寸といってもよいでしょう。口定式の八寸は表がヘギ目で、縁の角が丸形で、桜の皮のトジ目があります。そのトジ目がいろいろの所にありますので右下に図解してみます。

トジ目が四ケ所のは精進料理用です。他の三種は普通に使用しますが、トジ目の数の多い方を向うにして使います。

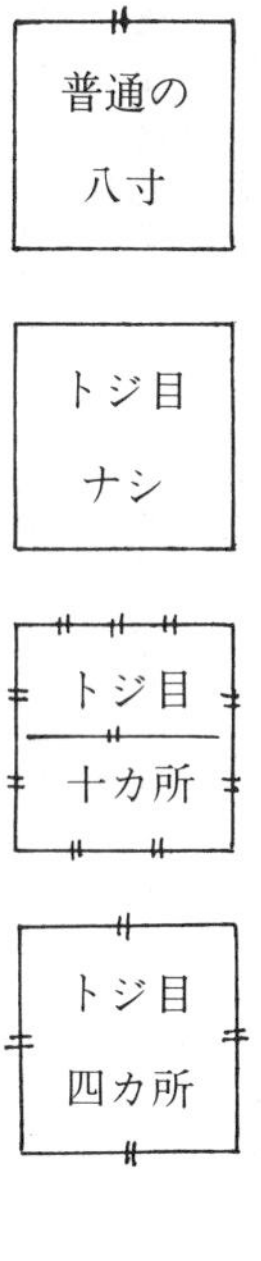

はっそく〔八足〕

神前に物を供える白木造りの台。足が四本ずつ両方に付いているので八足または、やつあしといいます。

はったい〔麨〕

臼で砕《くだ》く、の意。大麦を炒って粉に挽いたもの。麦炒粉、むぎこがしのことです。季節即ち新麦の採れた頃には挽いたのが売られています。砂糖と塩《しお》で味を付け、そのまま食べたり、水や湯でといても食べます。これを混ぜた麦落雁は夏の番茶代りに塩湯にうかせて飲むのもよいものです。

はつたけ〔初茸〕

キノコ類の初めに出る茸。湿地の草の根に九月の終りごろから出ます。愛知県地方では赤色のをアカハチ、青色のをアオハチといいます。傘の直径五、六cm、虫のいる場合がありますので塩水にしばらく漬けておいてから洗います。豆腐との清汁、味噌汁種、焚込みご飯、郷愁をそそる秋の食べ物です。

はっちょうみそ〔八丁味噌〕

愛知県岡崎で生産されるの豆味噌、三年越しのを良しとします。味噌料理にはかかせない一つです。岡崎の八丁、早川製が有名です。

はっちん〔八珍〕

中華料理の豪華な献立、八種の珍味を中心として羅列する意。

はっとじる〔法度汁〕

すいとんの一種。栃木県の郷土料理。里芋、干椎茸、大根、人蔘など水煮して味噌を加えて味を調え、小麦粉を温湯でねって、その中へ少しずつ落し入れ、最後にねぎを入れて仕上げたもの。

バッテラ

ポルトガル語、短艇の意。鯖の鮨のことですが、この名は明治二十七年頃大阪でツナシ(コノシロの小さいもの)が沢山とれたので、これを鮓常という家が二枚に卸して鮓の種にしました。その形が尾がピンと張っていてボートに姿が似ているのでお客様がバッテラと名付けたのに始まるといわれます。バッテラとは小さい舟の名です。しかしツナシが高価になったので鯖に変ったのが今日の大阪バッテラで、元はツナシであったようです。

はつねなます〔初音鱠〕

昔の料理の一つ。『風呂記』に「鶯のはつねなますといふは節分の夜のものなり、鮎にてしたにむるものなり、播敷は芹の葉なり」とあるといわれます。年越しのアユは『土佐日記』にもあるごとく、塩蔵の押アユであったことでしょう。

はっぽうだし〔八方出し〕

四方八方に使えるからこの名があります。濃い煮出し汁カップ四杯、味醂半カップ、薄口醤油半カップ、合わせて一度煮立てて作ります。

はつもの〔初物〕

走り物ともいいます。季節の初めに出廻る野菜、穀物、魚、果実など。季節の食べ物を初めて口にするよろこびは昔から同じです。初物を食べれば七十五日長生きするとの言葉もあるくらいです。何れにしても初物を食べるよろこびは、味の他に何かを感じるものがあります。

はつものしてんのう〔初物四天王〕

初物を賞味する代表の四つのことをいいます。即ち初鰹、初鮭、初茄子、初茸、『里家夜位太平栄』という小説にこの四品が書かれているそうです。この初物を食べれば七十五日長生きをするという言い伝えがあります。それは昔も今も変わりないようです。

はつもの七十五にちえんめい〔初物七十五日延命〕

初物を食べると七十五日長生きをするといわれますが、珍らしいというよろこびの他、生あるものはこれから大きくなる、即ち成長する何かの成分が、多分に含まれていて実際に、長生きにつながる効果があるのかも知れません。これ等にもわれわれは研究の余地を残しています。

はと〔鳩〕

鳩鴿科の野鳥。鳩は世界中いたるところにおり種類も多く、世界には三〇〇種類、日本だけでも数十種類います。しかし食用にするのは主に山に住む山鳩です。羽根がきじに似ているので雉子鳩ともいいます。冬の寒空に聞える山鳩の声はさびしいが味は最高です。焼き鳥を第一とし、フライ、菜とのすきやきは昔からカッケの妙薬として食しています。南方に住むドドという種類も大変美味しいと聞き及びます。

はとうがらし〔葉唐辛子〕

未熟なトウガラシの葉のこと。佃煮や炒め物にして食用にします。佃煮の場合、一度塩漬けにしてから水洗いして、醬油砂糖で煮詰めて作ります。葉唐辛子には、野菜としてのタンパク質に富み、カロチン、ビタミンCも豊富に含まれています。

はとちゃ〔鳩茶〕

ハトムギを原料とした茶のこと。古くから血圧、動脈硬化、リウマチ、咳止め、健胃、食欲増進によいといわれ、また長寿の薬ともいわれています。飲み方は麦茶と同様です。ちょっと砂糖を用いれば小児でもよろこんで飲みます。

はとむぎ〔鳩麦〕

インド、マレー地方の原産。トウムギやジュズダマと同種のもの。わが国には享保時代に伝わって来ていますがおもに薬用です。薬効としては、血圧昂進、動脈硬化、疾患に適応し、漢方では利尿、強壮剤として古くから知られています。現在は薬用以外にはあまり栽培されていません。食べ方としては、精白して米と共に焚くか、団子、せんべいなど、はと茶としての利用は多いものです。

ハトロンし〔ハトロン紙〕

硫酸パルプなどで作った茶色の引けの強い紙。クラフト紙の一種。料理に使う場合、繊維が強くこげにくいうえに、天板の熱が直接材料に伝わってこげるのを防ぐ効果があるため、天板に敷く紙としてよく使います。料理ではこの紙に油をぬり、材料を包んで天火で焼けば、紙がわずかにこげる程度で中の材料が焼熟するので包焼きの材料に使います。その他絞り出しの袋としても用います。

はなあげ〔花揚げ〕

揚物料理の一種。揚物の衣が花の咲いたように仕上がるからこの名があります。油の鍋をかたむけて、衣を薄めにとき、材料に付けて油のすくないところへ入れ、油の多い方へ送り、その上へ衣を更にかけてきれいに揚げます。これは一寸技術が必要です。

はないか〔花烏賊〕

桜の花時に獲れるいか、産卵のため近海にきます。従ってその頃が一番美味しく然も多く獲れます。さしみ、焼きもの、和え物といろいろの材料に使われます。

はないかだ〔花筏〕

山野に自生する落葉低木。わが国の特産物。五月頃、葉のまん中に淡緑色の小さい花が咲き、葉は枝先に集り、卵形か楕円形をしています。若葉を茹でて浸し物、または菜飯風の材料に用います。果実は熟すると黒くなりますが食べることもできます。

はなうど〔花独活〕

うど料理の一つ。うどの太いのを三cmほどに切り、一・五cmほど縦横に庖丁目を入れて酢を入れた塩水につけてのち、三杯酢に漬けて切り目の部を花形にしてあしらいものに、またはアヤメや茗荷の花形に庖丁をして刺身や酢の物の妻にして用います。

はなおりこんぶ〔花折昆布〕

乾燥昆布の縛り方の名称。昆布の端を折り曲げて縛ったものをこのように呼びます。おもに利尻昆布に用いられます。

はながたぎり〔花形切り〕

野菜など花形に切る名称。梅、桜、菊、桃、桔梗、なでしこ、あやめ、等々いろいろの切り方があります。材料は人参、大根、くわい、長芋、海老芋、竹の子、ラディッシュ、等。用途は煮物、椀種、酢の物、刺身の妻、焼物、口代わりなどのあしらい。現在は抜き形がありついこれを利用します。

はなかつお〔花鰹〕

削り節の一種。かつお節を薄くけずったもの。煮出し用に使います。買うときに気を付けたいことは、わずかでもピンク色のある物がよろしい。それはけずってから日が過ぎていないので味がよいからです。けずり節にはＪＡＳと日本農林規格のマークがついています。厳密にいえば鰹だけで作っただけのものにかぎり、花鰹の名称が認められています。けずり節には、鯖、いわし、あじなどがありますが、それぞれ材料を表示することになっています。これらの削り節を使うにあたり適所に使いたいことです。例えば吸物や椀盛の煮出し、鰹煮などは鰹がよく、麺類の煮出しにはアジ、サバがよく、味噌汁の煮出しには雑種のが向きます。特に味噌汁にはコクのある煮出しでないと美味しくありません。従って料理業者では普通の煮出しに追鰹《おいがつお》といって、更に鰹を加えて仕上げます。

はなごろも〔花衣〕

和菓子の一種。薄紅と白の餅皮二枚重ねて白の漉し餡を包み、二つまたは四つ折にしたもの。時には四方より包むこともあります。春らしい風情の菓子です。肌柔らかく口当りもよいものです。

はなさんしょう〔花山椒〕

さんしょうの花の生のものは吸口に、瓶詰のは付け合わせに使います。何れも香りを賞します。

はなしょうぶ〔花菖蒲〕

干菓子の一種。菖蒲は尚武または勝武に通じるところから、端午の節句に一役かいます。軒端のよもぎと共に厄除けとして飾られます。この花菖蒲を図案化して打物で作ったのが干菓子の花菖蒲です。

はなな〔花菜〕

アブラナの花。蕾のふくらみかけたものを生では刺身の妻《ツマ》、時にはかいしき、茹でて椀盛、吸物の種、浸し物、からし和え、塩漬けにした菜の花漬けなどにして用います。

バナナのてんぷら〔バナナの天浮羅〕

バナナの皮を剝ぎ、すこし濃めの衣をかきつけて揚げたもの。天浮羅のあしらいにもよく、むしろ御菓子代わりにもよいものです。シンガポールなどの露天で揚げて売る店をよく見られるといわれます。

はなのたべかた〔花の食べ方〕

四季折々の花を天浮羅や和物、汁の実、刺身や酢の物、花酒、塩漬と多く使われています。花を食べようと題する本まで出版され更に多くの人が食べるようになりました。料理に一寸添えることによって季節も味わえます。花は何れも苦味をもっていますから茹でる時には酢を入れます。原色をそこなわず苦味もとれます。一般に食べるものは、菊の花、牡丹、南瓜、蓮、藤の花、さくら、蘭、山椒、くづ、茄子、スミレ、胡瓜の花、サフラン。たんぽぽは乳房未発育、生理不順、胃弱、冷え症、等々婦人の美容健康に役立つことなど書かれた本さえ出版されています。

はなびらもち〔花弁餅〕

皇室の正月行事用の餅。餅をアミ傘ようにして、その中へ白みそをピンク色に着色したものと、牛蒡を細く切って煮たものを二本ほど入れて二つに折り重ねたもの。これに習い正月の御菓子や料理では蒲鉾でこの形を作り口取りに使います。椀種には餅の代わりに糝薯身を用い、白味噌の代わりに海老のくずし身を使ってこれを作り使います。お正月らしいものです。

はなまき〔花巻〕

かけそばやうどんに汁をかけ、焼きのりをもんでかけたもの。

はなまきそば〔花巻蕎麦〕

そばを温め、そば汁を火にかけ卵を割りほぐして流し入れ、それをそばにかけてもみのりをかけたもの。

はなまる〔花丸〕

花の付いている三～四cmくらいの胡瓜のこと。刺身の妻に多く使います。時には口代わりに取り合せるのも良いことです。

はなみざとう〔花見砂糖〕

ザラメ糖のこと。

はなみだんご〔花見団子〕

上新粉一三〇g、砂糖一〇〇g、うき粉か片栗粉大匙一杯、塩少々、湯一六〇cc、以上を混ぜて五分間むしてボールに取り、色付けして団子に作り、串を打って八分間むして仕上げます。

はなやさい〔花野菜〕

キャベツの一種、ヨーロッパが原産です。食べるところ全体が花なのでこの名があります。我国へは明治初年に渡来してきたものです。茹でる時酢を少し入れて茹でると白く茹だります。煮てもよし、三杯酢にしてあしらいによし、漬物和え物にと種々使うことができます。

はなゆず〔花柚子〕

柚子の花のつぼみのこと。花は五、六月頃咲きます。

はならっきょう〔花棘薑〕

このらっきょうは福井県三里浜が有名。日本のらっきょうの六〇%が生産されています。花棘薑とは花の色が赤紫できれいであるからです。普通では二年で掘り出されますが、ここのは三年栽培なので小粒で歯切れの良いのが特色です。この処理工場は立派で、一応塩漬けにしてのち加工、瓶詰や缶詰にされます。

ばにく〔馬肉〕

馬の肉のこと。別名サクラ肉、ケトバシ。下等肉として扱われていますが、昔は学生に人気があったものです。さくら肉の語源は肉の色がサクラ色であるとか、「咲いた桜になぜ駒つなぐ、」の俚謡（はやりうた）からだとかいわれています。

肉は初めサクラ色でしばらくすると暗黒色になり、牛肉と変わらない色になります。これは、肉中のミオグロビン含量が多いため濃厚な色になるのです。グリコーゲンの量も他の肉に比べて多量に含み、特有の甘味を持っています。その量は牛肉の二〜三倍といわれ、グリコーゲン含量が多いため、煮るとあわ立つこともあります。タンパク質は獣肉中最大の含有量。料理では長時間煮込むものに向きます。値段が牛肉より安いので牛肉の代用とされ、缶詰には必ずといっていいほど入っています。ハム、ソーセージの材料にもよく用いられます。すきやき、馬さし、長野の東北ではよく刺身で食べますがあっさりしていてよいものです。

現在食肉として、ブルトン、ペルシロン種が飼育され、一頭で八〇〇kgから一tにもなる大型で、肉質も良く、鞍下など特に賞味されます。馬刺には生姜醬油がよく合います。

ははこぐさ〔母子草・鼠麴草〕

キク科の二年草。春の七草の一つの御形《ゴギョウ》、オギョウともいい、別名をモチヨモギといいます。昔は七草粥や雑煮にも用いたものです。『文徳実録』に「田野に草あり、俗に母子草と名づく、二月始め茎葉を生じ、三月三日婦女これを採って蒸し擣いて以て餅となす。伝へて歳事となる。」とあって雛祭りの草餅に用いたことが明らかに知られます。アク水で茹でてよく水で晒し、草餅、浸し物、春の糝薯《しんじょ》の香りつけなどに使います。花を塩干しにして煎じて飲むと喘息の薬にもなるといわれます。

ばばのり〔羽葉海苔・幅海苔〕

褐藻類の一種。太平洋岸では宮城県の金華山から、日本海方面では佐渡から南西の海域や朝鮮南岸、沖縄あたりまで分布しています。色は黄褐色、形は葉状、短い柄に数個ずつ束になって葉が生えています。冬から春にかけて生育し、香りが強く、酢の物、汁の実に使い、乾燥したのはワカメの代用品としても用います。

ばばのり

ばば海苔は海藻にもありますが、ここに書くのは植物、はしばみの実、小さい栗のような形をしているもの。それを割って南京豆のような実を取り出し、この実を炒って砂糖蜜をからめるように煮て使います。素朴な味を楽しみます。懐石の一口椀の種にもよろしい。

はぶたえだんご〔羽二重団子〕

根岸の名物団子。焼き団子と晒しあんでくるんだのと二種あり、団子の粉がこまかく挽かれてあるので、羽二重の名にふさわしく、柔らかで歯切れがよく美味しいものです。子規は、「芋坂もだんごも月もゆかりかな」と詠しています。

はぶたえごし〔羽二重漉〕

二度裏漉しをすること。材料が如何にもなめらかで羽二重織のようになるのでこの名があります。糝薯《しんじょ》を作る場合、卵の茹でたものなどによくする仕事です。

はぶたえもち〔羽二重餅〕

餅菓子の一種。福井市の名菓。餅米粉と砂糖を合せて求肥にねり上げ、厚さ三㎜ぐらいにのばして冷し固め、長さ六㎝ぐらいの短冊形に切ったもの。淡白な味となめらかな舌ざわりがよく、時がたってもかたくならないのが特徴です。

はぶちゃ〔波布茶〕

エビソウの種子を使った茶。エビソウは豆科の一年草、北アメリカが原産、江戸時代薬草として移入されたものです。昔は決明子《けつめいし》と名づけ、これを飲むと目がよくなるといわれ、胃腸を整え、利尿をうながす効があるともいわれます。表面がこげる程度炒って茶の代用に使います。

はまあざみ〔浜薊〕

キク科の多年草。海岸の砂地に生えるアザミの一種。根は深く砂の中にはいり、茎は根もとから分かれ、全長三〇〜六〇㎝ぐらいになります。葉は厚く羽状にきざまれ、葉先は鋭いとげがあります。夏から秋にかけて紅紫色の筒状の花が咲きます。根は香味があり食用になります。ハマゴボウともいわれ、本州の中部から南西、四国、九州に分布しています。

はまぐり〔蛤〕

栗に似ているからこの名があります。即ち浜の栗の意。さて婚礼の祝い肴に蛤の吸物を使うのは、倹約政策《せいさく》の八代将軍吉宗が婚礼には蛤の吸物を使えとおふれを出されたからともいわれます。それよりも二枚貝は違った貝とは決して合わないので、二夫に使えることの無いようにとの教えとも考えられます。料理では焼蛤、酒蒸、うしお汁、身にして揚物、村雨煮、和え物等に使います。

蛤も内地産ばかりでは不足勝ちですから、朝鮮から多く輸入されています。国産蛤は内洋性、朝鮮のは外洋性、従って朝鮮のは貝殻が厚く、身も硬く味も劣ります。碁石になるのはこの貝です。現在茨城県鹿島灘で朝鮮の稚貝を取り寄せ、養殖に力を入れています。

はまだい〔浜鯛〕

タルミ科の熱帯性の海魚。別名フエダイ科。南日本の深海でとれます。東京や八丈島ではオナガ、高知でヘエジ、沖縄でアカマチ。体の背が鮮紅で、側線から下の方は急に淡く、銀白の光沢をしています。尾ビレの両端がのびているのでオナガの名もあります。肉は白く、さしみ、塩焼き、蒸し料理、揚げ物などに向きます。

はまち〔魬〕

ぶりの若い魚。現在では養殖が盛んになって新鮮なのが手に入り易いので幸いです。さしみ、照焼、鮨種に多く使われます。

はまな〔浜菜〕

イソマツ科の多年草。海辺の砂地に自生し、形がツルナに似ているのでツルナと共にハマヂシャと呼ばれています。葉形は卵形、多肉で粘液質です。汁の実や茹でて和え物に用います。常食すると胃癌の予防によいといわれます。夏から秋にかけて小さい花をつけますが、ツルナは黄色であり、ハマナはすこし紫色をおびているので区別ができます。

はまなし〔浜梨〕

バラ科の落葉低木。関東以北の海浜砂地に自生します。通称ハマナスといい、枝に針状のトゲが密生し、葉は羽状複雑で、小葉は楕円形。紅または白い大形の単弁の花をつけます。花は芳香があって、実は扁円のやや大形のナシによく似ていて、晩秋に熟し、甘味に富むので菓子の羊羹に加工されます。

はまなっとう〔浜納豆〕

みそ納豆の一つ。遠州浜名湖の名産、浜名納豆と呼ばれたのが略されて浜納豆といわれます。大根卸と混ぜて二杯酢、茶漬けにしても良いものです。

はまなべ〔蛤鍋〕

鍋料理の一つ。蛤は一晩塩水につけて砂をはかせてよく洗って使用します。具には白菜、長ねぎ、生椎茸、豆腐、新春や三ツ葉など適当に切ります。かつおと昆布で取った煮出し汁カップ五杯、食塩小匙二・五杯を土鍋に入れて火にかけ、沸騰したら具を入れ、更に沸騰したら蛤を入れて蛤の口が開いたところで食べます。貝類はあまり煮すぎないのが美味しく食べるコツです。そして貝類の鍋の味は醬油より塩味の方が向きます。

はまぼうふ〔浜防風〕

自然生のものは浜の砂地に自生しますが、刺身の妻《ツマ》に使うのは栽培されるものです。繖形《さんけい》科の多年草で山野にも自生します。漢方薬にも用いられ根を煎じて飲めば感冒、頭痛、発汗の効があるといわれます。

はまやき〔浜焼〕

獲りたての魚を浜辺で焼く漁師料理。瀬戸内海岸ではこれに習い、塩を作る時の釜へ魚を入れて蒸し焼きにしたものです。現在竹の皮のアシ傘に鯛の浜焼を入れて売られていますが、電気釜で焼くとかで味気ないものになってしまいました。これを求めたら蒸し直して二杯酢で食べます。

ハム

ブタを塩漬けにしたのち、燻煙《くんえん》したもの。ハムとはブタのモモ肉のことです。然し一般にはブタ肉を塩漬けにして燻煙した加工品をさしていいます。ヨーロッパでは数千年も前から自然に処理加工されたものです。このハムの種類は沢山あり、適所に用いたいことです。

はも〔鱧〕

ハモ科の魚。はもは、噛《は》む、食むが語源だといわれますように、鋭い歯をもっていて、海のギャングといわれるように手当り次第噛みつき食べてしまいます。歯が内側に向いているので一度噛めば絶対に離れることがないのです。季節は夏、特に関西に賞味者が多く、京都の祇園祭りにはこの魚がなくては祭りがすまないとまでいわれています。京都でこれをとくに賞味するのは、京都は山間《あい》の都、昔は交通不便のため生きた魚を見ることができなかったのですが、鱧は活力が強く、この魚だけが生きたのを見ることができたので、特に賞味するようになったことでしょう。

魚偏に豊と書くのは、見かけによらず味が豊で何の料理にも向くところからこの字が生れたことでしょう。この魚は腹の中に浮袋（クノ又は笛）といって白い長い臓物があります。茹でると透きとおってきます。これを懐石料理の一口椀の種にするのも気がきいています。この魚は小骨が多いので骨切りをしますが名人は三㎝幅で二四〜二六くらいの切れ目を入れます。頭や中骨で煮出しを取るのも良いことです。料理では照焼き、切落し、椀種、揚物、蒸し物、皮は焼いて細く切り胡瓜との酢の物、あますところなく使用される重宝な材料といえます。

はもの〔刃物〕
刃のついた道具の総称。これを二つに分け、一つは武器、一つは道具。刀剣、短剣などは武器であり、ナイフ、包丁類は道具としての刃物です。昔は石斧、石棒、石包丁を使い、それが進化したのが現在の刃物です。料理に用いる刃物は数十種あって、それぞれの用途により使います。

はものひ〔鱧の樋〕
鱧の浮き袋。鱧の腹を開くと臓物があり、その奥の中骨についている細長い袋状のものがあります。これが鱧の樋です。所によりクキともいいます。使い途は茹でて一口椀種、多くあれば煮物にも取り合わせます。一名鱧の笛ともいいます。

はもり〔羽盛〕
うずらなど焼いてその羽を添えて盛ること。しかし人によりきらいますのであまり好ましからぬ仕事です。

はや〔鮠〕
コイ科の淡水魚。ハエともいいます。ウグイまたはその他これに似た小魚の俗称です。カラアゲ、魚天、つけ焼き、煮浸し、甘露煮に調理します。『物類称呼』には、「鮠、はゑ、東国にて、はやと云。はゑは蝿を好て食ふ。故になづく。但し蝿は関西にて、はへ、関東にてはいといふ」。とあります。

はやずし〔早鮨〕
古代の鮓は魚に塩をしておき、飯と漬け合わせて発酵させ魚に酸味をつけたものですが、早ずしは現在のように飯に酢を打ち魚にも酢味を付け、飯と共に食するもの、即ち早く作る鮨のこと。

はやとうり〔隼人瓜〕
ウリ科のツル性の一年草。原産は中央アメリカ。原名をチャヨーテといい、日本へは大正年間鹿児島から移植され、以来各地に広まったので隼人瓜と呼ばれるようになったものです。これには白と青とがあり、近年は白色のが好まれ、奈良漬け、福神漬けなどに使用されます。歯切れの良さを賞味しますが、漬物の以外には刺身の妻《ツマ》ぐらいでほかに使用はできません。

はやに〔早煮〕
濃厚な煮汁で材料にようやく火の通った程度に煮ること。材料は、たこ、あわび、貝、いか、海老など。

はら子〔腹子〕
魚の卵巣。真子《ま》ともいいます。この代表的なのが鯡の子のカズノコ、赤目ボラの子のカラスミ、鮭の子のイクラ、スズコ、その他美味しいのに、鯛の子、むつの子、たこの子があります。鯛の子と竹の子の焚合わせは春の味です。鯛の子は一度茹でて使う場合もありますが、その時竹の皮かセロハン紙に巻包みして茹でると型がこわれず、これを切って煮ても姿がよろしい。

ばらずし〔ばら鮨〕

混ぜずしの一種。鮨飯を具と混ぜたもの。一部の具を飯に混ぜ、その上に主な具をきれいに飾りつけたのをちらしずしといいます。

はらたけ〔原茸〕

ハラタケ科の茸。初夏から秋にかけて馬糞や腐った藁などの有機物の多い所に生えます。傘の直径六〜一〇㎝内外で、色は黄褐色から赤褐色または黒褐色に変ります。茎は太くて肉が厚く、傘とともに内部は白色で味の良いものです。わが国では二〇種類ほどあり有毒のものはありません。すき焼き、けんちん汁、カレー煮、汁の実に使用します。香りはすくないが特有の舌ざわりを賞味します。

ばらにく

牛や豚肉のアバラのところの肉。アバラのバラからきた名称です。肉の層が薄く脂肪と交互の層になっているので三枚肉の名もあります。煮込み料理、豚では角煮用、ベーコンなどに加工されます。

はらびらき〔腹開き〕

魚の処理の一つ。魚の腹から切り開き、背中をつけて開く庖丁の仕方。魚の頭を右にして中骨にそって尾の方へ切り開きます。時には中骨を切り去ることもあります。干物を作る場合にこの開き方をよくします。

バラムツ

クロタチカマス科。本州の中部以南でとれます。体長は三mもあり、茶褐色で白い斑点があります。肌は青味をおび口先が長く、身にすればカジキなどと区別のしにくい魚です。所により、タマカマス、アブラウオともいいます。この魚は油が強く、ややもすると食べて下痢をおこすことも多いので気をつけたいことです。

はららご〔鮞〕

魚の腹の中にある産卵前の卵のこと。普通生のは焚き合わせに料理します。鯛の子を第一とし、蛸の子、鯊子、鰆、すずき、鱈など。加工したものには、唐墨《カラスミ》、すじこ、数の子、いくら、蟹の子、鱈子などがあります。

はらん〔葉蘭〕

百合科の植物。大きな葉で緑色のあざやかなもの、鮨及び料理のかいしきに使います。一名一つ葉ともいい生花の材料にも昔から使います。

はりいか〔針烏賊〕

コウイカ科のイカ。胴の尖端に堅い甲殻の針が突き出しているのでこの名があります。胴の長さは一五〜一六cm、小形のイカです。春の産卵期のものがもっともおいしく、特に木の芽和えにはこれに限ります。伊勢、東京湾でとれるものは刺身によく、九州方面では甲をつけたまま乾燥させるので、甲つきするめとして市場に出回ります。

はりうち〔針打〕

血の多い鳥、例えば鴨、相鴨などを焼く時、針打ちといって金串二、三本持って時々肉をつつき穴をあけながら焼きます。こうすると金串の穴から血がにじみ出て来ます。針打ちをして焼かないと充分火が通っていると思っても、切って見ると真中に血のかたまりが残っています。直火で焼く場合もフライパンで焼く時も同じです。その他一寸大きめの一尾の魚を焼く場合も針打ちをして塩をしておきますと、身の中へ塩味がしみて美味しくいただけます。青梅や梅干を甘煮にする場合にも針打ちをして、一晩約五〇〜六〇度の湯につけ蓋をしておくと酸味が抜けます。

はりきり〔針切〕

切り方。材料を針のように細く切ること。材料には、大根、うど、わさび、生姜などがあります。

はりねぎ〔針葱〕

葱を四cm程に切り、これをタテに細く打って水に晒したもの。汁の実、酢の物、さしみの妻《つま》などに使います。

はりはり

干大根を切って三杯酢に漬けたもの。割干しでもよいし、干大根を薄く切って三杯酢、唐芥子少々使ってもよいものです。

ハリハリ鍋〔ハリハリなべ〕

鯨と水菜の鍋料理のこと。関西が昔から本場です。身は尾の肉、俗にいう霜ふりというところがよろしい。その他、サエヅリ、即ち舌、タンなど。これを薄切りにします。水菜は適当に切り、煮出し汁は鰹と昆布でとり、汁は煮出しカップ五杯、薄口醤油大匙六杯、酒大匙三杯、味醂大匙二杯、化学調味料適当を鍋に入れ、火にかけ沸騰したら水菜、鯨を入れて煮ますが、水菜がハリハリとしているうちに汁と共に食します。鯨も火が通るか通らぬかのうちが美味しく、水菜と鯨とは最もよい取り合せです。薬味に卸し生姜が臭いを消してくれますので、これを使うのが常識といえましょう。

はる〔張る〕

日本料理の用語。汁を椀に分け入れること。汁を張るなど多く使う言葉です。

はるこま〔春駒〕

鹿児島市の銘菓。本名を、馬ンまら、または新照院の馬ンまらといったもの。誕生は名菓かるかんより古く、文政年間（一八二〇）、鹿児島新照院に屋敷をかまえていた島津藩の槍術指南番、高橋八郎種美が創作したものです。携行食糧を目的に豊富な食品知識をもった種美は、モチ粉、ウルチ粉、黒糖、それに朝鮮人蔘の粉を混ぜてねり、形も無造作に棒状にして蒸し上げたといわれます。長さ三〇cm、太さ五cm、黒色に光るたくましいこの菓子を見た薩摩兵児たちは、よりによって馬ンまらの名をつけてしまったのです。栗毛馬の大の一物を想像すれば思わずニヤリとさせられます。

たまたま大正天皇が鹿児島においでのおり、陛下の御下問に、ときの知事が、馬ンまらと答えかねていたのを見かねた侍従が、「春駒と申します。」と助け舟を出し、以来上品な名称になったものです。現在大きさは長さ九cm、太さ三cmほどです。味はういろうに似ています。

はるさめ〔春雨〕

春雨の原料は緑豆の胚乳部を用いたのが最高級ですが、さつま芋または馬鈴薯の澱粉で作られたのが普通です。原料のデンプンの一部を熱湯で練ってのりを作り、これに残りのデンプンと四〇度程度の湯を加えながら練り上げ、ドウを作る。これを底に穴が開いた容器に入れてドウを熱湯の中に押し出し、煮沸後、水冷、凍結、天日乾燥を経て製品となります。料理では、鍋物、春雨揚げ、和え物、汁の種といろいろに使用します。揚物には既に切って使いよい「雪の花」の名で売られてもいます。

はるのさんさい〔春の山菜〕

たらの芽、嫁菜、茗荷、こごみ、あづき菜、わらび、ぜんまい、山うど、にら等。

はるのななくさ〔春の七草〕

正月七日、祝儀の七草粥《くさかゆ》に昔は使われたもの。七草使うからこの名があります。正月七日を人日といってこの日七種《ななくさ》の羹《あつもの》を食べればその人は万病なく邪気を除くというところからこの行事が行なわれるようになったのです。五節句の一つ、七草とは、芹《せり》（カラカサバナ科、セリ科）、なづな（アブラナ科、ペンペン草ともいう。花は小さな白い花、実は三味線のバチに似ているので三味線草ともいう。タンパク質の多い草）、ごぎょう（ハハコ草、キク科、黄色の小さな花が咲く）、はこべ（ナデシコ科、利尿剤になる）、仏座《ほとけのざ》（キク科、コオニタビラコ、田に多く咲く黄色の小さな花の草）、すずな（アブラナ科、蕪《かぶら》）、すずしろ（アブラナ科、大根）。

はるふくだいこん〔春福大根〕

春大根。八、九月に種を蒔き春早々から食べますのでこの名があります。泉南地方や知多地方で多く栽培されます。冬大根が鬆《す》だち始めるので重宝な大根です。三月大根とは違います。

はるやさい〔春野菜〕

春の野菜に限って苦《にが》味の多いのはどうしたことでしょう。嫁菜、春菊、たんぽぽ、わらび、ぜんまい、うど、等々皆苦味を持っています。春の味といえばこの苦味かも知れません。これに苦味がなかったら実に味気ないものです。でもあまり苦味の多いのは食べかねますので灰汁《あく》（アルカロイド）を抜くことになります。わら灰《ばい》か木灰が無難ですが、只今では手に入れがたいのでその替わりに重曹を使います。わらび、ぜんまいは、材料五〇〇gくらいに重曹小匙に二杯かけて熱湯を材料の上からも充分浸る程度かけ、落し蓋をして一晩そのままおきますと変ったように色があざやかになり、苦味も頃合、に抜けています。これをさっと茹で、種々の料理に使います。嫁菜、たんぽぽ、土筆は普通に茹でて、二、三時間水に浸して灰汁抜きをして使います。灰汁毒《あくど》いといわれてはおしまいです。一寸苦味ばしった灰汁の抜けた人、即ち粋な人間にわれわれもなりたいことです。

ばれいしょ〔馬鈴薯〕→じゃがいも

ばん〔鷭〕

ツル目クイナ科の鳥。水辺の茂みに住む小形の鳥。春に渡来し秋に南に帰る夏鳥です。私の子どもの頃には多くいた鳥で、飛び立つところを見て巣をさがし、その卵を取って食べたものです。卵の大きさは鳩の卵ぐらい、身も焼いて食べると大変美味しいものです。しかし現在はあまり見ることができません。

はんき〔飯器〕

飯びつのこと。懐石によく使われる言葉。飯器は普通塗りの蓋付きですが、時には平たい手付のを使います。昔は寺で使用されています。夏には有馬籠製のもよく、杓子は銅の物を使います。

はんげつぎり〔半月切り〕

野菜などの切り方の一種。大根、蕪、人参など丸く皮を剝き、たて二つに切り、これを小口から切ったもの。丸い月を半分に切った姿ゆえこの名があります。

はんごう〔飯盒〕

登山やキャンプなどで使う携帯用の炊事器具。昔は、戦闘や行軍の食事は、炊事班が一括して作って配布したのですが、行動範囲が広くなると一人一人で炊事ができるように工夫されたのが飯盒です。米が四合焚けるようにできていて、掛子はすりきり二合計れるように作られています。

はんごのちゃ〔飯後茶〕

簡単な茶会料理の一種。これを俗に菓子の茶ともいいます。料理客が食事を済ませた後の時間を見はからって促します。料理は吸物と八寸、御菓子は菓子椀に一個盛って出しますが、時には口取といって、粒山椒、結び昆布、干納豆など添えることもあります。菓子器に使うため、寒い季節にはぜんざいなどを供することもあります。

はんじゅくたまご〔半熟卵〕

卵を半煮えに作るのでこの名があります。湯を沸騰させ火を弱めて静かに卵を入れて、三〜四分間で取り出して作ります。また卵を水から入れて湯が沸騰したら火を消して一分くらい放置して取り出してもよろしい。

はんすけ〔半助〕

語源はわかりませんが現在では忘れがちなので書きました。鰻の頭の焼いたもの。冬の寒い日、焼豆腐その他の材料と鍋料理にするとよろしい。

はんすけなべ〔半助鍋〕

地焼きにした鰻の頭を半助といいます。これを使った鍋料理。白菜、豆腐などを使った鍋も惣菜にはよいものです。関西でよくする料理です。

はんだい〔飯台〕

食事をする台のこと。現在の食卓、即ち卓袱台《ちゃぶだい》。飯台の起源は、禅家の食事法からです。禅の食作法にも、真行草とあり、簡素なのが草の扱いで、紹鷗、利休以来の茶道は禅家を軌範としていますから、自然茶にもこの飯台の作法がとり入れられています。『南坊録』の巻二には、「二月十五日朝、南宗寺、茶持参、四畳半にて云々」とあり、利休茶会記に「飯台の茶は一回よりみたあらぬ」と書かれた書もありますが、当時はたびたび催されたと思われるとも書き添えてあります。

近衛家煕《いえひら》公も享保十二年三月十三日に、大徳寺芳春院で飯台の茶を催した記録もあります。

利休好みの飯台は、材料桐、黒掻分塗、長さ一尺五寸二分、横幅一尺三寸、高さ四寸七分、板厚み五分、脚の入二寸とあり、長飯台は、杉色つき、長さ五尺二、三寸、横一尺二寸、高さ六寸、前者は一人用、後者は五人用、これを使用する場合には、持ち出しその他料理などに約束があすり、「こと更べてをかろくする事也」といわれています。

（作法略す）

ばんだい〔盤台〕

魚屋、料理屋で使う浅くて大きい楕円形の桶、主として生魚を入れる器、今はあまり使用しません。

はんだいかん〔飯台看〕

禅の食事の給仕役。

ばんちゃ〔晩茶・番茶〕

煎茶用の葉を摘んだあと、硬化した葉や若茎を摘みとって製した下級品。上級の葉を摘みとったあとの葉で製するのでこの名があります。ほうじ茶であっても更に一寸炒りなおして用いると一層美味しくいただけます。番茶は一煎がおいしく二煎三煎は色ばかりで味や香りはありません。昔から番茶も出ばなという言葉のように一煎がよろしいのです。番茶の番は、一番茶、二番茶、三番茶と摘んで行く順番の番のことで、終りほど葉は堅くなります。本来は晩茶と書くべきところでしょう。さて茶はいろいろに引用されます。無茶苦茶、お茶を引く、茶かす、茶をにごす、茶飯事。要するに茶は日常生活に密接な結びつきがあるからでしょう。

はんつきまい〔半搗米〕

五分づきともいい、玄米に含まれているヌカの半量を搗精して除いたもの。

はんなまがし〔半生菓子〕

生菓子と干菓子の中間のもの。半生、半乾の菓子の総称です。小形のものが多く一寸の茶の友によいものです。

はんにゃとう〔般若湯〕

般若湯とは禅寺の門に「不許葷辛酒肉入山門」と書かれた木札がかけてありますが、これは刺激物は山門内へ入れてはいけないということです。然るところ禅の食事に般若湯といって酒が出されますのは、昔中国に常に般若経ばかり読誦されている名僧があって、酒を呑めば呑むほどに声が朗々となり、経を聞く人をして仏心を起さしめたといわれます。般若とは知慧の意味です。呑んでいよいよ知慧の出る酒でなければいけません。一名知水ともいわれます。しかし只の知慧でなく悟りの真実の知慧であって、経文の六〇〇巻は、この般若経を解いたものですから、そんな意味をふくめて般若湯という訳です。経文六〇〇巻初期渡来のものは国宝になっています。

舞踊の京鹿子娘道成寺に大勢の役僧が出ますが、その一人が般若湯がここにあるといって徳利を見せれば、他の一人が袖からその肴に天笠をといって、茹で蛸を出す場面がありま す。料理にたずさわる者はこの場面を見ると一寸楽しくなります。

ばんのうちょうりき〔万能調理器〕

野菜などをいろいろな形に切る器具。包丁で切ると技術を要します。さしみの妻や牛蒡の笹がき、花形等に切る器具。多人数の調理をするのに便利です。

はんぺい〔半平〕

駿河の半平という人が作り始めたのでこの名があります。駿河、今の静岡地方は、清水、焼津と魚港を控え、蒲鉾、半平の材料が豊富なので良いくずし物が、沢山製造されます。

ばんぺいゆう〔晩白柚〕

ザボンの新種。熊本の特産、出荷されるのは二月から四月末まで、まだ数多くは出廻っていませんが果汁は甘く美味しい果実です。

はんぺん〔半片〕

形が半月即ち半片だからこの名があります。

ばんやじる〔番屋汁〕

北海道郷土料理。ねぎとホッケ、じゃが薯団子で作った汁。寒い北国では冬によい食べものです。

ひ

ひいく〔肥育〕

食用にする家畜を屠殺《とさつ》する前に肥満させること。肥育の目的は、肉の品質をよくし、生産量を増すためです。牛では伊勢の松坂の肥育が有名であり、豚、鶏も各地でこれを行っています。

ビーフン〔米粉麵〕

ウルチ米を原料として製した麵の一種。台湾が本場といわれます。中国ではこのビーフンをご飯やそばの代用として食してもおります。中国の主産地は広西《カンシー》省桂林県がよく知られております。使うとき水なら二時間あまり、湯なら七〜八分浸しておき、もどしたビーフンを油炒《いた》めして野菜のあんかけなどよくする料理です。

ピーマン

ナス科の一年草。トウガラシの一種。甘トウガラシ、英語ではスイートペパーともいいます。日本へは一七世紀頃輸入されたといいます。また一説には、慶長一八年（一六一三）スペインからローマへの使者として渡航した、仙台藩の支倉六右衛門常長が、帰朝の際持ちかえったともいわれます。四国、伊勢、九州が産地。種類はだるま形の肉質の厚いもの、すべすべしたカリフォルニアワンダー、小形でやや細長く、たてに溝のあるルビークインなどがあります。野菜の中ではビタミンを多く含み栄養価も高いものです。料理では揚げ物、炒め物、青味、肉詰して煮込み料理と使い途の多い材料です。

ひいらぎ〔鮗〕

ヒイラギ科の海魚。木の柊の葉のように、ひれに鋭いとげのあるところからこの名があります。煮肴、焼物にしても美味しい魚です。体は平たく幅が広く、体長一五cmくらい。

ひいらぎ〔柊〕

モクセイ科の常緑低木。この木には緑葉と斑点のあるものと二種があります。昔は節分の夕方、この小枝に鰯の頭を貫いて家の庇にさし、悪鬼をはらう風習がありました。最も古い時代は鰯の頭でなく、名吉《なよし》の頭であったと記されてあります。従って料理では節分料理の皆敷によく使います。「鰯の頭も信心から」の言葉はこれから出たことでしょう。材は堅いので印材、そろばんの玉などに使います。

ビール〔麦酒〕

オオムギまたはコムギを使って醸造したアルコール飲料。紀元前四〇〇〇年にはすでに作られたという非常に古い歴史を持つ飲料です。夏の飲物ですが現在は部屋が冷暖房になっていますので四季を通じて飲用されます。

ひいれ〔火入れ〕

食品の貯蔵をよくし、腐敗を防ぐために加熱すること。とくに酒や醤油、焼酎など醸造品の場合に、この加熱をすることを火入れといいます。酵素作用を停止し、加熱によってできた混濁を除去します。海苔も火入れをします。

ひうお〔氷魚〕

鮎のごく小さい稚魚、氷魚《ひお》ともいいます。琵琶湖の名産。

ひうお〔干魚〕

干物のこと。この干物には味を付けたものと素干のものとがあって、味付けの物は焼いて食べ、素干しの物はもどして煮物にして食べます。

ひえ〔稗〕

イネ科の一年草。寒さにも強くその上穂が長く保存にたえるので凶作の時の食べ物とされましたが、今はほとんど飼料にされます。食糧としては縄文時代から利用されていたことが文献にて知ることができます。

ひえゆば〔比叡湯葉〕

比叡山延暦寺用の樋ゆば。長寿美容食ともいわれ、吸物、煮物、すきやきの具、酢の物、空揚げに使います。使用方法は空揚げの他は水に浸してもどしてから使います。大津のゆば八、八木光男製がよろしい。

ひおうぎ〔檜扇〕

帆立貝によく似た小形の二枚貝。北方沿岸に産します。小形のため市場価値は少ないが、貝がきれいなので貝細工に使用されます。

ひおうぎがい〔檜扇貝〕

巻貝の一種。桶の中に入れておくと、激しく殻を開閉させてあばれるため、伊勢志摩地方の海女《あま》たちは、バタバタと呼んでいます。日本産の二枚貝のうち最も美しく、外人マニアの人気を博し、外貨獲得の一役をになっています。身は食用となり、とくに貝柱が美味しく、盛んに養殖されています。この貝柱に薄塩をしてのち、乾燥させて、白味噌を味醂でゆるめて漬けると風味絶妙です。

びおんとう〔微温湯〕

ぬるま湯のこと。約四〇から五〇度くらい、手を入れてみて一寸熱さを感じるぐらい。乾物をもどす時によく使います。

ひがい〔鰉〕

コイ科の淡水魚。特に琵琶湖産の物を賞味します。明治天皇がことのほか好まれたので魚扁に皇の字を書くようになったと文字学者に聞きました。従って鰉の文字は新らしいのです。種類では、頭丸《とうまる》、面長《つらなが》、油の三種類、その中頭丸が一番美味です。料理には付け焼きを第一として種々に調理されます。

ひかえじゅう〔控重〕

重詰のは五段のうち上四段に料理を詰め、下の一重は予備料理を入れます。従って下の一重を控重といいます。然しそうばかりではありません。御祝儀の時には五重とも料理を詰めます。

ひかげん〔火加減〕

火かげんも味のうちといわれるように火加減ほど大切なものはありません。焼く時、茹でる時、煮る時、蒸す時、揚げる時、焚く時何れにしてもその料理に適した火加減ほど大切なものはありません。この火加減を自由に使いわけができるようになれば料理作りも一人前です。

ひがし〔干菓子〕

生菓子に対しての干菓子です。生菓子即ち蒸菓子は濃茶用であり、干菓子は薄茶用に使うのが普通です。

落雁その他形物にして乾したもの。季節により桜、梅、菊、わらび、紅葉、松葉、福寿草等々数多くのものがあります。

昔の干菓子は今日のようなものでなく、氷砂糖、朝鮮甘栗、柿、榧、豆類、昆布、柑橘類、塩鮑の結びなどでした。そのうち打栗というのがあり、これをかみしめて出る自然の甘味を賞味しました。最も優秀品として、飛騨の栗を貴重菓子とし用いたと古い本に書かれています。銘々皿で菓子を出す時、それにそえるから添菓子の名もあり、総菓子、口取りともいわれています。

ひがしき〔干菓子器〕

干菓子を盛る普通平たい器。塗物に、独楽《こま》、一閑張り、根来、その他紗張、銀器、木地のもの、唐物、高杯、三宝といろいろのものがあります。

ひかりもの〔光物〕

鮨言葉。鯖、いわし、こはだなど、青銀色の魚の異名。

ひがん〔彼岸〕

彼岸は春と秋との二回あります。春の彼岸も秋の彼岸も太陽が真東から真西に入り、昼夜十二時間づつ平均に分けられる日で、俗に時正ともいいます。秋分けの日を中日といい、前後三日づつを合わせて七日間が彼岸です。秋の中日は秋季皇霊祭といって宮中では、歴代の皇霊をお祀りします。

彼岸の名称は仏家より出たもので、太陽が弥陀の浄土即ち真西に没するから彼岸七日間中に、善根をつくせば死後極楽浄土へ直行できるという言い習わしがある訳です。団子の他春の彼岸には、ぼたもち、秋の彼岸には、おはぎを、仏前にお供えするのは昔からのしきたりです。

ひがんふぐ〔彼岸河豚〕

マフグ科の海魚。春の彼岸ごろに多くとれるのでこの名があります。卵巣には猛毒を持っていますが、身は美しく食用にされます。名古屋フグの名もあり、普通の河豚のように調理されます。

ひきがし〔引菓子〕

神社仏閣の供饌菓子でしたが、現在では招待宴席の土産として使われるようになっています。

ひききり〔引切〕

刺身の切り方の一つ。身取った魚を、柳刃《やなぎば》又は蛸引《たこひき》庖丁の刃元から引き切りにすること。切口の角がピンとたっているように切りたいことです。

ひきずり〔引ずり〕

尾張地方の鍋物料理の方言。鶏や牛肉と共に、ねぎ、糸こんにゃく、豆腐、笹がき牛蒡など、すきやき風に濃味に煮て飯の菜にしたり、飯の上に材料、汁と共にかけて食べる風習があります。特に糸こんにゃくなど、ぞろぞろと鍋から引きずり出して食べるのでこの名があります。この地方に住むわれわれとしては、その名称と共に食べる情景を見ているだけでも楽しいものです。

ひきだめ〔挽留〕

挽茶を一応入れて置く器。スズ、塗器、缶、焼物などで作られたのがあります。普通の棗より大形のもの。

ひきちゃ〔挽茶〕

茶の湯用の粉茶、これには、濃茶、薄茶の二種があります。

ひきでもの〔引出物〕

祝宴食事のあと土産として出すもの、婚礼の鰹節、他の催事の記念品。

ひきにく〔挽肉〕

一般にはミンチにかけたもの。挽肉は、牛、豚、鶏。ときには合挽きといって牛肉と豚肉を挽き合せたのもあります。合挽きが熱をかけても堅くならないのは、肉の温度の上り方と脂の温度の上り方が違うからです。同じ温度がかかった場合、肉より脂の方が温度の上り方が遅く、タンパク質は熱がかかると繊維がちぢんで肉が堅くなりますが、比較的低温でゆっくり熱をかけるとあまり堅くなりません。そこで牛の挽肉に脂の多い豚肉を混ぜて温度の上り方をゆっくりさせる訳です。また合挽きは牛肉だけでは得られない複雑なおいしい香りがありますが、それは肉が持っている脂の成分が違うから、熱によって化学変化を起しておいしさを出してくれるためです。

買い求める時は、全体が同じ色で、色のきれいなものを買い求めること。挽き方は一度挽き、二度挽きと、ひく目的によって呼び方があり、回数が多くなるほどなめらかな肉質になります。

料理上の使い方としては、ハンバーグには牛肉、詰め物には豚肉、肉団子には赤身と脂身の両方の肉を用います。挽き肉は和、洋、中華いずれの料理にも合い、蒸したり、焼いたり、煮たりして広範囲に利用します。

ひくちこ〔干海鼠子〕

海鼠《なまこ》子の子の干したもの、普通鼠子《このこ》といいます。一寸火で炙って切って使います。——→この子。

びくになます〔比丘尼膾〕

山形県米沢地方の郷土料理。大豆に熱湯をかけてよくむらし、水気をきって一粒づつつぶし、甘酢で煮ておろし大根、千切の人蔘、干柿の小口切りを混ぜて一晩放置して作ったもの。

ひげくじら〔髭鯨〕

口蓋に歯がなく、ひげを有する鯨のことです。歯のある鯨を歯鯨といい、ひげ鯨は三角形のひげを数百も持っていて、餌水ともに飲み込んだ小動物を濾過してそれだけを外に出し、固形物を餌として食しています。ひげ鯨には大形のものが多く、セミクジラ、ナガスクジラ、イワシクジラ、ザトウクジラ、シロナガスクジラなどがこの種類です。

ひげたら〔髭鱈〕

タラ科の魚。タラの一種。体は長く、下アゴが上アゴより短く、下アゴに一本のヒゲがあるのでヒゲタラの名があります。北海道から太平洋方面に分布しています。味がよいので、ちり鍋、汁の実、味噌漬、煮付けといろいろに調理されます。

ひごのあかうし〔肥後の赤牛〕

この牛は肥後特産の食肉赤毛牛、阿蘇の中腹辺で盛んに飼育されています。

ひさげ〔提子〕

酒器の一種。銚子以前のもので、錫や銀で作った土瓶ようの姿の酒器。賓客に使ったものですが、錫、銀の違いは客の上下によって使い分けます。

ひし〔菱〕

池や沼に自生する水草。根は泥中にあり、茎が伸びて水面に葉が広がり、夏に白い小さな花が咲き、早秋に菱形の実がなります。若い殻の柔かいのはそのまま蒸すか、茹でるかして食します。熟したものは皮を剥いで含め煮にしたり、飯に炊き込みます。懐石料理の一口椀の種にもよく使います。九州佐賀には実の大きいのが栽培されています。

ひしお〔醤〕

昔は塩漬けにしたものをすべて醤といいました。草ひしお、宍《しし》ひしお、穀《こく》ひしお、今日の漬け物、塩から、みそにあたります。その他穀類、豆類、肉、魚類などの醤があります。秋田のショッツルも魚醤の一つです。大豆と小麦で作るのが現在の醤油です。

ひしがに〔菱蟹〕

伊勢湾及び衣浦《きぬうら》で多くとれた蟹。甲が菱形なのでこの名があります。各地でも少しはとれます。衣浦湾は知多半島と三河とにいだかれた袋の中のような湾で、二五年程前には蟹釣りといって六〇㎝程の金の輪に荒い網を張り、その真中によく光る魚、例えばイナ、コノシロなどを竹串に刺してつけ、この金輪の四ケ所に紐を付けて六〇㎝くらいのところで一つにまとめ、一本の綱《つな》につなぎこれを海に沈めておいて二五分間くらいおいてこれを引き上げますと時には数匹も蟹が網《あみ》にしがみついていたものです。これを海水で茹で食べた味は当低筆舌には現わせない程の味がありましたが、今は港改修の指定港湾となってあらされてしまい、こうした取り方も今は昔がたりになってしまいました。只今は湾の下を三河へ通じるトンネルが出来、交通の便はよくなりましたが、美味しい魚蟹の味わえない時代となり淋しいかぎりです。この蟹にはコクがあって北陸や北海道の蟹にはない最もすぐれた味といってよいことでしょう。茹でたてのを二杯酢又は生姜醤油、酒飲みには甲羅酒といって熱かんの酒を入れて飲む味は本当に忘れがたい味の一つです。現在でもありますが、良いのは一四二、〇〇〇円、三、〇〇〇円としますから、庶民《しょみん》の食べものとはいえなくなりました。茹でる時水から入れると足がとれませんが、沸騰湯に入れると生きているのは大方足がとれてしまいます。足のないのは何やら古いように見えますから気を付けたいことです。

ひしかにりょうり〔菱蟹料理〕

一口に蟹といってもわれわれが食べる蟹の内、常によく見かけるものは、菱蟹、山陰の松葉かに（石川県ではずわい蟹、これは土地によって名称が変るだけ。紅ずわい蟹はこの牝蟹）。沢がに（山川で獲れる小がに、通称川がに）、北海道の花咲蟹、タラバカニ、毛がに、等々土地により多種類があります。私の住む伊勢湾に面した衣浦湾は、少し前には蟹釣といっても釣針で釣るのではなく、六五cmほどの金の輪にあらく編んだ網を張り、その真中へよく光る魚、例えばいなやこのしろを串に刺してゆわえ付け、海中へ沈めて待つこと二〜三〇分、これを手早く引き上げますと時には数匹網にしがみついてきて獲れたものです。一晩で八百屋笊に一杯、もしくはそれ以上獲れたものです。これを海の水で茹で食べた味は格別で今だに忘れられません。しかし今は昔語りになってしまいました。

この蟹を茹でる時、生きていたら、水の中へ塩味をして蟹を入れて茹でます。生きているのを沸騰した湯に入れますと足が忽《たちま》ちとれてしまいますのでくれぐれも水から茹でます。これを二杯酢又は生姜醤油で食べるのが最高です。

時には生蟹の甲をはがし、後足のところに身が多くあるので、これを切り取り、洗いにした刺身は格別の味です。

バター焼きには甲をはがし、平たく二枚に切り串を打って身の方へ塩をしてバターをのせ、皮の方から焼くとバターが溶けて身にしみ込み大変美味です。勿論オーブンで焼いてもよろしい。

かに甲蒸、かにを茹でて身にして塩味をつけ、木くらげか推茸、銀杏かグリンピース、卵黄、生姜のみじん切を少々混ぜて甲に詰め、蒸したり焼いたりして終りに卵白を泡立てして片栗粉少々混ぜ上に掛けて、蒸す場合は一分間足らず、焼く場合は上に一寸こげ目のつくぐらい焼きます。長く熱を加えると泡雪が消えて見苦しくなります。時には甲を酢に漬けておきますと、甲は酸に弱いカルシュームですから柔らかくなりますので、甲の真中を押さえますと簡単にへこみます。その上に先のような材料を盛って仕上げるのも一興です。

その他貝足煮、酢の物、和え物、揚げ物と料理の材料として重宝です。又皮をぬぎ替えた柔らかいのは甲をはがし切って塩味つけ、小麦粉か片栗粉をつけて二度揚げすればそのまま美味しく食べられます。蟹や海老の茹で汁は、卵白を混ぜて火にかけ、しばらく中火にしておけば浮遊物が卵白に附着してきれいになりますので、これを煮出し汁代わりにして汁物料理に使用するのもよい方法です。

ひじき〔羊栖菜〕

太平洋岸で多く採れます。古くは出雲族以来食用に供されています。茎が円筒状で小枝はやや肥えて分岐するので鹿角菜とも書きます。普通、米ヒジキ、長ヒジキと二種使いますが、米ヒジキの方が美味です。料理をするには洗って熱湯をたっぷり使ってボールに入れて浸しておきます。この間一〇分間、更にさっと茹でてのち大豆と煮たり、油揚、人蔘と混ぜて煮たり、白和えにもよく合います。カルシウム、ビタミンなども多くありますので惣菜には時折りとるべき食品です。

ひしこ〔鯷〕

カタクチイワシ（セグロイワシ）の子。片口鰯とは上顎《あご》が下顎《あご》より長く突出ているからです。生で干したのが正月にかかせない田作（ごまめ）、茹でて干したのが煮干です。タタミイワシやチリメンジャコはこの幼魚です。

ひしのみ〔菱の実〕

夏の池や沢に繁殖する水草、秋には文字の通り菱形の実を水中につけます。これを穫って茹でて食べますが、名残りの茶の一口椀、即ち箸洗いの種にはよいものです。

ひしもち〔菱餅〕

菱形に切るのでこの名があります。只今は雛祭りのお供えにしますが、元は菱花片《ひしはなびら》といって正月神前にお供えしたものです。雛祭りに菱形の餅、五月の節句には長方形の大ちまき、これは男女のあるものを表現したものだとある御菓子の本で知り、興深く感じたことです。

びしゃたま〔びしゃ卵〕

卵に半熟程度熱を加えたもの。卵に味をつけ、例えば中火でかき混ぜながら熱を加え、半熟状態にして他の材料を混ぜて寄せ、更に蒸したり焼いたりすることです。

びじんまめ〔美人豆〕

五月豆のこと。長崎地方の異称。

ひず〔氷頭〕

鮭の頭の軟骨。すけていて氷のようだからこの名があります。薄切り又は細く切って三杯酢に浸しておき食します。大根卸しまたは胡瓜の塩もみなどを混ぜて使えば立派な酒の肴です。塩の辛いのは水に浸して塩出しをしてのち使います。

ひすいあげ〔翡翠揚〕

新銀杏、空豆、枝豆など薄い衣をつけて揚げたもの。青い色がさえて翡翠に似ているのでこの名があります。

びぜんくらげ〔備前水母〕

食用のクラゲ。日本では最も早くから認められた代表的なもの、備前でとれるからこの名があります。

ひたしもの〔浸物〕

大略野菜料理ですが、時には、いか、たこ、あわび、海老などを取り合わせることもあります。野菜では、ほうれん草、三つ葉、春菊、わらび、芹、なの花などを茹でて切り、醤油、煮出し汁、少量の砂糖と混ぜて調味し、これに浸して盛り付け、浸し汁を少しかけて胡麻、花かつおなどをかけ進めます。材料は同じでも和え物と一寸違うのは浸し汁をかけることです。材料を浸して作るからこの名があります。普通の和えものはあまり汁気のない方がよろしい。

ビタミン

栄養素の一つ。人間や動物の栄養に不可欠なもので、他の栄養素と異なり、微量で作用し、不足すると各種の欠乏症状や成長発育の障害がみられます。ホルモンも同じように微量で重要な生理作用をもっていますが、然しホルモンは体内で合成されるのに対しビタミンは合成できません。できたとしても不十分であるため食事から補う必要があります。ビタミンB_1が欠乏すると脚気病になることを発見し、その後の研究で現在二〇種近くも存在しています。最近はビタミンの合成が盛んになり、薬剤として服用したり、食品に強化することが多くなっています。ビタミンは脂溶性と水溶性ビタミンに大別されます。前者にはビタミンA・D・E・F・K。後者にはビタミンB_1・B_2・B_6・B_{12}・H（ビオチン）、M（葉酸）、L・Pニコチン酸・パトチン酸パラアミノ安息香酸・コリン・イノシトールなどがあります。

ひだら〔干鱈〕

タラの乾製品。マダラまたはスケトウダラを開いて干したもの。これには塩のきかない棒鱈、開きダラ、掛けダラとありもどし方は棒鱈を米のとぎ汁に三〜四日毎朝とぎ汁を変えてつけて軟かくしてから甘からく煮たり、海老芋と焚き合わせた芋ぼうなどの料理に使います。開きダラは背開きにして塩をして乾燥させたもの。掛けダラは三枚におろし、尾のところを切りはなさず、木の枝などにつるして乾かしたもの。その他スキミ鱈といって皮まで取り去って塩漬けにしてのち干したのもあります。さっと焼いて細かくさいて茶漬けにしたり、酒の肴にするのもよいものです。

ひちごさんのいわい〔七五三の祝〕

古書をみると鎌倉時代の武家から始まっていますが、室町時代になって一般の民間でも行うようになっています。江戸時代に入り、打ちつづく太平と共に一層盛んに行なわれるようになりました。十一月十五日に行うのは、徳川五代将軍綱吉がその子、徳松君の祝いを十一月十五日に行ったことに始まるといわれます。女子三歳、髪置《かみおき》（かみの毛を切りそろえる式）男子五歳、袴着、男子五歳になると儀式のある場所へは袴をつけて行くのがしきたりです。七歳、男女とも帯の祝い。七歳までは着物に紐がぬいつけてありますが、十一月十五日から紐の縫い糸をとき帯に変りますから帯の祝い、または帯ときの祝いといいます。この日は着飾って宮参りをします。

〃七五三、子より親のがしゃれたがり〃愚詠。こんな風景をこの頃よく見受けます。

ひちしゅかゆ〔七種粥〕

米、粟、黍《きび》、稗、篁子《みのこめ》、胡麻、小豆、以上七種を使って作る粥ゆえこの名があります。又一説には、米、大豆、小豆、あわ、栗、かき、ささげ、以上の七種だともいわれます。この始まりは宇多天皇の寛平二年正月の十五日に七種粥を作り、四方に供えて一年中の禍をのがれたに依るといわれます。この粥をかき混ぜるのに使う擂木《すりぎ》大の棒で、子の無い女房のおしりをたたくと男の子を産むといわれます。枕草子にも女房たちが、互いに相手のすきをねらいたたき合いをする情景がほほえましく描かれています。

これは正月十五日の食べもので只今では小豆だけで作るのが普通のようです。左義長、爆竹の行事の日にも当たります。

びっくりみず〔吃驚水〕

そばを茹でる時入れるさし水のこと。

ひっこしそば〔引越蕎麦〕

新らしい場所へ移転した場合、向こう三軒両隣と差配人の家主にあいさつに配ったそば。江戸時代からの風習ですが、現在は手ぬぐいかふろしきに変っています。配るそばの数もきまりがあったようです。

ひつじ〔羊〕

緬羊ともいいます。主として毛を利用するために飼育しますが、若いのは肉が柔かく、淡泊なので美味です。ジンギスカン鍋の材料によく使われます。

ひっぱりかまぼこ〔ひっぱり蒲鉾〕

石川県七尾市の名産の竹輪。長さ九cm、直径は四cm程で、普通の竹輪と違い弾力があって案外シャキッとした噛切れがよろしい。わさび、生姜醤油でいただきます。その他この地方には、にぎり竹輪も作られます。

ひとえぐさ〔一重草〕

緑藻類の海藻。中部以南の海岸で採れる薄膜状のもの。アオサよりも強くて煮てもくずれにくいので佃煮によくします。

ひとくちわん〔一口椀〕

一口椀《いっこうわん》ともいいます。懐石の終りの方で進める箸洗いと同じ。(箸洗いとは、懐石料理で一応の食事が終ったあとに出される薄味の吸物のこと。) 普通の料理を進める場合でも数多く出す場合、終りの頃に口をすすぐ意味でこれを出す場合もあります。種は小さく気のきいたものを(梅肉、じゅん菜、茗荷《みょうが》、大徳寺納豆、桜花等)使います。

ひとしお〔一塩〕

魚や野菜に薄く塩をしたもの。この目的は、余分の水分を除くことです。材料には、鯵、鯖、かます、いしもち、鰯などがあります。普通塩焼きにふり掛ける塩より少し強めにします。材料により、一夜くらいそのままにしておき、焼いたり酢の物にして使います。鯖、鰯などは塩を強めにいたします。

ひとちょぼ

これは白魚の一盛に使われた言葉です。おもしろいのはあの小さな魚を二〇尾ずつ数えて一盛にされたということです。「佃島　女房二十筋かぞへ」この句でも昔のなつかしさが偲ばれます。

ひともじ〔一文字・人文字〕

ネギの女房言葉。ネギの古名が、キ一文字なので一文字といいます。現在のワケギ、アサツキなど。人文字とは、白い根の所が一本で、葉が双股《ふたまた》、即ち二本になっている時が柔らかくて美味しく、根を上にして葉を広げて人の字になった時が季節だという意味です。熊本には一文字のぐるぐるという郷土料理があり、一文字を茹でて青いところを白い根にぐるぐると巻いて、からし酢味噌を付けて食べる風習があります。

ひどり〔火取〕

椀種《わんだね》に長芋、百合根などを塩茹でにしてこんがりと焼きめを付けること。時には焚合わせに白煮にした物を焼いてこげめを付けることをいいます。

ひどりうお〔火取鮮〕

椀種の下準備に、材料を焼くこと。

ひなあられ〔雛霰〕

田舎では寒中に、青、赤、あおさ、胡麻、砂糖、塩を適当に入れて餅を搗き、これをアラレに切って乾し、煎っておやつの茶うけに、更に雛祭りの御供えにと沢山作ったものです。アラレの語源は、『山居録』に『鍋で焦れば翻勃《はんぼつ》すること雹霰《ひょうさん》の如し故に名づく』とあります。料理では一cm以上の角切りを賽の目といい、それより小さいのをあられ切りといいます。

ひないどり〔比内鶏〕

秋田県特産の日本ニワトリの一種。軍鶏に似て姿がたくましいうえに声がすぐれてよいので一名、声よしの名もあります。肉も美味しく秋田名物きりたんぽにはこの肉とネギ、セリ、ゴボウ、焼き豆腐などを取り合わせて煮ないと郷土食の味はでないといわれます。

ひながし〔雛菓子〕

三月三日の雛祭りに飾る菓子類のこと。おこし物と言って米の粉を水でこねて蒸し、これにいろいろの色を付けて型で押して蒸したものや、雛あられや菱餅、有平細工、寒梅粉で作る桃の花などいろいろのものがあります。

ひなまつり〔雛祭〕

五節句の一つ。三月三日の雛祭りは支那の魏《ぎ》という国から伝わった古事です。始めは三月上巳の月であったのが、第二十三代顕宗《けんそう》天皇の元年三月の己の日にお払いをしたのに始まります。雛云々は約八〇〇年以前から文献に見ることができます。『源氏物語』須磨の巻にもでています。始めは人形《ひとがた》といって紙で切り、三歳になる女子のすべての悪事災難をこの人形にたくし、取り去ってもらうようお祭りして、あとに汚れの残らぬよう、翌朝これを流したものです。今だに残る流し雛はこの古事によります。時代と共に雛も変り、人形から折雛、立雛、御殿雛と移ってきました。その間元禄頃、京都に雛屋治左エ門なる名人が出て、雛屋の雛は卵に目鼻ともてはやされています。安永年間には江戸に古今雛が生れ、これがまた若い人に向き、この方は丸顔で団子に目鼻といってもてはやされました。現在の御殿飾りは御即位式場の紫宸殿を型取ったものです。ですから右近の桜、左近の橘が飾られます。御供えする菱餅は菱花びらといって始めは、草、白の二種でした、赤、黄、紫と五種になったのは近世のことです。その他の御供えに、鰈、針魚、蛤、さざえ、浅蜊、いか、春の野菜や根菜。海の物の多いのは、昔の京都は山間で海に遠く、従って珍らしい物として御供えされたと考えてよいことでしょう。それに雛あられ、起し物（米の粉をこねて蒸し、木型で押してむしたもの）白酒、生花《いけばな》は桃の花に菜の花がしきたりです。

料理は右に書き出した材料を使って作るのが雛料理です。

ひにく〔皮肉〕

鶏肉は皮と肉と共に食べてこそ美味しいのです。わけて昨今の鶏肉は皮を去ったら本当に味気ないものです。中京は昔から鶏肉が美味しいので評判ですが、今では軟らかいけれども味はさっぱりで淋しいことです。思い出されるのは中京の昔の鶏の味です。皮付きのがかえって高価でした。黄肌《はだ》の鶏、即ち皮肉な鶏が思い出されます。普通に皮肉といえば意地悪く骨身にこたえるあてこすりの意味ですが、この皮肉の由来は中国の禅宗の始祖、達磨大師の言葉からだといわれます。大師は門人のいったことに対し、お前の得たものは皮だとか肉だとか評し、仏教の根本義に対して上面ばかりを論じ、考えが浅く悟るところの薄いことを意味してこの言葉を使ったそうです。この遠まわしの辛辣な批判の皮肉をそれから皆がいうようになった訳です。大師は根本義をよく悟った者は骨を得た、髄《ずい》を得たといい、骨髄に徹するという言葉もここから出た訳《わけ》です。剣道でも皮を切らして身を切り、身を切らして骨を切る、それが本意のようです。道こそ違い最後落ち着くところは同じだといえそうです。

ひねつ〔比熱〕

ある物質一gの温度を一度あげるに要する熱量のこと。

ひねりもち〔捻餅〕

うるち米を蒸してひねって餅状にしたもの。清酒醸造の際、米の蒸し上がりの程度を知るために行なわれます。清酒ではこの米の蒸し上がりの出来不出来が、麹やもろみ、ひいては清酒のよし悪しに関係します。蒸し上がった米を手のひらでひねり、餅状のものを作り、米のつぶれ工合で蒸し上がりの程度を知るわけです。ひねり餅はモチ米で作った餅に比べて粘りがなく、乾燥すると石のように固くなります。しかし、焼くと淡泊な味でおいしいものです。

ひのな〔日野菜〕

カブラの一種。根は細く大根状、根元は赤紫色、原産は名の通り滋賀県日野地方、別に緋の菜の名前もあります。戦後鈴鹿市石薬師地区で多産され、原産地をしのいでいます。煮物にはアクが強く向かないので、もっぱら漬物に使用されます。

ひのまるべんとう〔日の丸弁当〕

弁当箱に飯をつめ、まん中に梅干を入れたもの。これがちょうど日の丸の旗に似ているところからこの名があります。

ひば〔干葉〕

大根葉を日陰で干したもの。直射日光をさけ風の通うところで陰干しにすると早く乾き色よく仕上ります。日光の強いところで干すと葉緑素が分解して退色します。この葉をもんで飯に焚き込んだのが千葉飯です。油揚げに熱湯を通して干葉と炒り煮にしたのも野趣があってよいものです。その他汁の実にもよいものです。

ひび〔篊〕

海苔やカキ養殖で、付着しやすいように浅海にたてる竹または粗朶《そだ》のこと。現在は汐の満ち引きにも海水に浸っているように浮遊するいかだ式もあります。

ひぶりあゆ〔火振鮎〕

鮎の獲法。高知県の吉野川上流、嶺北地方に昔から伝わる魚法。川筋に建網を二、三十組張り、暗くなると同時に電灯（昔はタイマツ）をつけた川舟を繰り出し、川の面を照すと、光に敏感なアユが驚いて暗い所へ逃げます。そこには建網が張ってあるので、これに鮎がかかる仕組です。八月中旬から十月末までが季節、夜の川の面を照らす美しい彩《いろど》りが観光客を楽しませてくれます。

ひましゆ〔蓖麻子油〕

トウゴマの種子を圧搾法または抽出法によってとった不乾性油。東南アジア、南アフリカ、中南米諸国で生産されます。わが国ではおもに東南アジアから輸入した原料を使って製油しています。薬用として下剤に用いますが、おもに化学工業や化粧品に使います。

ひまわりのあぶら〔向日葵の油〕

ソ連やヨーロッパでは精製して食用に供していますが、我国ではあまり見かけないようです。ところがある秋、山菜料理を山辺へ食べに行った時、紅葉や菊の葉などが色あざやかに、然も艶があってきれいに揚げたのを出されたので、これはどうして揚げたのかと聞きただしたところ、これは店独特の揚げ方なので申し上げかねますとの返事でした。食べたところ美味しくはないし、食後の消化も悪く、あとでゲップが出て感心しませんでした。如何にもきれいであったので、どうして揚げたのかといろいろ研究をしたり、油の種類を調べたところ、日向葵にはロー質のあることを知り、これだ、これだと思いました。見るだけにはよろしいが、食べるには不向きと申し上げておきます。

ひみいわし〔氷見鰯〕

越中（富山県）の名産、鰯の干物。体長一〇cmほどの割合に小さないわしで、やや干しすぎであるが焼いてゆっくり噛んでいると格別な味がでてきます。よく干してあるのは貯蔵に耐えるためと寒い国の冬の間の栄養を取る自然の智恵でありましょう。

『言海』に日く、「氷見の産する干鰯は美味いわんかたなし」。とあるように古くから有名です。この他この地方には、味醂干、ぶりのかぶらずし、汐するめ、ふぐのぬか漬、鰯のぬか漬、いかの黒作り（いかの墨を使っての塩から）等々があります。黒作りは寛文年間からといわれますから約三〇〇年も前からです。

ひみのカブスりょうり〔氷見のカブス料理〕

氷見のカブス料理。富山県氷見市の郷土料理。この地は万葉の時代から漁業の栄えた有名な地。江戸時代に大敷網を発明し海では毎日豪快な網起しが行なわれ、現在でも日本全国定置網漁法の主流となっています。この漁師たちが船上で獲れた魚を朝食用に調理されるのがカブスといわれます。獲りたての新鮮な魚貝類の大鍋仕立の料理の美味しさはいうに及ばないことですが、われわれでは味わうことのできないものです。ここに書いたのは定置網の元祖であるというところから書き出しました。

ひむろ〔氷室〕

夏まで氷を貯蔵しておくために山に掘って作った特別の室、または横穴のこと。昔は、冬の間に池や湖に張った氷を切り取りこの室に保存し夏に出して使ったものです。昔はこの氷は貴重なものでした。

ひめ〔弱飯〕

飯の古語、現在の飯のこと。

ひめ〔比女〕

南日本にて獲れるヒメ科の海魚。体長一八㎝くらいで色は淡赤青色の美しい魚です。多くは蒲鉾の材料に使われます。

ひめいい〔姫飯〕

現在の米の飯。平安時代に生れた言葉。当時貴族の間での米の食べ方は、米を甑《こしき》で蒸した飯《いい》と呼ばれるものが本式とされました。日常食べたのは飯ではなく、釜で煮た粥でした。そして、粥には堅いのと柔らかいのがあり、柔らかいのを汁粥、堅いのを固粥といい、この固粥を一名姫飯といっていました。

ひめます〔姫鱒〕

虹鱒の別名。

ひめまつたけ〔姫松茸〕

栽培された松茸。現在松茸栽培の研究が盛んです。姿はある程度になっていますが香りが足りないので、近いうちには全く自然の松茸と同じ物をと、研究努力をつづけておられる人があります。

ひも〔紐〕

赤貝の足（身）の周囲にあるヒラヒラした紐状のもの。鮨言葉によく使います。

ひもかわ〔紐革〕

平うちうどんの異名。きしめん、芋川うどんともいいます。芋川とは、昔東海道鳴海の里に芋川というところがあって、ここで作り出されたのによるといわれます。ひもかわとは茶器に使われる鹿皮のひもに似ているからです。

ひもの〔干物〕

魚貝類を乾燥させたもの。魚貝類を乾燥させ水分をへらすと貯蔵することができます。昔から行われた方法で、材料の水分が四〇%以下になると細菌の繁殖ができなくなります、腐りやすい材料の保存がききます。干物には、素干、塩干、醤油干とあり、特に酒塩干、味醂干、醤油干などの一日の生干は自家製でも美味しいものです。秋から冬には日当りのよい風通しのよいところが早く乾きます。茶料理では一日干しをしても一夜干しというのが常の言葉です。

ひゃくいちたくあん〔百一沢庵〕

四斗樽(72ℓ)に大形の大根一〇〇本を日光より風のよく当る所で曲げると輪になるくらいまで乾して、これと米籾《もみ》約一斗五升、塩二升五合、酒六〇〇 ccをよく混ぜ、大根、籾と交互に樽に入れて漬け、押石をして一〇〇日目くらいから食べ始めます、一〇〇日目から食べ始めるのでこの称がありま

す。現在のように色の付いた甘味の勝った物とは及びもつかぬほどの美味しさです。

ひゃくみのおんじき〔百味の御食〕

現在ではお盆《ぼん》の霊《れい》にお供《そな》えする料理。これを知るには少し盂《う》蘭《ら》盆会《ぼんえ》のことを申さねば分りにくいかと思います。盂《う》蘭《ら》は梵語《ぼんご》でこれを倒懸《たうけん》というそうです。サカサマに釣《つり》り下《さ》げられたような苦《く》を指《さ》すのです。梵語で婆《ば》拏《ぬ》といい、盂蘭盆を訳《やく》すると救倒懸《きうたうけん》ということになります。そこでなぜ盂《う》蘭《ら》盆会《ぼんえ》が七月十五日に行《おこな》われるかといいますと、盂《う》蘭盆経《らんぼんきょう》の説《と》くところによりますと昔、大恩教主《たいおんきょうしゅ》、釈迦牟尼仏が天竺《てんじく》の祇園精舎《ぎおんしょうしゃ》で衆生に法の道を説《と》いています時、目蓮尊者《もくれんそんじゃ》という孝徳の深い弟子《でし》がありました。尊者は亡母の恩に酬《むく》いんがため非々想天の頂きより下無間地獄《しもむかんちこく》を見ますと、亡母は餓鬼《がき》道に落ちて飢渇《かつ》に迫り骨と皮ばかりになって見る陰もない姿でしたので、椀鉢《わんはち》に飯を盛りこれを進めますと亡母は喜びの余り飛《と》びつかんばかりにして食べようとする、その飯は忽ち猛火となってしまいました。これを見た尊者は悲しさやる方なく、釈尊の御袖にすがり世尊の妙智によって亡母の罪障消滅をおねがいしたところ、釈尊もいと哀れに思われていわれるには、汝の母を救うには、十前衆僧の威神力《いしんりょく》に待《ま》たねばならぬが、七月十五日には衆僧自恣《しゅそうじし》の日といって十方より集《あつ》まる衆僧がいろいろざんげをしたり、法を述《の》べたりする喜《よろこ》ばしい日であるか

ら、幸い倒懸《たうけん》の苦を受ける餓鬼を救《すく》う救倒懸《きうたうけん》の法会、即ち盂蘭盆会を行うがよい。過去七世の父母及び現在の父母、厄難《やくなん》の中にあるもののために山海の美味珍物及び五菓百味の飯食《はんじき》を盆器に盛り、清浄の坐席を設け、十方の大徳自恣の衆僧に大供養すれば汝の供養を受けた功徳によって、現在の父母は福寿延長し、過去七世の父母は天道に生れて自在を得ることができるとお諭《さと》しになりました。目蓮は大《おお》いによろこび、かくすれば私ばかりでなく末世一切の末弟子も功徳を受けられるかと問いましたら釈尊はそうだとお答えになりました。即ちこれが七月十五日盂蘭盆会を取り行う所以《ゆえん》であります。

この目蓮《もくれん》の伝説は仏の道の一つのたとえで、釈尊は善好の方便に衆僧自恣の日に父母のために法要を営めと教えたことでしょう。百味の御食はこの文中に出ている五菓百味から来た言葉です。只今でも旧家では盆《ぼん》の霊《たま》祭りに種々の物をお供えするのはこのならわしからです。

ひやざけ〔冷酒〕

日本酒は普通燗をして飲みますが夏は冷やして飲むこともします。幸い只今では冷酒用として冷して飲む酒も造られていて、あまり飲めない人にはこれが向くようです。

ひやしあめ〔冷し飴〕

飴を湯でのばし冷した夏の飲物。昔は町中でよく売っていたものです。

ひやしすいもの〔冷吸物〕

夏には吸物の汁を冷やして使うことをします。この時、種、碗とも冷やして使います。汁は普通より少し薄めに付けて冷します。塩味は冷めるとからく感じるからです。

ひやしもの〔冷物〕

冷たくした料理。水貝、鯛めん、冷麦、冷吸物、氷を使って冷たくした料理の総称です。

ひやそうめん〔冷素麺〕

素麺は大和の三輪を始め、伊勢、四国、中京と良いのが沢山あります。素麺はさし水をして茹でよく洗ってざるに一人分づつに取っておきます、ガラス器に氷を入れ素麺、ハムの細切り、茹玉子、胡瓜、チェリーなど色彩よく材料を取り合せてのせ水を入れます。つけ汁は味醂大匙三杯、濃い煮出し汁カップ二杯、薄口醤油大匙六杯、砂糖大匙一杯を焚き合わせて冷します。薬味にねぎ、切胡麻、生姜の卸したものを使います。普通の汁ばかりでなく、胡麻だれ、酢みそなどもよいものです。

ひやむぎ〔冷麦〕

あつ麦（うどんを熱したもの）の対称です。うどんの細いもの、多くは乾物ですから茹でる時は差し水をして茹でよくもみ洗いをします、大体夏の食べ物ですからさらっと仕上げたいものです。氷水に浸して冷たくして使います。延喜式に索餅、麦縄とあるのは素麺や冷麦のことです。

ひややっこ〔冷奴〕

夏の食べ物、豆腐を奴に切って氷水に浮べ、醤油、ねぎ、卸し生姜の薬味で食べる料理。

ひゅうがかぼちゃ〔日向南瓜〕

宮崎県で産する小さい南瓜、日向から産するのでこの名があります。宮崎地方では美人のことを日向南瓜といいます。色が黒くて小作りでまめまめしく働らき味が良いことです。

ひょうしぎぎり〔拍子木切り〕

野菜の切り方の一種。使い途により大きさはさまざまですが、何れにしても合図《あいず》などの時にうつ拍子木形に切ること。

びようしょく〔美容食〕

美しくなるため、または美容を保つための食餌のこと。一般にはやせるための食餌といってよいでしょう。栄養状態が美容に影響することは事実で、とくに脂肪、糖質を過剰にとると皮下脂肪をつけ肥満形になります。タンパク質やビタミン類、無機質などの採取がバランスを欠くと肌の色のつやを左右したり、肌あれ、吹き出物をつくります。美容を保ための食餌としては、原則として、必要な栄養素をバランスよくとり、よく寝てよく働くことです。

ひょうたん〔瓢簞〕

ひさご。ウリ科の一年草。家庭の庭によく栽培されます。軒先に植えておきますと夏の日よけになります。夏に白い花が咲き、秋に実がなります。普通には、普通の瓢簞、長瓢簞、千成瓢簞などをよく見受けますが、現在立山に瓢簞の研究者があり、三十何ヶ国から種を取りよせ栽培しています。従って大小変形とさまざまのがあり、その内不老長寿として食べる種類もあるとＮＨＫテレビで放送されたことがありますが、瓢簞独特の苦味は抜けないようです。然し小さい千成瓢簞は瓶詰に製造されたのがあり、季節に使用しますが、何とかしてこの苦味を抜く方法はないものかといろいろのことをしてみても抜けません。食品学の大家にお伺いしても一寸分かりにくいのでそのままになっています。千成瓢簞を薄切りにして、煮物に使ったらと夢にまで描いています。

ひょうていたまご〔瓢亭玉子〕

瓢亭玉子といえば京都の瓢亭が有名です。昔祇園に二軒茶屋があり、今の中村楼と藤屋、藤屋は明治初年に廃業しています。大津街道南禅寺にも二軒茶屋があり、一軒は今の瓢亭、他の一軒は丹後屋、丹後屋は湯豆腐、瓢亭は煮抜玉子で名を高めたといわれます。丹後屋の趾は瓢亭の右隣、山県公の別荘であった無隣庵です。

瓢亭玉子を作るには、鍋に玉子と水を入れて火にかけ、黄身が真中へ行くように時々動かして沸騰したら火を消し、五〜六分ほど放置しておき、水で冷し殻を剝き切ります。

ひょうはく〔漂白〕

食品を白くすること。おもに外観をよくするために行なわれます。これには、色を脱色剤（吸着剤）に吸着させて除去する方法と、漂白剤を使って酸化分解によって色を除く方法があります。脱色剤としては、活性炭、骨炭、炭酸カルシウム、酸性白土などがあり、油の脱色には活性炭や酸性白土、水飴の脱色には活性炭や骨炭が用いられます。

ひょうろくもち〔兵六餅〕

鹿児島の銘菓。四㎝に二㎝ほどの大きさの淡泊な餅。「五《ご》百年来世上人《ひやくねんらいせぜうのひと》、見来皆是野狐身《みきたれはみなこれやこのしん》、鐘聲不破夜《せうせいやぶらすや》半夢《はんのゆめ》、兵六争知《ひようろくいかでか》無意真《むいのしんらん》」の詩が包装紙に印刷してあるもの。

ひら〔平〕

本膳料理の本膳に向かって左の向うに付ける平たい椀。これには煮物を盛付けます。所にもよりますが大方、長芋、蓮根などを大きく切って煮たものを台にして、椎茸、昆布、くずし物などを三種または五種盛ります。

ひらき〔開き〕

この言葉は魚の始末の言葉で、開く、開きといいますが、大体干物によく使います、従って鰺の干物などはただ開きともいっています。

ひらたけ〔平茸〕

シメジダケ科の食用きのこ。秋に、榎、柿、桑の枯木に群生します。傘の経は五〜一〇㎝くらいになり、表面は灰色または黄灰色、裏面は白色でひだがあります。塩焼き、揚げ物、汁の実、和え物として使います。

ひらづくり〔平作〕

刺身の切り方の一つ。身を平たく切ること、おおむね身の厚い方を向うにして捨て切りにいたします。

ひらとかまぼこ〔平戸蒲鉾〕

長崎県平戸市川内港の特産。この蒲鉾は鰺を主原料として製造されたものですから自然色があります。ムギワラで周囲を巻いて作られてあり、普通の蒲鉾に比べ甘味はすくなく塩味がちで、それがかえってひなびた素朴な味がたのしめます。

ひらのすい〔平野水〕

天然炭酸水。兵庫県平野に鉱泉があるのを英国人が発見。そこでその地名をとって名付けられたものです。現在もその工場が兵庫県川西平野にあります。

ひらまさ〔平鰺〕

鰺の特大型の魚。刺身、酢の物、焼物に最適。秋に美味。

ひらまさ〔平政〕

ブリ科の海魚。形その他ブリによく似ていますが、ブリより体がすんなりとしており、体長は七〇cmぐらい、体側中央にあざやかな黄色の筋が水平にあり、暖海性の魚で南部日本に住み、関西、四国、九州ではヒラス、三重ではシオといい、各地でいろいろな呼び名があります。夏においしい魚で、刺身、照焼き、煮付けなどに向きますが刺身が一番です。

ひらめ〔鮃・比良魚〕

その姿から付けられた文字です。俗に左ヒラメに右かれいといいます。魚の腹《はら》の方を手前にして見た位置からのことですがそうばかりともいえません。ヤリガレイ、ヌマガレイは鮃と同じなのです。鮃をハス、ともいいます。「むしさかな異名抄」など拝見しますと各地で随分多くの呼び名があり、この魚は何の料理にも向き重宝な魚の一つです。遠洋物の鮃は、オヒョーといって別の魚です。冬の鮃は最高級の魚です。

ひりゅうず〔飛竜頭〕

くずした豆腐の中に、きざんだ野菜を入れてまるめ、油で揚げた豆腐の再加工品。木綿豆腐の水をよく切り裏漉しをして、伊勢芋を二割ほど擂り混ぜ、具に蓮根、木くらげ、百合根、人参、銀杏、麻の実などを適当に切って混ぜ、適当に取り分け三〇分程そのままにしておき、中温の油でゆっくり揚げたもの。油抜きしてゆっくりと煮るとよろしい。

ひる〔蒜〕

仏教徒の五辛。俗にニンニクは大蒜、ニラは小蒜、普通には野蒜となっております。秋田地方でサシビルといい郷土料理のショッツルに使うのもこの一種です。このヒルを擂りつぶして塩、酢、酒を入れて味を付け、生魚に和えると魚の臭味を消して良いと、このように使うところもあります。

ひれ〔鰭〕

魚が動く時に使う一部。魚の両方にあるのが水かきの鰭、背には背鰭、尾鰭、腹の下にあるのが砂ずりの鰭。河豚の鰭は干して焼いて鰭酒、三杯酢に漬けて酢の物、鯛は鰭吸物、フカの鰭はよく茹でて吸種などに使います。えいの鰭は干物になっていて焼いて食べると酒の肴になります。

ヒレ

英語ではテンダーロイン。ロースの内側にあるので内ロースともいいます。周囲が脂肪におおわれているので、脂肪を削り取って用います、ステーキに最適のことはご存じの通りです。

ひれざけ〔鰭酒〕

河豚の鰭《ひれ》を俎板に張り付けて干し、これを香ばしく焼き、何か深い器に入れてあつ燗の酒を入れ、一寸蓋をしておきこれを飲みます。ほんの少し食塩を入れると甘味もあって美味しいものです。

ヒレにく〔ヒレ肉〕

牛肉、豚肉の一部。牛肉は大体、肩ロース、クビツル、レブロース、肩バラ、シャクシのスネ、ブリスケ、ラインロース、ハバキ、ウチモモ、トモスネ、ヒレなどに分けられますが、その内のヒレは中骨に付いた量の少ない軟かい肉です。

テキなどによく使われるのはご存じの通りです。

ひろぶた〔広蓋〕

あまり縁の高くない長方形または角形の塗り物器。口代りに一つ盛りとして使うのもよいことです。足付きで大きければ硯蓋といって婚礼などの口取りを盛ります。

ひろめ〔広巾〕

昆布の異名。

びわ〔枇杷〕

バラ科の常緑喬木。四国、九州に自生するのがありますから日本固有種があったとの説もあります。現存する種類は奈良朝時代、中国からの渡来種です。晩秋に花をつけ翌年に至って実を結びます。黄熟するのは晩春からです。この枇杷は温暖の地を好みますので寒冷地では開花結実しないところから、死ねば生《な》る、といわれて一般の庭に植えるのを意味きらったものです。その後種々と改良され、長崎花木町北浦、三浦嘉平次氏の妹、葉が我家の畑に試植したのに始まる茂木枇杷、それを更に昭和十二年田中芳男男爵が自庭に移植したのが発展して、現在国産を代表する千葉の房州田中枇杷が生まれたのです。一個三五gもある大粒なのは美味しいものです。五月に入れば田中、福原、戸越、瑞穂種などが出廻ります。

びわしゅ〔枇杷酒〕

ビワで作った果実酒。千葉や和歌山県の枇杷の産地でよく作られます。アルコール含量は一〇%前後で口当りのよいものです。

びわたまご〔枇杷玉子〕

温度玉子を作り、この黄身を白味噌に漬けたもの。↓温度玉子

びわのはゆ〔枇杷葉湯〕

ビワの葉の薬効を信じて江戸時代から明治にかけて、羽根をひろげたカラスの絵行燈をかかげて、元祖烏丸枇杷葉湯《びわゆとう》と呼びながら涼み客の出る橋のたもとを得意場として売っていたものです。最近では煎服すればガンの治癒に特効があるとの実験の報告もあるそうです。

びんちょう〔備長〕

うばめ樫の木の炭。堅炭で焼物用に最高のもの。紀伊の国の備後屋長右衛門が、元禄の頃やき始めたのでこの名称があります。現在ではガス、電気機具の良いのがありますので使うのもまれになりましたが、何はともあれ焼物は備長にかぎります。温和な火加減の他、炭の炭素で焼くことが材料を美味しくさせる性質もあります。追々と炭で焼くことのすくなくなって来たことは淋しいことです、然しうなぎは炭に限ります。

びんづめ〔壜詰〕

ガラス壜に食品を密封して、加熱殺菌したものの総称。

びんなが〔鬢長〕

マグロの一種。マグロのうち一番小形のもの。ビンナガとは両脇の胸鰭が特に長いからです。身が白く鶏肉に似ているところから欧米ではシーチキンといって好み、油漬け缶詰めとして多く輸出されています。国内でも、シーチキン、カツオ節のように加工され消費されています。

びんぼうなべ〔貧乏鍋〕

油揚げと水菜の鍋。大阪の惣菜なべ。

びんろうに〔檳榔煮〕

檳榔樹はしゅろ科の常緑喬木でインド、マレー地方が原産。果実は鶏卵大で味はやや甘く原住民からは嗜好品として賞味されています。和名でビンロウ。この果実のような味に煮るのでこの名があります。材料は南瓜、さつま芋、栗などを水

アメと砂糖でふくめ煮にしたもの。

ふ

ふ〔麩〕

小麦の麩質で作るからこの名があります。現在は機械化して製造されますが、昔は麩質の多い小麦粉に水を加えてこね合わせ、更に足で踏みながら充分粘着力を出し、水を加えて桶の上に笊《ざる》をのせ、揉み洗いして澱粉を去ります。これが生麩です。これを茹でたり焼いたりしていろいろの麩を作ります。桶の下に沈澱したのが障子などを張る正麩です。

昔隣りに麩屋がありましたが、冬の寒い日に素足で水の中で踏んでいたさまを、今思い出しただけでも肌寒さを感じさせられます。足をよく使ったということは芝居の助六でよくおわかりと思います。助六が友切丸という名剣を詮議しているのですが、意休の刀を抜かせようと喧嘩をふっかけ、足の指に煙管を挾んで突出しますと、意休は、「そんな手に乗って怒るような男ではない。ハハハハ…。立派な男だが、可愛や手棒そうな、足のよく働く奴だ。麩屋の男か。」というせりふもおもしろいことです。麩の種類としては、はだに麩、さがら麩、角麩、あわ麩、そば麩、よもぎ麩、餡麩。形物では、桜、梅、楓、瓢、菊等の大小。細工麩では、茄子、胡瓜、菊の花、筍、松茸、青梅、梅干、瓢、その他焼麩、山形の花内麩、乾燥の花麩、車麩等々各地に変ったのがあります。愛知県の津島には津島麩があります。夏用には、すだれ麩、生麩を求めて加工するのも興味ある一つです。笹巻麩の美味しさは申すまでもなく、このように沢山の種類があると共に料理では、和え物、酢の物、煮物、汁の実、揚物、焼物、等に使います、ところで『利休百会記』に出て来る御菓子の麩の焼きは、小麦粉を水溶きして焼き、白みそを付けたもの、または小麦粉を砂糖水と溶き合わせて焼いた物となっています。昔の抹茶の菓子は果物が多く粗末なものでした。

この麩の歴史は古く、ヤマト朝時代に仏教渡来と共に我国に入って来たものの一つです。京都は麩の本場ですが、その他福島の久留満麩、金沢のすだれ麩も有名です。

ふいごまつり〔鞴祭〕

鍛冶《かじ》、鋳物師《いものし》、錺師《かざりし》など吹革《ふてい》（火をおこすのに用いた送風器）を用いる家では、十一月六日鞴《ふいご》祭りを行います。稲荷を祀り神饌を備え、親戚朋友を招き酒宴を催したり、隣りの家々にはぼたもち、みかんなど配っておまつりします。昔は往来へみかんをまき、道行く人に拾わせたものです。有名な紀の国屋文左衛門が江戸ッ子に、「沖の暗いのに白帆が見える、あれは紀州のみかん船」とうたわせて一攫《かく》万金の宵を得たのもこの日を当て込んだためです。稲荷を祀るのは三條小鍛治宗近の故事に依るからです。

フーゼル油〔フーゼルゆ〕

アルコール発酵によって副産物として生じる高級アルコール類とそのエステル類の混合物のこと。フーゼル油は酒の風味をよくする働きがありますが、多いと悪酔の原因となります。日本酒には〇・〇二〜〇・一〇％含まれています、フーゼル油は医薬品、溶剤、人工香料などの原料に利用されます。

ふゆうかき〔富有柿〕

別名、水御所柿。明治年間岐阜県で改良され命名されたもの。果実は大きい物で二五〇gくらいあります。現在最も普及されていますが岐阜、岡山、愛媛地方で多く生産されます。

ぶえん〔無塩〕

昔は秋風が立ちはじめると「ぶえんの鰯、ぶえんの鰯」と、夕餌《ゆうげ》にかけて声高らかに呼びながら売り歩いたものです。潑《はっ》剌《らつ》とした取りたてのあの鰯、本当の庶民の食べ物でした。塩焼きにして生姜溜、酢の物に、見ただけでも食指が動きます。現在では工場の廃液などで海の水もよごれて近海ものが取れなくなり、昔語りになってしまいました。本当に淋しいことです。塩けのないということでこの名があります。

ふか〔鱶〕

さめのこと。

ふかがわめし〔深川飯〕

昔の深川は海辺であって、よい浅蜊が獲れたといいます。アサリ料理に深川何々の呼び方がよく使われています。従って深川飯とは浅蜊飯のことです。むきあさり、椎茸、竹の子をさっと煮て取り出して、この汁を混ぜて飯と焚き、中頃に具を入れて焚き上げます、時には終りに三ツ葉の三㎝切りを混ぜ入れるのもよい方法です。

ふかのひれ〔鱶の鰭〕

フカのヒレを干したもの。中国では魚翅《ユイチー》といって最上の料理に使われます。これには白と黒とがあって白の方が高級です。背鰭、胴鰭、尾鰭を切りとり、薄い塩水で洗って更に真水で洗って日干しにします。長時間とろ火で煮て外皮を去り、筋だけスープの種やクズ煮にして珍重します。

ふかのゆあげ〔鱶の湯上げ〕

愛媛県宇和島地方の郷土料理。職人言葉でふかの刺身という。鱶を適当に切って茹でて、からし酢味噌で食べます。

ふき〔蕗・疑冬〕

キク科の多年草。我国全土の山野に自生します。これを取って辛煮にして土地の名産として売り出されたり、漬物、砂糖煮としても販売されております。然し一般には栽培された水蕗です。これには早生と晩生とがあって、早生種は小形で柔らかいが香りに乏しく、晩生はその反対です。品種も多く、山には山蕗、秋田には葉が傘の代わりになるような大きな品種もあります。料理に使うには、塩もみして茹で皮を剝きいろいろに使います。煮物、蕗飯、漬物、辛煮、和え物、椀種、手を加えて篠田巻など。

ふきのとう〔蕗の薹〕

蕗の花のこと。ほろ苦い味は春の味だといわれるように春先の野菜はすべて苦味を持っています。ふきのとうはその代表です。これらを甘煮にするには一晩からい塩水に浸しておき、薄い灰水で茹で、更に一晩水に浸して晒してから甘煮にします。煮る時青の色粉を少し入れますと青みがあってきれいに仕上ります。その他揚げたり、焼いたり、焼いてみじん切りにして白味噌汁の吸口に、風呂吹きの香辛に、味噌と焚き合わせてふきみそにといろいろに使います。花になってからでも一片を使って一口椀のたねにもいたします。

ふきみそ〔蕗味噌〕

蕗の薹《とう》は春の食膳にかかせないものです。蕗のとうを焼いて擂り、味噌、味醂、砂糖を加えて更に擂り弱火で煮たものは、ほろ苦さが適度にあって酒杯の友、熱い飯の菜に良いものです。

ふきよせ〔吹寄〕

秋の終りに風が吹いて庭の隅へいろいろの木の葉が集ったように、細かい料理を何種類も一つの器に盛りつけた料理。紅葉のからあげ、銀杏、栗の山家煮、松葉そば等々盛り合わせた料理。

ふきん〔布巾〕

食器やテーブルをふいて水気及びよごれを取り去る布のこと。台所で布巾の役割りは広く、食器をふくのが布巾、テーブルをふくのが台ふきん、少なくともこの二種が使われていますが、鍋、包丁、俎板、調理台、湯沸しと多くのものに必要です。その他、煮出し汁を漉したり、魚の水気をふきとるなど知らず知らずの内に数多く使われています。食器用には、麻、綿、混紡、器具にはタオル地の厚生地がよく、料理用には、綿布が向きます。いつもきれいで新らしいのがよろしいが、塗り物の仕上げぶきにはあまり新らしいのは漆《うるし》の光がなくなりますのでの麻の古いのがよろしい。何れにしても布巾は細菌の付着する機会が多いので、よく洗い日光にあてて乾いたものを使います。従って数多くもち、時どき煮沸消毒して使うことです。

ふぐ〔河豚・鰒・魨〕

下関では、ふく。河豚は食いたいし命はおしいといわれながらも、我国では有史以前大古時代から食べたらしく各所の具塚からこの遺骨が出土されています、河豚の種類は約二〇種もあります。

河豚という魚は、えたいの知れない魚で歯は二枚、眼はまたたき、身は洗う時如何に強く握っても身くずれせず、おこらせばあのように腹をふくませるし、味もまたどう美味しいのかと聞かれても返答に困《こま》るけれども何となく魅力のある味という訳で、「世の中や、月に村雲ふぐに毒」闌更の句。河豚は食いたし命はおしし、といわれても食べたくなる魚です。料理では、河豚さし、テッチリ、河豚汁、小さいのは煮ても骨ばなれがよく、何にしても美味しい魚です。現在はその料理技術も進み心配なく食べられることは幸せです。河豚食えば仏もわれもなかりけり。蘇東坡は、「その味死に値す。」とまでいっています。

さて河豚の需要も多くなり養殖も盛んになってきました。韓国やホアン海などで獲った河豚を河豚の季節まで九州天草御所浦などへ寄せ、いかやいかなごを餌にして飼っていますが、この魚は友食いをするので上歯を切りとります。冬は十四度、夏でも二五度以上にならない場所ということでなかなか飼育がむづかしいようです。

「あら何ともなや、きのうは過ぎてふぐと汁。」「片棒を担ぐゆうべの鰒仲間。」「ふぐのどく、点をつけねば、ふくのとく。」これを調理するには免許証がいります。河豚の腹の皮下の身をトウトウミといいますが、三河、遠江、身皮の洒落言葉です。

ふくあめ〔福飴〕

京阪地方の蛭子《えびす》神社で、一月九日の宵夷《よいえびす》、十日の夷祭礼日に境内で福笹とともに福飴を売ります。紅白の飴を延してねじったもので、大小いろいろの大きさに切ってあります。この飴の小形を有平糖で作ったのが、延寿飴で縁起がよく、茶方では初釜の干菓子に用いられます。

ふくいけんのめいさん〔福井県の名産〕

羽二重餅、けんけら、雪がわら、かに、雲丹、若芽、蒲鉾、若狭がれい、若狭ぐじ、小鯛笹漬、若狭さばなどがあります。

ふくさ〔服紗・袱紗・覆紗〕

ふくさとは、お抹茶のお手前に使う長さ二八cm、幅二六・五cmぐらいの羽二重の布地を二重にして作ったもの。色は赤、紫をはじめウグイス色その他好みです。その他出し服紗といって長さ一四・五cm、幅一三・五cmぐらいのものもあり（友湖の寸法による）、進物に掛けて出す掛袱紗もあります。布地もさまざまで古代切れのものも結構あります。フクサといっても茶に関係なく近江、尾張など物の柔らかなさまという所もあります。『広辞苑』には、「福々しさ、裕福なさま、ゆたかなさま」、と書かれてもあります。料理にも袱紗料理があり、壊石または本膳料理の儀式的な席のあと、羽織はかまをぬぎ、打ちくつろいで今一献を進めるのが袱紗料理です。

ふぐさしのたべかた〔河豚の刺身の食べ方〕

ご存じのように河豚の刺身は薄く切り、花形、孔雀《くじゃく》などの姿にきれいに盛り付けます。これを渕の方から食べますと折角の姿がこわれますので真中から頂くのがエチケットです。

ふくさみそ〔服紗味噌〕

白赤味噌同量をすり混ぜたもの。これと煮出し汁でのばして汁にすれば、服紗仕立です。お茶の服紗は二枚会わさってありますのでこの名があります。茶料理には服紗みそ、婚礼などには和合みそ、常には合わせ味噌というのが普通です。

ふくさもり〔袱紗盛〕

刺身や酢の物を薄く切り、重ね盛りにすること。

ふくさりょうり〔袱紗料理〕

本膳料理または懐石などの儀式的な席のあと、打ちくつろいで飲みかつ語り合う場合に出す料理のこと。従って一席すんでいますので気のきいたものを二〜三品進めるのが服紗料理のよさです。

ふくじんづけ〔福神漬〕

名は漬物ですが実は一種の加工品です。塩漬けにしたいろいろの野菜を切り、煮たもの。元祖は東京下谷の酒悦。今日では、大は樽、小は缶詰、瓶詰めとして売られています。福神漬けの名は、小石川指ヶ谷町に住む梅亭という趣味人のところへ酒悦がこれを持参すると、店が不忍池の弁財天に近いところから七福神に因み、福神漬けと命名したといわれます。材料も七種で作り、これさえあれば飯の他菜は不用という訳で、自然財宝がたまって福が舞込む、という引札まで書いて与えたのが名の始まりだといわれます。

ふくだみ〔福多味〕

『食品辞典』にアワビとするめをこまかく刻んで薄塩味に仕あげた古代の栄養食品と書かれてありますが、普通ふくだみとは、トコブシ、鮑の小さいのとは別種。貝のまま茹でて照煮にしたものをいいます。口代わりなどの盛り合わせに使います。

ふくちゃ〔福茶〕

黒豆と小梅で出した茶。

ふくちゃがゆ〔福茶粥〕

福茶に用いる昆布、小梅、ちょろぎ、かち栗、山椒実、黒豆、番茶の七種で焚いた粥。

ふぐのあじ〔河豚の味〕

実は過日河豚の味を一口メモ程度でよいから何か書けとのお言葉いただいたのですが、さて何と書いてよいのやら思案にくれました。まず河豚の特徴といえば即ち目はまたたき、おこればあのようにふくれるし、身はいくら力を入れて洗っても砕けないし、歯は二枚でえたいの知れない構造の魚で、味もまた何故にあのように美味なのか、筆舌では云い現わせないし、困ったことを頼まれたと思ったことです。そこで仕方がないから、河豚の味は初恋のような味だと書き出しました。河豚を始めて食べる人は必ず恐る恐る食べ、度重《たび》なるにつれ一尾で二十余人も死に至らしむこともあるという肝まで食べたくなると云う奇妙な味の持主。恋もまたあまり上《のぼ》りつめると命取りとなるのが似かよっていると云うことです。謎かけでいうなれば、現在の女の方の髪、解くに解かれず、云うに結われず、まるで禅問答のような味と云うよりほか答はなさそうでした。

『倭漢三才図会』の著者、寺島良安は、「咽元《のどもと》三寸、暫しの口味になじんで、身命を賭にするのは恰も有夫有婦が姦通する時の心持とその趣は一つである。」といっていますが、確かにその通りで、フグ食いの複雑な心理と味をうまくいい当てているようです。

ふぐのしらこ〔河豚の白子・西施乳〕

河豚の精のうを日本では白子と呼びますが、中国では西施乳と云います。あの舌ざわりと美味しさは高く評価されています。中国の春秋時代の美人西施（呉王夫差は美貌《びぼう》におぼれて国を滅ぼしました）の乳房にたとえて白子を西施乳と云うようです。大江丸の句に、「西施が乳吸はばやと書きし手紙あり」など有名です。俳句では、

鰒汁《ふくとじる》もやい世帯の総鼾　一茶
ふく食ひし犬狂ひ伏す枯野かな　几董
河豚汁や鯛もあるのに無分別　芭蕉
鉄砲の皮をくれろと三杯目　川柳

片棒をかつぐゆうべの鰒仲間　〃
ふぐ通といわれる馬鹿は肝も食い　〃
俳諧のために河豚食ふ男かな　虚子

ふくばいちご〔福羽苺〕

福羽博士が雨の日も風の日も温室へ通い苦心の末、種苗の改良につくされて今日のようなよい品ができたので福羽博士の名をとってこのように呼んでいます。

ふくめに〔含煮〕

栗、新さつま芋などを砂糖、塩にて弱い火で紙蓋をして、煮ると含ませるとを兼ねて煮る方法。煮汁をたっぷり使って煮て、そのまま放置しておく煮方。ものは熱を加えると膨張します。冷めると小さくなりますが、その小さくなる時を利用して味を材料の中へ引き入れる煮方。

ふぐもどき〔鰒擬〕

鮟鱇《あんこう》のこと。料理言葉では何々に似通っているということを、何々もどきといいます。鮟鱇はちりにしても鰒によく似ているのでこの名があります。さて鰒ですが、河豚ともかき、これは姿が豚に似ているから河豚の文字が書かれるようになったようです。本場では、ふく、といい、辞書では布久《ふく》、布《ふ》久閉《くべ》とも書くと出ています。

ふぐもどきじる〔鰒擬汁〕

河豚の毒にあたるのをおそれ、それに代えて白身の魚を使っての汁物のこと。コチ、おこぜ、鮟鱇、などがよく使われます。

ふくらいり〔脹煎〕

アワビやなまこを柔らかく炒り上げる料理。『料理物語』には、「なまこを大きく切り、煮出し汁、溜を噴かせて出しざまに入れ、そのまま盛る。」とあるそうです。その他、蛸、いかを用いるとあり、ようやく火の通るくらいに煮れば白血のものは特に柔らかくて美味しいことを示しています。

ふくらしこ〔脹らし粉〕

菓子類を焼いたり、蒸したりして作る時、膨脹剤として用いる粉末。酒石酸と重曹との混合粉末、一名ベーキングパウダー。酒石酸水素カリウム四七・九％、澱粉三一・三％、重炭酸ナトリウム二〇・八％、酒石酸と澱粉を混ぜてのち重炭酸と混合して作ります。

ベーキングパウダー大匙一杯、小麦粉二〇〇g、砂糖五〇g、卵二個、バニラ少々を混ぜて揚げたのも子供のおやつに良いものです。

ふくらぎ
鰤の小さいもの、函館地方の方言。

ふくらに〔脹煮〕
あわびを味醂、酒、醬油、砂糖で柔らかく煮上げたもの。

ふくりん〔覆輪〕
何かの材料に違った材料を今一度かけることをいいます。例えば鮑の酒蒸しに擂身を付けて蒸すなど。

ふくろに〔袋煮〕
油揚げの中へいろいろの材料を詰めてゆっくり煮たもの。宝袋、延命袋と同じです。

ふしおろし〔節卸〕
大名卸しともいいます。鰹など中骨に添って頭の方から包丁を尾の方へ一刀のもとに卸す包丁の仕方。

ふじまめ〔藤豆〕
豆科の一年草。熱帯が原産で暖地を好み、関西以西で多産されます。地方により呼び名が異なり、千石豆、平豆ともいいます。千石豆とは一石まけば千石とれるの意でたいへんよくなる豆です。これには、白と紫色とがあり、白の方が柔らかくてよろしい。焚合わせ、味噌和えに向きます。平豆とは平たいのでこの名があります。

ぶしゅかん〔仏手柑〕
柑橘類の一種。名は体をあらわす通り仏さまの手を見立て、付けた名称でしょう。金色に輝く御体に二七の顔と四〇本の手をもった千手観音を思い出させます。仏手柑は仏にゆかりのあるインドが原産といわれます。学者の説によりますとレモンに近縁のシトロンの奇形品とかです。果肉がないので食べることはできません。金色の千手にご利益を願ってお正月の床飾りやいけ花によく使います。松の内にこれを薄く切って砂糖湯に入れ飲むのも風流です。仏手柑は別名、医者知らずともいわれ、煎じて飲めば熱のでる病の万能薬ともいわれます。その他砂糖漬にもいたします。

ふしるい〔節類〕
わが国特有の水産加工品の一つ。鰹節を第一とし、削り節の原料となる鯖、鰺、サンマ、イワシ、ソウダ節、マグロ節、ねり鰹の総称。主として煮出し汁を取るのに使います。削り普通には鰹節がよろしいが家庭ではかくのに困ります。削り鰹で結構用はたりますが、なるべくピンク色のあるのが削りたてですからその方がよろしい。麵類にはコクのある鰺などが最適です。

ふしれんこん〔節蓮根〕

九州有明干殖で、作られる蓮根。年間十五億円も出荷されるといわれます、花の白いのが美味です。

ぶそんき〔蕪村忌〕

十二月二十四日に蕪村忌が行われます。この時の料理材料に、摂津、今の大阪の名産天王寺蕪を、水落露石が送って、風呂吹きにして出したのでそれに習い、蕪村忌には蕪の風呂吹が使われます。子規の名句に、「蕪村忌や奥のはたはた摂の蕪。」このように忌の料理には決った材料を使う場合がよくあります。例えば利休忌の向附に煮梅など。

ぶた〔豚〕

偶蹄目イノシシ科哺乳動物。全世界では数十種類もありますが、我国では白のヨークシャ、黒のバークシャとがあります。現在では改良に力を入れ良い種類もできています。中国では古くから食用として飼育され、我国では幕末の一九世紀になると江戸へ外人の往来も繁くなり、それ以前から長崎へ出入りして味を知る蘭学者や医者が吹聴したので試食者も追々と多くなり、その後一般の食品に化し今日に及んでいます。中国ではこの豚を内臓といわずその血液までも有効に使用します。料理では一般のトンカツ、角煮といろいろに調理されます。

ぶだい〔舞鯛・部鯛〕

ブダイ科の海魚。その面相からいうと醜鯛というのが似つかわしいほどグロテスクな顔をしていますが、舞鯛という優雅な文字があてられたのは泳ぐ姿からでしょう。磯の小魚の中をゆう然と舞うように、浅いところまで泳ぎあがってきます。鱗は非常に大きく褐色のマダラが普通です。メスは赤味がかっています。この種にアオブダイがありますが、あまり魚屋の店頭には出ません。洋食の白身の切身などに使われます。関西では、イガミ、高知ではエガミといい体はだ円形に近く、大きな鱗におおわれています。料理には、さしみ、煮付け、旬は冬期。

ふたくらもち〔二倉餅〕

餅の一種。糯米とうるち米と混ぜて一晩水に浸しておき、蒸して搗きますが、ただ米が搗きにくいのでアバタに搗き上ります。糯米だけでないため、煮ても焼いてもきわめて淡白でよいものです。二倉とは、糯米倉と、ただ米倉とのを混ぜて搗くのでこの名があります。

ふだんそう〔不断草・唐萵苣〕

アカザ科の一～二年生の葉菜。原産は南ヨーロッパ。唐チシャともいい、長柄に葉は互生し、下葉からかきとれば不断に食べられるのでこの名があります。耐暑耐乾性で、春から夏にかけて葉茶のはざかい期に利用できます。品種には、広葉、赤茎、丸葉、尖葉、西洋種などがあります。生食すると青臭いので茹でて和え物、浸し物、ほうれん草と同じように使用します。

ぶちざけ〔斑酒〕

古酒と新酒を混ぜたもの。現在では新酒を早く出しますが、新酒をある程度飲むと頭へ来るものです。新酒はやはり入梅あけからのものです。そこで古酒を新酒と混ぜて蔵出しをいたします。二種混合ですからこの名があります。

ぶちざけ〔斑鮭〕

海に育って、生れた川へ回帰する鮭が、集結する河口から数里さかのぼる間に肉の紅色が減退して、皮膚に紫褐色の斑点を生ずるので俗にブチザケといいます。石狩川産のものが有名です。

ふちだかじゅう〔縁高重〕

折敷の一種。縁が高く作られたもの。菓子や料理などを入れて客に供したもので、大きさは五寸四方（約一六・五㎝）、縁の高さは五分（約一・七㎝）ぐらいで四角の隅を切り足の付いたものです。現在これは菓子用に使われ、今一種は点心の器として使う大きなものがあります。御菓子用は五段一組で、正客だけ一個入れ、あとのには客数により二個三個と入れて使用しますから多人数の場合便利です。

ふちゃまんじゅう〔普茶饅頭〕

普茶料理の一つ。百合根を煮て裏漉をして、丸く形を作り小麦粉、薄い天浮羅の衣、次に道明寺粉を付けて揚げ、これにそば汁をかけて香辛の溶きがらしを添えたもの。

ふちゃりょうり〔普茶料理〕

普茶料理とは宇治の黄檗《おうばく》山万福寺で茶礼（接心《せっしん》）といって終日坐禅の行事が終ったあと御苦労よびをします。その時の料理が普茶料理です。普茶料理は貴賤の差別なく一卓をかこんで堂裡円満に胃を満すところに禅味と普茶のよさがあります。開祖は隠元禅師で十三代までも帰化僧なのです。その内特に高僧なのは、隠元の徳、木庵の道、即非《そくひ》の禅、南源の詩、悦山の書、逸山の画と世に知られていることはご存じの通りです。それゆえに始めの内は相当数の材料が中国から取り寄せられたといわれます。従って料理は精進の中国料理風といってよいでしょう。一卓四人が本格ですが只今ではそんなにかたく守られてはいません。詳しくは古書、江戸風流八百善著、『山家集』を見られると図解入りでその当時の食器その他こまごまと書かれてあり、よき参考となります。汁を入れる片手桶（行堂《ひんたん》）、通い盆（菜盆《さいぼん》）、酒瓶（酒壺《ちゅうつ》）、箸（筋子《こし》）、飯（白的《はくてき》）こんな名でよばれます。料理の一例を書き出してみますと、

菜単《つあたん》　二汁六菜
雲片《うんぺん》　油炒めして葛《くつ》煮した物
油餈《ゆじ》　精進の附揚げ
澄子《すめ》　清し汁
醃菜《えんさい》　漬物
笋羹《しゅんかん》　煮た物、揚げた物、口代様《くちがわりよう》の物
蔴腐《まふ》　胡麻豆腐
羹杯《かんぱい》　杯和え物
素汁《そじゅう》　味噌汁

右の八菜で一通り終ります。黄檗山は煎茶《せんちゃ》の宗家のような寺ですが、お抹茶に懐石があるようにお煎茶にも煎茶の行き方の料理があります、この普茶料理に生ぐさの材料を取り混ぜて作るとお煎茶の料理になります。種々工夫をして作るとなかなか楽しい料理ができ上がります。

黄檗山万福寺は七堂伽藍のととのった飾り気のない荘厳な寺です。七堂伽藍とは、食堂、講堂、塔、金堂、鐘楼、経堂、僧坊。または鐘楼、禅堂、経堂、庫裡、東司（便所）、本堂、山門、などをいいます。

ふちょう〔符牒〕

八百屋、魚屋の符牒、商売の隠語。中京では

1《ボウ》・2《ケタ》・3《ゴト》・4《ケノ》・5《ガレ》・6《イチマイ》・7《ビリ》・8《バン》・9《ヨマイ》・
10《ボウ》・11《ケン》・12《ヒヤリ》・13《サンズン》・14《シスン》・15《アコ》・16《ウドン》・17《オシテ》・18《カンノン》・
19《イッキュー》・20《ケタ》、その他5をチョウといいます。75はビリチョウです。

大阪地方では

1《サミ》・2《リナ》・3《トツ》・4《ワキ》・5《オニ》・6《モア》・7《シラ》・8《ロタ》・9《イメ》・
0《ル》・10《ソク》・20《テン》・30《ダイク》・40《ワ》・50《オンテイ》・60《カミ》・70《ホシ》・80《バンド》・
90《ケガ》等々種々の符牒を使います。

ぶっかけ〔ぶっ掛け〕

現在のうどんやそばに種物を入れず、汁をぶっかけただけのもの。ここで一寸おもしろいのは、中京と関東とでは味の取り方が違い、関東の者が麺類のことを書けば先ずそばが先であり、中京の者はうどんが先ということです、ことさほどにうどん類は、土地自慢ではないが中京が一番のように思われます。

ふつかよい〔二日酔い〕

宿酔。酒の酔が翌日まで残ること。酒を多量に飲むと起こる現象です。酒が分解して代謝する際にできるアセトアルデヒドによるものといわれています。二日酔いをしない方法として、酒を多量に飲んだら水を多く飲んで、アルコール分やアセトアルデヒドを薄めて汗や尿として排泄させることです。私はある程度お酒をいただいてきましても二日酔にあったことがございません。それは眼がさめると水を飲むように習慣づけられて来ていることによることでしょう。

ぶつぎり

筒切りもその一つですが、長めの物を二㎝、三㎝と切り分けること。

ふっこ

すずきの中くらいのもの。長さ三〇㎝くらいまでのものをフッコといいます。すずきまでになりますと身が固くなりますのでこのフッコを賞味します。

ふっとうてん〔沸騰点〕

液体に熱をあたえて温度を高めていくと、液体の表面から蒸発とともに、内部から蒸気のあわが盛んにでてきます、この時の温度をその液体の沸騰点といいます。

ふでがき〔筆柿〕

愛知県幸田町特産の柿。形が筆の毛先に似ているのでこの名があります。割り合い早く出荷されます。

ふでしょうが〔筆生姜〕

新生姜を筆先のように細く包丁をして、酢を入れてざっと茹で二杯酢または三杯酢に漬けたもの。先だけ赤く染めるのが本格のようです。

ぶどう〔葡萄〕

現在栽培されているものはすべて外来種ですが、我国には太古時代よりあったようです。今も山野に自生している山ぶどうがあります。イザナギノミコトが黄泉醜女に投げつけたある蒲子（えびかずらのみ）がエビズルと呼ばれる野ぶどうの一種だと定説されています。葡萄は生食もさることながら大方はぶどう酒の醸造に使われます。酒に使うのは寒地のものがよろしく、暖地のものは糖質が多く酒には不向きのようです。八〇〇年程前に中国から渡来した甲州葡萄が最も有名です。大粒のネオマスカット、紫色のコールマン、種なし葡萄のデラウエア、巨峰、甲州葡萄、黒の中粒のキャンベルなどがあります。

種なしのデラウエアは粒は小さいが糖度は一番多く二三度

もあります。栽培され始めてから十何年程ですが、山梨県では主産の甲州ぶどうをしのぎ栽培されています。このぶどうの種をなくする発見は、山梨県立果樹研究所長の岸先生です。この種をなくするのには、稲の茎のバカに大きくなる病気の菌の培養液から抽出したジベレリンという植物成長のホルモン剤を使って、ぶどうの花の精を去勢させて種を荒れさせ、同時にぶどうの実を太らせることに成功したことによります。大発見といってよいことでしょう。ところが山梨より先に愛知県春日井市の農業センターが成功していますが、ＰＲがおくれてお株を山梨県にとられています。

ぶどうしゅ〔葡萄酒〕

果汁を絞り発酵させて造った酒。英語ではワインといいます。ぶどう酒の歴史は古く、人類が食料を山や野にあさり、自然にはえているぶどうを採取するようになったところから造り始ったものだといわれます。これには普通赤と白とがあります。料理とぶどう酒とのつながりが深まったのは中世期以後だといわれ、肉料理には赤ぶどう酒、魚には白ぶどう酒といった料理とぶどう酒の組み合せは、フランスの女王マリー・アントワネットによって完成されたといわれます。ぶどう酒には国国または地方地方、寒暖によって特有な味があり、甘口辛口があります。ぶどう酒は飲むばかりでなく料理を作るのにも多く使われます。

ぶどうまめ〔葡萄豆〕

丹波の黒豆をぶどうのように甘く柔らかく煮たもの。→黒豆のぶどう煮。

ふとに

金子《きんこ》（なまこの一種）をもどして山の芋を詰め、糸または竹の皮で縛って味噌だれで煮たもの。

ふとまき〔太巻〕

巻ずしの一種。具を多く使って太く巻いた鮨。

ふな〔鮒〕

鯉科の硬骨淡水魚。所により、カンゾ（琵琶湖）、ザッコ（館林）などと呼びますが全国的にはフナといいます。釣人たちは鮒に始まって鮒に終るといわれるように忘れがたい淡水魚です。ところで鮒は学問的に疑問の点の多い魚で、種類によっては、全くオスのないこと、鰓耙《さいは》の数が違うこと、胃がなく歯がノドの奥にあること、等々不思議なことがいっぱいです。種類では、琵琶湖原産の源五郎鮒（ヘラブナ）、ニゴロブナ（鮒鮓にする鮒）、ギンブナ（緑がかった銀色の美しい一般にフナと呼ぶマブナ）、ナガブナ（銀ブナに似て体長がやや長型）、キンブナ（関東ではキンタロー、金色をしていてやや小型、沢に多く住む鮒）等々があり、その内ギンブナとナガブナは、メスだけでオスはいないというのが、国立科学研究所長中村先生の御話です。鮒は三月から五月にかけて産卵し、この頃の鮒を乗っ込みといい、釣りの最高の時期です。鮒の料理は、鮒鮓、焼いてアラメ巻、昆布巻、甘露煮、小さいのを雀焼、赤煮、飴焚、鮒味噌、刺身類には、洗い、糸作り、子作りなどがあります。赤煮や飴焚きには酢と酒を少し多く使います。

琵琶湖の源五郎鮒の名称は、錦織源五郎が漁獲の頭目であったからといわれます。その鮒のヒレが秋深くなると紅色になるので、もみじ鮒の名があり、俳味があっておもしろいと思います。一年で一〇cm、三年で二〇cmほどに成長します。「鮒ずしや彦根の城に雪かかる」蕪村の句も有名です。又万葉集には「沖方行き、辺《あたり》に行き今や妹がため、吾か漁《すなど》れる藻《も》臥束鮒《ふくつかふな》」の歌が残されて古くからわれわれになじみ深い魚です。

ふなずし〔鮒鮓〕

鮒で作ったもの故この名があります。古くは中国から伝わったもの。鮒を一ヶ月以上塩漬けにしてのち、飯と共に漬けて六ヶ月以上おくと飯が発酵して酸味がつき、特有な風味となります。薄切りにして前菜に、懐石の八寸に、吸物種に、茶漬けにといろいろに使います。有名なのは大津の鮒鮓ということになります。『延喜式』には、「近江、筑前、筑後よりも献じる。」とありますから、昔は近江だけでなく他にても作られたことが伺い知れます。春鮒の子のあるものが美味しい。

ふなのあかに〔鮒の赤煮〕

滋賀県大津の名産。源五郎鮒の大きなのを筒切りにして、さっと熱湯を通して臭味を去り、酒を多く使って濃い醤油で、一寸辛口にゆっくり煮上げたもの。この項を書くに当り思い出すのは、先年大津で頂戴した赤煮です。子が腹に一杯あり、すこしも淡水魚の臭みもなく大変美味しいものでした。

ふなのかんろに〔鮒の甘露煮〕

六〜七cmの鮒を素焼きにして三日程後、鍋に竹の皮またはアミステ（煮笊参照）を敷き、その上に鮒をきれいに並べ、落し蓋をしてかるい押石をして、水、酢を入れて火にかけ、沸騰したら火を弱めて、約三〜四時間炊いて、口びるの骨が柔らかくなったら、味醂、濃口醤油、砂糖を入れて煮上げ、煮上ったら広い器に取り出し、残りの汁をかけて団扇であおいで早く冷し照りを出しておきます。冷めてから取り分けます。

ふなのこづくり〔鮒の子作り〕

鮒は三枚に卸し、皮を去り、細作りにして氷水でよく晒し、洗いにします。次に子を茹で水で冷し、手でもみますと他の魚の子と違いバラバラになります。薄皮を去ってすいのうにあけ、かわいた布巾で静かに水気をとって先の鮒の洗いにまぶします。鮒も鯉も真子を茹でるときれいな黄色のアワ状になります。食味には、酢味噌、二杯酢、ねりがらしを擂り混ぜたからし味噌、即ちドロ酢を使います。

ふなのこぶまき〔鮒の昆布巻〕

鮒を昆布で巻いて、甘露煮と同じようにして煮ます。

ふなもり〔船盛〕

材料を船に見立てて盛ることをいいます。魚に頭をつけたまま三枚におろし、身は料理に、残った尾頭つきの中骨は船にみたて盛り付けに利用するか、身は刺身や切り身にして焼き物、揚げ物にし、料理と同じ調理法で処理した尾頭付きの中骨の上に盛り付けます。姿盛りとも言います。単に船形の器に盛り付けた料理のこともこう呼びます。

ふのやき〔麩の焼〕

フノヤキの名は『利休茶会記』を見ますと菓子のところに、クワシ、フノヤキというのが百例中七十例あまりも見えます。いったいどんなものなのか昔のことで知る由もありませんが、ある本には小麦粉を水でこねて焼き、味噌を塗ったものとあります。

田中仙樵氏の、『南方録の講義』には「是は京都松屋常盤の家伝専売の菓子に味噌松風といふがあり、之即ち此のフノヤキの事なる由、或人より聞きたることあり、昔は砂糖もなし、麩の原料に味噌を混ぜて焼きたる物信ずるに足るべし。」とありますが、フノヤキのフは麩のことである意で『嬉遊笑覧』には「麩の焼きとは物の名とも聞えぬ呼やうなり、おもふに焼麩といふ物であるから、まがはぬやうにいひるにても有べし、むかしは両者の彼岸の内仏事には是を作りしとぞ、小麦の粉を水に解きやきなべの上にうすくのべて焼たる片面に味噌をぬり巻きて用う、これ上にみえたるけんぴやきなり」とあります。

『御前菓子秘抄』『料理法大全』などにその製法が、「小麦を水にしてしろくこね、ちひさき平鍋に胡桃の油を塗り少しづついれ薄くひろげ焼き、むき胡桃の油を刻み山椒味噌、白砂糖、罌粟《けし》等を中へ巻きこみ中候」と出ていますが、昔は砂糖の貴重な時代ですから、アマヅラなどを使用したことでしょう。その他、『茶聞書秘書』にも作り方が記されていますが、似たりよったりです。会記には仮名で、フノヤキとしてあり、フノヤキがどんなものであるか分らないようになり、麩の焼の文字を当てたようです。現在の餡巻はこのふのやきの進化したものともいえましょう。

ふのり〔布海苔〕

フノリ科の紅藻。布を張るのに使うのはフクロノリで、採りたてのを熱湯を通すと美しい緑色になります。刺身の妻、酢の物、汁の実などに使います。

ふはい〔腐敗〕

有機化合物、とくにタンパク質その他の窒素化合物が微生物の作用によって分解され、悪い臭いを発したり、有毒物を生成したり、形、触感などが変化する現象をいいます。広い意味で発酵の一種です。腐敗しやすいのはタンパク質で、次が炭水化物、脂肪の順です。味噌や醬油の製造の場合はタンパク質に働きますが、有害物質は生産されないので腐敗と区別して発酵食品として取扱われています。

ぶぶづけ〔ぶぶ漬け〕

お茶漬けのこと。京都の方言。〃ぶぶ〃とは関西地方の茶の方言です。

ふみび〔文火〕

弱火のこと。ブンカともいい、中国料理の火加減の呼び名です。文火《ぶんか》は弱火、武火《ぶか》は強火のこと。

ふゆごもり〔冬籠〕

和菓子の一つ。大阪高槻の名菓。高山右近で知られている高槻に冬籠があります。江戸時代からのもので、三代目は京都御用菓子司に奉公して帰り、先代の作った餡巻を改良して、城主に献上して喜ばれたというものです。皮は小麦粉と鶏卵、砂糖で作り、餡を巻いたもので、小口切りにして使います。皮も柔らかく餡との調和のよい菓子です。

ブラックバス〔黒鱒〕

アメリカ北部およびメキシコが原産の魚。大正時代日本に移入され、箱根芦の湖のものが有名です。背は暗緑色、腹部は緑銀色、体長四五cmくらいになります。形、味ともスズキに似ていて美味しい魚です。洗いのさしみ、焼物、吸種といろいろに使えます。

プラム〔欧米杏〕

スモモの欧米種。我国で改良されなかったスモモがアメリカへ渡り品種が改良されて、プラムという名称で日本にもどってきたものが多いのです。種類は、ケルシー、ビューティー、ウイックソン、フームサなどがあり、乾燥用にはプルーン、干したのもプルーンといいます。干したのはそのままでも食べますが砂糖ミツでふくめ煮にして付け合わせにするのもよいものです。プラムに十分砂糖ミツが浸るようにして、一度沸騰させそのまま一晩放置しておきますと軟かくなり、種もはなれやすくなります。

ぶり〔鰤〕

姿は大きくてもアジ科。昔は豊漁であったため安い魚といえば鰤であったのに、現在では高級の魚になってしまいました。寒鰤といって北陸地方で十二月から二月始め頃に獲れる鰤を特に賞味します。回遊魚ですが西北の季節風に襲われると、あわてて富山湾へ逃げ込むため、富山でシケがあると鰤の大漁が期待されます。十二月、一月の雷鳴を、「鰤起し」というのもこれに由来することでしょう。

さしみ、照焼き、煮付けも惣菜にします。俗にいう、藻《も》すり、腹の所の脂のある部分の刺身は特に美味しいことです。

ブリの産卵はなぞに包まれています。東シナ海、西九州、伊豆沖と予想されていますが、場所が確認されているのは対島の南と五島沖だけです。産卵は一匹で五〇万粒から二〇〇万粒も産みます、孵化して二～三㎜になると沖の潮目（流れの違う境目）にただよう神馬藻《ほんだわら》のながれ藻につき、多い時には畳一枚くらいの大きさに一万匹もの群れがあります。この稚魚のことをモジャコ、シヲノコ、ツバエソといって網で大量にとり、養殖生簀に入れますが、この魚は共食いが多くハマチ養殖の泣きどころです。

ふりかけ〔振掛〕

ご飯の上にふりかける味をつけた粒子。魚粉、ごま、のり、その他の材料に味を付け乾燥させたもの。

ブリコ

ハタハタの卵巣。秋田地方の特産。

ふりなまこ〔振生子〕

生子の両端を切り、ザルに入れて塩をしてよくふり、水洗いしてぬめりを取ったもの。これに三杯酢をかけ柚子の輪切りをのせておき、入用に応じて切り、大根卸しを添えて進めます。その他生子をある程度に切り、塩をふりかけざるに入れて振り水洗いをする場合もあります。碁石《ごいし》のようになるのでこれを碁石作りともいいます。

ぶりのいっぽんつり〔鰤の一本釣〕

日本では最南端五島列島の魚法。ここでは鰤を一本釣しています。三〇〇年の歴史をもち、玉の浦の鰤の一本釣りで知られています。この地は真珠の養殖も盛んな魚港です。

ふるい〔篩〕

網状のものを丸い木わくに張ったもの。大小選び分けることをふるい分けるといいます。台所用には、粉ふるい、すいのう、裏漉しがあり、使う目的によって網目の大小があり、網の材料も、絹、金網、化学繊維、竹、馬の尾の毛など使用されています。竹のものは味噌漉しや茹で物をあげるのに使い、金のは粉をふるったり、目の荒いのは金とんの上付け用とそれぞれ用途により使い分けします。

プロトンどうふ〔プロトン豆腐〕

タンパク質は身体のあらゆる細胞、血や肉を作ります。このタンパク質の名称がプロテイン、身体に欠くべからざるものという意味から付けられた名称です。冷蔵庫に入れておけば一ヶ月くらいは日持ちします。

ふろふき〔風呂吹〕

大根または蕪を茹で、胡麻みそ、またはとり味噌をかけたもの。大根は尾張青首の太いものがよろしい。三㎝くらいの輪切りにして皮を剝き、面を取り、米、煮出し昆布、塩少し入れてゆっくりと茹で、これに好みの味噌をかけ卸柚子を散らして、温かい内に食べます。

風呂吹きの名称は、『骨董集』文化一年版によると、「風呂はいづれの国にも候へども伊勢風呂と申す仔細は、伊勢の国衆ほど熱き風呂を好みて、よく吹き申さるるにつきて、上中下ともに熱風呂を好く―中略―宝永まで、風呂を吹くといふことありしなるべし、伊勢人物語を聞くに、風呂を吹くといふは空風呂にあることなり、これを伊勢風呂といふ、垢《あか》を搔《か》く者、風呂に入る者の身うちに息を吹きかけて垢を搔くなり―中略―さて大根を熱く蒸して煙の立つほどなるを、大根の風呂吹といふも、息を吹きかけて食ふさま、かの風呂吹に似るゆえんならん」とあるそうです。何れにしても風呂ふきは、ふうふうと吹きながら熱いのをたべるのが美味しいものです。

ぶんせん〔文銭〕

丸い物の真中へ四角の穴をあけた形《かた》の物。文銭に似た姿に切ったものをそう呼びます。文銭とは、寛永通宝銅銭の一つで中心に四角い穴が明いた形のもの。文銭きゅうり、文銭たけのこなどといいます。

ぶんせんたまご〔文銭玉子〕

玉子にかぎらず文銭形に作るのに文銭の言葉を使います。丸の中を四角に抜いたり四角なものを詰めたりします。その一つに文銭玉子があります。玉子の大きくなっている方の頭に四角の穴をあけ、黄白身とも取り出し二色に分け、これに塩、砂糖で味を付け、白か黄か何れかを元の玉子の殻に入れて四角に切った大根を差し込み、蒸器でこれを弱火で蒸しかため、大根を抜き出しそのあとへ残りの玉子を入れて更に蒸し、冷して皮を剝き横二つ切りにして使います。白身の方を先に蒸しかため、黄身をあとにした方がきれいにできます。**それは白身より黄身は低温で煮熟できるからです。**

ぶんたん〔文旦〕

ザボンのこと。ボンタンともいいます。文旦の名の由来は安永元年（一七七二）鹿児島県阿久根港に、暴風雨を避けて清国の船が逃げ込んできました。船長は帰国の際、お世話になったお礼としてザボンの実をくれました。その後その種子を蒔いて育てたところ大きな果実がみのったが、名前がわからないので、船長の名前の謝文旦をとってブンタンと名付けたといわれます。

ぶんたんさとうづけ〔文旦砂糖漬〕

文旦の皮の表面を薄く剝き、中の白いわたわたのところを取り去り、からい塩水に一晩漬けて苦味を抜き、これを茹でて濃い砂糖蜜で煮て取り出し、蜜を更に煮詰めて文旦を入れ、取り出して砂糖をまぶし風をあてて、更に砂糖をまぶして乾かすと美味しい文旦の砂糖漬けができます。これを切ってお茶漬けに、干菓子代わりに使います。

ふんどし〔褌〕

蟹の腹部に附着している三角形の殼。雄蟹のは細く雌蟹のは大きくて丸形なので、褌を見れば雄雌の見分けがつきます。夏は雄蟹が良く冬は雌蟹がよろしい。体内の卵巣を内子といいこの褌に附着している熟卵を外子といいます。外子は大根卸しと混ぜて酢の物にするとよろしい。

ふんまつず〔粉末酢〕

粉末状の酢のこと。粉末酢は市販されていますがまだまだ一般に使うのは心もとないものです。でも登山や探検といったような余分の重さを除きたい場合などには重宝です。

ふんむかんそう〔噴霧乾燥〕

液体のものを噴霧状にして熱風で乾かすこと。加熱時間が短かいので品質の低下が少ない。粉乳、粉油脂、薬品などの製造に広く利用されています。

へ

べいか〔米烏賊〕

べカとかビイカともいい、ヤリイカ亜種。小さな紅色のイカで長さは五㎝くらい、体はやや長細く、角質の長い甲があります。瀬戸内、九州辺に多く産し、岡山県の児島湾のものが肉がしまっていて美味しいといわれます。年中ありますが三月が旬です。味醂、醤油で煮るか、塩茹でにして生姜醤油、木の芽和えにして賞味します。

へいけがに〔平家蟹〕

ヘイケガニ科。甲羅に紋様があり、壇の浦で滅びた平家の怨霊《おんりょう》が化して蟹になったという伝説の蟹。『俚言集覧』には、「平家蟹、本名鬼面蟹をいふ。諸国その他にて憤死せし勇士の名をもて呼ぶ。西国多し。」とあり、何か因縁があればそれに因んで、何々蟹と名付けたことを示しています。『日本山海名物図会』は「讃岐平家蟹、蟹の甲に目鼻口あり、人の面のごとし」云々とあるそうです。

へいし〔瓶子〕

酒器の一種。酒を入れて杯につぐ容器。平安時代は宮廷の特別な祝宴や供宴に用いられた酒器です。現在は祝儀用または神酒を入れる容器として用います。昔の瓶子は、金銅、白銅、錫、銀などで作られ、毛彫りで模様をつけたものもあり、陶磁製には青磁、白磁のものもありましたが、祝儀用として用いられるようになってからは土の素焼きのものが多くなって来ました。神前にお供えするものは切紙でおおい、水引をかけて一対に使います。

べいなす〔米茄子〕

大型でへたが緑色でとげがある茄子。千葉でよいのが産します。加茂茄子はへたにとげがなく丸みをおびています。しぎ焼、胡麻煮、かつお煮、揚物などが美味しくいただけます。

ベーキングパウダー

ふくらし粉、膨剤といわれるもの。

べか

備前地方の特殊の小さいいか。しかし螢いかほど小さくはなく、六月が旬。普通のいかと同じように料理されます。柔らかで美味です。

へぎ〔片木〕

桧や杉を二㎜くらいの薄さにへギ割った板状のもの。古代には食器として使われたのですがのちには、折敷や折箱と変形し、これが更に膳へと発展して婚礼の祝い膳によく使われたものです。現在では御菓子の銘々皿、正月などの口取りを盛るのによく使います。

へぐ〔剝〕

薄くそぐように切ることをいいます。

へこやき〔兵児焼〕

鹿児島の表徴とされる、兵児の名をつけた郷土料理。一口にいえばすきやきの一技法です。牛、豚、野菜を大ざっぱに切って鉄板の上で焼きながら、薬味や香辛にさらしねぎ、大根おろし、七色とうがらし、喰味には、食塩、醤油、酢の物の他洋風にソースなど使い、思いおもいに味付けして食べます。スキヤキの真骨法といってよいことでしょう。

へしこずけ〔蘇洞門漬・魚糟漬〕

小魚の保存法の一つで若狭小浜の名物。塩をきかせた糠《ぬか》で、コハダ、鯵、鯖、タラ、甘鯛などを漬け押しをして保存し、一年以上経たものを焼いて賞味します。

へそひやしのえん〔臍冷の宴〕

昔の人はなかなか粋な言葉を使っています。婚儀の仲人は、新夫婦が新婚旅行から帰って来ると旅行中のことなどを聞いたりして、これならば仲良く暮して行けるかどうかと見きわめるため、夕食を共にしてその様子を伺います。これが臍冷しです。仲人も一杯が進み自然新夫婦がちょっとくらい顔を紅くすることなども話題に出ることでしょう。

へだい〔平鯛〕

全身パールグレーの地に黄色の模様がはいり、胸ビレ、シリビレは黄色。伊勢湾には春先に産卵のためやって来ます。黒鯛のように磯くささがなく、身色は白で甘味があり、刺身、塩焼きなどが美味しいが、魚獲高が少ないのが難点です。この魚は真鯛を誘導するといって大歓迎します。頭はやや丸く体長四〇㎝くらい。

へだかに〔戸田蟹〕

一名高足蟹。旬は冬です。両足を伸せば一・五mもあり、胴体は食べる身はありませんが甲のミソが美味しいものです。足の一節の長さは短かいので二〇㎝、長いのは四〇㎝もあります。駿河湾の深い断崖に住む蟹で、この蟹をとるのには戸田の底引網船だけです。この地方しかとれないところに特色があります。食べるのには茹でて、二杯酢を最高として時には蟹鍋にしてもよいものです。

べたしお〔べた塩〕

〆鯖などをする時アラ塩の沢山ある上に鯖をおき、押えるようにして塩をすること、べたっと塩がつくのでこの名があります。

べたとは「接頭辞的にも用いる。一面すきまなくの意に用いる。べた金（印刷用語）べたぐみ」。と『広辞苑』にでています。即ちすきまなく塩をすることの意になります。

へちま〔糸瓜〕

ウリ科の一年生蔓草。実が熟せば水につけて身の部分を腐食させ、繊維のみにしてたわしに使いますが、花落ちくらいの未熟なものは、煮たり、椀種の青味、漬物にして食します。昔は陰暦八月十五日の夜これを切ってさかさまにして瓶に切口をさし、水を取って化粧水にしたものです。鹿児島では若いものを小口切りにして肉などと共に油炒めして味噌砂糖で調味する料理があります。

へちまのみず〔糸瓜の水〕

去痰鎮咳《きょたんちんがい》の妙薬と云われます。また化粧水として美容に効があるといわれ、八月十五夜仲秋名月の晩、糸瓜の蔓を地上三〇―五〇cmのところで切り、根元の方を瓶にさし入れておくと、その切口から水が一昼夜で約一ℓくらいとれます。昔は咳や痰が多い時薬として飲んだものです。

べっこうに〔鼈甲煮〕

合挽肉二五〇g、片栗粉大匙一杯と二分の一、小麦粉大匙一杯と二分の一、玉子二分の一個、人参八〇g、玉葱四分の一個、人参玉葱はみじん切り、肉、片栗粉小麦粉、卵とよく擂り混ぜ、人参玉葱を混ぜて小判形に取りフライパンで油焼きしてその中へ、煮出し汁カップ二分の一杯、醤油大匙四杯、砂糖大匙二杯と三分の一を入れて裏返しつつ汁のなくなるまで煮ます。かくすると人参の赤色がわずかに出て丁度黒鼈甲と見るように照りがあって煮上るのでこの名があります。

べったらづけ

東京の大伝馬町、堀留人形通りで十月十九日の夜、えびす講前夜に催すべったら市で売られる漬物。宮重大根の皮を剝き一度塩漬けしてのち米麹を甘酒状にしてその中に漬け込んで作ります。神田の小田原屋は十六代も続き、べったら漬けの元祖でもあります。

ペティオニオン

玉葱の小形のもの。洋食ではよく使用されますが、日本料理でも鶏の骨付きなどと焚き合わせるのもよいものです。

べにきり〔紅切〕

そば粉に紅を混ぜて打ったそば、風味があるので山形地方では茶会の点心などによく使って賞味されます。

べにざけ〔紅鮭〕

ベニマスともいいます。鮭の一種、体長六〇㎝くらい、北太洋に住みます。体色は青く、肉は濃い紅色です。日本人より欧米人が好むので缶詰にされて輸出されます。魚屋の店頭に並べてある紅い切身はこのベニザケです。バター焼き、レモン蒸し、西京焼き、フライなど多くの料理があります。

べにしょうが〔紅生姜〕

土生姜を薄切りにして、一日乾して梅干を作るときに漬けた紫蘇の葉、又は赤の食紅にて色付けして三杯酢に漬けたもの。長く貯蔵するには一日乾しておくとカビがはえなくてよろしい。時には塩漬けにしてのち色付き酢に漬けます。

べにずわいかに〔紅ずわい蟹〕

富山地方で九月から五月まで獲れる赤色のあざやかな蟹。普通のズワイ蟹と同じように料理されます。

べにたで〔紅蓼〕

タデ科の一年草。茎葉共に紫紅色。刺身の妻《つま》に使うのはこの二葉のものです。ピリッと辛く蓼独特の香気もあります。使い途たでには、赤蓼、青蓼、葉の細い笹たでがあります。この蓼は何れも同じですが蓼酢には青蓼を使います。この蓼は毒消しの作用があり、漢方薬の一種にも使われます。

べにばち〔紅鉢〕

白地で厚手の鉢。大きさは使い途により大小さまざまです。昔は只今のボールと同じように使われたもの、今でもうどん粉をこねるのによく使われます。尚栗のふくめ煮に使用するのもよいものです。

べにばな〔紅花〕

キク科の越年草で高さ一ｍくらい。全体はアザミに似ていてトゲがあり、晩春に花が咲き花は帯紅黄色。この花を絞ると鮮紅色の汁がでるので紅花といいます。原産は近東あたりといわれ、花から製造された紅は薬用、染料に用います。紅はすこし苦味があって香りもよいので御菓子によく使われます。若菜は茹でて浸し物、和え物にも使用します。

ぺへレイ

ぺへレイとは魚の王様という言葉。最近南米から来た淡水魚。この魚は草食魚ですでにアルゼンチンから神奈川県の淡水増殖場へきています。ここで増殖して幼魚を冬湖に放魚されていますので遠からず食膳に上ることでしょう。味は淡泊で白ギス、カマスによく似ているといわれます。塩焼、フライ、さしみによく、現地の邦人はすし種に使っているそうです。色に気品があり、全体青みを帯び、口はオチョボ口、尾ビレは白く、泳ぐ姿が大変美しいといわれます。

べら〔遍羅・倍良〕

ベラ科の魚の総称。ベラ科には、オハグロベラ、テンス、アオベラ、アカベラ、ササノハベラなどがあり、冬眠するまれな魚です。出身は東南方系の魚なので、冬水温が下ると瀬戸内では砂にもぐったまま冬眠します。魚のメス、オスは一見分りにくいものですが、ベラは縞模様の赤みが淡いのがメス、緑色の強いのがオスです。料理では、塩焼き、煮肴、乾物、すり身種、揚げ物等に向きます。

べらた

アナゴの稚魚。瀬戸内の一部ではアナゴの大きいのをベイスケと呼び、稚魚の微弱なのをベラタといいます。白魚に似た透明なものですが長くてグニャグニャしているので、男のくせに柔弱な青年をベラタ野郎と軽侮した言葉にも使われます。早春なぎさ近くに群来するので、手網ですくって生のまま酢味噌で食べると格別な風味があります。

べろべろ

金沢の郷土料理。寒天を煮溶して醬油、砂糖で味を調え、流し缶に流し入れ、その上へ卵を割りほぐして下へ沈まぬように細く流し入れ、生姜の千切りを散らし冷しかためて切ったもの。

べんけいちからもち〔弁慶力餅〕

この餅を食べると弁慶より力が強くなるというところからこの名があります。三井寺観音堂で売っています。ここには有名な弁慶の力鐘があり、こんなところに由来して付けた名称でしょう。

べんとう〔弁当〕

携帯用の食事。通勤弁当、花見弁当、通学弁当、幕内弁当、茶に使う信玄弁当等々、いろいろあります。

ほ

ほいろ〔焙炉〕

一種の乾燥器。一般ではとたん板を四角にして、和紙を張り、その下にわずかに火を置いてその中へ材料を並べて序々に水分を蒸発させるのに使います。のり、わかめ、あおさ、寒梅粉で作ったおこし物などの乾燥用。

ほうおんこう〔報恩講〕

西本願寺の年中行事。四〇〇年も前から親如上人の徳をしたい報恩の行事が一月九日から始まり、多くの信者が集りその間参詣者にはお斎《とき》といって食事が出されます。

ほうきぐさ〔箒草〕

アカザ科の一年草。若葉を食用にします。また実を塩漬けにしておきこれを塩抜きして卸和え、酢魚をこれで和えたりして使います。東北地方の特産、とんぶりとも呼びます。

ほうきだけ〔箒茸〕

一名ネズミダケ。淡黄色ですが上の方が淡紫色です。秋に生ずる茸です。茎は太くて短く、上部がこまかく分岐して箒に似ているのでこの名があります、汁の実、焚き込みご飯、茹でて和え物などに使います。

ほうこうづ〔火鍋子〕

中国の寄せ鍋の鍋。真中へ火を入れ、その周囲に材料を入れて煮る鍋、湯豆腐に使うのもよく、直火が当たらないので温和に煮えてよいものです。

ほうしょ〔奉書〕

和紙の一種。物を人に贈る時の包紙。昔は正式の時にはこの奉書に書きました。有名な産地は、加賀奉書（越前）、四国の伊予奉書。これには、大、中、小の三種があります。尚現在では五色の奉書もあります。

ほうしょあげ〔奉書揚げ〕

材料に塩味をして奉書に包んで揚げたもの。和紙の柔らかい温和な風性がよいものです。レモンか、橙などを添えて進めます。

ほうじょうえ〔放生会〕

殺される運命の定まった魚介鳥獣を放って、余生を安んぜしめる行事。料理飲食業者は毎年この行事を盛んに行って供養をいたします。

諸神社仏閣の庭に池や林がありますが、これを放生池、放生林といい、この林や池に厄払いなどにお供えした生きたものを放ちます。神仏国のことゆえここで獲られる心配もなく長生きします。放った者も共に長生きする意味で供養を共に行うのが放生会です。

ほうぞう〔保臓・烹雑〕

雑煮の古語。現在の雑煮のことです。『守貞漫稿』には、「元日二日三日、諸国ともに雑煮を食ふ。雑煮、本名を、ほうそう、と云也。五臓を保養するの意にて保臓と書す也。又或は縉紳家《しんしん》（身分の高い人）には烹雑と云う」とあります。

ほうしょやき〔奉書焼〕

魚、肉、その他の野菜に味塩をして、奉書を濃い塩水でぬらし、これにて材料を包み天火で焼いたもの。この料理の最も有名なのは松江の奉書焼きがあります。不昧公好みといわれていますが、漁師がとった魚を炮烙の上で焼いていたのが大変美味しそうであったのでこれを見た殿様が、召上りたいとの御言葉あり、奉書に包んで差上げたところ、ことの外のおよろこび、それ以来この地の名物となったとのことです。奉書紙の産地、越前奉書、四国の伊予奉書が有名です。

ほうしょまき〔奉書巻〕

大根又は蕪を桂《かつら》に剝き、塩をしてのち洗い、三杯酢に漬けて種々の材料を巻いた料理。軟らかな和紙の奉書に似ているところからこの名があります。材料は酢肴、簡単にはソーセージを巻いてもよろしい。

ぼうだら〔棒鱈〕

タラの乾製品。マダラまたはスケトウダラを開いて干したもの。これには塩干しと素干しとがあり、棒鱈は塩をしない素干しにしたもの。一週間くらい毎朝米のとぎ汁を取りかえて漬けておきのち、適当に切って一度茹でて味醂、醤油、砂糖、煮出し汁にて味を濃めにゆっくりと煮込みます。正月の重詰に昔からよく使いますが、それは多良《たら》、即ち良いことが多くある意に通わせ縁起をかついで使うのです。

ほうちょう〔包丁〕

調理師にとって包丁は昔の武士の刀と同じです、従って人の包丁は使わぬのが掟《おきて》です。包丁の種類には、刺身用に、柳刃か蛸引、打ち物包丁、出刃、鰻さき、骨切り包丁、剝物包丁数種、骨抜き包丁、などがあります。鶏や獣肉用にはウシ切り包丁、とりがらすき包丁、切付包丁があり、野菜用には薄刃、剝ぎ、菜切り包丁などがあり、長芋を切る鋸《のこぎり》と、使い途により大小さまざまです。包丁の見方。持ってみて重みのあるもの、砥いで黒光りの出るもの、これが本焼きの上等品です。手入れは使ったのち、大根か人参の切り口に磨粉を付けてよく磨き、一度砥いで十分布で拭《ふ》いて水気を取り去っておきます。しばらく使わぬものは油を薄く塗って油紙に包むか、鞘《さや》に納めておきます。さて金物にはすべての金篇が付くのに、包丁のみ金に縁《えん》のない文字になっています。それは昔、中国の魏の国（三〇〇〇年前）に一人の料理人があり、その男は牛をさばくことが実にうまく、その手つき、肩のかっこう、足のふんばりなど見事な者でした。ある日、梁の恵王に招かれ牛を一頭手ぎわよく調理して差上げたところ、例によって牛刀が右へ左へ飛び、肉をさき、骨を切る音が妙なる音楽のように、心よく聞えたといい伝えられます。そのさまを「包丁、文恵君のために、解牛す、手の触れるところ、肩の倚《よ》るところ、足の履《ふ》むところ、膝の踦《ふ》まるとこ、砉然《かくせん》、嚮然、刀を奏《すす》めること騞《かく》然として音に中《あた》らざるなく、桑林の舞に合《かな》い、乃ち経音の会《しらべ》に中《あた》る。」包丁を使う身ぶりが、殷の湯王が雨乞いをしたときの舞楽のようであり、その手つきが、堯の時代の音楽で「咸池」の曲の一楽章、経首の会に似ていたといわれます。技もここまでくると、まさに神技といえそうです。

王は牛を料理した者の名そのまま、刃物を包丁《ばあてい》と命名したといわれます。包は料理人ということ、丁は名前、即ち料理人の丁さんというのが本来の意味です。従って包丁には金扁がない訳です。

ぼうちょう〔望潮〕

シオマネキともいい、小さな蟹で佐賀県の名物、がん漬け（カニみそ）にされます。

ほうちょうしき〔包丁式〕

昔宮中にては新年に鶏を包丁し、高貴の方の招待には目の前にて材料を式により包丁した儀式です。長い間には種々の流儀が生まれましたが現在では、東京に四條流、京都に生間《いかま》流が残っています。主に神前の供饌にこの式を行います。当今鮨、精進料理にもこの式が生れ、何か一つのショーの形になってしまいました。その道の方々も心していただきたいことだと願うことです。

ほうちょうじる〔包丁汁〕

小麦粉を団子にして、野菜と一緒に煮た汁、大分県の郷土料理。包丁汁の名は足利時代からあったもので、ホウトウのなまったものかも知れないといわれるもの。団子汁。

ほうちょうだんぎ〔包丁談義〕

包丁人一人前になるには、ぼうず（小僧）から始まり、庭はき、鍋洗い、魚洗い、向板、焼方、油、脇鍋、煮方、その間に盛付方があって真となって一人前になるのです。この道を踏まなければ半竭《か》人足です。包丁人といえば切味を重要視します。料理に合うように切ることが大切で、その切り方も多種多様です。物を包丁で切るということより心で切らなければとうてい満足した切れ味は出ません。毎日一期《ご》一会《え》が勝負であることを肝《きも》に命じ、仕上げた料理が意のままに出来上った時、始めて包丁人の喜びと誇りを感じるものです。これが毎日繰りかえされて始めて一人前の包丁人といえることでしょう。

ほうちょうのしゅるい〔包丁の種類〕

調理に関心のある者は包丁の研究をも一応したいと思います。的確にいうならば、その人その人に適した使いよい目方および大きさを選ぶべきではないでしょうか。この点昔の茶人はたいした者だと今さらながら感心させられます。茶杓一本削る小刀でさえも寸法目方まで各々に合わせて使用しています。これをみましても如何に手を下す仕事に熱心であったかがうかがわれます。毎日包丁を手にするわれわれもそれくらいの心掛けがあって然るべきではないでしょうか。包丁の種類を次に述べましょう。

包丁式に使う包丁

大。総丈一尺　刃先幅一寸三分　元幅一寸一分五厘
中。総丈九寸　刃先幅一寸二分　元幅一寸
小。総丈八寸　刃先幅一寸一分　元幅九分五厘

包丁式には右の寸法の物を使用します。今日使用しております種々の包丁は、これから変化されてきたともいえましょう。只一口に包丁といっても随分各種各様の物が使われますが、その大略を記して参考に供します。

写真・骨抜包丁、肉切ナイフ、鰻割、目さし、剝き物包丁各種、その他鱧（はも）の骨切、繰抜器、芋切鋸切、抜形各種、繰小刀、包丁式用、俎箸、薄刃大小、出刃大小、刺身包丁（蛸引ともいう）、柳刃、一応以上ぐらいの種類が必要となりますが、業者ではこの他大小の多くのものを使います。

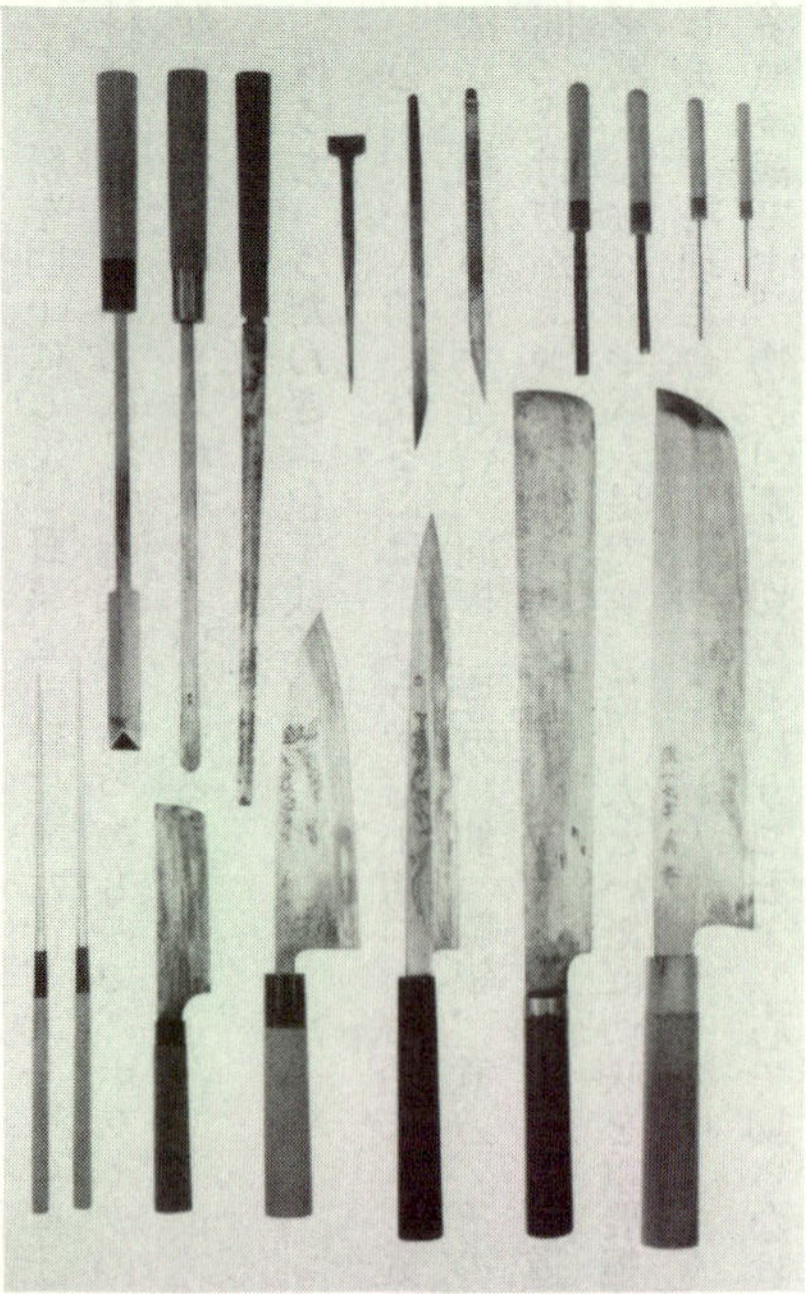

ほうとう〔餺飩・法湯〕

餺飩はほくたくで、ほうとうはその音便で、小麦粉で作った汁物料理の総称です。山梨県では南瓜を入れるのが特色です。手打ちうどんを作り、味噌汁か澄し汁の中へかぼちゃと

うどんを入れて煮込みます。かぼちゃほうとうのほか、小豆ほうとう、ナメコほうとうなどがあります。『俚言集覧』には「ほうとう温飩の粉の摘入の事也。餺飥と書く云り、未詳。餺ハ字書になき字也。鄙人、これを麦ホウトウといへり」とあります。

ほうばずし〔朴葉鮨〕

奈良、吉野の大峰山の麓《ふもと》あたりで作られる奈良時代からの古い歴史をもつ鮨。鯖に塩をしてのち三枚に卸し、骨皮を去り酢につけ、一寸厚めに切っておきます。鮨飯を作り、普通のにぎり鮨の二個分ほどの大きさに握り、鯖をつけて朴葉で包み、鮨箱に並べて入れ一昼夜押したもの。朴葉の香りがあって美味です。行者祭にはかかせない食物となっています。飯の酢加減は各家の好みに作るのが特色といわれます。またこの地方は景色がよく、渓流があり、アメノウオ（アマゴ）の釣などして川原で焼いて食べるのも楽しみの一つです。鯖を焚き込んだ鯖飯、山菜料理も有名です。

その他岐阜県恵那市附近の弁当ずしがあります。しらす干、人参、蓮根などを具にしてちらし鮨風に作り、これを朴の葉何枚かを使って包み、藺草《いぐさ》で縛って作られます。

ほうばみそ〔朴葉味噌〕

飛騨高山地方の郷土料理。この地方に多い朴《ほう》の木の葉に味噌をぬり、卸し生姜やきざみ葱を加えて包み、炭火で焼いたもの。朴の葉の香りがあって野趣のある味です。現在はこれを焼く用途に、朴の葉と共に小さなコンロが売られています。

ぼうふう〔防風〕

この語源はこれを煎じてのむと風邪を防ぐので防風の名称があります。また葉が砂の上にのびて浜砂が風で移動するのを防ぐからこの名があるともいわれます。防風には浜防風と薬用にするただの防風と二種あります。現在さしみの妻などに使うのは浜防風です。栽培は畑で作られて土防風といいます。最も多く産する地は鳥取県の観光で有名な大砂丘です。料理ではさしみ、酢の物のあしらいに使う他、浜防風を梅酢に漬けることもいたします。

ぼうぶら

南瓜《かぼちゃ》の異名『物類称呼』には、「南瓜、ぼうぶら、西京にて、ぼうぶら、備前にて、さつまゆうがほ、津国にて、なんきん、東上総にて、とうぐはん、大阪にて、なんきんうり、またぼうぶら、江戸にて、先年はぼうぶらといひ、今はかぼちゃという。」とあり各地とも南瓜をぼうぶらといった時代のあったことがうかがい知れます。

ほうぼう〔魴鮄・竹麦魚〕

ホウボウ科の海魚。頭の大きい薄赤色の魚。一名金頭《かながしら》ともいいますので祝い料理にも使います。季節は早春から初夏、鍋物の材料、煮肴、焼物、椀種、蒸物等に向きます。色の黒いのが金頭で、赤いのが魴鮄との説もあります。

ほうらい〔蓬萊〕

蓬萊山、蓬萊台、熊野山の異称。東海道中にあって仙人が住み、不老不死の地と考えられる霊山。富士山のような霊山の美称です。従ってめでたい意味で蓬萊台に婚礼などの慶事にはこの台に口取、祝い鯛などを盛る仕事もあります。

ほうれん草〔菠薐草〕

中国では紅嘴緑鸚哥、ホーチーリウインオ、といってほうれん草の一株の根元の紅い茎をインコのロバシに見立て、菜の部を羽毛になぞらえて如何にも美しい名になっています。普通には菠薐、ポーロン、といっていますが、われわれがほうれん草というのはこの言葉のなまったものだといわれます。この原産はペルシャ即ち現在のイランだといわれます。ほうれん草は一時蓚酸問題もありましたが、それは何れもあまりに過食であったからのようです。ほうれん草にかぎらず食べものはほどよくとりたいものです。

ほうろく〔炮烙〕

素焼の土器。昔は摂津、播磨が有名でした。形は浅い赤色の素焼きのものです。茶を煎じたり、胡麻を炒ったり、この上でさつま芋を切って焼いたものです。料理では炮烙焼きに使い現在大小生産されています。

ほうろくやき〔炮烙焼〕

ほうろくの上に塩を敷き、その上に青松葉を敷き、その上に、海老、蛤、白身の魚、松茸、生椎茸、栗、銀杏、百合根等々季節により塩味をして並べてのせ、その上に一枚炮烙をかぶせて天焼で焼き、味にポン酢を添えて取り廻しで食べます。秋には色のよい紅葉を三枚くらい散らして使うと風情があります。その他玉子焼き地に銀杏、椎茸、竹の子など取り入れて炮烙で焼くこともします。松葉の上に昆布を敷いて焼けば松前焼きです。

ほおみ〔頬身〕

魚の頭のほおにある肉のこと。この部分の肉は常によくうごくのでしまっていて味が最もよいものです。うしお汁、アラ煮、鍋物には是非食べたいものの一つです、特に鯛の身を賞味します。

ほげい〔捕鯨〕

捕鯨の歴史は古く、古事記や万葉集にすでに、久治良、勇魚《いさな》の名がみえますから相当古くから網魚の漁法が行なわれていたことが知れます。従って鯨に関する伝説も多く、山口県は四〇〇年もの昔から明治まで鯨の漁場として有名で、クジラ組というのがあって、盛んに鯨をとったようです。海岸には鯨の墓が残っていて、クジラ唄と共に昔をしのんでいます。近年は太い綱にモリを付け、捕鯨砲で打ち込む方法が行われていました。また、電気モリによる捕鯨や音響探鯨機などの研究もされていました。南氷洋捕鯨を主としましたが捕鯨は国際捕鯨取締条約という国際協定によって現在では禁止されています。

ほしあぶらあげ〔干油揚〕

愛媛県松山の名産。カラ揚げともいいます。水気のない油揚と思えばまちがいのないもの。幅約十二cm長さ十八cmの長方形、土地ではこれですきやきもします。煮るほどに軟らかくなります。保存がきくので登山隊のお供、南極探検隊用にも使用されています。

ほしあわび〔干鮑・乾鮑〕

鮑の乾燥品。ホシコともいいます。既に延喜式『本朝食鑑』にもでております。只今では中華料理の材料となっておりますが日本でも随分古くから、のしあわび、串あわびとして祝い膳によく使われています。日本産のは形が大きく表面に白い粉がふき最上品とされます。これをもどすにはよく洗って鍋に入れ、水をたっぷり入れて火にかけ沸騰したら火を消し、蓋をして一晩おき、翌日取り出し更によく洗い、水、酒、醤油で味を付けて約四、五時間ゆっくりと柔らかくなるまで煮ます。中華料理では茹で汁を煮出し汁代わりに使います。用途は前菜、口代わりの盛り合わせにいたします。

ほしいい〔乾飯・干飯・糒〕

飯を乾燥させた昔の保存食品。平安時代、強飯を干して餉《かれい》といっていたのが始まりです。ウルチ米、モチ米、アワ、キビも糒に作られました。食べる時水を加えて煮るか、湯をかけて飯状に戻して食べたようです。現在のアルファー米に近いともいえます。古くは旅行または軍用の携帯食として重要な食糧でした。

ほしうどん〔干饂飩〕

乾麵のこと。

ほしうみたけ〔干海茸〕

佐賀県の特産、二枚貝の一種。貝を開いて臓物を取り去り、日干しにしたもの。粕漬及び酢の物として広く料理されます。干したのは焼いて醤油、砂糖と混ぜた中に漬けておき食べます。ビールのつまみ、酒の肴に珍味です。

ほしえび〔干蝦〕

生で干したものと塩茹でにして干したものと二種あり、皮を剝いたもの剝かないものとあります。煮出しにしたり、佃煮にしたりして食用に供します。

ほしがい〔干貝〕

貝類の身又は柱を乾したもの。種類では、平貝《たいらぎ》柱、あわび、うばがい、あおやぎ、あげまき、鳥貝、貽貝《いがい》等があります。これを乾鮑と同様にもどして使ったり、醤油を付けて焼いたりします。

ほしかいばしら〔干し貝柱〕

帆立貝、タイラギ、イカラガイなどの貝柱を、乾燥したもの、北海道が主産地です。海水を沸騰させ、殻のまま貝を入れて茹であげ、貝柱だけ取って更に煮熟し焙乾または日乾にしたものを、白乾といい、内臓と共に製したものを黒乾と呼び、多くは中華料理の材料として使われます。さっと洗って茹でて身をほぐし和え物にするのもよく、煮物の材料にも使います。

ほしがき〔干柿〕

渋柿の皮を剝き干したもの。この種類にはいろいろあって、製法、形、土地などによって名前がつけられます。ころ柿、串柿、あんぽ柿、つるし柿、紅柿、巻柿、つと柿、押柿など、この中で一番よく名の通っているのがころ柿です。枯露柿、胡露柿などと書かれます。元来は転がし柿がなまってころ柿と呼ばれるようになったといわれます。これは干すときむしろの上で転がしたり手でもんだりして形を整えて作るところからの愛称といわれ、ころ柿の産地は信州伊那谷などが有名です。串柿は竹の串にさしたもの。あんぽは半干の軟らかいもの。つるし柿はナワでつるして干したもの。紅柿は一名ころ柿ともいいますが白粉をつけないように手でもんでシワ伸しをしながら干したもの。巻柿は柔らかい内に一〇個くらい抱き合わせて竹の皮とワラで包み細いナワで巻いたもの。大分県耶馬渓の名産。ツト柿はワラ苞《つと》に入れたもの。押し柿は上下を圧して平たくしたもの。干し方は始め天日乾燥、仕上げを火力でおこなうので甘味と仕上りのよさは抜群になりました。

砂糖のなかった時代はこれが貴重な甘味料でした。表面の白い粉は柿露といってぶどう糖と果糖の結晶です。

ほしがきのからしあげ〔干柿の芥子揚げ〕

精進料理の一つ。干柿に包丁目を入れて種を去り、そのあとへ溶き芥子を入れて衣を付けて揚げたもの。普茶料理の笋《しねん》羹《かん》（季節の野菜を煮込んだもの）などによく使います。

ほしかれい〔干鰈〕

かれいの臓物を取り去り、塩干にしたもの。

ほしがれい〔星鰈〕

ヒラメ科。普通のカレイとその差は明らかでありませんが背ビレの近くに五、六点の黒斑があるのでこの名があります。さしみ、煮肴、蒸しもの、空揚げ、干物などに向きます。

ほしざめ〔星鮫〕

ホシザメ科。別名ドチザメ科の魚。淡灰色の体の側面に白い点が星のように散らばっているので星鮫の名があります。形は細長く、全長一・五mくらいになります。大阪、高知ではホシブカまたはマブカ、長崎ではマノオソ、マナゾと呼ばれ、北海道から鹿児島までの沿岸近くにすみ、日本のサメ類中一番美味な魚です。上等の練製品の材料に使いますが新鮮なのはさしみや酢みそ和え、鮨のおぼろなどにもよく使います。

ほししいたけ〔乾椎茸〕

これには粗蛋白が二〇%も含まれています。強力粉は十二%、こうした値を較べて見ますと椎茸は非常に蛋白質に富んだ食べ物ということになりますが、量として一度に沢山食べる物でないからあまり高く評価はできないかも知れません。また、ビタミンB_1、B_2あるいはナイアジンと呼ばれるものも入っていますが、問題になるほどではありません。しかし成分表に記載されていないいろいろの成分が含まれています。例えば、呈味成分である51グァニル酸を含むので味がよくなり、特にイノシン酸と一緒に使うと相乗効果があり、それに椎茸中の多種類は癌に効くといわれ、椎茸特有のレオチオニンという香りがあり、他に、エルゴステロールと呼ぶステロールが非常に多く一〇〇g中二六〇mgもあり、このエルゴステロールは紫外線や日光が当るとビタミンD_2に変り、このビタミンD_2はくる病に効きます。椎茸はかつて天日乾燥でしたので、乾燥の途中紫外線によりエルゴステールの環が開いてビタミンD_2が生成しています。然し最近は火力乾燥ですから、このビタミンD_2はほとんど含まれていないといってよいかも知れません。何はともあれ料理の材料にはかかせない重宝なものです。

ほししょうが〔干生姜・乾薑〕

ショウガの根を乾燥させたもの。漢方薬では健胃剤に用いられます。加工の方法でホワイトジンジャー、ブリーチブジンジャー、ブラックジンジャーの三種があります。そのうちホワイトジンジャーは上等品で、皮を去り天日できれいな白色に干し上げたものです。粉末にしてソース、菓子、飲料などの香辛料として用いられます。主産地は静岡県で重要な輸出品の一つです。消費地はヨーロッパ地方。

ほしすだれふ〔干簀垂麩〕
金沢の名産。丸西製、長さ二五㎝、幅二五㎝、厚さ一㎝、微温湯に一〇分くらい浸してもどすとスポンジのように弾力のあるものになります、薄味の煮物、鍋、汁の実の材料に最適です。治部煮の材料にかかせないもの。

ほじそ〔穂紫蘇〕
紫蘇に花が咲き実を結んだ穂先のこと。刺身の妻、天浮羅、漬物、薬味に使います。実を結んだ花の時を花穂紫蘇といいます。

ほしそば〔干蕎麦〕
そば粉とうどん粉とを混ぜてこねのばし、細く打って干したもの。干そばはほとんど機械打ちです。生そばより風味のおちることはいうには及びません。

ほしだいこん〔干大根〕
大根を一本のまま、または割ったり、切ったり、千六本に切って乾したもの。乾す時は日当りより風の当る所がよく乾きます。一本で乾した物は薄く小口切りにして三杯酢に漬けてアチャラ漬けにしたり味噌汁の種にします。その他は柔らかく茹で味噌汁、和え物、油揚げと共に煮物にします。惣菜らしい食べものです。

ほしたら〔干鱈〕
鱈を三枚に卸し干したもの。米のとぎ汁に四〜五日つけてもどし、適当に切り、茹でてから甘辛くゆっくりと煮ます。

ぼせんかいき〔母川回帰〕
鱒、鮭が、生まれた川へ帰ること。

ほそづくり〔細作〕
刺身の切り方の一種。糸作りよりやや太く切ったもの。サヨリ、きす、いか、鮃目、かれい、コチ、鯉などを材料に使います。

ほぞんしょく〔保存食〕
文字通り保存のきく食物。例えば、佃煮のいろいろ、てっか味噌、鯛みそ、塩から、ふりかけ、肉のレバーなど生姜を入れてからく煮たもの。常備しておきますと箸休めになって重宝なものです。

ほたてがい〔帆立貝・海扇〕

イタヤガイ科の二枚貝。水中を移動するとき、貝殻を開くと船が帆をあげているように見えるのでこの名があります。寒海の沿岸に住み産地は東北及び北海道です。貝は平たく一方はややふくれ、一方はほとんど平です。殻の表面に二五条内外の放射状の筋があり、内側は白色です。この貝は焼いてもよく、鍋料理、つけ焼き、塩焼き、和え物、酢の物と何にしても美味しいものです。この貝は火を入れても軟らかいのが特色といえます。乾燥したのは煮出し用にもなり重宝です。それにタンパク質に富み、コハク酸を多量に含むので旨味の強いものです。

帆立貝も現在は養殖が盛んに行なわれ、岩手県山田町あたりがその本場です。東京市場へ生で出荷されていますが、ほとんどこの地の物です。養殖は針金に一個づつ付けて、直垂れ式に養殖されます。尚この地は海老の養殖にも力を入れています。

青森の帆立貝の養殖は地まきといって海底に蒔くのと、籠に入れて育てるのとがあり籠に入れて育てるのは時により毒を持ち食中毒の騒ぎがよく聞かれます。然し時期が来るとその毒が消えるということです。そのふしぎの原因は分っていません。毒のあるのは腸の方で身にはないとされます。この毒は煮ても焼いても消えないという厄介なものです。然し毒の中腸腺は貝の外側にありますので除去して出荷されます。

ほたてがいかまぼこ〔帆立貝蒲鉾〕

北海道の名産。小さな帆立貝を両面に付けた直径五cm、厚さ八mmくらいのかまぼこであり、帆立貝の味もあって美味しいものです。食べる時ちょっと焼くか熱湯に四〜五分入れて柔らかくしてわさび醤油で食べます。

ぼたもち〔牡丹餅〕

『広辞苑』には牡丹餅と書いてあります。またの名を夜船ともいいますが、それはつくところを知らずの意からです。春の彼岸仏前に団子と共にお供えしますが、牡丹の花の咲く頃だからこの名があります。またこの姿がぼたっとしていて黒牡丹の花に似ているからこの名があるともいわれます。

『日本の和菓子』という本によれば、「昔は三等米以下の米をボタ米と言い。何にしてもねばりも味もなく食べにくいので餡か黄粉を付けて食べ始めた人間の智恵であった」と書かれています。ぼたとは、榾《ぼた》であって草木の切株、木なれば榾木、米なれば稲を刈り取ったあとの切株から再度芽が出てそれから穣った米、その米で作るので榾餅と書くのが本当のようです。勿論ボタ餅は漉し餡、お萩は粒餡です。料理では小豆を茹でて二つに切ったのを萩の花といいます。それは萩の花に似ているからです。これを作るには餅米七、ウルチ米三ぐらいの割合で焚き、擂木《すりこぎ》でついて形を作り、餡又は黄粉を付けて作ります。餡は漉し餡一キロ、白ザラ九〇〇g、水カップ二分の一、塩を少々焚き合わせて作ります。

春の彼岸の御供えに、ぼた餅にするのは年越しをした小豆の皮がかたいので漉し餡にし、秋の彼岸にお萩にするのは新豆のため皮が柔らかいからそのまま餡に作ります。

ほたるいか〔螢烏賊〕

富山湾沿岸で初夏の頃、湾内で産卵のため寄って来る小さいいかが。夜の海に螢のように光りを放つのでこの名がありま す。茹でて酢味噌にしたり佃煮風にもして食します。

ぼたん〔牡丹〕

キンポウゲ科の落葉低木。フカミグサ、ナトリソウ、ハツカグサなどの別名があります。原産は中国、太古以来数千年の歴史を持ち、わが国へは奈良時代に移殖されています。花の色はいろいろですが中でも黒色のを特に観賞します。晩春から初夏にかけて咲くのを春牡丹といい、冬に咲くのが寒牡丹です。昔から立てばシャクヤクすわれば牡丹と美人のあでやかな姿に例えられている通り、まことに艶麗な美しい花です。食用には春牡丹の花びらを酢を入れて茹でアク抜きして、酢の物、和えものにすると風味があってよいものです。木の根の皮は乾燥させて煎じて飲むと婦人病に効果があり、薬草の王とまで呼ばれます。

ぼたんえび〔牡丹海老〕

伊勢海老で牡丹花型に作ったもの。伊勢海老の頭を去り尾を残して皮を剝き、背開きにしますが、この時頭の方の一部を切らずにおき、これを背から開くようにして尾を開いてその上にのせますと牡丹の花型になります。塩をして三〇分間おき蒸します。塩をして三〇分間以上おかないと型がくずれます。塩をしておくのは身が塩でしまって一つの型になるからです。花の芯には卵を茹で、黄身を裏漉ししてこれを付けます。

ぼたんづくり〔牡丹作〕

刺身の盛り方の一つ。鮪や鯛、鮃目、いかなど少し大身に薄く切り、これを牡丹の花型に盛り付けること。花の芯に、大根と人参を卸し混ぜたものを使い、その真中へわさびを添えます。河豚は薄く引き切りにして、大きくきれいに牡丹の花型に盛ります。

ぼたんなべ〔牡丹鍋〕

猪肉の鍋。牡丹に唐獅々というところからこの名がありま す。猪肉の鍋は一寸味噌を入れるとよろしい。冬季は体の温まるものです。

ぼたんはも〔牡丹鱧〕

椀種の一つ。鱧を骨切りして塩をして茹でたもの。新鮮な鱧ですと白牡丹の花のようになりますからこの名があります。鱧に薄塩をして片栗粉を付けて軽くたたくようにして茹でれば、鱧の葛たたきです。鱧の骨は皮からでていますので皮まで包丁を入れます。これを切るには鱧の骨切り包丁があります。

ぼたんゆりね〔牡丹百合根〕

姫百合の球根一枚々に包丁をして牡丹の花形にしたもの。これを一寸茹でてバットに並べ砂糖蜜を張り、蒸し煮にすると形くずれせずにきれいに味付けができます。

ほっかいどうのまめ〔北海道の豆〕

北海道では多種類の豆を産します。小豆を始め大豆、黒豆（光黒）、手亡《てぼ》（ホクレン大福）、うずら豆、大納言小豆、隠元（白花豆）、天なり（大豆金時）、大正金時など。何れの豆も粒のそろったもので虫喰いのないのがよろしい。使い途は菓子の餡、煮豆、味噌醤油、豆腐、金とん、黒豆のぶどう煮、納豆、甘納豆等々。

ほっかいふぶき〔北海吹雪〕

ほぐして蟹の身のようになったもの。百貨店の食品売場にあります。酢の物、玉子とじ、揚げものにすると惣菜によいものです。

ぽっかけじる〔ぽっかけ汁〕

別名牛蒡汁ともいいます。福井県坂井郡地方の郷土料理。この地方では祭事や家庭の祝い事に欠かせない食べ物の一つ。家々によって多少の違いはありますが、牛蒡を主にして、油あげ、しらたき、かまぼこ、ねぎ、芹、のりなどを具にして醤油、塩で味を調えた汁作りを、焚きたての飯を丼に盛りその上にたっぷりとかけたもの。

ほっき〔北寄〕

二枚貝の一種、北海道特産、季節は三〜四月、マンガンという漁具で取ります。本場は霧多布《きりたっぷ》、この地方が美味しいのは栄養塩が多いからといわれます。ほっきの他つぶ、蛸、さんま、鱒などの産地です。この貝の料理は、塩焼、刺身、酢みそ、焚き込み飯、バター焼、うどんすき、等々いろいろに向きます。最も美味なのは鍋料理です。ほっき、つぶ、島海老、生の昆布、季節の野菜をたっぷり使って煮ながら食べる味は、北海道ならではの味です。何れにしても貝料理はあまり火を通し過ぎないのが美味のコツです。北寄の語源は北の海で獲れるのでこの名があるといわれます。

ほっけ〔鯱〕

北海道では魚の花としてこの字を当てていますが、本来はアイヌ語だといわれます。大きいのは七〇cmもあって新鮮なものは、刺身、付け焼き、煮付けにもなり汁の実にも使うことができます。

ホッタラコメシ

尾張に昔ホッタラコメシというのがありました。ホッタラコとは、ほたるのことで昔の農民は暮しも貧しく麦の中へほんのわずかの米の入った食事で過していた言葉です。まるで米が少くて螢がとんでいるようだとの意で、今日思いかえせばまるで夢のようなことです。

ぼてぼてちゃ

出雲地方の雅味豊かな食物。番茶の中へ茶の花の干したものを入れて煮出し、ボテボテ茶碗に入れて竹の簓《ささら》に少々食塩をつけてかき混ぜ白い泡を充分たて、その中へ粥とみじん切りの漬物二〜三種入れて食べます。松平不昧公が飢饉の折一般に奨励したといわれます。素朴な風味を賞味します。尚又中国にこれに似たような茶がありますからそれにヒントを得たかも知れません。

ほとけのざ〔仏の座〕

春の七草の一つ。別の名をタビラコ（田平子）といいます。田や野に自生するキク科の二年草で、タンポポを小形にしたような羽状葉を対生していて茎は成長すると一〇cmにも達します。食用にするのは冬から早春です。茹でて和え物、汁の青味などに使いますと一種の香気があって春らしさをかもし出してくれます。成長したものは煎じて服すれば吐血に薬効があるといわれます。

ほねきり〔骨切〕

骨切といえば鱧《はも》を第一に思い出しますが、その他小骨の多い魚は骨切りをします。このしろ、あいなめ、大黒《だいこく》目白、鯉、うぐい等々。

ほねざけ〔骨酒〕

鯛なれば更によろしいのですが、白身の魚の頭を塩焼き又は付け焼にして身を先に食べて、残りの骨を更に焼き直して上燗の酒をそそいでしばらくおき、のち飲みます。甘味があって又格別な味があります。

ほねぬき〔骨抜〕

魚（鰺、鯖、甘鯛、その他）の小骨を抜き取るのに都合のよい料理器具。毛抜きと同じ形ですがもっと大きなものです。抜きよい良品は東京のけぬきやにあります。

ほや〔海鞘・保夜・老海鼠〕

海鞘目に属する動物の総称、「固着性で単独または群体を作り、大体球形から卵形、木質を含む厚い被嚢を被る。出水孔（排泄門）と入水孔口があり、食物を水と共に吸入して食う。」と『広辞苑』に書かれています。

三陸地方が本場で養殖も盛んに行われています。グロテスクな姿に突起が二ヶ所あり、まずこれを切り取りこの何れかが口か肛門です。水を絞り出しますと一ヶ所から水、一ヶ所から糞ようのものが出て来ますから水を絞り出しボールに取っておき、それから糞のようの物を絞り出し、この二ヶ所をつなぐように包丁して中の身を取り出し、臓物を去り身をボールに取った水でよく洗い、切って酢の物又は和え物にして使います。きわめて磯の香りの高いものです。

ぼら〔鯔〕

ボラ科。この魚は淡水海水の両生、ボラという名は全国的ですが出世魚といわれるように、稚魚三cmくらいのをハク、次はオボコ、当歳から二才をボラ、そして名吉、めなだ、などと変ります。オスはせいぜい三五cmくらいなのに、メスは四〇cmをこえるのがありノミの夫婦です。ボラは俗にいうソロバン玉のようなヘソがありますが、これは胃の一部です。ボラは泥を食べる習性があり、その中の有機物質、小虫などはヘソで分けて消化します。この魚は河口付近に多く住むので、最近汚染の進んでいる地域の泥を食うためPCB、農薬、重金属などの汚染度が高い魚ですが、溶存酸素量が少なくても生きています。従って医業のモルモットの役にもなってくれます。ボラは鰻と同じように産卵の地域はまだナゾに包まれています。おそらく台湾あるいはもっと南の海で産卵するのかも知れません。ボラは本体より卵の方がはるかに高価です。成熟した卵巣を塩漬けにして乾燥したのがカラスミです。

産卵の適温は二二度とかなり高温で、カラスミになるような卵巣をもつボラは、高知、徳島、長崎などの南海に限ります。卵巣は体重の三分の一もあり、一生に一回しか産卵せず、産卵後は死んでしまうといわれています。分布は世界の熱帯、温帯の海域に住みます。料理では寒鯔を賞味し、さしみ、てり焼、味噌漬、ボラ飯、婚礼の膳に日の出鱠として使用します。寒には鯔は眼《め》が見えないほどに脂がのっています。

鯔の最後の名をとどといいます、ものの最後を、とどのつまりといいますが、これから出た言葉といえましょう。先にぼらの卵でカラスミを作ると書きましたが、実は赤目ぼらの卵だともいわれます。

ほらがい〔法螺貝〕

海の巻き貝の一種。関西、九州、四国等に産します。貝殻から身を取り出し塩もみ洗いして、酢の物、和え物として使います。さざえの壺焼きと同様にもします。貝のまま茹でて、のち焚合せにもします。大きいのは山武士または法師の吹きならす法螺貝ともなり、大変高い音が出ますので何事でも広大にいう人をホラ吹きというようです。

ぼらじる〔鯔汁〕

土佐高知の名物。ボラを一cmくらいの筒切りにして、生姜の薄切と共に茹で、煮出し汁を吸物程度に味を付けてその中へ鯔を入れ、りゅうきゅうという里芋のずいきに似た高知特産の野菜を笹がいて入れ煮て、熱いうちに柚子を香辛に使って食べます。

ほりかわごぼう〔堀川牛蒡〕

昔は京都堀川あたりで作られたのでこの名があります。二年三年と植え替えて栽培するので、太くて、表面は松の皮のようになります。土だけ洗いおとし大切りにして米糠を入れて一日茹で、二日晒してのち一日がかりで煮てこそ本当の堀川牛蒡の味がかもし出されます。

堀川牛蒡とは、秀吉が京都に聚楽第を作り、数年たらずに聚楽第を破《こわ》してしまいます。その堀が今も昔も同じようにごみ捨て場になってしまい、そのあとで牛蒡を作ったところあのような太い牛蒡ができたので、だれ言うとなく堀川牛蒡の名が付いたといわれます。

ホルモン

内分泌腺から分泌され、体の各部の成長、代謝など重要な働きをもつものです。微量で著しい効果をあらわす点ではビタミンと似ていますが、ビタミンは食品から補充されるのに対し、ホルモンは体内で合成されます。ホルモンという名称は、ヨビサマスという意味で、各臓器での機能をホルモンがきっかけとなってよび起すということから考えられた名でしよう。しかしホルモンの作用からいうと働きを抑制させるホルモンもあります。ホルモンには種類も多く、単独ではなく他のホルモンとのバランスのうえに成りたっているものだから、ホルモン剤を乱用することは却って体のバランスを失うことになるので気をつけたいことです。

ホルモンりょうり〔ホルモン料理〕

もつ料理のこと。動物の内臓は栄養価が高く、精がつくという意味から名付けられたもので、特に、睾丸など動物の性器料理をいう場合もあります。

ほろに〔法輪煮〕

フキの菜の料理の一つ。蕗の若菜を色よく茹でて、水にとり、水をとりかえてアク抜きして細くきざみ、酒、味醂、醬油で一寸からめに煮ながら粉がつおをふり入れて仕上げたもの。軽いほろ苦さが酒の肴によく合います。茶漬けにもよいものです。

ほろみそ〔法輪味噌〕

平安時代、南都東大寺の学僧が長時間の法談に備えるため、刺戟剤として香辛料を加えた味噌。後には和え物用にも使うようになっています。胡麻、麻の実、胡桃、山椒など混ぜたなめ味噌の一つ。

ぽろぽろづけ〔ぽろぽろ漬〕

山形県米沢名産。漬物の一種。山菜など二〇種類も混ぜて漬けたもの。お茶うけに、酒のつまみによいものです。

ほんあじ〔本味〕

先に薄味を付けておき使用する時、更に味を付けなおすこと。

ぽんかん〔椪柑〕

熱帯性のミカンの一種。凸柑《ぽんかん》とも書きます。これは枝の付け根が突き出ているところからついたといわれます。原産地はインドで、わが国へは明治二九年（一八九六）中国から鹿児島に移入され、わが国の主産地は鹿児島と高知です。外国では南中国、台湾、ジャワ、フィリピン、アメリカなどで栽培されています。柑橘類中の王で、甘味が強く酸味はすくなく香気の高い上品な味です。貯蔵がきかないことと生産地が限られているので品物は少ないものです。十二月下旬から二月中頃までが美味しいときです。

ほんしょうかぶ〔本庄蕪〕

秋田の名産。直径一二㎝もある大きな蕪、主として漬物にします。

ポンず〔ポン酢〕

柑橘類の絞り汁。だいだい、すだちを主に使います。ポンは、ポルトガル語の柑橘類の意味で、オランダ語もポンは同じ意味になります。それが日本語になったのでしょう。鍋物の食味、蒸し魚、揚げもの料理といろいろに使います。鍋物には、ポン酢五、醬油五、即ち同割がよろしく、使い途により煮出し汁を少々混ぜることもあります。

ほんぜんりょうり〔本膳料理〕

この料理の起源は鎌倉時代に求めることができます。鎌倉幕府が開かれ、源氏が武家として初めて政権を握ったとき、食事作法は全くない状態でした。そこで仏教や神道の食事の形式を取り入れ、武家の作法として小笠原家が主となって定められたのが本膳料理の始めとされます。徳川期に入り大名や公卿などの上流社会の供応料理として格式化され、本膳料理という形式が確立されたのです。従来は冠婚葬祭などに多く用いられ、のちには一般の家庭に入りましたが現在ではあまり見かけなくなってしまいました。特に戦後からといえるかも知れません。本膳には一の膳の汁(みそ)、飯、香の物、膾または鮓の物、平(五種とりあわせた煮物)、二の膳は二の汁(すまし汁)、坪(野菜の煮物、しんじょのあんかけなど)、猪口(ひたし物、和え物)、三の膳にはさしみ(鯛など)で、客

本膳料理

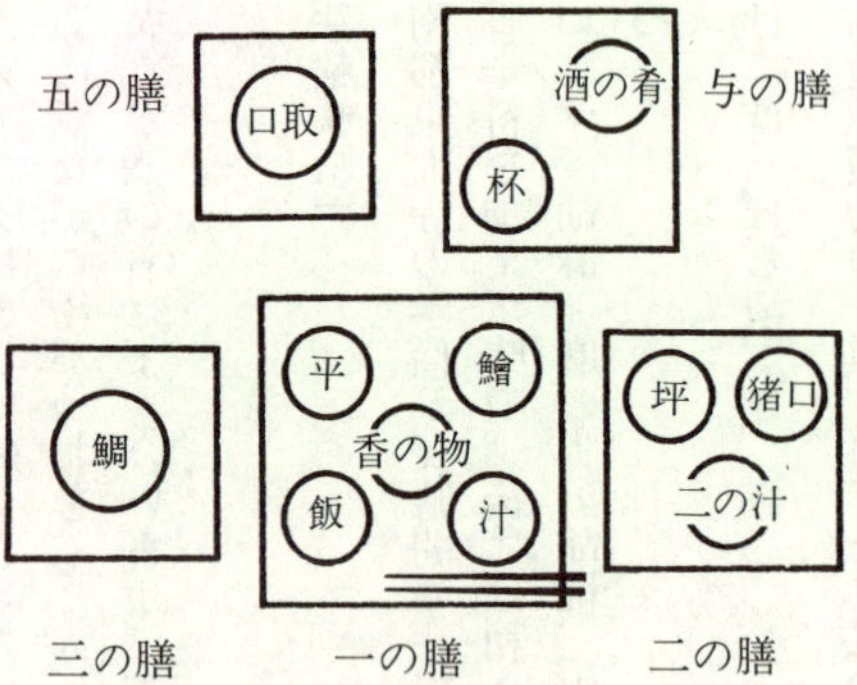

はここまでを食べます。五の膳まで使う場合は、与の膳、五の膳は引出物として先方で帰りまでに折に入れたり、包んだりしたのを土産として頂戴して来たものです。従ってこの分には箸

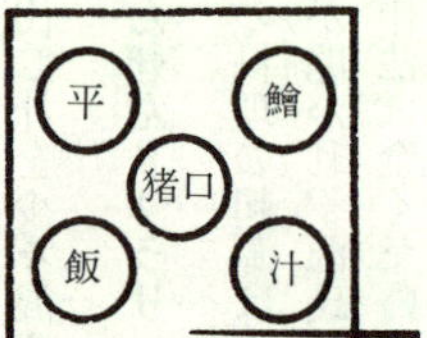

をつけないのが普通です。現在では一の膳を使ってほとんどすまされます。膾、平、猪口、飯、汁とで膳は作られます。本格には先に料理が七品又は九品出されてのち、ご飯の時にこの本膳を出すのがよろしいけれども、それを更に略して本膳だけ使って、さしみ、焼物、酢の物と、酒の肴の料理を膳に組み合わせて出す場合が多くなっていよいよ簡素化されてきました。

ほんぞうこうもく〔本草綱目〕

食物の本にはよくこの名がでて来ます。『飲食事典』に「伝説の神農を始祖とすると自然食養から発し、学問として大成されたのは中国の明代で、わが国の天正八年に出版されたのが、すでに慶長十四年と記載のある渡来本が現存し、続いて寛永十四年にはその第一版が翻刻されたのをはじめ、江戸時代を通して諸種の啓蒙版を生じたが、わが国では別に『本草和名《わみょう》』深江輔仁撰二巻、と名付けて平安朝初期に出版された

薬学書があり『薬食一如』の神農式にさかのぼった歴史も古い」。と出ているように貴重な書物です。

ほんだわら〔神馬藻・穂俵・本俵〕

草名藻《なのりそ》、神尾藻などと書くように神馬の尾に見立てた形容です。日本海の能登地方で産し、楕円形の小豆大の気胞のついている海藻。縁起物として正月用に、さしみの妻、酢の物のあしらい、吸物種などに使います。乾藻してありますから水に浸してもどして使用します。神馬《じんば》藻《そう》ともいいます。古書に、「正月の古礼、私　曰《ひそかにいふ》、たわら物は神馬草の事なり。穂俵とも云ふなり。神功皇后異国を攻むる時、船中馬株《まくさ》無く海中の藻を取りて馬に飼す。故神草というなりとぞ。」とあります。

ほんなおし〔本直し〕

みりん味に造った飲料の一種。一名直《なお》しまたは柳陰ともいいます。みりんのもろみが完全に熟成する一〇日ほど前に、更に多量の焼酎やアルコールを加えて圧搾濾過したもの。本味醂に比べてエキス分が少なく、アルコール二二%、糖分八・八%のもの。

ほんぶし〔本節〕

カツオ節の一種。大きなカツオを三枚に卸し背腹に切り分けて加工して作った節のこと。背の方は味が淡泊なので主としてすまし汁用に、腹の方は味が濃厚なので煮物または味噌汁の煮出しに使います。

ぼんぼり〔雪洞〕

鮨言葉、おぼろのこと。ぼんぼりとは即ち雪洞、花時に所々に連なって、立てている上が広く下の狭い燈火の具。張られてある紙には桜の花をかきますから自然ピンク色です。おぼろの色もピンクですからこの名を呼ぶようになった訳です。これは海老で作るのが本格ですが現在では何海老でも高くつくので魚で作ります。白身の魚を茹でて、皮骨を去り、鉢でかるく擂りながら着色して、塩、砂糖にて味を付け、弱火で炒り上げて作ります。

ま

まあじ〔真鰺〕

アジ科の海魚。わが国海産物の横綱格をしめる漁獲高です。体長は一〇㎝から三五㎝くらい、小さいのもありますが六〜八㎝のものは小鰺といって別です。体色は青緑色、ゼイゴが体のまん中に尾びれの付け根まであるのが特徴です。料理では、塩焼、酢の物、干物、揚げもの、鮨種、沖なます、煮つけといろいろに用途の多い魚です。

マービー

砂糖に代わる新らしい甘味料。マービーは低カロリーで、マルビット（マービーの原料名）は澱粉に酵素を働かせて得られる高純度麦芽糖シロップに水素を添加したもので、ほとんど体内で消化吸収されないという特性があり、従って糖尿病食、健康食の甘味料として理想的な調味料です。

まいか〔真烏賊〕

イカの一種。甲いかの最良種。胴の中に舟形をした甲羅があり、墨袋が発達しているので、スミイカの称もあります。四、五月が旬です。さしみ、和え物、酢の物、塩焼、付焼、鮨種、揚げ物、雲丹焼、くずし物などに使われます。

まいこどんぶり〔舞子丼〕

泥鰌の卵じめを丼飯にかけたもの。粉山椒一片ふりかけると泥鰌の匂いを消します。舞子とは泥鰌の異名です。

まいたけ〔舞茸〕

まいたけは深い山の、ミズナラ、栗、ブナ等の切株に九月から十一月までに出ます。松茸と並んで昔から賞味されている茸。色は淡黒褐色、ねづみ色、茶褐色、中に白いのもありますが味は数等劣ります。形は茎がかなり太く、これがひんぱんに枝別れして末枝は扁平で、傘が折り重なって沢山つき、全体の直径は三〇㎝ほどになります。料理では、和え物、酢の物、飯、椀種と案外多くに使用されます。

舞茸とは、各々枝先の傘が重り合っている様子があたかも袖をひるがえして舞う姿に似ているところからこの名がつけられたとの話です。なおまた『今昔物語』に数人の尼僧が毒茸にあたって舞を舞った話が出ていてこれを「舞茸」と呼ぶとありますが、今日の舞茸にはそのような毒作用はありません。

この茸の栽培は不可能とされていましたが、オガクズに菌をつけてついに栽培に成功し、その後研究を重ね数年前から群馬県片品村で生産販売開始、現在では全国的に広まって、たやすく手に入るようになりました。然し季節感がなくなり、よいのやら悪いのか判らなくなりました。

まえもり〔前盛〕

料理を盛りつける場合主になる料理の前に盛り添えられる料理のこと。時にはさしみの妻に付けるのも前盛りといいます。

まかじき〔真梶木〕

カジキ科の魚。上アゴはもりのように尖がっていて敵にあうとこれを利用して戦います。上アゴは非常に堅く、全長三mにもなり、薄《うす》いコバルト色の横縞があり、腹ビレが棒状で長いのが特徴です。カジキ類中最上級品です。肉は薄赤色で、味はさらっとしているようでコクがあります。刺身を第一とし鮨種にもよいものです。

まがも〔真鴨〕

カモの一種。鴨の種類は随分沢山ありますが、その中で一番賞味されるものです。首から上が金属的な紫緑色をしていてきれいな色です。

まき〔巻〕

車海老の別名。大きい物を車海老。中まき、小さい物を小巻《さか》。刀の柄《つか》に真田紐《さなだひも》の巻《まき》いてあるさまが海老に似ているのでこの名があります。

まきあげ〔巻揚〕

精進料理の一つ。豆腐を布巾に包み水分をよく絞って裏漉しにして布巾にのばし、桂むきにして味付けした竹の子、人蔘、蓮根を重ねて並べ、豆腐で巻き布巾の両端を結び強火で二〇分間蒸し、衣を付けて揚げ、輪切りにしたもの。精進料理の口取、普茶料理の笋羹《しゅんかん》（季節の野菜を煮込んだもの）などに使います。

まきがい〔巻貝〕

腹足類の貝。貝殻がラセン状に巻いていて頭の部分が触角のような感覚器をもっています。普通料理に使用するのは、アワビ、サザエ、トコブシ、バイ、ニシなどですが、地方によってはいろいろの貝を食べます。貝類図鑑などを見ると巻貝の数のあまり多いのにおどろくほどです。

まきがき〔巻柿〕

干柿の一種。柿の皮を剝き、硫黄くん蒸して乾燥させ、柔らかいうちに種をぬき去り、一五～二〇個を交互に抱き合わせ竹の皮で巻き、つぎにわらで包み、更にその上を細いなわで巻き、一〇日くらい室内で乾燥するとブドウ糖の白い粉がうき出ます。竹の皮を取り輪切りにして食べますが、お正月の干菓子に盛り合わせて使うこともよくします。巻いたままにしておけば相当日もちもします。

まきす〔巻簾〕

巻ずしなどを巻く竹を細く削ってあんだもの。普通の巻簾、京すだれといって細い竹であんだもの。鬼簾といって、竹が太く内側が三角になっているのもあります。用途により使いわけます。何れを使う場合でも、くずし物即ち魚肉の練り物などに使う時、サラダ油をかるく塗り付けておきますと、材料を茹でても、蒸してもきれいにはなれます。

まきすいせん〔巻水仙・巻水繊〕

葛料理の一つ。吉野葛八〇g、砂糖大匙一杯、水カップ一杯、塩少々、以上全部混ぜて溶き漉して湯煎にてむらなく半ねりにし、流し缶に五㎜ほどの厚さに流し入れ、熱湯に浮べて表面の水分がなくなったら湯の中へ沈め、透明になったら水に取り、冷してはがし布巾に取り、水分を去り、巻簀で巻いておき後好みの厚さに切ります。用途は精進の膾や、酢の物のあしらい、細く切って和え物に混ぜます。

まきずし〔巻鮨〕

すしの一種。巻簀の上にのり、鮨飯、具をおいて巻いたもの。これには太巻、細巻、蛇の目巻と自由に巻きます。

まきするめ〔巻寿留女〕

婚礼の祝儀肴に使います。まずスルメを二枚求《もと》めます。巻き方、一枚は足を取ってスルメの尾の方へ少し足を出し、片方から硬く巻き、紐でくるくると巻き留めをします。これが雄《お》蝶です。もう一枚は足を取り、これを二つに分け、それを芯にして両方から硬く巻き、先と同じように紐にて巻き留めして一〇分程塩茹でにします。後《あと》のが雌《め》蝶です。これを一㎝程の輪切りにして三宝に奉書紙を敷き、上に雄蝶、下に雌蝶を一切づつ頭を左にして、それにたてかけながら互い違いに盛り付けます。これに愛敬、愛嬌の縁起をかつぎ、干鮎二尾、子宝の意味を含めて数の子など盛り合わせる風習もあります。

まきぶり〔巻鰤〕

加賀の名産。塩ぶりを縄《なわ》で巻いてほどよく乾燥させたもの。入用だけ縄をといて薄く切って、前菜、八寸、酒の肴に使います。長さ三〇㎝、直径八㎝くらい、大小があります。

まくのうちべんとう〔幕内弁当〕

お芝居見物の御弁当。幕の間に食べるからこの名があります。

まくらめし〔枕飯〕

死者の枕元に御供えする飯。死者の使った茶碗、箸で一杯飯に箸を垂直に立てた飯、一膳飯ともいいます。

まぐろ〔鮪〕

サバ科。皮と目が黒いのでこの名があります。冬が旬で食通のよろこぶトロとは腹の砂ずりの所です。鮪と呼ばれているものにいろいろの種類がありますが、若魚、成魚とも胸ヒレが他のマグロ類にくらべてはっきり短いのでよく区別がつきます。大きなのは三m、三〇〇kgに達するものもあり、俗に百貫まぐろといって賞味いたします。

まぐろちゃ〔鮪茶〕

鮪の茶づけ。鮪を適当に切り、わさび、もみのり、醤油と混ぜ、温かい御飯にのせ、熱い茶をかけて一寸蓋をしておきのち食します。

まぐろぶし〔鮪節〕

マグロで作ったかつお節。主に削りぶしとして使用されています。カツオの代用として用いられ、みたところはきれいですが味はカツオにおとります。

まくわうり〔真桑瓜〕

甜瓜。ウリ科の果菜。岐阜県本巣郡真桑村で栽培され始めたのでこの名があります。果肉は軟かく甘味も程よきほどあり夏の果物として賞味されます。皮は厚めに剥く方がよろしい。

まげもの〔曲物〕

檜や杉柾を薄い板にして円形、または楕《だ》円形に作った容器。一名ワゲともいいます。せいろう、裏漉しのわく、ひしゃく、建水、弁当箱などがあります。

まこ〔真子〕

魚の卵巣。鯛を筆頭として、たら、むつ、鮃目、鰊《にしん》、はぜ子、鰆、すすき、蛸その他何れの魚の真子も料理に使われますが、何れも一度茹でて味付けするのがよろしい。その時薄板かセロハン紙に包んで茹でるとこわれずにきれいに茹だります。庖丁きずのないのは輪切りにして直煮《じかに》にするのもよいものです。はぜの子は粕漬けにもしますがこの時は一晩辛い塩水につけておきますとかたくしまり、血抜きもでき、そののち粕漬けにします。鰊の真子即ち数の子は鰊の腹から出して塩水に漬け、毎日塩水を取り替えて三日間程くり返すと血が抜けてきれいになります。普通の数の子と同じように使いますが一層美味しいものです。河豚の真子は猛毒ゆえ無論食べませんが、私はこころみに食べたことがあります。毒ということもさることながらきわめて不消化なのにおどろきました。

まごたろうむし〔孫太郎虫〕

ヘビトンボの幼虫のこと。尾がヘビのように巻いていて灰黒色をした水棲動物。これにかまれるとはげしい痛さをおぼえますが、乾燥したものは小児の疳の治療に効くといわれ、昔は孫太郎虫と呼びながら売り歩いたものです。信州伊那地方が本場です。↓ザザむし

東北福島県も名産地で、塩ゆでや油炒りしたものは栄養食品として用いられます。

まこも〔真菰・真薦〕

禾本科の多年草。別名カツミ、ハナカツミともいわれ、「いたこでしまのまこものなかにあやめ咲くとはしおらしい」とうたわれるように、池や沼などの沿岸に群生します。葉茎は直立で葉の幅は二～三㎝、長さは一～二m、わが国には原始時代から自生していたといわれ、葉はチマキを巻くのに使われるのでチマキ草の名もあります。その他神仏の敷物に使用されます。

まこんぶ〔真昆布〕

函館を中心に道南一帯で獲れる昆布で、昆布中最も大きく、とろろ昆布、おぼろ昆布、白髪昆布などに加工します。

まさおかなっとう〔政岡納豆〕

わらづとに入った糸引納豆、豆は小粒で特別な風味があります。

まさば〔真鯖〕

本鯖のこと。

ます〔枡〕

計量器の一種。粒状、粉状、液状のものの体積を計る器具、ますの形状は大別すると、方形、円筒形、円錘形がありま す。それには大小あって、五勺、一合、五合、一升、一斗と量りがあります。

ます〔鱒〕

サケ科の硬骨魚。大方北日本の産、秋冬になると産卵のため故郷の河川へ回帰することは鮭と同じです。これが上流に上って海へ下れなくなるとそのまま居残って、子孫と共に繁殖して川鱒となり一層味もましてきます。富山の神通川の鱒

は特に有名です。今は少なくなりましたが長良川の川鱒も忘れがたい味の一つです。塩焼、酢の物、魚天、ぶどう酒蒸、なれ鮨、揚げ物等に料理されます。この他水温が一四度以下で水さえ清ければ何処でも養殖ができるので、外国種も加わり種類も多く養殖されています。

鱒の種類には、普通のマス、ベニマス、カラフトマス、マスノスケ、ギンマス、淡水に住むのは、川鱒、虹マス、ヒメマス、イワナ、ビワマス等。

マスカット

オブ・アレキサンドリア・マスカットという語は「良い香り」という意味だそうです。露地栽培のものを、ネオマスカットといい、温室作りのを、アレキマスカットというとある本に出てます。何といっても夏の果実の王者です。産地は岡山が第一であることはご存じの通りです。果物として使うばかりでなく、濃めの衣を付けて揚げたり、いかのくずし身を覆輪（まわりに飾る）にして酢〆めにしたりして料理にも使います。

ますずし〔鱒鮨〕

鱒を具にして作った鮨。富山の鱒鮨は享保年間、藩主吉村新八が創案したといわれ、最も有名です。その他滋賀県の醒ヶ井や各地の養鱒場で作られます。

ますのすけ〔鱒之介〕

サケ科の魚。サケ、マス族の中で一番大きく成長する種類です。このことからサケの王という意味で、英語ではキングサーモンと呼ばれています。欧米人はこのサケをベニサケと同じように賞味しますので多くは輸出用に向けられます。

まぜめし〔混飯〕

油揚、人蔘、こんにゃく、椎茸などを煮て、その汁を入れて飯を焚き、充分むれてから具を混ぜ合わせたもの。具を米と混ぜて焚けば焚込み飯となります。

まだい〔真鯛〕

タイ科の海魚。わが国海魚の王といわれるように、姿も色も美しく四月頃が旬ですが、先ず一応四季を通じて味の変わらない魚で、しかも何の料理にも向く大へん結構な魚です。鯛と名のつく種類は沢山あって、似通ったのに、ヒレコダイ、チダイ、キダイなどがありますが、特徴を言えば尾鰭の縁がすこし黒みをおびていることです。背鰭が十二棘、両顎に二列の強大な臼歯があります。古語に、「人は武士、柱は檜、魚は鯛」といわれるように魚類の代表といえましょう。北海道南部から九州まで広く分布しておりますが、特に瀬戸内が有名で明石鯛と呼んで賞味します。日本近海のほか、東、南支那海、インド、ハワイ近海でもとれますが味は劣ります。裏日本では水温の関係もあって漁期がおくれ、五～六月が旬になります。一口に鯛といっても味は中鯛の三〇～四〇㎝くらいのがよいことは今更いうまでもないことです。

まだこ〔真章魚・真蛸〕

タコの代表。本州以南水深約一〇〇m以内の沿岸に住んでいます。産額的には瀬戸内海が中心、従って有名です。体長六〇㎝くらいのが美味しく、春から夏にかけて産卵しますが、産卵前は頭一杯に子がありこれがまた珍味です。足の皮を剥き薄づくりにして洗いの刺身もよろしいが、普通には酒、塩を入れてようやく火の通った程度に茹で、つるしてよく水気をきり、酢だこ、ぶつ切りにして味塩、鮨種に使います。

またゝび〔木天蓼〕

サルナシ科。本州中部、東北の山地に自生、新潟県に多産します。猫にまたたびといわれるように猫の好物です。人間にも薬用として食されます。尚珍味として塩漬のも売られています。この名は昔旅人が空腹と疲労のため行き倒れそうになったので、手のとどく限りのこの実を取って食べたところ、間もなく生気回復再び旅が続けられたのでこの名があるといわれます。しかしこの語源は作りごとでマタタビの古名は『本草和名』に、「和多多比」、『倭名抄』では「和太比」といいます。

またたびしゅ〔木天蓼酒〕

果実混和酒の一種。マタタビの実を焼酎に浸して成分を浸出させた酒。薬用に飲用される場合が多く、時には氷砂糖を加えて作るのもよいものです。一種の強壮剤として飲用されますが、神経痛、腰痛、疝気《せんき》に卓効があるといわれます。その他不眠症、ノイローゼにすぐれた良薬ともいわれています。マタタビ一kg、氷砂糖二五〇g、焼酎（三五度）一ℓ以上を漬けておき二～三ヵ月後うすめて飲みます。

薬用には虫が入って小さい南瓜のようになったものでないと薬効がないと云われ、季節になると、普通のまたたびと別にして売られています。焼酎でなくウイスキーで漬けるのもよろしい。

まだらのしんじょ〔真鱈糝薯〕

真鱈を擂って伊勢芋二割くらい混ぜて擂り、味醂、塩、片栗粉、煮出し汁で調味して流し缶に入れ中火で蒸したもの。この中へ名物の蟹を入れれば蟹糝薯です。勿論椀種です。

まちゃれずし〔待ちゃれ鮨〕

江戸中期までは熟鮓《なれずし》であったので、数日たってから取りにおじゃれというわけですが、おじゃれ鮓と呼んでいました。

鮨飯に具を握り付けるようになってからは、今握るからまちやれといって握ったので、この名があります。

まつうらづけ〔松浦漬〕

鯨の軟骨を酒粕と唐がらしで漬けたもの。九州唐津松浦で産するのでこの名があります。

まつかさ〔松傘〕

いか、あわび、とこぶしを、斜めに交差させ庖丁目を入れて煮たり焼いたりした料理。松傘の姿になるのでこの名をいいます。

まつかさうお〔松毬魚〕

マツカサウオ科の海魚。松かさに似た堅い大きな鱗があるのでこの名があります。体全体黄色、鱗のまわりが褐色です。南日本に多く、体長は一五㎝くらい。料理では、揚物、酢の物、焼物に、多くは蒲鉾の原料となります。

まつかぜ〔松風〕

松風には干菓子と料理との二種があり、干菓子の松風は京都が始まりだといわれます。干菓子の裏は絖《ぬめり》としてあやなく、表は焦げ色強くケシの実がふりかけてあります。即ち裏（浦）淋しき松風の音など連想して付けられた銘だといわれます。料理では、鶏の二度挽き肉四〇〇g、味醂大匙三杯、片栗粉大匙三杯、玉子一個、塩小匙一杯半、砂糖大匙二杯、以上の材料をよく擂り混ぜ、金かステンレスの角形の型に詰め、中温の天火でゆっくり焼き上げ、終りに味醂を塗ってその上にケシの実を振りかけ、更に今一度天火に入れて仕上げ、冷して切り分け、口取、口代、前菜などに使います。時には鶏の挽き肉半量程を味醂で炒ってから、全部を擂り混ぜて焼くのもよいことです。

まつかわごぼう〔松皮牛蒡〕

牛蒡の太いのは皮肌が松の皮に似ているのでこの名があります。堀川牛蒡、一名梅田牛蒡の太いもの。茹でる時、土を洗い去り、米のとぎ汁でゆっくりと茹でます。皮を丸剝きして輪切りにし、ゆっくりと煮込み、切口に青のりの粉をふりかけて使います。普通の牛蒡と違い一層美味しいものです。

まつかわづくり〔松皮作〕

刺身の作り方の一種。鯛、すずきなどを身取りして皮の方へぬれ布巾をかぶせ、その上から熱湯をかけて皮霜にして早速水に取って冷します。表皮が松の木の皮のようになるからこの名があります。

まっこうくじら〔抹香鯨〕

旧藩時代は真甲鯨と書かれています。語源には、『紀鯨州図』に「無色抹香の如し故に名を俗に真甲鯨という。」とあります。この糞は竜涎香《りゅうぜんこう》で、香水の原料として貴重品扱いにされたこともあったようですが、今ではそれほどでもないがその効用は香水の香りの発散をふせぐという説があります。「此の腹中より竜涎香といって薬物を取り出す。」とありますから糞といっても腸内の生成物であるかも知れません。竜涎香即ち抹香臭いので名があります。

まつざかうし〔松阪牛〕

伊勢の松阪で但馬牛の体に、焼酎を吹きかけてマッサージをしたり、ビールを飲ませたりして巧みに育てあげた食牛、肉が霜ふり状になり至って柔らかく、世に名声を博しています。テキ、すきやき、焼肉等、肉料理には何にでも向きます。

まつだあんころ〔松田あんころ〕

福井の名菓。永平寺御用達の五福餅本店製。幸福を招く餅として知られ、いろいろの逸話のあるあんころ餅。

まつたけ〔松茸〕

帽菌類襇・菌科の食用キノコ、赤松山に多く産するのが特徴で秋の食味の王座です。その松茸も追々と少なくなってきました。古い文献にはあまりみられず江戸期に入ってから見ることができます。文献に見え出したのは『雍州府志《ようしゅうふし》』に一六八〇年頃からだといわれます、雍州とは山城国の異称です。現在最も早く出回るのは信州物で、私の地方（愛知県知多半島）では伊勢、岐阜、三河の国と順次に入荷しますが、但し現在皆無といってよいくらいです。何れも軸《じく》の繊維が硬く香りも少ないのは佳品とはいえません。何といっても松茸は京都稲荷山地方のを第一とし、京都以西広島あたりまでが香りも高くよい品です。四国物もある程度出回りますが、多くは韓国物です。

松茸のあの独特の香気の成分は桂皮酸メチルエステル及び高級アルコールのオクテノールです。松茸はタンパク質や澱分質の消化酵素が含まれていて、消化を助け、食欲増進剤にもなります。料理では、焼松茸、塩焼きの場合は橙の絞り汁、付け焼きには生姜の絞り汁がつきものです。その他汁種、揚物、土瓶むし、松茸飯、三杯酢にしてあしらい物《もの》、オイル焼等々と数多くの料理方法があります。洗《あら》うときあまり皮を取らないように、きれいにしすぎると香りがなくなります。

まつたけつつみやき〔松茸包み焼〕

松茸を洗って塩をして、和紙をぬらして松茸に幾重にも巻き、直火に入れて蒸し焼きにしてとり出し、さいて柚子酢をかけて食べます。味も香りも包焼きゆえ逃げずに美味しいものです。

まつたけのかおり〔松茸の香〕

土地の造成などにより松茸山も破壊され、産出が少なくなって高価になってしまいました。従って異国物が沢山輸入されるようになりましたが、匂いのないのが難点です。俗に匂い松茸味しめじといわれるように、松茸は香りを賞味します。その香りは、アルコールの一種マツタケオールと、その異性体のイソマツタケオール、及び桂皮酸メチルの混合であることが明らかになり、化学的に合成され、マツタケ香気エッセンスとして売り出されています。従って香りだけなればいつでもかぐことが出来ます。若し他の食品に添加する場合、きわめて少量使用することです。添加した食品を食べて後、ゲップの出た時、匂いがそのまま出てきて気持の悪いものです。

まつたけめし〔松茸飯〕

これを焚くには傘がよろしい、米カップ三杯、醤油大匙六杯、味醂適当、松茸一五〇g、煮出し汁カップ三杯と三分の一、松茸を適当に切って全部混ぜ、火にかけ沸騰したら火を中火にして、上に水気がなくなったら更に火を弱めてゆっくりと焚き上げます。これにもみのり、三ッ葉のみじん切りを少し使うのもよいことでしょう。

まっちゃ〔抹茶〕

茶の新芽を八十八夜前後に摘み、これを蒸して乾燥させ、臼でひいて粉末にしたもの。お能にもあるように、「世の中に茶をひくほどねむいものはない」というように石臼を使って手でひくものですが、現在はモーターで細かくひかれます。茶の乾燥法も進み色も至ってあざやかです。もし四〇〇年も前の利休が見たらさぞかし喜ぶことでしょう。

まつな〔松菜〕

アカザ科の一年草。海辺の砂地に自生し松葉に似た鮮緑色の実を多数に生じますのでこの名があります。只今では栽培されて五cmくらいのが売られています。茹でて椀の青み、和え物などに使います。

まつのみ〔松実〕

朝鮮の五葉松の実。ビールや洋酒のつまみによいものです。時には一口椀の種にも使います。

まつのみやき〔松実焼〕

魚の切身に酒、塩をして一〇分間くらいおき、その上に松の実をのせて天火で焼いたもの。

まつばあげ〔松葉揚〕

揚げ物料理の一種。材料に味塩をして小麦粉、溶き玉子、二㎝程に切った茶そうめんか茶そばを付けてあげたもの。材料は海老、きす、はぜ、目こちなどが向きます。油の温度は一七〇度まで、あまり高温であげるとそうめんの色が悪くなりますから気をつけたいことです。

まつばかに〔松葉蟹〕

足の二つに曲った形が松葉に似ているのでこの名がありま す。山陰では松葉がに、越前へ来れば同種であっても越前がにまたはズアイ蟹と呼びます。北陸、山陰の冬の旅は味覚として何といっても蟹を楽しみにします。この蟹も年々漁獲量がすくなくなり、隠岐、山口、韓国の沿岸までも漁に出かけます。五〇t程の小さな船で一航海三日から五日間くらいで帰って来ます。鳥取県岩美郡岩美町網代港が蟹の水揚げ場です。茹でた蟹の甲をはがして二杯酢を入れてかき混ぜ、これを身に付けて食べると一層美味しいことです。生のは蟹すき等に料理され冬の食べ物の一級品です。北陸、山陰、冬が来ると蟹と雪景色を思い出します。松葉がには十一月六日から解禁、三月までが漁期ですが、乱獲がたたって数も少なくなり、高価になってしまいました。一人前になるには六年もかかります。水深二〇〇から二五〇mの海底に住むので底引網のツナの長さは三〇〇mにも及びます。大きいのが雄、小さいのが雌です。その中の生のままでも茹でた如く裏まで赤いのはベニズワイガニといって味は落ちます。

まつばぎり〔松葉切り〕

材料の切り方の一種。うど、昆布、柚子、のりなどを松葉のように切ること。用途により大きさは適当です。例えば椀種に用いるとなれば六㎝長さに切り皮を剝き、三㎜厚さにたてに切り、これを六㎜幅の短冊に切り更に上八㎜残して庖丁をすると松葉の型になります。小は吸口に使う柚子などもよくこの方法で切って使います。この他折松葉といって両端を互いちがいに切り、組合わせることもいたします。

まつばぐし〔松葉串〕

竹に節を付けて五～六㎝に切り、これを細く割って更にこれを節の所まで割り目を入れて松葉のように作った串。銀杏、松露、豆のぶどう煮などを差してかざり串に使います。

まつばのり〔松葉海苔〕

鍋に紙を敷き、海苔をはさみで松葉のように細く切ってその上でカラ炒りしたもの。浸し物、とろろ料理によく使います。

まつまえ〔松前〕

昆布の呼び名。昔は北海道のことを松前藩または松前と呼んでいました。従って昆布の産地が松前なのでつい昆布の代名詞となり、昆布を使った料理に松前の名称がよくつけられます。松前ずし、松前漬け、松前むし、松前酢、松前押など。

まつまえおし〔松前押〕

松前昆布で他の材料を重ねて押したもの。例えば魚に塩をしてのち酢洗いして松前昆布で押すなど。

まつまえず〔松前酢〕

三杯酢又は二杯酢に松前昆布を切って入れ、昆布の味を酢につけたもの。酢だけより一層美味しさをましてくれます。

まつまえづけ〔松前漬〕

昆布を混ぜて漬けた漬物。

まつまえに〔松前煮〕

昆布と焚き合わせた料理。例えば竹の子と昆布の焚き合わせなど。

まつまえむし〔松前蒸〕

魚その他の材料に味塩をして松前昆布を敷いて蒸したもの。レモン又は橙の汁で頂くと美味しいものです。

まてがい〔馬刀貝・馬蛤貝〕

マテガイ科に属する二枚貝。姿は円筒形、本州、四国、九州の浅海でとれます。さっと茹で、酢みそ、和え物、天浮羅などにむきます。季節は春です。

『滑稽雑談』には「万天とは左右なり。左右をまてといふ。この貝左右に口があるゆゑなり」といっています。針金で作った馬刀突で突いてとります。

まとやかき〔的矢牡蠣〕

無菌のカキ。佐藤氏の発明。かきは一時間に十五ℓから二〇ℓの海水を呑んでは吐いて呼吸をしており、同時に鰓糸から海中のプラントンや微粒子をとって食べています。従ってバイキンの蓄積もあるのですが、紫外線で殺菌された海水中に一昼夜漬けておけばカキの体内のバイキンは排出されて無菌カキとなります。生食にはこの無菌のかきを使います。

まな〔真魚〕

食料にする魚。真《ま》は接頭辞、まなの祝いの食べ物。

まないた〔俎板・真魚板・俎〕

昔は魚をマナと云っております。それを調理する板ですから、マナ板といいます。『古事記』にも魚が、「マナ」と書かまれているのもすでにご存じの通りです。従って料理を盛り付ける箸を、マナ箸といいます。

料理するには俎板のことも一通りは心得たいことです。俎板の良否によって仕事の上に変化ができます。例えば良い俎板で仕事をすれば必ず良い切口、良い打物ができるのは論をまちません。俎板の木としては、檜、柳、朴《ほお》がありますが、柳や朴の木は刃あたりはよろしいが、朽《くち》やすいので檜が無難です。俎板は一枚大きいもの、その他に家庭でも小さいのを二枚ほど用意しますと、果物、菓子切りとして使い分けられ、よいことです。商売では枝板といって薄いのを何枚も用意いたします。寸法は流し台に合わせて作ります。現在樹脂にて出来たものがあり厚生省あたりではこれを推選しています。清潔でよろしいが少しは難もあります。

次ぎに庖丁に使う俎板の寸法を書いておきます。(庖丁聞書よる)図のように俎板には各々名称があり、神仏が宿り食物を加護すると古書にみえます。心ある調理師は、朝、調理場の掃除を終り、盛塩をして清め、荒神即ち台所の神と俎板に朝拝をしています。近来この習わしをする者も少なくなり、まことに嘆かわしい次第です。

更に俎板の寸法のできた由来は、正徳四年載菊月吉日、四条家高氏撰、摂陽書林、松寿堂版、『四条流改正節用料理大全』の内、俎の条に「長さ三尺広さ一尺八寸、この長さと広さ(幅)を合せて四尺八寸は、阿弥陀の四十八願を以て也、

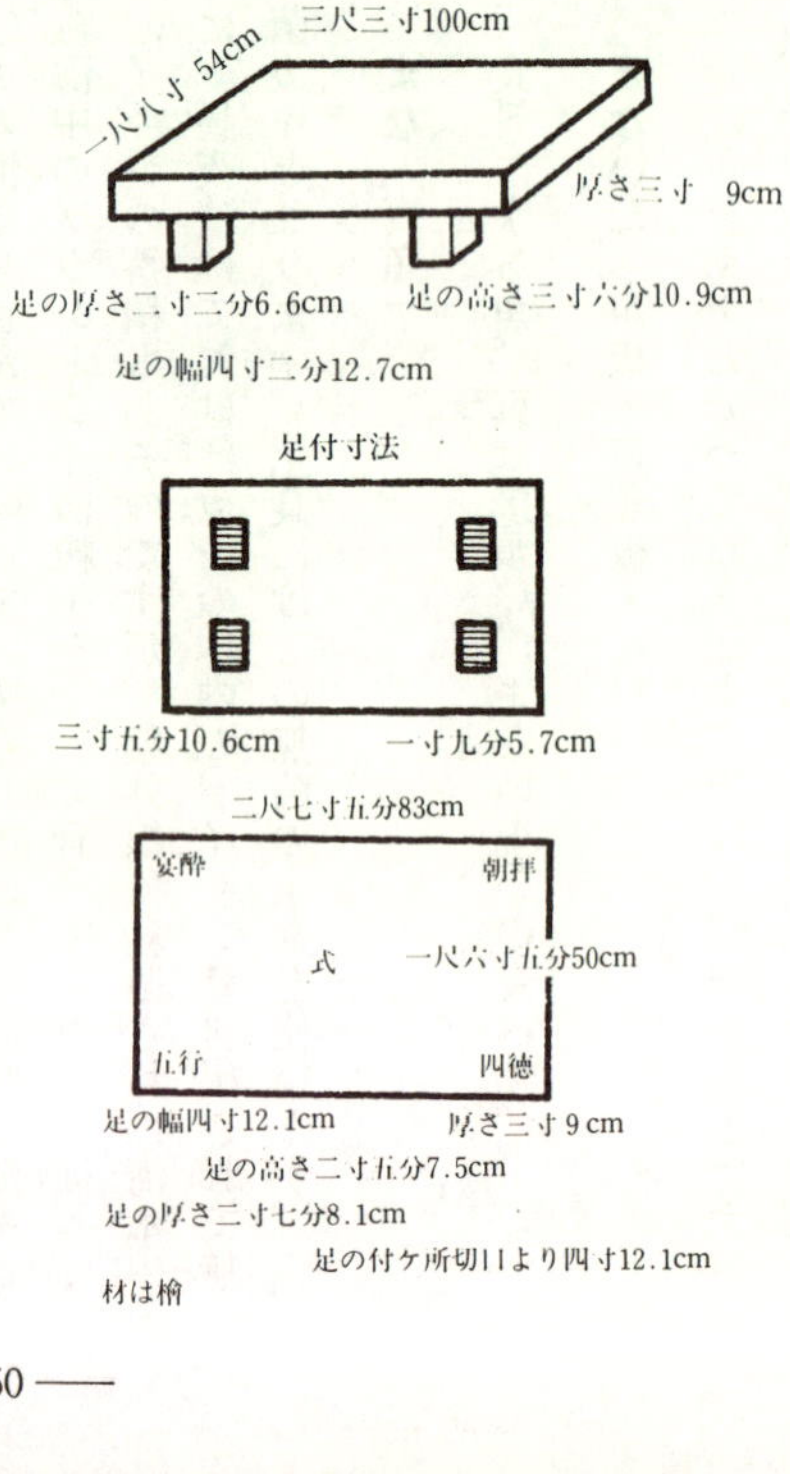

俎の厚さ三寸は三部経也、足の高さ三寸三二分、厚さ一寸五分、合せて八寸は八葉の蓮華を表す也。俎の総周囲九尺六寸の内、九尺は九品の浄土、六寸は六地蔵也、阿弥陀は命斗いも同じ多賀明神は命をながく守神なり」といっています。以上のように俎の寸法によって座居加護などが説かれております。

この俎には、大、中、小とあり

大板の寸法

長さ　四尺三寸	足の高さ三寸六分
幅　一尺八寸	足の厚さ三寸三分

厚さ　三寸　　　　　　足の幅　四寸三分
小板の寸法
長さ　二尺八寸　　　　足の高さ三寸五分
幅　　一尺二寸　　　　足の厚さ三寸
厚さ　三寸　　　　　　足の幅　四寸

などが説かれています。
宴酔とは　静かにしてみだれざる礼をいい
朝拝とは　君をあがめ神を尊ぶをいい
四徳とは　君の恩徳、日、月、父母の恩徳をいい
五行とは　君、日、月、父母の四座を守るを五行といい、あるいは「其座に天より星下り給いて守護する也是あだにすべからず」ともいってます。なおまた、木、火、土、金、水、とも心得て五行というとあります。

まながつお〔真魚鰹〕

かつおの名はあっても全然別種です。形はやや扁平です。外洋の魚ですが初夏産卵のため内海へ来ます。旬は冬、新鮮なのは、さしみにも向きます。醬油と味醂とをほどよく混ぜて、その中に漬けておき焼く幽庵焼などが、一番美味しい魚、その他味噌漬けもよいものです。この魚の料理は関西が一番上手に処理しています。

まなのいわい〔真魚の祝〕

小児に生後初めて魚肉を食べさせる儀式。古くは三歳でしたが室町時代には生後百一日目、江戸時代には百二〇日目に行っています。魚味《ぎょみ》の祝、真魚始めともいわれ、現在でも百日の箸揃いといって祝い膳を作り、小児の行末を祝う習慣も残っています。

まなばし〔真魚箸・俎箸〕

魚鳥を庖丁するのに昔は直接手にふれるを憚《はばか》り、左手に真魚箸、右手に包刀を持って材料を処理する方式でした。これに使われるのが真魚箸です。現在では特別の場合と儀礼の外一般には殆んど使われません。現在盛付け箸として使用されているのがこの真魚箸を小さくしたものです。私の持っていますのは、上の木の部分が一三・五cm、紫檀《したん》と牙でできており、先の金の部分が二〇・五cmも有る長いものです。金の相当鍛錬《たんれん》されたもので勿論徳川期の作です。これに添った包丁もあります。

まはた〔真羽太〕

ハタ科の代表的な魚。南日本の磯に住み、体長五〇～九〇cmくらい、口は大きく体は薄赤で灰褐色、黒褐色をした七本の横帯をもっています。大阪でマス、長崎ではシマアラ、名古屋ではハタなどと各地で呼び名が変ります。さしみ、洗い、煮物、焼物、鍋物などに向きます。

まびきな〔間引菜〕

大根、かぶら、菜など種を蒔く時、一応沢山種をまきます。ある程度大きくなった時、残りの成長をさまたげる分を間引きします。これが間引菜です。漬物、茹でて和え物、汁の実に使用します。

マフ

海藻の一種。九州平戸地方は玄海灘をむかえ海の幸の多いところです。ここで獲れるマフは糸状の海藻でオゴに似た薄紫色で見た目もなかなかきれいです。塩漬けにして売り出されていますので塩出しして刺身の妻、酢の物のあしらいに使います。塩出しは一時間も水につけておけば充分ぬけます。平戸には世知原茶、蒲鉾、三〇〇年も続いて有名な本陣もろみなどもあります。

まふ〔麻腐〕

普茶料理の言葉、胡麻豆腐のこと。

ままかり〔飯借〕

成島柳北が備中滞在中の随筆に、「その姿鰯に似て小なり、名をママカリといふ、その魚初めて漁船に上る、漁人これを食ふに美味なり、一船の飯を喫し尽しつひに隣船より飯を借りて食ふ。故に名づけし」とあり鰯に似ているが実は瀬戸内地方でのサッパに似ていてサッパの別名ともいわれます。十月頃群れて来るので魚価も安く沿岸では大衆魚として鰯以上に賞味いたします。料理法は鰯とほとんど同じにいたします。塩焼、酢漬、干物、糠漬にして随時食べると重宝な魚です。あまりに美味なので隣りの飯を借りてでも食べたくなるのでこの名があります。学名は、ワチです。鰯の小型といえば間違いのない魚です。

まむし〔真蒸〕

関西でのうなぎ丼の異称です。

まむし〔蝮〕

毒蛇で知られ、日本各地に住みます。黒焼きにしたり、生きたのを焼酎漬けにして蝮酒を作り、強精薬に飲みます。生のは頭を切って血を絞って飲んだり、肉を付け焼き、煮物にして食する人もあります。店の若者で山家から来た者があり、その地方では干物にして食べるといっていました。

まむしざけ〔蝮酒〕

蝮を瓶に入れ、焼酎漬けにして造った酒。一種の強精酒。

まめ〔豆〕

料理に使う豆は種類も多く、マメは良質の植物性タンパク質です。人一日に必要なタンパク質は七五gです。二五gは主食、三五gは動物性のもの、一五gは植物性で補えば適当な摂り方です。その内一五gの植物性は七gくらいを豆類でおぎなえば理想的といえます。納豆、豆でんぶ、煮豆、金とん、呉《ご》汁、枝豆等々、種々にして食べたいものです。豆の種類は、小豆、大豆、黒豆、隠元豆、うづら豆、金時豆、手亡《てぼう》、ぶんどう。

まめいた〔豆板〕

飛騨の名産、小さい落花生を炒って砂糖を煮詰めて飴状にして混ぜ、おこしのように、直径九㎝、厚さ五㎜ほどに作ったもの。落花生の香ばしさが美味しい。高山市三元町、森林緑園製。

まめぎんとう〔豆銀糖〕

盛岡の銘菓。長さ一〇㎝、幅三・五㎝、厚さ一㎝、青豆製で一㎝くらいに切ってあるもの、番茶の友によいものです。

まめごはん〔豆御飯〕

豆を米に混ぜて焚いた飯のこと。種類には、むきえんどう、空豆、小豆ぶんどう（小さい青色の豆）、黒豆、生のは焚き込めばよろしいが乾物のは茹でてもどしてから焚き込みます。

まめこんぶ〔豆昆布〕

大豆と昆布と焚き合わせたもの。

まめでんぶ〔豆田麩〕

醤油、砂糖、煮出し汁を、適当に合わせ深い器に入れておき、その中へ大豆を炒って入れ、入れると泡が立ちますが蓋をしておきますと大豆は軟らかくなります。食事の箸やすめにするとよいものです。

まめのにかた〔豆の煮方〕

豆には黒豆や大豆のようにいくら茹でても御菓子用の餡にならないものと、小豆や手亡《てぼう》など餡になるものと二種あります。黒豆や大豆はぜひ前日から水に浸しておきたいものですが、小豆類や手亡などは水に浸しておかなくても案外早く茹だります。これは豆の性質が違うからです。黒豆や大豆の煮方は黒豆のぶどう煮を参照して下さい。餡を作るために茹でる豆は、洗って豆の約四倍の水を加えて火にかけ、中火でコトコト茹でます。暫くすると豆にシワがよって来ますので、沸騰がとまる程度水を差します。シワがのびたら湯をしぶきりといってすて、新らしい水を加えて茹で、つまんでつぶれるくらいまでゆっくりと煮ます。漉し餡の場合は、大きなボールに水を入れ、それに裏漉し器を入れてその中へ豆を入れて手でおしつぶしますと皮は裏漉し器の上に残り、豆の実だけ下へ落ちます。これを更にふるいで今一度漉します。しばらくすると餡になる分が沈澱しますから水を二〜三回取り替えて麻か天竺の布袋へ入れて水を絞り取ったのが生餡です。白餡の作り方は同じですが白餡の上等のは白小豆、普通には小手亡などが使われます。白小豆は品が少なく産地は丹波、備中物が有名です。その他の豆類も丹波、備中物が最高品です。

まめのめいげつ〔豆の明月〕

八月十五夜のこと。ただ、名月、今日の月、月今宵といっても何れも八月十五夜の月のことです。その月に枝豆をお供えするので豆の明月の名があります。「名月や池をめぐりて夜もすがら」芭蕉。「秋はただこよい一夜の名なりけり、をなじ雲井に月は住めども」。紀貫之の句などが有名です。この頃では月を見るにもビルの谷間が多く、外に出てもスモッグで明月をみる機会も少なく、その上、月の世界に行ける時代となり、兎が餅をついているなどと子供に話す夢もなくなり、かえってものあわれになりました。昔の観月をいろいろと調らべてみると、よき世なりけりと思うことです。

まめみそ〔豆味噌〕

みその一種。大豆を蒸して玉にしたものに、麦粉に種麹を混ぜたものをふりかけ、製麹した豆麹をくだき、塩水と共に桶に入れて熟成させて作ったもの。良い品は二年以上も熟成させるのでその発酵による濃厚な旨味は格別です。色は黒褐色で特有の渋味はありますが、魚天みそ、風呂吹きのみそ、赤だしにはぜひほしいものです。主産地は愛知県、一名八丁味噌、三河みそ、名古屋みそともいいます。

まめもやし〔豆萌〕

→もやし

まめらくがん〔豆落雁〕

敦賀の銘菓。普通の豆落雁は黄粉のようにこまかく豆を挽いたので作りますが、この地のはあらいのが特色です。お福の面の形で可愛い落雁です。

まる〔丸〕

スッポンのこと。甲羅が丸いのでこの名があります。

まるあげ〔丸揚げ〕

魚や野菜その他姿のまま揚げることをいいます。魚なれば鱗を去り、臓物は鰓《えら》と共に取り去り、腹に庖丁目を入れないようにしてきれいに洗い、よく水気をふき取り、そのまま揚げたり、塩をして片栗粉を付けて揚げたり、醤油その他で味を付けて揚げる場合もあります。小魚を骨と共に食べる場合は二度揚げするとよろしい。野菜では茄子をよく丸揚げにすることも、ご存じの通りです。

まるこのとろろ〔丸子のとろろ〕

丸子の宿は府中と岡部の中間にあって、宇津谷峠の難所に挟まれた間の宿として発達したところです。昔からとろろ汁で有名ですが付近の農家の人は、農作業の帰りに自然薯《じねんじょ》を掘り取り、今夜はとろろ汁だと家人に渡している風景をよく見かけます。作り方は洗ってヒゲ根を取って皮を剝かずに卸金で廻すようにして擂り卸しますが、ヒゲ根は新聞紙か藁をもやして焼きとります。卸した薯を擂鉢で始めは強く、終りは弱く擂り、煮出し汁は煮干か焼きはぜで取ります。これを土地では煮えつくりといいます。この煮えつくりで薯と同量の味噌汁を作り、序々に入れて擂りのばして仕上げます。暖かい麦飯にかけて食べますが、薬味にはねぎの小口切りのみで海苔はあまり使いません、

「梅わかな丸子の宿のとろろ汁」　芭蕉

この芭蕉の句はあまりに有名です。梅が白い花をつけ、畑に若菜が春のおとづれを告げるころが、とろろ汁の一番美味しいときを暗に教えています。しかし現在は薯も低温貯蔵が進み、その頃ばかりともいえなくなりました。

とろろを少しぐらい多く食べてもすぐに腹のすくのは、消化酵素が多くふくまれているからです。

まるじたて〔丸仕立〕

すっぽん仕立てのこと。すっぽん料理は、鍋にしても、煮るにも、汁にしても酒をある程度多く使います。そのように酒を使っての料理を丸仕立てといいます。

まるじゅう〔⊕〕

さつま芋のこと。薩摩の殿様の紋が⊕なのでこの名があります。さつま芋は在来種一〇〇種、改良種二八種もあって鹿児島の指宿《いぶすき》農業試験場で作り、熊本、千葉、広島の試験場で栽培され最もすぐれたものが選出されます。

まるすい〔丸吸〕

とち（すっぽん）の吸物のこと。物の違いに月とすっぽん程といわれるのは、月も丸くとちも丸く似ているところの言葉であり、月は空に、とちは水中に住むので天地の違いの言葉にも使われます。吸物を丸吸というのは形が丸いのと、昔は城中の食べものであって即ち丸の内という意が通い、この文字が使われます。

まるたうお〔丸太魚〕

うぐいの別名。

まるに〔丸煮〕

姿のまま煮ること。日向南京、茄子など、時には鶏の腹を開いて骨全部を去り、挽肉その他の具を詰めて腹を縫い合わせての丸煮。鴨も丸煮をしますが鴨は皮が柔かいので首から骨抜庖丁で中骨全部を取り去ります。縫い合わせても、煮たり焼いたり蒸したりした時腹が開いてしまうからです。

まるぼし〔丸干し〕

魚を丸のまま塩をして干したもの。いろいろの魚を丸干しにしますが何といっても代表はイワシです。産地は日本いたるところにあり、一日干し、かた干し、大小とさまざまです。

マルメロ

バラ科の落葉樹。カマクラカイドウともいいます。幹は五mぐらいになり、春、淡紅色の五弁の美しい花が咲き、秋に黄色の実が成熟します。果実は球形でかおりのよい洋ナシ形。原産は中央アジア地方、わが国では長野県諏訪湖地方に多く産します。熟したのは生でも食べますが、主に砂糖漬け、砂糖煮、ジャムなどにして食します。氷砂糖、焼酎と漬け合わせて果実酒にして飲むと香気風味があってよいものです。

まわしぎり〔回し切り〕

切り方の一種。人蔘、牛蒡、大根、蓮根、うど、胡瓜など丸い材料を回しながら斜め切りにすること。乱切りともいいます。

まんじゅう〔饅頭〕

蒸し菓子の一種。小麦粉をこねて餡を包み、蒸したもの。饅頭の起源は、中国の三国時代のころに諸葛《しょかつ》孔明《こうめい》が南征中、河川の風浪が荒れて渡れず、土地の人に浪を静めるにはどうすればよいかと尋ねたところ、人を供え物にしなければならないと答えました。そこで孔明は人を殺すに忍びず、一策を案じ、ヒツジやブタ肉を細かく切って麺に包み、その上に人の頭の画を描いて供えたところ、風浪が静まり無事河を渡ることができたといわれます。饅頭は蛮頭のなまった語と伝えられ、本来は肉饅頭であったのです。

日本に伝わったのは大和時代（六四六〜七〇九年）で、その頃渡来した唐菓子のうち、餛飩《こんとん》というのが饅頭の先駆であるという説もあります。一方南北朝時代に、京都建仁寺の竜山禅師が中国から連れて帰った林浄因が、日本に帰化して姓を塩瀬と改め、奈良でまんじゅう屋を始め、これが奈良まんじゅう、または塩瀬まんじゅうの始まりだという説もあります。これが室町末期茶道興隆とともに京都に出て茶道の点心として珍重され、おいおいと砂糖も輸入され江戸時代後期ともなれば技術もすすみ、種類も多くなり今日となっているのが饅頭です。饅頭の語源に本家の中国では、マントウですが包子《ぱおつ》という人が多いようです。印度の梵語にマンターといって小麦粉と牛乳で練って丸くした菓子があり、それが中国へ渡ってマントウになり、日本へ入ってマンジュウになったとの説もあります。

まんじゅうくい〔饅頭食〕

ある人が童児に、お父さんとお母さんとどちらがよいかと尋ねたところ、この童児が手に持っていた饅頭を二つに割って、即座に、おじさん、これ　どちらが美味しいかと尋ね返したといわれます。これは伏見人形の教訓的なものの代表作品ですが、九州佐土原では、この人形を「羊羹食い」と呼んでいます。

まんねんず〔万年酢〕

酢、味醂、醤油、塩梅干、砂糖と焚き合わせて布で漉したもの、酢の物、膾、和え物に使います。

まんねんづけ〔万年漬〕

漬物の一種。干大根、昆布、生姜、するめまたは乾貝などを、細かく切って器に入れ、他に醤油六、酢四くらいを合わせて二割くらい煮詰めて冷し、これを材料に浸るほど入れて密封して十五日から二十日くらい過ぎてから食べ始めます。

まんぼう〔翻車魚〕

マンボウ科の海魚。体はただ円形で円盤の後半分を切りとったような妙な姿をしています。大きな魚で長さ四m、重さ八〇〇kg以上にもなります。世界中の大海に広く分布しています。筋肉が大きな束のように発達し強いので、その結果筋肉はバラバラな繊維状にわかれやすく、この肉の束を取って水でよくもみ洗いすると、白いそうめんのようになるので、これを酢味噌で食べます。肉は水分が多いので柔かく漁師たちはよろこんで食べます。富山でクイザメ、瀬戸内海ではウオノタユウ、東北地方では海面を漂うのでウキギなどと各地で呼び名がちがいます。

『俚言集覧』に、「まんぼう魚、続王代一覧、寛延元年三月廿九日、讃岐国香西の海にて大魚を得たり、その形河豚の如し、長さ九尺三寸、横八尺、身の厚き事二尺八寸、眼四寸、口広き事六寸、俗にマス魚といふ。移山案に、常陸国の海にあるも北魚ならん。まんぼうと云。其腸をウキキといふ。」とあります。

み

みがきごぼう〔磨牛蒡〕

細い新牛蒡をみがくようにして洗い、酢水につけて白くしたもの。酢牛蒡、焚き合わせ、山椒焼き等にして食します。

みがきごま〔磨胡麻〕

胡麻を一晩水に浸しておき手でもむと皮がむけるので、水を入れてかき混ぜ、静かに水を捨てると皮のみ流れ出ます。これを何度も繰返して皮を去り乾燥させたもの。

みがきにしん〔身欠鰊〕

生鰊の臓物を取り去り、一度乾して特別の庖丁で中骨、腹の身をかきとり、乾燥させたもの。四、五月頃出廻るものがよろしい。赤身がかって脂の酸化した物は渋味があって良い品とはいえません。付け焼き、照煮などにいたします。もどす時には米のとぎ汁に漬けます。京都はこの魚の料理が最も上手で、鰊そばもあり、昆布巻きもよいものです。

みかく〔味覚〕

食物を口に入れた際感じる刺激のこと。味覚は人間の味覚器によって感じます。舌の表面には受容器があり、その形は舌の表面に大小さまざまの乳頭と呼ばれる突起があって、その乳頭の溝の壁に沿う上皮の中に小さい味蕾と呼ばれる器官があり、味蕾の中には味細胞が分布し、そこに味神経がつながっています。味蕾の数は乳頭一個について数百個、味成分のとけている水溶液等が味蕾にはいると、その神経が鼓索神経から大脳の味覚中枢に対して刺激を与え、そこではじめて食物の味を感じます。この鼓索神経を切断し、これに電極をあて、そこから電位の変化をオッシログラフを用いて視覚化する方法によって、いろいろな味をどのような反応で脳に伝えているかを知ることもできます。また味の神経は、舌の部分によって感じる味が違い、即ちどの味蕾でもすべての味を感じるのではなく、それぞれ専門の受け持ちがきまっています。いろいろの方法で調べた結果、一二〇ある乳頭のうち、酸を感じるものが九一、そのうち酸にのみ感じるもの一二、糖に感じるもの七九、その内糖にのみ感じるもの三、キニーネなどの苦味と他の二、三の物質に感じるもの七一という結果です。乳頭によってはある一つの味だけを感じ、多くの乳頭では二つあるいは三つの味を感じることがわかります。各味のもっともよく感じる区域は、甘味は舌の先で強く感じ、苦味は舌の根元で、酸味は舌の両端、塩から味は舌の上面幅広く感じることが分ります。このように舌では四つの原味を感じ、それらが総合されていろいろ複雑な味となります。原味とは、甘味、塩から味、酸味、苦味の四つです。

ところが味覚はいろいろの条件によって変化します。栄養状態、動物性タンパク質の摂取量、労働、年齢、大人、子ども、朝晩、仕事の関係、知能指数、色彩、卓上での雰囲気、料理では温度まで関係します。塩味は温度が高いほど感じが鈍く、甘味は体温近いのが一番強く感じます。料理の味はこんなところにも気をつけたいことです。

みかさ〔三笠〕

どら焼き風の菓子の一種。丸くくぼんだ鉄板の中へ種を流し込んで焼き、あんを真中へはさんだもの。その形が奈良の三笠山に似ているのでこの名があります。

みかよのもち〔三日夜餅〕

婚礼の三日目を祝う餅。夫婦円満、子孫繁栄を祈った愛敬餅の名もあります。これはすでに『源氏物語』『落窪物語』にも見え、近世まで行なわれていました。

みかわじまな〔三河島菜〕

コマツナの一種。東京三河島に産したのでこの名がありま す。小松菜より葉が広く、切りこみが少なく、柔らかいのが特色です。

みかん〔蜜柑〕

この果物は暖地が適するので四国、和歌山、静岡、九州、愛知の南端知多半島などに多く産します。みかんは「柑子」の柑で甘い木の実の意で、更に美味を賞して蜜の字を冠したといわれます。蜜は梵語のハラミタの蜜で最上を意味しています。昔はその種類を三つに分け、あべ橘は橙《だいだい》、九年母、花橘は夏みかん、橘はみかん系だといわれていました。只今では苗木も改良されて早生もあり、早くから賞味することができます。それに現在では三河の蒲郡や宝飯郡地方では、ハウス栽培も進み四〜五月から出荷されるようになりました。その代わり値は高く高級品なみとなっています。

みけ〔御食〕

御饌。神に供える食物。

みさごずし〔鶚鮓〕

みさごという鳥が、海からえものを獲って来て、自分の岩陰の巣に運び、ふくんで来た塩水や尿をかけて発酵させ、腐敗をふせぎ不時の食用に貯えたというのがミサゴ鮓です。

『嬉遊笑覧』に、「みさご鮨は『詩経』に雎鳩と詠し、『本草』には、鶚といへり」とあります。『名物弁解』に、「みさご本邦古より有之。『日本紀景行紀』に覚賀鳥といへり。形鷹に似て深目赤黒色なり。水禽には非ずして、水辺に魚を掠食ふ。或は魚を取貯へ、岸の沙石の間に積置を、みさごの鮓と云ふ。」とあります。鶚という鳥は見えませんけれどもその巣を山口県の青海島遊覧で二〜三ケ所見ました。聞きしの如く断崖絶壁または孤立した一本の電柱のような高い岩の上に巣をかけています。鮓はいろいろのものがありますが、その始まりはこの鶚酢によるといわれます。

みざんしょう〔実山椒〕

山椒の実。五月末頃の柔らかいのがよろしい。茹でて塩蔵もしますが、さっと茹でて酒と醤油でからく煮〆めるのもよいものです。茹でる場合は一晩浸してあく抜きすることもいたします。

みじんきり〔微塵切〕

材料を小さく切ること。

みじんこ〔微塵子〕

水蚤。甲殻綱鰓脚目。ミヂンコ科の節足動物。微小で体長二㎜以下、体は二枚の楯状の殻で左右から覆われ、長い触角で跳ぶようにして泳ぎます。一年中溜水に見られ、夏に処女生殖によって繁殖、日本その他に広く分布、魚類の重要な餌となります。和名でミジンコといいます。

みじんこ〔微塵粉〕

糯米を蒸し、ローラーで伸しせんべいを作りこれをこまかく粉にしたもの。これを水で晒したのが寒梅粉です。梅の花の咲く頃、即ち寒中に作ったものが良品とされるので寒梅粉の名があります。これを付けて揚げたみじん粉揚げ、落雁などに使います。

みず〔水〕

水はわれわれの生活上一日も欠くことのできない重要なものでありながら、案外気にとめないことがありがちです。調理をするのに水が無かったら仕事のできないのはいうまでもありません。ですから料理業を水商売とまでいわれる由縁《ゆえん》です。この水は水質により、軟水と硬水との二つに分けられます。カルシウム、マグネシウム、鉄、重炭酸、塩などを含むものを硬水といい、その微量なものを軟水といいます。水道の水は一応軟水といえるかも知れません。然し硬水も一度煮沸すれば軟化することができます。初めて使用する井戸水は、保健所で一度水質検査を依頼するのが安全といえます。

人間の体は大略六五%が水分であり、一日体外へ排出する水の量は、皮膚から九〇〇g、肺から四〇〇g、大小便から一・三〜一・六kg、といわれていますから、大略三%程度摂取するのが定量であって、それより多量に取れば自然水ブクレとなり、また疲れ安くもなりますので、健康体を保つためにはこんな事にも心がけたいことです。

ここで水につけ加えて申し上げたいのは、水質によって料理の出来ばえが大変違ってくることです。例えば鉄分の多い水で茹でものをすれば、牛蒡、蓮根などは黒くなり、青い物、白い物は色がさえず、殊にお茶などには鉄分は大の禁物といわなければなりません。調理をする者は常に水にも心を使いたいことです。

日本で一番美味しい水は、京都小川通りの梅の井の水といわれています。これも暁を告げる鶏の鳴き声をきく頃汲んだ水が、ほのかな甘味があり、くせがなく口中爽やかになるといわれ、東京で本格的な茶会を催す場合、わざわざここの水を運んで来る先生方もあると聞き及びます。

東京では明治神宮の菖蒲池の奥の清正の井などが有名です。俗に昔から四水といわれるのは、①山水、②秋の雨水、③川水、④井戸水、です。然し現在われわれはこれを望むべくもなく最低の水道の水を飲んでいる訳ですが、たまさか山へ行き、谷川の水を手ですくって飲む水のうまさは忘れがたい味があります。木の根をわけ、岩にもまれて、ならされて来ているからです。人間もあのような味を出すべく努力したいことです。

水を識別するには、透明な瓶に水を入れてセンをして一晩放置して、センを抜いて匂いをかぎ、無臭であって低に沈澱物のないものがよろしい。酒もまた水の良否によって支配されます。

みずあめ〔水飴〕

澱粉を酸又は酵素によって分解させ糖化した甘味。料理では、小魚、鯉、鮒などの飴煮、甘露煮に使って照出し等に使います。

みずおゆず〔水尾柚子〕

京都の西北、水尾村が柚子の名産地なのでこの名があります。ミカン科、これには種類が多く大小さまざまです。大きいのは大柚といって直径一五cmくらいのもあります。中くらいのは薄切りにして種を去り、砂糖をかけておくだけで結構いただけます。時には庖丁を入れて皮を剝き、裏の白いところをすき取って辛い塩水に一晩つけて苦味を抜き、茹でて砂糖みつで煮て更に砂糖をまぶしておき、お茶うけの相手にもよいものです。吸口や柚子《ゆず》みそ、柚餅子《ゆべし》にも使います。

みずがい〔水貝〕

鮑を塩でみがき洗いをして貝をはがし、更に内側にも塩をして切りよく洗い、耳の硬い部分を切り去り一・五cmくらいの角切りにして、器に塩、水、氷を入れてその中へ、鮑、胡瓜の輪切りを混ぜて盛り入れて使います。夏の高級料理です。青いのを雄貝といい、枇杷色のを雌貝といいますが、種類が違うとの説もあります。勿論雄の方が軟らかで美味しいことは多言を用しません。しかし雌《め》貝を好む人もあります。

みずがし〔水菓子〕

果物のこと。昔は果物が御菓子であったのでその名残りの言葉です。利休が催した百会記で知られる通り、茶の菓子はほとんど果物です。

みずがらし〔水芥子〕

からしのかいたのを水でのばしたもの。味噌汁に一滴入れると味が引立ちます。懐石の味噌汁に多く使います。

みずくり〔水栗〕

古い茶書に茶菓子としてよく使用されたことが見えます。栗は鬼皮を剝き、表にする方の渋皮を二つ巴《ともえ》にむき、下を座りよいように庖丁して塩水につけてのち生で使います。自然の味は捨てがたいものがあります。特に茶の遠州流では御菓子として重要視されます。

みずさいばい〔水栽培〕

現在は水栽培でなく水耕栽培ということになります。工業技術が発達して盛んになって参りました。貝割菜を始めとして、葱、三ッ葉その他小さいものはこの方法で、季節を待たずいろいろの物が出回っています。水耕栽培は気温に関係なく寒い土地でも栽培できる利点があり、これからは益々盛んになることでしょう。貝割菜はアメリカまで進出しています。

みずぜり〔水芹〕

十字花科の多年生草本。きれいな水の流れる所に多生します。青味、和え物に使用します、季節は春。

みずだき〔水焚き〕

鍋料理の一つ。若鶏をぶつ切りにして、熱湯を通し二五分間くらい水焚きにして火を消し、その中へ水焚きの鍋にある量の二割くらいの水を入れてかき混ぜ、蓋をしてそのまま放置しておきます。そうすると鶏のスープは濁ったものになります。水焚きの鶏の中へ鶏ガラ二羽分程たき切りにして入れるのも忘れぬように。冷めたら鶏肉を洗うようにして取り出しあとのスープは布で漉しておきます。鍋にする場合はこれと野菜と煮てポン酢で、紅葉卸し、洗い葱、卸生姜など薬味として使います。鶏は一五〇日以上飼育したものがよろしい。

鶏ばかりでなく、魚、海老、貝類など取り混ぜた水焚もさっぱりとして良いものです。これもポン酢でいただきます。

みずだこ〔水蛸〕

タコの一種。日本産の中で一番大きく、全長三mにもなるのがあります。北太平洋に住み、わが国では北海道に多くとれます。産卵期は初夏で、肉は柔らかいが真蛸にくらべると水っぽいので水蛸の名があります。北海道では雌のことをマダコとも呼んでいます。

みずな〔水菜〕

ヒイラギナともいいアブラナ科の草本。中国が原産、昔は畑のうねの間に水を通して栽培したので水菜の称があります。水の多いところで作れば軟らかく乾地で作れば茎が硬いものです。ヒイラギナとは葉が柊の葉のように切れめがあるのでそう呼びます。塩漬け、汁の実、鯨飯の具等に使います。雪や霜の降るうちが季節です。春暖ともなれば、とうがたって固くなってしまいます。

みずばしょうせんべい〔水芭蕉煎餅〕

群馬県安中市磯部の銘菓。九cmに六cmほどの大きさで薄く、かるい味なのでいくらでも食べられます。煎餅に尾瀬、天然記念物の文字が打ち出しになっているもの。

みずひき〔水引〕

ただ水引きといえば、仏前や神輿の前台に引くもの、生花に使う草花もありますが、ここでいうのは進物や祝儀ものを包んでゆわえる水引きのことです。御祝いには赤白か金銀、凶事には黄白か黒白です。包み紙の上をこの水引で結ぶのは、思いや意中または霊を結び込む印だと聞き及びます。これを行なうようになったのは平安時代からといわれます。この水引は現在信州の飯田で家内工業として生産されています。

みずもち〔水餅〕

餅の保存方法。お正月の残りの餅を水につけておきますとカビが生ぜず柔らかで、一寸手を加えるといつでも搗きたてのような餅が食べられます。焼く時は餅の水をよくきって金網をよく焼いてから餅をのせて焼きます。蒸し直して味噌餡をかければ抹茶の菓子の珠光餅ができます。

この水餅を蒸して更に搗きますと数日かたくなりません。あんころ餅にはこの方法がよいものです。

みずや〔水屋〕

茶席の次の間。茶席の用具、懐石の用具などの設備のしてある所。

みずやきとうふ〔水焼豆腐〕

豆腐を水に入れ表面を水より一㎝くらい出しておき、上から強火で焼めを付けます。こうすると焼きめがありながら豆腐は生そのままであるところにおもしろさがあります。現在はレンジの口火で焼きます。

みずようかん〔水羊羹〕

よく冷して食べる水羊羹は夏の食味の一つです。寒天一本と三分の一を水に一時間以上浸しておき、これを絞ってほぐし鍋に入れ、水五〇〇cc入れて煮溶き、砂糖二〇〇g入れて更に煮溶き、一度漉してその中へ饅頭の餡三〇〇g、塩小匙一杯入れて煮溶き、なかば冷して流し缶に入れ冷して切って使います。時には一個づつ形に入れて作るのもよいことです。気をつけたいことは四〇度以下に冷して流し缶に入れないと餡が沈澱する場合があります。

みそあん〔味噌餡〕

擂り味噌と味醂、煮出し汁、砂糖と混ぜて煮溶き、片栗粉で濃度をつけたもの。豆腐、貝類、野菜のあんに使います。お菓子にも味噌餡があり、時には、胡麻、胡桃を入れる場合もあります。

みそいた〔味噌板〕

好みにより、白、赤、何れの味噌でもよろしい。味噌に胡麻、落花生、くるみなど擂り合せて練煮にして、適当に丸め、これを平たくして竹簀の上で干して仕上げます。そのまま酒の肴に、お茶漬けによいものです。

みぞうすい〔味増水〕

平安時代の米の食べ方の一つ。現在の雑炊にあたるもの。当時は汁気を多くして塩を加えないものを粥といい、塩味をつけたものを味増水と呼んで区別していました。その後野菜その他を加えて雑炊という当て字が生れました。味噌あじのをおじや、すましのが雑炊です。

みそかそば〔晦日蕎麦〕

大晦日の夜に食べるそばのこと。年越そばともいいます。この始まりは元禄のころで、当時わが国では温暖な気候にめぐまれ、特に作物が豊作、生産過剰なほどでした。そこでどうか、来る月も今月のように続くようにとの縁起から、長くつながるようにそばを食べるようになったといわれます。それが〝来る年もこのように〟と年の終りに食べる風習が残っている訳です。

みそしる〔味噌汁〕

豆味噌なれば擂鉢で擂って煮出し汁で擂りのばし、一度味噌漉しで漉して作ったのが味噌汁です。味噌八〇g、煮出し汁カップ五杯くらいが適度の味です。

みそすい〔味噌吸〕

みそ味の吸物、八丁味噌八〇g、濃めの煮出し汁五カップ、以上を煮溶き、そのまま放置して味噌が下へ沈澱したら上澄だけ別の器に取ってこれを使います。

みそすき〔味噌鋤〕

味噌、味醂、砂糖、煮出し汁と擂り混ぜ、これをたれにして煮る鍋料理。明治の初期まで牛肉や動物の匂いをきらってそれを消すために味噌を使ったのが始まりです。馬肉、猪肉が代表鍋です。

みそせんべい〔味噌煎餅〕

焼菓子の一種。赤砂糖、玉子、味噌、水飴に水を少量加えてよく撹拌し、小麦粉をふるいこみ、よく混ぜ合わせ、光沢を出すため醬油少量入れて丸形に焼き、二枚に折って木製の凹溝型に並べてそりをつけます。すこしかたいが淡泊な味を賞味します。

みそづけ〔味噌漬〕

味噌漬けの材料には、魚肉、野菜とあり、魚肉の場合は味噌を味醂でのばし漬け込みます。器にみそを敷き、その上に和紙かカンレーイシャを敷き、そこへ材料をならべて入れ更にカンレーイシャをかけて味噌をならして入れます。沢山の場合は何回も操り返して漬け込みますが、身の厚さ薄さによって漬けておく時間を考えます。先ず一日か二日くらいがいいとこでしょう。野菜類は一度塩漬けしてから漬け込みます。西京漬けといって白味噌で漬けることもします。夏は発酵するので早く味がなじみます。

みそでんがく〔味噌田楽〕

味噌、味醂、砂糖と焚き合わせ、焼豆腐、こんにゃくを串にさして茹で、これに味噌を付け粉山椒をふりかけたもの。

みそに〔味噌煮〕

魚類では背の青い魚、即ち鯖、鰯などがむきます。味噌、味醂、砂糖、煮出し汁で煮ます。野菜では大根、こんにゃくが味噌煮にはよく会います。

みそのきげん〔味噌の起源〕

みそは一〇〇〇年近くも前の平安時代、宮廷文化の代表者的歌人、和泉式部が、『和泉式部日記』のなかに「二月ばかり、みそを人かりやるとて」の歌を残しています。「花にあえば、みたつゆばかりおしからぬ、あかで春にも、かはりにしかば」と。従ってその当時から味噌はあったことになります。実際一般にみそ汁の普及されたのは室町時代、十五世紀以後といわれます。それまでは食塩の生産が豊かでなかったのでしょう。みその原産地は先ず中国、その原型は納豆を意味し、鼓《くき》といって、紀元前三世紀頃、オリエントから伝えられた発酵技術が中国で商業的な酒や味噌の開発に応用され、麹菌を利用し、この食品加工技術が日本に伝り、日本独自に作られたのかも知れません。味噌は鑑真和上《かんじんわじょう》が伝えたのが始まりという説も有力です。千二百年前、故国中国へ里帰りした鑑真が奈良唐招提寺へ再度渡来、甜鼓《かんし》(甘いみそ)、塩鼓《えんし》（辛いみそ）を携えて来たと云われますが、現在の調味料でなく、なめ味噌即ち飯、酒の菜であったようです。古くは、醤《ひしお》、赤醤《みそ》、鼓《し》の漢字が使われ、七〇一年制定された大宝律令には、醤院の制を定めています。醤院というのは、もろみに近いものを作るところ、正倉院文書には、尾張、伊豆などの農産物として醤《ひしお》、末醤《みそ》の文字が登場して来ます。平城宮跡から出土した木簡にはある寺から醤、末醤などの食料を請求する意味のことが記されているそうです。

下って鎌倉時代、紀州由良の里、今の和歌山県湯浅町岩佐、尺八の名手の僧、興国寺の開山覚心という禅僧が、中国の経山寺という浙江省姑蘇にある寺で製法を学び、帰国して味噌の作り方を教えています。この味噌樽の底にたまった液が調味料として素晴しい味を持っていることが判り、室町時代に入って全国に広まったのが溜《たまり》というわけですが、昔は味噌汁として使用されたのでしょうか、本来はなめ味噌としてそのまま菜として食べています。この時代、ある時、酒を持って公家が友人の所へ行ったところ、戸棚の奥から味噌を取り出し、「これ有るかな」云々とよろこんで、それを肴に酒を飲んだ話のあるとのことをみましても、菜にしたことがうかがい知れます。蜀山人の句に「世を捨て山に入るとも味噌醤油、酒の通い路なくてかなわじ」と云っているように日常生活に欠くべからざる必需品となっています。

料理では赤白と二種類に使い分けますが、実は手前みそというように、各地に異なった味噌があり、郷土の味噌は忘れがたいものです。特に京都の白味噌は甘味が強いが、それは昔の公家《くげ》が甘酒から思いつき作り始めたものだと云われます。大略赤みそは大豆を蒸して菌をつけて作ったもの、白みそは茹でて作ったもので、その他の材料に、米、麦を使用して作られています。従って各地各様の味があります。この味を試食しますと塩辛くていただけないのもありますが、その地へ行けばそれが自慢と云うことになります。幸い私の住む半田は昔からその主産地であって良品にめぐまれています。

味噌の料理では、みそ汁、洗い味噌、赤だし、胡麻汁、その他魚田みそ、ごまみそ、胡桃みそ、けしの実みそ、酢みそ、ぬたみそ、木の芽みそ、柚子みそ、芥子みそ、黄身みそ、みそたれ、鯛みそ、法論みそ、焼みそ、経山寺みそ、ピーナツみそ、海老みそ、鶏みそ、かもみそ、その他中京のみで他にはない、いな饅頭に使用するみそと多種多様に使われます。

味噌の栄養価は、一〇〇g中蛋白質十三・一g、脂質五・五g、カルシウム一三〇㎎といわれています。

みそには発癌を抑え打消す作用があると、東北大学の木村修一教授グループが発表されています。それはいろいろの角度から研究の上発表されたものです。みそには発癌を打ち消すリノレン酸エチルエステルが含まれているからだそうです。みそ汁一杯が体内へ入る一食分の発癌作用の物質を完全に打ち消すといわれます。従って味噌料理を摂るよう心掛けたいことです。

みそのあわせ方〔味噌の合わせ方〕

味噌の種類では手前味噌というように各地に特色の品がありますが大体「経山寺味噌」は茄子や瓜、牛蒡など漬け合わせたなめ味噌。「豆味噌」は俗に三州味噌。「米味噌」は「甘い白い西京味噌」で白みそ。「もろみ」は充分熟せぬもの。只今では加工しすぎて甘い感心しないのが出廻っています。味噌の種類といえば右のようなものが一般的ですが、味噌料理の元になるのは魚天味噌です。これさえあれば直ちに種々の味噌料理ができ上ります。魚天味噌は、三州みそ二〇〇g、味醂大匙八杯、砂糖大匙八杯擂り混ぜて裏漉しをし、文火（弱火）でゆっくり照りのでるように焚き上げて作ります。酢みその場合は酢でのばす。胡麻味噌は炒り胡麻と擂り混ぜる。鯛みそは白身の魚を茹で、骨皮を去りかるく擂りほぐして魚天味噌と文火で焚き上げる。海老、とり、鴨などはミンチにかけて味醂で炒ってそぼろにしてから魚天味噌と焚き合せる。胡桃、落花生、木の芽は魚天味噌と擂り混ぜて作る。

みそまつかぜ〔味噌松風〕

和菓子の一種。業者では部厚く焼き上げますが、一般には薄く焼く方が簡単でよいことでしょう。ボールに砂糖八〇g、白みそ三〇g、を入れて擂木でよくねり合せ、次に水飴一〇gを湯で溶いて中へ入れ、重曹〇・七g少量の水でといて入れてまぜ、ふるいにかけた小麦粉一〇〇gを入れて軽く煉り合せ、巻鍋に油を塗り生地を流し入れ、その上に黒胡麻を少々散らして焼き、表面にプツプツ穴ができたら裏返して焼き上げます。生地の堅さはホットケーキと同じぐらいでよろしい。

みそまんじゅう〔味噌饅頭〕

皮に味噌の入った饅頭。材料、小麦粉三〇〇g、ベイキングパウダー大匙二杯、砂糖一二〇g、赤みそ大匙二杯、味付あん四〇〇g。作り方、小麦粉とパウダーを混ぜて二度フルイにかけ、ボールに砂糖、赤みそ、水を入れてよく溶き混ぜ粉を入れてこね二〇個に取り、餡も二〇個作り、先の皮で餡を包み、始め五分間ほど強火で蒸し、あと一〇分中火で蒸して仕上げます。

みぞれ〔霙〕

かき氷の別名、雪がとけかけたように降るものをみぞれといいます。氷をかいたさまがそれに似ているのでこの名があります。その他大根の卸したものが似ているので、大根卸しで和えたのをみぞれ和えともいいます。

みぞれあげ〔霙揚〕

材料に味塩をして、人蔘、パセリなどみじん切りにして天浮羅の衣に入れこれを付けて揚げたもの。

みぞれかん〔霙羹〕

ようかんの一種。道明寺羹ともいいます。道明寺糒《ほしいい》を水で洗ってゴミをとりのぞき、ぬるま湯につけて膨張させ、しんがなくなったら水気をきっておき、別に鍋で寒天を煮溶き、砂糖、水飴を入れて煮詰め、この中に道明寺を入れてよく撹拌して一寸火にかけ、流し缶に流し入れて冷し固めます。

みぞれじたて〔霙仕立〕

大根又は蕪を卸して汁に混ぜた汁。

みぞれず〔霙酢〕

大根卸しと三杯酢を合わせたもの。これで材料を和えると霙の降ったあとのように見えるのでこの名があります。

みたてりょうり〔見立料理〕

時により見立てて出す料理。

みたらしだんご〔御手洗団子〕

みたらし団子は神社仏閣の境内でよく売られていますが、最も有名なのは、京都下鴨神社。糺《ただす》の森を流れる蟬の小川のほとりは涼しいので納涼で賑いましたが、この小川のあたりに茶店を設け、御手洗団子を商っていました。今は神社の近くに店舗を持ち盛大に販売しています。

「みたらしやきのふは吾妻十団子」

宗因の句など思い出されます。団子を作るには米粉を熱湯で耳たぶぐらいにこね、これを蒸してボールに取り、擂木でついてあら熱を去り、よくこねて団子に丸め串にさして焼き、たれをつけて更に焼いて仕上げます。たれに片栗粉の水溶きを入れて濃度をつけて作る場合もあります。

尚亀屋粟義の特製品は、下鴨神社の神饌の菓子、目的は厄除けですが、上新粉で作った白団子を節止めの竹を扇の骨のように十本に割り、各串に五個ずつ、即ち五十個を刺しますが、一番先の一つだけ少し大きく、二つ目は少し離して刺してあります。それは厄除けの縁起で、先端の一つは頭で下の四つは手足になぞえられ、人形に作られている訳です。人体に模した団子を神前に供え、祈禱を受けたのち持ち帰って醤油をつけて焼き、厄除けに食べたに始まりますが、現在はあらかじめ焼いて売っています。この起源に一つの伝説があり、それは下鴨神社の糺の森の下陰に井上の社という小宮があり、その前に清水の湧く手洗の池があり、まず一つ大きく湧き出で、続いて四つ連続的に湧き出るため、その水になぞらえられてこのような形と数に作り始められたといわれています。

みちのく

陸奥、仙台の名菓。まぼろしの菓子といわれるように注文は受けず、朝列を作って買わなければ買えません。直径五㎝の薄いせんべいに砂糖衣のかかった干菓子、みちのく、売茶翁の印刷の紙に包まれています。かるい甘味で煎茶抹茶両方に使えます。

みつ〔蜜〕

蜜には、白蜜、赤蜜、黒蜜、蜂蜜等の種類があります。煮る物、煮ふくめるもの、ふくませるものによって使い分けをします。

みづ

山野の湿地に自生するイラクサ科の一種、秋になるとムカゴのような玉をつけるのでムカゴミズともいいます。生の茎をたたいて三杯酢にしたり、和え物、煮物にも使います。

みついしこんぶ〔三石昆布〕

コンブの一種。北海道の三石から室蘭の沿岸にかけて多く産します。煮ると柔らかで味もよく、美しい緑色になります。昆布巻き、佃煮、塩昆布などに使用します。

みつに〔蜜煮〕

砂糖、蜜、水と焚き合わせてこれで甘煮にしたもの。ものにより始めは砂糖を少なくしておき、のち追い砂糖をして仕上げる方法もあります。

みつのつくりかた〔蜜の作り方〕

白蜜は砂糖水一カップ、黒砂糖で作る場合も同量で煮溶いて気長に煮詰めて作ります。然し使い途により濃薄に作るのは当然のことです。

みつば〔三ツ葉〕

野蜀葵。畑芹。セリ科の多年草。四季栽培されて、青味、和え物、鍋の具と使い途も多く料理の材料には至って重宝なものです。葉が三ッ葉なのでこの名があります。

みつまめ〔蜜豆〕

小さく賽《さい》の目に切った寒天、求肥、赤えんどうの砂糖煮、果物などを盛り合わせ糖蜜をかけたもの。クリーム、餡などをかけた各種のものがあります。この起こりは、江戸末期、しん粉細工屋がしん粉餅で作った舟にエンドウマメや色とりどりの小さく切ったしん粉餅を入れ、上から蜜をかけて売り出したのが始まりだといわれます。浅草雷門、新仲店通りにあって『舟和』が、銀の器に寒天やアンズを入れ、切餅を飾りにして「みつ豆ボール」と名づけて大衆的に売り出したのが一般の人に親しまれたようです。現在では喫茶店以外に、缶詰めのもあり、子どもや若い人にうけています。

みとなっとう〔水戸納豆〕

小粒の大豆で作った、茨城県特産の納豆。現在も昔ながらのツト入りで、いかにも納豆らしいのがうれしいことです。

みとのうめ〔水戸の梅〕

水戸の銘菓。淡紅色の求肥で白餡を包み、紫蘇の葉で巻いたもの。水戸市の亀印がよろしい。

みどりあえ〔緑和〕

ほうれん草または春菊を茹で、擂りつぶし裏漉しをして材料と和えたもの。時には胡麻や胡桃を擂り混ぜることもします。本格に緑の色を取るのには大根の葉をみじん切りにしてよく擂りつぶし水を入れてこれをすいのうで漉し、青汁を飯に入れて火にかけ、沸騰しかかったら火を消し上に浮き上った緑色のものをすいのうにあけてとります。これを寄せ菜、または青寄せといいます。

みどりず〔緑酢〕

胡瓜を卸し水切りして三杯酢と混ぜたもの。

みなづき〔水無月〕

六月の異称。その他涼暮月、旦月、松風月、常夏月《とこなつ》などいろいろの異称があります。俳諧歳時記『栞草《しおり》』によれば、「農事どもみなしつきたるゆえ、みなしづきという」とあり、この月は暑さ烈しく水泉も尽くるところから水無月というなどの説があります。京都では一年の中一日だけ楽しむ水無月という菓子があり、さすが古都ならではです。また五風十雨の季節とよく書かれますが、五日目に風が吹き、十日目に雨が降れば今年は五穀豊穣の印とよろこぶところです。

みなづき〔水無月〕

京都の銘菓。六月三十日に各神社で疫病よけの行事、水無月祓《はら》い、夏越の祓いが行われます。この行事に因み京都では当日かき氷の形をした水無月を食べるゆかしい習わしがあり、今日でもその日が近ずくと注文を取りに行く菓子屋もありまず。こうしたゆかしい行事はいつまでも残しておきたいものです。わらび粉一、砂糖二、水三の割合で混ぜ、一度ふるいで漉しこれを煮て、この中へ小豆の軟らかく煮たものを入れて流し缶に流し入れて冷しかため、三角形に切ったもの。

みなとぎり〔湊切〕

切り方の一つ。敷紙を斜二つ切りにしたもの。

みなとやき〔湊焼〕

豆腐の水を絞ってよくきり、擂鉢に入れて山の芋を、豆腐の一%ほど擂り卸して豆腐に混ぜ、別に浅草のりを焼物の切身大に切って、その上に先の豆腐を焼物の切り身程の厚さにのせ揚物油であげ、これを金串にさして、醬油に酒少々合わせたたれを作り、これを二〜三回かけながら焼いたもの。懐石の朝茶の焼物などによく使います。

みねこき〔峰扱〕

くずし身にする時、包丁の背で材料を叩きながら皮を残して身だけをこき取る仕事です。

みの〔蓑〕

牛の胃袋、蓑のように黒い毛糸のようなものが一㎝あまりはえているもの。さっと茹でて湯を捨て更に水煮をして柔らかくし味噌煮にすると一寸変った風味があります。中国では漢方薬と共に茹でて調理されるようです。

みのかさご〔蓑鯱〕

カサゴ科の海魚。グロテスクな仲間のうちでは別格で、淡紅色のからだ全体に薄い黒い縞模様があり、大きなふさふさした胸ビレと背鰭の先にコバルト色がすこしあり、なかなかシャレた色彩の魚です。大きな鰭を一ぱい広げた姿はすばらしく、美しい蓑を付けた姿に似ているのでこの名があります。美しい花にはトゲがあるといわれるように、この魚にも背鰭の先に猛毒を持つトゲがあります。一種の神経毒で、刺されると激痛しあまりの痛さに幾日も走りまわるので「ナヌカバシリ」の名も広島地方にはあります。これは攻撃された時の反撃用で、むやみに相手を刺すことはありません。常にのんびりと鰭を広げて泳いでいるさまは、とてもきれいです。料理ではオコゼと同じように使用します。味噌椀種、トチ煮、山椒焼きなどに向きます。

みのひき〔蓑曳〕

天然記念物の日本鶏。豊橋の原産。蓑のように毛が長くたれ下っているところからこの名があり、一時は幻《まぼろし》の鶏とまでいわれるほど、絶滅の危機に陥ったのですが、山本という人が保存に情熱をもやし、ようやく現在は各地に愛好者ができ、その姿を見ることができます。これは食用でなく愛玩用です。秋田や四国にも尾の長い愛玩用の鶏があります。

みぶな〔壬生菜〕

水菜の一種。京都の壬生で栽培され始めたのでこの名があります、春の漬物に向きます。

みやぎの〔宮城野〕

小豆の茹でたもの。宮城野という有名な色のよい萩があり、小豆を茹でて二つに切ると萩の花に似ているのでこの名があります。

みやしげだいこん〔宮重大根〕

尾張特産の大根。白くて太く軟らかいので、煮物、風呂吹き、漬物に使います。

みやじま〔宮島〕

木の杓子の調理師言葉。宮島はしゃもじの産地ですから地名で呼びます。この杓子の始まりは、清源という僧が飯をよそうのに良い器がなかったので、考えて作り初めたといわれます。この地では大小さまざまのが作られ、大は茶の夜咄に掛物代わりに使用されるのもあります。

みょうが〔茗荷〕

ショウガ科多年生草木。もやしにして発芽させ茎《くき》を白く作ったのが茗荷竹。夏にその根に花穂《かすい》ができますがこれを花茗荷又は茗荷の子といいます。更に花穂の先に花が出ますがこれを抜き取り吸口などに使います。茗荷は打って刺身の妻、酢の物の相手、胡瓜に打ち混ぜたり、茹でて三杯酢、粕漬けまたは梅酢漬けにしてあしらい物に、汁物の吸口に、その他薬味に使います。切ったら一度水に浸して使います。尚泥鰌汁にはなくてはならない薬味の一つです。茗荷という名は昔中国に、釈尊の弟子で周梨槃特《しゅうりはんとく》という人があり、この人は至って物忘れの強い人で自分の名さえ忘れるという人でした。そこで友人が自分の名さえ忘れては困るから背中におまえの名を書いておいてやるから、人が名まえを聞いたら背中を見てくれといえ、という程の忘れっぽい人でした。この人が死んで埋葬《まいそう》しましたが、その趾《あと》にかつて見たことのない植物が生えてきました。そこで背中へ名を荷わせていた槃特の埋葬の趾から生えたのでこれを茗荷と名付けたというのが語源です。即ち草本になったので名荷の名に艸《くさ》かんむりを付けて茗荷と書きます。槃特という人はおろか者で、聞く片方から何事も忘れてしまったので、一名バカともいわれた人だそうですが、しかし、仏道修行には熱心に努力して悟りを開いた人だといわれます。

茗荷を食べると物忘れをするということわざは、この人にもよりますが、有名な一九作の東海道中膝栗毛、弥次、喜多、の道中記の内、両人がある宿場で泥鰌汁を食べたところ、そこに茗荷が薬味として沢山出してあったので、店の主人に、茗荷を沢山食べると銭が要るかと聞いたところ、うどんの薬味と同じでそれはただですとのことで両人はこれを多く食べます。店の主人はこの両人は一寸抜けているところがあるようだから茗荷を沢山食べさせておけば、何か忘れて行くとの計略があったのですが、それどころか却って食べた代金を仕払わずに去るというような笑い話もあって、物忘れをするという話に輪がかかって今日に至っています。この茗荷を一町村こぞって栽培しているところがあります。それは青森のたきの沢茗荷の里です。

みょうばん〔明礬〕

硫酸アルミニウムカリウム。水の清澄剤にも使いますが料理ではアク抜きに使います。栗、新さつま芋のふくませ、茄子の色出し、青く茹でるものに種々と使います。普通には焼明礬を使います。

みらい〔味蕾〕

舌を始め口腔粘膜の一部に分布する味覚の受容器。紡錘形の小な器官、その形がちょうど花の蕾のようだからこの名があります。舌の表面に大小さまざまの乳頭と呼ばれる突起があって、その乳頭の溝壁に沿う上皮の中に味蕾があります。味蕾の中には味細胞、支柱細胞が分布し、そこに味神経がつながっています。味蕾の数は乳頭一個につき数百個ぐらいです。

味成分をとかした液が味蕾にはいると、その神経が鼓索神経から大脳の味覚中枢に対して刺激を与え、そこで始めて食物の味を感じます。これらの味の神経は舌の部分によって感じる味が違い、どの味蕾でもすべての味を感じるわけではなく、それぞれ専門の受けもちがきまっていて、甘味は舌の先で強く感じ、苦味は舌の根元、酸味は舌の両端で、塩のから味は舌の上部で幅広く感じます。従って苦い薬をのんで砂糖をなめると苦味が薄らぐのは感じる場所の違いによるものです。

みりん〔味醂〕

餅米を蒸して米こうじを作り焼酎を加えて仕込みこれを発酵糖化熟成させて絞って作ります。お正月の屠蘇酒、その他あられ酒、保命酒に、料理には、煮物、漬け物、汁のかくし味、焼物のたれ、そば汁、等々種々に使います。砂糖と違った甘味を賞します。煮物、焼物には照り出しと甘味とを兼ねて使います。

みりんがす〔味醂粕〕

みりんを醸造してしぼった残りかす、主に漬物に使います。ときにはそのまま食べたり、生の魚に塩をしてこのみりん粕で漬け込んで焼いて食べるのもよいものです。この場合、酒で柔らかくして使います。

みりんぼし〔味醂干〕

干物の一種。醤油と味醂を混ぜた中に材料を浸してのち干したもの。料理店では、小鯛、きす、さより、穴子、甘鯛、いか、白魚、海老を材料にして十五分浸し、一日くらい干して作ります。生乾きの方が美味なのはご存じの通りです。

みる〔水松・海松〕

海藻のミル科。各地の沿岸に春から夏にかけて産します。生のは酢の物あしらい、刺身の妻、汁の実に使います。乾燥塩漬けにして保存されたのもあります。乾したのはぬるま湯につけてもどして使います。塩のは水につけて塩出しをして使います。

みるがい〔海松食・水松貝〕

ミルクイ。バカガイ科の海産二枚貝。殻口にミルが着生するのでこの名があります。またミルを食べているからともいわれます。これを料理するには、水管の出ている所から貝割庖丁又は細い庖丁を差し込み、貝柱をはずして開き身を取り出し、臓物と水管とに分け、水管を熱湯に入れて真すぐ取り出し、水に取り、黒い皮を剝き横から庖丁をして開きよく洗って砂などを去りきれいにして、使い途により細くまたは平たく切って使用します。さしみ、酢の物、和え物などにして使います。臓物の方はきれいに洗ってミンチにかけ、糝薯身、片栗粉、玉子など擂り混ぜ、調味して流し缶に入れて蒸し、わた豆腐を作ると磯の香があって吸種によろしいものです。

みわそうめん〔三輪素麵〕

『延喜式』には素餌《むぎなは》とあるのがこれで、奈良朝時代唐から伝来した手延素麵、奈良三輪山附近で作られる素麵。手延べは一本の内多少の太い細いがあるのでよくわかります。

みんだなす〔民田茄子〕

山形県特有の茄子。二・五㎝くらいの小形の茄子、からし漬けにむきます。山形県では胡桃のよいのも産出されます。

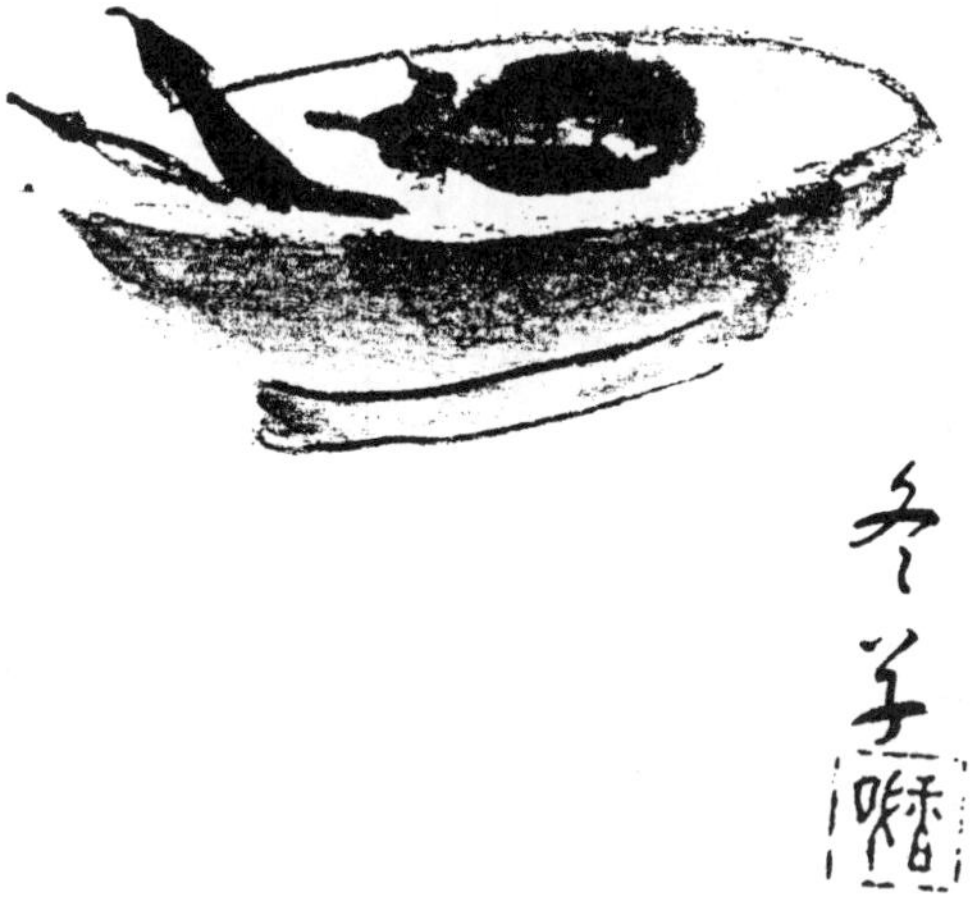

む

むいかのしょうぶ〔六日の菖蒲〕

実は五月五日の夜、甘露薬が天から降るといわれ、その露のかかった菖蒲でなければ効果はない訳で、五日の夜菖蒲湯を沸かして入浴します。六日の菖蒲では薬効のない湯、即ち後の祭りということになります。

むえんしょうゆ〔無塩醬油〕

しょうゆの一種。醬油の塩味を感じさせるために、リンゴ酸ナトリウム、グルコン酸ナトリウムで代用させて作った醬油。腎臓病患者用に用います。最近では、腎臓病に食塩が悪影響をおよぼすのはナトリウムであることがわかり、無塩醬油はほとんど使用せず、カリウムの塩化物や、アンモニウムなどの塩化物が食塩の代わりに用いられます。

むかご〔零余子〕

山芋、つくね芋のつるの葉腋《ようえき》（葉のつけ根）に生ずる暗緑の小形の芽体。大は京芋の小さいものくらい。小は小豆より少し大きいくらい。料理方法は塩炒り、飯に焚き込むむかご飯、竹串にさして付け焼き、汁の実にと使います。

むぎ〔麦〕

オオムギ、コムギ、ハダカムギ、ライムギ、エンバリ、など稲科の穀物の総称。日本へはかなり古い時代にコムギとオオムギが中国から移入され、奈良、平安時代に畑作を奨励された記録もあるそうです。現在では、コムギ、オオムギ、ハダカムギ、の順で全国各地に栽培されています。今では割むぎというのがあり、米と共に炊けばわからぬぐらいですからこれを取り入れて食べたいことです。

むきえび〔剝海老〕

シバエビの殻をむいたもの。生のは、かきあげ、ミンチにかけ、片栗粉、玉子など入れて擂《ま》り混ぜ、裏漉して海老糝薯、海老そうめんなどを作るのに使います。然し一度塩蔵した物は足がなく従って弾力がないので不向きです。

むぎこがし〔麦焦〕

はったい粉。麦を炒って焦し、碾いて粉にしたもの。砂糖を混ぜてそのまま食したり、またこれを湯で練って食べるもよく、麦落雁など菓子の材料にもなります。こがし、いりむぎ、麦いり粉、麦のはったいともいいます。くみ出しにもよく使います。

天正十五年(一五八七年)の北野の大茶会の節、洛中を始め、奈良、堺まで立てた高札に、「一、茶湯執心においては、若党、町人、百姓以下によらず、釜一、つるべ一、呑物一、茶なきものは、こがしにても不苦候間、提来可申候事。」と第二条に書かれて、こがしを抹茶の代用にして、ひさげ来る可くとあるように、麦焦しを賞味しております。夏には塩湯にこがし一片振り入れたのを番茶代わりに使うのもよいものです。

むぎちゃ〔麦茶〕

オオムギまたはハダカムギを煎って茶の代わりに使用するもの。一寸煮出すとよろしい。冷して夏の飲料によいもの。飲み始めたのは江戸末期ごろといわれます。ビタミンB_1が多く含まれているので夏期のビタミンB_1の補給源となります。

むぎとろ〔麦薯蕷〕

飯にとろろをかけた料理。米に二〇%くらい麦を混ぜて少し軟らかめに飯を焚いておきます、伊勢芋四五〇gの皮を剝き、焼明礬水につけて灰どめしながらぬめりを去り、卸金でなるべくこまかく卸し、よく擂り玉子二個擂り混ぜておきます。味醂大匙二杯、煮出し汁カップ二杯、醤油大匙五杯、化学調味料を混ぜて一度沸騰させ、なかば冷してこれを伊勢芋に播り混ぜてとろろを作ります。麦飯にこれをかけ、もみのり、洗いねぎを薬味にして食べます。とろろで有名なのは京都山端の平八茶屋です。壬生狂言の山端とろろで知られる通り二三〇年もの古い家です。その他東海道丸子のとろろもよく人に知られています。

むぎなわ〔麦縄〕

そうめんの古語。『今昔物語』に、「むき縄の蛇《へび》となりたる物語に、夏の頃麦縄多く出来たると客人ども多く集て喰ける云々これは冷麦なるべし。」とあります。

むきみ〔剝身〕

貝類の殻を剝いた身のこと。蛤、あさり、おのかい、あおやぎ、その他があります。

むぎめし〔麦飯〕

普通には米に二、三割の麦を混ぜて焚きます。とろろにはこの麦飯があいます。

むきもの〔剝物〕

大根、人蔘、里芋、さつま芋、胡瓜などで、鶴亀、松竹梅、寿老、その他の動物、花などを数十種の刃で彫刻家のようにきれいに剝いたもの、添え物や硯蓋のかいしきに使います。しかし剝物をあまり多く使うと料理が下品に見えますから気を付けたいことです。

むぎゆ〔麦湯〕

大麦を香ばしく炒ってこれと共に番茶を煎じて冷し、夏の茶の代わりに使います。

むぎらくがん〔麦落雁〕

干菓子の落雁はみじん粉、砂糖、塩、少量の水で作りますが、この中へ三、四割むぎこがしを混ぜて作ったもの。新麦で作ったのが香りもよくよろこびます。作り方↓落雁

むこうづけ〔向附〕

本膳料理または懐石の膳の向うに付けるので、この名があります。普通には酢の物ですが和え物を盛る場合もあります。この器だけでも向附といいます。

むしあわび〔蒸鮑〕

金沢の名産。薄く切って前菜や懐石料理の八寸に向きます。海洋民族の貴重な食物で、縄文、弥生時代の昔から珍重されたもの。

むしがし〔蒸菓子〕

和菓子の一種。せいろうに入れて蒸しあげた菓子の総称。まんじゅう、酒まんじゅう、外郎《ういろう》、黄身しぐれ、蒸し羊羹、かるかん、むしカステラなどがあります。

むしかれい〔蒸鰈〕

鰈に塩味をして一度蒸して陰干しにしたもの、更に焼いて食べますが骨離れがよく美味なものです。

むしき〔蒸器〕

食物をむして調理する道具。日本式には、セイロウ、中華式には蒸籠（チョンロン）、一般的には飯や茶碗むしをする金属製の蒸器。普通には金属製ので間に合いますが本格的に蒸し物をするには、木製のが熱が温和に廻ってよいことはいうまでもありません。金属製のを買う場合、サナの穴が大きくて全体にあいているのが蒸気がまんべんなく上り、むらなく蒸し上がりますので、この点を心して買いたいものです。蒸籠は、日本中華両方の蒸し物に適します。何れにしても蒸し物は作る料理によって熱の強弱に気をつけたいことです。

むしぎく〔蒸菊〕

青森八戸《はちのへ》市主産。阿房宮という食用菊の花弁を蒸して板状にして乾燥させたもの。浅草のりのように作られてあるので菊のりの名もあります。熱湯に酢を一滴入れてその中へ入れ、ほぐして浸し絞りあげ酢の物、さしみの妻などに使います。色もきれいで歯ぎれのよさを賞味します。普通の菊でも酢を入れてさっと茹で、一晩水に浸しておけば食用になります。

むしずし〔蒸鮨〕

鮨の一種。ちらしずしを蒸してその上に、金糸玉子、おぼろ、もみのり、紅生姜を色どりよくちらして熱いうちに食べます。寒い冬に鮨を温かく食べる智恵の一つです。鮨飯の酢は普通よりすこしひかえめがよろしい。酢は温かいと強く感じるからです。

むしとうふ〔蒸豆腐〕

普茶料理の一つ。豆腐を布巾に包みよく水きりして裏漉にかけ布巾にのばし、椎茸、人蔘、牛蒡を細長く切って味付して、これを芯にして巻き布巾の両端を結び、二〇分間むしてこれを揚げて小口切りにしたもの。笋羹（普茶料理で季節の野菜を煮込んだもの）などに使います。

むぢなじる〔狢汁〕

穴熊の肉を使ったみそ汁。穴熊をムヂナといいますが、狸をムヂナというところもあります。昔は案外多く食べたようです。

むしに〔蒸煮〕

直煮にしてくずれやすいものは蒸し煮といって材料をバットに並べ、煮汁を張って蒸煮にして仕上げます。姫百合などがその代表です。肉類でも軟らかくボイルして蒸し煮にすれば茹でた時の軟らかさに仕上ります。

むしもの〔蒸物〕

調理法の一つ。茶碗蒸、玉子豆腐、塩蒸、酒蒸、蒸し煮、豚の角煮は豚を蒸して軟らかくして煮る、強飯《おこわ》、蒲鉾類のくづし物、信濃蒸、南蛮蒸、蒸煮、等々数かぎりなく蒸し物はあります。蒸す材料によって火の強弱に気に付けたいことです。

蒸すということは随分古くから用いたことで、日本の食生活は蒸し物から始まったといっても過言ではないようです。奈良朝以前大和時代中国から伝わった食物の処理方法の一つです。

蒸物の料理は、塩蒸、松前蒸、そば蒸、かぶら蒸、道明寺蒸、甲羅蒸、土瓶蒸、丹波蒸、卸し蒸、雲丹蒸、小田巻、茶碗蒸、南禅寺蒸、ケンチン蒸、空也蒸、柚子蒸と多種あります。

むしやき〔蒸焼〕

魚、肉、その他野菜などオーブンで焼くこと。オーブンは蒸すと焼くとを兼ねていますが、物により大変都合のよいものです。しかし香ばしく焼くには直火が第一です。それは火熱の温度の相違にもよります。

むしようかん〔蒸羊羹〕

ようかんの一種。餡、砂糖、小麦粉、片栗粉と混ぜて蒸したもの。平安時代に茶の点心として使われていますから随分むかしからのお菓子です。練羊羹は関東、蒸し羊羹は関西で好まれます。とりわけ名古屋の美濃忠のあがり羊羹はこの種ではあまりにも有名です。あっさりした味は忘れられないものがあります。

むすび↓おにぎりのこと。

むすびどうふ〔結豆腐〕

天明版の『豆腐百珍』には「むすびどうふ、細く切り醋《す》に浸けて、いかようにもむすぶべし、よく結びて水に入れ醋気をさるなり、調味このみしだひ」とありますが実際には結びかねます。

むつ〔鯥〕

黒紫色の魚で少ないが一度見れば忘れがたい魚です。目と口が大きく深海に住みます。小田原ではムツメ、三崎でヒムツ、富山でカラス、鹿児島でクジラトウシ、高知でモツ、仙台でロクノウオ、仙台の殿様は陸奥守だからロクとかえたという魚です。この魚は脂肪が多く身は白色で、淡味なので、さしみ、潮汁、チリの材料によく、真子は親まさりといって特に珍重します。白子も真子に増して美味しいものです。

むつごろう〔鯥五郎〕

ハゼ科。沿海硬骨魚。日本では有明海に多く産します。肉はハゼに似ていて脂肪が多く、美味なので土地の人は常食としています。焼いて甘露煮にするのもよいものです。有明湾が産地です。

むべ〔郁子〕

野木瓜。アケビ科。山野に自生する植物。長い茎は木に巻きつき、アケビによく似ています。一名トキワアケビとも呼ばれ、五月頃白い小さい花をつけ、秋に実をむすび熟すると紫色になります。果肉は白く、味はアケビに似て甘く食用にされます。庭木としても栽培され、葉や根は利尿剤となります。

むらさき〔紫〕

醤油の別称。暗紫色なので昔は蔭《かげ》の異名でしたが明治以後は雅称してムラサキというようになっています。

むらさききゃべつ

レッドキャベツともいいます。外側から芯葉まで紫色。栽培は寒冷地に適しています。味は普通のキャベツと同じで、同じように使いますが、紫色がきれいなのでサラダなど生食によく使います。加熱する場合、しすぎると薄黒くなるのでサッと湯を通す程度がよろしい。

むらさきまいたけ〔紫舞茸〕

飛騨高山地方の持産、丈九cmあまり、香茸に似て裏面はたてに線状の筋があり、色は黒紫で群生しています。季節は九月中頃から十月上旬、老茸《ろうじ》に似ているので茹でて三杯酢に漬けてあしらい物、または和え物に好適です。

むらさめ〔村雨・群雨〕

むらさめは秋ばらばらと降る雨の呼称です。料理もそのように作ったものをこのように呼びます。例えば鶏肉や海老などをミンチにかけ、あまりかたく寄せないように作ったもの、卵などでもよくこの仕事をします。

むらさめ〔村雨〕

和菓子の一種。小豆の餡に上新粉、鶏卵を混ぜて蒸し上げた棹物。秋から初冬に多い、急に降ったり止んだりする村雨にちなんで作られた菓子です。料理も菓子も一寸した趣向で季感を出すことが大切です。

むらさめたまご〔村雨玉子〕

とりの挽肉二〇〇g、玉子五個、その他片栗粉、塩、砂糖、醬油、味醂適量。とりの挽肉は味醂、醬油、砂糖にて炒っておきます。玉子は硬茹でにして黄、白に分け裏漉しをして塩、砂糖で味をつけます。流し缶に白身を入れてならし、とりのそぼろのつなぎに片栗粉を混ぜて自身の上にならして入れ、最後に黄身を更に裏漉しをして入れ、厚さにより八分から一〇分間むして、冷して切り、口取り、口代わりに使います、時には蒸す代りに天火で焼くこともいたします。↓村雨

むろあじ〔室鰺〕

アジ科の海魚、伊豆七島から九州南端にかけて分布し、背中の色は青みが濃く、刺身、塩焼、干物によく、この魚を加工した煮出しは麺類の汁になくてはならないものになっています。『俚言集覧』に「むろあじ、鰺也。むろは伊豆の地名。今官にて鮏の字をむろあじと書く。これは官字也。当官は俗に八丈島支配の役所也。」とあります。この鰺はクサヤの乾物に最高の材料です。

め

めいたがれい〔眼板鰈〕

カレイ科の一種。体色に非常な変化があり、一般に目のある方は淡褐色で、暗褐色の斑点があります。突き出た目玉は小さい口の近くにあり、大きさは三〇㎝くらい、北海道以南の全国の沿岸に広く分布します。呼び名は各地で違います。四月から一〇月までが季節で美味しく、背びれのつけねのところに特有のにおいがあります。その部分を取りのぞき、さしみ、からあげ、一塩などの料理にむきます。

めいすい〔名水〕

水と抹茶とは関係が深く、水は茶の味を大変左右します。従って昔の茶人は各所の水を選んで使用しています。豊臣公が愛した宇治橋三の間の水。紹鷗、利休が好んだ醒ヶ井の水。珠光や京の茶人が愛した、柳の井戸、清和の井戸、県井《あかたい》、杜鵑の井。大阪城黄金水、大阪天王寺の水、亀の水、利休が特に好んだと伝えられる椿の井戸、北野の三斉井戸。江戸では

お茶の水、井伊の水。富士山頂の金明水、銀明水。
茶とは縁遠いかも知れないが、現在は名水が、サントリーミネラルウォーターとして、支笏湖畔の水、仙北松山の水、山梨甲府の白州の水、京都山崎の水、三段峡の水、九州升田の水と瓶詰になって売り出されています。
昭和五十九年末には、政府の思いつきにより、日本の名水百選を選定する運びとなり、水量の少ないものは除き、①水質、水量、景観、観水性の観点から保全状況が良好、②地域、住民による保全活動を必要条件に、希少性、著名度、故事来歴など参考にされ、水質については水の汚染度を表す、生物化学酸素要求量（BOC）などの化学分析はしないで住民がきれいな水として生活用水として利用されていることに重点、を置いており、この点が水のおいしさを判定する厚生省の（おいしい水研究会）とは違うところです。六十年の初頭には早くも三十一ケ所選定されています。何れも故事来歴のあるものばかりです。

めうち〔目打ち・目刺〕
ウナギ、ハモ、穴子、ドジョウなど長い身の魚を開く時、目のあたりに俎板まで刺し通し、頭の方の動きを止めて開きやすくする先がとがった金《かね》の道具。十五㎝ほどの長さで、上がT形、目さしともいいます。

めうど〔芽独活〕
うどのまだのびない四㎝くらいの芽のこと。非常に香りがよいので吸口代わりや、刺身、酢の物の妻に使います。

めおと〔夫婦〕
同じ材料を一対に使うこと。例えば婚礼に鯛二尾、向い合せて盛るなど。

めおとだき〔夫婦焚〕
焼豆腐と油揚、鶏と卵、このように同系体の物を焚き合わせたもの。

めかじき〔眼梶木・眼旗魚〕
カジキ科。普通のカジキに比して眼が大きいのでこの名があります。一名シュウトメともいい、所により名称は種々に変わります。性質は兇暴で和船の舵も時には口先が貫通するといわれます。昭和四十四年八月にはこれが船に飛び上り漁師の胸《むね》を刺して死に至らしめた記事も新聞にでていました。熱帯性回遊魚。肉は白く味は普通のカジキより劣ります。

めかぶ〔若布蕪〕
若布の根元の茎のこと。細かくきざんでとろろや油炒めにします。岩手県の三陸地方では、三月に若布の口明けといって、いっせいに若布採りが始まります。このメカブを細かくきざみ、熱湯を通し擂鉢でよく擂り、味噌汁の美味しいのを作り、このみそ汁で擂りのばします。とろろと同じように濃度のあるものができ上ります。これを飯にかけ薬味にねぎを使って食します。

メキャベツ〔芽キャベツ〕

ベルギーが原産、二〜三cm大の小さなキャベツ、一名子持カンランともいいます。茹でて芥子和え、あしらい、煮物、鍋の具、クリーム煮。上に十の字に包丁を入れて塩茹でにして切目を開き、そこへ玉子を茹で、黄身を裏漉しして味を付けきれいに入れると福寿草の花になり、正月料理の付合わせにもよいものです。

めくらうなぎ〔盲鰻〕

深海に住むため眼が退化してほとんどなきにひとしいのでこの名があります。皮が強いのでなめして鼻緒などに仕立てていましたが、現在では味醂干にして売られています。長崎、大分、宮崎、静岡などで産します。

めこち〔滑鯒〕

ノドグサリ科の海魚、本名は関連《せきれん》。体長は二〇cmくらい、表面にぬめりがあるので、ぬめりこちともいいます。天浮羅の材料によく使いますが惣菜には煮肴にしてもよいものです。

めざし〔目刺〕

魚に塩をして藁《わら》または竹串にさして乾燥させたもの。目にさして乾しますからこの名があります。材料では、マイワシ、ウルメイワシ、白魚、公魚、小鯵などがあります。一日《ひとひ》乾《ほし》の生かわきが一番美味しいことはご存じの通りです。お茶の料理では日に乾しても一夜ぼしといっています。

めざる〔目笊〕

竹であんだ荒めのざる、材料の水切りに使います。

めし〔飯〕

日本人にとってきり離すことのできない主食。三度炊く飯さえこわし軟らかしで、ことほどさほどに美味しく焚きがたいものです。水は米の一割増し、先にといで籠にあげておくこと。火はわら火が第一、次は薪、今日のようにガス、電気釜では美味しい飯は望むべくもありません。この飯は他の穀類と混ぜた場合、混合物の名を冠にして、栗めし、あわ飯、小豆飯、麦飯といいます。その他桜飯、鳥飯、玉子飯、白魚飯、五目飯、松茸飯、竹の子飯、菜飯、茶飯、紫蘇飯、かに飯、塩飯、海老飯、強飯（おこわ）、姫飯（軟らかい飯）、芋飯等々といろいろがあります。変り飯の味は、塩味のとき、米カップ五杯、塩大匙二分の一。醤油味の場合は米五カップに対して醤油大匙六杯くらい、他の材料を混ぜる場合はそれだけ調味料を増します。

めし〔飯・召し〕

本名はイヒで、貴人が召し上るものゆえ、『召』しというと古書にみえます。

めじ〔牝鹿〕

マグロの稚魚。皮膚の斑点が鹿に似ているからこの名があります。この魚は冬期がよろしい、軽淡な味を賞美いたします。

めじそ〔芽紫蘇〕

紫蘇二葉芽。これには赤と青とあり、さしみの妻、酢の物添え、吸口に使います。

めじな〔眼仁奈〕

メジナ科の海魚。南日本の磯に住みます。灰色で黒色なので黒鯛と見間違いやすい魚です。体長は五〇cmぐらいにもなり、産卵期は五～六月。夏に美味しい魚です。さしみを第一とし、煮肴、塩焼にも向きます。

めしびつ〔飯櫃〕

飯を入れる容器。おひつ、おはちともいいます。種々の材料で作ったのがありますが、飯櫃はナラの木で作るのが普通で、この木は水分を吸い取りますので、一度焚いた飯を飯櫃にうつし替えるとさっぱりして美味しいのです。現在は炊飯器のままにしておく家庭が多いようですが、ぜひ飯は一度移し替えたいものです。古くは、いいけ、飯鉢と呼んでおりました。

めしや〔飯屋〕

主として飯を売る軽飲食店。江戸時代の明暦のころ（一六五五～一六五七年）に、浅草に奈良茶と名づけて茶飯や煮物を売る店ができたのが飯屋の最初ともいわれますが、京阪地方にも同期にすでにあったようです。明治以後、大正時代にかけて簡易食堂が発展し、現在は各種食堂として繁栄しています。

めそ

鰻の幼魚のこと。この幼魚も高価になってしまいました。これを何尾もさして焼いたのを、イカダといいます。

めたで〔芽蓼〕

青と紅とあり何れも芽紫蘇と同じように使います。たでは毒消しの作用があり薬草の一種ともいわれます。

めだまやき〔目玉焼〕

玉子を目玉のように二個ならべて焼くのでこの名がありまs。フライパンにバターか油を入れて熱し、玉子を割り入れ水少々ながし入れ、蓋をして黄身が半熟状になった時皿に取り、味塩で調味します。

めぬけ〔眼抜〕↓あこう

めねぎ〔芽葱〕

ねぎの芽。葱の種をまき六cm程に成長したもの、おもに吸口に使います。

めのしたなんずん〔目の下何寸〕

魚の大きさをよく目の下何寸といいますが、何《いずこ》から何までをいうのか、とよく人に聞かれます。目の下というように魚の目の下から尾の付け根までの間の寸法をいうのが普通です。

めのはめし〔若芽飯〕

メノハは若芽の別名です。島根県地方の郷土料理。当地でとれる若芽を利用した食物です。若芽を火であぶり、細かくもんでご飯の上にふりかけたもの。磯の香があって一寸乙な食べものです。

めばち〔眼撥〕

サバ科。めばち鮪ともいいます。各地でいろいろの呼び名があります。晩春が一番美味しい季節です。

めばりずし〔目張鮨〕

和歌山県熊野地方の郷土料理。別の名をタカナ鮨ともいいます。紀勢本線新宮駅の名物弁当にもなっています。現在売られているのは小さいが、本来は麦飯で大きく握り、古漬けのタカナでくるみ、木こりや農夫の弁当として伝わったものです。名称の由来は大きなものなので口を大きくあけて、目まで大きくみはるところからきた愛称だといわれます。また一説には、タカナ特有の辛味がピリッときいて思わず目をみはるからだともいわれます。一口にいえばタカナの風味をいかして食べる鮨といってよいことでしょう。

めばる〔眼張〕

春告魚。カサゴ科の岩礁魚。日本各地でとれますが、瀬戸内海のが有名です。最も釣人に人気のある魚、旬は冬期、塩焼き、煮肴の代表的魚です。

めぶき〔芽蕗〕

蕗の芽出しの柔らかく小さなもの。吸物、椀盛の種に使用します。以前は藁のつとに入って売られていましたが、現在は少なくなってしまいました。

めぶし〔女節〕

鰹節のうち腹節のこと。従って背の方は男節といいます。

めふん

鮭の腎臓の塩辛。鮭の臓物を取り出し背筋に庖丁を入れ、あのどろりとした腎臓を取りこれを塩辛にしたもの。別に香りもなく他の塩辛ほどに賞味する価値はなさそうです。しかしこれも好みによることでしょう。

メリケン粉〔米利堅粉〕

アメリカンの訛語《かご》。アメリカ製の小麦粉の意となります。現在我国でも製粉技術は急足に進み、強力、中力、薄力と種類もあり、強力はパンや麵類に、薄力は天浮羅の衣用、お菓子にと自由に選ぶことができます。

メロン〔西洋瓜〕

マクワ瓜科の外国種。マスクメロンのマスクは麝香《じゃこう》の意です。果物の女王といわれるメロンは現在成長ホルモン剤を利用して、大きく然も味のよい物が出ています。愛知県渥美郡地方では、プリンスやエリサベスなど露地栽培に植物ホルモン、ナフタリン酢酸と肥料やビタミンB_1を葉面に散布して急速に成長させ、今までの五倍の果実に育てることに成功しています。あのあわい青色、きれいに張ったネット、香気と味は女王の資格十分です。種を蒔いてから百日あまりで果実となりますが、土、接木、肥培管理、湿度と手間のかかる栽培のため自然高価になってしまいます。メロンは卓上で切って部屋一パイ、あの甘い香りをただよわせて食べてこそ本格の味があります。

明治の中頃は輸入品で高価でしたが、その後我国でも栽培され、現在はスイカ畑地がメロン作りに転作され、年々益々増える傾向で種類も十四〜五になり、露路温室で四季を通じて姿を見せています。大別して、ネット系、黄系、白系、プリンス系、アールス、緑系。メロンは見た目にこれほど違いのある果実は珍らしく、味もそれぞれ微妙に異なっています。九州、愛知、茨城、秋田、千葉が多産地です。ネット系の人気品は、アムス、アンデス、コザック、真珠。白系はネット系より味があっさりしているので年配の方が好まれているようです。

最近変わり種で緑系、正確にいえば緑と黄のまだら模様で独特のウリザネ型、九州産のパパイヤメロンやカントリーなど値段が手頃で味が好いと評判が良いようです。
メロンは買うとき新鮮でしたら三日ほど常温の所へおき食べる一〜二時前に冷蔵庫へ入れ冷やします。ネット系のメロンはつるの細くなったものか、底を押してみて軟らかいのを冷やして召上って下さい。

めわかめ〔芽若布〕
三陸、宮古沖でとれる若布の芽。長さ二〇cmくらい、幅一〇cm、塩漬けにして売られています。塩出しをして切りますとねばり気が強くまるでとろろのようです。酢の物、汁の実に使いますが一種変った味がして美味しいものです。

めんたい〔明太魚〕
朝鮮語の呼び名、スケトウダラ。朝鮮ではめでたい魚となっています。

めんたいこ〔明太魚子〕
たらこのこと。スケトウダラの卵巣を塩蔵したもので、ミンタイコまたはモミジコともいいます。

メンタイコ〔明太子〕
たら子の塩漬、一名紅葉子、旭子、朝日子、ともいう。一寸唐辛子の強いもの。助宗鱈の子で作ります。明太子とは朝鮮の名称、生のは煮物に使いムツ子の代用にも使います。

めんとり〔面取り〕
庖丁の仕方の一つ。何か角ばった材料の切り方をした時、面取りといって角の部分を少々切るか剝き取ります。こうすると温和な姿になります。普通面取りと糸面取りとがあり、糸面取りは字の如く細く面を取ります。大根、蕪、人蔘、長里芋、蓮根、などによくこの方法をいたします。面を取ると姿ばかりでなく、煮くずれをふせぎきれいに仕上ります。

めんぼう〔麺棒〕
麺類を引きのばす棒。

めんるい〔麺類〕
小麦粉、デンプン、ソバ粉などを原料として、水と時には塩を加えてこね、その粘弾性を利用して細長く線状にしたもの。うどん、そうめん、マカロニ、そば粉を原料とするそば切り、米粉を原料とするビーフン、ジャガイモの澱粉を原料とするはるさめ、などがあります。

も

もうお〔藻魚〕

和名でモウオという魚はないそうです。沿岸の海藻の中に住む魚類のこと。主として、メバル、ベラ、ハタ、カサゴなどをさしますが、一応はカサゴをモウオといいます。夏に美味しい魚で北海道以南、台湾まで住みます。大きいのは刺身にもよく、トチ煮などに適材です。茂魚と書いたり、もいおとも呼びます。

もうそうちく〔孟宗竹〕

竹の一種。江南竹とも呼ばれるように、原産地は中国の江南地方。食用とするタケノコの代表的な品種です。日本では足利時代の終りころから文献にでてきます。移入されたのは天文年間（一五三二〜一五五四）で中国から琉球に渡り、それから鹿児島に植えられたのが始まりだといわれます。その後幕末時代に京阪、関東に移植されたようです。孟宗竹の孟宗は、中国の孝子、孟宗という人の名前からとったもので、日本で名づけられたようです。孟宗が寒中、母のために竹やぶをさがし、竹の子を掘った話は昔語りで、現在は年の内でも新竹の子が出廻ります。竹やぶに温泉の湯を通すとか、電球を入れるなどして土中に春の気温をあたえる方法も取り入れられています。しかし本当に美味しいのは三月末から四月の始まりです。太くて皮や根がミズミズしく、掘り取った切口の白いのが最もよいものです。

もえび〔藻海老〕

エビの一種。内湾の泥の多い砂地の海底に棲息します。体長十二㎝くらい、淡黄色あるいは淡青色で、最後の足の縁《ふち》が緑色です。海草に似た色をしているのでこの名があります。普通の海老のように調理されますが、干し海老にすることもあります。

もずく〔水雲・海蘊〕

褐藻類の海藻。細く分岐したもの。これには太水雲と細水雲とあり、二、三月頃が旬です。産地では生のを賞味しますが多くは塩蔵のを使います。微温湯に少量の塩を入れた中に漬けておき、塩出しをして使います。所によっては太水雲を好むものです。汁の実、わさび酢、もずくむし、もずく雑炊などは通人のよろこぶところです。酢にする場合は一寸甘味の方がよいでしょう。水雲はカルシウムに富み胃癌によいともいわれます。ぬめりを取りたい時は焼明礬水で洗うとよろしい。現在は沖縄産が多く出回っています。

もずくがに〔水雲蟹・海蘊蟹〕

淡水産の小形の蟹。甲羅も足も全部いっしょに擂りつぶし、みそを入れてドロドロにしたものを熱湯に少しずつ落し、これに豆腐や葱を入れて酒と醤油で調味します。福島ではガニマギ料理といって有名です。

もずくのかんてんよせ〔水雲の寒天寄〕

寒天1本（八g）、水カップ二杯半、塩もずくカップ三分の二が材料です。塩もずくは水に浸してよく塩気をぬき、切っておきます。寒天は使う三〇分くらい前に水に浸してよく絞って水気を去り、分量の水で煮溶き一度スイノウで漉して七〇℃くらいまで冷し、この中へもずくを入れて冷しかため、適当に切って、甘酢、芥子酢、わさび酢、酢味噌などを喰味に使って進めます。いつでもよろしいが夏の食味にあいます。

もすり〔藻磨〕

魚の身の一部。腹の一番下に付いている鰆を藻すりの鰆というように、海藻の繁る中に住む魚はたえず藻にふれるのでこの名があります。しかし藻磨りの部分の美味しい魚は藻魚でなく鰤です。刺身にしても照焼きにしても脂肪があって一番美味しく、鮪でもこの部分をトロといって賞味します。

もち〔餅〕

加工食品の一つ。糯米を一夜水に漬けておき、ざるに上げ充分蒸気の上るまで強火で蒸し、臼に入れて杵で搗いて作ります。本当は餅飯ですが今は略して餅といいます。糯米に雑穀を混ぜて、あわ餅、きび餅、二倉といって糯米とただ米と混ぜて搗くこともします。これを『和名抄』には毛知比、『内裏女房詞』にはカチンともいわれていました。

餅の食べ方はいろいろありますが、岩手県南水沢町では、餅の本膳料理があり、あんころ、ずんだ、わさび、納豆、胡桃、豆腐、変り雑煮等々数十種類があり、この餅を搗くのに餅搗唄もあってきわめてめづらしい土地です。

婚礼の餅本膳

納豆餅	わさび	ずんだ	ふすべ餅	わさび入
ごま	おろし	あづき	えひ	豆腐	生姜
ほや	いかのふわた	よもき	豆もち	牛蒡等

もちがし〔餅菓子〕

餅を原料として作った菓子類の総称。紀元前二、三世紀の弥生式文化時代からわが国にあったといわれます。当時の民族は、太陽、大地、水などに神格を認めて信仰した関係上、祭礼が多く、そのため、それに供える供物が必要になり、餅

も
なども古くからその一つにあげられていました。しかし、餅の加工品が独立して発達し始めたのは、奈良、平安時代で、この頃中国から輸入された唐菓子の影響を受けてからです。つばい餅は有名な源氏物語の中の若菜の巻にもでてきます。つばい餅は唐菓子の一つである椿餅を改良したもので、日本菓子として独立した最古のものの一つといえましょう。桜餅、柏餅の祖先にもあたります。現在では各地に名産があり、茶菓子に、お茶うけに最適の餅菓子として製せられています。

もちがゆのせっく〔餅粥の節供〕

年中行事の一つ。正月十五日朝、小豆を入れて焚いた粥に餅を加え煮て食し、十五日正月を祝う風習があります。『枕草子』には「十五日もちがいのせくまゐる」とあり、『公事根源』には「献御粥と題して、宇多天皇の寛平の頃から年毎にこれを奉るよし」とあり、昔は白穀、大豆、小豆、栗などを加えたようです。

もちこ〔餅粉〕

餅米を加工して挽いた粉。粉三〇〇gに水約三〇〇cc混ぜてこね、一口大に丸めて沸騰湯に入れ、浮き上ったものから順次冷水に取り冷してざるにあげ、納豆餅、ぜんざい、黄粉餅、あんころ、卸餅にするとよろしい。長時間軟らかいのが特色です。

もちごめ〔糯米〕

米の一種。おもに餅として食べますがオコワなどにもします。ウルチ米に比べて粘り強いのが特徴です。

もちのそしん〔餅祖神〕

餅の神様として滋賀県志賀町に小野神社というのがあり、この神社の祭神は人皇五代孝昭《こうしょう》天皇第一皇子、天足彦国押人《あまたらしひこくにおしひと》命とその七世の孫、米餅搗大使主《たがねつきおおみ》命（またの名を日祀大使主命）の二柱が祭ってあります。そのうちの一柱は、応神天皇の御代（西暦三〇〇年代）に始めて餅を作ったということで「米餅《たがね》搗《つき》」の姓を賜わったという伝えがあります。これがわが国の餅の祖始であり、小野神社が餅の神様といわれる由縁です。現在でも祭日には餅の業者の参拝が多くあります。

小野神社の年中行事は毎年十一月二日、小野粢《しとぎ》祭《まつり》というのがあり、これは新穀の餅米を前日より水に晒し、木臼でつき、その生餅を納豆のように藁《わら》のつとに包んで、その粢《しとぎ》を中心に、竹馬の酒という青竹の筒に入れた酒、青筒に入れた蜂蜜、山の菓という生栗、水の菓という菱の実を添えて、村の三カ所に設けた祭壇に献供します。これは千四百年伝来された古式ゆかしい行事です。

もちのもと〔餅の素〕

つきたての餅を八〇℃以上の高温で急速に乾燥させて粉末にしたもの。α―デンプンの状態であるため、水か湯でこねれば餅の状態になります。湯で薄めれば重湯の代わりに使うこともできます。

もちばな〔餅花〕

正月の祝儀ものとして使うもの。餅や団子に色付けして柳の枝につけて飾ります。この木のように今年も豊作であるようにと願いをこめた飾物です。地方によっては、まゆ玉、餅の花などとも呼びます。この風習は江戸時代が盛んであったようです。戦前には初荷といって正月二日に商品を景気よく配達したものですが、この初荷にはこの餅花を添えて飾ったものです。

もつ

臓物の略称。動物の内臓、栄養上大きな効果があるわけで今日では好んで食べる人が多くなって来ています。沢山あればさっと茹で、時雨《しぐれ》風に煮てもよく、バター焼、もつ焼きにして食します。牛、豚、鳥類、魚類、栄養価はビタミンが最も多く含まれています。

もっそう〔物相・盛相〕

大徳寺重や縁高重を使い、大寄せの茶会に使う点心の突き飯のこと。原形が毎日仏前へお供えする丸形ですから、丸形を物相といい、他のいろいろの形に抜くのは突き飯というのが適当かも知れません。現在でも監獄での食事を物相といっているように盛りきりの意もあります。この物相には季節の材料を混ぜて作ります。菜飯、わらび、土筆、剝きえんどう、紫蘇の粉、栗、銀杏、黒胡麻、ふき、竹の子、海老等々。

もってのほか

越後の特産の菊の花。味のよい菊の花の代表。花弁をむしり取り茹でて水で晒し、柑橘を絞り酸を取り薄口醤油、煮出し汁で三杯酢を作り、菊菜、菊の花、柚子酢と和えたもの。見た目より美味しいので、もってのほかといいます。柚子酢ばかりでなく、香保酸《かぼす》、橙酸《だいだい》、酢断《すだち》などでもよろしい。

もつに〔臓物煮〕

牛、豚、鶏のもつを煮たもの。何れも一口切りにして血抜きをしてざっと茹で、ちょっと辛味に生姜の千切を入れて煮ます。もつ四〇〇g、醤油カップ二分の一杯、砂糖大匙三杯半、古生姜適当、以上で煮て最後は空炒りするように煮たのが美味しいことです。

もつやき〔もつ焼〕

牛、豚、鶏の臓物を血抜きして、ある程度に切り、香辛料を入れた醬油に浸して串にさして焼いたり、鉄板、アミの上で焼くこともします。時には味噌たれを付けて焼くこともあり、俗にホルモン焼きというのがこれです。

もどき〔擬〕

料理言葉でよく何々もどきといいますが、それは似通っているということです。例えば柳川鍋は泥鰌と笹がき牛蒡の玉子〆めであるのに対し、泥鰌の代わりに目白とか鱧《はも》を使えば、目白の柳川もどきという訳です。丸擬《がんもどき》は形は丸《まる》いが少し平たくなっておりますので丸擬ということです。丸擬は雁の味がするのでこの名があるという説をたてる人もあります。

もどす〔戻す〕

穀物食品を、水または湯にてやわらかくすること。もとの柔らかさに戻す意味です。椎茸、高野豆腐、ぜんまい、豆、干魚、貝柱など。

もなか〔最中〕

半生菓子の一種。モチ米の粉を水でこねて蒸し、薄くのばしたものを適当な形に切りとって焼き、それを殻として、餡をまん中に入れて二枚合わせて作った菓子。昔は丸い平べったい形の乾菓子で、満月のように見えたので、最中の月と呼んだといわれます。『御撰和歌集』の源順《みなもとのしたがう》の歌に、「池の面に照る月なみを数うれば今宵ぞ秋のもなかなりけり」に因んで付けられた名称だともいわれます。尚ある時宮中で月見の宴があり、丸い白餅が出され、それがちょうど池に浮ぶ仲秋の名月そっくりだったので、それにヒントをえて菓子に造り始められたともいわれます。最中のよさは、皮と良質のあんと合まって最上の味を決定づけます。

もみじあえ〔紅葉和〕

鯉子の色のよいので、いか、酢にした白身の魚、長芋の細切りなど和えたもの。

もみじおろし〔紅葉卸〕

大根に箸で穴をあけてそこに赤唐芥子を差して卸したもの。白いところへちらちらと赤い唐芥子の見えるのを紅葉に見立てた言葉です。

もみじこ〔紅葉子〕

鰤の子の塩漬け。そのまま切って使ったり、酒で洗って塩出しして、三杯酢に花かつおを掛けて前菜に使用したりします。

もみのり〔揉海苔〕

のりを焼く時一枚なれば片面だけ火を当てて焼き、二枚なら合わせて焼きます。両面に火を当てると沃度《ようど》が破壊されます。香ばしく焼いてもみほぐしたのがもみのりです。使い途により大小にもみ分けます。

もめんどうふ〔木綿豆腐〕

普通の豆腐のこと。豆腐には木綿豆腐、絹漉し豆腐とありますが別して製法は変わらず、木綿豆腐は苦りを何回かに分けて入れ、絹漉しは一度に入れます。特に水を少なく使えば絹漉しのきめがこまかくなります。

もも〔桃〕

バラ科の落葉喬木。中国が原産、今日栽培されているものは、モモ、油桃、蟠桃《はんとう》などです。日本でも極めて古くから栽培され、「古事記」にも桃という文字が見られます。古くは主として花を賞したものです。明治初期頃までは果肉が堅く甘味が少なかったのですが、天津《てんしん》水蜜が輸入されて急速に普及され、明治三十年頃から人工交配により東洋系の水蜜桃が生れ各地で栽培されますが、岡山が最も有名です。白桃、全桃、岡山早生《わせ》、倉方早生があり、神奈川県下でもよい種類が栽培されます。桃は西王母で名高く、仙桃を食すれば不老長寿の効がありとの俗説により、桃はめでたいものになっています。

桃の蕾は乾燥させて、白桃花といって漢方利尿の薬にも使います。白桃の葉を塩もみして湯に入れその中に小児を入れて湯浴させますと、夏のあせも直しによいのは既にご存じの通りです。

七月はしりの桃は、白鳳種、大久保種、共に丸々としたもの。肌はホワイト、水蜜も多く美味しいものです。八月に入ると、白桃、これは日本が生んだ桃の芸術品です。世界にその名を知られたホワイトピーチで、九月中頃まで味の桃源郷です。

現在岡山の桃の試験場では一三〇種ほどの種類が栽培されており、変わった形、色のがあるそうです。桃は冷蔵庫へ入れて二～三時間冷して食べるのが一番美味です。

ももかわあげ〔百々川揚〕

くわゐを卸し卵黄、小麦粉を混ぜ、これを衣にして揚げたもの。材料は下煮をしておきます。

ももとりぜん〔百取膳〕

埼玉県大宮市氷川神社の行事。十二月十日の太陽祭の折、供えられる特殊神饌。鮒、鰹節、塩鰹、鰑、鮑熨斗、蛸、鯉、雉子、乾柿、長芋、栗、生薑《しょうきょう》(はじかみ)、草薢、胡桃、雞冠海苔、伏免餅、菱形餅、海老、串刺小鮒、等々数多くのものを御供えする行事。あまりに多くのものを御供えするのでこの名があります。

ももにく〔股肉〕

鶏、牛のもも肉、わけて鶏は股肉が美味しい。牛肉の内ももの肉は、ステーキ、煮込み料理にむきます。

ももやま〔桃山〕

和菓子の一つ。京都の地名に因んで付けられた名称ですが現在では全国的に通称になっています。白餡《あん》に砂糖、卵黄と少量のみじん粉または葛粉を練り混ぜて焼いたもの。

ももんじや

獣肉屋の異称。仏教伝来以来わが国では一般に獣肉食の習性はなく、主に薬食いといって野獣を食べていたのですが、江戸中期頃からこれを食べる風習が追々と盛んになり、今日に至っています。何れにしても肉食のあとには野菜を多くとることです。肉食過多は酸性になりがちです。その中和のため是非生野菜など召上ることをお進めします。

もやし〔蘖〕

人工的に発芽させた麦、豆類の芽。ビタミンCが多く、いろいろの料理材料に使います。さっと茹でて胡麻酢、油炒め、麺類の種、汁の実として使います。

もりあざみ〔森薊〕

キク科の多年草本。山野に自生し、秋に紫紅色の花が咲き、栽培もしております。根がごぼうに似ているので、サンベゴボウ、ヤマゴボウなどともいわれます。十二月から一月にかけて収穫し、根を味噌漬けにします。

もりあわせ〔盛合せ〕

一つの器に、三種、五種と盛り合わせること。または台になるものにあしらいとして盛り添えるもの。

もりぐちだいこん〔守口大根〕

大根の一種、愛知県丹羽郡扶桑町山那の特産。同地方は木曽川畔の砂地で石が全くない地質。従って大根は二mにも成長して今では主産地の岐阜県からお株を奪った格好になってしまいました。もとは宮崎大根といい大阪近在で栽培され、それが岐阜県に移り扶桑町でよいのが作られるようになっています。名古屋名産、守口漬けはこの大根です。扶桑町、江南市、宮田の三地区で年一一〇〇tも生産されます。

もりこみりょうり〔盛込料理〕

一つの器に数種類盛り合わせた料理のこと。古くは大皿で洲浜台に盛られています。現在でも卓上に料理を出す場合、口代わりなどは五人くらい一つ盛りにして出しますと見え映があってよろしいものです。

もりしお〔盛塩〕

料亭の門に庭きよめしてのち盛塩をしますが、本来盛塩は浄め、祓いにつかうもので、相撲の土俵に力士が塩をまくのもやはりその場を清浄にするためです。ですから葬式から帰って来たとき、家の中へ入る前に塩で清めたり、振りかけてもらったりするしきたりも残っていますが、やはり同じ意味です。

古代から塩は、誠実、友情、つきあい、交換、清め、祓いなどの印として使用されたようで、米と同じに塩を粗末にすると、目がつぶれるとか、または夜間はとくに塩という言葉を忌みきらって売買もしなかった習慣もありました。真偽は別として塩についてこんな話があります。昔中国に十幾人もの美人をお妾さんにもった王があり、十幾人に公平な愛を注ぐことは大変なので、そこで考えたのは牛一頭をつれて来て、これに乗り、行く先を牛にまかせたところ、不思議にも毎晩同じ家の前で止るので調べたところ、家の入口に毎晩盛塩がしてありました。つまり牛は塩を好むという動物の性質をたくみに利用したわけです。女は油断もすきもないものだと知っておくべきことです。

もりそば〔盛蕎麦〕

そばを茹でて水にてよく晒しざるに盛り入れたもの、海苔をかければざるそばといいます。

もりつけ〔盛付〕

料理の盛付けほどむづかしいものはないとその都度思います。折角手ぎれいにできた料理もその如何に依って死んでしまいます。私はいつも店の若い者にいうことは盛箸は絵描さんの画筆と思えと。五種口代わりを盛る場合、五ケ所にきれいに盛ったり、時には三品寄せてあとの二品を離れた所にして見たり、変化のあるように盛り付けたいことです。かいしき一つにしても置く場所によって見まごうばかりになります。よくよく気を使いたいことです。

もろきゅう〔醪胡瓜〕

もろみと胡瓜を盛り合せたもの。胡瓜にもろみをつけて食べます。

もろこ〔諸子〕

鯉科の淡水硬骨魚。琵琶湖附近で産するのが有名です。代表的な料理は佃煮、もろこ鮨です。生きのよいのを一寸甘辛くゆっくりと焚いたのは酒の肴に、飯の菜によいものです。

その他かけ焼きもよいものです。

もろこし〔蜀黍〕

禾本科の一年草。食用として広く畑地に栽培されます。モロコシキビ、トウキビとも呼び、種子を粉にして餅や団子にして食します。きわめてあっさりしているので特に通人にはよろこばれます。

もろみ〔醪・諸味〕

醬油を醸造する時、大豆と小麦を蒸して菌を付け、こうじにして塩水を張り熟成させて造りますが、もろ味はその半熟成のものです。味噌、溜、もろ味は大豆だけです。現在もろみとして売られていますがあまりに加工しすぎて本当のもろみとは及びつかぬものです。製造者は今少し考えていただきたいと願う次第です。

もろみあえ〔諸味和え〕

もろみを擂って裏漉しをして和えたもの。裏漉しをせずそのままでも使います。

もろみづけ〔諸味漬〕

生姜、大根、人蔘、山牛蒡、茗荷、うど、胡瓜、ちしゃという、といろいろの物を漬けて、あしらい、香の物に使います。

鶏卵、うずら卵を茹でて漬けて使うのもよいものです。

もんこういか〔紋甲烏賊〕

アフリカで獲れる、いかの中で最大形のいかで、二人で持たなければ持ち上らないほどのものもあります。冷凍で沢山入荷されています。刺身、酢の物、鮨種、焼物といろいろにして使う美味しい烏賊です。イカの文字を烏賊と書くのは、このような大型のが、海上に死んだふりをして浮んでいると、鳥は良い餌見付けたりと、これをつつきに来たところを獲えるところから、烏賊の字が当てられたといわれますが、この種のいかなら十分鳥をつかみとることができます。

もんせん〔文銭〕

鰹の竹輪。切り口が文銭に似ているからこの名があります。尚これに似たものが山陰の鳥取県にあります。アゴの竹輪といいますが、この地方では飛魚をアゴといいます。生姜醬油かわさび醬油で食べますと郷土的風味があって美味しいものです。

や

やえづくり〔八重作〕

刺身の切り方の一つ。厚さ八㎜くらいに切ったもの。一口にいえば一寸厚めに切り重ねに作ったもの。

やがら〔矢柄〕

ヤガラ科の海魚。円筒形の魚で頭部は細長く突き出し、口は管状に長く伸び、尾びれの間から糸がうしろの方へ出ています。この形が矢の柄のようなのでヤガラの名称があります。別名をヒフキダケウオとも呼ばれ、体にうろこがなく、長さは一m内外。ヤガラには、アカとアオの二種があり、アカの方が大きくなります。そしてアカの方は沖の深い所に住み、アオの方は沿岸の浅い所に住みます。料理では、さしみ、酢の物、椀種、鍋物の材料によく使います。乾燥させて煎じて飲むと腎臓病の薬となるという所もあります。

やかん〔薬罐〕

湯沸かしの器の一つ。各地でこの呼び名は違う場合がありますが、字の如く昔は薬を煎じるものであったのが、後になって薬用の鍋が使われるようになり、江戸時代からもっぱら湯や茶を沸かすものになったのです。薬罐の材質は多くは銅です。熱の伝導のよいことが考えられたのでしょう。更に、鍍金《メッキ》や秋草などの模様入りの佳品もあります。それに代わって、土で作ったのが土瓶《どびん》、鉄で作った鉄瓶《てつびん》、その他材質はステンレス、アルミニウム、ホウロウビキと時代と共に変化してきています。

やぎ〔山羊〕

ウシ科の偶蹄類。ヒツジとの近縁家畜。原産地はアジア大陸高山地といわれます。種類としては、肉用種、乳用種、毛用種があり、日本には長崎県五島列島に、シバヤギという在来種がいて食肉用にされます。ヤギの肉は羊の肉によく似ていますが肉色がやや濃く、旨味は劣ります。従って多くハム、ソーセージの原料として使用されます。

やきいた〔焼板〕

やき抜き蒲鉾のこと。本来は蒲鉾の身を板に付けて焼いて仕上げるのですが、現在では身を板に付けて蒸して味醂をぬりこれに焼き目を付けて仕上げます。蒲鉾もこの頃は同一化して味も同じで淋しいことです。それは蒲鉾の材料になる魚が多量水あげされる場所で魚の新鮮な内に、副材料を混ぜて蒲鉾になるまで作り、これを各地へ送り出すからです。なるべくは各地の自慢の味を楽しみたいものです。しかしややもすれば船中にて既に擂り身になって各地へ送り出されます。

やきいも〔焼芋〕

ピーピーと笛をならして車を引きながら売り歩くさまは冬の風物詩であり、懐かしい食べ物の一つです。石焼き芋といわれるように石と共にさつま芋を焼くのは、石の熱にて芋全体がむらなく焼けるからです。私はこれに、バターかチーズを付けて食べるのが好きです。栗（九里）よりうまい十三里、とに角焼きたてのは美味しいものです。

やきかた〔焼方〕

日本調理師の職場の役名。煮物を専門とする人を、鍋とか煮方といい、焼物を専門に担当する人を焼き方といいます。

やきくり〔焼栗〕

焼いてそのまま食べる場合は栗の一部を切って空気のこもらないようにしてゆっくり焼きます。栗飯、煮物などに使う場合は極強火で皮を燃やすという気持で焼きますと、鬼皮甘皮ともに剝けます。

やきごめ〔焼米〕

もみ付きのまま米を炒り、もみを去り食用とするもの。焼米の歴史は古く、『日本書紀』にも記されています。飯にして食べる以前の米の食べ方といえるかも知れません。一つには端境期の食糧として流行したこともあるようですが、われわれが知っているかぎり、苗代に蒔いたモミ種の残りを用いて作り、子供のおやつにされたことはそれほど遠い昔のことではありません。しかし現在ではあまり作らないようです。砂糖密をかきまぜた香ばしい味は思い出の食物です。

やきさかな〔焼魚〕

焼肴、焼いた魚料理の総称。従ってその種類も沢山あります。塩焼、照焼、雲丹焼、味噌漬焼、祐庵焼、魚田焼、南部焼、利休焼、鬼がら焼、奉書焼、杉板焼、鉄板焼、松風焼、黄身焼、泡雪焼、バター焼、焼どり、白酒焼、壺焼、鴫焼《しぎやき》、鶏の丸焼、銀紙焼、細川焼、石焼、雀焼、塩釜焼、水焼、オランダ焼、長焼、炮焙焼《ほうろくやき》、貝焼、その他いろいろの焼き方があります。

やきしお〔焼塩〕

昔は塩を炮焙《ほうろく》で炒って湿気を取って使ったものですが、現在はそのように加工されたのが出回っていますので幸せです。

海からとった塩水で製塩されたものは、ニガリ、即ち塩化マグネシウム、硫酸ソーダ、硫酸石灰などの不純物が含まれているため、吸湿性が強いのです。この塩を焼くと水に溶ける性質を失なうのでサラッとした状態になるのです。

やきしも〔焼霜〕

さしみにする場合皮付きのまま熱湯をかけて皮霜にしますが、焼霜は強火でさっと焼きます。材料は鯛、すずき、その他代表になるものは鰹です。鰹のたたきは焼霜にして酢醤油をかけて、出刃でかるくたたいて身を柔らかくして作るのはご存じの通りです。

やきそば〔焼蕎麦〕

中国料理の一つ。正式には炒麵（チャオメン）。麵を油でいためたり、揚げたりして、別に炒めた肉や野菜と混ぜたあんを作りたっぷりかけたもの。

やきちくわ〔焼竹輪〕

魚の擂り身を金属の丸い棒にぬり付け、炉の上でころがすようにして焼き上げたもの。この焼竹輪は各地に名物があります。

やきどうふ〔焼豆腐〕

堅めに作った豆腐を切って水気を去り、直火で焼いたもの。昔は串を打って焼いたのですが、現在は表面にバーナーでこげ目だけ付けたものが多く、日持ちを考えて包装されたものが一般的となっています。焼豆腐をゆっくりと煮込み、終りに粉がつおをかけ、卸し生姜を香辛に使って進めます。惣菜には、こよなきものです。

やきどり〔焼鳥〕

鶏を一口切りにして串に差し、味醂、醤油のたれをかけながら焼き、粉山椒をかけて進めます。只今は禁鳥になっていますから許されませんが、少し以前なれば焼鳥といえば、つぐみ、しない、あとりなどがあり美味しいものでした。

やきなす〔焼茄子〕

茄子を炭火又はガスで焼いて水に取り、皮を剝いて生姜醤油で食べるのが一般的ですが、これを懐石の汁の実にも使います。その他鶏の霜ふりと共に使ったり胡麻醤油でもいただきます。

やきねぎ〔焼葱〕

葱《ねぎ》を五cm程に切り串にさして素《す》焼きにして、煮物、椀種などに使用します。鴨なんばん、鶏なんばん等に使う時は焼いて使うのが昔から常識となっています。

やきのり〔焼海苔〕

普通浅草のりを焼いたもの。焼く時には、一枚でしたら片面だけ、二枚でしたら合せて両面から焼きます。火加減はある程度強火がよろしい、さもないと香ばしさが出ません。一枚の場合、片面だけ焼くのは、両面から熱を与えると大切なヨードが破壊されるからです。

やきはまぐり〔焼蛤〕

焼蛤といえば伊勢の桑名。桑名は昔の名古屋の熱田、宮宿から七里の渡しで着くところ。この地の名物であることはだれしも知っています。木曽三川の水が落ち合い、潮水と真水の合うところなので蛤の味が一層美味しくなるといわれます。別にむつかしくいわれる焼方でなく、俗にいう目、靭帯《じんたい》を切り去り、金網の上に並べて火にのせ、貝から泡が吹き出せば焼き上り。あまり長く焼かないこと、焼けたら下の方を上にして皿に盛ります。味は本来の塩味を生かして、他のものは使いません。貝は手ではがし、貝柱の付着していない方でスプーン代わりにして食べます。

桑名は時雨煮も有名ですが、現在幼貝を放流していても材料が少なく、この方の材料はほとんど大連からの輸入品です。

やきぶた〔焼豚〕

豚肉に味を付け、天火またはフライパンで、蒸し焼きにしたもの。

やきまつたけ〔焼松茸〕

松茸を洗ってたて二つ切りにして塩をふりかけて焼き、裂《さ》いて橙酢をかけたもの。秋の食味の第一にあげるものです。醤油の付け焼きにすれば生姜の絞り汁がよく合います。盛り付けてから上に松葉を三〜四本散らしますと一層風情があります。

やきみそ〔焼味噌〕

味噌に葱、卸生姜、砂糖を入れて帆立貝の貝で焼くようにして煮ながら食べる仕方、昔ながらの焼きみそです。こんなので温かい御飯を食べれば御飯はいくらでも進みます。更に美味しいのは松前昆布の大きいのを金網にのせこの上で先のようにして焼味噌をすれば一層美味しいものです。

やきみそじたて〔焼味噌仕立〕

味噌汁の一種。みそを平たく鍋蓋にぬりつけ遠火で一度焼き、煮出し汁で煮溶き、すいのうで漉して作ったもの。普通の味噌汁より変わった風味があります。

やきみょうばん〔焼明礬〕

一見食物と縁のない無機質のミョウバン、実はほんの少量で食物の色をあざやかに仕上げたり、煮くずれを防ぐ重宝なものです。栗の甘煮や漬物の茄子の色出し、さつま芋を煮るとき、ミョウバン水にちょっと漬けてのち煮ると大変きれいに煮上り、黒豆をミョウバン水に漬けておき茹でれば黒色があざやかです。ミョウバンは硫酸アルミニウムが鉄、カリウム、クロムなどの金属元素と結合したもので、染色や皮のなめしと用途の多いものです。

食品の色素を安定化し、タンパク質の凝固を早め、アク抜きを助けたり、食品の褐変を抑えたり、重曹と配合すればベーキングパウダーの代わりにも使用できます。芋や野菜の細胞膜にあるペクチンという成分と結合して水に溶けない形に変えてしまう作用もあります。薬局へ行けば少量でも買えます。

やきめ〔焼き目〕

材料にこげ目をきれいにつけること。別称火取るともいいます。百合根、長芋などは、よくこのようにして、煮物、椀種、平《ひら》、（本膳料理の二の膳に用いられる煮物のこと。海、山、里のものを五種類ほど取り合わせ、平たいふた付きのわんに盛り入れて出す。）などに使います。

やきもち〔焼餅〕

餅を火であぶって焼いたもの。水餅はよく水気を去り金網を焼いてからのせると離れ易くなります。かたい餅は焼いて煮ると香ばしくてよろしい。焼きもちに醤油を付け海苔で巻いた磯巻はご存じの通り美味しいものです。

やきもの〔焼物〕

焼物とは乾熱で料理の材料を処理することです。これには、直接焼、間接焼の二種があります。直接焼きとは串を打ったり、金網を使って直火で焼くこと。間接焼きとは、天火、炮焙、鉄板などを使って焼くこと。間接焼のオーブンは焼くと蒸すとの両方の特長があって料理によっては大変便利なものです。直火焼きは炭の炭素で物を美味しくする性質があって好ましいことですが、今日では大方ガス焼き器を使うようになって参りました。これも時代の流れといえましょう。

焼き方には、火、水、木、金、土（地）の仕方があり、火焼きは普通火で焼くこと、水焼きは材料を水に入れて上の方の一部を水から出しておき、天火で上だけ焼くこと、（よく豆腐などをします。）木焼は杉板に材料を挟み焼くこと、金焼は鉄、銅板、金網で焼くこと、土焼は地焼ともいって川辺などで石を囲みこれに火をおこしてその上で焼くこと。こんなことも焼き物に付いて知っておくべきです。

焼物は何んといっても火加減が大切です。材料の大小、火の強弱こんなことに細心の注意が必要です。ガスの炎は約二

○○○度もあがるといい、炭火は七○○度くらいといわれます。こんなことにも気を使って美味しく焼きたいものです。

焼物の種類では、塩焼、照焼、焼鳥、黄身焼、雲丹焼、バター焼、味噌焼、水焼、白酒焼、壺焼、魚天焼、鴫焼、八幡焼、宿かり焼、銀紙焼、奉書焼、杉板焼、泡雪焼、細川焼、塩釜焼、石焼、雀焼、鬼がら焼、祐庵焼、田楽焼、長焼、蒲焼、炮焙焼、その他バーベキュー、ジンギスカン風その他にも沢山の種類があります。

焼物は八○度で第一段階の変化がおこり、それが過ぎると第二段階の変化がおきてバサバサになり美味しくありません。冷めても四○度それ以下ですとタンパク質が固くなり不味です。

やきものがわり〔焼物代わり〕

懐石の内、焼物ばかりでなく時には蒸したもの、揚げたもの、煮たものも使います。焼物の代わりに使うのでこの名があります。懐石ばかりでなく普通の料理の場合でもこの名を使います。

やきものばち〔焼物鉢〕

懐石に焼物を盛る鉢。陶器であったり磁器であったりいろいろのものを使います。多くは備前、織部、志野、祥瑞、黄瀬戸、赤絵、伊賀、萩などですが、これに手のある手鉢も多く使います。

やくみ〔薬味〕

料理に合った香辛、うどんやそばにねぎやわさび、というようにいろいろのものが使われます。薬味になるものは、大根、わさび、ねぎ、紫蘇葉、紫蘇穂、茗荷、胡麻、のり、柚子皮、一味、七味、生姜、からみ大根、にんにく等。

やすけずし〔弥助鮨〕

奈良県下市の名物鮨。吉野川のアユを用いて姿ずしにしたもの。本来は馴れずしで、歴史は古く、義経千本桜に出て来る平維盛《たいらのこれもり》の話の中からとったものです。維盛《これもり》が身をかくすため弥助と変名してすし屋に奉公していたのでその名が残ったものです。現在下市に弥助という鮨屋がありますが、ここのはツルベ鮨といって容器が水をくむ釣瓶形です。つけてから一～二日のちの方が美味しくいただけます。

やそう〔野草〕

山野に自生して食用になる草。別に山菜ともいいます。その種類は多く、主なものとしては、ツクシ、ワラビ、ゼンマイ、アカザ、イタドリ、タンポポ、ヨメナ、ヨモギ、シオデ、アザミ、コゴミ、ボウフウ、ノビルなどがあります。

やたらづけ〔家多良漬〕

山形県地方の漬物、大根、人参、胡瓜、牛蒡、茄子、紫蘇実、昆布など切って塩で下漬けをして味噌を裏に入れて共に漬けたもの。種々のものをやたらに混ぜて漬けるところからこの名があります。福神漬けとは違い、味噌の香りがあって格別な風味があります。本格的には三年もかかるといわれます。

やちょう〔野鳥〕

野鳥と一口にいっても料理に使う鳥は随分と数多くあります。その内鴨は良し悪しの意味で、よい鴨が来たとか、よい鴨になってしまったとか、美味しい意味では鴨に葱を背おわせ、チンチン鴨々と種々の意味で引合いに出されます。それ程に美味しいものです。愛知県地方では小鴨で、あじ鴨、よし鴨、ひどり鴨、鳥は大きいが味の悪い羽白鴨、本鴨等があります。北海道は渡り鳥の種類の多い所ですが洞爺湖では、ひしくい、あかえり、尾長鴨、かわあいさ等の剝製《はくせい》を見ることができます。渡り鳥ですから秋来て春に去るのが普通です。鴨の見方は、目を見て水々しいもの、肛門を見て青みのないもの、腹に手を当て、毛が薄くしかも肥えている感じのもの、背の尾の方の毛を分けて見て脂皮の厚いもの、さし毛のないものがよろしい。夏鴨といって大形で毛の黒い夏に美味しい鴨もあります。料理ではあらゆるものに向きます。しかし血が多いので焼く時には針打ちをしながら焼きます。そして他の肉類よりもやや火を長く通します。

小鳥では、うづら、つぐみは禁鳥、あとり、しない等がありますが、禁鳥のものもありますので気を付けて使いたいことです。煮物、くずし物等に好適の材料ですが、焼く時には骨たたきをして一寸遠火でゆっくりと焼きます。たれは辛めの方がよろしい。その他、山鳩、田鴫《しぎ》、山鴫《やましぎ》、雉子《きじ》、尾長鳥等何れも季節には美味しいものです。焼物、揚げ物、蒸焼き、煮物、くずし物といろいろに使います。昔は雉子を正月の祝い肴に使っています。

やつがしら〔八つ頭〕

天南星科、原産は熱帯の東インド地方といわれます。この八つ頭は九面芋ともいわれ最も大きく上面に凸起があり、この凸起から芽が数多く出るのでこの名があります。お正月の煮染めには八つ頭になる意味で多く使うのもご存じの通りです。きわめて美味しいものです。

八ツ頭は親芋の肥大が早く止り、七〜八個の子芋が親芋と結合して塊状になります。肉質は粉質が多く美味です。葉も食用になります。

やっこぎり〔奴切〕

豆腐を二・五㎝ほどの角切りにしたもの。江戸時代の奴《やっこ》の紋に似ているところからこの名があります。冷奴、湯豆腐に使います。

やっちゃば〔やっちゃ場〕

昔言葉の青物市場のこと。

やつはし〔八つ橋〕

お菓子の一種、琴の形に似ているのは筑紫箏の祖、八橋検校の由来によるからです。この墓に詣でる人に聖護院の森で茶菓に出したのが始まりで、肉桂の香りの高い干菓子です。焼かずに生のもありますがこれは生八ツ橋といいます。

やつはしまんじゅう〔八ツ橋饅頭〕

京菓子の一つ。八ツ橋を皮にした、漉し餡の入った饅頭。肉桂の香があって番茶の友によいものです。

やつめうなぎ〔八ツ目鰻〕

ヤツメウナギ科。目の後に七個のえら穴があり、これが目のように見えるのでこの名があります。山形、秋田、新潟地方の裏日本の川でとれ、ビタミンAが多く含まれ、昔から鳥目の薬として有名です。かば焼きにして強精食品としても有名です。只今では地方にまで干物として売出されています。

鳥目とは、野鳥が夕暮れ朝明けの三〇分間ほどはっきりと物が見えなくなることに由来して、暗いところで物が見えにくくなる眼疾です。

やどかり〔宿借〕

例えば鮑の貝に、蟹を詰めて焼いたり蒸したりする料理の名。

やな〔梁・簗〕

漁法の一種。水が急に流れ落ちる川の一部に大きく竹簀を仕掛け、下る魚をこの竹簀に飛び上らせて獲る方法、最も有名なのは落ち鮎をとるヤナです。

やなかしょうが〔谷中生姜〕

谷中で栽培し始めたのでこの称があります。茎の黄色のもの、新生姜の代表品種。昔地方では鮮紅色のあのようなきれいな茎のが栽培できなかったので東京よりの出荷を求めたものです。これを東京生姜といっていました。只今では地方でもよいのが栽培されます。庖丁をして酢を入れてさっと茹で水に取り、三杯酢又は二杯酢に漬けて使います。赤色なので金時生姜、矢生姜、はじかみ、棒生姜、酢取生姜、先だけ染めた筆生姜、生姜の大きいのは茗荷、あやめ等に庖丁をして花生姜、先に梅肉を付けたりしていろいろに使います。

土生姜即ち古生姜には普通のものと、おたふく生姜とがあり、これは近江や高知県地方で産します。生姜は臭味を消しますので、煮肴、佃煮、しぐれ煮などに多く使います。時には皮を剝き薄切りにしてざっと茹でて、砂糖煮即ち照生姜、これに砂糖をまぶして砂糖漬けなどにもいたします。

やながわなべ〔柳川鍋〕

一口にいえば泥鰌と牛蒡の卵じめ。筑後柳川は十一万石立花氏の城下町、水郷といわれるように水のよいところです。そこでとれる泥鰌はとりわけ美味しく、そこで思いついたのが泥鰌によく合う新牛蒡と土鍋で卵じめにして作り始めたのが地名を呼んで柳川というようになったとの説と、笹がきした牛蒡が柳の葉に似ている云々の説、又この地は庶民的な焼き物があり、その焼き物の鍋で煮るからこの名があるともいわれます。骨抜き泥鰌は文政の初め本所大川端石原町で始めたともいい、南伝馬町三丁目裏店の万屋も始めたといい、柳川ということは横山町新道に柳川という泥鰌屋があって、そこがはやってから柳川というようになったともいわれます。その頃一鍋三百文で、ある程度高かったようです。（三田村鳶魚全集より）。

現在も続いている東京台東区浅草駒形の越後屋は一五〇年前の創業で同業五代目、渡辺氏経営の柳川鍋は有名です。ちょっと濃厚な味ですが、昔ながらの江戸前の味は残しておきたいものです。

やなぎ〔柳〕

柳の木は芽出たい陽の木、正月の生花にも数本の枝が床につくくらい長いのを生けますが、正月の花に使う柳は島根県地方のをよしとします。根〆にめでたい色の紅白の椿はつきものであり、雑煮箸も柳であるのは折れないことにもよりますが、柳の文字は木扁に卯の字を合わせてできています。卯の方位は東、即ち旭日の昇る位置ゆえ陽の木として芽出たいものとされたのです。それに春一番先に芽ぐむのも柳です。

やなぎかれい〔柳鰈〕

柳の芽ぐむ頃から美味しくなるのでこの名があります。姿は普通の鰈より一寸細長いので、この名を付けたのかも知れません。刺身、煮付、干物と種々に使います。

やなぎば〔柳刃〕

包丁の一種。細長く柳の葉のようだからこの名があります。薄く引き切り、そぎ切り、刺身作りといろいろに使います。関東ではこれを刺身包丁といいます。

やなぎはし〔柳箸〕

正月用に使う柳で作った箸、柳は陽を招く木であり、折れることがないのでこれを使います。

やなぎむしかれい〔柳むし鰈〕

鰈の種類は日本だけでも膨大の数になります。その内柳鰈は東では東近海、銚子以北常磐三陸までの寒流圏《けん》、西では福岡から済州まで獲れます。何れも冬季が旬、関東は量が少ない。東西の見分け方は、東のは卵の部分の皮膚が薄くピンク色があざやかに見え、西のは薄黄色で表面から見えにくいのでよく分ります。しかし現在は紅をさしますので見分けにくくなっています。何れも生干ですから早く食べることです。焼いてよし、二度あげして甘酢あんをかけて骨ごと食べるのも一つの方法です。

やなぎもちあんころ〔柳餅餡転〕

金沢の名産。淡味なので知らずに多く食べられます。日を経ても餅が硬くならず、餅を中心に餡をつけ二cm程に切られたもの。

やばね〔矢羽根〕

材料の切り方の一つ。蓮根やキュウリなどを矢の羽根形に切ること。材料の大小によって違いますが、蓮根なれば、一方を二cm、片方を一・五cmくらいの斜め輪切りにして、平たく厚い方を向うにして両端を少し切り、真中へ下一部残すように庖丁をして、これを開くときれいな矢羽根になります。酢煮にした方は口取など、普通に煮たものは煮物用または本膳の平などに使います。（262頁参照）

やぶかんぞう〔藪萱草〕

ユリ科の多年草。山野に自生します。葉は細長く、夏に長い茎の頂に赤褐色の花をつけます。花と柔らかい葉を食用にします。

やま〔山〕

鮨言葉の一つ。鮨のかいしきに使う笹の葉のこと。山にあるのでこの名があります。笹の葉は毒消しになったり、絶縁体なので盛り合せた他の種に香りを移さないために使われます。現在は新鮮なのが手に入りにくいため多くは葉らんビニール、が使われます。

やま〔山〕

さしみの切り口の角ばったところをさしていいます。達人の切った刺身にはその山がするどいほど切り立っていて見るからに美味しそうです。刺身の切り方はかくありたいと思うことです。鮨言葉の山は笹の葉のことです。

やまうど〔山独活〕

山に自生するうど。青色で香りが高く、なかなかよいものですが、アクが強いので酢水に浸してよく晒して使います。

やまかけ〔山掛〕

鮪を賽の目に切りわさび醬油で和え、大和芋を擂り卸して擂鉢で擂り、味を付けこれをかけ、その上に、もみのり又は青さの粉をかけたもの。酢の物の上にかけることもします。

やまがに〔山家煮〕

新鮮な野菜を切ってそのまま煮ること。素朴な味で山家の人の味があるのでこの名があります。

やまかわ〔山川〕

甘酒の異名。また、松江には山川の銘菓があります。

松平不昧公好み、紅葉の山川になぞらえて作られた落雁ようの菓子、お抹茶だけでなく番茶にもよく合います。赤い色も濃からず薄からず上品なのが楽しく感じられます。主に抹茶の干菓子に使われます。↓やまかわぎれ

やまかわぎれ〔山川切〕

山川とは松江の銘菓です。松平不昧公が文化三年大崎の下屋敷に移居し、品川の伊勢屋越後大椽に「散るは浮き散らぬは沈むもみじ葉の、彩は高尾の山川の水」の歌に因み上が紅、中が白、下が紅の三色に作らせました。即ち上の紅が浮いた紅葉、中の白は清滝川の流れに見たて、下の紅は散らぬは沈むもみじの色を現わせて作らせた菓子です。この菓子が松江に伝わったのは松江藩御用菓司商面高屋《おもだか》が伊勢屋で修業して作り始めたときです。一時絶えていたのを現在の風流堂初代が復活させたものです。

現在の山川は庖丁が入っていますが本来割って使うものです。そのように茶箸で切るのが山川切りです。うづらや海老糝薯をこのように切った風情は又ひとしおのおもむきがあります。

やまくじら〔山鯨〕

熊の肉の異名。獣肉を売る店を、ももんじ屋といって昔は極度に嫌ったものです。〝ももんじい〟は妖怪の意味です。従って熊の肉といえば嫌われるのでかくいわれた呼称です。又猪の肉の異名という人もあります。

やまごぼう〔山牛蒡〕

山牛蒡科。山中の陰地に自生する牛蒡。現在ではこれを栽培しています。味噌漬にすることはご存じの通りですがこれを普通の牛蒡のように料理すると軟らかく、しかも香りが高く美味しいものです。しかし冬から二、三月頃までで他の季節にはありません。

やまだしこんぶ〔山出昆布〕

昆布の最上級品。板昆布の長さや幅の揃ったもの。祝儀や贈答用に用いられ、煮出し用にも使います。厚身で味もよく、これを加工して料理ではいろいろに使います。湯豆腐の鍋に敷くとよろしい。

やまとしじみ〔大和蜆〕

淡水産二枚貝の一種。日本シジミともいいます。わが国特産種。北海道、九州などの河口の砂中に住みます。蜆は卵生種と胎性種の二種があり、やまとシジミ、瀬田シジミ、あわシジミは前者の卵生種。マシジミは後者、即ち胎生種です。ヤマトシジミの幼貝は黄褐色、成長に従って漆黒色、殻の長さ四cmくらいで日本産のうち最大形です。海に近い都市で売られているのは、大略やまとシジミです。京都市民の親しんでいるのは瀬田シジミです。三河矢作川、豊川河口で獲れたやまとシジミを琵琶湖へ移して変遷したのが現在の瀬田シジミだとの説もあります。蜆は夏と冬とに美味しい季節があり、土用蜆は腹薬といわれ、黄疸や夜盲症に効果があるといわれています。シジミの美味しさはコハク酸で、貝類の中で一番多く、〇・四%も含まれています。

やまとじのちゃがゆ〔大和路の茶粥〕

茶粥に使う茶は土粉といって茶商が茶を取扱うとき出る茶の粉です。その茶を袋に入れて洗った米、または冷飯で粥を焚きます。

やまとに〔大和煮〕

牛肉、馬肉、鯨肉を醤油、砂糖で甘からく煮たもの。缶詰めなどでよく見受けられます。飯の菜または、こんにゃく、牛蒡、竹の子などを切り、これと一緒に飯に焚き込むのもよいものです。

やまどり〔山鳥〕

キジ科。雉子より尾が長くやや大形の鳥。胡椒焼きを第一として狩場焼きなどに適します。脂肪はこまかく軟らかくて美味しい鳥です。「山鳥の尾のしだりおのながながし」の歌でよく知られています。

やまのいも〔山芋〕

山に自生するヤマイモ科。自生するので自然薯ともいいます。粘りが強く香りもよいのでとろろ汁に最高のものです。その他焚き合わせ、空揚げなどにして使います。

やまばと〔山鳩〕

ハトの一種。一名きじ鳩ともいい、家鳩とは違い山に住み、毛がきじに似ているのでこの名があります。寒中が美味しく、胡椒焼き、野菜とのすきやきなどが最もよい食べ方です。

やまぶきあえ〔山吹和え〕

卵を茹で、黄身を裏漉ししてこれで材料を和えたもの。

やまぶきづけ〔山吹漬〕

鮎、きす、小鯛など三枚に卸し、塩をして半焼きにして酒粕《かす》を味醂でゆるめ、和紙かガーゼにはさんで漬けたもの。はぜの子などは一晩からい塩水に漬けて血抜きをして漬け込みます。黄色に漬けあがるのでこの名があります。

やまぶきなます〔山吹膾〕

鮒、鯉、カレイ、タラなど細作りにして塩をして酢洗いし、鮒や鯉はその真子を茹でてほぐし、これをまぶして二杯酢またはは砂糖のきかない三杯酢をかけて使います。かれいやたらはその真子を茹でて、炒ってほぐしてからませます。

やまふぐのさしみ〔山河豚の刺身〕

コンニャクの刺身のこと。この地方は、コンニャクの産地です。茨城県袋田地方、または広島県湯来《ゆぎ》温泉の名物。コンニャクを茹で、薄く切って大皿に花弁形に並べ、だしでコンニャクを茹で、薄く切って大皿に花弁形に並べ、昆布酢味噌、胡麻醤油、カラシ酢味噌などを喰味に、薬味は晒し葱を使います。皿に盛ったさまが河豚のようですからこの名があります。

やまぶどう〔山葡萄〕

本州中部から東北、北海道の山に自生多産するやまぶどう。豌豆大の実、黒く熟すると食べられるが酸味が強くジャムなどを製します。

やまめ〔山女〕

サケ科の淡水魚。川魚の女王といわれ、山女は金、鮎は銀、いわなは銅、クイズみたいですが、実は渓流釣師がつけた食味の順番です。甘味がかった淡泊な味はたしかに美味しい魚です。塩焼、甘露煮、揚物、レモン蒸しと料理はいろいろあります。これには、山女とアマゴの二つの型があり、山女はサクラマス、アマゴはビワマスの陸封型で、特徴は美しい小判点型のパールマークのほかに、朱点のあるのがアマゴ、黒だけのが山女です。渓流がダムなどでせきせめられて住みにくく、幻の魚になりかねないが、昭和三十一年に、人工ふ化に成功し、苦心の結果現在では一千万匹近い山女が育てられ、各地の川や湖に放流され、淡水魚の養殖という域に達しています。たまには漢字で鯇（あめのうお）の字が使用されてもいます。

やまもも〔揚梅・山桃〕

この樹は南国に多く紀州、伊豆、土佐、その他潮風の当る地方の暖地に多く産し、雄雌があって、実のなるのは雌の木です。この実は腐敗しやすく虫がつくので塩水にしばらく浸しておき、のちよく洗って食べます。新らしい枝には実がならないのであまり多く枝打ちをしない方がよろしい。私の家の庭にもあり、季節を楽しみにして食べますが、苺に似た実です。

やまももぶどうしゅづけ〔山桃葡萄酒漬〕

山桃のよいものを選び、洗ってよく水をきり、赤ぶどう酒に漬け、密封して冷蔵庫へ入れておいて三ケ月以上経てから使います。

やまゆり〔山百合〕

百合根の一種。山百合は苦味が強く、あまり食用には向きませんが花を賞します。北海道や加賀白山の黒百合、箱根百合、笹百合等があります。→百合根

やみなべ〔闇鍋〕

昔は寒くなると闇鍋といって同志相打寄って材料を各々持ち寄り、あかりを消して持参の材料を鍋に入れ、あかりをつけて何があるかと楽しみつつながめたものです。縄《なわ》と見えたのが乾瓢であり、わらじと思ったのがゆば、下駄の歯かと思ったのは唐きびの餅、実に心にくいほどの嗜好であったとある本で読んだことがあります。食べ物はかくありたいと思うことですが、現在であったらきっと本物を入れるかも知れません。世は変わったものだとなげかわしく思うことです。一名楽しみ鍋ともいったようです。

やりいか〔槍烏賊〕

イカの一種。胴の長さ四〇cmぐらいで細長く、尾ヒレの先が槍のようにとがっているのでこの名があります。このいかは全国でみることができます。春から夏にかけて産卵します。新鮮なのはサシミにして生食します。乾燥加工したのがスルメです。

やわたまき〔八幡巻〕

牛蒡に鰻を巻いて照焼にしたもの。昔深川の八幡様の周辺には美味しい鰻屋が多くあり、鰻といえば八幡、八幡といえば鰻という訳で鰻の代名詞のようになり、牛蒡に鰻を巻いて焼くので八幡巻と呼ぶようになったといわれます。はも、穴子、肉などでも巻きますがそれは何々の八幡巻きといいます。又一つには大阪に八幡というところがあり、ここも鰻が名物で作り始めたともいい伝わります。

やわらかに〔軟煮〕

蛸を軟かく煮込んだ料理。蛸やその他白血のものは大根とゆっくり煮ると大根のジアスターゼの作用で軟らかくなります。時には重曹を少し入れて煮込むと軟らかく煮えます。軟らかく煮るものに、蛸、いか、あわびがあります。

ゆ

ゆあらい〔湯洗〕

主に川魚の刺身を作る場合この方法をします。身は薄く捨て切りにして約五〇度くらいの湯で手早く洗い、のち氷水でよく晒します。こうすると川魚のくせが去りその上身がしまります。湯で洗うのでこの名があります。

ゆうあんぼし〔幽庵干〕

味醂醤油に浸して干してあるのでこの名があります。一種の味付干物です。材料では、小鯛、きす、さより、目白、かます、貝柱、白魚など。

ゆうあんやき〔幽庵焼〕

近江の堅田に享保年間住んでいた佗茶人の第一人者、幽庵が都の客を招く時いつも材料に味醂、醤油を掛け、材料に適した時間をおき、これを焼いて差し上げたところ、何方にも好評であったのでついこの焼方を幽庵焼きと呼ぶようになったものです。何等変化のない仕事ですが、身の厚いもの、脂のあるものと材料はいろいろです。これをいつも美味しく焼くということは至難なことです。この方は逸話の多い人で、ある日、今日のお客様は前回何処々の水で茶を差し上げたから今日は何処々で水を汲んで来いといったところ、下僕はあまりに遠い所だったので時間を見計い近くの水を汲んで来たところ、これは何処々の水ではないかと言ったといわれます。そのように舌のするどい人だといわれています。通称佐太夫、姓は北村道遂といいます。享保四年歿。

ゆうがお〔夕顔〕

ウリ科。乾瓢の原料、宇都宮地方が産地で、生のは冬瓜と同じようにあんかけ又は煮物にも使います。乾瓢は細長くむきこれを乾燥させます。

ゆうぎり〔夕霧〕

京菓子の一種。上方狂言でおもしろいのは夕霧。古くは阪田藤十郎、新らしくは雁次郎、十一世片岡仁左衛門が演ずる伝統の芝居で、戯作者《げさくしゃ》、近松門左衛門が藤十郎のために書いた狂言、それに因んで作ったのが夕霧です。生《なま》の八ツ橋で小倉あんを包み編笠様に作った菓子。生八つ橋の応用菓子のはしり。伊さま宛ての達筆の文が添えてあるのがにくらしいほど京情緒です。

ゆうそくりょうり〔有職料理〕

昔からのしきたりを守って作られる料理。室町時代から定められた礼法にしたがった料理。有職とはその道にあかるいという意味です。

ゆがく〔湯掻〕

材料をゆでること。沸騰している湯の中に材料を入れて熱を通し、柔らかくしたり、アク抜きすること。青いものは塩を入れ、白く茹でるもの、即ち長芋、うど、蓮根、ごぼうなどには酢を入れて茹でます。

ゆかま〔柚釜〕

柚子を上三下七の割合いで輪切りにして実を取り去り、この中へ酢の物、和え物を入れることを料理ではいたします。柚子には大小種々の種類がありますので大きいものは五人前くらい盛り入れて取り分けていただく方法に使います。柚子にかぎらず柑橘類は皆このように使います。お正月に橙などは好適な材料です。蓋をして出しますから釜に見立ててこの名が出たことでしょう。

ゆかりこ〔緑粉・紫粉〕

紫蘇の葉を粉にしたもの。梅干と共に漬けた紫蘇の葉を乾燥させてもんで作ります。おにぎりに付けたり、湯にふり入れて茶代わりに飲むこともいたします。茶会の折、寄付などによく使用するのはご存じの通りです。『古今集』に「紫の一本故に武蔵野、草は皆がらあはれとぞ見る」とあるように、緑の草、紫色の異称です。

ゆきがわら〔雪がわら〕

福井市の名産。昆布を四cmくらいに切って砂糖衣のかかった昆布菓子。昆布の風味と砂糖の甘味の中に一寸塩味のあるもので番茶の相手によいものです。亀屋製のがよろしい。

ゆきのした〔雪下〕

雪の下でも若葉が萌え出しているのでこの名があります。庭木の下や、山間の湿地によく自生する植物。葉裏が紅色と紫色の二種あり、食用としては若葉を天浮羅にするぐらいで、それよりも薬用として小児のセキや百日ゼキに生葉をもんで絞った青汁を大匙一〜三杯、蜂蜜と混ぜて飲ませます。心臓病や腎臓病、解熱には生葉二〜三〇枚を煎じ、その汁を服用する方法、腫れもの、皮膚炎、虫さされには葉をかるくあぶってもみ、そのまま患部に張っておく効用など昔から薬用としてよく知られています。

ゆきはなとう〔雪花糖〕

石川県小松市の銘菓。クルミを和三盆で包んだ直径四cmの干菓子。この菓子の由来は、行松幸千代（関守富樫家）が石川県国府村虎空蔵山で城を築き居住した。一向一揆の戦いの時、利なくして小松に走り、居したが一女あってその名を妙賀といい、始めは軍旗を業とするもその後清太郎に至り御菓子司を拝命、白山の胡桃の実を以て菓子を造り小松城主前田利常公に献上、その香味絶佳とあって賞せられ、名も雪花糖と銘名されたもの。裏千家の宗室は、「北国の山路のくるみ千代かけて栄ふる宿の友となさばや」と詠まれています。

ゆきひら〔行平〕

行平鍋の略称、在原行平が海女に潮を汲ませて、塩を焼いた故事に因み、塩を焼く器から起った名称。薄い褐色の陶製、深い、把手、蓋、注口のあるもの。「雪平とも書く。」と『広辞苑』に書かれています。粥を焚くのに便利な鍋。

ゆきわりなっとう〔雪割納豆〕

山形県の名産。納豆に味噌をからませたもの。普通の納豆のように、きざみねぎや大根おろしを混ぜて食べます。農家では、わらび、ぜんまい、ズイキ、油揚げ、豆腐などに雪割納豆を入れて納豆汁にして食べます。

ゆし〔油脂〕

油《ゆ》は液体の油。脂は固形の脂。即ち植物でとったのが油であり、動物からとったのが脂です。

ゆず〔柚・柚子〕

ミカン科の常緑小高木。原産は中国。古くから我国へ輸入。各地で栽培されています。これには種類も多く、大柚といって夏みかん大のもの、一般普通に柚子というのは直径四cmくらいのもの。それよりやや大きいものなど。普通の柚子よりやや大きいのは酸味が少ないので、薄く切って砂糖かけなどにして食します。柚子の皮は厚く、中の方の白いところは苦味が強いので吸口やその他の香味料に使う場合は、外皮の黄色又は青い部分のみ剝き取って使いますが、少しは白いところのあるのもよろしい。柚子を用いた料理には吸口をはじめ、柚子皮の砂糖煮、柚子みそ、柚子むし、柚子湯、柚子漬、柚子を七、三に切って中の身を取り出し、その中へ魚貝またはあえものを詰めた柚子釜などがあります。初夏に咲く花は花柚子といってすでにその頃から香味料として料理に用います。

柚子の産地は関西が多く、高知、徳島、島根、津和野、広島、和歌山、奈良、その他少々ずつはほとんどの県で産します。関東では埼玉の入間郡あたり、特に有名なのは京都の西北にそびえる愛宕山のふもとの水尾村の水尾柚子、皮肌のきめがこまかく艶があって香りの良いのが師走になると出回ります。これを薄く切って砂糖をかけてしばらくおくとお菓子代わりにもなります。

ゆすいもの〔湯吸物〕

懐石に供される味のうすい一口椀のこと。湯吸物といわれるように、湯に薄い塩味をつけただけでもよいものですが案外この頃は鰹の味の濃いのをたまたまいただきます。一名箸洗いともいうように口中を洗って、次にいただく八寸を美味しく頂く意味もありますのできわめて淡泊であるように昆布だしで作ります。

ゆずのかやき〔柚子の香焼〕

柚子の香りを付けて焼いたもの。柚の輪切りを味醂醬油に入れておき、材料をその中へ漬けておき焼きます。材料の魚は、甘鯛、鯛、あいなめ、鰆、糸より、まながつおなどよく使います。

ゆずのさとうづけ〔柚子の砂糖漬〕

柚子の皮を薄く剝き、実を五㎜くらいの輪切りにして種を去り、からい塩水に一晩漬けておき、茹でてよく晒してのち、濃い砂糖蜜で煮てざるにあけ、冷して砂糖を充分まぶして通風のよいところにおき、乾かして貯蔵します。お茶うけに、抹茶の干菓子に、又は添えものにも使用されます。

ゆずみそ〔柚子味噌〕

柚子の入った甘味噌。味噌に味醂、砂糖と擂り混ぜ、裏漉しをして弱火で照りの出るように煮て、その中へ柚子皮の卸したもの、またはみじん切りを混ぜ入れたもの、柚子を入れてからあまり長く煮ると香りがとびます。

ゆずむし〔柚子蒸〕

材料に味塩をして、輪切の柚子の真中に材料を一枚はさんで蒸した料理。食味にはそば汁を使います。柚子の香りむしも同じです。

ゆずゆ〔柚子湯〕

湯呑みに柚子の輪切、砂糖を入れて熱湯を入れたもの。柚子の季節でない時には柚子の砂糖漬けを使うこともします。柚子の香りがあって一寸乙なものです。

ゆすらうめ〔山桜桃・梅桃・英桃〕

バラ科の落葉低木。春に梅の花に似た白い花をつけます。花後、直径一cmぐらいの球形の紅い実を結びます。酸味が強いが果実は食用になります。

ゆずりは〔譲葉〕

暖かい国の山地に自生しますが多くは庭園に植えられます。タカトウダイ科の常緑香木。葉は長楕円形、新らしい葉が成長してから古葉が落ちますので、代々世を譲る意味がありこの名があります。親子代々相継ぐめでたい葉として、裏白《うらじろ》、橙《だいだい》と共に新年に飾るようです。お正月の向付けに敷いてその上に材料を盛り付けることもよくいたします。このゆずり葉は鶴の羽に似ているので、一名鶴の羽ともいい、またの名を親子葉ともいいます。

ゆせん〔湯煎〕

二重鍋、即ち大きな鍋に湯をたぎらせてその中へ小さな手付きの鍋を入れて、その中で材料をねり上げたり煎ったりすることをいいます。ねり上げるものに、黄身酢、雲丹酢があり、煎るものでは、煎り味噌、煎雲丹、卵の黄身、魚のでんぶ等。よく煎って水分を蒸発させ擂鉢で擂ってきれいな粉にして使うこともいたします。

ゆだき〔湯炊〕

飯を炊く時普通には米と水を釜に入れて炊きますが、時には湯を沸騰させてから米を入れて炊くことをします。これが湯炊きです。鮨飯にはよくこの方法をいたします。

ゆだん〔油断〕

この言葉は食べものに関係はありませんが、油の文字がありますので一言書き添えます。これは涅槃経の一説ですが油をこぼすと一命を断つという原義からです。人間も油（脂肪）を断てば一命を断つことになります。

ゆつぎ〔湯次〕

湯桶ともいいます。懐石の終りに番茶代わりに出す湯、何れも薄い塩味です。飯を焚いておひつに移し取ったあとの釜に熱湯食塩少々入れたものでもよいといわれています。時には米を炒って作ったり、飯を平たくして香ばしく焼いたもの、黒胡麻を入れた胡麻湯、いぼ湯（蕎麦に塩少々入れて煮出したもの）、蒸し湯、黒胡麻と黒豆を煎って擂り湯でのばし塩味をしたもの、その他麦湯なども使用されます。

ゆづけ〔湯漬け〕

現在のお茶づけ。昔、夏期は水、冬期は湯につけたものでした。室町時代にはこの湯漬けが流行し、饗宴の折にはこれが出されたようです。その後戦国時代に入り戦場でも食べ、実用的になっています。

現在ではこの茶づけも贅沢になり、鯛茶に始まりいろいろの茶づけが流行しています。

ゆであずき〔茹小豆〕

ゆでた小豆に砂糖を加えて糖味をつけたもの。現在は缶詰や瓶詰にしたものが市販されています。材料の小豆は北海道の大納言が適します。缶詰や瓶詰にしたものは、アンやぜんざいの材料として用いることができるので大変便利な品といえます。

ゆでたまご〔茹卵〕

卵の茹でたもの。全熟は十五分間茹で、半熟は熱湯に八分間入れておくか水から入れて沸騰して二分間おくとよろしい。瓢亭卵は水から入れて沸騰したら直ちに火を消し六分間放置して水に取ります。湯泉卵は八十度までくらいの温度の湯に二〇分間くらいつけておき作ります。

ゆでる〔茹る〕

湯がくともいい、調理専門語ではアオルともいいます。材料を茹でて軟らかくしたり、アク抜きしたりして次の味付けの下準備に行うこと。青いものを茹でる時は沸騰した湯に塩を入れて茹で、適当に茹だったら早速水に取って冷します。もたもたしていると熱で葉緑素が酸化して破壊され青さがなくなります。白く仕上げるもの、うど、蓮根、牛蒡、長芋などは酢または少量の焼明礬を入れてアク止めして茹でます。

ゆとう〔湯桶〕

茶懐石の折、最後にお茶の代わりに出す湯を入れる横に手の付いている器。湯次ともいいます。塗りの物、木地作り、合金のがあります。木地作りを木地湯桶といいます。懐石に使う場合は湯の他に湯の子といって平たいにぎり飯を香ばしく焼いてこれをくだいて入れます。従ってこの湯の子を掬いとるために湯の子取りといって塗りや金杓子の柄を真っ直ぐにしたような形の物を添えます。湯の子は飯のおこげがあればこれを使ってもよいとされています。現在は、そば湯入れとして最も多く使われている。

ゆとうし〔湯通し〕

材料を熱湯に手早く通すこと。材料に熱湯をかける場合もあります。麺類を温めるのもその一つであり、鮪で刺身を作る場合身取って熱湯を通し、表面のタンパク質を変性させて縁をわずかに白くさせるのにもいたします。

ゆどうふ〔湯豆腐〕

一種の鍋料理。土鍋に山だし昆布を敷き湯を入れて火にかけ、その中へ豆腐を大きめの賽の目に切って入れ、ようやく豆腐が浮き上ろうとする時が食べ頃です。煮過ぎてはいけません。その食味には、土佐醬油、薬味に、ねぎ、もみのり、花かつお、卸し生姜などを添えます。三重県桑名の時雨煮の汁を使うのも大変美味しいものです。

ゆどめ〔湯止め〕

茹でた汁につけたまま火を消しておくこと。時には煮止めといって煮汁のまま蓋をしておくこともあります。料理ではこの方法をしますと煮くずれしない場合もあり、軟らかくなるものもあり、味も充分しみ込む場合もあります。即ち蓋をして熱を止めておくからこの名があります。梅、梅干などの酸味や塩辛味を抜く場合、柑橘類のにが味を抜く場合にもよくこの方法をいたします。

ゆどりたまご〔湯取卵〕

椀種によく使うもの。一人卵一個、卵を割りほぐし、沸騰した湯に塩を入れその中へ卵をながし入れ、浮き上ったら早速すいのうにあけて巻簀の上に取り、形を直して巻いておくときれいにまとまります。これを切って椀種に使います。

ゆにゅうしょくひん〔輸入食品〕

オイおまえもかと思われるほど種々の品が輸入品です。農産物もその原料、飼肥料は外国の畑が頼りです。シエラレオネ、スリナム、サバ、サラワク、モザンビーク、地球の何処の位置にあるのか、正しく答えられる人も少ないことでしょう。左にそれ等各国からの輸入材料をざっと書き出してみました。国産といわれる物では、カタクチ鰯、昆布、海草など。蒲鉾や卵焼きは姿こそ変えていても純国産とはいいがたく、牛肉も鶏肉も同じことで、自給率は二八％ぐらいといわれています。海老などは五十何か国から輸入、料理に不可欠の塩、砂糖をはじめ、調味料、油脂などの材料も国産の比率は申しわけぐらいしかなく、従って我国はいかに世界を必要としているかがよくわかると共に、世界の国々との親睦を一層深めること一時たりとも忘れてはならないことです。

ゆのこ〔湯の子〕

農　産　物

大　　豆	アメリカ，中国，ブラジル，カナダ
ソ ラ 豆	中国，カナダ
インゲン	アメリカ，ミャンマー，中国
ク　　リ	中国，イタリア，韓国，スペイン
ク ル ミ	中国，アメリカ，インド
小　　麦	アメリカ，カナダ，豪州
牛　　肉	豪州，アメリカ，ニュージーランド
鶏　　卵	アメリカ，中国，豪州，南ア共和国，ニュージーランド
ゴ　　マ	メキシコ，中国，コロンビア，スーダン，タイ，グァテマラ
砂　　糖	豪州，南ア共和国，フィリピン，キューバ，台湾，タイ，フィジー
塩	メキシコ，豪州，中国

水　産　物

サ　　ケ	韓国，アメリカ，ノルウェー
カズノコ	カナダ，アメリカ，韓国，中国，ソ連，北朝鮮
イセエビ	豪州，キューバ，ナミビア，南ア共和国，ニュージーランド，インド
イ　　カ	韓国，スペイン，タイ，モロッコ
イ ク ラ ス ジ コ	アメリカ，カナダ，ノルウェー，中国
タ　　コ	スペイン，韓国，モロッコ，モーリタニア，タイ，リビア，アフリカ
タ　　ラ	ソ連，アメリカ，韓国，南ア共和国，豪州

上記表は中日新聞に記載されたもの

お茶代りに湯桶の中へ入れる焼飯。これは飯を平たくしてこんがりと焼き、くだいて熱湯を入れ薄い塩味をして使います。

ゆのことり〔湯の子取り〕

湯桶に添えて出しますが、この湯の子取りには湯の子、即ち焼飯をこれにてすくい椀に入れる用に使います。お玉杓子の柄を真直にしたような形の塗物製です。

ゆば〔湯葉〕

『和漢三才』によりますと、「うばは嫗《うば》であって老婆の顔の皺に似ているところからこの名がある。」といわれます。豆乳を加熱する際に生じた黄色の薄皮のこと。豆腐の製造と同じような方法で豆乳を作り、これを平鍋に入れて弱火で加熱しながら液を濃縮していくと、牛乳をわかしたとき上に膜ができるのと同じように、表面に蛋白質の皮膜ができる。これを竹串ですくい上げたものが生湯葉です。これを巻いたり、たばねたりして製品にします。干し湯葉は、生湯葉を乾燥させたものです。煮物に、椀種に使います。

ゆびき〔湯引〕

魚の身をさっと熱湯に通すこと。

ゆぶり〔湯振り〕

料理の下処理法の一つ。ざるに材料を入れ、熱湯に浸し、手早く振り動かして表面に熱をあたえること。霜ふりともいいますが、本格的には、熱湯の中で材料一切れずつ箸ではさみ、湯ぶりして水に取る方法が良い。材料をざるに入れて多量を一度に湯ぶる場合は自然むらができますので、面倒でも一切れずつ湯ぶるのがよいのです。魚ばかりでなく、生子なども湯振りをする場合があります。

ゆべし〔柚餅子〕

ユズの加工菓子。柚子の端一部を切り、中の身を取り出しその中へ、米の粉、味噌、砂糖をねり混ぜて詰め、真中へ榧《かや》の実をさし入れて蒸し、陰干しにして薄く切って菓子代わりや、前菜、八寸などに用います。作り方もいろいろで、米粉は糯米とタダ米と混ぜますが、これも好みです。中へ入れるものも、生姜、胡桃《くるみ》、ピーナツなどがあります。現在では求肥ようのものに柚子の香を加えて、ゆべと名付けた御菓子も売られています。

ゆむき〔湯剝〕

材料に熱湯をかけたり、熱湯に浸したりして外皮や羽毛などを取りやすくすること。トマトの薄皮、ニワトリの毛、スッポンの薄皮、みる貝の水管の皮剝きなどに行ないます。

ゆやっこ〔湯奴〕

『守貞漫稿』には、「冷奴に対し湯奴といって一度茹でて食べる方法。」と書かれています。夏には奴に切って沸騰湯を通し冷やして食べるのもよい方法です。

ゆりね〔百合根〕

百合根は百枚程も重なり合って一つになっているので百合の文字をかきます。只百合といえば花を賞でるものと、球根を食べるものと二様になります。料理では、煮たり、焼いたり、金とんにしたり、流し物即ち百合羹《ゆりかん》にしたり、揚げたり、いろいろに使用されます。姫百合という小さいのは蒸煮にすると煮くずれがせずきれいに仕上ります。

ゆりようかん〔百合羊羹〕

百合根を原料として作った羊羹。島根県浜田市の名菓。特産のヒメ百合の球根をあく抜きして作ります。大正天皇が山陰御旅行の折差上げて好評であった羊羹。現在は広島県府中の名物となっています。

よ

よいちづけ〔与市漬〕

栃木県の名産。小茄子の味噌漬け、那須と与市をかけた名称。

ようかん〔羊羹〕

昔中国では羊の肉に黒砂糖を練り混ぜて羊肝を作ったそうですが、仏教では肉類の使用を禁じられているので羊肝餅といって植物の材料でこの代用品を作り、仏前にお供えしたといわれます。従って羊羹（肝）といえば赤黒い物をいい、その他のものは棹物というのが本当のようです。羊羹を家庭で作ってみようとする方のために、材料は、寒天一と三分の一、水カップ三分の一、砂糖五七〇g、漉し餡五七〇g、塩少々、寒天は一時間以上浸しておき、分量の水で煮溶かし、砂糖を入れて煮詰め餡を入れてよく練り上げ流し缶に入れて冷して作ります。切るのは翌日です。

ようかんづけ〔養肝漬〕

三重県伊賀上野地方の漬物。漬け瓜の種を取り去り、その中へ青紫蘇の葉、実、生姜を詰めて味噌漬けにしたもの。

ようけい〔養鶏〕

ニワトリを飼育し、肉や卵を生産すること。わが国では養鶏の歴史は古く、大和時代、三〇〇〜七〇〇年頃すでに飼われていた記録があります。戦後鶏肉の需給が著しく多くなり、アメリカから目的に応じた品種がたくさん輸入され、更にアメリカ種とわが国の多産系の鶏とかけ合わせて現在ではアメリカをしのぐ多産の鶏も生れています。これは産卵鶏ですが食肉用にも飼料の改良と相まって急速に成長する種類も生れています。いやが上にも成長を早めるために、抗生物質、ホルモン、メチオニンなどのアミノ酸、ビタミン類などが飼料に添加され効果をあげていますが、味においておとる欠点があり今一歩というところです。養鶏も大形化して、宮崎県では一ケ所で九〇〜一〇〇万羽飼育というところがあり我国でも相当なところまで来ています。それに産卵と食肉との兼用種も研究が進んでいるようです。この上は昔のような美味しい鶏の出現を願うだけです。

ようじ〔楊枝〕

銘々菓子に添える楊枝は長さ一八㎝、上の幅七㎜、先が一・五㎜という規格があり、招待客は使用後持って帰る習わしがあります。楊枝の材料として黒文字の木が主材になったのは近世からです。黒文字は皮が黒く、香気があり皮付きのを皮付楊枝、または穂楊枝と呼びます。小楊枝は、竹、梅、柳などで作られてありますが、歯にもののはさまった時の用ばかりでなく、果物、おつまみ、料理の巻留、その他の物をまとめて盛り付けるのにも役立ち便利なものです。この製造の元祖は京都の猿尾で、一本一本模様入りで桐の箱に入れており、すべて手作りという念の入れ方がうれしいものです。

ようとうくにく〔羊頭狗肉〕

先頃馬と兎と混ぜて牛肉や豚肉と偽って販売されたこともありますが、表向きは立派なものを示しながら実質が伴わないことを羊頭狗肉といいます。

ようりょくそ〔葉緑素〕

緑野に含まれている緑色。栄養価その他の研究をするにはその道の専門書が沢山出ていますからそれを参考にされるとよろしい。

ようろうしゅ〔養老酒〕

薬酒の一種。岐阜県養老で醸造される特産。味醂の中に多種の薬草を浸してつくった混成酒。用いられる薬草は、丁子、人蔘、ダイオウ、トウキ、ダイウイキョウ、カンゾウなどです。

ようろうどうふ〔養老豆腐〕

山の芋を卸して寒天で寄せて天突きで突き出し、旨汁、三杯酢、そば汁、わさびでいただく料理。これを作るには、寒天一本（八g）、水カップ一杯半、大和芋四〇g、寒天を分量の水で煮溶し一度漉して、大和芋を卸して擂りこれに寒天液を擂り混ぜ、冷しかためて切り、天突で突出します。養老の滝の水に見立ててこの名があります。精進料理や夏向きの前菜に用いられます。

よこわ

鮪の幼魚《ちぎょ》、淡泊で刺身に最適、鮨種にもよろしい。

よしの〔吉野〕

吉野葛の略称。花の吉野は昔から葛の本場です。この葛を使ったのに吉野の名称がよく使われます。片栗粉を使ったものにもこの名を使いますが、片栗粉は葛の代用になるからです。材料に塩をして片栗粉を付けて茹でれば何々の吉野といい、これを揚げれば吉野揚げとなります。

よしのあげ〔吉野揚げ〕

材料に味塩をして片栗粉をつけて揚げたもの。

よしのくず〔吉野葛〕

奈良県の花の名所の吉野でとれる葛粉のこと。クズは吉野が本場なのでこの名があります。料理ではあんかけ、水仙巻、胡麻豆腐、くずそうめん、くずし物のつなぎ、葛湯などに使い、御菓子では、クズねり、クズ切り、クズ饅頭、クズ桜、クズ餅、クズ焼等々沢山の御菓子があります。クズは九助といって福岡でとれるよいのがあります。しかし只今は吉野郡では減産し他郡で生産されるのが多いようです。

よしのじたて〔吉野仕立て〕

片栗粉または葛を使って濃度をつけた吸物、椀盛など。

よしのず〔吉野酢〕

三杯酢又は二杯酢に葛の水溶きを入れて濃度を付けたもの。葛は花の吉野が本場ですからこの名があります。時には絹酢ともいいます。

よしのに〔吉野煮〕

材料に片栗粉または葛を付け少し多量の汁で煮たもの。色のつく醬油で味を付ければ琥珀煮となります。

よしのぼり〔葦登〕

ハゼ科の淡水産硬骨魚。これを関西地方ではゴリ、金沢名物のゴリ料理には多くカジカを用いてマゴリといいます。汁の実、から揚げ、佃煮にします。

よしわらぎり〔葦藁切り〕

葦《よし》や藁《わら》程の太さに切ったものをこのように呼びます。ただヨシ、ワラともいいます。吉野などを連想してなかなか味な呼び方といえましょう。

よせな〔寄菜〕

大根の葉をみじんに切り、擂鉢でよく擂り、水を入れてすいのうで漉し、漉した水を火にかけますと沸騰寸前に上にきれいな青菜だけ浮き上ります。これをすいのうにあけて静かに取ります。使用途は青く着色するものに使用します。例えば魚の擂身に混ぜたり、木の芽和え、みどり和えといろいろに使います。これは自然の色なので大変きれいです。大根葉のない時はほうれん草でもよろしい。

よせなべ〔寄鍋〕

これほどその名ずばりのものは無いでしょう。いろいろの材料を寄せて煮るのでこの名があります。材料は何品にてもよろしい。魚類はざっと霜降りにして生臭味を取っておくこと。貝類はそのまま野菜もいろいろ季節のものを使います。さて鍋料理には煮るのにコツがあります。まず、始めに頭とか骨のあるところ、即ち味の出るところを先に入れて、一度煮えてから順次好みの材料を入れて煮ます。何れにしても煮過ぎないこと、いつも汁をたっぷりにして煮ること、煮過ぎたものを鍋に残しておかぬこと、上に浮くアクはたえず取ること、材料と汁とを別に食べること、こんなことに気を付けていただきますと終りまで美味しくいただけます。汁の作り方、白菜の根と鰹、昆布で煮出し汁を取ります。味付けは煮出し汁カップ五杯、味醂大匙三杯、薄口醬油八杯、化学調味料、これは始めに煮る分。だし汁はこの半量の調味にして下さい。橙の絞り汁を一滴使うと風味がよろしい。

これに似た、沖すきがあります。材料は寄せなべと同じで、味を塩で付けます。沖すきは沖の塩水の意味です。味は煮出し汁五カップ、塩大匙三分の二杯、化学調味料、これは始めに煮る分量、だし汁の味は塩をこの半量にして下さい。煮つまって辛くなりますから。

よせむこう〔寄向〕

懐石などによく使います。例えば五客なれば五客とも違った器を使うことをいいます。志野、織部、染付、赤絵、青磁、唐津、備前焼など。

よせもの〔寄物〕

魚の擂身、白身の魚をミンチにかけよく擂り、片栗粉、うき粉、小麦粉、葛粉、化学調味料、塩、味醂などに味をつけ、裏漉しをして蒸したり文火《ふみび》（弱火）で茹でたりして作るくずし物です。

よそう〔粧・装〕

料理を付け分けること。粧ですから化粧をする心持ちで料理は盛り付けたいものです。私が常々いいますことは、盛り付けをする場合、画家が絵絹に向った時と同じように、色彩、大小のものとよく考え、配位よく盛り付けたいものです。箸は絵筆です。心づかいして盛れば如何にも美味しそうに見えます。一口に盛り付け三年と言いますが、五年はおろか十年経てもまだまだたりないといっておきます。

よたかそば〔夜鷹蕎麦〕

この言葉を聞くと何やら芝居の一齣を思い出されます。夜鷹とは私娼のことで、夜更けの街頭へ出て客引きをしますが、あぶれて客のない寒い夜、一杯のそばがどれほど美味しく感じたことでしょう。このような場所へ売りに出たのでこの名があるといわれます。しかし現在では昔語りのよい世の中です。関西では夜なきそばといっていました。夜中にきこえるあの笛の音は何やらもの淋しさをさそったものです。

よつわん〔四ツ椀〕

本膳料理には、飯、汁、平、坪の四つの椀を使います。四個ですから四ツ椀といいます。其他懐石に使う飯、汁も四ツ椀といいます。

よどかわに〔淀川煮〕

川魚料理の一種。鮒の六、七㎝のをよく泥や砂をはかせて鱗のまま五時間くらい酒に浸しておき、更に酒や水を加えて文火（弱火）で半日程焚いて醬油、酢で調味して煮上げたもの。この料理は随分古く『鼎左秘録』という本に既に書かれてあるそうです。

よなきうどん〔夜泣き饂飩〕

売る声が泣いているようだからこの名があります。夜泣きうどんは大阪のものといえます。「夜泣きうどん湯気の中からつりをくれ」この川柳はその情景をよく現わしておもしろいことです。

よねざわうし〔米沢牛〕

山形県米沢の牛。米沢の牛は大変美味しいのですが宣伝不足のためかげにかくれていました。近年ようやく急速に真価がみとめられ有名になってきました。

よねず〔米酢〕

米で醸造した酢。こめすとも言う。味がまるく上等の酢。

よばなしのちゃ〔夜咄の茶〕

十二月の長夜の会。過ぎこし一年、迎える年などの清淡に時を過ごす楽しみな会です。懐石は一応同じような順序で行ないますが、夜咄の茶は一寸違ったところがあります。大略を記してみますと、普通寄付きに御祝いには番茶代わりに昆布茶、香煎、アラレ、わかり粉などを出しますが、夜咄には、寒い時ですから心入れして、葛湯、甘酒、生姜湯を出します。入席してとりあえず先に水屋道具で薄く大服にたてて出します。吸茶またはおもあい、流しだてといって一服を二人で飲み、次ぎの一服を三人で飲み回します。御菓子は寄付きの葛湯などの甘味で頂くことになります。料理にもお進めなどはなく専ら清談に過すのが夜咄の茶です。手卓、短影または竹影、露路の燈籠のあかりなど主人側にとってはとても骨折りの多い会です。しかしこの風情は夢のような妙境にさそい入れ、夜咄ならではの感を深くいたします。

夜咄の茶は料理は少なく、一汁二菜くらいがよろしく、向付は寒いときですから蒸物にして、飯、汁、椀盛、焼物、一口椀、八寸程度がよろしいことでしょう。

よびしお〔呼塩〕

塩物の塩出しをする場合、塩を少量加えた水につけておくと早く塩気が抜けます。それから真水に直接材料を入れますと材料の表面が変化しやすいのですが、塩水ですとそれが少いことも知っておくことです。

よびみず〔呼水〕

漬物を漬ける時、水気の少ないものには塩と共に水を入れて水気を引出します。即ちさそい出しますのでこの名があります。

よへいずし〔与兵衛鮨〕

文化文政のころ、両国に花屋与兵衛というすし屋があって、これまでの時間のかかる押し鮨を改良して、その場で作る握り鮨を考案して人気を呼びました。いわば握りずしの元祖です。その当時思いもよらぬ生魚即ち、鯛、ひらめといった贅沢なものを材料に使ったといわれます。

よめな〔嫁菜〕

キク科の多年生草本。即ち野菊の新葉。秋には薄紫の花が咲きます。新葉は香気が高く、アクが強いので茹でて水に浸してアクを抜いて使います。浸物、嫁菜飯に使います。

よもぎ〔蓬・艾〕

山野に自生するキク科の多年生草本。よもぎは群出して萠えいずるという意です。葉をつみとり灰《あく》水で茹でて更に水で晒して餅に搗き込んだり、魚の擂り身に混ぜてよもぎ糝薯を作ったりして使います。乾燥させて煎じて飲めば健胃剤となります。

よもぎこ〔蓬粉〕

よもぎのアクを取り去り乾燥させて粉にしたもの。岐阜県恵那郡山岡町上手町山真産業製、一袋五〇g入りがあります。味気のないことですがこれさえあれば四季よもぎ餅ができます。上新粉一八〇g、よもぎ粉二〇〜三〇g、砂糖、片栗粉大匙二杯。材料をボールに入れ、熱湯を加え耳たぶくらいの硬さにこねて五分間後これを使って蒸します。

よりうど〔縒独活〕

うどの切り方の一つ。うどを桂に剝き、これを斜に庖丁をして水に浸すとうどの繊維の関係で縒《よ》れた形になります。刺身や酢の物のあしらい、汁の種に使います。

よるのうめ〔夜の梅〕

羊羹の一種。普通の漉し餡の羊羹に点々と小豆の入ったもの。黒い所へ赤い小豆の見えるさまを夜の梅と見立たのでしょう。

よろいやき〔鎧焼〕

海老料理の一種。大きな海老を皮のまま背開きにして付け焼きにしたもの。海老の皮を鎧に見たてた名称。

ら

らいぎょ〔雷魚〕

朝鮮、台湾から移入された魚。台湾泥鰌《どじょう》の異名もあります。暴食性の強い魚で池などに入れると小魚をみな食べてしまいます。戦後早々には刺身や照焼きにして食べましたが、姿がグロテスクなので今日ではあまり食べません。朝鮮では黒魚（カムルチー）といって薬用視されているそうです。

らくがん〔落雁〕

らくがんは干菓子の一種。麦落雁、豆落雁、紫蘇落雁などあります。この名の由来は後小松天皇の御宇、本願寺の第五祖綽如上人北陸巡遊の折り、ある人が菓子一折り献上したところ賞味され、白き上に黒胡麻の振りかかった様が雁の落ちて来るさまに似ているので落雁と名付けられたと言われます。落雁はみじん粉と砂糖を同量くらいで作ります。先ず砂糖に少量の水を入れてよく混ぜ、その中へみじん粉を入れて充分握りながら混ぜておりますと、しっとりとして来ますからこれを形などに詰めて抜き出します。上等のものは砂糖も極三盆などが使われます。豆落雁、麦落雁は、みじん粉の三割くらい粉を混ぜて作るとよろしい。この落雁は室町初期（一三六六）頃、明国より渡来したといわれます。高級品から駄菓子まで多くの種類があり、金沢の長生殿、群馬県館林の六角の麦落雁、長野県小布施の栗落雁、高山の印譜落雁、奈良県吉野の桜菓子、京都には沢山の種類があり、名古屋のオチョボなども有名です。

らくやき〔楽焼〕

室町後期、京都で始まった焼物。永正年頃（一五〇四〜一五二一）、帰化鮮人の阿米夜《あめや》によって造り始められたといわれます。然し遺品はなく、その子といわれる長次郎によって本格的に焼かれるようになったものです。陀茶完成者、千利休は初代長次郎を指導し、茶にふさわしい茶器を製作させました。代々楽吉左衛門を名のり、永く連綿と続き今日至り現在は十五代吉左衛門です。黒茶碗を最も賞し、次に赤茶碗があり、製作品も茶碗の他、水指、花生、食器、置物などがあります。楽焼きはあたたかみのあるもので親しみやすく、もっとも日本的な陶器の一つといえます。右は楽家のことですが、金沢には大樋長左衛門があり有名です。その他これに類似したものを称して楽焼といいます。

らせんぎり〔螺旋切〕

うず巻きが、雷神の太鼓の模様のようになっているので、この名があります。雷干しを作る場合、胡瓜の太いものを螺旋に切って塩をしてしばらく置きのちこれを干して作りますが、切る時種を去り箸を差し入れて廻し切りにすると切り易いものです。手なれた者は上から下へらせんに切ってゆきます。雷干は洗って三杯酢につけ、あしらいもの、香物等に使います。

らっかせい〔落花生〕

マメ科の一年草。原産は南アメリカまたはアフリカともいわれます。わが国へは宝永年間（一七〇四〜一一）中国から移植されたので南京豆、唐豆、唐人豆、蕃豆などともいいます。落花生、落花松、落花参、長生果、地豆の漢名もありますが、これは栄養価の高いことを示したものです。わが国の産地は、千葉、神奈川、静岡、鹿児島諸県です。しかし砂地であればいずこでも栽培できます。料理には炒ったのを使って落花生和え、あらく擂りつぶして衣に付けて揚げたり、飴寄せ、生の物は茹でたりさっと揚げたりして食します。

らっかせいず〔落花生酢〕

落花生を擂りつぶし、二杯酢または三杯酢と擂り混ぜたもの。野菜の和え物によいものです。

らっかせいどうふ〔落花生豆腐〕

熊本の郷土料理。落花生カップ一杯、油の出るまで擂り、豆腐一丁と二分の一、片栗粉大匙三杯と二分の一、砂糖大匙一杯と二分の一、塩大匙二分の一杯、以上をよく擂り混ぜて流し缶に入れて十八分間蒸して切り分け、彼の地ではそのまま食べますが、これを葵醤油、酢みそ、柚子みそ、冬にはあんかけにして食べるのもよいものです。栄養価も高く落花生の香りもあって思いの他美味しいものです。

らっきょう〔棘薑〕

ユリ科の多年草。地中に短紡錘形鱗茎があります。これが食べるところです。小さいのを一般に好みますが、本当は大ぶりで寸の詰ったのが良品です。塩漬けしてのち土用の好天に一日乾して、塩又は薄口醤油、酢、砂糖を適当に加えて一度煮立て、冷し、これに唐芥子を入れて漬け込みます。酢はらっきょうの上になるまで入れます。一ケ月くらいたてば食べられます。

らんか〔蘭花〕

春蘭の花。刺身の妻や吸物のあしらいに使います。塩漬けのは蘭茶といって湯をそそいで番茶代わりにもよく使います。

らんぎくつくり〔乱菊作〕

刺身の作り方の一つ。いかを細作りにして皿に盛り、箸で一寸真中に穴のあくようにしてこの穴にうづらの卵を一個割り入れて乱菊のように盛り付けます。この場合菊の葉を添えるのは常識です。

らんぎり〔卵切〕

鶏卵をつなぎに入れて打ったそば。歯や舌ざわりが至ってよいものです。

らんぎり〔乱切〕

野菜の切り方の一種。蓮根、牛蒡、人参、うどなど回すようにして斜め切りにすること。

らんちゃ〔蘭茶〕

春蘭の花の塩漬を使い、熱湯をそそいで番茶替わりに使います。お煎茶の寄付きなどにもよいものです。時には春先吸物のあしらいに使うこともあります。お抹茶の場合はさくらの花の塩漬けとなります。

ランプ

牛肉の一部分の名称。牛の腰の肉で普通にはランといっております。赤身で脂肪が少なく軟かいので日本料理によく使います。

らんめん〔卵麺〕

卵と小麦粉で作った一種のうどん。岩手県にはその名物もあります。十蔵らんめんは卵切りといって素麵のように細いのもあります。

らんもり〔乱盛り〕

盛り方の一つ。一定の形にしない盛り付け方。例えば細切り、糸作りの刺身などを盛り付ける場合に用います。

り

りきゅう〔利休〕

茶道の陀茶の完成者、千利休の名にちなんで名付けられる料理。利休の創作料理かどうかは不明ですが、特徴は白胡麻と酒を使った料理によく名付けられます。利久揚げ、利久あん、利久むし、利久焼き、利久煮があります。

りきゅうあげ〔利休揚げ〕

揚物料理の一つ。海老、きす、時に水をきった豆腐をかるく味塩をして、小麦粉、玉子の水溶き、胡麻を付けてきれいに揚げたもの。利休が胡麻を好んだので胡麻を使った料理に利休の名が多くあります。

りきゅうしゅ〔利久酒〕

合成清酒の先駆をなす理研酒の登録商標です。リキュールをもじったものともいわれます。昭和初期ころには合成酒の代名詞のように使われたものです。

りきゅうはし〔利休箸〕

懐石料理の膳につける箸。杉柾で両細削り。長さ八寸三分(約二十五cm)。種類は大利休、中利休、小利休です。膳の大きさによって使い分けます。懐石には大利休が使われます。利休箸とは利休は懐石を催す場合、奈良春日の杉の赤みの箸材を常に用意しておき、使用するたびに自ら削って使用したといわれます。懐石の箸ばかりでなく、すべてがこのように心使いして催すことだと教えています。勿論菓子に使用する黒文字のようじ箸も新しく作り使用しますが、これを持ち帰って茶会の日時など書き留めて、後日の思い出にするものです。

りきゅうまんじゅう〔利休饅頭〕

和菓子の一種。材料、味付餡二五〇g、黒砂糖七五g、小麦粉一〇〇g、重曹小匙二分の一杯、水カップ五分の一杯、黒砂糖に水を加えて火にかけ黒蜜を作り冷しておきます。粉に重曹をよく混ぜて一度ふるいにかけて蜜を加え、丁度耳たぶくらいの軟らかさにかるくこねて一〇個に取り分け、先のアンを一〇個にまるめ、これを包んで表面に片栗粉をつけて、湯気のたった蒸器に入れて、七~八分間蒸して仕上げます。

山口県宇部に利休饅頭の有名なのがあります。慶長年間(一五九六~一六一五)豊公朝鮮に兵を進め、肥前名護屋の本陣にあった時、随行の利休が茶を点て秀吉を慰め、自ら饅頭を作り供し、この風味をいたく御意に召しその後専ら愛用せられたというこの由来並びに秘法を、松江の不昧公の時代に三田家の祖が、城中にて某阿弥より伝授されて作り始めたといわれるもので、形は小さく色は茶色、一服の茶の友によいものです。

りしりこんぶ〔利尻昆布〕

マコンブ、煮出し昆布、北海道礼文島、利尻地方でとれるのでこの名があります。煮出し用に最適品。

りゅうがん〔竜眼〕

東アジア南部の原産。ムクロジ科。喬木の実。竜眼肉といってあの甘い味を賞味します。その他一種の滋養薬としても用いられます。

りゅうきゅういも〔琉球薯〕

さつまいもの異称。鹿児島へくればサツマイモ、またはカンジョといいます。

りゅうきゅうりょうり〔琉球料理〕

沖縄の郷土料理。特徴としては、油、ニンニクなどの香辛料を多く用い、味が濃厚なことです。主になる材料は豚肉が多く、耳のさしみや臓物の吸物、角煮なども有名です。料理に添える酒として泡盛《あわもり》が用いられます。

りゅうさんどう〔硫酸銅〕

結晶は青い美しい色をしています。無水のものは白色です。吸水すると結晶水をとり込み青色に変化します。食品にはクロロフィル（葉緑素）の定着剤に使用されますが、これには定められた量もあり現在はあまり使用されません。

りゅうしょく〔粒食〕

穀類即ち粒形の食べ物の総称です。

りゅうひこぶ〔竜皮昆布〕

昆布の加工品。使い途は、御菓子代わり、酢魚を巻いたり、結んで口代わりの盛り合わせ、細く切り和えたものに混ぜたり、卵を茹でて裏漉しをして、塩、砂糖で味付けしてこれを巻いたり、真中に入れて押し博多にしたり（料理言葉参照）、種々に使われます。

これを自家製するには上等のかし昆布に、塩、砂糖適量をふりかけて巻いて軟らかくなるまで蒸して作ります。

りゅうりゅうに〔粒々煮〕

山形県の米沢地方の郷土料理。大根、人参、こんにゃく、椎茸、乾貝等を小さく切って煮て、盛り分け、その上に鮭の腹子を熱湯に通し、青豆を茹でてこれを上からかけたもの。

りゅうれい〔立礼〕

亭主、客ともイスに腰かけ、点前する抹茶のたてまえの一種。建築、その他に洋式が取り入れられている今日、これも一つの方法といえます。しかしこれが最近立案されたものでなく、すでに平安朝時代、中国の文化をさかんに取り入れられた頃よりあったと聞き及びます。この立礼は明治初年、裏千家今日庵が作法の一つとして定めたものですが、表千家にもそれにふさわしい法式があります。何れにしても今日の暮しにマッチした作法といってよいでしょう。

りょうつまおり〔両妻折〕

焼物の串の打ち方。三枚に卸した材料が長い時、両方を曲げて串を打ちます。こうすると姿がよいからです。

りょうりをひとさまにおすゝめするには

〔料理を人様にお進めするには〕

料理を人様にお進めするには、味及び材料嗜好に相当の違いがありますので、よくよく心しなければなりません。ただ見ただけでも、嗅いをかいだだけでも嫌な感じを起す人もあり、反対にまたそれを好む人もあるという具合です。従って料理はなるべく十人好きのする材料、調理法を考えるべきことです。料理の数の少ない時には味を少々濃いめに、多く出す折には薄味に、労働のはげしい人、あまり動かない人、こんなことにも気を使いたいことです。

味といいましてもただ舌だけの、甘い、鹹い、酸い、苦い、渋いだけでなく、嗅覚、聴覚、触覚、視覚などにも心すべきことです。また明細にいうなれば、嗅覚は朝に鋭く、味覚は夕方より盛んになって来ることも心得て料理は出したいものです。日本人の味覚は世界中にその比を見ないとまでいわれています。そのような訳で日本料理は細心の注意が必要となります。薬を飲んで甘い物を食べれば苦味は奥で感じ、甘味は舌の先で感じますので、感度が丁度合って中和され苦味を感じないことになります。酸味は舌の両端で感じますので、酸味の強さにより舌を自由に縮めて丁度よいだけに感じさせます。塩は体全体に必要なものですから舌全体で味わいます。物を味わう感をなお一歩すすめて、お茶を出されたらこの水は軟水だ、硬水だと判別のつくほどになりたいものです。美味礼讃、ブリア・サヴァランは左記のようなことをいっています。

「聴覚」何れのことに付いても聴覚は重要であるが、われわれ食べ物にたずさわる者は先ず食物に付いて述べましょう。音響をとらえて愉快を感じ食欲をそそる。すなわち、きくらげ、沢庵の歯切れのよい音、琴三味線を聞きながらものを食べれば一層美味しさを増す。

「嗅覚」生命の維持に必要な諸々をかぎだし、有害な物質をかぎ分け、正確に識別する。鼻腔の真下にきたとき、一層強く感じる、嗅覚によってまた美味しさも感じるが腐敗物をも知ることができる。

「触覚」諸々の物体の硬軟及び表面の変質を知って一種特別な快感をおぼえる。すなわち、ところ天、冷麦などの喉越しとか。

「視覚」食べ物は視覚によって相当心理的刺激を起させる。その一つに鮨の飯を少なくして握れば具が大きく見えて美味しさを増す。

「味覚」味覚を論ずれば随分色々の角度からこれを解かなければならないが、一口に食べものは人間が終始生活行動によって損失する栄養、その他を補給する源をなしているので、しかも食物一つ一つが異った味を持っており、実に無数であってその上一つずつのものが合体すればこれまた特別な複合体の味覚となり、この合わせ方のよしあしによって可否がきめられます。このように味覚というものは実に微妙なものといえます。美味礼讃の言葉のほか私見を付け加えましたことを申し添えておきます。

「生理的」料理の味わい方として生理的とは舌が区別するもの、すなわち美味しい、まずいを知ること。

「心理的」心理的とは、気分すなわち、ただ見ただけでも美味しそうだ、良い食器、美しい座敷、快よい庭、奇麗な給仕人、高雅な掛物等々環境に支配されるもの。塩辛いものを食べて酒を飲めば酒は甘く感じ、甘いものを食べて酒を飲めば苦く感じるなどその一例といえます。従って料理を出す順序もこんなところまで注意が必要となります。

「料理の温度」料理はいたずらに冷温の高いものを出すべきではありません。度が過ぎておれば真の味というものはわからないものです。大体人肌の二五度前後が適温といえます。汁物は七〇度以下、茶は六五度、玉露は五五度で香気を失いません。抹茶は六〇度、酒は五〇度で熱燗です。ビールは十二～三度が飲頃、鮨の茶は六五度、カクテルは三度がよいとされています。

味の話のついでに一言申し添えます。人間には色盲があるように味盲があります。アメリカでは一九三一年頃からこの研究が進められています。何を食べても不味という人、反対に何を食べても美味しいという人があります。これが真の味のわかっての言葉なればよろしいが、味盲での人の言葉であったら誠にたよりない言葉です。ましてや料理を作る人、勝手を預る人が味盲であるなれば大変なことです。アメリカではこの味盲の人が二％もあるといわれます。

りょうりぎく〔料理菊〕

食用菊。種類では、〔阿房宮〕黄八重咲の大輪、〔名取川〕阿房宮に似た夏菊、〔青あらし〕紫紅色の八重咲、〔秋田白菊〕太い白花の大輪などがあり、東北地方で栽培されています。多く産出されるのは八戸です。近江の坂本には坂本菊といって昔からよいのがあります。これを蒸して乾燥させたのが菊のりです。普通の菊の花でも酢を入れて茹で、一晩水に浸してニガ味を抜いて使うのもよいことです。

りょうりことば〔料理言葉〕

料理を作る場合、一般の家庭で使う言葉の他いろいろの呼び方をします。参考までに大略を記しておきます。

り

・包丁の切味—きれいに切ること。

・箸のたつ人—盛付けの上手な人。

・炒酒、炒味醂—アルコール分を蒸溌させるため鍋に入れて火にかけ一度沸騰させたもの。但し鱠に使う炒酒は梅干、酒、味醂と合わせて煮き漉したもの。

・煮切り—味醂を二〜三割煮詰めたもの。

・近海物—近くの海で獲れた魚。

・生物《いけ》—生きた魚のこと。

・のじめ—魚の生きている内に頭にカギを入れて死した魚のこと。

・デッチあげる—ねりあげること。

・一カン—一切れのことまたは一個のこと。

・装《よそう》、粧《よそう》—料理を付け分けること。

・打つ—薄くまたは細く切ること。

・小口切—端から切ること。

・素塩—塩と化学調味料を混ぜたもの。

・あたる—擂ること。

・あたり—味のこと。

・湯煎—二重鍋で炒ったり煮たりすること。

・空あげ—何も付けずに揚げること。素揚げともいう。

・唐あげ—材料に味を付けて片栗粉を付けて揚げること。

・波の花—塩のこと。

・葵大根—大根とわさびと卸し混ぜたもの。わさびの香りのする大根もあります。

・針打ち—材料に味をしみ込ませる為に金串にて材料へ無数に穴をあけること。鴨などを焼く場合、針打ちをしながら焼かないと真中へ血が残るので針打ちしながら焼きます。

・むらさき—醤油またはたまりのこと。

・化粧塩—一尾の魚など焼く時、酢洗いして布巾でかるく表面をおさえて水分を去り、上にきれいに塩をふりかけて焼きます。化粧をしたかのようにきれいに焼き上ります。

・いこみ—竹の子や胡瓜などに肉や海老の擂り身を詰め込むこと。

・ふくりん—材料の上に更に他の材料をつけること。

・なめさす—塩をすること。

・源平—赤、白と二色重ねること。

・ゆかり粉—紫蘇の葉の粉。ゆかりとは紫色をゆかりの色と云うところからです。

・天盛—上に盛ること。

・文火—弱火のこと。

・二丁盛—二個当てに盛ること。従って三個の場合は三丁盛り。

・博多—二、三種重ねて押をして切って切口が博多帯のように見えるようにすること。
・下ごしらえも味の内―下ごしらえは叮嚀にせよとの注意言葉。
・魚は殿様に、餅は乞食に焼かせよ―焼物は材料の適度の焼き方をせよとの注意のこと。
・張る、張れ―汁など椀に入れること。
・宮島―杓子のこと。
・兄貴―普通の魚より一寸新らしい意の言葉。弟といえば悪いということ。時には兄貴といえば古い意にも使います。

りょうりざいりょうとほうしゃせん〔料理材料と放射線〕

放射線と放射能との区別をはっきり知らず、広島、長崎、原爆放射能の鮪といまわしい記憶がよみがえり、放射線を照射した食品は放射能を帯び、白血病になりはせぬかと不安を抱く人が多いようです。ある先生は左記のよう説明されています。例えば食品を長く保存するため、穴ぐらへ入れて日の当らない所においたのは昔の人の智恵でしたが、冷蔵冷凍の技術が進み、低温に保って腐敗を防ぐ方法を現在行っています。加えて最近話題になっているのが放射線を利用しての保存法です。まったく進歩した新らしい処理法です。放射線は数年前から植物に照射して品種の改良を行っています。水稲では「レイメイ」、大豆では「ライデン」など優良種が育成されています。植物の種に放射線をあてると突然変異が起り、いろいろの品種の変ったものができるのです。然し直接食品に照射する方法は安全性の確認ができていなかったため行なわれなかったのですが、四十七年八月三十日、食品衛生法によってジャガイモにだけ許可され、照射食品第一号が生れました。米を除いて生産量の多いのがジャガイモで、貯蔵中に芽が出て売り物にならず、年間一万五千屯、小売り価にして十億円もの損失を出しました。ジャガイモにコバルトのガンマ線を照射すると、母体はいたまず発芽組織だけが破壊されて、芽の部分の細胞分裂がストップします。この方法が本格的に実用化されたのは四十八年度産のジャガイモからでした。発芽防止だけでなく、細菌やカビなどの微生物、穀類、果実中の害虫、食肉中の寄生虫も死滅され、加熱殺菌と違い食品本来の色や味、香りが失われず新鮮な状態で保存ができる利点があります。もちろん、殺菌保存料、殺害剤などの添加物も不要となり、従って殺菌、殺虫を目的とする、米、小麦、ウインナーソーセージ、水産ねり製品、ミカンなどにも放射線を照射する実験がすすめられています。

ソビエト、カナダ、アメリカでも照射食品実用化に踏切っています。放射線には、アルファ線、ベータ線、ガンマ線の三種があり、物質を通り抜ける力はガンマ線がもっとも強く、ガンマ線は紫外線や赤外線と同じように電磁波の一種で、電磁波は細胞に変化を起すが、あとに何も残りません。細胞の変化は分裂の盛んなものほど大きく、従って感受性の強い発芽組織だけを破壊して、ほかの細胞に影響を与えないように分量を加減して照射します。

ガン患者に適当量の放射線を照射すればガンの細胞だけ死滅させることのできるのと同じ理屈です。原子力もこのように平和利用に多く取り入れていただきたいことです。

りょうりにしようするこくるいとでんぷん〔料理に使用する穀類と澱粉〕

玄米、普通米、糯米。あわ。きび。麦。小豆。大豆。黒豆。いんげん。うずら豆。金時。手亡。そばの実。そば粉。そば米。白玉。空豆。片栗。葛。コンスターチ。糯米を加工した道明寺。アルファー化した餅の素。浮粉。みじん粉。イラ粉。寒梅粉等。

りょうりにしようするにくるい〔料理に使用する肉類〕

牛。馬。豚。鹿。鯨。猪。鶏。鴨。相鴨。鶉。羊。鳩等。

りょうりのごほう〔料理の五法〕

生、焼く、煮る、蒸す、揚げる、この五つの料理法を五法といいます。

りょうりのごみ〔料理の五味〕

甘、鹹、酸、苦、渋。食べ物にはこの五味が欠けると実に味気ないものです。私は更に後味を加えたいといつもいうことです。一度食べたらまた食べたくなるこの味があってこそ本当によい食べ物だといえましょう。

りょうりのそしん〔料理の祖神〕

『古事記による』と、大気津比売神《おほけつひめのかみ》は、伊邪那岐《いざなき》、伊邪那美《いざなみ》の二神の御子にして、実に料理の神と申し上げています。「月《つき》夜見尊《よみのみこと》、天照大神の勅を奉じて此神に接見し給う、神は即ち首を廻して国に嚮《さか》えば口より飯《いひ》出で、また海に嚮《むか》えば鰭広物《はたひろきもの》、鰭狭物《はたせまきもの》、口より出で、また山に嚮えば、毛麁物《けのあらきもの》、毛柔物《けのにこきもの》亦口より出ず、神は即ち之を取って百机に備えて月夜見尊を饗ず」と『日本書記』にあり「須佐男尊《すさのをのみこと》出雲国に追いやらせ給う時、食物を大気津比売神に乞い給う、神は鼻口尻より種々の味物《たなつもの》を取り出で奉る」とありますことから見れば大気津比売神を料理の祖神と崇《あが》め奉ることもうなずかれます。この神は伊勢の外宮、伏見稲荷神社の祭神として国民の崇敬を集めています。

りょうりのもりつけかた〔料理の盛付け方〕

料理の盛り付けは最後の仕上げとして最も大切な仕事です。料理が折角上手にできても、盛り付け方一つ悪ければ骨折り損になります。一口に盛付けといいましても、盛付け三年といわれますが、一人前になるには一生かけても成り難いかも知れません。普通の料理ならいざ知らず、時には婚礼の硯煮、懐石の向附、特に細向、八寸、卓料理の五〜七種の一つ盛りその他随分と種々のものを盛ることがあります。何を出されても直ちに手ぎわよく盛れるまでには相当の年月が必要となります。心にくいほど上手に盛り付ける人を箸のたつ人といいます。心がまえとして常に画人が台紙に向って画筆を運ぶさまを参考にするのもよいことです。

一尾の魚を盛る場合、昔は背に腹皮背といって、淡水魚は頭を左にし、腹を向うにして盛り付けたものですが、現在は海川魚ともに頭は左、背を向うに盛るのが無難のようです。

重詰の組方及び材料の入れ方。五段重の場合は、一の重は酢の物など生の物。二の重は口取。三の重は焼物。四の重は焚合。五の重控、控えとは全部の残りの材料を詰めておき、客が帰ったあとそれをたしてきれいに付けたしの用にすること、時にはお鮨など使い途により詰めることもあります。重の詰め方は、霞、市松、枡、七宝などといっていろいろの詰め方をします。重詰めの使い途は婚礼の結納、部屋見舞、お正月、不祝儀ではお通夜のお伽見舞、これは勿論精進料理です。それぞれに適した盛り方にしたいことです。

りょくそうるい〔緑藻類〕

体内に葉緑素があって緑色を呈している藻類の総称。とくに暖海に多く産しますが、暖海といってもあまり暖かいところではよいのはとれません。葉緑素のほかカロチン類も含まれています。淡水産のものに、川海苔、浅海及び海水産に、アオサ、アオノリ、ソーメンよりやや太い、「ミル」があります。ミルは刺身の妻や酢の物のあしらいに使います。

りょくちゃ〔緑茶〕

茶の歴史は中国が最も古く、ヨーロッパに伝わったのが一六一〇年、その頃中国は緑茶であり、ヨーロッパ人もそれから二〇年ほど緑茶の使用はしています。緑茶でよく知られているのは宇治茶ですが、それを生み出したのは七〇〇有余年前、鎌倉時代の明恵上人こそその人です。明恵上人は一一七三年紀伊国に生れ、八歳の時両親を失い、僧侶となる決意をして山に籠ったり、奈良、京都の寺々に入って仏教その他の学問に努力、それが実を結び、多くの人から尊敬される僧侶となり、京都の栂尾に高山寺を建立しています。

その頃栄西上人が中国の宋から茶の種を持ち帰ったのを知り、それを譲り受け、明恵上人はその種を高山寺付近に蒔き、苦心して育てるかたわら、近所の人たちにも奨励しています。里人が「茶の種を蒔く間隔は」と明恵上人にきただしたところ、「駒に乗って歩きその足跡へ蒔くとよい。」と身をもって教えています。ですから栂尾《とがのお》、槇尾《まきのお》の茶でなければ否茶だとまでいわれた時代もあります。気候風土ともに栂尾に似ているところからこれを宇治に移したのが現在の宇治茶です。宇治の黄檗山万福寺の前に、駒の足影碑が建てられていますのもこの由縁があるからです。茶の農産地は宇治の他、静岡、千葉、三重、高知、九州、愛知（三河）、埼玉など。味は宇治、香りは狭山《さやま》（埼玉）、色（苦味）三河といわれるように、この三者をうまくミックスして挽いた緑茶が美味しいそうです。

リン〔燐〕

リンは無機質として体内でカルシウムについで多く含まれている成分です。栄養上非常に重要であり、リンがなければ生命は絶対保持できません。大部分は骨椎中にカルシウムあるいはマグネシウムのリン酸塩として存在します。このほか、筋肉、神経、脳、肝臓などにも含まれ、体内ではリン酸として酵素作用、体液の中性保持、神経刺激の伝達浸透圧の調節など生体の機能を維持するのに重要な役割を果しています。リンの一日の所要量は一g前後、このリンは体内に入って一度骨格に沈着し、二〇日間程度で骨から移動するといわれます。このように体内ではほとんどリン酸塩として動き、単独のリンとしては存在しません。単独のリンは非常に有毒であり、皮膚に付着するとひどい炎症を起します。

りんご〔林檎〕

原産はアジア中西部。インド北部に古くから栽培されたものが欧州に移入されて西洋りんごとなったのが現在です。『三才図会』に、「文林郎果」とあり、初め川に浮いて来るのを文林郎なる者が拾い、これを種にして栽培し始められたのです。文林郎が「檎《とりこ》」にしたので林檎と書くようになったといわれます。産地は寒い長野、青森、北海道が有名ですが、現在では苗木も改良されて暖地でもなかなかよいのが生産されています。

現在の種類では、ゴールデンデリシャス（黄色大）、王鈴（黄やや小）、富士（中形薄紅）、レッドゴールド（中形）、恵（中大形赤）、旭（中形赤）、紅玉（中形赤）、国光、デリシャス（大形赤）、スターキング、印度、東光などがあり、その他林檎界の王者、どこの国にもない大きさで、とびきり上等の陸奥《むつ》があります。直径一五〜一七cm、重さ九〇〇g、一個代一五〇〇円もします。今のところ生産も少なく希少価値も手伝って高価になっています。

りんごしゅ〔林檎酒〕

リンゴを原料として醸造した果実酒の一種。リンゴ酒はブドウ酒と同様に古い歴史を持っており、とくに、フランス、イギリス、南ドイツなどが銘醸地です。わが国では、青森県、長野県で作っています。リンゴ酒には、発泡性のものとそうでないものとあり、味も甘口、辛口などの種類があります。

りんごず〔林檎酢〕
酢の一種。リンゴの汁をアルコール発酵させ、ついでサク酸発酵させてつくった酢です。従ってさっぱりした酸なので、マヨネーズやドレッシングなどに使用されます。

りんごのさとうに〔林檎砂糖煮〕
林檎の皮を剝き二つに切り、種を取り去り、水、砂糖、塩少々で約五〜六分間煮ます。長く煮すぎると軟らかくなりすぎます。用途としてはあしらいによいものです。

る

ルイベ
北海道の食べ物。鮭を凍らせて刺身のようにして食べること。ルイベはアイヌ語。ルは、氷る、凍る、イベは食物の意です。ところで現在は鮭ばかりでなく多くの材料（えぞ鹿、鮭、タラバガニ、帆立貝、蛸、ホッケなど）を使用します。

るり〔瑠璃〕
焼物の磁器の一種。紫色の磁器。果物または白い料理を盛るとよく会います。

るりに〔瑠璃煮〕
茄子の煮物料理。茄子に塩、焼明礬をぬりつけておきのち、色よく茹でて瑠璃色に仕上げたもの。煮ると色がとびますから、八方汁（煮だし汁の一種。水に酒、味醂を加え、けずりかつおを入れて煮立ててこしたもの）に漬けて味をつけます。

れ

れいか〔冷菓〕
冷して作る菓子、水羊羹、みつ豆など。アイスクリームもこの中へ入るかも知れません。

れいし〔茘枝〕
苦瓜。ウリ科の一年草木。果皮は青くいぼがあり熟すると割れて赤い実が現われます。果実は食べますがさして美味しいものではありません。若い内に皮を油炒めして食べます。

れいしゅ〔冷酒〕

御神酒や儀式に用いる酒。但し只今では冷用酒といって冷して飲む酒も売り出されています。

れいとうぎょ〔冷凍魚〕

魚を冷凍したもの。冷凍魚の特徴は、値段が安定していることですが、魚本来の味にとぼしいことが一つの難です。これを調味するには油で処理するか、熱を加える前に味を付けておくことも一つの方法です。

れいとうしょくひん〔冷凍食品〕

凍結冷蔵された食品。消費者に渡るまで零下十五度以下に保存されたもの。今日では品種も多く価格の安定もあって、一般の料理材料として重宝なものです。

れいとうすりみ〔冷凍擂身〕

白身の魚肉に食塩を加え、更に重合リン酸を添加して擂身としたものを急速凍結したもの。主としてスケトウダラが用いられ、北海道がその主産地です。これを使って蒲鉾や竹輪その他ねり製品が作られます。これを使用すれば骨をとるなどのその他の細かい下処理が不要になり、加工しやすいのでいろいろな材料に多く使用されます。

レバー〔動物肝臓〕

牛、子牛、ブタ、ヒツジ、鶏など動物の肝臓のこと。タンパク質が多く、ビタミンA、B_1、B_2、鉄分などは他のものと比較して著しく多く含まれており、スタミナを生む最後の食品といえます。とくに貧血の場合に効果があります。豚、親牛のものは臭みが強くあります。レバーは酵素力が強く栄養価が高いけれど、鮮度が落ち易いので新らしいのを求めなるべく早く調理することです。これを洗うとき塩水にしばらく浸しておきよく洗って、沸騰湯に、生姜、月桂樹の葉、玉葱などを入れてこの中でさっと茹でて調理するのも臭味がとれてよい方法です。

レブロス

化学甘味、糖尿病などの人の甘味によろしい。

レモン〔檸檬〕

ヘンルーダ科、果汁は酸味が強くビタミンC、クエン酸を多量に含んだ果実、イタリアのコルシカ島、シシリー島、アメリカ、カリフォルニア等が良い産地です。我国では九州、四国、広島で産します。レモン湯、レモン蒸、レモン押、揚の付合わせといろいろに使います。我国では農薬を使用せず、然も新鮮でさわやかな香りの良品が広島県豊田郡戸田町で栽培され、農協取扱いで出荷されています。今のところ温室栽培なので量は少ないようですが、やがては多量に出荷されることでしょう。ハウスの栽培のため温度が四季を通じて一定なので、次々に花が咲き一年中収穫されています。

レモンむし〔レモン蒸〕

魚に薄塩をして、レモンを薄切りにして上下に付け、これを蒸して酢だし（酢に煮出し汁を入れる）をかけたもの。

れんぎ〔連木・擂木〕

すりこぎのこと。普通桐の木で作られていますが、山椒の木で作ったのもあります。肉類を擂るのに適しています。飛騨高山地方には小枝二本同じ位置に出ているのを選んで作られたのもあります。これは擂っている途中一寸おく時に枝が出ているので滑らず、置いた位置に止まっているという便利さがあります。

れんこだい〔連子鯛〕

きだいのこと。

れんこん〔蓮根〕

ヒツジグサ科の根菜。仏教に起因して最初は神社仏閣の池に観賞用として栽培されたものです。酢蓮根にする場合は別として、土付きのは洗って大切りのまま酢を入れて柔らかく茹で皮を剝いて煮ると一層美味しいものです。時には皮を剝いで明礬水にしばらくつけておき、これを卸してよく擂り、つなぎに玉子、浮粉、伊勢芋少々擂り入れて味を付け蒸し、椀種に使うのもよいものです。または団子にして揚げても使います。産地は、愛知県の立田、佐賀県の白石、長崎、金沢、千葉、四国の徳島、茨城と各地に良質のが産出されます。

蓮根は一節一年といわれるように細い方が古く、太い方が若いのです。勿論太い方が美味しい。現在中国産と日本産とを交配して、節が短かく美味しい蓮根を作るのに努力をしている方もあります。日本一の蓮根の産地は土浦市虫掛町あたりです。節が短かく太いものが上等です。穴は普通九個あります。

れんこんじる〔蓮根汁〕

金沢の郷土料理。蓮根の皮を剝き卸してつなぎに片栗粉を混ぜ、スプーンで味噌汁の中へすくい入れて煮、椀に入れてみじん切りのあさつきを入れたもの。産後一週間ぐらい食べると乳の出がよいといわれる食物。

れんこんしんじょ〔蓮根糝薯〕

蓮根のよいところ二八〇gを、たて四つ切りにして明礬水に浸してアク止めして卸金で卸し、伊勢芋四〇gを卸して、豆腐の水きりしたものを一五〇g裏漉しして混ぜよく擂り、塩、砂糖、化学調味料で調味して、紅人参のみじん切り、木くらげ、銀杏など入れて流し缶に入れて二〇分ほど蒸して取り出し、切って精進の椀種に使います。

ろ

ろうやき〔蠟焼〕

黄色の蠟をかけた如くきれいに焼き上げるのでこの名があります。材料は白身の魚、例えば、鯛、海老、きす、白魚、いか、鱧。味付けは味醂と味塩、または白醬油と味醂、串を打って焼きますが特に身の方はこがさぬこと。これに卵黄を刷毛で幾度も塗り付けて仕上げますが、卵黄が乾く程度で次々と塗って行きますときれいに仕上ります。天火でしたら卵黄を塗ってから一分以内です。卵黄はあまりかき混ぜないことがきれいに焼くコツです。

ロース

牛や豚の背中の部分の肉。これには、背ロースと肩ロースとあり、ヒレはロースの内側にあるので内ロースともいいます。料理ではステーキ、ロースト、アミ焼きなどに使われます。

ロースター

焼き物専用の電気器具。蒸し焼きとかねたもので大変便利です。使ったあとは熱いうちに洗っておくと、よごれが落ちやすいものです。

ロールキャベツ

キャベツの大葉を茹でてひき肉を包み、スープで煮込んだ料理。肉のきらいな人は、海老または白身の魚をミンチにかけ、野菜を混ぜて作るのも案外さっぱりしてよいものです。

ろじさいばい〔露路栽培〕

野菜の栽培法の一つ。温床またはビニールなど覆い保温をとり、自然の畑の状態で栽培する方法です。

ろっぽうやき〔六方焼〕

肉や魚を擂りつぶして玉子、片栗粉または小麦粉と混ぜ、鉄板やフライパンで六面体に焼き上げること。

わ

わかあゆ〔若鮎〕

鮎の若いもの。所により解禁の時季は違いますが、大略五月なかばです。この時期は味より香りを珍重しますから文字も香魚と書きます。初夏の楽しみな食べ物の一つです。

わかあゆ〔若鮎〕

和菓子の一種。笹の葉に包んだ涼味あふれるもの。葛の皮で餡を包み、細長くしたものを、冷して使うとよろこばれます。京都の川端道喜のがよい。

わかくさ〔若草〕

松江の名菓。雲州藩七代主松平治郷不昧公《ふまいこう》好みだけあって萌えるような若草色、牛肥ようなものを中にして作られた和菓子。食べるといやみのない甘さ、溶けるようななめらかな舌ざわり、さすが銘菓の貫禄十分です。簡素な官田庵にてこれをお菓子にしての一服は、あの席を一層引き立ててくれることでしょう。「曇ぞよ雨ふらぬうちに摘て置、梅の尾山の春の若草」の歌に因《ちな》んで付けられた名称だといわれます。

わがけ〔輪掛〕

覆輪と同じで、あるものに、魚、肉のくずし身を輪にして付けてむしたもの。

わかさぎ〔公魚〕

ワカサギ科。淡水で生れ、海で成長するものと、湖沼で養殖されるものと二種ありますが、大体は湖沼産です。冷凍にされますので四季使うことができます。旬は早春です。新鮮なものは塩焼がよろしい。その他揚げもの、煮浸し、辛煮、南蛮漬といろいろにして使います。

わかさぐじ〔若狭甘鯛〕

若狭で獲れるのでこの名があります。一塩、幽庵焼、向附、酒蒸し、一夜干、揚物などに向きます。

わかささば〔若狭鯖〕

さばは各地でとれますが、最も有名なのは若狭鯖です。若狭の小浜市では、地蔵盆といって八月二十三日に子供たちが各所のお地蔵さんを洗って絵の具で化粧直しをする行事があります。それが、過ぎるといよいよ鯖の季節に入ります。これが秋鯖です。

わかさのこだい〔若狭の小鯛〕

笹漬けともいいます。若狭で獲れた小鯛に薄塩をして酢洗いをして小さな樽に詰めたもの。酢の物、握り鮨、向附などにして使います。然し製造されて三日間以内に食べることです。

わかさやき〔若狭焼〕

焼きものの一種。福井県若狭地方は魚港でもあり、鯖、小鯛のよいのが獲れます。その鯛の臓物を取り出し鱗のまま一塩をしておき焼いたもの。二杯酢又はわさび醤油で鱗と共に食べますが一寸風変わりな味がして良いものです。

わがし〔和菓子〕

日本の菓子の総称。菓子の起源は延暦二十三年（八〇四）空海大師が唐へ渡り、唐の宮中に召された時、亀甲形の煎餅をいただきその味が淡白で非常に美味しかったので、その製法をきき、大同元年（八〇六）帰朝後京都の嵯峨の小倉の里に住む和三郎なる人に伝授、和三郎は大師より伝えられた製法により、葛根《かっこん》、米粉、果実の糖液を混ぜてこれをやき、菓子と名づけて嵯峨天皇に献じたところ、大変お気に召し、以後和三郎は嵯峨御所の御用菓子となったのが我国の菓子の起源とされています。現在は砂糖を用いた物を常識としますが、昔の甘味は、飴（阿女）蜂蜜、甘草、甘づら、干柿、柿の皮が主でした。御菓子も以前は料理のうちでした。御菓子には、神仏に供饌の菓子、饗応菓子（冠婚葬祭、賀宴の引菓子）、御茶に出す菓子、干菓子、駄菓子などがあります。種類のあらましは、羊羹類、牛皮（求肥）、有平糖（阿留平糖）、金団、饅頭類、餅菓子、葛餅、団子、州浜、落雁（白雪糕《はくせつこう》）、外良、わらび餅、味噌松風、おこし（和名於古元古女《おこしこめ》）、飴菓子、半生菓子、最中、煎餅、あられ、花輪糖《かりんとう》。

その他これを一つ一つ分類すれば数かぎりないものがあります。尚また各地に異った名産が沢山あります。

わかたけに〔若竹煮〕

煮物の一種。若布《わかめ》と竹の子との焚合わせ。木の芽を二、三枚、天に盛り添えたのは如何にも春の食べものです。

わかどり〔若鶏〕

孵化後百日くらいの鶏。肉は軟かく臭味がないので一般によろこばれます。しかし現在では成育にのみ力が入り、肉の美味しさにとぼしいのは淋しいことです。ブロイラーは孵化後五十〜七十日のもの。

わかめ〔和布・若布・若芽〕

褐藻類の海藻。海岸いたるところで産します。幅の広いもの細いものと種類は沢山あります。幅の広いのはがいして柔らかく、細いのはややかたいので、幅広は、汁の実、和え物によく、細かいのは煮物に向きます。九州を始め、山陰、四国鳴門、伊勢、三陸、北海道と所々で良質のがとれます。

わかめめし〔若布飯・和布飯〕

飯の一種。若布は焙烙《ほうろく》に紙を敷きその上に若布をのせて、弱火で上下返しながら乾燥させ、パリパリにして手でもみほぐし、炊きたての塩飯に混ぜて仕上げます。若布は鳴門若布がよいと思いがちですが、鳴門は荒海で潮流も早く、従って細くて堅いので、内海でとれる幅広のがよくむきます。鳴門若布は若竹煮などのように煮るものの料理に適しています。

わきひきぜん〔脇引膳・脇取膳〕

幅二五㎝、長さ三八㎝くらいの足のない長方形の膳、正膳は足があってもこの方は足のないのを使います。正膳右脇に置き、次々と出す料理をこの上にのせます。二の膳を使うのは普通の席にはかた苦しく、この方が気がきいています。これを使用するのは、足のふれる畳にじかに食べ物をおくことをきらうからです。

わぎり〔輪切り〕

大根その他を小口から丸く切ること。厚さは使い途により好みに切ります。多くは、大根、人参、里芋、蓮根、胡瓜、竹の子など輪切りにします。

わけぎ〔分葱〕

ユリ科の多年生草本。性質が強いので寒暖をとわず各地で栽培ができるものです。根から分けて繁植させるのでこの名があります。料理ではさっと茹でて貝類と共に酢味噌和えにするのが一番美味しいことです。わけぎは一名、人文字ともいい、根の方を上にして葉を分けますと人という字形になります。その頃まで成長したのが一番美味しいからです。熊本地方では、くるくるといって、茹でて一本ずつ巻いて食べる風習もあり、田螺《たにし》と酢みそ和えにして食べるのは日本国中共通の食べ方といえましょう。

わさび〔山葵〕

アブラナ科。深山の流水の淵に産します。名産地は伊豆天城山、静岡、長野、四国、九州等。辛味はカラシ油。山葵は日本特産の十字花植物で、清水の湧くところに自生します。山葵は葉が葵に似ているので山葵と書きます。本場は静岡といわれますが、現在は、長野、穂高、山梨等から多く産します。わさびはなるべくこまかく卸すほど香辛が強くなります。あまり辛くない時には、砂糖少々を入れて包丁の背で叩けばたちまち辛くなります。それは山葵の中の酵素が働いて辛味が強くなるからです。山葵の成分はからし大根、ホースに含まれているシニグリンに似た砂糖体の酵素の一種がミロヂンの作用でアリルからし油となり辛味となって刺激します。辛味の成分は発散し易いので卸したらなるべく早く使うことです。『延喜式』には、飛騨、越前、若狭、丹後、但馬、因幡の諸国から貢物として献上されています。ワサビの語源は、無障疼（わるさはひびく）の略語だともいわれています。

昭和四〇年に島根県農業試験場で大型ワサビ（三瓶）が試植成功して良品が出荷されています。

わさびあえ〔山葵和え〕

わさびの卸したのと土佐醤油と混ぜて和えたもの。わさび和えは時をうつさず食べること。間をおくと香味と辛味がなくなります。材料は鮪、鯛、鯵、すずき、さよりなどがよろしい。これに海苔を加えたものは鎌倉和えといいます。

わさびだい〔山葵台〕

刺身にわさびを添える場合、人参、大根、胡瓜など、花形に剝きこの上にわさびをのせて使うことがあります。わさびをのせる台にするのでこの名があります。

わさびだいこん〔山葵大根〕

わさびと大根と卸し合わせたもの。その他大根でわさびの香辛の有る種類があり、これもわさび大根です。

わさびづけ〔山葵漬〕

わさび漬けは各地で産しますが昔から有名なのは静岡です。醬油を付けて食べるとよろしい。

わさびな〔山葵菜〕

わさびの香りのある菜、産地は福岡県伊達郡、春三月花が咲きます。料理では汁物の青味、または和え物に使います。

わさんぼん〔和三盆〕

上等の砂糖。阿波三盆といって特別な盆の上でこねて三度繰り返して製糖するのでこの名があります。上等の落雁、和菓子に使います。

わじまぬり〔輪島塗り〕

石川県輪島市の特産。輪島で漆工芸が始められたのは応永年間（一三九四〜一四二七）ころだといわれています。和歌山県根来寺の僧が輪島の重蓮寺、現在の重蔵神社へ来て、日常の食器や仏具を作ったのが始まりだとされています。無地のもの、蒔絵、沈金刻と高級なものが沢山あります。ここの塗り物は長く使ってもはげないことで特に有名です。今はなくなられましたが蒔絵師の自耕、沈金刻の大峰先生など近世まれにみる名工です。

わしょく〔和食〕

日本料理食のこと。

わすれぐさ〔忘草〕

ヤブ甘草、中国ではカンゾウの基本種です。この草を食べたり手にしていると心配ごとを忘れるという信仰が中国にはあり、母親たちは庭に植えて憂いを忘れようとしたので、母親のことや母の住む部屋を萱堂といっています。中国の風習がわが国に伝わり、ヤブカンゾウは恋のなやみやいろいろの憂いを忘れる草としてこの名があります。昔は大和路に群生していたとみえ、「万葉集に、忘れ草　わか紐につく　時となく思ひわたれば　生けりともなし」詠人不知、と詠まれています。歌の意は、恋の苦しさを忘れようと忘れ草を着物の紐につけ、時なしに恋つづけるのでは生きている気持もないと嘆いた歌と解してよいでしょう。この花を干したのが料理に使う（中国産）金針菜《ちんつぇんさい》です。茹でて一晩放置してもどし、和え物にすると歯ざわりもよくよいものです。甘草には、やぶ甘草、姫甘草、きつね甘草などがあり、花に酢を入れて茹でて料理に使います。

わすれなます〔忘膾〕

懐石の朝茶の折、早朝ですから新鮮な魚が手に入りにくいので普通には精進の向附を使います。追々と料理を進めて行く内に新鮮な魚が手に入った時、強肴即ちお進めに鱠を出す場合があります。忘れた頃に出しますのでこの名があります。数寄者は実に心にくいほど風雅な名称を付けたものだと感心します。

わた〔腸〕

はらわたのこと。生子の腸の塩からがこのわた。鯛の腸を塩漬けにしておき塩出しして三杯酢に糸かきをかけたのが食通のよろこぶ鯛わたです。

わたがし〔綿菓子〕

砂糖菓子の一種。フワフワとして綿のようなのでこの名があります。祭り等の時に出ている出店で時折り見受けられますがなつかしいものです。

わたりかに〔渡蟹・菱蟹〕

蟹の中ではこくがあって美味しいもの。三河湾が主産地であったが現在は漁も少なく、韓国の仁川沿岸産のものが飛行機で輸入されています。味は大味で、価格は内地産のものの半額以下、それだけ味は落ちます。生きているものがよろしい。水から茹でないと足がとれます。蟹や海老などの甲殻類は、茹でると赤くなるのは、アスタキサンチンと呼ぶカロチノイド色素が含まれており、このカロチノイド色素は植物中のものとは少し違い、加熱すると容易に分解して赤色になるわけです。

わたぬき〔腸抜〕

腹腸を抜き去った魚のこと。保存や貯蔵する場合腹腸のままだと腐りやすいので腸ぬきしておきます。

わっぱめし〔框飯〕

新潟県の郷土料理。そんなに古い食べものではなく、農夫やきこりの弁当から思いついた料理。わっぱとは、経木で作った弁当箱のこと。めっぱ、めんぱともいいます。わっぱ飯は味付け飯に、鮭、かに、貝柱、えび、トトマメ（イクラに熱湯をかけたもの）などの具をのせて蒸したものですが、米どころ新潟なので、飯自体がすでに美味しいのです。

わめいるいじゅうしょう〔和名類聚抄〕

料理の本を読むとこの名がよく出てきます。これは我国最初の百科辞典ともいうべき書であるからです。平安朝初期、一〇世紀に編纂された『延喜式』についで間もなく続刊された解説書で、衣食住の各般にわたり、ことに食生活の項が多い書です。

わらさ〔稚鰤〕

ぶりの未成魚。はまち、いなだともいいます。照焼、刺身、北陸ではこれを干していなだといい、これを薄く切って前菜、懐石の八寸によく使用します。

わらすぼ〔藁素紡〕

棘鰭目ハゼ科の硬骨海魚。有明海の珍魚。うなぎのように長く泥海に住む魚。泥に住むので目は無いようですが、皮下に隠れてあります。煮て食べますが、乾燥させたのは地方でも売られています。焼いて酒の肴によいものです。

わらび〔蕨〕

ウラボシ科、シダ類の植物。わが国の山野いたるところに自生します。蕨が萌えいでるようになってはじめて暖かい春がおとずれます。うらうらと霞ながるる山野で、楽しくわらびをつむ場所もほとんどなくなり淋しいことです。蕨の名は、ワラの燃《も》える火穂《ほのほ》のように萌えいでるのでこの名があります。わらびはアクが強いので、わらびにワラ灰を入れ熱湯を充分浸るぐらいかけて、落し蓋をして一晩おきアク抜きします。これをよく洗ってさっと茹でて浸物、煮物、和え物等それぞれの料理に使います。ワラ灰のない場合は、わらび五〇〇gに対して重曹小匙一杯かけて熱湯を入れて落し蓋をして一晩放置しておいてもよろしい。アク抜きしてから乾燥させたり、または塩漬けにして貯蔵もします。わらびの根をくだいて澱粉を取ったのがワラビ粉です。これを使って春の食味のわらび餅を作ります。わらびにはアノイリナーというビタミンB_1を分解する酵素が含まれており、加熱してもこわれないので多食、連食はさけた方がよいといわれています。

新わらびはいち早く春を告げてくれる楽しい食べ物ですが発ガン性があるといわれています。その研究発表会が四七年一〇月二四日名古屋であり、無処理が一番発ガン性が強く、次ぎが木炭の灰でアク抜きしたもの、三が重曹のアク抜き、四が塩蔵の順になっています。四ケ月塩蔵して熱湯で五分、流水で約六分間洗ったものが一番弱性であったと発表されています。然しワラビの何が発ガン性なのか現在世界の学者が追跡しています。最もガン性の強いと思われるところはワラビの先端の棒状部分のようだといわれています。

わらびも促成栽培が進み二月頃には太い立派なのが出回ります。産地は静岡の藤枝です。

わらびこ〔蕨粉〕

わらびの地下茎から取った澱粉。春のわらび餅などは楽しい食物の一つです。わらび餅は、わらび粉八〇g、砂糖カップ一杯と二分の一、水カップ二杯三分の一、塩少々を混ぜて溶き、一度すいのうで漉してこれをゆっくりとねるようにして煮上げ、流し缶にながし入れて冷しかため、切ってキナ粉に砂糖を混ぜてこれをかけて食べます。但しキナ粉に砂糖を混ぜるとすぐしめって来ます。

わらびさより〔蕨細煮〕

さよりで蕨形に作った料理。さよりを腹開きにしてよく水気をふきとり、別に擂身を用意してこれをよせ菜で着色してさよりの身の方に薄く付け、これを半分程巻き、わらび形にして、二枚合わせてしばらくおき、これを蒸して包丁をして使います。春の口代りなどによく使います。

わらびなっとう〔蕨納豆〕

草津温泉の郷土料理、普通の納豆とは違い、新鮮なわらびの茎をみじん切りにして、わさび、醬油を混ぜ、よくかき混ぜると粘り気が出て丁度納豆のようになります。その上山菜の香りがあって美味しいものです。

蕨のアクを抜くには、わらび五〇〇g、重曹小匙二杯。ボールにわらびを入れその上に重曹をかけ、熱湯を充分かけて蓋をして一昼夜放置しておきますと灰《あく》が抜《ぬ》けて真青になります。

わらびもち〔蕨餅〕

わらび粉で作った餅。『東海道名所記』に、「物の名は所によるか新坂のわらびの餅はよその葛餅」という歌があり、ワラビ餅とクズ餅との混同を皮肉っているのも興味があります。

わらび粉カップ一杯、砂糖カップ二杯と二分の一、水カップ三杯、以上を合わせて混ぜ、すいのうで漉して中火でねるようにして透明になるまで煮て、流し缶に流し入れ、冷して切り、黄粉を付けて食べます。もう一つの作り方はこのわらび餅で手粉に黄な粉を使い餡を包んで作ることもいたします。

わりご〔割籠・破子・割子〕

食器の一つ。円形、四角、扇形、角長方形と種々あります。『和名抄』には、「樏子、加礼比計《かれひけ》、今按ずるに俗に謂う破子是なり、破子は読んで和利たとなす、樏子中障《へだて》有るの器所の也」とあります。昔は桧木作りの簡単なもので一度使えば捨てたものです。現在の折箱に当るようです。

わりごそば〔割子蕎麦〕

出雲そばの別名。島根県出雲の郷土料理。小さな割子即ち弁当箱風な器にそばを入れ、ねぎ、もみじおろし、花かつお、わさび、胡麻、のり等多くの薬味で何枚も食べるそば。出雲のそばは山の芋をつなぎに入れるので舌ざわりもなめらかで他では味わえないよさがあります。

わりした〔割下〕

鍋料理の汁、かけ焼きの汁などです。味醂、煮出し汁又はスープ、醤油、塩、砂糖と適宜調味したもの。普通鍋料理には、煮出し汁カップ五杯、醤油大匙八杯、味醂大匙三杯、塩味の沖すきは煮出し汁カップ五杯、塩大匙四分の三杯。すきやきの割下はスープカップ四分の三杯、醤油カップ一杯、砂糖大匙七杯、味醂適量。注ぎ足してゆくわりしたは右より少し薄めの味がよろしい。それは煮詰まって味が強くなるからです。

わりじょうゆ〔割醤油〕

使い途により醤油と煮出し汁を割り合わせたもの。

わりぼしだいこん〔割干大根〕

尾張の名産。大根を二m程も長くに剝《む》き切りにして干したもの。煮たり、三杯酢や酢醤油に漬けて漬物代わり、茹で、味噌和えなどが美味しいものです。長いほど上物です。油揚げと共に煮たものは素朴な味でこの頃特にやかましくいわれる母の味です。

最近では大分県大野郡緒方町にも特産があります。大根を細く切り干瓢のように干しあげたもの。煮てすしの具、すきやきの具、酢の物などに使い、この地の物は益々生産が増加されています。

わん〔椀〕

飲食物を盛る食器の総称。木の生地で作ったものに椀、焼物で作られたものに碗の字が使われます。このワンは使い途により種々雑多です。酒の席に吸物椀、飯の膳に椀盛、本膳に至っては四つ椀、懐石に菜盛椀、一口椀、そばにはそば椀、雑煮に雑煮椀、実に種類の多いものです。

わんこそば〔椀子蕎麦〕

岩手県盛岡の名物。今から三百五十年ほど前、藩主南部利道公が江戸出府のおり、花巻城に仮泊されその折差上げたところ、ことのほか賞賛されましたのがこのわんこそばの始まりだといわれます。その後明治四十一年頃、時の内務大臣原敬氏が岩手の名物として推奨、これ紹介につとめられて一層その名を高くしたものです。普通そばと云えば、せいろうか、ざるであるのに対し、わんこそばは二口三口づつ椀に盛り、薬味を数種使います。お替わりは次から次と運ばれます。二月にはわんこそば食い合いの大会があり、今では年中行事の一つになっています。この日には六、七〇杯も食べる強《ごう》の者もあるそうです。

わんだね〔椀種〕

汁物料理の種のこと。それには、茹でた物、蒸した物、火取った物、揚げた物、茸類、野菜、糝薯《しんじょ》即ちくずし物のいろいろ、魚麺、麺類等々数多くのものがあります。

わんづま〔椀妻〕

椀盛に取り合わせる野菜のこと。

わんぱ〔忘八〕

すっぽんの異名。孝、悌、忠、付、礼、仁、義、廉恥、の八徳を忘れたものの意。なぜこれがスッポンになったのかというと、唐代楽戸、即ち妓楼の主人は緑色の頭巾をかぶる定めになっていたが、当時はその主人は妻に淫業を稼がせたとして最も破廉恥の非人とされ、忘八はそれを罵る語であったが、スッポンの頭が緑色のところからこの異名になったとのことです。従って女郎屋の亭主の称にもなったとのことです。

わんもり〔椀盛〕

御酒の席に出す汁物は、吸物であり、御飯の席に出すのが椀盛です。従って吸物は椀も小さく種も小さく、椀盛は椀も大きく種も大きく作るのが普通です。然し懐石にも椀盛は使います。懐石の場合は特に、種、汁の味を心して作るのが普通です。

日本料理語源集

索引

あ

アーモンド……14
相生鯛（あいおいだい）
相生焼（あいおいやき）
相鴨・間鴨・合鴨（あいがも）
愛敬餅（あいきょうもち）
藍子（あいご）
合肴（あいざかな）……15
鮎並（あいなめ）
合の子弁当（あいのこべんとう）
合挽（あいびき）
相物（あいもの）
蓬ケ島（あうがしま）……16
和え物（あえもの）
青和え（あおあえ）
葵貝（あおいがい）
青板昆布（あおいたこんぶ）
青魚（あおうお）
青梅（あおうめ）
青梅漬（あおうめづけ）
青梅の砂糖漬（あおうめのさとうづけ）
青瓜（あおうり）……17
青鱚（あおきす）
石蓴（あおさ）
石蓴苔（あおさのり）
青山椒（あおさんしょ）
青紫蘇（あおしそ）
青汁（あおじる）
青酢（あおず）
青竹蒸（あおだけむし）
青漬茄子（あおづけなす）……18
青唐辛子（あおとうがらし）
青膾（あおなます）
青煮（あおに）
青丹良（あおによし）
青饅（あおぬた）
青捻（あおねじ）
青海苔（あおのり）
青味（あおみ）……19
青味大根（あおみだいこん）
青芽（あおめ）
青物（あおもの）
青柳（あおやぎ）
青柚子（あおゆず）
泥障烏賊（あおりいか）
あおる……20
閼伽井（あかい）
赤鱏・赤鱝（あかえい）
赤蝦（あかえび）
赤貝（あかがい）
赤貝の殻蒸（あかがいのからむし）……21
赤貝飯（あかがいめし）
赤蕪（あかかぶら）
藜（あかざ）
赤酒（あかざけ）
アカシア天浮羅（アカシアてんぷら）
あかだとくつわ
赤だし（あかだし）……22
赤漬（あかづけ）
赤豆腐（あかどうふ）
銅鍋（あかなべ）
赤煮（あかに）
赤腹（あかはら）
赤福餅（あかふくもち）……23
赤身（あかみ）
赤女（あかめ）
赤芽（あかめ）
赤芽芋（あかめいも）
赤矢柄（あかやがら）
上り（あがり）
秋味（あきあじ）……24
秋鯖嫁に食わすな（あきさばよめにくわすな）
秋田燻漬（あきたいぶりづけ）
秋田蕗（あきたぶき）
秋田諸越（あきたもろこし）
秋茄子嫁に食わすな（あきなすよめにくわすな）
灰（あく）……25

悪食（あくじき）
灰汁（あくじる）
灰巻（あくまき）
明烏（あけがらす）
揚霜（あげしも）……26
揚げ出し（あげだし）
揚げ玉（あげだま）
揚豆腐（あげとうふ）
木通・通草（あけび）
曙卵（あけぼのたまご）
揚巻（あげまき）……27
揚物及び油の種類（あげものおよびあぶらのしゅるい）
阿候鯛（あこうたい）
飛魚竹輪（あごちくわ）
アゴ茶（あごちゃ）……28
浅草海苔（あさくさのり）
朝倉山椒（あさくらさんしょう）
朝食（あさげ）
浅葱・糸葱（あさつき）
浅漬（あさづけ）
旭川（あさひがわ）
浅蜊（あさり）……29
味（あじ）
鰺（あじ）
味鴨（あじかも）……30
明日葉（あしたば）
鰺のさんが（あじのさんが）
味女泥鰌（あじめどじょう）
あしらい……31
飛鳥鍋（あすかなべ）
頭（あたま）
阿茶羅漬（あちゃらづけ）
小豆（あづき）
小豆菜（あづきな）……32
小豆法度（あづきはっと）
預け徳利（あづけどっくり）
預け鉢（あづけばち）
熱麦（あつむぎ）
集め汁（あつめじる）……33
羹・臛（あつもの）
厚焼（あつやき）
当塩（あてしお）
花鶏・燕雀目（あとり）
穴子（あなご）
穴子鮨（あなごずし）……34
穴子飯（あなごめし）
穴子料理（あなごりょうり）
穴蛸（あなだこ）
鶩・家鴨（あひる）
油芹（あぶせり）
炙って咬も（あぶってかも）……35
油（あぶら）
油揚げ（あぶらあげ）……36
油抜（あぶらぬき）
油麩（あぶらふ）
安部川餅（あべかわもち）
阿房宮（あぼうきゅ）
あまさぎ……37
甘酒（あまざけ）
甘酢（あまず）
甘葛（あまずら）
甘鯛（あまだい）
甘茶（あまちゃ）……38
山慈姑・甘菜（あまな）
甘納豆（あまなっとう）
鮮・醤蝦（あみ）
網脂（あみあぶら）
小海老の塩辛（あみのしおから）
網焼（あみやき）
飴（あめ）……39
雨虎（あめふらし）
飴ん棒（あめんぼう）
餡餅（あも）
鮎（あゆ）
鮎菓子（あゆがし）……40
鮎粕漬（あゆかすづけ）
鮎の魚田焼（あゆのぎょでんやき）
鮎鮨（あゆずし）
鮎の煮浸（あゆのにびたし）
鮎の異名（あゆのいみょう）

鮎の背越（あゆのせごし）……41
鮎の干物（あゆのひもの）
鮎　飯（あゆめし）
粗（あら）
鯇（あら）
洗　い（あらい）
荒川海苔（あらかわのり）
新巻（あらまき）
荒　芽（あらめ）……42
霰（あられ）
あられがこ
霰　粥（あられがゆ）
霰　切（あられぎり）
霰　酒（あられざけ）……43
霰豆腐（あられどうふ）
有明湾の貝
（ありあけわんのかい）
梨　実（ありのみ）
有馬山椒（ありまさんしょ）
有平糖（あるへいとう）
粟（あわ）
阿和粔籹（あわおこし）
合　酢（あわせず）
合　焼（あわせやき）……44
粟　漬（あわづけ）
あわび
鮑（あわび）
鮑糝薯（あわびしんじょ）……45
鮑雲丹焚き（あわびのうにだき）
鮑の塩蒸し（あわびのしおむし）……46
鮑　飯（あわびめし）
粟　蒸（あわむし）
粟　餅（あわもち）
泡　盛（あわもり）
泡　雪（あわゆき）
泡雪揚げ（あわゆきあげ）……47
泡雪蒸し（あわゆきむし）
餡（あん）
餡　掛（あんかけ）……48
餡掛豆腐（あんかけどうふ）
鮟　鱇（あんこう）
鮟鱇汁（あんこうじる）……49
餡転餅（あんころもち）
杏・杏子（あんず）
アンチョビー
餡煮方（あんのにかた）
塩　梅（あんばい）……50
あん皮（あんぴ）
餡　麩（あんぷ）
安平麩（あんぺいふ）
あんぺん
あんぽ

い

飯　蛸（いいだこ）……50
烏　賊（いか）
貽　貝（いがい）……51
烏賊刺（いかさし）
筏（いかだ）
筏　鱠（いかだなます）
筏　鯋（いかだばえ）
鮊　子（いかなご）……52
玉筋魚の釘焚き
（いかなごのくぎだき）
烏賊の黒作り（いかのくろづくり）
烏賊の麹塩辛
（いかのこうじしおから）
烏賊の白作り（いかのしろづくり）
五十日の餅（いかのもち）……53
生間流（いかまりゅう）
烏賊飯（いかめし）
悪物喰（いかものぐい）
海髪・髪菜（いぎす）
イクラ
生　〆（いけじめ）……54
生簀・生州（いけす）
生　作（いけづくり）
生　物（いけもの）

射　込（いこみ）
居酒屋（いざかや）
鶏　魚（いさぎ）
魦（いさざ）
魦　豆（いさざまめ）……55
勇　魚（いさな）
五十場（いさば）
醃魚・肆屋・塩魚店（いさばや）
十六夜（いざよい）
石狩鍋（いしかりなべ）
石　鰈（いしかれい）……56
石　衣（いしごろも）
石　皿（いしさら）
石　鯛（いしだい）
石　投（いしなぎ）
石　鍋（いしなべ）……57
イスパタ
石　持（いしもち）
石　焼（いしやき）
いじり、いじる
弄　鍋（いじりなべ）
飯　鮨（いずし）……58
伊　勢　芋（いせいも）
伊勢海老・竜蝦（いせえび）
伊勢素麵（いせそうめん）……59
伊　勢　茶（いせちゃ）
伊勢貞丈（いせていじょう）
伊勢豆腐（いせどうふ）
磯豆腐（いそどうふ）
いそのカサゴで口ばかり
磯　辺（いそべ）
磯松風（いそまつかぜ）……60
板（いた）
いたせんぱら
韋駄天（いだてん）
虎　杖（いたどり）
いたぼ牡蠣（いたぼがき）……61
板　前（いたまえ）
板屋貝（いたやがい）
板　焼（いたやき）
板　葵（いたわさ）
板　蕨（いたわらび）
苺（いちご）
苺赤貝（いちごあかがい）……62
無花果（いちじく）
一汁三菜（いちじゅうさんさい）
一　膳　飯（いちぜんめし）
一膳飯屋（いちぜんめしや）……63
一、二、三酢（いち、に、さんず）
一番出し（いちばんだし）
市松玉子（いちまつたまご）
一　味（いちみ）
一文菓子（いちもんがし）
一　文　字（いちもんじ）
一夜酒（いちやざけ）……64
一夜鮨（いちやずし）
一夜漬（いちやづけ）
銀杏切（いちょうぎり）
一休餅（いっきゅうもち）
一口香（いっこうこう）
一寸豆（いっすんまめ）
泉　鯛（いづみだい）
出雲蕎麦（いづもそば）……65
出雲茶（いづもちゃ）
井手の里（いでのさと）
糸　鮑（いとあわび）
鬿（いとう）
糸　瓜（いとうり）
糸　掻（いとかき）
糸　掛（いとかけ）
糸南瓜（いとかぼちゃ）……66
糸かれぎ（いとかれぎ）
従兄弟煮（いとこに）
糸蒟蒻（いとこんにゃく）
糸作り（いとづくり）
糸　鱠（いとなます）
金線魚（いとより）
鯔（いな）
田舎ぜんざい（いなかぜんざい）……67
田舎味噌（いなかみそ）
蝗（いなご）

いなだ
鰡饅頭（いなまんじゅう）
稲荷鮨（いなりずし）
犬皮（いぬかわ）……68
犬食（いぬくい）
稲（いね）
亥の子餅（いのこもち）
猪（いのしし）
燻（いぶし）……69
猪豚（いぶた）
疣鯛（いぼだい）
今市蕪（いまいちかぶら）
今川焼（いまがわやき）
今出川豆腐（いまでがわどうふ）
忌箸（いみばし）
薯蕷粥（いもがゆ）……70
芋茎（いもがら）
芋川饂飩（いもかわうどん）
芋けんぴ（いもけんぴ）……71
芋籠（いもごみ）
藷焼酎（いもしょうちゅう）
芋鮓（いもずし）
芋田楽（いもでんがく）
芋煮会（いもにえ）
芋棒（いもぼう）
芋名月（いもめいげつ）……72
芋飯（いもめし）
煎り雲丹（いりうに）
乾海鼠・海蔘（いりこ）
煮干（いりこ）
煎粉（いりこ）
炒酒・熬酒（いりざけ）
煎出し・炒出し（いりだし）……73
炒り玉子（いりたまご）
炒豆腐（いりどうふ）
炒鶏（いりどり）
炒煮（いりに）
炒豆（いりまめ）
海豚（いるか）
色出し（いろだし）……74
祝い肴（いわいざかな）
祝い膳（いわいぜん）
祝い樽（いわいだる）
鰯（いわし）
鰯の頭も信心から（いわしのあたまもしんじんから）
鰯の効用（いわしのこうよう）……75
鰯丸干（いわしのまるぼし）
鰯節（いわしぶし）
岩茸（いわたけ）
岩魚（いわな）
岩梨（いわなし）……76
岩海苔（いわのり）
隠元豆（いんげんまめ）
飲食（いんしょく）
飲中八仙（いんちゅうはっせん）……78
印度林果（いんどりんご）
院進物所（いんのつくもどころ）
印籠（いんろう）……79
印籠漬（いんろうづけ）

う

茴香（ういきょう）……79
外郎（ういろう）
魚市場符牒（うおいちばのふちょう）
魚河岸（うおがし）……80
魚島（うおしま）
魚鋤（うおすき）
魚煎餅（うおせんべい）
魚素麺（うおそうめん）
魚豆腐（うおどうふ）
魚の臭味（うおのくさみ）
鵜飼（うかい）……81
浮粉（うきこ）
浮鯛（うきだい）
浮実（うきみ）
鯎（うぐい）
鶯蕪（うぐいすかぶら）……82
鶯餅（うぐいすもち）

保食神（うけもちのかみ）
海　髪（うご）
五　加（うこぎ）
五加飯（うこぎめし）
潮菜海苔・海髪海苔（うごのり）
欝　金（うこん）……83
兎（うさぎ）
兎　餅（うさぎもち）
鰻ざく（うざく）
饅　酒（うざけ）
牛（うし）
潮　汁（うしおじる）……84
潮　煮（うしおに）
宇治茶（うじちゃ）
牛の舌（うしのした）
宇治丸（うじまる）
臼（うす）……85
薄皮饅頭（うすかわまんじゅう）
薄口醬酒（うすくちしょうゆ）
薄　氷（うすごうり）
薄　茶（うすちゃ）
渦　巻（うずまき）
埋　粥（うずみがゆ）
埋豆腐（うずみどうふ）
埋め飯（うずめめし）……86
薄　雪（うすゆき）
鶉（うずら）
鶉玉子（うずらたまご）
鶉　鍋（うずらなべ）……87
鶉　豆（うずらまめ）
鰻雑炊（うぞうすい）
打　鮑（うちあわび）
内　紫（うちむらさき）
内紫貝（うちむらさきがい）
十六島苔（うっぷるいのり）
鱓（うつぼ）
移（うつり）……88
移り香（うつりか）
独　活（うど）
饂　飩（うどん）
鰻（うなぎ）
鰻蕪蒸（うなぎのかぶらむし）……89
鰻　茶（うなちゃ）
雲　丹（うに）
雲丹水母（うにくらげ）……90
雲丹雑炊（うにぞうすい）
雲丹の浜焼（うにのはまやき）
雲丹飯（うにめし）
卯の花（うのはな）
卯の花鮓（うのはなずし）……91
姥　貝（うばがい）
姥が餅（うばがもち）
鰻　巻（うまき）
美味物（うましもの）
旨煮・甘煮（うまに）……92
海素麵・海藻（うみそうめん）
海　鰊（うみたなご）
海腹川背（うみはらかわせ）
海藤花（うみふじはな）
海目料理（うみめりょうり）
白　蛤（うむぎ）
梅（うめ）
梅ケ枝餅（うめがえもち）……93
梅素麵（うめそうめん）
梅仕立（うめじたて）
梅のかりかり漬（うめのカリカリづけ）
梅　醬（うめびしお）
梅　干（うめぼし）
梅干の甘煮（うめぼしのあまに）……94
梅　椀（うめわん）
埋　木（うもれぎ）
盂蘭盆会（うらぼんえ）
瓜（うり）……95
瓜　揉（うりもみ）
潤　臭（うるか）……96
粳（うるち）
潤目鰯（うるめいわし）
嬉野茶（うれしのちゃ）
鮑塩辛（うろろ）
雲　脚（うんきゃく）
雲州和（うんしゅうあえ）

雲鱣羹（うんぜんかん）
温臓粥・紅糟粥（うんぞがゆ）
雲竜揚（うんりゅうあげ）……97

え

鱏・鱝（えい）……97
栄西禅師（えいさいぜんじ）
鱏鰭乾物（えいのひれひもの）
永平大清規（えいへいだいしんぎ）……98
駅弁（えきべん）
海髪（えご）
海髪海苔（えごのり）
荏胡麻（えごま）
狗魚（えそ）
蝦夷牡蠣（えぞがき）……99
蝦夷汁（えぞじる）
蝦夷雑煮（えぞぞうに）
枝豆（えだまめ）
枝豆飯（えだまめめし）
越後の山菜弁当（えちごのさんさいべんとう）
越後焼（えちごやき）
越前雲丹（えちぜんうに）
越前蟹（えちぜんかに）……100
斉魚（えつ）
越中蜆（えつちゅうばい）
江戸煮（えどに）
江戸前料理（えどまえりょうり）
榎茸（えのきたけ）
狗子飯（えのころめし）……101
海老・蝦（えび）
海老芋（えびいも）
海老糝薯（えびしんじょ）……102
夷膳（えびすぜん）
夷鯛（えびすだい）
海老素麺（えびそうめん）
海老団子（えびだんご）
疣鯛（えぼだい）
咲麦（えましむぎ）
鰓（えら）……103
魞（えり）
燕窩（えんか）
宴会料理（えんかいりょうり）
延喜式（えんぎしき）
遠州七窯（えんしゅうななかま）
筵席（えんせき）
塩蔵（えんぞう）
豌豆（えんどう）……104
豌豆飯（えんどうめし）
延命袋（えんめいぶくろ）
園遊会（えんゆうかい）

お

追河（おいかわ）……104
御池煎餅（おいけせんべい）……105
オイル焼（オイルやき）
桜桃（おうとう）
黄檗料理（おおばくりょうり）
黄飯（おうはん）……106
近江生姜（おうみしょうが）
応量器食（おうりょうきしょく）
大鰻（おおうなぎ）……107
大浦牛蒡（おおうらごぼう）
大草流（おおくさりゅう）
大倉大根（おおくらだいこん）……108
大宜都比売神（おおげつひめのかみ）
大盃・大杯（おおさかづき）
大阪鮨（おおさかずし）
オオタニ
大野貝（おおのがい）
車前草（おおばこ）……109
大福茶・大服茶・王服茶・皇服茶（おおぶくちゃ）
オープンペイパー
小笠原流（おがさわらりゅう）
尾頭付（おかしらつき）……110

御菓子の茶（おかしのちゃ）
御歌賃（おかちん）
男鹿の石焼鍋
（おがのいしやきなべ）
岡鹿尾菜（おかひじき）……111
お壁（おかべ）
尾紙（おかみ）
お亀・お多福面（おかめ）
岡持（おかもち）
岡山の郷土鮨
（おかやまのきょうどずし）
お狩場焼（おかりばやき）……112
小川作（おがわづくり）
沖網（オキアミ）
沖鋤（おきすき）
興津鯛（おきつだい）
翁（おきな）
沖鱠（おきなます）
翁蒸（おきなむし）……113
翁焼（おきなやき）
沖縄料理（おきなわりょうり）
お救人（おきゅうと）……114
御形（おぎょう）
小倉（おぐら）
小倉餡（おぐらあん）
小倉汁粉（おぐらじるこ）
小倉煮（おぐらに）……115
蒼求（おけら）
御講汁（おこうじる）
糕（おこし）
粔籹飴（おこしあめ）
起鮨（おこしずし）
粔籹（おこしめ）
虎魚（おこぜ）……116
御事汁（おことじる）
お好焼（おこのみやき）
海髪海苔（おごのり）
強飯の種々（おこわのいろいろ）……117
鯱口・尾刺（おざし）……118
折敷（おしき）
鴛鴦（おしどり）
押麦（おしむぎ）
押蓋（おしぶた）
おじや
長万部（おしゃまんべ）
おしょろこま
御節料理（おせちりょうり）
お仙団子（おせんだんご）……119
御供（おそなえ）
お雑用（おぞよ）
阿多福餡（おたふくあめ）
お多福豆（おたふくまめ）
おたべ
苧環巻（おだまき）
お玉杓子（おたまじゃくし）……120
小田原の梅干
（おだわらのうめぼし）
小田原の焼竹輪
（おだわらのやきちくわ）
落鮎（おちあゆ）
落子（おちご）
お茶を挽く（おちゃをひく）
お茶についていろいろの話（おちゃについていろいろのはなし）
お茶の鑑別師（おちゃのかんべつし）……123
お茶漬け（おちゃづけ）
お茶屋（おちゃや）
乙な味（おつなあじ）……124
おてもあげ
おでん
落蓋（おとしぶた）
踊喰（おどりぐい）
踊串（おどりくし）……125
踊子（おどりこ）
お贄鮨（おにえずし）
おにぎり
鬼取（おにとり）
麻美（おのみ）……126
お萩（おはぎ）
お化・尾羽毛（おばけ）
御八寸（おはっすん）

小原木（おはらぎ）
大鮃（おひょう）
雄節（おぶし）……127
お仏煮（おぶつに）
朧（おぼろ）
朧昆布（おぼろこんぶ）
朧豆腐（おぼろどうふ）
朧饅頭（おぼろまんじゅう）
御廻り（おまわり）
阿万鮓（おまんがずし）……128
表千家利久忌の献立（おもてせんけりきゅうきのこんだて）
表千家の七事（おもてせんけのしちじ）
重湯（おもゆ）
親子笹漬（おやこささづけ）
親子茶漬（おやこちゃづけ）
親子丼（おやこどんぶり）……129
お八つ（おやつ）
和蘭陀煮（おらんだに）
和蘭陀豆（おらんだまめ）
滓泥（おり）
折敷（おりしき）
折箱（おりばこ）
織部豆腐（おりべどうふ）
織部饅頭（おりべまんじゅう）……130
卸和（おろしあえ）
卸金（おろしがね）
卸汁（おろしじる）
卸す（おろす）
卸煮（おろしに）
尾張の海鼠腸（おわりのこのわた）
御事始（おんことはじめ）……131
温度卵（おんどたまご）

か

貝殻骨（かいがらぼね）……131
貝敷（かいしき）
貝津（かいず）……132
懐石（かいせき）
懐石崩（かいせきくずし）
懐石膳（かいせきぜん）
懐石料理（かいせきりょうり）……133
会席料理（かいせきりょうり）……134
海藻（かいそう）
懐中汁紛（かいちゅうじるこ）……135
解凍（かいとう）
海藤花（かいとうげ）
貝取（かいとり）
貝柱（かいばしら）
貝焼（かいやき）
貝割菜（かいわれな）……136
蛙（かえる）
香り卸し（かおりおろし）
化学甘味（かがくかんみ）
鰹煮（かかに）
加賀太胡瓜（かがふときうり）
鏡草（かがみぐさ）
鏡開（かがみびらき）
鏡餅（かがみもち）……137
柿（かき）
牡蠣（かき）
掻き揚げ（かきあげ）……138
牡蠣雑炊（かきぞうすい）
柿卵（かきたまご）
掻き玉汁（かきたまじる）
掻取（かきとり）……139
牡蠣鍋（かきなべ）
柿膾（かきなます）
柿渋抜法（かきのしぶぬきほう）
柿の種（かきのたね）
牡蠣土手鍋（かきのどてなべ）……140
柿の葉鮨（かきのはずし）
牡蠣船（かきふね）
牡蠣擬（かきもどき）
欠餅・掻餅（かきもち）
角砂糖（かくざとう）
核酸（かくさん）……141
隠味（かくしあじ）
隠包丁（かくしほうちょう）
隠山葵（かくしわさび）

角煮（かくに）
杜父魚（かくぶつ）
覚弥（かくや）……142
掛け（かけ）
掛汁（かけじる）
影膳（かげぜん）
懸盤（かけばん）
加減酢（かげんず）……143
籠（かご）
笠子（かさご）
風干し（かざぼし）
鰌蛑（かざみ）
菱蟹（かざめ）
飾海老（かざりえび）……144
菓子（かし）
菓子器（かしき）
旗魚・羽魚・梶木（かじき）
果実酒（かじつしゅ）
鶏（かしわ）
膳（かしわで）……145
柏餅（かしわもち）
粕（かす）
粕雲丹和（かすうにあえ）
鮹鰛（かすごたい）
鮹南蛮漬（かすごなんばんづけ）
粕汁（かすじる）……146
粕漬（かすづけ）
カステラたまご
カスドース
数の子（かずのこ）
がぜちあえ……147
歌仙豆腐（かせんどうふ）
堅香子（かたかご）
片口（かたくち）
片口鰯（かたくちいわし）
片栗（かたくり）
搗栗・勝栗（かちくり）……148
鰹・勝男（かつお）
鰹の叩（かつおのたたき）……149
雅香（がっこ）
割鮮（かっせん）
勝手（かって）……150
河童（かっぱ）
割烹（かっぽう）
カッポさけ
桂剝（かつらむき）
糧（かて）
家庭料理（かていりょうり）
加手膾（かてなます）……151
糅飯（かてめし）
金頭（かながしら）
金沢の鮴汁（かなざわのごりじる）
金沢の名物（かなざわのめいぶつ）……152
金山搦餅（かなやまからめもち）
蟹（かに）
蟹漬（がにづけ）……153
蟹豆腐（かにどうふ）
蟹飯（かにめし）
蒲焼（かばやき）
甲比丹杤（かぴたんづけ）
兜蒸（かぶとむし）……154
兜焼（かぶとやき）
蕪・菁（かぶら）
蕪鮓（かぶらずし）
蕪骨（かぶらぼね）
髫弁当（かぶりべんとう）
香橙・香母酸・香保酸（かぼす）
南瓜（かぼちゃ）……155
釜（かま）
鎌（かま）
釜揚饂飩（かまあげうどん）
鎌倉和（かまくらあえ）
鎌倉海老（かまくらゑび）
魳・梭子・梭魚（かます）……156
鎌柄（かまつか）
釜の煮え（かまのにえ）
釜風呂（かまぶろ）
蒲鉾（かまぼこ）
上方料理（かみがたりょうり）
紙塩（かみしお）
紙鍋（かみなべ）……157

雷豆腐(かみなりどうふ)
雷　干(かみなりぼし)
紙　蓋(かみふた)
亀　煮(かめに)
亀(かめ)
亀　節(かめぶし)……158
鴨(かも)
加茂瓜(かもうり)
加茂川海苔(かもがわのり)
髢　葱(かもじねぎ)
加茂茄子(かもなす)……159
鴨　鍋(かもなべ)
鴨南蛮(かもなんばん)
鴨の焼方(かものやきかた)
榧(かや)
加楽・加役(かやく)
加役飯(かやくめし)
榧　衣(かやころも)……160
粥(かゆ)
粥の種々(かゆのしゅじゅ)
ガ　ラ……162
唐　揚(からあげ)
唐草烏賊(からくさいか)
唐草大根(からくさだいこん)
カラザ
芥　子(からし)
芥子酢(からしず)
芥子酢味噌(からしすみそ)
芥子漬(からしづけ)
芥子菜(からしな)……163
芥子蓮根(からしれんこん)
烏　貝(からすがい)
烏の田楽(からすのでんがく)
からすみ
唐　墨(からすみ)
空風沢庵(からっかぜたくあん)……164
辛味蕎麦(からみそば)
辛味餅(からみもち)
絡(からむ)
伽藍坊鍋(がらんぼなべ)
生　姜(がり)……165
狩場焼(かりばやき)
榠　樝(かりん)
軽　羹(かるかん)
軽羹揚(かるかんあげ)
カルピス……166
鰈(かれい)
カレー焼き(カレーやき)
刈　葱(かれぎ)
川　蝦(かわえび)
川　蟹(かわかに)
皮　鯨(かわくじら)……167
皮　霜(かわしも)
川　茸(かわたけ)
皮　茸(かわたけ)
かわたて
川太郎(かわたろう)
皮　鱠(かわなます)
川　煮(かわに)……168
川海苔(かわのり)
皮　剝(かわはぎ)
河原蓬(かわらよもぎ)
川　鱒(かわます)
川　鯥(かわむつ)
瓦煎餅(かわらせんべい)
変わり飯のいろいろ
(かわりめしのいろいろ)
雁(がん)……170
燗(かん)
羹(かん)
甘々棒(かんかんぼう)
木　鱏(がんぎえい)
柑　橘(かんきつ)
乾　姜(かんきょう)
寒　具(かんぐ)……171
かんころ餅(かんころもち)
寒晒粉(かんさらしこ)
甘　藷(かんしょ)
甘藷酒(かんしょざけ)
梘　水(かんすい)
寒　雀(かんすずめ)

観世汁（かんぜじる）……172
甘草（かんぞう）
加雑膾（がんぞうなます）
寒卵（かんたまご）
がんつき
缶詰（かんづめ）
寒天（かんてん）……173
関東煮（かんとうに）……174
間鍋（かんなべ）
雁鍋（がんなべ）
観音開（かんのんびらき）
間八・紫魚（かんぱち）
乾瓢（かんぴょう）
乾物の戻し方
（かんぶつのもどしかた）……175
乾物の四天王
（かんぶつのしてんのう）……177
寒餅（かんもち）
丸疑・雁疑（がんもどき）
甘藍（かんらん）
甘露煮（かんろに）
甘露梅（かんろばい）

き

生上げ（きあげ）……178
黄湿茸（きいしめじ）
生一本（きいっぽん）
木苺（きいちご）
祇園豆腐（ぎおんどうふ）
木香（きが）
唎酒（ききざけ）……179
桔梗（ききょう）
菊（きく）
菊芋（きくいも）
菊牛蒡（きくごぼう）
菊酒（きくさけ）
菊作り（きくづくり）
菊菜（きくな）……180
菊膾（きくなます）
菊節供（きくのせっく）
木耳（きくらげ）
菊腸（きくわた）
生酒（きざけ）
刻昆布（きざみこんぶ）
刻み漬（きざみづけ）
雉子（きじ）……181
生地（きじ）
雉子鳩（きじばと）
雉子麵・棊子麵・碁子麵
（きしめん）
雉子焼（きじやき）……182
生醤油（きじょうゆ）
鱚（きす）
生酢（きず）
生鮓（きずし）
儀助煮（ぎすけに）
擬製豆腐（ぎせいどうふ）
木曽の揚巻（きそのあげまき）……183
木津（きづ）
亀甲形（きっこうがた）
亀甲切（きっこうぎり）
木槌（きづち）
狐（きつね）
狐饂飩（きつねうどん）
狐鰹（きつねかつお）
木取（きどる）……184
衣被（きぬかつぎ）
絹漉豆腐（きぬごしどうふ）
絹酢（きぬず）
砧巻（きぬたまき）
茸（きのこ）
木の芽（きのめ）
木の芽和え（きのめあえ）……185
木芽田楽（きのめでんがく）
木芽焼（きのめやき）
黍（きび）
吉備団子（きびだんご）
黍魚子（きびなご）
擬宝珠（ぎぼうし）……186
木乾（きぼし）

木守（きまもり）
黄身和え（きみあえ）
黄身返し（きみかえし）
黄身衣（きみごろも）……187
黄身仕立（きみじたて）
黄身酢（きみず）
黄身焼（きみやき）
肝吸（きもすい）
甘藍（キャベツ）
伽羅蕗（きゃらぶき）……188
キャロッコ
九州の葛（きゅうしゅうのくず）
嬉遊笑覧（きゆうしょうらん）
牛鋤（ぎゅうすき）
牛鍋（ぎゅうなべ）
牛乳（ぎゅうにゅう）……189
牛皮（ぎゅうひ）
牛飯（ぎゅうめし）
胡瓜（きゅうり）
胡瓜魚（きゅうりうお）……190
京芋（きょういも）
郷土料理（きょうどりょうり）
京菜（きょうな）
京の晩菜（きょうのばんさい）
京焼麩（きょうやきふ）……191
曲水の宴（ぎょくすいのえん）
玉露（ぎょくろ）
魚田味噌（ぎょでんみそ）……192
魚田焼（ぎょでんやき）
魚肉その他の漬け方
（ぎょにくそのたのつけかた）
魚飯（ぎょはん）……193
魚麩（ぎょふ）
魚麺（ぎょめん）
雪花菜（きらず）……194
切重（きりがさね）
切胡麻（きりごま）
切込塩辛（きりこみうるか）
切山椒（きりざんしょう）
霧下（きりした）
切溜（きりだめ）
切蒲英（きりたんぽ）……195
切干（きりぼし）
切干藷（きりぼしいも）
黄肌（きわだ）
銀餡（ぎんあん）
銀皮作り（ぎんかわつくり）
金柑（きんかん）
金玉羹（きんぎょくかん）……196
金玉糖（きんぎょくとう）
キンキン
金海鼠（きんこ）
乾海鼠（きんこ）
きん子（きんこ）
銀鮭（ぎんさけ）……197
金山寺味噌（きんざんじみそ）
金糸薯（きんしいも）
錦糸瓜（きんしうり）
金糸卵・金紙卵（きんしたまご）
金鍔焼（きんつばやき）……198
金時（きんとき）
金時豆（きんときまめ）
金団（きんとん）
銀杏（ぎんなん）
銀杏飯（ぎんなんめし）……199
銀杏餅（ぎんなんもち）
金平牛蒡（きんぴらごぼう）
金浮羅（きんぷら）
銀浮羅（ぎんぷら）……200
金浮羅棒（きんぷらぼう）
銀宝（ぎんぽう）
金目鯛（きんめだい）

く

具（ぐ）……200
喰味（くいあじ）
喰い合わせ（くいあわせ）……201
食初（くいそめ）
食摘・食積（くいつみ）
水鶏・秧鶏（くいな）……202

喰ぶり（くいぶり）
空也豆腐（くうやどうふ）
九絵（くえ）
くえ
枸櫞酸（くえんさん）
釘煎（くぎいり）……203
茎漬（くきづけ）
枸杞（くこ）
枸杞飴（くこあめ）
草餅（くさもち）
鰺干物（くさやのひもの）……204
串揚（くしあげ）
串鮑（くしあわび）
串柿（くしがき）
九食（くじき）
九慈目（くじめ）……205
串焼（くしやき）
副卵（ぐじゃたま）
鯨（くじら）
鯨羹（くじらかん）
葛（くず）……206
葛朽魚（くずがつお）
葛切（くずきり）
葛切乾麺（くずきりかんめん）……207
葛桜（くずざくら）
葛素麺（くずそうめん）
葛叩（くずたたき）
葛溜（くずだまり）
葛粽（くずちまき）
葛煮（くずに）
葛煉（くずねり）……208
葛饅頭（くずまんじゅう）
葛餅（くずもち）
葛焼（くずやき）
葛湯（くずゆ）
薬喰（くすりぐい）
具雑煮（ぐぞうに）……209
具足煮（ぐそくに）
くち
黄花魚（ぐち）
口替わり・口代わり（くちがわり）
口切の茶事（くちきりのちゃじ）
口取（くちとり）……210
梔子（くちなし）
九年母（くねんぼ）
窪手（くぼて）……211
熊（くま）
熊笹（くまざさ）
汲上湯葉（くみあげゆば）
クモコ
くもじ
鞍掛（くらかけ）
水母・海月（くらげ）
食らわんか船（くらわんかぶね）……212
栗（くり）
倶利迦羅焼（くりからやき）
栗金団（くりきんとん）……213
刳貫器（くりぬきき）
栗飯（くりめし）
グーリンアスパラ
来る来る（くるくる）
グルテン
車蝦（くるまえび）
車麩（くるまふ）……214
胡桃（くるみ）
胡桃汁（くるみじる）
胡桃酢（くるみず）
胡桃豆腐（くるみどうふ）
黒酒（くろき）
黒慈姑（くろぐわい）……215
黒胡椒（くろこしょう）
黒米（くろごめ）
黒砂糖（くろざとう）
黒作り（くろずくり）
黒ソイ（くろそい）
黒染酢（くろぞめず）
黒鯛（くろだい）
黒鳥（くろとり）……216
黒煮（くろに）
黒海苔（くろのり）
黒袴蝦（くろばかまえび）

黒棒（くろぼう）
黒豆（くろまめ）
黒豆葡萄煮（くろまめのぶどうに）……217
黒メ（くろめ）
黒文字（くろもじ）
慈姑（くわい）
慈征煎餅（くわゐせんべい）……218
桑酒（くわざけ）
桑実（くわのみ）
鍬焼（くわやき）
燻製（くんせい）
供日煮込（くんちにごみ）

け

珪藻（けいそう）……219
鶏肉（けいにく）
鶏卵（けいらん）
鶏卵素麺（けいらんそうめん）……220
毛蟹（けがに）
袈裟落（けさおとし）
罌粟酢（けしず）
罌粟実（けしのみ）
化粧塩（けしょうじお）
化粧照（けしょうてり）……221
削り蒲鉾（けずりかまぼこ）
削節（けずりぶし）
下足（げそ）
げた
月冠卵（げっかんたまご）
結解料理（けっけりょうり）
月餅（げっぺい）
蹴飛ばし（けとばし）
ケニヤ……222
毛抜き鮨（けぬきずし）
毛亀争（けのあらきもの）
粥汁（けのしる）
毛羽（けば）
げば
下馬将軍（げばしょうぐん）
毛焼（けやき）
権（けん）
言海（げんかい）……223
健経羅（けんけら）
健康食品（けんこうしょくひん）
源五郎鮒（げんごろうぶな）
剣先鯣（けんさきするめ）……224
献残焼（けんざんやき）
源氏柚子（げんじゆず）
献上鮑（けんじょうあわび）
献上蕎麦（けんじょうそば）
謙信鮨（けんしんずし）
巻繊汁（けんちんじる）
巻繊煮（けんちんに）……225
巻繊蒸（けんちんむし）
けんどん
現の証拠（げんのしょうこ）
源平紙（げんぺいかみ）……225
源平作り（げんぺいつくり）
源平鍋（げんぺいなべ）
源平膾（げんぺいなます）……226
玄米茶（げんまいちゃ）
玄米麺包（げんまいパン）
玄米飯（げんまいめし）

こ

コーンスターチ……226
呉（ご）
鯉（こい）……227
ごい
鯉濃（こいこく）
濃口醤油（こいくちしょうゆ）
碁石茶（ごいしちゃ）……228
濃茶（こいちゃ）
鯉の新巻（こいのあらまき）
鯉の庖丁（こいのほうちょう）
鯉飯（こいめし）
小芋（こいも）
甲烏賊（こういか）……229
光悦豆腐（こうえつどうふ）

麹・糀（こうじ）
香辛料（こうしんりょう）
香　煎（こうせん）……230
酵　素（こうそ）
香　茸（こうたけ）
紅　茶（こうちゃ）……231
紅茶煮（こうちゃに）
こうとねぎ
小女子（こうなご）
甲南漬（こうなんづけ）
香の物（こうのもの）
香　箱（こうばこ）
香箱蟹（こうばこがに）
強　飯（ごうはん）……232
神戸牛（こうべうし）
香味野菜（こうみやさい）
小　梅（こうめ）
甲　盛（こうもり）
高野豆腐（こうやどうふ）
甲羅返（こうらがえし）
甲羅蒸（こうらむし）
凍蒟蒻（こうりこんにゃく）……233
氷砂糖（こうりざとう）
氷　餅（こうりもち）
高　粱（こうりょう）
高粱酒（こうりょうしゅ）
子塩辛・子鱁鮧（こうるか）……234
凍豆腐（こおりどうふ）
糕（こがし）
五月豆（ごがつまめ）
黄金寒天（こがねかんてん）
黄金煮（こがねに）
黄金焼（こがねやき）
五家宝（ごかぼう）
小　鴨（こがも）
小　烏（こがらす）……235
子絡み（こがらみ）
濃　漿（こくしょう）
小口切り（こぐちぎり）
極　昔（ごくむかし）
穀　類（こくるい）
鱗　鮨（こけらずし）
鱗　引（こけらひき）……236
五穀料理（ごこくりょうり）
九　重（ここのえ）
古今著聞集（ここんちょもんしゅう）
古今要覧稿（ここんようらんこう）
五　斎　煮（ごさいに）……237
甑（こしき）
五色揚げ（ごしきあげ）
五色素麵（ごしきそうめん）
越の時雨（こしのしぐれ）
越の雪（こしのゆき）……238
五種粥（ごしゅがゆ）
五種削物（ごしゅのけずりもの）
胡　椒（こしょう）
小城羊羹（こじょうようかん）
御所柿（ごしょがき）
御所車（ごしょぐるま）
呉　汁（ごじる）
五　辛（ごしん）
小吸物（こすいもの）……239
五節供（ごせっく）
御膳汁粉（ごぜんじるこ）
五臓六腑（ごぞうろっぷ）
海鼠湛味（こだたみ）……240
鯒（こち）
子作り（こづくり）
小付け（こづけ）
骨　酒（こつざけ）
雑多煮（ごったに）
骨　湯（こつゆ）
五島烏賊（ごとういか）
事　納（ことおさめ）……241
言伝汁（ことづてじる）
言問団子（こといだんご）
事　始（ことはじめ）
寿海苔（ことぶきのり）
五斗味噌（ごとみそ）

五島するめ（ごとうするめ）……242
小鳥料理（ことりりょうり）
小納戸（こなんど）
御難餅（ごなんもち）
米糠・粉糠（こぬか）
海鼠子（このこ）……243
鰶（このしろ）
木葉鰈（このはがれい）
木の葉丼（このはどんぶり）
海鼠腸（このわた）……244
琥珀卵（こはくたまご）
琥珀煮（こはくに）
小鰭（こはだ）
昆布（こぶ）
粉吹芋（こふきいも）……245
粉節（こぶし）
昆布〆（こぶしめ）
御譜代餅（ごふだいもち）
昆布巻（こぶまき）
五平餅（ごへいもち）……246
ゴボ
牛蒡（ごぼう）
牛蒡市（ごぼういち）……247
零梅（こぼれうめ）
胡麻（ごま）
胡麻和（ごまあえ）……248
胡麻油（ごまあぶら）
古米（こまい）
氷下魚（こまい）
五枚卸し（ごまいおろし）
胡麻化す（ごまかす）
胡麻鯖（ごまさば）……249
胡麻塩（ごましお）
胡麻汁（ごまじる）
胡麻醤油（ごまじょうゆ）
胡麻酢（ごまず）
胡麻垂れ（ごまだれ）
小町紫蘇巻（こまちしそまき）
小松菜（こまつな）
胡麻豆腐（ごまどうふ）
胡麻豆腐の素
（ごまどうふのもと）……250
胡麻煮（ごまに）
胡麻の皮の剥き方
（ごまのかわのむきかた）
駒の爪（こまのつめ）
子まぶし（こまぶし）
胡麻味噌（ごまみそ）
ごまめ……251
五味（ごみ）
濃漿（こみず）
小麦と小麦粉
（こむぎとこむぎこ）
護謨箆（ごむべら）
米（こめ）
米粉（こめこ）……252
米麹（こめこうじ）
米将軍（こめしょうぐん）
米焼酎（こめしょうちゅう）
米酢（こめず）
米澱粉（こめでんぷん）
米糠油（こめぬかあぶら）……253
米海苔（こめのり）
米味噌（こめみそ）
菰（こも）
五目鮨（ごもくずし）
五目飯（ごもくめし）
子持ち（こもち）
子持黍魚子・子持吉備奈仔
（こもちきびなご）……254
子持鮒（こもちふな）
子持平太郎（こもちへいたろう）
菰豆腐（こもどうふ）
鮴（ごり）
鮴汁（ごりじる）……255
胡露柿（ころがき）
五郎八茶碗
（ごろはちちゃわん）
粉山葵（こわさび）
強飯（こわめし）
献（こん）……256

混合煮出汁（こんごうにだし）
根　菜（こんさい）
権　瑞（ごんずい）
権蔵鍋（ごんぞうなべ）
献　立（こんだて）
餛　飩（こんとん）……257
蒟　蒻（こんにゃく）
昆布鮨（こんぶずし）
金平糖（こんぺいとう）

さ

皀　莢（さいかち）……258
西京漬（さいきょうづけ）
西京味噌（さいきょうみそ）
西京焼（さいきょうやき）
細工蒲鉾（さいくかまぼこ）
細工鮨（さいくずし）
細工麩（さいくふ）……259
斉　国（さいこく）
菜　食（さいしょく）
菜食主義（さいしょくしゅぎ）
菜　単（さいたん）
賽目切り（さいのめぎり）
菜　箸（さいばし）
材料を茹でる科学
（ざいりょうをゆでるかがく）
材料の切り方
（ざいりょうのきりかた）……261
棹菓子（さおがし）……263
酒　塩（さかしお）
酒　酢（さかず）
酒　鮨（さかずし）
酒煮出し（さかにだし）……264
杯・盃（さかづき）
魚と肴（さかなとさかな）
魚の鳴声（さかなのなきごえ）
魚の頭の落し方
（さかなのあたまのおとしかた）……265
魚の文字のいろいろ
（さかなのもじのいろいろ）
佐賀の鼈（さがのすっぽん）……266
嵯峨野鍋（さがのなべ）
酒　浸（さかびて）
酒饅頭（さかまんじゅう）
酒蒸し（さかむし）
坂本菊（さかもとぎく）……267
酒　盛（さかもり）
酒　屋（さかや）
鷺不知（さぎしらず）
雑　具（ざく）
サク酸（さくさん）
作取り（さくどり）……268
桜　炒（さくらいり）
桜　蝦（さくらえび）
桜　鯛（さくらだい）
桜　鍋（さくらなべ）
桜　煮（さくらに）
桜の花漬（さくらのはなづけ）……269
桜の葉の塩漬
（さくらのはのしおづけ）
桜　麩（さくらふ）
桜　飯（さくらめし）
桜　餅（さくらもち）
桜　桃（さくらんぼ）……270
石　榴（ざくろ）
鮭（さけ）
酒粕・酒糟（さけかす）……271
鮭缶詰（さけかんずめ）
提　重（さげじゅう）
鮭　鮨（さけすし）
鮭茶漬（さけちゃづけ）……272
酒の袴（さけのはかま）
酒ビテ（さけびて）
雑　魚（ざこ）
狭　腰（さごし）
雑喉場（ざこば）
三五八漬（さごはちづけ）
笹（ささ）……273
笹　飴（ささあめ）
栄　螺（さざえ）

栄螺坪焼（さざえのつぼやき）
笹欠・笹搔（ささがき）
笹蟹の唐揚
（ささかにのからあげ）……274
笹蒲鉾（ささかまぼこ）
笹栗・小栗（ささぐり）
豇豆・大角豆（ささげ）
笹子餅（ささごもち）
笹鮨（ささずし）
笹団子（ささだんご）
笹の雪（ささのゆき）……275
笹巻（ささまき）
ザザむし
笹焼（ささやき）
簓（ささら）
山茶花油（さざんかゆ）……276
匙（さじ）
差入れ（さしいれ）
差し鰹（さしかつお）
差込（さしこみ）
刺身・作身・指身・差身・生・造り身
（さしみ）
刺身の妻（さしみのつま）……278
刺身の盛付方
（さしみのもりつけかた）……279
坐禅豆（ざぜんまめ）
殺菌料（さっきんりょう）
雑穀（ざっこく）……280
雑魚鮨（ざっこずし）
拶双魚（さっぱ）
札幌ラーメン（さっぽろラーメン）
薩摩揚げ（さつまあげ）……281
薩摩藷（さつまいも）
薩摩芋飴煮
（さつまいもあめに）
薩摩汁（さつまじる）
薩摩漬（さつまづけ）
薩摩味噌（さつまみそ）……282
里芋（さといも）
砂糖（さとう）
蛹（さなぎ）
鯖（さば）……283
鯖をよむ（さばをよむ）
鯖鮨（さばずし）
鯖の蘇洞門漬（さばのへしこずけ）
鯖節（さばぶし）……284
鯖味噌煮（さばみそに）
さび
サフラン
朱欒（ざぼん）
早松（さまつ）
鮫（さめ）
鮫の干物（さめのひもの）……285
莢隠元（さやいんげん）
莢豌豆（さやえんどう）……286
鞘巻（さやまき）
針魚・細魚（さより）
皿（さら）
皿饂飩（さらうどん）……287
晒餡（さらしあん）
晒鯨（さらしくじら）
更科蕎麦（さらしなそば）
晒葱（さらしねぎ）
サラダ油（サラダゆ）
双目糖（ざらめとう）……288
蝲蛄（ざりがに）
笊（ざる）
猿酒（さるざけ）
笊蕎麦（ざるそば）
猿茶（さるちゃ）
獼猴桃（さるなし）……289
猿頰（さるぼお）
沢蟹（さわがに）
醂す（さわす）
沢芹（さわぜり）
さわ茶漬け（さわちゃづけ）
皿鉢料理（さわちりょうり）
沢煮（さわに）……290
鰆・狭腹（さわら）
酸化（さんか）
山家（さんが）……291

三月大根（さんがつだいこん）
三　器（さんき）
三　黒（さんくろ）
三　穀（さんごく）
山　菜（さんさい）
三斎膾（さんさいなます）……292
山査子（さんざし）
三州仕立（さんしゅうじたて）
三州味噌（さんしゅうみそ）
山椒・蜀椒（さんしょう）
山椒魚（さんしょううお）
山椒焼（さんしょうやき）……293
三寸沢庵（さんずんたくあん）
三珍味（さんちんみ）
三度豆（さんどまめ）
三杯酢（さんばいず）
さんぴん・ぼっかけ……294
三平汁（さんぺいじる）
三　方（さんぼう）
三宝柑（さんぽうかん）……295
三盆白（さんぼんじろ）
秋刀魚（さんま）
三枚卸（さんまいおろし）
三枚肉（さんまいにく）
秋刀魚鮨（さんまずし）
三　味（さんみ）
酸　味（さんみ）……296
山陽沢庵漬（さんようたくあんづけ）

し

強　肴（しいざかな）……296
椎　茸（しいたけ）
しいら……297
塩（しお）
潮（しお）……298
塩　味（しおあじ）
塩炒り（しおいり）
塩　釜（しおがま）
塩竈煮（しおがまに）
塩釜焼（しおがまやき）
塩　辛（しおから）……299
塩昆布（しおこんぶ）
塩　鮭（しおざけ）
塩　鯖（しおさば）
塩　〆（しおじめ）
塩瀬饅頭（しおぜまんじゅう）
塩煎餅（しおせんべい）……300
塩出し（しおだし）
塩　鱈（しおだら）
塩　漬（しおづけ）
牛尾菜（しおで）
塩煮・潮煮（しおに）
塩一晩・干二日（しおひとばん、ほしふつか）
塩吹貝（しおふきがい）……301
塩干し（しおぼし）
塩味饅頭・志ほみ饅頭（しおみまんじゅう）
塩蒸し（しおむし）
塩　飯（しおめし）
塩　揉（しおもみ）
塩　焼（しおやき）
塩　茹（しおゆで）……302
塩羊羹（しおようかん）
鹿（しか）
信楽焼（しがらきやき）
鴫（しぎ）……303
磁　器（じき）
色紙切（しきしぎり）
鴫　焼（しぎやき）
食　籠（じきろう）
時雨羹（しぐれかん）……304
時雨煮（しぐれに）
時雨蛤（しぐれはまぐり）
宍（しし）
柳葉魚（ししゃも）
四種器（ししゅき）……305
四條流（しじょうりゅう）
試　食（ししょく）

自然食（しぜんしょく）
紫蘇（しそ）
紫蘇糖（しそとう）……306
紫蘇飯（しそめし）
下味（したあじ）
浸し物（したしもの）
舌代（しただい）
舌鼓（したつづみ）
仕立（したて）
下煮（したに）……307
舌鮃目・舌比良魚（したびらめ）
下萌（したもえ）
七味唐辛子（しちみとうがらし）
七面鳥（しちめんちょう）
七輪・七厘（しちりん）
漆器（しっき）……308
卓袱料理（しっぽくりょうり）
しな漬（しなづけ）……309
信濃（しなの）
支那真魚鰹（しなまなかつお）
シナモン……310
自然薯（じねんじょ）
篠（しの）
信田・篠田・信太（しのだ）
篠田鮨と稲荷ずし
（しのだずしといなりずし）
忍包丁（しのびほうちょう）……311
芝蝦（しばえび）
柴栗（しばぐり）
柴漬（しばづけ）
芝煮（しばに）
柴舟（しばふね）
四半切り（しはんぎり）
王鮪・鮪（しび）
渋（しぶ）
渋団扇・渋打扇（しぶうちわ）……312
渋塩辛（しぶうるか）
渋皮煮（しぶかわに）
治部煮（じぶに）
渋味（しぶみ）
絞出し（しぼりだし）……313
絞り茄子（しぼりなす）
縞鰺（しまあじ）
縞伊佐木（しまいさぎ）
縞鯛（しまだい）
島根の唐揚げ（しまねのからあげ）
島根の和布（しまねのわかめ）
凍（しみ）
凍豆腐（しみどうふ）……314
〆鯖（しめさば）
湿地・占治・〆治・標茅（しめじ）
〆る（しめる）
下鮨（しもずし）
しもつかれ
下仁田葱（しもにだねぎ）
霜降（しもふり）……315
霜降り肉（しもふりにく）
馬鈴薯（じゃがいも）
馬鈴薯澱粉
（じゃがいもでんぷん）
蛇籠切り（じゃかごきり）
蛇籠蓮根（じゃかごれんこん）
釈迦汁（しゃかじる）……316
杓子（しゃくし）
杓子煎餅（しゃくしせんべい）
杓子菜（しゃくしな）……317
尺八魳（しゃくはちかます）
蝦蛄（しゃこ）
車渠（しゃこ）
鯱（しゃち）
じゃっぱじる
蛇の目巻（じゃのめまき）……318
しゃぶしゃぶ
舎利（しゃり）
酒落（しゃれ）
祝儀菓子（しゅうぎがし）
祝儀物（しゅうぎもの）
十三種宝菓子
（じゅうさんしゅたからがし）……319
重曹（じゅうそう）
重詰（じゅうづめ）

重箱（じゅうばこ）
焼餅鍋（しゅうへいなべ）……320
酒器（しゅき）……321
珠光餅（しゅこうもち）
寿泉海苔（じゅせんのり）
出世魚（しゅせうお）
酒盗（しゅとう）
寿命糸切餅（じゅみょういときりもち）……322
須弥山汁（しゅみせんじる）
撞木鮫（しゅもくざめ）
旬（しゅん）
春寒（しゅんかん）
瞬間殺菌（しゅんかんさっきん）
春菊（しゅんぎく）……323
蓴菜・蓴茹・須才（じゅんさい）
生姜・薑（しょうが）
生姜酒（しょうがさけ）……324
正月の祝い箸（しょうがつのいわいはし）
正月料理（しょうがつりょうり）
生姜糖（しょうがとう）
松花堂弁当（しょうかどうべんとう）
漏斗（じょうご）……325
聖護院蕪（しょうごいんかぶら）
潮際河豚（しょうさいふぐ）
精進揚（しょうじんあげ）……326
上新粉・上糝粉（じょうしんこ）
精進出汁（しょうじんだし）
精進膾（しょうじんなます）
精進料理（しょうじんりょうり）
装束司（しょうぞくつかさ）
松竹梅（しょうちくばい）
焼酎（しょうちゅう）……327
庄内柿（しょうないかき）
庄内麩（しょうないふ）
上白糖（じょうはくとう）
菖蒲酒（しょうぶざけ）
常夜鍋（じょうやなべ）……328
醤油（しょうゆ）
薯蕷饅頭（じょうようまんじゅう）……329
蒸留酒（じょうりゅうしゅ）
松露（しょうろ）
松露饅頭（しょうろまんじゅう）
食塩（しょくえん）
食事（しょくじ）……330
食卓（しょくたく）
食卓塩（しょくたくえん）……331
食通（しょくつう）
食道楽（しょくどうらく）
食は正確に（しょくはせいかくに）
食品工業（しょくひんこうぎょう）
食品成分表（しょくひんせいぶんひょう）……332
食品添加物（しょくひんてんかぶつ）
食紅（しょくべに）
食用蛙（しょくようがえる）
食用色素（しょくようしきそ）
食用油脂（しょくようゆし）……333
紹興酒（しょしんちゅう）
食器（しょっき）
食器籠（しょっきかご）……335
食器の取扱いと始末（しょっきのとりあつかいとしまつ）
塩魚汁鍋（しょっつるなべ）
除夜粥（じょやがゆ）
白和（しらあえ）……336
白糸麩（しらいとふ）
白魚（しらうお）
白魚つくし（しらうおつくし）
白蝦（しらえび）……337
白髪（しらが）
白髪昆布（しらがこんぶ）
白樺鍋（しらかばなべ）
白粥（しらがゆ）
白子（しらこ）
白絞油（しらしめゆ）
白酢（しらず）

白酢和え（しらずあえ）……338
白子干・白簀乾（しらすぼし）
白　滝（しらたき）
白玉粉（しらたまこ）
白玉麩（しらたまふ）
白　煮（しらに）
白　焼（しらやき）
白山菊（しらやまぎく）
汁（しる）……339
汁掛け飯（しるかけめし）
汁　粥（しるがゆ）
汁　粉（しるこ）
汁　物（しるもの）
汁物料理（しるものりょうり）
汁　椀（しるわん）……340
知床鮨（しれとこずし）
白　餡（しろあん）
白魚・素魚（しろうお）
白魚の踊食い（しろうおのおどりくい）
次郎柿（じろうがき）……341
白　瓜（しろうり）
白木茸・白木水母（しろきくらげ）
白　酒（しろざけ）
白下糖（しろしたとう）……342
白醬油（しろしょうゆ）
白　炭（しろずみ）
白長須鯨（しろながすくじら）
白　腹（しろはら）
白　身（しろみ）
白味噌（しろみそ）……343
深海魚（しんかいぎょ）
陣　笠（じんがさ）
成吉思汗鍋（ジンギスカンなべ）
信玄鮨（しんげんずし）……344
信玄弁当（しんげんべんとう）
新粉・糝粉（しんこ）
人口甘味料（じんこうかんみりょう）
新牛蒡（しんごぼう）
新甘藷（しんさつまいも）……345
宍道湖の七珍味（しんじこのしちちんみ）
新　酒（しんしゅ）
信州味噌（しんしゅうみそ）
真珠漬（しんじゅずけ）
真珠料理（しんじゅりょうり）
糝　薯（しんじょ）
神　饌（しんせん）
新蕎麦（しんそば）……346
靱　帯（じんたい）
新　茶（しんちゃ）
浸透圧（しんとうあつ）
新豆腐（しんどうふ）……347
新年の祝い肴（しんねんのいわいさかな）
真味糖（しんみとう）
辛味料（しんみりょう）
新蓮根（しんれんこん）

す

鬆（す）……348
酢（す）
酢和え（すあえ）……349
素揚げ（すあげ）
酢洗い（すあらい）
吸　味（すいあじ）
吸当り（すいあたり）
随園料理メモ（ずいえんりょうりメモ）
西　瓜（すいか）
芋　茎（ずいき）……350
吸　口（すいくち）
水　月（すいげつ）
水産物（すいさんぶつ）
水晶揚げ（すいしょうあげ）
水晶煮（すいしょうに）
水　繊（すいせん）
水前寺菜（すいぜんじな）……351
水前寺海苔（すいぜんじのり）
水仙粽（すいせんちまき）

鯣（するめ）
ずわい蟹（ずわいがに）……367
楚割（すわやり）
ずんだ餅（ずんだもち）
ズンベ飯（ずんべめし）

せ

背脂（せあぶら）……368
世紀の大饗宴（せいきのだいきょうえん）
小鱸（せいご）……369
ぜいご
せいこ蟹（せいこがに）
青磁（せいじ）
清酒（せいしゅ）……370
清浄野菜（せいじょうやさい）……371
生食（せいしょく）
精製糖（せいせいとう）
生鮮食品（せいせんしょくひん）
精白米（せいはくまい）
蒸籠（せいろう）
西洋梨（せいようなし）……372
石州料理（せきしゅうりょうり）
赤飯（せきはん）
背黒鰯（せぐろいわし）
背越（せごし）
瀬田蜆（せたしじみ）
節供蕎麦（せっくそば）……373
瀬戸川饅頭（せとかわまんじゅう）
瀬戸焼（せとやき）
背開（せびらき）
ゼラチン
芹（せり）……374
芹生鍋（せりょうなべ）
セレベス
背腸（せわた）
膳（ぜん）
繊維（せんい）……375
千切り・線切り（せんぎり）
善光寺（ぜんこうじ）
千石豆（せんごくまめ）
善哉（ぜんざい）……376
前菜（ぜんさい）
仙台雑煮（せんだいぞうに）
仙台駄菓子（せんだいだがし）
仙台茄子（せんだいなす）
仙台味噌（せんだいみそ）
仙台焼鰈（せんだいやきかれい）……377
鬼鍼草（せんだんぐさ）
千団子（せんだんご）
禅寺の陰語（ぜんでらのいんご）
煎茶（せんちゃ）……378
煎茶料理（せんちゃりょうり）……379
鮮度（せんど）……382
全乳（ぜんにゅう）
船場汁（せんばじる）
船場煮（せんばに）……383
煎餅（せんべい）
薇（ぜんまい）
千枚漬（せんまいづけ）……384
繊剝（せんむき）
千六本・繊蘿蔔（せんろっぽ）

そ

酥（そ）……384
ソイ
総菓子（そうがし）……385
草加煎餅（そうかせんべい）
惣菜（そうざい）
相殺効果（そうさいこうか）
相乗効果（そうじょうこうか）
雑炊（ぞうすい）……386
宗太鰹（そうだがつお）
宗旦麩（そうたんふ）
雑煮・臓煮・象煮（ぞうに）
雑煮箸（ぞうにばし）
宗八鰈（そうはちがれい）……387
僧兵餅（そうへいもち）
索麵・素麵（そうめん）
素麵南瓜（そうめんなんきん）

た

高田飴（たかだあめ）
高坏（たかつき）……403
鷹の爪（たかのつめ）
高部（たかべ）
焚き合せ（たきあわせ）
滝川豆腐（たきがわとうふ）
焚込御飯（たきこみごはん）……404
滝繁吹（たきしぶき）
抱身（だきみ）
タキヤ漁（たきやぎょ）
沢庵漬（たくあんずけ）
竹簀（たけす）……405
筍（たけのこ）
竹焼（たけやき）
蛸・章魚・蜛蛸（たこ）……406
蛸糝薯（たこしんじょ）
蛸壺（たこつぼ）
蛸の軟煮（たこのやわらかに）……407
蛸焼（たこやき）
出し昆布（だしこんぶ）
但馬牛（たじまうし）
出し巻（だしまき）
叩牛蒡（たたきごぼう）
叩鱠（たたきなます）
畳鰯（たたみいわし）……408
太刀魚（たちうお）
橘（たちばな）
駄津・喙長魚（だつ）
田作り（たつくり）
脱酸素剤（だつさんそざい）
立田揚げ（たつたあげ）……409
竜田川（たつたがわ）
手調切り（たづなきり）
手綱巻（たづなまき）
竜の落し子（たつのおとしご）
たつべ……410
蓼（たで）
立板（たていた）
立塩（たてしお）
蓼〆（たでじめ）……411
蓼酢（たでず）
立妻（たてづま）
立場料理（たてばりょうり）
伊達巻（だてまき）
鱮（たなご）
水田種子（たなつもの）……412
田螺（たにし）
他人丼（たにんどんぶり）
狸（たぬき）
狸汁（たぬきじる）……413
種（たね）
種無果実（たねなしかじつ）
田平子（たびらこ）……414
卵（たまご）
玉子雲丹焼（たまごうにやき）
卵切り器（たまごきりき）
卵酒（たまござけ）
玉子〆（たまごじめ）
玉子素麺（たまごぞうめん）……415
玉子素麺（たまごそうめん）
玉子豆腐（たまごどうふ）
玉子の素（たまごのもと）
卵の茹で方（たまごのゆでかた）
玉子巻（たまごまき）……416
卵茹器（たまごゆでき）
玉酒（たまざけ）
玉簾（たますだれ）……417
玉垂（たまだれ）
玉菜（たまな）
玉葱（たまねぎ）
溜（たまり）
溜醤油（たまりじょうゆ）
田村乃梅（たむらのうめ）
鱈（たら）……418
盥饂飩（たらいうどん）
鱈子（たらこ）
鱈汁（たらじる）……419
楤芽（たらのめ）
鱈場蝦（たらばえび）
鱈場蟹（たらばがに）

鱈腹（たらふく）
垂（たれ）
痰切飴（たんきりあめ）……420
団子（だんご）
団子汁（だんごじる）
端午の節句（たんごのせっく）……421
短冊切り（たんざくぎり）
炭酸（たんさん）
炭酸水（たんさんすい）……422
断食（だんじき）
炭水化物（たんすいかぶつ）
淡水魚（たんすいぎょ）
タンニン
丹波揚げ（たんばあげ）……423
蛋白質（たんぱくしつ）
丹波焼（たんばやき）
蒲公英（たんぽぽ）

ち

血合（ちあい）……424
ちか
白茅（ちがや）
力（ちから）
力饂飩（ちからうどん）
力煮（ちからに）
力餅（ちからもち）……425
竹紙昆布（ちくしこんぶ）
筑前煮（ちくぜんに）
竹輪（ちくわ）
萵苣薹（ちさとう）
萵苣（ちしゃ）
馳走（ちそう）……426
血鯛（ちだい）
知々歩（ちちぶ）
窒素（ちっそ）
チップ
千歳飴（ちとせあめ）
千歳胡桃（ちとせくるみ）……427
茅渟・黒鯛（ちぬ）
血抜（ちぬき）
粽（ちまき）
粽鮨（ちまきずし）……428
茶（ちゃ）
茶臼（ちゃうす）
茶粥（ちゃがゆ）
茶懐石（ちゃかいせき）
茶懐石の七式（ちゃかいせきのしちしき）……429
茶巾（ちゃきん）
茶巾絞（ちゃきんしぼり）
茶巾鮨（ちゃきんずし）
着色料（ちゃくしょくりょう）
茶匙（ちゃさじ）……430
茶杓（ちゃしゃく）
茶漬け（ちゃずけ）
茶筒（ちゃずつ）……431
茶筅（ちゃせん）
茶筅切り（ちゃせんぎり）
茶筌茄子（ちゃせんなす）
茶蕎麦（ちゃそば）
茶托（ちゃたく）
茶通・茶津宇（ちゃつう）
茶壺（ちゃつぼ）
茶道（ちゃどう）……432
茶の子（ちゃのこ）
茶の肴（ちゃのさかな）
茶箱（ちゃばこ）
卓袱台（ちゃぶだい）……433
茶ぶり（ちゃぶり）
茶振生子（ちゃぶりなまこ）
矮鶏（ちゃぼ）
茶店（ちゃみせ）
茶飯（ちゃめし）
茶餅（ちゃもち）
茶碗蒸（ちゃわんむし）……434
茶碗物（ちゃわんもの）
鏟鍋（ちゃんこなべ）
チャンポン
中白（ちゅうじろ）
中納言山蔭卿

（ちゅうなごんやまかげきょう）……435
中力粉（ちゅうりきこ）
蝶鮫（ちょうざめ）
銚子（ちょうし）
丁子（ちょうじ）
丁字茄子（ちょうじなす）……436
長生殿（ちょうせいでん）
朝鮮飴（ちょうせんあめ）
朝鮮漬（ちょうせんずけ）
朝鮮人参（ちょうせんにんじん）
調味（ちょうみ）……437
調味料（ちょうみりょう）
長命麩（ちょうめいふ）
重陽の節句（ちょうようのせっく）
調理（ちょうり）
調理師（ちょうりし）……438
調理上知っておくとよいこと（ちょうりじょうしっておくとよいこと）
調理上の用語（ちょうりじょうのようご）……441
猪口・千代久（ちよく）……443
千代結（ちよむすび）
甘露子・長老喜・千代呂木（ちょろぎ）
散鮨（ちらしずし）
ちり鍋（ちりなべ）……444
縮緬雑魚（ちりめんざこ）
散蓮華（ちりれんげ）
銚釐・地炉裏（ちろり）
金楚糕（ちんすこう）
陳皮（ちんぴ）
珍味（ちんみ）……445

つ

衝重（ついがさね）……445
津軽地方の年越料理（つがるちほうのとしこしりょうり）
突出し（つきだし）
月の雫（つきのしずく）……446
月世界（つきのせかい）
月見（つきみ）
月見団子（つきみだんご）
土筆（つくし）……447
筑紫揚（つくしあげ）
佃煮（つくだに）
捏（つくね）
仏掌薯（つくねいも）
胡鬼子・突羽根（つくばね）
作り（つくり）
漬（づけ）
付揚げ（つけあげ）……448
付合わせ（つけあわせ）
付け板（つけいた）
付汁（つけじる）
付台（つけだい）
浸出し（つけだし）
漬菜（つけな）
付け場料理（つけばりょうり）
付包丁（つけほうちょう）……449
漬物（つけもの）
漬物の祖神（つけもののそしん）
付け焼き（つけやき）……450
つっかけ
筒切（つつぎり）
包揚（つつみあげ）
包焼（つつみやき）
苞・苞苴（つと）
苞豆腐（つとどうふ）
苞焼（つとやき）……451
繋（つなぎ）
角樽（つのだる）
角又（つのまた）
椿油（つばきあぶら）
椿餅（つばきもち）
茅花（つばな）
潰す（つぶす）
坪（つぼ）……452
壺（つぼ）

壺鯛（つぼだい）
坪々・壺々（つぼつぼ）
壺抜（つぼぬき）
壺焼（つぼやき）
妻（つま）……453
妻桶（つまおけ）
妻折（つまおり）
摘み（つまみ）
妻見・摘味（つまみ）
摘み菜（つまみな）
摘入れ（つみいれ）……454
詰め（つめ）
詰煮（つめに）
艶煮（つやに）
露・液・汁（つゆ）
露打（つゆうち）
露草（つゆくさ）
氷柱（つらら）
鶴（つる）……455
吊切（つるしぎり）
鶴茸（つるたけ）
蔓菜・蕃杏（つるな）
鶴の子（つるのこ）
鶴の子餅（つるのこもち）
鶴の包丁（つるのほうちょう）……456
鶴瓶鮓（つるべずし）
橐吾・石蕗・急就草（つわぶき）

て

出合い物（であいもの）……456
低温殺菌（ていおんさっきん）……457
定家煮（ていかに）
呈味成分（ていみせいぶん）
ティラピア
手打ち（てうち）……458
手桶弁当（ておけべんとう）
手屑（てくず）
手捏鮨（てこねずし）
手塩（てしお）
手酢（てず）
鉄火（てっか）……459
鉄火和え（てっかあえ）
鉄火丼（てっかどんぶり）
鉄火巻（てっかまき）
鉄火味噌（てっかみそ）
鉄胡瓜（てっきゅう）
鉄刺（てっさ）
鉄扇（てっせん）
鉄扇串（てっせんぐし）
煉ち上げる（でっちあげる）……460
丁稚羊羹（でっちようかん）
てっちり
鉄鉢（てっぱつ）
鉄皮（てっぴ）
鉄瓶（てつびん）
鉄砲（てっぽう）
鉄砲串（てっぽうぐし）
鉄砲巻（てっぽうまき）……461
鉄砲焼（てっぽうやき）
手長海老・手長鰕（てながえび）
手延素麺（てのべそうめん）
手羽（てば）
手亡（てぼ）
点前・手前（てまえ）
手前味噌（てまえみそ）……462
手土産（てみやげ）
照り（てり）
照鰹（てりかつお）
照焼（てりやき）
天蓋（てんがい）
田楽（でんがく）
田楽味噌（でんがくみそ）……463
天滓（てんかす）
天草・石花菜（てんぐさ）
甜菜（てんさい）
点心（てんしん）
天茶（てんちゃ）……464
天突（てんつき）
天汁（てんつゆ）
天丼（てんどん）

天然果汁（てんねんかじゅう）
天然香料（てんねんこうりょう）
天火（てんぴ）
田麩（でんぶ）……465
天麩羅・天浮羅（てんぷら）
天麩羅饂飩（てんぷらうどん）
澱粉（でんぷん）
伝法焼（でんぽうやき）
伝法焼（でんぽうやき）……466
天豆（てんまめ）
天盛（てんもり）
天門冬（てんもんとう）
店屋物（てんやもの）
天寄（てんよせ）

と

砥石（といし）……466
糖衣（とうい）
東海寺和え（とうかいじあえ）……467
唐菓子（とうがし）
唐辛子・蕃椒（とうがらし）
冬瓜（とうがん）
陶器（とうき）……468
道喜粽（どうきのちまき）
凍結乾燥（とうけつかんそう）
銅壺（どうこ）
当座漬（とうざづけ）
当座煮（とうざに）
通し（とうし）……469
杜氏（とうじ）
冬至南京（とうじかぼちゃ）
陶磁器（とうじき）
冬至蒟蒻（とうじこんにゃく）……470
東寺湯葉（とうじゆば）……471
塔地湯葉（とうじゆば）
搗精（とうせい）
闘茶（とうちゃ）
冬虫夏草（とうちゅうかそう）
豆乳（とうにゅう）
陶板焼（とうばんやき）……472
豆腐（とうふ）
豆腐竹輪（とうふちくわ）……473
豆腐蒲焼（とうふかばやき）
豆腐の凝固剤（とうふのぎょうこざい）
豆腐の始末（とうふのしまつ）
豆腐の作り方（とうふのつくりかた）
豆腐の味噌漬（とうふのみそづけ）……474
豆腐祭（とうふまつり）
唐豆（とうまめ）
糖蜜（とうみつ）
糖蜜・砂糖蜜（とうみつ）
登竜門（とうりゅうもん）
道明寺（どうみょうじ）……475
道明寺揚げ（どうみょうじあげ）
道明寺糒（どうみょうじほしいい）
道明寺蒸（どうみょうじむし）
玉蜀黍（とうもろこし）……476
同割（どうわり）
東坡肉（とうばにく）
戸隠蕎麦（とがくしそば）
栂尾煮（とがのおに）……477
時知らず（ときしらず）
時無蕪（ときなしかぶら）
常盤汁粉（ときわじるこ）
常盤葱（ときわねぎ）
毒魚（どくぎょ）
木賊独活・土当帰（とくさうど）
木賊牛蒡（とくさごぼう）
木賊煎餅（とくさせんべい）……478
毒味（どくみ）
床（とこ）
床伏・常伏・常節（とこぶし）
心太（ところてん）
鶏冠菜（とさかのり）……479
土佐生姜（とさしょうが）
土佐醤油（とさじょうゆ）
土佐酢（とさず）
土佐作（とさづくり）
土佐煮（とさに）
道産子（どさんこ）

泥鰌（どじょう）……480
泥鰌料理（どじょうりょうり）
刀焼（どすやき）……481
土蔵焼（どぞうやき）
屠蘇酒（とそしゅ）
土手鍋（どてなべ）
老鯔（とど）
魚豆（ととまめ）……482
土鍋（どなべ）
土鍋の仕込み方
（どなべのしこみかた）
殿様粥（とのさまがゆ）
飛魚（とびうお）……483
土瓶（どびん）
土瓶蒸（どびんむし）
溝漬（どぶづけ）
濁酒（どぶろく）
トマト……484
止椀（とめわん）
共和え（ともあえ）
共酢（ともず）
鳥屋料理（とやりょうり）
土用丑（どようし）
虎河豚（とらふぐ）……485
虎豆（とらまめ）
虎剝（とらむき）
銅羅焼（どらやき）
どり
鳥貝（とりがい）……486
取肴（とりざかな）
鳥南蛮（とりなんばん）
鳥料理（とりりょうり）
鶏葵（とりわさ）
とろ
泥酢（どろず）……487
弱火（とろび）
鰯稚魚（どろめ）
薯蕷（とろろ）
とろろいも……488
とろろ昆布（とろろこんぶ）
薯蕷蕎麦（とろろそば）
豚かつ（とんかつ）
冬菇（どんこ）
豚骨（とんこつ）
どんざ海苔（どんざのり）
頓食・屯食（とんじき）……489
箒草の実（とんぶりのみ）
丼鉢（どんぶりばち）
丼飯（どんぶりめし）
丼物（どんぶりもの）

な

菜（な）……490
内蔵（ないぞう）
内良・内郎（ないろ）
直し（なおし）
直会（なおりあい）
長芋（ながいも）
中落ち（なかおち）……491
長崎チャンポン
（ながさきチャンポン）
長崎の唐墨（ながさきのからすみ）
長崎料理（ながさきりょうり）
流し素麺（ながしそうめん）……494
流し箱（ながしばこ）
流物（ながしもの）
長須鯨（ながすくじら）……495
長餅・永餅（ながもち）
長焼（ながやき）
流れ子（ながれこ）
名倉砥石（なくらといし）
名古屋コーチン（なごやコーチン）
名古屋の駄菓子（なごやのだがし）……496
名残茄子（なごりなす）
梨（なし）
梨酒（なしざけ）……497
なしもの
梨割り（なしわり）
茄子（なすび）
茄子葡萄煮（なすぶどうに）……498

灘和（なだあえ）
鉈漬（なたづけ）
菜種（なたね）
菜種油（なたねゆ）
刀豆（なたまめ）
那智黒（なちぐろ）
夏胡頽子（なつぐみ）
菜漬（なづけ）
夏大根（なつだいこん）……499
納豆（なっとう）
納豆菌（なっとうきん）
納豆汁（なっとうじる）
薺（なづな）……500
夏葱（なつねぎ）
夏蜜柑（なつみかん）
棗（なつめ）
夏蕨（なつわらび）……501
七色唐辛子（なないろとうがらし）
七草（ななくさ）
七草粥（ななくさがゆ）
七つの忌み箸（ななつのいみばし）……502
斜切（ななめぎり）
浪花鮨（なにわずし）
菜の花（なのはな）
菜花漬（なのはなづけ）……503
莫告藻（なのりそ）
鍋（なべ）
鍋焼（なべやき）
鍋焼饂飩（なべやきうどん）……504
鍋物料理（なべものりょうり）
生揚げ（なまあげ）
生菓子（なまがし）
生臭（なまぐさしゅう）
海鼠・海参（なまこ）……505
海鼠たたみ汁（なまこたたみじる）
鱠・膾（なます）
鯰（なまず）
生馴れ（なまなれ）……506
生麩（なまふ）
生干し（なまぼし）……507
生身（なまみ）
生湯葉（なまゆば）
生り（なまり）
波の華（なみのはな）
滑茸・滑子（なめこ）
蛞蝓（なめくじ）
菜飯（なめし）……508
ナメスキ
名吉（なよし）
嘗味噌（なめみそ）
奈良茶（ならちゃ）
奈良茶碗（ならちゃわん）
奈良漬（ならづけ）
鳴門（なると）……509
鳴門巻（なるとまき）
鳴門若布（なるとわかめ）
馴鮓（なれずし）
縄巻鮓（なわまきずし）
南京豆（なんきんまめ）……510
軟水（なんすい）
南禅寺揚（なんぜんじあげ）
南禅寺蒸（なんぜんじむし）
南天・難職・成天（なんてん）
難波（なんば）……511
難波焼（なんばやき）
南蛮（なんばん）
南蛮漬（なんばんづけ）
南蛮煮（なんばんに）
南蛮料理（なんばんりょうり）
南部煎餅（なんぶせんべい）
南部焼（なんぶやき）

に

煮和え（にあえ）……512
新嘗祭（にいなめさい）
煮梅（にうめ）
匂い（におい）
煮貝（にがい）……513
苦瓜（にがうり）

煮　方（にかた）
苦　玉（にがだま）
苦　味（にがみ）
苦味料（にがみりょう）
苦　汁（にがり）
二貫盛（にかんもり）……514
似義須・似鱚（にぎす）
煮　切（にきり）
握　鮨（にぎりずし）
握　飯（にぎりめし）
肉（にく）
肉団子（にくだんご）
肉叩き（にくたたき）……515
にくもじ
煮俄・煮凍・冬季煮（にこごり）
煮込み饂飩（にこみうどん）
煮　込（にこむ）
煮　転（にころがし）
煮魚・煮肴（にざかな）
ニザ鯛（ニザだい）……516
煮　笊（にざる）
螺（にし）
にしきぎ
二色玉子（にしきたまご）
虹　鱒（にじます）
煮〆・煮染（にしめ）……517
二汁五菜（にじゅうごさい）
二重鍋（にじゅうなべ）
鰊・鯡・春告魚（にしん）
鰊蕎麦（にしんそば）
鰊の昆布巻（にしんのこぶまき）
煮出し雑子（にだしじゃこ）
煮　蛸（にだこ）……518
煮出しの取り方と種類
（にだしのとりかたとしゅるい）
肉　桂（にっけい）
日光強飯（にっこうきょうはん）
日光巻（にっこうまき）……519
日光湯葉（にっこうゆば）
煮　鱠（になます）
煮抜卵（にぬきたまご）
二の膳（にのぜん）
二杯酢（にはいず）
二八蕎麦（にはちそば）
二番出し（にばんだし）
煮　浸（にびたし）
煮　豚（にぶた）……520
鮸（にべ）
煮　干（にぼし）
日本南瓜（にほんかぼちゃ）
日本の六古窯
（にほんのろくこよう）
日本料理（にほんりょうり）
日本料理法大全
（にほんりょうりほうたいぜん）……521
日本料理の種類
（にほんりょうりのしゅるい）
日本料理の食事作法
（にほんりょうりのしょくじさほう）
二枚卸（にまいおろし）……525
二枚貝（にまいがい）
二枚肉（にまいにく）
煮　豆（にまめ）……526
煮　物（にもの）
煮物代（にものがわり）
煮物椀（にものわん）
煮　奴（にやっこ）
入麺・煮麺（にゅうめん）
韮（にら）
睨見鯛（にらみだい）
煮ると焚く（にるとたく）……527
二〇加煎餅（にわかせんべい）
椄骨木（にわとこ）
鶏（にわとり）
人参・胡蘿蔔（にんじん）
大蒜・葫（にんにく）……528

ぬ

縫　串（ぬいぐし）……528
糠（ぬか）

零余子（ぬかご）
糠漬（ぬかづけ）
糠味噌漬（ぬかみそづけ）……529
抜板（ぬきいた）
抜形（ぬきがた）
温飯（ぬくめし）
沼田（ぬた）
ぬっぺいじる
布目包丁（ぬのめほうちょう）
滑（ぬめり）
濡納豆（ぬれなっとう）……530

ね

根芋（ねいも）……530
寝かす（ねかす）
葱（ねぎ）
葱鮪鍋（ねぎまなべ）
猫鮫（ねこざめ）
猫またぎ（ねこまたぎ）……531
根来塗（ねごろぬり）
捻梅（ねじうめ）
捩蒟蒻（ねじりこんにゃく）
ねずし
鼠（ねずみ）……532
鼠大根（ねずみだいこん）
鼠茸（ねずみたけ）
ねた
熱風乾燥（ねっぷうかんそう）
涅槃霰（ねはんあられ）
根深（ねぶか）
根曲竹（ねまがりたけ）……533
練雲丹（ねりうに）
練切り（ねりきり）
練酒（ねりざけ）
練山椒（ねりざんしょう）
練製品（ねりせいひん）
練馬大根（ねりまだいこん）
煉味噌（ねりみそ）
練羊羹（ねりようかん）
年魚（ねんぎょ）……534
年寿の賀（ねんじゅのが）
念仏鯛（ねんぶつだい）……535

の

濃厚汁（のうこうじる）……535
濃縮ジュース（のうしゅくジュース）
野菊（のぎく）
鋸鮫（のこぎりざめ）
鋸包丁（のこぎりほうちょう）
野沢菜漬け（のざわなづけ）
熨斗（のし）……536
熨斗鮑（のしあわび）
熨斗烏賊（のしいか）
乃し梅（のしうめ）
伸串（のしぐし）
野締（のじめ）
熨斗餅（のしもち）
覗き（のぞき）
のた餅（のたもち）……537
後の雛（のちのひな）
能平・濃餅（のっぺい）
野蒜（のびる）
野衾（のぶすま）
登り串（のぼりぐし）
海苔（のり）……538
海苔和（のりあえ）
海苔茶漬（のりちゃづけ）
海苔巻（のりまき）
海苔豆（のりまめ）
暖簾を手繰る（のれんをたぐる）

は

杯・盃（はい）……539
蜆・海蠃（ばい）
胚芽（はいが）
灰貝（はいがい）
梅花卵（ばいかたまご）
杯洗・盃洗（はいせん）……540

バイタルグルテン
梅　肉（ばいにく）
梅肉和え（ばいにくあえ）
梅肉仕立（ばいにくしたて）
梅肉酢（ばいにくず）
縄取〆茸（はいとりしめじ）
延　縄（はえなわ）
馬鹿貝（ばかがい）……541
馬鹿鮫（ばかざめ）
博　多（はかた）
歯固の餅（はがためのもち）
歯　鰹（はがつお）
測る・計る・重る（はかる）
萩　焼（はぎやき）……542
白　銀（はくぎん）
白　菜（はくさい）
白山堅豆腐（はくさんかたどうふ）
白　磁（はくじ）
白雪糕（はくせっこう）……543
莫　大（ばくだい）
博打汁（ばくちじる）
白らん（はくらん）
薄力粉（はくりきこ）
刷毛・刷子（はけ）
箱　鮨（はこずし）
蘩　蔞（はこべ）
羽衣椀（はごろもわん）……544
はざしじる
箸（はし）
箸　洗（はしあらい）……546
辛　薑（はじかみ）
箸紙書（はしかみがき）
土師器（はじき）
梯子酒（はしござけ）
葉紫蘇（はじそ）……547
箸　付（はしつけ）
箸の種類（はしのしゅるい）
榛（はしばみ）
芭蕉梶木（ばしょうかじき）……548
柱（はしら）
柱　餅（はしらもち）
走井餅（はしりいもち）
走　物（はしりもの）
鰣（はす）
蓮（はす）
蓮　芋（はすいも）……549
蓮葉飯（はすのはめし）
粶・葩煎・・米花・爆米（はぜ）
鯊・沙魚（はぜ）……550
パセリ
鰭（はた）
羽　太（はた）
刃　叩（はたたき）
畠　蓮（はたばす）
鰰（はたはた）
旗本粥（はたもとがゆ）……551
旗本雑炊（はたもとぞうすい）
鉢（はち）
鉢　代（はちがわり）
淡　竹（はちく）
鉢　肴（はちさかな）
鉢　煮（はちに）
蜂の子（はちのこ）……552
八杯豆腐（はちはいどうふ）
鉢　前（はちまえ）
蜂　蜜（はちみつ）
鉢　蒸（はちむし）……553
蜂屋柿（はちやがき）
初午料理（はつうまりょうり）
薄　荷（はっか）
八　角（はっかく）……554
二十日大根（はつかだいこん）
初　鰹（はつがつお）
初松魚（はつがつお）
初　霜（はつしも）
八升豆（はっしょうまめ）
八　寸（はっすん）……555
八　寸（はっすん）
八　足（はっそく）
麨（はったい）
初　茸（はつたけ）

八丁味噌（はっちょうみそ）……556
八　珍（はっちん）
法度汁（はっとじる）
バッティラ
初音鱠（はつねなます）
八方出し（はっぽうだし）
初　物（はつもの）
初物四天王（はつものしてんのう）
初物七十五日延命
（はつもの七十五にちえんめい）……557
鳩（はと）
葉唐辛子（はとうがらし）
鳩　茶（はとちゃ）
鳩　麦（はとむぎ）
ハトロン紙（ハトロンし）
花揚げ（はなあげ）……558
花烏賊（はないか）
花　筏（はないかだ）
花独活（はなうど）
花折昆布（はなおりこんぶ）
花形切り（はながたぎり）
花　鰹（はなかつお）
花　衣（はなごろも）……559
花山椒（はなさんしょう）
花菖蒲（はなしょうぶ）
花　菜（はなな）
バナナの天浮羅（バナナのてんぷら）
花の食べ方（はなのたべかた）
花弁餅（はなびらもち）……560
花　巻（はなまき）
花　丸（はなまる）
花巻蕎麦（はなまきそば）
花見砂糖（はなみざとう）
花見団子（はなみだんご）
花野菜（はなやさい）
花柚子（はなゆず）
花辣韮（はならっきょう）……561
馬　肉（ばにく）
母子草・鼠麴草（ははこぐさ）
羽葉海苔・幅海苔（ばばのり）……562
ばばのり
羽二重団子（はぶたえだんご）
羽二重漉（はぶたえごし）
羽二重餅（はぶたえもち）
波布茶（はぶちゃ）
浜　薊（はまあざみ）
蛤（はまぐり）
浜　鯛（はまだい）……563
魬（はまち）
浜　菜（はまな）
浜　梨（はまなし）
浜納豆（はまなっとう）
蛤　鍋（はまなべ）
浜防風（はまぼうふ）……564
浜　焼（はまやき）
ハ　ム
鱧（はも）
刃　物（はもの）……565
鱧の樋（はものひ）
羽　盛（はもり）
鮠（はや）
早　鮨（はやずし）
隼人瓜（はやとうり）
早　煮（はやに）
腹　子（はらこ）
ばら鮨（ばらずし）……566
原　茸（はらたけ）
ばらにく
腹開き（はらびらき）
バラムツ
鮞（はらご）
葉　蘭（はらん）……567
針烏賊（はりいか）
針　打（はりうち）
針　切（はりきり）
針　葱（はりねぎ）
はりはり
ハリハリ鍋（ハリハリなべ）
張　る（はる）……568
春　駒（はるこま）
春　雨（はるさめ）

春の山菜（はるのさんさい）
春の七草（はるのななくさ）
春福大根（はるふくだいこん）……569
春野菜（はるやさい）
馬鈴薯（ばれいしょ）
鷭（ばん）
飯器（はんき）
半月切り（はんげつぎり）……570
飯盒（はんごう）
飯後茶（はんごのちゃ）
半熟卵（はんじゅくたまご）
半助（はんすけ）
半助鍋（はんすけなべ）
飯台（はんだい）
盤台（ばんだい）……571
飯台看（はんだいかん）
晩茶・番茶（ばんちゃ）
半搗米（はんつきまい）
半生菓子（はんなまがし）
般若湯（はんにゃとう）
万能調理器（ばんのうちょうりき）……572
半平（はんぺい）
晩白柚（ばんぺいゆう）
半片（はんぺん）
番屋汁（ばんやじる）

ひ

肥育（ひいく）……572
米粉麺（ビーフン）……573
ピーマン
鮗（ひいらぎ）
柊（ひいらぎ）
麦酒（ビール）
火入れ（ひいれ）
氷魚（ひうお）……574
干魚（ひうお）
稗（ひえ）
比叡湯葉（ひえゆば）
檜扇（ひおうぎ）
檜扇貝（ひおうぎがい）
微温湯（びおんとう）
鰉（ひがい）
控重（ひかえじゅう）……575
火加減（ひかげん）
干菓子（ひがし）
干菓子器（ひがしき）
光物（ひかりもの）
彼岸（ひがん）
彼岸河豚（ひがんふぐ）……576
引菓子（ひきがし）
引切（ひききり）
引ずり（ひきずり）
挽留（ひきだめ）
挽茶（ひきちゃ）
引出物（ひきでもの）
挽肉（ひきにく）
干海鼠子（ひくちこ）……577
比丘尼膾（びくになます）
髭鯨（ひげくじら）
髭鱈（ひげたら）
肥後の赤牛（ひごのあかうし）
提子（ひさげ）
菱（ひし）……578
醤（ひしお）
菱蟹（ひしがに）
菱蟹料理（ひしかにりょうり）
羊栖菜（ひじき）……579
鯷（ひしこ）……580
菱の実（ひしのみ）
菱餅（ひしもち）
びしゃ卵（びしゃたま）
美人豆（びじんまめ）
氷頭（ひず）
翡翠揚（ひすいあげ）
備前水母（びぜんくらげ）
浸物（ひたしもの）
ビタミン……581
干鱈（ひだら）

七五三の祝（ひちごさんのいわい）
七種粥（ひちしゅかゆ）……582
吃驚水（びっくりみず）
引越蕎麦（ひっこしそば）
羊（ひつじ）
ひっぱり蒲鉾（ひっぱりかまぼこ）
一重草（ひとえぐさ）
一口椀（ひとくちわん）
一塩（ひとしお）……583
ひとちょぼ
一文字・人文字（ひともじ）
火取（ひどり）
火取鮮（ひどりうお）
雛霰（ひなあられ）
比内鶏（ひないどり）……584
雛菓子（ひながし）
雛祭（ひなまつり）
皮肉（ひにく）
比熱（ひねつ）……585
捻餅（ひねりもち）
日選菜（ひのな）
日の丸弁当（ひのまるべんとう）
干葉（ひば）
篊（ひび）
火振鮎（ひぶりあゆ）……586
蓖麻子油（ひましゆ）
日廻の油（ひまわりのあぶら）
氷見鰯（ひみいわし）
氷見のカブス料理（ひみのカブスりょうり）……587
氷室（ひむろ）
弱飯（ひめ）
比女（ひめ）
姫飯（ひめいい）
姫鱒（ひめます）
姫松茸（ひめまつたけ）
紐（ひも）
紐革（ひもかわ）……588
干物（ひもの）
百一沢庵（ひゃくいちたくあん）
百味の御食（ひゃくみのおんじき）
冷酒（ひやざけ）……589
冷し飴（ひやしあめ）
冷吸物（ひやしすいもの）
冷物（ひやしもの）
冷素麺（ひやそうめん）
冷麦（ひやむぎ）
冷奴（ひややっこ）……590
日向南瓜（ひゅうがかぼちゃ）
拍子木切り（ひょうしぎぎり）
美容食（びようしょく）
瓢簞（ひょうたん）
瓢亭玉子（ひょうていたまご）
漂白（ひょうはく）……591
兵六餅（ひょうろくもち）
平（ひら）
開き（ひらき）
平茸（ひらたけ）
平作（ひらづくり）
平戸蒲鉾（ひらとかまぼこ）
平野水（ひらのすい）……592
平鯵（ひらまさ）
平政（ひらまさ）
鮃・比良魚（ひらめ）
飛竜頭（ひりゅうず）
蒜（ひる）
鰭（ひれ）
ヒレ……593
鰭酒（ひれざけ）
ヒレ肉（ヒレにく）
広蓋（ひろぶた）
広巾（ひろめ）
枇杷（びわ）
枇杷酒（びわしゅ）……594
枇杷玉子（びわたまご）
枇杷葉湯（びわのはゆ）
備長（びんちょう）
壜詰（びんづめ）
鬢長（びんなが）
貧乏鍋（びんぼうなべ）
檳榔煮（びんろうに）

ふ

麩（ふ）……595
鞴祭（ふいごまつり）
フーゼル油（フーゼルゆ）……596
富有柿（ふゆうかき）
無塩（ぶえん）
鱶（ふか）
深川飯（ふかがわめし）
鱶の鰭（ふかのひれ）
鱶の湯上げ（ふかのゆあげ）……597
蕗・疑冬（ふき）
蕗の薹（ふきのとう）
蕗味噌（ふきみそ）
吹寄（ふきよせ）
布巾（ふきん）
河豚・鰒・魨（ふぐ）……598
福飴（ふくあめ）
福井県の名産（ふくいけんのめいさん）
服紗・袱紗・覆紗（ふくさ）……599
河豚刺身の食べ方（ふぐさしのたべかた）
服紗味噌（ふくさみそ）
袱紗盛（ふくさもり）
袱紗料理（ふくさりょうり）
福神漬（ふくじんづけ）
福多味（ふくだみ）
福茶（ふくちゃ）……600
福茶粥（ふくちゃがゆ）
河豚の味（ふぐのあじ）
河豚の白子・西施乳（ふぐのしらこ）
福羽苺（ふくばいちご）……601
含煮（ふくめに）
鰒擬（ふぐもどき）
鰒擬汁（ふぐもどきじる）
脹煎（ふくらいり）
脹らし粉（ふくらしこ）
ふくらぎ……602
脹煮（ふくらに）
覆輪（ふくりん）
袋煮（ふくろに）
節卸（ふしおろし）
藤豆（ふじまめ）
仏手柑（ぶしゅうかん）
節類（ふしるい）
節蓮根（ふしれんこん）……603
蕪村忌（ぶそんき）
豚（ぶた）
舞鯛・部鯛（ぶだい）
二倉餅（ふたくらもち）
不断草・唐萵苣（ふだんそう）
斑酒（ぶちざけ）……604
斑鮭（ぶちざけ）
縁高重（ふちだかじゅう）
普茶饅頭（ふちゃまんじゅう）
普茶料理（ふちゃりょうり）
符牒（ふちょう）
ぶっ掛け（ぶっかけ）……605
二日酔い（ふつかよい）
ぶつぎり……606
ふっこ
沸騰点（ふっとうてん）
筆柿（ふでがき）
筆生姜（ふでしょうが）
葡萄（ぶどう）
葡萄酒（ぶどうしゅ）……607
葡萄豆（ぶどうまめ）
ふとに
太巻（ふとまき）
鮒（ふな）
鮒鮓（ふなずし）……608
鮒の赤煮（ふなのあかに）
鮒の甘露煮（ふなのかんろに）
鮒の子作り（ふなのこづくり）
鮒の昆布巻（ふなのこぶまき）……609
船盛（ふなもり）
麩の焼（ふのやき）
布海苔（ふのり）……610
腐敗（ふはい）

ぶぶ漬け（ぶぶづけ）
文火（ふみび）
冬籠（ふゆごもり）
黒鱒（ブラックバス）
欧米杏（プラム）
鰤（ぶり）……611
振掛（ふりかけ）
ブリコ
振生子（ふりなまこ）
鰤の一本釣（ぶりのいっぽんつり）
篩（ふるい）
プロトン豆腐（プロトンどうふ）……612
風呂吹（ふろふき）
文銭（ぶんせん）
文銭玉子（ぶんせんたまご）
文旦（ぶんたん）……613
文旦砂糖漬（ぶんたんさとうづけ）
褌（ふんどし）
粉末酢（ふんまつず）
噴霧乾燥（ふんむかんそう）

へ

米烏賊（べいか）……613
平家蟹（へいけがに）……614
瓶子（へいし）
米茄子（べいなす）
ベーキングパウダー
べか
片木（へぎ）
剝（へぐ）
兵児焼（へこやき）……615
蘇洞門漬・魚糟漬（へしこずけ）
臍冷の宴（へそひやしのえん）
平鯛（へだい）
戸田蟹（へだかに）
べた塩（べたしお）
糸瓜（へちま）……616
糸瓜の水（へちまのみず）
鼈甲煮（べっこうに）
べったらづけ
ペティオニオン
紅切（べにきり）
紅鮭（べにざけ）
紅生姜（べにしょうが）……617
紅ずわい蟹（べにずわいかに）
紅蓼（べにたで）
紅鉢（べにばち）
紅花（べにばな）
ペヘレイ
遍羅・倍良（べら）……618
べらた
べろべろ
弁慶力餅（べんけいちからもち）
弁当（べんとう）

ほ

焙炉（ほいろ）……618
報恩講（ほうおんこう）……619
箒草（ほうきぐさ）
箒茸（ほうきだけ）
火鍋子（ほうこうづ）
奉書（ほうしょ）
奉書揚げ（ほうしょあげ）
放生会（ほうじょうえ）
保臓・烹雑（ほうぞう）
奉書焼（ほうしょやき）……620
奉書巻（ほうしょまき）
棒鱈（ぼうだら）
包丁（ほうちょう）
望潮（ぼうちょう）……621
包丁式（ほうちょうしき）
包丁汁（ほうちょうじる）
包丁談義（ほうちょうだんぎ）
包丁の種類（ほうちょうのしゅるい）……622
餺飩・法湯（ほうとう）
朴葉鮨（ほうばずし）……623
朴葉味噌（ほうばみそ）
防風（ぼうふう）

ぼうふら
魴鮄・竹麦魚（ほうぼう）……624
蓬　莱（ほうらい）
菠薐草（ほうれんそう）
炮　烙（ほうろく）
炮烙焼（ほうろくやき）
頬　身（ほおみ）
捕　鯨（ほげい）……625
干油揚（ほしあぶらあげ）
干鮑・乾鮑（ほしあわび）
乾飯・干飯・糒（ほしいい）
干饂飩（ほしうどん）
干海茸（ほしうみたけ）
干　蝦（ほしえび）……626
干　貝（ほしがい）
干し貝柱（ほしかいばしら）
干　柿（ほしがき）
干柿の芥子揚げ（ほしがきのからしあげ）
干　鰈（ほしかれい）……627
星　鰈（ほしがれい）
星　鮫（ほしざめ）
乾椎茸（ほししいたけ）
干生姜・乾薑（ほししょうが）
干簀垂麩（ほしすだれふ）……628
穂紫蘇（ほじそ）
干蕎麦（ほしそば）
干大根（ほしだいこん）
干　鱈（ほしたら）
母川回帰（ぼせんかいき）
細　作（ほそづくり）
保存食（ほぞんしょく）
帆立貝・海扇（ほたてがい）……629
帆立貝蒲鉾（ほたてがいかまぼこ）
牡丹餅（ぼたもち）
螢烏賊（ほたるいか）……630
牡　丹（ぼたん）
牡丹海老（ぼたんえび）
牡丹作（ぼたんづくり）
牡丹鍋（ぼたんなべ）
牡丹鱧（ぼたんはも）……631
牡丹百合根（ぼたんゆりね）
北海道の豆（ほっかいどうのまめ）
北海吹雪（ほっかいふぶき）
ぽっかけ汁（ぽっかけじる）
北　寄（ほっき）
魹（ほっけ）……632
ホッタラコメシ
ぼてぼてちゃ
仏の座（ほとけのざ）
骨切り（ほねきり）
骨　酒（ほねざけ）
骨抜き（ほねぬき）
海鞘・保夜・老海鼠（ほや）……633
鯔（ぼら）
法螺貝（ほらがい）
鯔　汁（ぼらじる）……634
堀川牛蒡（ほりかわごぼう）
ホルモン
ホルモン料理（ホルモンりょうり）
法輪煮（ほろに）
法輪味噌（ほろみそ）……635
ぽろぽろ漬（ぽろぽろづけ）
本　味（ほんあじ）
椪　柑（ぽんかん）
本庄蕪（ほんしょうかぶ）
ポン酢（ポンズ）
本膳料理（ほんぜんりょうり）……636
本草綱目（ほんぞうこうもく）
神馬藻・穂俵・本俵（ほんだわら）……637
本直し（ほんなおし）
本　節（ほんぶし）
雪　洞（ぼんぼり）

ま

真　鯵（まあじ）……638
マービー
真烏賊（まいか）
舞子丼（まいこどんぶり）
舞　茸（まいたけ）

前　盛（まえもり）……639
真梶木（まかじき）
真　鴨（まがも）
巻（まき）
巻　揚（まきあげ）
巻　貝（まきがい）
巻　柿（まきがき）
巻　簾（まきす）……640
巻水仙・巻水織（まきすいせん）
巻　鮨（まきずし）
巻寿留女（まきするめ）
巻　鰤（まきぶり）
幕内弁当（まくのうちべんとう）
枕　飯（まくらめし）……641
鮪（まぐろ）
鮪　茶（まぐろちゃ）
鮪　節（まぐろぶし）
真桑瓜（まくわうり）
曲　物（まげもの）
真　子（まこ）
孫太郎虫（まごたろうむし）……642
真菰・真薦（まこも）
真昆布（まこんぶ）
政岡納豆（まさおかなっとう）
真　鯖（まさば）
枡（ます）
鱒（ます）
マスカット……643
鱒　鮨（ますずし）
鱒之介（ますのすけ）
混　飯（まぜめし）
真　鯛（まだい）
真章魚・真蛸（まだこ）……644
木天蓼（またゝび）
木天蓼酒（またたびしゅ）
真鱈糝薯（またらのしんじょ）
待ちゃれ鮨（まちゃれずし）
松浦漬（まつうらづけ）……645
松　傘（まつかさ）
松毬魚（まつかさうお）
松　風（まつかぜ）
松皮牛蒡（まつかわごぼう）
松皮作（まつかわづくり）
抹香鯨（まっこうくじら）
松阪牛（まつざかうし）……646
松田あんころ（まつだあんころ）
松　茸（まつたけ）
松茸包み焼（まつたけつつみやき）
松茸の香（まつたけのかおり）……647
松茸飯（まつたけめし）
抹　茶（まっちゃ）
松　菜（まつな）
松　実（まつのみ）
松実焼（まつのみやき）
松葉揚（まつばあげ）
松葉蟹（まつばがに）……648
松葉切り（まつばぎり）
松葉串（まつばぐし）
松葉海苔（まつばのり）
松　前（まつまえ）
松前押（まつまえおし）……649
松前酢（まつまえず）
松前漬（まつまえづけ）
松前煮（まつまえに）
松前蒸（まつまえむし）
馬刀貝・馬蛤貝（までがい）
的矢牡蠣（まとやかき）
真　魚（まな）
俎板・真魚板・俎（まないた）
真魚鰹（まながつお）……651
真魚の祝（まなのいわい）
真魚箸・俎箸（まなばし）
真羽太（まはた）
間引菜（まびきな）……652
マフ
蔴　腐（まふ）
飯　借（ままかり）
真　蒸（まむし）
蝮（まむし）
蝮　酒（まむしざけ）
豆（まめ）

豆　板（まめいた）……653
豆銀糖（まめぎんとう）
豆御飯（まめごはん）
豆昆布（まめこんぶ）
豆田麩（まめでんぶ）
豆の煮方（まめのにかた）
豆の明月（まめのめいげつ）……654
豆味噌（まめみそ）
豆　萌（まめもやし）
豆落雁（まめらくがん）
丸（まる）
丸揚げ（まるあげ）
丸子のとろろ（まるこのとろろ）……655
丸仕立（まるじたて）
㊉（まるじゅう）
丸　吸（まるすい）
丸太魚（まるたうお）
丸　煮（まるに）……656
丸干し（まるぼし）
マルメロ
回し切り（まわしぎり）
饅　頭（まんじゅう）
饅頭食（まんじゅうくい）……657
万年酢（まんねんず）
万年漬（まんねんづけ）
翻車魚（まんぼう）

み

磨牛蒡（みがきごぼう）……658
磨胡麻（みがきごま）
身欠鰊（みがきにしん）
味　覚（みかく）
三　笠（みかさ）……659
三日夜餅（みかよのもち）
三河島菜（みかわじまな）
蜜　柑（みかん）
御　食（みけ）
鶚　鮓（みさごずし）
実山椒（みざんしょう）……660
微塵切（みじんきり）
微塵子（みじんこ）
微塵粉（みじんこ）
水（みず）
水　飴（みずあめ）……661
水尾柚子（みずおゆず）
水　貝（みずがい）
水菓子（みずがし）……662
水芥子（みずがらし）
水　栗（みずくり）
水栽培（みずさいばい）
水　芹（みずぜり）
水焚き（みずだき）
水　蛸（みずだこ）……663
水　菜（みずな）
水芭蕉煎餅（みずばしょうせんべい）
水　引（みずひき）
水　餅（みずもち）
水　屋（みずや）
水焼豆腐（みずやきとうふ）……664
水羊羹（みずようかん）
味噌餡（みそあん）
味噌板（みそいた）
味増水（みぞうすい）
晦日蕎麦（みそかそば）
味噌汁（みそしる）……665
味噌吸（みそすい）
味噌鋤（みそすき）
味噌煎餅（みそせんべい）
味噌漬（みそづけ）
味噌田楽（みそでんがく）
味噌煮（みそに）
味噌の起源（みそのきげん）
味噌の合わせ方（みそのあわせ方）
味噌松風（みそまつかぜ）……667
味噌饅頭（みそまんじゅう）
霙（みぞれ）……668
霙　揚（みぞれあげ）

霙羹（みぞれかん）
霙仕立（みぞれじたて）
霙酢（みぞれず）
見立料理（みたてりょうり）
御手洗団子（みたらしだんご）
みちのく……669
蜜（みつ）
みづ
三石昆布（みついしこんぶ）
蜜煮（みつに）
蜜の作り方（みつのつくりかた）
三ッ葉（みつば）……670
蜜豆（みつまめ）
水戸納豆（みとなっとう）
水戸の梅（みとのうめ）
緑和（みどりあえ）
緑酢（みどりず）
水無月（みなづき）
水無月（みなづき）……671
湊切（みなとぎり）
湊焼（みなとやき）
峰扱（みねこき）
蓑（みの）
蓑鯑（みのかさご）
蓑曳（みのひき）……672
壬生菜（みぶな）
宮城野（みやぎの）
宮重大根（みやしげだいこん）
宮島（みやじま）
茗荷（みょうが）
明礬（みょうばん）……673
味蕾（みらい）
味醂（みりん）……674
味醂粕（みりんかす）
味醂干（みりんぼし）
水松・海松（みる）
海松食・水松貝（みるがい）
三輪素麺（みわそうめん）
民田茄子（みんだなす）……675

む

六日の菖蒲（むいかのしょうぶ）……675
無塩醬油（むえんしょうゆ）
零余子（むかご）
麦（むぎ）……676
剝海老（むきえび）
麦焦（むぎこがし）
麦茶（むぎちゃ）
麦薯蕷（むぎとろ）
麦縄（むぎなわ）……677
剝身（むきみ）
麦飯（むぎめし）
剝物（むきもの）
麦湯（むぎゆ）
麦落雁（むぎらくがん）
向附（むこうづけ）
蒸鮑（むしあわび）
蒸菓子（むしがし）
蒸鰈（むしかれい）……678
蒸器（むしき）
蒸菊（むしぎく）
蒸鮨（むしずし）
蒸豆腐（むしとうふ）
狢汁（むじなじる）
蒸煮（むしに）……679
蒸物（むしもの）
蒸焼（むしやき）
蒸羊羹（むしようかん）
むすび
結豆腐（むすびどうふ）
鯥（むつ）
鯥五郎（むつごろう）……680
郁子（むべ）
紫（むらさき）
むらさききゃべつ
紫舞茸（むらさきまいたけ）
村雨（むらさめ）
村雨玉子（むらさめたまご）……681
室鰺（むろあじ）

め

眼板鰈（めいたがれい）……681
名水（めいすい）
目打ち・目刺（めうち）……682
芽独活（めうど）
夫婦（めおと）
夫婦焚（めおとだき）
眼梶木・眼旗魚（めかじき）
若布蕪（めかぶ）
芽キャベツ（めキャベツ）……683
盲鰻（めくらうなぎ）
滑鯒（めこち）
目刺（めざし）
目笊（めざる）
飯（めし）
飯・召し（めし）……684
牡鹿（めじ）
芽紫蘇（めじそ）
眼仁奈（めじな）
飯櫃（めしびつ）
飯屋（めしや）
めそ
芽蓼（めたで）
目玉焼（めだまやき）……685
眼抜（めぬけ）
芽葱（めねぎ）
目の下何寸（めのしたなんずん）
芽葉飯（めのはめし）
眼撥（めばち）
目張鮨（めばりずし）
眼張（めばる）
芽蕗（めぶき）……686
女節（めぶし）
めふん
米利堅粉（メリケンこ）
西洋瓜（メロン）
芽若芽（めわかめ）……687
明太魚（めんたい）
明太魚子（めんたいこ）
明太子（メンタイコ）
面取り（めんとり）
麵棒（めんぼう）
麵類（めんるい）

も

藻魚（もうお）……688
孟宗竹（もうそうちく）
藻海老（もえび）
水雲・海蘊（もずく）
水雲蟹・海薀蟹（もずくがに）……689
水雲の寒天寄（もずくのかんてんよせ）
藻磨（もすり）
餅（もち）
餅菓子（もちがし）
餅粥節供（もちがゆのせっく）……690
餅粉（もちこ）
糯米（もちごめ）
餅祖神（もちのそしん）
餅の素（もちのもと）
餅花（もちばな）……691
もつ
物相・盛相（もっそう）
もってのほか
臓物煮（もつに）
もつ焼（もつやき）
擬（もどき）……692
戻す（もどす）
最中（もなか）
紅葉和（もみじあえ）
紅葉卸（もみじおろし）
紅葉子（もみじこ）
揉海苔（もみのり）
木綿豆腐（もめんどうふ）……693
桃（もも）
百々川揚（ももかわあげ）
百取膳（ももとりぜん）
股肉（ももにく）……694

桃　山（ももやま）
ももんじゃ
蘖・萌（もやし）
森　薊（もりあざみ）
盛合せ（もりあわせ）
守口大根（もりぐちだいこん）
盛込料理（もりこみりょうり）
盛　塩（もりしお）……695
盛蕎麦（もりそば）
盛　付（もりつけ）
醪胡瓜（もろきゅう）
諸　子（もろこ）
蜀　黍（もろこし）……696
醪・諸味（もろみ）
諸味和え（もろみあえ）
諸味漬（もろみづけ）
紋甲烏賊（もんごういか）
文　銭（もんせん）

や

八重作（やえづくり）……697
矢　柄（やがら）
薬　罐（やかん）
山　羊（やぎ）
焼　板（やきいた）
焼　芋（やきいも）……698
焼　方（やきかた）
焼　栗（やきくり）
焼　米（やきごめ）
焼　魚（やきさかな）
焼　塩（やきしお）
焼　霜（やきしも）……699
焼蕎麦（やきそば）
焼竹輪（やきちくわ）
焼豆腐（やきどうふ）
焼　鳥（やきどり）
焼茄子（やきなす）
焼　葱（やきねぎ）
焼海苔（やきのり）……700
焼　蛤（やきはまぐり）
焼　豚（やきぶた）
焼松茸（やきまつたけ）
焼味噌（やきみそ）
焼味噌仕立（やきみそじたて）
焼明礬（やきみょうばん）
焼き目（やきめ）……701
焼　餅（やきもち）
焼　物（やきもの）
焼物代わり（やきものがわり）……702
焼物鉢（やきものばち）
薬　味（やくみ）
弥助鮨（やすけずし）
野　草（やそう）
家多良漬（やたらづけ）……703
野　鳥（やちょう）
八っ頭（やつがしら）
奴　切（やっこぎり）
やっちゃ場（やっちゃば）……704
八つ橋（やつはし）
八ツ橋饅頭（やつはしまんじゅう）
八ツ目鰻（やつめうなぎ）
宿　借（やどかり）
梁・簗（やな）
谷中生姜（やなかしょうが）
柳川鍋（やながわなべ）……705
柳（やなぎ）
柳　鰈（やなぎかれい）
柳　刃（やなぎば）
柳　箸（やなぎはし）
柳むし鰈（やなぎむしかれい）……706
柳餅餡転（やなぎもちあんころ）
藪萱草（やぶかんぞう）
矢羽根（やばね）
山（やま）
山（やま）
山独活（やまうど）……707
山　掛（やまかけ）
山家煮（やまがに）
山　川（やまかわ）
山川切（やまかわぎれ）

山　鯨（やまくじら）
山牛蒡（やまごぼう）……708
山出昆布（やまだしこんぶ）
大和蜆（やまとしじみ）
大和路の茶粥
（やまとじのちゃがゆ）
大和煮（やまとに）
山　鳥（やまどり）
山　芋（やまのいも）……709
山　鳩（やまばと）
山吹和え（やまぶきあえ）
山吹漬（やまぶきづけ）
山吹鱠（やまぶきなます）
山河豚の刺身（やまふぐのさしみ）
山葡萄（やまぶどう）
山　女（やまめ）
揚梅・山桃（やまもも）……710
山桃葡萄酒漬
（やまももぶどうしゅづけ）
山百合（やまゆり）
闇　鍋（やみなべ）
槍烏賊（やりいか）
八幡巻（やわたまき）
軟　煮（やわらかに）……711

ゆ

湯　洗（ゆあらい）……711
幽庵干（ゆうあんぼし）
祐庵焼（ゆうあんやき）
夕　顔（ゆうがお）……712
夕　霧（ゆうぎり）
有職料理（ゆうそくりょうり）
湯　掻（ゆがく）
柚　釜（ゆかま）
緑粉・紫粉（ゆかりこ）
雪がわら（ゆきがわら）
雪下（ゆきのした）……713
雪花糖（ゆきはなとう）
行　平（ゆきひら）
雪割納豆（ゆきわりなっとう）
油　脂（ゆし）
柚・柚子（ゆず）
湯吸物（ゆすいもの）……714
柚子の香焼（ゆずのかやき）
柚子の砂糖漬（ゆずのさとうづけ）
柚子味噌（ゆずみそ）
柚子蒸（ゆずむし）
柚子湯（ゆずゆ）……715
山桜桃・梅桃・英桃（ゆすらうめ）
譲　葉（ゆずりは）
湯　煎（ゆせん）
湯　炊（ゆだき）
油　断（ゆだん）
湯　次（ゆつぎ）
湯漬け（ゆづけ）……716
茹小豆（ゆであずき）
茹　卵（ゆでたまご）
茹　る（ゆでる）
湯　桶（ゆとう）
湯通し（ゆとうし）……717
湯豆腐（ゆどうふ）
湯止め（ゆどめ）
湯取卵子（ゆどりたまご）
輸入食品（ゆにゅうしょくひん）
湯の子（ゆのこ）
湯の子取り（ゆのことり）……719
湯　葉（ゆば）
湯　引（ゆびき）
湯振り（ゆぶり）
柚餅子（ゆべし）
湯　剝（ゆむき）
湯　奴（ゆやっこ）……720
百合根（ゆりね）
百合羊羹（ゆりようかん）

よ

与市漬（よいちづけ）……720
羊　羹（ようかん）
養肝漬（ようかんづけ）……721

養鶏（ようけい）
楊枝（ようじ）
羊頭狗肉（ようとうくにく）
葉緑素（ようりょくそ）
養老酒（ようろうしゅ）
養老豆腐（ようろうどうふ）……722
よこわ
吉野（よしの）
吉野揚げ（よしのあげ）
吉野葛（よしのくず）
吉野仕立て（よしのじたて）
吉野酢（よしのず）
吉野煮（よしのに）
葦登（よしのぼり）……723
葦藁切り（よしわらぎり）
寄菜（よせな）
寄鍋（よせなべ）
寄向（よせむこう）
寄物（よせもの）……724
粧・装（よそう）
夜鷹蕎麦（よたかそば）
四ツ椀（よつわん）
淀川煮（よどかわに）
夜泣き饂飩（よなきうどん）
米沢牛（よねざわうし）
米酢（よねず）……725
夜咄の茶（よばなしのちゃ）
呼塩（よびしお）
呼水（よびみず）
与兵衛鮨（よへいずし）
嫁菜（よめな）
蓬・艾（よもぎ）……726
蓬粉（よもぎこ）
縒独活（よりうど）
夜の梅（よるのうめ）
鎧焼（よろいやき）

ら

雷魚（らいぎょ）……727
落雁（らくがん）
楽焼（らくやき）
螺旋切（らせんぎり）……728
落花生（らっかせい）
落花生酢（らっかせいず）
落花生豆腐（らっかせいどうふ）
棘韮（らっきょう）
蘭花（らんか）
乱菊作（らんぎくつくり）……729
卵切（らんぎり）
乱切（らんぎり）
蘭茶（らんちゃ）
ランプ
卵麺（らんめん）
乱盛り（らんもり）

り

利休（りきゅう）……729
利休揚げ（りきゅうあげ）……730
利久酒（りきゅうしゅ）
利休箸（りきゅうはし）
利休饅頭（りきゅうまんじゅう）
利尻昆布（りしりこんぶ）
竜眼（りゅうがん）……731
琉球薯（りゅうきゅういも）
琉球料理（りゅうきゅうりょうり）
硫酸銅（りゅうさんどう）
粒食（りゅうしょく）
竜皮昆布（りゃうひこぶ）
粒々煮（りゅうりゅうに）
立礼（りゅうれい）
両妻折（りょうつまおり）……732
料理を人様にお進めするには（りょうりをひとさまにおすゝめするには）
料理菊（りょうりぎく）……733
料理言葉（りょうりことば）
料理材料と放射線（りょうりざいりょうとほうしゃせん）……735
料理に使用する穀類と澱粉（りょうりに

しようするこくるいとでんぷん）……736
料理に使用する肉類
（りょうりにしようするにくるい）
料理の五法（りょうりのごほう）
料理の五味（りょうりのごみ）
料理の祖神（りょうりのそしん）
料理の盛付け方
（りょうりのもりつけかた）
緑藻類（りょくそうるい）……737
緑茶（りょくちゃ）
燐（リン）……738
林檎（りんご）
林檎酒（りんごしゅ）
林檎酢（りんごず）……739
林檎砂糖煮（りんごのさとうに）

る

ルイベ……739
瑠璃（るり）
瑠璃煮（るりに）

れ

冷菓（れいか）……739
茘枝（れいし）
冷酒（れいしゅ）……740
冷凍魚（れいとうぎょ）
冷凍食品（れいとうしょくひん）
冷凍擂身（れいとうすりみ）
動物肝臓（レバー）
レブロス
檸檬（レモン）
レモン蒸（レモンむし）……741
連木・擂木（れんぎ）
連子鯛（れんこだい）
蓮根（れんこん）
蓮根汁（れんこんじる）
蓮根糝薯（れんこんしんじょ）

ろ

蠟焼（ろうやき）……742
ロース
ロースター
ロールキャベツ
露路栽培（ろじさいばい）
六方焼（ろっぽうやき）

わ

若鮎（わかあゆ）……743
若鮎（わかあゆ）
若草（わかくさ）
輪掛（わがけ）
公魚（わかさぎ）
若狭甘鯛（わかさぐじ）
若狭鯖（わかささば）
若狭の小鯛（わかさのこだい）……744
若狭焼（わかさやき）
和菓子（わがし）
若竹煮（わかたけに）
若鶏（わかどり）
和布・若布・若芽（わかめ）
若布飯・和布飯（わかめめし）……745
脇引膳・脇取膳（わきひきぜん）
輪切り（わぎり）
分葱（わけぎ）
山葵（わさび）
山葵和え（わさびあえ）……746
山葵台（わさびだい）
山葵大根（わさびだいこん）
山葵漬（わさびづけ）
山葵菜（わさびな）
和三盆（わさんぼん）
輪島塗り（わじまぬり）
和食（わしょく）……747
忘草（わすれぐさ）
忘膾（わすれなます）
腸（わた）
綿菓子（わたがし）

渡蟹・菱蟹（わたりかに）
腸　抜（わたぬき）……748
框　飯（わっぱめし）
和名類聚抄（わめいるいじゅうしょう）
雅　鰤（わらさ）
藁　素　紡（わらすぼ）
蕨（わらび）
蕨　粉（わらびこ）……749
蕨　細　煮（わらびさより）
蕨　納　豆（わらびなっとう）
蕨　餅（わらびもち）……750
割籠・破子・割子（わりご）
割子蕎麦（わりごそば）
割　下（わりした）
割　醬　油（わりじょうゆ）
割干大根（わりぼしだいこん）
椀（わん）……751
椀子蕎麦（わんこそば）
椀　種（わんだね）
椀　妻（わんづま）
忘　八（わんぱ）
椀　盛（わんもり）

あとがき

はじめに出版社の方よりお電話をいただき、「日本料理語源集」の出版を多数の方々が厚く望んでおられることを知りました。ちょうど、この本の著者である祖父・中村幸平の十七回忌を迎えたということもあり、私もその旨に同意し、少しでも皆様方のお役に立てればと思い、今回出版する運びとなりました。

店を受け継ぎ、日本料理を提供させていただいておりますが、日本料理というものの奥深さ、歴史、風土によって異なるさまざまな料理や調理法など、四〇〇〇語もの料理用語について研究し、丹念に語源を調べあげた祖父の努力のお陰によりまして、私自身もそれらの語源の意味を理解することができました。本書を通して、あらためて九十歳を過ぎても努力を怠ることのなかった研究熱心な祖父の姿を、今ふたたび思い起こしております。日本料理に携わる多くの方にも、祖父が調べあげた一語一語の語源や意味の解説が少しでもお役に立てましたら、これ以上の喜びはありません。

本書の発刊にご協力いただきました旭屋出版の皆様には心より感謝致します。

なお、本書の原著書の発刊にあたり、その編集作業におきまして原臣司・道子夫妻のご協力に厚く御礼申し上げます。

平成十六年一月吉日

古扇楼　主人　城平直人

中村　幸平 略歴

明治30年８月７日，愛知県半田市生れ。

半田尋常高等小学校卒業後，老舗「小扇楼」に勤務。勤めながら，宮中にあった御歌所長の坂正臣先生に長く師事して，歌，画，書を修得。その他お茶，お花等も習得。

大正14年に「古扇楼」を創立。

毎日文化センター，中日文化センター，常磐女学院，瑞陵高校及び半田高校の講師，永年，中部料理講師会長を歴任。

新版・日本料理語源集

平成十六年二月七日　初版発行
平成二十五年十一月二十八日　第七版発行

著　者——中村幸平
制作者——永瀬正人
発行者——早嶋　茂
印　刷——株式会社　太平印刷社
発行所——株式会社　旭屋出版
〒107-0052 東京都港区赤坂一—七—十九
〇三（三五六〇）九〇六五
ISBN978-4-7511-0423-1　C2077